A PRIMEIRA GUERRA MUNDIAL

Coleção Globo Livros
História

———◆———

A Revolução de 1989, Queda do Império Soviético, Victor Sebestyen
A História Perdida de Eva Braun, Angela Lambert
O Expresso Berlim-Bagdá, Sean McMeekin
Napoleão, André Maurois
Diário de Berlim Ocupada 1945-1948, Ruth Andreas-Friedrich
O Conde Ciano, Sombra de Mussolini, Ray Moseley
Churchill e Três Americanos em Londres, Lynne Olson
Declínio e Queda do Império Otomano, Alan Palmer
Churchill, o Jovem Titã, Michael Shelden
Napoleão, a Fuga de Elba, Norman Mackenzie
Depois da Rainha Victoria, Edward VII, André Maurois
A Primeira Guerra Mundial, Margaret MacMillan

MARGARET MACMILLAN

A PRIMEIRA
GUERRA MUNDIAL

QUE ACABARIA COM AS GUERRAS

Tradução
Gleuber Vieira

GLOBOLIVROS

Copyright © 2013 by Margaret MacMillan
Copyright © 2013 by Editora Globo

Todos os direitos reservados. Nenhuma parte desta edição pode ser utilizada ou reproduzida
— por qualquer meio ou forma, seja mecânico ou eletrônico, fotocópia, gravação etc. — nem
apropriada ou estocada em sistema de banco de dados sem a expressa autorização da editora.

Texto fixado conforme as regras do novo Acordo Ortográfico
da Língua Portuguesa (Decreto Legislativo nº 54, de 1995)

Título original: *The War That Ended Peace,* Profile Books, Londres, 2013

Editora responsável: Sarah Czapski Simoni
Tradução: Gleuber Vieira
Revisão: Laila Guilherme
Capa: Gabrielle Bordwin
Fotos da capa: Mirrorpix / Newscom / Glow Images (frente); Latinstock/Album /
akg-images/Akg-Images (lombada); The Granger Collection / Glow Images (4ª capa).
Foto da autora: © Rob Judges

1ª edição, 2014
5ª reimpressão, 2023

CIP-BRASIL. CATALOGAÇÃO NA PUBLICAÇÃO
SINDICATO NACIONAL DOS EDITORES DE LIVROS, RJ

MacMillan, Margaret, 1943
M415d   A Primeira Guerra Mundial... que acabaria com as guerras / Margaret
MacMillan; tradução Gleuber Vieira - 1ª ed. - São Paulo : Globo Livros, 2014.
728 p. ; 23 cm

Tradução de *The War That Ended Peace*
Inclui bibliografia
ISBN 978-85-250-5790-7

Primeira Guerra Mundial. 2. Estadistas - Europa - Biografia I.
Título.

13-06864

CDD: 923.1
CDU: 929.320

Direitos de edição em língua portuguesa
adquiridos por Editora Globo S.A
R. Marquês de Pombal, 25 – 20.230-240 – Rio de Janeiro – RJ
www.globolivros.com.br

Sumário

Mapas	x
Prólogo: Guerra ou Paz	xvii
1. A Europa em 1900	3
2. A Inglaterra e o esplêndido isolamento	28
3. Wilhelm II e a Alemanha	56
4. Weltpolitik: o lugar da Alemanha no palco mundial	80
5. O Dreadnought e a rivalidade anglo-alemã	110
6. A Entente Cordiale entre a França e a Inglaterra	142
7. Rússia e Inglaterra: o urso e a baleia	172
8. A lealdade dos nibelungos	212
9. Em que pensavam	245
10. Sonhando com a paz	285
11. Pensando em guerra	317
12. Fazendo os planos	336
13. Começam as crises	378
14. A crise da Bósnia	404
15. 1911 – o ano das discórdias	439

16. As primeiras Guerras Balcânicas	466
17. Preparando guerra ou paz	501
18. Assassínio em Sarajevo	544
19. O fim do Concerto da Europa	575
20. Apagam-se as luzes	599
Epílogo: A guerra	633
Agradecimentos	647
Notas	651
Lista de ilustrações	677
Bibliografia	681
Índice	705

Mapas

EUROPA, 1914	*x*
FRENTE OCIDENTAL, 1914-18	*xii*
FRENTE ORIENTAL, 1914-18	*xiv*
OS BALCÃS, 1912-14	*xvi*
O IMPÉRIO ALEMÃO	72
A ÁFRICA EM 1897	89
A CRISE DE FASHODA	*144*
A RÚSSIA EM 1914	*194*
O IMPÉRIO AUSTRO-HÚNGARO	*216*
O PLANO SCHLIEFFEN	*344*
LIMITES OCIDENTAIS RUSSOS	*361*
O ESTREITO DO BÓSFORO	*407*
OS BALCÃS	*417*
O MARROCOS EM 1911	*442*
O CANAL DE KIEL	*459*

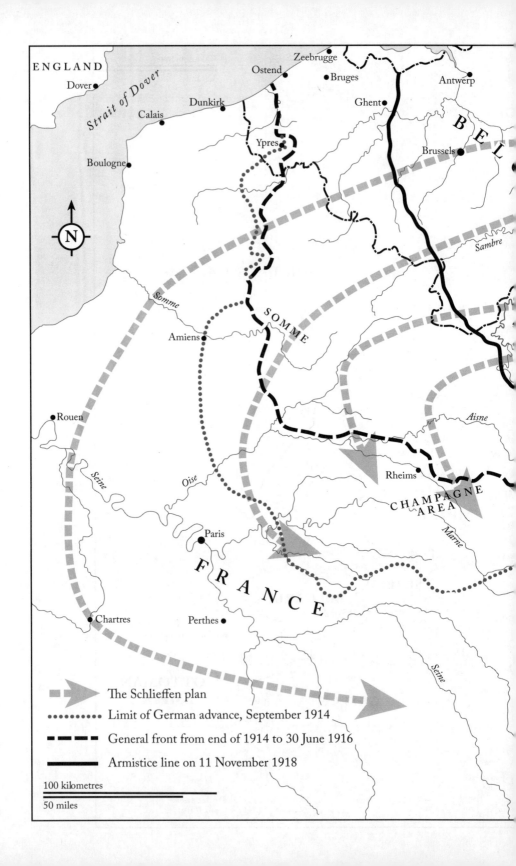

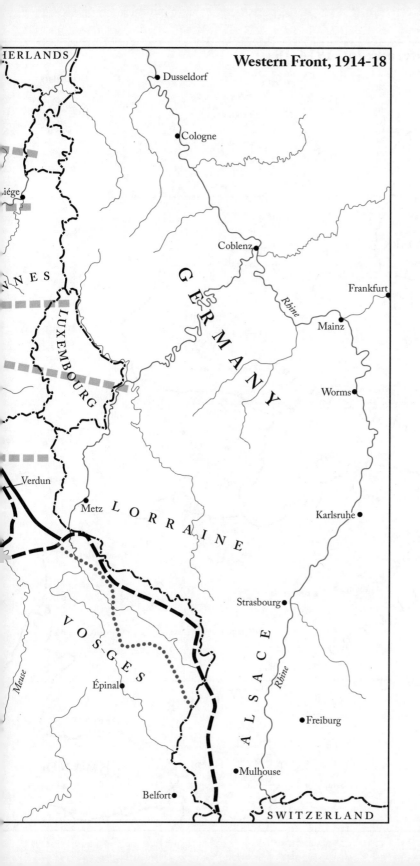

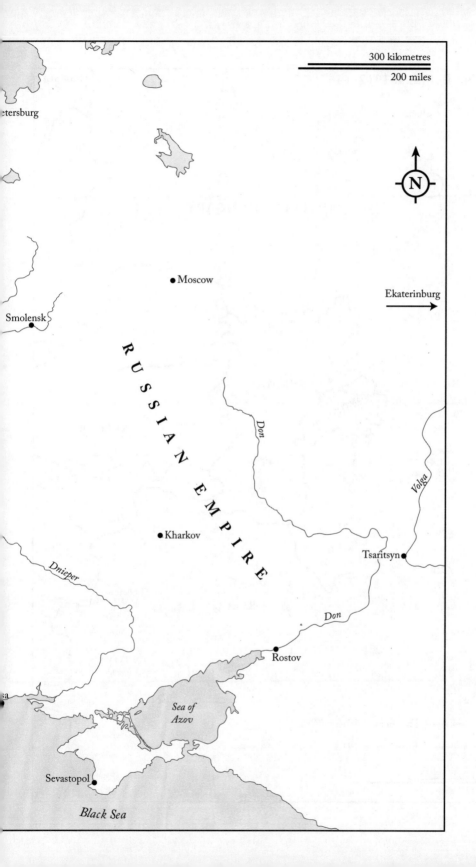

Prólogo

Guerra ou Paz?

————◆————

Louvain era uma localidade tranquila, como afirmava um guia de viagem de 1910, mas certo dia foi palco de um incêndio espetacular. Nenhum de seus habitantes poderia esperar que aquilo acontecesse com a bela e civilizada cidade. Próspera e pacífica ao longo de muitos séculos, era conhecida por suas inúmeras e maravilhosas igrejas, casas antigas, um prédio da prefeitura soberbo em estilo gótico e uma famosa universidade fundada em 1425. A biblioteca da universidade, no célebre e velho Cloth Hall, continha 200 mil livros, inclusive muitas obras importantes sobre teologia e clássicas, bem como uma rica coleção de manuscritos que variavam de pequena série de músicas escritas por um monge no século IX a manuscritos iluminados, sobre os quais os monges haviam trabalhado durante anos. No fim de agosto de 1914, entretanto, o cheiro de fumaça tomou conta da cidade, e as chamas que destruíram Louvain podiam ser vistas a quilômetros de distância. Grande parte da cidade virou ruína, inclusive sua grande biblioteca, enquanto os moradores desesperados, em cenas que se tornariam familiares no mundo do século XX, fugiam para a área rural carregando tudo que podiam de seus pertences.

Como a maior parte da Bélgica, Louvain teve o infortúnio de estar na rota alemã de invasão da França na Grande Guerra que eclodiu no verão de 1914 e se estenderia até 11 de novembro de 1918. Os planos alemães previam uma guerra em duas frentes, com uma ação de conter a Rússia, o inimigo a leste, e uma rápida invasão e derrota da França a oeste. Esperavam que a Bélgica, país neutro, aquiescesse quietamente à travessia de seu território pelas tropas alemãs rumo ao sul. Como tantas vezes aconteceu mais tarde na Grande Guerra, essa suposição se revelou totalmente equivocada. O governo belga decidiu resistir, o que inutilizou de imediato o plano alemão, e os ingleses, após alguma hesitação, entraram na guerra contra a Alemanha. Quando chegaram a Louvain em 19 de agosto, os alemães já estavam rancorosos com o que consideraram uma resistência belga sem sentido, e preocupados em se verem atacados por tropas inglesas e belgas, assim como por civis comuns que poderiam pegar em armas.

Nos primeiros dias tudo correu bem: os alemães se conduziram corretamente, e os cidadãos de Louvain estavam com medo demais para qualquer hostilidade aos invasores. Em 25 de agosto chegaram novas tropas alemãs que recuavam diante de um contra-ataque belga, e correu o boato de que os ingleses estavam vindo. Houve tiros, provavelmente disparados por soldados alemães nervosos e talvez bêbados. O pânico cresceu entre os alemães, convencidos de estarem sob ataque, e as primeiras represálias ocorreram. Naquela noite e nos dias seguintes, civis foram arrancados de suas casas, e alguns, entre eles o prefeito, o reitor da universidade e vários policiais, foram fuzilados sem contemplação. Na conta final, 250 habitantes de uma população de 10 mil foram mortos, e muitos outros espancados e maltratados. Mil e quinhentos moradores de Louvain, de crianças a avós, foram metidos num trem e mandados para a Alemanha, onde multidões os receberam com insultos e sarcasmos.

Os soldados alemães – aos quais frequentemente oficiais se juntaram – saquearam a cidade e deliberadamente incendiaram prédios. Mil e cem das 9 mil casas de Louvain foram destruídas. As chamas tomaram conta de uma igreja do século XV, e seu teto desabou. Por volta da meia-noite de 25 de agosto, soldados alemães entraram na biblioteca e espalharam gasolina. Pela manhã o prédio estava em ruínas, e seus livros não existiam mais, embora as chamas continuassem ardendo por vários dias. Um acadêmico local, padre, conversou com o embaixador americano na Bélgica alguns dias mais tarde. O belga estava calmo e descreveu a destruição na cidade, o fuzilamento de amigos e a cena comovente dos refugiados, mas, quando se referiu à biblioteca, pôs a cabeça entre as mãos e chorou.[1] "O centro da cidade é um monte de escombros fumegantes," relatou um professor que retornou à cidade. "Silêncio opressivo por toda parte. Todo mundo se escondeu. Vejo rostos amedrontados nas janelas dos porões."[2]

Isso foi apenas o começo, quando a Europa se deixou arrastar para a Grande Guerra. A catedral de Reims, com setecentos anos de existência, a mais bela e importante catedral francesa, onde a maioria dos reis franceses tinha sido coroada, foi pulverizada pelos canhões alemães logo após o saque a Louvain. A cabeça de uma de suas magníficas esculturas de anjos foi encontrada no chão, com seu belo sorriso beatífico intacto. Ypres, com seu próprio soberbo Cloth Hall, foi reduzida a um monte de pedras, e o coração de Treviso, no norte da Itália, destruído

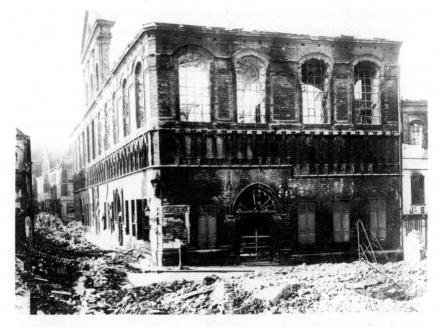

Embora muita destruição ainda estivesse por vir, o incêndio da grande biblioteca de Louvain pelas tropas alemãs durante a invasão da Bélgica se tornou símbolo do que a Grande Guerra faria com a civilização europeia. O episódio também serviu para voltar contra a Alemanha a opinião das nações neutras, sobretudo os Estados Unidos.

por bombardeios. Muito embora nem toda tenha sido causada pelos alemães, a destruição produziu tremendo impacto na opinião americana e contribuiu para a entrada dos Estados Unidos na guerra em 1917. Como disse pesarosamente um professor alemão no fim da guerra: "Hoje podemos afirmar que três nomes, Louvain, Reims e *Lusitania*, em igual medida, varreram da América a simpatia pela Alemanha."[3]

As perdas em Louvain foram na verdade pequenas, considerando o que estava por vir – os mais de 9 milhões de soldados mortos e outros 15 milhões feridos, e a devastação de boa parte do restante da Bélgica, do norte da França, da Sérvia e de partes dos impérios russo e austro-húngaro. De qualquer forma, Louvain transformou-se no símbolo da destruição sem propósito, do dano causado aos europeus por eles mesmos naquela que fora a parte mais próspera e poderosa do mundo, e dos ódios irracionais e incontroláveis entre povos que tanto tinham em comum.

A Grande Guerra começou no lado da Europa oposto a Louvain, em Sarajevo, nos Balcãs, com o assassínio do Arquiduque Franz Ferdinand, herdeiro do trono da Áustria-Hungria. Como os incêndios que devoraram Louvain, esse ato disparou um conflito que se expandiu a toda a Europa e a muitas partes do mundo. As maiores batalhas e perdas foram nas frentes ocidental e oriental, mas também houve combates nos Balcãs, no norte da Itália, no Oriente Médio e no Cáucaso, bem como no Extremo Oriente, no Pacífico e na África. Soldados de todo o mundo derramaram-se na Europa, vindos da Índia, do Canadá, da Nova Zelândia e da Austrália (no Império Britânico) ou da Argélia e da África subsaariana no francês. A China enviou "coolies" para transportar suprimentos e cavar trincheiras para os aliados, enquanto o Japão, também aliado, ajudou a patrulhar as rotas marítimas mundiais. Em 1917 os Estados Unidos, não mais suportando as provocações alemãs, entraram na guerra. Perderam cerca de 114 mil soldados e vieram a concluir que haviam sido levados a se envolver em um grande conflito no qual não tinham qualquer interesse.

A paz, ou algo parecido, foi alcançada em 1918, mas por uma Europa e um mundo muito diferentes. Quatro grandes impérios tinham se desmantelado: a Rússia, que dominara diversos povos, desde os poloneses a oeste aos georgianos no leste; a Alemanha com seus territórios na Polônia e além-mar; a Áustria-Hungria, o grande Império multinacional do centro da Europa; e o Império Otomano, que ainda englobava pedaços de território europeu, além da Turquia de hoje e da maior parte do Oriente Médio árabe. Os bolcheviques tinham assumido o poder na Rússia, sonhando com a criação de um novo mundo comunista e que a revolução desencadeara uma sucessão de outras na Hungria, na Alemanha ou, mais tarde, na China. A velha ordem internacional se fora para sempre. Fraca e empobrecida, a Europa já não era a senhora inquestionável do mundo. Em suas colônias, movimentos nacionalistas se multiplicavam, e novas potências surgiam em sua periferia, a leste no Japão, e a oeste da Europa, nos Estados Unidos. A Grande Guerra não foi o catalizador do aparecimento da superpotência ocidental – isso já estava acontecendo – mas acelerou a chegada do século da América.

Sob diversas formas, a Europa pagou um preço terrível pela sua

Prólogo: Guerra ou Paz?

Grande Guerra: os veteranos que nunca se recuperaram psicológica ou fisicamente; as viúvas e os órfãos; e as moças que jamais teriam um marido, porque tantos homens morreram. Nos primeiros anos de paz, novas aflições caíram sobre a sociedade europeia: a epidemia de gripe (talvez consequência do revolvimento do solo rico em micróbios na Bélgica e no norte da França) que ceifou cerca de 20 milhões de vidas pelo mundo; a fome consequente da inexistência de braços para plantar e de transporte para levar alimentos até os mercados; e a turbulência política, quando extremistas de direita e de esquerda usaram a força para alcançar seus objetivos. Em Viena, outrora uma das cidades mais ricas da Europa, os membros da Cruz Vermelha testemunharam surtos de tifo, cólera, raquitismo e escorbuto – flagelos que, se pensava, tinham desaparecido da Europa. E, afinal, os anos 1920 e 1930 foram apenas uma pausa no que alguns hoje chamam a nova Guerra dos Trinta Anos da Europa. Em 1939, a Grande Guerra adquiriu novo nome, quando estourou a Segunda Guerra Mundial.

A Grande Guerra ainda lança sua sombra, fisicamente e em nossa imaginação. Toneladas de material bélico permanecem enterradas nos campos de batalha, e não raramente alguém – um infeliz agricultor plantando na Bélgica, talvez – entra na lista de baixas. Todas as primaveras, depois que o solo descongela, unidades dos exércitos francês e belga têm de recolher granadas não explodidas que afloraram. Também em nossas lembranças, a Grande Guerra, devido, em parte, ao extraordinário afluxo de memórias, livros e pinturas, mas também em razão de tantos de nós termos conexões familiares com o conflito, permanece aquele capítulo sombrio e terrível de nossa história. Meus dois avôs lutaram na guerra; um no Oriente Médio com o exército indiano, e o outro como médico canadense num hospital de campanha no Front Ocidental. Minha família conserva as medalhas de ambos, uma espada presenteada por um paciente em Bagdad e uma granada de mão com que brincávamos em criança no Canadá, até alguém achar que provavelmente não estava desativada.

Também recordamos a Grande Guerra por ser um enorme quebra-cabeça. Como conseguiu a Europa impor tal castigo a si mesma e ao mundo? Há muitas explicações possíveis; na verdade, tantas que é difícil escolher entre elas. Para começar, a corrida armamentista, rígidos planos militares, rivalidade econômica, guerras comerciais, o imperialismo com sua busca de colônias ou os sistemas de alianças dividindo a Europa em campos antagônicos. Ideias e emoções muitas vezes cruzaram fronteiras nacionais: o nacionalismo, com seus repulsivos cavaleiros do ódio e desprezo pelos outros; medos de perdas ou revoluções, de terroristas e anarquistas; esperanças de mudança e de um mundo melhor; exigências de honra e virilidade mandando não recuar ou parecer fraco; ou Darwinismo Social, que classificava sociedades como se fossem espécies e promovia uma crença não só na evolução e no progresso, mas também na inevitabilidade da luta. E que dizer do papel próprio de cada nação e de seus motivos? Das ambições das ascendentes como a Alemanha e o Japão; dos temores das declinantes como a Inglaterra; da vingança, no caso da França e da Rússia; ou da luta pela sobrevivência da Áustria-Hungria? No cerne de cada nação, ainda as pressões internas: um novel movimento trabalhista, por exemplo, ou forças abertamente revolucionárias; exigências de voto para as mulheres ou de independência de nações submetidas; ou conflitos entre as classes, entre os crentes e os anticlericais, ou entre militares e civis. Como cada um desses vetores atuou no sentido de preservar a longa paz da Europa ou de movê-la rumo à guerra?

Movimentos, ideias, preconceitos, instituições, conflitos são todos, sem dúvida, importantes. Todavia, ainda restam os indivíduos, no fim não muitos, que tiveram de dizer "sim," "em frente" e irromper a guerra, ou "não" e detê-la. Alguns eram monarcas hereditários com grande poder – o Kaiser da Alemanha, o Czar da Rússia e o Imperador da Áustria-Hungria; outros – o presidente da França, os primeiros-ministros da Inglaterra e da Itália – engastados em regimes constitucionais. Foi, em retrospecto, a tragédia da Europa e do mundo o fato de nenhum dos personagens-chave em 1914 ser um grande e criativo líder com coragem para enfrentar as pressões que conduziam ao conflito. De certa forma, qualquer explicação de como eclodiu a Grande Guerra deve balancear as grandes correntezas do passado com o papel dos seres humanos levados por ela, mas que às vezes mudaram seu curso.

É fácil erguer mãos para o céu e dizer que a Grande Guerra foi inevitável, mas trata-se de ideia perigosa, especialmente em tempo como o nosso, que em alguns aspectos, não em todos, parece aquele mundo sumido dos anos anteriores a 1914. Nosso mundo enfrenta desafios semelhantes, alguns de ordem revolucionária e ideológica, como o crescimento de religiões militantes e movimentos sociais de protesto; outros advêm da tensão de nações em crescimento ou em declínio, como a China e os Estados Unidos. Precisamos considerar seriamente como nascem as guerras e como podemos preservar a paz. Nações se confrontam, como fizeram antes de 1914, no que seus líderes imaginavam ser um jogo de blefes e contrablefes que julgavam manter sob controle. Apesar disso, subitamente a Europa passou da paz para a guerra, apenas nas cinco semanas que se seguiram ao assassinato do Arquiduque. Em crises anteriores, tão graves como a de 1914, a Europa não ultrapassou os limites. Seus líderes – e grande parcela de seus povos os apoiou – preferiram resolver as questões e preservar a paz. O que aconteceu de forma diferente em 1914?

—

COMECEMOS imaginando uma paisagem com gente a caminhar. O solo, a vegetação, os morros, os riachos todos são componentes importantes da Europa, desde a economia à estrutura social; enquanto as brisas são as correntes de pensamento que modelavam opiniões e pontos de vista europeus. Suponha que você é um dos caminhantes. Terá opções diante de si. O tempo está bom, embora possa notar algumas nuvens escuras no céu. O caminho à sua frente é fácil pelo terreno plano. Você sabe que deve continuar caminhando porque o exercício faz bem e, afinal, você quer chegar a um destino em segurança. Também sabe que, à medida que avança, deve tomar certo cuidado. Pode ser que apareçam animais inamistosos, que haja cursos de água a atravessar e alguma encosta íngreme. Mesmo assim, não passa por sua cabeça esbarrar num deles de maneira fatal. Você é um andarilho experiente e muito sensato.

Em 1914, entanto, a Europa desabou do penhasco e mergulhou em um conflito catastrófico que iria matar milhões de seus homens, exaurir suas economias, abalar e rebentar impérios e sociedades e solapar definitivamente o domínio europeu do mundo. As fotografias de multidões aplaudindo nas grandes capitais são enganosas. A eclosão da guerra pegou de surpresa a maioria dos europeus, e sua reação inicial foi de espanto e choque. Tinham nascido e vivido acostumados à paz. O século desde o fim das guerras napoleônicas fora o mais pacífico na Europa desde o Império Romano. É verdade que guerras houvera, porém de natureza colonial distante, como a dos zulus na África meridional, ou na periferia europeia, como a Guerra da Crimeia, ou ainda, curtas e decisivas, como a Guerra Franco-Prussiana.

O solavanco final rumo à guerra só precisou de pouco mais de um mês, entre o assassínio do arquiduque austríaco em Sarajevo, em 28 de junho, e a eclosão de uma guerra geral europeia em 4 de agosto. No fim, as decisões cruciais daquelas semanas que levaram a Europa à guerra foram tomadas por um grupo surpreendentemente pequeno de

A Primeira Guerra Mundial – que acabaria com as guerras

homens (e eram todos homens). Para entender como agiram, porém, devemos ir mais para trás e examinar as forças que os moldaram. Precisamos compreender as sociedades e instituições das quais foram o produto. Devemos tentar entender os valores e as ideias, as emoções e os preconceitos que os enformaram quando olharam o mundo. Também devemos nos lembrar de que, com uma ou duas exceções, mal faziam ideia de aonde estavam levando seus países e o mundo. Nesse aspecto, estavam muito bem sintonizados com o tempo em que viviam. Para a maioria dos europeus, uma guerra geral era algo impossível, improvável ou fadada a terminar rapidamente.

Ao tentarmos entender o sentido dos eventos do verão de 1914, devemos nos situar no lugar daqueles que viveram um século atrás, antes de nos apressarmos a distribuir culpas. Não podemos perguntar aos que decidiram o que tinham em mente quando deram os passos rumo à destruição, mas podemos fazer uma ideia bastante razoável consultando os arquivos da época e as memórias escritas posteriormente. Algo que convém ficar bem claro é que os responsáveis pelas escolhas sem dúvida pensaram muito nas crises anteriores e nos momentos que as precederam, quando decisões foram tomadas ou evitadas.

Os líderes russos, por exemplo, jamais haviam esquecido ou perdoado a anexação da Bósnia e Herzegovina pelo Império Austro-Húngaro em 1908. Além disso, a Rússia falhara ao não apoiar sua *protegée*, a Sérvia, quando este país confrontou os austro-húngaros, e novamente nas Guerras Balcânicas em 1912-13. Agora, a Áustria-Hungria ameaçava destruir a Sérvia. O que significaria para a Rússia e seu prestígio ficar assistindo mais uma vez sem nada fazer? Pois a Alemanha não apoiara firmemente seus aliados austro-húngaros em confrontos anteriores? Se nada fizesse dessa vez, não perderia seu único e indiscutível aliado? O fato de graves crises anteriores entre potências envolvendo colônias ou os Balcãs terem sido solucionadas pacificamente acrescentou outro fator às estimativas de 1914. A ameaça de guerra já fora utilizada, mas, no fim, houve pressões exercidas por terceiros, fizeram-se concessões, conferências foram convocadas com sucesso para resolver questões de grande perigo. Andar pelo fio da navalha dera resultado. O mesmo processo certamente começaria a dar certo em 1914. Só que dessa vez o equilibrismo à beira do precipício não funcionou. O Império Austro-Húngaro declarou guerra à Sérvia, com apoio da Alemanha. A Rússia decidiu apoiar a Sérvia e entrou em guerra contra a Alemanha e a Áustria-Hungria. A Alemanha

Prólogo: Guerra ou Paz?

atacou a França, aliada da Rússia, e a Inglaterra veio em socorro de seus aliados. E assim passaram a barreira.

A eclosão da guerra em 1914 não aconteceu sob céu azul. Nuvens acumularam-se ao longo das duas décadas anteriores, e muitos europeus viam o fato com desconforto. Imagens da iminência de tormentas, de barragens prontas para rebentar e de avalanches a ponto de deslizar eram usuais na literatura da época. Por outro lado, muitos líderes, tanto quanto cidadãos comuns, acreditavam ser capazes de afastar o risco de conflitos e criar instituições internacionais mais fortes e melhores para resolver pacificamente divergências e tornar obsoleto o instrumento da guerra. Talvez os derradeiros anos de ouro da Europa pré-guerra sejam imaginação de gerações posteriores, mas, mesmo na época, a literatura continha imagens de raios de sol mundo afora e da humanidade marchando para um futuro mais próspero e feliz.

Mui pouca coisa é inevitável na história. A Europa não precisava ir à guerra em 1914; uma guerra geral poderia ter sido evitada até o último instante, em 4 de agosto, quando finalmente a Inglaterra decidiu tomar parte. Olhando de hoje, claro que podemos identificar as forças que tornavam a guerra mais provável: as rivalidades por colônias, a competição econômica, os nacionalismos étnicos que iam esfacelando os decadentes impérios Otomano e Austro-Húngaro e o crescimento de uma opinião pública nacionalista a exercer novas pressões sobre os líderes em prol de supostos direitos e interesses de suas nações.

Podem-se ver, como perceberam os europeus naqueles dias, as tensões na ordem internacional. A questão germânica, por exemplo. A criação da Alemanha, em 1871, de repente apresentou à Europa uma nova grande potência no centro do continente. Seria a Alemanha o fulcro em torno do qual o resto da Europa evoluiria ou a ameaça contra a qual se uniria? Como as potências de fora da Europa – Japão e Estados Unidos em ascensão – se encaixariam num mundo dominado pela Europa? O darwinismo social, filho bastardo do pensamento evolucionista e primo do militarismo, alimentou a crença em uma competição entre as nações como parte das leis da natureza, segundo as quais, no fim, sobreviveriam as mais aptas. E provavelmente por meio de guerras. A admiração pelos militares criada no século XIX, reconhecendo-os como a parte mais nobre da nação, e a disseminação de valores militares pelas sociedades civis incentivaram a crença de que a guerra era etapa necessária na grande luta pela sobrevivência e que, na verdade, devia ser salutar para as sociedades afinando-as, por assim dizer.

A Primeira Guerra Mundial – que acabaria com as guerras

A ciência e a tecnologia, que trouxeram tantos benefícios para a humanidade no século XIX, produziram também armas novas e mais terríveis. Rivalidades entre nações estimularam uma corrida armamentista que, por sua vez, aprofundou percepções de insegurança e aumentou o ímpeto dessa corrida. Nações buscavam aliados para compensar suas fraquezas, e suas decisões ajudaram a levar a Europa para perto da guerra. A França, que perdia a corrida demográfica para a Alemanha, fez aliança com a Rússia, em parte para contar com seu gigantesco potencial humano. Em troca, a Rússia conseguiu tecnologia e capital franceses. A aliança franco-russa, porém, fez a Alemanha se sentir cercada. Aproximou-se do Império Austro-Húngaro e, ao fazê-lo, encampou sua rivalidade com a Rússia nos Balcãs. O fortalecimento naval pretendido pela Alemanha como forma de obrigar a Inglaterra a manter uma posição amistosa convenceu esta não apenas de que era necessário superar a Alemanha em força naval, mas também a abandonar sua preferida indiferença em relação à Europa e se aproximar da França e da Rússia.

Os planos militares que vieram com a corrida armamentista e as alianças são por vezes apontados como responsáveis pela máquina do Juízo Final que, uma vez ligada, não pôde parar. No século XIX, toda potência europeia, exceto a Inglaterra, tinha um exército de conscritos, com pequena parte de seus homens em uniforme e um número muito maior como reserva. Em ameaça de guerra, grandes exércitos se formavam em poucos dias. A mobilização em massa seguia um plano detalhado, para cada homem chegar à unidade certa, e as unidades eram postas na configuração correta por ferrovia. Os horários eram peças de arte, mas muito inflexíveis, não permitindo, como na Alemanha em 1914, mobilização parcial em uma só frente – e assim foi que a Alemanha entrou em guerra contra Rússia e França, em vez de somente contra a Rússia. Havia, ademais, perigo em não mobilizar suficientemente cedo. Se o inimigo já estivesse em suas fronteiras, enquanto seus homens ainda tratavam de chegar às respectivas unidades pelas ferrovias, corria-se o risco de já ter perdido a guerra. Quadros de movimento e planejamentos rígidos ameaçavam tirar dos líderes civis as decisões finais.

Os planos estão numa ponta do espectro da explicação pela Grande Guerra; na outra ponta estão considerações nebulosas mas impositivas de honra e prestígio. Wilhelm II da Alemanha se espelhava em seu famoso ancestral Friedrich, o Grande, mas mesmo assim foi sarcasticamente chamado de *Guillaume le Timide*, por haver recuado na segunda das duas crises do Marrocos. Gostaria ele de passar outra vez por isso? O que valia

Prólogo: Guerra ou Paz?

para indivíduos era também o caso para nações. Depois da humilhação da derrota para o Japão em 1904-5, a Rússia tinha necessidade premente de se reafirmar como grande potência.

O medo teve papel relevante nas posições adotadas pelas nações em relação às outras e na aceitação por seus líderes e suas políticas da guerra como instrumento de política. A Áustria-Hungria temia desaparecer como potência, a menos que tomasse alguma medida a respeito do nacionalismo sul-eslavo dentro de suas fronteiras, e isso exigia fazer algo a propósito da atração de uma Sérvia sul-eslava e independente. A França temia sua vizinha Alemanha, mais forte econômica e militarmente. Os alemães encaravam apreensivos o leste. A Rússia desenvolvia-se rapidamente e se rearmava. Se a Alemanha não lutasse logo com a Rússia, podia nunca mais ser capaz de fazê-lo. A Inglaterra tinha muito a ganhar com a continuação da paz, mas temia, como sempre temera, que uma única potência dominasse o Continente. Cada potência temia outras, mas temia também seu próprio povo. Ideias socialistas tinham se disseminado pela Europa, e partidos e sindicatos socialistas ameaçavam o poder das velhas classes governantes. Seria o prenúncio de uma revolução violenta, como achavam muitos? O nacionalismo étnico, da mesma forma, era uma força desagregadora na Áustria-Hungria, mas também na Rússia e na Inglaterra, onde a questão irlandesa, nos primeiros meses de 1914, foi, para o governo, uma preocupação maior do que as relações exteriores. Poderia a guerra ser uma ponte para as divisões internas, unindo o público em uma grande onda patriótica?

Finalmente, e isso também é verdadeiro em nossos dias atuais, nunca devemos subestimar o papel cumprido nos assuntos humanos por erros, trapalhadas ou simplesmente inoportunidades. A natureza complexa e ineficiente dos governos russo e alemão significa que os líderes civis não eram totalmente informados sobre planos militares, mesmo quando tinham implicações políticas. Franz Ferdinand, o arquiduque austríaco assassinado em Sarajevo, havia muito se opunha aos que queriam guerra para resolver problemas austro-húngaros. Ironicamente, sua morte tirou de cena o único que podia ser capaz de impedir seu país de declarar guerra à Sérvia desencadeando a reação em cadeia. O assassinato ocorreu no começo das férias de verão. No agravamento da crise, muitos diplomatas, estadistas e chefes militares tinham deixado suas capitais. O ministro do Exterior inglês, Sir Edward Grey, estava observando pássaros. O presidente e o primeiro-ministro franceses viajavam nas duas últimas semanas de julho pela Rússia e pelo Báltico, frequentemente sem contato com Paris.

A Primeira Guerra Mundial – que acabaria com as guerras

Ainda assim, existe o perigo de, ao nos concentrarmos nos fatores que pressionavam em direção à guerra, desconsiderar os que ao contrário, tinham o fito da paz. O século XIX assistiu à proliferação de sociedades e associações que pugnavam por banir as guerras e incentivar alternativas como a arbitragem para solucionar disputas entre nações. Homens ricos como Andrew Carnegie e Alfred Nobel doaram fortunas à promoção do entendimento internacional. Os movimentos trabalhistas e os partidos socialistas do mundo se organizaram na Segunda Internacional, que repetidamente apresentava moções contra a guerra e ameaçava convocar uma greve geral em caso de guerra.

O século XIX foi um tempo extraordinário de progresso na ciência, na indústria e na educação, em grande parte centrado numa Europa cada vez mais próspera e poderosa. Seus povos ligavam-se entre si e com o mundo por comunicações, comércio, investimentos, migração cada vez mais rápidos e pela expansão de impérios oficiais e não oficiais. A globalização mundial de antes de 1914 só se compara à que acontece em nossos dias desde o fim da Guerra Fria. Com certeza, e isso era amplamente admitido, esse novo mundo de interdependência seria capaz de criar novas instituições internacionais e induzir a aceitação de novos padrões universais para comportamento das nações. Relações internacionais já não eram vistas, como no século XVIII, na forma de um jogo em que, se alguém ganhava, alguém tinha de perder. Ao contrário, todos poderiam ganhar, mantida a paz. O uso crescente da arbitragem para resolver disputas entre nações, as frequentes ocasiões em que as grandes potências europeias trabalharam juntas para tratar, por exemplo, de crises envolvendo o decadente Império Otomano, e a criação de uma corte internacional de arbitragem – tudo parecia mostrar que, passo a passo, estavam sendo lançadas as fundações de um modo novo e mais eficiente de conduta dos assuntos internacionais. Guerra, esperava-se, tornar-se-ia coisa obsoleta. Guerra era uma forma ineficaz de resolver disputas. Além do mais, ia se tornando caríssima, tanto em termos de desperdício de recursos dos combatentes quanto na escala dos danos causados por novas armas e tecnologias. Banqueiros alertavam que, mesmo que começasse uma guerra geral, ela teria de ser suspensa em poucas semanas simplesmente porque não haveria como financiá-la.

Grande parte da copiosa literatura sobre os eventos de 1914 compreensivelmente indaga: por que aconteceu a Grande Guerra? Talvez devamos fazer outro tipo de pergunta: por que a longa paz não continuou?

Prólogo: Guerra ou Paz?

Por que os vetores a favor da paz – e eram fortes – não prevaleceram? Afinal, já tinham valido no passado. Por que dessa vez o sistema falhou? Uma forma de obter resposta é ver como as opções da Europa se reduziram nas décadas que antecederam 1914.

—

VOLTEMOS A IMAGINAR OS CAMINHANTES. Começam, como a Europa, numa planície lisa e ensolarada, mas chegam a encruzilhadas onde têm de optar por um caminho ou outro. Embora na época não percebessem as implicações, veem-se percorrendo um vale que vai se estreitando e pode não levar aonde desejam chegar. Podia ser possível tentar encontrar um caminho melhor, mas exigiria esforço considerável – e não está claro o que existe do outro lado dos morros que cercam o vale. Também é possível retroceder, mas isso pode ser muito oneroso, além de levar tempo e talvez causar humilhação. Por exemplo, poderia o governo alemão admitir a si mesmo e ao povo da Alemanha que sua corrida naval com a Inglaterra era não apenas sem sentido, mas também um colossal desperdício de dinheiro?

Este livro traça o caminho percorrido pela Europa até 1914 e ressalta os pontos de inflexão em que suas opções se estreitaram. A decisão francesa de buscar uma aliança com a Rússia para contrabalançar a Alemanha é um deles. A decisão alemã de iniciar uma corrida pelo poder naval com a Inglaterra na década de 1890 é outra. Cautelosamente, a Inglaterra acertou os problemas com a França e, no momento oportuno, com a Rússia. Mas outro momento-chave chegou em 1905-6, quando a Alemanha tentou romper a nova *Entente Cordiale* na primeira crise sobre o Marrocos. A tentativa resultou num tiro pela culatra, e os dois novos amigos ficaram ainda mais ligados e começaram a ter conversações militares secretas que acrescentaram outro fio aos laços entre a França e a Inglaterra. As graves crises que se seguiram na Europa – a crise da da Bósnia em 1908, a segunda crise do Marrocos em 1911 e as Guerras Balcânicas de 1912 e 1913 – agravaram ressentimentos, suspeitas e lembranças que moldaram as relações entre as grandes potências. Esse é o contexto em que decisões foram tomadas em 1914.

É possível romper com o passado e começar de novo. Nixon e Mao, afinal, chegaram à conclusão, no começo dos anos 1970, de que ambos os países se beneficiariam com o fim de cerca de vinte anos de hostilidade. Amizades podem mudar, e alianças se quebram – a Itália o fez no começo da Grande Guerra, quando se recusou a lutar ao lado de seus parceiros da Tríplice Aliança, a Áustria Hungria e a Alemanha – mas, com

A Primeira Guerra Mundial – que acabaria com as guerras

o passar dos anos e com o aumento das obrigações mútuas e das ligações pessoais, isso se torna mais difícil. Um dos argumentos convincentes dos que apoiaram a intervenção inglesa em 1914 foi o fato de a Inglaterra ter induzido a França a contar com sua ajuda, e de que seria desonroso não cumprir o prometido. Entretanto houve tentativas, algumas já em 1913, de potências trocarem seus compromissos nos dois sistemas de aliança. A Alemanha e a Rússia de vez em quando conversaram sobre suas divergências, tal como fizeram Inglaterra e Alemanha, Rússia e Áustria-Hungria, ou França e Alemanha. Seja por inércia, por lembranças de choques no passado ou por medo de traições, sejam quais forem os motivos, as tentativas deram em nada.

Ainda assim, no fim chegamos a alguns generais, a cabeças coroadas, diplomatas e políticos que, no verão de 1914, tinham o poder e a autoridade para dizer "sim" ou "não." Sim ou não à mobilização dos exércitos, sim ou não ao meio-termo, sim ou não a executar os planos elaborados por seus militares. O contexto é crucial para entender por que eram como foram e agiram como agiram. Não podemos, porém, esquecer as personalidades individuais. O Chanceler alemão, Theobald von Bethmann-Hollweg, acabara de perder sua adorada esposa. Terá isso alimentado o fatalismo com que contemplou a eclosão da guerra? Nicholas II da Rússia tinha um caráter fundamentalmente fraco. Por certo isso lhe tornou mais difícil resistir aos generais que queriam a imediata mobilização russa. Franz Conrad von Hötzendorf, Chefe do Estado-Maior dos exércitos austro-húngaros, queria a glória para seu país, mas também a dele próprio, para que pudesse casar com uma mulher divorciada.

Quando finalmente estourou, a guerra foi tão terrível que logo começou uma busca de culpados que se prolonga até hoje. Por meio de propaganda e criteriosa publicação de documentos, cada país beligerante proclamou a própria inocência e apontou o dedo para os outros. A esquerda acusou o capitalismo, os fabricantes e vendedores de armas, os "mercadores da morte." A direita acusou a esquerda ou os judeus ou ambos. Na Conferência de Paz em Paris, em 1919, os vencedores falaram em levar os culpados – o Kaiser, alguns de seus generais e diplomatas – a julgamento, mas no fim nada aconteceu. A questão da responsabilidade continuou relevante porque, se a Alemanha fosse responsável, seria justo pagar reparações. Se não fosse responsável, e essa era a opinião geral na Alemanha e cada vez mais no mundo de língua inglesa, as indenizações e outras penalidades impostas à Alemanha eram profundamente injustas e ilegítimas. Nos anos entre as guerras, a opinião predominante foi a de que, como disse David Lloyd George: "As nações escorregaram pela borda para dentro do caldeirão fervente da guerra sem nenhum vestígio de apreensão ou temor."[4] A Grande Guerra não foi culpa de ninguém ou foi culpa de todos.

Após a Segunda Guerra Mundial, vários historiadores alemães corajosos, liderados por Fritz Fischer, deram mais uma olhada nos arquivos para sustentar que a Alemanha realmente foi culpada e que houve uma sinistra continuidade entre as intenções do último governo de antes da Grande Guerra e Hitler. Também foram contestados, e o debate continua.

A busca provavelmente nunca terminará, e eu própria argumentarei que algumas potências e seus líderes foram mais culpados que outros. A insana determinação austro-húngara de destruir a Sérvia em 1914, a decisão alemã de apoiá-la incondicionalmente, a impaciência russa na mobilização, tudo isso me parece corresponder a maior responsabilidade pela eclosão da guerra. Nem a França nem a Inglaterra queriam guerra, embora se possa alegar que podiam ter se esforçado mais para evitá-la. No fim, porém, creio que a questão mais interessante é saber como a Europa chegou ao ponto, no verão de 1914, em que a guerra ficou mais provável do que a paz. O que os líderes que tomavam as decisões pensaram estar fazendo? Por que naquele momento não recuaram, como já tinham feito antes? Em outras palavras, por que falhou a paz?

A PRIMEIRA GUERRA MUNDIAL

QUE ACABARIA COM AS GUERRAS

Um casamento de família em Coburg, em 1894, mostra as inúmeras conexões entre as famílias reais europeias. A maioria dos que aparecem na foto tem algum grau de parentesco com a Rainha Victoria, sentada na frente com seu habitual vestido negro. O neto dela Wilhelm II, soberano da Alemanha, está sentado à sua esquerda e, atrás dele à esquerda, de quepe, Nicholas, futuro Czar da Rússia, primo de Wilhelm. O filho de Victoria, futuro rei Edward VII, está bem atrás de Nicholas, enquanto a futura czarina, Alexandra, está entre Wilhelm e Victoria.

1
A Europa em 1900

EM 14 DE ABRIL DE 1900, Emile Loubet, presidente da França, falou com entusiasmo sobre justiça e bondade humana ao abrir a Exposição Universal de Paris. Era difícil encontrar alguma bondade nos comentários que então circulavam pela imprensa. As exibições estavam atrasadas, o local não passava de uma confusão de poeira e obras de construção, e quase todos odiaram a gigantesca estátua de mulher que havia na entrada, que tivera como modelo a atriz Sarah Bernhardt em um vestido da moda. Não obstante, a Exposição prosperou e foi um sucesso, com mais de 50 milhões de visitantes.

Em parte a Exposição celebrou, em estilo e conteúdo, as glórias do passado, e cada nação participante exibiu seus tesouros – pinturas, esculturas, livros e documentos raros – e suas atividades nacionais. Assim, o pavilhão canadense mostrou pilhas de peles, o finlandês exibiu várias espécies de madeira, e os portugueses decoraram seu pavilhão com peixes ornamentais. Os pavilhões de muitos países europeus reproduziam grandes construções góticas ou da Renascença, enquanto o da pequena Suíça imitava um chalé. O chinês copiou parte da Cidade Proibida de Pequim, e o Sião (hoje Tailândia) construiu um pagode. O Império Otomano, decadente mas ainda um grande estado, que se estendia dos Balcãs na Europa meridional ao Oriente Médio árabe passando pela Turquia, escolheu um pavilhão que era uma mixórdia de estilos, tal como seus povos, que incluíam cristãos, muçulmanos e judeus, além de muitas etnias diferentes. Com azulejos e tijolos coloridos, arcos, torres, janelas góticas e elementos de mesquitas do Grand

Bazar de Constantinopla (hoje Istambul), a construção fazia lembrar, de modo geral, Hagia Sophia, que fora uma grande igreja cristã e se transformara em mesquita após a conquista otomana.

O pavilhão alemão era encimado pela estátua de um arauto à trombeta, talvez apropriado, tratando-se da mais nova grande potência europeia. No interior havia uma reprodução fiel da biblioteca de Friedrich, o Grande, e sensatamente os alemães não focalizaram suas vitórias militares, muitas delas sobre a França. A fachada do lado oeste, porém, aludia a uma nova rivalidade que se criava entre a Alemanha e o maior poder naval do mundo, a Inglaterra: um painel mostrava um mar tempestuoso em que apareciam sereias chamando e um lema que se dizia ter sido escrito pelo próprio governante alemão, o Kaiser Wilhelm II – "A estrela da fortuna convida os homens corajosos a levantar âncora e lançar-se à conquista dos mares." Por toda parte na exposição havia indicações do rápido fortalecimento do poder de um país que só passara a existir em 1871. O Palácio da Eletricidade continha um gigantesco guindaste vindo da Alemanha, capaz de erguer 25 toneladas.

O Império Austro-Húngaro, amigo mais chegado da Alemanha na Europa, tinha dois pavilhões separados, um para cada metade do que passara a ser conhecido como a Monarquia Dual. O austríaco era uma exaltação ao novo estilo Art Nouveau que se tornava moda na Europa. Querubins e delfins de mármore brincavam em torno de fontes, estátuas gigantescas sustentavam as escadarias, e cada centímetro das paredes parecia coberto de folhas de ouro, pedras preciosas, guirlandas e máscaras alegres e tristes. Um grande salão de cerimônias foi construído à parte para membros da família Habsburg, que havia séculos governava o grande Império estendido do centro da Europa aos Alpes e ao Adriático. A exposição mostrava também obras de poloneses, tchecos e eslavos do sul da costa da Dalmácia, apenas alguns dos muitos povos da Monarquia Dual. Junto ao pavilhão austríaco e separado da exposição da Hungria, havia um prédio menor, representando a pequena província da Bósnia, tecnicamente ainda parte do Império Otomano, mas administrada desde 1878 por Viena. O pavilhão bósnio, maravilhosamente decorado por artesãos de sua capital Sarajevo, parecia, como afirmava o guia publicado pela Hachette, uma debutante sendo trazida ao mundo pela primeira vez por seus pais.[1] (E os bósnios não ficaram particularmente satisfeitos com o comentário.)

———

A Europa em 1900

Na guerra de 1899 a 1902 entre a Inglaterra e as duas repúblicas afrikaners (ou bôeres) independentes na África do Sul, a maior parte do mundo simpatizava com os afrikaners. Lord Kitchener foi alvo de especial condenação internacional por seus métodos brutais para quebrar a resistência afrikaner, destruindo suas fazendas e criações de gado e confinando mulheres e crianças em campos de concentração.

A ATMOSFERA DO pavilhão húngaro era francamente nacionalista. Críticos austríacos disseram com acidez que a arte nacional apresentada era vulgar, e suas cores, muito brilhantes. A exibição tinha também uma reprodução da grande cidadela de Comorn (Komarón) no norte, que impediu o avanço dos otomanos no século XVI quando se expandiram para o norte na direção da Europa. Muito mais recentemente, em 1848, fora defendida pelos nacionalistas húngaros revoltados contra os Habsburgos, mas capitulara ante as forças austríacas em 1849. Outro salão era dedicado aos hussardos, famosos por sua bravura nas lutas contra os otomanos. A mostra não deu muita atenção aos povos não húngaros, croatas e romenos, por exemplo, que viviam dentro das fronteiras da Hungria.

A Itália, como a Alemanha um país novo – e grande potência mais por cortesia do que na realidade – construíra o que parecia ser uma enorme catedral ricamente decorada. Sobre sua cúpula dourada uma águia gigantesca, as asas abertas em triunfo. O interior era repleto de arte da Idade Média e da Renascença, mas as glórias do passado pesavam muito sobre um pobre país novo. A Inglaterra, em contraste, preferiu uma exposição mais modesta, embora ainda dominasse boa parte do comércio e da indústria mundial e tivesse a marinha mais poderosa e o maior Império do mundo. Consistia de uma acolhedora casa de campo projetada pelo jovem e promissor arquiteto Edwin Lutyens com estrutura aparente de madeira no estilo Tudor, onde estavam expostas principalmente pinturas do século XVIII. Alguns proprietários ingleses tinham se recusado a ceder suas obras devido às relações da Inglaterra com a França, tradicionalmente delicadas e em particular tensas em 1900.[2]

A Rússia orgulhava-se de participar da Exposição como aliada favorita da França. As exibições russas eram grandiosas e distribuídas por locais diferentes, variando de um imponente palácio no estilo do Kremlin dedicado à Sibéria a um pavilhão ricamente decorado e com o nome em homenagem à mãe do Czar, a Imperatriz Maria. Os visitantes podiam admirar, entre outras coisas, um mapa da França feito de pedras preciosas presenteadas à França pelo Czar Nicholas II, uma maravilha que revelava a extensão do tesouro dos Romanovs. Os franceses não tinham seu próprio pavilhão; a exposição inteira, afinal, era um monumento à civilização francesa, ao poder francês, à indústria e à agricultura francesas, às colônias francesas. Salão após salão das diferentes mostras salientavam as realizações da França. A seção francesa no Palais des Beaux-Arts era, segundo o guia, um modelo de bom gosto e luxo. A exposição marcava a reafirmação de que a França continuava sendo uma grande potência, embora apenas trinta anos antes tivesse sido fragorosamente derrotada ao tentar impedir o nascimento da Alemanha.

A Exposição Universal era, no entanto, declararam os franceses, um "símbolo de harmonia e paz" para toda a humanidade. Embora as mais de quarenta nações presentes na Exposição em Paris fossem em sua maior parte europeias, os Estados Unidos, a China e diversos países latino-americanos também possuíam pavilhões. Como uma lembrança, porém, de onde ainda morava o poder, grande parte da Exposição mostrava coisas das colônias, com as potências europeias alardeando suas possessões. As multidões ficavam maravilhadas com plantas e animais exóticos, percorriam réplicas de aldeias africanas, viam artesãos da Indochina francesa trabalhando e faziam compras em reproduções de mercados do norte da África. "Dançarinas maleáveis," criticou um observador americano, "contorcem o corpo nos mais ousados movimentos que os adeptos de Terpsicore jamais viram."³ Os visitantes saíam com a certeza de que sua civilização era superior e de que seus benefícios se disseminavam pelo globo.

A Exposição de 1900 celebrou a paz e a prosperidade da Europa, assim como sua supremacia no cenário mundial. Não obstante, as exibições de certa forma insinuavan algumas tensões que acabariam levando ao fim um dos mais longos períodos de calma na turbulenta história da Europa.

A Exposição parecia ser uma forma adequada de assinalar o fim de um século que começara com revoluções e guerras, mas agora se voltava para progresso, paz e prosperidade. A Europa não se livrara inteiramente de guerras no século XIX, mas nada ocorrera que se comparasse aos longos conflitos do século XVIII ou às guerras da Revolução Francesa e, mais tarde, às de Napoleão, que tinham tragado quase todos os países europeus. As guerras do século XIX haviam sido relativamente curtas, como a travada entre a Prússia e o Império Austríaco, que durara apenas sete semanas, e as guerras coloniais que aconteceram longe do solo europeu. (Os europeus deviam ter prestado mais atenção à Guerra Civil Americana, que não só durou quatro anos, como também serviu de alerta de que a tecnologia moderna e o modesto arame farpado e as pás estavam virando para a defesa a vantagem nos combates.) A Guerra da Crimeia, em meados do século, envolvendo quatro potências europeias, fora uma exceção. Na Guerra Austro-Prussiana, na Franco-Prussiana e na Russo-Turca, as demais potências prudentemente mantiveram-se fora do conflito e se esforçaram para restaurar a paz.

Em determinadas circunstâncias, a guerra ainda era vista como opção razoável, se as nações não vislumbrassem outra forma de alcançar seus objetivos. A Prússia não estava disposta a dividir o controle dos estados germânicos com a Áustria, e a Áustria, por sua vez, não se dispunha a abrir mão de tal controle. A guerra que se seguiu resolveu a questão em favor da Prússia. O recurso à guerra era dispendioso, mas não excessivamente. Guerras eram limitadas em tempo e amplitude. Exércitos profissionais lutavam entre si, e os danos aos civis e às propriedades eram mínimos, logicamente se comparados com o que estava por vir. Ainda era possível atacar e vencer batalhas decisivas. A guerra franco-prussiana de 1870-71, porém, como a Guerra Civil Americana, sinalizou que conflitos armados estavam se modificando: conscrições, exércitos maiores e armas melhores e mais precisas com aumento do poder de fogo fizeram com que as forças prussianas e de seus aliados alemães sofressem baixas pesadas nos primeiros ataques aos franceses.

A rendição do exército francês em Sedan não pôs fim à luta. O povo francês, ou boa parte dele, preferiu continuar lutando em uma guerra do povo. Apesar disso, os combates finalmente chegaram ao fim. A França e a nova Alemanha celebraram a paz, e suas relações foram gradualmente restabelecidas. Em 1900, a comunidade empresarial de Berlim enviou uma mensagem à Câmara de Comércio de Paris a propósito da inauguração da Exposição, augurando sucesso para "esse grande empreendimento, destinado a aproximar as nações civilizadas do mundo por meio de atividades comuns a todas."[4] Como acreditavam tantos na Alemanha, o grande número de visitantes alemães esperados em Paris ajudaria a criar melhores relações entre os povos das duas nações.

Todos os povos da Terra se apresentaram na Exposição, conforme informou o guia especial Hachette: "juntaram seus tesouros e maravilhas para nos mostrar artes desconhecidas e descobertas olhadas por cima, e para competir conosco de forma pacífica onde o Progresso não diminuirá seus feitos." Os temas de progresso e futuro tomaram conta de toda a Exposição, desde modernas calçadas rolantes ao cinema em arena circular. Em um dos pavilhões, o Château d'Eau, com suas cascatas de água, repuxos dançantes em fontes com luzes coloridas, o centro era ocupado por uma plataforma gigante onde um grupo alegó-

A Europa em 1900

rico representava a Humanidade conduzida pelo Progresso em direção ao Futuro derrubando o estranho casal Rotina e Ódio.

A Exposição foi não só uma vitrine para cada país, mas também uma homenagem às mais recentes e extraordinárias realizações da civilização ocidental na indústria, no comércio, na ciência, na tecnologia e nas artes. Era possível ver os novos aparelhos de raios-X ou maravilhar-se, como Henry James, no Salão dos Dínamos, mas a descoberta mais entusiasmante de todas foi a eletricidade. O futurista italiano Giacomo Balla mais tarde pôs em suas filhas os nomes Luce e Elettricità, em homenagem ao que viu na Exposição de Paris. (Uma terceira filha foi chamada Elica – hélice – em referência à maquinaria moderna que também admirou.) Camille Saint-Saens compôs uma cantata especial para a Exposição em louvor da eletricidade: *Le Feu Celeste* com orquestra, solistas e coro foi apresentada em um concerto gratuito. O Palácio da Eletricidade flamejou com 5 mil lâmpadas, e em seu topo estava uma Fada da Eletricidade em sua biga puxada por um cavalo e um dragão. Houve ainda dezenas de outros palácios dedicados a diversas atividades importantes da sociedade moderna, tais como maquinaria, mineração e metalurgia, indústrias químicas, transporte público, higiene e agricultura.

———

HAVIA AINDA MAIS, muito mais. A Segunda Olímpíada da era moderna foi disputada nas proximidades, no Bois de Boulogne, como parte da Exposição. Os esportes incluíam esgrima (em que os franceses se saíram muito bem), tênis (vitória inglesa), atletismo (dominado pelos americanos), ciclismo e croquet. Num anexo à Exposição, em Vincennes, se podiam apreciar automóveis novos e assistir a corridas de balões. Raoul Grimoin-Sanson, um dos pioneiros diretores de filmes, subiu em seu próprio balão para filmar do ar a Exposição. Como disse o guia Hachette, a Exposição alcançou "magnífico resultado, constituindo-se em ponto culminante de todo o século – o mais fértil em descobertas, o mais prodigioso nas ciências, o século que revolucionou a ordem econômica do Universo."

Tendo em vista o que estava por acontecer no século XX, tal entusiasmo e tanta complacência nos parecem deploráveis nos dias de hoje, mas em 1900 os europeus tinham bons motivos para estar satisfeitos com o passado recente e confiantes no futuro. Os trinta anos seguintes a 1870 tinham presenciado uma explosão na produção e na riqueza, além de transformações na sociedade e na forma de vida pessoal. Graças

A Primeira Guerra Mundial – que acabaria com as guerras

a alimentos melhores e mais baratos, melhoras na higiene e avanços dramáticos na medicina, os europeus desfrutavam vidas mais longas e saudáveis. Embora a população da Europa tivesse crescido de, talvez, cem para quatrocentos milhões, tal crescimento pôde ser absorvido pela produção crescente da indústria, da agricultura e das importações do mundo inteiro. (E a emigração atuara como válvula de escape para evitar um crescimento de população ainda mais forte – cerca de 25 milhões de europeus deixaram o continente nas duas últimas décadas do século em busca de novas oportunidades nos Estados Unidos, além de outros milhões que foram para Austrália, Canadá e Argentina.)

O número de habitantes das grandes e pequenas cidades da Europa cresceu em decorrência da migração da população rural em busca de oportunidades em fábricas, lojas e escritórios. Às vésperas da Revolução Francesa em 1789, Paris tinha cerca de 600 mil habitantes, mas na época da Exposição já eram 4 milhões. Budapest, capital da Hungria, teve o crescimento populacional mais acentuado: em 1867 eram 280 mil habitantes, e quando eclodiu a Grande Guerra, 933 mil. Como decresceu o número de europeus que viviam da agricultura, as classes trabalhadoras da indústria e as classes médias aumentaram. Trabalhadores se organizaram em sindicatos, legais em muitos países no fim do século. Na França, o número de operários sindicalizados quintuplicou nos quinze anos anteriores a 1900 e chegou a um milhão pouco antes da Grande Guerra. Reconhecendo a crescente importância dessa classe, a Exposição mostrou modelos de casas para operários e projetos de organizações destinadas a promover seu desenvolvimento moral e intelectual.

Alfred Picard, o engenheiro que organizou a Exposição, aconselhou os visitantes a começar pelo Palácio de Ensino e Educação. Instrução, disse ele, era a fonte de todo o progresso. O palácio apresentava currículos e métodos de ensino para uso desde escolas para crianças à universidade na França e em outros países. Segundo o guia Hachette, a exibição dos Estados Unidos valia a pena ser visitada para conhecer os curiosos métodos de ensino adotados pelos americanos (não especificava quais seriam). Havia mostras especiais de educação técnica e científica e aulas noturnas para adultos. Com as mudanças econômicas na Europa, todos os países constataram que precisavam de uma população mais bem instruída. O fim do século XIX viu difundidos a alfabetização e o estudo em âmbito universal. Às vésperas da Grande Guerra, até a Rússia, amplamente vista como a potência mais retrógrada da Europa, tinha quase metade de suas crianças que moravam em grandes e pe-

A Europa em 1900

quenas cidades frequentando escolas de ensino fundamental e 28% no meio rural. O objetivo era alcançar os 100% até 1922.

O aumento do número de bibliotecas públicas e da educação de adultos estimulou a leitura, e editores responderam ao novo mercado de leitores do povo com histórias em quadrinhos, livros de ficção e de suspense e histórias de aventura como as de faroeste. Surgiram os jornais que alcançavam a massa da população, com suas manchetes bombásticas e uso abundante de ilustrações. Em 1900, o *Daily Mail* de Londres atingiu uma tiragem superior a um milhão. Tudo isso contribuía para ampliar os horizontes dos europeus e fazê-los se sentirem parte de comunidades mais amplas do que aquelas em que tinham vivido seus antepassados. Onde no passado, em sua maioria, os europeus se sentiam membros de sua cidade ou aldeia, agora cada vez mais se sentiam alemães, franceses ou ingleses, parte de algo chamado uma nação.

Não havia em Paris exibições dedicadas à arte de governar, mas muitas mostravam o crescente número de coisas que os governos realizavam, desde obras públicas ao bem-estar dos cidadãos. Governar na nova Europa era tarefa mais difícil do que fora trinta anos antes, porque a sociedade agora era mais complicada. A disseminação da democracia e a extensão do direito de voto significavam exigências cada vez maiores do público. Nenhum governo desejava cidadãos descontentes. As lembranças de muitas revoluções na Europa estavam bem frescas. Ademais, a iniciativa tomada por muitos exércitos, com exceção do inglês, de adotar a conscrição de jovens por certo número de anos significava que a classe governante tinha que depender da cooperação e da boa vontade das massas. Como disse o Príncipe Yvgeny Trubetskoy, um dos mais inteligentes aristocratas russos, "é impossível governar contra o povo quando é necessário depender dele para defender a Rússia."[5]

Os governos estavam descobrindo que era preciso proporcionar mais do que segurança básica às suas populações. Isso se devia, em parte, à necessidade de evitar conflitos sociais, mas também visava assegurar uma força de trabalho mais sadia e bem instruída para a economia e para as forças militares. Na Alemanha, seu grande chanceler, Otto von Bismarck, foi o pioneiro do moderno estado voltado ao bem-estar social na Alemanha, ao adotar iniciativas como seguro-desemprego e pensões para idosos já na década de 1880, e seu exemplo foi seguido em toda a Europa. Os governos também constataram que precisavam estar mais bem informados – as estatísticas tinham se tornado instrumento importante no fim do século XIX – se quisessem governar com eficiência.

A Primeira Guerra Mundial – que acabaria com as guerras

Os governos precisavam de servidores capacitados. Os antigos métodos amadorísticos em exércitos e na burocracia, onde os jovens eram selecionados com base em família e conexões, já não satisfaziam. Oficiais que não sabiam ler mapas, ou não entendiam de tática e logística, não podiam comandar exércitos modernos e cada vez maiores. Escritórios no exterior não mais podiam abrigar adequadamente cavalheiros que gostavam de se intrometer em relações exteriores. O surgimento do novo e imprevisível fator opinião pública sinalizou que os governos não mais podiam conduzir livremente as relações exteriores.

Melhores comunicações, inclusive os novos e baratos serviços públicos de correio e telégrafo, aproximaram os europeus e reforçaram sentimentos nacionalistas, mas também lhes permitiram saber o que acontecia em outros países. Viagens mais fáceis e baratas também ajudaram. Nas cidades, os veículos tracionados por cavalos gradualmente davam lugar a novos meios de transporte, como os trens elétricos. A primeira linha do metrô de Paris foi inaugurada a tempo da Exposição (e os batedores de carteira do metrô também). Redes de ferrovias e canais surgiram em toda a Europa, e as linhas de navio a vapor cruzavam os oceanos. Em 1850, havia apenas 22 mil km de linhas de trem em todo o continente. Em 1900, a rede atingia 290 mil. Os visitantes da Exposição de Paris vieram de toda a Europa e até de mais longe, como os milhares de americanos que chegaram a Paris naquele verão. Aconteceu um novo fenômeno, o turismo de massa. Antes se viajava por prazer, e só os ricos e desocupados o faziam – basta lembrar as grandes excursões que jovens da nobreza faziam no século XVIII – mas agora, viajar estava ao alcance da classe média e até de classes trabalhadoras mais prósperas. Na década de 1840, um inglês empreendedor, Thomas Cook, começou a usar as novas ferrovias para organizar viagens de associações que combatiam o consumo de bebidas alcoólicas. No fim do século, a firma Thomas Cook & Son organizava viagens para milhares de turistas por ano. Em 1900, logicamente a empresa se dedicou a um programa oficial de visitas a Paris e à Exposição.

A Europa começava a se parecer mais com o mundo que conhecemos. Cidades se livravam de suas velhas favelas e ruelas, construindo vias mais largas e criando espaços públicos. Em Viena, o governo abriu o desenvolvimento das faixas de terra que defendiam as vias de acesso às muralhas da cidade velha. A Ringstrasse, com seus maciços prédios públicos e elegantes blocos de apartamentos, se transformou em símbolo da nova e moderna cidade. No fim do século, Viena, como outras

A Europa em 1900

cidades europeias, estava mais limpa e saudável, muito mais iluminada com as luzes elétricas que substituíram os lampiões a gás. Qualquer um ficaria surpreso ao voltar a uma das grandes cidades europeias, declarou Stefan Zweig, o famoso escritor austríaco em sua autobiografia. "As ruas estão mais largas e bem tratadas, os prédios públicos, mais imponentes, e as lojas, mais elegantes."[6] Melhoramentos menos visíveis, como melhor drenagem de águas, banheiros no interior das casas e abastecimento de água limpa significavam que antigas doenças, como tifo e cólera, comuns no passado, começavam a desaparecer. Na Exposição de 1900, o Palais de l'Hygiène mostrou novos sistemas de aquecimento e ventilação para edifícios públicos como hospitais, e um salão especialmente voltado para a erradicação de doenças tinha um busto do Grande Louis Pasteur no lugar de honra. (Um visitante canadense, disse que "teria apreciado mais essas exibições se não houvesse tantos franceses horrendos em volta.")[7]

Em outra mostra, sobre tecidos e roupas, os franceses exibiram o trabalho de seus melhores costureiros, como também roupas para pronta entrega que colocaram a moda ao alcance do consumidor da classe média. Novos bens de consumo – bicicletas, telefones, linóleo, além de jornais e livros baratos – estavam se tornando parte da vida diária. Grandes e novas lojas de departamentos e compras por catálogo punham os bens ao alcance de quem pudesse pagar por eles e isso acontecia com os europeus em escala cada vez maior. Graças à produção em massa, artigos que antes eram bens de luxo agora estavam ao alcance de famílias comuns. Na década de 1880, as fábricas alemãs produziam 73 mil pianos por ano. Agora, diversões e entretenimento público eram mais baratos e mais sofisticados. A crescente exibição de filmes levou à construção de salas especiais de cinema, muitas delas com maravilhosa decoração. Os franceses também tinham seus cafés-concerto, onde, pelo preço de um drinque ou de um café, os frequentadores podiam ouvir uma ou duas cantoras, talvez assistir a um comediante e até apreciar dançarinos. Na Inglaterra, as casas públicas de diversão, com suas luzes brilhantes, metais reluzentes, poltronas muito bem estofadas e papel de parede, trouxeram um toque de glamour às jornadas noturnas de membros das classes mais modestas.

Os europeus também comiam muito melhor. Um dos palácios da Exposição mostrava as maravilhas da agricultura e dos alimentos franceses, como também uma escultura colossal glorificando uma garrafa de champanhe. Outros, como o Palais de l'Horticulture Étrangère, mostra-

A Primeira Guerra Mundial – que acabaria com as guerras

vam alimentos de todo o mundo. Os europeus estavam se acostumando com abacaxis dos Açores, carneiro e cordeiro da Nova Zelândia e carne da Argentina, transportados em novos navios com sistema de refrigeração e embalados em latas de conservas. (A sopa em lata Campbell ganhou a medalha de ouro na Exposição de Paris.) Aperfeiçoamentos nas práticas agrícolas e abertura de novas terras para a agricultura em todo o mundo, como também transportes mais rápidos e baratos, provocaram uma queda de quase 50% no preço dos alimentos no último terço do século. A vida era boa, especialmente para a classe média.

Stefan Zweig, com dezenove anos em 1900, deixou registrada uma imagem de sua alegre juventude. Sua família, próspera e tolerante, permitia que fizesse o que mais lhe agradasse na universidade em Viena. Era pouco aplicado nos deveres acadêmicos, mas lia muito. Estava começando sua carreira de escritor, publicando poemas e seus primeiros artigos. No último que tinha escrito, *The World of Yesterday*, resolveu chamar o tempo de sua mocidade que antecedeu a Grande Guerra de "Idade de Ouro da Segurança." O mundo das classes médias, em particular, era exatamente o da monarquia dos Habsburgos, parecendo estável e permanente. As economias estavam seguras, e propriedade era algo que podia ser passado com segurança de uma geração para outra. A humanidade, particularmente na Europa, se alçava claramente para um nível mais elevado de desenvolvimento. As sociedades estavam se tornando não somente cada vez mais prósperas e mais bem organizadas, mas seus membros também se tornavam mais generosos e racionais. Para os pais de Zweig e seus amigos, o passado era algo a ser lamentado, enquanto o futuro se anunciava cada vez mais brilhante. "As pessoas eram capazes de acreditar mais em bruxas e fantasmas do que na possibilidade de recaídas bárbaras, como guerras entre as nações da Europa. Nossos antepassados estavam firmemente convencidos do poder infalivelmente agregador da tolerância e da conciliação."[8] (No começo de 1941, Zweig, então exilado no Brasil, enviou seu manuscrito a seu editor. Poucas semanas depois, ele e sua segunda esposa cometeram suicídio.)

A "Idade de Ouro da Segurança" de Zweig e os sinais do progresso que ocorria antes da Grande Guerra eram mais pronunciados na Europa ocidental (incluindo a nova Alemanha) e em partes mais desenvolvidas da Áustria-Hungria, como os territórios alemães e tchecos. As grandes potências, combinando riqueza, território, influência e poder militar, ainda eram todas europeias: Inglaterra, França, Alemanha, Áustria-Hungria e Itália. Na parte oriental do continente, a Rússia, nação que

A Europa em 1900

sempre fora vista como não exatamente europeia começava sua dramática ascensão ao patamar de potência mundial. Vista no Ocidente como ainda estacionada no século XVI, a Rússia estava, na verdade, no limiar de uma decolagem econômica e talvez política também. As exibições russas na Exposição de Paris incluíram uma homenagem obrigatória às glórias da história e da civilização russas, mas também mostraram locomotivas, máquinas e armas. Em pavilhão voltado exclusivamente para a Rússia na Ásia, os visitantes podiam se acomodar em vagões de trem que deslizavam suavemente para a frente e para trás, dando a ilusão de movimento, enquanto passava diante de seus olhos um cenário pintado mostrando o vasto território russo no Oriente. A mensagem era de que uma nova Rússia estava adquirindo novas colônias, interligando-as pela Ferrovia Transiberiana e levando a elas os avanços da civilização moderna, inclusive a tecnologia para exploração de seus ricos recursos naturais.

Isso era não apenas pretensão russa. A partir de 1880, o desenvolvimento da Rússia tinha sido extraordinário, sob todos os ângulos. Como outras histórias de sucesso que ocorreram mais tarde – por exemplo, o fenômeno dos Tigres Asiáticos após a Segunda Guerra Mundial – a Rússia passava de uma economia basicamente agrícola para industrial. A média de crescimento de 3,35% ao ano da Rússia equivalia ou superava o dos países líderes do mundo, como a Inglaterra e os Estados Unidos, quando estes últimos alcançaram patamar semelhante. Embora a guerra com o Japão e as subsequentes revoltas em 1905 tivessem atrasado o país, o desenvolvimento russo foi logo retomado nos anos anteriores à Grande Guerra. Em 1913, a Rússia era o maior produtor agrícola da Europa, e sua indústria se aproximava rapidamente daquela de outras potências industriais. Às vésperas da guerra, sua produção industrial era a quinta do mundo.[9] Tudo indicava que a sociedade e a política russas caminhavam em rumo mais liberal.

O que teria acontecido com a Rússia se não houvesse a Grande Guerra? Ou se de algum modo tivesse conseguido não se envolver no conflito? Teria acontecido uma revolução em 1917? Sem a guerra e o colapso do velho regime, os bolcheviques, um grupo revolucionário e sectário, teriam assumido o poder e imposto sua férrea doutrina? Nunca saberemos, mas não é difícil imaginar para a Rússia um caminho diferente, menos sangrento e ruinoso na idade moderna. Também podemos ser tentados a imaginar um futuro diferente para a Europa. Em 1900 havia muito a comemorar, e assim procederam suas outras gran-

A Primeira Guerra Mundial – que acabaria com as guerras

des potências. A Inglaterra ainda vivia segura e próspera, embora tivesse rivais em todo o mundo e na Europa. A França parecia ter deixado para trás décadas de revoluções e revoltas políticas e se recuperara da humilhante derrota para a Prússia e seus aliados alemães na guerra de 1870-71. A Alemanha, economia que mais crescia na Europa, estava rapidamente espalhando sua influência para leste e para o sul por meio do comércio e de investimentos. Parecia fadada a se tornar a central de força no coração da Europa – e sem precisar empregar seu poderoso exército, "como fizera no fim do século XIX." A Áustria-Hungria sobrevivera, o que já era uma vitória, e as diversas nacionalidades que englobava desfrutavam os benefícios de fazerem parte de uma unidade política e econômica maior. A Itália gradualmente se industrializava e modernizava.

As mostras das colônias na Exposição evidenciavam o extraordinário poder que parcela muito pequena do mundo acumulara nos séculos anteriores. Os países da Europa dominavam formalmente grande parte da superfície da Terra por seus impérios ou exerciam controle informal do restante do globo empregando seu poder econômico, financeiro e tecnológico. Ferrovias, portos, cabos de telégrafo, linhas de navios a vapor, fábricas em todo o mundo eram construídas usando conhecimento e recursos financeiros europeus, geralmente administrados por empresas da Europa. Sua supremacia crescera drasticamente no século XIX, acompanhando as revoluções científica e industrial e proporcionando margem de vantagem sobre outras sociedades. Na primeira Guerra do Ópio no fim da década de 1830, entre Inglaterra e China, os ingleses empregaram um navio com casco blindado (apropriadamente chamado Nemesis) contra uma marinha chinesa ainda equipada com juncos que por séculos vinham satisfazendo suas necessidades. Em 1800, antes que a diferença entre os níveis de evolução se acentuassem, a Europa controlava aproximadamente 35% do mundo. Em 1914, esse controle atingia 84%.[10] É verdade que o processo nem sempre fora pacífico, e várias vezes as potências europeias estiveram à beira da guerra pela posse dos espólios. Em 1900, contudo, as tensões decorrentes do imperialismo pareciam ter amainado. Não restava muito a ser dividido na África, no Pacífico e na Ásia, e havia, ou assim parecia, uma concordância geral de que não ocorreria disputa repentina por territórios de países em fase de declínio, como a China e o Império Otomano, por mais que sua debilidade despertasse a tentação dos imperialistas.

Diante de tanto poder e prosperidade e da constatação de tanto pro-

A Europa em 1900

gresso em tantos campos no século anterior, por que a Europa jogaria fora tudo isso? Muitos europeus, como os pais de Stefan Zweig, consideravam simplesmente impossível um conflito armado provocado por negligência e insensatez. A Europa era demasiadamente interdependente e suas economias estavam muito interligadas para deixar-se envolver em uma guerra. Não seria racional, atributo muito prezado na época.

A evolução do conhecimento durante o século XIX em tantos campos, da geologia à política, assegurara, como era amplamente reconhecido, muito mais racionalidade nas relações humanas. Quanto mais os seres humanos aprendiam sobre si mesmos, sobre a sociedade e a essência do mundo, mais adotariam decisões baseadas em fatos e não em emoções. Na época, a ciência – inclusive as novas ciências sociologia e política – deixaram tudo o que se precisava saber ao alcance de todos. "A história da humanidade é parte indispensável da história natural," escreveu Edward Tylor, um dos pais da moderna antropologia, "nossos pensamentos, desejos e ações obedecem a leis tão claras quanto as que governam o movimento das ondas, a combinação de ácidos e bases e o crescimento das plantas e dos animais."[11] Ligada a essa fé na ciência – ou positivismo, como se costumava dizer na época – havia idêntica crença no progresso, que frequentemente os europeus escreviam com inicial maiúscula, Progresso. Acreditava-se que a evolução humana era linear, mesmo que nem todas as sociedades estivessem no mesmo estágio. Herbert Spencer, naqueles dias o filósofo inglês mais lido mundo afora, alegava que as leis da evolução se aplicavam às sociedades humanas tanto quanto às espécies. Além disso, em geral se admitia que o progresso beneficiava a todos. As sociedades mais avançadas eram melhores em todas as esferas: arte, instituições políticas e sociais, filosofia e religião. As nações europeias estavam manifestamente na liderança (embora pudesse haver discordâncias quanto à prevalência entre elas). Outros países, de que os velhos domínios do Império Britânico de descendência europeia eram bom exemplo, logo as acompanhariam. A Exposição despertou grande interesse pelas exibições do Japão, uma vez que, de acordo com o guia, o país se adaptara com fantástica rapidez ao mundo moderno. O Japão passara a ser um ator nas relações internacionais, se não em termos globais, pelo menos certamente na Ásia.

Outro desafio ao domínio europeu vinha do Ocidente, do Novo Mundo. Quando inicialmente os Estados Unidos foram deixados de fora da lista de pavilhões importantes ao longo do Sena, o chefe de sua representação, um rico homem de negócios de Chicago, explicou por

A Primeira Guerra Mundial – que acabaria com as guerras

que não considerava isso justo. "Os Estados Unidos se desenvolveram tanto que merecem um lugar de destaque entre as nações da Terra, no patamar mais elevado de todas as civilizações adiantadas."[12] Em 1900 os Estados Unidos já estavam recuperados da Guerra Civil. Seu governo esmagara o que restara da resistência dos índios e completara o domínio americano sobre seu território. Choviam imigrantes para trabalhar em suas fazendas, fábricas e minas, e a economia americana se expandia rapidamente. Enquanto a Inglaterra liderara a primeira revolução industrial no século anterior, o XIX, baseada em carvão, máquina a vapor e ferro, os Estados Unidos tomaram a dianteira no fim do século, graças à sua rede de eletricidade e à ilimitada capacidade de inovação tecnológica. Em 1902, as siderúrgicas americanas produziam mais ferro e aço do que a Alemanha e a Inglaterra juntas. As exportações dos Estados Unidos, de cigarros a maquinaria, triplicaram entre 1860 e 1900. Em 1903, o país respondia por 11% do comércio mundial, e essa participação crescia a cada ano.

Na Exposição, o pavilhão americano, que afinal foi construído em posição privilegiada à margem do rio, era uma reprodução do Capitólio em Washington, tendo na cúpula uma gigantesca escultura mostrando a Liberdade na Carruagem do Progresso, puxada por quatro cavalos. O correspondente do *New York Observer*, descreveu a mostra americana para seus leitores: obras soberbas de escultores americanos como Augustus Saint-Gaudens, magníficas vitrines de joias de Tiffany & Company e relógios de pulso, bolso e parede tão bons quanto os suíços. Poucas exposições de Londres e Paris, disse com certa dose de arrogância, se aproximam da perfeição dos trabalhos em ouro e prata exibidos pelos Estados Unidos. Havia, também, exemplos da tecnologia americana – máquinas de costura Singer, máquinas de escrever, enormes geradores elétricos – e de matérias-primas – cobre, trigo e ouro – que chegavam em grandes quantidades aos mercados mundiais. "Muito se fez," registrou desvanecido o repórter, "para causar profunda impressão em milhões de visitantes e mostrar o poder, a riqueza, os recursos e os anseios dos Estados Unidos."[13] Em sua opinião, comparativamente a Exposição de Paris ficava ofuscada pela Feira Mundial de Chicago de 1893.[14] É um exemplo do que era a nova e autoconfiante América e do crescente nacionalismo americano, ansiando assumir papel mais relevante no mundo.

Chegara a hora, como argumentaram historiadores do porte de Frederick Jackson Turner, de fazer a América deixar suas praias e estender sua influência às ilhas próximas e a outras nações. A história sobre o

A Europa em 1900

"destino manifesto" dos Estados Unidos no mundo encontrou muitos ouvidos atentos, desde homens de negócios em busca de novos mercados até evangélicos ávidos por almas a salvar. Enquanto os americanos não viam sua expansão como imperialista – ao contrário das potências europeias – de alguma forma o país adquirira novos territórios e esferas de influência. No Pacífico marcara sua presença no Japão e na China e colocara sob sua asa um grupo de pequenas ilhas, cujos nomes – Guam, Midway, Wake – ficariam famosos na Segunda Guerra Mundial. Em 1889, os Estados Unidos se envolveram em complicada disputa com a Alemanha e a Inglaterra sobre o compartilhamento das ilhas Samoa e, em 1898, anexaram as ilhas havaianas. Em consequência da Guerra Hispano-Americana no mesmo ano, os Estados Unidos viram-se com o controle das Filipinas, de Puerto Rico e de Cuba. A América Central e o Caribe se transformaram em importante quintal quando os investimentos passaram a fluir na direção sul. Em 1910, os americanos dominavam território mexicano maior do que os próprios mexicanos. No norte, o Canadá continuou sendo uma tentação para os partidários das anexações.

A presença americana cada vez maior no mundo causou, em primeiro lugar, a indesejada constatação de que os Estados Unidos teriam de gastar para organizar uma marinha moderna e, mais ainda, que pudesse operar tanto no Atlântico quanto no Pacífico. Em 1890, quando até o pequeno Chile possuía marinha mais poderosa que a dos Estados Unidos, o Congresso aprovou com relutância a construção dos três primeiros encouraçados americanos. O fortalecimento gradual do poder militar americano foi acompanhado por crescente determinação do país em assegurar seus direitos perante outras nações. Em 1895 o novo secretário de Estado, Richard Olney, elevou o nível dos representantes do país no exterior para embaixador, a fim de poderem falar de igual para igual com seus colegas diplomatas. No mesmo ano, o determinado e combativo Olney interveio na disputa da Inglaterra com a Venezuela a respeito da fronteira com a colônia inglesa da Guiana, advertindo Salisbury, primeiro-ministro inglês: "Hoje os Estados Unidos são praticamente soberanos neste continente, e sua ordem é lei no que se refere a assuntos que exijam sua intervenção," declarou Olney, acrescentando que "seus ilimitados recursos, combinados com sua posição isolada, o tornam senhor da situação e praticamente invulnerável a alguma ou todas as potências." Salisbury ficou aborrecido, mas a Inglaterra já tinha problemas suficientes em outras partes e se satisfez aceitando a arbitragem para a questão. Quando os Estados Unidos arrebataram Cuba e

A Primeira Guerra Mundial – que acabaria com as guerras

Puerto Rico da Espanha na guerra de 1898, mais uma vez a Inglaterra nada fez. Nos anos seguintes, a Inglaterra renunciou ao interesse pela construção de um canal pelo istmo do Panamá e retirou a esquadra do Caribe para suas águas territoriais, concedendo, na prática, a supremacia na região aos Estados Unidos.

O homem que melhor exemplificou essa nova posição dos Estados Unidos foi Theodore Roosevelt, cujo primeiro e mais bem sucedido projeto foi ele mesmo. Criança raquítica e desinteressante, se projetou por meio de firme determinação como corajoso caubói fanfarrão, explorador, aventureiro e caçador (a expressão "teddy bear" foi criada em alusão a ele). Também foi herói da Guerra Hispano-Americana em razão da carga na colina de San Juan, embora muitos que o criticavam comentassem que em suas memórias deu a impressão de ter vencido a guerra sozinho. Henry James referiu-se a ele como "apenas a monstruosa encarnação de um grande falastrão sem precedente," apelidando-o de Theodore Rex. Roosevelt era movido por ambição, idealismo e vaidade. Como disse sua filha em famoso comentário: "Meu pai sempre quis ser o morto em todos os funerais, o noivo em todos os casamentos e o bebê em todos os batismos." Em setembro de 1901, tornou- se presidente quando um anarquista matou a tiros o Presidente William McKinley. Roosevelt adorava o cargo – o *"bully pulpit"* – e tinha um prazer especial em conduzir a política exterior americana.[15]

Como muitos de seus compatriotas, acreditava que os Estados Unidos deviam ser a força do bem no mundo, promovendo a disseminação da democracia, do livre-comércio e da paz, que via como requisitos interdependentes. Em sua primeira mensagem ao Congresso, afirmou: "Queiramos ou não, devemos, a partir de agora, reconhecer que nossos deveres internacionais não são menores do que nossos direitos." Também deixou claro que sob sua liderança os Estados Unidos respaldariam com energia seus interesses, querendo dizer que devia ter uma poderosa marinha. "Nenhum aspecto de nossa política, externa ou interna, é mais importante do que essa disposição para o bem-estar material e moral, e, sobretudo, para a paz de nosso país no futuro." Roosevelt sempre fora fascinado por navios e pelo mar (tanto quanto seu contemporâneo, o Kaiser Wilhelm II da Alemanha) e honrou o que prometera. A marinha americana, que em 1901, quando Roosevelt se tornou vice-presidente, tinha onze encouraçados, em 1913 dispunha de trinta e seis e era a terceira maior marinha do mundo, depois da Alemanha e da Inglaterra. O crescimento econômico dos Estados Unidos

A Europa em 1900

Rússia e Japão, exaustos de guerra, aceitaram a proposta de mediação apresentada pelo presidente Theodore Roosevelt no sentido de chegarem a um tratado de paz. Seus representantes – à esquerda da foto o primeiro-ministro russo, Sergei Witte, e o Barão Roman Rosen, embaixador russo nos Estados Unidos; à direita, o primeiro-ministro japonês, Jutaro Komura e o embaixador Kogoro Takahira – se reuniram na base naval americana em Portsmouth, New Hampshire. Roosevelt está no meio da foto, no papel de alguém que desejava uma política exterior mais ativa e uma posição mais destacada dos Estados Unidos no mundo.

e de seu poder militar preocupava os europeus. Enquanto os ingleses preferiam a acomodação, o Kaiser Wilhelm eventualmente mencionava a necessidade de as potências europeias se unirem para enfrentar os desafios que via com a ascensão do Japão e dos Estados Unidos, juntos ou cada um isoladamente. Frequentemente contraditório, o Kaiser também falava algumas vezes em se aliar aos Estados Unidos contra o Japão. A perspectiva de os Estados Unidos interferirem cada vez mais nos assuntos europeus no século seguinte e, mais que isso, participarem de grandes guerras na Europa não uma vez apenas, mas duas, parecia inacreditável para o Kaiser, tal como seria para a maioria dos europeus e para os próprios americanos.

O século que recém chegara ao fim mostrara nitidamente que o mundo europeu, em especial, estava se afastando da guerra. Com raras exceções, as grandes potências tinham se reunido desde as Guerras Napoleônicas no Concerto da Europa, a fim de administrar as questões internacionais de interesse dos europeus. Os estadistas à testa das potências tinham se habituado às consultas recíprocas, e comitês constituídos por seus embaixadores se reuniam com frequência para tratar de assuntos de maior urgência, tais como as dívidas do governo otomano com interesses no exterior. O Concerto funcionara com sucesso na preservação da longa paz na Europa que vigorava desde 1815, assegurando o cumprimento de tratados, exigindo respeito aos direitos das nações, encorajando a solução pacífica de divergências e, quando necessário, impondo a ordem em nações de menor expressão. O Concerto da Europa não era uma instituição formal, mas um bem organizado instrumento de condução das relações internacionais que serviu muito bem a várias gerações europeias.

O progresso caminhara lado a lado com a paz, fazendo com que a Europa de 1900 fosse bem diferente daquela de um século antes, infinitamente mais próspera e, ao menos em aparência, muito mais estável. As reuniões realizadas no Palácio do Congresso durante a Exposição de Paris refletiram a esperança geral de que o futuro seria ainda mais brilhante. Foram realizados mais de 130 eventos distintos, inclusive discussões sobre a condição e os direitos da mulher, socialismo, combate a incêndios, vegetarianismo e filosofia.[16] O 9º Congresso Internacional da Paz, que lá se reuniu, conquistou o Grande Prêmio da Exposição pelo trabalho realizado. "O mundo inteiro estava dominado por um clima de alegre despreocupação," escreveu Zweig, "pois, afinal, o que poderia interromper esse crescimento, o que poderia se interpor no caminho do dinamismo que, de sua própria impulsão, extraía mais força? A Europa nunca fora tão forte, rica e bela, jamais acreditara com tanto fervor em um futuro ainda melhor..."[17]

Sabemos hoje, obviamente, que tal crença no progresso e na razão lamentavelmente era equivocada, que os europeus de 1900 caminhavam firmemente na direção de uma crise em 1914 que não saberiam solucionar, com terríveis consequências: duas guerras mundiais e palco de outras menores, crescimento de movimentos totalitários tanto de direita quanto de esquerda, conflitos selvagens entre diferentes nacionalidades e atrocidades em escala inimaginável. Foi o triunfo não da

A Europa em 1900

razão, mas de seu oposto. A maioria dos europeus, porém, não percebia que estava brincando com fogo. Devemos lembrar que naquela época os europeus não tinham como saber o que estava por acontecer e em sua maior parte não notavam que eles e seus líderes estavam tomando decisões e dando passos que reduziam as opções e, por fim, destruiriam a paz que desfrutavam. Devemos tentar compreender as pessoas que viveram um século atrás. Tanto quanto possível, devemos notar que em sua mente alimentavam lembranças, temores e esperanças. E quais seriam as suposições que faziam caladas, as crenças e os valores que não se preocupavam em discutir porque todos compartilhavam os mesmos pensamentos? Por que não viram os perigos que as envolveram nos anos que levaram à crise de 1914?

Para ser justo com o mundo desorientado de 1900, nem todos os europeus compartilhavam a confiança geral no futuro da humanidade e sua racionalidade. A Exposição de Paris pode ter celebrado aqueles dois pilares do pensamento do século que findava, a crença no progresso e no positivismo, acreditando que a ciência resolveria todos os problemas, mas tais premissas estavam sob ataque. Cada vez mais as bases da alegação de que a ciência revelaria um universo em que tudo funcionava de acordo com leis naturais estavam sendo solapadas. O trabalho de Albert Einstein e seus companheiros físicos sobre partículas atômicas e subatômicas indicava que ocorrências imprevisíveis e aleatórias se escondiam por trás do mundo material. A realidade não era a única coisa a ser considerada. Isso também era racionalidade. Psicólogos e novos sociólogos mostravam que os seres humanos eram mais influenciados por forças inconscientes do que até então se supunha. Em Viena, o jovem Sigmund Freud criara a nova prática da psicanálise para penetrar no inconsciente humano e, no mesmo ano em que aconteceu a Exposição, publicou *The Interpretation of Dreams*. O trabalho de Gustave Le Bon sobre como as pessoas se comportam de modo inesperado e irracional quando estão em grupos causou, naquela época, profunda impressão e até hoje é utilizado, entre outras instituições, nas forças armadas americanas. Seu livro sobre psicologia de multidões, publicado em 1895, se transformou em sucesso popular e foi quase imediatamente traduzido para o inglês.

A Exposição de Paris também comemorou o progresso material, igualmente questionável. Embora Karl Marx defendesse a destruição do capitalismo por meio da eliminação de velhas sociedades e da criação de novas organizações sociais e novos métodos de produção industrial que, em última análise, beneficiariam os pobres e oprimidos, muitos adeptos da direita e da esquerda deploravam o processo. Ao grande sociólogo francês Emile Durkheim preocupava o desaparecimento das antigas comunidades rurais que ocorria com a migração de pessoas para as grandes cidades. Outros, como Le Bon, questionava se razão e senso humanitário poderiam sobreviver na sociedade de massa. Acreditando na razão, Pierre de Coubertin, criador dos Jogos Olímpicos modernos, valorizava tanto o esporte que o via como fator de evolução, proporcionando a homens e mulheres meios para se proteger dos efeitos entorpecedores e niveladores da civilização moderna e democrática.[18] Não estaria a vida andando depressa demais? Os médicos tinham descoberto uma nova doença, a neurastenia, exaustão nervosa que atribuíam ao ritmo febril e às tensões da vida moderna.[19] Um americano em visita à Exposição ficou impressionado com a quantidade de novos automóveis que circulavam em Paris. "Eles voam pelas estradas e zunem pelas ruas como se fossem relâmpagos, ameaçando tomar o lugar das carruagens, em particular onde o tráfego é mais pesado."[20] Na própria Exposição os visitantes caminhavam cheios de cuidados para lá e para cá nas esteiras rolantes e muita gente se reunia para apreciar as quedas, que eram frequentes.

Seria a sociedade europeia realmente superior a todas as demais? Estudiosos familiarizados com a história de China e da Índia, por exemplo, contestavam a premissa de a Europa estar à testa da civilização e salientavam que aqueles dois países tinham alcançado alto patamar no passado, embora parecessem em declínio. O fato é que progresso podia não ser linear. Na verdade, as sociedades podiam, ao contrário, ter ciclos de avanços e recuos e não necessariamente melhorar sempre. Afinal, o que vem a ser civilização? Seriam as realizações do Ocidente de fato superiores às de outras partes do mundo e de outros tempos? O guia da Exposição realçava a exibição da arte japonesa, que, dizia, mostrava como os artistas japoneses se apegavam a seus estilos tradicionais, enquanto uma nova geração de artistas europeus buscava inspiração em artistas de outras culturas, não europeias. Quando Vincent van Gogh se baseava em gravuras japonesas ao criar suas pinturas, e Picasso se inspirava em esculturas africanas, eles e outros artistas europeus não as viam como encantadoramente primitivas ou antiquadas, mas diferentes e com componentes que faltavam à arte europeia. Quando o conde Harry Kessler, alemão culto e de fina educação, visitou o Japão na década de 1890, viu a Europa sob novo e favorável ângulo: "Dispomos de maior força intelectual e talvez – embora eu duvide – moral, mas, em matéria de real civilização interior, os japoneses estão infinitamente adiante de nós."[21]

A Europa em 1900

Olhando para o passado, hoje em dia é fácil identificar na Exposição de Paris sinais de que havia tensões que logo esfacelariam a civilização europeia. Examinadas atentamente, as exposições nacionais e das colônias nada mais eram do que evidências da rivalidade entre as potências. Certo dia um famoso crítico de arte alemão ridicularizou a pretensão francesa de liderar a civilização europeia. "A França," declarou ao visitar a Exposição, "não tem a mínima participação nessas enormes transformações geradas pelo comércio e pela indústria em outros países, especialmente em seus vizinhos sempre perigosos, Inglaterra e Alemanha."[22] Os franceses, por sua vez, tinham um grande prédio dedicado inteiramente à expedição do capitão Jean-Baptiste Marchand pela África dois anos antes, que quase provocara uma guerra com a Inglaterra, e a Loubet, o presidente francês que, por ocasião da inauguração da Exposição, falara sobre justiça e espírito humanitário e decidira fazer a exposição em 1900 em parte para se antecipar aos alemães, que planejavam a sua própria exibição em Berlim.[23] A Exposição de Paris, declarou Picard, seu principal organizador, não apenas refletia o gênio da França, mas também "mostra nosso belo país, hoje, como ontem, na verdadeira vanguarda do Progresso."[24]

Parte desse progresso era nas artes militares. O Palácio dos Exércitos e Marinhas (em prédio que lembrava uma fortaleza medieval) mostrava, de acordo com o guia, os grandes avanços da década passada na produção de armas mais destrutivas. Realçava o desejável aumento da capacidade de defesa por meio de, por exemplo, uso de blindagens mais eficazes. Nas seções destinadas às mostras de nações estrangeiras, os ingleses tinham construído uma Maison Maxim tendo na fachada canhões e granadas de artilharia e dedicada à metralhadora que levava o nome da casa, a *Maxim*. Os russos trouxeram algumas de suas armas, e o imperador alemão enviou uma exibição de seus uniformes preferidos. Do lado de fora, em um pavilhão separado construído pelos franceses, sua artilharia estava representada por uma bateria de canhões Schneider. A guerra era, como dizia o catálogo oficial da Exposição, "inerente à humanidade."[25]

A Exposição também deixava claro o sistema de alianças que obrigaria as potências europeias a fazer escolhas nos anos que precederam 1914. No dia da abertura foi inaugurada ainda uma nova ponte sobre o Sena, cujo nome homenageava o Czar Alexandre III. Afinal, o governo russo, segundo o guia, colaborara intensamente para a realização da Exposição, "esse grande evento de paz." A aliança franco-russa era nova – assinada apenas em 1894 – e um tanto estranha, por celebrar a união de uma aristocracia russa e uma França republicana. Entendia-se defensiva, embora os detalhes fossem mantidos em segredo. De qualquer modo, incomodou a Alemanha, embora ela tivesse sua própria aliança defensiva com a Áustria-Hungria. O novo Chefe do Estado-Maior do exército alemão, o conde Alfred von Schlieffen, começou a fazer planos para uma guerra em duas frentes, contra a Rússia na fronteira oriental da Alemanha, e contra a França, no Ocidente.

A maior potência de todas, o Império Britânico, não tinha aliança com nação alguma, e até então, isso não o preocupava. Todavia, 1900 não foi um bom ano. Os ingleses tinham sido mal-sucedidos em uma guerra na África do Sul no ano anterior, diante de duas repúblicas *afrikaners* muito menores, o Estado Livre de Orange e o Transvaal. Considerando tratar-se de todo o Império Britânico contra dois estados minúsculos, o desfecho previsível era a vitória, mas, na verdade, os ingleses foram muito mal no que ficou conhecido como a Guerra dos Bôeres. Embora no fim do verão já estivessem em retirada, os *afrikaners* só reconheceram a derrota na primavera de 1902. Também foi preocupante constatar quão impopulares eram os ingleses em boa parte do mundo. Em Marselha, moradores locais receberam calorosamente uma delegação de Madagascar, julgando tratar-se de *afrikaners*. Em Paris, uma loja de roupas vendeu chapéus cinza de feltro, *à la Boer*. Até na Exposição, o modesto pavilhão do Transvaal, com sua bandeira tremulando orgulhosamente, atraiu grande multidão, ansiosa, como disse o guia Hachette, "por manifestar sua simpatia pela nação heroica e pequena que defende sua independência no sul da África." Muitos arranjos de flores homenageando "O herói," O Patriota," ou "O Amante da Liberdade" se acumularam junto ao busto de Paul Kruger, seu ex--presidente.[26]

Aquela simpatia misturava-se com prazer Europa afora quando as forças inglesas sofriam derrota após derrota. No Continente aludia-se ao episódio de Davi e Golias. A revista semanal alemã *Simplicissimus* publicou uma charge mostrando em elefante morto coberto de corvos enquanto as formigas se espalhavam pelos restos, com a legenda "... maior é a queda." As táticas brutais utilizadas pelos ingleses para enfrentar a guerrilha *afrikaner* também espantaram. O general Kitchener, que assumiu o comando das forças inglesas, mandava recolher mulheres e crianças locais e as mantinha em campos de concentração, para que não pudessem alimentar e abrigar seus combatentes. Por incompetência ainda maior dos ingleses, esses campos se transformaram em fontes de doenças e morte. Uma charge francesa mostrava Kitchener

A Europa em 1900

como um grande sapo agachado junto a cadáveres *afrikaners*, e circularam charges obscenas sobre a Rainha Victoria. Em consequência, seu filho e herdeiro, o Príncipe Edward, recusou-se a visitar a Exposição.[27]

As grandes potências dependiam de seu prestígio e da percepção por parte de outros de que eram poderosas na medida em que o eram suas forças militares e sua economia. Em 1900 a Inglaterra parecia mais fraca e perigosamente isolada. Em iniciativa de natureza exclusivamente defensiva, começou a estreitar relações com outras potências e a buscar aliados. Tal iniciativa também pode ser vista como um de tantos outros passos na direção da Guerra Mundial. A Europa caminhava para um sistema de alianças que a dividiria em dois campos, com crescente desconfiança mútua e cada vez mais bem-armados. Havia também, na verdade, uma minoria que não recuava ante a possibilidade de guerra; e talvez até a desejasse, porque a considerava um componente nobre, necessário e inevitável da natureza humana, ou como forma de solucionar problemas internos de seus países. No outro campo estavam todos aqueles europeus, inclusive alguns de seus líderes, que consideravam uma guerra geral simplesmente inconcebível no mundo moderno. Essa confiança, igualmente perigosa, partia da premissa de que todas as crises podiam ser resolvidas com cautela, desde que a Inglaterra ficasse ausente, como sempre fizera, dos assuntos do Continente.

2

A Inglaterra e o Esplêndido Isolamento

Três anos antes, em 1897, ao celebrar sessenta anos do reinado da Rainha Victoria, a Inglaterra era mais poderosa que nunca. O Jubileu de Diamante foi marcado em todo o mundo por acontecimentos diversos, de desfiles de escolares a fogos de artifício e paradas militares no Canadá, na Austrália, na colônia do Cabo do sul da África, na Índia, no Ceilão e em todos os locais em que tremulava a bandeira britânica. Em Rangum, 600 prisioneiros foram libertados, e em Port Said houve uma festa veneziana com esportes aquáticos. Mensagens e telegramas de congratulações choveram em Londres, vindos de todas as partes do Império. Como disse o *Spectator*, foi "como se um trovão de aclamação e lealdade ecoasse por toda a Terra." O correspondente do *New York Times* disse que os americanos compartilhavam a admiração geral pela Rainha e manifestavam satisfação por verem as relações entre os Estados Unidos e a Inglaterra em nível tão cordial.[1]

Os fabricantes providenciaram grande variedade de lembranças: baralhos, canecas, pratos, cachecóis, medalhas comemorativas, bíblias. Na própria Inglaterra as cidades se superaram, patrocinando banquetes e bailes. Duas mil e quinhentas fogueiras comemorativas arderam em todo o país, de um extremo a outro. Em Manchester, 100 mil crianças foram convidadas para um desjejum especial, e, em Londres, Alexandra, Princesa de Gales, organizou festas em que até pobres maltrapilhos puderam comer um rosbife e beber cerveja. Compareceram 400 mil londrinos. As igrejas tiveram cerimônias religiosas em que os coros cantavam o hino "Oh, Rei dos Reis," composto por Sir Arthur Sullivan especialmente para o jubileu.

A Inglaterra e o esplêndido isolamento

Por sugestão do dinâmico ministro das Colônias, Joseph Chamberlain, a Rainha e seu primeiro-ministro, Lord Salisbury, decidiram que o jubileu serviria para projetar o poder do Império no exterior. Assim, monarcas europeus não foram convidados, mas primeiros-ministros de colônias autônomas e príncipes da Índia receberam convite. (Também evitaram ter como convidado o complicado neto da rainha, Wilhelm II da Alemanha, temendo que criasse problemas.) O Príncipe de Gales ofereceu um jantar especial aos ministros das colônias, e, em 21 de junho, a Rainha, revelando impressionante vitalidade para seus setenta e oito anos, presidiu um banquete oficial no Palácio de Buckingham. Sentou-se entre os herdeiros dos tronos da Itália e do Império Austro-Húngaro, o futuro Vittorio Emanuele III e o Arquiduque Franz Fer-

O Jubileu de Diamante da Rainha Victoria, em 1897, comemorou seus sessenta anos no trono. A Inglaterra dominara o mundo durante a maior parte de seu reinado, valendo-se de seu poder industrial e financeiro, de seu Império e de sua marinha. Ela e seu ministro para as Colônias, Joseph Chamberlain, decidiram comemorar o jubileu evitando convidar para o evento outras cabeças coroadas, especialmente seu neto criador de problemas, o Kaiser Wilhelm II da Alemanha. As tropas mostradas na foto, ao lado de outras vindas de todas as partes do mundo, participaram de um gigantesco desfile através de Londres.

dinand, dos quais só um viveria para herdar o trono. Para esse evento foram convocados vinte e quatro *chefs* de cozinha de Paris, e o centro da mesa foi uma coroa mais alta do que um homem e feita com 60 mil orquídeas trazidas de todas as partes do Império.

No dia seguinte, 22 de junho, houve um desfile que percorreu dez quilômetros em Londres, do Palácio de Buckingham à Catedral de Saint Paul. "Grandioso e sem paralelo," como disse o *Times*, celebrava o longo reinado de Victoria e seu vasto Império. Foi uma impressionante demonstração do poder inglês. Um cinejornal, dos primeiros a ser rodados, focalizou fileira após fileira de marinheiros, fuzileiros navais, cavalaria e soldados. Os canadenses estavam à testa dos contingentes das colônias: lanceiros da Índia, cavalaria da Rodésia, cavalaria ligeira de Trinidad e infantaria montada do Cabo, que se deslocava a cavalo, mas combatia a pé.

Carruagens abertas transportavam os membros da família real, príncipes estrangeiros e grão-duques, a maioria com laços de parentesco entre si e com a própria Rainha. Por último, na carruagem de estado puxada por oito cavalos de pelagem creme, estava a figura minúscula de Victoria, vestida como fazia desde a morte de seu adorado Albert trinta e seis anos antes, num traje preto e chapéu tipo capuz, também preto, amarrado sob o queixo. Nem sempre fora popular entre seus súditos, mas naquele dia recebeu ruidosos e entusiastas aplausos. À noite, a Rainha anotou em seu diário: "Creio que ninguém jamais recebeu ovação como a que recebi nas seis milhas de percurso pelas ruas (...) Aplausos ensurdecedores e todos os rostos refletiam verdadeira alegria. Fiquei muito emocionada."[2] O serviço religioso, que incluiu um *Te Deum* composto pelo falecido Albert, foi rezado no lado de fora, porque a Rainha não conseguiria subir os degraus da catedral e se recusava a ser carregada. (Também se negou a contribuir para os custos das festividades do Jubileu.)

O espetáculo mais grandioso, demonstração mais impressionante do poder inglês, foi a revista naval em Spithead no sábado seguinte. Nas águas protegidas do Solent, entre a costa sul da Inglaterra e a ilha de Wight, 165 navios, entre eles 21 encouraçados, 53 cruzadores e 30 destróieres alinhados um atrás do outro. O entusiasmo do povo foi intenso. Chegaram espectadores de toda a Inglaterra, superlotando as cidades próximas, enchendo as praias e alugando enorme quantidade de barcos para observar de perto.[3] Vapores alemães trouxeram multidões de alemães fascinados com aquela demonstração de poder naval. Mais de 200 repórteres estavam presentes, e pela primeira vez o Almirantado reservou uma embarcação exclusiva para a imprensa.[4] Japão e Estados Uni-

A Inglaterra e o esplêndido isolamento

dos, ambos emergindo como poder naval, cada um mandou um navio, apresentando suas congratulações. A Alemanha enviou um encouraçado obsoleto. "Lamento profundamente não dispor de navio melhor para colocar à sua disposição," escreveu o Kaiser Wilhelm a seu irmão almirante, "enquanto outras nações brilham com belos navios."[5]

Quando se aproximou o iate real, tendo a bordo Edward, Príncipe de Gales, que representava a mãe, a esquadra disparou uma grande salva. O *Victoria and Albert* percorreu a esquadra seguido pelas embarcações que transportavam convidados, o iate do Almirantado, o *Enchantress*, e outros mais com membros da Câmara dos Comuns e dos Lordes.[6] O Príncipe, em uniforme de almirante, recebeu a continência de milhares de marinheiros alinhados no convés dos navios de guerra. Correu um tremor de excitação quando o inventor Charles Parsons atrevidamente apareceu com seu novo navio *Turbinia*. Com uma turbina a vapor particularmente rápida, ziguezagueava em alta velocidade para um lado e outro, fora do alcance do navio da marinha, muito mais lento, encarregado de detê-lo. (O Almirantado se viu obrigado a examinar sua invenção, e suas turbinas mais tarde viriam a equipar os grandes encouraçados.) Rudyard Kipling, presente ao desfile, afirmou que "nunca imaginara ver algo assim sob os céus. Não havia palavras para descrever o evento. Impossível."[7] Quando o sol se pôs, os navios mais uma vez ficaram à vista, suas silhuetas assinaladas pela nova iluminação elétrica, enquanto seus holofotes focalizavam ora a esquadra, ora os espectadores que ainda permaneciam nas praias. Como dissera o primeiro-ministro quando as festividades do Jubileu eram planejadas, "uma grande demonstração naval seria a forma mais apropriada de comemorar o acontecimento."[8]

Enquanto a Rainha Victoria era um modelo de longevidade e disciplina, e a Royal Navy demonstrava seu poder, seu primeiro-ministro Robert Cecil, 3º Marquês de Salisbury, era um exemplo da serenidade e autoconfiança de seu país e das classes de proprietários de terras ingleses. Ao longo dos séculos, a propriedade de terras agrícolas fora a principal fonte da riqueza e influência, praticamente em todas as capitais europeias. Na Inglaterra, cerca de sete mil famílias, desde as da pequena nobreza com propriedades de 400 hectares ou mais, aos grandes aristocratas que possuíam mais de 12 mil, eram donas da maior parte das terras agricultáveis e algumas vezes também de áreas urbanas, minas e indústrias. Apesar dos diferentes níveis de riqueza entre elas, coletivamente constituíam a sociedade refinada tão bem descrita por Jane Austen e Anthony Trollope. A riqueza e o status dessa sociedade geravam poder. As posições no mais alto patamar dos serviços públicos, da Igreja e das forças armadas, e as que integravam a Câmara dos Comuns e, claro, a Câmara dos Lordes eram todas dominadas pelas classes de proprietários de terras. Mesmo em 1897, depois de sucessivas reformas ampliarem os direitos e permitirem a entrada na política de homens com perfil diferente, 60% dos membros do Parlamento ainda vinham dessas classes. Homens como Salisbury achavam que era o certo. "Cada comunidade tem seus líderes naturais," escreveu em artigo publicado na *Quarterly Review* em 1862, "a quem, se não se deixar enganar por uma obsessão pela igualdade, instintivamente se submeterão. A riqueza, em alguns países vinda do berço, com todo o seu poder intelectual e cultural, sempre destaca os homens para quem uma comunidade no gozo de sadio estado de espírito dirige seu olhar em busca de alguém para assumir seu governo." E os privilegiados tinham a obrigação de governar seus compatriotas menos afortunados.[9]

Salisbury alimentava mais dúvidas do que essas palavras podiam aparentar. Tivera uma infância espartana e sem amor, mesmo para os padrões de sua classe. Matriculado pela primeira vez em uma escola pública aos seis anos, mais tarde descreveu essa época como "uma existência entre demônios." Em Eton, as coisas não melhoraram, foi selvagemente assediado e, finalmente, seu pai o tirou de lá e ele passou a ter aulas em casa. Talvez em consequência de suas experiências de infância, era profundamente pessimista a respeito dos seres humanos e tendia a pensar sempre no pior. Também sofreu durante toda a vida "ataques de nervos," depressões que o deixavam abatido dias a fio.[10]

Como compensação, a vida lhe deu inteligência, caráter e a vantagem de ser membro da classe governante da nação mais poderosa do mundo. Quando decidiu que a política era sua vocação, suas ligações lhe asseguraram um assento na Câmara dos Comuns. (Não teve de se preocupar com o esforço para se eleger porque na disputa pela vaga não teve concorrente.) Também teve a sorte de um longo e bem-sucedido casamento com uma mulher que se equivalia a ele em inteligência e força de caráter. Quem visitava Hatfield, sua casa de campo, encontrava um cenário doméstico feliz, com filhos barulhentos que, ao contrário de muitas crianças da época vitoriana, eram incentivados a se manifestar.

Sentia-se entediado com a sociedade moderna e frequentemente esquecia nomes, mas, apesar disso, era cortês à sua moda meio distraída. Por ocasião de um jantar para pessoas que apoiavam seu partido, fez questão de conversar com todos os convidados e indagar sobre seus interesses particulares, mas, depois, disse preocupado a seu secretário

A Inglaterra e o esplêndido isolamento

particular, "havia um sujeito cujo nome não consigo lembrar, aquele que você disse que fabrica mostarda."[11] Gostava muito dos passatempos habituais de seus pares, como tiro ao alvo ou caçadas. Para ele, cavalos eram apenas meio de transporte e, mesmo assim, inconveniente. Em seus últimos dias, passou a pedalar um triciclo para manter a saúde. Vestindo um poncho de veludo púrpura, pedalava no triciclo pelas vizinhanças do Palácio de Buckingham ou, em Hatfield, por caminhos especialmente construídos para ele, onde um jovem lacaio o empurrava para subir os aclives e corria atrás nas descidas. (Seus netos gostavam de ficar à sua espera com jarros d'água.)[12]

—

ERA AO MESMO TEMPO profundamente religioso e fascinado pela ciência. Hatfield já tinha uma capela, e ele, havia pouco, construíra um laboratório para suas experiências. Sua mulher, disse a filha Gwendolen, "compartilhava trabalhosas experiências com as quais estavam acostumados os parentes de químicos autodidatas." Certa vez ele desmaiou aos pés de Lady Salisbury depois de inalar gás clorídrico que acabara de produzir. Em outra ocasião, houve uma forte explosão no laboratório. Salisbury surgiu "coberto de sangue e seriamente ferido no rosto e nas mãos para explicar à sua família aterrorizada – com nítida satisfação pela precisa demonstração das leis da química – que estivera fazendo experiências com sódio em uma retorta insuficientemente seca."[13]

A família ficou aliviada quando ele se voltou a experiências com eletricidade, embora mais uma vez nem sempre os resultados fossem felizes. Hatfield teve um dos primeiros sistemas elétricos privados da Inglaterra e a primeira eletrocussão, quando um empregado local tocou em um cabo eletrificado.[14] Por algum tempo a família e seus convidados em Hatfield tiveram de jantar à luz de um dos primeiros arcos voltaicos. Depois desses veio uma série de inovações. "Houve noites," lembrou Gwendolen Cecil, "em que os moradores tinham de tatear na semiescuridão, iluminados apenas por um tênue facho de luz rubra como o de uma fogueira que se apaga. Em outras, um brilho perigoso culminava em pequenas descargas de raios que terminavam em colapso completo de luz." Quando surgiram os primeiros telefones, os convidados em Hatfield tinham de andar com cuidado ao passarem pelos fios espalhados pelo chão. Os dispositivos eram primitivos e só permitiam escutar frases pronunciadas clara e lentamente. A voz de Salisbury ecoava pela casa, como disse Gwendolen, quando ele "as repetia com diferentes ênfases e tons: *'Hey diddle diddle, the cat and the fiddle; the cow jumped over the moon.'*"[15]

Com a barba longa e porte imponente, Salisbury se parecia, para muita gente, com seu contemporâneo, o famoso jogador de críquete vitoriano W.G. Grace. Outros o comparavam a "uma das versões de Deus por Michelangelo."[16] Em geral, Salisbury era indiferente ao que pensavam a seu respeito. Enquanto foi primeiro-ministro, recusou-se a morar em Downing Street. Quando seu pai reclamou por se casar com uma moça de camada social inferior e correr o risco de se ver isolado da sociedade, Salisbury respondeu: "As pessoas que me evitarem porque me casei com Miss Anderson pertencem exatamente à sociedade da qual quero me afastar."[17]

—

AFINAL, ELE ERA um Cecil, membro de uma das grandes famílias da Inglaterra. Um de seus mais famosos antepassados, William Cecil, primeiro Lord Burghley, foi assessor pessoal da primeira Rainha Elizabeth durante a maior parte de seu reinado. Seu filho Robert foi ministro nos gabinetes dela e de seu sucessor James I. Ao longo dos séculos a família acumulou riqueza e títulos. James I concedeu a Robert o título de Conde de Salisbury e o palácio real em Hatfield. Imediatamente Robert o destruiu e aproveitou os tijolos para construir a grande casa de campo que existe até hoje. O rei George III elevou o título nobiliárquico nos dias do avô de Salisbury com uma única exigência: "Agora, confio em que milord será *marquess* inglês, e não um mero *marquis* francês."[18] O filho do 1º marquês se casou com uma jovem herdeira muito rica, assegurando a continuidade da fortuna da família. Embora pouco ligasse para o conforto e se vestisse de modo notoriamente desleixado (certa vez foi expulso do cassino de Monte Carlo),[19] Salisbury, cuja renda era de cinquenta a sessenta mil libras por ano, era um homem rico. Hatfield House, que não chegava ao nível do Blenheim Palace ou de Chartsworth, era uma casa enorme, com a Long Gallery, o Marble Hall, biblioteca, salas de estar e dúzias de quartos de dormir. Mais ainda, ele possuía uma casa em Londres com seu próprio salão de baile e o Chalet Cecil, na periferia de Dieppe.

Por mais incomuns que fossem seus hábitos, Lord Salisbury era, para compatriotas e estrangeiros, um legítimo representante das mais admiradas e invejadas classes do mundo. Em toda a Europa, as classes superiores importavam babás e cavalariços ingleses, usavam *tartans* e tinham marmelada no café da manhã. No romance *They Were Divided*, de Miklos Bánffy, que aborda as famílias da classe alta na Hungria antes da guerra, um jovem nobre que havia muito tempo amava a Inglaterra finalmente

A Inglaterra e o esplêndido isolamento

tem a oportunidade de ir a Londres. Conta a seu embaixador que deseja uma única coisa, ser membro temporário do White's, o mais exclusivo clube para homens de St. James's. Então, por duas semanas ele senta na *bow window* do clube. "Sentia-me como se estivesse no céu." Não importa não ter conhecido qualquer outro lugar em Londres ou o fato de não poder falar com ninguém por seu inglês muito pobre.[20]

O prestígio da aristocracia inglesa era, em parte, questão de riqueza. As grandes famílias inglesas eram tão ricas quanto as alemãs ou russas e em número maior. Ademais, a prosperidade se estendia aos pequenos proprietários de terra e, paralelamente, às novas e ascendentes classes industrial e comercial. Filha da Rainha Victoria, a mãe do futuro Wilhelm II escreveu da Alemanha à mãe em 1877: "Sabe como são raras as fortunas na Alemanha e poucas as pessoas acostumadas ao luxo e ao *train du grand monde*." Todavia, em toda a Europa as classes superiores, particularmente aquelas cuja renda provinha principalmente de suas propriedades rurais, sentiam calafrios ao ver como o mundo se transformava em torno delas. A industrialização e a expansão do poder europeu pelo mundo se aliavam para tornar a agricultura menos importante e menos rendosa. Alimentos baratos vindos da América e de outras partes do mundo, como a Austrália, eram bons para as classes trabalhadoras e seus patrões, mas não tão bons para os proprietários de terra. Nas duas últimas décadas do século a renda proveniente da agricultura caiu acentuadamente e, por conseguinte, declinou também o valor das terras agricultáveis.

Às vezes os proprietários de terras tinham a sorte de possuir uma propriedade urbana, cujo valor aumentava. Apenas uma parte da renda de Salisbury provinha da agricultura; o restante vinha de propriedades urbanas e investimentos. Os maiores investidores lucravam abrindo novos negócios, aplicando na indústria ou casando com mulher rica fora de seu círculo, como fez o príncipe francês Polignac, que casou com a herdeira da fortuna da máquina de costura Singer. Grande número desses investidores não sobreviveu. *The Cherry Orchard*, de Chekhov, e a trilogia transilvânia, de Miklos Bánffy, refletem a realidade ao mencionar propriedades totalmente hipotecadas e antigas famílias em decadência.

Nas décadas que antecederam a Grande Guerra, a aristocracia rural e os integrantes da pequena nobreza perderam terreno no campo econômico e não somente como classes. Em várias partes da Europa também perderam em outras áreas. A ascendente classe média, as classes de trabalhadores e os novos ricos questionavam seus privilégios e com eles competiam pelo poder. As classes antigas já não detinham

A Primeira Guerra Mundial – que acabaria com as guerras

o domínio social como outrora. Os donos de fortunas amealhadas no comércio e na indústria – basta citar amigos do rei Edward VII como Rothschild, Lipton e Cassels – podiam se igualar a eles com suas belas casas e os pródigos entretenimentos que proporcionavam. Os interesses dos senhores rurais já não contavam na política e no governo como no passado, mesmo em países como a Alemanha. A extensão do direito de voto – na Inglaterra o número de eleitores dobrou de 3 milhões para quase 6 milhões com as reformas de 1884 e 1885 – e a nova composição das camadas de eleitores destruiu os antigos cômodos acordos que serviam para os magnatas locais dar de presente os assentos no Parlamento.[21]

Salisbury não gostava dessas transformações, embora fosse nitidamente um dos mais afortunados. "Coisas que têm atravessado seguramente os séculos," disse, "já não são seguras." A democracia popular estava solapando as classes altas tradicionais, e isso era ruim para a sociedade. "Ele pensou e lutou por essa ideia," afirmou seu companheiro na política, Lord George Hamilton, "não para preservar privilégios e isenções, mas porque acreditava que sua preservação oferecia o melhor material para um governo sólido e confiável." Salisbury assumiu seu cargo, assim pensava Hamilton, unicamente para promover o bem-estar de seu país.[22]

Nesse propósito, teve sucesso. Quando foi celebrado o Jubileu de Diamante, Salisbury já fora primeiro-ministro três vezes e duas outras vezes minitro de estado para a Índia. Felizmente, tinha grande capacidade de trabalho e, igualmente importante, de resistir a pressões. Como declarou a uma sobrinha, não perdia o sono por causa de preocupações e, dizia para a família, quando tinha de tomar decisões simplesmente fazia o melhor que podia, mesmo quando se tratava de coisas triviais, como decidir se levava um casaco quando ia caminhar. "Sinto-me exatamente do mesmo jeito, nada diferente, quando estou assinando uma decisão de que podem depender paz e guerra. A importância da decisão depende dos materiais para decisão, e não, de modo nenhum, da magnitude dos resultados que produzir. Nada tenho a fazer com os resultados."[23]

Em 1895, quando se tornou primeiro-ministro pela última vez, resolveu, como já fizera antes, ser seu próprio ministro do Exterior. "Nosso primeiro dever," disse a uma plateia poucos meses depois do Jubileu de Diamante, "é para com o povo deste país, defender seus interesses e direitos. O segundo é para com a humanidade." Como acreditava que a hegemonia inglesa era de modo geral exercida com benevolên-

A Inglaterra e o esplêndido isolamento

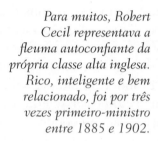

Para muitos, Robert Cecil representava a fleuma autoconfiante da própria classe alta inglesa. Rico, inteligente e bem relacionado, foi por três vezes primeiro-ministro entre 1885 e 1902.

cia, em seu pensamento não havia incompatibilidade entre esses dois objetivos. Sua estratégia em relações exteriores era bem simples: defender a Inglaterra, seus interesses e suas posições perante o mundo, de preferência sem complicações desnecessárias, como alianças e acordos secretos. Não gostava do que descrevia para a rainha como "medidas ativas."[24] Talvez estivesse se referindo de modo indireto a seu grande rival William Gladstone e seu Partido Liberal, que acreditavam piamente em intervir na Europa e, se preciso fosse, por razões humanitárias. No máximo, pensava Salisbury, a Inglaterra poderia usar sua influência para evitar que vizinhos "tentassem se esganar," pois isso seria muito ruim para todos.[25] Onde os interesses ingleses estivessem em jogo, estava disposto a ser firme a ponto de ameaçar com ações militares. Com a abertura do Canal de Suez, o Egito passou a ter importância crucial para a ligação da Inglaterra com a Índia e o Extremo Oriente. Não importava o que pensassem outras nações, a Inglaterra tinha de controlar o Canal e, para se proteger, também a cabeceira do Nilo. Por causa dessa região, no fim do século Salisbury se veria envolvido em confrontação militar com os franceses.

Como tantos compatriotas seus, Salisbury tendia a considerar os estrangeiros mais egoístas e menos confiáveis do que os ingleses e, no caso dos latinos, mais emocionais. Os gregos eram "os chantagistas da Europa" e, quando os franceses ocuparam a Tunísia, disse que "foi exatamente dentro do código de honra francês habitualmente exercido."[26] Quando Inglaterra e Alemanha competiram pela influência na África Oriental, na década de 1880, Salisbury advertiu um jovem cônsul que estava sendo enviado para a ilha de Zanzibar: "Essa questão Zanzibar é ao mesmo tempo complexa e perigosa, pois forçosamente temos de nos aliar aos alemães, cuja moral política diverge consideravelmente dos principais pontos que defendemos."[27] Embora meditasse sobre a "inutilidade" de expandir seu Império, estava decidido a assegurar que a Inglaterra tivesse sua participação no que estava acontecendo: "o espírito da nação nunca se dará por satisfeito sem uma parcela do produto do saque que vê seus vizinhos dividindo avidamente."[28]

Parecia não desgostar de uma nação mais que de outra, com exceção dos Estados Unidos. Via nos americanos tudo o que não lhe agradava no mundo moderno: eram ambiciosos, materialistas, fingidos, vulgares e acreditavam que a democracia era a melhor forma de governo. Durante a Guerra de Secessão, foi ardoroso defensor dos Confederados, em parte porque achava que os sulistas eram cavalheiros, e os nortistas não. Além disso, temia o crescimento do poder americano. Em 1902, declarou em tom melancólico: "Isso é muito triste, mas temo que a América esteja a fim de assumir a liderança e nada possamos fazer para recuperar a igualdade entre nós. Se tivéssemos interferido na Guerra Civil, talvez fosse possível reduzir o poder dos Estados Unidos a proporções toleráveis. Porém, não surgem *duas* chances para uma nação no curso de sua carreira."[29]

Sua opinião sobre os estrangeiros não o impediu, quando esteve encarregado das relações exteriores, de trabalhar com outras potências para alcançar objetivos específicos. Por exemplo, fez acordos com a Itália e a Áustria no fim da década de 1880 a fim de manter o *statu quo* no Mediterrâneo e em suas vizinhanças. Para manter o Egito fora da influência da França, que não perdoava a Inglaterra por assumir seu controle em 1882, mantinha boas relações com a Alemanha. Às vezes, apesar de não lhe agradar a crescente importância da opinião pública em relações exteriores, achou apropriado recusar compromissos inconvenientes e alianças. Nos anos 1890, quando os alemães propuseram uma frente única contra os franceses, Salisbury alegou que estava de mãos atadas: o Parlamento e o povo de forma nenhuma aceitariam o fato de o governo ter, alguns anos antes, assinado um

A Inglaterra e o esplêndido isolamento

acordo secreto para ir à guerra.[30] Também apelou para mais um argumento, talvez mais fácil de defender no caso de não haver uma constituição escrita, que a Inglaterra era constitucionalmente proibida de, em tempo de paz, celebrar acordos que pudessem levar à guerra.[31] Mais importante, a Royal Navy – a maior do mundo – e a vantagem geográfica de ser uma ilha significavam que a Inglaterra tinha liberdade para preferir continuar relativamente independente em relações exteriores.

Enquanto se esforçava ao máximo para manter a Inglaterra livre de envolvimentos, Salisbury também tentou impedir que se formassem blocos fortes de nações que pudessem se voltar contra o país. Como explicou em discurso proferido em Caernarvon em 1888, as nações deviam se conduzir como donos de casa sensatos nas relações com seus vizinhos:

> Se você quer estar bem com os povos com quem convive, não deve ficar buscando incessantemente oportunidades para tirar pequenas vantagens sobre eles. Por um lado, deve atentar para seus próprios interesses e os dos outros dentro de um espírito de boa vizinhança, sem sacrificar nenhum direito importante e legítimo que você julga estar sendo alvo de despotismo ou abuso. Por outro lado, abstendo-se de criar pequenas controvérsias em disputas amargas, tratando cada diferença como se fosse um princípio vital.

Aqueles que não se preocupam em manter uma conduta sensata e de boa vizinhança, prosseguiu, "verão que os vizinhos se aliarão contra eles..."[32]

Se tivesse de haver coalizões, Salisbury sentia, refletindo a tradicional política inglesa, que era melhor ficarem dois ou mais, uns contra os outros, do que cada um contra a Inglaterra. De modo geral, as relações da Inglaterra com a Europa funcionavam melhor quando o país mantinha postura amistosa com o máximo possível de potências e quando havia um equilíbrio instável de poder no Continente, permitindo que a Inglaterra manobrasse entre os diferentes blocos. Salisbury conseguiu convencer a si mesmo, e quiçá a outros países europeus, de que a Inglaterra estava, dessa forma, contribuindo para o bem-estar de todos. Como expressou em seu discurso de Caernarvon, "existe grande diferença no mundo entre esforço bem intencionado e cordial de manter boas relações com os vizinhos e aquele espírito de arrogância e súbito 'isolamento' que é chamado pelo nome honroso de 'não intervenção.' Fazemos parte da comunidade da Europa e, como tal, temos nossos deveres."[33]

40   A Primeira Guerra Mundial – que acabaria com as guerras

Embora Salisbury não gostasse do que chamava "jargão do isolamento,[34] essa foi a expressão que caracterizou sua política externa. Quando, em janeiro de 1896, a Rainha Victoria reclamou que a Inglaterra parecia um tanto isolada, Salisbury respondeu firmemente que isolamento "é muito menos perigoso do que ser levado a guerras que não nos dizem respeito." Era um ponto de vista compartilhado por seus companheiros conservadores. "Nosso isolamento," afirmou Lord Goschen, então Primeiro Lord do Almirantado, em uma reunião dos conservadores em 1896, "não é motivado por fraqueza ou desprezo. É uma opção deliberadamente adotada, a liberdade para agir como nos convier em quaisquer circunstâncias que possam surgir."[35] No mesmo ano, primeiro um político canadense e depois Joseph Chamberlain acrescentaram o adjetivo "esplêndido," e o termo se espalhou com surpreendente rapidez. O "esplêndido isolamento" e a habilidade inglesa para administrar o equilíbrio de poder resultaram, como foi alegado na ocasião, não somente de uma política propositalmente escolhida, mas também da tradição que remontava, pelo menos, à grande Rainha Elizabeth I, quando manobrou entre seus rivais França e Espanha, a fim de garantir a segurança da Inglaterra. "Um equilíbrio de poder no Continente," disse um historiador se referindo a seu reinado, "era o que lhe convinha e, de modo geral, satisfazia a este país."[36] Montagu Burrows, da cadeira Chichele de História Moderna em Oxford, deu-lhe quase a mística de "Balança" e citou com aprovação Edmund Burke, afirmando que a Inglaterra era, entre todas as potências, a mais apta a garanti-lo. "Não exagero," disse orgulhoso, "ao afirmar que tem sido a salvação da Europa.[37]

Em retrospecto, parece postura muito complacente. Mesmo naquela época algo havia a desafiar o conceito. Em 1897, no Jubileu de Diamante da Rainha, a Inglaterra estava de fato isolada, mas sua posição no mundo não era tão esplêndida. Não tinha amigos confiáveis na Europa. Estava numa série de disputas e rivalidades em várias partes do globo: com os Estados Unidos, sobre a Venezuela; com a França, em vários pontos do mundo; com a Alemanha, na África e no Pacífico; e com a Rússia, na Ásia central e na China. O próprio Império era uma benção misturada. Claro que deu prestígio à Inglaterra e assegurou uma reserva de mercados para os industriais ingleses e, em teoria, também maior poder. Por ocasião do grande espetáculo naval, uma charge do *Punch* mostrava o velho leão inglês enfileirado com quatro leões jovens – Austrália, Canadá, Nova Zelândia e Cabo – olhando a esquadra.[38] Mas os leões jovens nem sempre se mostraram muito

A Inglaterra e o esplêndido isolamento

entusiasmados com o encargo de terem de se defender, muito menos ao Império todo.

O Império crescia à medida que a Inglaterra se apossava de mais colônias e protetorados mundo afora, em parte para defender o que já possuía. À medida que outras potências entravam na disputa por territórios, seu Império foi se tornando cada vez mais vulnerável. Sir Thomas Sanderson, subsecretário permanente do Ministério do Exterior, disse poucos anos depois: "Às vezes acho que para um estrangeiro a ler nossa imprensa, o Império Britânico deve parecer um enorme gigante estirado pelo globo todo. Seus dedos gotosos das mãos e dos pés se estendem em todas as direções e não podem ser tocados sem provocar um grito."[39] O termo "expansão imperial" ainda não estava sacramentado, mas a Inglaterra já vivia essa situação na década de 1890. O poema "Recessional" de Kipling, escrito logo depois de o autor assistir à grande parada naval, continha uma advertência:

> Far-called our navies melt away
> On dune and headland sinks the fire
> Lo, all our pop of yesterday
> Is one with Nineveh and Tyre!
> Judge of the nations, spare us yet,
> Lest we forget – lest we forget!

Embora a Inglaterra ainda fosse líder mundial em produtos manufaturados, suas indústrias começavam a ser superadas na Alemanha e nos Estados Unidos por outras mais novas e dinâmicas, que tentavam penetrar nos mercados além-mar. As histórias de que soldados de brinquedo para as crianças inglesas eram fabricados na Alemanha podem não ser verdadeiras, mas refletiam uma crescente ansiedade, inclusive sobre a capacidade da Inglaterra em prover sua própria segurança.

Sendo uma ilha, a Inglaterra sempre fora capaz de se defender com um exército pequeno, confiando em sua marinha para sua defesa e a do Império. O progresso tecnológico significava que a construção cada vez mais cara de navios aumentava na mesma proporção os encargos orçamentários. "O Titã exausto," disse Joseph Chamberlain, "cambaleando sob o imenso peso de seu destino."[40] Ademais, havia a preocupação de que os compromissos globais da Royal Navy deixassem as Ilhas Britânicas desprotegidas. Desde o fim da década de 1880 militares pessimistas vinham advertindo que os franceses, se assim desejassem, poderiam facilmente destroçar uma força naval inglesa no Canal e invadir a Inglaterra. O próprio Salisbury em 1888 traçou um cenário por meio de memorando dirigido ao Gabinete em que admitia que os franceses, comandados "por um soldado do tipo que aparece na crista de revoluções," poderiam desembarcar em uma noite de sábado, quando os ingleses estivessem desfrutando o fim de semana. Com a ajuda de "dois ou três patriotas irlandeses," os invasores poderiam cortar os cabos telegráficos e abrir caminho para Londres antes que as forças armadas inglesas pudessem reagir.[41] Essa perspectiva – e se pode questionar se ele realmente acreditava nessa hipótese – não o impediu, todavia, de continuar gozando férias na França.

As enfraquecidas relações com a França continuaram tumultuando o último governo de Salisbury. Na verdade, outra grave ameaça de guerra aconteceu em 1898. A nova e crescente amizade da França com outro rival do Império, a Rússia, também preocupava. A opção de Salisbury de trabalhar com a Tríplice Aliança de Alemanha, Áustria-Hungria e Itália já não parecia adequada para preservar o equilíbrio de forças. Quão pouco confiável era essa posição ficou comprovado no massacre de armênios em meados da década de 1880, em território que hoje é a parte oriental da Turquia. Esses infelizes súditos cristãos do Império Otomano estavam sendo massacrados por seus vizinhos muçulmanos, e o governo, deliberadamente ou por mera incompetência, nada fazia para impedir a atrocidade. A política inglesa havia mais de um século era apoiar os otomanos como forma de impedir que os russos dominassem as águas que ligam o Mar Negro ao Mediterrâneo.

Entretanto, nem sempre o interesse da nação coincidia com a opinião pública, que se enfurecia quando o Império Otomano maltratava as comunidades cristãs em seu território. Gladstone, na verdade, fez toda uma campanha eleitoral sobre as atrocidades dos búlgaros e a necessidade de a comunidade internacional mundial fazer alguma coisa. Por mais que não gostasse de se intrometer em assuntos internos de outras nações, Salisbury sempre tivera uma opinião sombria sobre os otomanos, e com prazer já os teria abandonado, não fosse a necessidade de a Inglaterra manter um amigo no extremo oriental do Mediterrâneo. Em 1895, tentara encontrar aliados – possivelmente Áustria ou Itália, talvez Alemanha, ou mesmo a Rússia – para pressionar os otomanos no sentido de interromperem os ataques aos armênios, mas nenhuma outra potência se dispôs a agir. Salisbury passou noites sem dormir pensando no assunto, mas foi obrigado a aceitar a ideia de que a Inglaterra nada podia fazer. Também chegou à conclusão de que devia buscar outra forma de proteger os interesses ingleses no Mediterrâneo e a ligação com a Índia pelo vital Canal de Suez que não fosse o apoio ao moribundo e corrupto Império Otomano. A questão, que continuaria em evidência pelos anos seguintes, era como alcançar esse objetivo. Aumentar a já dispendiosa força militar no Egito e no Mediterrâneo? Fazer uma aliança com outra potência que tivesse interesse na região, como França e Rússia? Diante das rivalidades que ocorriam noutras partes, não parecia viável.

O Império Otomano também preocupava por outro motivo, a tentação que constituia numa era de imperialismo. As potências e seus povos avaliavam sua importância no mundo pelo número de colônias que possuíam, mas a disponibilidade de territórios estava se esgotando. Na última década do século, a África já fora amplamente dividida, assim como o Extremo Oriente e as ilhas do Pacífico. Restavam regiões do mundo onde as velhas ordens estavam entrando em colapso, por exemplo, a China, a Pérsia e o Império Otomano. Em 1898, Salisbury proferiu um discurso no Albert Hall de Londres que ficou famoso. "De modo geral, podem-se dividir as nações do mundo em vivas e moribundas," disse a uma plateia de conservadores. "De um lado, temos grandes países com enorme poder que cresce a cada ano, progredindo em riqueza, domínios e perfeição de organização." Do outro lado estavam suas vítimas naturais, morrendo das doenças da corrupção e do desgoverno. O processo que Salisbury via como passível de acontecer era potencialmente perigoso. "As nações vivas gradualmente invadirão o território das moribundas e rapidamente aparecerão as sementes e causas de conflito entre nações civilizadas."[42]

———

EIS QUE JÁ ESPOCAVAM. Nos anos 1880 a Inglaterra e a França desentenderam-se por causa do Egito, nominalmente ainda parte do Império Otomano, e franceses e italianos eram rivais em Túnis. O governo otomano se debatia como peixe na rede, e a malha se apertava aos poucos: empréstimos de bancos e governos europeus com consequente controle externo cada vez mais cerrado sobre suas finanças, concessões a empresas europeias para construção de ferrovias, circunstâncias boas para o comércio, mas também forma de estender a influência europeia; interferência europeia em nome do espírito humanitário no tratamento dispensado aos cristãos súditos otomanos; e exigências europeias por reformas. Mais adiante, quando os otomanos não mais conseguissem resistir, seus territórios, que cobriam parte dos Balcãs e o Oriente Médio árabe, certamente estariam no mercado.

A Primeira Guerra Mundial – que acabaria com as guerras

A expansão do Império Russo para sul e leste trouxe a Pérsia para o "Grande Jogo" de russos e ingleses na Ásia Central. Os russos com influência cada vez maior no norte, os ingleses tentando consolidar sua posição no sul e ao longo do Oceano Índico, mas ambos a cortejarem o Xá dos Xás. O jogo era travado no Afganistão, interposto entre o território russo e a Índia Britânica, no Tibet e, mais a leste, na China.

No fim do século XIX as potências europeias tinham se apossado de grande parte do mundo para constituir seus impérios, e por vezes as rivalidades as levaram à beira da guerra. A China, onde a decadente dinastia Manchu lutava para manter o controle, parecia ser a próxima presa. Enquanto as potências europeias queriam se empoleirar sobre o ovo chamado China, o Japão, que agora sonhava em construir seu próprio Império na China continental, e os Estados Unidos, que se opunham ao imperialismo e insistiam numa política de "Porta Aberta" na China, observavam desgostosos.

Na Ásia, as potências europeias consideravam a China, com sua fraqueza evidente, presa quase irresistível. A elas se aliaram os Estados Unidos, apesar da oposição ao imperialismo que lançara raízes históricas profundas no país. Grover Cleveland, presidente em meados da década de 1880 e novamente entre 1893 e 1897, líder contra a aquisição de colônias pelos Estados Unidos, em sua primeira mensagem à nação fez a famosa declaração de que seu país permaneceria fiel às raízes revolucionárias, afirmando não alimentar ambições em outros continentes. Não obstante, os Estados Unidos já estavam predispostos a intervir em seu próprio quintal no Caribe e estavam na iminência de se apossar de Filipinas, Havaí e Puerto Rico. No pertinente à China, os governos americanos defendiam que a única linha de ação cabível era uma política

A Inglaterra e o esplêndido isolamento

de "Porta Aberta," com acesso de todas as nações ao território chinês em vez de esferas de influência exclusiva.

Para surpresa e até espanto dos países ocidentais, o Japão, que afastara a ameaça de se tornar mais uma colônia graças à rápida adaptação às novas forças que atuavam no mundo, mostrou que também alimentava ambições imperialistas na China. As grandes potências impunham concessões, uma após outra, ao moribundo regime de Pequim: tratados sobre portos onde estrangeiros poderiam viver e trabalhar sob a proteção de leis próprias e de seu governo; ferrovias, claro – e na China eram protegidas por tropas estrangeiras; e direitos exclusivos em mineração e comércio em determinadas áreas. Com razão os chineses perceberam que o modelo em curso levaria o país a ser retalhado como um melão.

A Inglaterra desfrutava confortável supremacia em negócios e comércio na China, particularmente ao longo do vale do Yangtze, e não tinha nenhum desejo específico de adquirir partes do território chinês com o ônus de ter de administrá-los. Mas poderia recuar e assistir às outras potências avançando sobre a China e possivelmente ocupando territórios? Quando Salisbury assumiu o governo em 1895, a Rússia já ameaçava os interesses ingleses no norte da China, e a competição por influência na China estava a ponto de esquentar quando outros atores, inclusive a Alemanha, entraram na corrida.

Para aumentar as preocupações de Salisbury, as relações com os Estados Unidos, sempre complicadas, estavam em fase particularmente delicada. Subitamente, o governo de Grover Cleveland se meteu na antiga disputa entre Inglaterra e Venezuela em torno da fronteira deste último país com a Guiana Inglesa. Em julho de 1895, um mês depois de Salisbury assumir o governo, o secretário de Estado americano, Richard Olney, expediu nota beligerante afirmando que os Estados Unidos tinham o direito de intervir na disputa. Citou a autoridade conferida pela Doutrina de Monroe, aquela declaração maravilhosamente vaga e infinitamente elástica que advertia potências de fora do continente a não interferirem no Novo Mundo. Causou rebuliço nos dois lados do Atlântico. O embaixador americano em Londres apresentou a Salisbury um longo documento afirmando que seu governo apoiava o direito da Venezuela a parte substancial da Guiana Inglesa e exigia que os ingleses aceitassem uma arbitragem. Salisbury levou quatro meses para responder. Recusou-se a aceitar que a Doutrina Monroe desse aos Estados Unidos autoridade sobre possessões britânicas no Novo Mundo e deu a entender que o governo americano "não devia se preocupar" com uma disputa de fronteiras entre uma possessão inglesa e outro país. Cleveland disse que ele "estava totalmente doido," e falou-se muito em guerra, tanto na Inglaterra como nos Estados Unidos. Os ingleses já estavam fartos com o que acontecia em outras regiões e não estavam propensos a lutar, enquanto nos Estados Unidos as opiniões estavam divididas. Finalmente, chegaram a um acordo. Salisbury parou de se opor à extensão da Doutrina Monroe pelos Estados Unidos, e em 1899 foram feitas algumas retificações na fronteira, atendendo à arbitragem. A Venezuela, que o embaixador americano em Londres desprezou ao qualificá-la como "estado mestiço," conseguiu muito pouco. (O presidente venezuelano Hugo Chavez até a morte reclamou a terra disputada, e seu sucessor continua a fazê-lo).[43]

Salisbury também fez concessões em outras disputas. Quando, em 1896, os franceses anexaram Madagascar, onde a Inglaterra tinha grandes interesses, ele deixou que isso acontecesse sem protestar. Entretanto, ainda resistia à ideia de a Inglaterra buscar relações mais duradouras. Recusava-se, como sempre fizera, a se preocupar sem razão com o que acontecia em todos os cantos do mundo. Preferia se concentrar em áreas de importância vital para o Império Britânico. Como disse a Sir Evelyn Baring (mais tarde Lord Cromer), procônsul no Egito, por ocasião de ameaça à segurança no Mar Vermelho: "Eu não me preocuparia muito com o que os militares dizem sobre a importância estratégica desses locais. Se lhes der muito espaço, vão insistir na necessidade de pôr tropas na lua para nos proteger de Marte."[44] Aos colegas inquietava o fato de Salisbury ser um pouco indiferente e não ter uma política externa bem definida. Se tinha, não revelava. A inclinação de Salisbury pelo sigilo se acentuou com a idade. Lord Curzon, seu subsecretário no Foreign Office, mais tarde o descreveu como "aquele estranho, poderoso, brilhante, inescrutável e obstrutivo peso morto no topo."[45] Curzon achava que Salisbury muitas vezes usava o recurso de jogar ossos para os cães, como ficou bem claro com a França e a Rússia, que ficavam latindo, pedindo mais. Embora nem todos seus companheiros fossem tão críticos, a maioria se preocupava com o fato de Salisbury já não poder lidar com a carga de trabalho consequente de ser ao mesmo tempo primeiro-ministro e ministro do Exterior. No fim da década de 1890 já parecia sentir o peso da idade e estava deprimido por causa da doença que havia muito tempo afligia sua esposa, culminando com sua morte em 1899.

Mesmo antes de deixar de ser ministro do Exterior em 1900, Salisbury já estava cedendo boa parte dos encargos em relações exteriores a seu

A Inglaterra e o esplêndido isolamento

sobrinho Arthur Balfour, líder na Câmara dos Comuns, e ao ministro das Colônias, Joseph Chamberlain. Os dois não podiam ser mais diferentes. Balfour era sobrinho de Salisbury e, como tal, integrante daquele círculo bem relacionado e íntimo na cúpula da sociedade inglesa. Como filho mais velho de homem rico, possuía grandes propriedades na Escócia. Era simpático, inteligente, encantador, embora muita gente o achasse frio e distante. Seu sorriso, disse pessoa próxima a ele, era "como a luz da lua sobre um túmulo."[46] Dizia-se que tivera o coração partido quando uma mulher que amava morreu de tifo. Mas um amigo íntimo desconfiava que ele "exaurira seus poderes nessa direção" e preferia o conforto de casos seguros com mulheres casadas. Sua grande paixão era a filosofia e, curiosamente, se entusiasmaria com o sionismo durante a Grande Guerra. Embora trabalhasse duramente, tentava não demonstrar. Saía da Câmara dos Comuns para jogar golfe e voltava para as últimas sessões em traje de noite. Recostava-se no banco "como se quisesse descobrir," como disse *Punch*, "quanto poderia aproximar suas omoplatas do assento."[47]

Achava Chamberlain interessante, mas antipático. "Joe, embora o adoremos," escreveu a uma de suas amantes favoritas, "por alguma razão não se mistura, não faz sistema conosco, nossas químicas não combinam."[48] Chamberlain era um industrial que venceu por esforço próprio, um dos novos personagens cuja ascensão Salisbury tanto deplorava. Nascido em família da classe média, deixara a escola aos dezesseis anos e fora trabalhar em Birmingham em negócio da família que fabricava parafusos de metal. Ao contrário de Balfour, casara três vezes. Suas duas primeiras esposas tinham morrido ao dar à luz os filhos, Austen o primeiro e Neville, o segundo, que viria a se tornar famoso ou mal-afamado como o primeiro-ministro do apaziguamento no fim da década de 1930. Sua terceira mulher tinha a metade de sua idade e era americana, filha do ministro da Guerra do governo do Presidente Cleveland. Por tudo que se ouvia, um casamento muito feliz.

Enérgico, dinâmico e ambicioso, o jovem Chamberlain transformara seu negócio no maior de seu ramo na Inglaterra e, já muito rico, se aposentara aos trinta e seis anos. Não gostava de esportes e tinha poucos passatempos, com exceção de uma improvável paixão por orquídeas que cultivava em estufas especiais (sempre tinha uma na lapela). Entrou na política com o mesmo dinamismo com que atuava em seu negócio e que o fez prefeito de Birmingham. Preocupou-se com instrução primária para todos, sistema de água e esgotos, derrubada de cortiços e organização de bibliotecas. Mesmo quando foi para a Câmara dos Comuns para ocupar uma cadeira liberal, continuou sendo o indiscutível dirigente da cidade. No Parlamento, surpreendeu os colegas ao não se tornar um demagogo incontrolável. Pelo contrário, um debatedor extremamente educado de discursos concisos e objetivos. Segundo o jornalista inglês J.A. Spender, "seu desempenho foi, no mínimo, perfeito." "Está tudo bem, muito bem, Mr. Chamberlain," disse um membro antigo, cujo conselho ele procurou, "mas a Casa ficaria muito agradecida se de vez em quando o senhor cometesse uma falha."[49]

———

CHAMBERLAIN CONTINUOU UM RADICAL, defendendo reformas sociais e atacando instituições privilegiadas como os latifúndios e a Igreja oficial anglicana. Mas criou uma ligação apaixonada com o Império Britânico que, para ele, era uma força do bem no mundo. Essa convicção o levou a romper com os liberais em 1886, quando propuseram a Home Rule para a Irlanda. Chamberlain e seus seguidores alegaram que essa iniciativa comprometia a unidade do Império. No devido tempo os liberais unionistas, como eram conhecidos, se aproximaram do Partido Conservador.[50] Chamberlain nunca se justificou perante seus antigos colegas. Simplesmente mudou de posição. Como disse Spender, tinha uma "concentração letal" no que fazia, que era a política: "Para ele, tudo era preto ou branco, de contornos definidos, sem meios-tons."[51]

Nos primeiros anos de ministro das Colônias, com desafios e crises, da pesca do bacalhau na Terra Nova ao ouro no sul da África, Chamberlain se convenceu totalmente do quanto a Inglaterra estava isolada e vulnerável. Além disso, a opinião pública, força nova e imprevisível a influir nas questões externas, exigia ação protetora dos interesses ingleses em todo o globo. O isolamento, argumentava, não mais satisfazia à Inglaterra, e Balfour tendia a concordar com ele. A França não podia ser considerada aliada, em face das tensões de então na África e por serem duas nações historicamente rivais. Quanto à Rússia, Chamberlain disse em discurso de 1898, "quando tomar sopa com o demônio, pegue uma colher de cabo longo." Aos poucos seu pensamento se voltou para a Alemanha, com a qual a Inglaterra tinha relativamente poucas divergências. Chamberlain não estava só. Outras figuras importantes, ministros do Gabinete, almirantes, membros do Ministério do Exterior e escritores influentes começavam a pensar da mesma maneira.[52]

Com reticente aprovação de Salisbury, Chamberlain começou a conversar com o embaixador alemão em Londres sobre um possível tratado. Em 1899, teve amistosa conversa com o Kaiser e seu mi-

A Inglaterra e o esplêndido isolamento

nistro do Exterior, Bernhard von Bülow, no Castelo de Windsor, o que o levou a pensar que fosse viável uma aliança, talvez incluindo os Estados Unidos. No dia seguinte à partida da delegação alemã, proferiu discurso público em Leicester, esboçando "uma nova Tríplice Aliança entre a raça teutônica e os dois grandes ramos da raça anglo-saxônica dos dois lados do Atlântico, que se constituiria em poderosa influência sobre o futuro do mundo."[53] Havia outros sinais prometedores. Em 1898, a Inglaterra celebrou acordo com a Alemanha a respeito das colônias de Portugal – Moçambique, Angola e Timor – que, diante da bancarrota do país colonizador, provavelmente ingressariam no mercado mundial. Os dois signatários (Portugal não foi consultado) concordaram em impedir a interferência de terceiros e dividir o Império Português entre eles. No ano seguinte, a Inglaterra encerrou uma absurda disputa com os alemães pela posse das ilhas Samoa no sul do Pacífico, concedendo-lhes o controle da ilha principal.

Em 1901, Chamberlain, afirmou um membro da embaixada alemã em Londres, era favorável a uma íntima cooperação, e talvez a Inglaterra viesse a integrar a Tríplice Aliança com Alemanha, Áustria-Hungria e Itália.[54] Balfour estava de acordo. Achava que o mais provável inimigo da Inglaterra seria a aliança de França e Rússia. "É questão de vital importância para nós que a Itália não seja destroçada, a Áustria não seja desmembrada e, creio, a Alemanha não seja esmagada até a morte entre o martelo da Rússia e a bigorna da França."[55]

Os alemães não eram contrários à ideia, porém não tinham pressa em concluir um acordo tão abrangente e ver a Inglaterra se tornar membro da Tríplice Aliança, principalmente porque lhes parecia que a Inglaterra precisava mais deles do que eles da Inglaterra. A Guerra dos Bôeres, que havia começado em 1899, apenas dois anos após o triunfal Jubileu de Diamante, abalara seriamente o prestígio da Inglaterra e a confiança no país. Nos primeiros meses do conflito, quando ocorreram sucessivas derrotas humilhantes, a Inglaterra realmente temeu que a França aproveitasse a oportunidade para invadir, ou, ao lado da Rússia, ameaçar o domínio inglês no Oceano Índico.[56] Em janeiro de 1901, morreu a Rainha Victoria, talvez mais um sinal de que acabava a velha ordem.

Investigações realizadas após a guerra mostraram que comandantes ingleses de fato tinham sido incompetentes, que forças foram empregadas em combate sem ordens perfeitamente claras, mapas apropriados e informações suficientes, com equipamento absolutamente inadequado. Leo Amery, repórter do *Times* na campanha, escreveu, por exemplo, a propósito do desastre na Batalha de Spion Kop: "Não houve a menor preocupação em prever a delimitação da posição a ser tomada ou transmitir tal informação aos oficiais responsáveis pela operação. Tampouco os oficiais se preocuparam, eles mesmos, em descobrir as dimensões do cume antes de lançar o ataque."[57] A guerra forçou a adoção de amplas reformas no exército, mas demoraram algum tempo até que surtissem efeito.

Para piorar as coisas naqueles anos do fim do século, a situação na China continuava instável, ameaçando os vastos interesses ingleses naquela área. Em 1897, a Alemanha se valera da morte de dois missionários para forçar o débil governo chinês a lhe fazer uma concessão que incluía o porto em Tientsin (Tianjin) e ferrovias na península de Shantung (Shandong). Isso serviu para assinalar o início de séria disputa pela China. Unilateralmente, a Rússia ocupou um porto em águas quentes, que levava o nome de um tenente da marinha inglesa, William Arthur, no extremo sul da Manchúria. O Gabinete estudou a possibilidade de mandar navios de sua esquadra no norte da China para expulsar os russos, mas reconsiderou a ideia, por recear o que a França, aliada da Rússia, pudesse fazer. Poucos meses mais tarde, a Rússia se apossou de outro porto a nordeste de Port Arthur, obrigando o governo chinês a abdicar de seus direitos sobre ambos os portos por vinte e cinco anos.

Com reclamações vindas da imprensa e de seus companheiros, como Chamberlain, para que a Inglaterra fizesse algo, mesmo que fosse apenas *pro forma*, Salisbury, declarou, constrangido, que "'o público' exigirá algum consolo territorial ou cartográfico na China. Será inútil e oneroso, mas, já que é questão sentimental, devemos agir." Assim, a Inglaterra exigiu um porto em Weihaiwei no extremo norte da península de Shantung e ao sul dos portos russos na Manchúria (foi inservível como porto, mas uma boa praia arenosa para nadar.)[58] Finalmente, em 1900, surgiram notícias que pareciam boas. Alemanha e Inglaterra chegaram a acordo pelo qual as duas se dispunham a usar sua influência para implantar uma política de Porta Aberta na China, que permitiria o livre acesso de todas as potências. Pelo pensamento dos ingleses, a medida era, na verdade, diretamente contra a Rússia na Manchúria; a última coisa que a Alemanha, que tinha extensa fronteira terrestre com a Rússia na Europa, desejava era um conflito com seu vizinho. Isso ficou claro depois da Rebelião dos Boxers.

Em 1900 eclodiu um movimento, inicialmente dirigido contra a dinastia Manchu, e habilmente redirecionado contra os estrangeiros

Germânia, mãe preocupada, observa atenta os filhos, os diferentes estados da Federação Alemã, derrubando um castelo de cartas, a Política de Poder Mundial, enquanto a Prússia, em uniforme de marinheiro, balança um mandarim chinês. Os sonhos dos direitistas e do Kaiser de um papel mais importante da Alemanha no mundo, que incluíram em 1900 o envio de uma força militar à China para ajudar a reprimir a Rebelião dos Boxers, não eram bem vistos pelos esquerdistas e pelos liberais, como deixou claro a satírica revista socialista.
"Crianças," grita Germânia, "não derrubem o castelo de cartas com seu brinquedo chinês!"

vindos de além-mar. Todos os que estavam no norte da China – missionários ocidentais, diplomatas e negociantes – foram atacados, e em Pequim diplomatas estrangeiros ficaram cercados no verão de 1900. Uma força internacional para libertá-los foi rapidamente organizada pelas grandes potências, que, ao menos dessa vez, encontraram motivo para agir em conjunto. A Rebelião dos Boxers foi dominada, Pequim foi saqueada, e o governo chinês forçado a pagar grande indenização e aceitar interferência ainda maior em seus assuntos. Os russos aproveitaram a oportunidade para pôr forças militares na Manchúria e, quando a rebelião terminou, encontraram pretextos para não se retirar. Circularam rumores de que a Rússia negociava um acordo com a China para a ocupação permanente da Manchúria. Quando o governo inglês pediu o apoio alemão, na tentativa de encontrar forma de obrigar os russos a recuarem, a resposta foi bem clara. Bülow levantou-se no Reichstag, em 15 de março de 1901, para dizer que o acordo anglo-alemão sobre a China "de maneira nenhuma se referia à Manchúria."[59]

Ficou bem evidente que a Alemanha não estava disposta a ajudar a Inglaterra na defesa de seus interesses à custa de criar problemas para ela própria na Europa. Ademais, muitos ingleses perguntavam a si mesmos se a Inglaterra realmente queria se envolver nas disputas da Alemanha com a França e a Rússia na Europa. Todavia, os alemães continuavam pensando que os ingleses acabariam se aproximando, quando constatassem que amizade com a Alemanha era sua melhor opção. "Não devemos demonstrar intranquilidade, ansiedade ou pressa," disse Bülow a seu subordinado Friedrich von Holstein em outubro de 1901. "Vamos esperar o horizonte desanuviar."[60]

Lord Lansdowne, que substituíra Salisbury como ministro do Exterior, tentou manter vivas as negociações, mas fracassou. Incoerente, também abriu conversações com os russos, igualmente inúteis. Entretanto, estava convicto, como muitos de seus colegas, de que a Inglaterra não podia retornar à política de Salisbury de se isolar da Europa. Lord George Hamilton, então ministro para a Índia, registrou a conversa melancólica que teve com Balfour no verão de 1901:

> Ele se disse convencido de que, para todos os fins, em termos práticos, no presente momento éramos uma potência de terceiro nível, com interesses conflitantes com os das grandes potências da Europa, um empecilho para elas. Colocada dessa forma tão elementar, fica bem evidente para nós a fraqueza atual do Império Britânico. Possuímos enorme poder, efetivo e latente, desde que nos concentremos (...) mas a dispersão dos interesses imperiais (...) torna isso quase impossível.[61]

Naquele outono Lord Selborne, Primeiro Lord do Almirantado, ressaltou a seus colegas de gabinete que a Inglaterra contava com apenas quatro encouraçados no Extremo Oriente, enquanto a Rússia e a França juntas dispunham de nove.[62]

Entretanto, a essa altura a opinião pública em ambos os países ganhava expressão e devia ser levada em conta. Por exemplo, no outono e início do inverno de1901-2, uma disputa inútil que se tornou pública entre von Bülow, agora chanceler alemão, e Joseph Chamberlain enfureceu os dois países. Chamberlain fez um discurso em Edinburgh defendendo as tropas inglesas, acusadas de tratar com excessivo rigor os civis *afrikaners*. Chamberlain declarou que outras nações tinham se conduzido muito pior, como a Prússia na Guerra Franco-Prussiana, por exemplo. Nacionalistas alemães consideraram que se tratava de grave insulto, e Bülow protestou formalmente junto ao Foreign Office da Inglaterra. Os ingleses tentaram amenizar o impacto causado pelos comentários, mas se recusaram a apresentar desculpas formais. Bülow, em consequência, tentou apelar para a opinião pública alemã em discurso provocador no Reichstag, em janeiro de 1902. Aplaudido, citou célebre frase de Friedrich, o Grande, afirmando que alguém

A Inglaterra e o esplêndido isolamento

que ousasse criticar o exército alemão veria que "está mordendo granito." Três dias depois, Chamberlain falou com igual entusiasmo em seu reduto eleitoral, Birmingham. "O que disse está dito. Nada tenho a retirar, nada tenho a modificar, nada tenho a justificar. Não quero dar lições a um ministro estrangeiro e nada lições dele." Em particular, disse ao Barão Hermann von Eckardstein, da embaixada alemã em Londres: "Já estou saturado desse tratamento, e não há mais como pensarmos numa associação entre Inglaterra e Alemanha."[63]

O governo inglês já chegara à conclusão de que devia procurar outro parceiro. Com aprovação cada vez mais reticente de Salisbury, estudava a possibilidade de uma aliança com o Japão. Isso não seria tão extraordinário quanto pudesse parecer. O Japão era uma potência em ascensão. Na década de 1890 derrotara com facilidade a China em guerra. Curzon, que conhecia bem a Ásia, escreveu a Salisbury em 1897: "Se as potências europeias se aliassem contra nós no Extremo Oriente, mais cedo ou mais tarde provavelmente teríamos que nos aliar ao Japão. Em dez anos será a maior potência naval naqueles mares..."[64] Esse comentário sensibilizou a indústria naval inglesa, sempre um *lobby* poderoso, que via com bons olhos as encomendas japonesas para construção de navios. Em 1898, o almirante Charles Beresford, que interrompera sua carreira para se tornar membro do Parlamento e chefe da Liga Naval, declarou por ocasião do jantar anual da Sociedade Japonesa em Londres: "Existe muita afinidade entre nossas duas nações, e uma aliança entre elas em muito contribuiria para a paz mundial."[65] Ademais, os interesses japoneses convenientemente se confinavam ao Extremo Oriente. Portanto, não existia o risco que se corria numa aliança com a Alemanha, que poderia arrastar a Inglaterra a uma guerra na Europa. A Inglaterra poderia se valer do Japão para se contrapor à Rússia e talvez obrigar o Império rival a pensar duas vezes antes de avançar na Ásia Central, com os olhos na Índia.

Do ponto de vista japonês, a Inglaterra era a potência mais amistosa entre as nações europeias. Em 1895, no encerramento da Guerra Sino-Japonesa, Rússia, Alemanha e França se uniram contra o Japão para forçá-lo a desistir do que conquistara na China, principalmente na Manchúria. Logo depois a Rússia tomou a iniciativa, se apossou de dois portos no sul da Manchúria e começou a construir um atalho da Ferrovia Transiberiana pelo norte. Durante a Rebelião dos Boxers, Inglaterra e Japão trabalharam em conjunto. O Japão, como a Inglaterra, estudou alternativas através de negociações com

A Primeira Guerra Mundial – que acabaria com as guerras

a Rússia e a Alemanha. Como a Inglaterra, chegou à conclusão de que não levavam a lugar algum.

Pouco antes do Natal de 1901, o Príncipe Ito Hirobumi, um dos mais velhos homens públicos que acompanhara a transformação do Japão após 1868, parou em Londres em seu regresso da Rússia. Como Salisbury, fora quatro vezes primeiro-ministro de seu país. (Ao contrário de Salisbury, era notoriamente dissoluto.) Foi anunciado que

Ito Hirobumi, quatro vezes primeiro-ministro do Japão entre 1885 e 1901, foi um dos reformadores responsáveis pela modernização do Japão. Parte de sua educação foi conduzida na Inglaterra, onde tinha muitos amigos. Em 1901, quando foi tirada esta fotografia, chefiava as negociações com a Inglaterra que resultaram na Aliança Anglo-Japonesa de 1902. Esse evento marcou novo passo no caminho da emergência do Japão como potência moderna e o começo do abandono do "esplêndido isolamento" pela Inglaterra.

visitava a Inglaterra unicamente para cuidar da saúde. Não obstante, foi recebido por Edward VII, que o condecorou com a Grã-Cruz da Ordem do Banho. O prefeito de Londres ofereceu grande banquete em sua homenagem. Quando se levantou para retribuir o brinde, Ito, segundo o *Times*, foi saudado com "prolongados aplausos." Em seu discurso abordou a longa e sólida amizade "de quase um século" entre Japão e Inglaterra, e mencionou as felizes lembranças que guardava

A Inglaterra e o esplêndido isolamento

de um país onde estudara quando jovem. "Sinto-me perfeitamente à vontade," prosseguiu, "para alimentar a sincera esperança de que o espírito de amizade e afinidade mútua que vigorou entre nós no passado possa ser fortemente consolidado no futuro. (*Aplausos*)."[66] Visitou Salisbury em Hatfield e Lansdowne em sua casa de campo de Boswood, mantendo conversações particularmente interessantes com este último.

Em 30 de janeiro foi assinada a aliança anglo-japonesa. Embora os ingleses esperassem cobrir também a Índia, os japoneses insistiram para que o acordo se restringisse à China. Os dois países se comprometiam a: adotar uma política de Porta Aberta (embora fosse feita concessão ao interesse particular do Japão na Coreia); permanecer neutro se o outro fosse atacado por um terceiro estado; e se apoiar mutuamente se um dos dois fosse atacado por dois países. Também havia uma cláusula secreta a respeito do poder naval na região. As marinhas inglesa e japonesa começariam a conversar sobre cooperação contra inimigos potenciais no Pacífico, tais como França e Rússia. A notícia sobre o tratado foi recebida com grande entusiasmo no Japão, onde ocorreram manifestações públicas de apoio. Na Inglaterra a reação foi mais contida, como preferia o governo.

A Inglaterra acabava de abandonar uma política que, se em termos menos estritos não era nem secular nem de isolamento, fora bastante útil. Durante boa parte do século XIX fora capaz de tranquilamente assegurar seu comércio e construir um Império sem se preocupar demais com combinações de potências contra ela. Mas o mundo mudara, a França e a Rússia reunidas agora constituíam um oponente de vulto. Novas potências, como Alemanha, Estados Unidos e o próprio Japão, também punham em risco a hegemonia global da Inglaterra. Seu tratado com o Japão foi uma forma de sondar o ambiente, de ver se queria mergulhar nos emaranhados de alianças. Em 1902, as coisas estavam favoráveis à Inglaterra. A Guerra dos Bôeres finalmente terminara. O Transvaal e o Estado Livre de Orange agora faziam parte do Império Britânico. Não se esgotara completamente com a Alemanha a esperança de uma firme amizade. Na Alemanha, a reação inicial foi de moderada satisfação. Aliando-se ao Japão, a Inglaterra deu um passo adiante na confrontação com a Rússia na Ásia e, possivelmente, com a França. Quando o embaixador inglês em Berlim informou o Kaiser a respeito do novo tratado, a reação inicial de Wilhelm foi: "Parece que os tolos tiveram um intervalo de lucidez."[67]

3

Wilhelm II e a Alemanha

—◆—

POBRE DO PAÍS
CUJO REI É UMA CRIANÇA

"Quase me corta o coração," escreveu a Rainha Victoria na primavera de 1859 a seu tio Leopold, Rei da Bélgica, "não poder estar presente ao batizado de nosso primeiro neto! Creio que nunca me senti tão amargamente decepcionada com um acontecimento como agora! Em ocasião tão gratificante para ambas as nações, que tanto as aproxima, isso é particularmente torturante!"[1] O menino, filho de sua filha mais velha Victoria e nascido na Prússia, viria a ser o futuro Wilhelm II da Alemanha, e a esperança da orgulhosa avó em ambos e na futura amizade entre os povos dos dois países tinha tudo para se concretizar.

Uma parceria anglo-germânica fazia todo o sentido. A Alemanha era uma grande potência terrestre, e a Inglaterra, marítima. Os interesses alemães estavam sobretudo na Europa, e os da Inglaterra, além-mar. Até a última década do século, enquanto Bismarck ainda exercia controle, a Alemanha se contentava em ser uma potência continental, de modo que os dois países não eram rivais em termos de Império. Também influía o fato de terem um inimigo comum, a França, e compartilharem a mesma apreensão quanto às ambições francesas. Afinal, Prússia e Inglaterra tinham lutado lado a lado para derrotar Napoleão. Quando a Prússia, sob a competente liderança de Bismarck, uniu os estados germânicos em uma nova Alemanha, em 1870, a Inglaterra a tudo assistiu com benevolente

Wilhelm II e a Alemanha

neutralidade. O grande intelectual Thomas Carlyle (que escreveu notável biografia de Friedrich, o Grande) falou por muitos de seus pares quando afirmou publicamente: "Que essa Alemanha nobre, paciente, generosa e sólida deva finalmente se consolidar como nação e se transformar em Rainha do Continente, ao contrário da fanfarrona, supostamente maravilhosa, irascível, espalhafatosa, irrequieta e supersensível França, me parece ser o fato mais auspicioso que possa acontecer em meus dias."[2] A crescente prosperidade da Alemanha, que mais tarde, antes da guerra, causaria preocupação entre os ingleses, inicialmente foi bem recebida, enquanto crescia o comércio entre as duas nações.

Logicamente as similitudes entre os povos alemão e inglês também demonstravam que ambos tinham como origem a raça teutônica, compartilhavam os mesmos valores de racionalidade e sensatez, como, ao que tudo indica, sempre acontecera. Alguns historiadores afirmam que ambos – os ramos continental e insular – tinham resistido bravamente ao Império Romano e desenvolvido suas próprias e sólidas instituições políticas e sociais ao longo dos séculos. A religião, que ainda tinha muita importância no século XIX, era outro elo, pelo menos para a maioria dos protestantes de cada país. Além disso, em ambos os países as elites eram majoritariamente protestantes.[3]

Cada um tinha muito a admirar no outro. Para os ingleses, a cultura e a ciência alemãs. As universidades germânicas e as escolas técnicas se tornaram modelo para os educadores ingleses. Os estudantes ingleses em campos como a medicina tinham de aprender alemão para ficar em condições de ler os mais recentes trabalhos científicos. Os alemães dominavam as importantes áreas de ensino bíblico e arqueologia, e sentia-se que a história alemã, com sua ênfase em organização de arquivos, colecionamento de fatos e uso de provas, mostrava o passado "como realmente fora." De sua parte, os alemães admiravam a literatura inglesa, especialmente Shakespeare, e o modo de vida inglês. Mesmo durante a Grande Guerra, o Cecilienhof em Potsdam, construído para o príncipe-herdeiro, adotou o modelo inglês Tudor de casa. Até hoje suas prateleiras estão cheias de livros de autores ingleses populares, de P.G. Wodehouse a Dornford Yates.

Também em nível pessoal havia muitas conexões, desde comunidades de negócios em cidades de ambos os países até matrimônios. A mãe de Robert Graves, o mais inglês dos poetas, era alemã. Eyre Crowe, mais tarde famoso no Ministério do Exterior por ser firme opositor da Alemanha, era filho de um casal interracial e foi educado quase exclusivamente na Alemanha. Subindo na escala social, mulheres inglesas, como Evelyn Stapleton-Bretherton, nascida em Sussex, casou com o Príncipe Blücher, descendente do grande marechal prussiano, e Daisy Cornwallis-West, de Gales do Norte, se tornou Princesa de Pless, esposa de um dos homens mais ricos, de uma das mais tradicionais famílias da Alemanha. Na cúpula, o fenômeno se repetia com as famílias reais. A Rainha Victoria descendia de duas famílias reais alemãs, os Hanovers e, por parte de mãe, os Saxe-Coburgs. Casou com um primo Saxe-Coburg, o Príncipe Albert. Entre os dois, tinham relações de parentesco praticamente com todas as famílias que governavam a Alemanha (e grande parte da Europa também). Em 1858, quando sua filha casou com o futuro herdeiro do trono prussiano, tudo indicava que nova malha fora adicionada à rede que conectava ingleses e alemães.

Por que as coisas saíram tão errado? Cientistas políticos podem dizer que o fato de Alemanha e Inglaterra ficarem em lados opostos na Grande Guerra foi premeditado. Foi o resultado do choque entre um poder global superior sentindo que a supremacia lhe escapava e havia um desafiante que ascendia. Raramente tais transições são administradas pacificamente. O poder dominante é frequentemente arrogante, querendo dar lições ao resto do mundo sobre como conduzir seus negócios e muitas vezes insensível aos temores e às preocupações de potências menores. Tal poder, como era então a Inglaterra e hoje são os Estados Unidos, inevitavelmente resiste às íntimas percepções de seu declínio, e o que ascende fica impaciente para conseguir sua parcela do que está em oferta, sejam colônias, comércio, recursos ou influência.

No século XIX, a Inglaterra possuía o maior Império do globo, dominando os mares e o comércio mundial. Talvez compreensivelmente, via com pouca simpatia os anseios e as preocupações de outras nações. Como escreveu Winston Churchill, um estadista com agudo senso de história, pouco antes da Grande Guerra:

> Ficamos absortos em nós mesmos, enquanto outras nações poderosas se vêm paralisadas por barbarismo ou guerra interna, uma total desproporção na partilha de riquezas e dos negócios mundiais. Conseguimos tudo o que queríamos em termos de território, e as exigências que fazemos para que não atrapalhem o desfrute de nossas vastas e magníficas possessões, conquistadas principalmente por meio de violência e em grande parte mantidas pela força, muitas vezes parecem menos razoáveis para outros do que para nós.

Wilhelm II e a Alemanha

Além disso, a Inglaterra amiúde irritava outras potências europeias com sua confiante presunção de superioridade como, por exemplo, diante das instituições e da política do Continente, por sua relutância em preservar o Concerto da Europa e pela forma como intervinha cuidadosamente em conflitos apenas quando via maneira clara de tirar vantagem. Na disputa por colônias, os estadistas ingleses costumavam alegar que estavam adquirindo mais territórios unicamente para prover segurança ao que já tinham ou talvez por benevolência para com povos súditos, enquanto outras nações eram motivadas apenas por ambição.

Em contrapartida, a Alemanha demonstrava insegurança e ambições próprias de um poder mundial em ascensão. Era sensível a críticas e profundamente preocupada por não ser levada a sério como julgava merecer. Era uma grande nação no coração da Europa, mais forte econômica e militarmente, assim como mais dinâmica do que seus vizinhos maiores, França, Rússia e Áustria-Hungria. Em momentos mais sombrios ainda se sentia cercada. Seu comércio crescia em todo o mundo e cada vez mais conquistava fatia da participação inglesa, mas achava que ainda não era suficiente. Não possuía colônias e as consequentes bases navais, portos com abastecimento de carvão e rede telegráfica que caracterizavam uma potência global. Ademais, quando tentava se apossar de territórios além-mar, na África ou no Pacífico Sul, invariavelmente a Inglaterra aparecia levantando objeções. Assim, o veemente discurso que o novo ministro do Exterior, Bernhard von Bülow, proferiu no Reichstag em 1897, afirmando que a Alemanha exigia seu lugar ao sol, foi bem recebido por seus compatriotas.

A Inglaterra, como sempre acontecera com outras potências mundiais, tinha consciência de que o mundo estava mudando e que enfrentaria novos desafios. Seu Império era grande demais e muito espalhado, o que gerava argumentos de imperialistas do país defendendo a conquista de mais territórios para proteger os já existentes, as rotas vitais de navegação e as linhas telegráficas. A produção industrial, ainda robusta, diminuíra sua participação na produção mundial total, enquanto novas potências, como a Alemanha e os Estados Unidos, se aproximavam rapidamente e outras mais antigas, como o Japão e a Rússia, entravam velozmente na era industrial. O fato de ser a primeira apontava para problemas a longo prazo. A infraestrutura da indústria inglesa ia ficando ultrapassada e não se renovava com a necessária rapidez. Seu sistema educacional produzia literatos demais e engenheiros e cientistas de menos.

Mas permanece a pergunta: por que a Inglaterra teve a Alemanha como seu principal inimigo quando facilmente haveria outros? Afinal, a Alemanha era apenas mais uma entre as diversas ameaças ao domínio da Inglaterra. Outras potências também queriam um lugar ao sol. Nos anos que antecederam 1914, poderia ter havido guerras por questões ligadas a colônias entre Inglaterra e Estados Unidos, Inglaterra e França,ou Inglaterra e Rússia. Em cada um desses casos quase houve. Entretanto, as questões potencialmente perigosas foram bem administradas, e superadas as principais razões para conflitos. (Esperamos que hoje os Estados Unidos e a China consigam ter a mesma sensibilidade e sucesso.)

É verdade que ao longo dos anos sempre houve tensão nas relações entre Inglaterra e Alemanha, uma tendência à desconfiança mútua e a se sentirem ofendidos com facilidade. O telegrama Kruger em 1896, quando o Kaiser impetuosamente enviou congratulações ao presidente do pequeno e independente Transvaal por ocasião do êxito dos *afrikaners* em rechaçar o *raid* de Jameson (um bando de aventureiros ingleses que tentou tomar o controle do Transvaal) provocou furiosos comentários na Inglaterra. "O Imperador alemão deu um passo muito grave," disse o *Times*, "que deve ser visto como francamente hostil a este país."[4] Salisbury estava em um jantar quando recebeu a notícia, e comentou-se que ele disse a sua vizinha na mesa, uma das filhas da Rainha Victoria: "Que topete, madame, que topete!"[5] A opinião pública inglesa ficou enfurecida. Recentemente Wilhelm fora agraciado com o título de coronel honorário dos Royal Dragoons. Consta que os oficiais dos Dragoons retalharam seu retrato e jogaram os pedaços no fogo.[6] Paul Hatzfeldt, embaixador alemão em Londres, informou para Berlim: "O estado de espírito geral é tal – disso não tenho dúvida – que, se o governo perdesse a cabeça e por alguma razão quisesse declarar guerra, teria o apoio de todo o povo."[7] Às vésperas da Grande Guerra, Sir Edward Goschen, embaixador inglês em Berlim, disse a um colega que, em sua opinião, o telegrama Kruger marcou o início da divisão entre Inglaterra e Alemanha.[8]

Mesmo quando chegavam a acordos, o processo deixava resíduos de amargor e desconfiança. Quando em 1898 a Inglaterra criou obstáculos nas negociações que envolviam as colônias portuguesas, o Kaiser escreveu um memorando irado: "A conduta de Lord Salisbury é absolutamente jesuítica, monstruosa e insolente!"[9] De sua parte, os ingleses ficaram profundamente ressentidos com o fato de os alemães tentarem explorar a preocupação inglesa com a deterioração da situação no sul da África para levar o país a recorrer, desde o coneço, à negociação. Salisbury, que não compartilhava o entusiasmo de Chamberlain por uma ampla aliança com a Alemanha, disse ao embaixador alemão: "Vocês pedem demais por sua amizade!"[10]

No ano seguinte a Alemanha ameaçou retirar seu embaixador de Londres quando Salisbury se recusou a ceder às reivindicações alemãs nas ilhas Samoa. O Kaiser, veemente, enviou uma carta extraordinariamente rude a sua avó criticando o primeiro-ministro inglês. "Essa forma de tratar de interesses e sentimentos da Alemanha chegou ao povo como um choque elétrico, deixando a impressão de que Lord Salisbury tem para conosco a mesma consideração que dispensa a Portugal, Chile ou aos habitantes da Patagônia." E acrescentou, ameaçando: "Se esse tratamento arrogante dispensado aos negócios alemães pelo governo de Lord Salisbury continuar, temo que se transformará em fonte permanente de desentendimentos e recriminações entre as duas nações, e pode, afinal, causar incidentes mais graves."[11] A velha rainha, depois de consultar Salisbury, replicou com firmeza: "Só posso atribuir esse tom com que fala de Lord Salisbury a uma irritação temporária de sua parte, pois, não fosse isso, creio que não escreveria dessa maneira. Também duvido que algum soberano tenha um dia escrito nesses termos para outro soberano, sobretudo quando esse soberano é sua própria avó, criticando seu primeiro-ministro."[12]

A Guerra dos Bôeres gerou novas tensões. No fim das contas, o governo alemão na verdade ajudou, ao se recusar a integrar coalizão de países que se propunha a forçar a Inglaterra a celebrar a paz com as duas repúblicas bôeres. A Alemanha não recebeu o crédito que merecia, em parte por causa do tom ora condescendente, ora arbitrário que Bülow, entre outros, adotou com a Inglaterra. Como disse mais tarde Friedrich von Holstein, chefe efetivo do Ministério do Exterior alemão: "Agindo amistosamente e falando em tom inamistoso, nós caimos entre duas cadeiras. (Por 'nós,' entenda-se 'Bülow')."[13]

Acresce que o povo alemão, a começar pela Imperatriz, era em grande parte favorável aos bôeres, confirmando a percepção inglesa de que a Alemanha trabalhava ativamente pela derrota inglesa. Circularam rumores de que oficiais alemães estavam se alistando nas fileiras bôeres quando, na verdade, o Kaiser os proibira de se intrometer. Nos primeiros meses da guerra, a Inglaterra apreendeu três vapores-correio alemães suspeitos, erradamente como se verificou depois, de transportar material bélico para os bôeres. (Um deles, de acordo com Eckardstein, diplomata alemão, nada tinha de perigoso e transportava tão somente caixas de queijo suíço.) Diante da lentidão dos ingleses na liberação dos navios, o governo alemão acusou a Inglaterra de violar as leis internacionais e usou linguagem ameaçadora. Bülow, que por enquanto desejava manter vivas as conversas com Chamberlain, escreveu para o então Chanceler Hohenlohe: "A intensidade e a profundidade do lamentável desagrado da Alemanha pela Inglaterra são muito perigosas para nós. Se o povo inglês perceber com clareza o sentimento contrário à Inglaterra que hoje domina a Alemanha, ocorrerá um grande retrocesso nas relações entre os dois países."[14] Realmente o povo inglês estava ciente do sentimento que imperava na Alemanha, porque a imprensa inglesa o mantinha detalhadamente informado. A organização Athenaeum Club de Londres mantinha uma exibição especial de charges alemãs e artigos antibritânicos.[15]

—

Embora seja difícil avaliar uma época sem pesquisas de opinião, tudo indica que no início do século XX as posições das elites em cada país, seja nos ministérios de relações exteriores, nos parlamentos ou nas fileiras militares, estavam se acirrando reciprocamente.[16] Acresce que surgira um novo fator desconcertante para os membros da classe que governava, a crescente importância da opinião pública. "O menor grau de mau humor contra nós está nos círculos mais altos da sociedade e talvez também nas camadas mais baixas da população, a massa de trabalhadores," informou para Berlim em 1903 o conde Paul Metternich, que sucedera Hatzfeldt como embaixador alemão em Londres. "Mas os situados entre essas camadas e que trabalham com a cabeça e a pena estão, em grande parte, contra nós."[17] As ostensivas exigências públicas para que o governo alemão fizesse algo a respeito da Inglaterra ou que o governo inglês resistisse à Alemanha não apenas pressionavam os tomadores de decisão, mas também limitavam até onde poderiam levar a cooperação entre os dois países.

Samoa, por exemplo, foi uma crise que não precisava ter acontecido, porque não havia interesses nacionais relevantes em jogo. No entanto, mostrou-se desnecessariamente difícil de solucionar por causa da agitação pública, especialmente na Alemanha. "Apesar de a grande maioria de nossos políticos de botequim não saber se Samoa era um peixe, um pássaro ou uma rainha estrangeira," disse Eckardstein, "proclamavam aos quatro ventos que, não importava onde fosse, era alemã e devia permanecer para sempre alemã."[18] A imprensa alemã subitamente descobriu Samoa, declarando-a essencial para o prestígio e a segurança nacionais.[19]

A opinião pública, porém, às vezes é volúvel. Basta lembrar a repentina mudança nos Estados Unidos, em 1972, quando o Presidente Ni-

Wilhelm II e a Alemanha

xon foi a Pequim, e a China passou de inimigo ferrenho a novo amigo. Quando a Rainha Victoria teve sua doença fatal, o Kaiser correu para o seu lado, embora a Guerra dos Bôeres ainda estivesse em curso e seu governo temesse que fosse recebido em ambiente hostil. Amparou-a em seus braços por duas horas e meia enquanto ela morria e depois declarou que ajudara seu tio, agora Rei Edward VII, a carregá-la até o caixão. Ela estava, como lembrou, "tão pequenina... e tão leve."[20] O *Daily Mail* chamou Wilhelm "um amigo na hora difícil," e o *Times* declarou que ele teria "um lugar permanente na lembrança e simpatia de todos." O *Telegraph* lembrou a seus leitores que ele era meio inglês: "Nunca abandonamos o orgulho velado pelo fato de, em grande parte, correr nosso próprio sangue nas veias da personalidade mais destacada e talentosa que nasceu para ocupar qualquer trono europeu, desde Friedrich, o Grande." Em almoço antes de partir, Wilhelm fez uma conclamação pela amizade entre os dois países: "Devemos formar uma aliança anglo-germânica, vocês cuidarão dos mares, e nós seremos responsáveis pela terra. Com tal aliança, nem um camundongo incomodará a Europa sem nossa permissão."[21]

A concorrência econômica, o relacionamento conturbado, com desconfianças mútuas e ocasionais hostilidades ostensivas, a pressão da opinião pública, tudo isso explica a razão de os desejos do Kaiser não se concretizarem e de a Alemanha e a Inglaterra prosseguirem em caminhos divergentes antes de 1914. Mesmo que a Alemanha e a Áustria-Hungria tivessem voltado a ser inimigas (como tinham sido até 1866) ou que a Inglaterra tivesse entrado em guerra com a França, seria igualmente fácil encontrar outros fatores para explicar tais eventos. E se Alemanha e Inglaterra tivessem formado uma aliança, também seria fácil justificá-la. Então, dito tudo isso, permanece a pergunta: por que Alemanha e Inglaterra se tornaram países tão antagônicos?

Em parte a explicação está na forma como a Alemanha era governada, concedendo demasiado poder ao complicado e desconcertante personagem que deteve o poder de 1888 a 1918, quando foi obrigado a abdicar. Wilhelm II foi acusado pela propaganda aliada de ter desencadeado a Grande Guerra, e os vitoriosos reunidos em Paris por algum tempo consideraram a possibilidade de levá-lo a julgamento. Isso provavelmente era injusto. Wilhelm não desejava uma guerra europeia e na crise de 1914, tanto quanto nas anteriores, inclinava-se pela preservação da paz. O conde Lerchenfeld, perspicaz representante da Baviera em Berlim antes da Grande Guerra, acreditava que ele era bem intencionado – "O Kaiser errou, mas não pecou" – porém seu linguajar violento e suas declarações insultuosas davam aos observadores uma falsa impressão.²² A verdade é que deu contribuição vital para os passos que levaram a Europa a se dividir em dois campos hostis e armados. Quando decidiu criar uma marinha capaz de desafiar o poder naval da Inglaterra, meteu uma cunha entre Alemanha e Inglaterra, e a partir daí muitas outras coisas aconteceram. Ademais, o comportamento errático de Wilhelm, seus entusiasmos volúveis e sua propensão a falar demais e sem pensar antes de fazer declarações ajudaram a criar a impressão de uma Alemanha perigosa, de um desastrado que não se dispunha a observar as regras do jogo internacional e queria dominar o mundo.

Imperador dos alemães, Rei da Prússia, em posição de destaque entre os demais monarcas alemães, descendente do grande Rei-Guerreiro Friedrich, o Grande, e neto do homônimo Wilhelm I, em cujo reinado a Alemanha começou sua existência, Wilhelm II desejava dominar não somente a Alemanha, mas também o cenário mundial. Era naturalmente inquieto e impaciente, suas feições e expressões mudavam rapidamente. "Conversar com ele," disse o Barão Beyens, embaixador belga em Berlim antes da Grande Guerra, "significa o papel de ouvinte, dando-lhe tempo para expor suas ideias de maneira inflamada. De vez em quando se pode arriscar um comentário que seu pensamento rápido, que passa prontamente de um assunto para outro, absorve com avidez."²³ Quando alguma coisa o divertia, Wilhelm dava uma gargalhada e, quando estava aborrecido, seus olhos brilhavam "como aço."

Era simpático, cabeleira bonita, pele suave e macia, olhos acinzen-

Wilhelm II era presunçoso, bombástico e neurótico. Esta foto, tirada quando ainda era jovem, revela certo grau de insegurança que se escondia por trás do bigode de pontas eriçadas, cuidadosamente retocadas e enceradas todas as manhãs por seu barbeiro. Não está de uniforme militar, o que não era habitual.

Wilhelm II e a Alemanha

tados. Em público, desempenhava muito bem o papel de governante, com sua variedade de uniformes militares, anéis e braceletes faiscantes e a postura ereta de soldado. Como Friedrich, o Grande, e seu avô, dava ordens espalhafatosamente e escrevia comentários concisos e muitas vezes rudes nos documentos – "pura masturbação," "droga," "bobagem." Suas feições compunham uma máscara de austeridade e seus olhos eram frios. O famoso bigode com as agressivas pontas viradas para cima era retocado todas as manhãs por seu barbeiro pessoal. "Perguntamos a nós mesmos," comentou Beyens com um toque de ansiedade, "se o homem que acabamos de ver está realmente convencido do que afirma, ou se é o mais talentoso ator que já surgiu no cenário político atual."[24]

Wilhelm era um ator e intimamente suspeitava não estar à altura do papel que tinha de desempenhar. O embaixador francês Jules Cambon, havia muito tempo em Berlim, sentia que "Sua Majestade precisava fazer um grande esforço, um esforço realmente muito grande, para manter a atitude rigorosa e digna que se espera de um soberano e sentia um grande alívio quando terminava a parte oficial da audiência, para que pudesse relaxar e se permitir uma conversa agradável e até divertida, que acreditava ter muito mais em comum com a verdadeira natureza de Sua Majestade."[25] Tinha, segundo Albert Hopman, um ajudante de ordens da marinha em geral bajulador, "de certa forma um traço feminino em sua personalidade, porque lhe faltavam naturalidade, método e firmeza verdadeiramente masculina."[26] Walther Rathenau, industrial alemão muito inteligente e perspicaz, ficou espantado com o contraste entre o homem público e o privado ao ser apresentado, pela primeira vez, ao Kaiser. Viu um homem tentando mostrar um domínio forçado, que não parecia natural, "contrariando visivelmente sua natureza. Muitos outros têm reparado o mesmo que eu: carência, suavidade, necessidade de contato humano e imaturidade bem visíveis por trás das feições vigorosas, da tensão e da atividade impressionante."[27]

Nesse aspecto, Wilhelm era como Friedrich, o Grande. Ambos tinham seu lado gentil, sensível e intelectual que julgavam ser obrigatório reprimir conforme as circunstâncias. Wilhelm, mesmo sem o bom gosto de Friedrich, amava projetar prédios (reconhecidamente feios e monumentais). Em seus últimos anos criou uma paixão por arqueologia e arrastava sua infeliz corte semanas a fio para Corfu, onde fazia uma escavação. Por outro lado, não gostava de arte moderna e literatura. "É uma bela serpente que criei no meu bolso," exclamou depois da primeira apresentação da *Salomé* de Richard Strauss.[28] O Kaiser preferia a música alta e barulhenta.[29]

Era inteligente, tinha excelente memória e gostava de discutir ideias. "Não se pode deixar de reparar," escreveu um paciente membro de seu gabinete, "a notável familiaridade com que o Imperador observa cada tendência moderna e todo o progresso." Hoje é o rádio, amanhã, as escavações na Babilônia. No dia seguinte, talvez esteja falando sobre pesquisa científica independente e imparcial."[30] Também era um bom cristão e fazia sermões quando se sentia disposto, como disse Hopman, marcado por misticismo e pura ortodoxia.[31] Wilhelm tinha tendência, geralmente não contestada, considerando-se quem ele era, a querer saber tudo. Quis ensinar ao tio Edward como os ingleses deviam conduzir a Guerra dos Bôeres e enviou desenhos de encouraçados para seu departamento da marinha. (Também deu muitos conselhos não solicitados à marinha inglesa.)[32] Dizia aos condutores como conduzir e aos pintores como pintar. Como disse Edward com maldade, era "o mais brilhante fracasso da história."[33]

Não gostava de ser contrariado e tudo fazia para evitar quem o desagradava ou vinha lhe trazer más notícias. Como declarou o diplomata Alfred von Kiderlen-Wachter a Holstein em 1891, "sua opinião é sempre a que deve prevalecer (...) quem concorda é citado como autoridade, quem diverge "está sendo enganado."[34] Em sua maioria, aqueles que faziam parte da corte de Wilhelm e seus assessores mais íntimos aprenderam a satisfazer seu chefe. "Quanto mais alto vamos, pior fica essa adulação tão intrigante quanto natural," disse o conde Robert Zedlitz-Trützschler, que por sete anos foi o administrador da residência do Kaiser, "pois é no topo que existe mais a temer e a esperar. Todos os que vivem próximos ao Imperador com o tempo se tornam, para todos os fins e propósitos, seus escravos."[35]

Seus empregados também tinham de agradar o chefe e suportar suas brincadeiras constrangedoras. A vida inteira o senso de humor de Wilhelm continuou sendo o de um adolescente. Divertia-se com excentricidades físicas e zombava, por exemplo, do representante do estado de Baden em Berlim por causa de sua calvície.[36] Nos costumeiros cruzeiros marítimos de verão pelo Mar do Norte, Wilhelm obrigava os passageiros a fazer exercícios matinais e se divertia empurrando-os por trás ou cortando seus suspensórios. Deliberadamente apertava mãos com sua forte mão direita, os dedos cheios de anéis cortantes, cutucava costelas e puxava orelhas.[37] Quando "bateu com espalhafato" no Grão-

Wilhelm II e a Alemanha

Duque Vladimir, da Rússia, com seu bastão de marechal de campo, claro que era uma brincadeira, como disse Zedlitz. "Ninguém deixava de notar que essa espécie de *nonchalance* estava longe de ser compatível com personalidades reais e imperiais, e não posso deixar de temer que o imperador tenha desagradado algumas cabeças coroadas com tais grosserias, difíceis de tolerar."[38] Realmente, o rei da Bulgária, país que a Alemanha queria ter como aliado, deixou Berlim "fervendo de raiva" depois que o Kaiser lhe deu uma palmada em público.

Embora fosse cuidadoso na presença de mulheres, na companhia de homens Wilhelm gostava de histórias grosseiras e de fazer palhaçadas. Achava que era o máximo da comédia fazer soldados grandalhões vestir-se de mulher. "Fiz o papel do Anão," disse Kiderlen por ocasião de um passeio com Wilhelm, "e apaguei as luzes para imenso deleite do Kaiser. Em uma cantiga improvisada, fiz o papel dos gêmeos chineses com C; estávamos ligados por uma enorme salsicha." Em 1908, o chefe de seu Gabinete Militar morreu de colapso cardíaco quando dançava em traje de bailarina e com um chapéu de penas na cabeça.[39]

Sempre houve rumores de que Wilhelm era homossexual, em parte

Augusta Victoria (ao centro), princesa alemã que se tornou esposa de Wilhelm II, era conhecida como Dona. Esposa e mãe modelo, entediava o marido, que aproveitava todas as oportunidades para fugir da intimidade doméstica e de sua sufocante religiosidade. Embora raramente interferisse na política, era radicalmente contrária aos ingleses e estimulava o marido a reforçar a marinha alemã.

por causa de sua grande amizade com Philip Eulenburg, que sem dúvida o era, mas, quanto a Wilhelm, parece duvidoso. Em sua juventude teve diversos casos com mulheres, e tudo indica que era fiel à esposa, a duquesa alemã Augusta Victoria, ou, como era normalmente chamada, Dona. No entanto, tão logo ela morreu, após a Grande Guerra, ele casou novamente. Dona era firmemente antibritânica, extremamente conservadora e rigidamente protestante. Por exemplo, não admitia católicos entre seus empregados. Não permitia que integrasse a corte qualquer pessoa sobre a qual pairasse a mínima suspeita de algum escândalo. Berlim estava acostumada a ver o casal real abandonar um teatro quando Dona achava que vira algo indecente no palco. Beyens, o embaixador belga em Berlim, disse com ironia, mas precisão: "Seu grande objetivo era tornar a vida da família nas residências imperiais tão aconchegante e rotineira quanto a de um humilde lar rural prussiano."[40] A despeito de todas as tentativas de Wilhelm para torná-la mais elegante, escolhendo suas roupas e presenteando-a com joias caras e vistosas, ela continuava parecendo a mulher de um camponês prussiano. Quando foi a um baile com um vestido dourado com uma faixa vermelha, um observador mordaz comentou que ela parecia "um biscoito de enfeite de má qualidade."[41] Dona adorava Wilhelm e lhe deu sete filhos, mas não lhe dava alegria. Para isso, ele recorria a seus cruzeiros marítimos e grupos de caçada com os homens de seu séquito. Parece que não percebia que Eulenburg e possivelmente outros de seu círculo não se interessavam muito por mulheres, de modo que levou um tremendo choque quando isso se transformou em escândalo público.

O Kaiser, como o caso de Eulenburg demonstrou claramente, não revelava discernimento quando se tratava de avaliar caráter. Tampouco era bom em compreender o ponto de vista dos outros. O próprio Eulenburg, provavelmente o amigo mais chegado do Kaiser e que intimamente o amava, escreveu em 1903: "Sua Majestade vê e julga *todas* as coisas e *todos* os homens unicamente sob um ponto de vista pessoal. Carece completamente de objetividade, e a subjetividade cavalga um garanhão que morde e escoiceia."[42] Estava sempre a ponto de se sentir afrontado, mas insultava os outros frequentemente. Em teoria, a Alemanha era uma federação de estados-principados, com Wilhelm sendo o primeiro entre iguais, e assim ele se considerava, intimidando seus camaradas governantes que, tanto quanto era possível, evitavam encontrá-lo.

Wilhelm mais preferia falar que ouvir. Nos primeiros doze anos de seu reinado, fez cerca de 400 discursos oficiais, além de muitos outros não oficiais.[43] Segundo Lerchenfeld, toda a corte ficava preocupada quando o Kaiser ia fazer um discurso porque nunca sabia o que ele ia dizer.[44] Muitas vezes saíam coisas realmente tolas ou tendenciosas. Gostava de dizer que ia "esmagar," "destruir," "aniquilar" quem se pusesse no caminho da Alemanha. Ao inaugurar um monumento militar em Frankfurt, no primeiro ano de seu reinado, declarou que não cederia nenhum território conquistado por seus ancestrais: "É preferível perder nossos 18 corpos-de-exército e 42 milhões de habitantes no campo de batalha do que ceder uma única pedra..."[45] Talvez seu discurso que ficou mais famoso tenha sido o que proferiu em 1900, na partida de uma expedição alemã para reprimir a Rebelião dos Boxers. Os soldados estavam a caminho de travar uma luta violenta e teriam de ser duros. *"Quem cair em suas mãos tombará de sua espada!"* Em frase que ficou torturando os alemães, ele disse para os soldados agirem como os hunos do passado: "Vocês devem fazer com que o nome da Alemanha seja lembrado por mil anos na China, para que nenhum chinês, não importa se tem olhos rasgados ou não, jamais ouse encarar um alemão."[46]

Embora admirasse a firmeza nos outros e também procurasse agir do mesmo modo, Wilhelm era emocionalmente frágil. Vivia torturado por "dúvidas e autocondenações," como disse Wilhelm Schoen, um de seus diplomatas. Os que o rodeavam se preocupavam muito com seus nervos, sua tendência a se agitar e as explosões de seu temperamento violento.[47] Quando tentava fugir de situações que muitas vezes ele mesmo provocara e não conseguia controlar, quase sempre se desesperava, falava em abdicar, e até ameaçava suicidar-se. "Em tais ocasiões," disse Schoen, era necessário "todo o poder de persuasão da Imperatriz para resgatar sua coragem e convencê-lo a permanecer no cargo, prometendo que faria o melhor que pudesse."[48] Teria ele, como alvitrou um adido militar austríaco em Berlim, "um parafuso frouxo"? Era o medo que compartilhavam muitos que trabalhavam com ele. Em 1903, Eulenburg estava presente em um dos habituais cruzeiros pelo Mar do Norte. Era um daqueles momentos em que Wilhelm normalmente se sentia à vontade, relaxando e jogando cartas com seu fiel *entourage*, mas estava ficando cada vez mais taciturno. "Ele é difícil de lidar, é muito complicado *em tudo o que faz*," Eulenburg escreveu desesperado a Bülow. Wilhelm mudava de opinião de um momento para outro, sempre insistindo que estava certo. "Lívido, fanfarronando" continuou Eulenburg, "falando sem cessar sobre si mesmo com mentira após mentira, dando-me tão má impressão que ainda não consigo superar."[49]

Para compreender Wilhelm, e convém salientar que seus contemporâneos e a posteridade têm gasto bastante tempo nesse esforço, é preciso voltar à sua infância e talvez até a seu nascimento. Vicky, sua mãe, tinha dezoito anos quando ele nasceu, e o parto foi extremamente longo e complicado. É possível que o recém-nascido tivesse sofrido uma falta temporária de oxigênio e, talvez, dano cerebral. Percebendo que Wilhelm estava vivo, os médicos ficaram preocupados com a jovem mãe, que estava em estado lastimável. Somente algumas horas mais tarde notaram que o braço esquerdo do bebê estava deslocado.[50] Esse braço nunca se desenvolveu como devido, a despeito de muito tratamento, como choques elétricos e a estranha prática de amarrá-lo no interior de uma carcaça de lebre. Os ternos e uniformes de Wilhelm eram cuidadosamente confeccionados para disfarçar a deficiência, mas ficavam esquisitos em quem se esperava, e que exigia de si mesmo, uma imponente figura militar a cavalo.

Sua mãe, que admitiu à Rainha Victoria que de início não prestava muita atenção aos filhos (seriam oito ao todo), passou a compensar essa desatenção supervisionando-lhe cada detalhe da educação. A Rainha a advertiu: "Às vezes acho que cuidado demais e vigilância exagerada causam os próprios perigos que se quer evitar."[51] A velha rainha estava certa. Wilhelm não gostava de seu tutor rígido e sério demais, e das tentativas que fazia para transformá-lo em um bom liberal. Seus pais, o Príncipe-herdeiro e a Princesa, sonhavam em transformar a Alemanha numa monarquia constitucional e num estado moderno e participativo. Vicky não ajudava ao deixar bem claro que, em muitos aspectos, achava a Alemanha inferior à Inglaterra. Isso os deixava em situação difícil perante a corte prussiana conservadora e, mais importante, Wilhelm I e seu extraordinariamente poderoso ministro Bismarck. Embora o relacionamento do jovem Wilhelm com a mãe fosse intenso e quase sempre amoroso, gradualmente foi se ressentindo dela. O mesmo aconteceu em suas relações com a Inglaterra.

Para desgosto da mãe, ele circulava justamente entre os elementos da sociedade prussiana que mais a desagradavam: a classe rural *Junker* com sua visão reacionária e a desconfiança em relação ao mundo moderno, os militares com seus valores rígidos e hierárquicos, além da corte arraigadamente conservadora de Wilhelm I. O jovem príncipe admirava muito o avô como o monarca que trouxera glória aos Hohenzollerns ao unir a Alemanha sob sua direção. Também se valia do antagonismo entre Wilhelm I e seus pais. Ainda jovem, quando não queria acompanhar o pai em uma viagem, apelava para o avô. Enquanto o Príncipe-herdeiro era afastado de

Wilhelm II e a Alemanha

todo envolvimento em assuntos do governo por interferência de Bismarck, Wilhelm tinha permissão para cumprir missões diplomáticas e, em 1886, foi trabalhar no Ministério do Exterior para ganhar experiência, algo que nunca fora permitido a seu pai. Em raro momento de reflexão, Wilhelm, disse ao filho de Bismarck que seu bom relacionamento com o avô, o Rei, "não agradava a seu pai:" "Ele não estava submetido à autoridade do pai, não recebia um só *penny* do pai. Como tudo provinha do chefe da família, era independente do seu pai."[52]

Aos dezoito anos, Wilhelm foi incorporado a um regimento de elite, onde, como afirmou mais tarde, imediatamente se sentiu à vontade. "Vivera tantos anos terríveis de desprezo por minha natureza, de depreciação daquilo que para mim era o que havia de mais importante e sagrado: a Prússia, o exército e todos os gratificantes deveres que desde logo descobri no corpo de oficiais e me encheram de alegria, felicidade e satisfação."[53] Adorava o exército, a companhia de seus companheiros oficiais (e encheu seu gabinete deles) e, em particular, adorava tudo que um dia seria seu. Esse dia chegou muito mais cedo do que se podia imaginar.

O velho Rei Wilhelm morreu em março de 1888. Seu filho Friedrich, já gravemente doente de câncer na garganta, também morreu três meses depois. Era a hora dos grandes "e se?" da história moderna. O que teria acontecido se Friedrich, com apoio da mulher Vicky, governasse a Alemanha, digamos, nas duas décadas seguintes? Teriam se mantido distantes de um governo absolutista e continuado no rumo de uma monarquia constitucional? Teriam conseguido manter os militares sob controle civil? Teria a Alemanha seguido outro caminho nas relações internacionais, talvez rumando para maior amizade e quiçá uma aliança com a Inglaterra? Com Wilhelm II, a Alemanha teve um tipo diferente de governante e um destino também diferente.

A acessão de Wilhelm ao poder não teria grande importância se o trono que herdasse, como a avó, o tio e o primo, fosse o da Inglaterra. Ainda que tivessem influência, até mesmo considerável, não dispunham do poder de Wilhelm. Ele podia, por exemplo, indicar os ministros que desejasse, comandar os militares e ditar a política exterior da Alemanha. Enquanto os governantes ingleses tinham de lidar com um primeiro-ministro e um Gabinete que eram responsáveis perante um Parlamento, Wilhelm nomeava e demitia chanceleres e ministros como lhe aprouvesse. Embora tivesse de ir ao Reichstag para conseguir recursos financeiros, ele, ou na prática seus ministros, habitualmente tinham sucesso em obter o que precisavam. É verdade que aprenderam a manobrá-lo (Eulenburg, antes de cair em desgraça, era particularmente propenso a essa prática) e nem sempre o mantinham plenamente informado sobre assuntos sensíveis. Todavia, ele podia e realmente interferia em decisões envolvendo políticas e acordos.

Também não faria grande diferença, se Wilhelm fosse Rei da Albânia, como seu parente distante o Príncipe Wilhelm de Wied. Mas o fato é que ele era o governante de uma das nações mais poderosas do mundo. Como disse Zedlitz após um dos ataques de nervos de Wilhelm, "Ele é e sempre será uma criança – mas uma criança que tem poder para tornar tudo difícil, se não impossível." E continuou citando o livro do Eclesiástico: "Pobre do país que tem como rei uma criança!"[54] Acresce que a Alemanha, além de poderosa, era complexa, e era perigoso confiá-la a alguém como Wilhelm. Era mais ou menos como entregar um automóvel muito potente a Toad, o personagem do clássico infantil *Wind in the Willows*. (Curiosamente, Wilhelm odiou os carros logo que surgiram, alegando que assustavam os cavalos. No entanto, assim que teve um, segundo Bülow, tornou-se "um motorista fanático."[55])

Com a unificação dos estados germânicos no Reich, em 1971, a Alemanha se tornou o país mais populoso da Europa a oeste da Rússia, o que significava ter uma vantagem potencial no recrutamento de cidadãos para as forças armadas. Além disso, seu exército era amplamente

Wilhelm II e a Alemanha

reconhecido como o mais bem treinado e com os melhores oficiais do mundo. Por volta de 1911 havia quase 65 milhões de cidadãos alemães, em comparação com 39 milhões na França e 40 milhões na Inglaterra. (A Rússia tinha 160 milhões, uma das razões para a França tanto valorizá-la como aliada.) A Alemanha estava se transformando velozmente na economia mais dinâmica da Europa. Em 1880, a Inglaterra era a líder nas exportações em todo o mundo, com 23% do comércio mundial, enquanto a Alemanha respondia por 10%. Em 1913, a Alemanha estava a ponto de superar a Inglaterra. Agora tinha 13% do comércio mundial, enquanto a Inglaterra chegara a 17%. Em alguns setores em que o poder econômico foi medido nesse período, a Alemanha já estava à frente. Suplantou a Inglaterra na produção de aço em 1893 e, em 1913, já era o maior exportador mundial de máquinas.

Com a industrialização vieram os sindicatos e, mesmo na Alemanha, onde os benefícios sociais estavam adiante dos vigentes na maior parte dos países, agitações trabalhistas geraram greves. Em 1896-97 houve uma forte greve no grande porto de Hamburgo e, a partir de então, periodicamente ocorreram greves em diversas partes do país, até a guerra. Na maior parte dos casos, os objetivos eram econômicos, mas progressivamente passaram a ser também políticos, gerando transformações na sociedade alemã. O número de sindicalizados cresceu de forma significativa, passando de menos de 2 milhões para 3 milhões em 1914. Ainda mais preocupante para as classes dominantes da Alemanha foi o surgimento de um poderoso partido socialista. Em 1912 o PSD (Partido Social Democrata) tinha a maior bancada no Reichstag, com quase um terço dos assentos, assim como um terço dos votos populares.

A Alemanha não estava sozinha em sentir tensões trazidas pelas transformações rápidas, mas no seu caso era um sistema político particularmente inadequado para lidar com elas. Bismarck, embora fosse um grande estadista, criara um sistema ineficiente e uma constituição que só funcionavam com ele à testa e, mesmo assim, nem sempre. Em tese, de acordo com a Constituição, a Alemanha era uma federação que englobava dezoito diferentes estados. Tinha um parlamento federal, o Reichstag, eleito por sufrágio masculino universal e responsável pala aprovação do orçamento federal. Contava com um conselho federal, o Bundersrat, composto por representantes dos estados, com o direito de supervisionar áreas cruciais como assuntos externos, exército e marinha. Teoria é uma coisa, realidade é outra. Nunca foi atribuída importância ao conselho. Bismarck nunca teve a menor in-

A Primeira Guerra Mundial – que acabaria com as guerras

Otto von Bismarck foi o maior estadista de seu tempo. Não apenas criou o novo estado Alemanha em 1871, como também dominou as relações internacionais na Europa.

tenção de dividir seu poder e o da Prússia. Era simultaneamente o Chanceler da Alemanha e o Ministro-Presidente da Prússia, e essa dualidade continuou até o fim da Grande Guerra. Também era ministro do Exterior e conduzia os negócios estrangeiros em grande parte sem ouvir o ministro do Exterior da Prússia. Com essa superposição de jurisdições, nunca ficou devidamente definido a quem de fato cabia a responsabilidade.

Mesmo assim, Bismarck e seus sucessores não conseguiram governar a Alemanha de forma que os satisfizesse plenamente. Com o passar dos anos, tiveram de lidar com um Reichstag que podia alegar, com razão, que representava a vontade do povo alemão e podia se constituir em formidável desafio às políticas governamentais, ameaçando negar sua aprovação do orçamento. As décadas entre 1871 e 1914 ficaram marcadas por uma série de crises políticas e, às vezes, impasses. Tanto Bismarck quanto Wilhelm II e seus assessores, contemplaram à abolir a constituição e voltar ao governo absolutista. "Cabeças-duras," "idiotas," "cachorros," é como Wilhelm se referia aos membros do Reichstag, e gostava de dizer que seria muito bom lhes ensinar quem era realmente o senhor da Alemanha.[56]

Mesmo não considerando o tumulto político que causaria, é muito duvidoso que tal disposição proporcionasse à Alemanha um governo mais coerente e unificado. Bismarck e seus sucessores não acreditavam em gabinetes onde políticas fossem descartadas ou aceitas, ainda que, aparentemente, mediante coordenação entre diferentes ramos do governo. Por conseguinte, para exemplificar, o Ministério do Exterior não

Wilhelm II e a Alemanha

sabia o que os militares estavam planejando e vice-versa. Na verdade, as coisas ficaram piores quando Wilhelm II subiu ao trono, porque ele tentou exercer controle direto sobre o exército e a marinha através de seu próprio gabinete de assessores e insistiu para que os ministros alemães se reportassem diretamente a ele. O resultado foi, mais do que nunca, menor coordenação e intercâmbio de informações.

A nova federação era também como um mau cavaleiro tentando controlar um animal rebelde. A Prússia possuía 65% do território do país e 62% de sua população, ofuscava e dominava todos os outros membros, desde o Reino da Baviera no sul até a cidade-estado de Hamburgo no norte. Ademais, a Prússia, com um legislativo estadual dominado pelos conservadores, graças às restrições no direito de voto e a um sistema eleitoral cuidadosamente manipulado, continuava sendo um poderoso instrumento da direita em uma Alemanha onde forças moderadamente conservadoras, liberais e socialistas estavam em ascensão. Acresce que as famílias *Junker* prussianas desfrutavam posição privilegiada na sociedade da Prússia e dominavam as instituições alemãs, especialmente seu exército e seu Ministério do Exterior. Seus valores – lealdade, generosidade, devoção à família, culto a tradições, respeito à ordem e apurado senso de honra – eram em certos aspectos admiráveis mas também conservadores, se não reacionários, além de cada vez mais se distanciarem do ritmo da moderna Alemanha.[57]

Os companheiros mais chegados a Wilhelm vinham desse mundo e professavam muitos desses valores. Nos primeiros anos de seu reinado, porém, ele realmente teve a preocupação, talvez transmitida por sua mãe, de aumentar a participação das classes mais pobres na sociedade. Isso o colocou em rota de colisão com seu chanceler, Bismarck. Enquanto Wilhelm queria melhorar as condições do trabalho, Bismarck pensava em esmagar o movimento socialista que crescia. Em 1890 o Chanceler perdeu o controle do Reichstag e fez todo o possível para agitar a crise política, criando um pretexto para dissolvê-lo e rasgar a constituição. Wilhelm I talvez fosse em frente e apoiasse esse plano, mas seu neto não estava disposto a fazê-lo. O novo Kaiser estava cada vez mais assustado com a intransigência de Bismarck e de forma alguma queria se submeter à sua orientação (ou à de nenhum outro naquele assunto). O desfecho ocorreu em março de 1890, quando o Kaiser criticou Bismarck por não mantê-lo informado como devia a respeito de questões externas e internas, deixando claro que era a autoridade máxima na Alemanha. Bismarck demitiu-se, deixou Berlim e se recolheu a sua propriedade rural, onde viveu um amargo isolamento.

Agora Wilhelm era o senhor de si mesmo e da Alemanha. Seu entendimento do que significava ser o monarca alemão era, como seria de esperar, algo de grandioso. Como declarou no discurso em Königsberg logo depois de subir ao trono: "Nós Hohenzollerns recebemos nossa coroa diretamente do Céu, e tão somente ante o Céu somos responsáveis pelo cumprimento de nosso dever."[58] Não tencionava, como demonstrou a divergência com Bismarck, delegar suas responsabilidades a seu Chanceler ou a um Gabinete. Na verdade, aumentou o número de autoridades que se reportavam diretamente a ele e organizou um quartel-general para supervisionar os assuntos militares. O problema, porém, era que ele queria poder, glória e aplauso, mas sem fazer o trabalho pesado. "Veja," diz o Rato sobre o Sapo em *Wind in the Willows*, "ele insiste em dirigir, mas é um incapaz. Se ao menos empregasse um animal decente, estável e bem treinado, lhe pagasse um bom salário e deixasse tudo por sua conta, estaria tudo bem. Mas não, está convencido de que é um motorista nato e que ninguém pode lhe ensinar nada; deu no que deu."

Wilhelm era preguiçoso e incapaz de se concentrar em alguma coisa por muito tempo. Bismarck o comparava a um balão: "Se você não segurar firme as cordas, ninguém sabe onde ele vai parar."[59] Embora reclamasse de estar sobrecarregado de trabalho, Wilhelm abreviou expressivamente o calendário usual de despachos com os chefes militares, o Chanceler e os ministros, fielmente observado por seu avô. Alguns ministros só o viam uma ou duas vezes ao ano. Muitos também resmungavam porque o Kaiser era desatento e reclamava quando os relatos eram muito longos.[60] Recusava-se a ler jornais e, irritado, punha de lado documentos mais volumosos. Embora insistisse em se responsabilizar pelas manobras anuais de sua nova marinha, perdeu a paciência quando descobriu que esperavam que se reunisse com seus oficiais para consultá-los e acertar detalhes: "Vão para o inferno! Sou o Senhor Supremo da Guerra. Não decido. Comando."[61]

Durante seu reinado também passou mais de metade de seu tempo longe de Berlim ou de seu palácio perto de Potsdam. Wilhelm, o Irrequieto, como seu primo o rei George V da Inglaterra o descrevia, adorava viajar, talvez em parte, como suspeitava um cortesão, para ficar longe da sufocante personalidade doméstica da esposa.[62] Visitava seus outros palácios (dúzias deles), ia para os pavilhões de caça de amigos e

Wilhelm II e a Alemanha

fazia longos cruzeiros em um de seus vários iates. Seus ministros precisavam se deslocar para onde ele estava e, mesmo assim, nem sempre conseguiam se avistar com o Kaiser porque "Wilhelm, o Súbito," era famoso por mudar de planos no último minuto. Seus súditos brincavam dizendo que os alemães não mais cantavam "Viva o Vencedor," mas sim "Viva ele ali no trem especial."[63]

Os alemães faziam piadas sobre seu governante. Quando a revista satírica *Simplicissimus* estampou em sua capa uma charge nada lisonjeira sobre ele, a raiva de Wilhelm contra o editor e o autor da charge só fez aumentar a circulação da revista. Quando, em 1901, projetou uma Avenida da Vitória para Berlim e a encheu de gigantescas estátuas vulgares e pretensiosas, imediatamente os berlinenses a chamaram de Alameda dos Bonecos. Acontece que as piadas sobre o Kaiser nem sempre eram agradáveis. Em 1894 um estudante, Ludwig Quidde, publicou um panfleto sobre Calígula em que descrevia o Imperador Romano correndo de uma tarefa para outra "apressado e nervoso," em sua "ânsia por triunfos militares" e a "fantástica ideia" de conquistar os mares. "Gestos teatrais," disse, "são um ingrediente da insanidade imperial."[64] O panfleto vendeu 250 mil cópias nos anos anteriores a 1914.

De todas suas responsabilidades, a de que Wilhelm particularmente se orgulhava era o relacionamento com as forças armadas. Segundo a Constituição alemã (que orgulhosamente ele dizia que jamais lera),[65] era o comandante supremo das forças armadas alemãs. Os oficiais juravam fidelidade ao Imperador e não à Alemanha. "Nós pertencemos uns aos outros," disse Wilhelm às forças armadas em um de seus primeiros atos depois de se tornar Kaiser. "Nascemos um para o outro e estamos indissoluvelmente ligados pela fidelidade recíproca, seja qual for a vontade de Deus, de nos enviar para a bonança ou para a tormenta."[66] Ele e seus ministros resistiram com sucesso a muitas tentativas do Reichstag de interferir em assuntos militares e de fato tendiam a tratar com desconfiança políticos eleitos e a maior parte do público em geral. Os militares deviam se lembrar, disse Wilhelm aos recrutas em determinada ocasião, de que um dia poderia chamá-los para manter a ordem na nação: "Diante dessas recentes reviravoltas socialistas, é bem possível que eu tenha de ordenar que atirem contra seus próprios parentes, irmãos, até mesmo os pais."[67]

Wilhelm adorava o "Meu Exército" e preferia os soldados aos civis. Sempre que possível os indicava para cargos diplomáticos e de governo. Quase sempre se apresentava em uniforme militar e gostava de aparecer a cavalo à testa dos desfiles e receber a continência. Fazia questão de tomar parte nos jogos de guerra, o que vale dizer que sua importância como exercício de treinamento era mínimo, porque o lado do Imperador sempre tinha de vencer. Não era raro interromper tudo para poder deslocar forças de um lado para outro, geralmente reforçando as suas.[68] Intrometia-se nos uniformes militares (fez trinta e sete modificações em seus modelos entre 1888 e 1904). Também procurava manter seus adorados militares a salvo das influências corruptas do mundo moderno. "Fica recomendado aos cavalheiros do exército e da marinha," dizia uma de suas ordens, "que não devem dançar Tango, *One step* ou *Two step* em uniforme, e devem também evitar famílias em que essas danças sejam praticadas."[69]

Pela constituição, Wilhelm também detinha considerável poder em assuntos de política externa, podendo nomear e demitir diplomatas, além de celebrar tratados. Não tinha por seu Ministério do Exterior, na Wilhelmstrasse, e pelo serviço diplomático a mesma afeição que dedicava aos militares. Diplomatas eram uns "porcos" indolentes vendo dificuldades em tudo. "Vou lhe dizer uma coisa," gritou certa vez

Otto von Bismarck, o Chanceler de Ferro, foi um legítimo estadista prussiano que, aliando habilmente diplomacia e força, conseguiu a criação da Alemanha em 1871. Nas décadas seguintes logrou transformar a Alemanha no centro da política europeia, jogando uma nação contra a outra e garantindo que a França, o mais renhido inimigo da Alemanha, se visse isolada. Wilhelm II, feito Kaiser em 1888, ressentia-se da proeminência de Bismarck e acabou por demiti-lo, com o resultado de a política exterior da Alemanha cair em mãos menos competentes.

a uma autoridade do alto escalão, "vocês, diplomatas, são um monte de merda, e Wilhelmstrasse cheira mal."[70] Em contrapartida, Wilhelm se julgava um mestre em diplomacia e insistia em tratar diretamente com seus companheiros monarcas, muitas vezes com resultados infelizes. Lamentavelmente, ele não tinha políticas bem definidas, a não ser um vago desejo de conquistar maior importância para a Alemanha e para si mesmo e, se possível, evitar guerras. "Ele era pacífico," afirmou Lerchenfeld, representante da Baviera em Berlim, "queria manter boas relações com todas as potências e, ao longo dos anos, tentou se aliar a russos, ingleses, italianos, americanos e até aos franceses."

Quando Wilhelm demitiu Bismarck, a revista satírica inglesa *Punch* publicou uma charge chamada "Desembarcando o piloto." Wilhelm declarou, em telegrama triunfante, ao Grão-Duque de Saxe-Weimar: "A posição de Oficial de Serviço da Nave do Estado passou para mim (...) para a frente a todo vapor!"[71] Infelizmente, era bem o que ia fazer, e com uma marinha de verdade.

4

Weltpolitik

O LUGAR DA ALEMANHA
NO PALCO MUNDIAL

No verão de 1897, o Kaiser era um homem feliz. "Que alegria," escreveu a seu amigo Eulenburg, "ter de lidar com alguém que lhe é devotado de corpo e alma, sabe e quer compreender!"[1] O alvo desse entusiasmo era Bernhard von Bülow, o novo ministro do Exterior, que seria, assim desejava Wilhelm, seu Bismarck, pondo o Kaiser e seu país no centro dos assuntos mundiais ao qual pertenciam (e talvez também resolvendo a tumultuada política interna alemã). Pois os anos após a demissão de Bismarck não correram muito bem para Wilhelm. Ministros se aliaram contra ele e discordavam de suas políticas, seus colegas príncipes alemães viviam irritados sob ele e sob o domínio prussiano, e o Reichstag exigira descaradamente participar do governo do país.

Wilhelm e seus ministros tinham reagido, concitando os alemães a sepultar suas diferenças e trabalhar em prol de uma Alemanha maior com, obviamente, a Prússia no centro. Em 1890, o Ministério da Educação da Prússia decretou que a história ensinada nas escolas mostrasse a grandeza do estado prussiano e de seus governantes: "Um dos mais importantes objetivos da *volksschule* (escola elementar) é realçar para as crianças as bênçãos que receberam com o resgate da unidade, da independência e da cultura nacionais, restauradas graças à luta árdua

Weltpolitik: o lugar da Alemanha no palco mundial

e sacrificada dos gloriosos governantes Hohenzollerns." Wilhelm aprovou totalmente. "Devemos," disse ele numa conferência de diretores escolares," criar moços nacionalistas alemães, e não jovens gregos ou romanos."[2]

Triunfos no exterior deviam fazer sua parte na concertação de diferentes estados alemães em um poderoso Reich. Wilhelm proclamava com clareza e exuberância suas ambições para a Alemanha e para si mesmo. "Haveria um Novo Rumo em seu reinado," disse à mãe: "Haverá para todo o sempre apenas um verdadeiro Imperador no mundo, e será o Kaiser alemão..."[3] Ele e a Alemanha deviam exercer influência relevante em todo o mundo. Como disse a Eulenburg em 1893: "Sem ser figura mundial, não se é nada além de uma pobre aparição."[4] A Alemanha devia ser ouvida na divisão do que restava no mundo a ser repartido. "Em áreas distantes," disse em 1900, ao lançar ao mar um novo encouraçado, "nenhuma decisão importante dever ser tomada sem que sejam consultados a Alemanha e o Kaiser alemão."[5] Passou a se definir como "o *arbiter mundi*" – e, é claro, da Europa. Ao visitar a avó que morria, assegurou ao novo ministro do Exterior inglês, Lord Lansdowne: "Sou o fiel da balança de poder na Europa, pois a Constituição Alemã me atribui as decisões sobre política exterior."[6]

A verdade, irritando Wilhelm nos primeiros anos de seu reinado, era que as relações externas da Alemanha não estavam sendo bem conduzidas desde 1890. Onde Bismarck tentara, geralmente com sucesso, manter boas relações com todas as potências, seus sucessores tinham permitido que o país derivasse para um lado, o da Tríplice Aliança com a Áustria-Hungria e a Itália. O primeiro grave equívoco fora o fracasso na revalidação do "Reinsurance Treaty" com a Rússia, pelo qual cada país se comprometia a permanecer neutro se o outro fosse atacado por um terceiro. Que tenha sido um erro mostra bem a apatia dos responsáveis pela política exterior do país depois de 1890. O novo chanceler Leo von Caprivi era um soldado e, embora inteligente e sensato, tinha pouca experiência em assuntos externos. Permitiu ser convencido pelo pessoal do Ministério do Exterior a se afastar daquela renovação. Sofreu, em especial, a influência da figura de maior destaque na matéria, Friedrich von Holstein, que se opunha a uma amizade mais cerrada com a Rússia. A consequência foi a Rússia voltar suas atenções em outras direções, à França em particular, com a qual assinou um acordo militar secreto em 1894.

Muito influenciado pelo teórico de assuntos navais Alfred Mahan, que acreditava ser o poder naval a chave do poder mundial, Wilhelm II da Alemanha decidiu construir sua própria e poderosa marinha. Assim, desencadeou custosa corrida naval com a Inglaterra que, por sua vez, ajudou a convencer os ingleses da necessidade de procurar aliados contra a Alemanha.

ADEMAIS, O QUE almejavam Holstein e seus colegas, a reaproximação com a Inglaterra, cujas relações com Rússia e França estavam estremecidas, e um comprometimento mais forte com a Tríplice Aliança, não aconteceu. A Inglaterra já tinha um entendimento com a Áustria-Hungria e a Itália com vistas à segurança no Mediterrâneo (de modo geral se opondo às tentativas russas de forçar o Império Otomano a abrir mão do controle da vital passagem do Mar Negro para o Mediterrâneo e aos lances franceses para expandir seu Império). Como consequência da expiração do Tratado de "Ressegurança," a Rússia ficava com mais problemas a resolver em suas fronteiras e diminuía a ameaça que representava para os interesses ingleses no Mediterrâneo. A Alemanha também percebeu que seus parceiros da Tríplice Aliança ficavam mais assertivos à medida que a posição alemã enfraquecia.

Além disso, a oscilação da política alemã entre 1890 e 1897 foi um complicador. Nesse período, o país tentava conquistar para seu lado ora a Rússia, ora a Inglaterra. Os líderes alemães ora lisonjearem, ora ameaçarem também não ajudou. Em questões particulares, as políticas alemãs eram muitas vezes incoerentes. Em 1894, Caprivi disse ao embaixador alemão em Londres que as Ilhas Salomão eram de crucial importância para a Alemanha. Dois meses depois, porém, Berlim já per-

Weltpolitik: o lugar da Alemanha no palco mundial

dera o interesse.[7] Os ingleses não eram os únicos europeus a considerar as políticas alemãs um mistério. Também não ajudava o fato de o Kaiser estar convencido de que era um mestre em diplomacia, intervindo frequentemente e quase sempre com resultados desastrosos. Embora ainda se discuta a origem do telegrama Kruger que ele expediu em 1896, manifestando apoio ao Transvaal na luta da república bôer contra a Inglaterra, parece ter sido o resultado de uma tentativa por parte de seu governo no sentido de evitar que ele fizesse algo ainda pior. (Wilhelm inicialmente insinuara, entre outras coisas, estabelecer um protetorado no Transvaal, e que tropas alemãs fossem despachadas para a África, o que seria uma tarefa dificílima, considerando-se a supremacia do poder naval inglês na época.)[8]

Em 1897, a política e a governança alemã deu um passo que foi uma guinada decisiva para avançar mais no caminho da confrontação com a Inglaterra. Wilhelm, com apoio de Eulenburg e de outros líderes conservadores, decidiu que era hora de pôr homens de sua confiança em posições-chave no governo do país. Entre outras mudanças, trouxe de volta Alfred von Tirpitz, almirante da esquadra alemã da China, para ser seu ministro da Marinha. Como veremos, foi o marco inicial da corrida armamentista naval anglo-alemã. Além disso, Bernhard von Bülow, embaixador em Roma, foi chamado para ser ministro do Exterior. Seu impacto sobre a política alemã talvez tenha sido menos dramático do que o provocado por Tirpitz, mas ele também desempenhou papel de relevo nos passos que levaram da paz à guerra.

Bülow, o homem do qual se esperava a solução dos problemas internacionais vividos pela Alemanha, era um alegre, encantador, culto e inteligente diplomata de carreira. Também era extremamente ambicioso e, como seu chefe Wilhelm, preguiçoso. "Seria um grande sujeito," disse certa vez seu irmão, "se seu caráter conseguisse atingir o nível de sua personalidade."[9] Muito embora sua família tivesse uma proveniência original dinamarquesa, seu pai se tornara o novo ministro do Exterior da Alemanha em 1873, trabalhando lealmente sob as ordens do grande Bismarck.O Chanceler simpatizou com seu filho, e Bernhard logo ascendeu no serviço diplomático, fez carreira em capitais europeias e pelo caminho se tornou famoso como mulherengo inveterado. Encontrou uma esposa à altura, filha de família de projeção em Roma. Embora na época fosse casada, logo se divorciou do marido, também diplomata alemão, e casou com Bülow, dedicando-se a impulsionar sua carreira.

A Primeira Guerra Mundial – que acabaria com as guerras

Bernhard von Bülow foi Chanceler da Alemanha e responsável pela política externa do país de 1900 a 1909. Na maior parte desse período manteve sob controle o problemático governante Wilhelm II, mas não conseguiu evitar a competição naval com a Inglaterra.

Ao longo dos anos, Bernhard conquistara entre seus colegas a merecida reputação de ser dissimulado, não confiável e escorregadio como uma enguia, conforme declarou Holstein, que inicialmente fora seu amigo. "Bernhard von Bülow," escreveu Holstein em seu diário, "tem rosto sem barba e pálido, um olhar astuto e um sorriso quase permanente. Intelectualmente, mais passivo que penetrante. Não conta com ideias de contingência capazes de enfrentar todas as situações, mas aproveita ideias dos outros e habilmente as repete sem mencionar a fonte."[10] Bülow gostava de fazer com que as pessoas sentissem ter dito alguma coisa inteligente e de dar a impressão de que estava compartilhando informação importante com seus interlocutores. "Bernhard faz segredo de tudo," disse sua sogra. "Ele pega você pelo braço, leva-o até a janela e diz: 'Não diga a ninguém, mas olhe ali embaixo um cachorrinho fazendo xixi.'"[11] Era como um gato, disse uma mulher que o conhecera, que costumava pegar os camundongos botando o queijo favorito deles.[12]

A partir de 1897, dedicou-se a pegar seu novo chefe Wilhelm. Repetidamente Bülow assegurava ao próprio: "Wilhelm era brilhante," "esplêndido," "absolutamente preciso" e sempre dizia a coisa certa. Em 1900, disse ao Kaiser que era muito difícil lidar com os ingleses e que isso requeria infinita habilidade: "Mas, assim como tirou de circulação

Weltpolitik: o lugar da Alemanha no palco mundial

a águia austríaca de duas cabeças e cortou as asas do galo gaulês, a águia Hohenzollern, com a ajuda de Deus e a força e sabedoria de Vossa Majestade, saberá como domar o leopardo inglês."[13] Para reforçar, repetidamente elogiava o Kaiser na presença de Eulenburg, na certeza de que os elogios chegariam a Wilhelm. "De todos os grandes reis," escreveu Bülow logo depois de ser nomeado, "ele é de longe o mais destacado Hohenzollern que já existiu."[14] Garantiu ao próprio Kaiser que seria seu "instrumento" para afirmar seu poder pessoal sobre a Alemanha. Em 1900, um Kaiser agradecido o fez Chanceler.

Nos primeiros anos, Bülow foi bem-sucedido manobrando o Kaiser. Enviava curtos memorandos apimentados por pílulas de mexericos, evitava reuniões formais que aborreciam Wilhelm e costumava caminhar com o Kaiser todas as manhãs. Os von Bülows convidavam Wilhelm para almoçar e jantar, procurando distraí-lo. Todavia, Bernhard, o Subserviente, como o chamava um de seus críticos, estava disposto, sempre que possível, a ignorar ou modificar as mais erráticas instruções do Kaiser, sobretudo porque Wilhelm em geral esquecia o que havia dito no calor do momento. Bülow tampouco queria levar adiante o *coup d'état* que o Kaiser tanto desejava contra a instituição parlamentar. O que ele queria era controlar o povo alemão e seu monarca e, tanto quanto possível, conciliar suas diferenças. Sua política, então e quando se tornou Chanceler, foi aquela decididamente promovida por Wilhelm e seus assessores conservadores, de unir as forças nacionalistas e conservadoras alemãs em apoio à Coroa. Ao mesmo tempo procurava esvaziar o crescente movimento socialista e os fortes sentimentos regionais, como, por exemplo, no sul do país, que na verdade nunca aceitara o domínio prussiano.

A *Sammlungspolitik*, como ficou conhecida, precisava de um princípio básico de conduta, e este veio a ser o orgulho pela Alemanha. Bülow acreditava que o governo devia adotar uma "política corajosa e nobre, capaz de manter o otimismo no espírito que reina presentemente na (nossa) vida nacional, de mobilizar energias e atrair a numerosa e crescente *Mittelstand* (classe média)."[15] Para tanto, era claramente crucial uma política exterior proativa. O rebuliço em torno de Samoa, disse Bülow reveladoramente, "não se deve, de forma alguma, a um interesse material, mas a um objetivo ideal e patriótico." Deu a ordem de que os jornais alemães deviam tratar aquela questão de uma forma que ajudasse a "fortalecer a confiança interna em nossa política exterior."[16] O ponto fundamental de sua estratégia nos assuntos externos era manobrar a fim de assegurar que a Alemanha continuasse subindo na escala das potências mundiais. Logicamente, isso poderia levar a atritos com as outras nações. Em 1895, disse a Eulenburg: "Considero um choque entre russos e ingleses não como tragédia, mas como 'um objetivo a ser ardentemente perseguido.'"[17] Significava deixar os dois se exaurirem enquanto a Alemanha se fortalecia sossegadamente.

No que respeita a políticas específicas, Bülow acreditava na preservação da Tríplice Aliança com a Áustria-Hungria e a Itália e, particularmente, não fazia fé em um acordo com a Inglaterra. Achava que, para a Alemanha, era muito melhor permanecer neutro entre Rússia e Inglaterra em seu interminável conflito. "Devemos nos manter independentes em relação aos dois," escreveu, "e ser o fiel da balança, e não o pêndulo oscilando entre um e outro."[18] Se tivesse de tender para um lado, seria o da Rússia por sentir que, a longo prazo, provavelmente seria a mais poderosa das duas potências. Quanto à Inglaterra, achava que mais cedo ou mais tarde constataria a conveniência de manter boas relações com a Alemanha por causa da tradicional inimizade inglesa com a Rússia e a França. Ao que parece, nunca lhe ocorreu que os ingleses poderiam encontrar outras soluções para seu isolamento.

Na condução da política exterior da Alemanha, teve de apoiar, ao menos no início, um dos mais inteligentes, poderosos e estranhos personagens do Ministério do Exterior, Friedrich von Holstein, da Divisão Política. Eulenburg chamava Holstein de "Monstro do Labirinto," e o nome "pegou." O epíteto era injusto, porque Holstein não era um monstro, e sim um servidor do estado alemão altamente inteligente e dedicado, que se esforçava ao máximo em defender os interesses alemães no exterior. Entretanto, como todos os apelidos, tinha um componente de verdade. Ele era misterioso e via conspirações por todos os lados. Herbert, filho de Bismarck, o descreveu como possuidor de "uma mania quase patológica de perseguição."[19] Embora pudesse ser cruel e mordaz com os outros, era, no íntimo, muito sensível. Vivia com extrema simplicidade em três pequenos e modestos aposentos e, a não ser pelo gosto por tiro ao alvo, parecia não se interessar por coisa alguma que não fosse seu trabalho. Raramente era visto em eventos sociais e fazia o possível para não se encontrar com o Kaiser, de quem discordava cada vez mais. Quando o Kaiser tentou aparecer em Wilhelmstrasse para falar com Holstein, este desapareceu e foi fazer uma longa caminhada.[20] Comentou-se que, quando finalmente se encontraram em 1904 em um grande jantar, conversaram sobre tiro ao pato.[21]

Weltpolitik: o lugar da Alemanha no palco mundial

Holstein sempre recusava os cargos mais importantes em Wilhelmstrasse, preferindo exercer o poder nos bastidores, acompanhando os relatórios que iam e vinham, fazendo circular suas intrigas, recompensando amigos e castigando inimigos. Tinha seu gabinete ao lado do que pertencia ao ministro do Exterior, e criou o hábito de entrar sem bater, quando bem lhe conviesse. Embora tivesse sido íntimo de Bismarck, de cuja plena confiança desfrutava, afastara-se do velho Chanceler, de seu filho e de seus seguidores, particularmente a propósito da questão russa. Holstein se opôs à revalidação do Tratado de Ressegurança e até à ideia de Alemanha e Rússia poderem cultivar uma amizade. Talvez porque tanto o tivesse desagradado seu tempo como jovem diplomata em São Petersburgo, então capital da Rússia, o ódio e o temor da Rússia foram uma das poucas vertentes consistentes de sua política exterior.[22] No devido tempo, ele e Bülow afastar-se-iam em relação ao assunto.

No primeiro discurso que fez no Reichstag em dezembro de 1897, Bülow delineou sua visão sobre a política exterior alemã, com menção particular à forma como via a futura partição da China. Seu discurso foi planejado para sensibilizar ampla parcela da opinião pública alemã. "Devemos exigir que os missionários alemães, os empreendedores alemães, os bens alemães, a bandeira alemã e os navios alemães na China sejam tão respeitados quanto os de outras potências." A Alemanha se dispunha a respeitar os interesses de outras nações na Ásia, desde que tivesse os seus respeitados. "Em poucas palavras, não queremos deixar ninguém na sombra, mas exigimos nosso lugar ao sol." O mundo precisava reconhecer, continuou, que a velha ordem mudara: "Os tempos em que a Alemanha deixava a terra para um de seus vizinhos, os mares para outro e reservava para si o céu onde reina a doutrina pura – acabaram."[23] (O discurso de Bülow foi muito bem recebido. Suas frases, como disse o representante de Württemburg em Berlim, "já se tornaram proverbiais e estão em todos os lábios."[24] Dois anos mais tarde, em novo discurso no Reichstag, Bülow usou o termo *Weltpolitik* pela primeira vez. Embora hoje em dia curiosamente seja traduzida como "política ambiental," naqueles dias significava uma política global ou mundial, que, aliás, muita gente fora da Alemanha viu com profunda suspeita. A ela estava atrelada a igualmente enganosa noção de *Weltmachstellung*, ou "distribuição de poder mundial."

A expressão refletia a noção largamente entendida por alemães patrióticos de que o notável progresso econômico do país, a rápida expansão

88
A Primeira Guerra Mundial – que acabaria com as guerras

de investimentos e comércio alemães pelo mundo, e os avanços germânicos em áreas como a ciência tinham de ser acompanhados por maior projeção mundial. As outras nações precisavam reconhecer as realizações alemãs e a sua mudança de posição. Para os liberais, isso significava liderança moral da Alemanha. Como escreveu um deles com nostalgia, com o ponto de vista da década de 1940: "Meu pensamento sempre volta ao tempo em que cooperávamos num belo esforço: criar uma Grande Alemanha, com expansão pacífica e atividades culturais no Oriente Próximo (...) Uma Alemanha pacífica, grande, honrada e respeitada."[25] Mas para nacionalistas da direita, incluindo o Kaiser, seus assessores mais próximos e inúmeros membros de sociedades patrióticas, significava poder político e militar e, se necessário, luta contra outras potências.

Naqueles anos, enquanto o Kaiser e a Alemanha avaliavam seu próprio poder, um velho professor de história reunia enormes plateias para assistir a suas palestras na Universidade de Berlim. Heinrich von Treitschke era um dos pais intelectuais do novo nacionalismo alemão em sua luta por um lugar ao sol. Por meio de palestras e trabalhos escritos, que incluíam uma popular história da Alemanha em vários volumes, influenciou toda uma geração de líderes alemães e ensinou-lhes a se orgulhar do grandioso passado de seu país e das extraordinárias realizações da Prússia e do exército prussiano na construção do estado alemão. Para Treitschke, o patriotismo era o mais importante de todos os valores, e a guerra era não apenas uma faceta necessária da natureza humana, mas também um fenômeno nobre e sublime. Se aproveitasse, como bem merecia, as oportunidades que surgiam, a Alemanha assumiria a supremacia mundial.[26] Ele era, como disse Bülow, que o tinha como seu escritor favorito, o "profeta de uma ideia nacional."[27] Quando Helmut von Moltke, futuro chefe do Estado-Maior Alemão, leu, ainda jovem, a história de Treitschke, ficou "cativado," depois escreveu à esposa afirmando que "o espírito patriótico e o amor pela Pátria Alemã está presente ao longo de toda a sua obra, sem violar a verdade histórica. É um trabalho soberbo."[28] O Kaiser surpreendeu pela indiferença. Embora lhe agradasse a linha geral de pensamento das obras de Treitschke, não gostou porque o historiador não elogiou suficientemente os Hozenhollerns.[29]

O que *Weltpolitik* realmente significava em termos de políticas concretas era outra questão. Como escreveu em seu diário o marechal Conde von Waldersee, comandante das forças europeias que reprimiram a Rebelião dos Boxers, quando essa ideia começou a circular: "Esperam

Weltpolitik: o lugar da Alemanha no palco mundial

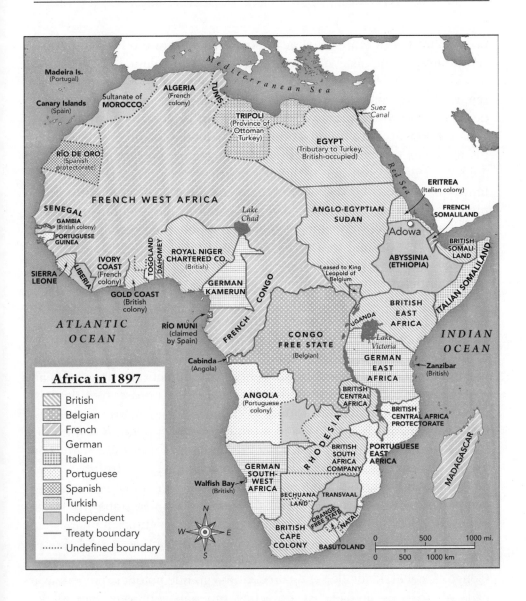

que tenhamos uma *Weltpolitik*. Gostaria de saber o que é isso; por enquanto não passa de um *slogan*."[30] Parecia, porém, implicar o direito alemão na repartição das colônias. Esse era certamente o argumento de Treitschke. "Todas as nações do mundo," declarava em suas palestras, "sentem a necessidade de deixar a marca de sua autoridade em nações bárbaras quando se sentem fortes o suficiente para fazê-lo." Agora a Alemanha já era poderosa o bastante, e a elevada taxa de natalidade era uma demonstração da vitalidade alemã. Apesar disso, a Alemanha fazia pobre figura em comparação com a Inglaterra e outros impérios: "Portanto, para o país é vital demonstrar impulso colonial."[31]

Como Treitschke, os alemães não estavam sós ao pensar proativamente em colônias. Uma premissa amplamente defendida na Europa nessa época era de que as colônias geravam riqueza tangível e vantagens intangíveis para quem as possuía. A queda dos preços de produtos agrícolas e o ciclo de declínio dos negócios, no período de 1873 a 1895, fizeram com que os líderes políticos e empresariais alemães, tanto quanto seus correspondentes por toda parte, ficassem absolutamente conscientes da necessidade de exportar e assegurar mercados no exterior. Críticos da concepção imperial poderiam ressaltar – e ressaltaram – o estranho fato de as colônias muitas vezes custarem mais para administrar e defender do que eram capazes de produzir. Salientaram também que investimentos, comércio e emigração tendiam a se dirigir para outras partes do mundo, como os Estados Unidos e a América Latina, que não eram colônias. Caprivi, por sua vez, achava que os mercados naturais da Alemanha estavam na Europa central. Como geralmente acontece, realidades e inconveniências que surgiam não eram suficientes para abalar crenças. Era tão entusiasmante olhar o mapa e ver todas as partes coloridas revelando as possessões do país da gente. Sem dúvida, território e população, não importa se pobres ou escassamente habitados, acrescentavam poder perante o mundo. Como afirmou o ministro do Exterior da Inglaterra, Lord Rosebery, em 1893, adquirir novas colônias era "marcar reivindicações futuras."[32]

A questão das colônias era muito sensível na Alemanha. Eis uma nação poderosa, uma das mais fortes do mundo, que não tinha sua Índia ou sua Argélia. Realmente, a Alemanha amealhara algumas ninharias na África e no Pacífico, mas seu Império era insignificante ante os da França e da Inglaterra. Até a pequena e burguesa Bélgica possuía o imenso Congo. A necessidade de ser e parecer uma grande potência preocupava cada vez mais os alemães. As ambições imperiais contavam com sólido apoio em Wilhelmstrasse e no meio militar. Como o chefe da Divisão das Colônias do Ministério do Exterior assinalou em 1890, "nenhum governo, nenhum *Reichstag* teria o direito de abrir mão de colônias sem se humilhar perante a Alemanha e a Europa. Hoje em dia, uma política colonial encontra adeptos em todas as partes do país..."[33] No público em geral, a Liga Pangermânica e a Sociedade Colonial, podiam não contar com número tão considerável de membros, mas compensavam isso com estardalhaço e veemência.

Weltpolitik: o lugar da Alemanha no palco mundial

Havia também céticos tanto na direita quanto na esquerda, que ressaltavam os custos que a posse das colônias envolvia e o retorno limitado que em geral davam. Até o grande Bismarck nunca se interessara muito por colônias (ou por uma grande marinha para defendê-las). Como disse em 1888 a um explorador que tentava despertar seu interesse pela África: "Meu mapa da África é este aqui na Europa. Aqui está a Rússia e" – correndo o dedo para a esquerda – "aqui está a França, e nós estamos aqui bem no meio. Este é o meu mapa da África."[34] Seu sucessor, Caprivi, manteve praticamente a mesma atitude. "Quanto menos África, melhor para nós!"[35]

—

EMBORA INICIALMENTE BÜLOW NÃO se entusiasmasse com colônias, rapidamente chegou à conclusão de que devia incluí-las em seu conceito. Ao discursar para o Reichstag em dezembro de 1899, lançou um desafio: "Não podemos permitir que nenhuma potência estrangeira, nenhum Júpiter estrangeiro, venha nos dizer: 'Nada mais existe a fazer. O mundo já está dividido.'" E acrescentou ominosa profecia: "No próximo século, a Alemanha será martelo ou bigorna."[36] Questão complicada saber de onde viriam essas colônias, se tão grande parte do mundo já estava dividida entre outras potências. O decadente Império Otomano era uma possibilidade, e a Alemanha começou a considerar construir ferrovias em seu território e emprestar dinheiro ao governo otomano. Em 1818 o Kaiser fez demorada visita ao Oriente Médio e, estimulado pelo momento, fez um discurso dramático em Damasco: "O sultão e seus 300 milhões de súditos muçulmanos espalhados pela terra que veneram seu califa podem estar certos de que o Kaiser alemão será seu amigo de todas as horas."[37] A China, outro Império em declínio, também parecia atraente, e a tomada do porto de Tsingtao (Qingdao) na Baía de Kiachow (Jiaozhou) e de outras concessões na península de Shantung um bom primeiro passo. Também ocorreu uma tentativa bizarra de entusiastas de uma Alemanha colonial, agindo com a aprovação de Tirpitz, de secretamente comprar terras nas Ilhas Virgens dinamarquesas no Caribe até que os alemães tivessem a maioria das ações. Nesse ponto, o governo alemão entraria e compraria da Dinamarca toda a ilha para transformá-la em base naval. Felizmente Wilhelm se opôs ao plano, que teria envolvido a Alemanha em disputa desnecessária com os Estados Unidos e muito provavelmente com a Inglaterra."[38]

Sobravam, porém, atividade alemã e retórica alemã suficientes para alarmar o governo e o povo inglês, já inclinados a olhar para a Alemanha com suspeitas. Ademais, na Alemanha, tanto nos círculos governamentais quanto no público em geral, havia uma crescente tendência a identificar na Inglaterra, muitas vezes de modo ostensivo, o principal obstáculo à *Weltpolitik* alemã. Anotações de estudantes que assistiam às palestras de Treitschke revelam que ele atacava repetidamente a Inglaterra. Por que, perguntava ele nos anos 1890, a Alemanha "tinha de se lançar nos braços da vovó de maneira tão indigna, já que na Inglaterra até os bebês querem nos enganar." (Sem causar surpresa, uma visita de Treitschke à Inglaterra serviu apenas para ratificar suas opiniões. Disse que Londres "era como o sonho de um diabo bêbado."[39]) Em 1900 o embaixador da Áustria-Hungria enviou a Viena um longo e perspicaz memorando em que assinalava que os principais líderes alemães estavam à frente de seu tempo, sem dúvida muitos anos adiante, ao preverem que seu país sucederia a Inglaterra como principal potência mundial, e salientava a "anglofobia universalmente dominante" na Alemanha.[40] Wilhelm também esperava que o futuro presenciasse a ascensão da Alemanha e o declínio da Inglaterra. Como afirmou em discurso proferido em Hamburgo em 1899, "velhos impérios passam e novos estão em processo de formação."

Porém, sua atitude para com a Inglaterra, assim como as relações com a metade inglesa de sua família, eram muito mais ambivalentes do que a de muitos de seus súditos. Imprudentemente sua mãe tomava tudo o que era inglês como modelo, e ele, compreensivelmente, reagia mal. Ela queria que ele fosse um cavalheiro à moda inglesa, e ele se tornou oficial prussiano. Ela era liberal e ele, conservador. Ele passara a odiar a mãe – e de fato passou a tratá-la mal depois que o pai morreu – mas algumas de suas mais felizes lembranças da infância eram de visitas à Inglaterra com os pais. Brincara com seus primos em Osborne, na Ilha de Wight, e visitara estaleiros navais ingleses. Muitas vezes subira a bordo do navio capitânia de Nelson, o *Victory*, e certa vez ajudou a disparar os canhões do *St. Vincent*, que tinha esse nome em homenagem ao grande contemporâneo de Nelson. Quando a Rainha Victoria o fez almirante honorário da marinha inglesa, logo depois de ele aceder ao trono alemão, Wilhelm ficou maravilhado. "Fascinante envergar o mesmo uniforme de St. Vincent e Nelson. Chega a me dar vertigens."[41] Mandou à avó um retrato em seu novo uniforme e usava-o em todas as ocasiões possíveis, inclusive, como lembrou, em uma apresentação de *The Flying Dutchman*.[42] (Também entendeu que o posto honorário que recebeu o convidava a dar à Inglaterra conselhos absolutamente indesejados sobre sua marinha).

Weltpolitik: o lugar da Alemanha no palco mundial

Em 1907, na ocasião em que Wilhelm (à direita) encontrou-se com o tio Edward VII em uma caçada em Windsor, as relações entre os dois países estavam se deteriorando, devido, em boa parte, à corrida naval. O convite foi uma tentativa do mais velho com a intenção de resolver as divergências. Wilhelm, que estava tenso e deprimido em consequência do escândalo que envolveu seu melhor amigo, Philip Eulenburg, deixou má impressão entre os convidados. Mais tarde alegou que tinha derrubado uns setecentos faisões.

Já adulto, reclamava constantemente de sua "maldita família" na Inglaterra, embora adorasse a avó Victoria. Na verdade, ela era uma das poucas pessoas do mundo que ele ouvia. Detestava aquilo que via como arrogância e condescendência inglesas, embora fosse capaz de dizer a Theodore Roosevelt, em 1911: "ADORO a Inglaterra."[43] Daisy Cornwallis-West, que se tornou Princesa de Pless, achava que seu amor e sua admiração pela Inglaterra eram genuínos e suas frequentes críticas eram como as de um membro da família que se sentia incompreendido:

> Essa era a verdadeira mágoa. O Imperador nunca se achava devidamente compreendido e apreciado pela Rainha Victoria, pelo Rei Edward, pelo Rei George e pelo povo inglês. Acreditando ser sincero e confiando em si mesmo, tentava nos impor sua personalidade. Como um hábil ator em seu papel favorito às vezes tenta vencer por meio

de seu encanto e sua sutileza, o Imperador frequentemente tentava se impor à opinião pública inglesa com atos que despertavam nosso antagonismo – ou ainda pior – simplesmente nos aborreciam ou faziam rir.[44]

Certamente foi o caso quando Wilhelm entrou na corrida de iates em Cowes com seu habitual entusiasmo. Inicialmente os ingleses se sentiram honrados quando o Kaiser se tornou membro do Royal Yatch Club (proposto pelo primo Edward), comprou um iate e aparecia todos os verões do começo dos anos 1890 para a regata anual. A Rainha Victoria, que devia hospedá-lo com seu séquito em Osborne, alertou, sem sucesso, que "essas visitas anuais não eram muito desejáveis."[45] Infelizmente Wilhelm era um mau esportista e frequentemente reclamava das regras e que o *handicap* era desvantajoso para seu iate, o *Meteor*. Seu tio reclamava que Wilhelm se achava o "Chefão de Cowes," e aparentemente disse a amigos em 1895: "No começo, a regata de Cowes era um divertimento para mim, mas, agora que o Kaiser se assenhoreou dela, é apenas mais uma fonte de aborrecimento."[46] E houve outros incidentes para estragar os dias de verão: aparentemente Salisbury não receber a mensagem para comparecer ao iate dourado de Wilhelm, o *Hohenzollern*, para importante discussão ou Wilhelm insistir que ele o Príncipe Edward continuassem com a corrida, embora isso implicasse atraso para jantar com a Rainha.

As relações do Kaiser com o tio eram particularmente difíceis. Talvez magoasse Wilhelm o fato de Edward, o "velho e gordo Gales," ser encantador, confiante e estimado por todos. A natureza melindrosa de Wilhelm, certamente alimentada por sua mulher Dona, também era afetada pela predileção do tio por mulheres bonitas e amigos de má fama, e não deve ter agradado ao escrever ao Príncipe uma carta de admoestação quando o mais velho esteve envolvido num escândalo particularmente comprometedor. Em seus momentos de maior fúria, costumava se referir ao tio como um Satã, "um pavão velho," "o arquintrigante e desordeiro da Europa."[47] Por seu lado, Edward revelava a incapacidade do homem mais velho e mais seguro de si de entender o rapaz complicado cuja bazófia escondia a sensação de insegurança. Edward e sua mulher dinamarquesa, Alexandra, que nunca perdoara a Prússia por se apoderar do Schleswig-Holstein que pertencera à Dinamarca, viam Wilhelm como o epítome do militarismo prussiano. "Willy é um valentão," disse certa vez, "e a maioria dos valentões, quando enfrentados, são covardes."[48] Em seu último encontro com Wilhelm, em 1909, Edward, agora Rei, escreveu, embora sem total exatidãoo: "Sei que o Imperador alemão me odeia e nunca perde oportunidade de me criticar pelas costas, enquanto eu tenho sido tão generoso e afável com ele."[49] Theodore Roosevelt achava que as emoções de Wilhelm eram mais complexas, que tinha "verdadeira afeição e respeito pelo Rei Edward e também real e invejosa antipatia por ele, alternando esses dois sentimentos em seu pensamento e, por conseguinte, em sua conversação."[50]

Embora fosse devotado a sua avó, a Rainha Victoria, Wilhelm (à direita) tinha um relacionamento complicado com o filho e sucessor dela, Edward VII (à esquerda), por suspeitar que ele conspirava para criar uma coalizão contra a Alemanha. A desconfiança era recíproca, e Edward achava seu sobrinho maçante.

O problema entre os dois provavelmente começou quando o pai de Wilhelm estava à beira da morte, e Edward chegou para apoiar sua adorada irmã, a Princesa-Herdeira Victoria. Comentários de Edward, como "Wilhelm, o Grande, precisa aprender que está vivendo no fim do século XIX e não na Idade Média," podem perfeitamente ter chegado aos ouvidos do Kaiser. Dois meses depois de aceder ao trono, Wilhelm deixou claro que não se encontraria com o tio em Viena, embora, cada um por si, tivesse planejado estar lá na mesma época. Edward foi obrigado a partir antes da chegada do sobrinho. Bismarck tentou justificar o incidente aos ingleses reclamando da atitude de Edward para com Wilhelm: "O Príncipe o tratou como um tio trata um sobrinho, em vez de reconhecer que se tratava de um Imperador que, embora jovem, já tinha amadurecido." Salisbury achava que o Kaiser "não batia muito bem." A Rainha Victoria estava furiosa quando escreveu a seu primeiro-ministro: "Isso é realmente muito *vulgar* e absurdo, quase impossível de *se acreditar*. Sempre tratamos nosso neto e sobrinho com toda intimidade, e querer que ele seja tratado *em particular* e em público como "Sua Majestade Imperial" é uma *"loucura total!"*[51] Ela esperava, como disse a Salisbury, que as relações entre Inglaterra e Alemanha não fossem afetadas: "A Rainha concorda inteiramente que não devem ser afetadas (se possível) por essas malditas brigas pessoais, mas teme que esse moço irascível, presunçoso, desatinado e destituído de sentimento, possa, a QUALQUER momento, tornar isso impossível."[52]

Se os dois países fossem monarquias constitucionais, as brigas em família teriam agitado as águas por um momento e produzido muitos mexericos, mas não causariam danos. Nesse caso, o problema era que o governante da Alemanha detinha considerável poder e estava disposto a usá-los para alcançar seu objetivo de transformar a Alemanha em potência mundial. Isso significava possuir uma esquadra de alto-mar, projetar o poder do país no exterior, proteger o comércio e os investimentos alemães e, sobretudo, defender as colônias alemãs, as já existentes e as futuras. Em 1896, Wilhelm, em discurso que recebeu considerável publicidade, pedira ao povo alemão "para me ajudar a assegurar a vinculação desse grande Império alemão a nosso poder central."[53] Tal ponto de vista não era exclusivo da Alemanha. Nessa época estava sendo amplamente aceita a ideia de que poder naval era elemento fundamental do poder mundial. Afinal, como a Inglaterra – ou a Holanda e a França, claro – tinham construído e preservado seus grandes impérios?

Às vezes é preciso aparecer uma pessoa para pôr em palavras o que intuitivamente já se sabe. A importância do mar encontrou seu grande teórico no pouco conhecido comandante da Escola Naval dos Estados Unidos, país que ainda não era uma potência naval. Em 1890, o comandante Alfred Mahan, capitão de mar e guerra, publicou sua obra clássica *The Influence of Sea Power upon History*. Na época, esse homem esbelto e elegante, pouco afeito ao mar, estava com cinquenta anos e, em muitos aspectos, o oposto do marinheiro exuberante. Era taciturno, retraído, reservado e cheio de melindres. (Recusou-se a deixar as filhas ler os romances de Zola). Também era excepcionalmente escrupuloso, não deixando que seus filhos usassem lápis do governo.[54]

A ideia que o faria famoso surgiu-lhe quando lia história romana e notou que as coisas teriam sido diferentes se Aníbal tivesse invadido por mar em vez de atravessar os Alpes por terra e – algo que teria sido determinante – conseguisse o apoio de Cartago por via marítima. "O domínio do mar," acreditava Mahan, "era um fator histórico nunca considerado e explicado sistematicamente."[55] E ele soube explicá-lo. Em seus livros, valeu-se da história para discutir se foi nas guerras entre holandeses e ingleses no século XVII, ou na Guerra dos Sete Anos entre Inglaterra e França no século XVIII, que o poder naval foi tantas vezes o

O Comandante Alfred Mahan, oficial da nascente marinha americana, totalmente avesso à vida no mar, era o mais destacado teórico naval de seu tempo. Passou a maior parte de sua carreira na Academia Naval dos Estados Unidos ensinando gerações de oficiais e escrevendo trabalhos que influenciaram profundamente os conceitos sobre o poder naval na história. A tese de Mahan de que o poder se afirma e sustenta sobretudo pelo controle dos mares produziu grande impacto em muitos de seus contemporâneos, inclusive no Presidente Theodore Roosevelt e no Kaiser Wilhelm II da Alemanha.

fator decisivo, capaz de assegurar prosperidade na paz e vitória na guerra. "Nessas três coisas," escreveu Mahan, "produção e necessidade de trocar produtos, transporte marítimo por meio do qual se processam as trocas e colônias, que facilitam e expandem as operações de transporte por mar e tendem a protegê-las pela multiplicação de pontos de apoio, está a chave para entender grande parte da história, tanto quanto as políticas de nações à beira do mar.[56] Uma marinha poderosa protege as rotas vitais para o comércio e as comunicações através dos oceanos e, igualmente importante, permite a conquista e manutenção de colônias. Suas esquadras podem agir como fator de dissuasão, particularmente se estiverem situadas em locais estratégicos. A esquadra "em ser," como Mahan e outros a chamaram, não precisaria necessariamente combater. Poderia ser empregada em tempo de paz, para pressionar uma potência hostil e fazê-la pensar duas vezes antes de pôr em risco sua própria esquadra, mesmo que seja maior.[57] Mas em tempo de guerra, era seu dever – ou das esquadras – destruir o inimigo em uma batalha decisiva.

Mahan e os que foram conhecidos na Inglaterra como navalistas não conseguiram que tudo fosse como pretendiam. Havia outra escola de pensamento sobre estratégia naval que inicialmente contou com o apoio do gabinete de marinha de Wilhelm, que sustentava que a forma de enfraquecer o inimigo e vencer guerras era atacar seu comércio. No mundo cada vez mais interdependente do fim do século XIX, poucos países poderiam sobreviver por muito tempo e muito menos suportar guerras sem comércio exterior. Assim, em vez de investir em grandes e caros encouraçados, fazia muito mais sentido construir navios de transporte velozes, barcos torpedeiros e novos submarinos para atacar a marinha mercante do inimigo. Realmente, os grandes navios de guerra, com blindagem e armamentos pesados, também eram alvos propícios para barcos menores e mais rápidos, minas e submarinos. A *guerre de course*, como diziam os franceses, fora a estratégia usada pelos ingleses nos tempos da Rainha Elizabeth, quando o governo contratou aventureiros, na verdade piratas, para se apoderar de galeões espanhóis com ouro e prata do Novo Mundo. Quando finalmente eclodiu a Grande Guerra, de fato essa estratégia se mostrou uma das armas mais eficazes da Alemanha contra os aliados. A guerra submarina conduzida por um braço da marinha germânica, que fora negligenciada e passara despercebida em tempo de paz, quase comprometeu o fluxo de suprimentos que a Inglaterra precisou manter durante a guerra.

As teorias de Mahan tinham a grande vantagem de aparentemente contar com o aval da história e apelar para o orgulho nacional. Um barco torpedeiro simplesmente não se comparava a um encouraçado, e incursões contra o comércio não tinham, em uma guerra, a mesma expressão de um embate entre poderosos navios de guerra. Suas obras exerceram profunda influência nos Estados Unidos, estimuladas pela ambição de Roosevelt e de outros por colônias americanas e marinha poderosa; na Inglaterra, onde pareciam explicar a supremacia inglesa no mundo; e na Alemanha. O Kaiser aderiu a *The Influence of Sea Power upon History*: "Estou não somente lendo, mas devorando o livro do Comandante Mahan e tentando gravá-lo na memória," escreveu a um amigo em 1894. Com apoio do governo, o livro foi traduzido para o alemão e publicado em capítulos em revistas. Cópias foram remetidas para todos os navios da marinha alemã. Até esse ponto, o principal poder militar alemão estava no exército, enquanto sua marinha era pequena e se dedicava particularmente a atividades de guarda costeira. A partir de então, Wilhelm se fixou na ideia de que a Alemanha precisava de uma poderosa marinha de alto-mar que contasse com grandes encouraçados. Em 1897, por ocasião da crise com o Império Otomano

Weltpolitik: o lugar da Alemanha no palco mundial

em torno de Creta, a Inglaterra pôde resolver a disputa graças a seu poder naval, enquanto a Alemanha foi posta de lado. "Mais uma vez," reclamou Wilhelm, "se pôde ver quanto a Alemanha sofre por falta de uma esquadra poderosa."[58] Como, segundo a constituição alemã, ele era o comandante supremo da marinha, o Kaiser já introduzira diversas modificações na organização, a fim de progressivamente pôr os diferentes departamentos sob seu controle direto. Queria estar em posição que lhe permitisse fazer algo transformador que justificasse, logicamente, conseguir do Reichstag os necessários recursos financeiros.

Mahan proporcionou o fundamento intelectual, mas havia algo mais por trás, o desejo, havia muito acalentado por Wilhelm, de possuir uma grande marinha. Desde criança, vira de perto e admirara a marinha inglesa. O efeito que a obra de Mahan lhe causara fora o mesmo que a primeira vista de um automóvel causou em Toad em *Wind in the Willows*: "Fantástico, de encher os olhos!" Ainda jovem, fora representar sua família no Jubileu de Ouro da Rainha Victoria em 1887, e a visão da grande revista naval reforçara ainda mais sua paixão por marinhas. Em 1904, quando seu tio, agora Edward VII, visitou a base naval alemã de Kiel, o Kaiser lhe ergueu um brinde por ocasião de um jantar no Kiel Yatch Club (que seguia o modelo do Club de Cowes): "Quando era menino, tive a oportunidade de visitar Portsmouth e Plymouth, onde, de mãos dadas com tios e ao lado de almirantes atenciosos, admirei os imponentes navios ingleses naqueles dois soberbos portos. Esse acontecimento despertou em mim o desejo de construir navios que um dia, quando eu já fosse adulto, integrassem uma marinha de padrão tão excelente quanto a inglesa." Wilhelm, quase em lágrimas diante da própria eloquência, levantou três hurras ao Rei. A resposta de Edward foi contida. "Meu caro Willy, sempre tem sido tão simpático comigo que fica difícil manifestar minha gratidão por toda sua cortesia, de modo a lhe fazer verdadeira justiça." Bülow proibiu o representante de renomada agência de notícias de transmitir para Berlim o desabafo do Kaiser: "Arrumei, como tantas vezes fiz em ocasiões como aquela, outra versão – igualmente amistosa, porém mais sóbria – da mensagem imperial..." Seu chefe melindrou-se – "Você deixou de fora os melhores trechos" – mas Bülow foi firme: "Se quer se referir à nossa esquadra, construída a tão alto custo e algumas vezes sob risco, como resultado de suas inclinações pessoais e lembranças juvenis, não será fácil obter do Reichstag os muitos milhões necessários para construí-la." O Kaiser entendeu: "*Ach*, aquele maldito Reichstag."[59]

O "maldito Reichstag" era de fato um problema. Não demonstrava muito entusiasmo por uma marinha muito grande. Os socialistas, cuja bancada vinha crescendo, liberais, moderados de vários matizes e até conservadores não estavam dispostos a aprovar o orçamento necessário, especialmente porque Wilhelm e o gabinete naval não conseguiam explicar com clareza a necessidade de tal despesa. Em 1895, quando o Kaiser pediu fundos para trinta e seis cruzadores, o Reichstag lhe concedeu quatro. Em 1896, rejeitou todos seus pedidos. No começo de 1897, mais uma vez o Reichstag contestou as estimativas navais do Kaiser. Nesse ponto, ele resolveu recorrer ao homem que, assim esperava, lhe conseguiria a desejada marinha.

Alfred Tirpitz estava no outro lado do mundo, comandando o Esquadrão Alemão do Leste da Ásia e, entre outras tarefas, procurava um porto conveniente na costa norte da China. (Escolheu a Baía Kiachow, da qual a Alemanha oportunamente se apossara naquele outono.) Embora inicialmente relutasse em abrir mão daquele comando e voltar para a Alemanha, Tirpitz se rendeu ao desejo do Kaiser e se tornou ministro da Marinha, cargo em que permaneceria por dezoito anos. Foi outro passo crucial rumo a 1914. Deu ao Kaiser a marinha que desejava e modificou a estratégia naval do país. Ao fazê-lo, pôs a Alemanha em rota de colisão com a Inglaterra.

Em 1897 Tirpitz estava com quarenta e oito anos, dez mais que Wilhelm. Ao contrário de muitos integrantes do círculo de auxiliares mais próximos do Kaiser, não era nobre nem vinha de classe profissional de maior nível. Seu pai era um advogado com leve tendência liberal que chegou a juiz, e sua mãe era filha de um médico. Tirpitz cresceu no leste da Prússia que hoje faz parte da Polônia e assimilou o amor pela Prússia e o forte espírito de fidelidade ao Rei e ao país, típico da época e do meio em que vivera.

Seu ídolo de então e para o resto da vida foi Friedrich, o Grande. Leu e releu a biografia de Thomas Carlyle. No começo da vida, porém, o futuro almirante não era muito prometedor. Foi um estudante negligente, e sua maior aptidão era para as brigas de rua. Sem as ligações necessárias, dificilmente se destacaria no exército e, talvez por falta de alternativas, optou pela carreira na marinha, mais aberta a talentos.

Em 1865 se alistou na marinha prussiana, então pequena e com a maior parte de seus navios antiquados. Dependia de estaleiros estrangeiros para reparos. O exército exibia um passado glorioso, exercia atração e contava com a maior parte dos recursos de defesa da Prússia. Quando a Prússia situou os demais estados alemães em sua órbita a fim de criar a Alemanha, a participação da marinha foi inexpressiva.

Weltpolitik: o lugar da Alemanha no palco mundial

Aos poucos se expandiu e modernizou, e Tirpitz rapidamente ascendeu na escala hierárquica, destacando-se tanto pelo domínio de pormenores técnicos quanto pelo conhecimento em temas mais abrangentes do pensamento estratégico. Em 1888, foi nomeado comandante de um cruzador blindado, notável designação para oficial tão moderno. Em 1892, se tornou Chefe do Estado-Maior do Comando Naval em Berlim. Passou a ser conhecido pelos apelidos de "o Mestre" e "o Eterno" (por sobreviver onde outros não conseguiam).

Tirpitz sempre encontrou tempo para ler variados assuntos, embora História fosse seu tema favorito. Compareceu a palestras de Treitschke e absorveu suas ideias sobre a inevitável ascensão da Alemanha – e a igualmente inevitável hostilidade à Inglaterra. Também leu Mahan e levou para bordo a firme convicção sobre a importância do poder naval e a necessidade de os países possuírem marinhas de guerra.[60] "É característica das batalhas em mar aberto," disse a seu comandante em 1877, "seu único objetivo ser o aniquilamento do inimigo." Batalhas terrestres oferecem outras possibilidades táticas, como a conquista de terreno, inexistente na batalha naval. Somente a destruição representa sucesso no mar."[61] Em 1894 escreveu notável memorando que continha uma seção que ficou famosa, "A Finalidade Natural de uma Esquadra é a Ofensiva Estratégica." Nesse trabalho ele rebate as alegações dos que defendiam o papel defensivo das marinhas, inclusive a construção de defesas de costa, e afirma que o domínio dos mares "quase sempre é decidido por uma batalha naval, como sempre aconteceu ao longo do tempo." Além disso, ficou convencido de que a Alemanha estava engajada em uma batalha de vida ou morte por um lugar ao sol. Estava em curso a corrida pelo que restava de territórios do globo ainda não colonizados, e as nações que não conquistassem sua fatia entrariam no século XX numa desvantagem incapacitante.[62]

TIRPITZ ERA FIGURA imponente, com olhos frios, fronte ampla, nariz grande e barba compacta e bífida, com as duas pontas bem pronunciadas. "Entre todos os assessores de Wilhelm," disse Beyens, "era o que mais passava a impressão de poder e autoridade."[63] Curiosamente, Tirpitz não morria de amores pelo mar e preferia passar as longas férias de verão trabalhando em planejamentos em sua casa na Floresta Negra. Também era mais emotivo do que deixava transparecer. Embora pudesse ser rude e determinado em suas discussões com colegas e políticos, eventualmente as pressões lhe pareciam demasiadas. Algumas vezes

102 A Primeira Guerra Mundial – que acabaria com as guerras

seu secretário o encontrou se lastimando em sua mesa ao fim do dia.[64] Suas memórias e outros escritos estão pontilhados de autojustificações e reclamações de gente que sempre lhe fazia oposição.

Tirpitz era, como descreveu alguém que o conhecia bem, "um tipo muito dinâmico. Tem ânimo e determinação que inevitavelmente o levam à condição de líder. É ambicioso e seletivo em seus propósitos e possui uma disposição leonina. Fica nas nuvens de tanto contentamento quando as coisas o alegram, mas nunca relaxa na atividade criativa, não importa quão abatido possa parecer..."[65] Referindo-se mais tarde ao pai, seu filho disse que seu lema era: "Se um homem não tem a coragem para fazer algo, deve *querer* tê-la."[66] Tirpitz poderia ter alcançado sucesso nos negócios, pois entendia de organização, administração e formação de equipe. Um oficial de alta patente fez uma avaliação mais ambivalente quando Tirpitz estava na iminência de se tornar ministro da Marinha. "Seu desempenho posteriormente bem-sucedido em cargos de responsabilidade tem revelado uma tendência a examinar os fatos com parcialidade e devotar todas as suas energias à concretização de algum fim particular, sem dar atenção às exigências gerais do serviço, resultando que seu êxito tem sido alcançado com prejuízo de outros objetivos."[67] O mesmo podia ser dito da política externa do governo nos anos que antecederam 1914.

Quando Tirpitz assumiu o cargo, agora diretamente subordinado ao Kaiser, os dois já tinham se encontrado em diversas oportunidades. A primeira foi, ao que tudo indica, em 1887, quando Tirpitz integrou a comitiva do jovem Príncipe Wilhelm no Jubileu de Ouro da Rainha Victoria. Ao que se sabe, conversaram longamente. O encontro-chave, porém, foi em Kiel, no Báltico, em 1891, quando, após inconclusiva discussão geral sobre o futuro da marinha, o Kaiser perguntou a Tirpitz sua opinião a respeito. "Então," disse Tirpitz em suas memórias, "relatei minha concepção do desenvolvimento da marinha e, como costumava anotar minhas ideias sobre o tema, consegui, sem dificuldade, traçar um quadro completo."[68]

Tirpitz chegou a Berlim em junho de 1897 e quase imediatamente teve longa entrevista com o Kaiser. O novo ministro da Marinha criticou severamente as ideias então vigentes sobre a marinha alemã (inclusive as do próprio Kaiser). O de que se precisava era de uma estratégia ofensiva, e não das incursões comerciais e medidas defensivas preconizadas por seu antecessor e outros, o que significava a necessidade de mais encouraçados e cruzadores de grande porte, e muito menos de cruzadores velozes, mas com pouca blindagem, e barcos torpedeiros, que até então eram a opção preferida. A marinha que preconizava despertaria o orgulho dos alemães – e isso soou como música aos ouvidos do Kaiser e de Bülow – e ajudaria a fortalecer uma nova unidade nacional. Ademais, como Tirpitz deixou claro, o principal inimigo da Alemanha só poderia ser a Inglaterra.

Ao contrário de compatriotas como Treitschke, Tirpitz não odiava a Inglaterra. Até enviara suas filhas para lá, a fim de frequentarem uma famosa escola particular, a Cheltenham Ladies College. Toda a família

Alfred von Tirpitz estava convencido de que a Alemanha precisava de uma marinha poderosa para se tornar uma potência mundial. Wilhelm II, que compartilhava dessa convicção, o fez ministro da Marinha em 1887, e Tirpitz criou um programa de maciça construção naval.

falava excelente inglês e gostava sinceramente de suas governantas inglesas. Ele não passava de um darwinista social com visão determinista sobre a história, que via como uma sucessão de lutas pela sobrevivência. A Alemanha precisava se expandir. A Inglaterra, como potência dominante, não desejaria abrir mão dessa posição. Assim, teria de ocorrer o choque, certamente econômico e, muito provavelmente, também militar, até que a Inglaterra reconhecesse que não podia continuar se opondo à Alemanha.

Como disse ao Kaiser em sua primeira reunião, o objetivo principal de uma nova lei era "fortalecer nosso poder político e nossa importância diante da Inglaterra." A Alemanha não conseguiria se sobrepor à Inglaterra no mundo inteiro, mas o que poderia fazer era constituir séria ameaça às ilhas a partir de bases alemãs no Mar do Norte. Providencialmente, segundo o Acordo Anglo-Germânico de 1890, a Alemanha trocara seus direitos em Zanzibar pela ilha rochosa de Heligoland, que poderia ser útil na defesa dos acessos aos portos alemães no Mar do Norte. Assim, se a Inglaterra, como Tirpitz julgava provável, atacasse a costa alemã ou a própria marinha da Alemanha no caso de uma guerra, sua esquadra poderia sofrer baixas expressivas. A estratégia de Tirpitz permaneceu imutável ao longo dos anos: destruir a esquadra inglesa a cem milhas a oeste de Heligoland. A Alemanha contava com a vantagem adicional de manter concentradas suas forças navais, enquanto as da Inglaterra estavam dispersas pelo mundo inteiro. "Uma vez que todos os oficiais da marinha inglesa, o almirantado etc. sabem disso," explicou ao ao Kaiser, "até em termos políticos a situação se resumirá a uma batalha entre encouraçados, entre Heligoland e o Tâmisa."[69] Ao que parece não considerou seriamente a possibilidade de a marinha inglesa julgar conveniente evitar uma confrontação em larga escala e, em vez disso, bloquear a Alemanha a uma distância que impedisse a chegada de suprimentos pela via marítima. Ou que bloqueasse a marinha alemã fechando os estreitos de Dover e as passagens entre a Noruega e a Escócia, em vez de tentar atacar a costa e a esquadra alemãs. Tudo isso acabou acontecendo na Grande Guerra.[70] Mais importante ainda, Tirpitz também estava errado quanto à forma como a Inglaterra reagiria a seu programa de construção naval.

Nos poucos anos seguintes, Tirpitz vendeu ao Kaiser, a Bülow e seus companheiros mais chegados sua famosa teoria do risco. Era ao mesmo tempo simples e audaciosa. Seu objetivo era pôr a Inglaterra numa posição em que o custo de atacar a Alemanha no mar fosse muito alto. A Inglaterra possuía a maior esquadra do mundo e pretendia mantê-la em posição de superioridade perante quaisquer duas outras marinhas poderosas: o padrão "duas-potências," como era conhecido. A Alemanha não tentaria chegar a esse nível. Em vez disso, construiria uma marinha com poder suficiente para que a Inglaterra não ousasse enfrentá-la, pois, se o fizesse, correria o risco de sofrer tantas perdas que ficaria seriamente enfraquecida diante de seus outros inimigos.

Se a Inglaterra decidisse por uma batalha naval com a Alemanha, segundo Tirpitz, estaria a caminho do declínio porque, vencesse ou perdesse, sofreria pesados danos. Isso encorajaria seus outros inimigos, provavelmente França e Rússia, também com marinhas poderosas, a atacar a

Weltpolitik: o lugar da Alemanha no palco mundial

agora debilitada Inglaterra. O preâmbulo da segunda lei da marinha de Tirpitz, em 1899, afirma: "Não é preciso que a esquadra nacional equivalha à da maior potência naval. Em geral esse poder naval não estaria em condições de concentrar todas as suas forças contra nós. Mesmo que consiga nos enfrentar com forças superiores, o esforço para destruição da esquadra alemã causaria tantos danos ao inimigo que sua posição como maior poder naval mundial estaria ameaçada."[71] Algo que demonstra a visão estreita de Tirpitz é o fato de esperar que os ingleses não percebessem o indício muito visível de que estavam na mira dos alemães.

E não estava sozinho. Colegas seus, como Bülow, e o Kaiser contavam as horas para a construção de sua marinha até que ficasse forte o bastante para pôr em execução a estratégia preconizada. A Alemanha teria de manter cautela nessa "zona de perigo" enquanto ainda fosse bem mais fraca do que a Inglaterra, para não alarmar seu rival. Como frisou Bülow, "tendo em vista nossa inferioridade naval, há que agir com cautela, como a larva antes de se transformar em borboleta." Em vinte anos, quando finalmente sua marinha estivesse pronta, disse o Kaiser ao embaixador francês, "falarei noutra linguagem."[72] Porém, se não houvesse cautela, os ingleses poderiam ceder à tentação de tomar uma iniciativa preventiva. O que pesou particularmente na cabeça dos decisores alemães foi o medo de outra Copenhagen – o ataque preventivo de 1807, quando a marinha inglesa bombardeou a capital dinamarquesa e se apossou de boa parte da esquadra do país a fim de impedir que fosse usada em apoio a Napoleão.[73]

Em seus momentos de maior otimismo, Tirpitz, o Kaiser e seus companheiros esperavam poder se impor à Inglaterra sem ter de recorrer à guerra. A estratégia do risco não era diferente da dissuasão nuclear da Guerra Fria, que, como sabemos, assegurava a destruição mútua. O que impediu a União Soviética e os Estados Unidos de se atacarem mutuamente com suas armas nucelares de longo alcance foi o fato de saberem que boa parte do arsenal nuclear do inimigo sobreviveria, fosse em silos reforçados no interior da terra, em bombardeiros de longo alcance ou em submarinos, retaliando e infligindo danos inaceitáveis. Realmente, em certas oportunidades Tirpitz se comportou e falou como se nunca tivesse realmente pensado em usar a esquadra alemã. Durante as diversas crises europeias antes de 1914, quando as conversas sobre guerra derivavam para um possível conflito entre Alemanha e Inglaterra, ele invariavelmente afirmava que a marinha ainda não estava pronta. Ao contrário, parecia esperar que atingisse seu objetivo de forçar a Inglaterra a entrar em acordo pelo simples fato de existir.

Tão logo a Alemanha atingisse um nível de poder que lhe permitisse representar para a Inglaterra a possibilidade de um inaceitável declínio no futuro, os ingleses certamente constatariam que não tinham alternativa, a não ser aceitar o inevitável e chegar a um claro entendimento com a Alemanha, talvez entrando para a Tríplice Aliança. Por essa razão, tanto Tirpitz quanto Bülow reagiram com frieza à proposta de aliança formulada por Chamberlain no fim da década de 1890. Ainda era muito cedo. Escrevendo após a Grande Guerra (em tentativa de mostrar que a Alemanha não fora responsável por sua eclosão), Tirpitz declarou: "A propósito da forma de pensar predominante do povo inglês na virada do século, não creio na *fata morgana* de um entendimento generoso que levasse Joseph Chamberlain a se autoconvencer e seduzisse alguns alemães com sonhos impossíveis. Um tratado que obedecesse ao desejo inglês de comandar o mundo jamais seria compatível com as necessidades da Alemanha. Para tal acordo, a igualdade teria sido precondição."[74]

Poucas semanas depois de seu regresso a Berlim no verão de 1897, Tirpitz já escrevera a minuta de uma nova lei para a marinha, focalizando a atenção para os muitas vezes assim denominados navios de linha, ou capitais — os encouraçados e cruzadores pesados que teriam papel primordial nas maiores batalhas navais. Onze encouraçados viriam a ser construídos nos sete anos seguintes e, no longo prazo, a marinha alemã cresceria até chegar a sessenta navios desse porte. Sintomaticamente, a lei especificava tanto o efetivo total da marinha quanto as classes de navios que seriam automaticamente substituídos quando ficassem obsoletos, segundo cronograma também estipulado pela lei. Isso proporcionou a Tirpitz o que chamou de "Orçamento de Ferro." Como prometera ao Kaiser, tentou afastar "a perturbadora influência do Reichstag, que prejudicava as intenções de Sua Majestade relacionadas com o desenvolvimento da marinha."[75] Nessa e em outras leis sobre a marinha, como afirmou Tirpitz em suas memórias, "o Reichstag teve de ceder na concessão de recursos financeiros para os novos tipos de navios de guerra, maiores em dimensões e custo, para não assumir a responsabilidade pela construção de navios de qualidade inferior."[76]

A primeira lei naval de Tirpitz foi um tremendo jogo porque, embora contasse com o entusiástico apoio do Kaiser e de Bülow, não havia muita certeza quanto à concordância do Reichstag. Ele acabou se revelando um mestre em *lobby* e relações públicas. Seu primeiro ato como ministro da Marinha foi criar uma "Seção de Notícias e Assuntos Parlamentares,"

Weltpolitik: o lugar da Alemanha no palco mundial

que se tornou um instrumento tremendamente eficaz na mobilização da opinião pública. Nos meses em que preparou a lei naval e durante as décadas seguintes, seu gabinete expediu uma torrente de memorandos, declarações, livros, fotografias e filmes. Patrocinou eventos especiais, como fazer um desfile de cem barcos torpedeiros pelo Reno em 1900, ou os lançamentos, com sofisticação cada vez maior, dos encouraçados. Durante a discussão da lei naval em 1898, representantes do Gabinete Naval percorreram a Alemanha conversando com formadores de opinião da área empresarial e em universidades. Esse gabinete organizou 173 palestras, imprimiu 140 mil panfletos e distribuiu cópias da clássica obra de Mahan sobre poder naval. Jornalistas fizeram tours especiais em navios, e foi dispensada atenção especial à propaganda nas escolas.

Pediram a organizações públicas como a Liga Colonial, com seus 20 mil membros, e a Liga Pan-Germânica que auxiliassem a causa, o que foi feito com a entusiasmada distribuição de milhares de panfletos.[77] Não se tratava de uma simples manipulação partida de cima. A tese da marinha sensibilizou nacionalistas alemães de todas as classes. Talvez tivesse um apelo especial para a crescente classe média, onde a marinha era vista como mais liberal e aberta como carreira para seus filhos do que o exército. Embora a Liga Naval tivesse sido fundada por um grupo de industriais em 1898 como organização de elite, em 1914 o número de seus associados já ultrapassaria um milhão de membros.

Tirpitz se atirou ao trabalho. Conseguiu que um grupo de líderes industriais e homens de negócios expedissem uma resolução de apoio à lei naval e até obteve, embora relutante, a promessa de apoio de Bismarck. Visitou outros governantes da Alemanha. O Grão-Duque de Baden, por exemplo, ficou completamente encantado: "Uma personalidade fascinante," escreveu ele ao chanceler alemão, Caprivi, "um homem de caráter e experiência igualmente excepcionais."[78] Em Berlim, Tirpitz passava horas em hábeis conversas com membros selecionados do Reichstag em seu gabinete.

Quando o Reichstag voltou a se reunir no outono, o Kaiser, Tirpitz e Bülow dirigiram-se a ele, arrulhando como pombos. A lei era simples medida defensiva, disse Wilhelm. "Não nos passa pela cabeça uma política temerária," acrescentou Bülow (embora nesse discurso mencionasse o lugar ao sol para a Alemanha). "Nossa esquadra tem o caráter defensivo," argumentava Tirpitz. "Esta lei em nada muda seu perfil." Tornaria muito mais fácil o trabalho do Reichstag nos anos seguintes, por livrá-lo de "planos sem limite para a esquadra" do passado.[79] Em 26 de março de 1898, a 1ª Lei Naval foi facilmente aprovada por 212 votos

A Primeira Guerra Mundial – que acabaria com as guerras

a 139. O Kaiser ficou pasmo: "Um homem realmente poderoso!" Entre outras coisas, o Kaiser se sentiu aliviado por não mais precisar da aprovação do Reichstag e assumiu o crédito pela conquista. Como contou em 1907 o administrador de sua residência sobre a gabolice do Kaiser, quando nova Lei Naval foi aprovada: "Ele enganou completamente os membros do Reichstag. Ao aprová-la, eles não fazem a menor ideia das consequências, pois na verdade agora teriam de atender tudo que ele desejava." Como disse o Kaiser, "foi um saca-rolhas para que eu possa abrir a garrafa quando bem entender. Mesmo que espumem de raiva, os cães terão de pagar até a loucura. Agora os tenho na palma da mão, e nenhum poder no mundo me impedirá de beber até esvaziar a garrafa.[80]

Tirpitz imediatamente deu os passos seguintes. Já em novembro de 1898 propôs o aumento no ritmo de construção dos navios principais, então de três por ano. Um ano mais tarde, em entrevista com o Kaiser em setembro de 1899, disse que para a Alemanha eram "absolutamente necessários mais navios, sem os quais o país iria à ruína." Das quatro grandes potências mundiais – Rússia, Alemanha, Estados Unidos e Inglaterra – só por mar se podia chegar às duas últimas. Portanto, poder naval era essencial. Também lembrou ao Kaiser a eterna disputa de poder. "O discurso de Salisbury de que 'os grandes estados se tornam maiores e mais fortes, os pequenos, menores e mais fracos' é também a minha opinião." A Alemanha precisa se emparelhar. "Poder naval é essencial e se não o tiver, a Alemanha ficará para trás." Para poder duplicar a esquadra, em 1903, quis uma nova lei naval, antes que expirasse a vigência da primeira. Então a Alemanha contaria com quarenta e cinco navios de primeiro nível. É verdade que a Inglaterra teria número ainda maior. "Porém," prosseguiu, "mesmo contra a Inglaterra, sem dúvida temos uma boa chance, em virtude da posição geográfica, do sistema militar, dos barcos torpedeiros, do treinamento tático, da evolução do planejamento, da organização e da liderança unida em torno do monarca. Mesmo sem considerar nosso poder de combate, nada desprezível, a Inglaterra não se disporá a nos atacar e, por conseguinte, concederá a Vossa Majestade presença naval suficiente (...) para a condução de uma política de além-mar grandiosa."[81]

O Kaiser não só concordou inteiramente, como correu a anunciar em discurso proferido em Hamburgo que haveria uma segunda lei naval. Tirpitz teve de apresentar o projeto de lei antes do que planejara, mas o prazo acabou sendo propício. A eclosão da Guerra dos Bôeres em outubro de 1899 e, no fim do ano, a apreensão pela Inglaterra de vapo-

Weltpolitik: o lugar da Alemanha no palco mundial

res no sul da África inflamaram a opinião pública alemã. A 2ª Lei Naval foi aprovada em junho de 1900, permitindo a duplicação da marinha alemã. No fim daquele ano, um Kaiser agradecido promoveu Tirpitz a vice-almirante e cancelou sua origem na classe média para elevá-lo, com sua família, à nobreza. O futuro parecia propício para que a Alemanha continuasse atravessando a "zona de perigo" rumo à posição que merecia no mundo.

Entretanto, para concretizar seu triunfo, a Alemanha pagaria um alto preço. Tivera de comprar o apoio de importantes interesses agrícolas no Partido Conservador Alemão (DKP), com a promessa de tarifa capaz de afastar grãos vindos da Rússia, mais baratos, o que acabou resultando em medidas protecionistas. A perda de importante mercado gerou antagonismo com a Rússia, já insatisfeita porque a Alemanha se apoderara da Baía de Kiachow na China e por suas iniciativas junto ao Império Otomano. A opinião pública alemã contrária à Inglaterra e favorável a uma grande marinha fora muito útil, mas, uma vez agitada, ficava difícil retomar o controle. Ainda mais importante que tudo, os ingleses, tanto em nível dos estadistas quanto o público em geral, começaram a notar. "Se ao menos pudessem ficar quietos na Alemanha," reclamou o embaixador germânico em Londres, "logo chegaria a hora em que as coisas boas aconteceriam naturalmente, mas esses contínuos altos e baixos de Wilhelm II e a política naval temerária de Herr von Tirpitz vão nos levar à destruição."[82]

Tirpitz fez três pressupostos cruciais: que os ingleses não notariam que a Alemanha estava construindo uma poderosa esquadra; que a Inglaterra não reagiria querendo ultrapassar a Alemanha nessa competição (entre outras coisas, Tirpitz supunha que a Inglaterra não suportaria um grande aumento no orçamento da marinha); e que, sendo pressionada a celebrar aliança com a Alemanha, a Inglaterra não procuraria outros aliados. Errou nos três.

5

O Dreadnought

A RIVALIDADE NAVAL
ANGLO ALEMÃ

EM AGOSTO DE 1902 REALIZOU-SE NOVA REVISTA NAVAL nas águas protegidas do Spithead, entre o grande porto de Portsmouth, na costa sul da Inglaterra, e a Ilha de Wight, dessa vez para celebrar a coroação de Edward VII. A coroação e as festividades correspondentes, que deviam ter acontecido no começo do verão, haviam sido adiadas porque o soberano teve uma apendicite. Em consequência, a maioria dos navios de marinhas estrangeiras (com exceção dos navios do Japão, novo aliado da Inglaterra) e os que pertenciam a esquadrões de ultramar da marinha inglesa já tinham sido obrigados a partir. Isso resultou numa parada mais modesta que, não obstante, como disse orgulhosamente o *Times*, foi uma potente demonstração do poder naval inglês. Os navios apresentados no Spithead estavam todos no serviço ativo das esquadras que defendiam as águas territoriais da Inglaterra. "Talvez o desfile não tenha sido uma mostra tão exuberante de nosso poder naval quanto o presenciado nas mesmas águas cinco anos atrás. Todavia, mostrou com a mesma nitidez o que significa possuir poder naval, para que todos se lembrem de que temos hoje em dia um número ainda maior de belonaves em esquadras no exterior, e é bom ressalvar que não foi trazido um único navio da reserva naval." "Alguns de nossos rivais," alertou o *Times*, "nesse meio-tempo vêm trabalhando febrilmente e redobram seus esforços." Deviam saber que a Inglaterra continuava vigilante e em guarda, preparada para gastar o que fosse necessário para manter sua soberania dos mares.[1]

O Dreadnought e a rivalidade naval anglo-alemã

Nos anos que antecederam 1914, os países europeus se envolveram em onerosa e cada vez mais intensa corrida armamentista em terra e no mar. Novas e sofisticadas tecnologias permitiram a construção de navios de guerra mais rápidos e robustos, inclusive o poderoso dreadnought. Esta charge mostra Wilhelm II, seu tio Edward VII e o Presidente Emile Loubet jogando seus altos trunfos, enquanto o Japão e os Estados Unidos, com crescente poder, entram no jogo.

Embora sem o *Times* nominar os rivais da Inglaterra, não deve ter restado dúvida na mente dos leitores de que a Alemanha caminhava celeremente para ficar à testa desses rivais. Conquanto os ingleses ainda vissem na Rússia e na França seus inimigos potenciais, a opinião entre as elites e o público em geral se ocupava cada vez mais com o vizinho do Mar do Norte. Em 1896, um panfleto que teve ampla circulação, "Fabricado na Alemanha," de autoria do jornalista E.E. Williams, pintou um quadro sombrio: "Um estado com gigantesco poder comercial está crescendo e ameaçando nossa prosperidade, competindo conosco pelo comércio mundial."[2] "Passem a vista em suas casas," insistia com os leitores. "Brinquedos, bonecas e livros infantis com que seus filhos se divertem em seus quartos foram fabricados na Alemanha. Mais ainda, a matéria-prima de seu jornal favorito (e patriótico) provavelmente vem do mesmo lugar." De enfeites de porcelana ao atiçador do fogo nas lareiras, a maior parte do que guarnece uma casa foi provavelmente feita na Alemanha. E foi mais longe: "À meia-noite sua esposa volta para casa depois de assistir a uma ópera composta na Alemanha, apresentada por atores, cantores e diretor alemães, com o ajuda de instrumentos musicais e partituras também feitos na Alemanha."[3]

Um novo fator já se fazia sentir na política europeia e nas relações

A Primeira Guerra Mundial – que acabaria com as guerras

internacionais: a opinião pública, que faria pressão sem precedentes sobre os líderes europeus e limitaria sua liberdade de ação. Como consequência da expansão da democracia e dos novos meios de comunicação de massa, bem como do aumento da alfabetização, o público agora era não só mais bem-informado como também mais ligado entre si e com sua nação. (Hoje vivemos nossa própria revolução, tendo informação e nos relacionando com o mundo através da internet e do crescimento da mídia social). Antes de 1914, ferrovias, linhas telegráficas, depois telefones e rádios noticiavam do próprio país e do exterior com inédita rapidez. O correspondente no exterior tornou-se um profissional respeitado, e os jornais preferiam empregar compatriotas a confiar nos locais. Russos, americanos, alemães e ingleses podiam ler notícias sobre os mais recentes desastres e êxitos de suas nações já no café da manhã e, assim, formular as opiniões a dar a seus governos. Havia, principalmente entre as antigas elites governantes, quem deplorasse as transformações. "Círculos pequenos e fechados de pessoas ligadas à corte e à diplomacia não mais conduzem as relações internacionais," disse o chefe da seção de imprensa do Ministério do Exterior alemão. "A opinião pública dos países tem um grau de influência nas decisões políticas inimaginável no passado."[4] O simples fato de existir uma seção de imprensa no governo alemão demonstra que, de sua parte, os dirigentes sentiam a necessidade de manipular e usar a opinião pública interna e externamente por meio do controle das informações que forneciam aos jornalistas, pressionando os proprietários de jornais para que adotassem uma linha favorável ou agindo diretamente através de suborno. O governo alemão tentou comprar o apoio da imprensa inglesa, mas, como só pôde subsidiar um pequeno e insignificante jornal, o esforço serviu apenas para aumentar a desconfiança dos ingleses em relação à Alemanha.[5]

Em 1897, o *Daily Mail*, jornal de massa de Lord Northcliffe, alertou seus leitores numa série de artigos: "Nos próximos dez anos, mantenham os olhos firmemente voltados para a Alemanha." A ameaça alemã, o orgulho de ser inglês, apelos ao patriotismo, exigência de uma marinha mais poderosa eram temas comuns nos jornais de Northcliffe (em 1908 incluíam o *Daily Mirror*, os mais elitistas *Observer* e *Times*),[6] e o mesmo se observava em outros como o *Daily Express* e o esquerdista *Clarion*. A intenção não era propriamente criar opinião pública, e sim dizer ao povo o que ele queria ouvir. Mas o efeito da campanha de imprensa e os artigos alarmistas de homens como Williams acabariam mexendo com as emoções populares e transformando o elevado grau de

O Dreadnought e a rivalidade naval anglo-alemã

patriotismo em nacionalismo jingoísta.[7] Salisbury queixou-se de sentir "um gigantesco asilo de loucos pesando em suas costas."[8]

No começo do século XIX, as relações entre Inglaterra e Alemanha estavam piores do que em qualquer outra época, desde que a Alemanha surgira nos mapas da Europa. O fracasso das negociações entre Chamberlain e o embaixador alemão em Londres, as explosões públicas e privadas do Kaiser, os sentimentos contra os ingleses e favoráveis aos bôeres largamente noticiados que dominavam o povo alemão, e até a tola controvérsia sobre ter ou não Chamberlain ofendido o exército prussiano, tudo deixava um resíduo de desconfiança e ressentimentos tanto na Inglaterra quanto na Alemanha. Valentine Chirol, que até 1896 fora correspondente do *Times* em Berlim, escreveu a um amigo no começo de 1900: "Na minha opinião, a Alemanha é mais hostil do que a França ou a Rússia, mas ainda não está pronta (...) Olha para nós como uma alcachofra a ser cortada folha a folha."[9] Acresce que os estadistas ingleses suspeitavam, com certa dose de razão, que Berlim ficaria feliz se a Inglaterra entrasse em choque com a França e a Rússia – e provavelmente tudo fariam para apressar esse choque. Em 1898, quando a França e a Inglaterra estiveram prestes a entrar em guerra por causa das pretensões de ambos os países na África, Wilhelm declarou que era uma espécie de espectador com uma mangueira de água nas mãos, fazendo o possível para acalmar os ânimos. Thomas Sanderson, subsecretário permanente do Foreign Office, comentou que o Kaiser "fica circulando para lá e para cá com um fósforo nas mãos, a riscá-lo em barris de pólvora."[10]

Embora algumas personalidades inglesas desde a década de 1890 já se preocupassem com o que uma nova e poderosa Alemanha representava para o equilíbrio de poder nos mares,[11] foram as Leis Navais de Tirpitz, em 1898 e 1900, que aumentaram consideravelmente o desconforto inglês em relação à Alemanha. Malgrado seu propósito subjacente ainda não estivesse claro, Lord Selborne, Primeiro Lord do Almirantado, o equivalente inglês de Tirpitz, disse a seus colegas do Gabinete no outono de 1902: "A marinha alemã é cuidadosamente construída na premissa de uma nova guerra contra nós."[12] Em 1903, Erskine Childers, respeitado servidor civil, escreveu seu único romance, uma boa história de espionagem e aventura, alertando seus compatriotas sobre o perigo de uma invasão alemã. *The Riddle of the Sands* foi um sucesso instantâneo e continua sendo publicado. (Childers se aliou aos rebeldes irlandeses depois da Grande Guerra e foi executado por um pelotão inglês de fuzilamento. Seu filho veio a ser presidente da Irlanda em 1973.) Começaram a aparecer na imprensa inglesa artigos aventando a necessidade de um ataque preventivo à esquadra alemã.

Graças à sua geografia, a Inglaterra, em termos gerais, podia observar com equanimidade o forte crescimento de forças terrestres no Continente. O mesmo não podia fazer o mesmo nos mares. A marinha inglesa era ao mesmo tempo seu escudo, seu instrumento de projeção de poder e sua forma de preservar a ligação com o mundo exterior. Todas as crianças aprendiam nas escolas como a marinha inglesa destruíra a Armada Espanhola (com alguma ajuda do tempo e da incompetência dos espanhóis) no século XVI e ajudara a derrubar Napoleão no começo do XIX. Fora com a marinha que os ingleses tinham derrotado os franceses em um conflito de âmbito mundial, a Guerra dos Sete Anos, e assumido o controle de um Império que se estendia da Índia a Quebec. Precisavam de sua marinha para defender esse Império e uma gigantesca rede informal de comércio e investimentos em todo o mundo.

Era uma política apoiada não apenas pelas elites dirigentes, mas pela maioria do povo inglês. Ingleses de todo o espectro político e social se orgulhavam de sua marinha e do padrão "duas-potências." No desfile naval de 1902 comemorando a coroação, navios de observação, mais de cem, foram alugados por grupos que variavam do agente de viagens Thomas Cook & Sons a Oxford, e do Cambridge Club à Sociedade Cooperativa dos Funcionários Públicos. Estima-se que a exibição feita pela marinha em Londres, em 1909, apresentando simulações de combate, fogos de artifício e programas especiais para crianças, foi assistida por quase quatro milhões de espectadores.[13] Tirpitz e seus entusiasmados seguidores, que defendiam a ideia de uma poderosa marinha que pudesse desafiar a da Inglaterra, nunca compreenderam o quanto a vitalidade da Royal Navy era importante para os ingleses, e esse erro de avaliação lhes custaria caro, assim como à Europa.

"O Império se mantém à tona graças à Royal Navy," afirmou o almirante Jacky Fischer e, pelo menos dessa vez, não estava exagerando.[14] A contínua prosperidade da Inglaterra e a estabilidade da sociedade inglesa, como tanta gente admitia, eram preservadas por esse instrumento. O amplo sucesso da Inglaterra como primeira potência industrial do século XIX foi também seu calcanhar de aquiles. Manter o vigor e o dinamismo da economia inglesa dependia da competência do país em obter matéria-prima no exterior e conseguir exportar. Se a Inglaterra não controlasse os mares, não ficaria à mercê de quem controlasse?

O Dreadnought e a rivalidade naval anglo-alemã

Ademais, em 1900 a Inglaterra dependia de importações para alimentar sua crescente população. Cerca de 58% das calorias consumidas pelos ingleses vinham do exterior e, como demonstraria a experiência da Segunda Guerra Mundial, simplesmente não havia como supri-los com a produção interna.[15]

Em 1890, bem antes de o Kaiser Wilhelm e Tirpitz porem em execução o programa de construção naval, o Instituto das Forças Armadas Unidas de Londres iniciou um debate que focalizou outra preocupação. Estava a Royal Navy em condições de proteger o comércio inglês? Contava, por exemplo, com suficientes cruzadores velozes para patrulhar as principais rotas comerciais e repelir esquadras inimigas em tempo de guerra, além de atacar o comércio desses inimigos? Em meados dos anos 1890, uma recém-organizada Liga Naval exigiu abertamente o aumento do orçamento naval.[16] Em 1902, o *Daily Mail*, o mais bem--sucedido dos novos jornais de ampla circulação, identificou motivo de preocupação até na revista naval da coroação:

> Aos olhos de uma pessoa desavisada, essa grande esquadra, tranquilamente ancorada no histórico porto, é uma visão fantástica. Todavia, a prudência recomenda que olhemos sob a superfície e consideremos quanto está distante do desejável para os fins a que se destina. O observador não pode deixar de perceber que é muito mais fraca do que a esquadra reunida em 1897 para o Jubileu da falecida Rainha. Não há dúvida de que hoje nossos esquadrões são mais poderosos do que os daquela época (...) mas também existe o fato de, nesse meio-tempo, ter surgido uma poderosa marinha no Mar do Norte, que deve ser levada em conta no equilíbrio de poder.[17]

Como disse Selborne, um dos mais competentes primeiros lordes do Almirantado no período que antecedeu a guerra: "Nossos interesses em jogo vão muito além dos de outras potências. Para nós, uma derrota naval significaria um desastre de magnitude sem paralelo. Significaria a destruição de nossa marinha mercante, a interrupção de nossa produção industrial, a escassez de alimentos, a invasão, o desmantelamento do Império."[18]

—

E O QUE ACONTECERIA com a sociedade se o suprimento de comida que chegava por via marítima fosse interrompido? A escassez e talvez a fome atingiriam, tudo indica, os pobres em primeiro lugar. Nas duas décadas anteriores a 1914, muitos das classes dirigentes, militares e civis, anteviam o quadro sombrio da Inglaterra a enfrentar tumultos generalizados, talvez uma revolução. Julgavam de fato que as classes mais altas estariam seguras em caso de guerra? – perguntou um general do exército em reunião realizada no Instituto das Forças Armadas no fim da década de 1890. "As massas sairiam do East End de Londres e marchariam até o West End, saqueariam nossas casas, tirariam o pão da boca de nossos filhos e diriam: 'Se temos de passar fome, por questão de justiça vamos passar fome juntos.'"[19] Logo ficaria impossível continuar numa guerra, e o diretor da Inteligência Naval, o Príncipe Louis de Battenburg (avô do Duque de Edinburgo), escreveu em 1902: "O pânico que a perturbação do comércio marítimo nas primeiras fases da guerra produziria sobre a população do Reino Unido seria suficiente para derrubar um governo que pensasse em levar a guerra até o fim."[20]

A fome, ou o medo dela, aumentou cada vez mais, lançando sua sombra sobre o plano de guerra da marinha e tomando a consciência do povo.[21] No fim do século XIX, grupos influentes agitaram o governo, exigindo medidas para proteger os estoques de alimentos. Em 1902, um elenco que parecia o de "Twelve Days of Christmas" – 5 marqueses, 7 generais, 18 duques, 28 condes, 46 almirantes e 106 membros do parlamento – se juntou e formou a Associação para criar a investigação oficial sobre Nosso Suprimento de Alimentos em Tempo de Guerra. (Conseguiram uma Comissão Real, que concordou sobre a existência do problema, mas se absteve de recomendações dramáticas.)

Curiosamente, entre os membros da Associação havia também líderes sindicais, talvez na tentativa de cooptar um conjunto de organizações que gradualmente adquiriam importância, embora fossem problemáticas. Ninguém questionava a lealdade das classes trabalhadoras, "seu patriotismo, sua coragem e sua resignação," afirmava o manifesto da Associação. "Entretanto, com a população faminta, a situação ficaria perigosa e, caso se prolongasse, a nação não escaparia de um desastre, sem possiblidade de adiá-lo."[22] Obviamente, duvidar da lealdade e da confiabilidade das classes trabalhadoras era exatamente o que muitos setores das classes alta e média inglesas faziam antes de 1914. Estudos realizados por grandes reformadores sociais da era vitoriana, como Charles Booth, revelaram as deprimentes condições de vida de grande parte da população pobre e as consequências para sua saúde e, como se temia, para sua vinculação à sociedade em que vivia. Será que os homens das classes mais baixas lutariam para defender a Inglaterra? E poderiam lutar? Embora a Inglaterra não tivesse um exército de conscritos, os dados sobre o número de voluntários incapazes de satisfazer os padrões físicos do exército durante a Guerra dos Bôeres causaram preocupação nos círculos oficiais quanto ao potencial humano disponível para defender o país num conflito de maiores proporções.

Houve outros sinais inquietantes de que a Inglaterra, com o correr do tempo, se tornava uma sociedade mais dividida. A questão irlandesa estava no auge, e os nacionalistas irlandeses reivindicavam sua autonomia, e até independência. Os sindicatos cresciam; em 1900, já contavam com um milhão de trabalhadores sindicalizados (o número dobraria até 1914), concentrados em áreas vitais para a economia inglesa, como mineração e docas. As greves eram mais longas e frequentemente violentas. Com a ampliação do direito de voto, agora a política parecia ao alcance dos trabalhadores e dos membros da classe média que os apoiavam. Quando terminou a eleição de 1906, estava oficialmente representado o Partido Trabalhista, com 29 assentos na Câmara dos Comuns. O popular escritor William Le Queux publicou um romance de amplo sucesso, *The Invasion of 1910*, que discorria sobre uma invasão da Inglaterra pela Alemanha e mostrava os socialistas em manifestações pela paz, e o povo nas ruas de Londres clamando "parem a Guerra." O *Daily Mail* publicou o livro em capítulos e espalhou homens pelas ruas de Londres com capacetes pontudos e uniformes azuis prussianos, carregando cartazes de advertência. (Por insistência

No fim do século XIX, ao tomar a Inglaterra consciência de seu isolamento no mundo, cresceu o temor de o país ser invadido. Artigos e livros alarmistas como este de 1894, de ampla tiragem, descreviam desembarques inesperados, no caso dessa gravura, de tropas russas e francesas. As relações entre Alemanha e Inglaterra pioraram na entrada do novo século. Obras posteriores de Le Queux e outros autores mostravam como nova ameaça uma invasão alemã.

A Primeira Guerra Mundial – que acabaria com as guerras

de Northcliffe, Le Queux amavelmente mudou a suposta rota da invasão alemã para aumentar o interesse pelo livro.)[23] O governo, tanto o dos conservadores quanto o liberal que o substituiu no fim de 1905, viu-se na incômoda, embora habitual, posição de ter que conciliar as necessidades de segurança com as disponibilidades orçamentárias. A Alemanha, coisa de conhecimento geral, era ameaça crescente, e a marinha tinha de ser forte o bastante para poder enfrentar, além dessa nova ameaça, as antigas, França e Rússia. (O exército inglês recebia metade do recebido pela marinha no orçamento de defesa.) Além disso, os avanços em tecnologia – blindagens mais grossas, motores melhores, canhões maiores, por exemplo – também eram caros. Nos quinze anos entre 1889 e 1904, duplicara o custo de encouraçados, os pesos-pesados dos navios de guerra, e quintuplicara o de cruzadores, mais leves e ligeiros. Acresce que o vasto Império precisava ter forças estacionadas mundo afora. Nas duas décadas antes de 1914, as despesas com defesa eram aproximadamente 40% do dispêndio do governo inglês, proporção maior que o de qualquer outra das grandes potências, e os impostos per capita na Inglaterra também era significativamente mais alto.[24]

Ao mesmo tempo, as despesas do governo com programas sociais aumentavam. Como os dos países do Continente, o governo inglês se preocupava com a intranquilidade interna e pensava em novas medidas como seguro-desemprego e pensões para idosos, como forma de contorná-la. No novo Gabinete liberal formado em 1906 sentavam radicais como David Lloyd George, para quem os gastos com bem-estar social eram não somente uma precaução inteligente, mas também uma obrigação moral. Estava a economia inglesa em condições de suportar simultaneamente a construção de novos navios e a concessão de pensões? Sucessivos ministros das Finanças acharam que não. Se o governo tentasse elevar impostos, provavelmente provocaria inquietude, sobretudo nas classes mais pobres. Como declarou em 1903 C.T. Ritchie, ministro das Finanças conservador, "com o imposto de renda de um *shilling* (5% da libra) e tempos desfavoráveis levando ao desemprego e, talvez, forçando a acentuada elevação do preço do pão, o que vejo é uma reação violenta..."[25]

Buscando chegar a um meio-termo entre impostos mais altos e cortes no orçamento de defesa, sucessivos governos no período anterior a 1914 tentaram conciliar economia com eficiência. Em 1904 foi criado um novo Comitê Imperial de Defesa para coordenar o planejamento de defesa e, como se esperava, os orçamentos. Depois do fim da Guerra dos Bôeres, foram feitas reformas havia muito tempo necessárias no exército, e a marinha foi modernizada. Seu ministro, Selborne, talvez não fosse o mais inteligente dos homens. Sua cunhada Cecil (ele era casado com uma das filhas de Lord Salisbury) disse a seu respeito: "Willy tem o que se pode chamar de tradicional senso de humor inglês... é simples, sincero e não se cansa com a rotina."[26] Mas era enérgico, comprometido com o aperfeiçoamento da marinha e, mais importante, disposto a respaldar os reformadores, em especial o almirante John Fisher.

Impetuoso e polêmico, o almirante John Fisher revitalizou e reorganizou a marinha britânica, enfrentando o crescente desafio lançado pela Alemanha. Trouxe de volta para águas territoriais grande parte dos navios de guerra espalhados pelo mundo e iniciou a construção dos grandes dreadnoughts.

Jacky Fisher, como o chamavam, voa na história da marinha inglesa como fogo de artifício de roda, faíscas para todos os lados, alarmando alguns e despertando admiração de outros. Sacudiu a marinha de alto a baixo antes da Grande Guerra, bombardeando seus superiores civis com exigências até que cedessem, como usualmente acontecia, e atropelando quem se opunha a ele na marinha. Falava rudemente o que pensava, em sua linguagem difícil de imitar. Seus inimigos eram uns "gambás," "cafetões," "fósseis" ou "coelhinhos medrosos." Fisher era firme, determinado e absolutamente imune a críticas, o que não causava surpresa, tratando-se de alguém de passado relativamente modesto e que desde rapaz fizera carreira vitoriosa na marinha por seus próprios méritos. Era extremamente autoconfiante. Certa vez, Edward VII reclamou por Fisher não dar atenção aos diferentes aspectos de um assunto. "Por que vou perder meu tempo," respondeu o almirante, "olhando todos os lados, quando sei que meu lado é o certo?"[27]

Fisher sabia ser encantador. Fazia rir a Rainha Victoria, coisa nada fácil, e era convidado a se hospedar com ela em Osborne, na Ilha de Wight. "Acho, meu caro almirante, que seria capaz de ir a pé até a Inglaterra para dançar uma valsa com o senhor," escreveu a ele a jovem Grã-Duquesa Olga da Rússia.[28] Também era perigoso para quem lhe atravessasse o caminho e podia ser vingativo. "Ele ri," declarou Alfred Gardiner, destacado jornalista, "sabe contar piadas, sua conversa é agradável, mas por trás das afabilidades desse marinheiro, estão os 'três Rs da Guerra' – 'ruthless, relentless, remorseless' – e seus três motos de artilharia' – 'atire primeiro, com força e não pare.'"[29] Fisher não buscava batalhas, fosse contra inimigos políticos, fosse contra nações inimigas, mas, se viessem, acreditava em guerra total. Seu grande herói era o de muitos na marinha inglesa, Horatio Nelson, vencedor da guerra naval com Napoleão. Chegou a adiar sua posse no cargo de Primeiro Lord do Mar (o comando operacional da marinha) em 1904 para o dia 21 de outubro, data da morte de Nelson na Batalha de Trafalgar. Frequentemente citava Nelson: "Seria um tolo se combatesse o inimigo na proporção de dez para um quando podia ser de cem para um."[30]

O sucessor de Nelson nasceu em 1841 no Ceilão, onde seu pai foi inicialmente capitão do exército, depois plantador de chá mal-sucedido. Segundo Fisher, seus pais, que mal conheceu, eram ambos muito bonitos: "Minha feiura é um dos mais intrincados mistérios da fisiologia e está além de minha compreensão."[31] E realmente existia algo de estranho, inescrutável, até mesmo selvagem em suas feições. Como descreveu Gardiner, "olhos grandes, mas com pupilas curiosamente pequenas, boca larga, lábios grossos visivelmente caídos nos cantos, queixo saliente desafiando bem-humorado o mundo, tudo revela um homem que não se dá o trabalho de perguntar e não cede." Havia anos corria o rumor de que Fisher era meio-malaio, o que, pensava um adido naval alemão, explicava sua astúcia e falta de escrúpulos.[32]

Deus e o país eram os artigos de fé de Fisher. Acreditava que era certo e conveniente a Inglaterra dominar o mundo. Deus protegera seu país como na lenda das Tribos Perdidas de Israel, que um dia retornariam em triunfo: "Sabe," disse uma vez, "que existem cinco pontos-chave no mundo? O Estreito de Dover, o Estreito de Gibraltar, o Canal de Suez, o Estreito de Málaga e o Cabo da Boa Esperança. *E cada um desses pontos-chave está em nossas mãos.* Somos ou não somos as tribos perdidas?"[33] A Bíblia e, em particular, o Velho Testamento, com suas inúmeras batalhas, eram sua leitura favorita, e gostava de ouvir sermões. Certa manhã de domingo um visitante o procurou em sua casa na cidade, e lhe foi dito que

O Dreadnought e a rivalidade naval anglo-alemã

"o comandante foi à capela de Berkeley." "Ele estará em casa à tarde?" perguntou o visitante. "Não, ele disse que ia ouvir o sermão de Canon Liddon, famoso pregador, na igreja de St. Paul." "Bem, e de noite?" "De noite ele vai ao Tabernáculo de Spurgeon."[34] Fisher também amava dançar, sua esposa e a família, mas sua paixão era a marinha.

Diga-se em seu favor que combatia a ineficiência, a indolência e quem complicasse as coisas. Era conhecido por afastar sumariamente os incompetentes. "Nenhum de nós, que integramos sua equipe, pode estar certo de ainda ter o emprego no dia seguinte," disse um de seus auxiliares.[35] Quando assumiu o cargo de Primeiro Lord do Mar, recebeu um grosso arquivo sobre discussão em curso no Ministério da Guerra sobre quanto seria razoável pagar por umas polainas dos Highlanders que tinham se estragado pela ação do sal marinho no desembarque em uma praia. Jogou a papelada no fogo.[36] Resolveu que devia haver um telégrafo sem fio no Almirantado, em Whitehall, mas o Correio levantou dificuldades. Um dia, seis marinheiros simplesmente apareceram, subiram na cúpula e instalaram o equipamento.[37]

Fisher dividia opiniões na marinha e entre seus seguidores. Era acusado de ter seus preferidos e de ir muito depressa e longe demais em suas reformas. Não havia dúvida, porém, de que eram necessárias. Talvez Churchill não tenha realmente zombado das tradições da marinha – "rum, sodomia e chicote" – mas o sarcasmo não estava muito longe da verdade. A marinha se tornara complacente e indiferente ao longo de décadas de paz. Apegava-se a hábitos antigos, porque assim eram as coisas no tempo de Nelson.

A disciplina era impiedosa, os açoites de tiras podiam deixar as costas em chagas. Em seu primeiro dia na marinha, em 1854, Fisher, então com quatorze anos, desmaiou ao ver oito homens açoitados.[38] (A prática foi abolida em 1879). Marinheiros comuns continuavam dormindo em redes e comendo com a mão suas rações de bolachas quebra-queixo (muitas vezes com caruncho) e uma carne de origem não identificada. O treinamento precisava ser revisto e modernizado. Não havia mais sentido em gastar tanto tempo velejando, quando praticamente todos os navios agora eram a vapor. Educação, mesmo para oficiais, era vista como mal necessário e apenas para assegurar o conhecimento básico. Oficiais moços não eram propriamente educados, tampouco estimulados a se interessar por assuntos mundanos, como treinamento de tiro, e muito menos por tática e estratégia. "Polo, corrida de cavalos e diversões," lembrava um almirante de seus primeiros dias na marinha, "eram mais importantes do que treinamento de tiro." Muitos oficiais mais antigos evitavam claramente atirar com os canhões porque a fumaça estragava a pintura dos navios.[39] A marinha não tinha escola para artes da guerra, muito menos política ou relações internacionais. Os comandantes mais antigos não queriam se incomodar elaborando planos de guerra, embora fossem bons em preparar seus navios para desfiles navais ou manobras sofisticadas (mesmo assim num dos grandes escândalos da era vitoriana o almirante George Tryon, manobrando seu navio-capitânia *Victoria*, colidiu com o costado do *Camperdown* e afundou com 358 homens a bordo).

Fisher começou as reformas na marinha antes de ser Primeiro Lord do Mar. Como comandante no Mediterrâneo e Segundo Lord do Mar, já fizera muito para melhorar o ensino naval, inclusive lançando as bases para uma escola de guerra de alto padrão. Insistira na prática permanente de tiro e promovera um grupo de oficiais moços e brilhantes. "A média de idade de nossos almirantes está aumentando e é assustadora!" – dissera a seus superiores. "Em poucos anos os veremos todos de sapatos para gota e bolsas de água quente!"[40] Depois de 1894, quando já ocupava o mais alto comando da marinha, fez novas mudanças radicais. "Não podemos complicar!" – escreveu a um colega que apoiava suas mudanças. "Nada de disse me disse! Nada de suscetibilidades! Sem pena de ninguém!"[41] A despeito de protestos de seus oficiais, descartou implacavelmente mais de 150 navios obsoletos. Reorganizou e aperfeiçoou os estaleiros para torná-los mais eficientes (e mais baratos). Providenciou para que a Reserva Naval tivesse núcleos de tripulações a bordo, de modo que ficassem em condições de rapidamente assumir seus postos em caso de crise. Seu gesto mais ousado na reorganização foi trazer de volta para a Inglaterra boa parte da esquadra que estava em bases distantes e concentrar suas belonaves, especialmente as mais atualizadas, perto das Ilhas Britânicas. Reuniu esquadrões até então isolados, para formar uma grande Esquadra do Oriente com base em Cingapura, outra no Cabo da Boa Esperança, uma no Mediterrâneo e duas mais, a do Atlântico e a do Canal, próximas e à mão. A redistribuição da marinha realizada por Fisher significou que três quartos de toda a força naval podia, se necessário, ser empregada contra a Alemanha. Seguindo o princípio de Nelson, de que "o campo de batalha deve ser o lugar onde se treina," as esquadras do Atlântico e do Canal passaram a realizar extensas manobras no Mar do Norte.

Tão logo assumiu o cargo de Primeiro Lord do Mar, Fisher organizou um grupo para a maior inovação de todas, um novo supernavio de guerra.

O Dreadnought e a rivalidade naval anglo-alemã

(Também se destinava a projetar um novo cruzador pesado, o *Invincible*.) A ideia de ter uma belonave que aliasse velocidade, blindagem poderosa e canhões pesados de longo alcance já estava no ar, em parte porque agora a tecnologia estava tão avançada que tornava essa intenção possível. Novos motores turbinados, por exemplo, podiam deslocar pelas águas navios mais pesados a velocidades maiores. (Em 1904, a Cunard decidiu instalar turbinas em seus novos navios de passageiros, o *Lusitania* e o *Mauretania*, os maiores da época.) Em 1903, um projetista italiano de navios publicou um artigo descrevendo um possível projeto que qualificou como "navio de guerra ideal para a Royal Navy," e, ao que se sabia, as marinhas japonesa, alemã, americana e russa já pensavam na possibilidade de um novo supernavio de guerra.[42] A atordoante vitória japonesa sobre a marinha russa no Estreito de Tsushima, em maio de 1905, lançou a ideia de que o futuro da guerra no mar estava em navios mais rápidos, projéteis de alto explosivo e canhões pesados para dispará-los. (A esquadra japonesa usava canhões de 12 polegadas – 30.5 centímetros – de calibre, medida que corresponde ao diâmetro do tubo, provando que disparavam projéteis realmente grandes.)[43] Mesmo Fisher criticado pela corrida armamentista naval, construindo navios que tornavam obsoletos todos os existentes, é difícil imaginar que esse avanço pudesse ser evitado.

O comitê de Fisher trabalhou celeremente e, em 2 de outubro de 1905, ficou pronta a quilha do que viria a ser o *HMS Dreadnought*. Foi lançado ao mar oficialmente pelo Rei em fevereiro de 1906, na presença de entusiasmada multidão. No fim do ano, o navio estava pronto para entrar em serviço. O *Dreadnought*, primeiro de uma classe inteiramente nova de belonave, foi o Muhammad Ali dos mares – grande, rápido e mortal. Os maiores navios de guerra da época deslocavam 14 mil toneladas. O *Dreadnought*, 18 mil. Enquanto a velocidade dos primeiros atingia 18 nós, a do *Dreadnought* chegava a 21 ou mais, graças a seu motor turbinado (construído por Charles Parsons, que tanto escandalizara a marinha com a exibição de seu *Turbinia*, por ocasião do desfile naval do Jubileu de Diamante da Rainha). Fisher considerava velocidade proteção ainda mais importante que blindagem, mas nesta o *Dreadnought* também estava bem servido, umas 5 mil toneladas acima e abaixo da linha d'água. Como Muhammad Ali, ferroava como uma abelha. Dispunha de dez canhões de 12 polegadas, além de baterias de canhões de calibre menor. Com sua artilharia montada em torres giratórias, o *Dreadnought* e *sucessores* podia atirar praticamente em todas as direções. A revista *Jane's Fighting Ships* disse, em 1905:

"Talvez pareça exagero, mas, considerando sua velocidade, seu poder de fogo e o efeito esmagador de uma concentração de seus projéteis, o *Dreadnought* pode, em batalha, se equiparar perfeitamente a dois, talvez três da maioria dos navios hoje em uso.[44]

Embora por trás do ímpeto de fazer encouraçados e cruzadores pesados estivesse o medo do poder combinado das marinhas francesa e russa, os planejadores navais ingleses cada vez mais viam na Alemanha a futura inimiga.[45] As relações com a França e a Rússia melhoravam, enquanto pioravam com a Alemanha. Planejadores ingleses admitiam que, a despeito de todas as explicações oficiais alemãs, sua esquadra era projetada para operar no Mar do Norte; tinha raio de ação limitado e alojamentos extremamente acanhados, dificultando a realização de viagens longas. Tampouco ajudou o fato de o Kaiser descuidadamente assinar como "Almirante do Atlântico" uma carta ao primo, o Czar.[46] Fisher não tinha dúvida e, em 1906, declarou que a corrida naval com a Alemanha esquentava: "Nosso único inimigo provável é a Alemanha. Ela tem *toda* a sua esquadra a poucas horas da Inglaterra. Portanto, temos de ter uma esquadra duas vezes mais poderosa a poucas horas da Alemanha."[47] A partir de 1907 os planos de guerra do Almirantado focalizaram quase unicamente a possibilidade de guerra naval contra a Alemanha nos mares em torno da Grã-Bretanha. O Comitê Imperial de Defesa, que coordenava a estratégia inglesa e assessorava o primeiro-ministro, concluiu em 1910: "Para não expor nossas esquadras ao risco de derrotas parciais, é preciso adiar qualquer ação em águas remotas até que, pela limpeza da situação nas águas de perto, se possam empregar efetivamenteforças navais adequadas."[48]

Para diminuir a carga financeira da marinha, o governo inglês apelou para o Império. Novos navios foram lançados com "tempero colonial," e muitos receberam nomes como o *Hindustan* e o *Good Hope*.[49] Domínios "brancos" como Canadá, Austrália, Nova Zelândia e, mais tarde, África do Sul, curiosamente não se mexeram.[50] Em 1902, mediante coleta, fizeram uma contribuição de cerca de 150 mil libras, e, mesmo depois de forte pressão do governo inglês, essa contribuição alcançou apenas 328 mil libras nos anos seguintes.[51] O Canadá, domínio mais antigo, recusou-se terminantemente a contribuir, alegando não ter inimigos imediatos. "Não são patriotas, são uns aproveitadores," disse Fisher, "que só permanecem conosco para tirar alguma vantagem."[52] Foi preciso que a competição naval com a Alemanha se exacerbasse para mudar o modo

O Dreadnought e a rivalidade naval anglo-alemã

de pensar do Império. Em 1909, tanto a Nova Zelândia quanto a Austrália começaram a construir seus próprios encouraçados e, em 1910, o Canadá cautelosamente pensou em possuir sua própria marinha e comprou dois cruzadores ingleses.

Na Inglaterra, outro setor importante do governo, o Foreign Office, começava a compartilhar a percepção da Marinha, de que a Alemanha era a ameaça. Enquanto a geração mais antiga, que crescera nos dias do esplêndido isolamento, ainda esperava que a Inglaterra pudesse manter relações educadas e até mesmo amistosas com as outras potências, a geração mais nova era cada vez mais antigermânica. Sanderson, subsecretário permanente entre 1894 e 1906, escreveu em 1902 a Sir Frank Lascelles, embaixador inglês em Berlim, afirmando que entre seus colegas prevalecia uma inquietante tendência a ver os alemães com maus olhos: "Existe um evidente desagrado por eles, além da impressão geral de que estão dispostos e ansiosos por nos passar a perna. É um estado de coisas que não nos convém, pois há muitas questões importantes para os dois países a serem discutidas em ambiente cordial."[53] Estrelas em ascensão, como Francis Bertie, que seria embaixador em Paris entre 1905 e 1918, Charles Hardinge, subsecretário permanente entre 1906 e 1910, e Arthur Nicolson, embaixador na Rússia no mesmo período e mais tarde subsecretário permanente (e também pai de Harold Nicolson), suspeitavam seriamente das intenções alemãs. Os que não concordavam com a posição antigermânica que prevalecia na década anterior a 1914 tendiam a ser marginalizados ou afastados. Em 1908, ocorreu uma mudança fundamental. Sir Frank Lascelles, que era embaixador em Berlim desde 1895 e apoiava decididamente a amizade com a Alemanha, foi substituído por Sir Edward Goschen, que estava convencido da hostilidade alemã à Inglaterra.[54]

Curiosamente, o homem que mais intensamente articulava no Ministério do Exterior a corrente contrária à Alemanha era em parte alemão e casado com uma alemã. Como admirador dos grandes historiadores alemães, amante de música – tocava piano extremamente bem e era um talentoso compositor amador – com seu ligeiro sotaque alemão e, diziam alguns, sua enorme capacidade de trabalho, Eyre Crowe era de certa forma uma excentricidade no quadro de profissionais do Foreign Office, em grande parte ocupado por representantes da classe social mais alta da Inglaterra. Filho de um cônsul inglês e mãe alemã, crescera na Alemanha, em bem-educada classe média alta, mais ou menos a mesma origem de Tirpitz. Seus pais tinham conhecido o infeliz Imperador Friedrich Wilhelm e sua esposa inglesa, a Princesa Victoria, e compartilhavam suas expectativas liberais para a Alemanha. Crowe tinha profunda afeição pela Alemanha e sua cultura, mas lamentava o que considerava o triunfo do prussianismo, com seu autoritarismo e sua ênfase em valores militares. Também criticava severamente o que via como "espírito errático, dominador e muitas vezes francamente agressivo" que, em sua opinião, tomava conta da vida pública alemã. A Alemanha lutava por um lugar na cena mundial compatível com seu novo poder, e Crowe compreendia essa aspiração e até simpatizava com tal posição. Todavia, era contra a forma como os líderes alemães queriam alcançá-la, como, por exemplo, exigindo colônias de outras potências e ameaçando com seu poder militar. Como declarou em carta a sua mãe em 1896, a Alemanha tinha se acostumado a pensar que podia tratar a Inglaterra com severidade, "como se estivesse chutando um jumento morto. O bicho volta à vida com cara de leão, assustando aqueles cavalheiros."[55] Usou seu cargo no Ministério do Exterior para pressionar seus superiores a resistir ao que descreveu como chantagem alemã.

No dia de Ano-Novo de 1907, Crowe, que recentemente fora encarregado do setor do Ministério do Exterior que cuidava da Alemanha e dos outros estados da Europa ocidental, apresentou a Sir Edward Grey, ministro do Exterior, um memorando que ficou famoso. Pelos argumentos convincentes, por sua percepção histórica e pelo esforço para entender as motivações alemãs, pode ser comparado ao "Longo Telegrama" de George Kennan para Washington, no começo da Guerra Fria, em que delineou as causas da conduta soviética e a política de contenção. Crowe argumentou, como fez Kennan mais tarde, que seu país enfrentava um oponente que continuaria tentando conquistar proeminência, a não ser que enfrentasse reação. "Ceder à ameaça de chantagem o fortalece, mas há muito está provado, em repetidas oportunidades, que, embora possa assegurar uma paz temporária para a vítima, certamente levará a novos aborrecimentos e exigências ainda maiores depois de breves períodos de tolerância amistosa. A manobra dos chantagistas geralmente é desmantelada pela primeira reação resoluta a suas exigências, e é melhor estar disposto a enfrentar todos os riscos de uma situação possivelmente delicada do que continuar com intermináveis concessões. Todavia, se não houver essa determinação, é mais do que provável que as relações entre as duas partes se deteriorem progressivamente."[56]

A política exterior e de defesa da Inglaterra, explicava Crowe, era

O Dreadnought e a rivalidade naval anglo-alemã

determinada pela geografia, pela posição na periferia da Europa e pela posse de um enorme Império além-mar. Era quase "uma lei da natureza" a Inglaterra preferir um equilíbrio de poder à possibilidade de uma única nação ter o controle de todo o Continente.[57] Tampouco poderia ceder o controle dos mares sem pôr em risco sua própria existência. A decisão alemã de construir uma forte marinha podia ser componente de uma estratégia geral de desafiar a posição inglesa no mundo, ou seria a consequência de um governo vago, confuso e inepto, que não tinha uma noção exata do caminho que trilhava."[58] Do ponto de vista inglês, isso na verdade não importava. Qualquer que fosse o caso, a Inglaterra devia se manter em condições de enfrentar o desafio naval alemão e precisaria fazê-lo com firmeza e serenidade. (Kennan daria conselho semelhante quanto à União Soviética, quarenta anos depois.) "Nada," escreveu Crowe, "pode persuadir com maior veemência a Alemanha da inutilidade de uma interminável sucessão de custosos programas de construção naval do que a convicção, baseada em testemunhos oculares, de que para cada navio alemão a Inglaterra inevitavelmente lançará dois, mantendo sua preponderância relativa atual."[59]

A corrida naval entre Alemanha e Inglaterra contribuiu para que a Europa caminhasse para a guerra. A decisão alemã de desafiar a supremacia naval inglesa fez com que os ingleses reagissem aumentando as despesas com a marinha e superando divergências com antigos antagonistas, como a França e a Rússia, com o intuito de criar a Tríplice Entente. Esta charge, de 1909, no auge da corrida armamentista naval, mostra Inglaterra e Alemanha correndo em uma estrada feita de cartuchos, com a morte à espreita.

Com a iniciativa inglesa de construir o primeiro *dreadnought*, Tirpitz, o Kaiser e seus assessores ficaram diante de um claro dilema: desistir da competição e tentar acertar-se com a Inglaterra, ou responder tentando manter a corrida armamentista e construir número equivalente de *dreadnoughts*. Optando por esta última escolha, a Alemanha arcaria com grande aumento de custos: novos materiais e tecnologias, maior manutenção e mais reparos, e tripulações mais numerosas, daria tudo uma despesa que duplicaria. E mais, estaleiros teriam de ser reconstruídos para navios maiores, e o Canal de Kiel, que permitia construir em estaleiros protegidos na costa do Báltico e levados em segurança para portos alemães no Mar do Norte, teria de ser alargado e ter mais profundidade.[60] Além de tudo, os recursos financeiros absorvidos pela marinha poderiam faltar ao exército, que fazia face à crescente ameaça russa. Se a decisão sobre o caminho a tomar demorasse, a Inglaterra aumentaria a dianteira.

No começo de 1905, meses antes do lançamento da quilha do *Dreadnought*, o adido naval da Alemanha em Londres informou Berlim que os ingleses estavam planejando um novo tipo de navio de guerra, mais poderoso que qualquer outro até então conhecido.[61] Em março de 1905, Selborne apresentou ao Parlamento uma proposta para o orçamento da marinha no ano seguinte. Previa a construção de um novo navio de guerra, mas não entrava em detalhes e, embora mencionasse a comissão criada por Fisher, alertava que seria conveniente a questão não chegar ao conhecimento do público. Naquele verão, Tirpitz viajou para sua casa na Floresta Negra, como gostava de fazer. Lá, entre pinheiros e abetos, ouviu a opinião de alguns de seus assessores mais confiáveis. No outono, tomou uma decisão: a Alemanha construiria encouraçados e cruzadores pesados capazes de se equiparar às novas belonaves inglesas. Como observou Holger Herwig, respeitado historiador da corrida naval empreendida pela Alemanha, "os fatos comprovam que, para enfrentar a ameaça inglesa, a decisão da Alemanha de Wilhelm resultou de um processo que excluiu a chancelaria, o Ministério do Exterior, o tesouro e os dois órgãos diretamente responsáveis pelo planejamento estratégico da marinha, o Estado-Maior do Almirantado e a esquadra de alto-mar!"[62] Tirpitz apresentou um novo projeto de lei para a marinha, aumentando em cerca de 35% o dispêndio de 1900, a fim de cobrir os gastos com a construção de encouraçados e seis novos cruzadores. A Alemanha construiria dois encouraçados e um cruzador pesado por ano.

Nem todos os alemães compartilhavam aqueles temores ou aceitavam a necessidade de uma grande e onerosa marinha. Mesmo na própria marinha houve resmungos de que a ênfase de Tirpitz em mais

O Dreadnought e a rivalidade naval anglo-alemã

e mais navios não deixaria meios para pessoal e instrução.[63] No Reichstag, deputados do centro e da esquerda, mas também da direita, atacaram os déficits crescentes gerados em parte pelo orçamento naval. O chanceler, Bülow, já enfrentava problemas para tapar buracos no orçamento alemão e lidar com um Reichsatg que relutava em elevar impostos. Porém, por acaso surgiram justamente naquele momento uma nova crise e o espantalho de uma guerra no Marrocos, de modo que a nova lei sobre a marinha, a primeira Novelle, foi apreciada e aprovada pelo Reichstag por larga margem em maio de 1906.[64] Apesar disso, Bülow, cada vez mais preocupado com a crise financeira que ameaçava a Alemanha e com a dificuldade de se entender com o Reichstag, sentia que as despesas da marinha pareciam não ter fim: "Quando espera estar com sua esquadra tão avançada," perguntou a Tirpitz seriamente em 1907, "que nos permita sair dessa situação política insuportável?"[65] O cronograma de Tirpitz para sair da zona de perigo (a Alemanha, sem causar alarde, tentava chegar ao estágio de uma marinha suficientemente forte para pressionar a Inglaterra) continuou empurrando esse prazo para a frente.

Para o Kaiser e Tirpitz, a responsável pelo novo nível da corrida naval era o que Wilhelm chamava a *"política inteiramente louca dos encouraçados* de Sir J. Fisher e de Sua Majestade." Os alemães atribuíam a Edward VII uma política de manter a Alemanha sitiada. Na opinião de Tirpitz, os ingleses tinham cometido um erro em construir encouraçados e cruzadores pesados e estavam aborrecidos com isso. "Essa contrariedade aumentará quando perceberem que vamos segui-los imediatamente."[66] Isso não impediu os dirigentes alemães de se angustiarem com o futuro imediato. A zona de perigo de Tirpitz só crescia, e os ingleses não davam sinal de querer um acordo com a Alemanha. "Sem aliados à vista," disse sardonicamente Holstein a Bülow.[67] Quem poderia prever o que fariam os ingleses? Sua história já não mostrara que são hipócritas, dissimulados e intratáveis? O medo de nova "Copenhagen," um súbito ataque inglês como o que ocorrera em 1807, quando a marinha inglesa bombardeou Copenhagen e se apoderou da esquadra dinamarquesa, nunca saiu da cabeça dos dirigentes alemães desde o começo da corrida naval. Na véspera do Natal de 1904, quando a guerra entre Japão e Rússia gerava tensões internacionais, Bülow disse ao Embaixador Lascelles que o governo alemão temia seriamente a Inglaterra, aliada do Japão, atacar a Alemanha, que dera considerável apoio à Rússia. Felizmente, o embaixador alemão em Londres, que fora chamado de volta a Berlim, conseguiu convencer seus superiores, inclusive um Kaiser extremamente preocupado, de que os ingleses não tinham intenção de começar uma guerra.[68] Esse temor se espalhara pela sociedade alemã com acessos de pânico. No começo de 1907, em famílias do porto báltico de Kiel, pais mantinham os filhos em casa por terem ouvido que Fisher estava na iminência de atacar. Também naquela primavera Lascelles escreveu a Sir Edward Grey, ministro do Exterior da Inglaterra: "Anteontem, Berlim estava à beira da loucura. Houve uma queda de cinco pontos nos papéis alemães da bolsa, e reinava a impressão geral de que estava a ponto de estourar uma guerra entre Inglaterra e Alemanha."[69] Realmente a ideia de um ataque de surpresa para se apossar da esquadra alemã ocorreu a algumas pessoas na Inglaterra, especialmente Fisher, que sugeriu essa medida em várias ocasiões. "Meu Deus, Fischer, você deve estar louco!" – disse o Rei, e a ideia não foi adiante.[70]

Contudo, nos círculos militares e civis próximos ao Kaiser, uma guerra contra a Inglaterra era cada vez mais discutida como real possibilidade. Se estavam em vias de uma guerra, era importante acelerar os preparativos do país e tratar dos alemães "sem o necessário patriotismo," como os social-democratas, que resistiam ao aumento de despesas com a defesa e defendiam uma política de aproximação com as potências europeias. A Liga Naval da Alemanha passou a fazer advertências cada vez mais veementes sobre o perigo iminente e a exigir mais recursos para defesa, reclamando até que Tirpitz não agia com a necessária rapidez. Na verdade, algumas figuras proeminentes da direita achavam que podiam matar dois coelhos com uma só cajadada: o governo devia enfrentar a esquerda e os moderados liberais, apresentando ao Reichstag um orçamento muito maior para a marinha, até mais do que desejava Tirpitz. A não aprovação da proposta pelos deputados seria uma excelente oportunidade para o Kaiser dissolver o Parlamento e tentar obter uma maioria nacionalista que o apoiasse, ou talvez dar o golpe de estado de que tanto falara no passado. Assim se livraria dos inconvenientes de uma imprensa livre, do voto masculino universal e do próprio Reichstag. Enquanto preparava a Novelle no fim de 1905, Tirpitz temia que sua adorada marinha fosse usada como "aríete" para forçar mudança política e constitucional na Alemanha. Não se opunha ao desmantelamento da esquerda, mas se preocupava porque considerava duvidoso o sucesso da tentativa sem a ocorrência de graves levantes internos, que acabariam permitindo que a Inglaterra percebesse a rápida expansão da marinha alemã.[71]

O Dreadnought e a rivalidade naval anglo-alemã

Em 1908, as tensões na Europa voltaram a se intensificar na crise da Bósnia, e Bülow se mostrava cada vez mais cético sobre a importância da marinha de Tirpitz e o isolamento da Alemanha no continente. "Poderia a Alemanha," perguntou a Tirpitz, "ver com absoluta serenidade e confiança um ataque inglês?"[72] Tirpitz, que mais tarde se sentiu abandonado, respondeu que naquele momento era pouco provável um ataque inglês e que, portanto, a melhor opção era continuar reforçando a marinha. "Cada novo navio que se incorpora à esquadra significa um aumento de risco para a Inglaterra, caso pretenda nos atacar." Ele desprezou as advertências do conde Paul Metternich, embaixador alemão em Londres, de que o programa naval alemão estava inquietando a Inglaterra. A principal razão para a hostilidade inglesa era a rivalidade econômica com a Alemanha, e isso não desapareceria com o tempo.[73] Recuar significaria causar sérios problemas políticos internos. "Se retirarmos o apoio à Lei Naval, que já corre sério perigo em face da situação geral," escreveu em 1909 a um de seus leais ajudantes, "não sabemos aonde isso vai nos levar."[74] O argumento final de Tirpitz para prosseguir na corrida naval foi o que usava repetidamente para justificar a continuação de programas e as guerras: a Alemanha já derramara tantos recursos que recuar anularia todos os sacrifícios já feitos. "Se a esquadra inglesa puder ser sempre tão forte," escreveu ele em 1910, "que tenha condições de atacar a Alemanha sem correr risco, então o programa de desenvolvimento naval alemão terá sido um erro sob o ponto de vista histórico."[75]

Em março de 1908, Tirpitz conseguiu passar no Reichstag um projeto suplementar para a marinha, a Segunda Novelle, que encurtava a vida útil dos navios então existentes na marinha alemã e assim acelerava o ritmo das substituições (navios pequenos sendo substituídos por maiores). Em vez de três encouraçados por ano, o ritmo aumentou para quatro nos quatro anos seguintes. Depois disso, voltaria a ser três por ano e, esperava Tirpitz, assim continuaria para sempre. De novo o Reichstag aprovaria um programa naval sobre o qual não teria controle. Em 1914, a Alemanha contaria com vinte e um encouraçados da classe *Dreadnought*, estreitando consideravelmente a diferença entre as marinhas inglesa e alemã, caso a Inglaterra preferisse não entrar na corrida.[76] Tirpitz assegurou ao Kaiser que a Alemanha lucraria com a expansão da marinha: "Elaborei a Novelle como Vossa Majestade queria, para que interna e externamente pareça o mais modesta e inofensiva possível."[77] Wilhelm mandou longa carta pessoal com a intenção de tranquilizar Lord Tweedmouth, agora Pri-

132 A Primeira Guerra Mundial – que acabaria com as guerras

meiro Lord do Almirantado: "A Lei Naval não tem a Inglaterra como objetivo e não pretende 'ameaçar a supremacia inglesa nos mares,' que permanecerá inalterada nas gerações vindouras."[78] Edward VII não gostou e viu nessa carta uma interferência extraordinária de seu sobrinho ao escrever para um ministro inglês, e muitos ingleses concordaram com ele.[79]

Bülow, que tinha a missão nada invejável de conseguir dinheiro para o programa de construção naval de Tirpitz, começava a achar que a Alemanha não estava em condições de sustentar o exército mais poderoso e a segunda maior marinha da Europa. "Não podemos enfraquecer o exército," escreveu em 1908, "pois nosso destino será decidido em terra."[80] Seu governo enfrentava séria crise financeira. A dívida nacional da Alemanha quase dobrara desde 1900, e estava difícil aumentar a receita. Cerca de 90% de toda a despesa do governo central ia para o exército e a marinha, e, nos doze anos entre 1896 e 1908, graças em grande parte às despesas com a marinha, o gasto total com forças armadas duplicara, e o futuro era bem previsível. Quando Bülow tentou discutir o caso de maior conteção das despesas navais, um membro do *entourage* de Wilhelm pediu-lhe que não o fizesse, porque isso deixaria o Kaiser "muito triste."[81] Bülow lutou durante o ano inteiro de 1908, tentando elaborar um plano de reforma tributária cuja aprovação poderia conseguir via Reichstag, mas suas propostas de aumentar o imposto sobre heranças enfureceram a direita, e novos impostos sobre consumo produziram reação semelhante na esquerda. Por fim, em julho de 1909, não conseguindo resolver o problema, apresentou sua demissão a Wilhelm. Tirpitz prevaleceu porque no fim teve o Kaiser a seu lado.

Enquanto isso, os ingleses começavam a perceber a aceleração do ritmo de construção naval na Alemanha. Inicialmente, tal como esperava Tirpitz, não reagiram à primeira Novelle, a de 1906. Em dezembro de 1907, o Almirantado chegara até mesmo a sugerir um freio do ritmo de construção de encouraçados, de modo que, em 1908-9, seriam construídos apenas um encouraçado e um cruzador pesado. Essa ideia estava de acordo com o que o governo liberal prometera, ou seja, economizar e dar ênfase aos gastos na área social. No verão de 1908, porém, cresceu a preocupação no meio popular e nos círculos governamentais. A esquadra alemã navegava pelo Atlântico. O que significava isso? Um artigo anônimo, "O Perigo Alemão," publicado na prestigiosa *Quarterly Review* de julho, alertava que, se Alemanha e Inglaterra entrassem em choque, seria provável uma invasão alemã. "Os oficiais de sua marinha

O Dreadnought e a rivalidade naval anglo-alemã

fizeram um minucioso levantamento de nossos portos e de cada detalhe de nossas costas." De acordo com o autor (J.L. Garvin, editor do jornal dominical *Observer*), cerca de 50 mil alemães, disfarçados como garçons, já estavam na Inglaterra, prontos para entrar em ação quando recebessem um sinal. Logo depois da publicação desse artigo, o famoso aviador alemão Conde Zeppelin voou para a Suíça em seu novo dirigível. Esse fato levou Garvin, agora assinando seu artigo no *Observer*, a fazer novas predições sobre ameaças que pairavam sobre a Inglaterra.[82]

Em agosto daquele ano, Edward VII visitou seu sobrinho na bonita cidadezinha de Kronberg. Embora estivesse armado com um documento do governo inglês manifestando suas preocupações com o dispêndio naval da Alemanha, o Rei achou prudente não tocar no assunto com Wilhelm. "Talvez," raciocinou Edward, "pudesse empanar o feliz resultado das conversas que tinham mantido." Após o almoço, o Kaiser, bastante cordial, convidou Sir Charles Hardinge, subsecretário permanente do Ministério do Exterior, para conversar e fumar um charuto. Os dois sentaram-se lado a lado junto a uma mesa de bilhar. Wilhelm afirmou que as relações entre Inglaterra e Alemanha caminhavam muito bem. Hardinge, como está escrito nas anotações sobre essa conversa, teve de discordar: "Não se pode esconder o fato de que existe na Inglaterra uma justificada apreensão quanto às intenções e às motivações por trás da construção de uma grande marinha alemã." Alertou que, se o programa alemão prosseguisse, o governo inglês se veria na obrigação de pedir que o Parlamento aprovasse um amplo programa de construção naval e não tinha dúvida de que o aprovaria. Na opinião de Hardinge, seria uma evolução extremamente prejudicial: "Não há dúvida de que essa rivalidade naval entre os dois países prejudicará as relações mútuas e, em poucos anos, pode levar a uma situação crítica, caso aconteça uma disputa séria, ou mesmo trivial, entre as duas nações."

Wilhelm respondeu duramente, embora sem dizer exatamente a verdade, que não havia qualquer motivo para preocupações inglesas, que o programa de construção da marinha alemã não era recente e que a proporção entre as duas marinhas permanecia a mesma. (Segundo o relato melodramático que preparou para Bülow, Wilhelm disse a Hardinge: "Isso é pura idiotice. Quem é que anda brincando com o senhor?") Além do mais, ainda acrescentou Wilhelm, a execução do programa de construção naval agora se havia tornado questão de honra nacional para a Alemanha e tinha de ser cumprido. "Está fora de cogitação discutir esse assunto com um governo estrangeiro; tal coisa atingiria seriamente a dignidade nacional, e sua aceitação causaria imensos problemas internos para o governo. Antes ir à guerra do que se submeter a ordem tão exigente e autoritária." Hardinge manteve sua opinião e disse que estava simplesmente sugerindo que os dois governos mantivessem uma conversa amigável e que não se tratava de ordem.

Hardinge também questionou a afirmativa do Kaiser de que, em 1909, a Inglaterra teria o triplo dos encouraçados da Alemanha. "Eu disse que não conseguia compreender como Sua Majestade chegara aos números da força relativa das duas marinhas em navios de guerra em 1909, e só podia supor que nas 62 belonaves de primeira classe da marinha inglesa, tinha sido incluído cada navio obsoleto a flutuar em portos ingleses que ainda não fora vendido como ferro-velho." Wilhelm, em sua versão da conversa, afirmou que botara Hardinge em seu devido lugar: "Eu sou também almirante da marinha da Inglaterra e a conheço bem – muito mais do que o senhor, que é apenas um civil nada sabe de marinha." Nesse ponto o Kaiser mandou um auxiliar apanhar um resumo do poder naval editado anualmente pelo Almirantado alemão, mostrando que os números que anunciara estavam corretos. Hardinge pediu friamente que o Kaiser lhe desse uma cópia, "para enriquecer meu conhecimento e me convencer" e disse a Wilhelm que ficaria satisfeito se verificasse que os números estavam corretos.

A versão de Wilhelm é caracteristicamente bem outra: Hardinge ficou "atônito, sem voz," e Lascelles, que, segundo o relato de Wilhelm aceitara plenamente os números alemães, "não conseguia conter o riso." De acordo com o que o Kaiser disse a Bülow, a conversa terminou quando Hardinge pediu melancolicamente: "Não podem interromper esse programa? Ou construir menos navios?" – ao que Wilhelm respondeu: "Então lutaremos, pois se trata de questão de honra e dignidade nacional." Olhou firmemente para Hardinge, que corou, inclinou-se em uma reverência e pediu que o perdoasse por suas "expressões inconvenientes." O Kaiser se deliciava. "Não dei uma lição a Sir Charles?" Bülow custou a crer nesse relato, e suas suspeitas foram confirmadas por seus colegas que tinham presenciado a conversa, a qual, comentaram, fora bastante amistosa. Hardinge fora franco mas respeitoso, e o Kaiser mantivera o bom humor.

—

O Dreadnought e a rivalidade naval anglo-alemã

É PENA, MAS NÃO SURPRENDE o fato de a conversa ter falhado no entendimento entre a Inglaterra e a Alemanha. Foi ignorada a advertência de Hardinge de que, se a Alemanha mantivesse o ritmo de construção naval, seu governo seria forçado pela opinião pública a executar um "amplo contraprograma de construção naval." Realmente, segundo Bülow, Wilhelm saiu das reuniões em Kronberg convencido de que persuadira os visitantes ingleses da legitimidade da posição alemã. Mais que isso, Moltke, seu Chefe do Estado-Maior do Exército, lhe assegurara que a Alemanha estava plenamente preparada militarmente. Portanto, não havia razão para a Alemanha cercar-se de cautelas e diminuir o ritmo de construção naval. "Com os cavalheiros ingleses," garantiu Wilhelm, "a única coisa que funciona é firmeza, franqueza, até mesmo brutal – esse é o melhor método de lidar com eles!"[83]

Na verdade, naquele verão as suspeitas inglesas estavam se tornando mais fortes, alimentadas por uma iniciativa inocente da marinha alemã, empenhada em apoiar seus estaleiros. Schichau, um grande armador em Dantzig, no verão de 1908 pediu um novo contrato para construir um dos grandes navios de guerra programados para o ano seguinte. Sem esse contrato, sua administração temia que trabalhadores especializados tivessem que ser dispensados e toda a economia de Dantzig seria prejudicada. (Quando Dantzig, como Gdansk, passou a fazer parte da Polônia depois de 1945, os operários de Schichau passaram a integrar o estaleiro Lênin, e mais tarde foi lá que surgiu o movimento Solidariedade, na década de 1980.) A marinha alemã concordou, mas, embora a data prevista para completar a construção do navio permanecesse a mesma, a decisão involuntariamente disparou os alarmes na Inglaterra. No outono, o adido naval inglês em Berlim informou seu governo que um navio de guerra extra estava sendo construído. Os ingleses chegaram à conclusão, correta, mas baseada em prova equivocada, de que os alemães tinham acelerado seu programa de construção naval.[84]

Nesse ponto, aconteceu um daqueles infelizes incidentes que marcaram as relações entre Inglaterra e Alemanha nos anos que antecederam 1914. Em 28 de outubro, o *Daily Telegraph* publicou o que seria uma entrevista com o Kaiser. Na verdade, não passava da versão de um jornalista das conversas havidas no ano anterior entre Wilhelm e um proprietário de terras inglês, o coronel Edward Stuart-Wortley, que emprestara sua casa para uma estada particular do Kaiser. Os dois conversaram em diversas ocasiões, ou melhor, ao que parece, Wilhelm afirmou sempre ter desejado que Inglaterra e Alemanha mantivessem boas relações e que os ingleses não reconheciam o que fizera por eles. Criticou a nova aproximação da Inglaterra com a França. A aliança inglesa com o Japão também era um grande erro, e fez um comentário sombrio sobre o "perigo amarelo." "Por mais que eu seja mal interpretado, construí minha esquadra para apoiar vocês." Stuart-Wortley, que tudo ouviu incrédulo, concluiu que, se os ingleses compreendessem as verdadeiras opiniões de Wilhelm, em vez de serem ludibriados pela maliciosa imprensa antigermânica, as relações entre as duas nações poderiam melhorar de um dia para o outro. Em setembro de 1908, Stuart-Wortley entregou suas anotações sobre essa conversa a um jornalista do *Daily Telegraph*, que as transformou em entrevista, e o resultado foi submetido a Wilhelm para aprovação.

O Kaiser, de modo um tanto inesperado, fez o que devia e enviou a "entrevista" para seu Chanceler. Talvez porque estivesse ocupado, como alegou posteriormente, ou, como afirmaram seus críticos, muito submisso para querer enfrentar seu chefe, Bülow deu uma olhada rápida no documento e o remeteu ao Ministério do Exterior, para que se manifestasse. Novamente a "entrevista" tramitou sem receber a necessária atenção, em mais um exemplo da forma caótica como funcionava o governo alemão. Alguém nesse caminho deveria ter dado a devida atenção, sabendo-se que o Kaiser era conhecido por suas indiscrições. Em mais de uma oportunidade as autoridades alemãs já tinham sido obrigadas a usar sua influência e até a buscar uma saída elegante para suprimir manifestações potencialmente embaraçosas do Kaiser.[85] Tal como estava, o documento prosseguiu até as páginas do *Daily Telegraph*, com Wilhelm alimentando a esperança de convencer os ingleses.[86]

Para alguém que gostava de dizer a seus auxiliares que compreendia os ingleses muito melhor do que eles, Wilhelm pecou no tom, lamurioso e acusatório, e também no conteúdo. Reclamava que os ingleses eram "loucos, loucos, loucos como lebre no cio." Como podiam não notar que Wilhelm era amigo e só desejava viver em paz e ter boas relações com eles? "Meus atos falam por si mesmos, mas vocês não lhes dão atenção, preferindo acreditar em quem os distorce e interpreta erradamente. Isso é um insulto pessoal, e fico muito aborrecido."[87] Depois de outras palavras do mesmo teor, Wilhelm voltou-se para a ajuda – que considerava ter sido vital – dispensada à Inglaterra durante a Guerra dos Bôeres. Afirmou, com certa dose de razão, que evitara que outras potências europeias interviessem contra a Inglaterra naquela guerra. Mais que isso, traçara com sua própria mão um plano de campanha para as forças inglesas; seu

O Dreadnought e a rivalidade naval anglo-alemã

próprio Estado-Maior revisara o plano antes de mandá-lo para o governo inglês. Espantava-o os ingleses acharem que o objetivo da esquadra alemã era a Inglaterra, sendo tão clara a necessidade alemã de uma marinha ao par do crescimento de seu Império e seu comércio. A Inglaterra ainda se alegraria com a existência da marinha alemã, quando percebesse que o Japão não era seu amigo como eram ele e seu país.

Em outra época, os ingleses nem dariam atenção às palavras de Wilhelm, mas foram publicadas quando a competição naval atingia estágio perigoso, logo depois de um verão em que o público em geral temera uma invasão alemã. Além disso, estava em curso uma grave crise nos Balcãs envolvendo a Bósnia, e temia-se que as tensões entre França e Alemanha devido ao Marrocos levassem à guerra. Enquanto muitos encararam a entrevista como mais uma prova de que o Kaiser estava desequilibrado, Crowe preparou imediatamente uma análise para o Foreign Office concluindo que fazia parte de uma tentativa premeditada da Alemanha de tranquilizar a opinião pública inglesa, e os adeptos de uma grande marinha pediram mais gastos. Sir Edward Grey, ministro do Exterior, fez todo o possível para acalmar a agitação em Londres e escreveu, em caráter particular, a um amigo: "O Kaiser alemão está me deixando de cabelos brancos. É como um navio de guerra a todo vapor, mas desgovernado, e um dia desses bate em alguma coisa e causará uma catástrofe."[88]

Quase aconteceu uma catástrofe dessa vez, mas foi na Alemanha, e quase acabou com o Kaiser. "Primeiro uma sensação de aturdimento," escreveu alguém do círculo próximo ao Kaiser, "depois de desespero e indignação que tomou conta de todo o povo."[89] Os alemães ficaram pasmos e enfurecidos por ver seu governante ser feito de bobo, e não pela primeira vez. Conservadores e nacionalistas não gostaram das manifestações de amizade pelos ingleses, enquanto os liberais e a ala esquerda acharam que já era tempo de o Kaiser e seu regime se submeterem ao controle do Parlamento. Como um presságio, o ministro da Guerra da Prússia foi um dos poucos que lhe deram total apoio. O General Karl von Einem disse ao Kaiser que o exército lhe era leal e podia cuidar do Reichstag se fosse preciso. Bülow fez uma defesa frouxa de seu chefe no Reichstag, e Wilhelm, que realizava seu habitual ciclo de visitas e caçadas no outono, caiu subitamente em profunda depressão. Para os amigos que convidara para a caçada, deve ter sido desanimador ver que o Kaiser alternava crises de lamentações com momentos de fúria.[90] Como disse um deles: "Senti que em Wilhelm II eu tinha diante de mim um homem abismado, que pela primeira vez na vida via o mundo como realmente é."[91] Por sua vez, Einem sentiu que alguma coisa se partira em seu governante e que nunca mais Wilhelm seria o mesmo chefe confiante.[92] Embora a tormenta passasse e Wilhelm conservasse seu trono, ele e a monarquia ficaram seriamente enfraquecidos. Nunca perdoou Bülow pelo que considerou uma traição, e o caso transformou--se em outro motivo para demitir seu Chanceler.

Na Inglaterra, a questão do *Daily Telegraph* serviu para alimentar debates internos no governo do Partido Liberal. Os liberais tinham sido eleitos prometendo implantar reformas econômicas e sociais, em particular prover pensões para idosos, mas, devido à corrida naval, estavam enfrentando um aumento de despesas, em vez de vê-las diminuindo como desejavam. Entretanto, não podiam ignorar o que parecia ser uma grave ameaça da Alemanha e a crescente preocupação popular. O Almirantado abandonara seu modesto programa de 1907 e chegara à conclusão de que precisava de um mínimo de seis novos *dreadnoughts*. Em dezembro de 1908, o Primeiro Lord, Reginald McKenna, apresentou a proposta ao Gabinete. O novo primeiro-ministro Herbert Asquith simpatizou com a proposta, mas teve de enfrentar um Gabinete profundamente dividido.

A principal oposição ao grande salto nos números do orçamento naval partiu dos "economistas," os economizadores liderados pelos políticos mais comentados e controversos da política moderna inglesa: David Lloyd George, um radical de modesto passado galês, que se aliou ao membro dissidente da aristocracia inglesa, Winston Churchill, para, juntos, resistirem ao que consideravam despesa desnecessária e capaz de pôr em risco as reformas sociais que desejavam. Como ministro das Finanças, Lloyd George teria de arranjar 38 milhões de libras para os *dreadnoughts*, caso a proposta fosse aprovada. Disse a Asquith que os liberais estavam perdendo o apoio popular por não atacarem "os gastos gigantescos em armamentos gerados pela negligência de seus antecessores." Lloyd George alertou seu líder para as possíveis consequências: "Quando os 38 milhões de libras pedidos pela marinha chegarem ao conhecimento do público, a insatisfação com os liberais se transformará em revolta aberta, e a utilidade do atual Parlamento terá chegado ao seu fim."[93]

A oposição conservadora, boa parte da imprensa e organizações como a Liga Naval e o Comitê de Defesa da Câmara de Comércio de Londres se manifestaram. O mesmo fizeram os fabricantes de armamento, atingidos pela depressão de 1908, como, por exemplo, os estaleiros que tinham dispensado engenheiros e operários. Um panfleto conservador afirmava: "Nossa Marinha e nossos desempregados podem passar fome juntos, e isso logo acontecerá se você não derrubar esse governo."[94] O Rei fez saber que desejava os oito *dreadnoughts*. E ele estava sintonizado com a maior parte da opinião pública. "Queremos *eight* e não vamos *wait*" foi o *slogan* popular criado por um membro conservador do Parlamento.

Em fevereiro de 1909, Asquith conseguiu um acordo que o Gabinete aceitou: a Inglaterra começaria a construção de quatro *dreadnoughts* no ano financeiro seguinte e mais quatro na primavera de 1910, caso se confirmasse sua necessidade. (Por fim os quatro *dreadnoughts* extras foram construídos depois que Áustria-Hungria e Itália, aliados da Alemanha, iniciaram seus próprios programas). Os liberais se uniram, e o governo derrotou com facilidade uma moção de censura proposta pelos conservadores sob a alegação de que a política do governo não garantia a segurança do Império. A campanha da imprensa gradualmente arrefeceu, e a atenção do público se voltou para o orçamento proposto por Lloyd George no fim de abril de 1909. Em seu discurso, Lloyd George ainda se mostrou muito radical, mas não deixou de manifestar preocupação com a posição da Inglaterra no cenário mundial. O orçamento tinha como objetivo conseguir recursos capazes de mudar a vida dos pobres da Inglaterra e lutar "contra a pobreza e as condições sórdidas." Não tinha, porém, nenhuma intenção de negligenciar a defesa do país. "Tolice tão absurda seria, na atual inquietação das nações, não um ato de liberalismo, mas uma loucura. Não pensamos em pôr em risco a supremacia naval, tão essencial não só para preservar a existência da nação, mas, em nossa opinião, para os interesses vitais da civilização ocidental." Para atender tanto às reformas sociais, quanto às necessidades de defesa, propôs um aumento de antigos impostos, como os que incidiam sobre bebidas e heranças, e criava novos sobre a propriedade de terra. Os ricos, inclusive a aristocracia rural, reclamaram amargamente. O "orçamento do povo," como viria a ser chamado, ameaçou provocar uma revolução na sociedade inglesa. Os proprietários acenaram com a dispensa dos empregados de suas terras, e o Duque de Buccleuch anunciou que teria de cancelar a subscrição anual de um guinéu que fazia em favor do time local de futebol. Lloyd George, que amava uma briga, não cedeu. Os ricos quiseram os *dreadnoughts*, afirmou, mas agora não queriam pagar o preço. Afinal, qual a importância dessa aristocracia? "O que se gasta com um Duque completo dá para manter dois Dreadnoughts – que também são um terror – e que duram muito mais."[95]

A Primeira Guerra Mundial – que acabaria com as guerras

A Câmara dos Lordes, talvez como queria Lloyd George, rejeitou seu orçamento em novembro de 1909, embora fosse coisa sem precedente a Câmara Alta rejeitar uma lei financeira. Asquith dissolveu o Parlamento e, em janeiro de 1910, disputou uma eleição em torno desse tema. Seu governo venceu, embora por pequena maioria, e, em abril, os lordes prudentemente aprovaram o orçamento. No ano seguinte, depois de longa tempestade política, a Câmara dos Lordes aceitou a Lei do Parlamento que acabou para sempre com sua ascendência. Ao contrário da Alemanha, a Inglaterra conseguiu tanto superar a crise financeira como manter firme controle parlamentar sobre seus negócios. Também venceu a corrida naval: quando eclodiu a Grande Guerra, a Inglaterra possuía vinte encouraçados *dreadnought* contra treze dos alemães e uma vantagem decisiva em todas as outras classes de navios de guerra.

A corrida naval é o fator-chave para entender a crescente hostilidade entre Inglaterra e Alemanha. Rivalidade comercial, disputa por colônias, opiniões públicas nacionalistas, todas influíram, mas eram fatores já existentes, parcial ou totalmente, nas relações entre a Inglaterra e vários outros países, como a França, a Rússia e os Estados Unidos. Mas nenhum levou à profunda desconfiança e aos temores que marcaram as relações entre Inglaterra e Alemanha nos anos que antecederam 1914. E poderia ter sido bem diferente. Alemanha e Inglaterra eram as maiores parceiras comerciais uma da outra antes de 1914 (o fato contradiz que, quanto mais as nações comerciam entre si, menor seja a probabilidade de entrarem em conflito). Seus interesses estratégicos poderiam se entrosar com facilidade, com a Alemanha sendo a maior potência terrestre na Europa e a Inglaterra a maior nos mares.

Porém, ao começar a Alemanha a construção de uma esquadra poderosa, tinha de intranquilizar a Inglaterra. A Alemanha talvez apenas desejasse uma esquadra de alto-mar destinada a, como afirmou repetidamente, proteger seu comércio exterior e suas colônias, e porque grandes marinhas assinalavam o status de grande potência, tal como é o caso hoje de armas nucleares. Os ingleses poderiam conviver com isso, como conviviam com o poder naval russo, americano ou japonês. O que não podiam aceitar eram os reflexos geográficos. Quer estivesse no Báltico ou em portos na costa alemã do Mar do Norte, a marinha alemã estaria muito próxima às Ilhas Britânicas. Em 1914, com o alargamento do Canal de Kiel (completado em junho daquele ano), os navios alemães podiam evitar rotas mais arriscadas que passam pela Dinamarca, a Suécia e a Noruega rumo ao Mar do Norte.

O Dreadnought e a rivalidade naval anglo-alemã

Longe de forçar a Inglaterra a ser amiga, como planejava Tirpitz, a corrida naval criou um fosso profundo entre os dois países e levou ao endurecimento da opinião das elites e dos públicos de um contra o outro. Igualmente importante, persuadiu a Inglaterra a buscar novos aliados para contrabalançar a ameaça alemã. Bülow estava certo ao escrever a Tirpitz após a Grande Guerra afirmando que, embora a Alemanha tenha sido levada à guerra pelo "nosso tosco tratamento de um problema nos Balcãs (...) resta indagar se a França e particularmente a Rússia se deixariam arrastar para a guerra se a opinião pública na Inglaterra não tivesse reagido com tanta veemência à construção de nossos grandes navios de guerra."[96]

E se parte dos recursos derramados na marinha tivesse ido para o exército? Tivesse servido para aumentar efetivos e poder de fogo, tornando as forças terrestres alemãs mais poderosas em 1914, sua ofensiva na França naquele verão teria alcançado êxito, como quase aconteceu? O que isso teria significado para a Grande Guerra e a Europa? A corrida naval também levanta a questão de como indivíduos são importantes na história. Não teria havido corrida naval sem a capacidade econômica, industrial e tecnológica de cada um dos dois países para sustentá-la. Nem teria continuado sem apoio popular. Mas nem teria acontecido, em primeiro lugar, sem a determinação e o ativismo de Tirpitz e sem a vontade do Kaiser de apoiá-lo até a raiz – e a possibilidade de fazê-lo que lhe dava a imperfeita constituição alemã. Quando Tirpitz se tornou ministro da Marinha, não havia um *lobby* das elites dirigentes a favor da construção de uma grande esquadra, tampouco forte apoio popular. Ambos vieram mais tarde, quando a marinha cresceu.

Devido à corrida naval, as opções para preservar a longa paz europeia foram se estreitando, e o caminho para a guerra ficou mais visível. A primeira iniciativa de vulto da política externa inglesa como resultado da corrida naval – seu movimento de acertar as relações com a França – foi uma medida de caráter defensivo, mas, em retrospecto, é fácil constatar quanto influiu na inclinação para a guerra. Também é interessante salientar, focalizando a década anterior a 1914, a frequência e a facilidade com que a possibilidade de uma guerra, até mesmo geral, fazia parte das discussões em toda a Europa.

6

A Entente Cordiale

———◆———

FRANÇA E INGLATERRA
AMIGOS INVEROSSÍMEIS

EM 1898, UMA PEQUENA ALDEIA NO ALTO NILO, com cabanas de barro, um forte em ruínas e um punhado de moradores que mal conseguiam plantar o indispensável para sua subsistência, quase causou uma guerra entre a França e a Inglaterra. Fashoda (hoje Kodok, no novo estado Sudão do Sul) era onde se chocavam as ambições imperiais francesas e inglesas no norte da África. A França, ambicionando construir um grande Império que se estendesse de suas possessões na costa ocidental da África até o Nilo, avançava para leste no continente. A Inglaterra, que controlava o Egito e assumira os interesses egípcios no Sudão, avançava para o sul, na direção de suas colônias na África oriental. Nesse jogo de xadrez que tinha o mapa da África como tabuleiro, uma potência imperial desafiava a outra. O que tornava o jogo mais complicado era o fato de outros jogadores – Itália e Alemanha – aspirarem entrar no jogo, de modo que o tempo para dar os lances estava diminuindo.

Os franceses nunca tinham perdoado os ingleses por assumirem o controle do Egito depois dos distúrbios generalizados que ocorreram em 1882, mas o fato é que os ingleses assumiram a iniciativa por causa da incompetência e da indecisão do governo francês. Embora esperassem que a ocupação fosse temporária, os ingleses julgaram mais fácil entrar do que sair. Com o passar dos anos, o prolongamento da administração inglesa aumentou o desapontamento francês. Para a Alemanha, o Egito era uma cunha que podia ser aproveitada para manter o afastamento entre França e Inglaterra. Na França, um ativo *lobby* colonial lembrava

A Entente Cordiale: França e Inglaterra

Depois de 1900, surgiu nova e inesperada amizade – a Entente Cordiale – entre França e Inglaterra, motivada por temor comum ao crescente poder alemão, que encorajou os dois países a superar antigos ódios. Em 1903, em visita a Paris que alcançou estrondoso sucesso, Edward VII conquistou a opinião pública francesa. Nesta charge, Edward e o Presidente Loubet usam trajes típicos do outro país, sob os dizeres: "Inglaterra e França, Sempre!" Nos dois lados da figura aparecem placas com o nome de suas grandes batalhas do passado Waterloo e Crécy sobre ramos de oliveira, e no topo se lê Paz, Honra, Vitória.

os políticos franceses e a opinião pública do país de que havia laços históricos que ligavam o Egito e a França – afinal, Napoleão não o conquistara? E o Canal de Suez não fora construído pelo grande engenheiro francês Ferdinand de Lesseps? – e exigia que, como compensação, a França tivesse colônias em algum outro ponto do continente. O Marrocos, vizinho da Argélia, colônia francesa, era uma possibilidade atraente. Outra era o Sudão, perdido para o Egito desde que uma força anglo-egípcia, sob o comando do general Charles Gordon, fora derrotada pelo Mahdi em 1885. Um engenheiro francês também despertou o interesse do governo da França em 1883 ao ressaltar que represas no alto Nilo podiam causar todo tipo de problemas no curso inferior do rio, no Egito. Em Paris, decidiram enviar uma expedição para reivindicar Fashoda e o território adjacente.

O plano consistia em uma pequena força comandada pelo major

Jean-Baptiste Marchand partir do Gabão, colônia francesa na costa ocidental da África, marchar para leste sem ser percebida, com os chefes da expedição se fazendo passar, se necessário, por viajantes interessados unicamente em explorar possibilidades comerciais e fazer valer os direitos dos franceses sobre Fashoda, antes de os ingleses se darem conta do que estava acontecendo. Ao que parece, os franceses pensavam que contariam com aliados locais, talvez até o vitorioso Mahdi e seu exército no Sudão. Por outro lado, esperavam que o fato provocasse uma conferência internacional para discutir as fronteiras no alto Nilo e reabrir a questão do controle sobre o Egito. Infelizmente, sob o ângulo dos franceses, a expedição fracassou redondamente. Para começar, atrasou por diversas razões e só partiu em março de 1897. Em segundo lugar, o *lobby* colonial francês e jornais que eram simpáticos a essa causa discutiram abertamente as perspectivas da expedição e ingenuamente mostraram mapas pertinentes bem antes da partida, dando aos ingleses tempo suficiente para reagir. Mesmo antes de Marchand partir de Brazzaville, o governo inglês advertiu que um movimento francês na direção do Nilo seria encarado como ato inamistoso.[1] Terceiro, o Imperador Menelik, do estado independente da Etiópia, que concordara com a passagem de uma expedição francesa rumo a oeste passando por seu território

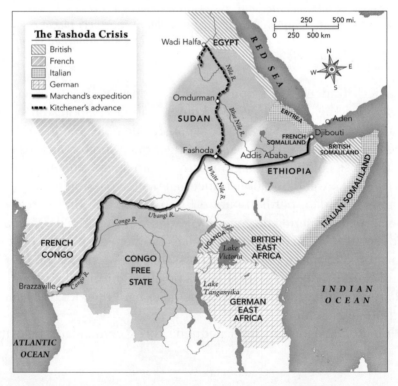

A Entente Cordiale: França e Inglaterra

para reforçar Marchand em Fashoda, não manteve sua promessa e, ao contrário, obrigou os franceses a fazer um longo desbordamento.[2]

Por um ano e meio, Marchand e sete oficiais franceses, com 120 soldados senegaleses, lutaram para atravessar a África. Acompanhada por carregadores, muitas vezes obrigados a prestar esse serviço ao longo do caminho, a expedição carregava enorme quantidade de suprimentos, incluindo 10 toneladas de arroz, 5 de carne enlatada, 1 de café e 1.300 litros de vinho tinto, além de champanhe para celebrar o sucesso previsto. Também transportava muita munição, um pequeno barco a vapor fluvial (que, em certa ocasião, os carregadores tiveram de transportar desmontado por 290 km de mato), bem como presentes para os habitantes locais – que geralmente fugiam à aproximação de estranhos – como, por exemplo, 16 toneladas de colares coloridos e 70 mil metros de tecido também colorido. Acrescentem-se um piano mecânico, uma bandeira francesa e sementes de vegetais.

Quando a expedição de Marchand se aproximou de Fashoda e do Nilo no fim do verão de 1898, os ingleses já tinham uma noção exata de seu objetivo e sua finalidade. Enquanto os franceses se instalavam em Fashoda, os ingleses já tinham uma força militar se deslocando do Egito para o sul, sob o comando do general Horatio Herbert Kitchener, com a missão de retomar o Sudão. (O jovem Winston Churchill estava na expedição como correspondente de guerra.) Em 2 de setembro as forças inglesas e egípcias impuseram uma derrota esmagadora às tropas do Mahdi em Ondurman, perto de Khartoum. Nesse momento, Kitchener abriu o envelope que recebera de Londres com novas ordens. Ficou sabendo que deveria prosseguir para o sul até Fashoda e convencer os franceses a se retirarem. Em 18 do mesmo mês, chegou a Fashoda com cinco barcos artilhados e uma força suficiente para superar tranquilamente os franceses.

Em Fashoda, as relações foram absolutamente amistosas. Os ingleses ficaram impressionados pela forma com que os franceses tinham se instalado confortavelmente, em meio a jardins e hortas, especialmente plantações de vagens. Os franceses adoraram ler jornais recentes do país, embora horrorizados ao tomarem conhecimento do caso Dreyfus, que naquele momento dividia a França: "Uma hora depois de abrirmos os jornais franceses estávamos todos tremendo e chorando," disse um integrante da expedição. Kitchener ofereceu uísque e soda a Marchand ("Um dos maiores sacrifícios que já fiz por meu país," declarou mais tarde um francês, "foi beber aquele horrível alcool queimado.") Em retribuição, os franceses ofereceram champanhe quente. Os dois lados reivindicaram, polida mas firmemente, a posse do território adjacente, e ambos se recusaram a se retirar.[3]

A notícia sobre o impasse logo chegou à Europa por vapor e telégrafo. As reações em Paris e Londres foram muito menos moderadas do que no local. Claro que, para França e Inglaterra, a confrontação em Fashoda era sobrecarregada pela lembrança de um longo passado de turbulência entre os dois países. Hastings, Agincourt, Crécy, Trafalgar, Waterloo, William, o Conquistador, Joana d'Arc, Louis XIV, Napoleão, tudo contribuía para a imagem, de um lado do canal, da pérfida Albion e, do outro, da traiçoeira França. O episódio de Fashoda se enquadrava na longa luta pela supremacia na Europa, que vinha desde o século XVI. Do rio São Lourenço aos campos de Bengala, as forças inglesas e francesas tinham lutado pela posse de um Império. A velha rivalidade fora reavivada por uma competição mais recente pelo Egito, claro, mas também pelo decadente Império Otomano. As duas nações ainda tinham conflito na Ásia – onde o Império Francês na Indochina e o Inglês na Índia se chocavam no independente Sião – na África Ocidental e na ilha do Oceano Índico de Madagascar, da qual os franceses tinham se apossado em 1896, sob protestos dos ingleses. No outono de 1898, durante a crise de Fashoda, os jornais franceses tinham manchetes "Sem Rendição à Inglaterra," enquanto os ingleses alertaram que não aceitariam mais manobras escusas dos franceses. "Ceder agora," disse o *Daily Mail*, "é ter de enfrentar exigências mais absurdas no futuro."[4]

Nos bastidores, intensa agitação imperava nos gabinetes dos governos, e foram elaborados planos de guerra para o caso de necessidade. Os ingleses avaliavam as vantagens de um ataque à base naval francesa em Brest e mantinham de prontidão sua esquadra no Mediterrâneo. De Paris, Thomas Barclay, proeminente jornalista e homem de negócios inglês, anunciou que ouvira rumores de que os principais portos ao longo do Canal tinham recebido ordens para requisitar igrejas e hospitais locais. Também escreveu um artigo para o jornal local em língua inglesa abordando o que aconteceria com os cidadãos ingleses se estourasse uma guerra. O embaixador inglês alertou que poderia haver um golpe de estado militar para derrubar o já abalado governo francês e, se os militares assumissem o poder, veriam com bons olhos uma guerra contra a Inglaterra, como forma de unir a nação.

A Rainha Victoria disse a Salisbury: "A última coisa que eu

A Entente Cordiale: França e Inglaterra

permitiria é uma guerra por objetivo tão mesquinho e desprezível," e insistiu que ele chegasse a um acordo com os franceses. Salisbury calculou que os franceses não desejavam guerra e estava certo.[5] No começo de novembro, os franceses concordaram em retirar Marchand e sua tropa de Fashoda (a justificativa oficial foi a saúde da tropa). Marchand recusou a oferta de transporte em um vapor inglês, e a expedição marchou para leste, chegando a Djibouti, no Oceano Índico, seis meses depois. (Hoje Fashoda ainda é muito pobre, mas sua população é muito maior, graças aos refugiados que fogem da guerra civil e da fome no Sudão.)

Quando eclodiu a Guerra dos Bôeres, no ano seguinte, a opinião pública francesa festejou as repúblicas sulafricanas. Os formandos de 1900 na Academia Militar de Saint Cyr chamou-se turma Transvaal.[6] O embaixador inglês em Paris informou Salisbury em tom triste que a opinião pública francesa se regozijava com os problemas vividos pela Inglaterra. "Estou certo de que Your Lordship'compreenderá o sentimento que essa situação dolorosa pode causar a um representante da Rainha num país que parece ter enlouquecido de inveja, rancor e ressentimento."[7] Félix Faure, Presidente da França, disse a um diplomata russo que a Inglaterra, e não a Alemanha, era o principal inimigo de seu país, e ressurgiram os rumores nos dois lados do Canal sobre a possibilidade de uma guerra.[8]

A crise de Fashoda e suas consequências deixaram traços amargos em ambos os lados, mas teve também um efeito salutar. Como na crise dos mísseis de Cuba em 1962, a perspectiva de uma guerra assustou os protagonistas, e cabeças mais frias começaram a pensar em meios de evitar tais confrontos no futuro. Na Inglaterra, personagens como Chamberlain e Balfour, que desejavam fugir do isolamento, não tinham preferência quanto a possíveis aliados. Como seu grande predecessor Lord Palmerston, achavam que a Inglaterra não tinha aliados nem inimigos permanentes, apenas interesses permanentes. Como disse Chamberlain: "Se temos de renunciar à ideia de uma aliança natural com a Alemanha, nada impede a Inglaterra de chegar a um acordo com a Rússia ou a França."[9] O Barão Eckardstein, diplomata alemão cujas memórias são agradáveis, mas inconfiáveis, podia estar dizendo a verdade quando afirmou ter ouvido, no começo de 1902, uma conversa entre Chamberlain e o novo embaixador francês em Londres, Paul Cambon: "Enquanto fumávamos e tomávamos café após o jantar, subitamente vi Chamberlain e Cambon se dirigirem ao salão de bilhar. Fiquei observando e notei que conversaram por exatos 28 minutos, de maneira muito estranha. Claro que não consegui saber o que diziam, só ouvi duas palavras, 'Marrocos' e 'Egito.'"[10]

A dificuldade para estabelecer um pacto de amizade entre dois inimigos de tão longo tempo como Inglaterra e França era consideravelmente maior no lado francês. Se os ingleses se sentiam desconfortáveis com sua posição perante o mundo, os franceses tinham aguda consciência de seu próprio declínio e da vulnerabilidade vigente. Tendiam a ser mais ressentidos e exageravam em sua desconfiança da Inglaterra. Lembranças de antigas glórias e humilhações também constituíam um fardo pesado. Para os franceses, isso incluía o longo e vitorioso reinado de Louis XIV, quando a França dominou a Europa, e a civilização francesa, da filosofia à moda, era modelo para toda a Europa. Mais recentemente, monumentos, pinturas, livros, ruas Napoleão em quase todas as cidades, grandes e pequenas, faziam os franceses lembrar que Napoleão e seus exércitos tinham conquistado quase a Europa inteira. Embora Waterloo tivesse posto um fim no Império, a França continuara sendo uma grande potência, com capacidade para influir nas questões mundiais. Outro Napoleão, sobrinho do primeiro, e outra batalha, provocaram uma mudança dramática.

Em 1870 o Imperador Napoleão III levara a França a devastadora derrota em Sedan diante da Prússia e seus aliados, os estados germânicos. Como amargamente constataram os franceses, nenhuma nação veio em seu socorro, mais um registro negro contra a Inglaterra. Após a Guerra Franco-Prussiana, enquanto a França lutava internamente, franceses contra franceses, para criar um novo regime confiável, Bismarck impunha uma paz dolorosa. A França teve de aceitar uma ocupação até pagar imensa indenização (muito maior, tem-se comentado, do que a Alemanha acabou pagando depois da Grande Guerra) e perdeu as províncias Alsácia e Lorena na fronteira leste. Para completar a humilhação, o Rei prussiano foi feito Imperador dos alemães em pleno Salão dos Espelhos do Palácio de Versalhes de Louis XIV. "A Europa," conforme disse um famoso jornalista inglês, "perdera uma amante e ganhara um senhor." Em Bruxelas, um diplomata russo teve uma visão mais abrangente: "Tenho a impressão de que em 2 de setembro (quando o exército francês se rendeu em Sedan) foi lançada a primeira pedra de uma futura aliança franco-russa."[11]

Nos anos seguintes, até sua queda em 1890, Bismarck se esforçou para garantir que a França não tivesse condições para tentar uma vingança.

A Entente Cordiale: França e Inglaterra

Jogou, tanto quanto pôde, com a diplomacia, fazendo hoje uma aliança, amanhã outra, agradando ora a uma, ora a outra potência, prometendo, adulando ou ameaçando, tudo para manter a Alemanha no centro das relações internacionais e a França, isolada e sem aliados. A Rússia, que também ficara ameaçada pelo surgimento de uma poderosa Alemanha no coração da Europa e, como a França, tinha uma longa fronteira com a Alemanha, poderia ter se aliado à França, mas Bismarck inteligentemente apelou para o conservadorismo dos governantes da Rússia e levou este país a uma aliança tripartite, a Dreikaiserbund, com a terceira potência conservadora, a Áustria-Hungria. Quando a rivalidade entre russos e austro-húngaros ameaçou destruir a aliança, em 1887, negociou um tratado secreto de resseguros com a Rússia, o mesmo que descuidadamente a Alemanha deixaria de renovar em 1890.

Bismarck fez também promessas à França, como, por exemplo, aumentar os vínculos comerciais. Bancos franceses e alemães, atuando em conjunto, emprestaram dinheiro à América Latina e ao Império Otomano. O comércio entre os dois países aumentou a ponto de se cogitar de uma união aduaneira. (Teria de esperar mais algumas décadas.) Bismarck também apoiou o esforço francês para conquistar mais colônias na África Ocidental e no Extremo Oriente, onde, mais tarde, surgiu a Indochina Francesa. Apoiou as iniciativas francesas no que fora território otomano no norte da África. A Alemanha apoiou a França também quando foi estabelecido na Tunísia, em 1881, um protetorado, como era chamada uma das formas mais veladas de imperialismo, e viu com benevolência a França estender sua influência a Marrocos. Com alguma sorte, pensava Bismarck, o Império Francês possivelmente levaria a França a um conflito com a Inglaterra e a Itália, e isso no mínimo serviria para evitar que a França se aproximasse desses países. Ademais, se os franceses ficassem com as atenções voltadas para o exterior, era menos provável que ressurgisse a mágoa por sua derrota diante dos alemães e a perda das duas províncias.

Em Paris, na Place de la Concorde, a estátua que lembrava Strasbourg, capital da Alsácia, foi coberta de luto, como lembrança da perda da província. Cerimônias anuais lembravam o fato em canções, romances, pinturas e mesmo nos campos de batalha. Livros de estudantes franceses afirmavam que o Tratado de Frankfurt, que encerrara a Guerra Franco-Prussiana, era apenas "uma trégua, não uma paz, e é por isso que desde 1871 a Europa vive permanentemente em armas."[12] Chamar alguém de "prussiano" na França era um insulto mortal. Para os patriotas franceses, era horrível ver a Alsácia e a parte sul da Lorena – de importância particular como berço de Joana d'Arc – sendo agora Elsass e Lothringen e vendo a nova fronteira marcada pela existência de postos de sentinela e fortalezas. A cada ano a turma que se formava na escola de cavalaria do exército francês visitava a fronteira que passava pela cordilheira de Vosges para examinar o declive pelo qual lançariam uma carga quando acontecesse nova guerra entre França e Alemanha.[13] Vinte e seis anos após a derrota da França, Paul Cambon caminhava em torno de Versalhes com seu irmão Jules, também diplomata, lembrando com amargura a desgraça da França nas mãos da Alemanha, "como uma queimadura que não cicatriza."[14]

Todavia, com o passar do tempo, estava cicatrizando. Alguns franceses estavam dispostos a renunciar para sempre à retomada da Alsácia e da Lorena, aceitando que, em futuro previsível, a França não estaria em condições de travar nova guerra. Como disse o futuro líder socialista Jean Jaurès em 1887, "nem guerra, nem desistência." Com algumas exceções notáveis, a geração mais jovem que amadurecera nas décadas de 1890 e 1900 já não sentia tão fortemente a perda das duas províncias e tampouco pensava apaixonadamente em uma revanche com a Alemanha. Uma minoria nacionalista mais barulhenta, como o general Georges Boulanger – o "General Revanche" – exigia que o governo fizesse alguma coisa, mas não chegava a defender uma guerra. Boulanger contribuiu para desacreditar sua própria causa quando se meteu de forma duvidosa numa conspiração em 1889, depois fugiu para a Bélgica, onde cometeu suicídio um ano mais tarde no túmulo de sua amante. Como disse Adolphe Thiers, primeiro Presidente provisório francês depois da catástrofe de 1870-71, "os que falam em vingança, em revanche, são irrefletidos, são impostores cujas declarações não encontram eco. Os honestos, os verdadeiros patriotas, querem a paz, deixando que o futuro distante decida nossos destinos. Quanto a mim, quero a paz." Tudo indica que essa percepção foi em grande dose compartilhada pelos dirigentes seguintes, mesmo não sendo algo que tentassem propagar com frequência, temendo ser atacados pela direita nacionalista. Pelo menos até o renascimento do nacionalismo nos anos que antecederam 1914, o povo também demonstrava pouco entusiasmo e até apreensão quanto à possibilidade de outra guerra por causa da Alsácia e da Lorena.[15] Intelectuais debochavam do sonho de uma aventura militar. "Pessoalmente, não dou um dedinho da mão esquerda por aquelas terras esquecidas," escreveu o destacado intelectual Remy de Gourmont, em 1891. "Preciso sacudir a cinza

A Entente Cordiale: França e Inglaterra

de meu cigarro."[16] Nos círculos esquerdistas e liberais em particular cresciam os sentimentos pacifistas e antimilitaristas. Em 1910, outro político, de direita como Thiers, expressou cautelosamente a posição francesa em cerimônia que comemorou o 40º aniversário de uma das outras derrotas francesas na Guerra Franco-Prussiana. Raymond Poincaré, que viria a ser Presidente da França quando eclodiu a Grande Guerra, e sendo ele próprio natural da parte da Lorena que permanecera francesa, afirmou: "A França deseja sinceramente a paz. Nada fará para perturbá-la. Para preservá-la, fará tudo o que for compatível com sua dignidade. Mas a paz não nos condena ao esquecimento ou à deslealdade."[17]

A França também teve muito com que se preocupar internamente nas décadas posteriores a 1870. As antipatias que remontavam à Revolução e ao período napoleônico – o religioso contra o anticlerical, realistas contra republicanos, esquerda contra direita, revolucionários contra conservadores e reacionários – continuaram dividindo a sociedade francesa e solapando a legitimidade de sucessivas formas de governo. Na verdade, mesmo em 1989, quando a França comemorou o bicentenário da Revolução, houve sérias divergências sobre o que o evento significava e como devia ser lembrado. A Terceira República, que nascera na derrota e na guerra civil, acrescentou outro ingrediente às divisões internas. O novo governo provisório teve não apenas de celebrar a paz com uma Alemanha vitoriosa, mas também de lidar com a Comuna de Paris, que assumira o poder como revolução. Por fim, e isso teria uma cicatriz a ser carregada pela Terceira República, o governo voltou seus canhões contra os *communards* e, depois de uma semana de luta selvagem, as barricadas foram destruídas, a Comuna dissolvida e os últimos rebeldes executados no cemitério Père Lachaise.

A nova república dava a impressão de que duraria menos do que a Primeira República, de 1792, que fora derrubada por Napoleão doze anos mais tarde, ou do que a Segunda, que teve a mesma sorte nas mãos de seu sobrinho depois de somente três anos de existência, em 1851. A Terceira República teve muitos inimigos, dos *communards* de esquerda aos realistas de direita, e poucos amigos. Como disse Gustave Flaubert, "Eu defendo a pobre República, mas não acredito nela."[18] Realmente, às vezes até políticos republicanos pareciam não acreditar nela ao postularem cargos – entre 1871 e 1914 a França teve cinquenta diferentes ministérios – e com muita frequência só pareciam interessados naquilo que o povo passou a chamar a "A Puta," ou "República dos Amiguinhos."

A Primeira Guerra Mundial – que acabaria com as guerras

Em 1887, descobriram que o genro do presidente vendia honrarias, até a Legião de Honra. Por certo tempo, *vieux décoré* foi considerado um insulto. Em 1891-92, a Companhia do Canal do Panamá faliu, levando consigo milhões de francos e a reputação do notável Lesseps e de Gustave Eiffel, construtor da famosa torre, assim como muitos deputados, senadores e ministros. Quando o Presidente Faure morreu nos braços de sua amante, o escândalo teve outra conotação. Sem surpresa, havia muita gente na França em busca de um herói, o cavaleiro audaz, a galope largo, expurgando a sordidez do governo. Todavia, mesmo os possíveis heróis fracassaram, desde o marechal MacMahon, que como Presidente tentou restaurar a monarquia (pelo menos, dizia uma charge, "o cavalo parece inteligente") até o infeliz Boulanger.

De longe, o escândalo que mais prejudicou a Terceira República foi o caso Dreyfus, ao mesmo tempo muito simples por sua natureza – teria o capitão Dreyfus, do Estado-Maior do Exército, sido condenado justa ou injustamente por passar segredos militares franceses para os alemães? – e muito complicado em seus pormenores, com falsificações, mentiras, oficiais do exército honestos e desonestos e suspeitos alternativos. Dreyfus, erradamente condenado com base em provas forjadas, revelou fortaleza e estoicismo extraordinários ao ser desonrado perante o público e punido barbaramente, enquanto as autoridades militares, particularmente as do Estado-Maior e do governo, mostravam – para dizer o menos – visível falta de vontade para investigar a acusação cada vez mais inconsistente que pesava sobre o capitão. Na verdade, alguns membros do Estado-Maior empenharam-se para criar novas provas contra Dreyfus e acabaram verificando, como aconteceria muitos anos mais tarde no escândalo de Watergate, nos Estados Unidos, que uma tentativa de esconder os crimes iniciais os levara a mergulhar cada vez mais fundo nas brumas de uma conspiração criminosa.

Havia algum tempo a questão vinha aquecendo lentamente, antes de vir à tona no princípio de 1898. Dreyfus fora apressadamente condenado em uma corte marcial e enviado em 1894 para a colônia penal francesa na Ilha do Diabo, na costa atlântica da América do Sul. Sua família e um punhado de apoiadores convencidos de sua inocência agitaram para que o caso fosse reaberto. Foram ajudados pelo fato de a passagem de segredos franceses para os alemães ter continuado, e a esperança renasceu quando o coronel Jacques Picquart, encarregado de investigar essa segunda traição, concluiu que o culpado pela espionagem durante todo o tempo fora o Comandante Ferdinand Esterhazy e

A Entente Cordiale: França e Inglaterra

que fora um erro judiciário o que o exército fizera com Dreyfus. Diante desse desfecho inesperado, as autoridades militares e os membros do governo que as apoiavam decidiram que, certa ou errada condenação de Dreyfus, o exército não podia permitir que seu prestígio e reputação ficassem arranhados. Assim, a recompensa de Picquart foi ser transferido para a Tunísia, onde, como esperava o exército, ficaria apodrecendo. Quando se negou a fazer uma retratação, foi demitido, preso e acusado com base em argumentos que provaram ser tão inconsistentes quanto os do caso Dreyfus.

Em janeiro de 1898, quando a questão já despertara o interesse público, Esterhazy foi julgado por uma corte marcial e absolvido. Dois dias depois, o renomado escritor Emile Zola publicou sua famosa carta "J'Accuse," dirigida ao Presidente da República, Faure, renomado namorador, em que expunha o caso e acusava os militares e o governo de encobrir vergonhosamente a verdade. Também acusou os opositores de Dreyfus por usarem o fato de Dreyfus ser judeu para incentivar o antissemitismo e solapar a república e a liberdade. E isso acontecia, acrescentou Zola, quando a França se preparava para a Grande Exposição de Paris, coroando um século de honestidade e liberdade. Como salientou desafiadoramente em sua carta, Zola esperava ser acusado por difamação, e o governo, um tanto apreensivo, assim procedeu. Foi julgado e condenado por insultar o exército, mas fugiu para a Inglaterra antes de ser preso.

Nesse ponto a questão já se transformara em séria crise política, e a sociedade francesa estava dividida entre os partidários de Dreyfus, os "dreyfusards," e os oponentes, os "antidreyfusards." Radicais, liberais, republicanos, anticlericais (muitas vezes extrapolando as categorias) tendiam a integrar o primeiro campo, enquanto realistas, conservadores, antissemitas, seguidores da igreja e o exército ficavam no segundo. Mas a cisão era evidente: famílias, amigos, profissionais, todos estavam divididos pela questão. "Essa guerra que durou cinco anos foi travada nos jornais," escreveu Thomas Barclay, jornalista e homem de negócios inglês, "nos tribunais, nos teatros, nas igrejas e até nas ruas."[19] Um jantar em família acabou no tribunal quando um genro, antidreyfusard, deu um tapa na sogra, que defendia Dreyfus. Sua mulher pediu divórcio. Entre os artistas, Pissarro e Monet eram dreyfusards, enquanto Degas e Cézanne eram antidreyfusards. O corpo editorial de um periódico dedicado a bicicletas ficou dividido, e os antidreyfusards se afastaram para criar seu próprio jornal para tratar de carros. Em fevereiro de 1899, Paul

Déroulède, carbonário de extrema direita e notório antidreyfusard, tentou um golpe de estado contra o dreyfusard Emile Loubet, que acabara de ser eleito presidente para suceder Faure. Déroulède era muito melhor como agitador do que como líder, e a tentativa fracassou totalmente. Naquele verão, porém, um antidreyfusard destruiu a cartola de Loubet a bengaladas na corrida de cavalos em Auteuil.[20]

Embora os mais moderados em ambos os campos se preocupassem cada vez mais com o futuro da república, estava difícil conter os ânimos. Em 1899 Picquart foi libertado da prisão, e Dreyfus trazido de volta da Ilha do Diabo para enfrentar uma segunda corte marcial. O atentado sofrido pelo advogado de Dreyfus, ao receber um tiro pelas costas disparado por um atacante (que nunca foi preso), sem que os passantes na conservadora cidade de Rennes se dessem ao trabalho de socorrê-lo, dá bem a medida das paixões que envolviam a questão. Por seu lado, os dreyfusards falavam de uma sombria conspiração da extrema direita. Embora dessa vez os juízes ficassem divididos, novamente Dreyfus foi considerado culpado após extenuantes argumentações. O veredito e o consequente perdão concedido por Loubet foram julgados demais por seus opositores e insuficiente por quem o defendia. Dreyfus requereu novo julgamento, que finalmente obteve em 1906. O Tribunal de Apelação anulou o veredito, e Dreyfus foi reincorporado ao exército, assim como Picquart. Enquanto este último morreu em um acidente de caça em janeiro de 1914, Dreyfus, que passara para a reserva do exército, retornou à ativa e combateu na Grande Guerra. Morreu em 1935.

A Terceira República, talvez para surpresa de todos, sobreviveu ao problema. Tornara-se mais estável do que às vezes parecia e também se beneficiara com a falta de disposição da maior parte dos franceses, não importando quanto estivessem divididos, para correr o risco de novo conflito civil. Na verdade, a continuidade era maior do que parecia à primeira vista. Embora governos mudassem com grande frequência, eram os mesmo nomes que surgiam e desapareciam. Quando Clemenceau, político e jornalista feroz e radical que ocupou diversas vezes cargos no governo antes e durante a guerra, foi acusado de defender a derrubada de governos, respondeu: "Só derrubei um. Eles são todos iguais."[21] Os servidores civis também proporcionaram continuidade. Conquistaram, de fato, considerável autonomia e influência, enquanto os governos iam e vinham.

No Quai d'Orsay, sede do Ministério do Exterior, e entre diplomatas franceses servindo em outros países, a atitude que prevalecia era a de desprezo pelos políticos e relutância em obedecer a suas ordens. Com

A Entente Cordiale: França e Inglaterra

algumas exceções, os ministros do Exterior não estavam interessados em assuntos internacionais e em seu cargo a ponto de buscarem os conhecimentos indispensáveis. O parlamento francês, com seus membros preocupados com a conquista de cargos e as batalhas políticas, não tinha uma visão ampla e consistente da política exterior.[22] A comissão encarregada de assuntos internacionais e coloniais era ineficaz e indolente. Podia exigir informações do Quai d'Orsay e ter entrevistas com o ministro, mas nada fazia quando, como tantas vezes acontecia, lhe eram recusadas. O político e líder dreyfusard Joseph Reinach reclamou com o embaixador inglês: "Seus 44 membros só sabem fofocar. Falam sobre informações sigilosas com suas mulheres, amantes, amigos íntimos, que, por sua vez, também saem fofocando."[23] De modo geral a imprensa francesa tinha mais informações e influência do que o parlamento francês. Como metade dos ministros do exterior da Terceira República tinham sido jornalistas numa época ou noutra, sabiam bem quanto a imprensa podia ser útil ou perigosa.

Apesar disso, a questão Dreyfus deixou sequelas duradouras. As antigas divisões na sociedade francesa foram alimentadas e fortalecidas por novas mágoas. Enquanto muita gente da direita reafirmava seu desprezo pelos valores republicanos e liberais, na esquerda a hostilidade contra a tradição, a religião e os militares era da mesma forma fortalecida. Radicais usavam a questão para exercer controle sobre o exército, que injustamente viam como nada mais que um repositório do conservadorismo e um abrigo de aristocratas irreversíveis. Oficiais suspeitos de não terem a visão republicana correta eram expurgados e as promoções, particularmente nos postos mais elevados, cada vez mais dependiam de recomendações e conexões políticas adequadas. Resultavam o prejuízo moral e o declínio do prestígio do exército. Número cada vez maior de famílias não queria que seus filhos seguissem a carreira militar. Na década anterior à Grande Guerra, o número e a qualidade dos candidatos ao corpo de oficiais decresceu rapidamente. Em 1907, Adolphe Messimy, futuro ministro da Guerra, que na época era destacado e radical crítico do exército, disse no Parlamento que todos os oficiais pareciam precisar de uma boa educação fundamental. Não há dúvida de que o exército pouco fazia para melhorar esse quadro. O currículo de seus oficiais, mesmo no nível de elite do estado-maior, era uma colcha de retalhos, obsoleto e incoerente. Com muita frequência a acomodação era premiada, enquanto o talento era ignorado. Às vésperas da Grande Guerra, o exército francês contava com uma liderança fraca, era superburocratizado e não acolhia

156 A Primeira Guerra Mundial – que acabaria com as guerras

ideias e técnicas novas. "Não é fácil ser uma democracia," escreveu o general Emile Zurlinden, uma das pessoas mais qualificados entre as que tinham tentado resolver a questão Dreyfus e fracassado. "Existe uma tendência a desconfiar dos homens que possuem talento e chamam a atenção, não porque não reconhecem suas qualidades e serviços, mas porque eles podem abalar a república."[24]

O caso Dreyfus também teve repercussão internacional. Defensores de ambos os lados acreditavam que a questão era parte de uma grande conspiração internacional. Um proeminente nacionalista espelhou a suspeição da direita ao afirmar que "um grupo de maçons, judeus e estrangeiros está tentando desacreditar o exército para entregar nossa nação aos ingleses e aos alemães."[25] Dreyfusards anticlericais, ao contrário, viam a mão do Papa por trás de tudo, particularmente por intermédio dos jesuítas. Fora da França a questão produziu um efeito particularmente desfavorável na opinião pública inglesa, justamente quando as relações entre Inglaterra e França estavam tensas devido ao incidente de Fashoda e à eclosão da Guerra dos Bôeres em 1899, pouco depois do desfecho insatisfatório do novo julgamento de Dreyfus. De modo geral os ingleses eram dreyfusards e viam a questão como nova prova, se é que era necessária, da falta de confiabilidade e torpeza moral dos franceses. No Hyde Park, 50 mil pessoas compareceram a uma manifestação de apoio a Dreyfus. A Rainha Victoria enviou seu Lord Presidente do Supremo Tribunal a Rennes para acompanhar os processos do tribunal e reclamou com Salisbury da "monstruosa e terrível condenação do pobre mártir Dreyfus." Em sinal de protesto, cancelou seu habitual período de férias na França, e muitos súditos ingleses seguiram seu exemplo. Empresários consideraram seriamente a possibilidade de boicotar a Exposição de Paris em 1900.[26] "Uma coisa pelo menos se pode dizer em favor dos alemães," disse o chefe do Conselho Municipal de Paris para Barclay, "eles são *des ennemis francs*. Não escondem que querem nos engolir tão logo possam. Com eles, sabemos onde estamos pisando. Mas com os ingleses ninguém sabe. Sua hipocrisia e sua perfídia não são inconscientes. Premeditadamente engabelam você com promessas e palavras doces e, depois que o empurram para o precipício, levantam os olhos para o céu, agradecem a Deus por serem um povo moralista e rezam por sua alma!"[27]

Ao ingressar no novo século a França estava em posição vulnerável, interna e externamente. Suas relações com a Inglaterra eram imprevisíveis, com os alemães, corretas, embora frias, tensas com a Espanha, Itália e Império Austro-Húngaro, todos esses estados seus rivais no Mediterrâneo.

A Entente Cordiale: França e Inglaterra

Mesmo assim a França conseguiu romper a quarentena que lhe fora imposta por Bismarck e fazer aliança muito importante com a Rússia. Era uma amizade improvável entre uma república de passado revolucionário e uma potência autocrática do leste. Também foi um passo importante no caminho que levou a Europa à Grande Guerra. Embora a França e a Rússia tentassem disfarçá-la com uma fachada defensiva, como normalmente acontece, essa aliança foi vista sob perspectiva muito diferente. Como a Polônia ainda não fora reconstituída no mapa da Europa, os alemães podiam ver, e viram muitas vezes, seu país cercado de potências hostis, tanto na fronteira leste quanto na oeste. Muita coisa aconteceria em consequência da aliança franco-russa, como a Alemanha buscar aproximação com a Áustria-Hungria, estado que via como o único aliado com que poderia contar para não se ver totalmente cercada.

Nem mesmo Bismarck conseguiria manter a França indefinidamente isolada, mas o fracasso de seus sucessores na revalidação do Tratado de Ressegurança com a Rússia em 1890 abriu uma porta, e os franceses rapidamente aproveitaram para entrar. A Rússia oferecia uma saída do isolamento, e sua posição geográfica significava que, em qualquer conflito futuro em que a França se envolvesse, a Alemanha teria de olhar para leste por cima do ombro. Ademais, a Rússia tinha o que faltava à França – fartos recursos humanos. O pesadelo demográfico que os franceses enfrentavam e continuariam vivendo nas décadas de 1920 e 1930 era o fato de sua população não crescer, ao contrário da alemã. Em 1914, para 39 milhões de franceses, havia 60 milhões de alemães. Numa época em que os exércitos dependiam mais de quantidade do que qualidade, isso significava maior potencial militar da Alemanha.

O que contribuiu para tornar a Rússia receptiva à ideia de uma aliança foi a França poder oferecer aquilo de que o país precisava desesperadamente: capital. A economia russa estava se expandindo rapidamente e necessitava de mais recursos financeiros do que o governo era capaz de levantar dentro do país. Embora fossem, até então, a principal fonte de empréstimos estrangeiros à Rússia, os bancos alemães agora estavam emprestando dentro da própria Alemanha. Londres era outra possibilidade para levantar empréstimos, mas a fase desfavorável que atravessavam as relações entre Rússia e Inglaterra indicava que o governo e os bancos ingleses relutariam em emprestar dinheiro a um país que de uma hora para outra podia se tornar inimigo. Esse fato incluiu a França no rol das maiores potências europeias. Graças à parcimônia de seu povo, havia dinheiro de sobra à procura de bom investimento. Em 1888, dois anos antes de expirar o Tratado de Ressegurança, os bancos franceses concederam o que seria o primeiro de muitos empréstimos ao governo russo. Em 1900, a França era, de longe, o maior investidor estrangeiro na Rússia (maior do que Inglaterra e Alemanha juntas), alimentando a rápida expansão da infraestrutura e das indústrias russas. Em 1914, as linhas ferroviárias usadas pelo exército russo para chegar a suas fronteiras tinham sido construídas, em sua maior parte, com dinheiro francês. Investidores franceses logo descobririam, quando os bolcheviques assumiram o poder e consideraram nulos todas as dívidas externas, que um quarto de todos os seus investimentos no estrangeiro estava na Rússia.[28]

———

AMBOS OS LADOS TIVERAM de superar o passado: Napoleão incendiando Moscou em 1812, o Czar Alexandre I e suas tropas marchando triunfalmente pelas ruas de Paris dois anos mais tarde ou a Guerra da Crimeia. Ambos tiveram de engolir as desconfianças: as da Rússia em relação ao republicanismo e anticlericalismo da França; e as da França em relação à autocracia e à ortodoxia czaristas. Não obstante, a classe alta russa admirava os modos franceses e falava francês com maior facilidade do que o russo, e no último quarto do século XIX os franceses tomaram gosto pelos grandes romances e pela música da Rússia. Mais importante, no fim dos anos 1880, o ministro do Exterior russo e os chefes militares começavam a se alarmar com a possibilidade de a Inglaterra, considerada potência nada amistosa, juntar-se a Tríplice Aliança de Alemanha, Áustria-Hungria e Itália. Nesse caso, a Rússia acabaria isolada como a França. Incidentalmente, pois a ele cabia a última palavra, o Czar de então, Alexandre III, começava a aceitar a ideia de uma aliança com a França, influenciado pela esposa, que, como membro da família real dinamarquesa, detestava a Prússia por ter derrotado seu país e se apossado dos ducados de Schleswig-Holstein. O Czar também parecia profundamente ofendido pela decisão alemã de não renovar o Tratado de Ressegurança em 1890. Um mês após a expiração do tratado, os generais russos conversaram sobre um possível acordo militar com um general francês que assistia às manobras anuais do exército russo.[29]

No ano seguinte, França e Rússia negociaram um acordo militar secreto pelo qual se comprometiam à defesa mútua caso um dos dois países fosse atacado por um membro da Tríplice Aliança. Parece ter havido certa precipitação, pois as duas partes levaram um ano e meio para ratificar o acordo, e durante a década seguinte houve momentos em que a aliança franco-russa esteve por um fio, quando os interesses

A Entente Cordiale: França e Inglaterra

dos dois países eram divergentes ou entravam em choque. Em 1898, por exemplo, os franceses ficaram profundamente desapontados quando os russos se negaram a apoiá-los na questão de Fashoda. A aliança não foi propriamente causa da guerra em 1914, mas sua existência contribuiu para aumentar as tensões na Europa.

Embora o acordo fosse secreto, os observadores logo puderam perceber que ocorrera significativa mudança nas relações internacionais na Europa. Em 1891, o Czar concedeu a mais importante condecoração russa ao presidente francês. No verão do mesmo ano, a esquadra francesa visitou a base naval russa em Kronstadt, logo a oeste de São Petersburgo, e o mundo viu o Czar em posição de sentido enquanto era tocada a *Marselhesa*, embora proibida na Rússia por ser canção revolucionária. Dois anos depois, a esquadra russa foi a Toulon, retribuindo a visita. Multidões de franceses gritavam *"Vive la Russie! Vive le Tsar!"* e ofereciam jantares, recepções, almoços, brindes e discursos aos visitantes. "Praticamente não havia uma só mulher em Paris," relatou um jornalista, "que não estivesse disposta a esquecer seus deveres e satisfazer os desejos dos marinheiros russos."[30] O embaixador inglês ficou admirado com o entusiasmo de genuínos republicanos pelo Czar e seu regime, mas compreendia a explosão emocional da França: "O povo francês, como as nações celtas, é sensível e morbidamente ávido por simpatia e admiração. A guerra com a Alemanha e suas consequências tinham ferido agudamente sua vaidade e, embora tivesse enfrentado essa humilhação com paciência e dignidade, a ofensa não desaparecera."[31]

Em 1898, pouco antes da crise de Fashoda, o homem que conduziria a França a outra aliança improvável, dessa vez com a Inglaterra, sua velha inimiga, assumiu o cargo de ministro do Exterior. Contrariando o que geralmente acontecia na Terceira República, Théophile Delcassé permaneceria no cargo sete anos, até que outra crise, dessa vez envolvendo Marrocos, o obrigasse a renunciar. De passado modesto, vinha de família do sul, de região próxima aos Pirineus. Perdera a mãe em 1857, quando tinha cinco anos, e seu pai – funcionário subalterno da justiça – casou novamente. O menino enfrentou a indiferença da madrasta e frequentemente era mandado para a casa da avó. Graduou-se em literatura clássica e francesa e tentou, sem grande sucesso, escrever peças de teatro. Para se sustentar, tentou inicialmente ser professor, depois o jornalismo, que tantos moços ambiciosos da França viam como meio de entrar para a política. Em 1887 casou com uma viúva rica, disposta a usar sua fortuna para ajudá-lo a progredir na carreira. Dois anos depois foi eleito para o parlamento francês como radical moderado. Optou por fazer seu discurso inaugural sobre o tema política externa e, segundo sua própria avaliação, obteve amplo êxito.[32]

De feições comuns, reservado e baixo (usava sapatos com salto mais alto), Delcassé era um ministro cuja aparência não impressionava. Seus inimigos o chamavam "O Gnomo," ou "Liliputiano Alucinado." Tampouco demonstrava capacidade intelectual notável. Por outro lado, era eficiente, mediante uma combinação de determinação, capacidade de persuasão e de trabalho. Fazia questão de dizer que frequentemente chegava ao trabalho antes do amanhecer e saía depois de meia-noite. Também teve a sorte de obter de Loubet, presidente da França durante a maior parte de sua permanência no cargo, toda a liberdade. (Como disse Paul Cambon, um dos mais destacados diplomatas franceses, a presidência de Loubet "não era mais do que um adorno que não servia para nada.")[33] Os defeitos de Delcassé eram o desprezo que devotava aos políticos e a boa parte do Quai d'Orsay e sua mania de sigilo, resultando em gente que devia conhecer as políticas essenciais da França muitas vezes ser mantida no escuro. "Quantas vezes," declarou Maurice Paléologue, embaixador na Rússia por muitos anos, "ouvi às minhas costas uma voz preocupada dizendo quando eu estava saindo: 'Não ponha nada no papel!' ou 'Esqueça tudo o que acabei de dizer,' ou ainda, 'Queime isso.'"[34]

Embora tivesse aprendido a se controlar, Delcassé era homem de paixões fortes, e uma delas era a França. Como jornalista, escrevera artigos defendendo que ensinassem aos escolares franceses que eles eram superiores às crianças alemãs e inglesas.[35] Como outros de sua geração, ficara arrasado com a derrota francesa de 1870-71. Sua filha notou que se negava a falar sobre Alsácia e Lorena. Todavia, fugindo ao que seria de esperar, não odiava os alemães nem sua cultura, e era grande admirador de Wagner.[36] No entanto, não admitia uma reaproximação com a Alemanha e, por conseguinte, foi um dos primeiros e mais entusiasmados adeptos da aliança com a Rússia.

Delcassé via o renascimento francês, em parte, na conquista de novas colônias e, desde o princípio de sua carreira, trabalhou em cerrada sintonia com o poderoso *lobby* colonial. Também compartilhava a ideia cada vez mais aceita no meio do povo de que a França tinha uma vocação mediterrânea, e essa foi uma das razões de achar tão difícil perdoar a Inglaterra por se apossar do Egito. Como muitos outros nacionalistas

A Entente Cordiale: França e Inglaterra

franceses da época, sonhava com a influência francesa estendendida pelos territórios árabes e pelo Império Otomano em fase de dissolução. Tanto quanto muitos de seus compatriotas, incluindo os esquerdistas, também acreditava que o governo francês devia ser um instrumento de disseminação dos benefícios da civilização. Como disse Jaurès, o grande líder socialista, a propósito de Marrocos: "O direito da França é absolutamente justo, pois não se pensa em ataque de surpresa e violência

Decidido a resgatar o poder e o prestígio da França após a humilhação sofrida nas mãos de Bismarck, Théophile Delcassé foi um dos mais competentes primeiros-ministros da Terceira República e um dos que por mais tempo permaneceu no cargo.

militar, e o avanço de civilização que representa para os nativos da África certamente é melhor do que a situação atual do regime do Marrocos."[37] Perseguindo a concretização do Império, Delcassé, anticlerical convicto, abraçou com entusiasmo a causa da proteção das minorias cristãs sob regime otomano em áreas como a Síria e a Palestina. Também voltou os olhos para o norte de África, no Marrocos, que caminhava celeremente para a anarquia. Tentando atingir os objetivos da França, dispôs-se a negociar com vizinhos de seu país – Itália, Espanha e possivelmente Alemanha, mas, sobretudo, com a Inglaterra.

Já em meados da década de 1880, Delcassé defendera melhor entendimento com a Inglaterra. Mais que isso, pensara em um grande plano que consistia em reunir o que terminou sendo conhecida como a Tríplice Entente, entre França, Rússia e Inglaterra. Para ele, a conclusão do Acordo Franco-Russo em 1894 foi um passo importante e, quando assumiu o cargo de ministro do Exterior em1894, disse ao embaixador inglês que considerava "totalmente desejável" haver um entendimento cordial entre Inglaterra, França e Rússia. "Realmente acredito que o homenzinho é sincero ao dizer isso," informou o embaixador a Salisbury. O primeiro-ministro inglês, todavia, não estava disposto a abandonar sua política de isolamento e, no fim da década, a crise de Fashoda e a Guerra dos Bôeres puseram as relações entre França e Inglaterra na geladeira.[38]

Depois de Fashoda, Delcassé passou a trabalhar silenciosamente para a França se apossar de Marrocos. Sob o pretexto inconsistente de que precisava proteger uma expedição geológica, tropas francesas partiram da fronteira com a Argélia e ocuparam oásis-chave no sul de Marrocos. Em 1900, Delcassé negociou com os italianos um acordo pelo qual os italianos teriam liberdade de ação na Líbia, enquanto a França disporia da mesma prerrogativa no Marrocos. Também negociou com a Espanha, como disse Cambón, "num estado nervoso superexcitado como jamais o vira, pois se tratava de um bom negócio."[39] Essa tentativa fracassou por causa de mudanças no governo espanhol, mas isso talvez tenha convencido Delcassé de que chegara a hora de considerar seriamente a possibilidade de algum tipo de acordo com a Inglaterra. Também estava sob forte pressão de velhos companheiros do *lobby* das colônias que tinham chegado à conclusão de que o melhor caminho para a França era desistir das reivindicações no Egito, em troca do reconhecimento inglês do domínio francês no Marrocos.

A opinião pública francesa, sempre um fator a ser considerado, começava a mudar de posição. O fim da Guerra dos Bôeres e o tratado da Inglaterra com os bôeres em maio de 1902 removeram uma fonte de animosidade contra a Inglaterra. Logo após, repentina crise na América Latina levou os franceses a constatarem, com satisfação, quanto o povo inglês odiava e temia a Alemanha. A Venezuela, que devia dinheiro a bancos ingleses e alemães, se recusava a pagar, e a Alemanha propôs que as duas nações organizassem uma expedição naval, ideia com a qual a Inglaterra, relutante, concordou. Os ingleses tinham motivos para ser cautelosos. Os americanos, vendo nessa iniciativa uma violação da consagrada Doutrina de Monroe e sempre tendendo a desconfiar da Inglaterra, ficaram furiosos. Na Inglaterra houve clamor público e consternação no Gabinete, temeroso de comprometer as relações com os Estados Unidos, que vinham melhorando nos últimos tempos, e reações ainda mais veementes por ter de se aliar à Alemanha. Em poema publicado no *Times* pouco antes do Natal de 1902, Kipling perguntou: "Não havia

A Entente Cordiale: França e Inglaterra

outra esquadra para achar/ para terminarmos nessa?" e prosseguiu até provocadores versos finais:

> *In sight of peace – from the Narrow Seas*
> *O'er half the world to run –*
> *With a cheated crew, to league anew*
> *With the Goth and the shameless Hun!*

O Príncipe Metternich, embaixador alemão em Londres, firme defensor de mais sólidas relações anglo-germânicas, disse que nunca vira tanta hostilidade na Inglaterra contra outra nação.[40]

No começo de 1903, Delcassé decidiu que a França devia tentar acertar suas diferenças com a Inglaterra e orientou Paul Cambon, seu confiável embaixador em Londres, a iniciar negociações com o novo ministro do Exterior inglês, Lord Lansdowne.[41] Nesse assunto, Cambon estava bem adiante de seu ministro do Exterior. Durante os dois anos anteriores sondara Lansdowne com diversas propostas: a França abriria mão dos direitos que, segundo velhos tratados, possuía sobre Terra Nova e talvez aceitasse o controle inglês sobre o Egito, em troca de liberdade de ação no Marrocos, ou a divisão do Marrocos entre França e Inglaterra. Os ingleses ouviam com interesse, mas sem se comprometer. Com razão, suspeitavam que Cambon agia por conta própria, o que muitas vezes era exatamente o caso.

Franzino, elegante, impecavelmente vestido e mancando ligeiramente, Paul Cambon tinha absoluta consciência de sua importância. Sua carreira fora notável. Como representante da França na Tunísia e depois embaixador na Espanha e no Império Otomano, conquistara a reputação de ser extremamente eficiente e honesto, tanto quanto obstinado e resistente a ordens partidas de quem julgava incompetente, e nesse rol incluía a maior parte de seus superiores. Acreditava, como disse ao filho, que "a história da diplomacia é apenas um longo recital de tentativas de agentes para conseguir algo e de resistência de Paris."[42] Concordando com a política de Delcassé e compartilhando sua ambição de recuperar a posição da França como grande potência, via os diplomatas como parceiros ativos para a consecução dessa política. Em seu tempo como embaixador em Constantinopla, passara a desgostar da Rússia e suspeitar seriamente de suas ambições no extremo oriental do Mediterrâneo, mas era realista ao examinar as vantagens de ter a Rússia como amiga. Contudo, não achava que se pudesse confiar na

Rússia – *"moins utile qu'embarrassante."* Um de seus grandes medos era a Rússia e a Alemanha refazerem sua antiga amizade, o que deixaria a França mais uma vez isolada na Europa.[43] No começo de sua carreira, Cambon chegara à conclusão de que a França devia se voltar para a Inglaterra. Quando a questão do Marrocos esquentou, também ficou preocupado porque a Inglaterra estava se envolvendo muito nessa área e havia a possibilidade de a França perder o Marrocos, a não ser que barganhasse com a questão do Egito, antes que fosse tarde.

Embora passasse a maior parte de sua carreira na Inglaterra, de 1898 a 1920, Cambon não tinha um entusiasmo especial pelos ingleses ou pela cultura britânica. Foi para Londres por sentimento do dever. Quando foi convidado para jantar com a Rainha Victoria no Castelo de Windsor, notou a vivacidade da velha rainha, mas achou a comida desanimadora. "Eu não toleraria esse jantar em minha casa."[44] Nunca mudou sua opinião sobre a comida inglesa. Opunha-se à abertura de escolas inglesas na França e achava que os franceses criados na Inglaterra eram mentalmente deficientes.[45] Quando Oxford lhe concedeu diploma honorário em 1904 para celebrar a nova amizade entre Inglaterra e França, Cambon escreveu um relato engraçado e altamente crítico para seu irmão Jules, comentando as acaloradas e intermináveis cerimônias. "Os versos latinos e gregos pronunciados com sotaque inglês são simplesmente horríveis." Sobre o discurso final exaltando a universidade, disse: "Não fiz o mínimo esforço para prestar atenção. Estava exausto."[46] Embora ficasse em Londres por mais de duas décadas, nunca aprendeu a falar inglês corretamente. Nas reuniões com o monoglota Grey, ministro do Exterior a partir de 1905, falava pausadamente em francês, enquanto Grey fazia o mesmo em inglês.[47] Apesar disso e embora de má vontade, passou a admirar os ingleses. Disse que o funeral da Rainha Victória tinha sido caótico: "A superioridade dos ingleses reside no fato de ser assunto de completa indiferença para eles parecerem burros."[48]

A missão de Cambon em Londres ficou complicada porque os ingleses não tinham uma política bem definida para uma *entente* com a França. Como suspeitavam os franceses, também faziam seu próprio jogo no Marrocos. Embora os ingleses não tivessem uma política clara para o Marrocos, obviamente havia no governo quem, como Chamberlain, considerasse seriamente a ideia de lá criar um protetorado, ou, até as relações piorarem no começo do século, dividi-lo com os alemães.[49] No Almirantado se falava em estabelecer bases e portos ao longo da costa

A Entente Cordiale: França e Inglaterra

do Marrocos no Atlântico e no Mediterrâneo ou, pelo menos, impedir que outros países, como Alemanha, Espanha e França o fizessem.

Enquanto hoje em dia a comunidade internacional vê como problema estados decadentes ou a caminho do fracasso, na época do imperialismo as potências olhavam-nos como oportunidades. China, Império Otomano e Pérsia todos eram estados fracos, divididos e visivelmente prontos para o retalhe. O mesmo acontecia com Marrocos, cada vez mais perto da anarquia por volta de 1900. A morte do forte e competente sultão Hassan I em 1894 deixara o poder nas mãos de um adolescente, Abdelaziz. "Tem uma boa aparência, embora atarracado e meio balofo. Feições delicadas e olhos bem claros," disse Arthur Nicolson, que lá servia como diplomata inglês. "Não parecia doente, mas apenas um rapazinho que comeu demais."[50] Abdelaziz se revelou sem condições de controlar seus súditos. Enquanto seu governo ficava cada vez mais corrupto, poderosos líderes regionais declaravam sua independência, piratas atacavam comerciantes ao longo da costa, e bandidos atacavam caravanas no interior e sequestravam os ricos para conseguir pagamento pelo resgate. No fim de 1902, uma rebelião ameaçou derrubar o regime totalmente debilitado.

O jovem sultão ficava brincando em seus palácios e, como notaram os franceses, se cercava de empregados ingleses, desde cavalariços até o homem que consertava as bicicletas. (Para ser justo, também havia um francês que lhe servia água gasosa.) O mais confiável assessor de Abdelaziz e comandante em chefe do exército marroquino – e isso alarmava particularmente os franceses – era Kaid Maclean, que fora militar inglês. "Era pequeno e gordo, com longa barba branca e os olhos mais alegres que jamais brilharam por cima de uma gaita de foles," disse Nicolson, que o via como um homem honesto e agradável. "Saía pelas alamedas do jardim embrulhado em um turbante e arrastando um manto branco, enquanto soprava a gaita de foles. A melodia de 'Banks of Lock Lomond' guinchava sob o sol africano."[51] Em 1902, quando esteve em Londres, MacLean foi convidado por Edward VII a se hospedar em Balmoral e foi sagrado cavaleiro pelo Rei, levando muitos diplomatas franceses a concluir que suas suspeitas eram justificadas. O representante de Delcassé no Marrocos informou tristemente que os ingleses estavam dispostos a usar todos os meios, de persuasão a suborno, e quando isso falhava, as mulheres dos diplomatas sabiam o que tinham de fazer para promover os interesses ingleses.[52]

Não obstante, Cambon continuou pressionando Lansdowne. Os dois tinham conversado bastante durante 1902, abordando vários assuntos relativos às colônias, do Sião à Terra Nova, que ainda separavam os dois países. Lansdowne estava interessado, mas cauteloso, porque ainda esperava manter um bom relacionamento com a Alemanha, e é possível que, se a Alemanha não tivesse desencadeado a corrida naval e se sua diplomacia fosse mais competente, conseguisse o que desejava. Do jeito como ficaram as coisas, teve de concordar com a irritação que reinava em boa parte do Foreign Office diante dos métodos e da retórica dos alemães. "Comparativamente, tenho me impressionado," escreveu a um colega no fim de 1901, "com a afabilidade dos franceses. Neste instante, se tivesse que discutir uma questão desgastante com alguma das embaixadas, preferiria resolvê-la com os franceses do que com qualquer outra. Suas maneiras são melhores e, em termos práticos, eles são mais fáceis de tratar do que os demais."[53]

Como seu mentor Salisbury, Lansdowne era um aristocrata de família tradicional, que entrou para o serviço público por dever. Homem magro e de boa aparência, seguindo a linha de sua família começou a carreira como liberal, integrou o gabinete de Gladstone e depois foi Governador-Geral do Canadá, que adorava, não apenas pela pesca do salmão. Discordara de seus colegas liberais na questão da Home Rule da Irlanda e se aliara aos conservadores que se opunham a essa lei. Em 1900, quando Salisbury, adoentado, foi persuadido a se afastar do Ministério do Exterior, foi, para sua surpresa, indicado por ele para sucedê-lo. Se Salisbury não foi um grande ou exuberante ministro do Exterior, Lansdowne se revelou bastante firme e sensato. Como Salisbury, preferia ver a Inglaterra livre de compromissos, mas relutantemente aceitara a ideia de que o país precisava de nações amigas e, assim, apoiou a aliança com o Japão e fez aberturas para a Rússia e Alemanha, embora nenhuma das duas produzisse resultados.

Em 1902, jornais e câmaras de comércio da França e da Inglaterra defendiam melhores relações entre os dois países. No Egito, o governante de fato da nação, o enérgico representante inglês Lord Cromer, também chegou à conclusão de que um acordo que cedesse o Marrocos à França contribuiria para melhorar a situação do governo inglês no Egito. (Como membros da Caisse de la Dette, que protegia os credores estrangeiros da dívida egípcia, os franceses tinham conseguido bloquear algumas reformas nas finanças egípcias.)[54] No começo de 1903, Lansdowne deu um primeiro passo na direção de maior entendimento, quando ele e Cambon concordaram que bancos ingleses, franceses e espanhóis fizessem, em

A Entente Cordiale: França e Inglaterra

conjunto, um empréstimo ao Egito. Logo depois, em março de 1903, o rei Edward decidiu, com aprovação de seus ministros, visitar Paris.

Embora os franceses, como bons republicanos, tivessem uma noção muito exagerada dos poderes da monarquia inglesa e tendessem a encarar a subsequente *Entente Cordiale* como política pessoal de Edward, sua visita foi importante como gesto de boa vontade e para sensibilizar a opinião pública francesa para a possibilidade de uma *entente* com a Inglaterra. (Além disso, assinalou uma nova atitude e um novo começo, tal como a viagem do presidente Nixon a Pequim em 1972). Mais importante

Edward VII, bon vivant e apreciador de belas mulheres mas também um estadista, fez muito para facilitar melhor entendimento entre Inglaterra e França, inimigas de tanto tempo. Em sua visita a Paris em 1903, Edward elogiou a França e a cultura francesa. Esta ilustração mostra-o chegando a um espetáculo de gala na Ópera de Paris. No ano seguinte à sua visita, a Inglaterra e a França resolveram suas pendências coloniais e formalizaram a Entente Cordiale.

ainda, foi um sucesso. Quando Edward chegou a Paris, a recepção que teve da multidão foi fria e até hostil. Em alguns momentos, aqui e ali se escutavam os gritos *"Vivent les Boers!"* e *"Vive Fashoda!"* Delcassé, que acompanhava os visitantes, insistia em dizer *"Quel enthousiasme!"* Todo o governo francês se esforçou para agradar o Rei (e comerciantes franceses aderiram às festividades oferecendo lembranças especiais, desde cartões-postais e bengalas com a cabeça do Rei até um novo casaco chamado "Le King Edward"). Houve um grande banquete no Palácio Elysée, em que foram servidos *crème Windsor, oeufs à la Richmond, selle de mouton à l'anglaise* e *pudding à la Windsor*, enquanto o Quai d'Orsay serviu *jambon d'York truffée champenoise* no almoço. Edward se conduziu impecavelmente o tempo todo e retribuiu com brinde em excelente francês. No banquete no Elysée, falou sobre as boas lembranças que guardava de Paris, cidade onde se encontra "tudo o que é inteligente e belo." Certa noite, encontrou famosa atriz francesa no hall do teatro e disse: "Mademoiselle, lembro-me de tê-la aplaudido em Londres quando representou toda a graça e espírito da França." A notícia circulou pela assistência, e Edward foi aplaudido quando chegou a seu camarote. Até nas corridas de cavalos a que assistiu a sorte ajudou, quando um páreo foi vencido por um cavalo de nome John Bull. Quando deixou Paris, a multidão gritava *"Vive Edouard! Vive notre bon Teddy!"* e, compreensivelmente, *"Vive la République!"*[55]

Delcassé ficou maravilhado com a visita e convencido de que o governo inglês estava disposto a celebrar um acordo de grande alcance, em parte porque as conversas privadas tinham ido além do que se podia esperar de um monarca constitucional. O Rei assegurara total apoio à pretensão francesa de controlar Marrocos e alertara Delcassé contra o "maldoso e insano" Kaiser.[56] Dois meses depois, o presidente Loubet e Delcassé foram a Londres, retribuindo a visita. Foi antecedida por pequeno contratempo, quando o Rei fez saber que esperava que as autoridades francesas usassem calções pelo joelho, os *culottes* dos franceses. Para uma nação que lembrava dos *sans-culottes*, os republicanos da mais baixa camada social que tinham liderado a revolução em 1789, isso geraria rebuliço na França. Edward cedeu, e a visita decorreu esplendidamente. No outono, delegações dos parlamentos francês e inglês trocaram visitas, algo absolutamente sem precedentes e sinal de que a ideia da *Entente* fora firmemente acolhida pela cúpula dos dois governos.

Durante a visita de Loubet, Delcassé disse a Lansdowne que era a favor de um "acordo abrangente," e os dois concordaram que Marrocos, Egito e Terra Nova eram os problemas mais relevantes. Ao longo de nove meses Cambon e Lansdowne mantiveram negociações, às vezes difíceis, em Londres. O Sião foi dividido em esferas de influência, e as reivindicações e reclamações envolvendo Madagascar e Novas Hébridas (hoje Vanuatu) foram solucionadas com relativa facilidade. A questão de Terra Nova quase botou a perder todo o acordo, como geralmente acontece com os pontos aparentemente de menor importância. Na verdade, o que estava em jogo era o direito de pesca dos pescadores franceses na costa da ilha desde o Tratado de Utrecht em 1713. Também causou grande

A Entente Cordiale: França e Inglaterra

discussão saber se lagosta era peixe. Para abrir mão do direito, os franceses exigiam uma compensação em algum outro ponto, de preferência a colônia inglesa de Gâmbia, na costa ocidental da África. Os franceses se mantinham irredutíveis, por um lado, porque eram pressionados por seus pescadores e pelas câmaras de comércio em portos franceses e, por outro, porque os direitos na Terra Nova constituíam um dos derradeiros vestígios do Império da França na América do Norte.[57] Por fim, ambos os lados cederam. A Inglaterra ofereceu território no norte da Nigéria, uma pequena fatia de Gâmbia e algumas ilhas na costa da colônia francesa da Guiné, na costa ocidental da África, e a França ficou satisfeita com menos do que inicialmente pretendera. Os pontos fundamentais do acordo eram Egito e Marrocos. A França acatou a suserania inglesa no Egito, e a Inglaterra efetivamente aceitou que Marrocos ficasse sob influência francesa. Embora se comprometessem a não alterar o status político do Marrocos, os franceses conseguiram o que lhes convinha, a responsabilidade pela manutenção da ordem. Para garantir a segurança da rota marítima da Inglaterra no Mediterrâneo, não haveria fortificações na costa marroquina, que no ponto mais próximo distava 14 milhas da base naval inglesa em Gibraltar. Cláusulas secretas deixaram claro que os dois lados não esperavam que Marrocos permanecesse independente por muito tempo.[58]

Em 8 de abril de 1904, menos de seis anos depois da crise de Fashoda, Cambon compareceu ao gabinete de Lansdowne no Foreign Office para assinar os acordos. Delcassé esperava ansiosamente em Paris, e Cambon correu para a embaixada francesa para usar o novo e estranho telefone que acabara de ser instalado. "Assinado!" – berrou a plenos pulmões.[59] Embora na França surgissem algumas críticas de que Delcassé tinha cedido muito, o acordo foi aprovado pelo parlamento francês. Na Inglaterra, a notícia foi recebida com entusiasmo. A França seria muito mais útil como aliada contra a Alemanha do que o Japão. Os imperialistas também ficaram satisfeitos porque a Inglaterra viu ratificado seu controle sobre o Egito, enquanto os que se opunham ao Império viram com bons olhos o fim das rivalidades imperiais. O *Manchester Guardian*, que falava pelos liberais e pela esquerda, declarou: "A importância da nova amizade repousa não no fim de disputas, mas na oportunidade que uma aliança legítima entre as democracias dos dois países oferece para a defesa da causa democrática."[60]

Na Alemanha, onde os líderes nunca tinham levado a sério a possibilidade de aproximação entre Inglaterra e França, a reação foi de espanto e desalento. O Kaiser disse a Bülow que a nova situação era preocupante. Sem viverem mais se antagonizando, "os dois países não se sentirão tão pressionados por nossa posição."[61] A Baronesa Spitzemberg, que tinha boas conexões, escreveu em seu diário: "Reina profunda tristeza no Ministério do Exterior em consequência do acordo anglo-francês sobre o Marrocos, uma das maiores derrotas da política exterior alemã desde a Aliança Dual." A extremamente radical Liga Pan-Germânica aprovou uma resolução afirmando que o acordo do Marrocos representava um "desapreço humilhante" pela Alemanha, tratada como potência de terceira categoria. Os Liberais Nacionais do partido conservador, que habitualmente apoiavam o governo, exigiram um pronunciamento do Chanceler, enquanto o Kaiser dava declarações afirmando que a nova situação obrigaria a Alemanha a intervir e salientando que as forças armadas alemãs eram poderosas e estavam prontas.[62]

Inglaterra e Alemanha já vinham se afastando, e a opinião pública nos dois países contribuía para acelerar esse processo, mas a *Entente Cordiale*, como passou a ser chamada, ajudou a consolidar o golfo entre elas. Enquanto estadistas ingleses, como Lansdowne, talvez acreditassem estar simplesmente resolvendo pendências coloniais, na verdade a nova amizade entre duas potências europeias era relevante para o equilíbrio de poder na Europa. A França, com a aliança com a Rússia vigente, agora estava em posição mais forte perante a Alemanha, embora restasse saber quão mais forte. Logo a Inglaterra teria de fazer escolhas: apoiar a França em momento de crise ou perder sua amizade. Como expressou Sir Francis Bertie em 1907, quando embaixador em Paris: "O perigo que precisamos evitar é perder a confiança dos franceses em nosso apoio e levá-los a algum tipo de acordo com a Alemanha que nos seja prejudicial, embora não seja lesivo para os interesses franceses. Ao mesmo tempo, devemos estimular os franceses a confiar em nosso apoio material o suficiente para levá-los a desafiar os alemães."[63] Gostasse ou não, a Inglaterra provavelmente teria que se envolver nas disputas francesas na Europa, em particular as que surgiam em torno do Marrocos. A Alemanha também tinha interesses nessa área e, com razão, sentiu que estava sendo ignorada, e não levaria muito tempo para manifestar seu desagrado.

Em suas memórias, Lloyd George lembra que foi visitar o velho estadista liberal Lord Rosebery no dia em que a *Entente* foi anunciada. "Seu primeiro comentário quando cheguei foi: 'Bem, creio que você deve estar tão satisfeito quanto todos os outros com esse acordo francês, não?'

A Entente Cordiale: França e Inglaterra

Respondi: 'Posso lhe garantir que fiquei muito contente porque essas relações confusas e desgastantes com a França finalmente terminaram.' Ele replicou: 'Vocês estão todos errados. Significa que vamos acabar em guerra com a Alemanha!'"[64]

7

O Urso e a Baleia

RÚSSIA E INGLATERRA

No Mar do Norte, noite de uma sexta-feira, 21 de outubro de 1904, a lua era quase cheia, mas havia algumas áreas cobertas pela neblina. Umas cinquenta traineiras inglesas estavam espalhadas por sete ou oito milhas na região pesqueira conhecida como Dogger Bank, a meio caminho entre a costa da Inglaterra e a da Alemanha, enquanto por ali passava a esquadra russa do Báltico. Nessa malfadada viagem se dirigia para o Canal da Mancha e depois seguiria rumo ao extremo Oriente. As traineiras tinham lançado suas redes e no convés, à luz de acetileno, as tripulações recolhiam a pesca. Para os pescadores, era uma novidade bem-vinda na rotina. Riam e contavam piadas, quando viram luzes partidas dos navios e seus holofotes varrendo as águas. A luz era suficiente para verem a face dos marinheiros russos. Chamei todos para o tombadilho," disse o capitão Whelpton, comandante de uma das traineiras, "para verem o que imaginei seria um espetáculo maravilhoso." Subitamente, ouviu-se um clarim e logo em seguida uma rajada de artilharia e metralhadoras. "Santo Deus!" exclamou Whelpton. "É tiro real, deitem-se e cada um se proteja."[1] As traineiras não tiveram tempo para puxar suas pesadas redes e lá ficaram, imobilizadas no mar, enquanto o fogo continuava, talvez por vinte minutos. A esquadra russa prosseguiu viagem, deixando dois mortos, vários feridos e uma traineira a caminho do fundo do oceano. Logo depois, novo engano, quando um navio da esquadra russa fez uma identificação errada. Achou que outro navio da esquadra era uma belonave japonesa e atirou sobre ela. Todo

O urso e a baleia: Rússia e Inglaterra

esse episódio serviu para notar a confusão e o atoleiro em que estava mergulhado o esforço de guerra russo.

A opinião pública inglesa ficou furiosa com a esquadra russa – "Como sempre, bêbados," publicou o *Daily Mail* – e o mesmo aconteceu com o governo. Exigiu plenas desculpas do governo russo e reparação total pelos danos causados. Os russos inicialmente se recusaram a admitir que sua esquadra tivesse feito algo errado, alegando que tinham fortes razões para suspeitar que barcos torpedeiros japoneses se dirigiam para águas europeias a fim de atacar a esquadra russa do Báltico. Lansdowne rejeitou a alegação e, em 26 de outubro, exigiu que a esquadra russa parasse em Vigo, na costa atlântica da Espanha, até que a questão fosse resolvida. "Se permitirem que prossiga sua viagem sem parar em Vigo," disse ao embaixador russo, "podemos nos considerar em guerra antes do fim da semana." Os russos responderam no dia seguinte em tom beligerante. Tinham "prova irrefutável" de que os japoneses planejavam atacar sua esquadra. De qualquer modo, os pescadores eram os culpados pelo ataque, acrescentou o Almirante Rojdestvensky, comandante da esquadra do Báltico, por terem ficado em seu caminho. Naquela noite, Lansdowne se sentiu "como se tivesse de optar entre paz e guerra."[2] Embora o conflito armado fosse evitado nessa ocasião, o episódio Dogger Bank foi apenas mais uma das ameaças de guerra que ocorriam com frequência na Europa. Também contribuiu para piorar, se é que isso era possível, as relações entre Inglaterra e Rússia. Para a Rússia, fez parte da catástrofe da guerra então em curso contra o Japão.

A Rússia tropeçara numa guerra com o Japão no Extremo Oriente em consequência de uma mistura de incompetência, otimismo infundado sobre sua capacidade e desprezo, em boa parte com motivação racista, pelos japoneses. A ambição russa de exercer influência na Manchúria e na Coreia e, quem sabe, anexá-las ao Império Russo em expansão, pusera o país em conflito com potências europeias, especialmente a Inglaterra e, com risco ainda maior, com o Japão, que se modernizava rapidamente e se tornava ator de relevância na Ásia. Em 1894-95, a Rússia combatera contra o moribundo Império Chinês, em parte para decidir quem controlava a Coreia, e teve uma vitória decisiva. Já em paz, a China reconheceu a independência da Coreia, abrindo caminho para que os japoneses tomassem a iniciativa. (A Coreia passaria a fazer parte do Império Japonês em 1910.) O Japão também se apoderou de Taiwan e algumas ilhas vizinhas, além de obter concessões para construir ferrovias e portos no território chinês da Manchúria. Isso foi além da conta para a Rússia, que liderou outras potências europeias em ação conjunta para forçar o Japão a recuar da Manchúria. Os japoneses tiveram motivo para se sentir lesados quando a Rússia aproveitou para conseguir concessões nesse território, inclusive o direito de construir um ramal da Ferrovia Transiberiana na direção sul, que atravessava o norte da Manchúria, e outra linha norte-sul, além do arrendamento do território em sua extremidade sul que incluía os portos Port Arthur (hoje Lushun) e Dairen (Dalian). A China estava muito fraca para reagir a esse avanço em seu território, mas as outras potências alarmaram-se com a política agressiva da Rússia. A Rebelião dos Boxers contribuiu para aumentar a tensão, quando a Rússia usou-a como pretexto para mandar suas tropas ocuparem pontos-chave ao longo da linha férrea norte-sul que construía na Manchúria, partindo de Harbin (Heilongjiang) no norte até os territórios arrendados no sul. Quando eclodiu a guerra russo-japonesa em 1904, a Rússia se encontrava perigosamente isolada. Mesmo sua aliada França deixou claro que a aliança cobria apenas a Europa.

O urso russo ferido se volta contra seu próprio domador. O país quase teve uma revolução em 1905, quando sofreu esmagadora derrota militar no Extremo Oriente diante dos japoneses. Embora o regime do czar Nicholas sobrevivesse e realizasse algumas reformas, outra guerra e uma segunda revolução destruiriam de uma vez por todas a velha ordem.

Na noite de 8 de fevereiro de 1904, barcos torpedeiros japoneses atacaram sem aviso prévio navios russos ancorados em Port Arthur. Uma força japonesa desembarcou um pouco ao norte para cortar a ferrovia e

O urso e a baleia: Rússia e Inglaterra

atacar o porto. Outra desembarcou na vizinha Coreia, em Inchon (famosa meio século depois como local de desembarque americano na península coreana), a fim de avançar para o norte e alcançar o Rio Yalu, fronteira com a Rússia. Logo ficou evidente que fora uma tolice provocar uma guerra com o Japão, quando suprimentos e reforços russos tinham de vir de milhares de milhas de distância por uma linha única e inacabada da ferrovia transiberiana. A Rússia sofreu uma sucessão de derrotas nos dezoito meses seguintes. Port Arthur foi cercado, e a esquadra russa do Extremo Oriente ficou bloqueada. Tentativas de romper o cerco por mar e terra só serviram para causar pesadas perdas aos russos. Port Arthur se rendeu no princípio de janeiro de 1905, quando a maior parte da esquadra russa do Pacífico jazia no fundo do mar.

A notícia chegou à esquadra do Báltico em Madagascar quando fazia a volta ao mundo para aliviar o cerco. Fora obrigada a contornar o extremo sul da África, porque os ingleses não permitiriam que passasse pelo Canal de Suez. O almirante que a comandava decidiu rumar para o porto russo de Vladivostok. Em 27 de maio de 1905, quando a esquadra entrou no estreito Tsushima, entre Coreia e Japão, a esquadra japonesa estava à sua espera. A batalha então travada se transformou em uma das mais acachapantes vitórias navais da história. A esquadra russa do Báltico foi aniquilada, e cerca de 4 mil homens morreram afogados, além de muitos mais serem capturados. As perdas japonesas foram de 116 homens e alguns barcos torpedeiros.

A Rússia foi obrigada a aceitar a proposta do presidente Theodore Roosevelt de mediar a questão, e os japoneses, quase no limite de seus recursos, também estavam dispostos a negociar. Em agosto, representantes russos e japoneses se reuniram num estaleiro naval em Portsmouth, New Hampshire. Roosevelt tinha diferentes motivos para sua iniciativa. Sentia sinceramente que os Estados Unidos tinham a obrigação moral de agir em prol da paz, mas também achava ser uma boa oportunidade para seu país e ele próprio se colocarem no centro dos acontecimentos. A propósito dos beligerantes, desaprovava, como muitos americanos, a aristocracia russa e inicialmente fora simpático aos japoneses, "uma inserção conveniente" no cenário internacional. Chegou a admirar a forma como os japoneses desencadearam as hostilidades, atacando a Rússia de surpresa, sem se preocupar com a formalidade de declarar guerra. Todavia, como os japoneses esmagaram a Rússia, passou a se preocupar com a posição americana na Ásia, temendo que os japoneses voltassem suas atenções para a China. Conseguindo reunir os dois lados, Roosevelt se manteve fora das discussões, permanecendo em sua propriedade em Long Island, observando à distância e tentando se preservar, enquanto os contendores se engajavam nas negociações. "O que realmente desejo," alegava, "é dar uma oportunidade para extravasarem suas raivas, espernearem e baterem cabeça."[3] Em setembro, Rússia e Japão finalmente assinaram o Tratado de Portsmouth. O Japão ficou com metade da ilha russa de Sakhalin e com as concessões russas na parte sul da Manchúria. No ano seguinte, Roosevelt ganhou o Prêmio Nobel da Paz, recentemente instituído.

A guerra custou à Rússia mais do que territórios. Sofreu 400 mil baixas, a maior parte de sua marinha foi destruída e gastou 2,5 milhões de rublos que mal podia cobrir. "Uma guerra com o Japão seria extremamente impopular," fora a advertência do general Aleksei Kuropatkin, ministro da Guerra, para o Czar em novembro de 1903, pouco antes do início das hostilidades. Alertou também que "aumentaria a insatisfação com os dirigentes do país." O Governador-Geral do Cáucaso foi mais além: "A guerra não pode ser permitida. O assunto de uma guerra poderia se tornar 'dinástico.'"[4] Ambos estavam certos. Desde o começo, o entusiasmo popular pela guerra foi mínimo, e em 1904 já havia considerável descontentamento com o governo entre intelectuais, a crescente classe média e os proprietários de terras mais esclarecidos, que exerciam influência sobre os novos governos locais.

Períodos desenvolvimento tão extraordinário e rápido como os que a Rússia vinha experimentando, em particular desde a década de 1890, não são fáceis de acomodar. A explosão de progresso no país prometia um futuro melhor, mas também agitava uma sociedade já dividida. Os magnatas de Moscou e São Petersburgo residiam em mansões magníficas e aumentavam suas grandes coleções de arte e mobília enquanto seus trabalhadores moravam na miséria e trabalhavam longas horas em condições deprimentes. Enquanto nas aldeias mais pobres os camponeses raramente comiam carne e quase passavam fome, especialmente durante os longos meses de inverno, os grandes proprietários de terras mantinham o mesmo padrão de vida de seus correspondentes em países europeus mais ricos. Nem o extravagante Príncipe Yusupov (mais tarde assassino de Rasputin) conseguia gastar toda a sua fortuna, que abrangia mais de meio milhão de acres de terra, minas e fábricas, sem mencionar os vasos de prata que costumava encher com pedras preciosas brutas e pérolas. Em 1914, a Condessa Kleinmichel, um dos grandes nomes da sociedade de São Petersburgo, ofereceu a suas sobrinhas o que achava ser um modesto baile a fantasia: "Enviei mais

O urso e a baleia: Rússia e Inglaterra

de 300 convites, pois minha casa não comportava um número maior e, como é costume russo dar uma ceia em mesas pequenas, também seria demais para a cozinha dar conta."[5]

A despeito de censura e repressão, as exigências pelo fim da autocracia, por um governo representativo e por liberdades civis chegavam de todos os lados. Bálticos, poloneses, finlandeses, ucranianos, entre muitos outros povos súditos da Rússia, também pressionavam por maior autonomia. Uma minoria pequena, mas fanática, havia muito desistira de esperar reformas e estava disposta a derrubar violentamente a velha ordem, por meio de atos terroristas e insurreições armadas. Entre 1905 e 1909, quase 1,5 mil governadores de províncias e outras autoridades foram assassinados. Operários da indústria, cujo número também aumentava à medida que a industrialização da Rússia progredia, eram militantes cada vez mais ativos. Em 1894, ano em que Nicholas II se tornou Czar, houve sessenta e oito greves. Dez anos mais tarde, foram mais de 500.[6] Embora ainda estivessem banidos e seus líderes no exílio, os partidos socialistas radicais de esquerda começavam a assumir a liderança das organizações de trabalhadores que surgiam. Em 1914, os bolcheviques, o grupo mais bem organizado, dominava a maioria dos sindicatos e detinha a maior parte dos assentos de trabalhadores na Duma, o novo parlamento russo.

Nos anos imediatamente anteriores a 1914, a Rússia era um gigante que se movia em diferentes direções ao mesmo tempo, e o resultado final era incerto. Regiões particularmente mais remotas do interior se conservavam como eram séculos atrás, enquanto as grandes cidades, com luz elétrica, bondes e lojas modernas, lembravam Paris, Berlim ou Londres. Todavia, a visão de uma Rússia rural eternamente imutável – como pensavam o Czar, muitos conservadores e mesmo observadores mais recentes – era altamente ilusória. O fim da escravidão em 1861, a expansão das comunicações, a alfabetização e o acesso de camponeses às cidades para trabalhar (e o retorno para ver as famílias) estavam abalando a vida nas aldeias e solapando as instituições. Idosos, sacerdotes, tradições e a até então todo-poderosa comunidade da aldeia já não detinham o poder de outrora sobre a vida local.

A modernidade desafiava certezas antigas tanto na área urbana quanto na rural. A religião ainda venerava seus ícones e acreditava em milagres e fantasmas, os novos industriais se ocupavam comprando obras de Matisse, Picasso ou Braque e pensando em possuir as maiores coleções de arte moderna no mundo. A arte folclórica tradicional da Rússia coexistia com escritores e artistas inovadores: Stanislavsky e Diaghilev estavam revolucionando o teatro e a dança; escritores mais audaciosos desafiavam a moral aceita, ao mesmo tempo que ocorriam o renascimento espiritual e a busca de um significado mais profundo da vida. Reacionários queriam voltar ao tempo anterior a Pedro, o Grande, abrindo a Rússia às influências europeias; e revolucionários radicais, muitos no exílio, como Lênin e Trotsky, queriam destruir a sociedade russa.

Transformações econômicas e sociais que tinham demorado um século na Europa, na Rússia foram comprimidas em uma geração. Ocorre que a Rússia não contava com instituições suficientemente enraizadas e desenvolvidas que pudessem ajudar a absorver e administrar as mudanças. A nação mais estável da Europa, a Inglaterra, levara séculos para organizar seu parlamento, os conselhos locais e os tribunais (vivendo crises ao longo do tempo, inclusive uma guerra civil). Além disso, a sociedade inglesa evoluíra aos poucos, lentamente, levando gerações para desenvolver atitudes e instituições, de universidades a câmaras de comércio, clubes e associações, uma imprensa livre e toda uma complexa rede da sociedade civil que era a base de um sistema político que funcionava bem. Mais próxima da Rússia, sua vizinha Alemanha podia ser um estado novo, mas possuía instituições antigas em suas cidades e estados, além de uma grande e confiante classe média capaz de ser o fundamento de uma sociedade forte. A Áustria-Hungria era mais frágil e também sofria com nacionalismos burgueses, mas também contava com uma sociedade cujas instituições eram mais adiantadas do que as da Rússia.

Há dois paralelos contemporâneos com o que acontecia na Rússia uma ou duas décadas antes de 1914. Um são os países do Golfo, que em uma geração passaram de modesto e acomodado padrão de vida, em que as mudanças eram lentas, a atores do cenário internacional graças à súbita riqueza, passando de construções de tijolos de barro com um só piso ao brilho de Las Vegas aos arranha-céus surgindo cada vez mais altos e mais rápidos. Todavia, os Estados do Golfo tinham a grande vantagem de ser geográfica e populacionalmente pequenos e, portanto, para o bem e para o mal, capazes de ser manipulados por forças ou indivíduos poderosos, agindo interna ou externamente. Seus dirigentes foram, com algum apoio externo, competentes o bastante para administrar as súbitas transformações e, quando isso não ocorreu, foram sumariamente substituídos. No caso do Czar, o desafio era infinitamente maior. Implicava de alguma forma preservar o controle da Rússia, algo tão gigantesco e diverso, onde tudo, população e distância de suas fronteiras europeias até o Pacífico, era tão vasto.

O urso e a baleia: Rússia e Inglaterra

A segunda semelhança com a Rússia de antes da Grande Guerra no mundo atual é a China. Também vem enfrentando os desafios de transformações com um regime lamentavelmente despreparado e sentindo a falta de instituições robustas que poderiam facilitar a transição de uma forma de sociedade para outra. A China levou quase meio século, pagando custos humanos assustadores, desde o colapso do velho regime dinástico até o surgimento do governo comunista, para chegar a um governo estável e pode-se afirmar que o país ainda luta para construir as instituições duradouras de que necessita para não retornar a um regime cada vez mais ineficaz e corrupto. Não é de estranhar o fato de a sociedade russa, surpreendida em uma transição do velho para o novo, ter se fragmentado e começado a se desfazer diante das pressões. As coisas poderiam ter funcionado se tivesse havido tempo e se a Rússia soubesse controlar os gastos com as guerras. Em vez disso, travou duas, a segunda ainda mais desastrosa do que a primeira, em menos de uma década. Diversos líderes russos, inclusive o próprio Czar em 1914, conheciam bem o risco de guerra, mas para alguns deles também havia a sedutora tentação de unir a sociedade em torno de uma causa nobre e acabar com suas divisões. Comenta-se que em 1904 o ministro do Interior, Vyacheslav Plehve, disse que a Rússia precisava de "uma pequena guerra vitoriosa" para afastar o pensamento das massas russas de "questões políticas."[7]

A Guerra Russo-Japonesa demonstrou o quanto essa ideia era absurda. Nos primeiros meses do conflito o próprio Plehve foi despedaçado por uma bomba. Perto do fim, os recém-formados bolcheviques tentaram se apossar de Moscou. A guerra serviu para aumentar e trazer à tona o descontentamento de muitos russos com sua própria sociedade e seus dirigentes. Como ficaram evidentes as deficiências de comando e suprimentos do esforço de guerra russo, a crítica recrudesceu, ao governo quanto ao próprio Czar, por se tratar de um regime altamente personalizado. Em São Petersburgo, uma charge mostrava o Czar com as nádegas de fora, levando palmadas e dizendo: "Me larguem. O autocrata sou eu!"[8] Como a Revolução Francesa, com a qual guardava muitas semelhanças, a Revolução Russa de 1905 quebrou velhos tabus, inclusive a reverência que cercava o governante do país. Pareceu a funcionários de São Petersburgo um mau presságio a Czarina ter pendurado em sua ala um retrato de Marie Antoinette, presente do governo francês.[9]

Em 22 de janeiro de 1905, uma gigantesca procissão de trabalhadores com suas famílias, vestidos com suas melhores roupas e cantando hinos, se dirigiu ao Palácio de Inverno para apresentar uma petição ao

Czar no pedindo reformas políticas e econômicas. Muitos ainda viam o Czar como o "paizinho" e acreditavam que bastava ele saber o que estava errado para fazer as mudanças necessárias. As autoridades, já inquietas, convocaram o exército, que agiu brutalmente, atirando à queima-roupa na multidão. No fim do dia havia centenas de mortos e feridos. O Domingo Sangrento se transformou numa prévia da Revolução de 1917 e quase se tornou ele próprio uma revolução. Durante todo o ano de 1905 – "o ano dos pesadelos," como o chamou a Imperatriz Viúva – e no verão de 1906 a Rússia foi agitada por greves e protestos. Algumas das diversas nacionalidades que compunham o Império Russo viram uma oportunidade para conquistar liberdade, e ocorreram maciças manifestações populares contra o governo russo desde as províncias do Báltico, passando pela Polônia e chegando ao Cáucaso. Os camponeses se recusaram a pagar o arrendamento das terras a seus proprietários e, em algumas áreas rurais, se apoderaram das terras e saquearam as grandes casas. Cerca de 15% das grandes mansões foram queimadas nesse período.[10] Num indício aziago, no verão de 1905 os marinheiros da esquadra do Mar Negro a bordo do encouraçado *Potemkin* se amotinaram.

No outono, o Czar ficou isolado em sua propriedade rural em Tsarskoye

O Domingo Sangrento, como ficou conhecido, aconteceu em janeiro de 1905, durante o tumulto que tomara conta da Rússia com a derrota militar na guerra com o Japão. Quando marchava em direção ao Palácio de Inverno em São Petersburgo para pedir reformas ao Czar, uma manifestação pacífica que incluía muitos trabalhadores foi alvejada pelos militares.

O urso e a baleia: Rússia e Inglaterra

Selo, na periferia de São Petersburgo, quando as ferrovias e os telégrafos pararam de funcionar. As lojas esgotaram seus estoques, faltou eletricidade, e as pessoas tinham medo de sair de casa. Por seis semanas um *Soviet* de representantes do povo atuou como autoridade alternativa ao governo na própria cidade. Um jovem radical, Leon Trotsky, era um de seus líderes, como voltaria a ser em outro soviete por ocasião da Revolução de 1917. Em Moscou, o novo Partido Bolchevique revolucionário planejava um levante armado. Sob intensa pressão de pessoas que o apoiavam, o Czar relutantemente expediu em outubro um manifesto em que prometia um órgão legislativo responsável, a Duma, assim como direitos civis.

Como tantas vezes acontece em conjunturas revolucionárias, as concessões contribuíram para encorajar os que se opunham ao regime. Tudo parecia a ponto de desmoronar, com as autoridades confusas e apáticas diante de desordem tão generalizada. No inverno, o batalhão de guarda pessoal de Nicholas, o Preobrazhensky Guards, criado por Pedro, o Grande, se amotinou. Um membro da corte do Czar anotou em seu diário: "Acabou."[11] Felizmente para o regime, seus inimigos mais determinados estavam desunidos e ainda não estavam prontos para assumir o poder, enquanto reformistas moderados se mostravam dispostos a apoiá-lo, acreditando nas promessas do Czar. Empregando irrestritamente o exército e a polícia, o governo conseguiu restaurar a ordem. No verão de 1906, o pior já passara — por enquanto. O regime ainda enfrentava o dilema: até onde levar as reformas sem comprometer sua autoridade. Foi o mesmo dilema encarado pelo governo francês em 1789 e pelo Xá do Irã em 1979. Rejeitar as exigências de reformas e confiar na repressão cria inimigos. Concedê-las os encoraja e gera mais demandas.

A Guerra Russo-Japonesa e o período que se seguiu deixaram a Rússia seriamente debilitada internamente e perigosamente vulnerável no plano internacional. Sua marinha estava destruída, e o que restara do exército em grande parte era empregado contra o próprio povo russo. O coronel Yuri Danilov, um de seus mais destacados oficiais, afirmou: "Como comandante de regimento de infantaria, entre 1906 e 1908 eu estava envolvido com a verdadeira vida militar e as necessidades do exército. Não consigo pensar em descrição mais precisa do período que se seguiu, até 1910 e talvez até mais além, como de total abandono militar."[12] A Rússia precisava reconstruir e fazer uma revisão em suas forças armadas, mas estava diante de um desafio insuperável. Primeiro, enfrentava forte resistência às mudanças, tanto na esfera militar quanto na civil. O segundo problema era o custo de tal renovação. A Rússia

182 A Primeira Guerra Mundial – que acabaria com as guerras

tinha ambições a potência de primeira categoria com uma economia de país em desenvolvimento, mas ainda atrasado. Para piorar as coisas, na primeira década do século XX os gastos militares cresciam em toda a Europa, a tecnologia ficava cada vez mais onerosa, e exércitos e marinhas se expandiam. A União Soviética enfrentou desafio semelhante após 1945. Com muito sacrifício conseguia se equivaler aos Estados Unidos no campo militar, mas esse esforço acabou ajudando a derrubar o regime.

Na Rússia, depois de 1905, tudo dependia do que decidia o homem que mandava. Nicholas II era um monarca absoluto que podia nomear e demitir ministros à vontade, estabelecer políticas e, em tempo de guerra, comandar as forças armadas. Antes de 1905, ao contrário de seu primo Wilhelm na Alemanha, não tinha de se preocupar com uma constituição, um parlamento eleito e direitos de seus súditos. Mesmo depois das concessões feitas naquele ano, detinha poder superior ao do Kaiser e do Imperador austríaco, ambos tendo de lidar com maior controle exercido pelo legislativo sobre o governo e os gastos. Além disso, seus impérios englobavam estados que defendiam renhidamente seus próprios direitos. A personalidade e as opiniões de Nicholas II são, portanto, de vital importância para a compreensão das circunstâncias que levaram a Rússia à Grande Guerra.

Nicholas tinha apenas vinte e seis anos em 1894, quando se tornou Czar da Rússia. A Rainha Victoria ainda não comemorara seu Jubileu de Diamante, e seu neto, o futuro George V, ainda era oficial da marinha. Na Alemanha, Wilhelm estava no trono havia apenas seis anos. Ninguém, inclusive Nicholas, esperava se tornar governante do país tão cedo. Seu pai, Alexandre III, era corpulento e forte. Falava-se que certa vez salvara sua família sustentando o teto de um vagão numa colisão de trem. Não obstante, adoeceu dos rins aos quarenta anos e talvez seu fim tenha sido apressado por continuar bebendo muito.[13] Nicholas, que adorava e admirava seu imponente pai, ficou profundamente abatido quando ele morreu. Desesperado, como narra sua irmã, a Grã-Duquesa Olga: "Costumava dizer que não sabia o que seria de nós, que era absolutamente incapaz de reinar."[14]

Provavelmente estava certo. Na virada do século, a Rússia, com todos seus problemas, exigia muito de seu governante, mas Nicholas fazia mais o perfil de nobre rural ou de prefeito de cidade pequena. Talvez porque seu pai fosse uma personalidade tão marcante, faltava-lhe confiança. Compensava sendo inflexível e teimoso, quando

O urso e a baleia: Rússia e Inglaterra

pessoa mais inteligente e autoconfiante estaria mais bem preparada para ser maleável e fazer acordos. Detestava oposição e confrontação. "Absorve o que ouve," disse um antigo tutor, "mas apreende apenas o significado do fato isolado, sem relacioná-lo com o resto, sem conexão com todos os outros fatores, eventos, fenômenos e opiniões (...) Para ele não existe visão geral, ampla, resultante de troca de ideias e argumentos, de debates."[15] Também é notoriamente indeciso. Um observador resume a opinião geral que se fazia dele: "Não tem personalidade, concorda com cada um dos ministros, ainda que eles apresentem opiniões diferentes."[16] Sob a direção de Nicholas, a política interna e a externa da Rússia seriam vacilantes, erráticas e confusas. Tinha excelente memória e seus cortesãos afirmavam que era inteligente, mas às vezes demonstrava credulidade própria de gente simplória. Um empresário estrangeiro, por exemplo, em certa ocasião o convenceu que era possível construir uma ponte sobre o estreito de Bering ligando a Sibéria à América do Norte. (O empresário conseguiu vasta concessão de terras ao longo da ferrovia proposta, que levaria à ponte.)[17]

A educação que recebeu não lhe proporcionou compreensão do que era a Rússia e muito menos o mundo exterior. Ao contrário de Wilhelm, Nicholas teve uma infância feliz. O Czar e a Czarina adoravam os filhos, mas talvez os protegessem demais. Nicholas e seus irmãos e irmãs foram educados em casa e raramente tinham contato com outras crianças. Por conseguinte, Nicholas não teve o que outros monarcas como Wilhelm, Edward VII e George V tiveram, alguma experiência com outros jovens de sua idade e, muito menos, a oportunidade de conhecer pessoas de outras classes. Tampouco conhecia seu país. A Rússia de Nicholas e seus irmãos era uma bolha de privilégios totalmente fora da realidade e se resumia a palácios, trens especiais e iates. Ocasionalmente surgia outra Rússia, aterrorizante, como quando seu avô Alexandre II foi morto por uma bomba e Nicholas foi vê-lo em seu leito de morte. A Rússia que Nicholas e sua família presumiam era habitada por camponeses leais como os que trabalhavam nas propriedades imperiais. Pouco havia na educação que recebiam ou em sua vida que questionasse essa visão simplista ou os alertasse para as tremendas transformações em curso na sociedade russa.[18]

Nicholas teve a mesma educação dispensada a outros nobres russos. Aprendeu idiomas – falava fluentemente francês, alemão, inglês e russo – estudou história, matéria de que gostava, aprendeu alguma matemática, química e geografia. Quando tinha dezessete anos, recebeu cursos especiais em matérias como direito e economia, embora não demonstrasse muito entusiasmo por esses assuntos. Um tutor inglês também o fez aprender modos refinados e firme autocontrole. Diz o conde Sergei Witte, seu primeiro-ministro: "Raramente encontrei jovem com tão boas maneiras como Nicholas II. Sua boa educação esconde todas as suas deficiências."[19] Aos dezenove anos, recebeu um posto nos Preobrazhensky Guards. Gostava de estar ao lado de seus colegas oficiais, ricos e jovens aristocratas. Adorava a vida agradável no meio dos oficiais e suas inúmeras distrações, e adorava os dias de vida simples na caserna. Disse à mãe que lá se sentia perfeitamente em casa, "agora, uma das verdadeiras alegrias de minha vida!"[20] Como Wilhelm, pelo resto da vida manteve forte ligação com o meio militar. (E também adorava dar palpites sobre uniformes.) Como se referiu a Nicholas seu primo, o Grão-Duque Alexandre Mikhailovich: "Ele desenvolveu enorme simpatia pelo serviço militar, que o atraía, por sua natureza passiva. Executava ordens e não tinha de se preocupar com os imensos problemas enfrentados por seus superiores."[21] Depois do serviço militar, Nicholas partiu em viagem pelo mundo, que não o satisfez tanto. Ficou particularmente descontente com o Japão e os japoneses quando um policial enlouquecido tentou matá-lo.

Mesmo já com vinte e tantos anos, Nicholas continuou curiosamente inexperiente. Witte, que se preocupava com a educação do futuro Czar, sugeriu a Alexandre III que proporcionasse alguma experiência a Nicholas fazendo-o presidente da comissão para Construção da Ferrovia Transiberiana. "Já tentou discutir alguma coisa séria com ele?" – perguntou Alexandre. Witte respondeu que não. "Ora, ele é uma perfeita criança," disse o Czar. "Suas opiniões são absolutamente infantis. Como poderia presidir essa comissão?"[22] No princípio de seu reinado, Nicholas reclamou com seu ministro do Exterior: "Não sei nada. O falecido Imperador não previu sua morte e não me familiarizou com os assuntos de governo."[23]

Homem frágil e simpático, de olhos azuis, Nicholas puxava mais à mãe, uma princesa dinamarquesa cuja irmã casara com Edward VII da Inglaterra. Ele e George V, primos em primeiro grau, eram singularmente parecidos, sobretudo quando ambos deixaram crescer barbas pequenas de ponta e bem aparadas. Seus contemporâneos achavam Nicholas encantador, mas indefinível. Um de seus diplomatas disse que,

O urso e a baleia: Rússia e Inglaterra

Primos em primeiro grau por parte de mãe, ambas princesas dinamarquesas, o futuro George V da Inglaterra e Nicholas II da Rússia aqui aparecem por ocasião da regata anual de verão em Cowes, em 1909. Os dois, muito parecidos, a ponto de muitas vezes serem confundidos, eram muito amigos, tal como seus países. Ambos reservados, não gostavam do primo Wilhelm II da Alemanha, que constantemente lhes dava conselhos que não pediam. Apesar disso, George V se recusou a oferecer asilo a Nicholas na Inglaterra depois da Revolução Russa, talvez para proteger seu próprio trono.

cada vez que via o Czar, "ele deixava a impressão de grande bondade e extrema *politesse* pessoal, de uma sempre presente e sutil sagacidade, com ligeiros tons de sarcasmo, além de um raciocínio muito rápido, embora superficial."[24] Fora do círculo de familiares e cortesãos de sua confiança, geralmente militares, era reservado. Como Czar, se caracterizava por inicialmente confiar em um ministro específico e depois ficar dependente dele, o que acabava levando a demiti-lo. Pouco antes da eclosão da Guerra Russo-Japonesa, o ministro da Guerra, general Kuropatkin, quis renunciar em protesto porque o Czar minava sua autoridade. Achava que o Czar confiaria mais nele se não estivesse no cargo. Nicholas concordou: "É de fato estranho, mas talvez isso seja psicologicamente correto."[25]

Nicholas herdou o mais notável estadista russo do pré-guerra do pai, Sergei Witte. Como declarou um diplomata inglês, Witte era "um homem forte e dinâmico, absolutamente destemido, com extraordinário poder de iniciativa."[26] No cargo de ministro da Fazenda entre 1892 e 1903, Witte transformou seu ministério no coração do governo russo, com o encargo de gerir as finanças e a economia do país. Tentou tornar a agricultura russa e o governo mais eficientes, para que assim o país pudesse exportar grãos e levantar os recursos necessários para se desenvolver. Impulsionou a rápida industrialização da Rússia e a exploração dos territórios no Extremo Oriente recentemente conquistados. A construção da Ferrovia Transiberiana deve-se, em grande parte, a Witte. Todavia, à medida que acumulava poder, também atraía inimigos, e entre eles se incluiu Nicholas. Em 1903, Witte teve uma longa e aparentemente amigável audiência com o Czar: "Ele apertou minha mão. Abraçou-me. Desejou-me toda sorte do mundo. Voltei para casa muito feliz e encontrei sobre minha mesa uma ordem escrita para minha demissão."[27]

Nicholas reinou acreditando em três coisas fundamentais: os Romanovs, a religião ortodoxa e a Rússia, que para ele eram praticamente a mesma coisa. Em sua cabeça, Deus confiara a Rússia à sua família. "Se me acham pouco preocupado," disse Nicholas a um de seus oficiais durante as dificuldades vividas em 1905, "é porque tenho a firme e absoluta certeza de que o destino da Rússia, o meu próprio e o de minha família estão nas mãos de Deus Todo-Poderoso, que me colocou onde estou. Aconteça o que acontecer, me curvarei à sua vontade, consciente de que nunca pensei em outra coisa que não fosse servir ao país que me confiou."[28] A reverência pelo pai e a determinação para preservar o regime que lhe fora transmitido por seus antecessores tornaram Nicholas profundamente conservador e visivelmente fatalista. No primeiro ano de seu reinado, rejeitou um pedido muito moderado de representantes de governos locais inexperientes, os *zemstvos*, recomendando que cuidassem de suas próprias responsabilidades. "Faço saber que, devotando todas as minhas forças ao bem de meu povo, preservarei os princípios da autocracia com a firmeza e a determinação de meu falecido e inesquecível pai."[29] Para Nicholas, como para seu pai, a autocracia era a melhor forma de governo para o povo russo, tendo em vista toda a sua diversidade. Em outubro de 1905 explicou a seu ministro do Interior a razão de resistir à concessão de uma Duma e de direitos civis: "Você sabe, não defendo a autocracia em proveito próprio. Ajo desta forma unicamente porque estou convencido de que é necessária para a Rússia. Se fosse simples questão de escolha minha, ficaria feliz me livrando de tudo isso."[30]

O problema era que Nicholas queria conservar o poder que lhe fora conferido, mas não tinha a mínima ideia do que fazer com ele. Tinha uma propensão a confiar nos que lhe eram mais próximos, como sua mãe, os tios e primos Romanov que, com poucas exceções, eram venais e inúteis. Também havia um grupo de assessores beatos, se não charlatães. Um deles era o francês M. Philippe, que fora açougueiro em Lyons, e o mais notório de todos era o russo considerado um santo homem,

O urso e a baleia: Rússia e Inglaterra

Rasputin, cujo fervor religioso não encobria suas inúmeras deficiências. Profundamente religioso por natureza, Nicholas também se envolveu com espiritualismo, muito popular na Europa naqueles dias. O Czar, como disse o embaixador inglês em 1906, "não conseguirá muito aconselhamento ou ajuda de *planchettes*, batidas de espíritos na mesa ou copos que andam."[31] Membros do governo se preocupavam com a influência da corte sobre o Czar, mas não tinham meios para reagir. Quando foi obrigado a ter um Conselho de Ministros depois de 1905, Nicholas fez o que pôde para ignorá-lo. Via os ministros somente quando lhe convinha e quase sempre os recebia separadamente. Era invariavelmente polido, mas indiferente e desinteressado, exceto quando se tratava de assuntos de política exterior, militares ou ligados à segurança interna. A maior parte das pessoas achava, acertadamente, que ele não confiava em si mesmo. Comentava-se no início do reinado de Nicholas: "Que Deus o livre de ter de confiar no Imperador em qualquer questão por um segundo se quer. Ele é incapaz de apoiar alguém em assunto nenhum."[32] Seus ministros e demais autoridades sabiam que, se abordassem assuntos que ele não queria discutir, polida, mas firmemente, se negava a dar atenção. À medida que ganhou confiança ao longo dos anos, Nicholas ficou mais firme e se tornou menos disposto a ouvir conselhos que não lhe agradavam.

—

A Guerra Russo-Japonesa em grande parte aconteceu porque Nicholas se enciumara do controle de Witte sobre a política no Extremo Oriente e dera ouvidos a um grupo de reacionários ambiciosos que queriam botar as mãos nos recursos daquela região. Pressionaram para que a Rússia estendesse sua influência até o norte da Coreia e consolidasse sua presença na Manchúria, mesmo correndo o risco de uma confrontação com o Japão. Manobraram tanto com a falta de confiança de Nicholas em seus próprios auxiliares quanto com o desprezo que devotava ao Japão, reforçando a opinião do Czar de que a melhor opção era ser firme com uma "nação tão bárbara."[33] Com o entusiástico apoio desses reacionários, Nicholas demitiu Witte em 1903 e nomeou um vice-rei específico para o Extremo Oriente, que rapidamente conseguiu tornar o relacionamento com o Japão ainda pior. O Ministério do Exterior russo, que fora posto de lado nos assuntos de Extremo Oriente, tentou, sem sucesso, tranquilizar a opinião pública mundial, que se preocupava cada vez mais com a incoerência da política externa russa e a possibilidade de uma guerra. Até Nicholas manifestou certa inquietação. "Não quero uma guerra entre Rússia e Japão," determinou, "e não permitirei que isso aconteça.

Tomem todas as providências para que não haja guerra."[34] Entretanto, a essa altura as coisas já estavam fora de controle. Os japoneses, cujas propostas para entendimento a respeito da Coreia e da Manchúria tinham sido repetidamente recusadas, decidiram pela guerra. Como disse em 1904 o ministro do Exterior da Rússia, conde Vladimir Lamsdorff, "A completa descoordenação de nossas iniciativas políticas no Extremo Oriente e a intervenção oculta de um grupo de aventureiros e intrigantes irresponsáveis nos levou à catástrofe."[35]

Durante o reinado de Nicholas, seus ministros se encontravam em situação quase inviável, servindo simultaneamente à Rússia e ao Czar. Mesmo quando estavam convictos de que determinada política devia ser adotada, não podiam se permitir discordar do Czar. Vladimir Lênin, na época um revolucionário ainda pouco conhecido, chamava a esse fenômeno "crise das alturas."[36] Talvez porque o regime fosse altamente personalista, quando as coisas saíam erradas, como aconteceu na Guerra Russo-Japonesa e, em escala muito maior, na Grande Guerra, a opinião pública russa tendia a atribuir o fracasso ao próprio Czar.

O que piorou as coisas e aumentou o isolamento de Nicholas foi seu casamento. Não porque fosse infeliz, muito ao contrário, mas porque criou um casulo de intimidade aconchegante que formou uma verdadeira barreira que o separava do mundo. Nicholas e Alexandra se amavam desde que eram adolescentes. Ela era alemã, originária do pequeno ducado de Hesse-Darmstadt, embora, como neta da Rainha Victoria, preferisse se definir como inglesa. A Rainha Victoria felizmente gostou de Nicholas e aprovou a união. Alexandra era o obstáculo principal porque, em primeiro lugar, não podia renunciar de imediato a sua fé protestante e se converter à igreja Ortodoxa Russa. Depois de tremendo dilema íntimo e muita pressão da família, que desejava esse matrimônio tão glorioso, ela, em lágrimas, aceitou Nicholas. (Também pode ser que, como disse alguém maldosamente, ela quisesse se afastar da nova esposa de seu irmão mais velho.[37]) Como tantas vezes acontece com essas conversões, ela se tornou mais ortodoxa e russa do que os próprios russos. Também se dedicou de corpo e alma a Nicholas e seus interesses, tal como os interpretava.

O casamento foi ao mesmo tempo magnífico e triste. Fora planejado antes do súbito declínio e da morte de Alexandre III, e foi realizado uma semana após o funeral. Seria um mau sinal, como o povo comentou mais tarde? Se foi, a coroação que aconteceu ano e meio depois foi um presságio pior. A cerimônia decorreu normalmente, mas ocorreu um desastre para o

O urso e a baleia: Rússia e Inglaterra

grande público por ocasião da celebração que aconteceu em seguida nos subúrbios de Moscou, onde seriam distribuídos cerveja, salsicha e presentes comemorativos. Tinham acorrido russos de todas as partes do país, muitos deles viajando pelas novas ferrovias, e de manhã cedo já estava reunido meio milhão de pessoas. A multidão entrou em pânico quando circularam rumores de que não havia suficiente espaço para tanta gente e, no estouro que se seguiu, milhares de pessoas foram pisoteadas e cerca de mil, talvez mais, morreram. Naquela noite, a embaixada francesa oferecia um baile em que tinha investido milhões de rublos. Relutantemente, sob pressão de seus ministros, que desejavam comemorar a aliança com a França, o jovem Czar e a Czarina compareceram. Foi um erro terrível, que ajudou a criar a fama de insensibilidade para o jovem casal.[38]

Alexandra era mais intelectual do que Nicholas e adorava discussões, especialmente sobre religião. Tinha profundo senso de dever e acreditava que, como boa cristã, tinha a obrigação de ajudar os menos afortunados. Como Czarina, dava magnífico exemplo de trabalhos de caridade, desde alívio da fome a cuidar de doentes. Infelizmente também era muito emotiva, neurótica e tremendamente tímida. Enquanto sua sogra frequentava à vontade a sociedade de São Petersburgo e presidia autoconfiante a organização de bailes e recepções da corte, Alexandra era constrangida e visivelmente não se sentia bem em público. "Nunca falou uma única palavra amável a quem quer que seja," criticou uma dama da corte. "Ela parecia um bloco de gelo, que congelava tudo à sua volta."[39] Tal como a mulher de Wilhelm, também era cheia de melindres e não perdoava os pecados dos outros. Só convidava para os bailes da corte mulheres com reputação inatacável e, em consequência, deixava fora da lista muitas damas destacadas da sociedade."[40] Também era determinada quando se tratava de indicar seus preferidos para cargos, mesmo que fossem visivelmente inadequados. Como disse um cortesão antigo, ela tinha "uma vontade férrea, sem muita inteligência e tampouco conhecimento."[41]

Alexandra também trouxe um elemento negativo para sua posição como Czarina, mas que só foi sentido anos depois. Através da Rainha Victoria, ela trazia o gene da hemofilia, doença que normalmente só ataca homens. Os hemofílicos não produzem a substância que faz o sangue coagular, e, por conseguinte, qualquer corte, escoriação, praticamente qualquer incidente pode levar à morte. O único filho de Alexandra e Nicholas, Alexis, teve a doença e quase morreu em diversas ocasiões de sua infância. Sua mãe angustiada buscou uma cura na Rússia e em toda a Europa, convocando para a cabeceira da criança médicos, charlatães, cientistas, milagreiros famosos e, em iniciativa fatal para a reputação da família imperial, o corrupto e degenerado Rasputin.

À medida que sua saúde foi se deteriorando, em parte por causa de sucessivas gestações, Alexandra se afastou progressivamente da vida social. Nicholas poucas vezes ia à capital, especialmente depois de 1905. Até sua mãe, que raramente o criticava, disse: "O Imperador não vê ninguém, precisa ver mais gente."[42] Por escolha e por motivo de segurança, a família vivia fora de São Petersburgo, na propriedade imperial em Tsarskoye Selo, por trás de grades que depois de 1905 foram reforçadas com arame farpado. Nos verões, mudavam para outra propriedade, igualmente isolada, em Peterhof, à margem do Mar Báltico. Também saíam no iate imperial ou iam para pavilhões de caça ou palácios imperiais na Crimeia.

Por trás de toda sua grandeza, cercada por rígida e complicada etiqueta e servida por milhares de empregados, guardas e cortesãos, a família era simples e feliz. Seus membros, intensamente apegados à vida privada, curiosamente sem interesses mundanos. Alexandra se gabava de sua frugalidade, e o Czar se orgulhava de usar roupas até ficarem velhas. O filho do

Nicholas II, Czar da Rússia, e sua esposa alemã Alexandra (ao centro) viviam reclusos com os filhos nas vizinhanças de São Petersburgo e continuavam acreditando que, apesar da crescente intranquilidade da nação, o povo russo ainda lhes era leal. Da esquerda para a direita, as filhas Marie, Olga, Tatiana e Anastasia. O menino é Alexis, herdeiro do trono, que sofria de hemofilia, grave doença que ameaçava sua vida. Todos morreram assassinados pelos bolcheviques em 1918.

O urso e a baleia: Rússia e Inglaterra

médico da corte escreveu sobre o mundo em que viviam: "A terra encantada de Tsarskoye repousava pacificamente à beira de um abismo, embalada por doces cantos de sereias com costeletas que murmuravam suavemente 'Deus Salve o Czar.'"[43] O casal era exageradamente devotado ao filho doente e às quatro filhas, na opinião de Charles Hardinge, embaixador inglês na Rússia durante a Guerra Russo-Japonesa. Disse que Nicholas se mostrou estranhamente insensível aos acontecimentos do Domingo Sangrento e aos levantes na capital e, em vez de se avistar com seus assessores, preferia passar seu tempo caçando, sua grande paixão, e brincando com Alexis, ainda pequeno. "Só tenho uma explicação," informou Hardinge a Londres. "Esse fatalismo místico profundamente enraizado em sua natureza, aliado à ideia de que acontecerá um milagre e tudo acabará bem."[44]

Em 1905 ficou bem nítido, e cada vez mais essa percepção se fortalecia, que o regime estava perdendo o controle da situação na Rússia, assim como ficou evidente a pressão que Nicholas sofria de praticamente todas as pessoas que lhe eram próximas, inclusive sua mãe, tentando convencê-lo de que tinha de fazer concessões substanciais e trazer de volta Witte para dirigir o governo. No começo de outubro, relutando, concordou em ver seu antigo ministro das Finanças, que estabeleceu como condições para assumir o cargo promulgação de uma constituição e liberdades civis. Nicholas tentou persuadir seu primo Drão-Duque Nicholas Nikolayevich para, em vez disso, impor uma ditadura militar, mas depois de terrível cena em que o Grão-Duque ameaçou se matar no mesmo instante se Witte não fosse nomeado, e o Imperador concordou. "Meu único consolo," escreveu o infeliz Czar à mãe, "é que essa é a vontade de Deus e esta grave decisão tirará minha querida Rússia do caos intolerável em que vive há quase um ano."[45] Depois de 1905, Nicholas continuou esperando que acontecessem milagres e pudesse voltar atrás em suas promessas. Nos anos anteriores à guerra, se esforçou para solapar a Constituição e limitar as liberdades civis. Abriu a primeira Duma em abril de 1906 e a dissolveu em julho do mesmo ano. Em 1907, expediu um decreto alterando a legislação eleitoral para que as forças conservadoras possuidoras de terras tivessem maior representação na Duma, diminuindo a bancada liberal e a da esquerda. Também fez tudo que pôde para ignorar Witte (embora lhe fosse profundamente grato por conseguir um substancial empréstimo da França que livrou a Rússia da bancarrota) e acabou conseguindo seu intento ao se livrar dele pouco depois de a Duma se reunir pela primeira vez.

Porém, era impossível reverter completamente o curso dos

acontecimentos. A partir de 1905, o governo teve de lidar com um novo fator, a opinião pública. A imprensa, apesar das tentativas de autoridades para censurá-la, era cada vez mais atuante. Deputados na Duma tinham liberdade para falar sem medo de serem processados. Os partidos políticos ainda eram fracos e não tinham raízes profundas na sociedade russa, mas eram capazes, se o tempo permitisse, de se transformar em formidáveis forças políticas. Realmente a Constituição ainda via o Czar como Poder Autocrático Supremo, ele ainda controlava a política externa, os militares e a Igreja Ortodoxa, e tinha a prerrogativa de nomear e demitir ministros, vetar qualquer projeto de lei, dissolver a Duma e impor lei marcial, mas o fato é que a existência de tal documento significava que havia limites para seu poder. Na verdade a Duma era, sobretudo, uma casa onde se conversava fiado e com sua competência mal definida, mas tinha o direito de convocar ministros do governo para interrogá-los e de decidir sobre alocação de recursos financeiros para o exército e a marinha (embora não se recusasse a aprovar o orçamento militar apresentado pelo governo).

Nicholas também teve de aceitar um Conselho de Ministros que devia funcionar como um Gabinete, a fim de coordenar e dirigir a política do governo e cujo presidente serviria de ligação entre os ministros e o Czar. Witte, seu primeiro presidente, considerou impossível exercer sua função porque Nicholas continuou consultando individualmente os ministros a seu bel-prazer. Seu sucessor, Peter Stolypin, ficou no cargo até 1911, em parte porque inicialmente contou com a confiança do Czar e, por outro lado, porque Nicholas, depois de 1905, se afastou acentuadamente da rotina de envolvimento com a política. Nicholas também o admirava, tal como muita gente do círculo dirigente, por sua coragem física. Em 1906, terroristas explodiram sua mansão de verão perto de São Petersburgo, dezenas de pessoas foram mortas ou feridas e dois de seus filhos ficaram seriamente feridos, mas Stolypin se comportou com grande firmeza e autocontrole.[46]

Alto, esguio, reservado, de modos impecáveis e formais, Stolypin impressionava quase todas as pessoas com quem tinha contato. Era tão talentoso e enérgico quanto Witte e, como ele, se dedicava a implantar reformas e progresso na Rússia. Como seu antecessor, era naturalmente autoritário e determinado a esmagar os revolucionários. Reconhecia, entretanto, que novas forças políticas estavam emergindo na Rússia e tentou, com algum sucesso, construir uma coalizão conservadora na Duma.

O urso e a baleia: Rússia e Inglaterra

Para neutralizar a influência dos revolucionários sobre os camponeses, promoveu reformas que permitiam que agricultores possuíssem a terra que lavravam. Em longo prazo, contudo, o antigo modelo prevaleceu e Nicholas passou a invejar seu primeiro-ministro, ressentindo-se de seu poder. Em 1911, um diplomata inglês informou que Stolypin estava desanimado, sentindo sua posição insegura. Em setembro seu destino foi selado, com triste desfecho, quando um terrorista que, segundo se dizia fora agente da polícia, o atacou na ópera em Kiev e o alvejou à queima-roupa. Contam que, mortalmente ferido, Stolypin disse: "Estou acabado," ou, mais dramaticamente, "Estou feliz, morro pelo Czar."[47] Morreu quatro dias depois. É bem possível que, se sobrevivesse, tivesse assegurado ao governo firme liderança nos anos seguintes e talvez agisse como força acauteladora e moderadora quando surgiu a grande crise europeia no verão de 1914.

Certa dose de blefe sempre esteve presente quando a Rússia alegava ser uma grande potência europeia. Como declarou o ministro do Exterior de Alexandre II em 1876: "Somos uma grande nação sem poder. É verdade. É sempre bom reconhecer a verdade. Sempre é fácil botar uma roupa elegante, mas é necessário conhecer quem a veste."[48] Às vezes a Rússia se exibia em um traje exuberante, como quando ajudou a derrotar Napoleão e o Czar Alexandre marchou à testa de suas tropas pelas ruas de Paris no fim das Guerras Napoleônicas, ou quando ajudou a salvar a monarquia Habsburgo durante as revoluções de 1848. Também conheceu a derrota na Guerra da Crimeia, em meados do século XIX e, claro, mais recentemente, na Guerra Russo-Japonesa. Stolypin estava perfeitamente consciente da fraqueza interna e externa da Rússia depois dessa guerra e como essas duas conjunturas se interligavam. "Nossa situação interna," comentou pouco depois de se tornar primeiro-ministro, "não nos permite conduzir uma política exterior agressiva."[49] Estava determinado, ao contrário de seus sucessores, a evitar iniciativas internacionais que fossem tomadas como provocação. Outros fracassos internacionais provavelmente desencadeariam revoluções internas. Por outro lado, a aparência de fraqueza encorajaria outras potências a se aproveitar da Rússia.

O problema fundamental da Rússia em seu relacionamento internacional era sua geografia. As defesas naturais contra invasores eram poucas. Ao longo de toda a história o país sofrera repetidas invasões de mongóis (tártaros, para os russos), suecos, prussianos e franceses (e no século XX ainda enfrentaria mais duas terríveis na mão dos alemães).

A Primeira Guerra Mundial – que acabaria com as guerras

Os tártaros dominaram o coração da Rússia por 250 anos e, ao contrário dos mouros na Espanha, afirmou Pushkin, "tendo conquistado a Rússia, não lhe ensinaram álgebra ou Aristóteles."[50] Essa vulnerabilidade legou ao país outra herança, o governo centralizado e autoritário que por fim emergiu. No princípio do século XII, no primeiro registro da história russa, o povo de Rus, onde hoje é a Ucrânia, é descrito como tendo convidado um possível governante: "Nossa terra é toda ela vasta e rica, mas não existe ordem. Venha e reine sobre nós."[51] Recentemente Putin usou a mesma justificativa para a inserção de Stalin na história russa – de que ele e seu regime eram indispensáveis para manter a Rússia unida diante dos desafios de seus inimigos. A consequência foi a interminável busca de segurança por meio de um esforço para empurrar suas fronteiras para mais longe. No fim do século XVIII, a Rússia tinha absorvido a Finlândia, os Estados Bálticos e uma fatia da dividida Polônia. Embora também se expandisse para leste, considerava-se potência europeia. Afinal, a Europa era vista não apenas como centro do poder mundial, mas também da civilização.

A Rússia sempre fora considerada muito extensa em comparação com outros países europeus, mas no século XIX se gabava de ser a maior do mundo, quando exploradores e soldados, seguidos por diplomatas e outros representantes russos, empurraram suas fronteiras para o sul e o oriente, se estendendo por 8 mil quilômetros, do Mar Negro e o Mar Cáspio até os Montes Urais, entrando pela Sibéria e alcançando o Pacífico. Todos os Estados Unidos ou as outras nações europeias reunidas caberiam confortavelmente na Rússia asiática, e ainda sobraria muito território. O viajante e escritor americano George Kennan (parente distante de seu homônimo, o grande especialista americano em assuntos soviéticos) tentou explicar a imensidão dos novos territórios russos: "Se um geógrafo estiver elaborando um atlas mundial e usar para a Sibéria a mesma escala utilizada pelo *Atlas de Bolso da Inglaterra*, de Stieler, teria de fazer a página da Sibéria com quase 6 metros para conter o mapa."⁵²

O Império trouxe prestígio e a disponibilidade, ainda inexplorada, de recursos e riqueza. Também gerou mais problemas para a Rússia: sua população ficou mais irregularmente distribuída e escassa, e agora incluía grande número de não russos: muçulmanos da Ásia Central, coreanos, mongóis e chineses no leste. Novos limites trouxeram novos inimigos, potencialmente hostis: no Extremo Oriente, China e Japão; na Ásia Central, o Império Britânico; no Cáucaso, a Pérsia (hoje Irã), já na mira da Inglaterra; e, em torno do Mar Negro, o Império Otomano, decadente, mas sustentado por outras potências europeias. Ademais,

196   A Primeira Guerra Mundial – que acabaria com as guerras

em uma época em que o poder naval era cada vez mais visto como a chave para o poder e a riqueza de uma nação, os russos possuíam apenas uns poucos portos utilizáveis durante o ano inteiro. As rotas de comércio dos portos no Mar Negro e no Báltico tinham de passar por estreitos que podiam ser fechados em tempo de guerra, e o novo porto de Vladivostok ficava a milhares de quilômetros do coração da Rússia, na extremidade de uma frágil ferrovia. Como a Rússia se tornou grande exportadora, especialmente de alimentos, o Mar de Mármara e os Dardanelos – na época conhecidos como "os Estreitos" – ganharam importância vital. Em 1914, 37% de todas as exportações e 75% da crucial exportação de grãos passavam por Constantinopla.[53] Para Sergei Sazonov, então ministro do Exterior, o fechamento dessa rota, digamos, pela Alemanha seria "uma sentença de morte para a Rússia."[54] Do ponto de vista russo, fazia muito mais sentido procurar portos mais seguros em águas quentes, mas, tal como Kuropatkin alertara o Czar em 1900, correria um grande risco: "Por mais justas que sejam nossas tentativas de conseguir uma saída a partir do Mar Negro, uma abertura para o Oceano Índico e outra para o Pacífico, essas iniciativas repercutiriam tão intensamente nos interesses de quase todo o mundo que, para nelas insistir, devemos estar dispostos a lutar contra uma coalizão de Inglaterra, Alemanha, Áustria-Hungria, Turquia, China e Japão."[55] De todos os inimigos potenciais da Rússia, a Inglaterra, com seu Império de abrangência mundial, parecia ser o que representava ameaça mais imediata.

Na Inglaterra, a opinião pública era fortemente contrária à Rússia. Na literatura popular, esse país era apresentado como uma terra exótica e terrível: terra da neve e das cúpulas douradas, de lobos perseguindo trenós em florestas sombrias, de Ivan, o Terrível, e de Catarina, a Grande. Antes de eleger a Alemanha como o inimigo em seus livros, o prolífico escritor William le Queux usava a Rússia nesse papel. Em seu livro de 1894, *The Great War in England in 1897*, a Inglaterra era invadida por uma força franco-russa em que os russos eram de longe os mais cruéis. Lares ingleses eram queimados, civis inocentes alvejados a tiros, e bebês mortos a golpes de baioneta. "Os soldados do Czar, selvagens e desumanos, não tinham misericórdia com os fracos e desprotegidos. Zombavam e gargalhavam em deplorável explosão de prazer e com brutalidade diabólica deliciavam-se com a destruição que causavam por toda parte."[56] Radicais, liberais e socialistas tinham muitos motivos para odiar o regime russo, com sua polícia secreta, censura, ausência de direitos humanos

O urso e a baleia: Rússia e Inglaterra

básicos, perseguição de adversários, eliminação de minorias étnicas e o triste passado de antissemitismo.[57] Os imperialistas, por outro lado, odiavam a Rússia porque era rival do Império Britânico. A Inglaterra jamais chegaria a um acordo com a Rússia na Ásia, afirmou Curzon, que fora Subsecretário de Salisbury no Foreign Office antes de ser Vice-Rei da Índia. A tendência da Rússia era continuar se expandindo enquanto pudesse. De qualquer modo, "a dubiedade característica" dos diplomatas russos tornava inúteis as negociações.[58] Era uma das poucas coisas em que ele concordava com o Chefe do Estado-Maior na Índia, Lord Kitchener, que exigia mais recursos para enfrentar o "avanço ameaçador da Rússia em direção a nossas fronteiras." O que mais preocupava os ingleses eram as novas ferrovias russas, por eles construídas ou planejadas, que se estendiam na direção da fronteira com o Afganistão e da Pérsia, tornando possível aos russos deslocar suas forças nessa direção. Embora a expressão só fosse se tornar conhecida oitenta anos mais tarde, os ingleses já estavam tomando plena consciência do que Paul Kennedy chamou de "esgarçamento imperial." Como declarou o Ministério da Guerra em 1907, a expansão do sistema ferroviário russo tornaria tão oneroso o encargo militar de defender a Índia e um Império tão vasto que, "antes de reformar nosso sistema militar, será preciso reconsiderar a questão e saber se vale ou não a pena preservar a Índia."[59]

Sempre havia em ambos os lados quem preferisse amenizar as tensões e os custos, chegando a um acordo sobre os temas coloniais de maior relevância. Na década de 1890, os ingleses estavam dispostos a admitir que já não podiam evitar que a Rússia usasse os estreitos entre o Mar Negro e o Mediterrâneo com seus navios de guerra; e os russos, particularmente os militares, se dispunham a adotar política menos agressiva na Ásia Central e na Pérsia.[60] Em 1898, Salisbury propusera a realização de negociações com a Rússia para resolver as divergências entre os dois países na China, mas infelizmente elas não produziram resultado e as relações na verdade pioraram, quando a Rússia se aproveitou da Rebelião dos Boxers para avançar tropas para o interior da Manchúria. Em 1903, a indicação de novo embaixador russo para Londres ofereceu a oportunidade para retomada das conversas. O conde Alexandre Benckendorff era bem relacionado (fora escudeiro do czar Alexandre III), rico e indiscreto. Era anglófilo, simpático aos liberais e profundamente pessimista quanto ao futuro do regime czarista. "Na Rússia," disse ao embaixador francês quando ambos serviam em Copenhagen, "na superfície, o povo é extremamente sentimental, tem carinho pelo Czar etc. Exatamente como na França às vésperas da Revolução."[61] Em Londres, ele e a esposa se integraram à sociedade, e Benckendorff se dispôs a estreitar as relações entre seu país e a Inglaterra. Aproveitando-se do espaço desfrutado pelos diplomatas naqueles dias que precederam a guerra, incentivou os dois lados a pensar que o outro estava mais propenso a negociar do que na verdade estavam. Em 1903, Lansdowne, ministro do Exterior da Inglaterra, e Benckendorff mantiveram negociações sobre temas relevantes como o Tibet e o Afganistão, mas, outra vez, não chegaram a conclusão nenhuma. Com a deterioração das relações entra a Rússia e o Japão, aliado da Inglaterra, as conversas foram suspensas e só seriam retomadas depois da Guerra Russo-Japonesa.

As revoluções industrial e tecnológica do século XIX aumentaram as cargas da Rússia como grande potência. Como ocorria um avanço após outro, a corrida armamentista acelerou e ficou mais cara. Ferrovias e

A charge japonesa mostra um dos momentos mais importantes da Guerra Russo-Japonesa de 1904-5, quando o Japão montou um bem-sucedido ataque ao porto russo de Port Arthur, na extremidade sul da Manchúria. Uma sucessão de vitórias japonesas em terra e a esmagadora vitória naval no Estreito de Tsushima, acompanhadas por uma revolução interna, obrigaram a Rússia a pedir paz. Essa guerra assinalou, pela primeira vez na história, a vitória de uma nação asiática sobre uma grande potência europeia.

O urso e a baleia: Rússia e Inglaterra

produção em massa possibilitaram organizar, deslocar e suprir grandes exércitos. Quando outras potências continentais seguiram esse caminho, os dirigentes russos sentiram que deviam acompanhá-las, embora os recursos de que dispunham não se comparassem aos de seus vizinhos – Áustria-Hungria e a nova Alemanha. A alternativa, difícil mas não impossível, era desistir da tentativa de integrar o clube das grandes potências. Passar a ser uma potência de segunda categoria, ou pior, "um estado asiático," como definiu Alexander Izvolsky, ministro do Exterior entre 1906 e 1910, "seria uma enorme catástrofe para a Rússia."[62]

Foi um dilema semelhante ao vivido pela União Soviética durante a Guerra Fria. As ambições russas estavam plenamente desenvolvidas, mas sua economia e seu sistema tributário, não. Na década de 1890 a Rússia gastava menos da metade do que dispendiam França e a Alemanha por soldado.[63] Além disso, cada rublo gasto com militares significava menos para o desenvolvimento. De acordo com uma estimativa feita em 1900, o governo russo gastava dez vezes mais com seu exército do que com educação, e a marinha recebia mais do que ministérios importantes como o da agricultura e da justiça.[64] A Guerra Russo-Japonesa agravou ainda mais a situação. Quase levou a Rússia à bancarrota e deixou-a com gigantescos déficits orçamentários. Embora as forças armadas precisassem desesperadamente se reequipar e rever seu treinamento, simplesmente não havia recursos. Em 1906, Kiev e São Petersburgo, distritos militares importantes nas proximidades de Varsóvia, não receberam recursos suficientes sequer para instrução de tiro ao alvo.[65]

A guerra reavivou o debate se os legítimos interesses da Rússia estavam na Ásia ou na Europa. Kuropatkin e o Estado-Maior russo havia muito se preocupavam com a drenagem de recursos das fronteiras europeias para o leste. Enquanto Witte construía a Ferrovia Transiberiana, a construção de outras no oeste do país praticamente parou, justamente quando a Alemanha e a Áustria-Hungria, assim como países de menor expressão como a Romênia, continuavam a construí-las. Em 1900, o Estado-Maior russo estimava que a Alemanha podia enviar 552 trens por dia para sua fronteira comum, enquanto a Rússia só poderia despachar 98. Por razões financeiras, o aumento das forças armadas russas no Ocidente também foi congelado. "Para alegria da Alemanha," escreveu Kuropatkin em 1900, "voltando nossa atenção para o Extremo Oriente, estamos permitindo que Alemanha e Áustria-Hungria tenham sobre nós uma supremacia decisiva em efetivo e armamento."[66] Durante a Guerra Russo-Japonesa, um dos pesadelos dos militares russos foi o medo de que Alemanha e Áustria-Hungria aproveitassem para atacar a Rússia e, talvez, se apoderar da Polônia russa, que formava um perigoso saliente na fronteira ocidental. Felizmente para a Rússia, a Alemanha, tentando afastá-la da França, decidiu manter uma neutralidade amistosa nessa guerra, e o Império Austro-Húngaro, como confirmou um espião russo em Viena, estava mais preocupado com um possível ataque a seu aliado, a Itália.[67]

Ao longo dos anos problemáticos que enfrentou para se recuperar e reconstruir após a Guerra Russo-Japonesa, a Rússia continuou a experimentar o medo e a necessidade de fazer escolhas envolvendo a alocação de recursos e a política externa. Se os interesses russos estavam no leste, era preciso assegurar estabilidade no oeste, o que implicava fazer uma aliança, ou pelo menos uma *entente*, com Alemanha e Áustria-Hungria. Havia argumentos ideológicos e históricos a favor de tal iniciativa. As três monarquias conservadoras tinham interesse em preservar esse status e em resistir a mudanças políticas. Fatores históricos importantes favoreciam uma aliança entre Rússia e Alemanha: os laços entre alemães e russos remontavam a séculos: Pedro, o Grande, importara alemães para trabalhar na Rússia, nas indústrias, por exemplo; e ao longo dos anos agricultores alemães tinham ajudado a colonizar as novas terras decorrentes da expansão russa. Nas famílias das classes mais altas da Rússia aconteciam casamentos com alemães, e muitas delas tomaram nomes alemães, como Benckendorff, Lamsdorff ou Witte. Algumas, especialmente as de alemães em possessões russas no Báltico, ainda falavam alemão, em vez de russo. Os czares – inclusive, claro, Nicholas II – usualmente buscavam suas esposas em principados alemães. Para a Rússia, todavia, aproximar-se da Alemanha significava abandonar a aliança com a França e, quase certamente, o acesso aos mercados franceses. Também era certo que haveria a oposição dos liberais que viam a aliança com a França e talvez, mais adiante, com a Inglaterra, como vetores de estímulo progressivo para mudanças na Rússia. Além disso, nem todos os conservadores eram a favor da aproximação com a Alemanha. Os proprietários de terras se incomodavam com as tarifas protecionistas da Alemanha sobre produtos agrícolas e alimentos. Quando a Alemanha se apossou da Baía de Kiachow no norte da China, em 1897, a Rússia viu comprometidas as ambições russas de domínio sobre a China e a Coreia. Ademais, aumentou a inquietação nos círculos oficiais quando, nos anos subsequentes, cresceram os investimentos alemães no Império Otomano, bem à porta de entrada da Rússia.[68]

Se, por outro lado, a Rússia considerasse as principais ameaças e interesses na Europa, precisaria se entender com seus inimigos do leste, tanto

O urso e a baleia: Rússia e Inglaterra

atuais quanto potenciais. A paz com os japoneses exigiria paralelamente a solução das ostensivas divergências com a China e, mais importante ainda, com a outra potência imperial do Oriente, a Inglaterra. Poucas opções são irrevogáveis em política exterior, e, na década anterior a 1914, os líderes russos tentaram deixar em aberto todas elas, mantendo a aliança com a França, mas fazendo aberturas para todas as três potências, Inglaterra, Alemanha e Áustria-Hungria, em tentativa de remover as fontes de tensão.

Embora inicialmente gerasse dificuldades, de modo geral a aliança com a França era vista pela Rússia como algo positivo, que permitia aliar o potencial humano do país à tecnologia e ao dinheiro da França. Obviamente, houve tensões ao longo dos anos. A França tentou usar seu poder financeiro para influir no planejamento militar russo, a fim de satisfazer conveniências do país e insistir que contratasse firmas francesas para fornecimento de suas novas armas.[69] Aos russos aborrecia essa "chantagem," como às vezes se referiam a tais iniciativas, que aviltavam a imagem da Rússia como grande potência. Vladimir Kokovtsov, ministro das Finanças da Rússia em boa parte da década anterior a 1914, reclamou: "A Rússia não é a Turquia; nossos aliados não devem nos apresentar ultimatos, devem poupar-nos dessas exigências ostensivas."[70] A Guerra Russo-Japonesa também gerou tensões, com os russos julgando que a França não fazia o suficiente para apoiá-los, e os franceses, por sua vez, tentando desesperadamente evitar ser arrastados para uma guerra ao lado da Rússia e contra o Japão, aliado de sua nova amiga, a Inglaterra. Por outro lado, a França foi útil à Rússia na negociação sobre os danos causados pelo incidente de Dogger Bank. Delcassé também permitiu que a esquadra russa do Báltico usasse portos de colônias francesas no Extremo Oriente a caminho da Manchúria.

Mesmo os conservadores russos que ansiavam por um relacionamento mais próximo com a Alemanha se consolavam com a ideia de que a aliança com a França fortalecia a Rússia e, portanto, a fazia mais respeitada aos olhos dos alemães. Lamsdorff, ministro do Exterior entre 1900 e 1906, achava que "para haver um clima de boas relações com a Alemanha e tranquilizá-la, precisamos *manter uma aliança* com a França. Uma aliança com a Alemanha provavelmente nos isolaria e se transformaria em desastrosa servidão."[71] Pequenino e irrequieto, Lamsdorff era um burocrata da velha escola, totalmente devotado ao Czar e profundamente contrário a mudanças. O conde Leopold von Berchtold, diplomata austríaco que mais tarde foi ministro do Exterior, o conheceu em 1900:

Não usava barba, mas apenas um bigode fino, era careca e sentava-se ereto. Sempre tentava impressionar, era cortês, não ignorante e nem pouco educado; um arquivo ambulante. *Un rat de chancellerie*. De fungar constantemente em arquivos amarelados, acabou ele próprio um pergaminho pálido. Não pude evitar a impressão de que nele havia alguma anomalia, que era uma pessoa, embora já idosa, inacabada, em cujo sistema circulatório corria geleia aguada em vez de sangue vermelho.[72]

Os colegas de Lamsdorff concordariam. Como disse um deles impiedosamente, Lamsdorff era pelo menos honesto e trabalhador, mas era também "magnificamente incompetente e medíocre."[73] Não obstante, provavelmente Lamsdorff estava certo ao considerar que os interesses de longo prazo da Rússia exigiam equilibrar-se entre as demais potências e se dispor a negociar com qualquer uma delas, inclusive a Inglaterra. Em 1900 declarou a um membro do Ministério do Exterior, o barão Marcel Taube: "Acredite-me, há momentos na vida de um grande povo em que essa ausência de uma orientação voltada especificamente para a potência X ou Y ainda é a melhor política. Chamo a isso política de independência. Se um dia, quando eu não mais estiver aqui, tal política for abandonada, verá que não há de trazer felicidade para a Rússia."[74] Seus sucessores se engajariam em novos acordos e em novas guerras que, como ele alertara, "acabarão em revolução."[75] Todavia, preservar a liberdade de ação em política externa depois de 1905 era quase impossível, em parte porque a própria fraqueza do país implicava a necessidade de ter aliados e, por outro lado, porque a Europa trilhava o caminho da divisão, fragmentando-se em alianças que se antagonizavam.

Após 1904, com a vigência da *Entente Cordiale* com a Inglaterra, a França pressionou fortemente a Rússia para chegar a entendimento semelhante com os ingleses. "Largos horizontes se abrirão para nós," disse Delcassé, ministro do Exterior, em 1904, "se pudemos contar simultaneamente com a Rússia e a Inglaterra contra a Alemanha!"[76] Claro que a França pensava, a longo prazo, em uma aliança militar total entre as três potências. Enquanto os liberais russos acolhiam de bom grado a aproximação com a nação liberal da Europa, a liderança russa relutava. O Czar não aprovava a sociedade inglesa e, embora admirasse a Rainha Victoria, não gostava de Edward VII, que julgava imoral e cercado de companhias perigosas. Em certa ocasião, ainda jovem, estivera com Edward e ficara espantado ao descobrir que, por exemplo, entre seus

O *urso e a baleia: Rússia e Inglaterra*

convivas havia negociantes de cavalos e, pior ainda, judeus. Como escreveu à mãe: "Os primos gostam dessa vida e vivem zombando de mim, mas tento ao máximo ficar de fora e não me envolver em discusssões."[77] Mais importante, talvez, Nicholas via a Inglaterra como principal rival da Rússia no mundo. Ficou furioso com os ingleses por sua hostilidade durante a Guerra Russo-Japonesa, pela qual, como disse a Wilhelm II, ele culpava Edward, "um grande criador de confusões e maior intrigante do mundo."[78]

Até 1906, quando foram substituídos, Witte e Lamsdorff, seus principais assessores, eram indiferentes, para não dizer hostis, à ideia de um entendimento com a Inglaterra. Witte preferia reviver a velha amizade com a Alemanha e talvez até integrar a Tríplice Aliança com Alemanha, a Áustria-Hungria e a Itália. Diante da crescente rivalidade entre a Rússia e a Áustria-Hungria nos Balcãs, esta última hipótese era altamente improvável. Menos viável ainda era a esperança de Witte de criar uma aliança continental com a França, a Rússia e a Alemanha com o propósito de isolar exatamente a Inglaterra.[79] Os franceses deixaram muito claro que não estavam dispostos a esquecer suas diferenças com a Alemanha nem tampouco se dispunham a abandonar a *entente* com a Inglaterra.

Sem causar surpresa, a Alemanha se esforçou ao máximo para separar a França da Rússia. Durante a Guerra Russo-Japonesa, o Ministério do Exterior alemão fez tentativas grosseiras de criar intrigas entre França e Rússia. O Kaiser escreveu em inglês, uma das línguas que usava habitualmente, a seu querido primo "Nicky," com muitos conselhos sobre como conduzir a guerra e manifestando pesar pelas pesadas baixas russa. Wilhelm, como disse ao Czar no começo de junho de 1904, manifestara ao adido militar francês em Berlim seu espanto pelo fato de a França não ajudar seu aliado russo diante do crescente poder asiático.

> Depois de muitas indicações e insinuações, descobri – o que sempre temi – que o acordo anglo-francês tinha uma única consequência, a saber: impedir que a França o ajude! *Il va sans dire*, se a França se dispusesse a apoiá-lo com sua esquadra e seu exército, logicamente eu não levantaria um dedo para detê-la, pois seria totalmente ilógico por parte do autor do quadro *Perigo Amarelo*! (Wilhelm presenteara Nicholas com essa pintura preparada por ordem dele por seu artista favorito.)

Wilhelm reforçou esse generoso sentimento ao terminar sua carta com enfática insinuação para o primo, afirmando que era o momento oportuno para a Rússia assinar um tratado comercial com a Alemanha.[80] Naquele outono, quando aumentaram as baixas russas no Extremo Oriente, Wilhelm e Bülow secretamente propuseram uma aliança contra uma potência europeia não especificada. Wilhelm escreveu em caráter particular a Nicholas: "Claro que a aliança seria puramente defensiva, dirigida exclusivamente contra agressor ou agressores europeus, como se fosse um seguro contra incêndio." Ficou desapontado – "minha primeira derrota pessoal" – quando Nicholas a rejeitou.[81]

Wilhelm gostava de acreditar que podia manobrar Nicholas, uns dez anos mais novo e de personalidade menos vigorosa. "Um rapaz encantador, agradável e querido," escreveu Wilhelm à Rainha Victoria após um de seus primeiros encontros.[82] Na verdade, pessoalmente Nicholas achava Wilhelm cansativo e se queixava da torrente de cartas com conselhos que não pedia. Witte descobriu que uma boa maneira de conseguir a concordância de seu chefe para alguma coisa era dizer que o Kaiser se opunha a ela.[83] Os dons de Wilhelm revelados em pinturas que alegava serem de sua autoria eram exemplos típicos de sua falta de sensibilidade. A alegoria *Perigo Amarelo*, por exemplo, mostrava um valoroso guerreiro alemão defendendo a beleza russa desfalecida. Bülow também tinha sua própria descrição, talvez ainda mais embaraçosa: "O Kaiser Wilhelm, imponente em sua armadura brilhante, com um grande crucifixo na mão direita erguida, estava diante do Czar, que o olhava com expressão quase ridícula, de humildade e admiração, com um traje bizantino, que mais parecia um roupão."[84] Como quase sempre fazia, o Czar recuava, desengajando polidamente. De seu lado, Wilhelm ficava irritado ao ver Nicholas dobrar a espinha. Durante a Guerra Russo-Japonesa, quando pressionou o Czar para se engajar totalmente no conflito, Bülow o aconselhou a não encorajar a Rússia tão abertamente, para que a Alemanha não fosse arrastada para o conflito. "Do ponto de vista de um estadista, você pode estar certo," replicou Wilhelm, "mas ajo como soberano e, como tal, fico doente ao ver como Nicholas se mostra frouxo. Esse tipo de conduta compromete todos os soberanos."[85]

No verão de 1905, enquanto a Rússia negociava a paz com o Japão, e a nação estava tumultuada, Wilhelm fez outro esforço concentrado para afastar Nicholas da aliança com a França. Os dois governantes se dirigiram em seus iates para um encontro ao largo da ilha finlandesa de Björkö. Wilhelm se mostrou sensibilizado pelos apuros vividos por Nicholas e se aliou a ele nas lamentações contra a perfídia da França e da Inglaterra. Em 23 de julho, Bülow recebeu um bem-vindo telegrama de Wilhelm informando que Rússia e Alemanha tinham celebrado um tratado a bordo do iate do Czar. "Recebi muitos telegramas estranhos do Kaiser," disse Bülow posteriormente, "mas nunca um tão entusiasmado como esse que veio de Björkö." Wilhelm descreveu detalhadamente o que acontecera. O Czar reafirmara o quão ficara magoado com o fato de a França não apoiar a Rússia. Em resposta, Wilhelm perguntara por que os dois não aproveitavam a ocasião para fazer "um pequeno acordo." Apanhou uma cópia do tratado que Nicholas recusara no inverno anterior. Nicholas o leu enquanto Wilhelm permanecia calado, segundo ele fazendo uma breve prece enquanto observava seu próprio iate com as bandeiras tremulando ao vento da manhã. Subitamente ouviu Nicholas dizer: "Está excelente. Concordo inteiramente." Wilhelm se esforçou para demonstrar tranquilidade e entregou uma caneta para Nicholas. Por sua vez, Wilhelm o assinou. Um representante do Ministério do Exterior, que fora junto para ficar de olho em Wilhelm, testemunhou pela Alemanha, e um almirante russo, que Nicholas não permitiu que lesse todo o documento, obedientemente fez o mesmo pela Rússia. "Com lágrimas nos olhos," prosseguiu Wilhelm em sua descrição para Bülow – "para ser franco, com gotas de suor descendo pelas costas – fiquei pensando: Frederick Wilhelm III, a Rainha Louisa, Vôvô e Nicholas I certamente estão por perto neste momento, olhando alegres cá para baixo."[86] Um mês depois escreveu a Nicholas exaltando a nova aliança, que permitiria às duas nações ficar no centro de poder e constituir uma força pela paz na Europa. Os outros membros da Tríplice Aliança, Áustria-Hungria e Itália, com certeza os apoiariam, e estados de menor expressão como as nações escandinavas inevitavelmente constatariam que seus interesses agora estavam na órbita do novo bloco de poder. O Japão talvez aderisse, o que contribuiria para aplacar a "arrogância e a impertinência inglesa." E prosseguiu o Kaiser, dizendo que Nicholas não precisava se preocupar com seu outro aliado importante. "'Marianne,' (a França) deve lembrar que casou com você e deve dividir cama e mesa com você, de vez em quando mandar um abraço ou beijinho para mim, mas sem se meter na alcova do sempre intrigante *touche-à-tout* da Ilha."[87] (Esta última frase era uma cutucada em Edward VII, cujos casos amorosos eram notórios.)

Quando viu o tratado, a última coisa que Bülow sentiu foi alegria. Ficou aborrecido por Wilhelm ter agido sem consultá-lo antes, algo que o Kaiser passara a fazer com certa frequência, e espantou-se quando viu que Wilhelm introduzira uma modificação, limitando o escopo do tratado à Europa. Uma das grandes vantagens de ter a Rússia como aliada era poder ameaçar a Índia e manter a Inglaterra em xeque na Europa. Depois de consultar seus colegas do Ministério do Exterior, que concordaram com ele, Bülow apresentou sua demissao, talvez menos por questão de zelo e mais querendo dar uma lição a seu chefe.[88] Os sonhos do Kaiser ruíram e o mesmo aconteceu com ele. "Ser tratado dessa forma pelo melhor e mais íntimo amigo," escreveu em carta extremamente emotiva para Bülow, "sem que seja apresentado um motivo razoável, constituiu para mim um golpe tão terrível que desfaleci completamente e temo que possa acontecer um problema nervoso mais grave."[89] A reação do ministro do Exterior russo, Lamsdorff, foi menos dramática, mas igualmente em tom de reprovação. Sugeriu polidamente ao Czar que o Kaiser se aproveitara dele e assinalou que o tratado contrariava as obrigações russas para com a França. Em outubro, Nicholas escreveu a Wilhelm para dizer que o tratado precisaria da aprovação francesa. Como isso jamais iria acontecer, o acordo de Björkö ficou invalidado.

Quando Wilhelm e Nicholas voltaram a se encontrar em seus iates no verão de 1907, tanto Bülow – que cedera aos apelos de Wilhelm e permanecera no cargo – quanto o novo ministro do Exterior da Rússia, Alexandre Izvolsky, estavam presentes. O encontro transcorreu sem problemas, a não ser um infeliz discurso de improviso em que o Kaiser se gabou de sua poderosa marinha, esperando que o Czar logo construísse uma nova. "A única coisa que falta agora," disse amargamente um assessor russo a um de seus correspondentes alemães se referindo ao Kaiser, "é ele dar um tapa na cara do outro."[90] Björkö foi o último episódio significativo de diplomacia pessoal entre dois monarcas, que pareciam absolutamente normais no século XIX, mas cairiam de moda no século XX, quando as crescentes complexidades das sociedades modernas deram autoridade maior a funcionários do governo, mesmo em monarquias absolutas. Uma consequência infeliz foi o aprofundamento da desconfiança que passou a pesar sobre a Alemanha e o próprio Wilhelm, tanto nos círculos oficiais russos quanto no público em geral. O governo russo chegou à conclusão de que estava cada vez mais sem condições de tentar melhorar as relações com seu vizinho de oeste. O embaixador inglês relatou uma conversa que teve com o Czar em 1908:

> O imperador admitiu que, a propósito das relações entre Rússia e Alemanha, a liberdade de imprensa criara considerável empecilho para

O urso e a baleia: Rússia e Inglaterra

ele e seu governo, uma vez que cada incidente que ocorria em uma distante província do Império, como um terremoto ou uma tempestade, era imediatamente colocado na conta da Alemanha, e recentemente tinham sido levadas a ele e ao governo sérias reclamações contra o tom hostil da imprensa russa.[91]

No início de 1906, Witte, que fora favorável a uma aliança com a Alemanha, de certa forma mudou de posição, talvez em consequência do episódio de Björkö, e disse ao embaixador inglês em São Petersburgo que, na verdade, o que a Rússia precisava naquela conjuntura crítica de sua história era da simpatia e do apoio de uma grande potência liberal. Também contribuía o fato de a Inglaterra ser uma grande potência financeira capaz de conceder os empréstimos de que a Rússia precisava tão desesperadamente. Se a Inglaterra desse prova concreta de amizade, Witte achava que logo poderia haver um amplo acordo.[92] Na verdade já estavam em curso negociações sobre empréstimos entre o governo russo e o Barings Bank, estimulado pelo Foreign Office, mas, em virtude de complicações políticas nos dois países, até a primavera de 1906 não tinham sido concluídos.[93] Pressionado por Witte, Lamsdorff concordou em abrir discussões sobre a Pérsia e o Afganistão, que se arrastaram lentamente, sem entusiasmo por parte de Lamsdorff e com ambas as nações preocupadas com a crise em torno do Marrocos, que ameaçava desencadear um grande conflito na Europa.

Na primavera de 1906, subitamente a situação ficou propícia a um entendimento. Witte foi demitido e Lamsdorff pediu ao Czar que aceitasse sua própria renúncia, porque não admitia a possibilidade de ter que lidar com a Duma. "Vão ter de esperar muito," disse a Taube, "para que eu me digne falar com aquela gente."[94] O novo primeiro-ministro, Stolypin, era muito aberto à ideia de uma *détente* com a Inglaterra, em parte por causa da fraqueza da Rússia e, por outro lado, porque a Inglaterra imprensara seu país ao longo das fronteiras leste e sul ao renovar o tratado com o Japão em 1905, assinar uma convenção com o Tibet e agir com mais agressividade na Pérsia. Izvolsky, sucessor de Lamsdorff, era ainda mais convicto de que os interesses russos estavam na Europa e que a chave para a recuperação do status de potência do país estava na manutenção da aliança com a França e em algum tipo de acordo com a Inglaterra. Ambos também concordavam que, a partir de 1906, diante da evolução da política interna do país, a Duma e a opinião pública teriam de ser consideradas na formulação da política exterior.

Izvolsky e Taube tiveram uma longa conversa pouco antes de assumir seus cargos. Seus objetivos, disse o novo ministro do Exterior a Taube, eram colocar as relações com o Japão em bases sólidas e amistosas e "liquidar a herança do conde Lamsdorff na Ásia." E prosseguiu: "A Rússia, depois de um intervalo de muitos anos, poderia se voltar de novo para a Europa, onde seus interesses, históricos e tradicionais, tinham sido praticamente abandonados em favor de sonhos quiméricos no Extremo Oriente, pelos quais pagamos muito caro."[95] Izvolsky era um russo do tipo que via a Europa como o clube do qual queria fazer parte. Como afirmou em 1911, depois de deixar o cargo, a política de aproximação com a França e a Inglaterra "talvez fosse menos segura, porém mais compatível com o passado da Rússia e sua grandeza."[96] Gostava mais de correr riscos que Stolypin, mas, infelizmente para a política externa da Rússia, também tinha uma tendência a perder a paciência nos momentos mais inoportunos.

Quase todos concordavam que Izvolsky era encantador, ambicioso e inteligente, porém presunçoso e gostava de ser cortejado. Também era muito sensível a críticas. Tinha a capacidade de trabalho e a atenção para detalhes de Lamsdorff, mas, ao contrário de seu antecessor, era um liberal e tinha muito mais experiência do mundo fora da Rússia. Nas palavras do futuro ministro do Exterior austríaco, Leopold von Berchtold, Izvolsky era de altura média, tinha cabelos louros repartidos e faces rosadas, fronte larga e saliente, olhos tristes, nariz achatado, usava monóculo e se vestia com esmero."[97] Embora de modo geral fosse considerado feio, se orgulhava de sua aparência, usando ternos bem cortados de Savile Row, em Londres, e espremia os pés em sapatos de tamanho menor, a ponto de um observador comentar que caminhava como um pombo.[98]

Sua família era da baixa nobreza e de posses modestas, mas conseguiu mandar Izvolsky para o melhor colégio de São Petersburgo, o Imperiale Alexandre Lycée, onde conviveu com jovens muito mais ricos e de famílias mais nobres. Segundo Taube, isso o tornou arrogante, egoísta e materialista. Ainda jovem, só pensava em arranjar um bom casamento. Uma viúva com boas ligações o rejeitou e mais tarde lhe perguntaram se estava arrependida por ter perdido a oportunidade de casar com alguém que progredira tanto. "Lamento todos os dias," respondeu ela, "mas me congratulo todas as noites."[99] Finalmente casou com a filha de outro diplomata russo, mas jamais ganhou o suficiente para viver no grande estilo que aspirava. Em São Petersburgo sempre correram fofocas sobre o fato de ele promover os subordinados mais ricos.[100] Taube trabalhou

O urso e a baleia: Rússia e Inglaterra

diretamente com Izvolsky anos a fio e sempre achou que dentro dele conviviam dois homens completamente diferentes, o estadista e o cortesão ambicioso.[101]

Inicialmente os ingleses ficaram apreensivos com a nomeação de Izvolsky. O embaixador inglês em Copenhagen informou Londres sobre conversa com seu correspondente francês, que conhecia bem Izvolsky. Tudo indicava que o novo ministro do Exterior russo era desinteressado numa aliança com a França e se inclinava para os alemães.[102] Felizmente para o futuro das relações anglo-russas, era uma informação tendenciosa. Izvolsky estava determinado a negociar um acordo com a Inglaterra, e o Czar, embora antes fizesse cara feia diante da ideia, agora estava disposto a dar sua aprovação.[103] A situação na Rússia começava a melhorar, e tudo indicava que fora afastada a possibilidade de uma revolução, de modo que os ingleses tinham uma parte com quem negociar. Do lado inglês, havia um novo governo liberal e um novo chefe do Foreign Office, Sir Edward Grey, disposto a aproveitar a oportunidade. Uma das primeiras reuniões de Grey após assumir o cargo, em dezembro de 1905, foi com Benckendorff, quando assegurou ao embaixador russo que queria um acordo com a Rússia. Em maio de 1906, Sir Arthur Nicolson chegou a São Petersburgo como representante inglês, com autoridade delegada pelo Gabinete para resolver com Izvolsky os três problemas mais complexos da pauta: Tibet, Pérsia e Afganistão. Obviamente os locais não foram consultados enquanto seus destinos eram decididos a milhas de distância.

As negociações foram longas e monótonas, tal como esperavam as duas partes, "cada uma achando que a outra mentia e estava disposta a trapacear," como colocou um diplomata inglês.[104] Houve momentos em que as conversas foram quase interrompidas, como, por exemplo, quando Izvolsky manifestou preocupação com possível objeção alemã, ou quando o primeiro-ministro inglês, Henry Campbell-Bannerman, imprudentemente fez um discurso com a saudação "*Vive la Duma.*" O Tibet, que fazia parte do Grande Jogo em curso entre ingleses e russos, foi o problema mais fácil de resolver. Os dois lados concordaram em não tentar conseguir concessões do fraco governo tibetano e em não estabelecer relações com o Dalai Lama, e numa cláusula que iria lançar sombra sobre o futuro tibetano, a Rússia concordou em reconhecer a suserania chinesa sobre o país.

O Afganistão demandou mais tempo, e só chegaram a um acordo no fim do verão de 1907. Os russos fizeram as maiores concessões, aceitando que o Afganistão ficava na esfera de influência inglesa e que a Rússia só se entendesse com o Emir por intermédio da Inglaterra. Em troca, os ingleses prometeram não ocupar nem anexar o Afganistão – desde que o Emir aceitasse esse tratado entre os dois países. A questão mais difícil de todas foi a da Pérsia, embora a notícia de um empréstimo da Alemanha para o Xá para construção de uma ferrovia servisse para que os dois lados se esforçassem por chegar a uma solução. Também contribuiu o fato de Izvolsky estar disposto a ir mais longe na busca de um acordo. No verão de 1906, quando se discutia em São Petersburgo a criação de um banco russo-persa em Teerã (que teria alarmado os ingleses), ele afirmou: "Estamos tentando concluir uma aliança com a Inglaterra, e, por conseguinte, nossa política para a Pérsia deve considerar esse fato."[105] Depois de muitos debates sobre linhas demarcatórias, concordaram que haveria uma zona de influência russa no norte da Pérsia, uma inglesa no sul, a fim de defender o Golfo e as rotas comerciais para a Índia, e uma zona neutra entre as duas. O embaixador inglês em Teerã avisou que o governo persa tomara conhecimento das negociações e ficara seriamente preocupado e irritado. Indiferente ao mundo não europeu, como era típico naqueles dias, o Ministério do Exterior da Inglaterra respondeu que os persas precisavam entender que o tratado se destinava, na verdade, a preservar a integridade de sua nação.[106] A questão dos Estreitos que ligavam o Mar Negro ao Mediterrâneo, que criara tantos problemas no século XIX, foi deixada para depois, sob o argumento de que a convenção era apenas para cuidar dos problemas na Ásia, mas Grey deu a entender a Benckendorff que no futuro os ingleses não criariam dificuldade para o acesso russo pelos Estreitos."[107] Em 31 de agosto de 1907, a Convenção Anglo-Russa, "tratando de acordos sobre Pérsia, Afganistão e Thibet [sic]" foi assinada no Ministério do Exterior russo.

Todo o mundo interpretou que havia algo mais do que simples "acordos." Embora publicamente a Alemanha visse com bons olhos a notícia, entendendo que servia para prolongar a paz, Bülow disse ao Kaiser que agora a Alemanha era o principal alvo da preocupação e da inveja dos ingleses. Em Berlim circularam rumores sobre guerra, e a imprensa alemã publicou artigos mostrando como agora o país estava cercado. No verão seguinte, Wilhelm fez um discurso beligerante em um desfile militar: "Devemos seguir o exemplo de Friedrich, o Grande, que, quando pressionado por todos os lados pelos inimigos, os derrotou, um após outro."[108] Também concedeu uma entrevista a um jornalista americano do *New York Times* em que comentou amargamente a "perfídia" da Inglaterra e como a guerra se tornara inevitável. Tentando conquistar a opinião

O urso e a baleia: Rússia e Inglaterra

pública americana, acusou os ingleses de trair a raça branca ao se aliar ao Japão e afirmou que um dia a Alemanha e os Estados Unidos teriam de combater ombro a ombro contra o "perigo japonês." Felizmente, o presidente Theodore Roosevelt e os editores do *New York Times* também marchavam ombro a ombro, e a matéria nunca foi publicada. Todavia, seu conteúdo chegou ao Foreign Office e, logo depois, aos Ministérios do Exterior francês e japonês.[109] Os ingleses viram a entrevista como mais uma prova da volubilidade do Kaiser e não levaram a sério as preocupações dos alemães. Como tantas vezes acontece em relações internacionais, não conseguiram compreender que algo que parecia defensivo da parte deles podia parecer diferente aos olhos de outros.

O governo inglês, apesar de inúmeras críticas, ficou feliz com a *Entente* com a Rússia. Posteriormente, Grey registrou em suas memórias: "O lucro foi grande para nós, e nos livramos de uma preocupação que tantas vezes incomodara governos ingleses. Foi removida uma recorrente fonte de atrito e possível causa de guerra. Ficou mais segura a perspectiva de paz."[110] Restou algum atrito, especialmente sobre a Pérsia, onde as tensões continuaram até a Grande Guerra. Os franceses ficaram contentes e tinham a esperança de construir uma Tríplice Entente com base em forte aliança militar. Inglaterra e Rússia estavam muito mais cautelosas e se esquivaram de usar a expressão Tríplice Entente. Na verdade, em 1912 o sucessor de Izvolsky, Sergei Sazonov, disse com toda a clareza que jamais a usaria.[111]

Tão logo a Convenção Anglo-Russa foi assinada, Izvolsky procurou a Tríplice Aliança, assinou um acordo com a Alemanha sobre o Báltico e propôs à Áustria-Hungria que atuassem em comum acordo nos Balcãs. Do mesmo modo, a Inglaterra continuou esperando que a corrida naval com a Alemanha desacelerasse. No fim, porém, ficou provado que estava além da capacidade dos líderes da Rússia servir como ponte para o golfo crescente entre, de um lado, Inglaterra e França e, do outro, Alemanha e Áustria-Hugria ou se manter fora da corrida armamentista. Em 1914, a despeito de esforços periódicos para evitar uma definição, a Rússia estava firmemente de um lado. Muitos anos antes Bismarck alertara para isso: em 1885 escrevera ao avô de Wilhelm dizendo que uma aliança entre Rússia, Inglaterra e França "seria a base para uma coalizão contra nós, mais perigosa para a Alemanha do que nenhuma outra que o país pudesse enfrentar."[112]

8

A Lealdade dos Nibelungos

———◆———

A ALIANÇA DUAL DE
ÁUSTRIA-HUNGRIA E ALEMANHA

EM MARÇO DE 1909, A CRISE DA BÓSNIA entre a Rússia e a Áustria-Hungria ameaçava resultar em guerra. Bülow, chanceler alemão, assegurou ao Reichstag que a Alemanha apoiaria sua aliada do Danúbio com a "lealdade dos nibelungos." Usou uma metáfora curiosa. Se estava se referindo às óperas do Ciclo do Anel, de Wagner (e ele conhecia a família do compositor), então os nibelungos eram gananciosos e traidores. Porém, se pensava nos nibelungos históricos (como os alemães chamavam os reis da Borgonha na Idade Média), então realmente havia lealdade, embora levasse à destruição. Segundo o mito, a corte da Borgonha, cercada pelos inimigos, se recusou a entregar Hagen, que traíra e matara Siegfried, e, para defendê-lo, os borgonheses lutaram até o último homem.

Com todas as juras de lealdade, a liderança alemã alimentava sentimentos conflitantes em relação à Áustria-Hungria. Tinha consciência de sua fraqueza e achava que o encanto austríaco não compensava o que via na maneira precipitada de os austríacos fazerem as coisas. O problema da Alemanha era a dificuldade em encontrar outros aliados. Afastara-se da Inglaterra devido à corrida naval e, enquanto Tirpitz e o Kaiser se recusassem a recuar, os ingleses não se aproximariam. Em parte por causa do desafio lançado pelos alemães, a Inglaterra se aproximara da França

A lealdade dos nibelungos: Áustria-Hungria e Alemanha

e da Rússia. Embora os ingleses afirmassem e talvez até acreditassem que a Tríplice Entente era defensiva e não envolvia compromisso, os três países criaram o hábito de se consultar mutuamente e planejar em conjunto. Seus representantes, civis e militares, tinham estabelecido ligações e feito amizades.

Se a Alemanha buscava amigos, a França, com a aliança militar com a Rússia e a *Entente Cordiale* com a Inglaterra, já não podia ser intimidada como fora na época de Bismarck, e por vontade própria não se aliaria a seu vizinho de leste. Por inúmeras razões a Rússia era a melhor opção para a Alemanha, mas, por enquanto, a necessidade que tinha do dinheiro francês e o alívio por ter resolvido assuntos importantes com a

Os líderes alemães gostavam de dizer que a Alemanha apoiava sua aliada Áustria-Hungria com lealdade digna dos nibelungos. Era uma metáfora curiosa que revela as ambiguidades e tensões da Aliança Dual. Segundo o mito mostrado nesta figura, os nobres guerreiros borgonheses da Idade Média morrem até o último homem por causa das intrigas entre duas mulheres.

Inglaterra no Oriente induziram a Rússia a resistir às tentativas alemãs de cortejá-la. Das grandes potências sobrava apenas a Itália, que, embora integrasse a Tríplice Aliança, era militarmente fraca e vivia em conflito com outro membro da aliança, o Império Austro-Húngaro, de modo que não podia confiar nesse país. Na Europa meridional, se a Alemanha buscasse apoio contra a Rússia, para si mesma ou para a Áustria-Hungria, as perspectivas seriam desanimadoras. O Império Otomano estava em franca decadência, e os estados menores do sul da Europa – Romênia, Bulgária, Sérvia, Montenegro e Grécia – prudentemente se limitavam a observar e esperar para ver o que aconteceria.

Restava a Áustria-Hungria. Como disse melancolicamente em 1914 Heinrich von Tschirschky, embaixador da Alemanha em Viena desde 1907: "Quantas vezes fiquei a me perguntar se realmente valia a pena nos atarmos com firmeza a esse estado quase esfacelado e continuarmos com o ônus de arrastá-lo conosco. Todavia, não consigo ver outra associação que possa substituir as atuais vantagens da aliança com a potência da Europa Central."[1] Nos anos que precederam 1914, a Alemanha, errada ou certa, cada vez mais se sentiu cercada. (Claro que seus vizinhos a viam de forma diferente, como uma grande potência militar e econômica que dominava o centro do continente.) Contando com uma Áustria-Hungria amiga ao sul, teria uma fronteira a menos com que se preocupar. O conde Alfred von Schlieffen, Chefe do Estado-Maior Alemão, que deu seu nome a um dos mais famosos planos militares do século XX, escreveu em 1909, depois de deixar o cargo: "O anel de ferro forjado em torno da Alemanha e da Áustria-Hungria hoje só continua aberto nos Balcãs." Os inimigos da Alemanha e da Áustria-Hungria – França, Inglaterra e Rússia – queriam sua destruição, mas ganhavam tempo na esperança de que divisões internas entre as diversas nacionalidades, no caso da Áustria, e entre os partidos políticos, na Alemanha, fizessem seu trabalho maligno. Em determinado momento, alertou von Schlieffen, "as portas se abrirão, as pontes baixarão, e exércitos de milhões de soldados invadirão, saqueando e destruindo..."[2]

O que também inquietava a Alemanha era a possibilidade de a Áustria-Hungria querer se afastar por conta própria da Tríplice Aliança. Ainda havia nos dois lados, o russo e o austro-húngaro, incluindo os próprios monarcas, quem desejasse uma aliança conservadora com ou sem a Alemanha. Ademais, muita gente na Áustria-Hungria odiava a Itália e preferia entrar em guerra contra a Itália e não contra a Rússia. Muitos patriotas austríacos achavam difícil perdoar e esquecer que a unificação alemã ocorrera à custa do tradicional papel de seu Império como um dos principais estados germânicos. Também contribuía o fato de os alemães gostarem de se mostrar como protetores de seu

A lealdade dos nibelungos: Áustria-Hungria e Alemanha

aliado, como, por exemplo, quando o Kaiser mencionava que leal ajudante era a Áustria-Hungria num conflito. Funcionários alemães tratavam com arrogância seus correspondentes austríacos. "Nunca tive dúvida," afirmou Bülow em suas memórias, "de que, se aceitássemos a comparação feita por Talleyrand, experiente no trato de questões delicadas, que via em uma aliança um estado como cavaleiro e outro como cavalo, deveríamos ser o cavaleiro em nossa aliança com a monarquia do Danúbio."[3]

Nunca seria tão fácil assim, e a Alemanha descobriria que seu cavalo disparava na direção que bem entendesse, particularmente nos Balcãs. Tendo a Áustria-Hungria como aliada, a Alemanha herdava as ambições e os atritos do parceiro em uma parte instável do mundo, onde o rápido declínio do Império Otomano na Europa envolvia interesses não somente da Rússia e da Áustria-Hungria, mas também despertava a avidez dos pequenos estados balcânicos independentes. O desafio para a Alemanha era assegurar à Áustria-Hungria que a apoiava firmemente, mas ao mesmo tempo impedir que agisse impensadamente. Como disse Bülow, com a vantagem do retrospecto:

> Havia o perigo de a Monarquia Dual, se tentasse ir muito longe, perder o rumo e cair nas garras da Rússia, tal como o pombo é apanhado pelo bote da serpente. Nossa política devia se concentrar em esforço máximo para preservar a fidelidade austríaca a nós e, em caso de guerra – que, se formos suficientemente hábeis, pode ser evitada, mas continua sendo uma possibilidade – garantir a cooperação do exército imperial-real, ainda bastante poderoso e eficiente, a despeito da fraqueza interna da monarquia. Por outro lado, devíamos impedir que a Áustria nos arrastasse, contra nossa vontade, a uma guerra mundial.[4]

No papel e no mapa, a Áustria-Hungria impressionava como aliado. Dentro de um mapa atual, ela se estenderia desde o sul da Polônia até o norte da Sérvia, incluindo República Tcheca, Eslováquia, Áustria, Hungria, a parte sudoeste da Ucrânia, Eslovênia, Croácia, Bósnia e a Transilvânia, que constituía grande parte da Romênia. Somava uma população de mais de 50 milhões de habitantes, forte setor agrícola, recursos naturais que iam do ferro à madeira, indústrias em ritmo crescente, rede ferroviária em rápida expansão, exército de quase 400 mil homens em tempo de paz e uma marinha moderna. Suas grandes capitais de Viena e Budapest, e cidades menores como Praga e Zagreb,

tinham sido modernizadas e embelezadas com novos sistemas de esgoto, bondes, eletricidade, prédios públicos imponentes e pesadamente ornamentados e blocos compactos de apartamentos burgueses. As universidades da Monarquia Dual iam da Jagielloniana em Cracóvia (uma das mais antigas da Europa) às faculdades de medicina de Viena. Escolas e universidades expandiam-se rapidamentemente. Em 1914, 80% da população do Império sabia ler e escrever.

Enquanto em certas regiões a Monarquia Dual parecia não ter sofrido mudança nenhuma – por exemplo, a vida no campo na Galícia e na Transilvânia e, na outra ponta da escala social, o intrincado ritual da corte nos palácios imperiais – o mundo moderno abalava a Áustria-Hungria, oferecendo novas comunicações, empresas e tecnologias, assim como novos valores e atitudes. Por exemplo, tinham desaparecido as restrições que mantinham os judeus fora de determinadas profissões, embora novo e virulento antissemitismo, é triste dizer, fosse surgir nos anos anteriores a 1914. Apesar de não poder se comparar com o da Rússia, o crescimento econômico da Monarquia Dual foi em média de 1,7% ao ano nas duas décadas que antecederam 1914. O desenvolvimento do Império seguia o ritmo observado na Europa ocidental, com expansão industrial e migração de mão de obra do campo para as grandes e pequenas cidades. A despeito

A lealdade dos nibelungos: Áustria-Hungria e Alemanha

de altos e baixos, a prosperidade se disseminou gradualmente por segmentos mais amplos da população. No território tcheco, já avançado tecnológica e comercialmente, estava a maior concentração de indústria moderna, como a grande Skoda, que, na Europa, era quem fabricava os melhores canhões. Viena também contava com indústria moderna em suas adjacências, como a Daimler. Em 1900, Budapest se aproximava desse nível e estava se tornando um centro bancário para boa parte da Europa oriental. Embora continuasse sendo preponderantemente agrícola, a economia húngara se industrializou rapidamente depois de 1900.

As despesas do governo em setores como infraestrutura e programas sociais, que também estavam crescendo, ajudaram a estabelecer o que seria uma marcha firme rumo à modernização e maior prosperidade. Todavia, o quadro não era inteiramente róseo. As importações da Áustria-Hungria excediam largamente as exportações, e a dívida do governo aumentava. As despesas militares continuaram sendo as mais baixas entre as quatro grandes potências. Em 1911, atingiam apenas um terço dos gastos militares da Rússia.[5] Qualquer aumento na tensão internacional tendia a prejudicar a saúde fiscal da Áustria-Hungria. Além disso, o progresso inevitavelmente trazia seus próprios problemas e pressões. Pequenos agricultores e nobres com propriedades menores, por exemplo, viram preços de produtos como o trigo baixando em face da concorrência do trigo russo. As décadas anteriores a 1914 viram aumentar a frequência de greves e protestos de camponeses e a bancarrota de antigas propriedades rurais. Nas pequenas e grandes cidades, os artesãos já não conseguiam competir com a produção das fábricas modernas, e os operários da indústria, cujas condições de vida eram desanimadoras, estavam se organizando e reivindicando.

Em alguns aspectos, a política na Monarquia Dual era similar à de qualquer outra nação europeia: as velhas classes procuravam preservar seu poder e influência; os radicais eram anticlericais; os liberais da classe média lutavam por mais liberdade, pelo menos para eles próprios; e os novos movimentos socialistas queriam reformas e, em alguns casos, revolução. Como a própria Europa, a Áustria-Hungria englobava largo espectro de formas de governo, desde a autocracia à democracia parlamentar. A metade austríaca tinha um Parlamento eleito por sufrágio masculino universal após 1907. Na Hungria, entretanto, o voto era restrito a cerca de 6% da população. Franz Joseph, Imperador de 1848 a 1916, não era tão poderoso quanto o Czar, nem tão controlado

A Primeira Guerra Mundial – que acabaria com as guerras

quanto o rei da Inglaterra. O Imperador austríaco definia a política externa e era o comandante supremo das forças armadas, porém seus poderes estavam definidos na legislação constitucional. Nomeava e demitia ministros e dispunha de poderes de emergência, que seu governo usou frequentemente para dirigir o país sem o Parlamento, embora não pudesse modificar a Constituição. Todavia, o governo funcionava, impostos eram coletados e contas eram pagas. A popularidade do Imperador era grande, e a perspectiva de uma revolução parecia muito mais remota do que na Rússia.

O que fez os estadistas alemães se perguntarem, antes de 1914, se tinham feito a escolha certa ao se aliarem à Áustria-Hungria foi a dúvida quanto à sua sobrevivência a longo prazo. Numa época de crescente consciência nacional, a Monarquia Dual ficava, como o Império Otomano, cada vez mais à mercê de suas nacionalidades. Em 1838, Lord Dunham disse que o Canadá consistia de duas nações lutando no coração de um único estado, e lá o conflito entre franceses e ingleses continua até hoje, mais de um século depois. O desafio era muito maior na Áustria-Hungria, que reconhecia dez ou onze línguas principais. Durante séculos isso não fora importante, enquanto as pessoas se definiam por religião, governante ou aldeia, e não por nacionalidade. No fim do século XIX, porém, o nacionalismo – a autoidentificação com um determinado grupo pela língua, religião, história, cultura ou raça – era uma força que ditava transformações em toda a Europa. Do mesmo modo que a crescente consciência de pertencer a algo que se chamava a nação alemã ou a nação italiana ajudara a criar um estado alemão e um estado italiano, nacionalismos polonês, húngaro, ruteno, tcheco e muitos outros pressionavam internamente o Império Austro-Húngaro em busca de maior autonomia, quando não de independência plena.

Na Áustria-Hungria não havia uma correspondente identidade forte em torno da qual juntar seus cidadãos, já que não se tratava de uma nação, mas de uma coleção de propriedades conquistadas pelos Habsburgos ao longo do milênio anterior por meio de manobra hábil, casamento e guerra. Franz Joseph tinha tantos títulos, de Imperador a conde, que muitas vezes eram escritos com *etc., etc., etc.* Havia, claro, os que acreditavam em um Império multinacional, talvez composto por nacionalidades misturadas, ou por grandes famílias aristocratas cujas conexões e interesses cobriam o Império e muitas vezes até a Europa, ou ainda, por Habsburgos lealistas que punham o dever para com a dinastia acima de qualquer outra coisa. O exército era uma organização genuinamente

A lealdade dos nibelungos: Áustria-Hungria e Alemanha

multinacional que sabia resolver com sensatez a questão do idioma. Os soldados precisavam conhecer os termos técnicos básicos e os comandos em alemão e, quando não tinham esse conhecimento, eram colocados em regimentos onde seus colegas falavam a mesma língua. Os oficiais deviam aprender a língua dos soldados sob seu comando. Contam que durante a guerra um regimento descobriu que o inglês era o idioma mais comum e, sendo assim, passou a usá-lo.[6]

A única outra instituição realmente imperial era a própria monarquia. Existia havia séculos e presenciara muitas invasões, conquistadores desde Suleiman, o Magnífico dos otomanos, a Napoleão, guerras civis e revoluções, enquanto o Império crescia, se contraía e crescia novamente e, na segunda metade do século XIX, se contraiu mais uma vez. Os Habsburgos se viam como descendentes de Carlos Magno, mas pela primeira vez entraram para a história quando um deles foi eleito Imperador do Sacro Império Romano. Ao longo dos séculos seguintes, conservaram esse título, até ser finalmente abolido por Napoleão em 1806. Não obstante, os Habsburgos sobreviveram e Franz Joseph, então já imperador da Áustria, viveu para ver a derrota de Napoleão e reinou até 1835, quando foi sucedido por seu moderado e simplório filho Ferdinand. Seu neto Franz Joseph se tornou imperador em 1848, um ano de revoluções em toda a Europa, quando a dinastia cambaleou e o Império Austríaco quase se esfacelou. Seu tio Ferdinand foi persuadido a abdicar, e o pai de Franz Joseph, apenas um pouco mais competente do que o irmão (que tinha o apelido "O Bom" porque ninguém conseguia imaginar outro) concordou e também se afastou. (Os Habsburgos tratavam com rigor e sem piedade as frequentes consequências de uniões consanguíneas.) Consta que o novo Imperador, que acabara de completar dezoito anos, comentou: "Adeus, mocidade."[7]

Era um homem elegante e digno, que se conservou esbelto até o fim de seus dias, mantendo uma postura ereta própria dos militares. Seus tutores lhe impuseram um programa de matérias que envolvia história, filosofia e teologia, além de idiomas, que incluíam o alemão, sua primeira língua, italiano, húngaro, francês, tcheco, polonês, croata e latim. Felizmente sua memória era excelente, tanto quanto sua capacidade de trabalho. Dedicava-se aos estudos com determinação. Em seu diário, escreveu, em 1845, "É meu aniversário e, mais importante ainda, são só quinze anos. Quinze anos de idade – e tenho pouco tempo para completar minha educação! Preciso realmente melhorar e me comportar bem!"[8] Esse forte senso de dever o acompanhou a vida

A Primeira Guerra Mundial – que acabaria com as guerras

O Imperador Franz Joseph da Áustria-Hungria governou um Império em declínio e tumultuado no coração da Europa (1848-1916). Com firme senso de dever, sua vida foi marcada por rotinas rígidas e trabalho incessante.

inteira. Daí, depois dos acontecimentos de 1848, o ódio a revolução e a determinação de preservar a dinastia e seu Império. Entretanto, não era um revolucionário, aceitava com certa dose de fatalismo as mudanças que ocorriam e as que viriam no futuro. Essas mudanças seriam a perda gradual da maior parte de seus territórios na Itália e, em seguida, depois da derrota para a Prússia em 1866, a exclusão da Áustria da Confederação Alemã.

Aos poucos seu Império encolhia, mas Franz Joseph conseguiu conservar o status de seus grandes antecessores. Só em Viena possuía dois palácios: o gigantesco Hofburg e o Schönbrunn, seu favorito, construído por Maria Theresa como palácio de verão (com 1.400 aposentos e um grande parque). O conde Albert von Margutti, que foi ajudante de ordens do Imperador por quase duas décadas, recordou seu primeiro encontro: "Subi com o coração aos saltos a que é conhecida no Hofburg como 'a Escada da Chancelaria,' um enorme lance de degraus que leva à antessala do salão de audiências." Guardas em magníficos uniformes postavam-se no topo da escadaria, enquanto a porta que conduzia à presença do Imperador era flanqueada por dois oficiais com espadas desembainhadas. "Tudo com precisão de

A lealdade dos nibelungos: Áustria-Hungria e Alemanha

relógio e quase silenciosamente. Apesar de tantas pessoas presentes, o silêncio aumentava a imponência do momento."[9]

No íntimo de sua grandeza, era um homem que gostava de comida simples, de rotinas previsíveis e, para relaxar, de caçar e atirar. Era um bom católico, mas sem exageros. Como seus colegas soberanos Nicholas II e Wilhelm II, Franz Joseph adorava a vida militar e quase sempre se apresentava em uniforme. Como eles, ficava furioso quando detalhes do uniforme estavam errados. Fora isso, era invariavelmente polido com todos, embora sempre consciente de sua posição. Só apertou a mão de Margutti uma vez, para cumprimentá-lo pela promoção. (Margutti sempre lamentou ninguém da corte ter presenciado esse momento.)[10] Franz Joseph achava a arte moderna esquisita, mas seu senso de dever o levava às exposições de arte e à inauguração de prédios, especialmente os vinculados à casa real.[11] Seu gosto por música variava de marchas militares a valsas de Strauss e, embora gostasse de teatro e, vez ou outra, das atrizes mais bonitas, preferia as músicas mais antigas de sua preferência. Não gostava de impontualidade, de gargalhadas e de gente que falava muito.[12] Tinha senso de humor, mas de tipo especial. Subira nas pirâmides do Egito, como escreveu à esposa, Imperatriz Elisabeth, com a ajuda de guias beduínos. "Como quase todos vestem apenas uma camisa quando estão subindo, ficam muito expostos, e essa deve ser a razão de as mulheres inglesas ficarem tão felizes e gostarem tanto quando escalam as pirâmides."[13]

Em seus últimos dias, Franz Joseph dormiu em cama de campanha militar extremamente rústica, ou, como disse Margutti, "em penúria absoluta." Seguia uma rotina rígida e espartana, acordando pouco depois das quatro da manhã e tomando um banho frio. Bebia um copo de leite e ficava trabalhando a sós até sete ou sete e meia, quando começava as reuniões com seus assessores. Das dez às cinco ou seis da tarde, recebia seus ministros e dignitários, como embaixadores, e só interrompia o trabalho por meia hora para comer, sozinho, um leve lanche. À noite jantava a sós ou com convidados. Detestava perder tempo e insistia que as refeições fossem servidas rapidamente. Por essa razão, os membros mais jovens da família muitas vezes não tinham tempo de comer antes de a refeição terminar. A menos que houvesse uma recepção ou um baile, estava na cama às oito e meia. Apesar da programada simplicidade de sua vida, possuía forte senso da própria dignidade e do respeito que lhe era devido.[14]

Franz Joseph adorava sua mãe, mulher de vontade forte. "Existe na terra pessoa mais querida do que nossa mãe?" – perguntou ao saber que a mãe de Wilhelm morrera. "Não importam as divergências que nos separam, mãe é sempre mãe e quando a perdemos, com ela sepultamos boa parte de nós."[15] Sua vida pessoal era complicada e muitas vezes triste. Seu irmão, Maximilian, fora executado no México após

O Imperador Franz Joseph da Áustria-Hungria manteve longa e romântica ligação com uma atriz vienense, Katharina Schratt (esquerda). Sua vida pessoal foi marcada por frequentes tragédias, entre elas a execução de seu irmão Maximilian no México, o suicídio de seu filho e herdeiro Rudolph e o assassinato de sua esposa e do novo herdeiro Franz Ferdinand. Nesta foto aparece com Katharina às vésperas da Grande Guerra em seu refúgio favorito perto de Viena, Bad Ischl, quando a saúde do Imperador não era boa.

A Imperatriz Elisabeth (direita), esposa de Franz Joseph da Áustria-Hungria, uma das mulheres mais belas da Europa, era fanática por exercícios e dietas para conservar a beleza. Embora encantadora e, quando queria, pudesse ajudar o marido, detestava a rigidez das cerimônias da corte e passava muito tempo longe dele, viajando. Em 1898, um anarquista a esfaqueou no coração, mas o espartilho estava tão apertado que ela não morreu de imediato.

A lealdade dos nibelungos: Áustria-Hungria e Alemanha

tentativa fracassada de lá estabelecer um reino, e a viúva enlouquecera. Seu único filho, Rudolf, jovem difícil e infeliz, cometera suicídio ao lado de sua amante adolescente no pavilhão de caça em Mayerling. As autoridades encobriram o escândalo, mas isso não impediu que circulassem rumores, muitos deles envolvendo teorias conspiratórias. Franz Joseph superou o momento como sempre fazia, mas escreveu à atriz Katharina Schratt, talvez sua amiga mais íntima, dizendo que "as coisas nunca mais serão as mesmas."[16] Para aumentar seus problemas, seu provável herdeiro seria o sobrinho Franz Ferdinand, de quem particularmente não gostava.

Havia muito tempo o casamento de Franz Joseph deixara de contentá-lo. Adorara Elisabeth, sua prima, com quem casara quando tinha apenas dezessete anos, mas as coisas não evoluíram bem. Elisabeth era encantadora, vivaz e alegre, mas, como se ainda fosse menina, era deliciosamente geniosa e impulsiva. Infelizmente, nunca amadureceu. Odiava a corte, as cerimônias e as obrigações e fazia o possível para evitá-las. Entretanto, podia, quando tinha vontade, ajudar o marido. Tanto encantou os húngaros, aprendendo sua língua e usando seu traje nacional tradicional que eles presentearam o casal real com um palácio de verão perto de Budapest. Ela gostava de cavalgar, de viajar e de si mesma. Embora fosse opinião geral que era bonita, sempre estava preocupada com sua aparência. Fez um álbum com fotografias das mais bonitas mulheres da Europa, mas isso só serviu para fazê-la chorar.[17] Ao longo de toda a vida fez exercícios fanaticamente e comeu o mínimo possível. "Sua cintura," anotou a Rainha Victoria em seu diário, "é menor que nenhuma outra que se possa imaginar."[18] Em1898, quando o assassino anarquista golpeou Elisabeth no coração, ela não morreu de imediato porque o espartilho estava tão apertado que ela sangrou muito lentamente.

Franz Joseph trabalhava firme e metodicamente em pilhas de documentos como se, de alguma forma, pela dedicação ao trabalho pesado e atenção a detalhes pudesse adiar o caos e preservar a unidade de seu Império. "Que Deus nos ajude," gostava de dizer, "se um dia cairmos nas mãos das raças latinas."[19] À medida que corriam os anos de seu longo reinado, cada vez mais ele se via na posição de alguém tendo que montar dois cavalos que não combinavam. A Hungria, com seu longo passado como reino independente, sempre ficara em posição incômoda sob a coroa Habsburg. A aristocracia húngara e os nobres de menor expressão que dominavam a sociedade e a política eram extremamente cônscios

224 A Primeira Guerra Mundial – que acabaria com as guerras

de seu próprio idioma (diferente de quase qualquer outro do mundo), história e cultura, e se orgulhavam profundamente de sua constituição e legislação. Nos anos revolucionários de 1848-9, tentaram, sem sucesso, a independência da Hungria. Em 1867, se aproveitaram da esmagadora derrota sofrida pelo Império Austríaco diante da Prússia para negociar um novo acordo com o imperador, o famoso "Compromise."

Surgiu uma nova entidade cujo nome diz tudo: Áustria-Hungria, ou Monarquia Dual. Tratava-se de uma parceria entre Hungria, que incluía a Transilvânia, Eslováquia e Croácia, e os remanescentes territórios dos Habsburgos a oeste, que se convencionou chamar de Áustria, estendendo-se do Adriático e dos Alpes até o extinto reino da Polônia e, mais para leste, até a fronteira com a Rússia. Cada parte administraria seus próprios assuntos, com parlamento, ministros, burocracia, forças armadas e tribunais próprios. As únicas atividades que continuavam compartilhadas eram assuntos exteriores, defesa, e finanças para pagar as outras duas. Cada uma tinha seu próprio ministro de cada área que se reuniam exclusivamente; e os três da área comum se reuniam como conviesse. A única outra ligação era o próprio Imperador, ou como era chamado na Hungria, o Rei. Percebe-se que a Monarquia Dual não era propriamente um compromisso, mas muito mais uma negociação interminável. Delegações indicadas por cada parlamento se reuniam uma vez por ano para negociar acordos sobre tarifas comuns como, por exemplo, para ferrovias. Porém, por insistência dos húngaros, só se comunicavam por escrito, para evitar a noção de que era um governo compartilhado. Questões financeiras e comerciais eram renegociadas a cada dez anos e usualmente eram fonte de dificuldades.

De todas as principais potências europeias, a Áustria-Hungria era a que possuía mecanismos mais pobres para troca de informações entre ministérios e coordenação de políticas. É verdade que os três ministros de áreas comuns se reuniam de tempos em tempos com os primeiros-ministros da Hungria e da Áustria, mas, embora discutissem assuntos externos e de defesa, não atuavam como um executivo. Entre o outono de 1913 e o começo da crise de julho em 1914, o Conselho de Ministros Comuns, como era conhecido, se reuniu apenas três vezes e somente para tratar de assuntos relativamente triviais. Tampouco o Imperador se encarregava da política global ou levava alguém a fazê-lo. Franz Joseph só falava com os ministros separadamente e apenas para tratar de suas áreas de responsabilidade. Embora mantivesse sua inflexível rotina de trabalho, estava envelhecendo. Em 1910 completou oitenta anos, e a

A lealdade dos nibelungos: Áustria-Hungria e Alemanha

saúde, até então muito boa, começava a falhar. Quando chegou o tempo de guerra, estava cada vez mais afastado das vistas do povo, isolado no Palácio Schönbrunn e relutando em intervir nas disputas entre seus ministros. O vácuo de liderança significava, entre outras coisas, que personagens e departamentos mais influentes estavam frequentemente ditando a política, e em áreas fora de suas jurisdições.[20]

Inicialmente os húngaros ficaram muito contentes com o Compromise e prepararam um novo prédio em Budapest para o Parlamento. "Não há tempo para hesitação, estimativas e parcimônia," disse o primeiro-ministro, e o arquiteto húngaro levou suas palavras ao pé da letra. Os prédios do Parlamento húngaro, que aplicaram todos os estilos arquitetônicos e recursos ornamentais, do gótico ao renascentista e ao barroco, empregando 84 libras de ouro em sua decoração, eram os maiores do mundo ao ser concluídos. O que acontecia dentro era imenso de outra maneira. A política era um esporte nacional, e os húngaros jogavam para ganhar uns contra os outros com retórica mordaz e até desafios para duelos, e, quando isso não funcionava, contra Viena.[21] Algumas das piores cenas ocorreram durante a longa e amarga crise entre Budapest e Viena, a propósito do exército conjunto.

Sucessivos líderes políticos húngaros e seus seguidores exigiam uma série de medidas para tornar grande parcela do exército da Monarquia Dual mais húngara, com regimentos exclusivamente húngaros, comandados por oficiais que falassem húngaro e desfraldassem a bandeira húngara. Essa demanda ameaçava a eficiência e a unidade do exército, além de, como assinalou o adido militar francês, não haver suficientes oficiais que dominassem o idioma húngaro. Quando, em 1903, tentando acalmar a situação, Franz Joseph emitiu uma declaração anódina, afirmando que suas forças armadas eram movidas por um espírito de unidade e harmonia, tratando todos os grupos étnicos com respeito, simplesmente jogou mais lenha na fogueira criada pelos nacionalistas húngaros em Budapest. Em húngaro, "étnico" equivalia a "tribal" e foi tomado como insulto mortal.[22] O Parlamento húngaro paralisou os trabalhos legislativos e as negociações entre Budapeste e Viena foram suspensas. No fim de 1904, quando o primeiro-ministro húngaro István Tisza (que estaria de novo no cargo em 1914) tentou retomar as conversas, a oposição invadiu a Câmara armada com porretes, soqueiras e revólveres, quebrando o mobiliário e surrando os guardas do Parlamento. Embora vencesse a eleição seguinte, a oposição se recusou a assumir seus cargos até que Franz Joseph atendesse suas exigências sobre o exército, pretensão que ele não quis atender. O impasse perdurou até 1906, quando o Imperador ameaçou introduzir o sufrágio universal na Hungria e a oposição se esfacelou.

Afinal, os húngaros também tinham seus problemas de nacionalidade, até então administrados com sucesso. Húngaros, ou magiares como gostavam de ser chamados, constituíam apenas uma modesta maioria dentro das fronteiras húngaras, mas o voto restrito lhes permitira conquistar quase todos os assentos no parlamento. Em 1900, os movimentos nacionalistas – sérvio, romeno, croata – estavam incendiando a Hungria, alimentados pela falta de poder e ressentidos pelo fato de o governo estimular a língua húngara nas escolas e nas repartições. Também eram copiados por movimentos nacionalistas que progrediam em outras partes, tanto no interior da Áustria-Hungria quanto em volta de suas fronteiras. Em 1895, reuniu-se em Budapest um Congresso de Nacionalidades, exigindo que a Hungria se tornasse um estado multinacional. Os húngaros reagiram alarmados e furiosos. Mesmo o relativamente liberal Tisza se negou a aceitar que houvesse outras nações com aspirações nacionais legítimas dentro da Hungria. Em sua opinião, os romenos, com exceção dos extremistas, eram como os camponeses de sua propriedade e sabiam que precisavam trabalhar com os húngaros: "Sei que são dóceis, pacíficos, respeitam os cavalheiros e são gratos pelo bom tratamento."[23]

Em toda a Monarquia Dual, a crescente maré nacionalista gerou intermináveis e insolúveis brigas por escolas, empregos e até sinalização de ruas. A questão do censo pedindo às pessoas para declarar a língua-mãe se transformou em indicador vital do poder de uma nacionalidade e grupos nacionais se pronunciaram insistindo em "respostas corretas." Os movimentos nacionalistas frequentemente se sobrepunham com questões econômicas e de classe. Por exemplo, camponeses romenos e rutenos desafiavam seus patrões húngaros e poloneses. Todavia, era tão grande a força do nacionalismo que as diversas classes, as quais em outros países formavam partidos socialistas, liberais ou conservadores, lá se dividiram por nacionalidade.

Tão mesclada foi a população da Áustria-Hungria ao longo dos séculos de história, que quase todas as localidades tinham suas próprias lutas nacionalistas. Na Eslovênia, italianos contra eslovenos; na Galícia, poloneses contra rutenos; e, ao que parece, alemães contra todos, quer italianos no Tirol, quer tchecos na Boêmia. Em 1895, o governo austríaco caiu, porque os de língua alemã protestaram contra aulas paralelas em esloveno numa escola secundária; dois anos depois, um conflito entre tchecos e alemães por causa do uso do idioma tcheco nos órgãos do governo na Boêmia e na Morávia provocou violência nas ruas e a queda de outro primeiro-ministro; e em 1904, ocorreram violentas manifestações de alemães quando uma faculdade de direito italiana foi criada em Innsbruck. Novas estações ferroviárias continuavam sem nome, porque não se chegava a um acordo sobre o idioma a ser usado. Talvez não tenha sido acidental um vienense, Sigmund Freud, ser o primeiro a ventilar a noção do narcisismo de pequenas diferenças. Como ele escreveu em *Civilization and Its Discontents*, são precisamente as comunidades em territórios contíguos e que também se relacionam por outros meios que estão envolvidas em disputas constantes e se ridicularizam reciprocamente..."[24]

"Um ar de irrealidade impregnava tudo," disse Henry Wickham Steed, jornalista inglês que trabalhava em Viena. "A atenção popular se fixava em coisas sem a menor importância – uma rixa na ópera entre um cantor alemão e um tcheco, uma agitação no Parlamento pela indicação de um obscuro funcionário na Boêmia, as últimas atrações na última ópera bufa ou a venda de tíquetes para um baile de caridade."[25] A geração mais jovem ficava entediada e cética em relação à política e aderia a novos movimentos políticos que prometiam limpar a casa, por meios violentos se necessário. A Áustria-Hungria estava enfraquecendo, e sua posição no cenário internacional prejudicada pela "solução imperfeita de seu problema com as nacionalidades," escreveu em 1899 a seu primo o futuro ministro do Exterior austro-húngaro Alois von Aehrenthal. "O defeito hereditário do austríaco – o pessimismo – já está tomando conta da juventude e ameaçando reprimir todo impulso idealista."[26]

Diferenças nacionais levavam não apenas à quebra da civilidade nas ruas, mas também a impasse cada vez mais acentuado nos parlamentos da Monarquia Dual. Os partidos políticos, em geral divididos segundo linhas linguísticas e étnicas, estavam interessados principalmente em defender o interesse de seu próprio grupo e em bloquear o dos outros. Deputados tocavam cornetas, repicavam sinos, soavam gongos e jogavam vidros de tinta e livros para silenciar os adversários. A obstrução se transformou em prática usual e, numa das mais famosas, um deputado alemão falou por doze horas seguidas durante uma discussão para impedir que os tchecos tivessem o mesmo status dos alemães na Boêmia e na Morávia. "Em nosso país," escreveu um aristocrata conservador a um amigo, "um otimista deve se suicidar."[27] De alguma forma, o governo

A Primeira Guerra Mundial – que acabaria com as guerras

conseguia sobreviver, usando seus poderes de emergência. Quando estourou a guerra em 1914, o parlamento austríaco estava fechado havia vários meses e só voltaria a se reunir na primavera de 1917.

O nacionalismo também subverteu a burocracia, quando as nomeações se tornaram instrumento de recompensa para seguidores. Por conseguinte, o tamanho e o custo da burocracia subiram brutalmente, Entre 1800 e 1911, houve um aumento de 200% no número de burocratas, em sua maior parte por nomeações recentes. Só na Áustria, havia um efetivo de 3 milhões de servidores civis para uma população de 28 milhões. Mesmo os documentos com as decisões mais simples eram embrulhados em fita vermelha ou, na verdade, em cordel colorido, preto e amarelo para assuntos imperiais, vermelho, branco e verde para a Hungria e, quando havia como anexo, marrom e amarelo para a Bósnia. Um simples pagamento de imposto em Viena passava pelas mãos de 27 funcionários diferentes. Na província da Dalmácia, no Adriático, uma comissão criada para propor medidas que melhorassem a burocracia descobriu que a coleta de impostos diretos custava o dobro do que era arrecadado. A comissão traçou um quadro desanimador da ineficiência e do desperdício em todo o país. Esperava-se que os servidores civis, por exemplo, trabalhassem cinco a seis horas diárias, mas na verdade poucos cumpriam essa obrigação. No Ministério do Exterior, um funcionário novo disse que raramente recebia mais do que três ou quatro pastas por dia para processar e que ninguém se importava se chegasse tarde ou saísse antes da hora. Em 1903, a embaixada inglesa teve de esperar dez meses para conseguir uma resposta sobre tarifa incidente sobre o uísque canadense. "Se continuar nesse ritmo, a lentidão neste país logo rivalizará com a da Turquia," reclamou com Londres um diplomata inglês.[28]

Não surpreende que o povo visse a burocracia como um cavalo velho e alquebrado, mas ia muito além de simples piada. O desprezo pelo que Karl Krauss, vienense mordaz, chamou *Bürokretinismus*, minou ainda mais a confiança do povo no governo. E o custo da burocracia resultava, entre outras coisas, em menos dinheiro para as forças armadas, que, de qualquer maneira, continuavam atrapalhadas nas disputas políticas sem fim. Até 1912, o parlamento húngaro se recusou a aprovar um aumento de recursos e do efetivo anual de conscritos, a menos que as forças armadas fizessem concessões em questões como o idioma. Foi preciso uma crise nos Balcãs às portas da Monarquia Dual para permitir um aumento modesto. Mesmo assim, em 1914, a Áustria-Hungria gastava menos com seu exército do que

A lealdade dos nibelungos: Áustria-Hungria e Alemanha

a Inglaterra (de longe, o menor exército entre todas as potências europeias). O orçamento total de defesa da Monarquia Dual era bem inferior à metade do mesmo da Rússia, seu mais poderoso inimigo.[29]

De forma nenhuma a Áustria-Hungria era o cadáver no Danúbio, como alguns em sua aliada Alemanha gostavam de chamá-la, mas, sem dúvida, estava doente. Várias soluções foram consideradas e recusadas ou julgadas inviáveis. Durante a crise com a Hungria na questão do idioma e do exército, os militares da Monarquia Dual traçaram planos para emprego de tropas na Hungria, mas o Imperador se recusou a admiti-los.[30] A esperança de estruturar uma burocracia de feição realmente nacional e acima da política fracassou diante da inércia e da resistência dos nacionalismos. Tentou-se na Áustria o sufrágio universal como forma de aproximar as massas da Coroa, mas serviu apenas para proporcionar mais eleitores para os novos e populares partidos nacionais. Também se pensou no "trialismo," novo tipo de acordo com os eslavos do sul, termo cada vez mais utilizado para se referirem aos sérvios, eslovenos e croatas no sul do território da Monarquia Dual, assim como aos que habitavam nos Balcãs. Um bloco de eslavos do sul poderia contrabalançar Áustria e Hungria e satisfazer as pretensões nacionalistas desse segmento da população. Foi rejeitado de imediato pelos húngaros. Para muitos, a derradeira esperança era o herdeiro do trono, Franz Ferdinand, relativamente jovem, dinâmico e, sem dúvida, cheio de ideias, autoritário e reacionário. Talvez pudesse voltar ao passado, realizar mudanças e retornar a Monarquia Dual a uma autocracia autêntica, com um governo central forte. Sem dúvida ele tinha todo o jeito de governante capaz de desempenhar papel decisivo.

Franz Ferdinand era alto, simpático, com olhos grandes e expressivos, além de uma voz poderosa e dominante. Embora seu bigode não rivalizasse com o de Wilhelm, também terminava em pontas cuidadosamente recurvadas. Sua vida privada, depois das naturais indiscrições da juventude, era impecável. Casara por amor e era marido e pai dedicado. Gostava de coisas bonitas e fez muito para salvar a herança arquitetônica da Áustria-Hungria. Era intelectualmente curioso e, ao contrário do tio Imperador, lia os jornais de ponta a ponta. Também era ambicioso, exigente e intolerante. Era conhecido por perturbar vendedores de pinturas e peças de mobília quando as desejava. Era implacável com os subordinados, mesmo quando se tratava dos menores enganos. Entre outros, odiava judeus, maçons e qualquer um que criticasse ou desafiasse a Igreja católica, à qual era absolutamente devotado. Também amaldiçoava húngaros ("traidores") e sérvios ("porcos"). Como costumava dizer, deviam ser esmagados. Havia algo de exagerado em seus prazeres e ódios. Quando caçava, preferia que a caça fosse canalizada em sua direção, para que pudesse continuar atirando até o cano da arma ficar rubro de calor. Fala-se que certa vez exigiu que um bando de 200 cervos fosse reunido, quando, além deles, matou por engano um dos batedores.[31]

Não se esperava que se tornasse herdeiro do trono, mas, com a execução de seu tio Maximilian no México, o suicídio do primo Rudolf e a morte de seu pai, vítima da febre tifoide ao beber água do rio Jordão na Terra Santa, em 1896, aos trinta e três anos, passou a ser o herdeiro mais aceitável. (O irmão mais moço de Franz Joseph, Ludwig Victor, ainda era vivo, mas estava constantemente envolvido em escândalos além da conta.) O próprio Franz Ferdinand estivera gravemente doente com tuberculose pouco antes da morte do pai e ficara desapontado ao ver as pessoas cortejando seu irmão mais moço. Recuperou-se depois de uma viagem marítima e continuou saudável até 1914.

O Imperador não dava muita atenção a seu novo herdeiro, e suas relações pioraram em 1900, quando Franz Ferdinand insistiu em casar com a condessa Sophie Chotek. Era bonita, tinha boa reputação e vinha de família aristocrata da Boêmia, mas não tinha status compatível com um Habsburg. Embora acabasse cedendo, o Imperador impôs algumas condições: Sophie não teria os privilégios de uma duquesa Habsburg e seus filhos não concorreriam ao trono. Esse menosprezo, que gerou amargo ressentimento, e a indiferença demonstrada pelo tio em relação às suas opiniões fortaleceram o senso de insegurança já bastante desenvolvido de Franz Ferdinand. "O arquiduque sente," afirmou um de seus leais ajudantes, "que é subestimado, e disso resulta uma compreensível inveja de altas autoridades, que desfrutam elevado prestígio, no exército e na vida pública."[32] Talvez por isso seu temperamento, sempre agressivo, se tornou incontrolável. Corriam rumores de que atirava a esmo com seu revólver, de que havia auxiliares que na verdade eram enfermeiros e circulava uma história, contada pelo embaixador inglês em Viena, de que o imperador estava pensando em ultrapassá-lo na cadeia de sucessores por não estar convicto de sua sanidade.[33]

Verdadeira ou não a notícia, e sempre circularam rumores sobre os Habsburgos, o fato é que Franz Joseph aos poucos foi atribuindo maiores responsabilidades a Franz Ferdinand. Providenciou para ele

A lealdade dos nibelungos: Áustria-Hungria e Alemanha

um adorável palácio barroco, o Belvedere, permitiu que tivesse seu próprio gabinete militar e, em 1913, o fez Inspetor Geral das Forças Armadas, com a consequente ampla liberdade para tratar com os militares, embora Franz Joseph continuasse na posição de comandante em chefe. O Belvedere praticamente se transformou em uma segunda corte, quando Franz Ferdinand estabeleceu sua própria rede de políticos, burocratas, oficiais e jornalistas. Lá desenvolveu suas ideias para salvar a Monarquia Dual: centralizar o poder e as forças armadas, descartar o Compromise com a Hungria e criar uma federação que incluísse húngaros, alemães, tchecos, poloneses e eslavos do sul. Não tinha simpatia especial pelas instituições parlamentares e, se tivesse oportunidade, governaria sem elas. O conde Ottyokar Czernin, que viria a ser ministro do Exterior durante a guerra, duvidava que tivesse êxito: "A estrutura da monarquia que ele tanto desejava fortalecer e apoiar já estava tão abalada que não resistiria a grandes inovações e, não fosse a guerra, provavelmente uma revolução a teria derrubado."[34]

Em política externa, a preferência de Franz Ferdinand era pela manutenção de uma aliança com a Alemanha e de relações mais próximas com a Rússia, a outra grande monarquia conservadora. Por ele, ficaria contente em terminar a aliança com a Itália, que odiava por uma série de razões, desde o tratamento que recebia do Papa à absorção do Reino das Duas Sicílias, que fora governado por seu avô.[35] Embora se comentasse que era belicoso, na verdade ele era mais cauteloso do que geralmente podia parecer, pois sabia perfeitamente que a Áustria-Hungria estava fraca e dividida por demais para correr o risco de empreender uma política exterior agressiva. Presciente, chegou a dizer ao ministro do Exterior em 1913, por ocasião da última crise balcânica antes da Grande Guerra:

> Sem desistir de tudo, devemos fazer todo o possível para preservar a paz! Seria uma catástrofe se entrássemos em uma guerra geral contra a Rússia, e ninguém sabe como reagirão os flancos direito e esquerdo. A Alemanha tem de cuidar da França, e a Romênia vai usar o pretexto da ameaça búlgara. Portanto, este é um momento muito desvantajoso. Se travarmos uma guerra especificamente contra a Sérvia, rapidamente superaremos aquele bando, mas e depois? E o que lucraríamos? Em primeiro lugar a Europa cairá em cima de nós, dizendo que somos perturbadores da paz, e, que Deus nos ajude, será pior se anexarmos a Sérvia.[36]

Uma das menores tragédias do verão de 1914 foi o fato de os sérvios nacionalistas, ao assassinarem Franz Ferdinand, terem eliminado o único homem na Áustria-Hungria capaz de impedi-la de ir à guerra. Nunca saberemos o que teria acontecido, e pode ser que, em tempos de crescente intransigência nacionalista, o Império multinacional fosse destruído mesmo sem guerra.

No Império Austro-Húngaro, suas políticas interna e externa estavam intimamente ligadas e condicionadas às forças nacionalistas com as quais se confrontava. Embora outrora tivesse conseguido manter sob controle alemães, italianos e eslavos do sul, na segunda metade do século XIX estava na defensiva, tentando evitar que grupos nacionalistas ao longo de suas fronteiras se apossassem de seu território. A unificação da Itália, passo a passo, se apoderara da maior parte de áreas da Áustria-Hungria onde se falava italiano, e irredentistas dessa nacionalidade ainda estavam de olho no Tirol. As ambições sérvias agora ameaçavam fazer o mesmo em territórios sul-eslavos, onde se incluíam a Croácia e a Eslovênia, no sul da Monarquia Dual. Nacionalistas romenos aspiravam a partes da Transilvânia onde se falava o romeno. Por fim, havia os agitadores russos que aliciavam a população da Rutênia na parte oriental da Galícia, tentando convencê-la de que na verdade pertencia à Rússia. E o problema ficava mais grave à medida que grupos nacionalistas fora da Áustria-Hungria estreitavam cada vez mais as ligações com seus compatriotas dentro do que alguns estavam começando a usar o nome de "prisão de nações."

Pessimistas – ou talvez simplesmente realistas – na Áustria-Hungria acreditavam numa tentativa de manter o *statu quo* e impedir novas divisões internamente, aceitando o declínio externo. O Imperador com certeza estava nesse campo. Assim procedeu o conde Agenor Goluchowski, ministro do Exterior até 1906. Era simpático, encantador, um tanto preguiçoso (seu apelido era Goluchschlafski – *schlaf* significa sono – por causa de seu habitual ar de sonolência) e pragmático. Conhecia muito bem a fraqueza austro-húngara e acreditava em uma política exterior serena, sem iniciativas repentinas ou perturbadoras. Sua política se baseava na opinião de que o Império Austro-Húngaro precisava conservar a Tríplice Aliança com a Alemanha e a Itália, manter boas relações com a Rússia, evitar se retirar dos Balcãs e tropeçar no Império Otomano e, se possível, preservar os acordos com a Inglaterra e a Itália no Mediterrâneo.

A lealdade dos nibelungos: Áustria-Hungria e Alemanha

Os otimistas achavam que a Monarquia Dual precisava e realmente podia mostrar que ainda era uma grande potência e, ao fazê-lo, assegurar a unidade nacional. Lamentavam a debilidade da Áustria-Hungria internamente e junto aos vizinhos, além de sua incapacidade de entrar na disputa por colônias mundo afora. O embaixador austríaco em Washington, diplomata experiente, em 1899 escreveu a um colega:

> A forma como vem evoluindo a política de grandes potências a propósito de questões fora da Europa está nos eliminando como vetor de poder. Ao longo de nossa vida, os problemas tratados por nossa política nos anos 1880 ficaram obsoletos, assim como nosso domínio sobre a Itália nos anos 1850 e a rivalidade com a Prússia nos 1860, Ninguém está feliz. Ao contrário do que acontecia no período anterior, só podemos pensar em manter nosso *statu quo* e nossa única ambição é sobreviver.

E concluiu melancolicamente: "Nosso prestígio afundou ao ponto de chegarmos ao nível da Suíça."[37] Entretanto, mesmo assim, batiam à porta da Áustria-Hungria as tentações de conquista na área dos Balcãs e talvez mais além, na costa da Ásia menor, com o declínio do Império Otomano.[38]

—

SETE ANOS MAIS TARDE, quando a situação da Áustria-Hungria era ainda pior, Conrad von Hötzendorf, novo Chefe do Estado-Maior e um dos homens mais influentes na Monarquia Dual, expôs sua opinião sobre política externa. A Áustria-Hungria precisava ser mais enérgica e positiva para mostrar ao mundo que devia ser levada a sério e, igualmente importante, instilar orgulho em seus próprios cidadãos e superar as preocupantes divergências domésticas. Êxitos no exterior, aí incluído sucesso no campo militar, resultariam em maior apoio interno ao governo, que, por sua vez, geraria maior apoio geral a uma política exterior mais agressiva. O único desfecho admissível, se o Império pretendia sobreviver, dependia de forças armadas poderosas. Como assinalou Conrad alguns anos depois: "Devemos sempre ter em mente que o destino das nações e das dinastias é decidido nos campos de batalha e não na mesa de conferência."[39]

Ele não era o único com essa opinião, compartilhada por muitos militares dos mais altos postos em toda a Europa. O que tornava a situação diferente era o fato de ele poder, combinando sua personalidade com a

A Primeira Guerra Mundial – que acabaria com as guerras

O conde Franz Conrad von Hötzendorf via sua nação cercada por inimigos, desde a Itália e a Sérvia ao sul, à Rússia no leste. Suas recomendações por ocasião das diversas crises antes de 1914 eram invariavelmente pela guerra.

incoerência do governo austro-húngaro, exercer grande influência sobre as duas políticas, a interna e a externa. Não considerando intervalo de um ano em 1912, ele foi Chefe do Estado-Maior de 1906 a 1917 com as crescentes crises do pré-guerra, a corrida armamentista, o estreitamento de alianças, mais adiante as semanas cruciais de 1914 que levaram o mundo à guerra e, por fim, o próprio período de guerra, quando a Áustria-Hungria guinava de um desastre para outro.

Tinha cinquenta e quatro anos quando se tornou o mais importante chefe militar da Monarquia Dual, depois de Franz Joseph. Era servidor devotado ao Império e ao Imperador. Nascido em Viena, vindo de família de língua alemã, como tantas do velho Império, Conrad aprendeu diversos idiomas ao longo da carreira, como francês, italiano, russo, sérvio, polonês e tcheco. Achava que falar várias línguas fazia parte do que ele considerava ser austríaco. (Quando se tornou Chefe do Estado-Maior, frequentou a escola Berlitz de línguas para também aprender húngaro; Franz Ferdinand disse que seria melhor ele aprender chinês.[40])

Conrad era ativo, autoconfiante e vaidoso (se pudesse, nunca usava óculos). Tinha muita energia e resistência, montava muito bem, sempre importante para oficiais de exércitos europeus da época.

A lealdade dos nibelungos: Áustria-Hungria e Alemanha

Quando queria, sabia ser encantador e também gostava de fazer as coisas a seu modo. Seus subordinados em geral gostavam dele, mas frequentemente discutia com seus pares e superiores, inclusive Franz Ferdinand, que o pusera no cargo. O currículo de Conrad era relativamente modesto, sobretudo comparado com os de outros oficiais de alta patente (seus pais eram da nobreza de menor nível, e o pai de sua mãe era pintor) e ele progredira no exército por sua própria inteligência e seu trabalho árduo. Esta última qualidade talvez tivesse sido instilada pela mãe, que sempre exigiu que terminasse o trabalho de casa antes de jantar. Ela continuou exercendo grande influência sobre ele e, com a filha, irmã de Conrad, foi morar com ele quando o marido morreu. Conrad gostava das mulheres e as respeitava. Tivera um casamento feliz. Quando, em 1904, sua esposa morreu relativamente jovem, aos quarenta e quatro anos, cerca de um ano antes de ele ascender a Chefe do Estado-Maior, ficou desolado. Teve o primeiro de uma série de ataques recorrentes de depressão. Nunca teve muita fé em religião e, ultimamente, se tornara cético com as promessas e alimentava dúvidas cada vez maiores sobre o significado da vida. Esse pessimismo o ameaçaria pelo resto da vida e soa estranho diante de seus repetidos apelos por ação positiva.[41]

Pelos padrões da época, Conrad era um oficial ligeiramente fora do convencional. Para ele, as caçadas eram monótonas e o impacientavam as formalidades. Também lia muito – história, filosofia, política, ficção – e formava opiniões firmes. Uma de suas principais crenças, compartilhada por muita gente da época, era que existir implicava uma luta permanente e que as nações surgiam e desapareciam dependendo de sua capacidade de adaptação. Esperava que a Áustria-Hungria conseguisse sobreviver, mas muitas vezes ficava em dúvida. Em política, era conservador e, como seu chefe Franz Ferdinand, anti-húngaro. Em política externa, porém, era audacioso e até imprudente. Via a Itália como grande e talvez a maior ameaça ao Império, a aliciar os cidadãos italianos do país e desafiar a Áustria-Hungria no Adriático e nos Balcãs. Quando a Rússia ficou enfraquecida após a Guerra Russo-Japonesa, pressionou o governo para empreender uma guerra preventiva contra a Itália. Depois de se tornar Chefe do Estado-Maior continuou insistindo nessa guerra. "A Áustria nunca começou uma guerra," disse Franz Ferdinand, e Conrad replicou, "Infelizmente, Majestade." Embora o Imperador e Franz Ferdinand rejeitassem a ideia de guerra contra a Itália, permitiram que Conrad aperfeiçoasse as fortificações da Áustria-Hungria no sul do Tirol, ao longo da fronteira com a Itália. Para tanto tiveram que desviar recursos destinados a modernizar e equipar as forças armadas do Império. Conrad também realizou exercícios ostensivos de estado-maior ao logo da fronteira, em um deles simulando a defesa austríaca diante da Itália ao longo do Rio Isonzo, que veio a ser, mais tarde, um dos mais sangrentos campos de batalha nesse front da Grande Guerra.[42]

Conrad olhava a Sérvia como outro inimigo. Passara a detestar os eslavos do sul que habitavam os Balcãs depois de servir na força que reprimiu rebeliões na Bósnia e Herzegovina no fim da década de 1870. Considerava seus povos primitivos, movidos por "sede de sangue e crueldade."[43] Como a Sérvia ficou mais forte e entrou na órbita da Rússia depois de 1900, Conrad também pediu uma guerra preventiva contra a Sérvia, mas até 1914 o imperador o conteve. Depois da Grande Guerra, Conrad alegou que a derrota da Áustria-Hungria foi o preço pago por perderem a oportunidade de ir à guerra contra a Sérvia e a Itália enquanto isso era possível. "O exército não é um extintor de incêndio, não se pode deixá-lo enferrujar até que labaredas tomem conta da casa. Ao contrário, é um instrumento a ser usado por políticos inteligentes, com objetivo definido, como derradeiro defensor de nossos interesses."[44]

A ânsia de Conrad de fazer algo dramático e de grande repercussão foi alimentada por uma perturbação em sua vida pessoal. Em 1907, se apaixonou perdidamente. Gina von Reininghaus era linda, com menos da metade de sua idade, tinha marido e seis filhos. Sentaram-se juntos em um jantar, e ele derramou suas tristezas pela morte da esposa e por sua solidão. De acordo com depoimento posterior de Gina, quando estava deixando o jantar Conrad se voltou para seu ajudante e disse que teria que deixar Viena imediatamente. "Essa mulher vai transformar meu destino." Em vez de partir, Conrad declarou seu amor e insistiu que ela se divorciasse e casasse com ele. Isso seria muito difícil (entre outras considerações, ela poderia perder a custódia dos seis filhos) e causaria um escândalo que a prejudicaria, e Gina resistiu. Entretanto, em algum momento nos anos seguintes, se tornaram amantes com a aquiescência do marido, que aproveitou a oportunidade para começar um caso ele próprio. Conrad lhe escreveu cartas apaixonadas, uma após outra, mas nunca enviou a maioria delas e jamais deixou de almejar tê-la como esposa. Durante a crise da Bósnia em 1908, escreveu que parecia uma guerra. Talvez ousasse sonhar que voltaria vitorioso. "Então, Gina, eu romperia todas as cadeias para fazer você, a maior felicidade de minha vida, minha esposa. Porém, se as coisas não caminharem desse jeito

A lealdade dos nibelungos: Áustria-Hungria e Alemanha

e essa paz miserável continuar? E então, Gina? Meu destino está em suas mãos, inteiramente em suas mãos." Ela leu a carta pela primeira vez em 1925, depois da morte de Conrad. Ele finalmente conseguiu a guerra que queria e casou com Gina em 1915, depois que mexeram os cordéis na cúpula para conseguir a anulação do casamento dela.[45]

Felizmente para a paz europeia em curto prazo, Conrad não conseguiu as guerras que desejou em 1908 e na sucessão de crises nos Balcãs entre 1911 e 1913. O Arquiduque também estava ficando desiludido com seu protegido e, talvez, com certo ciúme da reputação de Conrad como principal pensador militar e estrategista da Monarquia Dual. Conrad não lhe dispensava a necessária deferência e não gostava de receber ordens. Os dois divergiam no treinamento e no emprego do exército. Franz Ferdinand o empregaria tranquilamente contra a oposição interna, na Hungria e em qualquer outra parte, enquanto Conrad insistia que fosse preservado para guerras externas. O rompimento final ocorreu na questão da Itália, que em 1911 foi à guerra com o Império Otomano pela Líbia, e Conrad viu nesse evento a oportunidade perfeita para invadir a Itália enquanto suas forças se ocupavam no norte da África. O Imperador e seu herdeiro rejeitaram seu aconselhamento, assim como o ministro do Exterior, Aehrenthal. Quando surgiu em um jornal de Viena um artigo anônimo reproduzindo as ideias de Conrad e atacando Aehrenthal, o velho imperador sentiu que não tinha outra escolha, a não ser substituir seu Chefe de Estado-Maior. Contudo, ele não foi dispensado de vez, pois recebeu um cargo de prestígio no exército. Um ano depois voltou ao cargo de Chefe do Estado-Maior, mas Franz Ferdinand continuou a vê-lo com desconfiança, e, em 1913, escreveu ao novo ministro do Exterior, Leopold Berchtold alertando-o a não ser influenciado por Conrad. "Pois logicamente Conrad continuará a favor de todo tipo de guerra e de uma política bombástica a fim de subjugar os sérvios e só Deus sabe quem mais."[46]

Franz Joseph e Franz Ferdinand se preocupavam em defender o *status* de grande potência da Áustria-Hungria, mas eram essencialmente conservadores, tal como a maioria dos estadistas do Império em suas opiniões sobre política externa e preferiam a paz à guerra. Desde a guerra da década de 1860, em que fora derrotado, o Império Austro-Húngaro se concentrara em estabelecer alianças defensivas e tentar eliminar fontes de conflito com as demais potências. Por décadas seguidas manteve boas relações com seus dois vizinhos mais poderosos, a Alemanha a oeste e a Rússia a leste. Contribuía o fato de serem três monarquias conservadoras que se opunham à revolução, tal como tinham se comportado durante as guerras da Revolução Francesa, no Congresso de Viena em 1815, em 1830 e novamente em 1848. Bismarck criara a Liga dos Três Imperadores, que durou apenas até 1887, embora a ideia ressurgisse de tempos em tempos até 1907.

Em 1879 a Áustria-Hungria já mostrara quanto seria leal no longo prazo ao assinar uma aliança com a Alemanha, cujo principal objetivo era conter a Rússia. Os dois signatários se comprometiam a se ajudar mutuamente se a Rússia atacasse um ou outro. Permaneceriam neutros, "benevolentemente," se um terceiro país atacasse um deles, a menos que esse terceiro fosse apoiado pela Rússia. Nesse caso, interviria. O tratado, renovado de tempos em tempos, durou até o fim da Grande Guerra. O outro pacto importante celebrado pela Áustria-Hungria foi a Tríplice Aliança com Alemanha e Itália, assinado pela primeira vez em 1882 e que sobreviveu até a eclosão da guerra em 1914. Os signatários se comprometiam a ajudar a Alemanha e a Itália se um dos dois países fosse atacado pela França e se socorreriam mutuamente se um fosse atacado por duas ou mais potências.

Embora o preâmbulo descrevesse a Tríplice Aliança como "essencialmente conservadora e defensiva," o acordo contribuiu para a divisão da Europa tanto quanto, anos mais tarde, a Tríplice Entente. Alianças, como armas, podem ser classificadas como defensivas, mas na prática podem ser usadas em caráter ofensivo. A Tríplice Aliança, como a Tríplice Entente, estimulou seus membros a trabalhar em conjunto no cenário internacional e ao longo de incontáveis crises. Estabeleceu laços de amizade e cooperação e criou a expectativa de apoio mútuo no futuro. Além disso, criou condições para a execução de planejamentos e estratégias comuns, particularmente no caso da Alemanha e Áustria-Hungria. Em 1914, os acordos sobre segurança pressionaram os membros a honrar seus compromissos, permitindo que conflitos locais se generalizassem. A Itália, a mais fraca das potências europeias, no fim foi a única disposta a ficar de fora em 1914.

A Itália aderiu à Tríplice Aliança em parte porque seu monarca, o Rei Umberto, via com bons olhos o apoio conservador numa época em que seu país enfrentava levantes sociais e políticos que muito lembravam revoluções e, por outro lado, para se proteger da França. Os italianos não perdoavam os franceses por terem se apossado do porto de Túnis que havia muito tempo era de seu interesse e por terem exigido território italiano como compensação por seu apoio nas guerras pela unificação da Itália. Além disso, integrar uma aliança com a Alemanha, poder

A lealdade dos nibelungos: Áustria-Hungria e Alemanha

dominante no continente, satisfazia a antiga ambição da Itália de ser vista entre as grandes potências.

No entanto, a Tríplice Aliança juntou a Itália e a Áustria-Hungria, parceria que nunca daria certo. Os dois lados sabiam perfeitamente que havia potencial para um conflito ao longo de suas fronteiras. A Áustria-Hungria, que já perdera as ricas províncias da Lombardia e Veneza para a Itália, suspeitava profundamente das ambições italianas sobre seu território, que incluíam áreas no sul do Tirol onde se falava italiano; o porto de Trieste no Adriático, que já pertencera a Veneza, no extremo norte do Mar Adriático; a costa dálmata da Áustria-Hungria; e também a região que os italianos consideravam "fronteiras naturais," que se estendiam até os mais altos picos dos Alpes. O declínio do Império Otomano abriu novas possibilidades para a expansão italiana ao longo do Adriático. A Albânia otomana e o estado independente de Montenegro dispunham do que a Itália, como potência naval, precisava desesperadamente – portos. A natureza, como os italianos costumavam reclamar, fizera a costa ocidental do Adriático com águas rasas e turvas, poucos portos e sem defesas naturais, enquanto a oriental era profunda, de águas claras e com bons ancoradouros naturais. Os austríacos não gostaram quando a Itália autorizou a realização de um Congresso Nacional Albanês em Nápoles, em 1903, quando o herdeiro do Rei Umberto casou com uma das muitas filhas do Rei de Montenegro e quando o inventor italiano Guglielmo Marconi lá instalou a primeira estação telegráfica.[47] Por seu lado, os italianos viam a Áustria-Hungria como o inimigo que bloqueara a unificação e continuava criando obstáculos para o prosseguimento do projeto nacional italiano, além de se opor às ambições da Itália nos Balcãs. Alguns políticos italianos sustentavam que, apesar disso, a Tríplice Aliança podia ser útil como instrumento de pressão sobre a Áustria-Hungria para que cedesse mais territórios. Como disse alguém em 1910: "Devemos unir esforços para preservar a aliança austríaca até o dia em que estivermos prontos para a guerra. Esse dia ainda está muito longe."[48] Estava mais perto do que se imaginava.

Para a Áustria-Hungria, o relacionamento com a Alemanha era fundamental. O tempo servira para atenuar a lembrança da derrota diante da Prússia na década de 1860, particularmente porque Bismarck sabiamente oferecera generosos termos de paz. Nos dois lados a opinião pública mudara substancialmente e agora defendia um relacionamento mais amistoso. Depois de 1905, à medida que crescia o poder da Rússia, mais forte ficava o sentimento de que os teutônicos precisavam se unir contra os eslavos. Nas camadas superiores da sociedade, a burocracia e o corpo de oficiais eram dominados pelos de fala alemã, que tendiam a ter afinidade com a Alemanha, e não com a Rússia. Franz Joseph e Franz Ferdinand ambos davam-se bem com Wilhelm, e o último era particularmente grato ao Kaiser por dispensar todas as honras à sua esposa Sophie. O velho Imperador gostara de Wilhelm desde o começo porque demitira o detestado Bismarck, mas Wilhelm também passou a considerá-lo como amigo, algo cada vez mais raro em sua vida. Wilhelm ganhava pontos visitando Franz Joseph frequentemente – todos os anos antes da Grande Guerra – e o monarca mais jovem era respeitoso e atencioso. Wilhelm fez reiteradas declarações reafirmando sua amizade pela Áustria-Hungria. "Seja qual for a razão para decretar mobilização," assegurou a Franz Joseph e a seu Chefe de Estado-Maior em 1889, "o dia de sua mobilização também será o dia em que mobilizarei meu exército e os chanceleres poderão dizer o que quiserem." Os austríacos ficaram maravilhados, especialmente porque esperavam que os alemães reafirmassem suas promessas em futuras crises. Franz Joseph às vezes se preocupava com a impulsividade de Wilhelm, mas, como disse à filha após uma visita em 1906, confiava em suas intenções pacíficas: "Fez-me bem apertar mais uma vez a mão do Imperador. Nos dias atuais, pacíficos na superfície mas internamente tempestuosos, não podemos nos reunir com muita frequência, olhos nos olhos, para nos assegurarmos mutuamente que ambos desejamos a paz, somente a paz. Para tanto, realmente podemos confiar na lealdade recíproca. Ele não pensa em me abandonar, tanto quanto eu não pretendo deixá-lo desamparado."[49]

Inevitavelmente, ao longo dos anos houve tensões. Embora a Alemanha fosse o maior parceiro comercial da Áustria-Hungria, as tarifas alemãs – por exemplo, as que protegiam seus agricultores – prejudicavam os produtores do Império. Acresce que a economia alemã era simplesmente mais expansiva e dinâmica; nos Balcãs, onde a Áustria-Hungria se acostumara a ser a potência econômica predominante, a concorrência alemã era cada vez mais acirrada. Quando jornais alemães atacavam os tchecos, ou quando o governo prussiano tratava mal a minoria polonesa, cresciam as repercussões em toda a fronteira na Áustria-Hungria. A forma como a Alemanha conduzia sua política exterior também preocupava seu aliado. Goluchwski revelou a visão predominante ao escrever, em 1903, ao embaixador austro–húngaro em Berlim:

> De modo geral, a forma como vem sendo conduzida a política alemã realmente causa grande preocupação. A arrogância cada vez mais acentuada, o desejo de bancar o professor em toda parte e a falta de

A lealdade dos nibelungos: Áustria-Hungria e Alemanha

consideração tantas vezes demonstrada por Berlim são coisas que criam um ambiente muito desconfortável nas relações exteriores. Embora na prática isso venha acontecendo, não podemos conviver com repercussões que prejudiquem nosso relacionamento com a Alemanha a longo prazo.[50]

A longo prazo as relações continuaram sólidas porque cada um precisava do outro, e, com o agravamento das divisões na Europa, cada vez mais seus líderes perceberam que não havia alternativa.

Embora a Áustria-Hungria continuasse a procurar a Rússia, membro da Tríplice Entente, permitia que suas boas relações com a França e a Inglaterra atenuassem o fato. Como disse um jovem diplomata, era como se uma boa esposa fosse tão fiel a ponto de não sair para ver velhas amigas sem aprovação do marido. Para ser justo, as velhas amigas nem sempre eram acolhedoras. A França e a Áustria-Hungria tinham seguido caminhos politicamente diferentes desde que fora instalada a Terceira República, em 1871. O regime em Viena, monárquico e aristocrata, além de católico, não ficava satisfeito ao ver uma França dominada por anticlericais, maçons e radicais. Em relações exteriores, a França estava ligada à Rússia e nada faria que pudesse perturbar sua vital aliança. Por conseguinte, o mercado financeiro francês estava fechado para a Áustria-Hungria. Nos Balcãs, diplomatas da França tentavam aliciar a Sérvia e a Romênia para integrarem a Tríplice Entente, enquanto os investimentos e os negócios franceses murchavam nos mercados austro-húngaros. Para citar um exemplo, Schneider, a empresa francesa de armamentos, na primeira década do século XX estava fechando novos contratos nos Balcãs, enquanto empresas da Áustria-Hungria os perdiam. De tempos em tempos, estadistas franceses, como Delcassé, manifestavam-se apreensivos com a possibilidade de um futuro colapso da Áustria-Hungria e o surgimento de um vasto estado alemão no coração da Europa, mas nada faziam para melhorar as relações.[51]

Ao longo dos anos, as relações da Áustria-Hungria com a Inglaterra tinham sido mais próximas e cordiais do que com a França. Embora a Inglaterra tivesse suas próprias tradições radicais, era vista por Viena como uma sociedade mais estável e conservadora do que a França e onde havia uma aristocracia que, convenientemente, ainda dominava a política e o serviço público. A nomeação do conde Albert Mensdorff para embaixador austro-húngaro, em 1904, foi encarada como uma iniciativa inteligente, por ser muito bem relacionado com a família real inglesa e bem-vindo nos círculos aristocratas ingleses. Ademais, não havia rivalidades em questões de colônias, como, por exemplo, as existentes entre Inglaterra e Rússia,

A Primeira Guerra Mundial – que acabaria com as guerras

que fossem capazes de separar ingleses e austro-húngaros. Mesmo no Mediterrâneo, onde os dois países eram potências navais, compartilhavam o interesse em preservar a calma na região, especialmente na extremidade oriental. Para ambos, o outro era um contrapeso conveniente contra a Rússia. Durante a Guerra dos Bôeres, a Áustria-Hungria foi um dos poucos países que apoiou a Inglaterra. *"Dans cette guerre je suis complètement anglais,"* disse Franz Joseph em 1900 ao embaixador inglês ao alcance do ouvido dos embaixadores francês e russo.[52]

Não obstante, aos poucos as relações foram esfriando. Os acordos destinados a manter o *statu quo* no Mediterrâneo, em parte para bloquear o controle russo sobre os Estreitos entre o Mar Negro e o Mediterrâneo, de fato já não vigoravam em 1903, quando as duas nações já tinham adotado medidas de aproximação com a Rússia. Em Londres, a Áustria -Hungria era cada vez mais vista como se estivesse sob o domínio alemão. Quando a corrida naval esquentou, os ingleses temeram que cada navio construído pela Áustria-Hungria fosse simplesmente acrescentado ao poder naval alemão. Em 1907, uma vez alcançado um entendimento com a Rússia, a Inglaterra se esforçou para evitar qualquer iniciativa, como, por exemplo, apoiar os austro-húngaros nos Balcãs ou no Mediterrâneo, que pudesse comprometer um importante relacionamento. À medida que as relações da Áustria-Hungria com a Rússia ficavam desgastadas, suas relações com a Inglaterra esfriavam ainda mais.[53]

Com o progressivo afastamento entre Alemanha e Rússia, ficava cada vez mais difícil para a Áustria-Hungria manter boas relações com esses dois países. Embora Franz Joseph e seus ministros do Exterior lamentassem essa tendência, a Áustria-Hungria percebia que suas relações com a Rússia estavam mais difíceis do que com a Alemanha. O despertar do nacionalismo eslavo no Império Austro-Húngaro estimulou o interesse e a simpatia dos russos, mas, para o Império, serviu apenas para aumentar a complexidade de seus problemas internos. Mesmo que a Rússia não se intitulasse protetora dos eslavos da Europa, sua existência era suficiente para que seu vizinho ficasse atento a suas intenções.

As mudanças nos Balcãs trouxeram novas preocupações para a Áustria-Hungria. Com a retirada, contra sua vontade, do Império Otomano da Europa, os novos estados – Grécia, Sérvia, Montenegro, Bulgária e Romênia – passaram a ser vistos como amigos potenciais da Rússia. Tratava-se predominantemente de populações eslavas (embora romenos e gregos insistissem em afirmar que eram diferentes) que em grande parte compartilhavam com a Rússia a religião ortodoxa. E quanto aos territórios do Império Otomano que restavam na Europa, como Albânia, Macedônia e Trácia? Seriam alvo de intrigas, rivalidades e guerras? Em 1877, o ministro do Exterior da Monarquia Dual, Julius Andrassy comentou que Áustria e Rússia "são vizinhos próximos e devem caminhar juntos, seja na paz, seja na guerra. Uma guerra entre os dois impérios (...) possivelmente só terminaria com a destruição ou o colapso de um dos beligerantes."[54]

No fim do século XIX a Rússia também percebeu os perigos da desintegração do Império Otomano. Como já não podia contar com a amizade da Alemanha diante da não renovação do Tratado de Ressegurança e estava voltando sua atenção para o Extremo Oriente, seus dirigentes viam com bons olhos uma *détente* com a Áustria-Hungria nos Balcãs. Em abril de 1897, Franz Joseph e Goluchowski, seu ministro do Exterior, foram calorosamente recebidos em São Petersburgo. Enquanto bandas militares tocavam o hino austríaco e a bandeira preta e amarela da Áustria e a vermelha, branca e verde da Hungria tremulavam ao sabor da brisa primaveril ao lado da russa, o Czar e seus convidados desfilavam em carruagens abertas ao longo da Nevsky Prospekt. Naquela noite, os dois imperadores trocaram calorosos brindes em um banquete oficial e manifestaram suas esperanças de paz. Em conversas subsequentes, os dois lados concordaram em trabalhar juntos para assegurar a integridade do Império Otomano e deixaram claro que as nações independentes dos Balcãs não mais poderiam jogar uma contra a outra. Como provavelmente os otomanos perderiam o controle que exerciam no que restava de seu território nos Balcãs, Rússia e Áustria-Hungria trabalhariam em conjunto na divisão dos Balcãs, apresentando-se diante das outras potências como uma frente única. A Rússia conseguiu a promessa de que, acontecesse o que acontecesse, os Estreitos permaneceriam fechados para a passagem de navios de guerra estrangeiros rumo ao Mar Negro. Já a Áustria-Hungria conseguiu – ou julgava ter conseguido – um entendimento de que, em data futura, poderia anexar o território da Bósnia e Herzegovina que fora ocupado por suas forças desde 1878. Todavia, depois os russos enviaram uma nota dizendo que a anexação "levantaria uma questão mais ampla que poderia requerer um escrutínio especial, em local e momento convenientes."[55] De fato a questão foi levantada em 1908 e de forma bastante prejudicial.

—

Nos anos seguintes, porém, as relações entre Rússia e Áustria-Hungria permaneceram em nível relativamente bom. No outono de 1903, o Czar

244 A Primeira Guerra Mundial – que acabaria com as guerras

visitou Franz Joseph em um de seus pavilhões de caça, e os dois discutiram a situação que se deteriorava na Macedônia, onde a população cristã se revoltara abertamente contra os dirigentes otomanos (ocupando-se também em matar uns aos outros quando professavam correntes diferentes do cristianismo). Concordaram em formar uma frente única para propor ao governo otomano em Constantinopla as reformas necessárias. No ano seguinte, Áustria-Hungria e Rússia assinaram um Tratado de Neutralidade, e foram realizadas negociações para reviver a Liga dos Três Imperadores com a Alemanha, mas deram em nada.

Todavia, nem tudo estava bem nas relações. Nenhum lado confiava inteiramente no outro, especialmente no pertinente aos Balcãs. Se o Império Otomano tivesse que desaparecer, e isso era cada vez mais provável, cada país queria assegurar a proteção de seus interesses. A Áustria-Hungria queria que emergisse uma Albânia forte, capaz de bloquear o acesso dos eslavos do sul ao Adriático (por sorte, os albaneses não eram eslavos), mas a Rússia se opunha. Serena e às vezes ostensivamente, os dois competiam pela esfera de influência na Sérvia, em Montenegro e na Bulgária. Após a derrota na Guerra Russo-Japonesa, quando a Rússia voltou suas atenções para o Ocidente, a possibilidade de um confronto nos Balcãs cresceu acentuadamente. Ademais, uma vez acertadas em 1907 suas relações com a Inglaterra, a Rússia já não precisava tanto confiar no apoio do Império Austro-Húngaro no Mediterrâneo e nas conversas com o Império Otomano. Além disso, em 1906 ocorrera crucial mudança na liderança da Monarquia Dual. Conrad se tornara Chefe do Estado-Maior, e Aehrenthal, mais do que Goluchowski, a favor de uma política exterior mais proativa, passou a ser primeiro-ministro. Enquanto a Europa mergulhava em uma série de crises, as duas grandes potências conservadoras se afastavam cada vez mais, perigosamente divergentes nos conturbados Balcãs espremidos entre elas.

9

Em Que Pensavam

ESPERANÇAS, TEMORES, IDEIAS
E SUPOSIÇÕES IMPLÍCITAS

ESCREVENDO NO INÍCIO DA DÉCADA DE 1930, o conde Harry Kessler, filho de linda mulher anglo-irlandesa e de um rico banqueiro alemão que recebera de Wilhelm I um título hereditário, olhava para o passado e analisava a Grande Guerra que ocorrera na Europa quando era jovem:

> A grandiosa, cosmopolita e ainda predominantemente agrária e feudal Europa, terra de mulheres bonitas, reis galantes e combinações dinásticas, a Europa do século XVIII e da Santa Aliança envelhecia fraca e desgastada, à beira da morte. Algo novo, jovem, vigoroso e ainda além da imaginação estava por surgir. Sentíamos uma espécie de calafrio, como uma mola em nossos membros, por um lado abafando a dor, por outro explodindo de alegria.[1]

Kessler estava em posição privilegiada para testemunhar esperanças e temores, e registrar em que pensavam os europeus nos anos que precederam a guerra de 1914. Nasceu em 1868, atingiu a maturidade no fim do século e ainda estava na plenitude da vida quando eclodiu a Grande Guerra. (Morreu em 1937, quando mais uma vez a Europa estava a caminho da guerra.) Educado em escola particular na Inglaterra, fazendo o ensino médio na Alemanha e com família na Inglaterra, na Alemanha e na França, era um nobre alemão esnobe que gostava de se apresentar como intelectual e artista. E um homossexual que adorava belas mulheres – e

A Primeira Guerra Mundial – que acabaria com as guerras

Com ancestrais irlandeses e alemães, o conde Harry Kessler possuía uma agenda de endereços com 10 mil nomes. Ao mesmo tempo esnobe e esteta, conhecia quase todo mundo nos mais notáveis círculos artísticoss e sociais da Europa. Era observador perspicaz, e seus diários, que ele conservou por mais de 50 anos, são um registro extraordinário das muitas transformações ocorridas na Europa.

homens também – e circulava à vontade nos círculos sociais, políticos, sexuais e nacionais. Seu diário, que manteve durante toda a vida, está pontilhado de almoços, chás, jantares, coquetéis, passeios com Auguste Rodin, Pierre Bonnard, Hugo von Hofmannsthal, Vaslav Nijinsky, Sergei Diaghilev, Isadora Duncan, George Bernard Shaw, Friedrich Nietzsche, Rainer Maria Rilke e Gustav Mahler. Quando não está no estúdio de um artista, está num teatro assistindo a um balé, em bailes da corte em Berlim ou em clubes de cavalheiros em Londres. Ajuda a esboçar o enredo e o libreto de *Der Rosenkavalier* de Strauss; discute as relações entre Alemanha e Inglaterra com Theobald Bethmann-Hollweg, que sucedeu Bülow como Chanceler.

Kessler frequentava círculos muito especiais, e o que viu e ouviu não retrata necessariamente os europeus de forma geral. (Como naqueles dias não havia pesquisa de opinião pública, sempre resta dúvida sobre quanto uma imagem está completa.) Por outro lado, pessoas que se dedicam a analisar uma sociedade e tentar retratá-la muitas vezes procuram sondar tendências ainda ocultas, antes que venham à superfície. No período anterior a 1914, artistas, intelectuais e cientistas cada vez mais questionavam antigas teorias sobre racionalidade e realidade. Eram tempos de intensas experiências em círculos então vistos como *avant-garde*, mas cujas ideias se tornariam comuns e aceitas nas décadas seguintes. O

Em que pensavam

cubismo de Picasso e Braque, as tentativas de construtivistas italianos como Balla de capturar o movimento, a dança espontânea de Isadora Duncan, o balé intensamente erótico criado por Diaghilev e dançado por Nijinski e os romances de Marcel Proust eram, de certa forma, atos de rebelião. A arte, como defendem tantos artistas da nova geração, não deve se escravizar aos valores da sociedade; deve chocar e libertar. Gustav Klimt e os pintores da Associação de Artistas Austríacos que o seguiam questionavam o conceito então aceito de que a arte devia ser realista. Um dos objetivos da Secessão Vienense era *não* mostrar o mundo como realmente é, mas vasculhar sob a superfície para chegar ao instinto e à emoção.[2] O compositor vienense Arnold Schoenberg libertou-se dos padrões tradicionais da música europeia com novas formas de harmonia e método e passou a compor obras dissonantes e perturbadoras. "No íntimo, lá onde habitam os instintos do homem, felizmente toda a teoria cai por terra."[3]

Antigos valores e instituições eram desafiados, e surgiam novos caminhos e atitudes. O mundo estava mudando, talvez muito rapidamente, e era preciso tentar identificar o sentido de tudo aquilo. "Em que *pensavam?*" – é a pergunta que se fazia sobre os europeus que foram à guerra em 1914. As ideias que influenciavam sua visão do mundo, o que aceitavam como definitivo sem discussão (que o historiador James Joll denominou "suposições implícitas"), o que estava e o que não estava mudando eram partes importantes do contexto em que uma guerra, mesmo que envolvesse toda a Europa, tornou-se uma opção possível em 1914. Claro que nem todos os europeus pensavam da mesma maneira e havia nítidas diferenças por classe, país e região. Muitas pessoas, como acontece hoje, eram como os pais do escritor Stefan Zweig, vivendo em uma redoma, sem refletir sobre o caminho que o mundo tomava. Quando olhamos para trás e focalizamos os anos anteriores a 1914, podemos ver o nascimento do mundo moderno que hoje conhecemos, mas também podemos identificar a persistência e a força de velhas formas de pensar e viver. Milhões de europeus, por exemplo, ainda viviam nas mesmas comunidades rurais e do mesmo modo que seus ancestrais. Hierarquia e reconhecimento da posição de cada um nessa escala, respeito pela autoridade e crença em Deus ainda ditavam o modo como os europeus conduziam sua vida. Na verdade, sem a persistência de tais valores, é difícil imaginar como tantos europeus foram voluntariamente conduzidos para a guerra em 1914.

No fim, as decisões que levaram a Europa à guerra – ou que não

A Primeira Guerra Mundial – que acabaria com as guerras

O período imediatamente anterior a 1914 se caracterizou por intensas experiências no mundo artístico. Picasso e seus seguidores cubistas desafiaram as tradições então aceitas na Europa e tentaram novas formas de ver a pintura. Também ficaram fascinados pela arte africana e pela asiática, que, segundo eles, eram equivocadamente desprezadas como primitivas. O Homem e o Violino, pintado em 1911-12, revela o tema sob diversos ângulos ao mesmo tempo e mescla elementos facilmente reconhecíveis, como uma orelha ou um pedaço do instrumento, com formas abstratas.

Em que pensavam

O incidente de Zabern em 1913 começou quando um oficial alemão, numa pequena cidade da Alsácia, referiu-se a civis locais de forma depreciativa, provocando protestos populares. As autoridades militares exageraram na reação, atacando redações de jornais e prendendo civis com base em acusações inconsistentes. Quando as autoridades civis tentaram controlar os militares, estes cerraram fileiras e se recusaram a recuar. Foi para muita gente, na Alemanha e em outros lugares, um exemplo atemorizante de como o exército alemão se julgava isento de controle civil.

conseguiram evitá-la – foram tomadas por um número surpreendentemente pequeno de homens – poucas mulheres tiveram participação – oriundos em grande parte, embora não totalmente, da alta classe, seja da aristocracia rural, seja da plutocracia urbana. Mesmo os de origem na classe média, como os irmãos Cambon, tendiam a absorver seus valores e partilhar suas opiniões. A classe das elites dirigentes, civis ou militares, assim como seus temores e expectativas, é uma das chaves para entendê-las. Outra é sua criação e educação, e ainda uma terceira, o mundo que as cercava. Suas ideias e atitudes tinham brotado na juventude, vinte

250 A Primeira Guerra Mundial – que acabaria com as guerras

ou trinta anos antes, mas todos tinham consciência de que suas sociedades se transformavam e novas ideias pairavam no ar. Foram capazes de mudar de ponto de vista, assim como fazem os líderes democráticos da atualidade em assuntos como casamento de pessoas do mesmo sexo.

O que Kessler também apanhou em seu diário foi a compreensão que dominava os artistas, intelectuais e a elite política de que a Europa se transformava rapidamente e nem sempre seguia o caminho que desejavam. Muitas vezes os líderes europeus sentiam certo desconforto com sua própria sociedade. Industrialização, revoluções tecnológicas, surgimento de novas ideias e atitudes estavam abalando as sociedades em toda a Europa, pondo em xeque antigas práticas e valores estabelecidos havia muito tempo. A Europa era um continente ao mesmo tempo poderoso e atormentado. Todas as principais potências enfrentaram longas e graves crises políticas antes da guerra, como a questão irlandesa na Inglaterra, o caso Dreyfus na França, o impasse entre a Coroa e o Parlamento na Alemanha, os conflitos nacionalistas na Áustria-Hungria ou a quase revolução na Rússia. Às vezes, a guerra era vista como forma de superar divisões e antagonismos, e talvez realmente fosse. Em 1914, em todas as nações beligerantes se falava em nação em armas, união sagrada, santa união, em que divisões de classe, regionais, étnicas e religiosas eram esquecidas e a nação se aglutinava, movida pelo espírito de união e sacrifício.

Kessler fez parte de uma geração que testemunhou um dos mais importantes e dinâmicos períodos de transformação na história da sociedade humana. Na época, tinha trinta e poucos anos e esteve na Exposição de Paris em 1900 (que achou "desconexa e confusa").[4] A Europa já era nitidamente diferente do mundo de sua juventude. População, comércio, cidades, tudo era maior. A ciência resolvia um enigma após outro. Havia mais fábricas, ferrovias mais longas, mais linhas telegráficas, mais escolas. Havia mais dinheiro para gastar e em que gastar: cinemas, carros, telefones, eletricidade, bicicletas, roupas confeccionadas em massa e mobílias. Os navios eram mais rápidos, e no verão de 1900 o primeiro Zeppelin alçou voo. Em 1906, pela primeira vez se viu um aeroplano voando na Europa. O lema dos novos Jogos Olímpicos serviria para a Europa: "Mais Rápido, mais Alto, mais Forte."

Entretanto, apenas em parte isso era verdadeiro. Muitas vezes, quando olhamos para trás, para a última década de paz na Europa, vemos o verão dourado e prolongado de outra era, mais inocente. Na realidade, a primazia europeia e as afirmações de que a civilização da Europa era a mais avançada da história da humanidade estava contestada de fora

Em que pensavam

para dentro e minada internamente. Nova York competia com Londres e Paris como centro financeiro, enquanto Estados Unidos e Japão invadiam mercados europeus e questionavam o poder das nações europeias em todo o mundo. Na China e em todos os grandes impérios ocidentais, novas forças nacionalistas ganhavam força.

Mudança como essa que a Europa experimentava tem seu preço. As transformações econômicas geraram terríveis tensões e repetidos ciclos de altos e baixos, levantando dúvidas sobre a estabilidade e o futuro do próprio capitalismo. (Não era apenas em Viena que os judeus eram identificados com o capitalismo e a instabilidade econômica fornecia mais combustível para o antissemitismo na Europa.)[5] Em toda a Europa, nas duas últimas décadas do século XIX os preços agrícolas tinham caído (em parte devido à concorrência do Novo Mundo), e as consequências dessa depressão castigaram as comunidades agrícolas, levando pequenos fazendeiros à falência e camponeses à miséria. Embora as populações urbanas fossem beneficiadas por alimentos mais baratos, todas as nações europeias sofreram abalos em seus ciclos econômicos, além de estagnação ou contração de certas indústrias. Na Áustria-Hungria, por exemplo, uma Sexta-Feira Negra em 1873 terminou em frenesi e especulação, resultando que milhares de empresas, grandes e pequenas, inclusive bancos, companhias seguradoras e fábricas, faliram. Ao contrário do que ocorre em nossos dias, a maioria dos países não dispunha de sistemas sociais para acolher os desempregados, os que não tinham seguro e os infelizes que, certamente não todos, vinham principalmente das classes mais baixas.

Embora ao longo do século XIX as condições de trabalho tivessem melhorado dramaticamente nas nações da Europa Ocidental, ainda eram terríveis mais para o leste, onde a Revolução Industrial apenas começara. Mesmo em países desenvolvidos como Inglaterra e Alemanha, os salários ainda eram baixos, e a carga horária de trabalho longa, comparada com a de hoje. Depois de 1900, quando os preços começaram a subir, as classes trabalhadoras ficaram cada vez mais pressionadas. Igualmente importante, talvez seja o fato de se sentirem excluídas do poder e subestimadas como seres humanos.[6] O grande número de imigrantes que deixou a Europa pode ser uma indicação da insatisfação com as estruturas sociais e políticas de então, tanto quanto a busca de melhores oportunidades. Cerca de 5% da população inglesa emigraram entre 1900 e 1914, sendo a maioria de trabalhadores sem habilitações especiais.[7] Outros preferiram ficar e lutar e, durante os anos que precederam 1914, houve na Europa

252 A Primeira Guerra Mundial – que acabaria com as guerras

acentuado aumento de trabalhadores sindicalizados e do número de greves. Essa elevação da tensão social e a intranquilidade no meio operário preocupavam profundamente as elites militares e políticas. Mesmo que se evitasse uma revolução, uma classe trabalhadora alienada seria capaz de proporcionar bons cidadãos e, igualmente importante, bons soldados? Estaria disposta a lutar pela defesa do país? Por outro lado, esse temor podia tornar a guerra desejável para apelar ao patriotismo ou como pretexto para expurgar os elementos rebeldes da sociedade.

As velhas classes superiores, cuja riqueza provinha principalmente da posse da terra, desconfiavam muito do Novo Mundo e temiam, com razão, que seu poder já estivesse em declínio, e seu modo de vida, condenado. Na França, revolução já destruíra boa parcela do *status* e do poder da velha aristocracia rural, e agora a aristocracia e a pequena nobreza em toda a Europa, ameaçadas pela queda dos preços da terra e dos produtos agrícolas, viam seus valores contestados por um novo mundo urbanizado. Franz Ferdinand, falando para muitos conservadores austríacos, acusou os judeus pelo fim da velha sociedade hierarquizada que se baseava em sólidos princípios cristãos.[8] Nos quadros de oficiais da Áustria e da Alemanha, o ambiente geral era de pessimismo quanto ao futuro de seu modo de vida.[9] Esse espírito pode perfeitamente ter influído para que os generais de prestígio desejassem ir à guerra em 1914. Como disse em 4 de agosto o ministro da Guerra prussiano, general Erich von Falkenhayn, quando a guerra se espalhou: "Mesmo que tenhamos de morrer, vale a pena."[10]

Durante as derradeiras décadas de paz na Europa, as altas classes travaram, com determinação, uma guerra de contenção. Embora a mobilidade social estivesse avançando graças às mudanças econômicas e sociais, o berço ainda era muito importante. Mesmo em Londres, cuja sociedade sempre fora mais aberta ao talento e à riqueza, o notável engenheiro de minas e futuro presidente Herbert Hoover notou que a tendência à estratificação da sociedade inglesa era "sempre uma maravilha... e uma tristeza."[11] Não obstante, em toda a Europa os novos e ricos industriais e homens de negócios abriam caminho para as classes mais altas comprando títulos ou casando os filhos com aristocratas, transação que trocava riqueza por berço e posição social. Ainda assim, em 1914 os membros das classes altas dominavam os círculos mais elevados da política, burocracia, do meio militar e da Igreja na maioria das potências europeias. Ademais, os antigos valores se mostraram surpreendentemente resistentes e, na verdade, se

Em que pensavam

infiltravam nas crescentes classes médias que, por sua vez, aspirava ser admitida no círculo dos cavalheiros, adotando os mesmos padrões dignos de conduta.

Intangível, mas de valor inestimável, a honra era, assim pensavam os membros da classe alta, algo que vem de berço. Os cavalheiros tinham sua própria honra, que as camadas inferiores não possuíam. À medida que a Europa experimentava rápidas transformações sociais no fim do século XIX, a honra se tornava não somente um atributo ao qual as antigas classes de proprietários rurais se aferravam com crescente determinação porque os distinguia das agora prósperas classes médias, mas também por ambição social, por ser indicação de posição social melhor e mais elevada. A honra podia ser perdida por comportamento indigno, embora não estivesse claro o que isso significava, ou por não saber defendê-la, com a vida se necessário, fosse pelo suicídio ou travando um duelo que muitas vezes tinha desfecho equivalente. Quando descobriram que o coronel Alfred Redl, oficial de alta patente da inteligência austro-húngara, vendia planos militares secretos aos russos, a primeira reação de Conrad foi que pusessem um revólver nas mãos de Redl para que fizesse o que era devido. Foi deixado sozinho e, como esperado, estourou os miolos.

Os duelos, travados por questões de honra, não apenas prosseguiram na Europa do século XIX, mas na verdade ficaram mais frequentes, por exemplo, entre estudantes de universidades da Alemanha a da Áustria-Hungria. Nessa época os duelos ficaram tão submetidos a regras e rituais que foi preciso expedir orientações para solucionar prescrições técnicas, como escolha da arma, espada ou pistola, e local. Mais complicado ainda era definir quem podia lançar o desafio (a honra ficava comprometida se o desafiante não tivesse condições de ser um dos duelistas) e qual a razão (trapaças no jogo, comentários ofensivos, por exemplo). De acordo com as instruções austríacas, encarar alguém brincando com um chicote de cachorro era suficiente.[12] O mais próximo equivalente que temos hoje em dia são as gangues de rua em que o menor sinal de desacato pode levar à morte.

Embora os duelos fossem ilegais na maior parte das nações europeias, em geral as autoridades fingiam não ver, e os tribunais eram lentos para condenar. Na verdade, até autoridades, inclusive o primeiro-ministro húngaro István Tisza, às vezes recorriam a duelos. Em Budapest havia escolas especiais de esgrima para quem precisasse se aperfeiçoar rapidamente.[13] Georges Clemenceau, político radical francês que foi primeiro-ministro entre 1906 e 1909, e novamente na fase final da Grande Guerra, travou uma dúzia de duelos contra adversários políticos. Mesmo já idoso, praticava esgrima todas as manhãs.

O episódio Dreyfus gerou seu próprio rol de duelos. Duelar era aceito nos meios artísticos, como aconteceu quando o jovem Marcel Proust desafiou um crítico de seu trabalho, enquanto Claude Debussy foi desafiado por um escritor belga, Maurice Maeterlinck, por não ter colocado sua amante no elenco de sua ópera *Pelléas et Mélisande*, cujo libreto era de autoria de Maeterlinck.[14] Na Alemanha, Kessler desafiou um burocrata que o responsabilizou por um escândalo causado por uma exposição de Rodin com desenhos de rapazes nus. A única nação europeia que não mais aceitava que cavalheiros duelassem era a Inglaterra, e por isso o Kaiser costumava citar Napoleão e dizer que era uma nação de lojistas.

A honra e seu defensor, o duelo, eram encarados com especial seriedade nos exércitos da Europa continental. Como prescrevia um manual do exército austríaco em 1889: "A compreensão exata da honra militar enobrece o corpo de oficiais como um todo e lhe atribui nobreza." (A admiração pela Idade Média, sentida no fim do século XIX, foi outra forma de se esquivar do mundo moderno.) No exército francês os oficiais podiam ser demitidos, se recusassem um desafio. Embora existissem em toda a Europa, as campanhas contra duelos pouco fizeram contra as autoridades militares. Em 1913, Falkenhayn protestou junto ao chanceler, afirmando que "as raízes dos duelos repousam e se refoeçam em nosso código de honra. Esse código é valioso e, para o corpo de oficiais, um tesouro insubstituível."[15] Realmente, à medida que os filhos da burguesia se infiltravam no quadro de oficiais, duelos e códigos de honra ficavam mais importantes, no mínimo como forma de instilar os valores corretos.[16]

Como muitos dos homens que dirigiam as relações internacionais vinham da classe alta ou tinham as mesmas origens (muitas vezes inter-relacionadas), não surpreende o fato de também usarem a linguagem de honra e vergonha. (Vez ou outra ainda a usamos hoje em dia, embora agora seja mais para nos referirmos a prestígio e influência de uma nação.) Em 1909, quando a Rússia cedeu na crise da Bósnia-Herzegovina, um general russo segredou em seu diário: "Vergonha! Vergonha! Melhor morrer!"[17] Em 1911, em entrevista com o recém-nomeado embaixador russo na Bulgária, o Czar deixou bem claro que o país não estaria pronto para uma guerra no mínimo até

1917 e acrescentou: "Embora estejam em jogo os interesses vitais e a honra da Rússia, poderemos, se for absolutamente necessário, aceitar um desafio em 1915..."[18] Infelizmente para a Europa, a compreensão de honra e ofensa era muitas vezes definida subjetivamente, conforme cada indivíduo. Mesmo quando a causa pareça fútil, disse o general Friedrich von Bernhardi, famoso escritor de assuntos militares, a defesa da honra da nação justifica uma guerra: "Nações e estados encontram sua mais completa realização ao arriscar todo o seu poder na defesa de sua independência, honra e reputação."[19] Treitschke, historiador conservador que influenciou fortemente a geração que estava no poder em 1914, chegou a apelar para a linguagem própria do duelo: "Se a bandeira de um estado for insultada, é dever desse estado exigir satisfações e, se não forem suficientes, declarar guerra, por menos importante que possa parecer a situação, pois o estado deve se esforçar ao máximo para preservar o respeito que desfruta no sistema de estados."[20]

—

ALGO HAVIA DE QUASE desesperado nessa ênfase na honra, quer do indivíduo, quer do estado. Refletia o medo de o sucesso material da Europa, tão visível nas novas cidades, ferrovias e grandes lojas de departamentos, estar gerando uma sociedade mais fria, egoísta e vulgar. Não estaria surgindo um vácuo espiritual que a religião constituída não conseguia preencher? Esse desencanto com o mundo moderno e o que o renomado poeta alemão Stefan George chamou de "anos covardes de lixo e trivialidades" levaram alguns intelectuais a ver com bons olhos uma guerra capaz de depurar a sociedade. Walther Rathenau, alemão que era uma curiosa combinação de industrial muito bem-sucedido e intelectual de destaque, publicou *Zur Kritik der Zeit* em 1912, expondo suas inquietações com os efeitos da industrialização sobre a perda de ideais e cultura. Como escreveu a um amigo pouco antes da Grande Guerra: "A era que vivemos atravessa um dos mais difíceis períodos de transição já vividos – idade de gelo e catástrofes."[21] Apesar disso, Rathenau era do tipo otimista e acreditava que o mundo por fim recuperaria seus valores espirituais, culturais e morais que estavam sendo perdidos nas primeiras fases do capitalismo e da industrialização.[22] Seu compatriota mais velho Friedrich Nietzsche não tinha essas esperanças: "Já desde muito tempo, toda a cultura europeia vem experimentando fortes tensões que aumentam a cada década que passa, como se estivesse a caminho de uma catástrofe: ininterrupta, violenta, precipitada como um rio que quer chegar à sua foz."²³

Friedrich Nietzsche, nesta foto ainda jovem, foi um dos mais importantes filósofos da Europa. Sustentava que a Cristandade e a Civilização Ocidental tinham chegado a um beco sem saída e precisavam ser destruídos. Suas ideias, que incluíam o conceito de um super-homem que se sobreporia às convenções até então consagradas pela sociedade, repercutiram na nova geração europeia anterior a 1914 e viriam a inspirar um mix de pessoas, de membros da associação de vegetarianos a anarquistas. Ficou louco em 1889 e morreu em 1900.

Nietzsche, que com apenas 24 anos se tornou professor em Basileia, era brilhante, complicado e tinha certeza na correção de suas ideias. Difícil, se não impossível, identificar onde estava certo, porque escrevia copiosamente e muitas vezes se contradizia. Era movido pela convicção de que a Civilização Ocidental seguira caminho totalmente errado nos dois últimos milênios e que a maior parte das ideias e práticas que a dominavam era totalmente equivocada. Em sua opinião, a humanidade estava condenada, a menos que fizesse uma pausa, começasse a fazer uma completa reflexão e se permitisse um reexame.²⁴ Seus alvos incluíam o Positivismo, as convenções burguesas, o cristianismo (seu pai era pastor protestante) e, na verdade, qualquer religião organizada, ou mesmo organizações de todos os tipos. Era contra o capitalismo, a moderna sociedade industrial e "o rebanho" que ela gerava. Os seres humanos, dizia Nietzsche a seus leitores, tinham esquecido que a vida não era metódica, pacífica e convencional, mas, ao contrário, essencial e perigosa. Para chegar aos píncaros do renascimento espiritual era

Em que pensavam

necessário romper os limites da moralidade convencional e da religião. Deus, disse ele em frase famosa, está morto. (Com certeza uma das razões para os pensamentos de Nietzsche serem tão convincentes era seu dom para aforismos e expressões bombásticas, tal como o filósofo Jacques Derrida, de geração posterior.) Quem abraçasse o desafio lançado por Nietzsche se tornaria um super-homem. No próximo século, haveria um "novo grupo de vida" que conduziria a humanidade a um nível mais elevado, "até destruindo sem misericórdia tudo o que significasse degeneração e parasitismo." A vida, afirmou, é "apropriação, injustiça, derrota do desconhecido e do mais fraco, eliminação, rigor..."[25] Os moços nacionalistas sérvios que assassinaram o Arquiduque Franz Ferdinand e precipitaram a Grande Guerra estavam profundamente influenciados pelas opiniões de Nietzsche.

Sua obra, apesar de todas as incoerências e complexidades, fascinava a geração mais jovem, que sentia necessidade de se rebelar, mas não sabia contra quem. Kessler, seu ardoroso admirador e amigo leal, escreveu em 1893: "Provavelmente não existe na Alemanha homem nenhum entre vinte e trinta anos e com nível razoável de educação que não deva a Nietzsche sua visão de mundo, ou que de alguma forma não tenha sofrido sua influência."[26] Não surpreende um jornal conservador alemão ter pressionado para que sua obra fosse banida. Em parte, a atração exercida pelos trabalhos de Nietzsche se devia ao fato de serem quase todos de fácil leitura por socialistas, vegetarianos, feministas, conservadores e, posteriormente, názis. Lamentavelmente, ele não viveu para explicar pessoalmente sua obra. Ficou louco em 1889 e morreu em 1900, ano da Exposição de Paris.

A Exposição comemorou a racionalidade e o progresso, mas Nietzsche e seus admiradores defendiam outras forças que agitavam a Europa, como o fascínio pelo irracional, o emotivo, o sobrenatural. Para esses grupos, cada vez mais numerosos, que julgavam faltar alguma coisa à vida no fim do século XIX, havia outros meios de entrar em contato com o mundo espiritual que não fosse frequentando igrejas. Ficaram populares sessões espíritas em que a mobília se movia, batidas de mãos de origem desconhecida e talvez de outro mundo eram ouvidas nas mesas, luzes estranhas brilhavam de repente e os mortos se comunicavam com os vivos por médiuns ou tabuleiros Ouija. Até Conan Doyle, criador do mais famoso de todos os detetives científicos, Sherlock Holmes, se interessou profundamente pelo que era chamado espiritualismo. Doyle permaneceu cristão, mas outros foram atraídos para a Teosofia, mais ecumênica. Sua criadora, uma russa, Madame Helena Blavatsky, era prima de alguém muito mais prosaico, Sergei Witte, que, segundo se dizia, se comunicava com mestres idosos em algum lugar no Tibet, ou talvez no espaço celeste. Ela e seus discípulos juntaram elementos do misticismo ocidental com religiões do Oriente, inclusive admitindo a reencarnação, para se conectar com um mundo espiritual que julgavam realmente existir. Segundo seus ensinamentos, raças e culturas nasciam e morriam e nada podia ser feito para mudar esse ciclo. Um de seus seguidores foi o general Helmuth von Moltke, Chefe do Estado-Maior Alemão a partir de 1905, que encarava a perspectiva de uma guerra com melancólica resignação.

Deus talvez pudesse estar morto e o comparecimento às igrejas decrescia, mas os europeus estavam profundamente interessados pelo espiritual. As palestras de Henri Bergson, filósofo moderado, no Collège de France em Paris, viviam lotadas de estudantes e membros da sociedade da época. Combatia a alegação do Positivismo de que tudo podia ser mensurado e explicado. O ser interior, suas emoções, suas memórias exclusivas, seu inconsciente, em outras palavras, sua essência espiritual extrapolavam tempo e espaço e estavam além do alcance reducionista da ciência. (Numa dessas coincidências difíceis de acontecer, Bergson casou com uma prima da mãe de Proust.)[27] A influência de Bergson se fez sentir de formas às vezes curiosas antes da Grande Guerra. Os militares franceses adotaram suas ideias sobre uma força que vitaliza a vida – l'élan vital – para argumentar que, em última análise, o espírito do soldado é mais importante do que as armas. Henri Massis, no início de sua carreira como intelectual notável, disse que Bergson libertou sua geração "da negação sistemática e do ceticismo doutrinário do passado."[28] Em 1911, Massis e seus amigos lideraram uma campanha contra o sistema acadêmico, acusando-o de promover uma "ciência vazia" e pedantismo, desprezando a educação espiritual de seus estudantes.[29]

No seu Palais des Beaux-Arts, a exposição de 1900 homenageou largamente obras do passado (apenas uma sala menor exibia trabalhos de artistas contemporâneos, e somente uma pintura de Gustav Klimt constava da exposição de arte da Áustria-Hungria). Porém, fora de Paris, Berlim, Moscou e Viena, jovens artistas e intelectuais desafiavam padrões, regras e valores tradicionais e até mesmo a ideia de que havia algo que se pudesse chamar de realidade. Na grandiosa e inacabada obra de Proust *Em Busca do Tempo Perdido*, a memória é parcial e falível, e o que o narrador julgou serem certezas a respeito de si mesmo e dos outros frequentemente variou.

Em que pensavam

O modernismo era tanto uma revolta quanto uma tentativa de criar novas formas de pensar e interpretar, gerando preocupação na geração mais antiga. Em 1910, em esforço para reverter a maré, o Papa Pio X exigiu dos padres um juramento de condenação ao modernismo. "Rejeito completamente," dizia um trecho, "o entendimento falso e herege de que os dogmas evoluem e mudam de um significado para outro, afastando-se daqueles que a igreja sempre preconizou."

É difícil dizer quantos europeus foram afetados por essa pletora de novas ideias. Certamente os mais atingidos foram os mais jovens, cada vez mais insatisfeitos e aborrecidos com normas e valores dos mais velhos. Alguns deles ficavam fascinados pelo mundo pagão, que parecia lhes conceder mais liberdade e estava mais de acordo com sua natureza. O nudismo, o culto do sol, roupas imitando aventais e tamancos de camponeses, amor livre, vegetarianismo, comunas e até os subúrbios ajardinados faziam parte da revolta contra a civilização industrial moderna. Na Alemanha, milhares de homens e mulheres jovens se tornaram, ainda que por pouco tempo, *Wandervogel* (pássaros errantes) percorrendo o interior em longas caminhadas ou pedalando suas bicicletas.[30] Enquanto muita gente da geração mais antiga, especialmente nas elites tradicionais, também alimentava dúvidas sobre o mundo moderno, os moços, como as classes trabalhadoras, criavam mais incertezas, muitas vezes pelas mesmas razões. Entrariam em combate se fossem convocados? Ou, pior que isso, se revoltariam contra seus próprios governantes? Embora inquietasse os planejadores militares em toda a Europa, esse medo acabou se mostrando infundado quando começou a Grande Guerra e os moços e os trabalhadores se alistaram em massa.

É impressionante o espectro de apreensões que perturbavam a sociedade europeia no período anterior a 1914. Em inquietante paralelo com os dias atuais, havia acentuada preocupação com terroristas, inimigos implacáveis da sociedade ocidental que, tal como a Al Qaeda por ocasião das atrocidades de Onze de Setembro, ninguém sabia quantos eram os terroristas e até onde iam suas redes. Tudo o que se sabia era que atuavam à vontade e o sucesso da polícia em prendê-los era limitado. No fim do século XIX e no começo do XX, houve uma irrupção de terrorismo em toda a Europa, particularmente na França, Rússia, Espanha, e nos Estados Unidos. Frequentemente estimulada pelo anarquismo, que via em todas as formas de organização social e política instrumentos de opressão, ou simplesmente por niilismo, terroristas explodiam, lançavam granadas, apunhalavam e fuzilavam, na maioria das vezes com espetacular sucesso. Entre 1890 e 1914, foram mortos, entre outros, Sadi Carnot, presidente da França; dois primeiros-ministros da Espanha (Antonio Cánovas em 1897 e José Canalejas em 1912); o Rei Umberto da Itália; o presidente McKinley dos Estados Unidos (cujo assassino se inspirou no assassinato de Umberto); a Imperatriz Elisabeth da Áustria; o estadista russo Stolypin e o Grão-Duque Sergei, tio do Czar. As vítimas não eram apenas pessoas poderosas e proeminentes, pois granadas eram lançadas no meio de plateias, como durante uma apresentação de *Guilherme Tell* em Barcelona, matando 29 pessoas, ou quando uma granada foi atirada sobre o Rei Alfonso da Espanha no dia de seu casamento e não o atingiu, mas matou 36 pessoas da cerimônia. Atos terroristas provocavam a repressão por parte das autoridades, quase sempre rigorosa, que só servia para gerar mais violência.

Paris enfrentou dois anos de ataques terroristas no começo da década de 1890. Quando ocorreu a condenação de anarquistas, houve uma manifestação que terminou em tumulto, com bombas atiradas nas casas do juíz e do promotor do julgamento. O acusado foi denunciado por um garçom que suspeitou de algo errado, e outra bomba explodiu o café onde esse garçom trabalhava. Seis policiais morreram ao tentarem desativar uma bomba no escritório de uma empresa de mineração envolvida numa raivosa greve. Um anarquista lançou uma bomba no Café Terminus – como se falou na ocasião, para pegar, disse ele, "pequenos-burgueses" que estavam satisfeitos com o estado de coisas – e mais uma foi jogada por outro anarquista no plenário do parlamento francês, em protesto contra um mundo injusto que obrigava sua família a passar a fome. Por algum tempo ninguém se arriscou em lugares públicos, com medo de um novo ataque terrorista.[31]

O que aumentava o medo era o fato de os terroristas serem tão implacáveis em seus ataques à sociedade que parecia não haver como detê-los. Quando eram presos, quase sempre se negavam a declarar seus motivos. O assassino de McKinley disse apenas: "Cumpri meu dever."[32] A escolha dos alvos era assustadoramente aleatória. "Sou anarquista por convicção," afirmou Luigi Lucheni, trabalhador italiano desempregado que matou Elisabeth da Áustria. "Vim a Genebra para matar um soberano a fim de dar um exemplo àqueles que sofrem e que nada fazem para melhorar sua posição social, e não me importa quem fosse o soberano que iria matar."[33] O anarquista que acabou seu jantar em um bistrô de Paris e depois matou calmamente o sujeito que jantava na mesa ao lado, disse simplesmente: "Não estou matando um inocente se atacar o primeiro burguês que surge à minha frente."[34] Terrorismo, tal como a Al Qaeda, repito, perdeu muito apoio antes da guerra, mesmo dos simpatizantes de esquerda e dos círculos revolucionários, devido à crescente repulsa a seus métodos. Entretanto, o medo da sociedade visada não desapareceria com facilidade.

Havia, não obstante, um temor mais insidioso, o de que talvez os terroristas estivessem certos; que a sociedade ocidental, totalmente corrompida e decadente, devia ser jogada na lata de lixo da história. Ou – e isso significaria glorificação das virtudes militares e da própria guerra – que chegara a hora de revigorar a nação e fazê-la lutar por sua existência. François Coppée, ardoroso nacionalista francês bastante conhecido como o poeta dos humildes, reclamou com um inglês em Paris que "os franceses estavam degenerando, tornando-se muito materialistas, e absorvidos demais na busca do divertimento e do fausto, para preservar a subordinação do ser humano às grandes causas que tinham feito a glória da personalidade dos franceses."[35] Na Inglaterra, onde sempre fora destacada a educação clássica, a analogia com a queda de Roma – inclusive a predileção do mundo antigo por "hábitos depravados" – surgiu naturalmente. Em 1905, um jovem simpatizante dos conservadores publicou um livreto que alcançou grande sucesso, *The Decline and Fall of the British Empire*, cujos tópicos incluíam "A Prevalência da Cidade Sobre a Vida Rural e Seus Desastrosos Efeitos sobre a Fé e a Higidez do Povo Inglês," "Tributação Excessiva e a Insensatez Municipal," e "Incompetência do Governo Inglês para Defender a si Mesmo e ao Império."[36] O general Robert Baden-Powell, criador do escotismo, em seu manual *Scouting for Boys* fez frequentes referências à necessidade de a Inglaterra evitar o mesmo destino do Império do passado. "Um motivo que contribuiu para a queda de Roma," disse a seus jovens leitores, "foi o fato de seus soldados se afastarem dos padrões de higidez de seus ancestrais."[37] O entusiasmo pelos mais variados esportes que aconteceu na virada do século foi em parte reflexo de aumentarem os tempos livres enquanto diminuíam as horas de trabalho, mas seus defensores também viam o fenômeno como forma de reverter o declínio nacional e preparar os jovens para lutar. O *Almanach des sports* aprovou o soccer – *o futebol* – quando esse novo esporte surgiu na Inglaterra e chegou à França, descrevendo-o como "uma verdadeira guerra em miniatura, com a disciplina indispensável e capaz de acostumar os participantes ao perigo e aos choques."[38]

—

PROSPERIDADE E PROGRESSO, temeu-se, prejudicavam a espécie humana e tornavam os moços menos aptos para a guerra. A velocidade das mudanças

– e mais literalmente a própria velocidade, carros, bicicletas, trens e os novos aeroplanos – estava, como alguns especialistas pensavam, perturbando o sistema nervoso do ser humano. "As neuroses estão à nossa espera," escreveu um médico francês em 1910. "Nunca o monstro fez mais vítimas, por defeitos herdados dos ancestrais ou em consequência dos estimulantes de nossa civilização, mortais para a maioria, fazendo-nos mergulhar em assustadora e indolente debilidade."[39] Em 1892, Max Nordau, médico e filho de um rabino ortodoxo de Budapest, publicou um trabalho que teve grande êxito, atacando a arte moderna que considerava degenerada e o mundo moderno, sobre o qual manifestava a mesma preocupação. *Degeneration*, traduzido para diversas línguas e amplamente vendido em toda a Europa, também atacava o materialismo, a ambição, a busca incansável do prazer e a perda dos laços de união com a moral tradicional que, por sua vez, levava à "lascívia fora de controle" que estava destruindo a civilização. Segundo Nordau, a sociedade europeia "marchava inexoravelmente para a ruína por desgastada e frouxa demais para realizar grandes feitos."[40] A retórica sexual das imagens é interessante e de modo algum era rara num período em que os comentaristas muitas vezes lamentavam a falta de virilidade em suas próprias nações.

No mundo moderno, os homens, pelo menos era o que se temia, estavam ficando mais fracos, até afeminados, e já não se valorizava a força. Segundo o marechal Sir Garnet Woseley, comandante em chefe inglês entre 1895 e 1900, era um mau sinal bailarinos e cantores de ópera estarem tão valorizados pela sociedade inglesa.[41] Wilhelm Black, autoridade militar alemã, que escreveu um dos mais notáveis livros sobre tática, acreditava que o homem moderno estava perdendo sua força física, além do entusiasmo nacional fanático e religioso do passado, e advertiu: "Os padrões de vida, a elevar-se com tanta rapidez, tendem a estimular o instinto de conservação e diminuir o espírito de autossacrifício."[42] Tanto na Alemanha quanto na Inglaterra, os militares se preocupavam com a condição física deficiente de seus recrutas. Uma investigação realizada após a Guerra dos Bôeres espantou a opinião pública inglesa ao demonstrar que 60% dos voluntários tinham sido rejeitados por incapacidade física.[43]

E homossexualidade, suspeitava-se, crescia, particularmente nas camadas sociais mais altas. Logicamente minava a família, um dos alicerces de um estado forte. Seriam os homossexuais leais à nação? Maximilian Harden, jornalista que destruiu Philip Eulenburg, o amigo íntimo do Kaiser, comentou como os homossexuais tendiam a se aproximar e formar

Em que pensavam

"panelinhas." Como os anarquistas e os maçons, sua lealdade parecia transcender fronteiras. Tais inquietações ajudam a explicar a razão de escândalos envolvendo homossexuais como Oscar Wilde causarem revolta e preocupação tão ampla. Em seu documento, Harden usava termos como "afeminados," "fracos" e "doentios" para descrever Eulenburg e seu círculo. Destacado psiquiatra alemão, Dr. Emil Kraepelin, considerado por Harden uma autoridade no assunto, acrescentava vulnerabilidade a influências, falta de credibilidade, mentira, jactância e ciúme à lista de características dos homossexuais. "Não existe a menor dúvida," afirmou Kraepelin, "de que tendências sexuais anormais são consequência de uma personalidade doentia e degenerada."[44]

As mulheres, por outro lado, pareciam estar ficando mais fortes e assertivas, abandonando os papéis tradicionais de esposa e mãe. Poderia, quem sabe, a pintura de Edvard Munch em 1894, originalmente denominada *Love and Pain*, mas que sempre foi conhecida como *Vampire*, ser vista como um temor generalizado de as mulheres estarem sugando a vida dos homens? As *suffragettes* militantes na Inglaterra, poderosa minoria que defendia o voto feminino, fortaleceram esses temores ao declararem guerra aos homens. "O que queremos," afirmou em 1906 uma de suas líderes, "é uma revolta das mulheres contra a submissão de corpo e mente aos homens."[45] Foi exatamente por essa razão que os conservadores resistiram às leis mais liberais do divórcio e à disponibilidade gratuita de meios para evitar a concepção. Um médico que escreveu livro dirigido às mães e alcançou grande sucesso aconselhando o controle de natalidade foi acusado por um conselho de seus pares de "conduta profissional indigna."[46]

Outro indicador preocupante mostrando que a virilidade estava abalada, pelo menos em alguns países, era o declínio da fertilidade. Na França, a taxa de natalidade caíra rapidamente de 25,3 nascimentos por mil habitantes na década de 1870 para 19,9 em 1910.[47] Embora essa taxa sofresse ligeiro declínio no mesmo período na vizinha Alemanha, continuava sendo acentuadamente mais elevada, significando que, na prática, havia mais alemães disponíveis a cada ano à disposição do serviço militar. Essa diferença foi objeto de preocupação e discussão pública na França antes de 1914.[48] Alfred Kerr, destacado intelectual alemão, disse a um jornalista de *Le Figaro*, pouco antes da guerra, que isso era muito ruim para a civilização francesa, porque a deixava madura demais. "Um povo cujos homens se recusam a ser soldados e cujas mulheres não querem ter filhos entorpece sua vitalidade e está fadado a ser dominado por uma raça mais jovem e vigorosa. Pensem na Grécia e no Império Romano! É uma lei da história as sociedades envelhecidas cederem lugar às mais jovens, e isso é condição para o processo de constante regeneração da humanidade. Um dia chegará nossa hora, e essa regra cruel se aplicará a nós. Então, começará o reinado dos asiáticos, talvez dos negros, quem sabe?"[49]

O declínio da fertilidade também levantou outra preocupação sobre o futuro da sociedade europeia: a reprodução estava acontecendo nas camadas em que isso não devia ocorrer. As classes alta e média temiam que as classes trabalhadoras se tornassem uma força política. Também achavam que os pobres eram mais vulneráveis a vícios como alcoolismo e promiscuidade ou a defeitos físicos e mentais que transmitiriam a seus filhos e, dessa forma, enfraqueceriam a raça. Os racistas alimentavam mais uma inquietação: os segmentos que consideravam inferiores, como judeus e irlandeses, estavam crescendo em número, enquanto as classes e os grupos étnicos corretos encolhiam. Na Inglaterra ganharam ênfase as cruzadas morais para revigoramento da família e seus valores (isso não parece familiar?), e talvez não fosse mera coincidência isso acontecer justamente quando se acirrou a corrida naval com a Alemanha. Em 1911, o Conselho Nacional da Moral Pública dirigiu um apelo ao povo inglês para que assumisse a grave responsabilidade de educar seus filhos jovens para que acreditassem no casamento e na procriação de crianças saudáveis. Os signatários, que incluíam oito pares do reino, vários bispos, renomados teólogos e intelectuais e reitores de duas faculdades de Cambridge, alegaram que essa era uma forma de "lidar com a desmoralização que solapava os valores fundamentais do bem-estar nacional."[50] Nos anos anteriores a 1914, movimentos de defesa da eugenia advogavam a criação e o cultivo de seres humanos como se fossem gado ou vegetais e contavam com franco apoio das elites políticas e intelectuais. Em 1912, foi realizada em Londres a Primeira Conferência Internacional de Eugenia, que tinha entre seus patrocinadores de honra Winston Churchill, então Primeiro Lord do Almirantado, Alexander Graham Bell e o presidente emérito da Universidade de Harvard, W. Eliot.[51] Para quem defendia essas posições, a guerra passava, muitas vezes, a ser desejável, como forma honrosa de lutar contra o destino e de revigorar a sociedade. Perigosamente para a Europa, a guerra também passou a ser encarada por muitos como inevitável.

Em 1914, às vésperas da guerra, Oswald Spengler completou sua grande obra *O Declínio do Ocidente*, em que defendia haver ciclos naturais de vida para as civilizações e que o mundo ocidental chegara a seu inverno. No fundo, boa parte da preocupação com a degeneração e o declínio da sociedade resultava de ampla adesão às ideias da teoria da

Em que pensavam

evolução de Darwin. Embora ele se referisse à evolução das espécies ao longo de milhares de anos e à natureza, suas posições impressionaram muitos intelectuais do século XIX, que julgavam que essas ideias podiam ser aplicadas igualmente às sociedades humanas. Essa utilização da teoria de Darwin parecia se ajustar convenientemente às visões de progresso e ciência no século XIX. Os darwinistas sociais, como passaram a ser conhecidos, acreditavam que podiam explicar tanto o surgimento quanto o desaparecimento de diferentes sociedades com base nas premissas da seleção natural. (Herbert Spencer, uma das principais figuras do darwinismo social, preferia chamá-la "sobrevivência dos mais ajustados.") Assim, de repente, em iniciativa sem nenhuma base científica e que reforçaria as teorias racistas, os darwinistas sociais entenderam que os seres humanos não constituíam uma única espécie, mas várias, que eles, confusamente e sem fazer distinções, chamavam de raças ou nações. As incertezas aumentaram por não ficar sempre claro se estava sendo descrito um tipo de povo ou uma unidade política como um estado. Outra dificuldade era identificar as nações que progrediam na escala da evolução e as que caminhavam para a extinção. E haveria alguma forma de alterar a direção tomada? Os darwinistas sociais afirmavam que sim, que as nações podiam e deviam de unir. Se fracassassem nessa tentativa, era por merecerem o destino que as aguardava. Por fim, Darwin acabou acrescentando o subtítulo *A Preservação de Raças Favorecidas na Luta pela Sobrevivência* a seu livro *A Origem das Espécies*.

Essas ideias mereceram ampla divulgação nos anos que precederam 1914, mesmo entre os que nunca tinham lido Darwin ou Spencer mas, ainda assim, aceitavam sem discussão que a luta pela sobrevivência era elemento fundamental para a evolução da sociedade humana. Não só causou surpresa a repercussão que o darwinismo social alcançou no meio militar, pois parecia justificar e até reforçar a importância de sua missão, mas também influiu no pensamento de civis, de escritores como Zola, de líderes políticos como Salisbury e de empresários como Rathenau. Podia gerar pessimismo, ao admitir que não havia como uma sociedade mais fraca evitar sua extinção, ou um otimismo sinistro de que, enquanto se pudesse lutar, havia esperança. Como era de esperar, nas crises que precederam a guerra e mesmo em 1914, os tomadores de decisão de modo geral adotaram esta última percepção. Como declarou o general Conrad, austríaco cujos trabalhos revelam a forte influência do darwinismo social: "Um povo que baixa as armas sela seu destino."[52] Comprovando quanto essas posições tinham se disseminado, um jovem capitão inglês escreveu das trincheiras durante a Grande Guerra: "Diz-se com razão que qualquer organismo vivo que desiste da luta por sua existência está fadado à destruição."[53]

O darwinismo social também serviu para reforçar posições muito mais antigas, entre outras a expressada por Hobbes, de que as relações internacionais não passavam de intermináveis manobras entre nações em busca de vantagens e, nessa luta, a guerra era admissível e até desejável. "Não será uma guerra," perguntou um artigo do *Journal of the Royal United Services Institution*, em 1898, "o grande esquema da natureza pelo qual estados decadentes, fracos ou por algum outro motivo prejudiciais são eliminados da ação em concerto de nações civilizadas e assimilados pelos fortes, vigorosos e capazes de influências benéficas? Não há dúvida de que sim..."[54] Segundo essas ideias, não era apenas a natureza que se beneficiava com a guerra, mas cada uma das nações. "Todos os interesses pessoais e menores se sobrepõem durante um período longo de paz," disse Bernhardi no polêmico e discutido livro *Germany and the Next War*, publicado pouco antes da Grande Guerra. "O egoísmo e a intriga perturbam e o luxo destrói o idealismo."[55] Em analogia usada com frequência, a guerra era comparada a um tônico para um paciente doente ou a uma operação para extirpar tecido necrosado. "A guerra," disse o italiano futurista que viria a se tornar fascista Filippo Tommaso Marinetti, "é a única forma de depurar o mundo."[56] O que se depreende dos diários de Kessler, entre tantas outras coisas, é a aceitação da guerra como opção. Repetidamente, em momentos de crise, amigos e conhecidos de Kessler falam sobre a eclosão de hostilidades como se fosse fato consumado.

Quem ocupava cargos de poder nos países europeus estava inevitavelmente contaminado pelas correntes intelectuais da época. Além disso, era preciso lidar com algo que os estadistas do passado, como Metternich, desconheciam: o público. A natureza da política em toda a Europa estava mudando à medida que a sociedade se transformava, e a ampliação do direito de voto introduziu novas classes na vida política, alimentando novos movimentos políticos. Os velhos partidos liberais que defendiam o livre-comércio, o império da lei e direitos humanos para todos perdiam terreno para partidos socialistas de esquerda e para cada vez mais chauvinistas partidos nacionalistas na direita. Novo tipo de político surgia fora das tradicionais instituições parlamentares, apelando para os temores e preconceitos do povo, e seu populismo, especialmente em partidos nacionalistas, frequentemente incluía

Em que pensavam

antissemitismo. O velho ódio aos judeus, os assassinos de Cristo, foi atualizado e passou a mostrá-los como estrangeiros por religião e sangue, que não pertenciam ao povo francês ou austríaco ou russo.[57] Em Viena, Karl Lueger, político em ascensão, descobriu que podia mobilizar as camadas mais baixas da população apelando para suas apreensões diante das transformações e do capitalismo, de seus ressentimentos com a próspera classe média e de seu ódio aos judeus, que recobria os dois motivos anteriores. Obteve tanto sucesso que foi eleito prefeito vencendo a oposição de Franz Joseph em 1897 e permanecendo no cargo, com alto grau de popularidade, até morrer em 1910. Sua competência como articulador político impressionou o jovem Adolf Hitler, que se mudara para Viena em 1907.[58] O ódio e o medo dos outros se projetou em outras sociedades tal como na sua e ajudou a criar uma atmosfera em que a guerra passava a ser vista com simpatia.

Em parte graças à nova mídia, a nação estava adquirindo características peculiares – basta lembrar John Bull ou Tio Sam. Embora a identificação com uma nação e não mais com uma região ou cidade fosse fato relativamente novo para a maioria dos europeus, muitos deles queriam recuperar o tempo perdido. Para os nacionalistas, a nação era maior e mais importante do que os indivíduos que a tinham formado. Ao contrário de seus membros, a nação era eterna, ou quase isso. Uma das premissas básicas do nacionalismo do século XIX era algo que fora conhecido ao longo dos séculos como nação alemã, francesa ou italiana, em que seus membros se distinguiam uns dos outros pelos valores e práticas que compartilhavam, em geral melhores do que os desses vizinhos. "Desde o tempo de sua primeira aparição na história, os alemães se revelaram um povo civilizado de primeiro nível," afirmou Bernhardi.[59] (Na Europa, apenas a Áustria-Hungria e o Império Otomano, por razões óbvias, não tinham desenvolvido forte espírito nacionalista. Na verdade, eram vários, distintos e conflitantes.) Enquanto o modelo geral era o mesmo – membros de uma nação eram identificados por terem os mesmos atributos como língua e religião e compartilharem a mesma história – a natureza do nacionalismo inevitavelmente variava. Os ingleses tinham uma estação de trem Waterloo, os franceses tinham Austerlitz. Na Rússia, governantes da última parte do século adotaram uma política de russificação de muitas minorias nacionais, obrigando, por exemplo, estudantes poloneses e finlandeses a aprender russo e frequentar igrejas ortodoxas. Ademais, o nacionalismo russo abrangia não apenas o passado da própria Rússia, mas cada

268 A Primeira Guerra Mundial – que acabaria com as guerras

vez mais o pan-eslavismo, tendo a própria Rússia como líder de todos os eslavos. O novo nacionalismo não era bom sinal para minorias de línguas ou religiões diferentes. Poderia quem falava polonês ser um alemão legítimo? E os judeus, poderiam?[60]

Embora nem todos os nacionalistas fossem racistas, havia quem visse as nações como espécies distintas, tal como cães e gatos. Muitas pesquisas foram realizadas por professores e amadores entusiasmados procurando medir coisas como tamanho do crânio e do pênis, listando características raciais e examinando esqueletos, tentando estabelecer classificações científicas e catalogar as raças. O critério para sua hierarquização geralmente dependia da nacionalidade de quem organizava a escala. Na Alemanha, Ludwig Woltmann, médico e antropologista social, elaborou sofisticadas teorias para provar que os alemães eram essencialmente teutônicos, enquanto os franceses eram celtas, uma raça inferior. Não há dúvida de que os franceses tinham sido responsáveis por grandes realizações no passado, mas, segundo Woltmann, isso fora possível graças às raízes teutônicas dos celtas, antes que a cepa celta as diluísse. Passou muito tempo na França observando as estátuas de franceses famosos do passado, tentando nelas identificar características teutônicas.[61]

As ideias que fundamentaram o desenvolvimento do nacionalismo na Europa devem muito ao trabalho de historiadores como Treitschke, por exemplo, autor das histórias nacionais que dominaram esse campo. Essas histórias foram promovidas por ligas patrióticas, como as Associações de Veteranos na Alemanha, a Liga dos Patriotas na França e a Liga do Serviço Nacional na Inglaterra. Glórias nacionais do passado e triunfos do presente eram comemorados em toda a Europa com festivais e celebrações. "Aprendemos," declarou famoso soldado inglês, "a acreditar que os ingleses foram o sal da terra e a Inglaterra foi a primeira e a mais destacada nação do mundo. Nossa confiança em nosso poder e a absoluta descrença na possibilidade de outra potência da terra vir a vencê-la se tornou ideia fixa, que ninguém pode erradicar e nenhum momento sombrio é capaz de afastar."[62] Enquanto os ingleses comemoravam o 100º aniversário de Trafalgar em 1905, os russos tinham a grande vitória sobre Napoleão em Borodino em 1812 para celebrar em 1912. No ano seguinte, os alemães os superaram com gigantesca comemoração da batalha de Leipzig em 1813, que incluiu a exibição de uns 275 mil ginastas. O nacionalismo também era alimentado por voluntários ardorosos, fossem líderes políticos, professores, burocratas ou escritores. Na Alemanha, estima-se que a maior parte dos livros escritos para adolescentes antes

Em que pensavam

da guerra versava sobre o grande passado militar do país, desde a derrota de um exército romano diante de tribos germânicas até as guerras da unificação.[63] O popular escritor inglês G.A. Henry, que escreveu mais de oitenta livros sobre aventuras arriscadas (fosse seu herói Clive na Índia ou Wolfe em Quebec, os enredos eram sempre idênticos e invariavelmente mostravam o triunfo do bravo garoto inglês), tinha um claro propósito: "Inculcar patriotismo em meus livros tem sido um de meus objetivos e, até onde posso saber, não tenho me saído mal a esse respeito."[64]

A educação era vista como particularmente importante para impregnar ideias corretas nos jovens, talvez porque se temesse que pudessem aderir facilmente às erradas. Um manual utilizado nas escolas francesas que fora revisado pouco antes da Grande Guerra salientava que a beleza da França, as glórias da civilização francesa e as ideias de justiça e humanitarismo que a Revolução Francesa disseminara pelo mundo justificavam o patriotismo francês. "A guerra não é provável," ensinavam às crianças francesas, "mas é possível. Esta é a razão para a França permanecer armada e sempre pronta para se defender."[65] Em 1897, 80% dos candidatos a completar o segundo grau do ensino escolar, o *baccalauréat*, declaravam que o objetivo da história era basicamente patriótico. Isso não era exclusividade da França. A história ensinada em países de toda a Europa cada vez mais focalizava a nação, mostrando suas profundas raízes, sua longevidade e suas realizações gloriosas. Na Inglaterra, em 1905, a nova Junta de Educação publicou "Sugestões" aos professores, recomendando o uso de poemas patrióticos para ensinar a versão apropriada da história inglesa. (Para ser justo, também sugeria que a história incluísse as realizações em tempo de paz, tanto quanto as do período de guerra.)[66] Na Alemanha, onde o ensino de história tendia a se confundir com o da história prussiana, destacado educador disse a professores que seu objetivo devia ser o desenvolvimento de "um espírito patriótico e monárquico," e lembrar que sempre fora motivo de alegria para os jovens alemães defender a honra, a liberdade e o correto, e ofertar sua vontade, seus bens e a própria vida no altar da Pátria."[67]

Para sobreviverem, as nações que adotavam essa posição precisavam de firme apoio de seus cidadãos. Eram, como sustentavam muitos nacionalistas, como organismos do mundo natural. Lutavam para sobreviver e evoluir.[68] Como outros organismos, precisavam ser bem nutridos e dispor de um hábitat seguro. Bernhardi argumentava que, assim como existiam leis universais governando a ascensão e a queda de nações e seus estados, "não devemos esquecer que estados são personalidades dotadas de atributos humanos muito diferentes, com características peculiares e muitas vezes bastante distintas, e que essas qualidades subjetivas constituem fatores específicos para o desenvolvimento dos estados como um todo."[69] Assim, até leis imutáveis podiam ser contrariadas pelo povo certo. Ademais, nações como a Alemanha, dotadas de poder físico, mental, moral e político, deviam prevalecer, e isso só traria benefícios para a sociedade como um todo. Em sua opinião, o que nações como a Alemanha precisavam era de mais espaço, e, se necessário, deviam empregar a força para conquistá-lo. (Mais tarde os názis fizeram dessa ideia de *Lebensraum* – espaço vital – um de seus principais objetivos.) "Sem guerra," prosseguiu, "raças inferiores ou decadentes facilmente sufocariam o crescimento de elementos saudáveis em fase de ascensão e resultaria uma decadência universal."[70] Tal como as do nacionalista Bernhardi, é possível que se encontrem citações semelhantes de autores ingleses e franceses defendendo que as necessidades de uma nação, por si só, justificam uma agressão.

Além disso, cada vez mais o imperialismo era visto como expressão de vitalidade e poder de uma nação e um investimento para o futuro, e não mais como meio de assegurar espaço para expansão. Como afirmou Tirpitz em 1895, quando sonhava com um grande Império e uma grande marinha alemã: "Em minha opinião, no próximo século a Alemanha será rapidamente alijada de sua posição de grande potência se não defendermos, imediata e sistematicamente e com toda a energia, nossos interesses marítimos em geral, quando menos porque a nova e grande realização nacional e os benefícios econômicos decorrentes constituirão sólido paliativo contra sociais-democratas, instruídos ou não."[71] (Não importa que a maioria das novas colônias não fosse autossustentável e que poucos europeus se dispuseram a mudar para a África ou a Ásia, preferindo ir para a América do Norte ou a do Sul ou para a Austrália.) As escolas inglesas comemoravam o Dia do Império. "Desenhávamos *union jacks*," lembrava um operário inglês, "enchíamos a sala de aula com bandeiras dos domínios e olhávamos com orgulho enquanto nos apontavam as áreas pintadas em vermelho no mapa mundi. 'Esta, esta e esta,' nos diziam, 'são nossas.'"[72]

Embora reclamasse da "atual paixão pelo imperialismo como se fosse uma espécie de ambiente envenenado no qual nos vemos obrigados a penetrar,"[73] em 1901 Salisbury achava, tanto quanto outros estadistas estavam descobrindo, que a opinião pública era volúvel e exigente quando se tratava de colônias. Bülow, por exemplo, viu-se encurralado por ocasião das negociações com a Inglaterra sobre Samoa, no

Em que pensavam

fim do século. Foi obrigado a recusar generosa oferta de outra região proposta por Chamberlain como compensação por temer a reação do povo alemão e, igualmente importante, o que o Kaiser diria.[74] Embora a maior parte das disputas por colônias na África e no Extremo Oriente já estivesse resolvida na iminência da Grande Guerra, ainda havia potencial para conflito na China, onde uma revolução em 1911 levara a um governo republicano instável, e, bem mais perto da Europa, no Império Otomano. Acresce que o acirramento das divergências entre Inglaterra e Alemanha na África e no Pacífico meridional, e entre França e Alemanha sobre o Marrocos continuava contribuindo para aumentar os antagonismos entre povos europeus. Na comemoração do 55º aniversário do Kaiser em janeiro de 1914, o chanceler alemão, Bethmann-Hollweg, disse a Jules Cambon, embaixador francês em Berlim:

> Por quarenta anos a França adotou uma política grandiosa. Assegurou a posse de um imenso Império no mundo. Está em toda parte. Ao longo desse tempo, uma Alemanha omissa não seguiu seu exemplo e hoje precisa de um lugar ao sol (...) A Alemanha vê sua população crescendo a passos largos. Sua marinha, seu comércio e sua indústria realizam progressos sem paralelo (...) vê-se na contingência de se expandir de uma ou outra maneira. Mesmo assim, ainda não assegurou o "lugar ao sol" a que tem direito.[75]

Tais rivalidades nacionais pareciam perfeitamente naturais aos olhos dos darwinistas sociais. Como disse Kurt Riezler, ponderado jornalista alemão que se tornou assessor pessoal de Behmann Hollweg: "Animosidade eterna e absoluta é basicamente inerente às relações entre os povos."[76] Ao desencadear a corrida naval, Tirpitz estava convencido de que surgiria um conflito entre a Inglaterra, potência em declínio, e a Alemanha, em curso ascendente. Em 1904, August Niemann, reconhecida autoridade alemã no assunto guerra, escreveu: "Quase todas as guerras que aconteceram ao longo dos séculos foram travadas em função de interesses da Inglaterra, e quase todas incitadas por esse país."[77] Nacionalismo não era questão apenas de orgulho de uma nação. Exigia uma oposição para defini-lo e alimentá-lo por meio do medo de outros. Em toda a Europa, as relações entre Alemanha e Rússia, Hungria e Romênia, Áustria e Sérvia ou Inglaterra e França ganhavam realce e eram, muitas vezes, envenenadas por medos raciais um do outro. Quando o dirigível do Conde Zeppelin foi destruído por uma tempestade em1908, os ingleses suspeitaram que boa parte da exaltação patriótica na Alemanha e a pressa do povo alemão em levantar fundos para substituir o dirigível era dirigida contra a Inglaterra.[78] Também é fácil identificar exemplos de hostilidade por parte dos ingleses, como, por exemplo, no Foreign Office, cada vez mais dominado por gente como Eyre Crowe, desconfiado e temeroso da Alemanha. Em 1904 Francis Bertie, embaixador inglês em Roma, escreveu a um amigo no Foreign Office: "Sua carta do dia 2 transpira desconfiança com a Alemanha, e você está certo. Esse país nunca fez nada que não fosse para nos fazer sofrer. É falso e sôfrego. É nosso verdadeiro inimigo, comercial e politicamente."[79] Embora até a eclosão da guerra em 1914 sempre houvesse ingleses e alemães conversando sobre valores que compartilhavam, inclusive a herança teutônica, sua vozes eram abafadas pela crescente hostilidade que permeava todas as camadas da sociedade. Em consequência, ficavam limitadas as opções dos líderes dos dois países, que oscilavam entre suas próprias opiniões e a pressão do público. Em 1912, por exemplo, houve séria tentativa de atenuar a competição naval, mas a desconfiança crescente e a tendência da opinião pública nos dois países a interromperam.

A antipatia mútua entre Alemanha e França era maior do que entre Alemanha e Inglaterra, e as relações também mais complicadas. Um país encontrava coisas a admirar no outro: a civilização francesa para os alemães e a eficiência e modernidade dos alemães para os franceses.[80] Os alemães temiam, com razão, que os franceses não tivessem esquecido a derrota em 1870-71 e, com menos razão, que a França recorresse à guerra para recuperar a Alsácia e a Lorena. Os planejadores alemães viam a França como principal inimigo da Alemanha, e, antes da guerra, os jornais alemães dedicavam maior atenção à França do que a qualquer outro país europeu. Por outro lado, os alemães podiam se consolar – e se consolavam – com a ideia de que a Terceira República era corrupta e incompetente e de que a França estava dividida.[81] Comentaristas alemães, quando se referiam à França, muitas vezes salientavam a frivolidade e imoralidade francesas (indiretamente ensinando seus leitores onde encontrar ambas as coisas quando visitassem Paris).[82] Por seu lado, os franceses viam a Alemanha suplantando a França economicamente e em termos de população, mas diziam a si mesmos que aos alemães faltava imaginação e que eram inflexíveis em suas ideias. Em um romance de 1877, *Les Cinq Cents Millions de la Bégum*, o popular escritor Jules

Em que pensavam

Verne põe juntos um médico francês (que devotara sua vida a fazer o bem) e um cientista alemão, dividindo imensa fortuna deixada por uma ancestral indiana comum. (O alemão está escrevendo um trabalho intitulado "Por que todo o povo francês sofre, de uma ou outra forma, de degeneração hereditária?," quando recebe a notícia.) Cada um decide construir uma nova cidade nos Estados Unidos. O francês escolhe um local à beira-mar no Oregon para construir uma cidade que o Príncipe Charles aprovasse; seu lema é "livre da desigualdade, paz com os vizinhos, boa administração, relacionamento inteligente entre os habitantes e prosperidade abundante." O alemão opta pela construção da Cidade do Aço em Wyoming, perto de uma mina. De sua Torre do Touro, dirige vigorosamente seus operários na exploração da mina, no processamento do minério e na produção de armas. As refeições incluem apenas legumes mirrados, nacos de queijo comum, pedaços de salsicha defumada e alimentos enlatados.[83]

Intelectuais franceses foram fascinados pela Prússia e pelo prussianismo em particular. Comentava-se que talvez a paisagem prussiana plana e monótona e o tempo sempre enfarruscado tivessem transformado os prussianos em um povo duro e obstinado. Um sociólogo francês argumentou que o fato de terem se deslocado ao longo dos séculos por todo o norte europeu os teria deixado sem raízes e, portanto, mais fáceis de ser manipulados por seus governantes.[84] Georges Bourdon, jornalista do *Le Figaro*, realizou uma série de entrevistas na Alemanha em 1913 para, conforme afirmava, pôr um fim "à insensata corrida armamentista e à desconfiança e intranquilidade internacional," mas não houve jeito de gostar dos prussianos "gratuitamente arrogantes e presunçosos," em quem deixou de confiar. "Era uma raça pobre e infeliz, orientada pela necessidade de uma vida de trabalho opressivo. Em termos comparativos, só agora alcançou algum grau de prosperidade e, assim mesmo, pela força. Só acredita na força e nunca relaxa em sua postura desafiadora."[85]

Em cada um dos países se formavam estereótipos altamente depreciativos e assustadores do outro, graças, em parte, às inúmeras publicações, de textos escolares a romances populares. Interessante notar que nos dois países a Alemanha era geralmente mostrada como um homem uniformizado (embora para os franceses essa imagem fosse a figura semicômica e meio assustadora de um soldado malvado com bigodes enormes), enquanto a França era representada por uma mulher (nas imagens mostradas na Alemanha, desamparada ou em pose sensual, ou ambas).[86] Na França, talvez em consequência da *Entente Cordiale*, o que

A Primeira Guerra Mundial – que acabaria com as guerras

fora *le vice anglais* passou a ser *le vice allemand*. Estudos acadêmicos franceses tentaram mostrar que os homens alemães eram mais propensos ao homossexualismo do que os franceses. O estudo dava como prova o fato de quase todos os homossexuais gostarem de Wagner.[87]

Em toda a Europa havia quem lamentasse esse fervor nacionalista. Salisbury odiava o que chamava "jingoísmo," e J.A. Hobson, destacado jornalista e intelectual liberal, atacou "o patriotismo às avessas pelo qual o amor por seu próprio país se transforma em ódio por outra nação e uma feroz determinação de destruir a população da outra nação..."[88] A preocupação com o impacto do nacionalismo sobre a guerra surgiu de fonte inesperada. Em 1890, Helmuth von Moltke, o Velho, que planejara e conduzira as vitórias alemãs nas guerras pela unificação, disse ao Reichstag que a era das guerras "de gabinete," quando esses conflitos eram decididos pelos governantes com propósitos limitados, tinha acabado: "O que temos agora são guerras entre povos, e qualquer governante prudente deve evitar uma guerra dessa natureza, com suas consequências incalculáveis." As grandes potências, prosseguiu, teriam dificuldade para pôr fim a esses conflitos ou admitir derrota: "Senhores, pode ser uma guerra que dure sete anos, ou trinta – e ai de quem tocar fogo na Europa, de quem acender o estopim!"[89]

Morreu no ano seguinte, sem ver o aumento do nacionalismo e da intranquilidade na Europa, a retórica exaltada, as expectativas de que qualquer crise pudesse levar à guerra, os temores: de sofrer invasões, de espiões e, embora este termo ainda não tivesse sido inventado, de quintas-colunas acoitadas dentro das sociedades à espera do momento de tomar a iniciativa. Não viveu para ver as formas pelas quais o público passou a aceitar e até festejar a perspectiva de uma guerra e o modo como os valores do meio militar foram acolhidos pelos civis.

O militarismo tinha duas faces: a preservação do meio militar, imune a críticas, no topo da sociedade, e, em sentido mais geral, a projeção dos valores militares, como disciplina, ordem, sacrifício da própria vida e obediência, infiltrando-se e influindo na sociedade civil. Depois da Grande Guerra, o militarismo foi visto como uma das principais forças que empurraram a Europa para o conflito, e, pelo lado dos vencedores, o militarismo alemão ou, como era mais conhecido, o militarismo prussiano, foi responsabilizado por ignomínias especiais, com certa razão. Tanto Wilhelm II quanto o exército prussiano, que passou a ser o coração do exército alemão após 1871, sempre insistiram que os militares obedecessem diretamente ao Kaiser e estivessem acima da crítica de meros civis. Ademais,

Em que pensavam

acreditavam firmemente – e muitos civis alemães concordavam com eles – que o exército era a expressão mais nobre e grandiosa da nação alemã.

O militarismo era um fenômeno em toda a Europa e atingia todas as sociedades. Na Inglaterra, crianças pequenas usavam uniforme de marinheiro, e no Continente muitas vezes os escolares usavam uniformes. Escolas secundárias e universidades tinham corpos de cadetes, e os chefes de estado, com exceção da França republicana, normalmente se apresentavam em uniforme militar. É raro encontrar uma fotografia de Franz Joseph, Nicholas II ou Wilhelm II em traje civil. Seus auxiliares, muitos deles tendo prestado serviço militar em regimentos de elite, os acompanhavam. Quando esteve pela primeira vez no Reichstag como Chanceler, Bethmann-Hollweg envergava uniforme de major.[90] Um século mais tarde, os únicos líderes políticos rotineiramente em uniforme eram ditadores militares como Saddam Hussein e Muammar Gaddafi.

Na época, o militarismo era usualmente responsabilizado pelos liberais e pela esquerda pelo avanço do capitalismo, que, segundo alegavam, estava engajado em uma competição radical pelo controle do mundo. "Guerras entre estados capitalistas," dizia a resolução da Segunda Internacional socialista em seu congresso em Stuttgart, em 1907, "normalmente resultam de sua rivalidade pelos mercados mundiais, cada estado preocupado não somente em consolidar seus próprios mercados, mas também em conquistar outros. Para tanto, subjugar terras e povos estrangeiros faz parte do processo."[91] As classes dirigentes estimulam o capitalismo para distrair os trabalhadores de seus próprios interesses. Os capitalistas alimentam a corrida armamentista para dela se beneficiarem.

A ideia de que as tensões na Europa eram produto da rivalidade econômica persistiu por longo tempo após a Grande Guerra, mas nada existe que apoie essa teoria. O comércio e o investimento entre vários dos beligerantes estavam aumentando nos anos que antecederam 1914. Na verdade, a Inglaterra e a Alemanha eram, entre si, os maiores parceiros comerciais. Embora seja verdadeiro que alguns fabricantes ganharam com a corrida armamentista, um período de tensão muitas vezes funciona tão bem quanto uma guerra total e algumas conjunturas até melhor, desde que vendam bastante para diferentes lados ao mesmo tempo. Antes da Grande Guerra, a firma alemã Krupp aperfeiçoou as fortalezas belgas enquanto produzia artilharia pesada para o exército alemão usar contra elas. A empresa inglesa Vickers licenciou firmas alemãs para fabricar a metralhadora Maxim e usou licença da Krupp para fabricar detonadores para explosivos.[92] Banqueiros e empresários envolvidos em exportação geralmente viam com desânimo a possibilidade de uma guerra. Geraria mais impostos, perturbaria o comércio e provocaria pesadas perdas, talvez até a falência.[93] O grande industrial alemão Hugo Stinnes advertiu seus compatriotas para o risco de uma guerra, afirmando que o real poder alemão era o econômico, e não o militar. "Deixe passar apenas mais uns três ou quatro anos de desenvolvimento tranquilo, e a Alemanha será a líder incontestável da economia na Europa." Comprou empresas e minas de minério de ferro francesas e criou uma companhia mineradora no norte da Inglaterra durante os anos imediatamente anteriores à guerra.[94]

Como acontecia com o imperialismo e o liberalismo, a forma como os europeus reagiam ao militarismo e o que pensavam sobre os militares dependiam do país em que viviam e onde se situavam politicamente. Examinando o conjunto, os dois velhos impérios austro-húngaro e russo eram, provavelmente, as potências europeias menos militaristas antes da guerra. Na Áustria-Hungria, o exército, integrado em grande parte por oficiais de língua alemã, era o símbolo do regime e, portanto, alvo de suspeitas por parte dos movimentos nacionalistas, cada vez mais atuantes dentro do Império. Organizações civis que promoviam treinamento e valores militares tendiam para o nacionalismo. Por exemplo, o movimento de ginastas Sokol na Áustria-Hungria admitia apenas eslavos.[95] Na Rússia, a classe política emergente via o exército como um braço do regime absolutista e seus oficiais como oriundos de segmento restrito da sociedade. A opinião pública e os intelectuais russos não se orgulhavam de conquistas coloniais ou de vitórias militares do passado, porque tais coisas pouco significavam para eles. Em 1905, com a Guerra Russo-Japonesa em curso, o escritor Aleksander Kuprin obteve grande sucesso com seu romance *The Duel*, que descrevia, entre outras coisas, oficiais do exército bêbados, dissolutos, venais, indolentes, maçantes e cruéis. Tudo indica que não estava exagerando.[96] Nos últimos anos antes da Grande Guerra, o Czar e seu governo tomaram providências para fortalecer o espírito marcial entre os jovens civis e tornaram compulsórios a ordem unida e exercícios físicos nas escolas, estimulando grupos de moços. Em 1911, Baden-Powell visitou a Rússia para inspecioná-los. Embora o público em geral tendesse a encarar com suspeita as iniciativas do governo, havia certo grau de apoio popular e surgiram inúmeras organizações, ainda que nunca chegassem a englobar uma quantidade significativa de jovens russos.[97]

Militarismo e militares sempre dividiram politicamente os europeus. A esquerda tendia a desaprová-los, e os conservadores, a admirá-los. As classes superiores da maioria dos países enviavam seus filhos para

Em que pensavam

serem oficiais, enquanto as trabalhadoras viam a convocação para o serviço militar como um contratempo. Entretanto, nunca houve uma divisão nítida. Enquanto muitos membros da classe média, empresários e comerciantes se aborreciam por estar pagando impostos para sustentar militares desocupados e equipamento caro, outros admiravam os valores e o modo de vida da classe de oficiais. Na Alemanha, ser um oficial da reserva era indicativo de status social, mesmo para profissionais. Judeus, esquerdistas, membros das camadas inferiores e até homens que tinham casado com a mulher errada praticamente não tinham chance de ser selecionados. Oficiais da reserva que votavam no candidato errado em eleições ou adotavam posições radicais eram sumariamente demitidos.[98]

O crescimento do nacionalismo também contribuiu para reforçar a importância dos militares como defensores da nação e, no caso da Alemanha, como fundadores do próprio estado. Como declarou um major alemão para Bourdon, jornalista francês, em 1913: "Este ou aquele país pode possuir um exército, mas a Alemanha é um exército que possui um país. É por isso que qualquer acontecimento da vida pública imediatamente afeta a vida militar e qualquer onda de emoção, feliz ou não, faz com que o povo instintivamente se volte para seu exército."[99] Por mais que os socialistas pudessem lamentar esse fenômeno, em toda a Europa as classes trabalhadoras frequentemente demonstravam seu entusiasmo pelos militares, comparecendo para ouvir bandas militares e assistir a desfiles e comemorações de vitórias do passado. Na Inglaterra, fabricantes de cigarros procuravam sensibilizar o povo colocando nos pacotes cartões com a figura de generais e almirantes famosos. Os fabricantes de um famoso extrato de carne usaram anúncio comercial de retumbante sucesso durante a Guerra dos Bôeres, mostrando que o trajeto de Lord Roberts, comandante em chefe inglês na travessia do Estado de Orange formava no mapa a palavra *Bovril*.[100]

Mestre-escolas, escritores, generais e políticos que diziam aos moços para se orgulharem das grandes vitórias militares do passado; que, discursando ou escrevendo, insistiam que fossem obedientes e autênticos patriotas, sempre prontos para se sacrificarem pela nação; que encorajavam os meninos a se espelharem nos soldados e marinheiros do país e as meninas a cuidarem deles, obviamente não tinham ideia de que estavam preparando psicologicamente uma geração para a Grande Guerra. Viam a instilação de valores militares como parte de uma tentativa de contrabalançar os efeitos danosos do mundo moderno e conter o declínio da nação. O general Sir Ian Hamilton, observador inglês na Guerra Russo-Japonesa, voltou à Inglaterra profundamente preocupados com o crescimento do

278 A Primeira Guerra Mundial – que acabaria com as guerras

Japão e seu espírito marcial. Felizmente o Japão era aliado da Inglaterra, e, portanto, havia tempo para incutir espírito semelhante nas crianças inglesas. "Começando pelas creches e pelos brinquedos e passando pela escola dominical e sua companhia de cadetes, todos os esforços deviam ser feitos para instilar afeição, lealdade, tradição e educação na nova geração de meninas e meninos ingleses, para que ficasse enraizado em suas mentes juvenis um sentimento de reverência e admiração pelo espírito patriótico de seus ancestrais."[101] Equipes esportivas, tão adoradas nas escolas públicas da Inglaterra vitoriana, eram geralmente consideradas bons exemplos porque incentivavam hábitos sadios e, talvez ainda mais importante, o trabalho em equipe e a lealdade ao grupo. Um dos poemas mais famosos dessa época, "Vitaï Lampada," de Henry Newbolt, começa com um jogo de críquete em que o batedor sabe que a esperança do time repousa sobre seus ombros. "Vamos lá! Jogue! Bata! Bata com vontade! E jogue o jogo!" – diz o capitão de seu time. O verso seguinte leva o leitor para as areias do deserto no Sudão "pegando fogo," onde uma tropa inglesa está à beira do aniquilamento, "mas ressoa entre as fileiras a voz de um escolar: 'Vamos lá! Jogue! Bata! Bata com vontade! E jogue o jogo!'"

Particularmente na Inglaterra e na Alemanha, os anos imediatamente anteriores a 1914 viram a proliferação de entusiastas associações voluntárias com características militares, tais como as ligas navais, tudo isso indicando que o militarismo estava entranhado tanto nas camadas mais modestas quanto na cúpula. Na Alemanha, graças à conscrição militar, havia um grande efetivo de homens com experiência militar, e cerca de 15% dos adultos pertenciam a associações de veteranos. Tinham finalidades sociais, mas também cuidavam dos funerais de seus membros com honras militares e organizavam comemorações por ocasião de eventos de repercussão nacional, como o aniversário do Kaiser e os de batalhas famosas.[102] Defensores ingleses da preparação militar pressionavam para o aumento do efetivo do exército com recrutas voluntários ou por convocação. Em 1904, Lord Roberts of Kandahar, herói da Guerra dos Bôeres, afetuosamente conhecido pelo povo inglês como Bobs, renunciou ao comando em chefe para se dedicar à Liga de Serviço Nacional, que lutava para que todos os homens saudáveis recebessem treinamento para, no mínimo, defender as Ilhas Britânicas, caso não fosse combater além-mar. Em 1906, trabalhou com Le Queux em seu romance alarmista *The Invasion of 1910* e, em 1907 publicou o livro que foi seu maior sucesso, *A Nation in Arms*, que advogava o serviço militar como forma de defender a nação e superar as divisões sociais. A Liga, que em 1909 tinha 35 mil membros, de modo

Em que pensavam

geral contava com o apoio dos conservadores. Os liberais e os esquerdistas não confiavam nos militares e discordavam francamente da ideia de convocação compulsória para o serviço militar.

Nos dois países as preocupações com os moços e sua suposta decadência reforçaram o militarismo. Sem dúvida precisavam de uma vida saudável e uma dose de disciplina para trilharem o caminho certo. Na Inglaterra, organizações como a Lads Drill Association e a Boys and Church Lads

Em toda a Europa os civis eram incentivados a se espelhar nos militares e praticar seus atributos de disciplina, sacrifício e patriotismo. Escoteiros e cadetes eram manifestações de militarismo. Estes meninos nos Balcãs mostram que naquela parte tumultuada do mundo também havia crescente disposição para a guerra.

Brigade tentavam sensibilizar jovens das classes mais baixas das cidades. A mais famosa de todas, os Escoteiros, foi fundada em 1908 por outro herói da Guerra dos Bôeres, Baden-Powell. Em dois anos atingiu 100 mil membros e já tinha sua própria revista. Baden-Powell queria transformar meninos e adolescentes sem rumo, de pessoas pálidas, miradas, encurvadas, de aparência miserável e que não paravam de fumar, em patriotas saudáveis e dinâmicos.[103] Inicialmente admitiu meninas como escoteiras, mas isso provocou um clamor público. Carta à revista semanal conservadora *The Spectator* reclamou que rapazes e moças voltavam das incursões pelo interior em "estado de excitação absolutamente indesejável." Baden-Powell e sua irmã rapidamente criaram as Girl Guides, as Bandeirantes, que tinham como um de seus objetivos preparar moças para "se tornarem úteis em caso de invasão."[104] Dois oficiais alemães que também tinham experiência de África, no caso a brutal repressão alemã aos hereros na colônia alemã da África do Sudoeste [Namíbia], criaram o "Pfadfinder" no modelo dos Escoteiros, mas com ênfase no "espírito germânico." O "Pfadfinder" era exortado a ser leal ao Kaiser e aos militares, que estavam armados e sempre prontos a defender o Reich. Havia militares no comitê da organização, e muitas vezes dirigiam seções locais.[105]

Na Alemanha, os militares e os conservadores inicialmente resistiram à ideia de disseminar o treinamento militar pela sociedade, temendo que transmitisse à população a impressão radical de que o exército pertencia ao povo. Embora houvesse conscrição, nem todos eram convocados, de modo que era possível selecionar recrutas mais confiáveis, que não fossem socialistas ou liberais.[106] O êxito dos grupos de jovens organizados pelo Partido Social Democrata nos anos que antecederam a guerra serviu para mudar acentuadamente o pensamento dos conservadores. Em 1911, o Kaiser expediu um decreto versando sobre a juventude, em esforço para, aparentemente, salvar os jovens da nação dos efeitos negativos do mundo moderno e ensiná-los a ser patriotas. Colmar Freiherr von der Goltz, um dos generais preferidos de Wilhelm e renomado pensador conservador e teórico militar, havia muito tempo tentava superar a resistência do exército ao treinamento militar de rapazes. Agora contava com a aprovação do Kaiser para criar uma Liga da Juventude Alemã, com o objetivo de mantê-la hígida, treiná-la a ser obediente e transmitir ensinamentos sobre o glorioso passado prussiano, "para que possa reconhecer que o serviço à Pátria é a maior honra que um alemão pode receber." Em 1914 a Liga já contava com 750 mil membros, incluindo, em parte, os integrantes de organizações similares de jovens e excluindo, logicamente, as socialistas.[107]

Na França tais organizações nunca exerceram atração especial, em parte porque se viam envolvidas nas divisões políticas da sociedade francesa. Por outro lado, havia forte tradição antimilitarista na França que remontava ao tempo da Revolução Francesa, quando o exército inicialmente foi visto como instrumento do antigo regime e os governantes que vieram em seguida, como por exemplo Napoleão e seu sobrinho Napoleão III, também usaram o exército para se manter no poder. Entretanto, a própria revolução criara milícias de cidadãos estimulados pela ideia da nação em armas para se defender das forças reacionárias, que a direita e muitos liberais da classe média passaram a encarar com profunda desconfiança. O período após a Guerra Franco-Prussiana acrescentara lembranças desagregadoras: os cidadãos mais radicais de Paris se organizaram com a Guarda Nacional na Comuna que foi combatida pelas forças do próprio governo da França.

Em que pensavam

É verdade que, por ocasião do choque causado pela derrota de 1870-71, houve intensa discussão em todo o espectro político em busca de uma forma de preparar os franceses para defenderem seu país. Em 1882, o governo decretou que todas as escolas deveriam ter organizações de treinamento militar, os *bataillons scolaires*. Embora houvesse um frêmito inicial de atividades e uma grande parada em Paris, o programa nunca se espalhou pela França, e o governo silenciosamente o abandonou. Em 1889, o golpe abortado do general Boulanger fez com que os republicanos lembrassem que o treinamento militar, especialmente quando envolviam as pessoas erradas, podia gerar problemas. Depois de 1871, de fato surgiram naturalmente inúmeras associações de tiro ao alvo e ginástica, com evidentes propósitos militares. (Como afirmou um cético documento conservador, não estava claro como ginástica com armas e saltos acrobáticos poderiam contribuir para defender a França de seus inimigos.) A maioria dessas associações se reduziu à condição de clubes sociais, onde seus membros podiam exibir seus uniformes muito bem confeccionados. Também se deixaram envolver na política francesa, de modo que nas localidades sempre haveria uma governada por um padre e outra por um professor anticlerical.[108]

Na Terceira República, o exército nunca desfrutou o prestígio do exército alemão ou da marinha inglesa, e o caso Dreyfus piorou ainda mais seu conceito. De qualquer modo, a sociedade francesa estava profundamente dividida a respeito do exército que queria. A esquerda falava em milícias populares apenas para autodefesa, enquanto a direita queria um exército profissional. Para os republicanos em geral, o corpo de oficiais era o lar de conservadores e aristocratas (muitas vezes se sobrepondo) com posições francamente antirrepublicanas. O caso Dreyfus ofereceu a oportunidade para realizar um expurgo, demitindo oficiais suspeitos e promovendo os julgados confiáveis. Muitas vezes o fato de ser católico, sobretudo se educado pelos jesuítas, era um ponto negativo. Oficiais franceses com mais iniciativa logo procuraram se aliar a lojas maçônicas anticlericais.[109] Em 1904 estourou um grande escândalo, quando se soube que o radical ministro da Guerra persuadira alguns maçons a revelar uma lista secreta com os nomes de cerca de 25 mil oficiais suspeitos de serem católicos e antirrepublicanos. O moral do exército logicamente ficou mais baixo do que nunca. O fato de ser empregado cada vez mais pelo governo na repressão de greves e de manifestações esquerdistas contribuiu para agravar as relações dos militares com o público em geral.[110] Nos anos anteriores a 1914, ao lado do nacionalismo, crescia o

282 A Primeira Guerra Mundial – que acabaria com as guerras

antimilitarismo francês. Cada ano, quando os conscritos partiam para seus destinos no serviço militar, as gares das estações viravam palcos de protesto, enquanto, não poucas vezes, os novos soldados se juntavam e cantavam canções revolucionárias, como a "Internacional." A disciplina no exército sofreu. Os oficiais tinham de lidar com bebedeiras, atos frequentes de insubordinação e até verdadeiros motins.[111] Nos anos que precederam 1914, o governo, talvez percebendo que as coisas tinham ido longe demais e que o exército francês não estava em condições de defender o país, tentou reorganizá-lo e reformá-lo. Porém já era tarde.

—

DA ALEMANHA, O KAISER acompanhava deliciado os problemas vividos pelos franceses. "Como pode ser aliado dos franceses?" – perguntou a Nicholas quando o Czar visitou Berlim em 1913. "Não vê que o francês não é mais capaz de ser soldado?"[112] Mas mesmo na Alemanha as relações entre os militares, o exército em particular, e a sociedade se tensionavam de tempos em tempos. A ampliação do direito de voto e o crescimento dos partidos de centro e do social-democrata (PSD) contribuíram para que se contestasse a posição privilegiada do exército na sociedade alemã. Para grande contrariedade do Kaiser e sua corte, o Reichstag insistia em analisar os orçamentos militares e questionar suas políticas. Em 1906, um empresário trapaceiro fez algo quiçá pior e expôs o exército ao ridículo. Wilhelm Voigt era um malfeitor despretensioso e insignificante que comprou em Berlim alguns uniformes usados de oficiais. Com um desses surrados uniformes de modo totalmente inconvincente, assumiu o comando de uma pequena fração de soldados que o seguiram obedientemente e os conduziu até a cidade vizinha de Köpenick, onde tomou até a prefeitura, prendeu os funcionários principais e se apoderou de considerável soma em dinheiro. Embora acabasse detido e enviado para a prisão, transformou-se em uma espécie de herói folclórico. Sua façanha foi tema de livros e mais tarde de um filme, e sua imagem em cera se juntou a de outras pessoas famosas no museu de Madame Trussaud em Londres. Conseguiu fazer uma pequena fortuna percorrendo a Europa e depois a América do Norte, contando a história do Capitão de Köpenick. Enquanto a Alemanha e mesmo países que lhe eram hostis, como a França, lamentavam o episódio e o rotulavam como exemplo do servilismo dos alemães diante de um uniforme, outros se deliciavam com o maravilhoso efeito subversivo que produzira no exército alemão.[113]

Em que pensavam

Em 1913 aconteceu um incidente muito mais grave na Alsácia, realçando a posição privilegiada dos militares na Alemanha e a disposição do Kaiser a protegê-los. Um jovem tenente que servia na bonita cidade medieval de Zabern (hoje Saverne, na França), perto de Strasbourg, criou um tumulto ao empregar um epíteto ofensivo para descrever os locais e, quando houve um protesto, seu oficial superior agravou a situação prendendo civis, algumas vezes à ponta de baionetas, pelo crime de debochar dos militares. Soldados alemães também atacaram a redação de um jornal local que publicara o caso. As autoridades civis da região se horrorizaram diante da ofensa às leis, e o governo em Berlim ficou preocupado com o impacto potencial sobre as relações com os habitantes locais e com a França. Embora boa parte da imprensa alemã criticasse duramente o comportamento dos militares e surgissem questionamentos no Reichstag, o alto-comando do exército e o Kaiser se aliaram e se recusaram a admitir que os militares tivessem feito alguma coisa errada em Zabern e que fosse necessária alguma ação disciplinar. (Na verdade, retiraram da Alsácia o regimento que perpetrara as ofensas, e o oficial responsável pelas prisões foi submetido em sigilo à corte marcial.) O Príncipe-herdeiro, imitação barata do pai, expediu telegrama atrevido reclamando da impudência da população local e esperando que tivesse aprendido a lição. ("Gostaria de saber," dizia uma charge em Berlim que mostrava o Kaiser como se estivesse fazendo uma pergunta, "onde o menino adquiriu esse maldito hábito de expedir telegramas.")[114] Bethmann, o Chanceler, convencido de que os soldados tinham agido ilegalmente em Zabern, pressionou o Kaiser para que aplicasse sanções disciplinares aos autores, mas, por fim, preferiu ser leal à Coroa e compareceu perante o Reichstag no começo de dezembro de 1913 para defender a autoridade do exército para fazer o que lhe conviesse. Embora o Reichstag reagisse com uma moção de desconfiança no governo, que foi aprovada por larga maioria graças à fraqueza da constituição alemã, continuou no cargo como se nada tivesse acontecido.[115] Era evidente o apoio para que a Alemanha exercesse controle civil sobre o exército, e é possível que isso viesse a acontecer. Sete meses mais tarde, porém, a liderança alemã estava tomando decisões em meio a grave crise europeia ao lado dos militares, que se achavam autônomos.

Militarismo era um termo relativamente novo. Parece que foi empregado pela primeira vez na década de 1860, e seu impacto sobre a sociedade europeia nas décadas seguintes deveu, de certa forma, algo ao nacionalismo e ao darwinismo social. Refletia temores de degenerescência comuns daquela época, e também revelava forte influência de velhas ideias pré-modernas a respeito de honra. Mesmo antes de 1914, os europeus já estavam se preparando psicologicamente para a guerra, e alguns se entusiasmavam com essa possibilidade. A vida era mais fácil, sobretudo para as classes média e inferiores, mas não necessariamente mais interessante. Guerras coloniais distantes, acompanhadas com interesse pelo público, não satisfaziam plenamente a ânsia por glórias e grandes feitos. O progresso da educação, assim como a nova mídia de massa, jornais, romances históricos, tramas de mistério, histórias de ficção e filmes de faroeste mostrava alternativas, mundos mais encantadores. Para desencanto dos liberais contrários, a guerra fascinava. Como disse alguém na Inglaterra, "o longo tempo distante das realidades de uma guerra entorpeceu nossa imaginação. Gostamos de correr riscos tanto quanto as raças latinas; nossas vidas são insípidas; uma vitória é algo que até o mais modesto de todos nós pode compreender."[116] Tal como fazem hoje as gerações mais novas, as de então ficavam imaginando como se sairiam em grandes conflitos. Na Alemanha, os moços que tinham prestado o serviço militar sentiam-se inferiores aos mais velhos, que haviam combatido nas guerras de unificação, e esperavam uma oportunidade para se revelarem.[117]

O futurista Marinetti não foi o único artista a apoiar a destruição violenta da confortável sociedade burguesa e o fim do que alguém rotulou como "paz carcomida e imunda."[118] O poeta Gabriele d'Annunzio, também italiano, produziu grande impacto nos jovens de toda a Europa exaltando o poder, o heroísmo e a violência.[119] Em 1912, durante a guerra entre Itália e Turquia, ele se vangloriou com Kessler do impacto causado por seus poemas nacionalistas sobre "essa tempestade de ferro e fogo que o povo italiano enfrenta."[120] Na Inglaterra, Rupert Brooke, um dos poetas mais promissores da nova geração, aspirava por "algum tipo de revolta," e o escritor conservador e católico Hilaire Belloc escreveu: "Como tenho esperado pela Grande Guerra! Varrerá a Europa como uma vassoura, e os reis pularão como grãos de café no torrefador."[121] O jovem nacionalista francês Ernest Psichiari, que fora o herói de muitas gerações por suas façanhas nas colônias francesas na África, atacou o pacifismo e o que via como sinal de decadência da França em seu livro *L'Appel des Armes*, publicado em 1913. Recorrendo a chavões religiosos, como costumavam fazer os nacionalistas nesse período, esperava, segundo dizia, "a grande colheita da Força, para a qual uma espécie de inefável dignidade nos lança e nos arrebata."[122] Foi morto no agosto seguinte.

10

Sonhando Com a Paz

EM 1875, A CONDESSA BERTHA KINSKY, moça impetuosa e adorável, porém pobre, se viu obrigada a trabalhar como governanta da família von Suttner, em Viena. Essa história não era rara para mulheres solteiras e bem-educadas. Também não causa estranheza um dos filhos da casa se apaixonar por ela e ela por ele. Entretanto, seus pais se opuseram ao casamento. Para começar, ela era sete anos mais velha do que o filho deles. Mais importante ainda era o fato de ela ser uma pobretona. Embora levasse o nome de uma das mais tradicionais famílias tchecas, as circunstâncias que cercaram seu nascimento tinham provocado um escândalo. Sua mãe vinha da classe média, não pertencia à nobreza e era uns cinquenta anos mais nova do que o marido, um general. A criança nunca foi verdadeiramente aceita pelos avós, que às vezes a ela se referiam como bastarda.[1] Embora em sua vida adulta rejeitasse boa parte de suas origens e, pelos padrões de sua classe, se tornasse uma atrevida livre-pensadora e radical, preservou muito de seu estilo de vida, inclusive uma certa indiferença por dinheiro.

Quando o romance foi descoberto, obviamente ficou impossível continuar trabalhando com a família de Viena, e ela, impulsivamente, partiu para Paris a fim de ocupar o cargo de secretária de um rico industrial sueco, Alfred Nobel. Embora naquele momento nenhum dos dois percebesse, foi o começo de uma parceria na causa pela paz. Depois de permanecer com Nobel por alguns meses, seguiu o que ditava seu coração, regressou a Viena e fugiu com Arthur von Suttner. O casal foi para o Cáucaso, na Rússia, onde viveu em condições precárias até Bertha descobrir que tinha talento para escrever, tanto livros quanto pequenos contos para publicações no idioma alemão. (Arthur, cuja personalidade, ao que tudo indica, era muito menos impetuosa e dinâmica, dava aulas de francês e equitação.) Ela logo experimentou os horrores da guerra, quando, em 1877, estourou um conflito entre Rússia e Turquia que provocou combates no Cáucaso e nos Balcãs. Em 1885, quando voltou com Arthur para Viena, Bertha estava convencida de que guerras deviam ser tornadas obsoletas. Em 1889 publicou sua famosa obra *Lay Down Your Arms!*, uma história emocionante e melodramática sobre uma jovem da nobreza cujos problemas envolvem a ruína financeira, cólera e a perda do primeiro marido em combate. Ela casa novamente e logo assiste à partida do novo marido para uma guerra entre Áustria-Hungria e Prússia. Desafiando seus parentes, parte à procura do marido e vê com os próprios olhos a terrível situação dos feridos após a vitória prussiana. Reencontra o marido, mas infelizmente estão em Paris durante a Guerra Franco-Prussiana, e ele é morto pela Comuna. "Firmes convicções, mas lhe falta talento" foi a conclusão de Tolstoy após ler o romance.[2] Não obstante, o livro alcançou grande sucesso e foi traduzido para várias línguas, inclusive inglês. As vendas proporcionaram à autora, pelo menos por algum tempo, meios para sustentar a si mesma, à família e a sua interminável e incansável luta pela paz.

Bertha era ótima propagandista e soberba lobista. Entre outras coisas, fundou a Sociedade Austríaca para a Paz em 1891 e editou o jornal dessa associação por muitos anos. Tinha atuação destacada no Comitê de Amizade Anglo-Germânica. Bombardeou pessoas poderosas no mundo inteiro com cartas e petições, escreveu artigos, livros e romances para esclarecer o povo sobre os perigos do militarismo, os custos de uma guerra em vidas humanas e as formas de evitá-los, e fazia pronunciamentos por toda parte, em conferências, congressos de paz e em palestras itinerantes. Em 1904, o Presidente Teddy Roosevelt lhe ofereceu uma recepção na Casa Branca. Ela convenceu pessoas ricas, entre elas o Príncipe de Mônaco e o industrial americano Andrew Carnegie, a apoiar seu trabalho. Seu patrocinador mais importante foi o velho amigo e patrão, Nobel. A fortuna de Nobel repousava na patente e produção de um novo e mais poderoso explosivo que teve aplicação imediata na mineração, mas que, no longo prazo, acrescentaria muito maior poder de destruição às armas modernas. Certa vez disse a Suttner:"Eu queria produzir uma substância ou máquina capaz de provocar devastação tão horrorosa que tornasse as guerras totalmente

Sonhando com a paz

Bertha von Suttner, escritora e ativista, foi uma das figuras mais notáveis no crescente movimento internacional pela paz, antes da Grande Guerra. Trabalhou incansavelmente em favor do desarmamento e de métodos para solução de disputas, e convenceu Alfred Nobel o magnata dos explosivos, a patrocinar o prêmio pela paz com seu próprio nome.

impossíveis.[3] Quando ele morreu, em 1896, deixou parte de sua considerável fortuna para financiar um prêmio pela paz. Bertha Suttner, embora novamente em dificuldades financeiras, voltou seus dons de lobista para o prêmio, que lhe foi concedido em 1905.

Suas opiniões mostravam que ela era um produto de um século XIX seguro de si, que confiava na ciência, na racionalidade e no progresso. Não há dúvida de que achava possível fazer com que os europeus vissem quanto uma guerra era uma insensatez, uma estupidez. Suttner acreditava piamente que, uma vez abertos seus olhos, se aliariam a ela no movimento pela paz. Embora adotasse os mesmo conceitos do darwinismo social sobre evolução e seleção natural, ela – e isso era típico do movimento pela paz – os interpretava de forma diferente dos militaristas e generais, como seu compatriota Conrad. Julgava que a luta podia ser evitada e era inevitável uma evolução no rumo de uma sociedade melhor e mais pacífica. "A paz," escreveu, "é uma condição que o progresso da civilização tornará realidade por necessidade (...) É uma certeza matemática que, no curso de séculos, o espírito beligerante sofrerá declínio progressivo." John Fiske, famoso escritor e conferencista americano, que ajudou a popularizar a ideia de que o destino manifesto dos Estados Unidos era se expandir pelo mundo, acreditava que isso aconteceria pacificamente, por meio, sobretudo, do poder econômico americano. "A vitória da civilização industrial sobre a militarizada finalmente se concretizará." A guerra pertencia a um estágio mais atrasado da evolução e, para Suttner, era uma anomalia. Eminentes cientistas dos dois lados do Atlântico se aliaram a ela proclamando que a guerra era biologicamente contraproducente: matava os melhores, os mais brilhantes, os mais dignos da sociedade. Favorecia a sobrevivência dos incapazes.[4]

O crescente interesse na paz também refletia uma mudança no que se pensava sobre relações internacionais a partir do século XVIII. Não era mais um jogo em que um ganha e o outro perde. No século XIX se falava em uma ordem internacional em que todos podiam se beneficiar da paz, e a história desse século vinha demonstrando que estava emergindo uma ordem nova e melhor. Desde o fim das Guerras Napoleônicas em 1815, a Europa, com breves interrupções, desfrutou longo período de paz e extraordinário progresso. Logicamente esses dois elementos estavam ligados. Além disso, cada vez havia maior concordância e aceitação de padrões internacionais de comportamento dos estados. Sem dúvida, no devido tempo um conjunto de leis e novas instituições internacionais deveriam surgir, na mesma medida em que isso ocorria internamente nas nações. O crescente uso de arbitragem para solucionar disputas entre nações e as frequentes ocasiões ao longo do século em que as grandes potências europeias se juntaram para enfrentar, por exemplo, crises como a do Império Otomano, levavam a crer que, passo a passo, estavam sendo lançados os fundamentos de uma nova e mais eficiente maneira de administrar as questões mundiais. A guerra era uma forma ineficiente e custosa demais de resolver divergências.

Mais uma prova de que a guerra estava ficando obsoleta no mundo civilizado era o momento vivido na Europa. Os países europeus agora estavam de todo entrelaçados economicamente, e o comércio e os investimentos extrapolavam as alianças. O comércio entre a Inglaterra e a Alemanha crescia ano a ano antes da Grande Guerra. Entre 1890 e 1913, as importações inglesas de produtos alemães triplicaram, enquanto suas exportações para a Alemanha dobraram.[5] A França importava da Alemanha quase tanto quanto da Inglaterra, enquanto a Alemanha, por seu lado, dependia de importações de minério de ferro da França para suprir suas siderúrgicas. (Meio século mais tarde, após duas guerras mundiais, França e Alemanha criariam a Comunidade Europeia de Ferro e Aço, que foi a base para a formação da União Europeia.) A Inglaterra era o centro financeiro mundial, e boa parte dos investimentos que entravam e saíam da Europa era realizado por intermédio de Londres.

Sonhando com a paz

Portanto, de modo geral os especialistas supunham, antes de 1914, que uma guerra entre as potências levaria a um colapso nos mercados internacionais de capitais e à cessação de comércio, que prejudicaria a todos e, na verdade, tornaria impossível estender uma guerra por mais de algumas semanas. Os governos não conseguiriam créditos, e seus povos ficariam impacientes à medida que faltassem alimentos. Mesmo em tempo de paz, com a corrida armamentista cada vez mais acelerada, os governos se endividariam ou elevariam impostos – ou ambas as hipóteses – o que, por sua vez, geraria intranquilidade pública. Países que tinham se tornado potências mais recentemente, sobretudo Japão e Estados Unidos, que não enfrentavam os mesmos problemas e cuja carga tributária era menor, ficariam muito mais competitivos. Haveria sério risco, como alertaram destacados especialistas em relações internacionais, de a Europa perder terreno e até mesmo sua liderança mundial.[6]

Em 1898, em alentado trabalho de seis volumes publicado em São Petersburgo, Ivan Bloch (também conhecido pela versão francesa de seu

Antes de 1914, um poderoso movimento internacional pela paz se dispunha a proscrever a guerra ou, no mínimo, limitá-la. Embora um de seus objetivos fosse encerrar a corrida armamentista, teve pouco êxito. Nesta charge, em uma ponta da mesa está Marte, o Deus da Guerra, mastigando um encouraçado, enquanto figuras representando as potências mundiais, inclusive a francesa Marianne, um turco otomano, um almirante inglês e Tio Sam, reclamam furiosos suas refeições de armas. O pobre garçom Paz se esforça para segurar pesadas bandejas, com as asas imundas e a cabeça curvada. "Toda hora é hora do almoço no Clube do Dreadnought."

A Primeira Guerra Mundial – que acabaria com as guerras

nome, Jean de Bloch) juntou os argumentos econômicos contra a guerra às suas dramáticas consequências, concluindo que a guerra devia ser considerada obsoleta. As modernas sociedades industriais podiam organizar imensos exércitos e dotá-los de armas mortais capazes de tornar a defensiva mais vantajosa. As guerras futuras, acreditava, provavelmente ocorreriam em escala gigantesca, drenando recursos e força de trabalho. Esbarrariam em impasses e finalmente destruiriam as sociedades nela envolvidas. "No futuro não haverá guerras," declarou Bloch a William Thomas Stead, seu editor inglês, "pois será algo impossível, agora que está claro que guerra significa suicídio."[7] Mais que isso, as sociedades não mais poderiam sustentar os custos de uma corrida armamentista capaz de afetar a Europa: "As condições atuais não durarão para sempre, e os povos gemem sob o peso do militarismo."[8] Onde Bloch errou, por mais presciente que fosse, foi em sua premissa de que um impasse não duraria muito tempo. Em sua opinião, as sociedades europeias simplesmente não dispunham de capacidade material para travar guerras em larga escala por mais de alguns meses. Mesmo sem levar em conta outras razões, a ausência de tantos homens que estariam na linha de frente significava que as fábricas e as minas ficariam vazias e as fazendas, abandonadas.

Jean (ou Ivan) de Bloch era um financista russo que compreendia que nova guerra generalizada levaria a um impasse e a custos que as sociedades europeias não conseguiriam suportar.

Sonhando com a paz

O que ele não previu foi a capacidade latente das sociedades europeias de mobilizar e aplicar imensos recursos na guerra, além de descobrir outras fontes de mão de obra, sobretudo as mulheres.

Descrito por Stead como "figura benevolente,"[9] Bloch, oriundo de família judia da Polônia russa e mais tarde convertido ao cristianismo, era o que a Rússia possuía mais próximo de um John D. Rockefeller ou um Andrew Carnegie. Desempenhara importante papel no desenvolvimento das ferrovias russas e fundou várias companhias e bancos próprios. Entretanto, sua paixão era estudar a guerra moderna. Usando fartas pesquisas e diversas estatísticas, argumentava que os avanços tecnológicos, tais como a maior precisão e cadência de tiro das armas e melhores explosivos, tornavam quase impossível atacar posições bem fortificadas. A combinação de terra, pás e arame farpado permitia aos defensores organizar fortes posições defensivas de onde despejariam fogo devastador sobre os atacantes. "Não haverá na linha do horizonte," disse Bloch a Stead, "nada revelando de onde partiram os foguetes mortais."[10] Estimava que o atacante precisaria contar com uma superioridade de pelo menos oito para um, a fim de conseguir atravessar a zona de tiro.[11] As batalhas causaram pesadas baixas, "em escala tão grande que tornaria impossível conseguir tropas suficientes para obter resultados decisivos no combate."[12] (Bloch tinha a mesma opinião pessimista de que os europeus modernos, especialmente os que viviam nas cidades, eram mais fracos e mais instáveis do que seus antepassados.) Para ele, provavelmente nas guerras do futuro nunca haveria um vencedor bem definido. Os campos de batalha se transformariam em zona letal, as privações internas levariam à desordem e, por fim, a uma revolução. A guerra, afirmava Bloch, causaria "uma catástrofe que destruirá todas as instituições políticas existentes."[13] Bloch se esforçou ao máximo para sensibilizar os decisores e o público em geral, distribuindo cópias de seus livros, inicialmente na Conferência de Paz do Haia, em 1899, e fazendo palestras, mesmo em território hostil, como no Instituto das Forças Armadas, em Londres. Em 1900, pagou para fazer uma exibição na Exposição de Paris, mostrando as diferenças entre as guerras do passado e as futuras. Pouco antes de morrer, em 1902, fundou o Museu Internacional de Guerra e Paz, em Lucerna.[14]

A crença de que, em termos econômicos, a guerra não tinha sentido alcançou o grande público europeu por intermédio de um improvável agente, um homem que abandonara a escola aos quatorze anos e enfrentara o mundo, entre outras coisas, como caubói, criador de porcos e garimpeiro de ouro. Norman Angell era um homem franzino, frágil e seguidamente acometido por doenças, mas, apesar disso, viveu até os 94 anos. Todos os que o conheceram ao longo de sua extensa carreira concordam que era bem-humorado, amável, entusiasmado, idealista e desorganizado.[15] Acabou se encaminhando para o jornalismo e trabalhou em Paris no *Continental Daily Mail* antes da Grande Guerra. (Também encontrou tempo para lá organizar o primeiro grupo de escoteiros do Boy Scout lá.) Em 1909 publicou um panfleto, *Europe's Optical Illusion*, que, ao longo de muitas outras edições posteriores, se transformou em trabalho bem mais extenso, *The Great Illusion*.

Angell lançou um desafio à opinião defendida por muita gente – a grande ilusão – de que a guerra valia a pena. Talvez uma vitória tivesse sentido no passado, quando as nações podiam subsistir isoladas com o que elas próprias produziam e precisavam menos umas das outras, de modo que um vencedor podia recolher o espólio de uma guerra e, ao menos por algum tempo, usufruí-lo. Mesmo em tais circunstâncias a nação ficava enfraquecida, pelo menos por ter sacrificado o que tinha de melhor. A França ainda estava pagando o preço de seus grandes triunfos sob o comando de Louis XIV e Napoleão: "Em consequência de um século de militarismo, a França se viu compelida a, de tempos em tempos, reduzir os padrões de aptidão física a fim de manter sua força armada, de tal forma que agora até anões de 91 centímetros eram recrutados."[16] Na guerra da era moderna isso não seria motivo de preocupação para vencê-la. No mundo economicamente independente do século XX, mesmo nações menos poderosas precisariam de parceiros comerciais e um mundo próspero e estável em que poderia identificar mercados, recursos e alvos para seus investimentos. Espoliar inimigos derrotados e reduzi-los à penúria só serviria para prejudicar os vencedores. Se, por outro lado, o vencedor resolvesse encorajar o derrotado a prosperar e crescer, de que valeria uma guerra? E Angell apresentava como exemplo a hipótese de a Alemanha se apoderar da Europa. A Alemanha se disporia a saquear os derrotados?

> Seria um suicídio. Onde encontraria mercado para sua gigantesca produção industrial? Se o país se dispusesse a desenvolver e enriquecer as áreas conquistadas, estas se tornariam competidores eficientes, e a Alemanha não precisaria travar a mais custosa guerra da história para chegar a esse resultado. Esse é o paradoxo, a inutilidade da vitória – a grande ilusão que a história de nosso próprio Império ilustra.[17]

Os ingleses, argumentava Angell, preservaram a unidade de seu Império

Sonhando com a paz

permitindo que suas diversas colônias, os domínios em particular, prosperassem, para que todos colhessem benefícios, sem o desperdício gerado por um conflito. Angell acreditava que os homens de negócios já tinham constatado essa verdade essencial. Nas décadas passadas, sempre que havia tensão internacional que pudesse dar origem a uma guerra, os negócios eram prejudicados, e, por conseguinte, os empresários em Londres, Nova York, Viena e Paris se reuniam para pôr fim à crise, "não por altruísmo, mas por uma questão de autodefesa comercial."[18]

Mesmo assim, a maioria dos europeus ainda acreditava – e isso era um perigo, alertava Angell – que às vezes a guerra era necessária. No Continente, os países estavam fortalecendo seus exércitos, enquanto Inglaterra e Alemanha se empenhavam em uma competição naval. Os europeus poderiam achar que forças armadas poderosas se destinavam unicamente a fins defensivos, mas a consequência geral do militarismo e da corrida armamentista era tornar a guerra muito mais provável. Os líderes políticos europeus deviam perceber esse fato e abandonar a grande ilusão. "Se os estadistas da Europa pudessem pôr de lado, por um momento, as considerações irrelevantes que ocupavam sua mente, veriam que o custo direto da conquista pela força poderia, naquelas circunstâncias, exceder o valor da propriedade conquistada."[19] Diante do nervosismo que dominava a Europa na época, o senso de oportunidade de Angell foi excelente, e a acolhida a suas ideias estimulou os defensores da paz. Ao que tudo indica o rei da Itália leu seu livro, assim como o Kaiser, que o fez "com o máximo interesse." Na Inglaterra, o ministro do Exterior, Sir Edward Grey, e o líder da oposição, Balfour, leram e ficaram profundamente impressionados.[20] O mesmo aconteceu com Jacky Fisher, que qualificou o livro como o "maná caído do céu."[21] (O ponto de vista de Fisher sobre a guerra era muito simples: não a desejava, mas, se acontecesse, mergulharia de cabeça na luta.) Os mais entusiasmados se reuniram para criar uma fundação, a fim de assegurar que as ideias do que passou a ser chamado "angelismo" fossem debatidas nas universidades.[22]

Nas últimas décadas do século XIX e na primeira do XX surgiram, em toda a Europa e na América do Norte, movimentos organizados em prol da paz e contra a corrida armamentista e o militarismo em geral que conseguiram o apoio da maior parte – não total – das classes médias. Em 1891, o Bureau pela Paz Internacional, que existe até hoje, foi instalado em Berna a fim de reunir associações nacionais em favor da paz, especificamente organizações religiosas como a Amigos Quakers

294 A Primeira Guerra Mundial – que acabaria com as guerras

pela Paz e organismos internacionais que promovessem a arbitragem e o desarmamento. Houve cruzadas pela paz, petições apresentadas aos governos, foram realizadas conferências e congressos internacionais pela paz, e surgiram novos termos como "pacifista" ou "pacifismo," e até "pacificismo," cobrindo amplo espectro de posições que iam desde o repúdio total à guerra até as tentativas de limitá-la ou impedi-la. Em 1889, no aniversário da Revolução Francesa, 96 membros de parlamentos de nove nações diferentes se reuniram em Paris para fundar a União Interparlamentar, destinada a trabalhar em prol da solução pacífica de disputas entre nações. Em 1912, contava com 3.640 membros de 21 nações diferentes, principalmente europeias, mas incluía também os Estados Unidos e o Japão. Nesse mesmo auspicioso ano, 1889, pela primeira de vinte vezes antes de 1914, se reuniu o Congresso Universal pela Paz, com 300 representantes da Europa e dos Estados Inidos.[23] Em 1904, quando se reuniu em Boston, o congresso foi aberto pelo secretário de Estado John Hay. A causa da paz passara a ser respeitada o suficiente para o antigo cético Bülow patrocinar a reunião da União Interparlamentar em Berlim em 1908. Embora soubesse perfeitamente, como afirmou em suas memórias, que "os sonhos e as ilusões" da maioria dos pacifistas eram insensatos, a reunião proporcionou boa oportunidade para "destruir alguns preconceitos antigermânicos."[24]

Bülow não tinha muito com que se preocupar quanto aos pacifistas em seu próprio país. O movimento na Alemanha nunca arrebanhou mais de 10 mil membros, que vinham principalmente da classe média baixa. Ao contrário da Inglaterra, não atraiu eminentes professores, empresários de destaque e membros da aristocracia. Enquanto a cúpula do clero apoiava os movimentos ingleses e americanos, na Alemanha as igrejas em geral os combatiam, alegando que a guerra fazia parte dos planos de Deus para a humanidade.[25] Os liberais também não assumiram a defesa da paz na Alemanha como fizeram em outros países como a Inglaterra e a França. Em meio à exaltação inebriante da grande vitória sobre a França e da unificação alemã em 1871, os liberais alemães esqueceram completamente suas reservas anteriores a Bismarck e seu regime autoritário e antiliberal e preferiram apoiar o novo Reich. Mesmo o Partido Progressista da esquerda liberal normalmente aprovava recursos destinados ao exército e à marinha.[26] A paz não era uma causa atraente em um país que nascera de uma guerra e onde os militares ocupavam lugar de honra.

Na Áustria-Hungria, o movimento pela paz era também pequeno e não tinha influência. Além disso, deixou-se dominar pela política de

Sonhando com a paz

nacionalismo. Os liberais de língua alemã, por exemplo, passaram de uma postura de oposição à guerra nas décadas de 1860 e 1870 para uma posição de apoio aos Habsburgos e ao Império. Embora continuassem defendendo a arbitragem, apoiavam também a conscrição e uma política exterior mais ativa.[27] Mais para leste, na Rússia, o pacifismo se restringia a sensibilizar apenas superficialmente seitas religiosas como os Doukhobors, embora se possa argumentar que Tolstoy era, por si só, um movimento pela paz.

O mais forte e influente movimento pela paz antes de 1914 estava nos Estados Unidos, seguido de perto pelos da Inglaterra e França. Em cada um desses países os pacifistas podiam, e frequentemente o faziam, contar suas próprias histórias de exemplos de superação de profundas divisões e graves conflitos, desde guerras civis a revoluções, e de seu sucesso na construção de sociedades prósperas e estáveis, com instituições que funcionavam bem. Perante o mundo, a missão dessas nações afortunadas era disseminar sua civilização pacífica e superior em benefício de todos. "Nós nos tornamos uma grande nação," disse Teddy Roosevelt, "e devemos nos comportar e enquadrar como um povo com tal responsabilidade."[28]

O pacifismo americano tinha profundas raízes na história do país e, na virada do século, foi alimentado por um movimento que evoluía e tinha como objetivo a reforma da sociedade americana e a disseminação de paz e justiça pelo mundo. Sacerdotes, políticos e conferencistas itinerantes levavam a mensagem a todo o país, e os cidadãos se organizavam para trabalhar por governos locais honestos, erradicação dos bairros pobres, moderação, propriedade dos serviços públicos pelo governo e paz internacional. Entre 1900 e 1914, surgiram cerca de 45 novas sociedades pela paz, com apoio de amplo espectro da sociedade, de reitores de universidades a empresários. Organizações poderosas como a União das Mulheres Cristãs pela Moderação tinham subseções especificamente voltadas para a questão da paz.[29] Desde 1895 o empresário quaker Albert Smiley patrocinou uma conferência anual sobre arbitragem internacional no Lago Mohonk, no estado de Nova York, e, em 1910, Andrew Carnegie criou a Fundação Carnegie pela Paz Internacional. Quando esta fosse alcançada, estipulou Carnegie, os fundos poderiam ser empregados para curar outros males sociais.[30]

—

O GRANDE POLÍTICO E ORADOR William Jennings Bryan, três vezes candidato a Presidente defendendo uma plataforma progressista, era famoso por sua palestra "O Príncipe da Paz" nas feiras de educação de adultos de Chautauqua que, começando em sua sede original no estado de Nova York, se espalhou por centenas de grandes e pequenas cidades americanas. "O mundo inteiro está querendo paz," afirmava para suas extasiadas plateias. "Todos os corações pulsam em busca da paz, e os métodos empregados para assegurá-la têm sido muitos." Em 1912, Bryan foi nomeado secretário de Estado do governo do presidente

Duas grandes conferências foram realizadas em Haia, em 1899 e 1907, com o objetivo de limitar as guerras, mas obteve resultados modestos porque as potências não estavam preparadas para trabalhar seriamente pela paz. A charge mostra figuras representando nações felizes por reaver armas guardadas em uma chapelaria cuja atendente é a "paz," seriamente preocupada. À esquerda, um pequeno Andrew Carnegie, o industrial, escocês-americano que tanto apoiou a causa da paz, é ignorado ao tentar distribuir panfletos. Atrás dele aparece um cartaz com o nome Krupp, o grande fabricante de armas alemão.

Woodrow Wilson e se dispôs a negociar tratados "de resfriamento" em que os signatários prometiam não declarar guerra, alguns deles por um período de pelo menos um ano, e se dispunham a submeter suas disputas à arbitragem. A despeito da crítica barulhenta de Teddy Roosevelt, que considerava Bryan – "aquele trombone humano"– um tolo, e seus planos inúteis, Bryan assinara até 1914 trinta daqueles tratados. (A Alemanha, entretanto, recusou assinar.)

Nos Estados Unidos e na Inglaterra, os quakers, uma influente minoria, tiveram papel importante na liderança do movimento, enquanto

Sonhando com a paz

na França os pacifistas eram firmemente anticlericais. Estima-se que, em 1914, existissem na França 300 mil pessoas envolvidas de alguma forma no movimento pela paz.[31] Nos três países esse movimento podia apelar para as fortes tradições liberal e radical de aversão à guerra com base em preceitos morais e sociais para sensibilizar setores significativos da opinião pública. Além de errada, a guerra era um desperdício, desviando muitos recursos que deviam ser destinados a resolver os males da sociedade. O militarismo, a corrida armamentista, uma política exterior agressiva e o imperialismo eram vistos como males que precisavam ser combatidos para que houvesse uma paz duradoura. Em cada um desses países, uma imprensa francamente liberal e organizações dedicadas a amplas causas sociais, assim como políticos de destaque como Bryan e Keir Hardie, líder do Partido Liberal no Parlamento inglês, ajudaram a disseminar a mensagem. A Liga dos Direitos do Homem da França, com seus 200 mil membros, seguidamente aprovava projetos em favor da paz, enquanto reuniões de professores debatiam a elaboração de um currículo de história que não fosse nacionalista e nem militarista.[32] Na Inglaterra, jornais e outros periódicos radicais e influentes, como

A eleição de 1912, disputada por candidatos de três correntes distintas, os republicanos liderados por William Howard Taft, o dissidente Partido Progressista (apelidado Bull Moose) sob a liderança de Teddy Roosevelt, e os democratas, viu a vitória destes últimos. O novo Presidente, Woodrow Wilson, de boné, parece ofuscado por seu novo secretário de Estado, o líder progressista e formidável orador William Jennings Bryan, embora na verdade Wilson ditasse a política exterior americana. Ambos acreditavam nos Estados Unidos como força a serviço do bem no mundo.

298 A Primeira Guerra Mundial – que acabaria com as guerras

o *Manchester Guardian* e o *Economist*, apoiavam temas como desarmamento e livre-comércio como forma de tornar o mundo melhor. Quando o novo governo liberal assumiu o poder, em 1905, foi pressionado para fazer algo mais em prol da paz pelos integrantes de sua ala radical, cada vez mais numerosa, e pelo nascente Partido Trabalhista, que ganhava corpo.[33]

—

INDIVÍDUOS E ORGANIZAÇÕES como os grupos de igrejas também fizeram sua parte na tentativa de aproximar povos potencialmente hostis entre si. Em 1905, os ingleses criaram um Comitê para Amizade Anglo-Alemã, chefiado por dois pares radicais. Delegações de religiosos e um grupo trabalhista liderado pelo futuro primeiro-ministro Ramsay MacDonald visitaram a Alemanha, e George Cadbury, o magnata quaker do chocolate, convidou autoridades municipais alemãs para visitar sua cidade modelo, Bourville.[34] O onipresente Harry Kessler ajudou a organizar uma correspondência pública entre artistas alemães e ingleses para terem a oportunidade de expressar admiração recíproca pela cultura dos dois países. Também patrocinou uma série de banquetes para promover a amizade mútua, culminando com o que foi realizado no Hotel Savoy em 1906, quando conversou com George Bernard Shaw e Lord Haldane, notável líder político liberal, defendendo melhores relações entre Inglaterra e Alemanha. (Kessler encontrou tempo para notar as costas maravilhosamente quase nuas e as pérolas de Alice Keppel, presente entre outras personalidades de destaque da sociedade e amante de Edward VII.)[35] Na França, Romain Rolland escreveu a famosa série de romances sobre Jean Christophe, cuja figura central é um brilhante e atormentado compositor alemão que acaba conquistando reconhecimento e paz em Paris, para demonstrar seu amor pela música, mas também, como declarou a Stefan Zweig, na esperança de fortalecer a causa da unidade europeia e levar os governos do continente a parar para pensar nos riscos do que estavam fazendo.[36]

Apesar do crescimento do espírito pacifista, também havia ampla e muitas vezes amarga divergência sobre como chegar a um mundo pacífico. Tal como se afirma atualmente que a solução está na disseminação da democracia – na discutível premissa de que duas democracias não lutam entre si – naqueles anos antes de 1914 havia quem, quase sempre pensadores franceses que aludiam aos grandes ideais da Revolução Francesa, defendesse que criar repúblicas estáveis e, quando necessário, emancipar minorias nacionais poderia assegurar a paz. Um

Sonhando com a paz

ativista italiano da paz declarou em 1891: "Aos fundamentos da liberdade seguem-se os da igualdade que, evoluindo gradualmente, levam à solidariedade de interesses e à fraternidade de (...) povos realmente civilizados. Portanto, a guerra entre povos civilizados constitui crime."[37] A redução de barreiras comerciais e a adoção de outras medidas que estimulassem a futura integração da economia mundial eram vistas como novas formas de promoção da paz. Tais iniciativas contavam com substancial apoio, o que não era surpresa na Inglaterra, onde o livre-comércio trouxera grandes benefícios no século XIX, assim como nos Estados Unidos. Como precursores do que alegam os ativistas do Wikileaks hoje em dia, o objetivo principal deve ser se livrar da diplomacia e dos tratados secretos. Pequena minoria, sobretudo no mundo de língua inglesa, seguia as ideias de Tolstoy, de que a violência devia ser enfrentada sempre com a não violência e a resistência passiva, enquanto os opositores de suas ideias sustentavam que guerras podem ser divididas em justas e injustas e, em determinadas circunstâncias, por exemplo, na defesa contra tiranos e ataques não provocados, a guerra se justificava.

Um ponto em que a maioria dos movimentos pela paz concordava antes de 1914 e que progrediu mais do que o desarmamento foi a arbitragem de disputas internacionais. A arbitragem por comissões independentes já fora usada no século XIX com importantes êxitos ocasionais, como o de 1871, que julgou reclamações americanas contra a Inglaterra resultantes das atividades do navio *Alabama*, da Confederação, construído em porto inglês. A despeito dos protestos da União, os ingleses tinham permitido que o navio chegasse às águas internacionais, onde afundou ou aprisionou mais de 60 navios da União. O vitorioso governo americano exigiu compensação da Inglaterra – houve a insinuação de que o Canadá pagaria sem reclamar – mas, por fim, os Estados Unidos aceitaram um pedido de desculpas e um pagamento em espécie de cerca de 15 milhões de dólares. Ano após ano, o Congresso pela Paz Universal aprovou resoluções que conclamavam os governos do mundo a elaborar um sistema viável para arbitragem. Em parte como consequência da pressão popular e, por outro lado, do fato de também desejarem a paz, os governos passaram a recorrer cada vez mais à arbitragem no fim do século. Mais da metade dos 300 acordos aprovados entre 1794 e 1914 ocorreu após 1890. Além disso, número cada vez maior de estados assinou acordos bilaterais de arbitragem. Os otimistas esperavam que se chegasse a um sistema de arbitragem multilateral, por meio de tribunal com poderes suficientes, uma legislação internacional e, talvez, o pensamento mais idealista, um governo mundial.[38] Como disse um americano: "É a irresistível lógica do progresso humano no mundo moderno que está tornando a arbitragem tão desejada."[39]

Outros ativistas preferiam concentrar-se no desarmamento ou, pelo menos, na limitação de armas. Naquela época, como hoje, podia-se argumentar que a existência de armas e forças militares, e a quase inevitável simultaneidade de uma corrida armamentista aumentaram a probabilidade de guerra. Frequentemente os fabricantes de armas são o alvo dos defensores da paz, que neles identificam os causadores de tensões deliberadamente estimuladas e até mesmo de conflitos, a fim de vender seus estoques. Assim, quando o jovem Czar, em 1898, inesperadamente expediu convite público para uma reunião das potências mundiais para discutir o "grave problema" resultante do aumento sem precedentes de armas e trabalhar em busca de uma solução, ativistas da paz, como Suttner, ficaram maravilhados. Na verdade, o convite, referindo-se às "terríveis máquinas de destruição" e aos horrores que uma futura guerra acarretaria, poderia ter sido escrito por uma delas. Ao que parece o Czar foi movido em parte pelo idealismo, mas também pela simples consideração de que a Rússia estava em dificuldades para acompanhar os gastos de outras potências europeias com armamento.[40] Uma segunda nota russa propôs tópicos a serem discutidos, inclusive o congelamento nos efetivos militares de cada país, estabelecimento de limites para algumas das novas armas mais letais que estavam surgindo e definição de normas para a conduta da guerra.[41]

Os governos das demais potências europeias não manifestaram interesse na reunião e, no caso da Alemanha, houve até hostilidade. Todavia, tiveram de enfrentar a entusiasta reação do público. Petições e cartas pressionando os delegados a trabalhar pela paz choveram pelo mundo inteiro. Na Alemanha, uma campanha para endossar uma declaração de apoio ao desarmamento alcançou mais de um milhão de assinaturas. Não obstante, o documento, que foi enviado para Haia, também deu indicação da forma como o nacionalismo minaria as tentativas de desarmamento antes de 1914. "Não queremos que a Alemanha se desarme," dizia, "enquanto o mundo que nos cerca nos aponta baionetas. Não queremos enfraquecer nossa posição no mundo ou impedir que desfrutemos as vantagens que podemos colher em uma competição pacífica entre as nações."[42]

"Vou em frente com essa comédia da conferência," declarou o Kaiser, "mas manterei minha adaga à mão durante a valsa."[43] Pelo menos dessa vez a Inglaterra concordou com ele. "É a maior insensatez, a maior tolice que já ouvi," disse Edward.[44] A Alemanha compareceu à reunião com a intenção de arruiná-la, desde que o fizesse sem ficar sozinha com a culpa. Sua delegação foi chefiada por Georg zu Münster, embaixador alemão em Paris, que discordava francamente de toda a ideia da conferência, e incluiu Karl von Stengel, professor de Munique, que pouco antes de início dos trabalhos publicara um panfleto condenando o desarmamento, a arbitragem e todo o movimento pela paz.[45] A orientação que Holstein deu aos delegados no Ministério do Exterior foi: "Para o estado não existe objetivo mais importante do que a proteção de seus interesses (...) No caso das grandes potências, esses interesses não são necessariamente compatíveis com a manutenção da paz, mas, isto sim, podem demandar agressão ao inimigo e competidor por um grupo combinado de estados mais fortes."[46]

Entre as outras potências, a Áustria-Hungria era outra desinteressada. A orientação de seu ministro do Exterior, Goluchowski, a seus delegados foi: "As atuais relações não permitem obter qualquer resultado essencial. Mas, por outro lado, nós mesmos não querermos que resultado nenhum seja alcançado, pelo menos no que se refere a questões políticas e militares."[47] A França, onde o movimento pacifista era forte, estava mais inclinada a apoiar a reunião, mas ao seu ministro do Exterior, Delcassé, preocupava a possibilidade de as delegações na assembleia aprovarem resoluções que implicassem em a França ter de abrir mão de pacificamente recuperar a Alsácia-Lorena. "De minha parte, mesmo sendo ministro do Exterior, antes de tudo sou francês e não posso deixar de compartilhar o sentimento dos demais franceses."[48] A Inglaterra, que enviou o almirante Jacky Fisher com um de seus delegados, queria discutir arbitragem, mas não estava interessada em desarmamento. O Almirantado disse ao governo que um congelamento das forças navais era "totalmente impraticável" e que qualquer limitação de armas novas ou aperfeiçoadas "beneficiaria os interesses de nações incultas e contrariaria os interesses das mais civilizadas." Quanto à tentativa de criar normas para conduta da guerra, "os senhores almirantes são contra tal compromisso do país, pois semelhante acordo quase certamente provocaria recriminações mútuas." O Ministério da Guerra foi igualmente direto: nenhuma das medidas propostas pelos russos é aceitável.[49] Os Estados Unidos enviaram uma delegação chefiada por Andrew White, embaixador em Berlim, e dela fazia parte Alfred Mahan, defensor do poder naval. "Ele tem pouquíssima simpatia, para não dizer nenhuma," escreveu White em seu diário, "pela finalidade da conferência."[50] A posição americana era, no geral, de apoio

A Primeira Guerra Mundial – que acabaria com as guerras

à paz, mas resistia a discutir limitação de armas, argumentando que as forças terrestres e navais americanas eram tão diminutas que os europeus deviam deixá-las de fora.[51] No curso da conferência, White fez eloquente declaração nesse sentido. O adido militar inglês informou Londres: "No fim do pronunciamento de White, o almirante francês comentou que os americanos tinham destruído a marinha e o comércio espanhóis e agora não queriam que ninguém destruísse os deles."[52]

Delegações de cerca de 26 nações, inclusive da maioria das potências europeias, dos Estados Unidos e do Japão, além de ativistas liderados por Suttner e Bloch, reuniram-se em Haia em maio de 1899. (O hotel em que se hospedava Suttner desfraldou uma bandeira branca em honra a sua presença e à causa.) Os holandeses, que em função de posição geográfica tinham muito a temer de uma guerra entre França e Alemanha, ofereceram pródiga recepção de abertura e generosa hospitalidade ao longo de toda a conferência. "Provavelmente desde a criação do mundo," disse White, "nunca houve reunião com grupo tão grande de representações que demonstrasse tão desanimado ceticismo e descrença na conquista de resultados."[53] A família real holandesa pôs um de seus palácios à disposição da conferência, que se reuniu no saguão de entrada, apropriadamente decorado com uma grande pintura da paz no estilo de Rubens. Os delegados especulavam a motivação dos russos, e muitos deles suspeitavam que desejavam apenas ganhar tempo para reforçar suas forças armadas.[54] Um representante alemão, oficial do exército, deixou infeliz impressão ao fazer discurso premeditadamente beligerante em que se gabou de que seu país podia arcar facilmente com os custos de defesa e de que, além disso, todos os alemães viam o serviço militar "como dever sagrado e patriótico e a cuja eficiência devem sua existência, sua prosperidade e seu futuro."[55]

O belga que presidia a comissão que tratava de armamento informou seu governo que ninguém estava levando a sério a questão do desarmamento.[56] Mesmo assim, produziu acordos sobre itens relacionados com armamento de importância relativamente menor: moratória no desenvolvimento de gás asfixiante, banimento da bala dum-dum que causava ferimentos terríveis e proibia atirar projéteis de balões. Também foi aprovado o que passou a ser o primeiro de uma série de acordos internacionais sobre normas para conduta da guerra, tais como tratamento humano de prisioneiros de guerra e civis. Finalmente, e foi um passo relevante no sentido da arbitragem internacional, a conferência concordou numa Convenção para Solução Pacífica de Disputas Internacionais, com diversos dispositivos, inclusive comissões de investigação no caso de disputas entre estados. Em 1905, a Rússia e a Inglaterra viriam a usar com sucesso uma dessas comissões para resolver o incidente de Dogger Bank, em que a marinha russa atirou contra barcos pesqueiros ingleses.

A Convenção também assegurou a criação de um Tribunal Permanente de Arbitragem. (Poucos anos mais tarde o filantropo americano Andrew Carnegie doou fundos para o Palácio da Paz em estilo neogótico em Haia, que até hoje permanece como sua sede). Embora o governo alemão, com total apoio do Kaiser, inicialmente tencionasse se opor ao estabelecimento do tribunal, acabou decidindo que a Alemanha não devia ficar isolada na oposição. "Para não deixar o Czar fazer papel de bobo perante a Europa, vou concordar com esse absurdo. Na prática, porém, continuarei acreditando e confiando apenas em Deus e em minha espada afiada. E danem-se todas as suas decisões!" Os representantes alemães conseguiram acrescentar tantas situações excepcionais que o documento final parecia, como disse Münster, "uma rede com muitos buracos."[57] Embora viesse a resolver uma dúzia de casos antes da Grande Guerra, o tribunal dependia, como acontece até hoje, da disposição dos governos a lhe submeterem questões. O governo alemão manifestou publicamente sua satisfação com a "feliz conclusão" da conferência, enquanto seu delegado Stengel preferiu censurá-la ostensivamente.[58] Mais uma vez a diplomacia alemã fora desnecessariamente canhestra, deixando a impressão de ser uma potência belicosa e despreparada para cooperar com as demais.

Em 1904, Roosevelt convocou uma segunda Conferência de Haia, mas a eclosão da Guerra Russo-Japonesa a protelou até maio de 1907. Nessa época o cenário internacional era muito mais ameaçador. A corrida naval anglo-germânica ia a pleno vapor, e a Tríplice Entente estava em formação. Sir Henry Campbell-Bannerman, novo primeiro-ministro liberal inglês, propôs que a limitação de armas constasse da agenda. Como também alegava que o poder naval inglês sempre fora uma força que fortalecia a paz e o progresso, talvez não tenha causado surpresa a reação cética e hostil do Continente.

O generalizado sentimento público a favor da paz alarmou ainda mais quem ocupava posições de autoridade como estadistas e chefes militares, por exemplo, que consideravam a guerra parte indispensável das relações internacionais e que o pacifismo minava sua liberdade para usar a força. E os conservadores viam no pacifismo uma ameaça à velha ordem. Como escreveu a um amigo Alois von Aehrenthal, ministro do

304 A Primeira Guerra Mundial – que acabaria com as guerras

Exterior da Áustria-Hungria entre 1906 e 1912: "As monarquias são contra o movimento internacional pela paz porque esse movimento contraria a ideia de heroísmo – ideia essencial à ordem monárquica."[59]

Na Rússia, onde o governo queria total liberdade para reconstruir suas forças armadas depois das perdas devastadoras da recente guerra, o novo ministro do Exterior, Izvolsky, disse que "desarmamento era uma ideia de judeus, socialistas e mulheres histéricas."[60] Quando, pouco antes da abertura da conferência, Bülow disse ao Reichstag que a Alemanha não tinha a intenção de discutir limitação de armamentos em Haia, foi saudado com risadas e aplausos.[61] A Áustria-Hungria acompanhou seu aliado. "Uma declaração platônica" devia tratar convenientemente desse assunto, declarou Aehrenthal.[62] Os franceses ficaram em posição desconfortável, oscilando entre o apoio a sua velha aliada, a Rússia, e a sua nova amiga, a Inglaterra, mas no fundo esperavam que toda a questão recebesse um funeral decente. Os Estados Unidos, que inicialmente apoiaram a ideia da limitação de armas, agora estavam recuando. Roosevelt cada vez mais preocupado com o crescimento do poder naval do Japão no Pacífico, pensava em construir encouraçados.[63]

Dessa vez os representantes de 44 países se reuniram em Haia e, como acontecera antes, lá estava grande número de ativistas, inclusive Bertha von Suttner e Thomas Stead, jornalista inglês radical que organizara uma cruzada internacional pela paz a fim de pressionar as potências. (Mais tarde ele mudou completamente de opinião e, quando afundou com o *Titanic* em 1912, já se tornara ardoroso defensor da construção de mais encouraçados.)[64] Nessa reunião os países latino-americanos se fizeram representar. Ofereceram, como disse um diplomata russo, banquetes "particularmente interessantes e atraentes." Mais uma vez os holandeses se esmeraram na hospitalidade; enfrentaram a concorrência dos belgas, que organizaram um torneio medieval para os delegados.[65]

Os ingleses constataram que o desarmamento era causa perdida e desistiram dela com toda elegância. Em sessão da conferência que durou apenas vinte e cinco minutos, o chefe da representação inglesa apresentou uma resolução declarando que "é altamente desejável que os governos retomem um estudo aprofundado da questão."[66] Foi aprovada por unanimidade e a corrida armamentista, que naquele momento também envolvia as forças terrestres, continuou. Embora agissem com mais diplomacia do que na primeira conferência de

Sonhando com a paz

Haia, os alemães conseguiram arruinar uma tentativa de criação de um tribunal internacional de arbitragem. O chefe da delegação, Adolf Marschall von Bieberstein, embaixador no Império Otomano, fez um discurso em que simultaneamente exaltou a arbitragem e declarou que ainda não chegara a hora de adotá-la. Mais tarde disse que ele próprio não sabia se era a favor ou contra. Um delegado belga afirmou que desejava morrer de forma tão indolor quanto o modo como Marschall liquidou a ideia.[67] Eyre Crowe, ferrenho adversário da Alemanha no Foreign Office e que integrava a delegação inglesa em Haia, escreveu a um colega em Londres: "O sentimento dominante tem sido, claramente, o medo do que pretende fazer a Alemanha. Esta continua em sua conduta tradicional: ora lisonjeando com falsas promessas, ora intimidando e sempre intrigando."[68] Como ocorrera no passado, houve alguns avanços nas normas de guerra, mas na reação geral do público a conferência fora um fracasso. "Bela conferência de paz!" – exclamou Suttner. "Você só ouve falar de feridos, doentes e beligerantes"[69] Foi planejada para 1915 uma terceira Conferência de Haia, e no verão de 1914 inúmeros estados já organizavam grupos para prepará-la.

Se os governos pouco fizeram para avançar na causa da paz nos anos que precederam a guerra, para o movimento pela paz restou outra grande esperança, a Segunda Internacional, organização fundada em 1889 para unir os trabalhadores do mundo e seus partidos socialistas. (A Primeira Internacional, fundada por Karl Marx em 1864, desmoronara doze anos antes sob o peso de diferenças doutrinárias.) A Segunda Internacional tinha caráter realmente internacional, integrada por partidos de toda a Europa e da Argentina, da Índia e dos Estados Unidos e certamente tendia a crescer com o avanço da industrialização. Sua unidade decorria da existência de um inimigo comum, o capitalismo, e de uma ideologia fortemente influenciada por Marx, cujo antigo colaborador Friedrich Engels estivera presente desde seu primeiro congresso e cuja filha e dois cunhados continuavam muito envolvidos em sua evolução. Mais importante que tudo, a Segunda Internacional contava com substancial número de membros. Às vésperas da Grande Guerra, cerca de 25 diferentes partidos estavam afiliados a ela, inclusive o Partido Trabalhista inglês, com 42 membros no Parlamento, e os Socialistas Franceses com 103 assentos e um quinto de todos os eleitores da França. Com mais de um milhão de membros e um quarto dos votos alemães, o partido mais importante de todos era o PSD alemão, que, com os 110 assentos conquistados após a eleição de 1912, se tornou o maior partido no Reichstag.

306 A Primeira Guerra Mundial – que acabaria com as guerras

Se os trabalhadores do mundo pudessem se unir – e eles não tinham nação, como na famosa citação de Marx, mas apenas os interesses de sua classe – teriam meios para tornar a guerra impossível. O capitalismo explorava os trabalhadores, mas também precisava deles para manter as fábricas produzindo, as ferrovias funcionando, os portos trabalhando e para compor os efetivos de seus exércitos quando fossem mobilizados. "Manter seca a pólvora? Ora, excelência!" – disse um militante francês criticando o Kaiser. "Não vê que quatro milhões de trabalhadores alemães mijaram nela!"[70] (Uma das razões para o Ministério da Guerra alemão resistir por tanto tempo ao aumento de efetivos do exército foi o medo de os soldados vindos das classes trabalhadores não combaterem com lealdade.) Quando o socialismo finalmente triunfasse, não haveria mais guerra. Como disse a Suttner em tom de desprezo Karl Liebknecht, uma das figuras de destaque da esquerda do Partido Social Democrata alemão: "O que vocês estão tentando obter, paz na terra, *nós* a conquistaremos – ou seja, a social democracia, que na verdade é uma grande liga internacional pela paz."[71]

Suttner não dava muito crédito aos socialistas. Em sua opinião, se quisessem tornar-se parte útil da sociedade, os trabalhadores precisariam do apoio de seus patrões. "Antes de tudo," disse ela, "devem deixar de ser inflexíveis."[72] Na década que antecedeu 1914, de modo geral as relações entre o movimento pela paz, predominantemente da classe média, e o socialismo foram difíceis. As camadas média e alta da sociedade estavam assustadas com a retórica revolucionária, e os socialistas tendiam a ver os liberais como uma face mais amena do capitalismo, escondendo dos trabalhadores sua verdadeira cara. Quando se tratava de discutir a questão da paz, os socialistas não tinham paciência em temas do interesse dos liberais contrários à guerra, tais como arbitragem e desarmamento. Para eles, mais importante era derrubar o capitalismo, visto como a causa das guerras. Em 1887, Engels pintara o cenário ameaçador de uma futura guerra na Europa, que provocaria fome, morte, doenças e o colapso das economias e sociedades e, por fim, dos estados. "Coroas escorrerão pelos ralos, e não aparecerá ninguém para pegá-las." Era impossível prever como tudo acabaria. "Apenas uma consequência é absolutamente certa: a exaustão geral e o surgimento de condições para a vitória final da classe trabalhadora."[73]

Estariam os socialistas europeus realmente querendo pagar esse preço pela vitória? Não seria melhor trabalharem juntos contra as guerras e usarem meios pacíficos para conquistar poder? A disseminação do direito

Sonhando com a paz

do voto e a melhoria das condições de vida das classes trabalhadoras, especialmente na Europa ocidental, pareciam indicar outro caminho para o uso do voto: a lei e a cooperação com outros partidos políticos quando houvesse coincidência de interesses, em vez da revolução sangrenta. A tentativa de revisar a ortodoxia de Marx defendendo esse caminho ocorreu por meio de violento choque entre as classes e gerou penosos e desagregadores debates dentro dos partidos socialistas europeus, especialmente no Partido Social Democrata alemão, e também abalou a Segunda Internacional. Após muitas discussões em que a obra dos grandes próceres do socialismo Marx e Engels foi revista pelos dois lados em busca de suporte doutrinário, os socialistas alemães votaram pela manutenção da ortodoxia revolucionária. A ironia é que na prática estavam se tornando reformistas de respeito. Os sindicatos, em que o número de trabalhadores crescia a cada dia, estavam perfeitamente preparados para trabalhar com os empresários a fim de obter vantagens para seus membros, e, em âmbito local, os socialistas que faziam parte de organizações como os conselhos municipais cooperavam com os partidos da classe média. Mas em nível nacional os socialistas conservaram o velho ranço da hostilidade, votando contra o governo em todas as oportunidades, e seus deputados permaneciam ostensivamente sentados quando o Reichstag se erguia para saudar o Kaiser.[74]

A liderança socialista na Alemanha temia, com toda a razão, que houvesse muitos no governo gostariam de algum pretexto para reviver as leis antissocialistas de Bismarck. O Kaiser também não ajudou ao publicamente lembrar seus soldados de que talvez tivessem que atirar em seus próprios irmãos. A eleição de 1907, que foi realizada sob a agitação causada pelo sentimento nacionalista após a brutal repressão alemã a uma revolta em sua colônia Sudoeste da África [Namíbia], abalou os socialistas. Foram acusados pelos nacionalistas de direita de agir sem patriotismo e perderam 40 de seus 83 assentos no Reichstag. Por outro lado, isso serviu para fortalecer a ala moderada do partido. Um novo deputado do PSD, Gustav Noske, em seu primeiro discurso no Reichstag, prometeu repelir a agressão estrangeira "de forma tão implacável quanto o faria um membro da burguesia."[75] A liderança do partido se esforçou para manter sob controle sua ala esquerdista, resistindo a todas as propostas de greves gerais e atividades revolucionárias.[76] Se o governo alemão tivesse agido com mais inteligência e percebido os muitos sinais de que o PSD já não constituía ameaça séria à ordem estabelecida, poderia ter atraído os socialistas para sua orientação política. Em vez disso, o governo

308 A Primeira Guerra Mundial – que acabaria com as guerras

continuou a tratá-los com desconfiança, pondo em dúvida sua lealdade. Em consequência, a liderança socialista não via motivos para abandonar seu apoio retórico à ortodoxia marxista, não importando o que o partido e seus membros fizessem na prática.

A pessoa com a maior responsabilidade por essa mistura de submissão e fraqueza ideológica era um homem pequeno e magro, August Bebel. Era o principal dirigente e porta-voz do PSD, e o maior responsável pela manutenção da fidelidade ao marxismo. Seus pais vinham da classe trabalhadora, o pai era sargento do antigo exército prussiano, e a mãe, empregada doméstica. Quando tinha treze anos, ficou órfão, e os parentes o encaminharam para o ofício de carpinteiro. Na década de 1860, foi convertido ao marxismo e dedicou o resto de sua vida à política. Opôs-se tanto à guerra de unificação da Alemanha contra a Áustria, em 1866, quanto travada contra a França em 1870; por isso, foi condenado por traição. Embora aproveitasse o tempo na prisão para ler bastante e escrever um tratado sobre direitos das mulheres, sempre se sentiu mais à vontade na atividade de organização – em que era mestre – do que na elaboração de teorias. Ajudou a fundar o Partido Social Democrata em 1875, criando uma grande e disciplinada organização política.

Bebel integrou a delegação alemã na fundação da Segunda Internacional, da qual o PSD, graças à sua magnitude e disciplina, se tornou o mais importante membro. A orientação alemã para seus membros constituintes da Internacional era simples e inflexível: ter sempre em mente a luta de classes, sem concessões, sem acordos com partidos burgueses, sem participar de governos e sem apoio a causas burguesas. No congresso de 1904 em Amsterdam, Bebel acusou o líder socialista francês Jean Jaurès de apoiar a República francesa durante o caso Dreyfus: "Monarquia ou república – ambas são estados de classes, ambas são instrumentos do estado para preservar o controle da burguesia, ambas se destinam a defender o regime capitalista." Os alemães e seus aliados, entre eles os mais doutrinários socialistas franceses, conseguiram a aprovação de uma resolução condenando qualquer tentativa de deixar de lado a luta de classes, "de tal forma que, em vez de conquistar poder político derrotando os oponentes, seja observada uma política de entrar em acordo com a ordem vigente." Jaurès, que acreditava piamente na solidariedade socialista, acatou a resolução. Enquanto alguns poderiam ficar desanimados ou reagir com amargura, ele simplesmente se dispôs a trabalhar para unir as diferentes facções de ambos os movimentos, no socialismo francês e na Internacional Socialista.⁷⁷

Jean Jaurès, destacado socialista francês, foi um dos mais atuantes pacifistas da Europa. Esperava fazer da Segunda Internacional de partidos e sindicatos esquerdistas, uma força poderosa e unida em oposição à guerra. Na crise final de 1914, lutou pela paz até o fim. Um nacionalista francês da direita o assassinou pouco antes da eclosão da guerra.

Era típico de Jaurès ver a causa como mais importante que ele próprio e não guardar rancor. Em sua vida, as amizades contemplavam todas as linhas ideológicas, e, na política, estava sempre pronto para se aproximar de seus oponentes. "Sua simpatia pessoal era tão universal," disse Romain Rolland, "que ele não era visto nem como niilista nem como fanático. Repelia todos os atos de intolerância."⁷⁸ Jaurès se destaca entre os líderes socialistas anteriores a 1914 por seu bom senso, sua percepção da realidade política, sua disposição para negociar acordos e seu otimismo. Com inabalável confiança na razão e na bondade essencial da natureza humana, acreditou, até o dia de sua morte, que a finalidade da política era construir um mundo melhor. Embora tivesse estudado Marx e todos os princípios fundamentais do socialismo, jamais o viu sob o ângulo doutrinário. Ao contrário de Marx, não via a história se transformando em um modelo inevitável de luta de classes. Para ele, sempre havia espaço para idealismo e iniciativa humana, sempre havia a possibilidade de se encontrar novos e mais pacíficos caminhos para o futuro. O mundo que almejava se baseava em justiça e liberdade para todos, um mundo que proporcionasse felicidade. Um objetivo do socialismo, disse ele certa vez, devia ser permitir que as pessoas comuns "saboreassem as alegrias da vida, hoje restritas aos privilegiados."[79]

Compacto e de ombros largos, com feições francas e cordiais, belos e profundos olhos azuis, Jaurès passou pela vida esbanjando energia. Foi tanto um político consumado quanto um intelectual ponderado que poderia ter sido um grande acadêmico clássico. Era inteligente, até brilhante, mas isso não o tornava arrogante ou insensível. Casou com uma mulher insípida que não compartilhava seus interesses, mas permaneceu leal a ela. Embora ainda jovem perdesse a fé em Deus, não se opôs quando ela educou os filhos do casal dentro da religião. Adorava boa comida e bons vinhos, mas frequentemente se esquecia de comer quando se via envolvido em seu outro grande prazer, uma boa conversa. Não se importava com riqueza e status. Seu apartamento em Paris era confortável mas modesto, e sua mesa consistia de tábuas sobre cavaletes. Usava roupas que, como disse Ramsay MacDonald, que o conheceu num congresso socialista em 1907, pareciam lhe ter sido atiradas em cima com um forcado. Com um surrado chapéu de palha na cabeça, Jaurès circulava com indiferença, disse MacDonald "tal qual um rapaz num novo mundo ou um ator errante senhor de seu destino, que descobrira como passar o tempo em feliz despreocupação."[80]

Jaurès nasceu em 1859, em Tarn, no sul da França, em família da classe média, mas experimentou o que era viver quase na pobreza porque seu pai mudava constantemente e sem sucesso de uma ocupação para outra. Sua mãe, ao que parece o braço forte da família, conseguiu matriculá-lo numa escola pública, onde ele conquistou mais prêmios do que nenhum outro estudante no passado. Seu talento e suas realizações o levaram para Paris a fim de continuar seus estudos, para finalmente chegar à École Normale Supérieure, então, como hoje, a casa onde é formada a elite da França. Mesmo ainda relativamente jovem, Jaurès revelou grande preocupação com os temas sociais e não causou surpresa quando resolveu entrar na política. Eleito para a Câmara dos Deputados em 1885, foi derrotado em 1889 e passou os quatro anos seguintes como professor em Toulouse e trabalhando no conselho municipal, experiência prática que lhe permitiu uma avaliação mais consistente da importância dos assuntos pão-com-manteiga para os eleitores. Foi deputado da Câmara francesa por 35 anos e, ao longo de dez deles,

Sonhando com a paz

presidiu o Partido Socialista francês. Foi um grande orador. Franzindo a testa de tanto esforço, falava com profunda convicção, eloquência e emoção, tanto na Câmara como em congressos socialistas, em cidades e vilarejos da França quando percorria o interior do país. Encontrava tempo para escrever copiosamente e editou o novo jornal socialista *L'Humanité* em 1904, no qual escreveu mais de 2 mil artigos durante os dez anos seguintes.

Após sua derrota em 1904 no congresso da Segunda Internacional, Jaurès passou a se preocupar cada vez mais com a deterioração da cena internacional e a dedicar grande parte de sua energia à causa da paz. Havia muito tempo apoiava a arbitragem e o desarmamento, mas agora se voltara para o estudo da própria guerra. Com era de seu feitio, realizou um estudo sério, lendo teoria militar e história das guerras, e trabalhando com um moço francês, o capitão do exército Henry Gérard. Certa noite, os dois sentados em um café em Paris, Jaurès descreveu como seria uma guerra no futuro: "...o fogo dos canhões e as bombas, nações inteiras dizimadas, milhões de soldados estendidos na lama e no sangue, milhões de cadáveres..." Alguns anos mais tarde, durante uma batalha no Front Ocidental, um amigo perguntou a Gérard por que estava com o olhar perdido no espaço. "Sinto como se já conhecesse tudo isso," respondeu Gérard. "Jaurès profetizou esse inferno, esse aniilamento total."[81] Na França, Jaurès propôs a transformação das forças armadas francesas de força profissional voltada para a ofensiva em milícia de cidadãos como fazia a Suíça, onde os soldados serviam por seis meses e voltavam periodicamente para curtos períodos de treinamento. Esse novo exército seria empregado unicamente em defesa do país. Argumentava que fora dessa forma, armando a nação, que a Revolução Francesa derrotara os exércitos a serviço de seus inimigos. Sem surpresas, suas ideias foram rejeitadas pelo sistema político e pelos militares, embora, vendo em retrospecto, sua ênfase na defensiva fazia muito sentido.[82]

———

ELE NÃO TEVE muito mais sucesso pressionando a Segunda Internacional para agir, ainda que as questões de o que fazer para impedir guerras ou em face de uma guerra geral na Europa estivessem na agenda de cada um dos congressos a partir de 1904. Infelizmente evidenciou-se, desde o início, a existência de profundas e potencialmente danosas divergências de opinião. Jaurès e aqueles que pensavam como ele, como o membro do Partido Trabalhista inglês Sir Keir Hardie, acreditavam que os socialistas

A Primeira Guerra Mundial – que acabaria com as guerras

deviam usar todos os meios possíveis para impedir a guerra, fosse por agitação, manifestações de massa, greves ou, caso necessário, até por intermédio de um levante. Mas os socialistas alemães, malgrado todo o seu discurso revolucionário, na prática agiam com prudência, tal como faziam em seu país. A questão-chave, que dividia as duas correntes, era se haveria um acordo sobre medidas concretas a serem tomadas em caso de guerra. Os alemães não estavam dispostos a se comprometer, e a Segunda Internacional hesitava em adotar certas medidas, como greve geral, ainda que a maioria dos socialistas (e, sem dúvida, também os líderes políticos e militares) acreditasse que isso tornaria impossível para as nações travarem guerras. Jaurès, por seu lado, não estava disposto a dividir o movimento socialista insistindo no tema. As divergências ficavam escondidas por trás de resoluções retóricas que condenavam a guerra, reafirmavam a determinação das classes trabalhadoras em preveni-la e eram deliberadamente vagas sobre o que devia ser feito. Como estabeleceu a resolução do congresso de Stuttgart em 1907: "A Internacional não é capaz de definir a conduta exata da classe trabalhadora, no lugar certo e no momento oportuno, contra o militarismo, uma vez que isso é naturalmente visto de formas distintas pelas diferentes nações."[83] Sete anos mais tarde, a Internacional estaria enfrentando o maior desafio de sua existência.

Nos anos que ainda restavam até a Grande Guerra, a Segunda Internacional continuou confiando em sua capacidade para atuar eficazmente pela paz. A despeito de sua retórica, a velha tendência a encarar de modo maniqueísta seu inimigo, o capitalismo, perdia consistência. Com a expansão dos investimentos e do comércio, o capitalismo unia o mundo inteiro no mesmo tricô, e isso certamente diminuía a possibilidade de uma guerra. Mesmo o velho linha-dura Bebel disse em 1911: "Admito publicamente que talvez a maior garantia da paz mundial repouse nessa exportação internacional de capital." O fato de as potências solucionaram pacificamente as crises nos Balcãs em 1912 e 1913 foi uma prova de que agora o capitalismo estava do lado da paz. No congresso em Basileia, em 1912, a Segunda Internacional chegou a afirmar que agora trabalharia ao lado dos pacifistas da classe média.[84]

Também surgiram provas encorajadoras da solidariedade socialista diante das tensões internacionais. Em janeiro de 1910, partidos socialistas de diferentes países balcânicos se reuniram em Belgrado para chegar a um pensamento comum. Declararam: "Devemos eliminar as fronteiras que separam esses povos de mesma cultura, estes países cujos rumos econômicos e políticos estão intimamente ligados e, assim, livrá-los do jugo da dominação estrangeira que priva as nações do direito de determinar seu destino."[85] Na primavera de 1911, as relações entre a Áustria-Hungria e a Itália eram particularmente tensas, e os socialistas de ambas as nações faziam campanha contra o aumento de despesas militares e a ameaça de guerra.[86] O momento em que a esperança atingiu o auge ocorreu no outono de 1912, quando estourou a Primeira Guerra Balcânica. Socialistas de toda a Europa, 200 mil deles em Berlim, mais outros 100 mil na redondeza de Paris, fizeram manifestações maciças em prol da paz, e a Segunda Internacional realizou um congresso de emergência. Mais de 500 delegados de 23 partidos socialistas (apenas a Sérvia preferiu não comparecer) se reuniram na Suíça, em Basileia. Crianças vestidas de branco os conduziram pelas ruas até a grande catedral gótica de arenito vermelho. Luminares do movimento socialista subiram ao púlpito para condenar a guerra, em particular uma guerra geral, e para afirmar o poder das classes trabalhadoras. Jaurès, último a falar, fez um de seus mais notáveis discursos. "Devemos deixar este recinto," concluiu, "comprometidos com a preservação da paz e a salvação da civilização." A assembleia de fiéis – e era isso que parecia – entoou uma derradeira canção, e o órgão tocou Bach. "Ainda me sinto tonto com tudo que vivi," escreveu em êxtase a uma amiga a revolucionária russa Alexandra Kollontai.[87] Três meses depois, os dois maiores partidos que integravam a Segunda Internacional, o francês e o alemão, expediram um manifesto conjunto condenando a corrida armamentista e prometendo trabalhar juntos pela paz.[88] No verão, porém, enquanto os socialistas franceses se opunham a uma proposta que aumentaria o efetivo do exército francês, o Partido Social Democrata da Alemanha aprovava um aumento no orçamento do exército alemão.

A fraqueza fundamental da Segunda Internacional não repousava apenas nas diferenças em estratégias e táticas, mas no próprio nacionalismo. A linguagem usada mascarava essa debilidade. Em todos os congressos anteriores a 1914, oradores de todos os países fizeram as mais nobres referências à fraternidade internacional das classes trabalhadoras, e certamente foram manifestações sinceras. Todavia, já em 1891, um representante holandês no segundo congresso da Segunda Internacional proferira as estranhas mas proféticas palavras: "O sentimento internacional que é premissa do socialismo não existe em nossos irmãos alemães."[89] Podia ter dito o mesmo sobre outros partidos socialistas e sindicatos. O nacionalismo, como se viu, era não apenas algo preparado e imposto pelas classes dirigentes; tinha sólidas raízes nas

314 A Primeira Guerra Mundial – que acabaria com as guerras

diferentes sociedades europeias. Estava presente nas canções nacionalistas dos operários franceses e no orgulho com que os trabalhadores alemães prestavam o serviço militar.[90] Talvez seja mais fácil identificar o impacto do nacionalismo sobre a Segunda Internacional em exemplos como: a incapacidade dos diferentes partidos socialistas em concordar como o Dia do Trabalho devia ser comemorado; a polêmica de 1905-6 entre os líderes dos sindicatos alemães e franceses durante a primeira crise do Marrocos; ou nas críticas recíprocas dos partidos socialistas da Alemanha e da França sobre suas iniciativas.[91] Em 1910, a tentativa dos socialistas nos Balcãs de construir uma frente única naufragou no ano seguinte, quando os socialistas búlgaros, já lutando entre si, voltaram-se contra a Sérvia.[92]

Em 1908, o Partido Socialista austríaco criticou a anexação da Bósnia-Herzegovina por seu próprio governo, mas não demonstrou simpatia pelo ressentimento sérvio por essa ação. Na verdade, os socialistas austríacos tendiam a admitir que seu país tinha uma missão civilizatória a cumprir nos Balcãs.[93] E não estavam sós. Embora se tivesse como certo na teoria socialista que o imperialismo era ruim, nos anos anteriores a 1914 houve uma crescente tendência dos socialistas europeus a defender a posse de colônias, sob o argumento de que uma civilização superior beneficiaria as inferiores. Alguns socialistas alemães foram além e sustentaram que a Alemanha precisava de mais colônias, tendo em vista os benefícios econômicos que acarretariam para os trabalhadores alemães.[94] Em 1911, quando a Itália desencadeou uma guerra evidentemente imperialista contra o Império Otomano a fim de conquistar territórios no norte da África, a ala direita do Partido Socialista italiano votou com o governo. Embora o partido mais tarde expulsasse osdeputados, seu secretário deixou claro que sofrera pressão da Segunda Internacional: "Devem cessar todas as críticas e solicitações de manifestações mais enérgicas – de onde quer que venham – que sejam justamente consideradas exageradas e irracionais."[95]

—

No ANO SEGUINTE, o belga Camille Huysmans, que dirigia o *bureau* da Segunda Internacional, teve que desistir temporariamente da ideia de realizar o congresso seguinte em Viena, devido às tensões entre os socialistas de diferentes nacionalidades. "A situação na Áustria e na Boêmia," escreveu, "é absolutamente deplorável. Nossos camaradas estão se devorando. A discórdia chegou ao ponto máximo. Os nervos estão à flor da pele, e se nos reunirmos em Viena vamos ter um congresso marcado pelas brigas, deixando péssima impressão perante o mundo.

Sonhando com a paz

Não apenas austríacos e tchecos estão nessa situação, mas o mesmo acontece na Polônia, na Ucrânia, na Rússia e na Bulgária."[96] As relações entre os socialistas alemães e franceses eram condição fundamental para a Segunda Internacional (tal como hoje em dia são importantes essas mesmas relações), e ambos os lados não perdiam oportunidade de expressar essa importância. Entretanto, em 1912 Charles Andler, professor de alemão na Sorbonne, conhecido por sua simpatia pelo socialismo e pela Alemanha, trouxe à tona uma verdade constrangedora. Os trabalhadores alemães, escreveu ele em uma série de artigos, eram mais alemães do que internacionalistas e se, por algum motivo houvesse guerra, apoiariam a Alemanha.[97]

O movimento da classe média em prol da paz também não ficou mais imune ao nacionalismo do que a Segunda Internacional. Os pacifistas italianos ficaram profundamente decepcionados quando seus correspondentes austríacos se recusaram a se manifestar a favor dos direitos das minorias (que incluíam, claro, os italianos que viviam no interior do Império Austro-Húngaro.)[98] A Alsácia-Lorena sempre causara problemas entre os pacifistas alemães e franceses; os primeiros alegavam que os habitantes das duas províncias estavam satisfeitos e prósperos sob o domínio alemão, enquanto os franceses denunciavam a opressão de que eram alvo, citando como exemplo o número de pessoas de língua francesa que estavam emigrando.[99] Era difícil para ambos os lados confiar um no outro. "Se concordarmos em nos desarmar," afirmou um pacifista alemão em 1913, "as probabilidades são de cem para um de que os franceses (...) atacarão."[100] A confiança não era maior entre pacifistas ingleses e alemães. Quando ocorreu a crise de Marrocos em 1911, ameaçando a eclosão de uma guerra entre Inglaterra e Alemanha, Ramsay MacDonald disse na Câmara dos Comuns que esperava que "nenhuma nação europeia acredite por um só momento que as divergências partidárias neste país enfraqueçam o espírito e a unidade nacionais." No ano seguinte, renomado pacifista alemão criticou seus colegas por defenderem a Inglaterra, que, conforme afirmou, "está ameaçando a indispensável continuidade do crescimento de nossa nação."[101] Pacifistas em toda a Europa tentaram conciliar suas convicções com seu nacionalismo, fazendo uma distinção entre guerras de agressão e guerras defensivas. Sem dúvida, era correto defender instituições liberais, mesmo as imperfeitas, contra regimes autocráticos. Os pacifistas franceses, por exemplo, sempre deixaram claro que a República devia ser defendida, tal como seus antepassados tinham defendido a Revolução Francesa contra inimigos estrangeiros.[102]

A Primeira Guerra Mundial – que acabaria com as guerras

Em 1914, um dos objetivos dos líderes europeus à medida que as crises se agravavam era convencer suas populações de que uma decisão de ir à guerra só aconteceria por razões defensivas.

O próprio fator *guerra* foi o elemento final que minou as tentativas de preservação da paz na Europa. Bloch acreditara que a tecnologia avançaria e tornaria a guerra mais mortal e industrial, dando fim ao fascínioo que a envolvia. Na verdade, aconteceu o contrário. A expansão do militarismo e a total excitação que cerca uma guerra tiveram imenso apelo sobre muitos europeus. Até Angell, que tanto se esforçara para convencer seus leitores de que guerra era algo irracional, foi obrigado a admitir: "Existe algo em uma guerra, em sua história e em sua parafernália que excita profundamente as emoções e acelera o sangue que corre nas veias dos mais pacíficos de nós, despertando sei lá que remotos instintos nossos, sem mencionar nossa natural admiração pela coragem, pelo amor à aventura, por agitação e ações emocionantes."[103]

11

Pensando em Guerra

HELMUTH VON MOLTKE, O ARQUITETO DAS VITÓRIAS PRUSSIANAS nas guerras de unificação da Alemanha, era um homem elegante. Com sua Cruz de Ferro e uniforme impecável, parecia exatamente o que era, um típico oficial oriundo da classe *Junker*, dos proprietários de terra da Prússia. Essa imagem é a um tempo verdadeira e enganosa. Moltke, o Velho – como é hoje chamado para distingui-lo de seu sobrinho, Chefe do Estado-Maior da Alemanha em 1914 – era realmente um *Junker*, produto daquela classe que ao longo dos séculos lavrara suas terras no norte e no nordeste da Prússia e vivia modesta e dignamente, orientando seus filhos para o oficialato do exército prussiano. Geração após geração, à medida que a Prússia se expandia, lutaram e morreram a seu serviço, como se esperava que fizessem. (Nomes que surgiram na Guerra dos Sete Anos reaparecem na guerra de Hitler.) Os *Junkers*, homens e mulheres, eram criados para ser fisicamente fortes, submissos, bravos, leais e dignos. Moltke adotava os valores conservadores de sua classe, sua religiosidade descomplicada e seu senso do dever. Pessoalmente, no entanto, estava longe da "virilidade burra e da brutalidade estrita" que, segundo o semanário satírico *Simplicissimus*, caracterizavam o oficial *Junker*. Moltke amava arte, poesia, música e teatro. Lia muito, de Goethe a Shakespeare e Dickens, e em várias línguas. Traduziu diversos volumes de *Decline and Fall of the Roman Empire*, de Gibbon e escreveu um romance e uma história da Polônia. De suma importância para a evolução da Alemanha e seu exército, ele foi, sob determinados ângulos cruciais, um homem moderno; compreendia que grandes organizações precisam de elementos como sistemas, informação, treinamento, comunidade de visão e etos para serem bem-sucedidas. Se tivesse nascido em outro tempo e lugar, teria sido um Henry Ford ou um Bill Gates alemão. Com seu perfil, enfrentou melhor que nenhum outro o desafio do corpo de oficiais dos exércitos de toda a Europa: como conciliar os valores da casta dos guerreiros com as exigências da guerra industrial. Entretanto, as tensões que provocou prosseguiriam pela Grande Guerra.

Antes de 1914, as potências europeias acabaram considerando provável uma guerra geral. Engajaram-se numa corrida armamentista e planejaram combater ofensivamente. Aqui, cinco das potências, Inglaterra, França, Alemanha, Império Otomano ou Turquia e Rússia defrontam-se armadas até os dentes. Tio Sam fica olhando à distância e diz desanimado: "Aqueles caras querem desarmamento, mas nenhum deles quer se desarmar primeiro!"

Moltke, nascido em 1800 durante as Guerras Napoleônicas e falecido em 1891, viveu no período da transformação da sociedade, dos exércitos da Europa e das formas de combate. Tinha seis anos quando as forças de Napoleão invadiram a Prússia e se chocaram com o exército prussiano na Batalha de Jena. Em 1870, como Chefe do Estado-Maior do exército prussiano, foi responsável pelo sucesso da campanha contra a França. Dessa vez suas tropas foram transportadas para o campo de batalha de trem. Vinte anos mais tarde, pouco antes de ele morrer, a

Pensando em guerra

rede ferroviária que cobria a Europa triplicara e surgiram os primeiros veículos movidos por motores de combustão interna. Outrora, os exércitos tinham seus efetivos limitados pela quantidade de suprimentos que podiam transportar ou saquear à medida que avançavam, e seu raio de ação dependia da rapidez de deslocamento dos soldados. No fim do século XIX, o transporte ferroviário permitia que os exércitos europeus fossem muito maiores, cobrissem distâncias maiores e fossem supridos por fábricas atrás da linha de frente, que continuavam produzindo o material necessário, de armas a botinas.

A revolução industrial tornara possível ter grandes exércitos, e o crescimento da população europeia alimentara a fonte de recursos humanos. A Prússia foi a primeira a recorrer com sucesso a essa fonte, usando a conscrição para obter recrutas na sociedade e lhes proporcionar vários anos de treinamento militar. Depois os devolvia à vida civil, mas mantinha suas qualificações atualizadas colocando-os na reserva e submetendo-os a treinamentos periódicos. Em 1897, a Alemanha tinha 545 mil homens na ativa, mas outros 3,4 milhões podiam ser mobilizados.[1] As demais potências continentais não tiveram escolha, a não ser seguir o mesmo caminho. Apenas a Inglaterra, graças à proteção assegurada pelo mar e por sua marinha, podia continuar com um pequeno exército de voluntários. No Continente, no fim do século XIX, todas as potências tinham exércitos permanentes – em outras palavras, em suas unidades e portando suas armas e equipamentos – e outros grandes efetivos potenciais dispersos na sociedade, prontos para se apresentarem tão logo fossem expedidas ordens de mobilização. Quando Moltke tinha doze anos e Napoleão começava sua marcha rumo a Moscou, o exército francês e de seus aliados somava cerca de 600 mil homens, a maior força militar jamais vista na Europa. Em 1870, Moltke dirigiu a mobilização de 1,2 milhão de homens na Prússia e em seus aliados. Em 1914, duas décadas após sua morte, as potências centrais empregariam mais de 3 milhões de homens no campo de batalha.

O deslocamento de efetivos tão grandes correspondia a deslocar cidades inteiras. Os homens tinham de ser enquadrados em suas unidades, dirigir-se às estações ferroviárias corretas e embarcar nos trens certos. Igualmente importante, tinham de dispor do equipamento apropriado, de alimentos, armas e munição, além de cavalos e mulas indispensáveis para a cavalaria e o transporte, tão logo desembarcassem dos trens. O fluxo de homens e animais com os volumes de equipamentos se deslocando para os campos de batalha aos quais se destinava convergia para as grandes

A Primeira Guerra Mundial – que acabaria com as guerras

unidades – as divisões, em alguns exércitos com 20 mil homens, e no degrau seguinte, os corpos-de-exército com duas ou mais divisões. Para ser eficiente em combate, cada divisão e cada corpo-de-exército precisava de unidades especializadas, de artilharia a engenharia. Quando convocou mais de 2 milhões de homens, com toneladas de material e cerca de 118 mil cavalos, no verão de 1914 o exército alemão precisou de 20.800 trens apenas para deixá-los em condições de partir para a fronteira. Trens com 44 vagões transportaram as tropas e seu equipamento para a França passando pela crucial ponte de Hohenzollern sobre o Reno, em Colônia, a cada dez minutos nas primeiras duas semanas de agosto.[2] Se as coisas dessem errado – como aconteceu na Ferrovia Transiberiana na Guerra Russo-Japonesa – seria catastrófico para o esforço de guerra. Os suprimentos podiam ser remetidos para destinos errados ou ficar semanas ou meses imobilizados nos ramais ferroviários, enquanto unidades inteiras podiam vagar a esmo para descobrir onde deveriam na verdade estar. Em 1859, Napoleão III enviou uma poderosa força para a Itália por trem para se opor à Áustria, mas os homens chegaram sem cobertores, alimentos ou munição. "Enviamos um exército de 120 mil homens para a Itália," disse ele, "antes de termos estocados no destino os suprimentos necessários." Admitiu que foi "exatamente o contrário do que deveríamos ter feito."[3]

Moltke foi um dos primeiros a perceber que a nova era exigia modernas e muito mais sofisticadas formas de organização. Os exércitos teriam de elaborar planos e mapas, além de coletar antecipadamente o máximo possível de informações, porque o tempo entre a mobilização para a guerra e o emprego em combate encolhera dramaticamente. Antes do século XIX, os exércitos se deslocavam lentamente, a pé. Friedrich, o Grande, George Washington e o Duque de Wellington, depois de enviarem à frente batedores de cavalaria para avaliar a situação e localizar o inimigo, realizavam seus planejamentos. Quando se confrontava com o inimigo na iminência da batalha, Napoleão já tinha claramente na cabeça o dispositivo de suas tropas e o de seu oponente. Podia traçar seu plano de batalha e expedir suas ordens pela manhã. Isso não mais era possível. O exército que deixasse de fazer seu planejamento com muita antecedência era um exército incapaz. Quando Moltke entrou para o exército prussiano em, 1819, o exército já tinha em forma embriônica o que viria a ser mais tarde, sob seu comando, a inovação institucional mais importante para os exércitos do mundo moderno. O Estado-Maior tornou-se o cérebro que apresentava as ideias, a organização e, em última análise, exercia a liderança dos gigantes que surgiriam. Os oficiais do Estado-Maior colhiam informações sobre os

Pensando em guerra

outros exércitos, asseguravam-se de que os mapas estivessem prontos e atualizados, elaboravam e testavam planos de guerra. A Áustria-Hungria, por exemplo, tinha planos prontos para guerras contra a Rússia, a Itália ou a Sérvia.

Faziam parte dos planos de guerra centenas de páginas detalhando a mobilização e o planejamento do transporte ferroviário. Previam tudo, desde o tamanho e a velocidade dos trens até o quadro de horários e as paradas para reabastecimento de água e combustível.[4] A Alemanha – e nisso, mais uma vez foi modelo para outros exércitos europeus – havia muito tempo cuidara para que a construção, a administração e a coordenação de ferrovias atendessem às exigências militares. Por exemplo, providenciara para que as ferrovias que corriam para oeste em direção às fronteiras com a França e a Bélgica tivessem maior capacidade do que o exigido pelo tráfego civil.[5] Quando Moltke, o Velho, disse ao Reichstag que os cronogramas de mobilização precisavam se referir a um único horário padrão nacional para ser implementado em toda a Alemanha, o Parlamento concordou de imediato. Antes de 1914, na seção de ferrovias do Estado-Maior Alemão trabalhavam cerca de oitenta oficiais selecionados por sua competência e não em função da origem familiar. Em sua maior parte vinham da classe média e hoje em dia provavelmente seriam *nerds* de computador. Em seus primeiros dias como chefe dessa seção, o general Wilhelm Groener passava os fins de semana elaborando quadros de horário ferroviário com a esposa.[6] Entre as outras potências, a Inglaterra mais uma vez fugia à regra no que se refere a ferrovias. Até 1911, a ligação e coordenação entre o exército inglês e as companhias ferroviárias era mínima.[7]

Quando Moltke passou a Chefe do Estado-Maior prussiano, em 1857, este tinha um punhado de oficiais, era pouco conhecido, e o resto dos oficiais mal lhe dava atenção. Em 1866, na guerra contra a Áustria, quando Moltke expediu ordens a seus comandantes no front, um deles disse: "Está tudo muito bem, mas quem é esse general Moltke?"[8] Em 1871, com o crédito de duas grandes vitórias, o Estado-Maior Alemão, como passou a ser chamado, era visto como um tesouro nacional; seu poder e influência cresceram na mesma proporção. Na década de 1880, com Moltke o Velho ainda no cargo, contava com várias centenas de oficiais e diversas seções distintas. Também se tornou modelo para os estados-maiores de outras potências continentais, embora em nenhuma delas com a mesma posição ímpar e privilegiada do Estado-Maior Alemão.[9] Em 1883, conquistou o direito de acesso direto ao monarca e cada vez mais se sentiu com liberdade para concentrar a preparação e a condução da guerra, deixando questões

322 A Primeira Guerra Mundial – que acabaria com as guerras

como relações internacionais e diplomacia para os civis.[10] "Na minha opinião, a arte da diplomacia," disse Moltke, o Moço, "não é preservar a paz a qualquer preço, mas manter a política do estado em condições de entrar numa guerra em posição vantajosa."[11] Tais atitudes eram perigosas porque as duas esferas, militar e política, e as duas situações, paz e guerra, não podiam ser divididas tão radicalmente. O Estado-Maior decidiria com base apenas em fatores militares – como a famosa decisão de invadir a Bélgica em 1914 – com graves implicações políticas.

Como o planejamento para a guerra se tornou mais detalhado e complexo, novo perigo surgiu. O tamanho dos planos, o trabalho envolvido na sua elaboração e o esforço necessário para mudá-los passaram a ser argumentos para não alterá-los. Em 1914, quando a Áustria-Hungria fez uma mudança de última hora no movimento de suas tropas, foi necessária uma apressada revisão em 84 pastas de instruções.[12] Percebessem ou não, os oficiais que tinham passado a maior parte de sua carreira elaborando planos tanto quanto possível à prova de erros viam o trabalho realizado com interesse e orgulho. A ideia de jogar fora anos de trabalho em favor de uma improvisação era algo que os militares de todas as potências europeias instintivamente rejeitavam.[13] Ademais, os planejadores militares tendiam a se concentrar em um único cenário de guerra, em vez de levar em conta vários deles. Um oficial do estado-maior na seção de ferrovias do exército austro-húngaro viu o perigo de os militares se concentrarem em aperfeiçoar os planos para somente uma eventualidade e não se prepararem para uma mudança súbita da política exterior e dos objetivos estratégicos. Em sua opinião, os militares nunca conseguiram conciliar com sucesso as duas exigências: "Por um lado, elaborar planos tão eficazes e completos quanto possível e capazes de, com a máxima rapidez, apresentar aos altos-comandos uma base para suas decisões iniciais; por outro lado, estar em condições de cumprir a missão fundamental das ferrovias de campanha, ou seja, 'satisfazer todas as exigências do comando em qualquer situação.'" Indagava se os sistemas criados ao longo de tantos anos davam aos comandantes liberdade suficiente para decidir. A grande crise de 1914 apresentou a resposta. Quando o Kaiser perguntou a Moltke, o Moço, se o plano de guerra da Alemanha podia ser alterado para lhe permitir lutar em apenas uma frente – contra a Rússia – e não em duas como planejado, contra a França e a Rússia ao mesmo tempo, Moltke respondeu simplesmente que não era possível e, mesmo com o Kaiser insatisfeito, nem ele nem ninguém do governo, questionou a resposta. Ao longo de décadas, e não apenas na Alemanha, os líderes

Pensando em guerra

civis e militares aceitaram que planejamentos militares era assunto de especialistas e admitiram que os civis não possuíam conhecimento nem autoridade para fazer perguntas inquisitivas ou discutir suas decisões.

O ônus gerado pela rigidez dos planos elaborados antes da guerra deu origem a máquinas do juízo final que, uma vez postas a funcionar, não podiam mais parar e são vistas por muitos como uma das causas da Grande Guerra, se não a principal delas. Não obstante, por mais complexos que fossem, os quadros de horário das ferrovias e de mobilização podiam ser, e de fato eram, alterados em seus detalhes a cada ano pelos militares, à medida que chegavam novas informações, novas linhas entravam em funcionamento e objetivos estratégicos eram modificados. Além disso, seus objetivos gerais podiam ser alterados e preparados planos alternativos. Após a guerra, o general Groener, da seção de ferrovias do Estado-Maior Alemão, asseverou que ele e seus subordinados tinham elaborado novos planos em julho de 1914 para uma mobilização contra a Rússia e não contra a França e tinham feito isso sem atraso que colocasse em risco a Alemanha. Durante a Grande Guerra, os militares achavam que podiam consolidar planos capazes de transportar grandes efetivos de uma frente de combate para outra por ferrovia.[14] O primeiro impressionante exemplo dessa capacidade ocorreu no primeiro mês da guerra, quando o comando alemão da frente leste deslocou um corpo-de-exército de aproximadamente 40 mil homens 160 quilômetros para o sul. Os planos de mobilização por si só não foram responsáveis pelo desencadeamento da guerra. Ao contrário, foram os líderes civis europeus que falharam, primeiro por não se manterem informados a respeito do que os planos de guerra envolviam e, segundo, por não insistirem em um conjunto de planos em vez de aceitarem um único e abrangente.

Na verdade, a contribuição dos planos para eclosão da Grande Guerra foi fazer pressão adicional nos tomadores de decisão ao abreviar o tempo disponível para essas decisões. Enquanto no século XVIII e mesmo na primeira parte do XIX os governos normalmente dispunham de meses para pensar se deviam ou não entrar em uma guerra, agora precisavam fazê-lo em questão de dias. Graças à revolução industrial, uma vez iniciada a mobilização, exércitos podiam estar nas fronteiras e ficar em condições de combater em uma semana, no caso da Alemanha, e, no caso da Rússia, devido às distâncias, em pouco mais de duas semanas. As potências europeias tinham uma boa ideia do tempo para mobilizar e estar em condições de lutar. Era fundamental não atrasar o processo. Uma mobilização apenas parcialmente concretizada enquanto o inimigo já estava mobilizado e presente na fronteira era o pesadelo dos militares da Europa que os civis passaram a compartilhar.

O que causa espanto no processo de tomada de decisões em 1914 é como era aceita a ideia de que o mínimo atraso representava perigo. Conrad alegava na Áustria-Hungria que era preocupação diária a concentração de tropas na Galícia, na fronteira com a Rússia. Qualquer atraso os deixaria em situação desfavorável diante de um ataque russo maciço. Os generais Joffre e Moltke, chefes de Estado-Maior na França e na Alemanha respectivamente, alertavam seus governos que um só dia, talvez umas poucas horas de atraso, podia significar um terrível custo de sangue derramado e território perdido para o inimigo. Os civis, oprimidos pela responsabilidade que viviam, mas confiando nos profissionais, não os contestavam, perguntando, por exemplo, se não seria melhor preparar posições defensivas e esperar o ataque inimigo.[15] Portanto, tão logo uma potência vizinha começasse a mobilização ou mesmo desse indícios de preparativos, ficaria difícil para seus vizinhos resistir a tomar a mesma iniciativa. Nada fazer seria suicídio, mas mobilizar com atraso não era muito melhor. Em 1914, esses eram os argumentos que os militares apresentavam aos líderes civis ao pressioná-los para expedir as ordens. Razões semelhantes foram apresentadas, com muito menos tempo, na casa dos minutos e não de dias, ao Presidente Kennedy durante a crise dos mísseis em Cuba: se ele esperasse para lançar os mísseis sobre a União Soviética, seria muito tarde, porque os lançados pelos soviéticos já estariam no ar. Ele preferiu ignorar o conselho dos militares. Em 1914, nem todos os líderes civis demonstraram tal independência.

Em retrospecto, é fácil ver que os planejadores militares trabalhavam como se estivessem em um ambiente isolado. Variando de potência para potência, os planejadores dos estados-maiores se viam na posição de técnicos, descobrindo a melhor forma de defender a nação e deixando as considerações diplomáticas e políticas para os civis. A dificuldade, sempre presente nas relações entre militares e civis, é que tais questões não podem ser claramente repartidas entre militares e não militares. O Estado-Maior Alemão decidiu que era preciso invadir pela Bélgica por motivos estratégicos válidos, se o objetivo era atacar a França com sucesso, embora essa invasão em 1914 fosse causar sério dano à reputação da Alemanha ante os países neutros, como os Estados Unidos, e levar a Inglaterra a uma guerra na qual, em outras circunstâncias, não se envolveria.

Frequentemente os civis não sabiam ou não estavam interessados em se manter informados sobre os planos preparados pelos militares;

Pensando em guerra

o vulto das discussões ao longo de anos entre os estados-maiores inglês e francês surpreendeu a maioria do Gabinete inglês em 1914. Isso também funcionava no outro sentido. Os militares franceses colocaram duas divisões, que poderiam ser empregadas em outro setor, guarnecendo a fronteira entre a França e a Itália para finalmente descobrirem, sete anos após o fato, que os governos dos dois países tinham assinado um tratado secreto que removera as tensões naquela área.[16]

Diferentes setores militares de um mesmo país às vezes não compartilhavam informações e coordenavam esforços. Sob o comando de Jacky Fisher, a marinha inglesa se recusou a mostrar ao exército seus planos de guerra, com medo de vazamentos. Em 1911, em longa e tumultuada reunião do Comitê de Defesa Imperial, o sucessor de Fisher, Sir Arthur Wilson, deixou claro que a marinha não tinha planos para o transporte de tropas inglesas para o continente e pouco se interessava por isso, mesmo que por algum tempo o exército trabalhasse com essa possibilidade. Embora os círculos militares alemães temessem ataques anfíbios na costa alemã no Báltico, o exército e a marinha da Alemanha tentaram apenas uma vez, em 1904, realizar manobras conjuntas nessa costa.[17] Ao que tudo indica, somente em 1912, dois anos antes da Grande Guerra, o Chanceler alemão foi informado do conteúdo do plano de guerra alemão.[18] Em 1914, ao que alega o Almirante Tirpitz em suas memórias, ele e a Marinha não tinham a menor ideia do que o Exército alemão estava planejando.[19]

———

A NOVA ÊNFASE dos militares europeus em especialização das tropas nem sempre podia ser conciliada com os valores das classes das quais tantos oficiais provinham. Quando um oficial de um regimento de cavalaria inglês, unidade de destaque na época, pensou em se candidatar à Escola de Estado-Maior que o exército inglês, com alguma relutância, resolvera criar, outro oficial o advertiu com firmeza: "Bem, vou lhe dar um bom conselho – não faça nenhum comentário sobre isso a seus colegas oficiais, ou você vai ficar muito malquisto."[20] No exército da Áustria-Hungria, os oficiais de cavalaria chamavam os de artilharia de "judeus do pó," e mesmo entre os oficiais de artilharia montar bem era mais importante do que a competência técnica.[21] Embora o efetivo cada vez maior dos exércitos continentais os obrigasse a recrutar oficiais na classe média urbana, essa mudança não gerou maior interesse e conhecimento especializado ou acadêmico. Na verdade, os oficiais oriundos da

326 A Primeira Guerra Mundial – que acabaria com as guerras

classe média pareciam ter absorvido os valores aristocráticos, como, por exemplo, o gosto pelos duelos, e não o contrário, como seria de esperar.

Além de trazer desvantagens e contribuir para aprofundar a brecha entre os exércitos e as sociedades, isso reforçou a coesão nos quadros de oficiais e certos atributos de personalidade valiosos para a aristocracia – senso de cumprimento do dever, coragem física, enfrentar a morte sem hesitação – também exigidos dos militares. O tipo de guerra que os militares julgavam mais provável, entretanto, era cada vez mais anacrônico com o fim do século XIX. A liderança militar se inspirava nos grandes soldados do passado: Alexandre, o Grande, Júlio César e, mais próximo no tempo, as figuras de Friedrich, o Grande, e Napoleão. Os chefes militares de então aspiravam realizar os grandes ataques do passado com os assaltos da infantaria, o combate corpo a corpo e as cargas de cavalaria.[22] Histórias de façanhas militares reforçavam a visão romântica e heroica da guerra e consideravam dignos de admiração os atos de bravura pessoal. Comentaristas europeus da Guerra Russo-Japonesa tinham profunda admiração pelos soldados japoneses que lutavam e morriam como verdadeiros guerreiros e se preocupavam porque os europeus já não eram capazes de se conduzir da mesma forma.[23] Porém, a guerra que os europeus estavam chamados a enfrentar em 1900 *era* uma guerra sob muitos aspectos bastante diferente das travadas no passado. A revolução industrial produzira armas mais poderosas, mais confiáveis, mais precisas e de alcance muito maior, que muitas vezes permitiam que os soldados nem vissem os inimigos que estava matando. Ficara muito mais fácil defender do que atacar posições, pois ainda não existia a tecnologia hoje disponível, tais como aviões e veículos blindados, para vencer posições fortificadas. Como declarou um general francês depois da prolongada Batalha de Verdun na Grande Guerra: "Três homens e uma metralhadora podem deter um batalhão de heróis."

Com os avanços na metalurgia, as armas, desde as portadas pelos soldados até as da artilharia, eram mais robustas e duráveis. Os novos explosivos, inclusive os descobertos por Alfred Nobel, tinham alcance muito maior, e as armas, com adoção de raias nos canos, ficaram muito mais precisas. Os soldados do tempo de Napoleão tinham mosquetões que, com bom treinamento, podiam ser recarregados – em pé – e atirar três vezes por minuto, e só eram precisos até 45 metros. Por isso era necessário e possível para os soldados reter o fogo até poder ver o branco dos olhos do inimigo. Em 1870, os soldados já dispunham de fuzis que

Pensando em guerra

eram precisos até quase meio quilômetro. Mais importante que isso, podiam carregar e atirar seis vezes por minuto, recarregando pela culatra e deitados, sem se expor ao fogo inimigo. Em 1900, os fuzis eram precisos e letais a distâncias ainda maiores, às vezes até um quilômetro, e as novas metralhadoras disparavam centenas de tiros por minuto. Os números tinham subido e continuavam a subir em todas as áreas: a artilharia de campanha, que tinha um alcance médio de pouco mais de meio quilômetro em 1800, em 1900 atirava a quase sete quilômetros de distância; canhões mais pesados, muitas vezes montados em pranchões ferroviários, alcançavam dez quilômetros. Assim, os atacantes tinham de sobreviver por vários quilômetros de bombardeio e, em seguida, algumas centenas de metros sob intenso fogo de fuzis e metralhadoras ao avançar na direção do inimigo.[24]

Bloch alertou sobre esta última área, a zona da morte, e a vantagem cada vez maior de defender, além de lembrar a probabilidade de impasses no campo de batalha que poderiam durar meses ou anos. Entretanto, os planejadores militares ignoraram seus trabalhos. Afinal, um judeu de nascimento, banqueiro e pacifista tinha tudo para desagradá-los. Quando fez três palestras no Instituto das Forças Armadas no verão de 1900, a plateia, em que militares eram maioria, ouviu polidamente, mas não demonstrou ter ficado convencida por suas palavras. "É o assim chamado não jingoísmo, ou não militarismo," foi o comentário de um general; uma "coisa sem interesse assim chamada humanitarismo."[25] Na Alemanha, um dos mais conceituados historiadores da época, Hans Delbrück, afirmou: "Do ponto de vista científico, o trabalho nada tem que o recomende. É uma reunião um tanto sem critério e mal-arrumada de material. Embora enfeitado com ilustrações, o tratamento é amador, com grande quantidade de detalhes que nada têm a ver com o problema atual."[26] Como o próprio Bloch se queixou, os militares eram uma espécie de casta sacerdotal que não gostava de interferência de estranhos. "Desde tempos imemoriais a ciência militar é um livro fechado a sete chaves, que apenas os iniciados na matéria possuem o privilégio de abrir."[27]

Não obstante, os militares europeus tinham a noção de qual era o problema e tentavam resolvê-lo. E como não tentar? Testaram novas armas e estudaram os ensinamentos de guerras mais recentes. Observadores militares tinham acompanhado a Guerra de Secessão americana em 1861-65 e a guerra entre Turquia e Rússia em 1877, vendo pessoalmente como uma combinação de posições defensivas muito bem preparadas, inclusive com trincheiras, e fogo rápido tinha devastado os atacantes e

A Primeira Guerra Mundial – que acabaria com as guerras

causado muito mais baixas entre eles do que entre os defensores. Na Batalha de Fredericksburg, em 1862, para citar apenas um exemplo, a União lançou ondas de soldados contra bem-defendidas posições dos Confederados. Todos os ataques fracassaram, e a União teve o dobro das baixas da Confederação. Conta-se que os feridos espalhados pelos campos de batalha pediam a seus camaradas para não persistirem naqueles ataques inúteis. Bem perto dos militares europeus havia o exemplo da Guerra Franco-Prussiana, em que 48 mil alemães defenderam com sucesso suas posições em uma linha de cerca de 35 quilômetros diante de 131 mil franceses.[28] As guerras dos Bôeres e Russo-Japonesa, mais recentes, também ofereciam novos subsídios: fazendeiros bôeres bem escondidos no terreno tinham infligido pesadas perdas aos ataques frontais dos ingleses, e o mesmo procedimento fora adotado no Extremo Oriente.

Enquanto os pacifistas esperavam que o progresso tornasse as guerras obsoletas e citavam as guerras Russo-Japonesa e dos Bôeres como prova da loucura dos conflitos armados, os militares e muitos líderes civis na Europa não conseguiam ver um mundo sem guerras, tendência reforçada pelas ideias do darwinismo social, propagadoras de que as sociedades tinham inimigos naturais e hereditários e era inevitável o conflito entre elas. Nos anos que antecederam a Grande Guerra, os militares franceses desenvolveram a teoria de uma Alemanha "eterna" inimiga mortal e resoluta da França. Em mensagens após mensagens os adidos militares franceses em Berlim alertavam seus superiores que a Alemanha era uma força maligna e ameaçadora, que não se deteria enquanto não destruísse a França.[29] Os militares alemães formavam opinião semelhante, vendo a França alimentada por séculos de hostilidade, inveja e, claro, desejo de vingança depois da recente derrota. Os líderes europeus também viam as guerras de forma menos apocalíptica, como instrumento necessário do estado. A história recente e a unificação da Itália, em particular, pareciam demonstrar que as guerras produziam resultado a custo relativamente baixo. Antes de 1914, também havia na Europa os que ocupavam cargos de destaque e viam mérito em uma guerra preventiva, para reduzir o poder inimigo antes que fosse tarde. Em cada uma das grandes crises ocorridas entre 1905 e 1914, a guerra preventiva foi uma opção seriamente considerada por homens em posições poderosas em mais de um país. Não eram somente os povos que estavam sendo psicologicamente preparados para a Grande Guerra, mas seus líderes também.

—

Pensando em guerra

PLANEJADORES MILITARES DA EUROPA fizeram o melhor que podiam para justificar as dificuldades do combate ofensivo e seu crescente custo em vidas. Por exemplo, alegavam que nas guerras recentes os atacantes não tinham se conduzido como faziam os melhores exércitos da Europa. "Os choques selvagens não merecem o nome de guerra," disse um general europeu a Bloch, referindo-se à Guerra Civil americana, "e dissuadi meus oficiais de lerem os relatos publicados a respeito."[30] Os militares ingleses alegavam que suas baixas na África do Sul eram uma aberração consequente do terreno e dos espaços característicos na África do Sul e, portanto, as lições não eram úteis na Europa. Era opinião geral entre eles que os japoneses tinham vencido a guerra com a Rússia justamente por que estavam decididos a atacar e dispostos a sofrer muito mais baixas do que os russos. Portanto, as lições mostravam que não se tratava de os ataques não funcionarem mais, e sim de exercer maior pressão e com maiores efetivos.[31] A história militar, que era tratada com respeito pelos militares europeus como fonte de conhecimento sobre guerra, era utilizada para apoiar os argumentos.[32] As batalhas com desfechos bem nítidos, como Leipzig em 1813 e Sedan em 1870, por exemplo, em geral mereciam mais atenção do que outras inconclusivas ou de natureza defensiva. A Batalha de Canas, nas Guerras Púnicas, quando Aníbal derrotou forças romanas muito mais poderosas empregando suas alas para cercar Roma, era um dos exemplos preferidos pelas escolas militares e inspirou o general Alfred von Schlieffen, do Estado-Maior Alemão, quando elaborou os planos para derrotar a França com um gigantesco movimento de pinça em torno das forças inimigas.[33]

A relutância dos militares europeus em se ajustar a novos meios de travar guerras pode ser explicada em parte pela inércia burocrática: mudar coisas como procedimentos táticos, exercícios e métodos de treinamento tomava tempo e perturbava. A absoluta coesão exigida de seus oficiais pelos exércitos gerava uma mentalidade coletiva em que originalidade e lealdade eram menos valorizadas do que ser um bom membro da equipe. Além disso, como acontece hoje, os militares eram treinados para resolver problemas e obter resultados, e era isso que se esperava deles. Psicologicamente é mais fácil pensar em termos de ação. Na guerra, o que conta é assumir a ofensiva e forçar uma decisão. Antes de 1912, quando a Rússia ainda pensava em uma guerra defensiva contra a Alemanha ou a Áustria-Hungria, ou ambas, os comandantes regionais reclamavam da dificuldade para elaborar planos bem claros.[34] Atacar era mais audacioso e glamouroso. Ficar acomodado em uma posição bem fortificada parecia, digamos, pouco imaginativo, até mesmo covarde. "A defensiva," disse

330 A Primeira Guerra Mundial – que acabaria com as guerras

um general inglês em 1914, "não é papel aceitável para um bretão, e não merece muito estudo."[35]

Contudo, não devemos admitir que os militares que elaboraram os planos às vésperas da Grande Guerra fossem os únicos a insistir obstinadamente na ofensiva. O passado e o presente estão cheios de exemplos da impressionante capacidade do ser humano em negligenciar, subestimar e justificar fatos que não se ajustam perfeitamente a suas premissas e teorias. O que alguns historiadores batizaram de culto da ofensiva ficou mais forte que nunca antes de 1914 no pensamento dos planejadores militares europeus (e, para sermos justos, também no de americanos e japoneses), talvez porque a alternativa – a guerra evoluíra a um ponto em que haveria pesadas baixas e combate de atrito, sem uma vitória decisiva de um dos lados – fosse tão desagradável e difícil de aceitar.

O futuro comandante das forças aliadas na Grande Guerra, Ferdinand Foch, então instrutor na Escola de Estado-Maior da França, em 1903 elaborou minucioso trabalho para demonstrar que dois batalhões de atacantes disparariam mais 10 mil balas do que um batalhão de defensores e, assim, se colocariam em situação vantajosa.[36] A tecnologia e o poder defensivo seriam subjugados, desde que o efetivo de atacantes superasse largamente o dos defensores. Mais importante que números, porém, era o fator psicológico: os soldados deviam ser motivados a atacar e, se preciso fosse, morrer, por meio de treinamento e apelos a seu patriotismo. Eles e seus generais deviam aceitar pesadas perdas sem desanimar. Assim, por exemplo, os exercícios de combate à baioneta eram considerados muito importantes porque desenvolviam no soldado o desejo de atacar.[37] Os uniformes eram vistos sob o mesmo ângulo: "*Le pantalon rouge, c'est la France!*" exclamou o ministro da Guerra anterior quando seu sucessor propôs abolir a tradicional calça vermelha e adotar o uniforme camuflado.[38]

Antes de 1914, caráter, motivação e moral eram atributos considerados fundamentais para o sucesso da ofensiva. Salientando a importância do fator psicológico, os militares exploraram o pensamento reinante em boa parte da sociedade europeia da época. Os trabalhos de Nietzsche e Bergson, por exemplo, tinham despertado o interesse pelo poder da vontade humana. Em seu clássico trabalho de 1906 sobre treinamento da infantaria, o coronel Louis de Grandmaison, um dos mais destacados teóricos militares franceses, disse: "Com razão nos afirmam que os fatores psicológicos são vitais em combate. Mas isso é pouco. Para dizer a verdade, não existe outro fator, pois todos

O general Joseph Joffre (à esquerda), foi nomeado Chefe do Estado-Maior francês em 1911. Eficiente e fleumático, inspirava confiança nos políticos. Como tantos, era adepto da ideia da ofensiva. Na foto, seu companheiro civil em manobras do exército é o presidente Raymond Poincaré (centro), ardoroso nacionalista.

os outros – armamento, mobilidade – influenciam apenas de forma indireta ao provocar reações morais... o coração humano é o ponto de partida em todas as questões de guerra."[39]

A ofensiva também servia para tapar as fissuras entre as sociedades e seus exércitos, levando as duas partes a visar o bem comum e lutar por uma boa causa. No exército francês, que fora severamente penalizado após o caso Dreyfus, e onde o moral estava baixo, tanto entre soldados quanto entre oficiais, a ofensiva oferecia um caminho para seguir em frente. Quando Joseph Joffre assumiu seu comando em 1911, afirmou que pensar defensivamente deixara o exército sem um objetivo definido: "Considero ser meu dever urgente criar uma doutrina coerente a ser absorvida por oficiais e praças, criar um instrumento para aplicar o que considero a doutrina certa."[40] Nas forças armadas e nas organizações militaristas da sociedade civil, como movimentos da juventude, a ênfase em inculcar valores como o autossacrifício ia além

A Primeira Guerra Mundial – que acabaria com as guerras

da nítida preferência pela ofensiva na guerra. Também tinha muito a ver com superação das deficiências da sociedade moderna e a reversão daquilo que muita gente das velhas classes dirigentes achava ser uma degeneração da raça e deterioração da sociedade. Para os oficiais oriundos daquelas classes, grupo decrescente em número mas ainda influente, a iniciativa oferecia um caminho de volta ao que julgavam ser uma sociedade melhor, em que os valores que defendiam eram fundamentais. O célebre soldado da era vitoriana Sir Garnet Wolseley, da pequena nobreza anglo-irlandesa, classe que compartilhava muitos dos valores defendidos pelos *Junkers* alemães, defendia a conscrição na Inglaterra com o argumento de ser um "vigoroso antídoto" contra os efeitos debilitantes da moderna sociedade: "O treinamento em âmbito nacional preserva a saúde e a robustez dos recursos humanos de um país e, ao salvá-los da degeneração, serve com nobreza à causa da civilização."[41] Quando civis alemães riram da frustração dos militares no episódio da fraude do capitão Köpenick, Hugo von Freytag-Lotinghoven, destacado teórico de assuntos militares e educador, escreveu, desgostoso, que tal zombaria era consequência de "puro egoísmo e dependência do conforto e da vida fácil." Morrer em combate, afirmou, era a "recompensa derradeira da vida." Em seus inúmeros trabalhos sobre guerra, descreveu a imagem de soldados alemães do passado marchando resolutamente em meio ao fogo inimigo.[42]

Imaginando a guerra do futuro, os militares europeus pensavam em batalhas decisivas para aniquilar as forças inimigas e se inspiravam nas vitórias do passado. "O corpo de oficiais formulara suas ideias estudando as guerras de Napoleão e Moltke," disse Groener de seus colegas do Estado-Maior Alemão, "um rápido e firme avanço das forças militares pelo território inimigo, a decisão da guerra em poucos e poderosos golpes e a paz imposta a um inimigo indefeso e forçado a aceitar as condições estabelecidas pelo vencedor, sem objeção."[43] Na Alemanha, ainda estavam frescas as lembranças da grande vitória em Sedan em 1870 motivando os oficiais, tanto quanto as da vitória no Estreito de Tsushima tomou conta do pensamento da marinha japonesa antes e durante a Segunda Guerra Mundial. As vitórias não deviam ser parciais nem levar à negociação. Deviam ser de tal forma decisivas que o inimigo ficasse liquidado e aceitasse os termos de paz que lhe fossem oferecidos, quaisquer que fossem. No plano da tática, os planejadores militares continuavam a ver a cavalaria com o mesmo papel crucial que desempenhara com Napoleão, que a lançava no ataque quando

Pensando em guerra

as linhas da infantaria inimiga ficavam abaladas. A guerra na África do Sul subestimara outro procedimento de combate, quando o poder a cavalo foi empregado para manobrar e envolver o inimigo pelos flancos, mas a cavalaria dos exércitos europeus resistia a esse emprego que, como se dizia, imitava os batedores americanos. "Deve ser aceito como princípio," prescrevia em 1907 o manual da cavalaria inglesa, "que o fuzil, por mais decisivo que seja, não substitui o efeito produzido pela velocidade do cavalo, o magnetismo da carga e o terror do aço frio."[44] Falava-se em criação de cavalos mais fortes e velozes para galopar com mais rapidez sob o fogo.

Ataques, batalhas, guerra propriamente dita, tudo aconteceria rápida, crucial e brevemente. "A primeira grande batalha," disse um oficial francês perante a Câmara em 1912, "decidirá toda a guerra, e guerras serão curtas. A ideia de ofensiva deve impregnar o espírito da nação."[45] Tais conversas eram do tipo "assobiar no escuro." Os líderes europeus, civis e militares, sabiam que as guerras no futuro poderiam ser longas. Naquele momento, seria impossível manter seus exércitos em operação por tempo muito maior do que no passado, quando a impossibilidade de transportar suprimentos suficientes por tempo indefinido e as epidemias de doenças acometendo grandes efetivos em operação tinham imposto limites naturais à duração das campanhas. Os planejadores europeus do fim do século XIX temiam longas guerras de atrito e duvidavam da capacidade de suas próprias sociedades as suportarem.

Também havia quem acreditasse que a guerra estava saindo de controle e seria cada vez mais difícil levá-la a uma conclusão. Os exércitos poderiam ter vitórias decisivas, como a Prússia e seus aliados obtiveram em Sedan, mas os povos poderiam não aceitar o veredito. Após Sedan, o povo francês se mobilizou e prosseguiu lutando. Em 1883, o grande teórico militar alemão Colmar von der Goltz publicou seu respeitado trabalho *The Nation in Arms*, em que analisou o novo fenômeno da guerra e os custos inaceitáveis para permitir que um lado derrotasse o outro. "Somente quando, depois de tremendos esforços de ambos os lados, surge um conflito e acontece a inevitável exaustão de um lado, as coisas começam a evoluir mais rapidamente."[46] Poucos anos mais tarde, Moltke, o Velho, fez sua famosa advertência no Reichstag, quando afirmou que a era das guerras de gabinete estava superada e começava uma nova era das guerras dos povos. Os conservadores tinham suas próprias razões para temer as consequências de uma guerra, como a bancarrota econômica, a intranquilidade social e uma revolução. Pouco antes da eclosão da Grande Guerra, proeminente conservador russo, P.N. Durnovo, alertou em famoso memorando que, para a Rússia, guerra levaria quase certamente à derrota e inevitavelmente à revolução.

Na Áustria-Hungria, dois anos antes, Blasius Schemua, que foi Chefe do Estado-Maior por curto período, apresentara a seu governo argumentação similar: o povo não compreendia exatamente o que uma guerra acarretaria.[47] Todavia, Schemua, ao contrário da Durnovo, não pressionou seu governo a evitar a qualquer custo uma guerra. Repetindo o que tinha feito seu antecessor (e sucessor) Conrad, defendia uma política exterior mais agressiva e aceitava com um misto de resignação e esperança o que uma guerra viesse a causar. Talvez o povo do Império Austro-Húngaro reconhecesse que aquele materialismo estúpido não satisfazia suas necessidades e uma nova e iluminada liderança traria o amanhecer de uma nova era.[48] Na Alemanha, muitos chefes militares, talvez a maioria – duvidavam, antes de 1914, que fosse possível uma guerra curta e decisiva, mas mesmo assim continuaram seu planejamento para tal guerra, pois não viam alternativa. Em uma guerra de empate e atrito e que levasse a um impasse, a Alemanha poderia perfeitamente ser derrotada, e eles, como grupo, cairiam de seu pedestal na sociedade germânica.[49] A surpreendente falta de planejamento, antes de 1914, para uma guerra de longa duração, sem a estocagem de suprimentos e a preparação de medidas para administrar a economia, demonstra claramente que os líderes civis e militares da Europa simplesmente não queriam enfrentar o pesadelo de uma derrota e uma revolta social.[50] No máximo esperavam que mesmo uma guerra que provocasse um impasse não duraria muito. Nesse ponto, os militares em toda a Europa concordavam com Bloch: os recursos se esgotariam, e o esforço de guerra entraria em colapso. Como jogadores que estavam perdendo, muitos planejadores militares europeus, inclusive os alemães, não viam o que fazer, a não ser jogar os dados ou a bolinha na roleta e torcer para que uma guerra de curta duração e decisiva resolvesse as coisas de uma ou outra forma. A vitória poderia conduzir a uma sociedade unida e mais forte. Se fossem derrotados, de qualquer modo já estavam condenados.[51] Em 1909, um diplomata da Áustria-Hungria conversou com um general russo no Iate Clube de São Petersburgo. O russo ansiava por uma boa guerra entre seus dois países. "Precisamos de prestígio," disse ele ao austríaco, "para fortalecer o czarismo, que, como qualquer regime, merece uma grande vitória." Na década de 1920, os dois voltaram a se encontrar na Hungria, que era um estado novo e independente, e o russo era um refugiado.[52]

Se havia uns poucos que, como Conrad, antes de 1914 desejavam a guerra, por outro lado a grande maioria reconhecia na guerra um instrumento que podia ser empregado, mas a ser mantido sob controle. À medida que a Europa sofreu uma sucessão de crises na década anterior a 1914 e as alianças se fortaleceram, seus líderes e os respectivos povos se acostumaram à ideia de que a guerra podia ocorrer a qualquer momento. Os membros da Tríplice Entente – França, Rússia e Inglaterra – e os da Tríplice Aliança – Alemanha, Áustria-Hungria e Itália – ficaram na expectativa do surgimento de um conflito entre duas potências, provavelmente arrastaria seus parceiros. Dentro do sistema de alianças, surgiam as promessas, visitas recíprocas eram realizadas, e planos eram elaborados. Assim, eram criadas expectativas difíceis de ser desapontadas em um momento de crise. Já se começava a pensar em uma guerra geral travada no coração da Europa. O impacto das crises ajudou tanto o militarismo quanto o nacionalismo a preparar psicologicamente os europeus para a Grande Guerra.

Em sua maior parte, acreditavam estar a defender-se de forças que os destruiriam. Na Alemanha temiam o cerco, na Áustria-Hungria tratava-se de se prevenir contra o nacionalismo eslavo, na França o temor era a Alemanha, a Rússia temia seus vizinhos Áustria-Hungria e Alemanha, e na Inglaterra o medo era da Alemanha. Os sistemas de aliança e cada uma delas só exigiam apoio no caso de ataque a um parceiro. Em uma época em que a solidariedade da opinião pública era importante, os líderes civis e militares se preocupavam em ter certeza de que seus países fossem vistos como partes inocentes em qualquer eclosão de hostilidades.

Não obstante, quando a guerra acontecesse, as potências queriam estar preparadas para atacar em defesa própria. Quase todos os planos militares elaborados pelos estados-maiores europeus antes de 1914 eram ofensivos, levando a guerra ao território inimigo e procurando obter uma vitória rápida e esmagadora. Por outro lado, as crises cada vez mais frequentes induziam os tomadores de decisões a ir à guerra e agir com rapidez para contar com a vantagem da iniciativa. Segundo o plano de guerra alemão de 1914, era indispensável lançar forças no interior de Luxemburgo e da Bélgica antes da declaração de guerra, e isso realmente aconteceu.[53] Os próprios planos contribuíram para a tensão internacional ao obrigarem as tropas a se manterem em condições de pronto emprego e estimular a corrida armamentista. O que parecia ser uma forma razoável de autodefesa pode ser vista sob ângulo bem diferente do outro lado da fronteira.

12

Fazendo os Planos

———————◆———————

O PLANO DE GUERRA ALEMÃO, ATÉ HOJE O MAIS CONTROVERTIDO, ficava guardado em um cofre do qual apenas o Chefe do Estado-Maior tinha a chave e somente um pequeno círculo conhecia seus objetivos estratégicos. Depois da Grande Guerra, à medida que seu conteúdo ficou sendo conhecido, o plano foi objeto de muitas discussões, que se prolongam até hoje. Ele prova que a Alemanha desejava a guerra? Os líderes alemães estavam decididos a dominar a Europa? Justifica a infame cláusula do Tratado de Versalhes de 1919, que atribuiu à Alemanha a responsabilidade pela guerra? Ou o Plano Schlieffen revela simplesmente que a Alemanha, como todas as outras potências, elaborava planos para uma eventualidade que talvez nunca se concretizasse? Seria um plano resultante de fraqueza – e não de poder – e com intenção defensiva, diante da ameaça de cerco pela Tríplice Aliança? Tais indagações não podem ser cabalmente respondidas sem se saber o que pensava o Estado-Maior Alemão antes de 1914, mas continuará sempre como tema para debate e especulação, desde que o arquivo militar em Potsdam foi parcialmente saqueado pelos russos (algumas pastas foram devolvidas desde o fim da Guerra Fria) já destruído pelos bombardeios dos aliados em 1945.

As respostas às indagações sobre o Plano Schlieffen provavelmente podem ser encontradas em algum ponto entre as diferentes opiniões. A Alemanha realmente se sentia em inferioridade diante dos inimigos potenciais, e as perspectivas pioravam com o passar do tempo, mas, ainda assim, seus líderes frequentemente pensavam em termos de uma solução militar, em vez de explorarem alternativas à guerra. Em 1912, os ingleses já tinham, com toda a certeza, vencido a corrida naval, e era a

Fazendo os planos

oportunidade para uma iniciativa que, na verdade, poderia ser proveitosa para os dois lados, a retomada de relações entre Inglaterra e Alemanha em bases mais amistosas. A Rússia não queria uma guerra se pudesse evitá-la e tomava providências para atenuar as tensões com a Áustria-Hungria. Hugo Stinnes estava certo quando disse, antes da Grande Guerra, que em poucos anos a Alemanha teria a economia dominante da Europa e isso levaria o país à condição de potência cultural e política. O que acabou acontecendo no século XXI, mas só depois das terríveis derrotas nas duas guerras mundiais.

O plano de guerra alemão resultou do trabalho de muitas mãos durante anos seguidos. Especificava em detalhes a mobilização e o deslocamento das forças alemãs em caso de guerra e era atualizado e revisto anualmente. Até hoje, contudo, leva o nome do general Alfred von Schlieffen, Chefe do Estado-Maior Alemão entre 1891 e 1905,

O medo recíproco desempenhou papel de realce nas avaliações das potências europeias antes de 1914. A Alemanha, a despeito de seu êxito econômico, seu poderoso exército e posição dominante no centro da Europa, se considerava cercada por inimigos à espreita para fazê-la em pedaços, assim como sua aliada Áustria-Hungria. Aqui, o urso russo avança partindo de leste, enquanto a França ataca através da Alsácia-Lorena, e a Inglaterra – a Pérfida Albion – cruza o Canal.

A Primeira Guerra Mundial – que acabaria com as guerras

embora fosse muito modificado por seu sucessor, Moltke, o Moço. O Plano Schlieffen, nome que adotarei por conveniência, gerou, e até hoje continua gerando, discussões dignas do fórum de Roma sobre aspectos sem a mínima importância, apenas para satisfazer acadêmicos medievais, e até hoje continua empolgando acadêmicos. Entre as duas guerras mundiais, os defensores de Schlieffen sustentaram que seu plano era uma obra de gênio, preciso como um relógio suíço e que teria dado certo se Moltke, versão inferior de seu tio famoso, não tivesse interferido. Se fosse executado tal como era originalmente, teria conduzido a Alemanha à vitória nos primeiros meses da guerra e, assim, evitado a longa e cruel agonia da Grande Guerra e a humilhante derrota da Alemanha no fim. Todavia, como muitos acertadamente assinalaram, o plano não passou de um jogo com base em pressupostos fora da realidade, entre eles o de que as forças alemãs eram suficientes para a missão imposta e que a estrutura de comando e a logística eram adequadas para apoiar um enorme exército em movimento. Talvez sua maior falha tenha sido não ter levado em conta o que o grande teórico da guerra Clausewitz chamava a fricção, e os americanos chamam a Lei de Murphy; plano nenhum funciona como é previsto no papel ao enfrentar as condições reais, e o que pode dar errado dará errado.

O homem que tentou afastar tais incertezas da guerra e deixou

Alfred von Schlieffen deu o nome ao Plano Schlieffen, que partia da premissa de que a Alemanha travaria uma guerra em duas frentes contra a França e a Rússia. Ao violar a neutralidade da Bélgica, que a Alemanha prometera respeitar, seu plano aumentou significativamente a possibilidade de a Inglaterra entrar na guerra.

Fazendo os planos

sua marca no plano de guerra da Alemanha e em seu Estado-Maior, era, como muitos dos oficiais mais antigos do país, oriundo da classe *Junker*, com diversas propriedades e uma rede de conexões familiares que lhe permitia acesso aos círculos políticos e militares mais influentes da Alemanha. Com todo o seu poder e riqueza, famílias como a de Schlieffen viviam com surpreendente simplicidade, observando claros e honestos princípios. Acreditavam em hierarquia, trabalho árduo, frugalidade e firme propósito de vida, fosse a mãe de filhos, fosse um oficial do exército. Schlieffen e seus pais também fizeram parte de um novo despertar do protestantismo luterano no início do século XIX e acreditavam com profunda fé religiosa que Cristo salvaria os seres humanos se eles se abrissem à sua mensagem. Crentes como os Schlieffens valorizavam o dever, a camaradagem, uma vida de fé e de boas obras. Também eram profundamente conservadores, rejeitando a descrença do Iluminismo e o que viam como ideias niveladoras da Revolução Francesa.[1]

Tímido e reservado, Schlieffen foi um estudante desinteressado e não se distinguiu no início da carreira, embora ganhasse reconhecimento por ser escrupuloso e trabalhador. Embora tenha estado na guerra entre Prússia e Áustria, em 1866 e na guerra contra a França em 1870-71, pouco delas participou. Um de seus irmãos mais novos morreu em ação em 1870, e em 1872 ele sofreu mais uma perda quando sua esposa, prima em primeiro grau, morreu logo depois de dar à luz sua segunda filha. Em 1875, sua vida profissional melhorou sensivelmente quando foi posto no comando de seu próprio regimento. Chamou a atenção de Moltke, o Velho, que o considerava um oficial promissor que um dia poderia sucedê-lo no Estado-Maior. Como todas as nomeações para os cargos militares mais importantes eram feitas pelo Kaiser, contribuiu o fato de Schlieffen conseguir criar boa impressão no futuro Wilhelm II e nos membros de sua corte.[2] Em 1884, Schlieffen foi servir no Estado-Maior e, em 1891, Wilhelm, agora o novo Kaiser, o nomeou chefe daquele órgão. Schlieffen sempre foi cauteloso no relacionamento com o Kaiser, tomando cuidado, por exemplo, para que o lado de Wilhelm sempre vencesse nas manobras anuais conduzidas pelo exército no outono e para que suas repentinas intervenções não terminassem em completa confusão.

Quando recebeu a notícia de sua nomeação, Schlieffen escreveu à irmã: "Recebi uma missão difícil, mas tenho a firme convicção de que o Senhor (...) não me abandonará na posição em que me colocou sem que

340

A Primeira Guerra Mundial – que acabaria com as guerras

eu pedisse ou desejasse."[3] Como seu grande amigo Holstein, do Ministério do Exterior, exigia muito de si mesmo e dos subordinados. Certa vez, um assessor recebeu a missão de estudar um problema militar no Natal, devendo retornar com a solução no dia seguinte.[4] Muitas vezes, às seis da manhã Schlieffen já estava em seu gabinete e, depois de uma cavalgada no grande parque de Berlim, o Tiergarten, trabalhava o dia inteiro até o jantar às sete horas. Em seguida retomava o trabalho até as dez ou onze da noite e completava o dia em casa lendo uma hora de história militar para as filhas.[5] Seu gabinete e seus colegas o consideravam imperscrutável e de trato difícil. Durante exposições e discussões permanecia em silêncio, mas subitamente levantava uma questão sob um ângulo inesperado. Pouco elogiava, mas era frequentemente sarcástico e crítico. Disse a um jovem major, que nervosamente indagara sobre seu bem-estar, que teria dormido melhor se não tivesse de ler o relatório do major antes de ir para a cama.[6]

Ao contrário dos dois Moltkes, seu antecessor e seu sucessor, Schlieffen pouco se interessava por coisas fora do trabalho. Durante uma jornada a cavalo com sua equipe, quando um de seus ajudantes chamou sua atenção para a bela vista de um rio à distância, Schlieffen simplesmente disse "um obstáculo insignificante."[7] Dirigia grande parte de sua leitura para a história militar, que usava como meio para descobrir a fórmula da vitória e de reduzir ao máximo a incerteza na guerra. Sua batalha favorita era a de Canas, em que Aníbal derrotou os romanos, e uma mais recente, Sedan, quando a confederação alemã cercou os franceses e os forçou a se renderem em 1870. Do estudo da história, tirou a conclusão de que forças inferiores podem derrotar outras mais poderosas pela manobra. "Ataques de flanco são a essência da história militar," adotou como dogma infalível.[8] Também concluiu que somente planos ofensivos podiam trazer vitória. "O armamento do exército mudou," escreveu em 1893, "mas as leis fundamentais do combate permanecem as mesmas, e uma delas é que não se pode derrotar o inimigo sem atacar."[9]

O que o intranquilizava era a possibilidade de a Alemanha se envolver em uma guerra de atrito que exaurisse os dois lados, sem definir um vencedor. Em artigo que escreveu depois de passar para a reserva, pintou um quadro trágico da economia do país entrando em colapso, a indústria incapaz de continuar produzindo, os bancos falindo e a população enfrentando privações. Em seguida, advertiu que "o fantasma vermelho que espreita ao longe" destruiria a ordem vigente na Alemanha. Embora com o passar dos anos ficasse cada vez mais pessimista sobre as possibilidades

Fazendo os planos

da Alemanha na guerra seguinte, Schlieffen se dedicou obstinadamente à elaboração de um plano que pudesse levar a uma vitória rápida e decisiva. Segundo seu ponto de vista, não havia alternativa. Desconsiderar a possibilidade de guerra não era só uma covardia. A Alemanha que ele conhecia e queria proteger já estava sob ameaça, e um período longo de paz permitiria a seus inimigos, socialistas e liberais, aumentar seu poder e provavelmente destruir tanto quanto uma guerra de atrito. Schlieffen preferiu o caminho da guerra porque não via alternativa.[10]

O problema que enfrentava era a aliança entre França e Rússia que, consolidando-se na década de 1890, deixou a Alemanha com o pesadelo de uma guerra em duas frentes. A Alemanha não tinha condições de dividir suas forças e travar guerras plenas em ambas as frentes: precisava conter o inimigo em uma delas, enquanto alcançava uma vitória rápida na outra. "Portanto, a Alemanha deve fazer todo o possível," escreveu, "primeiro, para derrotar um inimigo e manter o outro ocupado. Depois, quando o primeiro estiver vencido, explorar a rede ferroviária e reforçar a outra frente para obter a superioridade de meios nesse teatro de operações e destruir o outro inimigo."[11] Embora incialmente seu pensamento fosse atacar primeiro a Rússia, mudou de ideia na virada do século. A Rússia estava reforçando suas defesas, a fim de montar uma linha defensiva poderosa de norte a sul, através de seus territórios na Polônia e construindo ferrovias para facilitar o envio de reforços. Qualquer ataque alemão corria o risco de se atolar em ações de envolvimento e, em seguida, em uma campanha de longa duração, quando os russos se retirassem para o interior de seu vasto território. Portanto, fazia sentido a Alemanha permanecer na defensiva no leste e enfrentar primeiro a aliada da Rússia, a França.

O plano de Schlieffen era complicado nos pormenores e envolvia milhões de homens, mas sua concepção era simples e audaciosa. Despejaria exércitos na França e derrotaria os franceses em menos de dois meses. A tradicional rota de invasão da França (ou de retirada no caso das tropas francesas) era naquela parte do território francês entre as fronteiras com a Bélgica e Luxemburgo ao norte e com a Suíça ao sul. A perda das duas províncias orientais Alsácia e Lorena não mudara isso. Na verdade, reduzira e alinhara ligeiramente a fronteira a ser defendida. Schlieffen eliminou esse acesso. O dispositivo das forças francesas e os jogos de guerra tinham mostrado que eles estariam esperando o ataque por essa rota. A França, que tinha longa tradição na construção de fortalezas, reforçara a nova fronteira com duas linhas de 166 fortes,

342 A Primeira Guerra Mundial – que acabaria com as guerras

além de cercar Paris com mais um anel de fortificações.[12] Em 1905, o parlamento francês aprovou a concessão de recursos adicionais para o reforço das fortalezas da fronteira. Assim, se desejasse adotar uma atitude ofensiva, à Alemanha restava a opção de atacar a França pelos flancos, pelo sul, através da Suíça – com a desvantagem de ser terreno montanhoso e com as passagens bem defendidas – ou pelos Países Baixos – Bélgica, Holanda – e Luxemburgo, com terreno plano, boas estradas e excelentes redes ferroviárias. Foi fácil optar pela rota norte, e Schlieffen se decidiu por um gigantesco envolvimento pelo flanco para pegar os exércitos franceses numa armadilha, tal como ocorrera em Sedan.

Em caso de guerra, algo como quatro quintos do exército alemão seria empregado na Frente Ocidental, e o quinto restante realizaria um combate defensivo com a Rússia a leste. Na Frente Ocidental, o poderoso flanco direito das forças atacantes alemãs, partindo da Alemanha na direção oeste, atravessaria os Países Baixos e, como se dizia, com a manga direita do soldado alemão roçando a orla do Canal, para em seguida derivar para o sul e penetrar a França na direção de Paris. O bem menos poderoso flanco esquerdo alemão, empregado ao sul da linha de fortalezas francesas em Metz, abaixo de Luxemburgo, enfrentaria as forças francesas onde estas esperavam o ataque principal. À medida que era aperfeiçoado, o plano ficava mais rígido e sofisticado. Em 1914, esperava-se que as forças alemãs chegassem a Paris em quarenta dias a contar do começo das hostilidades. Se, como se previa, os franceses atacassem pela fronteira comum dos dois países, os alemães evitariam batalhas de vulto. Quando constatassem que o ataque principal alemão avançava para oeste à sua retaguarda, os franceses – era a esperança – ficariam desmoralizados e reinaria a confusão quando tentassem transferir tropas de seu ataque à Alemanha para enfrentar a ameaça a oeste (movimento arriscado porque ainda teriam a ala esquerda do exército alemão a leste). Se tudo acontecesse como previsto no Plano Schlieffen, as principais forças francesas ficariam encurraladas entre as duas alas do exército alemão e teriam de se render. Enquanto isso, a menor força alemã desdobrada mais ao sul permaneceria em atitude defensiva, aguardando a lenta mobilização russa e o esperado ataque russo na direção oeste. Quando os russos pudessem chegar à Alemanha com efetivos consideráveis, a guerra já teria terminado no Ocidente, e as tropas alemãs poderiam ser enviadas para leste a fim de tratar deles.

Schlieffen simplesmente ignorou ou subestimou implicações mais

Fazendo os planos

amplas. Conforme seu plano, um conflito com a Rússia automaticamente desencadearia uma ofensiva alemã contra a França. (E a probabilidade de tal conflito aumentou na primeira década do novo século, em virtude do crescente atrito da Áustria-Hungria com a Rússia nos Balcãs.) Schlieffen não admitiu a possibilidade de a França preferir continuar neutra, não importando o que rezava seu tratado com a Rússia (e a França só tinha a obrigação de ajudar a Rússia se esta fosse a parte inocente). Além disso, as tropas alemãs invadiriam três pequenos países com os quais a Alemanha não tinha divergências. No caso da Bélgica, a Alemanha estaria violando um compromisso internacional herdado da Prússia, o de respeitar a neutralidade belga. Como um dos outros signatários do tratado original, a Inglaterra poderia se sentir na obrigação de entrar na guerra contra a Alemanha, perspectiva que foi se tornando mais provável à medida que as relações com a Alemanha pioravam e a Inglaterra se aproximava da França e, mais adiante, da Rússia. O Plano Schlieffen – e nesse aspecto assim permaneceu até 1914 – considerava praticamente certo que a Alemanha combateria em duas frentes, correndo o risco de se engajar em uma guerra total.

Em 1913, Moltke reduziu ainda mais o leque de opções da Alemanha ao abolir a única alternativa do Estado-Maior, o Plano de Desdobramento a Leste, que considerava a possibilidade de apenas um conflito, com a Rússia, admitindo que a França continuasse neutra. Mesmo que a França resolvesse socorrer seu aliado, os alemães poderiam conduzir um combate defensivo no Ocidente. Não obstante, o Estado-Maior parece ter julgado que a elaboração de planos para uma guerra que não prometesse resultados rápidos exigiria muito esforço e tempo. Em 1912, um jogo de guerra alemão confirmou essa previsão: uma ofensiva principal contra a Rússia não chegaria a um desfecho quando os russos recuassem e os atacantes tivessem de entrar no interior desse país.[13] Portanto, os alemães contavam com um único plano para a crise de 1914. Não importando o que os franceses decidissem fazer, a Alemanha a atacaria se fosse ameaçada pela mobilização russa. Uma guerra iniciada no leste quase inevitavelmente se propagaria para oeste, com as consequências que logo seriam conhecidas.

Havia outro risco embutido nos planos de guerra alemães que aumentava a probabilidade de guerra. De todos os planos de mobilização europeus, o alemão era o único que fluía contínuo das convocações iniciais até a guerra. Em 1914, a herança de Schlieffen produzira um processo de mobilização altamente complexo com oito fases bem definidas. Nas duas primeiras alertava os militares para a existência de um clima de tensão, que permitia medidas visando à mobilização, como, por exemplo, a suspensão de licenças. A terceira fase, "ameaça iminente de guerra," seria anunciada

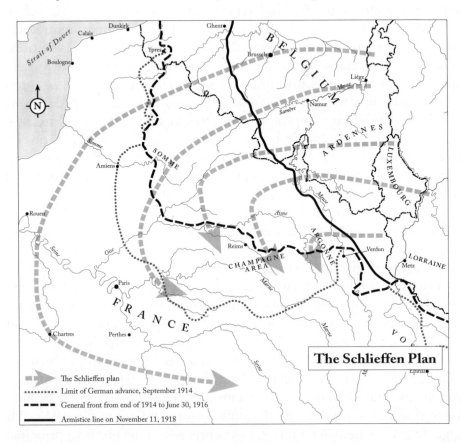

publicamente, e haveria a convocação da terceira e mais remota categoria de reservistas, a Landsturm, para que a reserva atingisse seu nível máximo e ficasse em condições de ser incorporada ao exército regular. As fases quatro e cinco constituíam a verdadeira mobilização das forças alemãs, com os soldados se reunindo em suas unidades e sendo enviados de trem para seus respectivos setores de concentração nas fronteiras. As três últimas fases consistiam no deslocamento dos trens para a "marcha de ataque" a fim de cruzar as fronteiras para a fase final do ataque ao inimigo.[14] No verão de 1914, os planos funcionaram maravilhosamente até a última fase, a do ataque. Embora teoricamente as tropas pudessem ser detidas nas fronteiras, os planos tinham um *momentum* tal de impulsão que essa possibilidade era altamente improvável. Dessa forma, o governo

Fazendo os planos

alemão ficou sem condições de usar a mobilização como instrumento de dissuasão ou de experimentar um período de esfriamento de tensões, antes que o sangue começasse a ser derramado e pudesse haver negociações.

Na opinião de Schlieffen, era de seu dever o melhor plano para a Alemanha. Como a maioria dos oficiais do Estado-Maior, ele via a diplomacia como útil apenas para preparar o terreno para a guerra e preferia deixá-la para os civis. Portanto, não considerava sua responsabilidade informá-la dos pormenores sobre o planejamento. Tampouco ele próprio e seu sucessor Moltke coordenavam seu trabalho com a Marinha, com o gabinete militar do Kaiser e com os comandantes dos corpos-de-exército responsáveis pela execução do plano. Também não coordenava com o Ministério da Guerra da Prússia e os demais ministros da guerra de estados de menor expressão da Alemanha, encarregados de manter os efetivos do exército, seu armamento e de algumas providências para mobilização.[15] Embora admitissem que não contavam com tropas suficientes para executar com sucesso o plano, tanto Schlieffen quanto Moltke a ele se apegavam, não pressionavam o Ministério de Guerra para expandir as forças armadas e não reclamavam dos crescentes recursos financeiros concedidos à marinha de Tirpitz.

A direção da estratégia geral e a coordenação com órgãos vitais do governo, civis e militares, exigiam um Bismarck, mas não havia alguém com sua estatura antes de 1914. O próprio Bismarck tinha sua parcela de culpa por deixar atrás de si um sistema em que as linhas de controle não estavam claramente definidas e onde era mínima a vontade de defini-las. A única instituição capaz de assegurar a coordenação e a direção geral era a monarquia, mas Wilhelm não era a pessoa indicada para isso. Era muito preguiçoso, errático e se distraía com facilidade, embora fizesse questão de preservar com extremo zelo sua autoridade suprema. Quando um almirante do Ministério da Marinha sugeriu em 1904 que fosse criado um conselho que incluísse chefes de alta patente do exército e da marinha, o Chanceler e o Kaiser para estudar o que a Alemanha deveria fazer em caso de guerra simultânea com a Inglaterra e a França, não chegou a lugar nenhum.[16]

Os líderes civis, por seu lado, aceitavam a separação artificial alimentada pela liderança militar, que acreditava lhe caber com exclusividade a jurisdição de assuntos militares, desde o planejamento de guerra à própria conduta das operações. (Isso não impedia que os militares interferissem em áreas que não eram nitidamente militares. As atividades dos adidos militares nas capitais da Europa, que se ligavam diretamente com seus superiores em Berlim, havia muito tempo constituíam problema para a diplomacia alemã.) Mesmo quando as decisões dos militares tinham reflexos políticos ou internacionais, os líderes civis alemães preferiam não se meter. Em 1900, disseram a Holstein, ainda figura proeminente no Ministério do Exterior, que os planos de Schlieffen ignoravam acordos internacionais, como, por exemplo, o que garantia a neutralidade da Bélgica. Depois de meditar um pouco, Holstein retrucou: "Se o Chefe do Estado-Maior, particularmente alguém com tanta autoridade estratégica quanto Schlieffen, considera que se trata de uma medida imperativa, é dever da diplomacia apoiar e facilitar de todas as formas possíveis suas iniciativas."[17] A liderança política não apenas abdicou da responsabilidade, mas pouco sabia sobre o que os militares pensavam e planejavam. Bethmann, o chanceler de 1909 a 1917, disse depois da Grande Guerra: "Durante todo o meu mandato, nunca houve um conselho de guerra que permitisse aos políticos intervir contrariando os militares."[18] Em nenhuma hipótese os civis contariam com o apoio do Kaiser se tentassem desafiar os militares. Em 1919, analisando a derrota alemã, Bethmann afirmou: "Nenhum observador razoavelmente sério deixaria de perceber com toda nitidez os enormes riscos de uma guerra em duas frentes. Se os civis tentassem frustrar um plano militar completo, bem concebido e qualificado como essencial, estaria massumindo uma responsabilidade intolerável."[19]

—

EM 1905, SCHLIEFFEN levou um coice do cavalo de um amigo e ficou fora de combate por vários meses. "Tenho quase setenta e cinco anos," escreveu, "estou quase cego, meio surdo e ainda tenho uma perna quebrada. Chegou a hora de me afastar, e tenho bons motivos para acreditar que meu reiterado pedido de passagem para a reserva este ano será atendido."[20] Pode ser que estivesse lidando da melhor maneira possível com a situação. O Kaiser, como fez tantas vezes, perdia a fé em Schlieffen e se preparava para substituí-lo.[21] Schlieffen deixou o cargo no dia de Ano Novo de 1906. Todavia, mesmo depois de seu afastamento continuou exercendo influência no Estado-Maior, cujos membros de modo geral o reverenciavam como um dos maiores generais da Alemanha. Quando as tropas alemãs se deslocaram na direção da França em 1914, o general Groener escreveu: "Que o espírito do abençoado Schlieffen nos acompanhe!"[22] Talvez qualquer um que o sucedesse inevitavelmente fosse julgado em nível inferior, e Helmuth von Moltke, o Moço, penou com a comparação durante toda a vida e até depois da morte.

Em uma manhã do outono de 1905, o chanceler Bülow fazia seu habitual passeio matinal a cavalo em Berlim, quando encontrou seu antigo amigo Moltke, o Moço. "Fiquei impressionado com a ansiedade

Fazendo os planos

estampada em sua face." Os dois cavalgaram lado a lado, e Moltke revelou que a causa de sua preocupação era a passagem de Schlieffen para a reserva: "Sua Majestade insiste em me fazer seu sucessor, e tudo em mim desgosta dessa designação." Como disse a Bülow, Moltke achava não possuir as qualificações indispensáveis ao desempenho de cargo tão exigente: "Não tenho poder de tomar decisões rápidas, sou muito reflexivo, muito escrupuloso ou, se preferir, conscencioso para o cargo. Não tenho capacidade de jogar tudo numa só cartada."[23] Provavelmente estava certo, mas, além do sentimento do dever, carregava o ônus de um nome famoso que sentia ser sua obrigação honrar. Conrad afirma que Moltke lhe disse que aconselhara o Kaiser a não nomeá-lo para o cargo, perguntando: "Vossa Majestade realmente acha que pode ganhar duas vezes o primeiro prêmio da loteria?"[24] Não obstante, Moltke aceitou a designação e permaneceu no cargo até o outono de 1914, quando foi exonerado, na esteira do fracasso do plano alemão, que se tornara tanto dele quanto de Schlieffen, em levar o país à vitória. O general Erich von Falkenhayn, ministro da Guerra e sucessor de Moltke, disse com toque de crueldade: "Nosso Estado-Maior perdeu completamente a cabeça. As notas de Schlieffen já não ajudam, e a cabeça de Moltke acabou."[25]

Helmuth von Moltke, o Moço, Chefe do Estado-Maior Alemão, era um pessimista e depressivo que se julgava incapaz para as exigências do cargo. Na crise de 1914, sofreu um colapso.

Moltke era homem de compleição robusta, corpulento, parecendo a figura de um audacioso general prussiano, mas, na verdade, como revela sua conversa com Bülow, era introspectivo e inseguro. Em certos aspectos era mais agradável, com interesses mais amplos do que seu antecessor imediato. Moltke lia muito, tocava violoncelo e tinha um estúdio onde pintava. Era também mais indolente e menos esforçado. Começou muito bem, com uma iniciativa que conquistou a aprovação de seus companheiros oficiais: providenciou para que o Kaiser não comparecesse mais às manobras do outono e provocasse o caos habitual. (Wilhelm ficou espantado quando Moltke lhe disse que sempre davam um jeito para que o lado do Kaiser vencesse.)[26] Todavia, o próprio Schlieffen e muitos oficiais mais antigos achavam que fora uma escolha insatisfatória para o que era de modo geral considerada uma posição chave na Alemanha. Moltke nunca dominou o trabalho do Estado-Maior com a precisão de Schlieffen e tendia a permitir que os diferentes departamentos tocassem suas rotinas, enquanto ocupava mais seu tempo nos contatos com o Kaiser e o Gabinete Militar.[27] Na opinião dos adidos militares russo e austro-húngaro em Berlim, Moltke não estava à altura da responsabilidade inerentes a seu importante cargo. "Seu perfil militar e sua competência profissional não superam a de um oficial mediano," informou o austríaco para Viena.[28]

O novo Chefe do Estado-Maior também via o mundo com um fatalismo que descambava para o pessimismo absoluto, alimentado pelo fascínioo por uma das novas e misteriosas religiões que se alastravam pela Europa naquela época. Sua esposa, mulher de personalidade forte, que muita gente achava mais atuante do que Moltke, era adepta da Teosofia, mistura oriental de religião e espiritualismo fundada por Madame Blavatsky. Em 1907, ela e Moltke se tornaram discípulos do guru Rudolf Steiner, que anunciava o alvorecer de uma nova era espiritual na Terra. (Suas escolas Waldorf, que pregam o desenvolvimento da imaginação e da criatividade, ainda florescem hoje em dia, com grande aceitação nas classes médias.) Enquanto a mulher de Moltke acatava a nova era, Moltke se mantinha mais pessimista: "Antes de chegar a esse ponto, a humanidade terá de enfrentar banhos de sangue e sofrer muito."[29]

Como Chefe do Estado-Maior, Moltke contentou-se em dar prosseguimento ao trabalho de seu antecessor. O Estado-Maior, em grande parte um legado de Schlieffen, continuou funcionando com eficiência. Durante o mandato de Schlieffen, progredira incrivelmente em profissionalismo, coesão e tamanho, passando de menos de 300 para mais de 800 oficiais. Além disso, havia grande número de oficiais nos quartéis que iam e vinham em missões de serviço, e compartilhavam, consequentemente, o etos do que se dizia ser, em historinha que circulava na época, uma das cinco mais perfeitas instituições da Europa. (As outras eram a cúria da Igreja Católica, o Parlamento inglês, o balé russo e a ópera francesa.) Os oficiais do Estado-Maior, como descreveu Harry Kessler, eram "reservados, frios, lúcidos, firmes, polidos, como se fabricados todos do mesmo modelo." Dedicados, competentes, dinâmicos, sabiam que faziam parte de uma máquina da elite cuja finalidade era assegurar que a Alemanha estivesse preparada para a guerra. Outro elemento fundamental da herança de Schlieffen não era um plano definitivo, mas uma orientação estratégica ampla e um método de planejamento. Ano após ano, nas duas décadas que precederam 1914, o Estado-Maior testou seus planos em manobras no campo – algumas envolvendo milhares de homens e com seus equipamentos – em jogos de guerra e mapas. Tudo era analisado procurando identificar efeitos, omissões e deficiências, e os resultados eram reintroduzidos no processo de planejamento. No mês de abril de todos os anos, cada unidade do exército alemão era atualizada em seus planos e ordens. "Eles transformaram a guerra," disse com propriedade Kessler, "em um grande empreendimento burocrático."[30] Tal como acontecia com outros grandes empreendimentos, havia o perigo de o processo se tornar mais importante do que a concepção estratégica mais ampla e suas premissas fundamentais, uma delas a insistência na necessidade de duas frentes, que permaneceu inquestionada, sem ser submetida a uma reavaliação.

—

"Se você acredita nos médicos," comentou certa vez Salisbury, "ninguém é saudável, se você acredita nos teólogos, ninguém é inocente, se acredita em soldados, nada está seguro."[31] Com a criação da Tríplice Entente, o Estado-Maior Alemão via um mundo em que somente uma guerra ofensiva seria capaz de permitir à Alemanha romper o cerco que se formava em torno do país. Cada vez mais seus chefes militares passaram a aceitar essa possibilidade e até a conveniência de uma guerra preventiva. "Considero um dever de todo político e todo general responsável," escreveu Groener em suas memórias, sem tentar subterfúgios, "quando constata que uma guerra é inevitável, desencadeá-la no momento em que a perspectiva é a mais favorável." Em 1905, durante a primeira crise do Marrocos, ocorrida quando a Rússia, amargando a derrota e sofrendo com revoltas, estava temporariamente sem condições de reagir e ninguém podia imaginar por quanto tempo, a alta liderança alemã, Groener e Schlieffen inclusive, considerou seriamente uma guerra contra a Inglaterra e a França.[32] O representante militar saxônico em Berlim informou Dresden: "Aqui, a cúpula continua encarando a possibilidade de uma guerra contra França e Inglaterra. Sua

Majestade, o Imperador, encomendou aos comandantes do exército e da marinha um plano conjunto. Sua Excelência, o Conde Schlieffen, acha que todas as forças terrestres disponíveis devem ser concentradas contra a França, e a defesa da costa deve ser deixada em grande parte a cargo da marinha. (...) A guerra será decidida na França, e não no mar."[33] Em crises posteriores, como a anexação da Bósnia-Herzegovina pela Áustria em 1908, a segunda crise do Marrocos em 1911 e as Guerras Balcânicas de 1912 e 1913, os chefes militares alemães mais uma vez consideraram a hipótese de uma guerra preventiva, mas o Kaiser, que parecia sinceramente desejoso de manter a paz, recusou-se a aprovar. Lamentavelmente, os militares ficaram ainda mais impacientes diante do que julgaram uma fraqueza do Imperador. A guerra estava a caminho, disse Falkenhayn, e nem o "grande Imperador da paz" nem os pacifistas poderiam detê-la.[34]

Obviamente a Alemanha tinha a opção de assumir uma atitude defensiva, mas os militares nunca consideraram seriamente essa hipótese. Uma guerra defensiva não era compatível com a forte tendência a manter uma atitude ofensiva e o desejo alemão de romper o cerco que julgava ameaçar o país. No último jogo de guerra que dirigiu, Schlieffen explorou essa possibilidade, mas, sem causar surpresa, concluiu que era melhor manter o plano ofensivo.[35] Moltke simplesmente seguiu seu mestre. Não mudou a orientação de Schlieffen, mas atualizou e modificou o plano, considerando as mudanças em tecnologia e na situação internacional. Embora mais tarde fosse acusado de ter modificado para pior um plano perfeito e causado a derrota alemã, em memorando escrito em 1905, pouco antes de seu afastamento, admitiu que, tal como estava, a última versão do plano de Schlieffen se baseava em certos pressupostos que não se confirmaram. Por exemplo, estabelecia que a Rússia não constituía ameaça por causa de sua derrota e dos problemas internos e que a França dificilmente teria condições de montar um ataque poderoso ao sul da Alemanha. Nos cinco anos seguintes à passagem de Schlieffen para a reserva, a Rússia se recuperou mais rapidamente do que se esperava e continuou acelerando seu programa de construção de ferrovias, e a França, ao que tudo indicava, pensava numa ofensiva na Alsácia e Lorena. Consequentemente, Moltke deixou tropas a leste e fortaleceu a ala esquerda alemã, de modo que passaria a contar com 23 divisões ao sul de Metz e 55 na ala direita, ao norte. Embora seus críticos afirmem que enfraqueceu a ala direita e, assim, invalidou o plano de Schlieffen, na verdade conservou a ala direita tal como estava e encontrou forças adicionais, empregando as reservas na linha de frente.[36] Como Schlieffen, ele esperava que a

Fazendo os planos

Alemanha executasse contenção contra a Rússia e esperava uma vitória rápida na Frente Ocidental. Em memorando de 1911, Moltke diz que, uma vez derrotados os exércitos franceses em poucas batalhas decisivas, a França não teria condições de continuar combatendo.[37]

Como Schlieffen antes dele, partia do princípio de que o governo francês reconheceria estar em situação desesperadora e sentaria à mesa para negociar a paz com os alemães. Ambos estavam vivos por ocasião da Guerra Franco-Prussiana, quando a nação francesa continuou lutando após a derrota em Sedan. Sabe-se que um general alemão cético disse no tempo de Schlieffen: "Não se pode levar o poder armado de uma grande potência como se faz botando um gato no saco."[38] Em setembro de 1914, quando suas forças conquistaram uma série de vitórias, os generais alemães não tinham planos para um prolongamento da guerra, caso a França se recusasse a capitular.[39]

Moltke fez mais duas modificações no plano de Schlieffen. Enquanto este previa a travessia de pequenina parte do território holandês – o "apêndice," uma saliência entre a Alemanha e a Bélgica – Moltke decidiu respeitar a neutralidade holandesa. Revelando o pessimismo que caminhava lado a lado com sua expectativa de uma ofensiva fulminante, escreveu em 1911 que, se a guerra se prolongasse além do que esperava, a Holanda seria muito útil como "respiradouro" pelo qual a Alemanha poderia conseguir suprimentos de nações neutras por via marítima. Essa decisão significava que as forças alemãs que avançassem na direção da França teriam de se espremer, passando por espaço mais estreito. No extremo oeste do flanco direito, o I Exército alemão, por exemplo, teria de manobrar 320 mil homens, com todos seus animais e equipamentos, em uma área 10 km de frente, entre a cidade belga de Liège poderosamente fortificada e a fronteira com a Holanda. O II Exército alemão, com 260 mil homens, ocuparia uma área da mesma amplitude logo ao sul de Liège, e parte das forças alemãs teria, na verdade, de atravessar a própria cidade. Se os belgas resolvessem resistir, Liège teria condições para retardar, talvez por semanas, o avanço alemão. Pior que isso, quatro linhas ferroviárias que os alemães pretendiam usar para se deslocar para o sul convergiam para essa cidade, e era vital que fossem tomadas sem sofrer danos. Após a Grande Guerra, um estudo realizado pelo exército dos Estados Unidos concluiu que a destruição de uma ponte, dois túneis e a inundação de uma parte dos trilhos teria impedido os alemães de usar qualquer trem pelo norte da Bélgica na direção da França até 7 de setembro, cerca de um mês depois do começo da guerra. (Nessa ocasião, cargas de demolição instaladas por ordem do comandante belga não foram explodidas.)[40] Por conseguinte, Moltke fez uma segunda modificação no plano de Schlieffen: a vanguarda alemã, deslocando-se antes mesmo da declaração formal de guerra, realizaria rápida ação de surpresa para se apoderar de Liège. Assim sendo, os chefes alemães que decidiriam em 1914 teriam que enfrentar mais essa exigência para o desencadeamento precoce das operações.

Segundo suas memórias, Bülow discutiu a questão de invadir a Bélgica tanto com Schlieffen quanto com Moltke, mas em nenhuma dessas oportunidades o Chanceler tentou pressioná-los. Conforme afirma, tampouco os militares e o Ministério do Exterior jamais discutiram essa invasão.[41] Em 1913, Gottlieb von Jagow, novo ministro do Exterior, tomou conhecimento da planejada violação da neutralidade belga e protestou moderadamente. Quando Moltke lhe disse na primavera de 1914 que seria impossível alterar os planos, pelo que se sabe Jagow não apresentou objeções.[42] O Kaiser, talvez um tanto apreensivo em violar um tratado assinado por seus antepassados, tentou persuadir o Rei belga, Leopold II, da necessidade de seu país provar sua amizade pela Alemanha. Infelizmente fez isso com a costumeira falta de tato, gabando-se do poder alemão diante do convidado, que realizava viagem de estado a Berlim. "Em caso de guerra, quem não estiver de meu lado está contra mim," disse ao espantado convidado. Leopold partiu em tal estado de choque que colocou o capacete na cabeça com a frente para trás.[43] No outono de 1913, Wilhelm tentou mais uma vez com o sucessor de Leopold, seu sobrinho Albert I (e também parente de Wilhelm pelo lado da mãe, uma princesa Hohenzollern), quando o jovem Rei visitava a Alemanha. Wilhelm assegurou a Albert que se aproximava uma guerra contra a França e a culpa era dos franceses. Em banquete oficial em Potsdam, Moltke garantiu para Albert que os alemães "esmagariam quem surgisse pela frente" e perguntou ao adido militar belga o que seu país pretendia fazer quando começasse a guerra. O embaixador belga em Berlim não tinha dúvida sobre o que havia por trás do comportamento de Wilhelm e Moltke: "Diante do perigo que ameaça a Europa ocidental, estão convidando nosso país a se lançar nos braços do mais forte, prontos para se abrir e abraçar a Bélgica e – é isso mesmo – a esmagá-la."[44] Os belgas imediatamente informaram os franceses e aceleraram seus preparativos para a guerra. Embora os militares alemães desprezassem seus correspondentes belgas – "soldadinhos de chocolate" – as forças alemãs agora teriam de enfrentar um exército belga de cerca de 200 mil homens, assim como os obstáculos que oferecia a grande rede de fortalezas da Bélgica, inclusive Liège.

Fazendo os planos

Conquanto os ingleses se recusassem com toda firmeza a se comprometer antecipadamente, a invasão da Bélgica pelos alemães significava um grande risco de levar a Inglaterra à guerra. Moltke considerou seriamente essa possibilidade e colocou três divisões e meia no norte da Alemanha para prevenir um possível ataque anfíbio.[45] Todavia, anunciou que não estava preocupado com a chegada de uma força inglesa em apoio aos franceses e belgas. "Saberemos como lidar com os 150 mil ingleses," consta ter dito a Jagow.[46] Realmente havia muito tempo as lideranças do exército e da marinha mantinham a firme opinião de que, enquanto a marinha alemã não tivesse condições para enfrentar a inglesa, os alemães podiam se valer da França para atrair os ingleses para o continente e derrotá-los em terra.[47] De modo geral, os militares alemães não respeitavam o exército inglês, particularmente depois de suas derrotas na Guerra dos Bôeres. Observadores alemães notaram que os exercícios e as manobras em campanha, algo que o exército alemão levava muito a sério, eram desorganizados e mal executados no exército inglês.[48] Após a Grande Guerra, um oficial recordou: "Todos nós estávamos ansiosos por derrotar os ingleses e aprisionar todos eles. Quantas vezes se falou sobre isso no tempo de paz!"[49] Se a guerra viesse, sem dúvida a marinha inglesa empregaria a velha tática de bloquear os portos alemães, mas, como estimava o alto-comando alemão, levaria tempo para prejudicar as importações alemãs, e a guerra terminaria, se em terra tudo corresse bem como se esperava, antes que o bloqueio fizesse diferença.

A maior preocupação dos alemães, a mesma desde sua vitória em 1871, era a França. Graças aos espiões – um deles, por sinal, descoberto por ocasião do caso Dreyfus – aos relatórios de seus adidos militares em Paris e à cuidadosa análise da imprensa francesa e dos debates parlamentares, antes de 1914 os militares alemães tinham um retrato bastante preciso do poder militar francês. Também concluíram que as principais forças francesas ficariam concentradas junto à fronteira comum aos dois países – entre um ponto ao sul da fronteira ocidental da Bélgica, correndo para o sul até a fronteira com a Suíça – e achavam que provavelmente os franceses tomariam a ofensiva em uma guerra na parte setentrional da Lorena.

O que os alemães nunca conseguiram avaliar corretamente foi o real poder do exército francês e, igualmente importante, quão eficiente seria em combate. Estava evidente que os militares franceses sofreram um prejuízo considerável em consequência do caso Dreyfus. A interferência política e as divisões na sociedade francesa tinham desmoralizado o corpo de oficiais e fomentado a indisciplina na tropa. Os alemães

A Primeira Guerra Mundial – que acabaria com as guerras

observaram, com satisfação, frequentes episódios de indisciplina e até motins ostensivos nos anos que antecederam 1914.[50] Ademais, os franceses, oficiais e soldados, encaravam exercícios e manobras militares com natural descaso. "Deixa uma impressão muito estranha," relatou o adido militar alemão em Paris, em 1906, "quando eventualmente se vê um pelotão, em plena tarde em Vincennes, jogando futebol em vez de estar na instrução." Em batalhas simuladas, tropas que se supunha em uma linha de frente, preferiam desfrutar o conforto possível, às vezes lendo jornal que compravam de vendedores mais ousados a circular pelo suposto campo de batalha.[51] Por outro lado, convém lembrar que os franceses vinham da mesma nação que produzira o grande Napoleão e seus soldados, e honravam a tradição de ser excelentes e corajosos combatentes. Mesmo sua falta de disciplina talvez lhes concedesse uma vantagem sobre os alemães. O mesmo adido militar alemão que ficara espantado com o futebol em Vincennes também relatou para Berlim: "Pode ser que os franceses precisem ser tratados dessa maneira e talvez esse seu temperamento, especialmente face ao inimigo, compense tudo que lhes falta e só pode ser desenvolvido pela rotina de trabalho e pela disciplina, em povos em que o sangue corre mais lentamente nas veias."[52]

Quanto aos russos, os alemães tinham uma visão mais coerente, de modo geral a mesma que imperava na Europa. A Rússia era uma grande potência apenas no nome, e suas forças armadas estavam desatualizadas, mal organizadas e pessimamente lideradas. O soldado russo comum era rústico e obstinado na defesa, mas tais atributos não eram compatíveis com a guerra moderna, voltada para a ofensiva. Aos oficiais, como disse um militar alemão que foi observador na Guerra Russo-Japonesa, "faltavam o senso moral, o mínimo sentimento de cumprimento do dever e noção de responsabilidade." A derrota da Rússia diante dos japoneses revelara as deficiências russas de maneira inquestionável e deixava claro que a recuperação e reconstrução dos meios militares exigiria anos de trabalho.[53] Mesmo quando ficou evidente que o país estava recuperando e reequipando suas forças armadas, o Estado-Maior Alemão insistiu no planejado, ou seja, manter na fronteira com a Rússia um exército de cerca de treze divisões, deixando o grosso do poder de combate no leste a cargo de seu aliado o Império Austro-Húngaro, até que se completasse a vitória sobre a França, e a Alemanha ficasse em condições de deslocar novas forças para a frente oriental. O tamanho da Rússia e sua rede ferroviária pouco desenvolvida significava que, em qualquer hipótese, as tropas russas levariam tempo para chegar às suas fronteiras. Como afirmou Moltke a Conrad em 1909:

Fazendo os planos

"Nosso principal objetivo deve ser a obtenção de uma decisão rápida. Isso dificilmente será conseguido contra a Rússia."[54]

O alto-comando alemão não tinha em grande conceito a capacidade combativa da Áustria-Hungria, mas admitia que seu aliado no mínimo equivalesse à Rússia. Em 1913, o Estado-Maior Alemão fez uma avaliação particularmente negativa das forças armadas austro-húngaras. O exército estava enfraquecido pelas divisões étnicas, e a prolongada crise financeira e política envolvendo a Hungria gerava a impossibilidade de treinar e equipar tropas suficientes. Nas décadas anteriores, pouco se fizera para atualizar as forças armadas, e algumas reformas, embora estivessem em curso, não se completariam antes de 1916. A rede ferroviária era totalmente incapaz de satisfazer as necessidades de movimentação das tropas. Os oficiais, como outra avaliação alemã atestou em 1914, eram leais e devotados à Coroa, mas o padrão do exército em geral era muito baixo.[55] Não obstante, os alemães contavam com a Áustria-Hungria para manter os russos ocupados por quarenta dias, prazo previsto para derrotarem a França e poderem transferir tropas para a frente oriental e terminar a guerra. Como disse Schlieffen em 1912, pouco antes de morrer: "O destino da Áustria não será decidido às margens do Bug, mas do Sena."[56]

A Alemanha tinha seu outro aliado, a Itália, em conceito ainda pior. "A ordem de marcha desafia qualquer descrição," declarou o adido militar alemão em Roma. "Cada homem faz o que quer, e vi brigas generalizadas, soldados que saíam de forma sem permissão para comprar coisas que lhes interessavam."[57] Mais do que as tropas da Áustria-Hungria, o exército italiano sofria com a insuficiência de recursos financeiros e humanos, o equipamento antiquado e treinamento inadequado. Com poucas exceções, os oficiais mais antigos eram inexpressivos e os mais modernos reprovavam seus superiores, queixavam-se de suas condições de vida e das desanimadoras perspectivas de carreira. Obviamente o moral era baixo em todo o exército.

De qualquer modo, não estava claro se a Itália permaneceria na Tríplice Aliança. Em 1902, suas relações com a França tinham melhorado acentuadamente e, em caráter sigiloso, a Itália se comprometera a não participar de um ataque alemão à França. Como potência naval no Mediterrâneo, a Itália sempre preferira boas relações com a maior potência naval do mundo, a inglesa. Ao mesmo tempo, o relacionamento do país com a Áustria-Hungria, que nunca fora bom, estava se deteriorando. Os dois países eram rivais na parte ocidental dos Balcãs, e em ambos se falava-se preparar a guerra contra o outro.

A Primeira Guerra Mundial – que acabaria com as guerras

Enquanto na Áustria-Hungria Conrad pensava em termos de ataque, o Estado-Maior italiano, consciente de sua fraqueza, planejava uma guerra defensiva. As promessas italianas de apoio militar à Alemanha se chocavam com sua crescente preocupação com a Áustria-Hungria. Em 1888, logo após a criação da Tríplice Aliança, a Itália se comprometera a enviar tropas através da Áustria para reforçar as forças alemãs ao longo do Reno contra ataques franceses. Embora Alberto Pollio, Chefe do Estado-Maior italiano entre 1908 e 1914, inicialmente relutasse em manter esse compromisso, em fevereiro de 1914 o governo italiano o confirmou para o caso de haver guerra. Enviaria três corpos-de-exército e duas divisões de cavalaria para o alto Reno a fim de se juntar ao flanco esquerdo do exército alemão. Na crise de julho desse ano, o comando militar alemão continuava contando com o reforço de tropas italianas, apesar da considerável suspeição a proposito da confiabilidade e utilidade da Itália.[58]

———

A ALEMANHA PODERIA dispensar a participação italiana – e de fato isso aconteceu– mas dependia seriamente da Áustria-Hungria na década que antecedeu a Grande Guerra. A despeito de tentativas de se compor com a Rússia ou a Inglaterra, havia poucas possibilidades de conseguir aliados. O Império Otomano estava muito debilitado, e potências menores como Romênia ou Grécia com razão preferiam, se pudessem, ficar fora de conflitos. Com o passar dos anos, a Alemanha passou a enfrentar uma Tríplice Entente cada vez mais forte. Assim, sua Aliança Dual com a Áustria-Hungria se tornava cada vez mais importante. Em contrapartida, isso significava que a Alemanha teria de apoiar o Império Austro-Húngaro quando este enfrentasse problemas nos Balcãs e, com muito maior gravidade, com a Rússia.

Bismarck sempre achara que a aliança devia ser defensiva e resistira a todas as tentativas de ir mais além, com acordos militares que criassem compromissos. Todavia, autorizara estudos de estado-maior que levaram a Áustria-Hungria a pensar que a Alemanha enviaria forças substanciais para leste a fim de executar operações combinadas contra a Rússia, em caso de um ataque russo à Áustria-Hungria. Quando da acessão ao trono, Wilhelm II repetidamente sinalizou, pelo menos em teoria, seu desejo de maior aproximação. Depois que Schlieffen se tornou Chefe do Estado-Maior em 1891, porém, os objetivos estratégicos dos aliados divergiram, pois os alemães cada vez mais viam a França como seu principal inimigo, enquanto os austríacos continuavam focalizando a Rússia. Quando se reuniram pela

Fazendo os planos

primeira vez, o general Friedrich von Beck, Chefe do Estado-Maior austríaco, achou Schlieffen "taciturno e não muito predisposto." Por seu lado, Schlieffen não depositou muita confiança no austríaco: "Esses tipos vão desertar ou passar para o lado do inimigo." Em 1895, cortou abruptamente os compromissos alemães no teatro de operações oriental e deixou claro que a Alemanha realizaria apenas um pequeno ataque ao território russo. Beck ficou furioso, no mínimo porque a decisão alemã invalidava anos de trabalho do estado-maior austríaco.[59] A partir desse ponto, as relações entre os dois estados-maiores gerais foram regulares mas frias, e não mais houve planejamento militar conjunto e detalhado.

Somente em 1908-9, quando parecia provável a Áustria-Hungria entrar em guerra contra a Sérvia por causa da Bósnia, a Aliança Dual abandonou a concepção defensiva e limitadora de Bismarck e houve maior aproximação entre seus membros, que convergiram para uma concepção mais ofensiva, porém mais perigosa para a estabilidade da Europa. Mais uma vez Wilhelm II interferiu, declarando à Áustria-Hungria: "O Imperador Franz-Joseph é um marechal de campo prussiano, e basta dar uma ordem, portanto, para todo o exército prussiano obedecer ao seu comando."[60] Além disso, os militares alemães e austro-húngaros retomaram os contatos e a partir de então, até o verão de 1914, se corresponderam e realizaram visitas que serviram para criar uma expectativa de que haveria consultas recíprocas e atuariam em conjunto para apoio mútuo em momentos de crise.[61] Nessa época, Schlieffen e Beck já tinham saído de cena, e seus sucessores, Moltke e Conrad, mantinham relações mais amenas. Conrad reverenciava Moltke, o Velho, e durante a Grande Guerra usaria no pescoço um medalhão com a efígie do grande general alemão.[62] No dia de Ano-Novo de 1909, Conrad iniciou uma troca de cartas com Moltke a fim de esclarecer se a Alemanha apoiaria a Áustria-Hungria caso este país entrasse em guerra contra a Sérvia e a Rússia apoiasse o pequeno estado balcânico. A Áustria-Hungria esperava – e a Alemanha aceitava – que, em caso de tal iniciativa russa, a Aliança Dual entraria em execução e os alemães deveriam acudir em defesa da Áustria-Hungria. (Claro que o mesmo princípio prevaleceria se a Rússia atacasse a Alemanha.) Cada lado queria que o outro se comprometesse a atacar a Rússia no começo de uma guerra, sem, por sua vez, assumir o mesmo compromisso. Em consequência, as cartas eram cheias de expressões de respeito e amizade, mas sem promessas concretas. Como Conrad desejava primeiro destruir a Sérvia, mesmo que isso fizesse com que a Rússia entrasse na guerra, precisava que a Alemanha se comprometesse a prestar substancial apoio no norte, diante da Rússia, em particular partindo da Prússia Oriental para o sul, na direção da Polônia russa, enquanto a Áustria-Hungria atacaria do sul para o norte a partir da Galícia. Obviamente, Moltke queria no leste o mínimo de forças alemãs, permitindo que concentrasse seus meios para derrotar a França. No fim, os dois aliados fizeram promessas que provavelmente sabiam que não cumpririam. Quando eclodiu a guerra, a Áustria-Hungria prometeu atacar a Rússia o mais rápido possível, e a Alemanha, por seu lado, se comprometeu a reforçar os austríacos partindo do norte, mesmo antes de liquidar as operações contra a França.[63]

O fator geografia obrigava a Áustria-Hungria a raciocinar com maior número de cenários de guerra do que a Alemanha. Precisava escolher entre Rússia, Sérvia, Montenegro, Itália ou, após 1913, Romênia. Além disso, sempre havia a possibilidade de seus inimigos se aliarem: Sérvia com Montenegro, com ou sem apoio russo, ou Sérvia e Itália. Inicialmente Conrad se fixou na Itália, mas aos poucos foi tomado por uma obsessão, a hipótese Sérvia.[64] Falava frequentemente em destruir aquele "ninho de víboras" e incorporar seu território ao da Áustria-Hungria. Para enfrentar os desafios que ameaçavam o Império Austro-Húngaro, Conrad elaborou diversos planos de guerra, cobrindo as possíveis combinações de inimigos e frentes de combate. Para preservar o máximo de flexibilidade, previu o desdobramento de uma força em cada área, nos Balcãs (*Minimalgruppe Balkan*) e na Galícia (*A-Staffel*) subindo até a fronteira com a Rússia, além de manter nas mãos uma terceira força (*B-Staffel*) que poderia empregar reforçando cada uma das outras, conforme a necessidade. Era uma concepção otimista, levando em conta o estado das ferrovias do país. As linhas ferroviárias que se dirigiam à fronteira com a Sérvia eram, na mais condescendente avaliação, inadequadas. Ao norte, a construção de ferrovias pela Rússia superava a da Áustria-Hungria, de modo que, em 1912, os russos podiam fazer circular 250 trens por dia para a fronteira com a Galícia austríaca, enquanto a Áustria-Hungria podia contar com apenas 152.[65] Ademais, movidos pelo nacionalismo, os húngaros insistiam em construir um sistema ferroviário autônomo dentro de seu território e, por conseguinte, apenas muito poucas linhas conectavam as redes ferroviárias húngara e austríaca. Embora Conrad implorasse que acelerassem o programa de construção de ferrovias, as objeções dos parlamentos húngaro e austríaco às despesas propostas, especialmente se beneficiaria a outra metade do Império, foram a causa de muito pouco ter sido feito até 1914.[66]

Embora Conrad e seu Estado-Maior continuassem a trabalhar em seus

Fazendo os planos

planos com a possibilidade de uma guerra contra a Itália e, em 1913, planejassem operações contra a Romênia, em 1914 admitiram que o mais provável era ter de lutar contra a Sérvia, que poderia ter a Rússia como aliada. Como os de outros países europeus, os militares austro-húngaros também acreditavam no poder da ofensiva e não pensavam em termos de uma postura defensiva.[67] O exército austro-húngaro, quando mobilizado, era um terço do russo. Suas despesas eram as menores de todas as potências, inferiores até às da Inglaterra, que tinha um exército muito menor.[68] Os planos de Conrad eram otimistas, cegamente otimistas, e a situação internacional se agravou quando a Itália e depois a Romênia se afastaram da Aliança Dual nos derradeiros anos de paz.

Os militares alemães e austro-húngaros continuaram mantendo conversações, talvez para se reassegurarem, pelo menos, do sucesso de suas esperadas ofensivas no leste. Moltke citou Schlieffen ao dizer para Conrad que o ataque alemão à França de fato seria decisivo e que o destino da Áustria seria definido na frente ocidental, e não no leste. Não obstante, à medida que as operações no leste cresceram em importância, Moltke continuou agindo como se fosse uma competição entre as raças teutônicas e os eslavos: "Estar preparado para isso é um dever de todos os estados que carregam bandeiras da *Kultur* germânica." Respondendo, Conrad comentou que uma cruzada dessa natureza não convinha à Áustria-Hungria: "Não podemos acreditar que os eslavos, que compõem 47% da população, se entusiasmem com uma luta contra seus aliados."[69] Assim, pouco foi realmente concretizado em termos de coordenação e troca de informações. Em 4 de agosto de 1914, dia em que os alemães invadiram a Bélgica, o adido militar alemão em Viena disse: "Chegou a hora de os dois estados-maiores trocarem ideias com absoluta franqueza a respeito de mobilização, hora de partir para o ataque, áreas de reunião e efetivo poder de combate das tropas..."[70] Já era muito tarde para isso, mas os compromissos entre Áustria-Hungria e Alemanha serviram para transformar uma guerra nos Balcãs em uma guerra generalizada na Europa.

—

A RÚSSIA, ALVO das atenções de austro-húngaros e alemães no leste, tinha ideia bastante precisa dos planos de guerra da Aliança Dual. Em 1910, a Rússia já acompanhara suficientemente as manobras do exército alemão, a construção de ferrovias e os dispositivos militares para chegar à conclusão de que o ataque principal alemão seria contra a França.

360 A Primeira Guerra Mundial – que acabaria com as guerras

Embora continuassem superestimando em cerca de 100% o efetivo das forças alemãs que seriam empregadas na frente leste, os russos ainda acreditavam que as superariam em números e que a estratégia alemã os favoreceria. Se os alemães atacassem, como esperado, partindo da Prússia Oriental, provavelmente se trataria de um ataque limitado, apenas para desestabilizar os russos. Provavelmente os alemães em seguida retirariam suas forças para guarnecer as fortificações nos Lagos Masurian e ficar esperando o desfecho dos combates na França. Isso daria aos russos tempo para completar sua mobilização, que era mais lenta.[71]

Os russos tinham um quadro ainda mais exato dos planos de guerra do outro parceiro da Aliança Dual. Todas as potências tinham espiões e adidos militares nas outras nações, mas a Rússia contava com o que provavelmente era o mais bem-sucedido de todos, o coronel Alfred Redl, oficial que trabalhava no Estado-Maior da Áustria-Hungria. Fora recrutado por volta de 1901, quando lhe ofereceram dinheiro de que precisava desesperadamente e ameaçaram denunciar sua homossexualidade, o que na época significava levá-lo à desgraça. Durante os anos seguintes, Redl passou ao contato russo que lhe pagava informações altamente secretas, como os planos de mobilização austro-húngaros e detalhes cruciais sobre suas fortalezas ao longo da fronteira entre os países da Monarquia Dual e a Rússia na Galícia. Também traiu agentes austro-húngaros que atuavam na Rússia, que foram presos e executados.[72] Como outros espiões, por exemplo o extravagante Guy Burgess na Inglaterra, na década de 1950, surpreende o fato de Redl não ter sido desmascarado antes. Embora viesse de família modesta da classe média e tivesse de viver com seus vencimentos no exército, sempre gastara a rodo e ostensivamente, em carros caros, apartamentos, roupas (depois de ser desmascarado, descobriu-se que possuía 195 camisas sociais) e com seus jovens amantes. Em 1913, a inteligência alemã alertou seus colegas austro-húngaros para a existência de um traidor e transmitiu a informação de que dois envelopes cheios de dinheiro estavam à espera de ser recolhidos por alguém de nome Nikon Nizetas na agência principal do correio em Viena. Redl apareceu disfarçado para reclamar os envelopes e, nessa ocasião, escapou porque os agentes que o vigiavam perderam sua pista. Acabaram apanhando-o por acidente e, à noite, Conrad, o Chefe do Estado-Maior, já dispunha de provas suficientes para encarregar um grupo de oficiais de pressionar Redl e forçá-lo a confessar e depois se suicidar.[73] Embora o alto-comando da Áustria-Hungria mudasse seus códigos secretos e os horários das ferrovias,

Fazendo os planos

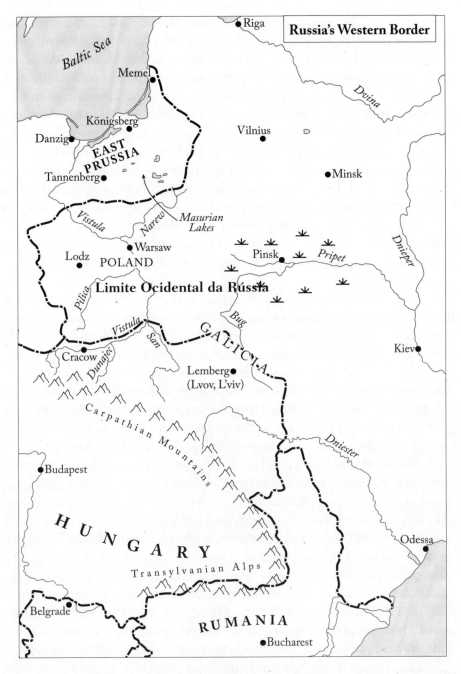

não pôde mudar sua estratégia geral antes de 1914. Graças à traição de Redl, os russos dispunham de um retrato exato de como e onde os austro-húngaros atacariam e também de seus planos contra a Sérvia.

A Primeira Guerra Mundial – que acabaria com as guerras

Entretanto, ao elaborar seus próprios planos, a Rússia enfrentava inúmeros problemas. Para começar, o tamanho do país fazia com que a mobilização demorasse muito mais do que em seus vizinhos de oeste. Quando ocorresse a convocação, em média o soldado russo teria que viajar mais de duas vezes o que viajava seu correspondente alemão ou austríaco. O sistema ferroviário russo estava se desenvolvendo rapidamente graças aos empréstimos franceses, porém se concentrava principalmente no oeste, nos territórios poloneses e na parte europeia da Rússia. Ainda assim, ficava longe dos sistemas da Alemanha e da Áustria-Hungria. A maior parte das estradas de ferro russas, por exemplo, ainda era de uma só linha, fazendo com que o tráfego de trens fosse mais lento. Apenas 27% delas tinham duas linhas, enquanto as alemãs chegavam a 38%. Não obstante, os militares alemães estimavam que em 1912 as novas construções de ferrovias tinham permitido reduzir à metade o tempo necessário para a concentração das tropas russas na fronteira com a Alemanha.[74] (Se os russos decidissem atacar a Alemanha, enfrentariam um problema que, todavia, também afetava os alemães que se dirigissem para leste: as ferrovias russas tinham bitola mais larga do que o resto da Europa, de modo que homens e equipamentos teriam de sofrer transbordo.) Em 1914, mesmo depois do aperfeiçoamento das ferrovias, a plena mobilização das forças na parte europeia da Rússia ainda exigia 26 dias, enquanto na Áustria-Hungria seriam necessários 16 dias, e na Alemanha, doze.[75] Essa discrepância pressionaria ainda mais o Czar a ordenar a mobilização russa logo no início da crise daquele outono.

A geografia também oferecia à Rússia uma rica escolha de inimigos potenciais. A leste, o território russo continuava ameaçado pelo Japão, enquanto na Europa era particularmente vulnerável em suas terras de origem polonesa. Embora o desmembramento da Polônia no fim do século XVIII concedesse à Rússia um grande prêmio em recursos naturais, inclusive carvão e, no século XX, sólidas indústrias e uma população de cerca de 16 milhões de poloneses, também criou um saliente de 320 km de norte a sul e que se estendia quase 400 km para oeste, exposto aos vizinhos que o cercavam: território alemão ao norte e a oeste, e terrirório austro-húngaro ao sul. "É nosso ponto sensível," disse um relatório militar russo.[76] Na verdade, a Rússia tinha mais inimigos potenciais do que a Áustria-Hungria, e sua vasta extensão territorial gerava ameaças especiais, quando se pensava em desdobrar suas forças ou em movimentá-las. Na Europa, desde o século XVII, com a Suécia ora sendo uma ameaça, ora não, o Estado-Maior russo optou por continuar a encará-la como inimiga até 1914. A Romênia, com seu Rei alemão e o permanente ressentimento pelo fato de a Rússia ter lhe tomado a Bessarábia em 1878, era outro país potencialmente hostil. A Rússia travara duas guerras contra o Império Otomano no século XIX, e as duas potências continuavam rivais no Cáucaso e no Mar Negro.

Desde 1891 os conferencistas da Academia de Guerra da Rússia salientavam que era impossível evitar um conflito com a Aliança Dual Áustria-Hungria e Alemanha, e os militares russos cada vez mais concentravam suas atenções nesse provável inimigo, visto como seu principal desafio no Ocidente. Como consequência, tendiam a interpretar da forma mais pessimista possível o desenvolvimento nessas outras nações. Quando os militares austro-húngaros fracassaram na tentativa de conseguir aprovação do parlamento para concessão de mais recursos, imediatamente os russos supuseram que se tratava de mera manobra dissimuladora para encobrir o verdadeiro dispêndio militar. Os militares russos também acreditavam – e estavam totalmente equivocados – que Franz Ferdinand era quem liderava o partido favorável à guerra na Áustria-Hungria. As informações dos diplomatas russos que melhor entendiam os outros países raramente chegavam ao conhecimento dos militares, e o Czar não se preocupava em coordenar os diferentes setores de seu governo.[77] Todavia, era de modo geral aceito pela liderança russa que qualquer conflito nos Balcãs podia se transformar em uma guerra geral.[78]

O Estado-Maior russo, que costumava ver as coisas pelos ângulos mais sombrios, considerava como pior hipótese a Aliança Dual com a Suécia a seu lado e a Romênia atacando a oeste, enquanto o Japão e, com menor

Inteligente e competente, Vladimir Sukhomlinov também era vaidoso e corrupto. Embora contribuísse na preparação das forças armadas para a guerra, superestimou sua capacidade de conduzir uma ofensiva. Em 1916, foi submetido a julgamento, acusado de abuso de poder e traição.

probabilidade, a China, atacavam a leste.[79] Em seguida, assim temiam os militares, o Império Otomano também atacaria a Rússia, e os poloneses poderiam aproveitar a oportunidade para se revoltar. Mesmo que essa pior hipótese não se confirmasse, sua geografia presenteava a Rússia, como fizera por séculos, com uma escolha estratégica entre focalizar na Europa ou no sul e leste. Embora tanto Izvolsky, ministro do Exterior depois da Guerra Russo-Japonesa, quanto Stolypin, primeiro-ministro até 1911, se voltassem para o Ocidente, havia vozes influentes dentro da liderança russa alegando que o país tinha uma missão a cumprir no Oriente, e que o Japão continuava sendo seu principal inimigo. Em 1909, um dos membros desse lado, Vladimir Sukhomlinov, tornou-se ministro da Guerra.

—

Sukhomlinov continua sendo, com boa dose de razão, um personagem muito controvertido, mas o fato é que introduziu uma série de reformas muito necessárias nas forças armadas russas e, graças a ele, o país entrou na Grande Guerra relativamente bem preparado. Melhorou o treinamento e o equipamento, atualizou o armamento e criou unidades especializadas, como as de artilharia de campanha. Nos cinco anos que antecederam a Grande Guerra, a Rússia também aumentou em 10% o número de cidadãos que recrutava e instruía, de forma que, em tempo de guerra, seria possível mobilizar mais de 3 milhões de homens. Sukhomlinov reorganizou a estrutura do exército e o sistema de comando, estabelecendo um novo e mais eficiente processo de mobilização. Além disso, retirou tropas da parte ocidental da Polônia e as trouxe para o interior da Rússia, onde ficavam mais protegidas contra ataques e disponíveis para serem enviadas para leste, se mais uma vez se deteriorassem as relações com o Japão.[80] Também tentou se livrar da linha russa de fortalezas no território ocidental da Polônia, que, como salientou, desperdiçavam dinheiro que podia ser mais bem-empregado em outro ponto. Esta última iniciativa gerou tremenda reação. O primo do Czar, o Grão-Duque Nicholas Nikolayevich, que alimentava ódio mortal por Sukhomlinov, se opôs à destruição dos fortes, e muitos militares o apoiaram. O ministro da Guerra viu-se obrigado a voltar atrás.[81]

Nessa época ele já tinha muitos inimigos e acumularia muitos mais, em parte porque estava violando tradições antigas e contrariando interesses, e, por outro lado, em função de sua própria personalidade. Era dissimulado, rude, mas ao mesmo tempo encantador. Embora fosse baixo e calvo, muitas mulheres o achavam irresistível. Seus

Fazendo os planos

muitos detratores da época e mesmo críticos atuais o acusam de tudo, desde senilidade a corrupção e traição, e um diplomata russo chegou a descrevê-lo como o gênio mau da Rússia. Seus próprios colegas alegavam que era preguiçoso e incapaz de se dedicar continuamente aos muitos desafios que enfrentava. O general Aleksei Brusilov, um dos mais competentes generais russos, declarou: "Sem dúvida um homem inteligente, que podia apreender com facilidade uma situação e decidir rapidamente, mas sua mentalidade era superficial e leviana. Seu principal defeito era não ir a fundo nas questões e ficar satisfeito se suas ordens e recomendações obtivessem amplo sucesso."[82] Contudo, Sukhomlinov era, como reconheciam seus inimigos, uma espécie de mestre na burocrática política russa. Construiu uma rede de seguidores em todo o exército e no Ministério da Guerra, fazendo uso inteligente do clientelismo e, igualmente importante, adulando o Czar, de quem dependia sua permanência no cargo.[83]

Sukhomlinov, nascido em 1848 em família da pequena nobreza, fez uma carreira excepcional como soldado. Graduou-se entre os primeiros de sua turma no curso de Estado-Maior e ficou famoso por atos de bravura na Guerra Turco-Russa em 1877-8. Em 1904 era general e comandava o importante distrito militar de Kiev. Quando ocorreram distúrbios em Kiev logo após a Guerra Russo-Japonesa, Sukhomlinov foi nomeado governador-geral de uma área mais extensa, que incluía a maior parte da Ucrânia de hoje. Restaurou a lei e a ordem e pôs fim ao cruel e brutal tratamento dispensado aos judeus locais, e por isso muitos conservadores jamais o perdoaram. Também se apaixonou por uma mulher muito mais jovem e casada, que se tornaria sua terceira esposa. Esse caso e o divórcio dela que aconteceu em seguida causaram considerável escândalo e as insaciáveis exigências de bens luxuosos da mulher granjearam para Sukhomlinov a pecha de corrupto que sempre o perseguiu. "Alguma coisa no general Sukhomlinov me causa desconforto," disse Maurice Paléologue, embaixador francês em São Petersburgo. "Sessenta e dois anos, escravo de uma linda esposa trinta e dois anos mais jovem que ele, inteligente, talentoso e astucioso, que adula o Czar e é amigo de Rasputin, cercado por uma canalha que serve para intermediar suas intrigas e duplicidades, é um homem que perdeu o hábito de trabalhar e dedica toda sua energia às alegrias conjugais. Com seu jeito ardiloso, os olhos sempre brilhando e atentos sob as dobras pesadas das pálpebras, conheço poucos homens que inspirem tão pouca confiança à primeira vista."[84]

Sukhomlinov sobreviveu no cargo até 1915 graças ao apoio do Czar, mas até certo ponto isso foi uma bênção. Nicholas não era um chefe fácil e, na ânsia de preservar seu poder, jogava seus ministros uns contra os outros. Apesar de ser um amador em assuntos militares, como autoridade suprema sentia-se na obrigação de interferir. Em 1912, encerrou uma discussão sobre tática e estratégia dizendo: "A doutrina militar consiste em fazer tudo que eu mandar."[85] Embora tentasse coordenar as recomendações recebidas do Czar, Sukhomlinov não conseguiu reformar o caótico e incoerente processo russo de tomada de decisões, e os militares continuaram não transmitindo informações vitais aos líderes civis. Em 1912, por exemplo, os militares russos e franceses concordaram em não repassar pormenores de seus entendimentos profissionais ao primeiro-ministro russo.[86]

Nos anos que antecederam imediatamente a Grande Guerra, Sukhomlinov estava repensando sua premissa anterior de que a Rússia devia considerar o Japão seu principal inimigo. Ademais, a turbulência nos Balcãs estava levando a Rússia a voltar sua atenção para oeste, e os franceses, sem causar surpresa, estimulavam o país a tomar essa atitude. O que a França precisava em caso de uma guerra geral era que a Rússia desde logo desencadeasse um ataque à Alemanha abrindo uma frente leste, a fim de aliviar a pressão sobre as forças francesas no ocidente. Ao longo dos anos a França vinha usando seu apoio financeiro para influenciar a Rússia – que precisava desesperadamente de empréstimos estrangeiros – e convencer seu aliado a se comprometer com tal ataque. Os franceses também se esforçavam ao máximo para assegurar que seus empréstimos fossem aplicados na construção de ferrovias que permitissem uma rápida concentração das forças russas na fronteira com a Alemanha. Apesar de a liderança russa frequentemente se queixar das exigências francesas, em 1911 o Chefe do Estado-Maior russo cedeu e prometeu aos franceses que a Rússia atacaria a Alemanha na Prússia Oriental quinze dias após a eclosão da guerra. O compromisso foi reiterado perto do início do conflito, muito embora houvesse quem, na cúpula da Rússia, achasse que era um erro e que os interesses russos indicavam a conveniência de fazer todo o possível para evitar uma guerra contra a Alemanha ou, em último caso, se concentrar contra seu principal inimigo, a Áustria-Hungria.[87]

Em suas fronteiras ocidentais, a Rússia dispunha de várias opções estratégicas: uma defensiva até ficar em condições de contra-atacar; concentrar-se em um ataque principal contra a Alemanha ou o Império Austro-Húngaro (um de cada vez); ou adotar as duas opções anteriores ao mesmo tempo. Em retrospecto, pode-se constatar que fazia todo o sentido

Fazendo os planos

recuar para o vasto interior da Rússia em uma primeira fase, seguida por um contra-ataque em força contra um inimigo de cada vez. Todavia, em 1912 os militares russos excluíam a hipótese de uma guerra inteiramente defensiva e tinham aderido ao generalizado entusiasmo europeu pela ofensiva. A própria campanha mais recente da Rússia contra o Japão parecia demonstrar que as forças russas tinham sido derrotadas porque ficaram à espera do ataque japonês. Manuais, instruções e ordens russas agora ressaltávam o poder da ofensiva e davam pouca atenção à defesa.[88] No Mar Negro, a Rússia também planejava ataques anfíbios no trecho superior do Bósforo para conquistar o controle dos importantes estreitos que dominavam a entrada do Mar Negro, a despeito de a esquadra russa nesse mar ser fraca e não possuir meios de transporte adequados.[89]

Entre 1910 e 1912, houve intenso debate sobre estratégia no mais elevado escalão das forças armadas russas. Um grupo achava que o país tinha a obrigação moral perante a França de se antecipar e atacar a Alemanha com todo o poder de combate possível. O próprio Sukhomlinov cada vez mais encarava a Alemanha como principal inimigo da Rússia.[90] Seus opositores queriam os esforços contra a Áustria-Hungria porque era a maior rival da Rússia nos Balcãs, mas também porque confiavam poder derrotar suas forças, algo que não consideravam possível com a Alemanha. Os militares russos tinham um respeito saudável, talvez obsessivo pelo poder e pela eficiência militar alemã. Comparando-se aos alemães, tendiam a se julgar inferiores em diversos aspectos, tal como pensava a classe governante russa havia séculos.[91] Um oficial francês ficou impressionado ao constatar que os militares russos não detestavam seus colegas alemães como seria de esperar.[92] Ademais, apesar da espionagem de Redl, os russos subestimavam o poder de combate que austro-húngaros podiam desdobrar na fronteira na Galícia e achavam que a Rússia estaria em situação francamente favorável. Também esperavam que o problema das nacionalidades no interior do Império Austro-Húngaro finalmente viesse à tona e os eslavos e húngaros se rebelassem quando a guerra começasse.[93] Por fim, e isso pesou bastante no pensamento dos russos, se os austríacos, que pretendiam atacar quinze dias após o início do conflito, obtivessem êxito no começo das operações, os descontentes súditos poloneses da Rússia podiam se animar e se revoltar. Como disse o Chefe do Estado-Maior russo a seu correspondente francês em 1912: "A Rússia não pode correr o risco de uma derrota diante da Áustria. O efeito moral seria desastroso."[94]

Em reunião realizada em fevereiro de 1912 e presidida por Sukhomlinov, os militares bateram o martelo, optando por "dirigir o ataque principal contra a Áustria-Hungria, sem excluir a possibilidade de uma ação ofensiva contra a Prússia Oriental."[95] Como declarou posteriormente um general russo, "foi a pior decisão."[96] O novo plano de guerra russo, o 19A, dispunha sobre a mobilização e um ataque preventivo simultaneamente contra Áustria-Hungria e Alemanha, bem como dividia as forças russas de tal forma que em nenhum teatro de operações a Rússia poderia obter uma vantagem decisiva. Ademais, enquanto seus inimigos estariam prontos para entrar em operações em torno do 16º dia após o início da guerra, nessa data a Rússia só teria 50% de suas forças em posição. Atacando ao norte, a Rússia estaria criando, ela própria, mais um problema, muito perigoso, como mostrariam os fatos, já que os dois exércitos mais ao norte teriam que contornar pelos dois lados as posições fortificadas alemãs nos Lagos Masurian, na Prússia Oriental.[97] Embora houvesse uma variante, o Plano 19G, em que a Rússia permaneceria na defensiva contra a Alemanha e empregaria o grosso de suas forças atacando a Áustria-Hungria, este plano nunca foi devidamente detalhado. Tampouco os militares tinham planos para mobilização no caso de apenas um inimigo. Por ocasião da crise de 1914, os dirigentes russos acabariam descobrindo que o país estava comprometido com um ataque simultâneo à Alemanha e ao Império Austro-Húngaro.

Antes de 1914, a oficialidade russa em geral estava preocupada com o novo plano. Embora declarasse publicamente que o país estava preparado para a guerra, Sukhomlinov em caráter privado manifestava seu pessimismo quanto aos preparativos russos.[98] Oficiais dos diferentes distritos apontavam problemas com logística e suprimentos, manifestando preocupação com dificuldades de comunicações e controle sobre o que viria a constituir uma linha de frente muito extensa. Na única manobra para testar somente uma parte do Plano 19A, realizada em abril de 1914 em Kiev, os participantes notaram que a ênfase em rapidez significava que a Rússia teria de atacar simultaneamente a Alemanha e a Áustria-Hungria antes de estar pronta e que não havia detalhamento dos planos para coordenar as ações dos diversos exércitos russos.[99] É difícil explicar o misto de fatalismo e otimismo com que a cúpula dirigente russa encarava a proximidade da guerra. Talvez a única explicação fosse o fato de não ousarem ficar sem fazer nada. Afinal, ainda estavam bem vivas as lembranças da recente revolução de 1905-6. Se o regime hesitasse, poderia cair. A guerra que tantos consideravam inevitável talvez fosse uma saída. A vitória poderia significar a salvação e talvez a derrota fosse melhor do que desonra e traição às promessas feitas pela Rússia a seu aliado do Ocidente.

Fazendo os planos

PARA A FRANÇA, A ALIANÇA russa era essencial. Sem uma ameaça a leste, a Alemanha teria liberdade de aplicar todo seu poder militar contra a França. Mesmo assim, os franceses sempre alimentaram dúvida sobre a Rússia. Reataria a antiga amizade com a Alemanha? Lembre-se, quando o Czar encontrou o Kaiser em Potsdam, em 1910, muito se temeu na França que saísse algum tipo de aliança. Mesmo aliado confiável, as forças da Rússia fariam frente ao exército mais profissional da Europa? Após a Guerra Russo-Japonesa, os franceses sabiam que as forças russas tinham sido destroçadas e não estavam em condições de entrar em combate. Os russos, e era compreensível segundo sua ótica, também não estavam muito entusiasmados em assumir compromissos militares com os franceses. Desde a primeira convenção de 1892, os franceses pressionavam para obter pormenores sobre efetivos e emprego das tropas, enquanto os russos se esquivavam. Aos franceses preocupava a lentidão da mobilização russa, a despeito das inúmeras ferrovias novas, e achavam os militares russos apáticos e confusos. Como constava de um relatório francês: "Em consequência de seus infindáveis invernos e suas longas distâncias, os russos não dão importância ao tempo."[100] Por seu lado, os russos muitas vezes se irritavam com a insistência francesa em exatidão e detalhes, julgando que exageravam na meticulosidade.[101]

O que os franceses mais desejavam dos russos e finalmente conseguiram foi a promessa de que a Rússia atacaria a Alemanha logo no começo da guerra, enquanto a França fazia o mesmo, mas ambos os lados agiam com cautela a propósito dos efetivos das tropas que seriam empenhadas e o momento para seu emprego. Enquanto os estados-maiores dos dois países mantinham conversações regulares e havia troca frequente de visitas, tanto de chefes militares quanto civis, na verdade nenhum lado confiava plenamente no outro. Os russos só informaram os franceses sobre seu plano de guerra, o 19A, um ano depois de aprovado, mas dando a entender que seriam empregadas mais forças russas contra a Alemanha do que de fato pretendiam.[102] Como afirmou um observador russo, na última reunião em tempo de paz, no fim do verão de 1913, entre os chefes do Estado-Maior francês, Joffre, e o general Iakov Zhilinski, seu correspondente russo, os dois agiram como se estivessem jogando cartas: "Zhilinski, sem os trunfos necessários, escondia os que possuía, enquanto Joffre tentava de qualquer forma extraí-los de seu parceiro de jogo."[103]

Enquanto a Rússia, como tantas outras potências, devia pensar em pelo menos dois inimigos potenciais, desde 1871 a França se concentrava apenas na Alemanha. É verdade que a Itália era potencialmente hostil, mas as relações tinham melhorado a ponto de os franceses admitirem, a partir de 1902, que a Itália permaneceria neutra em caso de guerra. Com isso, a França poderia empregar o grosso de suas forças na direção norte, a fim de enfrentar a Alemanha. Em boa parte do período que antecedeu a Grande Guerra os militares franceses pensavam principalmente em termos de guerra defensiva, ou seja, deixar os alemães atacar e se desgastar diante das fortificações francesas ao longo da fronteira com Alsácia e Lorena, até que surgisse a oportunidade para um contra-ataque. Desde 1892 os franceses também consideravam a possibilidade de os alemães violarem a neutralidade belga e lançarem seu flanco direito através do território ocidental da Bélgica e do pequeno Luxemburgo. Assim pensando, a França reforçou sua grande fortaleza em Verdun, a cerca de sessenta quilômetros de cada uma das fronteiras com a Alemanha, Luxemburgo e Bélgica e, como previam sucessivos planos, deslocaria mais forças para o norte.

Nos detalhes de estratégia e comando e emprego do exército, tudo era muito mais complicado. Os republicanos havia muito tempo suspeitavam dos militares e, na tentativa de submetê-los ao controle civil, criaram um sistema incoerente. O comando do exército estava entre o ministro da Guerra e o Estado-Maior, e a coordenação dos dois não funcionava. As frequentes mudanças de governo na Terceira República foram prejudiciais. Apenas em 1911 a França teve três diferentes ministros da Guerra, e um ficou tão pouco tempo que não chegou a conhecer os oficiais de mais alta patente. O terceiro, Adolphe Messimy, sobreviveu no cargo somente seis meses e deve-se reconhecer que conseguiu iniciar a execução de algumas reformas que resultaram em um comando militar mais unificado. Os radicais, que tinham dominado o poder desde o caso Dreyfus, realizaram um expurgo na oficialidade afastando os suspeitos de ideias direitistas e fizeram com que o moral do exército, que já era baixo, ficasse ainda pior.

A política influía em assuntos como tempo de serviço e instrução militar dos soldados. Os esquerdistas, pensando em uma guarda revolucionária nacional, queriam um exército de "cidadãos," em que os homens receberiam certo grau de treinamento mas continuariam sendo civis. A direita queria um exército profissional com soldados bem preparados, leais aos oficiais e a sua unidade. A esquerda defendia maior uso de reservas, argumentando que envolveria mais a sociedade nas questões de defesa. A direita, incluindo a maioria dos oficiais mais graduados do exército, desprezava o emprego dos reservistas, sentindo que estavam tão contaminados por sua vivência civil que seriam inúteis como soldados. Até o problema dos uniformes entrou na luta política, quando se discutiu o tipo de uniforme que o exército francês devia adotar. Messimy queria seguir o exemplo de

Fazendo os planos

outros exércitos europeus e usar uniformes que se confundissem com o terreno e dificultassem a localização. A direita tomou a proposta como uma afronta às gloriosas tradições militares francesas. Os novos uniformes, como afirmou a imprensa direitista, eram horrorosos e contrariavam o gosto francês. Os bonés pareciam com os que os jóqueis usavam, e os oficiais faziam lembrar cavalariços. Como disse o conservador *Écho de Paris*, foi uma tentativa de destruir a autoridade dos oficiais sobre seus homens, e as lojas maçônicas é que certamente ficariam contentes. (Foi nessa ocasião que um ex-ministro da Guerra exclamou que calças vermelhas eram a França.) De qualquer modo, como declarou um membro da Câmara, o exército devia conservar seus antigos uniformes, em vez de gastar dinheiro em novos. Os recursos para os novos uniformes foram aprovados pouco antes do desencadeamento da guerra, muito tarde para ajudar os soldados franceses, que tiveram de ir à luta em seus uniformes brilhantes.[104]

A liderança fraca e a interferência política exacerbaram outros problemas no exército. A instrução era ultrapassada e ineficaz. A qualidade do Estado-Maior deixava a desejar. Não havia concordância em procedimentos básicos de combate e nos processos de treinamento, como, por exemplo, a forma de manobrar no terreno.[105] Foi nesse cenário que um grupo de reformadores moços começou a implantar a doutrina ofensiva como forma de revigorar o exército. Como em outras partes da Europa, o grupo refletia as preocupações da sociedade toda ao ver a decadência de seus membros, despreparados para morrer pela nação. No caso da França, lembranças do passado ajudavam a lançar uma sombra. Havia dúvida se estavam vivas a *furia francese* das tropas francesas que tanto aterrorizara os italianos no século XV, as destemidas cargas dos revolucionários franceses na Batalha de Valmy em 1792, que destroçara as aterrorizadas forças das potências conservadoras, e a bravura dos soldados que combateram e morreram sob o comando de Napoleão para conquistar a Europa. No Estado-Maior, o chefe da seção de planejamento, coronel Louis de Grandmaison, inspirava os jovens colegas com suas fórmulas para salvação da França. A guerra defensiva significava covardia, e só a ofensiva era compatível com uma nação varonil. Em última análise, as batalhas eram uma competição moral em que força de vontade e determinação eram os fatores decisivos. Assim, os soldados franceses deviam ser motivados pelo patriotismo, tal como tinham feito seus antepassados, ao se lançarem ao campo de batalha para esmagar o inimigo. Um ataque rápido e de surpresa, afirmou Grandmaison por ocasião de duas famosas palestras na Escola de Guerra francesa em 1911, paralisa o inimigo. "Não mais poderá manobrar e logo ficará incapacitado para realizar qualquer ação ofensiva."[106] Em 1913, os autores de um novo manual de tática para o exército francês acataram a opinião de Grandmaison ao afirmar em temos taxativos: "Apenas a ofensiva produz resultados," dizia o manual. A baioneta ainda era a arma mais importante para a infantaria; soariam tambores e clarins, e os oficiais comandariam a carga.[107] "A vitória virá," prometia o manual, "não para o que sofrer as menores baixas, mas para aquele que for mais determinado e cujo moral for mais elevado e mais firme."[108] Como acontecia com outras potências, os militares franceses estimavam que a próxima guerra seria curta. Nem eles nem o governo se prepararam estocando suprimentos, mobilizando a indústria e defendendo os recursos naturais, muitos dos quais estavam ao norte, perto da fronteira alemã.[109]

—

EM 1911, EM MEIO à crise com a Alemanha, o governo delegou a Messimy autoridade para reorganizar o Ministério da Guerra e a estrutura de comando do exército, a fim de dar mais poderes ao Chefe do Estado-Maior, na paz e na guerra. Ao mesmo tempo, nomeou um novo Chefe do Estado-Maior. Entre diversas possibilidades, optou justamente pelo mais comprometido com a doutrina da ofensiva. O general Joseph Joffre era burguês – seu pai era um artesão que fazia barris – e republicano convicto. Seu apelido era "caranguejo," por causa de seu tamanho e porque não andava para a direita. Os políticos gostavam de Joffre, e este sabia muito bem como lidar com eles. Era calmo, mesmo em momentos de crise, obstinado e decidido a fazer as coisas a seu modo. Sua carreira, tal como ele, foi consistente, embora não chegasse a ser brilhante. Construíra por si mesmo sua reputação como oficial eficiente e responsável em duas guerras coloniais da França e como comandante da engenharia do exército. Era bom nas rotinas e no trato da papelada, conhecendo bem logística e comunicações. Seus defensores, e eram muitos, o admiravam por sua capacidade de tomar decisões e sua convicção, mesmo nos instantes mais delicados, de que a França venceria. Em 1912, lhe perguntaram o que pensava na possibilidade de guerra. Respondeu: "Sim, penso nisso, penso o tempo todo. Acho que haverá, e vou enfrentá-la, vou vencê-la."[110] Seus oponentes o achavam muito inflexível e falto de imaginação. Como declarou um dos mais destacados generais franceses: "Ele se adapta aos acontecimentos, não os cria (...) Joffre nada

Fazendo os planos

sabe de estratégia. Organizar os transportes e suprimentos, dirigir arsenais – esse é o seu negócio."[111]

Quando Joffre assumiu o cargo, os franceses tinham uma ideia formada de que os alemães estavam planejando invadir através de Luxemburgo e pelo menos parte da Bélgica. O Ministério do Exterior da França no Quai d'Orsay e a polícia nacional francesa tinham conseguido quebrar os códigos alemães (embora a rivalidade entre esses dois órgãos impedisse que trocassem informações).[112] Em 1903, um espião que se intitulava "O Vingador" e pode ter sido um oficial alemão de estado-maior, entregou as primeiras versões dos planos de Schlieffen. Apresentava-se com pesado disfarce, usando ataduras que lhe cobriam a cabeça, só deixando aparecer o bigode. Para alguns isso parecia muito teatral e gerava a dúvida sobre a veracidade das informações que passava ou se era um plano alemão para enganar os franceses.[113] Em 1907, agentes franceses também conseguiram cópias de um plano posterior e dos jogos de guerra alemães de 1912 e 1913. Antes da Grande Guerra ainda conseguiram os planos alemães que entraram em execução em abril de 1914. Um mês mais tarde os russos alertaram os franceses de que suas fontes indicavam que os alemães tentariam destruir primeiro a França e depois se voltariam contra a Rússia.[114] Ao longo dos anos surgiram suficientes evidências das intenções alemãs: a Alemanha reforçara suas fortalezas no setor norte de sua fronteira com a França; ampliara sua rede ferroviária na região do Reno e nas fronteiras com a Bélgica e Luxemburgo; construíra novas plataformas para trem nas pequenas cidades alemãs ao longo da fronteira, para que pudessem ser utilizadas para o desembarque dos soldados com seus cavalos e equipamentos; e melhoraram as pontes sobre o Reno em Dusseldorf, a fim de facilitar o movimento em direção ao norte da Bélgica.[115]

Os militares franceses encaravam com seriedade a perspectiva de uma invasão da Bélgica. Cada vez que reviam seus planos reforçavam suas forças ao norte e noroeste de Verdun.[116] Nos anos imediatamente antes da guerra, oficiais do Estado-Maior francês visitaram regularmente a Bélgica e, em 1913, no exame final na Escola Militar de St. Cyr, uma questão era como as forças francesas e belgas poderiam deter uma invasão alemã.[117] (Em desesperado esforço para se manter fora de um conflito, a Bélgica acelerou seus preparativos de defesa, deixando claro para outras potências que reagiria a qualquer tentativa de violar sua neutralidade.) Joffre chegou a consultar seu governo se poderia deslocar tropas para o interior da Bélgica antes que a Alemanha agisse, mas recebeu uma recusa. Só receberia

A Primeira Guerra Mundial – que acabaria com as guerras

autorização para entrar na Bélgica se os alemães fossem os primeiros a violar a neutralidade daquele país. O governo francês não queria se indispor com os ingleses, cujo apoio, particularmente no mar, via como essencial em caso de guerra com a Alemanha e igualmente importante para fazer com que o povo acreditasse que no fim a França triufaria.[118]

Entretanto, ao estudar os planos alemães para a Bélgica, os franceses levantaram uma possibilidade que se mostraria quase fatal para suas forças em 1914. Avaliaram que os alemães não seriam capazes de empregar uma grande força a oeste de Liège, entre a margem ocidental do Rio Meuse, que atravessa a região de sul para norte, e o mar. Nesse ponto os militares franceses foram prejudicados por sua própria tendência contrária ao emprego de soldados da reserva. Admitiram que os alemães, como eles, julgariam que os reservistas ainda estavam muito ligados à vida civil para se tornarem verdadeiros soldados e se limitariam a usá-los em missões de menor importância, como a proteção de linhas de comunicação, manutenção de cerco a fortalezas ou no funcionamento de instalações, como hospitais, mas por trás da linha de frente, e nunca nela própria.[119] Os franceses conheciam exatamente o efetivo de homens do exército alemão ativo, o suficiente para se defender contra um ataque francês na fronteira da Alsácia-Lorena e realizar uma invasão a leste de Liège e do Meuse, mas não o bastante para um amplo avanço pela Bélgica ocidental. Ocorre que, embora com alguma relutância, os militares alemães tinham resolvido empregar tropas da reserva na linha de frente. Pouco antes de 1914, aumentaram os indícios de que planejavam estender seu avanço até a região a oeste do Meuse. Em 1910, os franceses souberam que os alemães estavam comprando muitos carros particularmente apropriados para as estradas do interior da Bélgica, plano e com boas estradas.[120] Em 1912, representantes franceses em Bruxelas foram alertados que, aparentemente, os alemães tinham condições de atacar diretamente Liège e depois prosseguir para oeste.[121]

A teimosia de Joffre acabou gerando uma desvantagem. Simplesmente se recusava a aceitar as informações que contrariavam o que já decidira. Quando surgia uma prova contrária às informações que o desagradavam – por exemplo, o documento aparentemente escrito pelo general Erich Ludendorff afirmando que a Alemanha não empregaria tropas da reserva na linha de frente – preferia acreditar nessas novas provas.[122] E não era só ele. Muitos chefes militares franceses descartavam as informações que conspiravam contra o glamour da ofensiva e continuavam defendendo essa postura contra a Alemanha, na esperança de poder liquidar

Fazendo os planos

rapidamente a guerra, antes que a Alemanha pudesse montar sua própria ofensiva. No começo de 1914, quando vários generais franceses da mais alta patente opinaram que a invasão alemã pela Bélgica se estenderia para oeste do Meuse, Joffre se recusou a ouvi-los.[123] Entrou na guerra acreditando que teria de combater os alemães na Lorena e, mais ao norte, na Bélgica oriental e em Luxemburgo. Acreditava também que suas forças seriam mais ou menos equivalentes às alemãs nos embates iniciais. Se, como pensava, as tropas inglesas chegassem a tempo, juntos suplantariam o efetivo alemão.[124] Deixou desprotegidos 190 quilômetros, para oeste até o Canal, a oeste, a partir da cidade francesa de Hirson, logo ao sul da fronteira com a Bélgica. Se os ingleses enviassem suas forças – e não havia certeza – essa brecha seria coberta. Em 14 de agosto, quatro divisões inglesas estariam no caminho de dois exércitos alemães.[125]

O plano de Joffre, o mal-afamado XVII, foi aprovado pelo governo no início de maio de 1913. Seus detalhes foram trabalhados, e o plano foi distribuído no exército um ano depois. Joffre reforçou ainda mais as forças francesas ao norte, na fronteira com a Bélgica, e as colocou em posição que permitia serem empregadas contra ataque alemão vindo do leste da Bélgica e de Luxemburgo ou vindo da Lorena. O plano, como declarou firmemente em suas memórias, se destinava a assegurar o transporte das tropas para suas áreas de reunião e não à condução da guerra. Joffre apresentou a todos os comandantes do exército opções para suas operações contra os alemães, mas, por outro lado, não deu a mínima indicação sobre o que pensava, a não ser afirmar que tencionava atacar em algum ponto no nordeste, tão logo as forças francesas estivessem nas respectivas áreas de concentração. Em 13 de agosto, em reunião com os russos, prometeu que a França começaria as operações ofensivas contra a Alemanha na manhã do 11º dia após a mobilização.[126] Se alguma vez pensou em uma estratégia defensiva nas fronteiras da França, em nenhuma oportunidade compartilhou esse pensamento antes de 1914.

—

As MANOBRAS DO EXÉRCITO EM 1912 E 1913 revelaram importantes deficiências em coordenação e comando. Como disse Joffre em suas memórias pós-guerra: "Muitos de nossos generais se mostraram incapazes de se adaptar às condições da guerra moderna."[127] O exército francês também era inferior ao de outras potências europeias em artilharia pesada, ao da Alemanha em particular. Era uma consequência de anos de planejamento precário, falta de recursos e discordância dentro do próprio meio militar a respeito de como os pesados canhões de campanha deveriam ser empregados, se para amaciar as defesas inimigas antes de um ataque ou em apoio às ondas de soldados atacantes. Talvez fazendo o melhor que podia de uma missão difícil, o exército francês preferiu a última opção. Os defensores da ofensiva argumentavam que as batalhas do futuro exigiriam tanta rapidez nos deslocamentos que a artilharia pesada, cuja movimentação era tarefa complexa, não poderia acompanhar o ritmo dos deslocamentos. Portanto, era melhor confiar na artilharia leve, em que a França era forte, e empregar a artilharia mais pesada apenas onde fosse viável apoiar as tropas durante o ataque.[128] Nada abalava a convicção de Joffre de que as forças francesas tinham de atacar.

Nos últimos anos de paz, a França experimentou um surto de confiança e, pelo menos em Paris, ocorreram marcantes demonstrações de nacionalismo. Sob o comando de Joffre, o exército adquirira um senso de propósito. No leste, sua grande aliada, a Rússia, parecia ter se recuperado dos reveses na guerra com o Japão e, logo após esse conflito, de uma revolução incipiente, e agora estava se modernizando rapidamente. "Crença no poder," afirmou Messimy, "e sobretudo confiança na disposição dos soldados do gigantesco exército russo eram fatores que em 1914 estavam firmemente enraizados em nossa opinião, não apenas no quartel-general do exército, mas no povo em geral."[129]

Os planos de guerra das principais potências continentais refletiam profunda crença na ofensiva e falta de vontade para contemplar a alternativa de uma estratégia defensiva. O plano de Joffre, vago como era, pelo menos tinha o mérito de ser flexível. Já no caso da Alemanha e da Rússia, os planos dos dois países estabeleciam a abertura de duas frentes contra dois inimigos de uma só vez, e seus planejadores militares não consideravam a alternativa de enfrentar um de cada vez. Seus políticos não gozavam de confiança suficiente para que fossem informados sobre o conteúdo dos planos militares e tampouco se dispuseram a expedir diretrizes. Em 1914, os planos de guerra das potências continentais pareciam perigosamente um gatilho sensível, quando basta um leve toque para fazê-lo disparar. Embora os militares com seus planos não fossem por si sós os causadores da Grande Guerra, sua obsessão pela ofensiva e a forma como aceitaram a guerra como necessária e inevitável foram um instrumento de pressão sobre aqueles que tomavam as decisões em momentos de crise. O assessoramento militar quase sempre tendeu para a guerra. Ademais, a falta de comunicação entre os diferentes núcleos de chefia resultou no fato de os militares elaborarem planos que

Fazendo os planos

frequentemente limitavam, às vezes de forma perigosa, as alternativas na mesa de quem tinha a responsabilidade pela decisão.

As seguidas crises que ocorreram entre 1905 e 1913 serviram não somente para alimentar a corrida armamentista e a preparação de planos e programas de ação dos militares. Serviram também para estreitar os laços que ligavam os membros de cada uma das alianças e aprofundar as divergências entre elas. No verão de 1914, mais compromissos tinham sido assumidos, aumentando os deveres e as expectativas. Na cabeça de quem devia decidir e, muitas vezes, na de seu povo, as lembranças e aparentes lições resultantes de conflito anteriores se tornaram parte do pensamento desses dirigentes e, naquele verão fatal, as armas estavam à mão para enfrentar quem os prejudicara no passado.

13

Começam as Crises

ALEMANHA, FRANÇA E MARROCOS

No início da primavera de 1905, o Kaiser Wilhelm fazia um de seus habituais cruzeiros, dessa vez percorrendo a costa do Atlântico de um vapor alemão, o *Hamburg*. Pensara em visitar o porto de Tânger na costa atlântica do Marrocos, antes de rumar para o Mediterrâneo pelo Estreito de Gibraltar, para que seus convidados pudessem ter contato com o mundo muçulmano, mas tinha algo mais em vista. O *Hamburg* era muito grande para entrar no porto, e o mar encapelado dificultaria o acesso de barcos menores à praia. Falava-se que Tânger estava cheia de anarquistas europeus que lá se refugiavam. Além disso, no momento em que o status do Marrocos se transformara em questão internacional, nada queria fazer nada que pudesse ser visto como manobra política. Seu governo, porém, tinha outras ideias em mente. Bülow, o chanceler, e seu assessor mais próximo no Ministério do Exterior, Holstein, achavam que chegara a hora de a Alemanha mostrar que a França não podia se apossar do Marrocos. O representante do Ministério do Exterior a bordo recebera precisas instruções para levar o Kaiser a terra. Bülow enviou de Berlim uma torrente de telegramas encorajadores transmitindo menções dos jornais alemães à planejada visita do Kaiser, para tornar impossível um recuo de Wilhelm.[1]

Quando o *Hamburg* ancorou ao largo de Tânger na manhã de 31 de março, soprava vento forte de leste. Subiram a bordo um representante local alemão em uniforme completo de oficial de cavalaria, inclusive esporas, e o comandante dos cruzadores franceses ancorados nas proximidades. O vento diminuiu um pouco de intensidade, e o Kaiser mandou a terra avaliar a situação o chefe de sua guarda pessoal. Quando soube que o desembarque não estava tão difícil e havia uma grande multidão à espera, Wilhelm finalmente concordou em fazer a aguardada visita. No desembarque, foi recebido pelo tio do Sultão e por representantes da pequena colônia alemã em Tânger. Um cavalo árabe branco foi posto à sua disposição para atravessar as ruas estreitas da cidade até a sede da missão diplomática alemã. O cavalo se assustou com o capacete de Wilhelm, que teve dificuldades para montar e se manter na sela. À medida que o Kaiser e sua comitiva percorriam as ruas entre alas de soldados marroquinos, centenas de bandeiras eram agitadas pela brisa, mulheres ululavam e jogavam flores dos telhados, enquanto alegres membros de tribos disparavam suas armas em todas as direções.[2]

Na sede da delegação alemã, o pequeno corpo diplomático e dignitários locais, entre eles, como mais tarde os alemães souberam com desalento, o grande bandido El Raisuli, recepcionaram o Kaiser. Embora Bülow repetidamente o alertasse para obedecer às formalidades diplomáticas, Wilhelm se deixou levar pelo entusiasmo do momento. Disse a Kaid Maclean, que fora militar inglês e agora era o assessor em quem o Sultão mais confiava: "Não aceito nenhum acordo que venham me propor. Vim aqui como Soberano [sic] em visita a outro soberano independente. Pode dizer isso ao Sultão."[3] Bülow também advertira seu chefe a nada declarar ao representante francês em Tânger, mas Wilhelm não conseguiu resistir e reiterou ao francês que Marrocos era um país independente e, portanto, esperava que a França reconhecesse a legitimidade dos interesses alemães no país. "Quando o representante francês tentou discutir comigo," contou o Kaiser a Bülow, "eu disse bom dia e o deixei lá plantado." Wilhelm não ficou para o farto banquete que os marroquinos tinham preparado para ele, mas, antes de retornar à praia, encontrou tempo para aconselhar o tio do sultão a se assegurar de que as reformas no Marrocos estivessem de acordo com o Alcorão. (Desde sua viagem ao Oriente Médio em 1898, o Kaiser se julgava protetor de todos os muçulmanos.) O *Hamburg* partiu para Gibraltar, onde um dos navios de escolta conseguiu se chocar acidentalmente com um cruzador inglês.[4]

—

EM BERLIM, Holstein teve um colapso nervoso sob a tensão de ficar esperando para ver o que resultaria da visita. Poucos dias mais tarde,

A Primeira Guerra Mundial – que acabaria com as guerras

Em 1905, o Kaiser Wilhelm percorreu as ruas de Tânger a cavalo, passando por multidões que aplaudiam, talvez esperando que ele resgatasse o Marrocos da dominação francesa. Seu governo, que esperava romper a recente amizade entre a França e a Inglaterra, insistiu nessa visita, contrariando a opinião de Wilhelm.

escreveu a um primo: "Haverá momentos de tensão antes que esse negócio termine."[5] Estava sendo modesto. Em primeiro lugar, a visita do Kaiser ao Marrocos representava um desafio alemão às ambições francesas. A Alemanha queria no mínimo uma política de "porta aberta" no Marrocos ou, se não conseguisse igualdade de acesso para seus interesses, pelo menos uma compensação em forma de colônias nalgum outro ponto, talvez na África. A visita do Kaiser significava muito mais do que o simples destino do Marrocos. A Alemanha estava tentando recuperar a posição que desfrutara no tempo de Bismarck como potência central nas questões internacionais da Europa. Bülow e Holstein queriam garantir que nenhum acordo internacional – quer envolvendo colônias, quer afetando a própria Europa – ocorresse sem que a Alemanha fosse consultada e aprovasse. Também vislumbraram a oportunidade para romper a *Entente Cordiale* entre Inglaterra e França. Talvez até a aliança entre a França e a Rússia, pois assim quebravam o que entendiam como um cerco à Alemanha na Europa. Portanto, a visita a Tânger desencadeou uma crise internacional e rumores sobre guerra entre Alemanha e França, esta possivelmente tendo a Inglaterra como aliada. A opinião pública se inflamou nos três países e, dessa forma, estreitou-se o espaço de manobra dos que tinham a responsabilidade pelas decisões. Embora fosse finalmente resolvida em 1906 por ocasião de uma conferência internacional em Algeciras, a questão do Marrocos deixou um perigoso resíduo de desconfiança e mágoa tanto nos povos das nações envolvidas quanto em seus dirigentes. "Uma geração atrás," reportou um representante inglês em Munique, em 1907, "o povo alemão pouco se interessava por assuntos internacionais em geral (...) Desde então as coisas mudaram."[6]

Pela ótica dos alemães, a primavera de 1905 era um momento propício para assumir a iniciativa nos assuntos internacionais. A *Entente* entre Inglaterra e França era muito recente – fora assinada apenas no

As potências pacificamente em torno de um narguilé que representa a Conferência de Algeciras destinada a resolver a primeira crise do Marrocos em 1905-6. Mostra que todas têm à mão armas e panelas de pólvora. As rivais França e Alemanha estão lado a lado, enquanto a Inglaterra, representada por John Bull, olha com cautela para a Alemanha, de quem desconfia, com razão, que está tentando destruir a recente amizade entre ingleses e franceses. Espanha e Itália esperam, ambas ambicionando suas próprias colônias no norte da África, e os Estados Unidos olham com desaprovação.

abril anterior e ainda não posta a prova. A Rússia estivera embrulhada na guerra contra o Japão desde 1904 e não tinha condições de acorrer em auxílio de sua aliada França. Acresce que o incidente naval do Dogger Bank em outubro revelara como Rússia e Inglaterra podiam facilmente entrar em guerra. Os Estados Unidos deveriam manter relações amistosas e certamente apoiariam no Marrocos o mesmo tipo de política de "porta aberta" que propunham para a China. O Kaiser temporariamente esquecera o perigo amarelo e agora tinha em mente uma futura aliança entre Alemanha, Japão e Estados Unidos tomando conta do mundo. Roosevelt, porém, deixou bem claro que China era uma coisa e Marrocos, outra. Não tinha como explicar a seus cidadãos que interessava aos americanos uma política de "porta aberta" no Marrocos, país do qual a maioria de seus compatriotas jamais ouvira falar.[7] Pouco depois da visita do Kaiser a Tânger, disse ao embaixador alemão em Washington: "Não me agrada assumir posição em questões como essa, a menos que tencione garanti-la plenamente, mas nossos interesses no Marrocos não são suficientes para que eu considere justo envolver nosso governo nesse assunto."[8] Não foi a única vez que a liderança alemã entendeu mal os sinais na primeira crise do Marrocos.

Holstein, defensor de uma linha mais dura do que Bülow e o Kaiser, estava convencido de que podia aproveitar a crise para tornar as relações entre França e Alemanha mais satisfatórias para seu país. Os ingleses tinham feito o favor de mostrar em Fashoda que os franceses aceitariam firmeza. A França recuara e posteriormente procurara o antigo inimigo em busca do reatamento da amizade. Apesar disso, esperava mostrar aos franceses que não podiam contar com os ingleses. "Os franceses só aceitarão a ideia de reaproximação com a Alemanha," escreveu durante as fases finais da crise do Marrocos, "quando virem que a amizade dos ingleses (...) não é suficiente para conseguir a aprovação alemã para se apossarem do Marrocos, mas sim quando perceberem que o desejo da Alemanha é ser apreciada por ela mesma."[9] Em tais circunstâncias, a França poderia ser convencida a renunciar publicamente a todas as esperanças de recuperar a Alsácia-Lorena e reconhecer que o Tratado de Frankfurt, que encerrara a Guerra Franco-Prussiana, era permanente. Conseguir a submissão da França teria efeito salutar também na Itália, que fazia inquietantes sinais de aproximação com a França.[10]

Já passava a hora de um teste de força com a Inglaterra. No ano anterior a Alemanha sinalizara que desejava discutir todas as questões

Começam as crises

coloniais importantes, mas os ingleses só concordavam em discutir o Egito, onde a Alemanha, na condição de um de seus muito credores internacionais, detinha alguns direitos. Se a *Entente* de Inglaterra e França fosse desfeita, Holstein acreditava que uma Inglaterra isolada seria mais acessível. Ademais, como anotou no verão de 1904, a Alemanha não podia se permitir denotar fraqueza: "Se nos submetermos à fria rejeição de nossas *legítimas* reivindicações por parte da Inglaterra, não há dúvida de que cada exigência feita pela Alemanha, ou pelo menos pelo atual governo, não importa onde ou a quem, será rejeitada com a mesma indiferença no futuro previsível. A importância das negociações anglo-germânicas vai muito além do presente caso." Usou o mesmo argumento na questão do Marrocos: "Não apenas por razões materiais, mas por algo mais relevante, a preservação de nosso prestígio, a Alemanha deve se opor à pretendida anexação do Marrocos."[11]

Em seus momentos mais otimistas, Holstein sonhava com uma rearrumação completa dos atores principais no palco internacional. Aqueles que na França e na Inglaterra julgavam que a *Entente Cordiale* era um erro a atacariam ao primeiro sinal de cisão. Confiante, Holstein acreditava que a França desistiria, abandonaria a parceria com a Inglaterra e se aliaria à Alemanha. Em tais circunstâncias, a Rússia não teria alternativa a não ser acompanhá-la. Em 1904, a Alemanha lhe oferecera, sem sucesso, um tratado, mas chegaria o momento de tentar novamente. Nesse meio-tempo, o Kaiser, que aparentemente mantinha boas relações com seu primo, o Czar, remetia-lhe cartas em que se mostrava disposto a auxiliar, oferecendo conselhos sobre como conduzir a guerra contra o Japão. No longo prazo, a Europa poderia testemunhar uma Tríplice Aliança de Alemanha, França e Rússia capaz de isolar a Inglaterra, tal como acontecera com a França após a Guerra Franco-Prussiana.

No Marrocos, a situação pedia um envolvimento internacional. O jovem Sultão ainda não controlava grande parcela do país, e estrangeiros, inclusive alemães, repetidamente insistiam na implantação de reformas que trouxessem lei e ordem. Em maio de 1904, El Raisuli sequestrou impudentemente um rico negociante americano, Ion Perdicaris, e seu enteado, que estavam no interior de sua luxuosa mansão na periferia de Tânger, e os levou a cavalo para o interior do país. Imediatamente Roosevelt enviou parte da marinha americana, que navegava pelo Atlântico sul, para a costa do Marrocos e exigiu a libertação dos dois, posição que manteve mesmo quando surgiu prova de que Perdicaris talvez não fosse mais cidadão americano. A convenção do Partido Republicano naquele

384 A Primeira Guerra Mundial – que acabaria com as guerras

verão, em Chicago, rendeu a Roosevelt uma grande ovação por sua mensagem ao sultão: "Queremos Perdicaris vivo ou Raisuli morto."[12] Depois de longo sequestro e do pagamento de vultoso resgate, reapareceu um Perdicaris magro e queimado de sol, com o enteado. Em dezembro, o Sultão, preocupado com estarem ameaçando a independência de seu país, subitamente ordenou que todas as missões militares estrangeiras se retirassem do país. Embora os franceses o obrigassem a revogar a ordem e concordar em admitir uma missão francesa em sua capital Fez, a situação e o futuro do Marrocos agora eram objeto de discussão internacional. Afinal, como foi lembrado então, devido a um acordo assinado em Madrid em 1880 por todas as nações europeias e pelos Estados Unidos, no Marrocos as potências gozavam de direitos iguais em áreas como o comércio.

Os franceses não ajudaram sua própria pretensão ao ignorar o acordo e agir com arrogância, especialmente em relação à Alemanha. Em junho de 1904, por exemplo, os franceses tinham feito um empréstimo ao Marrocos, e arranjaram tratamento preferencial em empréstimos futuros. No outono do mesmo ano, a França assinou um tratado com a Espanha para dividir o Marrocos em esferas de influência, sem consultar ou informar a Alemanha. Delcassé, o poderoso ministro do Exterior francês, preocupado que parte da motivação por trás do programa alemão de construção naval fosse disputar com o poder da França no Mediterrâneo e no norte da África, era inflexível contra a possibilidade de negociar com a Alemanha a propósito do Marrocos. Um assessor, que o pressionara em vão a falar com os alemães, reclamou que Delcassé se referia aos alemães simplesmente como "velhacos": "Pelo amor de Deus, não estou pedindo a ele que troque palavras românticas ou promessas amorosas, mas apenas uma discussão de negócios!"[13] O embaixador francês em Berlim transmitiu repetidos alertas para Paris, informando que a França brincava com fogo no Marrocos e que a Alemanha estava seriamente incomodada. Quando a missão francesa chegou a Fez em janeiro de 1905 com o objetivo de pressionar o Sultão a conceder à França muito mais poder em seu país, os alemães o estimularam a resistir.[14]

A fim de defender o que julgava ser interesse da Alemanha, Holstein correria o risco de uma guerra, embora preferisse evitá-la. (Além de qualquer outra consideração, havendo hostilidades, Wilhelm assumiria o comando e, disse Holstein, "militarmente é de total incompetência, vai causar terríveis catástrofes.")[15] Mais uma vez a oportunidade parecia propícia, segundo o ponto de vista alemão: o exército francês desmoralizado

Começam as crises

com o caso Dreyfus, a Rússia em guerra no Oriente, e o exército inglês a recuperar-se da Guerra dos Bôeres. Além disso, era pequeno. Quanto à marinha inglesa, como dizia uma anedota alemã, não tinha rodas e não poderia ajudar em uma rápida campanha terrestre.

Nem o Kaiser era tão otimista, tampouco Bülow. Talvez percebendo que seus instintos estavam certos e a visita a Tânger geraria problemas, o Kaiser mantinha a firme posição contrária à guerra. Responsabilizou Bülow por obrigá-lo a ir e, naquele verão, escreveu aborrecido: "Fui a terra porque você me obrigou, porque era do interesse da Pátria, montei em um cavalo desconhecido a despeito da dificuldade com meu braço esquerdo estropiado, minha vida ficou por um fio com aquele cavalo, e tudo isso por sua jogada! Tive de passar a cavalo por anarquistas espanhóis porque você assim quis, para que sua política tirasse proveito!"[16] O Chanceler não se arrependia de tentar forçar a separação entre França e Inglaterra, mas se inclinava a admitir uma aproximação mais suave com a França, propondo reconhecer sua posição no Marrocos em troca de compensações para a Alemanha em alguma outra área. Talvez funcionasse como uma alavanca para quebrar a *Entente*. Ressaltou a Holstein quando a crise chegava ao auge em fevereiro de 1905: "Nem a opinião pública, o Parlamento, os príncipes nem tampouco o exército lucrarão com uma guerra por causa do Marrocos."[17] Em discurso para seus generais em janeiro, por ocasião da passagem de Schlieffen para a reserva, o Kaiser tocou em ponto semelhante: "Porém, afirmo que jamais entrarei numa guerra por causa do Marrocos. Ao fazer essa afirmação, confio em sua discrição, e minhas palavras não devem sair deste recinto."[18] Para o mundo exterior, as divisões na cúpula das lideranças alemãs não transpiravam, e as divergências sobre manobras a adotar, que faziam a Alemanha oscilar entre a intimidação e a razão, serviam apenas para aprofundar a desconfiança quanto às intenções alemãs.

Os ingleses não se comportaram como Holstein esperara. "O incidente de Tânger," disse Edward VII, "foi o acontecimento mais prejudicial e impróprio que o Imperador alemão jamais protagonizou desde que acedeu ao trono. Também foi um fracasso político e teatral, e se ele acha que lhe fez algum bem aos olhos do mundo, está muito enganado."[19] O *Times* se referiu à visita como "uma grande demonstração política," e seu correspondente em Viena insinuou que Bülow subestimara seriamente a determinação inglesa de se manter ao lado da França.[20] A forte corrente antigermânica no Foreign Office não tinha dúvida de que se tratava de uma tentativa alemã de destruir a *Entente* e pressionou para que a Inglaterra permanecesse firme. Do Almirantado, Fisher alertou que provavelmente a Alemanha queria um porto na costa atlântica do Marrocos, pretensão de todo prejudicial para a Inglaterra. "Parece," declarou Fisher a Lansdowne, ministro do Exterior, "uma oportunidade de ouro para lutar contra os alemães ao lado dos franceses..."[21] Nos meses seguintes, ele não seria o único a aventar a possibilidade de guerra.

Lansdowne era mais comedido. Admitia uma guerra, mas somente se interesses vitais da Inglaterra estivessem ameaçados.[22] Todavia, compartilhava a desconfiança geral que imperava em Londres a respeito das intenções alemãs. Mesmo antes de a crise começar, já se preocupava com as informações de que a Alemanha tentava se aproximar tanto do Japão, aliado da Inglaterra, quanto dos Estados Unidos, e via a diplomacia alemã de modo geral impulsionada pelo desejo de, sempre que possível, criar obstáculos para a Inglaterra. "Creio que não podemos ter muita dúvida," escreveu ao embaixador inglês em Berlim em abril daquele ano, "de que o Imperador se acha no direito de aproveitar todas as oportunidades para nos criar problemas."[23] À medida que a crise se agravou, a política de Lansdowne foi ao mesmo tempo apoiar os franceses e evitar que fizessem movimentos precipitados. Em 23 de abril, ele e seu primeiro-ministro Balfour enviaram mensagem incisiva para Delcassé "oferecendo todo o apoio que pudermos prestar."[24] Em maio, Lansdowne acertou com Paul Cambon, embaixador francês em Londres, que os governos da Inglaterra e da França deveriam se preparar para agir juntos se a situação piorasse, e acrescentou que seria bom haver uma discussão ampla e confidencial.[25] A despeito da pressão francesa por um compromisso mais incisivo, até mesmo uma aliança defensiva, o governo conservador nunca pensou em ir além.

Mas outros foram mais além. De Paris, o teimoso e declaradamente antigermânico embaixador inglês, Bertie, disse a um colega do Foreign Office: "Deixem o Marrocos ser foco de conflito entre França e Alemanha, tal como o Egito é entre nós e a França," e assegurou a Delcassé que a Inglaterra prestaria à França todo o apoio que pudesse. Também havia provas de que Fisher tinha a mesma opinião, de que era a hora de dar luz verde para Delcassé partir para cima da Alemanha.[26] Em abril, Edward VII cruzou o Mediterrâneo em seu iate fazendo questão de visitar apenas portos franceses e estendeu por vários dias sua estada no porto de Argel, no norte da África. No caminho de volta para a Inglaterra, passou uma semana em Paris, onde se reuniu duas vezes com Delcassé.[27] Mais tarde, naquele verão, quando Edward visitou o Continente para ir a um

Começam as crises

de seus spas favoritos na Áustria-Hungria, deliberadamente evitou visitar o Kaiser. Um jornal de Berlim publicou que o Rei da Inglaterra teria dito: "Como posso chegar a Marienbad sem encontrar meu caro sobrinho? Flushing, Antuérpia, Calais, Rouen, Madrid, Lisboa, Nice, Mônaco – todos muito inseguros! Hah! Basta ir via Berlim e terei a certeza de que não vou encontrá-lo!"[28] Revidando, o Kaiser recusou-se a deixar seu filho, o Príncipe-Herdeiro, aceitar convite para visitar Windsor no outono.[29]

Depois da visita a Tânger, os alemães continuaram pressionando. Enviaram uma missão a Fez para discutir a concessão de um empréstimo e encorajar o Sultão a resistir às exigências francesas por reformas e maior controle sobre seu país. Também pressionaram a Espanha para que rejeitasse seu recente acordo com a França pelo qual o Marrocos ficava dividido em esferas de influência, afirmando aos espanhóis que outras potências, inclusive os Estados Unidos, queriam uma conferência internacional para discutir a situação do Marrocos.[30] Por intermédio de contatos secretos com o primeiro-ministro francês, Maurice Rouvier, os alemães fizeram saber que desejavam a demissão de Delcassé.

Os alemães sempre viram em Delcassé seu principal inimigo no governo francês e, na primavera de 1905, ficaram ainda mais preocupados porque Delcassé reforçara ainda mais sua posição ao se oferecer para mediar o permanente conflito entre a Rússia e o Japão. Em 27 de maio, a esquadra japonesa destruíra a russa em Tsushima, e ambos os lados procuravam meios de celebrar a paz. Delcassé, com sua experiência e a vantagem de ser de uma nação que mantinha boas relações com os dois lados, era uma opção lógica, e ele próprio estava ansioso por assumir tal missão. Ingenuamente Rouvier deixou que os alemães tomassem conhecimento e ficassem alarmados com tal perspectiva. Se Delcassé resolvesse a questão, seria um grande triunfo para ele e para a França, além de estreitar ainda mais os laços de seu país com a Rússia. Também poderia levar a outra tríplice aliança entre França, Rússia e Inglaterra, e talvez quádrupla, com o Japão.[31] Como declarou mais tarde o próprio Delcassé, sua posição no governo francês ficaria inabalável se conseguisse resolver o conflito russo-japonês.[32] Bülow escreveu a seu embaixador em Washington pedindo que convencesse o Presidente Roosevelt a oferecer seus serviços como mediador e, assim, conter uma iniciativa francesa ou inglesa. A questão do Marrocos, como afirmou Holstein, era "infinitamente secundária" em comparação com a perspectiva de um sucesso francês ou inglês na cena internacional.[33]

No fim de maio, o governo alemão enviou uma série de mensagens

388 A Primeira Guerra Mundial – que acabaria com as guerras

cada vez mais enérgicas ao governo francês: Delcassé deve sair, ou não responderemos pelas consequências.[34] Rouvier entrou em pânico e desmoronava rapidamente. O ano inteiro se preocupara com um possível ataque alemão de surpresa, que, em sua opinião, levaria à derrota e à revolução na França, tal como ocorrera em 1870-71. Em fevereiro, se reuniu com membros importantes das comissões do exército e de finanças da Câmara francesa e perguntou o que achavam do nível de aprestamento militar no país. "Não há nada," responderam-lhe, "não há munição, nem equipamento, nem estoque de suprimentos, e o moral no exército e no país está em nível ainda pior." Rouvier explodiu em lágrimas.[35] Delcassé agravou sua situação ao recusar negociação direta com os alemães ou consultar seus colegas. Em 19 de abril, sua política para o Marrocos foi atacada na Câmara, e sucessivos oradores, da direita e da esquerda, o pressionaram para negociar. Jaurès ressaltou que Delcassé desencadeara a crise ao exigir concessões do governo de Marrocos muito antes da visita do Kaiser a Tânger: "Você deve tomar a iniciativa de apresentar explicações e começar as negociações." Delcassé passou, então, a propor conversações diretas com os alemães, mas Bülow, pressentindo a vitória, insistiu em uma conferência internacional. Delcassé resistiu e insistiu que a Alemanha estava blefando e a Inglaterra estava pronta para apoiar a França se a guerra viesse.[36]

Seus colegas não concordaram, e no fim da primeira semana de junho Rouvier cedeu diante das exigências alemãs pela demissão de Delcassé. Em reunião do gabinete em 6 de junho, Rouvier, com apoio unânime, disse a Delcassé que estava demitido. Em compreensível ato de vingança, Delcassé entregou ao primeiro-ministro um arquivo de telegramas decodificados no Quai d'Orsay que revelavam os negociações secretas de Rouvier com os alemães.[37] Quando surgiu a notícia da demissão de Delcassé, circularam pelo Parlamento francês e pelos salões de Paris rumores de guerra, e muitos homens se apressaram em comprar meias grossas de lã e botas, preparando-se para a mobilização.[38] Em Londres, houve consternação e choque. Lansdowne ficou a imaginar se a *Entente Cordiale* sobreviveria. Os franceses, como disse a Bertie, ao que tudo indicava estavam recuando.[39] Em Berlim, ao contrário, reinava alegria. "Delcassé era o instrumento escolhido por nossos inimigos para nos destruir," declarou Bülow, e o Kaiser concedeu-lhe o título de Príncipe no dia da demissão, embora o próprio Bülow negasse conexão entre os fatos.[40] "Nosso inimigo mais inteligente e perigoso," disse Holstein, "caiu," e "nosso amigo Roosevelt" agora mediava o fim

Começam as crises

da Guerra Russo-Japonesa. Assim, nem França nem Inglaterra poderiam aproveitar essa questão para ganhar prestígio internacional.[41]

Ao triunfar sobre os franceses, os alemães exageraram na dose. Rouvier, que decidira acumular seu cargo com o de ministro do Exterior, propôs negociações diretas e prometeu à Alemanha compensações sob a forma de colônias em algum outro lugar. Bülow, pressionado nos bastidores por Holstein, continuou insistindo em uma conferência internacional a fim de mostrar à França que ela estava sozinha entre as potência na questão do Marrocos, sem apoio da Rússia e da Inglaterra. Mais tarde, o Kaiser declarou: "Se eu soubesse disso, teria concordado imediatamente, e essa conferência idiota jamais aconteceria."[42] Embora os franceses aceitassem com relutância a abertura da reunião no começo de julho, a pressão alemã fez com que Rouvier recuasse. Naquele mesmo ano, ele disse a um amigo íntimo: "Se Berlim pensa que pode me intimidar, está enganada."[43] A opinião pública francesa também evoluiu, passou a apoiar uma atitude mais firme perante a Alemanha e a ter apreço pela *Entente Cordiale*. O futuro embaixador na Rússia em 1914, Maurice Paléologue, então no Quai d'Orsay, escreveu no fim de julho: "Estamos nos redimindo. Chega de medo, chega de covardia, chega de mesuras à vontade dos alemães. Que se aceite a ideia de uma guerra."[44]

A nova disposição da França entusiasmou os ingleses, e Lansdowne informou Paul Cambon, embaixador francês em Londres, que a Inglaterra apoiaria a França no caso de Marrocos "com os meios que mais conviessem à França."[45] Enquanto a França e a Alemanha discutiam durante o resto do verão a agenda para a conferência, os ingleses se ocuparam em mostrar ao mundo sua amizade com a França. Navios da marinha inglesa visitaram o porto francês de Brest no Atlântico durante a semana de comemoração da Bastilha, em julho. Um mês depois, navios franceses foram alvo de entusiasmada recepção em Portsmouth, e houve um lauto banquete no Westminster Hall do parlamento inglês.[46] Talvez as marinhas inglesa e francesa também tenham começado naquele verão a manter entendimentos sobre cooperação estratégica.[47]

No fim de 1905, o governo inglês caiu e foi substituído por um novo gabinete liberal chefiado por Henry Campbell-Bannerman. Holstein, que continuava insistindo em uma linha dura com a França, recebeu com satisfação essa notícia, julgando que os liberais queriam a amizade com a Alemanha.[48] Porém, mais uma vez sua previsão estava errada.

Campbell-Bannerman, homem já doente, deixou quase todas as questões externas nas mãos de Sir Edward Grey, novo ministro do Exterior, que não tinha a mínima intenção de romper de repente com as políticas de Lansdowne. Como este, Grey acreditava que a preservação da *Entente* era de importância crucial para a Inglaterra. Fosse desfeita, França, Alemanha e Rússia poderiam entrar em acordo e deixar a Inglaterra novamente isolada. Também como seu antecessor, Grey queria apoiar a França contra a Alemanha, mas sem encorajar iniciativas temerárias francesas. Prometeu a Cambon "neutralidade benevolente," mas também percebeu que a opinião pública inglesa, embora francamente a favor da França, não apoiaria uma guerra contra a Alemanha por causa do Marrocos.[49] (Grey gostava de atender à opinião pública, tanto quando ele não queria fazer alguma coisa, como quando queria.) A respeito da Alemanha, não faria nenhum tipo de acordo antes da abertura da conferência, a despeito das mensagens conciliatórias chegadas de Berlim. Quanto às palavras agradáveis de Bülow, assinalou, "palavras bonitas não resolvem e, se quer falar bonito, que o faça na conferência. Se as conclusões não ameaçarem a *Entente* anglo-francesa, o horizonte estará realmente desanuviado..."[50]

—

O HOMEM AGORA responsável pela política exterior da Inglaterra e que permaneceria no cargo até sua renúncia em 1916 era, na opinião do Kaiser, "um proprietário rural capaz," e pelo menos dessa vez não estava muito errado. Sir Edward Grey vinha de uma velha e bem relacionada família de proprietários de terra que por tanto tempo desempenhara papel de destaque na sociedade inglesa. Quando moço, herdou um baronato e uma confortável propriedade, Fallodon, no nordeste da Inglaterra, assim como sua tendência política liberal. Era conservador por instinto, mas um reformador moderado, e aceitava que novas classes e novos líderes mudassem a cara da política. Temia, como muitos contemporâneos em toda a Europa, que uma grande guerra gerasse revoluções, mas esperava que ocorresse uma evolução pacífica. "Temos anos difíceis diante de nós," observou em 1911, acrescentando que "teremos de trabalhar por algo melhor, embora nós que nos acostumamos com mais de 500 libras por ano não consigamos pensar nesse algo melhor."[51]

Embora seus contemporâneos no famoso e antigo colégio inglês de Winchester o considerassem possuidor de grande talento, ele mostrava interesse muito maior em pesca com isca de moscas no rio próximo, o

Começam as crises

Sir Edward Grey, ministro do Exterior da Inglaterra entre 1905 e 1916, foi um liberal que acreditava no Império, um estadista que não gostava de terras estangeiras e um esnobe desconfiado de que todo mundo se movia por motivos escusos.

Itchen, do que em estudar. Ainda assim, deixou sua marca no tempo que passou em Winchester. Grey sempre se orgulhou de se dizer "wykehamist" e conservou algo do estudante inteligente e decente que, na vida adulta, sempre se espantava diante da desonestidade. "A política alemã," comentou certa vez, "parece se basear em uma deliberada crença de que escrúpulos morais e motivos altruístas não contam em relações internacionais."[52] Como outras pessoas magnânimas, não sabia reconhecer quando alguém estava sendo rude ou dissimulado, talvez por admitir que os propósitos fossem puros. Naturalmente reservado, aprendeu a esconder suas emoções. Seus colegas ficavam invariavelmente impressionados com sua calma durante as crises. Também cooperava o fato de Grey parecer um senador romano que falava com firmeza e sem hesitação. Lloyd George, o radical galês de origem humilde, achava que Grey tinha uma aparência realmente especial: "A fisionomia impressionante, os lábios finos, a boca cerrada com firmeza e as feições bem traçadas dão a impressão de ter sido forjada em aço."[53]

De Winchester, Grey foi para o Balliol College em Oxford, outra casa obrigatória na trajetória dos grandes líderes, mas novamente não se esforçou muito. Foi afastado por um período para ver se ficava menos preguiçoso, mas voltou sem ressentimentos e arrancou um terceiro lugar ao se graduar, de fato uma proeza.[54] Sentia-se plenamente feliz em Fallodon e, mais tarde, em seu pequeno chalé em Itchen, onde passava os dias observando pássaros, pescando, caminhando e lendo. Relativamente jovem, com vinte e três anos, casou com uma mulher que compartilhava sua paixão pela vida inglesa no campo. Dorothy ficaria feliz se pudesse passar o resto da vida lá, fugindo de Londres, que via como uma moderna Sodoma e Gomorra cuspindo depravação e doenças. Desprezava a vida social, talvez porque fosse esquisita e tímida, ou quem sabe, porque se achasse superior à maioria das outras pessoas. "Creio," escreveu complacente aos vinte e três anos, "que chegamos a uma situação em que conseguimos tudo de bom que outras pessoas jamais conseguirão." Adorava e admirava o marido, mas, quando voltaram da lua de mel, ela deixou claro que detestava sexo. Grey, sempre cavalheiro, concordou que viveriam juntos, mas como irmão e irmã.[55]

Todavia, em algum ponto sob a aparência apática de Grey havia ambição ou, pelo menos, um forte senso de dever. As conexões familiares lhe proporcionaram a indicação para secretário particular de um ministro do Gabinete e, em seguida, em 1885, a disputa vitoriosa por uma cadeira no parlamento, começando uma carreira política que duraria até sua renúncia em 1916. Demonstrou inesperada capacidade de trabalho, mas se recusava a participar do que via como perda de tempo em atividades sociais. Ele e a esposa fugiam de Londres e iam para o chalé, onde viviam com simplicidade, com um único empregado, e recebiam poucos visitantes. "Era algo especial e sagrado," disse Grey, "longe do ritmo habitual de vida."[56]

Em 1892 foi nomeado subsecretário parlamentar do ministro do Exterior, o liberal Lord Rosebery. Naquele momento e mesmo mais tarde, Grey nunca foi uma escolha óbvia para tratar de assuntos externos. Ao contrário de seu contemporâneo George Curzon, não gostava de viajar, a menos que fosse para praticar tiro e pescar na Escócia, e nunca desenvolveu esse interesse. Mal conhecia o Continente e, como ministro do Exterior, o visitou apenas uma vez em 1914, por ocasião da visita do Rei a Paris. Não obstante, quando assumiu esse cargo em 1905, já firmara algumas ideias a respeito do mundo. Dentro do Partido Liberal era considerado um imperialista que apoiava uma grande marinha. Por outro lado, achava que passara o tempo de retalhar e dividir o mundo e que agora era responsabilidade da Inglaterra governar com sabedoria o que já possuía.[57] Ele aprovava Lansdowne se afastar do isolamento e, antes da eleição, deixou claro que tencionava levar adiante sua política, inclusive a preservação da *Entente* com a França, que via como fundamental para a política inglesa na Europa. Em setembro de 1906 escreveu a seu grande amigo Richard Haldane, correligionário liberal imperialista: "Quero

Começam as crises

preservar a *Entente* com a França, mas não será fácil, e me afasto se ela for desfeita."[58] A Alemanha – Grey sustentava com firmeza – era o principal inimigo da Inglaterra e constituía sua maior ameaça. Em sua opinião, havia pouco a ser feito para mudar essa situação. "Não tenho dúvida," afirmou em 1903, "de que existem muitos alemães que nos encaram com bons olhos, mas são minoria. A maioria nos detesta tanto que a amizade de seu Imperador ou de seu governo de nada servem."[59] Achava que no passado a Inglaterra se aproximara demais da Alemanha e, por conseguinte, tinham piorado suas relações com a França e a Rússia. "Algumas vezes estivemos à beira da guerra com uma ou com outra, e a Alemanha se aproveitava de nós quando lhe era conveniente."[60]

A diretriz de Grey para Sir Arthur Nicolson, delegado inglês na Conferência Internacional sobre o Marrocos, foi direta:

> A Conferência de Marrocos será difícil, se não for crítica. Tanto quanto posso saber, os alemães se recusarão a conceder à França um status especial no Marrocos, algo que prometemos à França, não apenas como simples concessão, mas ajudando seus esforços diplomáticos para obtê-lo. Se, com nossa ajuda, a França for bem-sucedida nesse esforço, será uma grande vitória para a *Entente* anglo-francesa. Se fracassar, o prestígio da *Entente* será abalado, e sua importância ficará reduzida. Portanto, nosso principal objetivo é ajudar a França a defender sua posição na Conferência.[61]

A Conferência foi aberta em 16 de janeiro de 1906 na cidade espanhola de Algeciras, logo a nordeste de Gibraltar. Pouco depois, Grey sofreu uma tragédia. Sua mulher foi derrubada da charrete em Fallodon e morreu em consequência dos ferimentos. "O pensamento ficou aprisionado," escreveu em suas memórias, "e o trabalho, prejudicado."[62] Grey quis renunciar, mas Campbell-Bannerman o estimulou a continuar no cargo.

A Conferência de certa forma desviou atenções. Quando começou, os alemães já tinham conseguido convencer a maior parte da opinião internacional de que na verdade queriam puxar briga com a França.[63] Houve a briga, e em fevereiro a Conferência estava num impasse, aparentemente para saber que nações estrangeiras treinariam e comandariam a polícia marroquina (a França insistia em ser ela própria ao lado dos espanhóis, e os alemães queriam que fosse um condomínio internacional) e quem controlaria o banco oficial (o State Bank). Na verdade, o que estava em jogo era o controle do país. Bülow declarou que "o Marrocos se transformou em questão de honra para nós e

394 A Primeira Guerra Mundial – que acabaria com as guerras

especialmente para o Kaiser."[64] Todavia, a Alemanha estava cada vez mais isolada. Sua única aliada confiável, a Áustria-Hungria, insistia para que desistisse na questão da polícia.[65] A Itália parecia desinteressada, e seu representante fazia tudo para evitar controvérsias. Dos Estados Unidos, Roosevelt também pressionava para que houvesse um acordo.[66] Nicolson seguiu suas instruções para manter o apoio da Inglaterra à França. Em 28 de fevereiro, uma grande esquadra inglesa se aproximou de Gibraltar, justamente para acentuar o que esse apoio poderia significar um dia. A Rússia, que a Alemanha ainda julgava possível trazer para seu lado, permaneceu firme em apoio à sua aliada França. Os russos não tinham muitas opções. Suas finanças estavam quebradas graças à Guerra Russo-Japonesa e, internamente, à constante ameaça de revolução. Precisava desesperadamente de um grande empréstimo no exterior para não ir à bancarrota, e a França era a fonte mais provável. Os franceses impuseram como condição para um empréstimo a cooperação dos russos em Algeciras.

No fim de março, Bülow se dispôs a aceitar o prejuízo da Alemanha, apesar dos conselhos de Holstein para permanecer firme. Alcançaram um acordo em 27 de março, reconhecendo a França como parceiro maior na organização da polícia e voz dominante no novo State Bank. Até os marroquinos ficaram espantados. "Achavam que a Conferência seria uma espécie de tribunal em que a França seria censurada e as potências lhe apresentariam alguns conselhos amáveis sobre reformas a realizar."[67] Embora saíssem de fisionomia alegre, os alemães sabiam que tinham sido derrotados. Conquanto a Alemanha tivesse boas razões para insistir em uma administração internacional do Marrocos e os acontecimentos mundiais a favorecessem em meses anteriores, a inepta diplomacia alemã jogou fora esses trunfos. Bülow e Holstein tentaram fazer o que Bismarck fizera, separando inimigos potenciais e mantendo boas relações com todos, mas não tinham habilidade para tanto. Holstein mais uma vez ameaçou renunciar, e desta vez Bülow manobrou para que seu pedido fosse aceito. Assim, terminaram os cinquenta anos de serviço prestados por Holstein à Alemanha. Nos anos que lhe restaram de vida, ficou só, amargurado e pobre (perdera dinheiro em especulações), mas fez tudo o que pôde para continuar manejando os cordéis nos bastidores. Incitou o mais conhecido jornalista alemão, Maximilian Harden, a atacar o favorito do Kaiser, Eulenburg, havia muito tempo alvo de desconfiança de Holstein, que o julgava muito condescendente em Madrid, e pelo menos teve

Começam as crises

a satisfação de ver Eulenberg acusado de homossexualidade, levado aos tribunais e excluído do círculo íntimo do Kaiser. A posição de Bülow perante o Imperador ficou abalada por causa da questão do Marrocos, e circularam rumores de que estava à beira da demissão. Em abril, durante um debate no Reichstag sobre a Conferência de Algeciras, o chanceler desmaiou e foi obrigado a deixar Berlim para uma longa convalescença.[68]

Até o Kaiser ficou deprimido. Sempre fora contra transformar a questão do Marrocos em motivo para guerra, em parte porque sentia que a situação na Alemanha era muito perigosa. Os socialistas planejavam para janeiro de 1906 grandes manifestações e protestos contra as duras restrições eleitorais para o parlamento prussiano. Na véspera do Ano-Novo, escreveu uma carta apavorada a Bülow: "Primeiro dobrar os socialistas, cortar-lhes a cabeça e acabar com eles, se preciso com um banho de sangue, e depois partir para uma guerra externa. Mas não antes, e nunca as duas coisas juntas."[69] A Alemanha, ameaçada por uma coalizão hostil dos países latinos de França, Espanha e Itália sob controle inglês, temporariamente substituiu o Perigo Amarelo na mente do imperador. Em uma de suas observações nas margens de documentos, lamentou: "Não temos mais amigos, já que essas relíquias assexuadas, heranças do caos étnico deixado por Roma, nos odeiam cordialmente."[70]

Examinando o passado, o que assusta é constatar como as nações envolvidas na crise do Marrocos previam tão naturalmente a possibilidade de uma guerra. Grey, por exemplo, disse a seu amigo Haldane que estava recebendo muitas informações de que a Alemanha pretendia atacar a França na primavera de 1906, enquanto, em Berlim, Bülow esperava o mesmo da França e da Inglaterra.[71] Além disso, havia dirigentes alemães que encaravam seriamente a possibilidade de uma guerra preventiva. Afinal, o recente sucesso japonês na guerra contra a Rússia mostrara que atacar primeiro era compensador. Schlieffen, que se dedicava às palavras finais de seu plano antes de passar para a reserva, pode perfeitamente ter defendido uma guerra preventiva contra a França, e certamente outros chefes militares eram de mesma opinião.[72] Em dezembro de 1905, o chefe do escritório de imprensa no Ministério do Exterior recebeu um memorando de seus superiores alertando que havia a possibilidade de a Conferência de Algeciras deixar a Alemanha em situação de perder prestígio aos olhos do mundo ou recorrer à guerra: "Aqui, o conflito na primavera é esperado por muitos e desejado por muitos outros."[73]

A despeito da esperança alemã, a Rússia permaneceu fiel à aliança com a França. Tão logo a conferência terminou, Raymond Poincaré, então ministro das Finanças, disse ao embaixador russo em Paris que podiam retomar as conversas sobre o empréstimo. Em 16 de abril, um representante do governo russo assinou um acordo sobre a concessão de grande empréstimo de um consórcio de bancos, liderado pelos franceses, que respondiam por metade dos recursos. "Ele falou sobre os serviços prestados em Algeciras," disse Poincaré, "em tom que me deixou bastante embaraçado. Reclamou que as exigências dos bancos franceses são, e é verdade, um tanto avaras."[74] Em iniciativa que indica pouca visão, o governo alemão não permitiu que bancos alemães participassem de nenhum empréstimo à Rússia, em retaliação por Algeciras. "...não vão conseguir um níquel de nós!" – afirmou o Kaiser.[75]

A renovada amizade entre a Inglaterra e a França passara pelo primeiro teste e, por conseguinte, estava consideravelmente mais forte. Em 1908, foi inaugurada em Londres uma exposição anglo-francesa para celebrar a *Entente Cordiale*. "Essa simpática e sugestiva expressão," disse um guia inglês, "que adotamos como amável saudação ao idioma francês, significa mais do que sua letra fria expressa. Traduz mútua estima e boa vontade, em razão de interesses e objetivos comuns. Engloba sentimento, compreensão e relações materiais ...."[76] Delcassé e Paul Cambon certamente achavam que significava muito mais, que os ingleses naquele momento lhes tinham oferecido uma aliança defensiva.[77] Os ingleses achavam que tinham evitado um firme compromisso, mas reconheciam que a *Entente* agora aproximava ainda mais os dois países. Grey escreveu, no auge do impasse em Algeciras:

> Se houver guerra entre França e Alemanha, será difícil ficarmos de fora. A *Entente* e, mais ainda, as constantes e enfáticas demonstrações de amizade (oficiais, navais, políticas, comerciais, municipais e na imprensa) criaram na França a crença de que a apoiaremos em caso de guerra. O último relatório de nosso adido naval em Toulon afirmou que todos os oficiais franceses têm esse apoio como certo no caso de uma guerra entre França e Alemanha por causa do Marrocos. Se essa expectativa for frustrada, os franceses jamais nos perdoarão.

Começam as crises

E DEU A ENTENDER QUE sua posição, favorável à *Entente*, ficaria intolerável se a Inglaterra não apoiasse a França. "Por outro lado," acrescentou, "é terrível a perspectiva de uma guerra europeia com nosso envolvimento."[78] Nos anos que antecederam 1914, continuou oscilando, ora trabalhando em favor da França, ora se recusando a se comprometer com uma aliança mais formal ou a fazer promessas comprometedoras.

Sua posição hesitante ficou comprometida quando, em meados de janeiro, aprovou oficialmente as conversações que já vinham acontecendo informalmente entre o chefe das operações militares da Inglaterra e o adido militar francês em Londres. Como Grey as descreveu a um grupo de colegas que quis manter informados, era meramente uma conversa para ver o que cada nação tinha a oferecer para a outra. "O assunto," garantiu, "estava sendo analisado em termos acadêmicos."[79] Entretanto, esse tímido começo deu origem a uma série de entendimentos entre os exércitos inglês e francês ao longo dos anos seguintes, quando tiveram oportunidade de trocar informações e elaborar planos. Relatórios da inteligência francesa na Alemanha, planos de guerra franceses, possíveis efetivos das forças inglesas a serem enviadas para a França, facilidades portuárias, transporte ferroviário e muitos outros pormenores e acertos para o caso de a Inglaterra ter de enviar forças para reforçar os franceses contra um ataque alemão foram discutidos e trabalhados antes de 1914. As duas marinhas também mantiveram conversações periódicas, mas entendimentos formais só foram autorizados pelo gabinete inglês no verão de 1912.

Foram justamente as conversações militares que se tornaram objeto de mais controvérsias ao longo dos anos. Será que Grey, legítimo *wykehamist*, deliberadamente escondeu do Gabinete e do povo inglês as negociações e os entendimentos que estavam sendo realizados em segredo? Mais importante, as conversas em curso realmente comprometiam a Inglaterra a correr em reforço à França no caso de ataque alemão? Repetidamente Grey respondeu "não" às duas perguntas, antes e depois de 1914, mas a realidade não é tão clara. Quando as conversas começaram em 1906, Grey deu conhecimento ao primeiro-ministro Campbell-Bannerman, mas não informou a todos os membros do Gabinete, talvez porque temesse a oposição da ala esquerda do Partido Liberal. O gabinete não foi informado oficialmente até 1911, quando ocorreu outra crise envolvendo o Marrocos. (A Câmara dos Comuns e o povo nada souberam a respeito até a Inglaterra ficar à beira da guerra em 1914). De acordo com Lloyd George, a maior parte dos membros do gabinete ficou em choque: "Hostilidade não traduz precisamente a intensidade do sentimento despertado pela revelação. Parecia mais um clima de consternação." Grey reassegurou a seus colegas que a Inglaterra estava absolutamente livre para fazer o que lhe conviesse.[80] Novamente uma afirmação controvertida.

É verdade que Grey, seus colegas e subordinados geralmente falavam com os franceses no condicional. A Inglaterra poderia, muito provavelmente, socorrer a França, mas, como insistiam os ingleses, nada que se dizia nas conversas podia ser tomado como um firme compromisso. Em sua visão, a Inglaterra conservava sua liberdade de decidir o que faria em caso de guerra. Em 1911, o gabinete chegou ao ponto de aprovar uma resolução formal para salientar que a Inglaterra não estava comprometida, direta ou indiretamente, com uma intervenção terrestre ou naval.[81] Não obstante, o repetido apoio diplomático da Inglaterra à França, como por exemplo no caso do Marrocos, era uma indicação da firmeza com que Grey encarava a necessidade de preservar a *Entente*. Para Grey e os que pensavam como ele, muitos destes em cargos de destaque no Foreign Office, a amizade da França era essencial e, cada vez mais, também a da Rússia, para que a Inglaterra não ficasse isolada, como acontecera durante a Guerra dos Bôeres.[82] Ademais, apoio diplomático sem ameaça de força por trás acabaria não funcionando, tanto em relação aos inimigos da França quanto à própria França. Se os franceses não sentissem que podiam confiar na Inglaterra a ponto de contar com reforço militar, poderiam perfeitamente tirar a máxima vantagem possível de um mau negócio e entrar em acordo com a Alemanha.

O conceito estratégico inglês estava sofrendo mudança e passava a admitir como mais provável uma intervenção ao lado da França. Até 1907, a principal preocupação do exército inglês fora o Império. A melhoria das relações com os Estados Unidos na virada do século, em parte como resultado do reconhecimento inglês da supremacia americana no Novo Mundo, significava que a Inglaterra já não estava interessada em suas colônias na América do Norte. A Convenção Anglo-Russa de 1907 desfez boa parte da apreensão dos ingleses quanto à ameaça russa à joia da Coroa, a Índia. O exército fora reorganizado e reformado após a Guerra dos Bôeres e agora estava em condições de cumprir seu papel. Era responsável, como sempre fora, pela defesa das Ilhas Britânicas em caso de invasão, mas cada vez mais seus chefes pensavam em termos de uma força expedicionária a ser enviada para o Continente.[83] O crescimento do poder militar alemão ressuscitou o velho temor inglês de que uma única

Começam as crises

nação dominar as costas da Holanda, Bélgica e talvez até da França, pelas quais transitava substancial parcela do comércio inglês. O controle dessas costas também deixaria a Alemanha em condições de invadir a Inglaterra se assim desejasse.[84]

A tendência dos militares ingleses era acreditar que a França inevitavelmente seria derrotada sem o apoio da Inglaterra.[85] Em 1912, Maurice Hankey, secretário do Comitê de Defesa do Império, órgão responsável pela estratégia inglesa, manifestou uma opinião bastante comum sobre os franceses: "Não me dão a impressão de ser um povo realmente confiável." Como disse Hankey, não dispunham de bom sistema de saneamento, nem de água potável e suas ferrovias eram lentas. "Desconfio," prosseguiu, "que os alemães lhes 'dariam uma surra' quando quisessem."[86] No verão de 1911, os chefes militares ingleses pensavam em enviar seis divisões de infantaria e duas brigadas de cavalaria para a França, em um total de 150 mil homens e 67 mil cavalos. Se as estimativas francesas sobre o efetivo que os alemães empregariam na frente ocidental estivessem corretas, uma força expedicionária inglesa faria a balança pender a favor da *Entente*.[87]

Enquanto o exército elaborava seus planos, a marinha inglesa não fazia o mesmo, ou, se fazia, Fisher e seu sucessor, Sir Arthur Wilson não compartilhavam seu pensamento com ninguém, muito menos com o exército, que viam como competidor na busca de recursos. Eram radicalmente contrários ao envio de uma força expedicionária, iniciativa que consideravam cara e inútil. A marinha era a força armada mais importante, responsável, como sempre fora, pela defesa das Ilhas Britânicas e pela proteção do comércio inglês e dos mares, levando a guerra ao inimigo por meio do bloqueio de seus portos e, eventualmente, de desembarques anfíbios. O exército podia ter um papel, se permitiu Fisher dizer copiando palavras de Grey, "como um projétil disparado pela marinha."[88] Em 1909, ao que parece, Fisher pensava em uma série de pequenos ataques à costa alemã. "Apenas picadas de pulga! Mas uma sucessão delas pode fazer com que Wilhelm fique se coçando de raiva!"[89] Embora fosse receptivo a novas ideias quando se tratava de tecnologia, Fisher – cada vez mais partidário dos cruzadores rápidos em vez de encouraçados e do emprego de torpedos e submarinos para manter a marinha alemã encurralada – não era bom na elaboração de planos estratégicos. Quando esteve pela primeira vez nesse cargo, na verdade a marinha quase não planejava. Ele gostava de dizer que seu principal plano de operações estava trancado em seu cérebro, onde permaneceria para ficar bem seguro.[90] "A coisa mais errática e amadora que jamais vi," afirmou um jovem comandante a respeito dos planos de guerra do Almirantado durante a primeira gestão de Fisher. Culpava Fisher, que generalizava tudo o que se referia a guerra – "o inimigo deve ser golpeado dura e seguidamente, e muitos outros aforismos"– mas nunca entrava nos detalhes necessários. [91]

Durante boa parte do período anterior à guerra, cada força armada da Inglaterra seguia seu próprio caminho e via a outra como cão brigando pelo osso. Em 1911, porém, a segunda crise do Marrocos, que trouxe a reboque mais uma ameaça de guerra aparentemente inevitável, forçou uma reunião do Comitê de Defesa do Império em 23 de agosto de 1911, para rever toda a estratégia inglesa. (Foi a única vez antes de 1914 que tal reunião ocorreu.)[92] Asquith, o primeiro-ministro, assumiu a presidência e, entre outros políticos, estavam presentes Richard Haldane, o ministro da Guerra, Grey e dois moços em ascensão, Lloyd George e Winston Churchill. Henry Wilson, novo chefe de operações militares, representava o exército, e o sucessor de Fisher, Arthur Wilson, a marinha. Henry Wilson, falando pelo exército, fez uma brilhante explanação sobre a situação no Continente e salientou a finalidade e os planos para o emprego da força expedicionária. Seu homônimo naval fez um papel decepcionante. Opôs-se à ideia do emprego de uma força do exército no Continente e apresentou, como alternativa, um esquema vago de bloqueio da costa do Mar do Norte, além do lançamento episódico de rápidos ataques anfíbios. Também ficou claro que a marinha não tinha interesse em transportar a força expedicionária para a França e proteger suas linhas de comunicações.[93] Asquith descreveu o desempenho como "pueril."[94] Pouco depois trouxe Winston Churchill para Primeiro Lord do Almirantado, e este, de imediato, se livrou de Arthur Wilson e organizou um Estado-Maior Naval para elaborar planos de guerra. Churchill manifestou sua disposição de apoiar uma força expedicionária inglesa, e a marinha começou a trabalhar em harmonia com o exército.[95]

Em 1912, Alexandre Millerand, antigo socialista que derivara para a direita o suficiente para ser nomeado ministro da Guerra da França, afirmou, referindo-se ao exército inglês: "A máquina está pronta para partir. Será impulsionada? Incerteza absoluta."[96] Os franceses continuaram inseguros quanto à intervenção inglesa até o começo da Grande Guerra, embora alguns de seus líderes, militares e civis, fossem mais otimistas do que Millerand. Paul Cambon, o influente embaixador francês em Londres, deduzira das repetidas manifestações de amizade partidas de Grey e do fato de ter autorizado as conversações militares, a certeza de

Começam as crises

que os ingleses viam a *Entente* como uma verdadeira aliança (embora nunca tivesse certeza do que isso significava exatamente).[97]

Em 1909, Joffre disse: "Pessoalmente, estou convencido de que os ingleses virão, mas o fato é que não existe um compromisso formal por parte deles. Existem apenas estudos sobre embarque e desembarque e sobre o desdobramento de suas tropas na frente de combate."[98] Os franceses viam aliviados a crescente hostilidade entre Inglaterra e Alemanha e achavam que a tradicional política inglesa de manter o equilíbrio de poder na Europa (que funcionara contra a França nas Guerras Napoleônicas) agora atuaria em seu favor. Os dirigentes franceses também deduziram, pelo que Grey repetidamente afirmara, que os ingleses, quando chegasse a hora de decidir sobre a entrada na guerra, estariam interessados em saber quem a começou.[99] Em parte foi por essa razão que os franceses foram tão cuidadosos ao reagir aos acontecimentos no verão de 1914, e não adotaram medidas que pudessem ser vistas como agressivas.

Os militares franceses ficaram animados com a presença de Henry Wilson como chefe de operações militares depois de 1910. Era um tipo imponente, bem acima de 1,80m de altura, com um rosto que fazia lembrar, como disse um oficial seu amigo, uma gárgula.[100] (Alguém endereçou um cartão-postal para "O Homem Mais Feio do Exército Inglês," que chegou sem dificuldade a Wilson.)[101] Era "egoísta e astuto," como o descreveu outro colega, hábil na intriga política e em conseguir protetores influentes. Vinha de uma próspera família anglo-irlandesa (e a causa dos protestantes na Irlanda sempre foi importante para ele), mas fora obrigado a progredir na vida por sua própria conta. Como demonstrou sua exposição na reunião do Comitê de Defesa do Império, era inteligente e convincente. Também era enérgico e determinado, além de ter opiniões bem definidas sobre estratégia. Em documento que escreveu em1911 e endossado pelo Estado-Maior, expressou a opinião: "devemos nos aliar à França." Argumentava que a Rússia não ajudaria muito se a Alemanha atacasse a França e o que poderia salvar a Europa da derrota francesa e do domínio alemão seriam a rápida mobilização e o envio de uma força expedicionária inglesa.[102] Quando assumiu o cargo, Wilson estava decidido a garantir que isso se concretizasse. "Estou muito insatisfeito com o estado das coisas sob todos os pontos de vista," escreveu em seu diário. Não havia planos específicos para o desdobramento da força expedicionária inglesa ou das reservas. "Um bocado de tempo escrevendo minutas bonitas. Se puder, vou mudar isso tudo."[103]

402 A Primeira Guerra Mundial – que acabaria com as guerras

Rapidamente estabeleceu muito boas relações com os militares franceses, facilitado pelo fato de gostar da França e falar fluentemente francês. Ele e o comandante da Escola de Estado-Maior francesa, o profundamente católico coronel Ferdinand Foch (futuro marechal), se tornaram grandes amigos. "O que você consideraria," perguntou Wilson a Foch certa ocasião, "a menor força militar inglesa que possa ajudá-lo em caso de um confronto como o que temos imaginado?" Foch não parou para refletir: "Um único soldado," respondeu, "e providenciaríamos para que fosse morto."[104] O francês faria o que fosse preciso para conseguir o comprometimento da Inglaterra. Em 1909, falsificaram cuidadosamente um documento, para ser descoberto quando um agente comercial francês apanhasse uma maleta errada em um trem, que revelaria supostos planos de invasão da Inglaterra pelos alemães.[105]

Wilson fez visitas frequentes à França para trocar informações sobre planos de guerra e ter entendimentos sobre cooperação. Percorreu de bicicleta muitas milhas pelas fronteiras francesas, estudando as fortificações e os prováveis campos de batalha. Em 1910, pouco depois de sua nomeação, visitou um dos mais sangrentos campos de batalha da Guerra Franco-Prussiana na parte da Lorena que permanecera na França. "Fiz minha visita anual à estátua 'France,' mais bela do que nunca, e deixei a seus pés um pedacinho do mapa que levava comigo, mostrando as áreas de concentração das forças inglesas em seu território."[106] Como seus anfitriões franceses, Wilson previa que a ala direita das forças alemãs não teria poder suficiente para se movimentar na faixa costeira a oeste do Meuse em território belga. A força expedicionária inglesa entraria em posição na ala direita dos franceses a fim de reforçar o que se esperava ser o setor mais fraco do ataque alemão. Conversaram um pouco sobre a possibilidade de os ingleses irem até Antuérpia, mas Wilson e seus colegas concordaram que tinham de preservar a flexibilidade e só decidir quando as forças inglesas estivessem em terra.

Os ingleses podiam estar sendo flexíveis em seus planejamentos militares, mas em matéria de política estavam cada vez mais confinados. A primeira crise do Marrocos em 1905-6 trouxe maior cooperação e entendimento entre Inglaterra e França, mas também gerou maiores obrigações. Outrossim, a crise serviu para traçar linhas mais definidas entre as potências na Europa. Com a assinatura da Convenção Anglo-Russa, em 1907, mais uma linha foi traçada, resultando em outro

Começam as crises

conjunto de obrigações e expectativas, dessa vez entre dois antigos inimigos. Também estava ficando mais difícil ignorar a opinião pública. Na França, como na Alemanha, importantes interesses comerciais e figuras destacadas como o embaixador francês na Alemanha, Jules Cambon, eram favoráveis a melhorar as relações entre os dois países. Em 1909, a França e a Alemanha chegaram a um acordo cordial sobre o Marrocos. Nacionalistas nos dois países impediram que seus governos fossem mais além e discutissem a melhoria das relações econômicas.[107] O destino da Europa não era ficar dividida entre dois blocos de poder antagônicos, cada um com seus planos de guerra prontos para entrar em execução, mas, à medida que sucederam outras crises após a primeira do Marrocos, ficou mais difícil mudar o padrão.

14

A Crise da Bósnia

CONFRONTO NOS BALCÃS
ENTRE A RÚSSIA E A ÁUSTRIA-HUNGRIA

Em 1898 o Kaiser Wilhelm II partiu em seu iate, o *Hohenzollern*, passou pelos Dardanelos e entrou no Mar de Mármara para fazer a segunda visita oficial a Abdul Hamid, sultão otomano. Wilhelm gostava de sentir-se o amigo e protetor do Império Otomano. (Também pensava em conseguir tantas concessões quanto possível para a Alemanha, como, por exemplo, o direito de construção de ferrovias em território otomano.) Deixou-se dominar pelo encanto de Constantinopla. Uma das cidades mais antigas e fascinantes do mundo, Constantinopla conhecera governantes célebres, tais como Alexandre, o Grande, o Imperador Constantino e, recentemente, Suleiman, o Magnífico. Ruínas de colunas e ornamentos gregos, romanos e bizantinos engastados em seus muros e fundações, assim como magníficos palácios, mesquitas e igrejas, eram lembranças dos grandes impérios que surgiram e desapareceram.

O casal real alemão foi à terra num barco a remo oficial e, enquanto o Kaiser desfilava em torno das grandes muralhas da cidade num cavalo árabe, a Imperatriz fazia uma excursão pela costa asiática. Naquela noite o Sultão ofereceu a seus convidados um opulento jantar em uma ala nova do palácio, construída especialmente para essa ocasião. Em seguida, houve uma bela exibição de fogos de artifício. Sob a luz das lâmpadas elétricas do porto se notava a silhueta dos navios de guerra alemães que

A crise da Bósnia

Embora em 1900 a África e boa parte do Pacífico já estivessem repartidas, o decadente Império Otomano, às portas da Europa, era uma tentação cada vez maior. Aqui aparece o governante otomano, Abdul Hamid II, observando, sem ação, a Áustria-Hungria, na pessoa de seu Imperador Franz Joseph, apossar-se, em 1908, das províncias otomanas da Bósnia e da Herzegovina, enquanto o rei da Bulgária aproveita a oportunidade para proclamar a independência de seu reino, que oficialmente ainda fazia parte do Império Otomano. A crise resultante agravou as tensões na Europa.

escoltavam o iate do Kaiser. Para assinalar sua visita, o Kaiser presenteou a cidade com um grande gazebo contendo sete fontes, tudo feito na Alemanha. Permanece até hoje numa extremidade do antigo hipódromo onde os romanos faziam as corridas de cavalo e bigas. Conserva as colunas e arcos de mármore e um domo de bronze decorado por dentro com mosaicos dourados e com as iniciais de Wilhelm e Abdul Hamid gravadas na pedra. Para o Sultão, Wilhelm II levara o mais moderno fuzil alemão, mas quando esboçou o gesto de presenteá-lo, o sultão se encolheu apavorado, pensando que ia ser assassinado. O herdeiro de Suleiman, o Magnífico, que por quatro séculos fizera a Europa tremer, era um déspota miserável, tão temeroso de ser alvo de conspirações que mantinha a seu lado um eunuco cujo único dever era tirar a primeira tragada de seus cigarros.

O Império Otomano estava condenado, segundo diziam muitos observadores. Quase falido, com a maior parte da dívida na mão de

406 A Primeira Guerra Mundial – que acabaria com as guerras

interesses estrangeiros; seus súditos, inquietos; sua administratção, incompetente e corrupta. Triste fim de um Império que fora um dos maiores já vistos. Os turcos otomanos, vindos da Ásia central no século XIII, avançaram inexoravelmente para oeste através da Turquia. Em 1453, seus exércitos conquistaram Constantinopla. O último imperador bizantino preferiu morrer na batalha – e conseguiu – e, assim, o núcleo central do cristianismo ortodoxo se transformou em cidade muçulmana. Os otomanos continuaram seu avanço para o norte, nos Balcãs no canto sudeste da Europa, para o Oriente Médio e pelo litoral sul do Mediterrâneo, para o Egito e mais além. Os governantes que ousaram se interpor em seu caminho foram derrubados, e seus povos, subjugados. No fim do século XV, o Império Otomano controlava a maior parte dos Balcãs e, em 1529, as forças otomanas alcançaram Viena, que chegaram a cercar. Uma década mais tarde, Budapest caiu, e a maior parte da Hungria passou a integrar o Império Otomano. Em meados do século XVII, quando alcançou sua extensão máxima na Europa, o Império abrangia no todo ou em parte os atuais países Hungria, Bulgária, Romênia, Croácia, Sérvia, Montenegro, Albânia, Macedônia e Grécia. Os otomanos também se apoderaram de grande parte da hoje Ucrânia e do sul do Cáucaso (onde mais tarde surgiriam Geórgia, Armênia e Azerbajão). Além disso, o Império abarcava a Turquia, o Oriente Médio árabe até a fronteira com a Pérsia, descendo para o sul até a extremidade meridional da Península Arábica, além de boa parte do norte da África até o Marrocos no oeste

Em matéria de impérios, o governo Otomano foi relativamente leve. Os otomanos, em sua maioria muçulmanos sunitas, permitiram que seus súditos, que incluíam amplo espectro de cristãos e judeus, assim como muçulmanos xiitas, seguissem seus próprios ritos religiosos e, observados certos limites, permitiram que as diferentes etnias, que iam de curdos a sérvios e húngaros, conservassem sua língua e cultura. Porém, ao longo dos séculos, o Império fora declinando. Suas esquadras foram derrotadas no Mediterrâneo, e seu grande rival em terra, o Império Austríaco, aos poucos o repeliu para o sul, tomando como recompensa a Hungria, em 1699. Durante o século seguinte, Áustria e Rússia tomaram-lhe mais territórios e, no século XIX, a França e a Inglaterra entraram nesse vasculho. Os franceses se apossaram da Argélia e da Tunísia, e os ingleses, do Egito e de Chipre. O que também destruía o Império Otomano não eram apenas a passagem do tempo e a ressurgência de antigos inimigos, mas o crescimento

A crise da Bósnia

do nacionalismo em todo o seu território, inicialmente na Europa. A Grécia conquistou sua independência em 1832, enquanto a Sérvia, a Romênia e a Bulgária alcançaram a autonomia do Império Otomano, a caminho da independência total.

Quando aconteceu a tão esperada desintegração total do Império Otomano, os territórios remanescentes, grande parte no Oriente Médio e ainda muitos nos Balcãs, ficaram a mercê de quem quisesse se apossar. Embora as ambições concorrentes de Alemanha, França, Rússia e Inglaterra no Oriente Médio e no norte da África alimentassem as tensões na Europa, foi a rivalidade entre a Áustria-Hungria e a Rússia que no fim das contas constituiu a maior ameaça à longa paz na Europa. As duas potências tinham interesses vitais e irreconciliáveis em jogo. Ainda que pouco se interessasse pelos territórios asiáticos do Império Otomano, a Áustria-Hungria tinha de ficar atenta ao que acontecia em sua porta de entrada sul, nos Balcãs. Não podia assistir passivamente a ampliação da Sérvia e da Bulgária, que, ambos os países, aproveitariam qualquer oportunidade para aumentar seus territórios. Essa possibilidade, por sua vez, poderia bloquear as rotas comerciais do Império Austro-Húngaro para o sul, que o ligavam com Constantinopla e os portos no Mar Egeu ou, no caso da Sérvia, ainda significaria uma ameaça a suas possessões no Adriático, ao longo da costa dálmata. Além disso, um ou outro estado eslavo do sul mais forte teria

408 A Primeira Guerra Mundial – que acabaria com as guerras

um efeito desagregador sobre a própria Áustria-Hungria, ao alimentar as expectativas nacionais dos eslavos na Croácia, na Eslovênia e no sul da Hungria. E se os estados balcânicos gravitassem em direção à Rússia, como bem poderiam, a Áustria-Hungria estaria frente a uma formidável coalizão.

Por sua vez, a Rússia não podia tolerar que o controle dos Estreitos do Império Otomano no Bósforo caísse na mão de outra potência. Cerca de 40% das exportações russas em 1912 dependiam daquelas estreitas passagens, de modo que qualquer bloqueio fatalmente enfraqueceria a economia russa. Também havia razões históricas e religiosas, já que Constantinopla fora a capital do Império Bizantino, do qual a Rússia se considerava herdeira. A perspectiva de a Áustria-Hungria, uma potência católica, ocupar aqueles estreitos era tão ruim, pelo menos para os ortodoxos devotos, quanto a ocupação pelos muçulmanos. Tampouco os pan-eslavos russos, grupo rebelde em fase de expansão, toleravam que seus camaradas eslavos nos Balcãs, cuja maioria também era ortodoxa como os russos, ficassem sob o jugo da Áustria-Hungria.

No século XIX, as grandes potências, lideradas pela Inglaterra, procuraram fortalecer o "Doente da Europa," em parte para evitar um perigoso retalhamento de seu território. A tentativa russa, após sua vitória sobre o Império Otomano em 1878, de se apossar do território europeu do Império Otomano e criar uma grande Bulgária que absorveria o território macedônio, foi detida pelas outras potências, que devolveram a Macedônia aos otomanos e conservaram uma Bulgária pequena, formalmente sob a suserania otomana. A Macedônia, com sua população predominantemente cristã, logo se viu condenada a miséria ainda maior por uma combinação de incompetência otomana com iniciativas de diferentes cristãos fora do Império Otomano, que só sabiam brigar entre si, permitindo que surgissem vários grupos terroristas que passaram a gerar problemas entre os macedônios.

No acordo de 1878, a Áustria-Hungria foi compensada no Ocidente com a autorização para ocupar e administrar a Bósnia-Herzegovina, também sob a suserania otomana. Foi igualmente autorizada a manter tropas em um pequeno apêndice, o Sanjak de Novi Bazar, que ficava ao sul da Bósnia-Herzegovina. Essa iniciativa impedia que a Sérvia se juntasse a Montenegro a oeste e permitia que a Áustria-Hungria mantivesse um estreito corredor pelo qual poderia manter sua ligação com a Macedônia, ainda território otomano, e com o Egeu ao sul.

A crise da Bósnia

Desde o começo os novos territórios foram causa de problemas. A Áustria-Hungria teve de mandar uma considerável força para sufocar uma revolta de muçulmanos bósnios, que não queriam ficar sob administração cristã.

No fim do século, Rússia e Áustria-Hungria reconheceram o risco potencial de conflito em torno do que restava do Império Otomano e, em 1897, chegaram a um acordo pelo qual respeitavam o *statu quo* territorial nos Balcãs. Também concordaram em não interferir nos assuntos internos dos estados então existentes nos Balcãs. A Rússia se comprometeu a respeitar os direitos austro-húngaros na Bósnia -Herzegovina. Por fim, as duas potências atuariam em conjunto na repressão a qualquer agitação que contrariasse os princípios a respeito dos quais acabavam de se entender. Em 1900, Alois von Aehrenthal, diplomata austríaco servindo em São Petersburgo, escreveu em tom otimista a Goluchowsky, ministro do Exterior, em Viena, comentando que a Rússia e a Áustria-Hungria estavam aprendendo a se respeitar mutuamente: "Sem confiança, ficam impossíveis avanços diplomáticos nos Balcãs. O mais importante será intensificar o processo de construção de confiança."[1] Era possível, assim esperava, finalmente chegar a um acordo sobre esferas de influência nos Balcãs, com a Áustria-Hungria dominando a parte ocidental e a Rússia, a oriental, assim como a respeito do Mar Negro e do Mediterrâneo e mesmo de Constantinopla. A evolução dos acontecimentos nos anos subsequentes aparentemente confirmou tais expectativas. "Foram-se os dias," disse Lamsforff, ministro do Exterior russo, em 1902, "em que Rússia e Áustria-Hungria entravam em choque por amor aos povos balcânicos." Em 1903, como a situação na Macedônia ia de mal a pior, as duas potências assinaram um novo acordo destinado a pressionar as autoridades otomanas para que lá realizassem as reformas necessárias. No ano seguinte, envolvida em guerra contra o Japão, a Rússia assinou com a Áustria-Hungria um acordo de neutralidade que lhe permitiu deslocar tropas da fronteira entre os dois países para o Oriente.[2]

Em 1906, porém, pressionado por seu sobrinho e herdeiro Franz Ferdinand, Franz Joseph fez duas importantes nomeações que deram início a políticas mais ativas da Áustria-Hungria. Conrad assumiu o posto de Chefe do Estado-Maior, e Aehrenthal, o de ministro do Exterior. Muita gente, sobretudo da geração mais nova de oficiais e de funcionários, esperava que agora a Monarquia Dual interrompesse seu longo suicídio e mostrasse que ainda era poderosa, cheia de vida, e que sucessos internos e em assuntos estrangeiros se alimentariam mutuamente a fim de criar um estado mais forte; que sucessos em casa e no exterior congregariam os povos do Império ao seu estado multinacional e à própria dinastia. Uma Áustria-Hungria revitalizada também seria capaz de livrar-se da humilhante dependência da Alemanha e provar que era personagem independente no mundo. Embora ambos concordassem nos objetivos gerais, o ministro do Exterior preferia a diplomacia à guerra. Conrad, que pressionava incansavelmente por uma guerra, posteriormente descreveu Aehrenthal como "um bobalhão presunçoso e comodista, cuja ambição não ia além do trato de ambiguidades e coisas triviais que levassem a sucessos superficiais," e o acusou de ver o exército como um guarda-chuva para deixar no armário quando chovia.[3] Essa afirmação, como tantas outras de Conrad sobre seus colegas, foi injusta. Aehrenthal só estava disposto a recorrer à guerra, se fosse absolutamente necessária.

Como a maioria dos estadistas de destaque na Áustria-Hungria, o ministro do Exterior Alois Aehrenthal vinha de família aristocrata. Profundamente conservador, dedicou-se a servir ao Imperador e a manter a Áustria-Hungria como grande potência.

O novo ministro do Exterior era alto e ligeiramente curvado, de feições comuns e olhos semicerrados como se fosse míope. Aehrenthal

A crise da Bósnia

sempre parecia cansado, como observou Bülow, que o achava "reservado, indolente, quase apático."[4] Porém, a verdade é que Aehrenthal era muito trabalhador e dedicara sua vida a promover a política exterior da Áustria-Hungria e servira, entre outros postos, como bem-sucedido e respeitado embaixador na Rússia. Como a maioria de seus colegas, vinha da aristocracia. "Nosso serviço diplomático," disse um oficial do Estado-Maior, "é como uma muralha chinesa. Quem está do lado de fora não pertence ao grupo, não pode entrar."[5] A família de Aehrenthal vinha da nobreza tcheca, que ascendera socialmente graças aos serviços prestados ao estado. (Seus inimigos gostavam de lembrar que ele tinha antepassados burgueses, talvez até um ancestral judeu em algum ponto.) Em termos de lealdade, estava longe de ser tcheco, antes, como muitos de sua classe, era cosmopolita e sua fidelidade se voltava para a dinastia austro-húngara. No serviço a ela, era dedicado, errático, dúbio e rude. Sua fraqueza consistia na tendência a supercomplicar os assuntos. Também não lhe agradava seguir conselhos. O Conde Leopold Berchtold, seu colega e mais tarde seu sucessor, reclamava de sua "terrível característica de desprezar fatos que não se ajustam a seu complicado castelo de cartas."[6]

Embora profundamente conservador e com a antipatia de muitos de sua classe pelo liberalismo e pelo socialismo, Aehrenthal acreditava que a Áustria-Hungria devia realizar reformas, se quisesse sobreviver. Como seu mentor Franz Ferdinand, esperava criar no Império um bloco de eslavos do sul de alguma forma capaz de atenuar as intermináveis tensões entre as correntes austríaca e húngara. Mais que isso, um novo componente de eslavos do sul no Império agiria como catalisador dos eslavos dos Balcãs, na Sérvia, em Montenegro e na Bulgária, atraindo-os para a órbita da Áustria-Hungria e, talvez, incorporando-os ao Império.[7] Em questões exteriores, era da mesma opinião de seus antecessores e julgava que uma aliança com os alemães era crucial para a sobrevivência do Império Austro-Húngaro. Não obstante, esperava atravessar a linha cada vez mais definida que dividia a Europa e construir um relacionamento mais sólido com a Rússia. Ansiava ver o renascimento da Liga dos Três Imperadores (Áustria-Hungria, Alemanha e Rússia) a fim de promover as causas, que ele via inter-relacionadas, do conservadorismo e da estabilidade na Europa.[8] O tempo que passou em São Petersburgo conferiu-lhe a reputação de ser pró-Rússia (ajudada, como comentou Bülow, pelo caso que tivera com uma bela senhora da sociedade)[9] e de preferir, sempre que possível, trabalhar com os russos.

A Primeira Guerra Mundial – que acabaria com as guerras

—

Sob Aehrenthal, porém, as relações entre Áustria-Hungria e Rússia piorariam acentuada e talvez irremediavelmente, em função de divergências sobre o destino da pequena e pobre província otomana da Bósnia--Herzegovina, na parte ocidental dos Balcãs. A política de moderação e cooperação nos Balcãs, que existira entre as duas potências, estava desmoronando, para desgosto de ambos os países. Aquilo que havia tanto tempo temiam, a confrontação armada nos Balcãs, quase aconteceu em 1908, novamente em 1912 e 1913, e finalmente se concretizou em 1914, arrastando quase toda a Europa.

A espiral da decadência do Império Otomano despertou nas duas potências a tentação, difícil de resistir, de se apossar do espólio. A Áustria-Hungria, que jamais fora potência colonial, contaminou-se enfim com o vírus então comum do imperialismo, e alguns, inclusive Conrad, começavam a pensar em conseguir colônias nos Balcãs ou mais além, no Império Otomano. Por seu lado, a Rússia, depois da derrota diante do Japão em 1905, voltava-se para o Ocidente, dando maior importância que no passado à Europa e a possíveis aliados confiáveis nos Balcãs. Exercer influência era uma forma de mostrar que a Rússia ainda era grande potência. Em 1907, o entendimento com a Áustria-Hungria para manter seu *statu quo* nos Balcãs começou a desabar quando as duas potências divergiram, por exemplo, sobre reformas necessárias no território otomano da Macedônia.[10]

As nações balcânicas que emergiram do Império Otomano ao longo do século XIX agora também tinham um papel a desempenhar no palco internacional. Precisavam manobrar entre duas grandes potências, o Império Austro-Húngaro e a Rússia, olhando desconfiadas para uma e para outra. As obras de poetas e historiadores, a expansão de modernos meios de comunicação a difusão da ideia surgida na Europa Ocidental de que os seres humanos eram devidamente divididos em raças ou nações contribuíram para o surgimento de identidades religiosas e étnicas que estavam se consolidando em diversos nacionalismos: búlgaro, grego, sérvio, romeno e montenegrino. Infelizmente para a paz nos Balcãs, os caprichos da história e a mistura de povos em toda a região balcânica significavam que cada uma dessas nações emergentes podia reivindicar o território da outra e, no caso da Bulgária, Montenegro, Grécia e Sérvia, também o que restara dos territórios europeus do Império Otomano. Cada vez mais as nações balcânicas agravavam a complexidade e a instabilidade das relações internacionais

A crise da Bósnia

na região à medida que seus governos, mais que nunca dominados por nacionalistas radicais, apelavam para laços étnicos e religiosos e rebuscavam o passado em cata de argumentos para conquistar mais territórios, tirando um do outro, do Império Otomano e, no caso de Sérvia e Romênia, da Áustria-Hungria.

No reinado de Carol I, determinado e vigoroso governante oriundo do ramo católico dos Hohenzollerns, a Romênia tivera sucesso e conseguira livrar-se do jugo otomano em 1880, mas para os nacionalistas romenos o estado ainda não estava completo. Cerca de 3 milhões de pessoas de fala romena viviam, nem sempre satisfeitas, sob governo húngaro na Transilvânia. (A população total da Romênia propriamente dita era pouco inferior a 7 milhões.) Por outro lado, não eram boas as relações da Romênia com a Bulgária e sua poderosa vizinha, a Rússia, países que tinham se apossado de território que os romenos consideravam pertencer-lhes de direito. Como disse certa vez Aehrenthal, a política da Áustria-Hungria para com a Romênia deve "evitar que o ódio à Hungria artificialmente fomentado se torne mais forte que o temor à Rússia, muito mais legítimo."[11]

Em 1883, pressionado por Bismarck, o Rei Carol assinou uma aliança defensiva secreta com a Áustria-Hungria, mas como desde então apenas ele e uns poucos ministros dela tinham conhecimento, Viena nunca se sentiu inteiramente confortável para considerar a Romênia aliada num caso de guerra generalizada. Ao avaliar a posição estratégica do Império Austro-Húngaro, Conrad esperava que a Romênia pudesse empregar, na melhor hipótese, cerca de 16 divisões contra a Rússia. Na segunda melhor opção, pelo menos equilibraria as forças russas. A pior seria a Romênia mudar de lado. O Kaiser alemão, que confiava exageradamente em laços familiares, acreditava que, como mais antigo membro da dinastia Hohenzollern, conseguiria manter a lealdade de Carol à Tríplice Aliança.[12] Nos anos que antecederam a Grande Guerra, o Arquiduque Franz Ferdinand pensou em entregar a Transilvânia à Romênia para assim enfraquecer os húngaros, que ele odiava, e consolidar a amizade com os romenos.[13] Além disso, o arquiduque gostava de Carol, que providenciou para que sua duquesa, Sophie, fosse recebida com todas as honras reais em Bucarest, algo que Franz Joseph lhe recusara.[14] Tais esperanças eram mera ilusão. Os húngaros jamais concordariam em perder o que muitos consideravam o berço da nação húngara. Infelizmente para o futuro da aliança secreta, os húngaros continuaram a negar direitos políticos aos romenos dentro de seu território. Antes de 1914, os 3 milhões de romenos que viviam na Hungria tinham cinco deputados no parlamento húngaro, enquanto os 10 milhões de língua húngara tinham quase quatrocentos.[15]

A Bulgária, vizinha da Romênia em sua fronteira sul, nos estágios iniciais de sua independência estava mais próxima da Rússia. Ao contrário dos romenos, que falavam um idioma latino e gostavam de se considerar descendentes de colonizadores romanos, os búlgaros falavam uma língua eslava parecida com russo e apelaram ao apoio e incentivo da Rússia em sua luta na década de 1870 para se livrar do jugo otomano. Embora os sonhos búlgaros de ter uma Bulgária maior e independente fossem bloqueados em 1878, infelizmente para a estabilidade futura dos Balcãs os búlgaros se apegavam à crença de que as únicas fronteiras realmente justas para seu país eram as que tinham desfrutado por breve período no passado. Na década de 1880, a despeito das objeções da Rússia, que se arvorara em protetora da Bulgária, o governo búlgaro foi em frente e se apoderou da província otomana da Rumélia Oriental. O czar Alexander III, pai de Nicholas, ficou furioso. Não apenas destituiu o Príncipe Alexander, que fora convocado da Alemanha para governar a Bulgária, de seu posto no exército russo, mas fez tudo o que estava a seu alcance para derrubá-lo do trono na Bulgária. Em 1886, o Czar teve sucesso, e no ano seguinte a Bulgária elegeu outro príncipe alemão que ficou amplamente conhecido de seus súditos e em toda a Europa como Foxy Ferdinand (o Raposa). As relações entre os dois países continuaram frias. Sob a ótica russa, as pretensões búlgaras geravam desperdício de recursos e haviam derramado sangue russo na guerra contra os otomanos para libertar a Bulgária, que se portara com espantosa ingratidão. No início do século XX, os russos, apesar de todo o discurso de fraternidade pan-eslava, cada vez mais notaram que a Bulgária estava claramente interessada em separar a Macedônia do Império Otomano, o que constituía uma ameaça para a estabilidade nos Balcãs, para o acordo de 1897 da Rússia com a Áustria-Hungria que garantia o *statu quo* e para a segurança dos Estreitos.

As relações da Bulgária com a Áustria-Hungria, principal rival da Rússia nos Balcãs, eram até certo ponto cordiais. A Áustria-Hungria vendia armas para a Bulgária, classificando essa transação como comércio internacional. Do ponto de vista da Monarquia Dual, a Bulgária tinha mais um ponto a seu favor. Não era a Sérvia, não havia búlgaros vivendo na Áustria-Hungria para serem aliciados pelo canto da sereia dos nacionalistas que tinham a mesma nacionalidade e viviam fora das fronteiras do Império.[16] Em 1891, poucos anos depois de Ferdinand se tornar Príncipe da Bulgária, Franz Joseph o convidou para visitar Viena. Quando os russos reclamaram, o ministro do Exterior da Monarquia Dual se mostrou surpreso: desde menino "o pequeno Ferdinand" conhecia Franz Joseph. Assim, quando em 1904 a Bulgária e a Sérvia assinaram um acordo alfandegário, acendeu-se o alarme em Viena, onde se suspeitou que os dois países balcânicos caminhavam para uma união.[17]

As relações entre a Áustria-Hungria e a Sérvia, que, no século XIX aos poucos se libertava do Império Otomano a caminho de se tornar um estado independente em 1878, inicialmente eram boas. Nas décadas de 1880 e 1890, a economia sérvia ficou intimamente ligada à de seu grande vizinho do norte e o primeiro rei sérvio, Milan, em 1885 chegou a sugerir à Áustria-Hungria que seria possível anexar seu território em troca de uma boa pensão, de modo que pudesse abdicar e desfrutar os prazeres da Europa. Viena rejeitou a proposta, temendo o que a Rússia pudesse dizer ou fazer, e o ministro do Exterior disse ao infeliz Milan que ele tinha o dever de permanecer em seu país e ser um bom governante.[18] Nos anos seguintes, Milan conseguiu se apartar dos nacionalistas sérvios por ser tão subserviente à Áustria-Hungria e chocou até seus seguidores ao discutir ostensivamente com sua esposa nascida na Rússia em diversos cafés de Belgrado. Em 1889, já divorciado, Milan finalmente conseguiu abdicar em favor de seu filho de 13 anos, Alexander. Infelizmente para a família e para a Sérvia, o menino cresceu e mostrou que era da mesma pipa do pai. Em 1900 casou com uma mulher mais velha e com péssima reputação. Em 1903, ambos foram assassinados de maneira brutal por oficiais nacionalistas, ao lado do primeiro-ministro e do ministro da Guerra. Peter Karageorgevic, de dinastia rival, foi sagrado Rei e, após alguma turbulência, os nacionalistas radicais, sob o comando do cauteloso e astuto Nikola Pasic, assumiram o governo, onde permaneceriam até o fim da Grande Guerra.

O assassinato não apenas pôs a Sérvia em novo caminho, o de confronto com a Áustria-Hungria, como também contribuiu para desencadear uma sequência de eventos que levaram aos do verão de 1914. Em 1906, em clara demonstração de que o novo regime de Belgrado estava decidido a se libertar do Império Austro-Húngaro, o governo sérvio, que já comprara a maior parte de seu armamento da Monarquia Dual, assinou substancial contrato com a empresa francesa Schneider.[19] Em retaliação, a Áustria-Hungria suspendeu a vigência de seu tratado de comércio com a Sérvia e fechou suas fronteiras às exportações sérvias (principalmente

416
A Primeira Guerra Mundial – que acabaria com as guerras

animais de criação), sob a falsa alegação de que os animais estavam doentes. A "guerra dos porcos" durou até 1911, mas a Sérvia não cedeu. Embora sua economia sofresse, os sérvios conseguiram comerciar com outras áreas, como a França, por exemplo, que tinha dinheiro para emprestar e armas para vender, mas principalmente com a Rússia.

O novo regime de Belgrado desde o começo se revelou não apenas hostil a seu poderoso vizinho do norte, mas também fortemente russófilo. Por seu lado, a Rússia, movida em parte por questão sentimental e em parte por premeditação, passou a se considerar defensora de seu pequeno irmão balcânico. Este, por sua vez, era movido não só pelo ódio e medo da Áustria-Hungria, mas igualmente por grandes ambições. Os nacionalistas sérvios confiavam na história para reivindicar o que no século XIV fora o reino do czar Dusan, que englobara território ao sul da Sérvia, agora ocupado principalmente por albaneses, búlgaros e turcos. Montenegro era, sem discussão, preponderantemente sérvio, mas a família que o governava estava frequentemente em choque com a dinastia sérvia, de modo que isso teria que esperar. Ademais, o rei montenegrino, o ardiloso Nicholas I, casara suas inúmeras filhas, duas com grão-duques russos, uma com o herdeiro do trono italiano e uma com o próprio rei Peter da Sérvia. Apelando para o testemunho da história, os nacionalistas sérvios usavam evidências linguísticas e étnicas para alegar que os outros eslavos do sul, sobretudo croatas católicos e muçulmanos da Bósnia-Herzegovina, eram, na verdade, sérvios renegados que deviam professar a religião ortodoxa. Assim, Bósnia, Herzegovina, Dalmácia, Ístria, Croácia e Eslavônia, tudo dentro da Áustria-Hungria, deviam fazer parte de uma Grande Sérvia. No século XX, o crescimento do movimento transnacional iugoslavo, cujo nome significa "eslavos do sul" na língua servo-croata, trouxe grande preocupação para os dirigentes Habsburgos, quando seus próprios eslavos do sul foram a Belgrado participar de reuniões e congressos e houve conversas sobre eventual união de sérvios, croatas, eslovenos e búlgaros.[20]

Para os nacionalistas sérvios, a Bósnia-Herzegovina era ao mesmo tempo uma ferida aberta e uma tentação. A população da província se compunha de uns 44% de sérvios e ortodoxos (os dois eram vistos praticamente como sinônimos), 33% de muçulmanos e cerca de 22% de croatas e católicos.[21] Sob a ótica dos nacionalistas sérvios, as duas últimas parcelas podiam ser consideradas como parte da nação sérvia, mesmo que não se dessem conta disso. As províncias estavam sob

A crise da Bósnia

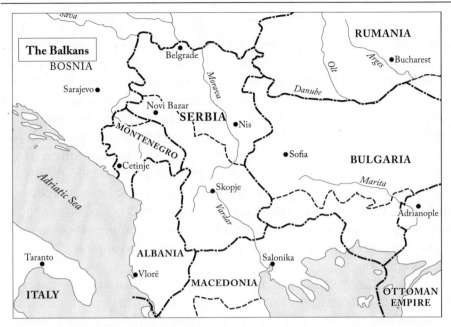

controle da Áustria-Hungria que cada vez mais os sérvios encaravam como inimiga, mas, e mais importante, formalmente ainda faziam parte do Império Otomano. Se esse Império finalmente desaparecesse, talvez com pequena ajuda dos vizinhos balcânicos, a Bósnia-Herzegovina poderia vir a integrar a Grande Sérvia. Isso permitiria que a Sérvia tivesse fronteira com Montenegro, melhor ainda se fosse uma união, e com acesso ao Adriático, requisito absolutamente necessário para o comércio sérvio. Agitadores da Sérvia já estavam em ação na Macedônia e, após 1900, cada vez mais passaram a atuar no interior da Bósnia-Herzegovina. A imprensa de língua sérvia em Belgrado e Sarajevo denunciava a tirania austro-húngara e incitava os povos das províncias a se rebelar. Em 1907 os sérvios da Bósnia-Herzegovina realizaram suas próprias eleições para uma assembleia nacional que se reuniu em Sarajevo para exigir sua existência como estado independente dentro do Império Otomano.[22]

A Áustria-Hungria, que governava as províncias com eficiência, embora de forma autocrática, tinha poucos adeptos dentro da Bósnia-Herzegovina. Como os húngaros insistiam que não se gastassem recursos comuns nessa província e nem mesmo se construíssem ferrovias que não beneficiassem de alguma forma a Hungria, a Bósnia-Herzegovina continuou sendo um lugar atrasado e rural. Em tentativa infrutífera de conquistar os senhores de terras, em sua maioria muçulmanos, os governadores das províncias tinham deixado ao abandono o arcaico

A Primeira Guerra Mundial – que acabaria com as guerras

sistema de propriedade da terra, e a consequência foi se apartarem dos arrendatários, sérvios na maior parte. Enquanto os muçulmanos ainda se inclinavam por Constantinopla, cada vez mais os sérvios se voltavam para Belgrado. Somente os croatas demonstravam alguma lealdade à Áustria-Hungria.[23] "Quando estive aqui pela primeira vez em 1892," escreveu destacado líder liberal de Viena, "o clima era de progresso, dinamismo, promissor e cheio de esperança e confiança no futuro. Hoje, o que se vê é inatividade, incerteza e apreensão."[24] No lado positivo, a Monarquia Dual proporcionava mais segurança do que seus antecessores otomanos, e algum progresso fora feito nas comunicações e na educação, mas, como frequentemente acontecia em outros impérios coloniais, o desenvolvimento também serviu para criar uma classe de nacionalistas bem preparados.

Quando Aehrenthal assumiu o cargo de ministro do Exterior, para os dirigentes austro-húngaros a Sérvia se tornara o vizinho mais perigoso nos Balcãs e uma ameaça imediata que solapava o Império na Bósnia-Herzegovina e alimentava os anseios nacionalistas entre os próprios eslavos do sul. A conclusão a que muitos chegaram na Áustria-Hungria era que tais problemas desapareceriam se a Sérvia sumisse do mapa. Conrad e seus companheiros militares sustentavam que o problema devia ser resolvido por meio de uma guerra contra a Sérvia e sua anexação ao Império. Embora inicialmente dissesse a seu correspondente russo, Izvolski, que seu objetivo era preservar a paz nos Balcãs e melhorar as condições de vida dos cristãos ainda vivendo sob o jugo otomano (e, claro, manter as melhores relações possíveis com a Rússia), em 1907 Aehrenthal desistiu de submeter a Sérvia por meios pacíficos.[25] Em memorando expedido no ano seguinte, fez uma previsão, promissora para a Áustria-Hungria, de crescente antagonismo entre Sérvia e Bulgária por causa da Macedônia e que acabaria desaguando em guerra. Então, esperava Arhrenthal, a Áustria-Hungria poderia se apoderar do que restasse da Sérvia. No longo prazo, poderia surgir uma Albânia independente na orla do Adriático sob a proteção do Império Austro-Húngaro. (Os albaneses, possivelmente o povo mais antigo nos Balcãs e que falava uma língua diferente do idioma de seus vizinhos eslavos, começavam, para sua conveniência, a criar seu próprio nacionalismo.) Quanto à Bulgária, no cenário ideal para Viena estaria seriamente endividada após a guerra contra a Sérvia e, portanto, obrigada a se voltar para a Áustria-Hungria.[26]

A crise da Bósnia

"É necessário," escreveu Aehrenthal em memorando de fevereiro de 1907, "pôr um fim em nossa passividade." Enquanto se entendia com a Sérvia, a Áustria-Hungria devia ir em frente e anexar a Bósnia-Herzegovina. Isso ajudaria a compensar os territórios que a Monarquia Dual perdera com a unificação da Itália. O Imperador poderia, então, oferecer uma constituição às novas províncias e uni-las às outras terras de eslavos do sul na Áustria-Hungria e, assim, acrescentar um terceiro elemento à Monarquia Dual.[27] Forte e revitalizado, o Império poderia voltar a ter um papel independente nos assuntos europeus, em vez de se portar como "vaquinha de presépio" da Alemanha. Ainda causava mágoas em Viena a referência feita pelo Kaiser ao Império Austro-Húngaro ao chamá-lo de "brilhante auxiliar" após a Conferência de Algeciras. Aehrenthal afirmou a Berchtold, que o sucedera como embaixador em São Petersburgo: "Creio que, nas atuais circunstâncias, a *forte* ênfase na aliança austríaca-húngara-alemã não é muito inteligente e tampouco contribui para se alcançar um objetivo, pelo menos do nosso ponto de vista."[28]

Aehrenthal acreditava que naquele momento a situação internacional favorecia a Áustria-Hungria em seu esforço de afirmação política e econômica nos Balcãs, por meio de construção de ferrovias e – um componente fundamental – do acerto da posição da Bósnia-Herzegovina, incorporando-a oficialmente ao Império. A Alemanha, temendo ficar isolada após o revés sofrido na crise do Marrocos em 1905-6, não teria outra opção a não ser apoiar seu aliado. A França demonstrava disposição favorável e, de qualquer modo, estava absorvida por seu novo papel no Marrocos. A Inglaterra, tradicionalmente amistosa com a Áustria-Hungria, seria um problema. Estava se aproximando da Rússia e, ao exigir intervenção internacional para assegurar reformas na Macedônia, tentava minar a posição austro-húngara nos Balcãs.[29] Edward VII visitara os reis da Espanha e da Itália. Seria uma nova tentativa de cercar a Áustria-Hungria e a Alemanha?[30] Não obstante, não era provável que interviesse nos Balcãs, a menos que os Estreitos fossem ameaçados. A Itália era um problema, mas as relações poderiam sem dúvida ser melhoradas. A Rússia, não importava o que pensasse, estava enfraquecida após a guerra contra o Japão, e suas recentes tentativas de aproximação com a Inglaterra não progrediram a ponto de se transformar em amizade. "Sim, sim," explicou Aehrenthal a um colega mais jovem que tentava convencê-lo da necessidade de trabalhar em harmonia com Izvolsky, o ministro do Exterior russo, "mas,

A Primeira Guerra Mundial – que acabaria com as guerras

obviamente (!!), se ele não nos der apoio total nos Balcãs, serei eu a PRIMEIRO procurar os ingleses!"[31]

Aehrenthal reconhecia riscos ao agitar os Balcãs. A situação internacional, como disse ao Conselho Ministerial Comum Austro-Húngaro no outono de 1907, era de modo geral boa, mas havia pontos de turbulência, como nos próprios Balcãs e no Marrocos, além de forças que agitavam o mundo lá fora. "O cenário está montado, os atores estão prontos, só faltam os trajes para começar o espetáculo. *A segunda década do século XX poderá testemunhar acontecimentos muito graves.* Tendo em vista o material combustível em presença, podem ocorrer mais cedo."[32] Em 1908 Aehrenthal quase tocou fogo nesse combustível, mas, por enquanto, a sorte aindaficou a seu lado e do mundo.

—

NO COMEÇO DO ANO, ele anunciou em uma reunião de delegados da Áustria e da Hungria que tencionava construir uma ferrovia no sul do país, passando pelo Sanjak de Novi Bazar e chegando à Macedônia, onde se ligaria com a linha ferroviária otomana que percorria os portos no Egeu e prosseguia até Constantinopla. Embora Aehrenthal dissesse em tom conciliador que a ferrovia proposta tinha fins meramente econômicos e, portanto, não violava nenhum dos acordos vigentes nos Balcãs, ninguém fora da Áustria-Hungria, inclusive boa parte da imprensa estrangeira, acreditou. Com toda a razão os sérvios viram a ferrovia como forma de a Áustria-Hungria consolidar seu controle sobre o Sanjak e impedir a união entre Sérvia e Montenegro, assim como estender a influência da Monarquia Dual no Império Otomano. Os ingleses estavam convencidos de que a Áustria-Hungria trabalhava nos bastidores para bloquear as reformas que eles estavam propondo em parceria com a Rússia para a Macedônia, em troca da aprovação do Sultão para a ferrovia.[33] Os ingleses também viam com reservas o parceiro do Império Austro-Húngaro na Aliança Dual. A corrida naval continuava, e o Reichstag estava na iminência de aprovar em março os novos projetos navais de Tirpitz. A ferrovia proposta também invalidava o projeto pelo qual sérvios e russos construiriam uma ferrovia do Danúbio ao Adriático, atravessando a Macedônia. Os russos, que não tinham sido adequadamente informados a respeito, ficaram furiosos com Aehrenthal. Uma ferrovia, que naquela época era um meio indiscutível de ampliar a influência política, contrariava o acordo de 1897 com a Áustria-Hungria, que respeitava o *statu quo*

A crise da Bósnia

nos Balcãs.[34] Izvolsky, o presunçoso e arrogante ministro do Exterior russo, tomou a ferrovia do Sanjak como ofensa pessoal e reclamou de Aehrenthal com o embaixador alemão: "Ele jogou uma bomba entre minhas pernas."[35] O primeiro-ministro austro-húngaro não se mostrou arrependido e, ademais, não via vantagem alguma em agradar Izvolsky, que considerava um liberal perigoso e demasiadamente influenciado pelo novo amigo da Rússia, a Inglaterra.[36]

Entrementes, Izvolsky, realista em relação à débil posição da Rússia depois da guerra contra o Japão, estava disposto a continuar discutindo com Aehrenthal outros planos que este tinha em vista, como o destinado à anexação imediata da Bósnia-Herzegovina à Áustria-Hungria, porque sentia que a Rússia poderia barganhar o que sempre desejara, ou seja, alguma forma de controlar os Estreitos. Os dois ministros do Exterior tinham começado a discutir pessoalmente no outono de 1907 quando Izvolsky esteve em Viena, e continuaram os entendimentos por carta até o verão de 1908, a despeito da repercussão da ferrovia do Sanjak. Embora não anunciasse um cronograma, Aehrenthal deixou claro que tencionava levar adiante a anexação. Em troca, estava disposto a desistir dos direitos do Império sobre o Sanjak e a retirar suas guarnições militares. Izvolsky, que, como salientou mais tarde, tinha poucos trunfos para barganhar, insinuou que a Rússia aceitaria a anexação desde que contasse com o apoio austro-húngaro para mudanças nos acordos internacionais que versavam sobre os Estreitos, a fim de permitir que navios de guerra russos, e apenas russos, pudessem se deslocar nos dois sentidos entre o Mar Negro e o Mediterrâneo.

Em junho Izvolsky conseguiu, ao menos assim acreditava, garantir o apoio de mais alguém. Para consolidar a *Entente* entre seus dois países, Edward VII e Nicholas II encontraram-se naquele mês nos iates de cada um ao largo do porto de Reval (hoje Tallin, na Estônia), no Báltico russo. Os dois monarcas e seus assessores, um grupo de peso que incluía Charles Hardinge, funcionário-chefe do Foreign Office em Londres, almirante Jacky Fisher, Stolypin e Izvolsky, discutiram assuntos de interesse comum, como os riscos que a corrida naval entre Inglaterra e Alemanha criava, o problema da Macedônia e o projeto de construção de uma ferrovia partindo da costa sul da Pérsia, percorrendo a fronteira com a Rússia e alcançando o norte da Pérsia (que seria um desafio à planejada ferrovia alemã de Constantinopla a Bagdad.)[37] Embora mais tarde Hardinge negasse que os ingleses tivessem feito alguma promessa aos russos a respeito dos Estreitos, Izvolsky voltou a São Petersburgo firmemente convencido de que os ingleses estariam ao lado da Rússia na revisão dos acordos internacionais sobre eles.[38]

A reunião de Reval teve outras consequências de longo alcance. O Kaiser nela viu mais uma prova de que seu tio e outros "tratantes" conspiravam para encontrar uma forma de cercar a Alemanha.[39] Mais uma vez aproveitou para realçar o valor da aliança com a Áustria-Hungria. "Nós, aliados do Império Austro-Húngaro," gabava-se Wilhelm por ocasião da reunião de Reval com um de seus oficiais preferidos da marinha, "não precisamos temer uma aliança de França, Rússia e Inglaterra. Somos suficientemente fortes. Nosso exército não fica atrás de nenhum outro, e nossa marinha não é de papelão, mesmo não podendo se equiparar à inglesa, ao menos por enquanto."[40] Bem mais ao sul, no Império Otomano, oficiais reformadores do Comitê de União e Progresso concluíram que a reunião de Reval significava que Inglaterra e Rússia planejavam a divisão da Macedônia.[41] No mês de julho anterior, os "Jovens Turcos" tinham se amotinado contra o Sultão forçando-o a aceitar uma constituição. Essa medida fez Aehrenthal levar adiante seu cronograma de anexação da Bósnia-Herzegovina. Se os Jovens Turcos fossem bem-sucedidos em criar um governo forte, seriam um adversário ainda mais poderoso do que o velho Sultão. Os jornais europeus deram informações de que o novo regime em Constantinopla tencionava reverter a desintegração do Império Otomano nos Balcãs e noutras áreas. Os Jovens Turcos inclusive convidaram habitantes das duas províncias a enviar representantes ao novo parlamento em Constantinopla. Por outro lado, se o Império Otomano mergulhasse no caos e na guerra civil, igualmente possível, haveria uma corrida geral entre as potências para se apossar de seu território, e a Áustria-Hungria precisava chegar na frente.

No fim do verão, Aehrenthal conseguiu a aprovação de seu governo para concretizar a anexação. Também expediu um memorando para Izvolsky em 27 de agosto, manifestando a esperança de que a Rússia fosse "benevolente e amistosa" se as circunstâncias levassem a Áustria-Hungria a anexar a Bósnia-Herzegovina. Em troca, deixava bem claro, a Áustria-Hungria retiraria suas tropas do Sanjak. Não prometeu ir mais além e afirmou que Rússia e Áustria-Hungria podiam trabalhar lado a lado a fim de assegurar o *statu quo* em outras regiões dos Balcãs. Para Schoen, afável e ineficaz ministro do Exterior

A crise da Bósnia

alemão, Aehrenthal deu pouco valor à possibilidade de a Rússia preocupar-se com a anexação: "O urso vai rosnar e urrar, mas não vai morder nem atacar com suas garras." Izvolsky de forma nenhuma era do tipo de rosnar. Estava disposto a aceitar a anexação, mas queria simplesmente saber, pelo menos, o que a Rússia receberia em troca por não se opor.[42]

Em 16 de setembro, Aehrenthal e Izvolsky reuniram-se discretamente no castelo medieval de Buchlau, na Morávia, que pertencia a Berchtoldt, embaixador da Áustria-Hungria em São Petersburgo. A finalidade era discutir um acordo satisfatório para ambos cobrindo a anexação e a questão dos Estreitos. A essa altura dos acontecimentos, não havia amizade nem confiança recíproca entre os dois ministros. Quando Berchtoldt entrou no salão onde estavam reunidos para lhes dizer que o almoço estava servido, encontrou ambos bastante zangados. Posteriormente Aehrenthal contou que passara a maior parte daquela manhã ouvindo reclamações de Izvolsky sobre a ferrovia do Sanjak. Este, por seu lado, alegou que estava completamente exausto após horas de "negociações extremamente tumultuadas." No fim do dia, entretanto, aparentemente os dois chegaram a um acordo. A Rússia seria tão benevolente quanto possível se a Áustria-Hungria tivesse de anexar a Bósnia-Herzegovina, e a Monarquia Dual ao mesmo tempo se retiraria do Sanjak. O Império Austro-Húngaro apoiaria as propostas russas para mudar os acordos sobre os Estreitos. Montenegro e Sérvia seriam autorizados a dividir o Sanjak entre si, caso o Império Otomano entrasse em colapso. Finalmente, e isso viria a ganhar importância, ambos reconheceriam a Bulgária se, como era provável, declarasse sua independência em futuro próximo. Quando Izvolsky transmitiu a notícia a Nicholas, o Czar ficou "extraordinariamente satisfeito."[43] Berchtoldt ficou tão maravilhado pelo fato de seu castelo ter testemunhado reunião tão importante que imediatamente providenciou a colocação de uma placa registrando o evento.[44] Aehrenthal voltou para Viena, e Izvolsky passou a noite jogando bridge com seu anfitrião.[45] O russo talvez tivesse mais sorte jogando cartas do que em negociações internacionais.

Não ficaram registros da reunião, e quando estourou a questão da Bósnia-Herzegovina, que se transformou em grave crise internacional, ambos apresentaram sua própria versão do que acontecera. Sem causar surpresa, divergiram em detalhes fundamentais. Teria Izvolsky realmente conseguido um firme *quid pro quo* de Aehrenthal: o apoio russo à

424 A Primeira Guerra Mundial – que acabaria com as guerras

anexação da Bósnia-Herzegovina e, em troca, o apoio austro-húngaro à pretensão russa nos Estreitos? Aehrenthal nega. Em tentativa de se justificar, Izvolsky reclamou que Aehrenthal o traíra ao realizar a anexação tão cedo. A Rússia, alegou, não tivera tempo de preparar a opinião internacional para uma discussão sobre os Estreitos. Isso não é inteiramente verdadeiro. Quando deixou Buchlau, Izvolsky entendeu que a anexação aconteceria em breve, provavelmente logo após as representações dos parlamentos austríaco e húngaro tivesses a reunião anual no começo de outubro.[46] Izvolsky também podia estar pensando, ele próprio, num jogo duplo ao planejar a convocação de uma conferência internacional das potências para autorizar a anexação. Como escreveu a São Petersburgo pouco depois da reunião em Buchlau: "A Áustria ficará na posição de ré, enquanto estaremos no papel de defensores dos eslavos balcânicos e até da Turquia." (Mais tarde Aehrenthal reafirmou com toda a segurança que a Áustria-Hungria jamais concordara – e de modo algum o faria – com uma conferência para ratificar a anexação após o fato.)[47] O máximo que pode ser dito é que em Buchlau os dois celebraram um acordo cínico para conseguir extrair do Império Otomano o máximo que pudessem, e nenhum dos dois esperava a repercussão internacional que causou.

Depois da reunião em Buchlau, Izvolsky partiu em viagem havia muito tempo planejada pelas capitais da Europa, enquanto Aehrenthal cuidava de transmitir a seus aliados, Alemanha e Rússia, suas intenções a respeito da Bósnia-Herzegovina, sem anunciar uma data específica para a anexação. Todavia, essa não era a única medida nos Balcãs que fora acelerada em virtude da ascensão dos Jovens Turcos ao poder. A Bulgária, que sempre reagira contra sua situação como parte do Império Otomano, se preparava para aproveitar a oportunidade e declarar sua independência. Izvolsky se esforçara ao máximo para dissuadir os búlgaros. Não queria ser ligado a uma conspiração geral para destruir o Império Otomano. Além disso, os otomanos ainda tinham poder suficiente para atacar a Bulgária.[48] Aehrenthal não tinha essa preocupação. Quando o Príncipe Ferdinand visitou Budapest no fim de setembro, Aehrenthal deixou escapar indicações de que as coisas logo estariam mudando nos Balcãs e sugeriu que a Bulgária cuidasse de si mesma. Não disse a Ferdinand que a Áustria-Hungria planejava anexar a Bósnia-Herzegovina em 6 de outubro, e o Príncipe, que não sem razão era conhecido como "a Raposa," não lhe disse que a Bulgária anunciaria sua independência no dia 5.[49] A Bulgária cumpriu devidamente, e Ferdinand, que agora

A crise da Bósnia

tinha o título de Czar, apareceu em um robe no mesmo modelo usado por um imperador bizantino confeccionado especialmente para ele por um fornecedor de fantasias para teatro.[50] Como previsto, o anúncio da Áustria-Hungria sobre a Bósnia-Herzegovina surgiu no dia seguinte, proclamando que contava com pleno apoio da Rússia. Como nunca conseguiram o que esperavam em troca, a abertura dos Estreitos para seus navios de guerra, os russos sentiram-se traídos. Por seu lado, a Áustria-Hungria não via a necessidade de compensá-los, assim como a Sérvia, que se achava com direito à Bósnia-Herzegovina. A declaração de independência búlgara somada ao anúncio da anexação inflamou os ânimos nos Balcãs, jogou a Áustria-Hungria contra a Rússia e arrastou seus aliados para uma gigantesca crise internacional, com cogitações de guerra que duraram até a primavera seguinte.

A notícia da anexação não surpreendeu inteiramente a Europa. O embaixador da Áustria-Hungria em Paris entregara carta confidencial de Franz Joseph ao presidente francês três dias antes do evento porque o presidente viajaria para passar fora o fim de semana e rumores sobre a anexação fatalmente vazariam. O próprio embaixador não se arrependia de ter adiantado a carta e disse a Aehrenthal: "Sei muito bem que por natureza sou impulsivo, mas, na minha idade, é difícil mudar características naturais."[51] Berchtoldt, que tinha em mãos carta similar para o Czar, teve de caçar o iate imperial no Golfo da Finlândia. Os russos ficaram aborrecidos em face da rapidez com que foi realizada a anexação e por não terem sido oficialmente notificados até o próprio dia do anúncio. (Na verdade, Berchtoldt quis se demitir do seu cargo de embaixador da Áustria-Hungria, por achar que Aehrenthal não fora inteiramente honesto com Izvolsky.)[52] Na Duma e na imprensa, houve uma tempestade de protestos contra o Império Austro-Húngaro por causa das duas províncias habitadas por camaradas eslavos, e Izvlolsky foi alvo de pesados ataques por não defender os interesses russos nos Balcãs. Dentro do governo, seus colegas ministros irritaram-se também com o fato de nem Nicholas nem Izvolsky terem se preocupado em pô-los a par das negociações com a Áustria-Hungria até depois do encontro de Buchlau. Stolypin, primeiro-ministro, ameaçou renunciar e, com Vladimir Kokovtsov, ministro das Finanças, puxou os ataques a Izvolsky depois que a notícia da anexação chegou à Rússia. Nicholas começou a se afastar de seu ministro do Exterior, que, com o passar dos meses, sentiu o enfraquecimento de sua posição.[53]

A Alemanha também se sentiu ofendida pela forma como foi feito o anúncio. O Kaiser achou que Aehrenthal não jogara limpo com a Rússia e reclamou por tomar conhecimento através de jornais. O conde Ladislaus Szögyeny, havia muito tempo embaixador austro-húngaro, viu-se na obrigação de visitar Wilhelm em seu refúgio de caça na Prússia Oriental para tentar amenizar os danos. Após uma viagem de muitas horas de trem, o infeliz Szögyeny foi apanhado por um "magnífico automóvel imperial" que o levou prontamente ao destino.[54] Wilhelm, com razão se preocupava porque a Alemanha estava pondo em risco sua influência em Constantinopla, cuidadosamente trabalhada ao longo dos anos precedentes. Também achava que Aehrenthal alienara desnecessariamente a Rússia da Aliança Dual, quando ainda havia esperança de afastá-la da *Entente*.[55] Entretanto, os alemães acabaram concluindo que não tinham outra opção a não ser apoiar seu principal aliado. Dilema que enfrentariam novamente em 1914.

Na Áustria-Hungria, as reações foram variadas. Embora demonstrando satisfação pelo aumento de território, o governo húngaro deixou claro que não aceitaria um terceiro componente, eslavo do sul, na Monarquia Dual. Assim, a Bósnia-Herzegovina devia permanecer com seu atual status. Como disse um político húngaro, "flutuando no ar como o caixão de Maomé," sob a direção de um ministro das Finanças conjunto em Viena.[56] Os eslavos do sul que viviam no próprio Império, cada vez mais politicamente ativos, viram a anexação com indiferença. A coalizão servo-croata que surgia no Parlamento croata foi francamente contrária. O governador da Croácia prendeu uns cinquenta deputados e os acusou de traição. O julgamento resultante foi uma farsa, com juízes tendenciosos e provas inconsistentes ou falsas, e o veredito de culpa teve de ser derrubado. "O julgamento foi uma consequência precoce da política de anexação," publicou um renomado jornal húngaro. "Ato essencialmente político."[57] Falsificações também fizeram parte de outro julgamento que causou sensação na mesma época. O Dr. Heinrich Friedjung, destacado historiador nacionalista e personalidade política, publicou artigos em que alegava que havia provas de que importantes líderes políticos, eslavos do sul na Áustria-Hungria, estavam a soldo dos sérvios. Descobriu-se que os documentos tinham sido convenientemente fornecidos (e falsificados) pelo Ministério do Exterior da Monarquia Dual. Os dois julgamentos envergonharam o governo, e Aehrenthal em especial, além de servirem para alienar mais do Império seus eslavos do sul.

A crise da Bósnia

Entre as classes dirigentes da Áustria-Hungria, porém, houve júbilo com a chegada da notícia da anexação. "Mostramos à Europa que ainda somos uma grande potência! Muito bem!" – escreveu Ferdinand a Aehrenthal. Aconselhou Aehrenthal a tratar as novas províncias com mão de ferro e enfrentar qualquer tentativa sérvia de enviar agitadores a bala e um ou dois enforcamentos para servir de exemplo. O Arquiduque acreditava que qualquer reação hostil de alguma outra potência podia ser contornada. "A insatisfação da Inglaterra pode nos trazer ônus, mas o gorducho Eddy logo saberá se consolar com algumas garrafas de champanhe e a companhia de umas assim chamadas *ladies*."[58]

As coisas não seriam assim tão fáceis. Naquele momento, o Foreign Office estava tomado de suspeitas da Alemanha e da Aliança Dual. Os ingleses também se incomodavam porque os austro-húngaros haviam desbordado os acordos internacionais sobre os Balcãs, além de estarem preocupados com o impacto sobre o Império Otomano. O governo liberal era a favor dos Jovens Turcos e não queria vê-los prejudicados. Se o Império Otomano fosse levado ao ponto de colapso, os interesses ingleses na extremidade oriental do Mediterrâneo estariam ameaçados. A política inglesa na crise foi de buscar equilibrar-se entre apoiar o Império Otomano, atuar contrarrestando as influências alemãs e austro-húngaras naquela região, e, ao mesmo tempo, tanto quanto possível, continuar mantendo as boas relações com a Rússia, sem apoiar as mudanças nos acordos sobre os Estreitos, que os russos tanto queriam. (Posteriormente, os ingleses propuseram abrirem-se os Estreitos a navios de guerra de todos os países, obviamente a última coisa que os russos desejavam.)[59]

—

Do ponto de vista inglês, a crise chegou em má hora. A ameaça naval e o temor de uma invasão alemã estavam a pleno vapor (um membro sem maior expressão do Parlamento afirmou que sabia, sem sombra de dúvida, que agentes alemães tinham escondido 50 mil fuzis Mauser e 7 milhões de cartuchos de munição no coração de Londres)[60] e o governo enfrentava pedidos para aumentar as despesas com a Marinha inglesa. No fim de outubro, o *Daily Telegraph* publicou a famosa entrevista com o Kaiser, em que Wilhelm responsabilizou o governo inglês pelas más relações entre os dois países, o que enfureceu ainda mais a opinião pública inglesa contra a Alemanha. Grey comentou com o embaixador inglês em Berlim: "Não é hora para nação nenhuma ficar brincando com faíscas."[61] Para aumentar as tensões, ocorreu

428 A Primeira Guerra Mundial – que acabaria com as guerras

uma crise séria entre França e Alemanha começada em torno de três desertores alemães da Legião Estrangeira francesa no norte da África. Em 25 de setembro, os franceses recapturaram os desertores, que vinham contando com a ajuda do cônsul alemão em Casablanca. O governo alemão imediatamente exigiu um pedido de desculpas. Como acontecia com surpreendente facilidade naqueles dias, falou-se em guerra. Em novembro, o governo inglês estudou seriamente o que faria se começassem hostilidades entre França e Alemanha.[62] Felizmente, tudo ficou resolvido quando os dois lados concordaram em submeter a questão à arbitragem.

Além do incidente em Casablanca, a França estava muito preocupada com seus problemas internos, diante do crescimento da militância da classe trabalhadora e de novo surto de agressivo nacionalismo da direita. A última coisa que a França queria era entrar numa briga nos Balcãs, onde não tinha o menor interesse. Como a Inglaterra, estava interessada em um Império Otomano estável e paz nos Balcãs. Os investidores franceses detinham 70 a 80% da dívida combinada do Império Otomano, da Sérvia e da Bulgária.[63] No entanto, o ministro do Exterior na época, Stephen Pichon, embora não gostasse da Rússia e da aliança russa, reconheceu que a França não tinha outra escolha, a não ser apoiar sua aliada. Assim, a França condenou a anexação e apoiou a convocação de uma conferência internacional feita pela Rússia. Em caráter particular, os franceses deram conhecimento aos russos de que a França esperava cooperar com a Inglaterra na questão dos Estreitos e, com a crise se agravando, pressionou os russos para que fossem razoáveis e encontrassem uma solução pacífica.[64]

Em Constantinopla, os habitantes locais atacaram os negócios austro-húngaros e cidadãos da Monarquia Dual nas ruas da cidade, enquanto o governo otomano apoiou um boicote ao comércio com a Áustria-Hungria. Compreensivelmente, as reações mais furiosas ocorreram na Sérvia. Grandes manifestações percorreram as ruas de Belgrado, e uma multidão tentou quebrar as janelas da embaixada austro-húngara. O Príncipe-Herdeiro disse que, como todos os sérvios, estava pronto a morrer pela Grande Sérvia. (Nunca teve essa chance. Foi retirado da linha sucessória no ano seguinte, quando chutou um empregado até a morte em um acesso de raiva, e morreu bem idoso na Iugoslávia de Tito, em 1972.) Um novo grupo paramilitar, o Narodna Odbrana (Defesa Nacional), que viria a desempenhar importante papel na política nos anos seguintes, ao lado de voluntários sérvios e com a conivência do

A crise da Bósnia

governo, infiltrou-se pelas fronteiras na Bósnia-Herzegovina para incitar a oposição à Áustria-Hungria.[65]

O governo sérvio espalhou representantes por toda a Europa tentando conquistar a opinião pública. Também exigiu compensações, embora não dispusesse de amparo legal consistente para fazê-lo. "Deem-nos uma pastagem ou moinho," implorou o embaixador sérvio em Londres a seu correspondente austro-húngaro, "qualquer coisa para apaziguar nosso país."[66] Na verdade, a Sérvia pediu muito mais, o Sanjak de Novi Bazar, que poderia ligá-la com Montenegro, ou mesmo a revogação da anexação. Montenegro também pediu compensação, especificamente o fim das condições que lhe eram impostas pelo acordo de 1878, que impediam que possuísse certos direitos, como por exemplo, ter a própria marinha. Sérvia e Montenegro também adotaram medidas para mobilizar suas forças e compraram novas armas no exterior.[67] Em triste presságio do que estava por acontecer, representantes sérvios cogitaram ir à guerra se fosse necessário. No fim de outubro, Nikola Pasic, que seria primeiro-ministro em 1914, pressionou líderes russos, inclusive o próprio Czar e seus ministros, assim como pan-eslavistas de destaque, para que se opusessem firmemente à Áustria-Hungria, em qualquer circunstância. Em conversa com Izvolsky, deu a entender que a Sérvia poderia agir por conta própria "se fosse questão de sobrevivência, honra e dignidade do povo."[68]

Izvolsky, que apenas uma semana antes andara se gabando das negociações vitoriosas com a Áustria-Hungria, ficou decepcionado com a reação internacional e, segundo disse, furioso com Aehrenthal por causa da anexação prematura, antes que a Rússia pudesse trabalhar por suas pretensões. Como afirmou Berchtold com um toque de crueldade, os russos passaram de exuberante pavão a peru alvoroçado.[69] Aehrenthal, que conseguira o que desejava e tinha como certo o apoio alemão, ficou tranquilo. Quando Izvolsky vociferou reclamando que fora traído, Aehrenthal simplesmente ameaçou liberar as comunicações secretas que tinham mantido anteriormente e sua própria versão do acordo em Buchlau, que invalidariam as alegações de Izvolsky de que fora surpreendido. Recusou-se friamente a concordar com a conferência internacional que agora Izvolsky insistia em convocar ou a oferecer compensação ao Império Otomano, muito menos à Sérvia e a Montenegro, não importando o que os dois estados balcânicos dissessem ou fizessem.

Conrad, que apoiara decididamente a anexação, pressionou seu governo a aproveitar a oportunidade e lançar uma guerra preventiva contra

430 A Primeira Guerra Mundial – que acabaria com as guerras

a Sérvia e Montenegro; contra a Itália também, se mostrasse intenção de intervir. Garantiu que poderia derrotar facilmente os três. A Áustria-Hungria poderia empregar 700 mil homens em sua fronteira sul, e a Sérvia dispunha no máximo de 160 mil, Montenegro de somente 43 mil e a Itália, que muito provavelmente não entraria na guerra, de 417 mil homens. Mais que isso, o equipamento e o treinamento do exército austro-húngaro eram muito superiores aos de seus inimigos.[70] Uma vez derrotada, a Sérvia seria incorporada ao Império, mas para Aehrenthal seria um ônus demasiado. Ele previa dificuldades políticas, e o máximo que julgava cabível no caso da Sérvia era obrigá-la a uma união aduaneira. Embora preferisse o caminho mais barato da diplomacia para resolver a crise, não excluía a possibilidade da guerra.[71] "Talvez," escreveu a Franz Ferdinand pouco antes do início da crise, "um conflito entre nós e a Sérvia durante os próximos anos seja inevitável, e tão logo isso fique evidente sou a favor de demonizar a Sérvia com todo o vigor possível."[72]

Durante todo o inverno de 1908-9, como disse um membro do Ministério do Exterior em Viena, houve a sensação de que se estava à beira de um conflito armado.[73] Conrad convenceu o governo a acelerar os preparativos para a guerra. Ordenou a compra de novas armas, deslocou forças para a Bósnia-Herzegovina e retardou a dispensa de conscritos cujo tempo de serviço já se esgotara. Também aumentou as forças na fronteira da Áustria-Hungria com a Sérvia e preparou-se para mobilizar tropas na Galícia, perto da fronteira com a Rússia.[74] Franz Ferdinand, apesar de todo o seu ódio pelos "patifes dos Balcãs," agiu como freio para deter a impetuosa arremetida de Conrad rumo à guerra. A Áustria-Hungria, argumentou com Aehrenthal, tinha muito a perder indo à guerra. "Por favor, detenha Conrad," escreveu o Arquiduque ao assistente de Conrad, "ele deve parar com essa mania de guerra. É tentador destruir os sérvios (...) mas de que valeria esse pobre laurel se corrermos o risco de uma guerra impossível em três frentes? Seria o fim da história."[75] Infelizmente, quando estourou nova crise nos Balcãs em 1914, Ferdinand não estava mais lá para interceder em favor da moderação.

Enquanto Aehrenthal usufruía o sucesso da anexação, Izvolsky, que estava em Paris quando surgiu a notícia, continuou sua viagem cada vez mais desesperada pelas capitais europeias na tentativa de angariar apoio pelo menos para uma conferência internacional. (Bülow disse maldosamente que realmente Izvolsky adiara seu regresso a São Petersburgo porque a linda e extravagante Madame Izvolsky queria fazer as compras de Natal.)[76] Os próprios aliados da Rússia pouco fizeram além de se oferecerem para intermediar um fim da crise. Quando, em novembro, os russos perguntaram de chofre a Grey o que a Inglaterra faria se a Rússia fosse à guerra contra a Áustria-Hungria sobre os Balcãs, o inglês tergiversou: "Depende muito de ver como começou o conflito e quem foi o agressor." Particularmente, porém, Grey declarou a colegas mais íntimos que "seria muito difícil a Inglaterra ficar de fora."[77] Em Berlim, Bülow se mostrou simpático à causa (não desistira inteiramente de conseguir o apoio russo), mas disse a Izvolsky que a Alemanha nada faria. Os alemães sabiam que a situação financeira da Rússia era ruim e avaliavam, com razão, que o país não estava em condições de lutar. O Kaiser escreveu satisfeito "Blefe" no memorando que apareceu em sua mesa, afirmando que Izvolsky estava ameaçando com uma guerra.[78] Quando Izvolsky regressou a São Petersburgo no começo de novembro, Berchtoldt o encontrou alquebrado. "Está prostrado em sua poltrona. O olhar está entorpecido, a voz, áspera, e fala como se fosse um moribundo."[79] Bons motivos tinha Izvolsky para estar deprimido. A Rússia deixara uma imagem de fraqueza e ficara isolada no cenário internacional, numa posição seriamente comprometida. Até os colegas de Izvolsky, dirigidos por Stolypin, deixaram claro que ele não poderia continuar com carta-branca na política externa e devia consultar o Conselho de Ministros. Para piorar a situação, descobriu-se que nem Izvolsky nem nenhum outro membro do Ministério do Exterior russo sabia do acordo, e Aehrenthal deliciou-se em afirmar que em mais de uma ocasião nas décadas de 1870 e 1880 a Rússia concordara em não se opor à anexação da Bósnia-Herzegovina. "Você compreenderá," escreveu o Czar à mãe, "a surpresa que essa notícia causou e a posição vergonhosa em que estamos."[80]

O começo do inverno nos Balcãs tornou a guerra improvável até março, mas a atividade diplomática continuou intensa. Embora, ao lado da França e da Rússia, a Inglaterra insistisse publicamente na convocação de uma conferência, na verdade os ingleses se preparavam para negociar acordos bilaterais. O primeiro foi um entendimento entre a Bulgária e o Império Otomano, pelo qual os otomanos reconheceriam a independência búlgara em troca de compensações por ferrovias construídas com recursos otomanos. Embora o czar Ferdinand (que agora era) prometesse ser submisso como um cordeiro, recusou-se a pagar a soma exigida pelos otomanos e ameaçou ir à guerra contra o Império Otomano. Os ingleses convenceram os russos a providenciar os fundos necessários. Chegaram a um acordo no começo de dezembro de 1908, mas barganharam nos detalhes pendentes até abril seguinte.[81]

A Primeira Guerra Mundial – que acabaria com as guerras

No início de 1909, o Império Austro-Húngaro e o Império Otomano também tinham negociado um acordo pelo qual o primeiro pagaria ao segundo uma indenização em troca do reconhecimento da anexação. Nesse caso, a Inglaterra interveio a fim de chegar a termos mais favoráveis aos otomanos. Isso serviu para convencer a Áustria-Hungria de que a Inglaterra era seu mais certo inimigo, mesmo que – e assim acreditava Aehrenthal – tivesse de chegar ao ponto de aproveitar os problemas nos Balcãs para provocar uma guerra geral na Europa e resolver a questão naval com a Alemanha. "Se a Inglaterra pensa que nos fará ceder," exclamou para Friedjung, "encontrará em mim um inimigo determinado, que não permitirá que obtenham uma vitória fácil."[82] Nos dois países a imprensa de cada um dedicou-se a atacar exaltadamente o outro. O que fora uma longa amizade por todo o século XIX entre a Inglaterra e a Áustria-Hungria, passava agora a coisa do passado, ao ficarem mais evidentes as linhas divisórias na Europa.

A questão mais difícil de negociar logo após a anexação foi a da compensação devida à Sérvia, complicada pelo fato de a Rússia apoiar as exigências sérvias, e a Alemanha, por sua vez, respaldar a Áustria-Hungria. O máximo que Aehrenthal estava disposto a oferecer à Sérvia eram algumas concessões econômicas, como o acesso a um porto no Adriático, mas apenas se a Sérvia reconhecesse a anexação e concordasse em viver pacificamente com a Áustria-Hungria. O governo sérvio continuou intransigente, e comentários sobre guerra voltaram a circular nas capitais europeias quando a neve nos Balcãs derreteu com a chegada da primavera. O governo alemão, consciente de sua derrota na crise anterior no Marrocos, se manteve firme com seu aliado. "Dessa vez," afirmou Kiderlen, respondendo pelo Ministério do Exterior, "os outros terão de ceder."[83] O que o povo em geral não sabia era que a Alemanha garantira à Áustria-Hungria que, se uma guerra entre a Monarquia Dual e a Sérvia provocasse a intervenção russa, os termos da Aliança Dual seriam obedecidos, e a Alemanha entraria na guerra ao lado do Império Austro-Húngaro. A Alemanha faria promessa semelhante na crise de 1914.

Em São Petersburgo, Stolypin, que ainda se opunha à guerra, disse no início de março ao embaixador inglês que a opinião pública russa era firmemente a favor da Sérvia, e que o governo não podia deixar de sair em sua defesa: "Caso em que a Rússia teria de recorrer à mobilização, e uma conflagração geral ficaria iminente."[84] Em Berlim, onde o caso do *Daily Telegraph* criava sua própria crise, os favoráveis à guerra,

A crise da Bósnia

grupo que incluía membros do alto escalão militar, via a guerra como oportunidade para a Alemanha fugir de seus problemas, tanto internos como externos.[85] O Kaiser, ainda por recuperar-se da depressão em que mergulhara devido àquele caso, não era entusiasta da guerra, mas ao que tudo indica sua oposição não foi muito ativa. Estava ocupado, disse um cortesão, "com questões mais graves, como a de novas jugulares dos capacetes que fossem mais fáceis de ajustar, costuras duplas nas calças dos soldados e inspeções frequentes nos armários."[86] Em Viena, Aehrenthal falava em guerra como fato consumado. "Esses sérvios velhacos querem roubar as maçãs de nosso pomar, mas nós os prendemos e só os libertaremos se prometerem se comportar."[87]

Em meados de março, o governo sérvio rejeitou a proposta austro-húngara em nota que os ingleses consideraram desnecessariamente provocativa. Enquanto Aehrenthal preparava uma resposta, o governo alemão resolveu agir. Expediu o que soou como um ultimato a São Petersburgo, para dizer que o governo russo devia reconhecer a anexação. Se recebesse uma "resposta evasiva, condicional ou obscura," a Alemanha a tomaria como recusa russa: "Então, vamos nos afastar e deixar que os acontecimentos sigam seu curso."[88] Em 23 de março, o governo russo, que já soubera pelo ministro da Guerra que suas forças não tinham condições de lutar contra a Áustria-Hungria, capitulou.[89] Uma semana mais tarde a Sérvia cedeu e enviou a Viena uma nota em que se comprometia a desistir de protestos contra a anexação, interromper os preparativos militares, dispensar as milícias que tinham surgido e viver com a Áustria-Hungria "em termos amistosos e de boa vizinhança."[90] Em São Petersburgo, Berchtoldt convidou Izvolsky e Nicolson, embaixador inglês, e respectivas esposas para um jantar de "fim de crise."[91] O Kaiser enviou ao Czar um ovo de Páscoa com agradecimentos por contribuir para a preservação da paz.[92] Pouco tempo depois, disse a uma plateia em Viena que fora ele próprio o responsável pela preservação da paz ao manter-se ombro a ombro com Franz Joseph como um cavaleiro em reluzente armadura.[93]

Apesar da firmeza da atitude alemã, a crise gerou preocupações na liderança do país sobre o grau de aprestamento para uma guerra. Bülow, que inicialmente apoiara firmemente Tirpitz e seu programa de construção naval, já enfrentava problemas para conseguir aprovação do Reichstag para os recursos necessários. Ademais, como disse a Holstein pouco antes da anexação: "Não podemos enfraquecer o exército, pois nosso destino será decidido em terra." Durante a crise

434 A Primeira Guerra Mundial – que acabaria com as guerras

propriamente dita, à queima-roupa perguntou ceticamente a Tirpitz se a marinha aguentava um ataque inglês. O almirante recorreu à sua habitual resposta: "Em poucos anos nossa esquadra estará tão forte que um ataque, mesmo dos ingleses, correrá grande risco militar."[94] Antes de deixar o cargo no verão de 1909, Bülow começou a estudar a possibilidade de encerrar a corrida naval com a Inglaterra. Seu sucessor, Bethmann-Hollweg, pensava como ele e encontrou receptividade para a ideia na Inglaterra, onde radicais no Gabinete e no Parlamento, liderados por Lloyd George, ministro das Finanças, estavam decididos a cortar despesas e baixar a tensão com a Alemanha. As conversações começaram no outono de 1909 e prosseguiram até o verão de 1911, quando nova crise envolvendo o Marrocos as interrompeu. É discutível que chance tinham de ser bem-sucedidas então ou mais tarde. Tirpitz e o Kaiser, cuja palavra acabava sendo definitiva, estavam dispostos a propor uma desaceleração no ritmo de construção alemã, mas somente se a Alemanha contasse com dois encouraçados para cada três ingleses, proporção que dificilmente os ingleses aceitariam. Em troca da desaceleração de seu programa de construção naval, a Alemanha também desejava um acordo político, com a Inglaterra se comprometendo a permanecer neutra se a Alemanha entrasse em guerra contra outra potência europeia. Para os ingleses, no momento em que as suspeitas da Alemanha estavam fundamente arraigadas no Foreign Office e no pensamento dos principais membros do Gabinete, de Grey em particular, tal promessa, se não destruísse, no mínimo solaparia a Tríplice Entente, e por isso sua aceitação era altamente improvável. O que os ingleses de fato queriam era um acordo sobre armamento que lhes permitisse reduzir acentuadamente as despesas com a marinha. Só depois disso estariam dispostos a conversar sobre acordo político. Embora as negociações entre os dois lados começassem no outono de 1909, os governos inglês e alemão se mantiveram distantes, e pouco progresso se alcançara quando foram interrompidas em face de nova crise em 1911, mais uma vez no Marrocos.

Como na crise anterior no Marrocos e na que estava por vir, a questão da Bósnia deixou sua fieira de lembranças, muitas delas amargas, e também com algumas lições. Conrad ficou desesperado ao ver escapar a oportunidade de uma guerra preventiva. Escreveu a um amigo: "Com essa solução da crise nos Balcãs, mil esperanças para mim (...) foram sepultadas. Perdi também a alegria pela profissão, justamente o que alimentava meu entusiasmo em quaisquer circunstâncias, desde meus

A crise da Bósnia

onze anos."[95] Posteriormente redigiu longo documento alegando que enfrentar militarmente a Sérvia por ocasião da crise teria sido melhor do que adiar um conflito que era inevitável. No futuro, a Áustria-Hungria enfrentaria uma guerra em várias frentes ou teria de fazer concessões "de importantes consequências" e, em ambos os casos, poderia acabar destruída. Entretanto, Conrad pareceu ter recuperado o ânimo ao concluir que a mobilização com o *ultimatum* da Alemanha contribuíra para fazer a Rússia e a Sérvia recuarem. Aehrenthal concordou: "Perfeito exemplo de como o sucesso só é certo quando se tem a *força* para respaldar as posições..."[96] Imprudentemente, não tentou ser magnânimo com a Rússia ao se referir a Izvolsky: "As controvérsias com esse macaco perverso me aborrecem, e decidi não procurá-lo mais."[97] Embora Aehrenthal viesse a morrer de leucemia em 1912, suas opiniões contrárias à Sérvia e à Rússia, e sua crença de que a Áustria-Hungria devia conduzir uma política exterior ativa e, em particular, de afirmação nos Balcãs, teve forte influência sobre a geração mais moça de diplomatas, alguns dos quais desempenhariam papel importante nos acontecimentos de 1914.[98]

Por sua vez, os russos não tinham a menor vontade de reaproximar-se da Áustria-Hungria e da Alemanha. Izvolsky, que seria demitido depois de um tempo razoável e enviado a Paris como embaixador russo, acusou Aehrenthal de destruir o acordo entre seus dois países sobre os Balcãs, e a rivalidade entre os dois estados agora estava destinada a terminar em conflito.[99] Após receber o ultimato alemão, o Czar escreveu à mãe: "Não há dúvida de que a forma e método da ação alemã – quero dizer, para conosco – foi realmente brutal, e não a esqueceremos." A Alemanha, prosseguiu ele, estava tentando separar a Rússia de seus aliados, França e Inglaterra: "Tais métodos tendem a produzir efeito contrário."[100] O desfecho da crise da Bósnia foi, como disse um deputado na Duma, uma "Tsushima diplomática," guardadas as proporções, uma derrota tão terrível quanto a da Guerra Russo-Japonesa. A Duma prontamente aprovou outro aumento do orçamento de defesa. No meio militar, cada vez mais se falava em preparativos para a rodada seguinte contra a Áustria-Hungria, que certamente viria dentro de poucos anos.[101] Russos de todas as classes, escreveu Nicolson a Grey, sentem-se amargamente envergonhados por terem abandonado seus irmãos sérvios: "A Rússia sofreu uma tremenda humilhação e renunciou ao papel que até então desempenhara no sudeste da Europa, no qual fez tantos sacrifícios no passado."[102] Tais lembranças não tinham desaparecido seis anos depois.[103] "Vamos desencadear uma guerra mundial," indagou Jaurès a jornalistas franceses às vésperas da Grande Guerra, "porque Izvolsky ainda está furioso com a decepção que Aehrenthal lhe causou na questão da Bósnia?"[104] Certamente a resposta deve ser sim, embora haja muitos outros elos na cadeia de acontecimentos que conduziram a 1914.

A crise da Bósnia fortaleceu a Aliança Dual que unia Alemanha e Áustria-Hungria. Mas piorou as relações entre a Áustria-Hungria e a Itália, o terceiro membro da Tríplice Aliança, que ficara bem a par dos preparativos da Aliança Dual para um guerra contra ela. No outono de 1909, o Rei italiano, Vittorio Emanuele III, recebeu o Czar e Izvolsky em Racconigi, seu pavilhão de caça na região norte da Itália. A comitiva russa ostensivamente pegou um desvio através da Alemanha, para não pisar em solo austro-húngaro. A Itália também elevou suas despesas com a defesa, criou uma competição pela posse de encouraçados no Adriático com a Áustria-Hungria, aperfeiçoou as fortificações e reforçou as tropas ao longo das fronteiras terrestres comuns. Por seu lado, a Áustria-Hungria, que tinha outros inimigos com que se preocupar além da Itália, também elevou drasticamente seus dispêndios – em mais de 70% entre 1907 e 1912 – durante e após a crise.[105]

Embora causasse graves tensões, a crise não prejudicou seriamente a Tríplice Entente. Na verdade, França, Inglaterra e Rússia aprenderam a se consultar mutuamente em questões internacionais. O ministro do Exterior francês, Stephen Pichon, recomendou a seus embaixadores que, em princípio, trabalhassem em conjunto com seus dois parceiros.[106] Embora continuasse insistindo em preservar sua liberdade de ação, a Inglaterra já mostrara durante a crise que apoiaria a Rússia, tal como fizera com a França e mostrara ao mundo na questão do Marrocos. Apenas a Itália guardava certa distância de seus parceiros na Tríplice Aliança e mantinha boas relações com a Tríplice Entente. Cada vez mais as outras potências sentiam que tinham poucas opções e convinha manter as coisas como estavam, preservando a necessidade de apoio mútuo entre Áustria-Hungria e Alemanha, tanto quanto entre Rússia e França. Tal como a crise anterior no Marrocos levara os ingleses a dar início a sérios entendimentos militares com os franceses, esta motivaria a realização de conversas entre Conrad e Moltke.

Nos próprios Balcãs, o fim da crise não trouxe estabilidade ou paz. Se é que ainda era possível, o Império Otomano ficou ainda mais ofendido com a interferência estrangeira em seus assuntos internos.

A crise da Bósnia

A Bulgária foi temporariamente apaziguada pela independência conquistada, mas ainda sonhava com uma Grande Bulgária, como a que existira por pouco tempo em 1878, e ambicionava território macedônio. O Sanjak, de que Aehrenthal abrira mão como gesto de boa vontade para com o Império Otomano, permaneceu sendo uma tentação para Sérvia e Montenegro, caso os otomanos, como era mais do que provável, continuassem se enfraquecendo. A Sérvia fora forçada a se submeter à Áustria-Hungria, mas não tencionava honrar suas promessas. Sub-repticiamente, apoiava o movimento pela Grande Sérvia e cuidava de fortalecer seu exército. Graças a generosos empréstimos franceses, conseguiu montar suas próprias fábricas de armamento e também comprou armas da França (os ingleses foram em grande parte alijados do mercado por seu parceiro na *Entente*).[107] As relações da Sérvia com o Império Austro-Húngaro continuaram ladeira abaixo. Os dois países estavam obcecados, perigosamente, diga-se de passagem, um pelo outro.

A Rússia, pressionada por sua própria opinião pública e desejosa de vingança contra a Áustria-Hungria, continuou a meter-se nos Balcãs. Seus diplomatas se esforçaram para construir uma aliança nos Balcãs sob tutelagem da Rússia, que atuaria como barreira contra novas incursões nessa região e no Império Otomano pela Aliança Dual e que poderia, no devido tempo – ao menos assim se esperava – aliar-se à Rússia contra a Áustria-Hungria. Em particular, reforçaram-se os laços entre russos e sérvios. Em 1909, Nicholas Hartwig, defensor declarado de uma política russa ativa nos Balcãs, foi nomeado embaixador de seu país em Belgrado. "Um moscovita barbudo e sereno enganosamente generoso," nas palavras de Berchtoldt, era um apaixonado nacionalista e pan-eslavista russo que odiava veementemente a Áustria-Hungria (embora, curiosamente, Viena fosse sua cidade favorita em todo o mundo e para lá fosse sempre que surgia oportunidade). Hartwig, que ainda estava em Belgrado em 1914, era dinâmico e impetuoso e rapidamente conquistou posição em que podia exercer considerável influência na Sérvia, que usava para encorajar os nacionalistas sérvios em suas aspirações de uma Grande Sérvia.[108]

Um ano após a crise bósnia, Hardinge, sub-secretário Permanente do Foreign Office, escreveu a seu embaixador em Viena: "Compartilho inteiramente sua opinião de que é absolutamente necessário haver uma política para os Balcãs que leve a algum tipo de entendimento entre Áustria e Rússia, ou por muitos anos será improvável uma paz sólida nessa região (...) e qualquer outra política inevitavelmente resultará

A Primeira Guerra Mundial – que acabaria com as guerras

em uma guerra europeia."[109] Infelizmente, essa compreensão não foi novamente manifestada. A Europa ainda desfrutaria três anos de paz antes da crise seguinte e depois, mais outra. Em cada uma, os dois blocos de potências europeias mais e mais se pareciam com alianças a pleno vapor cujos integrantes se apoiariam mutuamente para o que desse e viesse.

15

1911: o Ano das Discórdias

MARROCOS DE NOVO

EM 1º DE JULHO DE 1911, a *Panther*, pequena canhoneira alemã – como disse o Kaiser com um toque de desdém, "com apenas dois ou três canhõezinhos de brinquedo a bordo" – ancorou ao largo do porto de Agadir na costa atlântica do Marrocos.[1] Cidade pequena, empoeirada e tranquila, era vedada a comerciantes estrangeiros e até então escapara do interesse dos imperialistas do Ocidente. Circulavam rumores da ocorrência de minerais nos montes Atlas no interior do país, mas apenas um punhado de firmas, entre elas algumas alemãs, tinha começado a prospecção. Havia alguma pesca – diziam que as sardinhas locais eram deliciosas – aqui e ali viam-se algumas plantações onde havia água suficiente. As cabras e ovelhas da região eram magras e nada saudáveis, comentou um representante alemão no local. "Com certeza não era uma área capaz de atrair agricultores alemães. Para piorar as coisas, o clima era insuportável."[2]

O governo alemão alegou que enviara para Agadir a *Panther* e o cruzador ligeiro *Berlin*, bem maior e mais imponente, que chegou alguns dias depois, com a missão de proteger cidadãos alemães no sul do Marrocos. Revelando falta de atenção com detalhes e propensão a tratar equivocadamente a questão, o ministro do Exterior alemão só informou as outras potências interessadas no Marrocos após o fato consumado e, por conseguinte, as deixou mais irritadas do que ficariam se as avisasse com antecedência. Os alemães também não explicaram devidamente o

440 A Primeira Guerra Mundial – que acabaria com as guerras

fato de enviarem navios de guerra para Agadir. O ministro do Exterior só conseguiu apoio à sua alegação de que interesses e cidadãos alemães estavam em perigo no sul do Marrocos algumas semanas antes da chegada da *Panther* a Agadir, quando pediu a uma dúzia de empresas alemãs para assinar uma petição (que a maioria delas nem se preocupou em ler) solicitando a intervenção alemã. Quando o chanceler alemão, Bethmann, contou essa história no Reichstag, todos caíram na gargalhada. Nem mesmo havia cidadãos alemães em Agadir. O representante local dos interesses da Warburg, que ficava uns 120km ao norte, dirigiu-se para o sul na noite de 1º de julho. Depois de horas a cavalo por estrada pedregosa, chegou a Agadir em 4 de julho e, da praia, acenou com os braços para atrair a atenção da *Panther* e do *Berlin*. O único representante alemão sob ameaça no sul do Marrocos finalmente fora localizado e foi recolhido no dia seguinte.[3]

Na Alemanha, especialmente na direita, a reação às notícias sobre o que ficou conhecido como "o salto da Pantera," foi de aprovação, como se fosse um alívio que punha fim à "humilhação" e uma sensação de júbilo porque finalmente o país agia. Depois dos reveses anteriores no Marrocos e na corrida por colônias em geral, e com o medo de se ver cercada na Europa pelas potências da Entente, a Alemanha mostrava que era importante. "O sonhador alemão acorda depois de adormecido por vinte anos, tal como a Bela Adormecida," publicou um jornal.[4] As demais potências, a França em particular, mas também a Inglaterra, viram o fato por outro ângulo, como mais um conflito colonial para perturbar a paz na Europa e uma nova ameaça à estabilidade da ordem internacional. Além disso, a crise surgiu no momento em que os governos europeus já enfrentavam problemas internos. Em 1911, em todo o continente as economias caminhavam para a recessão. Os preços subiam enquanto os salários diminuíam, fato que castigava duramente as classes mais pobres. A militância operária aumentava. Em 1910, por exemplo, a Inglaterra enfrentou 531 greves envolvendo cerca de 385 mil trabalhadores, e em 1911 ocorreu quase o dobro de greves com 831 mil operários. Na Espanha e em Portugal, as greves e a violência tinham levado grandes áreas do interior quase a guerra civil.[5]

O repentino lance alemão, como todos reconheceram na oportunidade, envolvia algo mais do que simplesmente a sorte de um alemão no sul do Marrocos ou a perspectiva de direitos de mineração. Representava um desafio à supremacia francesa no Marrocos e à estabilidade da Tríplice

1911: o ano das discórdias

AU COURS D'UN COMBAT SOUS LES MURS DE TRIPOLI
UN SOLDAT ITALIEN S'EMPARE D'UN ÉTENDARD VERT DU PROPHÈTE

A Itália, a menos importante das grandes potências, também compartilhava da ambição colonial geral. Quando em 1911 o Império Otomano pareceu próximo do colapso, o governo italiano resolveu se apoderar de duas províncias otomanas, Tripoli e Cirenaica, no litoral sul do Mediterrâneo. Embora essa charge mostre soldados otomanos derrotados e um oficial italiano vitorioso se apoderando de um estandarte verde, símbolo do profeta Maomé, na realidade a Itália enfrentaria forte resistência nos anos seguintes. A iniciativa italiana encorajou as nações balcânicas a atacar o Império Otomano no ano seguinte.

Entente. O governo francês precisava decidir quanto ousaria ceder à Alemanha e se estava em condições de resistir, especialmente no campo militar. Ingleses e russos, do lado da Entente, e austro-húngaros do lado alemão, tinham que avaliar a conveniência de apoiar seus parceiros das alianças, diante da perspectiva de se envolver em uma longa guerra colonial na qual na verdade não tinham interesse. Além disso, mais uma vez, como acontecera na primeira crise do Marrocos em 1904-5 e na da Bósnia em 1908-9, rumores sobre guerra rondaram as capitais europeias. William Taft, que sucedera Roosevelt como Presidente, ficou tão alarmado que ofereceu os serviços dos Estados Unidos como mediador.

442 A Primeira Guerra Mundial – que acabaria com as guerras

Não resta dúvida de que a Alemanha tinha bons motivos para se situar contra a França no Marrocos e, se tivesse conduzido mais habilmente a questão, teria conquistado considerável simpatia para sua causa e talvez apoio de outras potências que tinham assinado o Tratado de Algeciras em 1906, o qual estabelecera o regime internacional para o Marrocos. Desde então, sucessivos governos franceses e funcionários

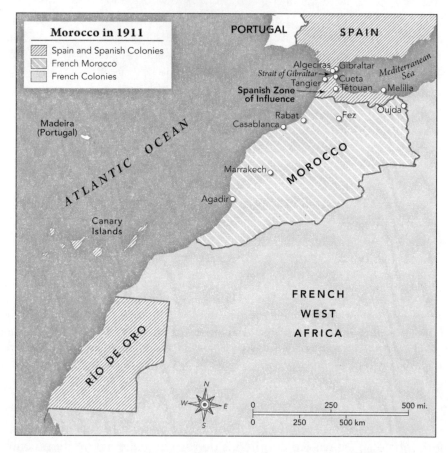

do Quaid'Orsay tinham desfeiteado o espírito do tratado e suas cláusulas ao tentar impor domínio político e econômico sobre o país e seu fraco Sultão. Inicialmente, a Alemanha se dispôs a aceitar que a França tivesse o equivalente a um protetorado sobre a maior parte do Marrocos, desde que os alemães tivessem os mesmos direitos dos franceses na exploração econômica no país. Em fevereiro de 1909, no auge da crise da Bósnia, Alemanha e França assinaram um acordo nesse sentido. Em Berlim, o embaixador francês, Jules Cambon, irmão mais moço de Paul Cambon,

1911: o ano das discórdias

trabalhou assiduamente por melhores relações econômicas e políticas entre os dois países, que, argumentou em vão, seria o melhor tanto para os dois países quanto para a Europa.

Infelizmente para o futuro, essa simples promessa não seria cumprida na época. França e Alemanha tentaram e fracassaram na tentativa de chegar a um acordo sobre as fronteiras no Congo francês, na margem norte do Rio Congo e na colônia alemã do Kamerun [Camarões], na África ocidental. Também apresentaram propostas de *joint ventures* no Império Otomano que nunca saíram do papel. No Marrocos, representantes franceses locais aumentavam progressivamente sua influência. Em 1908, quando o fraco Sultão Abdelaziz foi deposto pelo irmão Abdelhafid, os franceses rapidamente agiram para enredar o novo governante em uma trama de empréstimos e acordos. Embora gente experiente como Jules Cambon alertasse que isso poderia gerar problemas com a Alemanha, o Quai d'Orsay displicentemente foi em frente. Estava cada vez mais dominado por jovens inteligentes e autoconfiantes, muitos deles produto da nova e fortemente antigermânica Escola de Ciência Política que ambicionavam uma França desempenhando papel mais importante na Europa e construindo um Império maior do que o já possuído. O Império Otomano, argumentavam, estava a caminho de desaparecer, tal como a Áustria-Hungria, e a França precisava agir rapidamente para agarrar sua parte no espólio. Com uma nova colônia francesa no Marrocos, acrescida à já existente na Argélia, a França teria o equivalente à Índia inglesa, sua própria joia da Coroa. Os novos personagens do Quai d'Orsay contavam com o apoio da imprensa nacionalista francesa, para a qual frequentemente deixavam vazar informações confidenciais, e de fortes *lobbies*, o colonial em especial. Uma sucessão de ministros fracos e mal preparados mostrou que o pessoal do Quai d'Orsay seguia suas próprias ideias, sofrendo pouca interferência.[6]

Em março de 1911, em uma das frequentes mudanças de gabinete da Terceira República, Jean Cruppi, mais um que quase nada sabia sobre seus novos deveres, assumiu o posto de ministro do Exterior, mas durou apenas quatro meses. Nesse curto período, acolhendo recomendações de seus assessores, conseguiu causar dano considerável às relações franco-germânicas. Um de seus primeiros atos foi romper um acordo com a Alemanha sobre construção de ferrovias no Marrocos. Em seguida bloqueou a cooperação econômica em outras áreas e forçou Abdulhafid a abrir mão de seus direitos como governante independente e pôr-se debaixo da *proteção* francesa (na dupla linguagem imperialista).

444 A Primeira Guerra Mundial – que acabaria com as guerras

A pretexto de conter a desordem no país, Cruppi deu ordens para que tropas francesas ocupassem Fez, a capital. (Os franceses convenceram o Sultão a pedir sua ajuda três semanas depois de chegar a tropa.) Os espanhóis, compreensivelmente cada vez mais preocupados com o que consideravam uma iniciativa francesa que tinha por objetivo se apoderar de todo o país, imediatamente deslocaram tropas para a costa mediterrânea do Marrocos. Os marroquinos reclamaram quanto puderam, assim como as demais potências. Os franceses se comprometeram a deixar Fez e a área rural circunvizinha, mas encontravam um pretexto após outro para permanecer.

Na Alemanha, a opinião pública, que dez anos antes fora muito mais indiferente à questão das colônias, agora percebia sua importância.[7] O governo alemão, já sob considerável pressão de seu próprio *lobby* colonial e dos empresários alemães com interesses no Marrocos, sentiu que tinha muito a ganhar assumindo uma atitude firme. A posição internacional alemã se deteriorara com o surgimento da Tríplice Entente, e seus dois vizinhos, França e Rússia, reforçavam suas forças armadas. Embora prosseguissem, as negociações com os ingleses sobre as respectivas marinhas estavam longe de levar a um acordo concreto, ao qual quase tinham chegado no começo das conversas, em 1908, após a crise bósnia. Na Alemanha, crescia nos dois lados do espectro político a oposição aos gastos com a marinha do Kaiser, e ficava cada vez mais difícil para o governo conseguir os recursos de que necessitava. As divisões políticas entre direita e esquerda se aprofundavam, e a própria monarquia, como o caso do *Daily Telegraph* deixara bem claro, crescia em impopularidade. A tentação para o novo Chanceler alemão, Theobald von Bethmann-Hollweg, e seus colegas de arranjar uma boa crise internacional para unir todos os alemães em apoio ao governo era considerável.[8] De acordo com Bülow, seu sucessor ambicionava um êxito retumbante, tal como o que Alemanha e Áustria-Hungria usufruíram por ocasião da anexação da Bósnia. Bülow, que ficara magoado e desprezava Bethmann por considerá-lo fraco, também reclamava porque o novo chanceler afirmara um tanto pateticamente ao assumir o posto: "Logo vou pegar o jeito da política exterior."[9]

———

BETHMANN FIZERA TODA A SUA CARREIRA no serviço público da Prússia, depois no da Alemanha, e praticamente não tinha experiência em assuntos externos. Progrediu rapidamente, graças a sua inteligência e ao

1911: o ano das discórdias

seu esforço, além das fortes conexões familiares, inclusive com o próprio Kaiser. Quando ainda era um inseguro rapaz de dezoito anos, Wilhelm abatera seu primeiro cervo na propriedade de Bethmann-Hollweg em Hohenfinow, logo a leste de Berlim, que passou a frequentar assiduamente. Em1905, Bethmann era um notável e jovem ministro do Interior prussiano. Em 1907 se tornou ministro do Interior de toda a Alemanha e logo depois, em 1909, Chanceler. Albert Ballin, destacado empresário de Hamburgo e amigo do chanceler que se afastava, o chamava "a vingança de Bülow," dizendo que ele "tinha todas as qualidades que honram um homem mas destroem um estadista."[10] Afirmação cruel, mas não totalmente equivocada.

Como tantos outros líderes civis, Theobald von Bethmann-Hollweg, Chanceler alemão entre 1909 e 1917, frequentemente preferia se apresentar em uniforme militar. Embora esperasse melhorar as relações com a Inglaterra, não teve a força necessária para superar Wilhelm e Tirpitz e pôr um fim na corrida naval.

Alto e imponente, a aparência de Bethmann era muito mais a de um poderoso homem público prussiano. Embora quando ainda criança sua avó exclamasse ao vê-lo, "O que será de Theobald? Ele é tão feio!," como adulto ganhou aparência distinta, com seu rosto alongado, barba e bigode grisalhos.[11] Sob aquela fachada, contudo, estava um ser humano mais frágil, que como criança sofrera com terríveis dores de cabeça e sempre preocupado com sua saúde. Era, por natureza, extremamente pessimista e vivia atormentado por dúvidas sobre si mesmo e sobre o futuro de sua classe e seu país. Acredita-se que ele não plantou árvores em Hohenfinow quando herdou a propriedade por achar que os russos se apoderariam dela antes que amadurecessem. Em cada promoção, ficava imaginando se os deuses não o estavam punindo por ter chegado além de sua capacidade. Quando foi nomeado ministro do Interior da Prússia, alegou que estava "experimentando pela via dolorosa a disparidade entre sua competência e seus deveres diários."[12] Sua tendência, bem visível quando moço, para a melancolia e a introspecção nunca o abandonou inteiramente. Embora fosse inteligente e culto, com rígidos padrões morais, também tinha dificuldade para decidir. "Tenho boas ideias," escreveu a um amigo enquanto ainda era estudante, "e tenciono encaminhá-las na prática."[13] Boas ideias não eram suficientes, e tanto amigos quanto inimigos comentavam sua tendência a procrastinar. A esposa de Bülow relatou que Madame Bethmann lhe confidenciara que ela preferia que Theobald não tivesse assumido o cargo de Chanceler. "Ele é sempre tão indeciso, tão hesitante, tão inclinado a se preocupar com coisas sem importância que às vezes até parece não saber o que está fazendo. É por isso que chegou mesmo a virar motivo de piada na família."[14]

Mesmo alguém mais decidido do que Bethmann enfrentaria dificuldades no cargo de Chanceler. Os problemas inerentes ao sistema governamental alemão estavam no mínimo piores do que antes. O Kaiser, muitos de seus assessores e os ministros favoritos do Imperador eram atores independentes e frequentemente trabalhavam na contramão do Chanceler. O Reichstag estava cada vez mais polarizado, e os social-democratas conquistavam mais assentos a cada eleição realizada. O sistema tributário precisava de urgente reforma para propiciar a receita de que o governo precisava para as forças armadas e seus programas sociais. Na sociedade alemã em geral, as velhas classes conservadoras travavam uma determinada luta de ação retardadora a fim de defender seus poderes e posições, enquanto as classes média e trabalhadora pressionavam para conquistar fatia maior. Bethmann tentava atender às exigências que lhe chegavam de todas as direções, do Kaiser, de seus colegas e do Reichstag. Para piorar, com o crescimento do Partido Social Democrata, especialmente após 1912, enfrentou mais dificuldades do que Bülow com o Reichstag e não conseguiu manter um relacionamento próximo com seu complicado chefe. Foi mais difícil para ele do que para seus antecessores conter o impetuoso Kaiser, que provocava constantes dificuldades e tensões.[15]

Bethmann cumpria seu papel, disse Bülow maliciosamente, "não como um puro-sangue ou um cavalo de salto, mas como um bom puxador

1911: o ano das discórdias

de arado, fazendo seu trabalho lenta e rotineiramente, porque não há obstáculos à vista."[16] No fundo, o comentário era uma referência irônica ao passado de Bethmann, que não era tão nobre como o de chanceleres anteriores, embora tivesse casado bem, com a filha de um vizinho de antiga família aristocrata. Os Bethmann-Hollwegs tinham se projetado no século XVII como prósperos banqueiros em Frankfurt e, geração após geração, foram se inserindo na mais alta classe de proprietários de terras. O avô de Bethmann era um jurista e acadêmico notável que ascendera à nobreza pela mão de Wilhelm I, e seu próprio pai tinha fortuna suficiente para comprar Hohenfinow e assim se tornar, por título, já que não podia ser por berço, um *Junker* prussiano. Administrado pelo Bethmann mais velho, Hohenfinow se transformou em próspera propriedade com cerca de 1,5 mil habitantes. O futuro chanceler cresceu em um grande solar do século XVII e foi educado por tutores particulares até ser enviado para uma escola pública que tinha por missão preparar os filhos da nobreza para o serviço público, como militares ou servidores civis. Bethmann absorveu muitos dos preconceitos de sua classe, como, por exemplo, não gostar do comércio ou de judeus. "Você sabe que não tenho sangue nobre," explicou a um colega estudante, "mas quando todas as funções externas da vida movem-se num círculo privilegiado, é imprudente e falso pisar fora da linha, mesmo que seja com um pé só."[17]

Apesar de Bethmann, como o pai, muitas vezes achar ridículos os obstinados reacionários prussianos de seu próprio mundo, conservou suas opiniões decididamente conservadoras. O materialismo do mundo moderno positivamente não lhe agradava, mas tentava encontrar formas de aliar os valores tradicionais aos novos. Era um adolescente quando a Alemanha foi unificada e desde então se tornou e continuou sendo um nacionalista apaixonado. Em 1877, quando um fanático tentou assassinar o Kaiser Wilhelm I, Bethmann escreveu a um amigo íntimo contando o choque que sofrera: "Não posso acreditar que nosso adorado povo alemão seja incapaz de se manter como um só *volk* e um só estado." Lamentava as divisões na política alemã e deplorava os "desprezíveis socialistas e os indecifráveis liberais visionários."[18] Como funcionário público e como estadista, trabalhou pela unidade e a paz social, esperando que, por meio de reformas modestas e atribuição de maior poder às classes mais pobres, pudesse conquistar sua lealdade ao estado.

Na política exterior, os fundamentos de Bethmann eram bem claros: paz era preferível à guerra, mas a Alemanha devia se preparar

448 A Primeira Guerra Mundial – que acabaria com as guerras

para lutar em caso de fracasso da diplomacia, para defender seus interesses e sua honra. A Alemanha, disse ao Kaiser no verão de 1911, quando a crise do Marrocos se agravou, não podia se permitir recuar porque "nosso crédito perante o mundo sofrerá prejuízo insuportável não apenas no momento atual, mas em todas as futuras ações diplomáticas."[19] Naquele inverno, antes de a *Panther* surgir inesperadamente em Agadir, Harry Kessler tivera longa conversa com Bethmann num banquete em Berlim. O Chanceler estava moderadamente otimista a propósito da situação internacional. Achava que as relações da Alemanha com a Rússia melhoravam. De fato, havia indícios. Nicholas visitara Wilhelm em Potsdam no ano anterior, e houvera um acordo sobre ferrovias no Império Otomano, removendo uma fonte de tensão. Os alemães também tinham se comprometido com os russos a não apoiar novas iniciativas agressivas por parte dos austro-húngaros nos Balcãs.[20] Como Bethmann afirmou a Kessler, a Inglaterra poderia perfeitamente passar a ver a Alemanha de forma mais razoável. A Rússia ainda era uma ameaça para a Inglaterra na Índia e em outras regiões, e isso, afinal, só podia beneficiar a Alemanha: "Eles *precisam* estar desconfortáveis para se chegarem a nós. É com isso que estou contando."[21] Bethmann, ao contrário de muitos compatriotas, não odiava a Inglaterra (aliás, enviou seu filho para Oxford), mas encarava a Entente com a França e a Rússia como uma ameaça à Alemanha e esperava conseguir desfazê-la. Durante a crise do Marrocos, Rathenau, destacado e atento empresário alemão, jantou com Bethmann em sua propriedade em Hohenfinow. O Chanceler estava convencido de que a Alemanha agira acertadamente ao confrontar a França: "A questão do Marrocos consolida a união entre Inglaterra e França e por isso precisa ser 'liquidada.'" No entanto, estava deprimido e preocupado com a possibilidade de uma guerra. "Vou lhe dizer confidencialmente," declarou a Rathenau enquanto o acompanhava até o carro, "que de certa forma tudo não passa de um *'show.'* Não podemos pretender muita coisa."[22]

Na verdade, Bethmann estava apreensivo quanto à missão da *Panther*, mas se deixara persuadir pelo Ministério do Exterior e por seu impetuoso ministro, Alfred von Kiderlen-Wächter.[23] Bethmann geralmente deixava os assuntos externos nas mãos de seu ministro, e Kiderlen ficava muito feliz com esse encargo. Grandalhão, louro e brutalmente áspero, com o rosto marcado por cicatrizes resultantes de duelos, Kiderlen não temia ninguém, nem mesmo o Kaiser, e nada, nem mesmo a guerra. Também

1911: o ano das discórdias

era conhecido pela inteligência viva, o sarcasmo, as indiscrições e a rudeza. Quando se falou em mandá-lo para Londres como embaixador, Grey, segundo se sabe, exclamou: "Mais encouraçados e os maus modos de Kiderlen... é demais para mim!"[24] Inicialmente fora um dos preferidos do Kaiser, que gostava de suas piadas e histórias maliciosas, mas, como era de esperar, fora longe demais e os comentários grosseiros sobre seu chefe acabaram se voltando contra ele. Como punição, Kiderlen fora nomeado embaixador alemão na Romênia, para sofrer um pouco. A imperatriz, como outros inimigos de Kiderlen, reprovava sua forma de vida. Havia muito anos que vivia ostensivamente com uma viúva que arrumava a casa para ele. Quando Bülow o interpelou a esse respeito, Kiderlen se acovardou e respondeu: "Excelência, se eu providenciar o *corpus delicti* para ser examinado pelo senhor, creio que acharia um tanto difícil acreditar em alguma relação ilícita entre mim e uma senhora gorda como essa."[25]

No princípio o Kaiser resistira ao desejo de Bethmann de trazer Kiderlen de volta para Berlim como ministro do Exterior, declarando que o Chanceler acabaria concluindo que ele seria uma pedra no sapato. Kiderlen demonstrava pouco respeito e gratidão por Bethmann, a quem chamava de Minhoca (*Regenwarm*), e Bethmann, por seu lado, descobriu que estava a tratar com um sujeito teimoso e calado que apelidou de Mula (*Dickkopf*).[26] Em parte, a razão de a política exterior alemã parecer errática e incoerente durante a gestão de Kiderlen se deve ao fato de ele se recusar a ouvir os embaixadores alemães em outros países, subordinados e colegas. Em certa ocasião, Bethmann contou a amigos que precisava achar um momento em que seu ministro estivesse bêbado para saber o que ele tinha em mente.[27] Talvez Kiderlen não conhecesse a si próprio. Como reclamou o mais antigo general do Ministério da Guerra no auge da crise do Marrocos, o envio da *Panther* era uma medida que caracterizava fielmente a incoerência da política exterior alemã.

> Não dá para prever o que pode acontecer e como lidar com todas as possibilidades. Fala-se que a decisão foi tomada em poucas horas de uma tarde, sem que se conhecesse precisamente as condições locais, a ancoragem e coisas assim. Não causa surpresa nos vermos de certo modo perdidos diante das dificuldades políticas resultantes.[28]

Ao provocar a crise, ao que parece Kiderlen tinha a intenção de forçar os franceses a levar a sério as negociações envolvendo o Marrocos e conseguir afastar a Inglaterra da Tríplice Entente. Desde o começo não deixou claro para seus colegas e para os franceses o que tinha em mente, talvez usando deliberadamente essa tática.[29] Supunha, com certa razão, que os franceses não estavam em condições de lutar e, portanto, estava disposto a ousar e blefar.[30]

Jules Cambon, que tanto se esforçara para melhorar as relações entre seu país e a Alemanha, achava terrivelmente difícil negociar com Kiderlen. Os dois andaram conversando em Berlim sobre a questão do Marrocos em junho, quando Kiderlen subitamente tirou seis semanas de férias em um spa, onde Cambon o visitou no fim do mês e adiantou que a França estava disposta a oferecer alguma forma de compensação. Kiderlen, que já despachara a *Panther*, se limitou a dizer: "Traga-nos alguma coisa de Paris."[31] As conversas foram retomadas em 8 de julho, após se tornar pública a notícia da chegada da *Panther,* e foram discutidas a posição da Alemanha no Marrocos e a possibilidade de algum tipo de compensação na África. Uma semana mais tarde Cambon exigiu à queima-roupa explicação sobre o que realmente a Alemanha desejava. Kiderlen pegou um mapa da África e apontou para todo o Congo Francês. Como narrou Kiderlen posteriormente, Cambon "quase caiu para trás." A reivindicação, que vazou, deu margem a muitas especulações preocupadas na França e na Inglaterra, comentando-se que a Alemanha queria criar um vasto Império na África, apoderando-se do enorme Congo Belga e das colônias portuguesas de Angola e Moçambique.[32] Na verdade, nem Kiderlen nem Bethmann tinham interesse nenhum na África; queriam apenas mostrar que a Alemanha não podia ser ignorada.[33]

O que também não podia ser ignorado, e isso tornava ainda mais difícil solucionar a crise, era a opinião pública na própria Alemanha. Kiderlen, que encorajara o *lobby* colonial e a nacionalista Liga Pan-Germânica a adotar uma linha dura para assustar os franceses, descobriu que incitara algo que agora estava difícil de conter. Jules Cambon comentou após o fim da crise: "É falsa a noção de que na Alemanha o povo é pacífico e o governo, belicoso. Acontece exatamente o inverso."[34] Bebel, líder dos social-democratas, ficou tão preocupado com a exaltação da opinião pública alemã que pediu ao cônsul inglês em Zurique que alertasse Londres: "Parece inevitável um desfecho terrível."[35] Nos derradeiros anos de paz, em toda a Europa, da Rússia, onde a Duma cada vez mais intervinha em assuntos militares e na política externa, à Inglaterra, com sua longa tradição de manter a

1911: o ano das discórdias

opinião pública bem informada, os governos viam sua capacidade para manobrar progressivamente mais limitada pelas emoções e expectativas populares.

Na França, onde a reação às iniciativas alemãs foi de choque e raiva, a crise surgiu em hora ruim. No fim de maio, um acidente num espetáculo aéreo matara o ministro da Guerra e ferira gravemente o primeiro-ministro. O governo batalhou, mas caiu um mês depois. Um novo gabinete foi empossado em 27 de junho, quatro dias antes de surgir a notícia de que a *Phanter* chegara a Agadir. O novo ministro do Exterior era absolutamente inexperiente em assuntos externos. O primeiro-ministro Joseph Caillaux, homem rico, de reputação duvidosa e casamento escandaloso com uma divorciada, quis cuidar pessoalmente da questão. Tinha uma grande virtude, era realista. Quando estourou a crise, consultou Joffre, que acabara de assumir a chefia do Estado-Maior, sobre a chance da França em uma guerra. Joffre respondeu que as perspectivas não eram boas, e Caillaux julgou que a França não tinha opção a não ser negociar e orientou Jules Cambon, que havia meses tentava resolver a questão do Marrocos, a conversar com Kiderlen.[36] Tal como os alemães, os franceses chegariam à conclusão de que a imprensa e a opinião pública do país dificultavam as negociações.[37] Membros do Quai d'Orsay também se opunham furiosamente e se esforçaram ao máximo para perturbar o trabalho de Cambon. "Eles não sabem o que querem," reclamou este a um colega de sua confiança, "estão me sabotando constantemente, excitando a imprensa e brincando com fogo."[38] No verão, Cambon teve de recorrer ao adido militar em Berlim para enviar seus relatórios para Caillaux, via Ministério da Guerra.[39] Diante de tantas dificuldades, Caillaux resolveu, ele próprio, entrar em negociações secretas por intermédio da embaixada alemã em Paris, iniciativa que mais tarde lhe rendeu a acusações de traição.[40]

Para complicar a reação da França à atitude dos alemães, sua aliada Rússia deixou claro que não estava interessada em ser arrastada para uma guerra por causa do Marrocos. Izvolsky, agora embaixador em Paris, lembrou os franceses de que tinham se mantido indiferentes quando seu país precisou de apoio na crise da Bósnia, alguns anos antes. "Claro que a Rússia," afirmou, "permanece fiel à aliança, mas seria difícil convencer a opinião pública a aceitar uma guerra por causa do Marrocos." Ademais, os russos não deixavam perfeitamente claro se socorreriam a França caso este país fosse atacado. O exército russo, alegava Izvolsky, precisaria de pelo menos dois anos para estar em condições de combater. O Czar enviou uma mensagem ambígua ao embaixador francês em São Petersburg, afirmando que, se necessário, honraria o compromisso com a França, mas que apreciaria se os franceses entrassem em acordo com os alemães.[41]

A Inglaterra, a outra aliada-chave da França, inicialmente adotou a posição de que França e Alemanha deviam resolver sozinhas o problema, sem envolvimento de terceiros. Além da intranquilidade no meio trabalhista, outras questões internas preocupavam o governo: a coroação de George V em junho, novos problemas com a Home Rule, o autogoverno da Irlanda, manifestações cada vez maiores e algumas vezes violenta das "sufragettes" exigindo o direito de voto para as mulheres e o auge do confronto entre a Câmara dos Comuns e a Câmara dos Lordes sobre reforma parlamentar. No cenário internacional, a Inglaterra enfrentava dificuldades com seus dois parceiros da *Entente*. "Como é difícil funcionar com os franceses," declarou um membro do Foreign Office, "que nunca sabem trabalhar com objetividade."[42] Acresce que as relações da Inglaterra com a Rússia iam novamente no rumo da deterioração, sobretudo na Pérsia, onde os dois países continuavam disputando esferas de influência.[43]

Em contrapartida, as relações com a Alemanha tinham melhorado um pouco, a despeito do impasse na corrida de construção naval. Em maio, antes do início da crise, o Kaiser foi a Londres para a inauguração de um memorial que homenageava sua avó, e a visita ao que parece correu bem (embora ele reclamasse da Inglaterra ostensivamente com Louis Battenberg, príncipe alemão que era almirante inglês e integrava o alto escalão da Royal Navy).[44] No Império Otomano, investimentos financeiros alemães e ingleses se aliavam em projetos tais como ferrovias.[45] Membros moderados e radicais do Gabinete e seus seguidores no Parlamento atacavam as grandes despesas com a marinha e pressionavam Grey para melhorar as relações com a Alemanha, exigindo, entre outras coisas, que fosse criado um comitê do Gabinete para supervisionar a política externa, especialmente no que se relacionasse com a Alemanha.[46]

O próprio Grey apreciava a ideia de manter, como ocorrera no passado, a Inglaterra de árbitro entre as potências, e não se preocupava com a possibilidade de a Alemanha expandir suas colônias na África. Pressionou a França a agir com moderação, mas indicou para os alemães que a Inglaterra poderia ter de apoiar a França. O importante, disse a ambos os lados, era que os interesses britânicos deviam ser respeitados em qualquer novo acordo sobre o Marrocos. O Foreign Office, agora sob

1911: o ano das discórdias

a chefia funcional do Subsecretário Permanente Sir Arthur Nicolson, radicalmente antigermânico, e o embaixador em Paris, favorável aos franceses, desde o começo enxergaram sombrio o panorama: a crise era uma repetição da primeira questão do Marrocos, e Grey devia apoiar firme e ostensivamente os franceses, ou a *Entente* acabaria. Grey e o primeiro-ministro Asquith resistiram à pressão até meados de julho, quando chegou a Londres a notícia de que a Alemanha reivindicava todo o Congo francês.[47] "Começamos a ver luz," escreveu em memorando do Foreign Office Eyre Crowe, conhecido pela profunda suspeita que alimentava em relação à política exterior alemã:

> A Alemanha está apostando alto. Se suas exigências forem aceitas no Congo ou no Marrocos – e creio que ela tentará em ambas as regiões – será a submissão definitiva da França. As condições exigidas não são de molde a ser aceitas por um país com uma política externa independente. Os termos em pormenor não importam muito agora. Trata-se de um teste de força, nada mais que isso. A concessão não traduz perda de interesses ou perda de prestígio. Significa derrota, com todas as suas inevitáveis consequências.

Nicolson concordou: "Se a Alemanha perceber um tênue sinal de fraqueza de nossa parte, sua pressão sobre a França será intolerável, e o país terá de lutar ou sucumbir. Nesta última hipótese, a hegemonia alemã estaria solidamente estabelecida, com todas as consequências imediatas e futuras."[48] O Gabinete aprovou uma mensagem de Grey aos alemães afirmando que, ante a chegada da *Panther*, os ingleses agora preocupavam-se profundamente com a crise e se sentiam na obrigação de postar-se ao lado da França. Os alemães, e pode ter sido indicação da forma atabalhoada com que conduziram o assunto, não se preocuparam em responder por cerca de duas semanas, o que só serviu para aumentar as suspeitas inglesas.

Foi um verão ingrato para Grey. Sofrera outra tragédia pessoal no início daquele ano, quando seu querido irmão George foi morto por um leão na África, e a crise do Marrocos o retinha em Londres, longe do sossego de sua propriedade em Fallodon. O Gabinete estava dividido quanto à firmeza com que a Alemanha devia ser tratada e ao apoio a ser dispensado à França. Internamente, prosseguia a onda de greves, e o calor batia recordes. (À noite, Churchill apanhava Grey e o levava para nadar no seu clube.) Em 21 de julho, depois de alentada discussão, o Gabinete resolveu informar à Alemanha que a Inglaterra não aceitaria

A Primeira Guerra Mundial – que acabaria com as guerras

nenhum acordo sobre o Marrocos sem ser consultada. Naquela noite, Lloyd George discursou em um jantar formal na residência oficial do prefeito de Londres. Declarou que era tradição da Inglaterra usar sua influência em favor da liberdade e da paz.

> Porém, se nos virmos numa situação em que a paz só se possa preservar com o abandono da posição grandiosa e benéfica que a Inglaterra conquistou ao longo dos séculos por meio de heroísmo e grandes feitos, ou se permitirmos que o país seja prejudicado onde seus interesses forem vitalmente afetados como se não importasse ao concerto das nações, então afirmo enfaticamente que paz a tal preço seria humilhação insuportável para um grande país como o nosso. A honra nacional não é questão partidária.[49]

O discurso na Mansion House causou sensação, sobretudo por partir de alguém conhecido por suas opiniões moderadas em relação à Alemanha. O embaixador alemão protestou contra o tom beligerante.

Na Alemanha, o endurecimento da posição inglesa abalou Kiderlen, que já enfrentava dificuldades. A posição da Áustria-Hungria, aliada da Alemanha, era até certo ponto de desaprovação. "Continuaremos ao lado da Alemanha no leste," disse Aehrenthal a um confidente, "e permaneceremos fieis a nossos deveres na aliança, mas não posso concordar com Kiderlen no caso de Agadir (...) Não podemos praticar uma política de prestígio."[50] O Kaiser, que apesar da ferocidade dos comentários de sua marginalia, invariavelmente se continha diante da possibilidade de guerra, ameaçou voltar de seu cruzeiro de verão na Noruega. "Não posso deixar o governo fazer isso sem minha presença para supervisionar as consequências e participar da questão. Seria indesculpável não retornar e ficar parecendo um governante meramente parlamentar! *Le roi s'amuse!* Enquanto isso, marchamos para a mobilização! Isso não pode acontecer durante minha ausência!"[51] Em 17 de julho chegou do iate do Kaiser a notícia de que ele não queria uma guerra, e no fim do mês ele estava de volta à Alemanha.

À luz do que estava para acontecer, é desconcertante o nervosismo da Europa e a forma como aceitava tão prontamente a possibilidade de uma guerra que, afinal, não passava de uma disputa colonial que um acordo internacional poderia resolver com relativa facilidade. No início de agosto, o exército inglês avaliou se poderia formar uma força expedicionária a ser mandada com urgência para o Continente,

1911: o ano das discórdias

e houve consternação quando o Almirantado perdeu contato com a marinha alemã por vinte e quatro horas.[52] As autoridades militares inglesas adotaram algumas medidas preventivas, como, por exemplo, mandar tropas para guarnecer os depósitos de armas.[53] Mais tarde, no mesmo mês e diante do prosseguimento da crise, houve uma reunião especial do Comitê de Defesa do Império para examinar a posição estratégica e os planos de operações da Inglaterra. Grey aproveitou para informar seus colegas de Gabinete a respeito da continuação de conversas de estado-maior entre os exércitos francês e inglês. Circularam rumores de que chefes militares alemães estudavam a possibilidade de desembarcar tropas em Agadir, e até se disse que Wilhelm já dera ordens preparatórias de mobilização.[54] Em 4 de setembro, Henry Wilson, chefe de operações, ficou tão alarmado com as informações que chegavam dos adidos militares ingleses na Alemanha e com a história de que a Alemanha estava comprando estoques de trigo que telefonou para o Café Royal em Piccadilly para alertar Churchill e Grey, que lá jantavam. Mais tarde, na mesma noite, os três se reuniram na casa de Wilson para discutir a situação.[55] Na Alemanha, discutia-se muito a possibilidade de guerra preventiva, e até Bethmann parece ter sentido que seria bom fazer o que o povo alemão queria.[56] "Essa infeliz questão do Marrocos está começando a me abalar os nervos," disse Moltke à mulher, acrescentando:

> Se mais uma vez sairmos desse negócio com o rabo entre as pernas, se não mais pudermos fazer exigências vigorosas que dejamos capazes de impor por meio da força, então perco a esperança no futuro do Reich alemão. Nesse caso, me afasto. Porém, antes disso, encaminharei um pedido de acabar com o exército, e de nos colocarmos sob proteção japonesa. Poderemos, então, ganhar a vida sem perturbação e viver na simplicidade.[57]

Em 1º de agosto, após um encontro com o Kaiser no porto báltico de Swinemunde (que seria seriamente danificado pelo bombardeio dos aliados em 1945), Kiderlen deu indicações de que estava disposto a abrir mão de sua exigência sobre o Congo e tentar um acordo com os franceses. A imprensa nacionalista na Alemanha resmungou, falando em "humilhação," "vergonha" e "infâmia."[58] "Se ao menos pudéssemos ser poupados desse momento de indizível vergonha, de desonra nacional!" – disse um importante jornal conservador. "Terá desaparecido o velho espírito prussiano e, será que nos transformamos em uma raça de mulheres governada pelos interesses de uns poucos mercadores racialmente estranhos?" Os estrangeiros, clamava o jornal, chamam o Imperador de *"Guillaume le timide, le valeureux poltron!"*[59] Por outro lado, importantes empresários liderados por Ballin pediam um acordo antes que a situação econômica da Alemanha ficasse pior. No início de setembro, o medo de uma guerra provocou um colapso no mercado de ações em Berlim.

Kiderlen e Jules Cambon rapidamente chegaram a um acordo básico: parte da África francesa ficaria com a Alemanha em troca do reconhecimento alemão do controle francês sobre o Marrocos. Como tantas vezes acontece com negociações, gastaram três meses discutindo detalhes como margens de rios e pequenas aldeias que ninguém conhecia no interior da África, a não ser, claro, os locais, cujos desejos sequer foram consultados. Uma pequena faixa de território apelidada de Bico de Pato, no norte de Camarões, foi motivo de um problema específico. Kiderlen também causou agitação ao preferir gozar um curto período de descanso no resort francês de Chamonix com sua amante, que se dizia à boca pequena ser agente francesa. Embora tencionasse viajar incógnito, o casal foi recebido na estação pelo prefeito local e uma guarda de honra. A imprensa nacionalista francesa ficou furiosa, não pelo fato de estar com a amante, mas pela infeliz escolha do lugar. Kiderlen deixou-a lá por algumas semanas, e suas cartas a ela – que ele bem pode ter presumido que seriam pelos franceses – avisavam que a Alemanha lutaria se não tivesse suas exigências atendidas nas negociações.[60]

O tratado finalmente assinado em 4 de novembro deu à França o direito de estabelecer um protetorado no Marrocos, com o compromisso de respeitar os interesses alemães. Em troca, a Alemanha receberia 160 mil quilômetros quadrados de território na África central. Kiderlen e Cambon trocaram fotografias. "Para meu terrível adversário e encantador amigo," dizia a dedicatória de Kiderlen, enquanto Cambon escreveu "Para meu encantador adversário e terrível amigo."[61] Na estação ferroviária francesa de Lyon, um carregador reconheceu Cambon. "O senhor não é o embaixador em Berlim?" Cambon respondeu que sim. "O senhor e seu irmão em Londres nos prestaram um grande serviço. Sem os senhores estaríamos numa grande complicação."[62]

Como, porém, afirmou Grey posteriormente: "As consequências de uma crise externa como essa não acabam com ela. Parecem acabar, mas ficam subjacentes, e mais tarde reaparecem."[63] As potências tinham novos

1911: o ano das discórdias

motivos para desconfianças mútuas, e gente fundamental nas decisões e seus públucos estavam mais propensos a aceitar a probabilidade de uma guerra. Izvolsky, agora embaixador na França, escreveu a seu sucessor em São Petersburgo que a ordem internacional na Europa ficara seriamente enfraquecida: "Não há dúvida de que qualquer confrontação regional entre as potências acabará resultando em uma guerra europeia generalizada em que a Rússia, como todas as outras potências europeias, se envolverá. Com a ajuda de Deus, a eclosão dessa guerra pode ser retardada, mas devemos levar sempre em consideração que pode acontecer a qualquer momento e temos de nos preparar para tanto."[64]

A *Entente Cordiale* entre França e Inglaterra sobrevivera, mesmo cada lado sentindo que o outro agira mal. Os franceses consideravam que os ingleses podiam tê-los apoiado com maior firmeza desde o começo, enquanto aos ingleses aborrecia a França dificultar a solução do problema do Congo e tentar apossar-se da área espanhola do Marrocos.[65] O Gabinete inglês continuava desconfortável com as negociações anglo-francesas entre militares. Em novembro, o Gabinete realizou duas reuniões tumultuadas em que alguns moderados que se opunham aos compromissos assumidos pelos militares ameaçaram renunciar. Até Asquith pareceu apreensivo quando, em setembro, escreveu a Grey que as conversas eram "um tanto perigosas" e "os franceses não deviam ser estimulados pelas presentes circunstâncias a elaborar planos ou a outras suposições dessa natureza."[66] Apesar de Grey batalhar para ter luz verde na direção da política exterior, pela primeira vez foi obrigado a aceitar certo grau de controle do Gabinete. Houve um acordo para que não houvesse troca de compromissos pelos estados-maiores da Inglaterra e da França que traduzissem um dever de intervenção terrestre ou naval inglesa em caso de guerra; e para que tal compromisso, se necessário, só houvesse depois de prévia aprovação pelo Gabinete. Todavia, os entendimentos militares prosseguiram, Henry Wilson continuou viajando para a França e voltou a gartantir a seu equivalente francês que a Inglaterra apoiaria a França. Também começaram entendimentos entre as marinhas, que levaram em fevereiro de 1913 a um acordo de cooperação no Mediterrâneo e nas águas entre a Inglaterra e a França, com a Inglaterra se concentrando nesta última área, e a França, na primeira. Os ingleses podiam alegar não terem assinado uma aliança militar com a França, mas os laços que então aproximavam as duas nações aumentaram e estavam mais fortes.

Na França, a assinatura do tratado com a Alemanha foi recebida como uma vitória, tão importante, talvez, quanto a conquista da Argélia em 1830.[67] Entretanto, o governo de Caillaux caiu, em parte devido à revelação dos contatos secretos com os alemães, e assumiu um novo governo com o nacionalista antialemão Raymond Poincaré. A crise, interpretada como evidência de que a Alemanha estava disposta a se valer da guerra para conseguir o que ambicionava, também gerou tremendo impacto na opinião pública francesa e estimulou a preparação para a guerra.[68] Mais adiante, o adido militar francês em Berlim alertou que o público alemão vivia clima de beligerância, amargamente ressentido com o desfecho da questão do Marrocos encarado como uma derrota. Assim, não estava disposto a aceitar um acordo ou compensação em alguma crise futura. Na opinião do adido, era inevitável uma confrontação entre a França e a Alemanha. Stephen Pichon, que fora ministro do Exterior entre 1906 e 1911 e voltou ao cargo em 1913, Joffre e inúmeros generais de destaque foram fortemente influenciados por tais informações.[69]

Na Alemanha, o tratado foi visto como mais uma derrota, comparável à da primeira crise do Marrocos. Ao defender o tratado no Reichstag, Bethmann recebeu furiosos comentários da direita: *"Uma derrota, queira ou não queira!"* O Príncipe-Herdeiro foi visto na galeria aplaudindo ostensivamente.[70] A imperatriz, que normalmente não interferia em política, disse a Kiderlen em tom reprovador: "Sempre teremos de recuar diante dos franceses e aguentar sua insolência?"[71] O Kaiser também foi duramente criticado. Um jornal de direita perguntou: "Que aconteceu com os Hohenzollerns de onde vieram um Grande Eleitor, um Friedrich Wilhelm I, um Friedrich o Grande, um Kaiser Wilhelm I?"[72] Certo político americano em viagem pela Alemanha ouviu oficiais do exército dizerem que o Kaiser os fizera de bobos em 1905 e 1911, e não permitiriam que isso se repetisse.[73]

A perspectiva bastante provável da eclosão de uma guerra no verão de 1911 fez os alemães perceberem que sua posição estratégica não era boa. A crise também serviu para confirmar o que alguns alemães pensavam: o país estava cercado por inimigos.[74] Era bem possível que tivesse de lutar em três frentes, contra a França e contra a Rússia em terra, e contra a Inglaterra no mar, e não estava claro se contava com recursos adequados.[75] Eram cada vez maiores as incertezas sobre a marinha, se algum dia estaria em condições de enfrentar os ingleses. O alargamento do Canal de Kiel para permitir que os grandes encouraçados passassem em segurança do Báltico para o Mar do Norte e

1911: o ano das discórdias

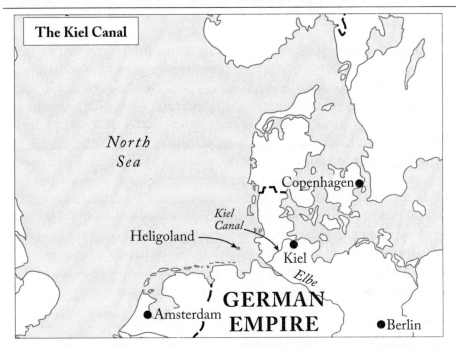

vice-versa, e que a Alemanha se fizesse mais presente em ambos os mares, não ficaria pronto até 1914. (O canal alargado foi aberto em 24 de junho de 1914, quatro dias antes do assassinato de Sarajevo.) Tirpitz, como já fizera antes, aproveitou a oportunidade da crise para postular um novo orçamento naval. Queria mais seis navios ao longo dos anos seguintes, a fim de ativar um terceiro esquadrão da marinha. Argumentava que isso poderia congregar a ala direita e a classe média contra a esquerda e "desarvorar os partidos social-democrata e liberal de esquerda."[76] Enfrentou resistência de muitos de seus próprios almirantes, a sustentarem que o anúncio de que a Alemanha estava construindo mais encouraçados num momento de tensão internacional poderia perfeitamente provocar uma guerra contra a Inglaterra. Bethmann também se opôs a Tirpitz, alegando a questão de custos e o perigo envolvido. No fim, não pôde prevalecer sobre o Kaiser, que o chamou de covarde, afirmando que não se deixaria intimidar pelos ingleses. "Disse ao Chanceler do Reich," gabou-se o Kaiser com o chefe do seu gabinete naval, "para lembrar que eu era o sucessor do Grande Eleitor e de Friedrich o Grande, que nunca hesitaram em agir quando chegava a hora. Também disse ao Chanceler que ele devia contar com a Providência na política cuidando de tudo e fazendo com que um dia um povo como o inglês, com tanta coisa pesando na consciência, tenha de ser posto em seu lugar."[77]

460 A Primeira Guerra Mundial – que acabaria com as guerras

O exército, que por anos a fio observara quieto em seu canto o aporte crescente de recursos para a marinha, agora fez suas próprias exigências. "Era questão de autopreservação," como declarou Moltke.[78] O Kaiser concordou com um acordo pelo qual exército e marinha teriam seus novos orçamentos, mas com alguns cortes. A opinião pública alemã e o Reichstag, que resistiam ao aumento de despesas, agora estavam dispostos a aprová-las. A nova Lei da Marinha de 1912 previu a construção de três novos encouraçados e dois cruzadores ligeiros, enquanto que, pela Lei Militar, o exército de tempo de paz aumentaria seu efetivo em 30 mil homens ao longo dos cinco anos seguintes, além de transformar sua organização, por exemplo, expandir o sistema militar de transporte.[79] Como cala-boca para Bethman, ele foi autorizado a reabrir as negociações com a Inglaterra. Não surpreendeu o fato de os ingleses encararem com ceticismo essa iniciativa.

—

A CRISE DO MARROCOS DEIXOU outro resíduo perigoso na mente dos líderes europeus. Levou também diretamente a uma guerra entre a Itália e o Império Otomano no outono de 1911, que, por sua vez, abriu caminho para as guerras balcânicas de 1912 e 1913. A Itália, que assistia com inveja a disputa por colônias em todo o mundo, decidiu que era hora de acrescentar alguns territórios além-mar à sua pequena coleção. O Império Otomano estava debilitado, abalado por divisões internas e rebeliões armadas na Albânia e no Iêmen, enquanto as outras potências estavam preocupadas com o Marrocos. Ao longo dos anos, a Itália ouvira promessas de Inglaterra, França, Áustria-Hungria e Rússia reconhecendo interesses específicos do país em duas províncias otomanas no norte da África: Cirenaica e Tripoli. (Hoje constituem a Líbia.) Se o status do norte da África admitia mudança, o que ficara claro no caso do Marrocos em 1912, a Itália teria um bom argumento para assegurar a posse, de uma ou outra forma, da Líbia. A conquista de colônias também parecia bem mais fácil do que satisfazer o outro sonho dos nacionalistas italianos, a conquista de áreas onde se falava italiano, como o grande porto de Trieste e o Trentino, então sob domínio austro-húngaro. Era algo que a fraqueza do país só permitiria aspirar em futuro distante, se é que algum dia.[80] A Áustria-Hungria ficaria muito feliz vendo a Itália voltar suas atenções para a orla sul do Mediterrâneo e se distanciar dos Alpes e do Adriático.[81]

Tentativa anterior da Itália de construir um Império redundara em

1911: o ano das discórdias

espetacular fracasso. Os nacionalistas italianos ainda se ofendiam com a conquista da Tunísia pela França em 1881. A história (depois da derrota de Cartago, Roma transformou a região em seu celeiro de alimentos), a geografia (a costa da Tunísia fica bem em frente à Sicília) e a emigração (viviam cerca de 130 mil italianos na Tunísia na época da Grande Guerra), tudo enfim, tornava a Tunísia italiana, e não francesa. É verdade que a Itália conseguira estabelecer duas pequenas e atrasadas colônias da Eritreia e da Somália, no Chifre da África, mas a tentativa de se apossar da Etiópia resultara em atordoante derrota diante dos etíopes em Adowa, em 1896. Foi uma profunda humilhação para a Itália, que desejava ardentemente ocupar posição de relevo no palco europeu e mundial.

A Itália era considerada grande potência mais como cortesia do que na realidade. A não ser em pobreza, era muito inferior às demais potências. Sua população alcançava apenas 35 milhões, enquanto a de sua vizinha e rival Áustria-Hungria chegava a 50 milhões; e a imigração de italianos lhe estava causando grande perda, 873 mil somente em 1913.[82] Sua rede ferroviária era subdesenvolvida. Ela era menos industrializada e mais agrícola do que outras potências ocidentais e gastava menos nas forças armadas do que todas as outras, inclusive a Rússia.[83] Era um país novo, onde as diferentes regiões e cidades, como acontece até hoje, inspiravam lealdades mais fortes do que a Itália como nação. Havia profundas divisões entre as novas classes trabalhadoras e os empregadores; entre norte e sul; entre a Igreja católica e o estado. A personalidade dominante na política nos anos anteriores a 1914 foi Giovanni Giolitti, reformador liberal que tentou modernizar a economia, a política e a sociedade do país, mas imperava um sentimento na classe política e no povo de que tudo não passava de um improviso que não funcionava a contento. Nos mais altos escalões do governo, autoridades importantes, como chefes militares e civis, simplesmente não se relacionavam. Os chefes do Estado-Maior italiano, por exemplo, não conheciam os termos da Tríplice Aliança estabelecendo que um dia poderiam ter de ir à guerra para cumpri-los. Em teoria, o Rei era responsável por assuntos exteriores e militares, mas, na prática, Vittorio Emanuele III, que sucedera seu pai assassinado em1900, quase sempre deixava seus ministros atuar como quisessem. Homem pequenino e irrequieto, dedicava suas atenções à adorada família, inclusive sua esposa montenegrina muito maior que ele e à sua coleção de moedas.

Estrangeiros visitavam a Itália atraídos por seu clima e suas inúmeras belezas, mas também riam do que viam no país. Os italianos eram vistos como encantadores, caóticos, infantis, mas não como um povo

462 A Primeira Guerra Mundial – que acabaria com as guerras

a ser levado a sério. Em assuntos internacionais, as demais potências, mesmo seus aliados na Tríplice Aliança, tendiam a tratar a Itália com certa negligência. Durante a crise da anexação da Bósnia, por exemplo, a proposta de acordo apresentada pela Itália foi descartada, e sequer se pensou em dar-lhe alguma compensação nos Balcãs. (O terrível terremoto de Messina fez com que o ano de 1908 fosse particularmente duro para a Itália.) Diplomatas italianos, cada vez mais oriundos de antigas famílias da aristocracia sulina, eram vistos por seus colegas de outros países como homens cultos, mas nem sempre acostumados com negociações complexas, especialmente em assuntos que envolvessem comércio e economia. Sua visão era conservadora, e se pode citar como exemplo o embaixador italiano que odiava automóveis e, em Viena, sempre ia às reuniões com diplomatas austro-húngaros numa carruagem puxada por quatro cavalos. Embora o país contasse com diplomatas competentes, a pobreza tornava o trabalho difícil. Frequentemente as embaixadas não dispunham de equipamentos simples como máquinas de escrever.[84]

As relações exteriores da Itália eram determinadas pela própria fraqueza e por sua posição estratégica: inimigos potenciais por todos os lados, em terra e mar. Era impossível defender sua longa costa, e a marinha reconhecia que não podia proteger todos os portos. Suas forças terrestres estavam concentradas no norte a fim de se antepor a ataques da França ou da Áustria-Hungria, o que levou um deputado a comentar que a cabeça da Itália estava protegida por um capacete de aço, mas seu corpo estava nu.[85] Compreensivelmente os dirigentes italianos costumavam se enervar, vendo maldade por toda parte e supondo, sem razão plausível, que os inimigos da Itália não raciocinavam e podiam atacar subitamente sem nenhum motivo. Após 1900, notícias de que o Império Austro-Húngaro se preparava ao longo da fronteira comum, aguçou os temores italianos. Em 1911 houve algum alívio, quando Conrad deixou seu cargo, embora, como logo se veria, por pouco tempo.[86] Com a Europa dividida em dois nítidos blocos de potências, sucessivos ministros do Exterior italianos tentaram desesperadamente manobrar entre os dois. Como observou um deputado no parlamento, em 1907: "Fidelidade inquebrantável à Tríplice Aliança, amizade sincera com Inglaterra e França e relações cordiais com as outras potências sempre são a base de nossa política exterior."[87]

A política militar e externa da Itália era cautelosa e defensiva por necessidade, mas não impedia que nacionalistas sonhassem que devia ser outra e afirmassem que os estrangeiros se equivocavam a respeito da Itália. Consolavam-se no darwinismo social, achando que, por causa da

1911: o ano das discórdias

vida dura que enfrentavam, os soldados italianos em geral eram mais rijos do que os decadentes franceses e os austro-húngaros fracotes.[88] Além disso, os nacionalistas estavam decididos a mostrar que a unificação produzira um país trabalhador e importante para o mundo. Os governos italianos batalhavam por ver a Itália representada em todos os mais importantes eventos no estrangeiro. Chegaram a enviar um punhado de soldados para a China a fim de participar de uma força internacional para reprimir a Rebelião dos Boxers em 1900.[89] Como as potências mundiais possuíam impérios, a Itália devia continuar construindo o seu. A opinião pública italiana que, tal como em outras nações, crescera em importância com a expansão de jornais e o crescimento de *lobbies* com interesses específicos, de modo geral era favorável. Mesmo os socialistas, com sua retórica anti-imperialista, não se opunham completamente.

Durante o verão de 1911, à medida que se intensificou a crise do Marrocos também cresceu a agitação nacionalista na Itália. A imprensa, associações coloniais e nacionalistas, todo mundo falava sobre a Líbia. Como se comemorava o 50º aniversário do último estágio – até então – da unificação italiana, parecia uma boa hora para fazer algo mais impactante do que simplesmente construir o gigantesco memorial a Vittorio Emanuele em Roma. O ministro do Exterior, Antonino di San Giuliano, descobriu que estava no mesmo hotel de veraneio do vice-Chefe do Estado-Maior Naval e os dois aproveitaram para discutir a logística da invasão. (O sutil e cínico San Giuliano, que, como tantos colegas, vinha da aristocracia siciliana, lá estava para cuidar da saúde; ele atribuía seus males à mãe, por levar uma vida reta demais.)[90] Quando regressou a Roma, San Giuliano disse a Giolitti que o melhor momento para marchar contra os otomanos na Líbia seria no outono ou na primavera. Os dois decidiram que seria em setembro, mas só se preocuparam em informar ao exército à última hora.[91]

Adotando o que veio a ser conhecido como "a política do *stiletto*," em 28 de setembro de 1911 a Itália enviou o Império Otomano um ultimato impossível de ser atendido, anunciando que iria adiante de qualquer modo e ocuparia as duas províncias que compunham a Líbia, qualquer que fosse a resposta. Navios de guerra italianos já se preparavam para partir. A Itália usou o pretexto de proteger os interesses e cidadãos italianos, alegação que só pode ser qualificada como inconsistente. Por exemplo, San Giuliano alegou ao embaixador inglês em Roma que quatro moinhos italianos em Tripoli estavam enfrentando dificuldades para conseguir trigo dos agricultores locais, devido a manobras das autoridades otomanas.[92] A esquerda italiana convocou greves em protesto,

464 A Primeira Guerra Mundial – que acabaria com as guerras

mas o embaixador inglês informou para Londres: "Mesmo no Partido Socialista as opiniões estão divididas e não há muito entusiasmo nas manifestações."[93]

Oradores alemães no Reichstag classificaram a invasão italiana como "ato de pirataria," definição com a qual as opiniões fora da Itália concordavam, sobretudo no desenrolar da guerra, diante do emprego de métodos cada vez mais brutais pelos italianos para esmagar a generalizada resistência local.[94] A Segunda Internacional condenou a Itália, mas demonstrou pouco entusiasmo pelo Império Otomano, que via como retrógrado e necessitao desesperadamente de civilização.[95] As demais grandes potências não estavam propensas a intervir, com medo de empurrar a Itália para o bloco adversário. Grey, que alimentava a esperança de afastar a Itália da Tríplice Aliança, disse ao embaixador italiano que esperava que "a Itália conduzisse a questão evitando ao máximo consequências embaraçosas de longo prazo." Quando o embaixador italiano perguntou o que a Inglaterra pretendia fazer, Grey afirmou que estava falando do "ângulo de não intervenção."[96] Na primavera seguinte, mesmo quando os italianos se apoderaram de Rhodes e das ilhas do Dodecaneso perto da costa da Ásia Menor, as potências não reagiram com firmeza. San Giuliano prometeu que abandonaria as ilhas quando o último soldado otomano deixasse a Líbia, mas esse dia não chegou antes de 1914.

Os italianos pagaram alto preço pela conquista, arcando com substancial déficit comercial e cerca de 8 mil soldados mortos ou feridos no primeiro ano da campanha. O mesmo ocorreu com os habitantes da Líbia, então e depois. A resistência prosseguiu até a década de 1920, quando o novo governante da Itália, Benito Mussolini, a esmagou de forma brutal, ao custo de pelo menos 50 mil líbios mortos. O governo otomano fora relativamente moderado e civilizado, mas, sob o jugo italiano, a Líbia, que também alcançava territórios no interior, ficou mais atrasada. As diferentes regiões da colônia, com suas próprias histórias e culturas, na verdade nunca se uniram para formar uma nação, e hoje em dia a Líbia paga o preço das rivalidades regionais e tribais. Também a Europa foi penalizada pela agressão italiana. O entendimento não oficial das grandes potências de que o Império Otomano devia ser preservado agora era questionável. Como declarou o primeiro-ministro romeno ao embaixador austro-húngaro naquele outono: "Dois começaram o baile, mas, no fim, muitos vão entrar na dança."[97] O Kaiser Wilhelm, que estava em seu pavilhão de caça favorito na Romênia por ocasião da invasão italiana, previu que outras nações aproveitariam o momento de fraqueza do Império

1911: o ano das discórdias

Otomano para reabrir a questão do controle dos Estreitos e a questão dos Balcãs, a fim de se apossar de mais territórios. Temia que fosse "o começo de uma guerra mundial, com todas as suas consequências."[98] A primeira prova de que estava certo surgiu no ano seguinte, quando as nações balcânicas se uniram contra o Império Otomano.

Pouco antes do Natal de 1911, Sir Edward Goschen, embaixador inglês em Berlim, informou Londres que jantara com Bethmann e que os dois tinham conversado amigavelmente sobre os acontecimentos do ano anterior. O embaixador perguntou a Bethmann se encontrava tempo para tocar as sonatas de Beethoven que tanto lhe agradavam, como era seu costume antes de se recolher para dormir. "Meu caro amigo," respondeu Bethmann, "eu e você gostamos de música clássica com suas harmonias simples e diretas. Como poderia tocar minha adorada música nesse clima saturado pelas divergências de hoje em dia?" Goschen discordou, afirmando que "mesmo os antigos compositores se valiam das dissonâncias para chegar às harmonias e que a música mais recente sempre soava mais doce graças às dissonâncias que a precederam."Bethmann concordou, mas fez uma ressalva: "Na música moderna, como na presente atmosfera política, predominam as dissonâncias."[99] O Ano-Novo traria mais divergências para abalar os nervos da Europa, dessa vez na própria Europa, na primeira de uma série de Guerras Balcânicas.

16

As Primeiras Guerras Balcânicas

No DIA DE ANO-NOVO DE 1912, Paul Cambon, embaixador da França em Londres, escreveu a seu irmão que estava em Berlim: "O que este ano nos reserva? Espero que se consiga evitar o grande conflito."[1] Jules também temia os meses seguintes:

> A saúde combalida do Imperador da Áustria, os planos ambiciosos atribuídos a seu herdeiro presumível, a guerra de Tripoli, o desejo do governo italiano de se livrar dos problemas que criou para si mesmo ao misturar as questões de terceiros com as suas, as ambições búlgaras, a perspectiva de perturbações na Macedônia, as dificuldades na Pérsia, o choque do crédito na China, tudo aponta para graves desordens em futuro próximo, e a única esperança é que a gravidade do perigo possa evitar que o pior aconteça.[2]

Também podia ter mencionado a rivalidade entre Inglaterra e Alemanha e o medo mútuo, além da hostilidade entre Rússia e Áustria-Hungria. Todavia, era nos Balcãs que os maiores perigos estavam para surgir: duas guerras entre suas nações, uma em 1912 e a segunda em 1913, quase envolveram as grandes potências. Diplomacia, blefes e ousadia acabaram preservando a paz, mas, embora no momento os europeus não se dessem conta, foi um ensaio para o verão de 1914. Como se costuma dizer no meio teatral, se o ensaio final corre muito bem, a estreia será um desastre.

As primeiras Guerras Balcânicas

Os ESTADOS BALCÂNICOS, desde a Grécia no sul, passando pela Sérvia e pela Bulgária, até a Romênia no norte, eram os primos pobres da Europa, com poucos recursos naturais, infraestrutura fraca e apenas iniciando a prática da indústria e do comércio em termos modernos. Em 1912, Belgrado, capital da Sérvia, era uma pequena cidade provinciana que começava a pavimentar as ruas principais com blocos de madeira e dispunha de apenas um bom hotel. Na Romênia, onde pelo mito nacional os habitantes eram um povo latino descendente de legiões romanas, Bucarest aspirava ser a Paris dos Balcãs. A classe alta, que falava francês, andava na última moda francesa, como disse um perspicaz jornalista russo, admirava perticularmente "Paris-by-night." Leon Trotsky, exilado da Rússia por suas atividades revolucionárias, lá vivia trabalhando como correspondente, sob pseudônimo, para um importante jornal de Kiev. Mulheres elegantes e oficiais do exército passeavam pelos bulevares de Bucarest, acrescentou Trotsky, e nas esquinas havia *pissoirs*, tal como em Paris. Entretanto, as diferenças eram muito mais acentuadas do que as semelhanças, desde os motoristas eunucos (de uma seita em que os homens eram castrados depois de serem pais de dois filhos) a ciganos que tocavam violino nos clubes noturnos e crianças descalças mendigando pelas ruas.[3] No Montenegro, a capital não passava de uma aldeia que crescera demais, e o novo palácio real parecia uma pensão alemã. (O antigo palácio, o Biljarda, recebera esse nome por causa de uma mesa de bilhar que fora trazida da costa para as montanhas.) O Rei Nicola I frequentemente sentava sob uma das poucas árvores de seu montanhoso país para aplicar sua própria versão de justiça aos súditos. Era ligado à Itália e à Rússia por laços familiares – uma filha estava casada com o Rei da Itália, e duas outras eram esposas de grão-duques russos – mas sua política externa geralmente era o reflexo da potência europeia que recém lhe tivesse concedido uma subvenção. "Sua Majestade," disse Conrad a Franz Joseph em 1912, "o Rei Nicola, me faz lembrar um candelabro." O imperador se divertiu com a explicação de Conrad: "Veja, está sempre com os braços estendidos, sempre esperando que alguém lhe dê alguma coisa."[4]

A Romênia, muito menor então do que é hoje, tinha em 1910 uma população de pouco menos de 7 milhões, a Bulgária, uns 4 milhões, e a Sérvia, em torno de 3 milhões. Montenegro tinha apenas 250 mil habitantes. ("Esta ruga isolada do mundo," descreveu um infeliz diplomata austro-húngaro que serviu em sua capital Cetinje antes da Grande Guerra.)[5] Anos de jugo otomano fizeram com que as sociedades

A Primeira Guerra Mundial – que acabaria com as guerras

Os Balcãs eram o ponto quente da Europa, e lá se atritavam as ambições das grandes potências, misturadas com as rivalidades das próprias nações balcânicas. Em 1912, os estados balcânicos se uniram por breve período para apossar-se do que restava do território do Império Otomano, mas logo se dividiram na briga pelo espólio. As grandes potências tentaram pela última vez impor a paz na região, mas, como diz a legenda, "Infelizmente o corpo unido de bombeiros da Europa não conseguiu apagar as chamas."

fossem predominantemente agrícolas e muito conservadoras, embora a classe dos proprietários de terras e a minúscula burguesia cada vez mais aspirassem a ser ocidentais e modernas. Os partidos políticos tinham surgido e se denominaram Conservador, Liberal, Radical e até Socialista, mas por trás dos rótulos estava a rede familiar tradicional com conexões regionais e étnicas, tanto quanto a mera autocracia. Em Montenegro, isolada entre os estados balcânicos e que deixara de integrar o Império Otomano graças a seu terreno montanhoso, o Rei

As primeiras Guerras Balcânicas

Nicola brincava com uma constituição cuja vigência simplesmente suspendia quando se cansava da política. Os que lhe faziam oposição, e às vezes até seus leais seguidores, iam para a cadeia ou eram executados a seu bel-prazer. Na Sérvia, os radicais e, em especial, seu líder Nikola Pasic, tinham a sorte de contar com um Rei fraco, Peter, mas, na Bulgária e na Romênia, reis mais fortes, ambos de origem alemã, dominavam a política.

—

PARA O RESTO da Europa, os países balcânicos eram motivo de uma espécie de zombaria, cenário de romances como *O Prisioneiro de Zenda* e de operetas (Montenegro serviu de inspiração para *A Viúva Alegre*), mas executavam suas políticas de modo implacável e muitas vezes mortal, com conspirações terroristas, violência e assassínios. Em 1903 o impopular rei da Sérvia que antecedeu Peter e sua igualmente malquista mulher tinham sido jogados pelas janelas do palácio, e seus corpos, esquartejados. Nicola de Montenegro detestava Pasic e seus companheiros radicais porque desconfiava, com bons motivos, que tinham enviado assassinos para despedaçá-lo com bombas. O crescimento de movimentos nacionalistas servira para unir os povos, mas também para separar ortodoxos de católicos e muçulmanos; albaneses de eslavos; e croatas, sérvios, eslovenos, búlgaros e macedônios, uns dos outros. Embora os povos balcânicos tivessem coexistido e se mesclado, muitas vezes por longos períodos de paz que duraram séculos, a criação de estados nacionais no século XIX fora muitas vezes acompanhada por incêndios de aldeias, expulsão de minorias e *vendettas* que nunca acabavam.

Políticos que chegavam ao poder com a bandeira do nacionalismo e promessas de grandeza nacional logo se viam sob a pressão de forças que nem sempre podiam controlar. Sociedades secretas, seguindo um modelo que era uma mistura eclética de maçons, carbonários na clandestinidade que lutavam pela unidade italiana, terroristas que recentemente intranquilizavam boa parte da Europa e bandidos ao estilo tradicional proliferavam nos Balcãs, infiltrando-se nas instituições civis e militares dos estados. A IMRO (Organização Revolucionária Interna da Macedônia) proclamava que a Macedônia era para os macedônios, mas havia uma ampla suspeita de que trabalhava para os nacionalistas búlgaros com o objetivo de criar uma grande Bulgária que abrangeria a Macedônia. Na Sérvia, governo e exército estavam infiltrados por membros da Narodna Odbrana (Defesa Nacional), que tinha surgido

470 A Primeira Guerra Mundial – que acabaria com as guerras

durante a crise da Bósnia, e por seu ramo mais radical, a organização Mão Negra. Na Primeira Guerra Balcânica, em diversas ocasiões oficiais desobedeceram a seu governo e, por exemplo, se apoderaram da cidade de Monastir (que em tratado secreto a Sérvia prometera ceder à Bulgária), na esperança de impedir que fosse entregue.[6] Embora se esforçassem ao máximo para reprimir todas as atividades revolucionárias e sobretudo políticas de seus próprios súditos eslavos do sul e albaneses, as autoridades austro-húngaras e otomanas enfrentavam uma luta muito árdua, especialmente porque muitas conspirações e atividades terroristas internas contavam com apoio externo. Por exemplo, estudantes bósnios da Universidade de Viena formaram uma sociedade secreta em protesto contra a anexação de sua terra natal. "Se a Áustria-Hungria quer nos engolir," declararam, "vamos corroer seu estômago," e muitos estudantes atravessavam a fronteira para receber treinamento militar na Sérvia.[7]

A geração mais moça, atraída pelas sociedades secretas, muitas vezes era mais radical do que a mais velha, e frequentemente as duas entravam em choque. "Nossos pais, nossos tiranos," afirmou um nacionalista radical bósnio, "criaram esse mundo à sua maneira e agora querem nos obrigar a viver nele."[8] Os mais jovens, contaminados pela violência, estavam dispostos a destruir valores e instituições tradicionais, pensando em construir uma nova Grande Sérvia, Bulgária ou Grécia. (Mesmo que não tivessem lido Nietzsche, e muitos na verdade leram, acreditaram demais que não existia Deus e que a civilização europeia devia ser destruída para libertar a humanidade.) Nos anos que precederam 1914, as autoridades nos estados balcânicos toleraram ou foram impotentes no controle de seus jovens radicais, que assassinavam e lançavam ataques terroristas contra autoridades otomanas e austro-húngaras, por vê-las como opressoras dos eslavos; contra seus próprios dirigentes, por julgá-los insuficientemente devotados à causa nacionalista; e contra cidadãos comuns que por acaso professavam religião diferente ou eram de outra etnia e estavam no lugar errado. Quando Franz Ferdinand visitou a Bósnia em 1910, houve uma conspiração para assassiná-lo. Na Croácia se repetiram tentativas, algumas delas bem-sucedidas, contra a vida de membros da dinastia Habsburgo.

Nas fases iniciais de sua independência, os estados balcânicos tinham se contentado, ou pelo menos a isso tinham sido obrigados, a prestar atenção às grandes potências europeias. Destas, a Rússia e a Áustria-Hungria em particular, antes de divergirem devido à anexação

As primeiras Guerras Balcânicas

da Bósnia, queriam manter o *statu quo* nos Balcãs, admitindo que o Império Otomano continuasse governando o que restava de seu território na Europa. Nas últimas décadas do século XIX, contudo, o evidente declínio dos otomanos encorajou líderes em toda a região balcânica a tentar assumir o controle. Sob o pretexto de proteger os cristãos ainda sob o jugo otomano na Macedônia e em outros locais, Sérvia, Bulgária e Grécia enviavam dinheiro, armas e agentes para reforçar a resistência. O surgimento dos Jovens Turcos e sua política de retomar o controle dos territórios otomanos (e torná-los mais turcos) logicamente dispararam os alarmes nos estados balcânicos e até entre os súditos otomanos que eram cristãos. Em 1910, albaneses, tanto cristãos quanto muçulmanos, tradicionalmente fiéis aos governantes otomanos, estavam francamente rebelados. No ano seguinte, revolucionários albaneses uniram-se a seus correspondentes macedônios. As autoridades otomanas reagiram com selvageria, o que serviu apenas para aumentar a revolta e a violência. No outono de 1911, a guerra entre a Itália e o Império Otomano gerou novos levantes dos cristãos. Em dezembro, uma série de explosões na Macedônia destruiu delegacias policiais e mesquitas. Em retaliação, multidões muçulmanas atacaram os búlgaros locais. Em todos os estados balcânicos independentes ocorreram protestos e manifestações contra os otomanos.[9]

Líderes balcânicos alegavam abertamente que não podiam mais confiar nas grandes potências para proteger cristãos sob o domínio otomano e deram a entender que teriam de tomar uma atitude. Por que manter o *statu quo* nos Balcãs, perguntou a Trotsky um destacado líder político sérvio. "Onde estava o *statu quo* quando a Áustria anexou a Bósnia e Herzegovina? Por que as potências defendem o *statu quo* quando a Itália se apodera de Tripoli?" E por que os estados balcânicos são tratados como se não fossem europeus, mas como se fossem o Marrocos?[10] Havia a possibilidade, como admitiu o ministro do Exterior sérvio para o embaixador inglês em Belgrado, de a Áustria-Hungria intervir se alguma nação dos Balcãs tentasse se apossar de território otomano, mas, no que dizia respeito a ele, Milovan Milovanovic, seria melhor para a Sérvia morrer lutando. Se a Áustria-Hungria quisesse se expandir mais para o sul entrando nos Balcãs, a Sérvia de qualquer modo estaria condenada a desaparecer como reino independente.[11]

Orgulho, ambições nacionalistas, as tentações de um Império decadente à sua porta, o exemplo da descarada agressão praticada pela Itália e pura temeridade, tudo isso uniu os estados balcânicos – por

A Primeira Guerra Mundial – que acabaria com as guerras

breve período, como logo se constataria – para expulsar o Império Otomano de suas possessões europeias remanescentes. A partir do outono de 1911, emissários iam e vinham das capitais balcânicas ou se reuniam em uma ou outra cidade europeia. A Rússia e particularmente seu embaixador em Constantinopla havia muito tempo propunham a criação de uma Liga Balcânica que incluiria o Império Otomano e, assim esperavam os russos, ficaria assegurada a estabilidade na região e bloqueada a disseminação da influência alemã e austro-húngara nas direções sul e leste.

Os estados balcânicos, com a perspectiva de saquear o Império Otomano ganhando forma, acabaram sem conseguir coisa alguma. Sazonov, que sucedeu Izvolsky em 1910 como ministro do Exterior da Rússia, tentou, então, atrair Bulgária, Sérvia, Montenegro e Grécia para uma aliança que pudesse agir como barreira contra a tentativa austro-húngara de se expandir para o sul, caso o Império Otomano entrasse em colapso.[12]

No outono de 1911 esse colapso parecia iminente. Desde 1904 Sérvia e Bulgária mantinham conversas oficiais e informais a respeito de uma possível parceria, mas os búlgaros, chefiados pelo Czar Ferdinand, sempre optaram por preservar sua liberdade de ação. Agora as negociações tinham sido retomadas em caráter de urgência. Também contribuiu o fato de um novo governo em Sófia, capital da Bulgária, ser pró-russos e menos temeroso de ofender a Áustria-Hungria. A Inglaterra e a França, alertadas pela Rússia de que alguma coisa havia no ar, não eram contra relações mais calorosas entre as duas potências balcânicas. Os parceiros da Tríplice Entente compartilhavam a esperança russa de encontrar uma solução barata e local para deter a expansão alemã e austro-húngara no Império Otomano.[13] Em Sófia e Belgrado, Anatol Neklyudov e Hartwig, embaixadores russos, trabalhavam febrilmente para unir sérvios e búlgaros. Pelo menos Neklyudov previu a possibilidade de surgirem problemas. "A união de Bulgária e Sérvia contém um elemento perigoso, a tentação de usá-la para fins ofensivos."[14]

Hartwig não tinha a mesma preocupação. Desde que chegara a Belgrado em 1909 se tornara ardoroso defensor da causa sérvia. Rapidamente se transformou em ator indispensável no cenário político. Começando pelo Rei, todos o consultavam, e todas as manhãs seu gabinete ficava cheio de membros proeminentes da sociedade sérvia. Ele e Pasic eram particularmente íntimos e de forma dissimulada Hartwig deu a entender ao líder sérvio que não precisava levar muito a sério as advertências russas de ir

As primeiras Guerras Balcânicas

com cuidado. Quando Sazonov enviou uma mensagem insistindo que o governo sérvio agisse com moderação em sua política exterior, Hartwig a leu em voz alta. "Já terminou, *mon cher ami?*" – perguntou Pasic. "Muito bem! *C'est bien. Nous pouvons maintenant causer sérieusement!*" (Agora podemos conversar a sério.)[15] Sazonov se preocupava com Hartwig, mas não tinha poder para chamá-lo de volta, possivelmente porque a esposa de Hartwig tinha boas ligações na corte e nos círculos pan-eslavistas da Rússia.

No fim de setembro de 1911 os búlgaros informaram os russos que estavam prontos para negociar tratados, primeiro com a Sérvia, depois com Montenegro e Grécia. Membro proeminente do governo búlgaro disse a Neklyudov que seu país e a Sérvia precisavam permanecer unidos, não apenas para proteger cristãos no Império Otomano, mas para preservar sua independência das potências centrais.[16] Sazonov, que se recuperava de grave doença em Davos, ficou muito satisfeito quando Neklyudov lhe trouxe a notícia. "Bem," exclamou, "isso é perfeito! Tomara que aconteça! A Bulgária firmemente aliada à Sérvia nos campos político e econômico! Quinhentas mil baionetas para defender os Balcãs – há de barrar para sempre a penetração alemã, a invasão austríaca!"[17] Foram precisos vários meses para acertar os detalhes do acordo. Como que alertando para os percalços que surgiriam entre os novos aliados, a maior dificuldade foi a divisão do território macedônio, chegando até pequenas aldeias onde se sobrepunham reivindicações búlgaras e sérvias.[18] O tratado finalmente assinado em março de 1913 continha cláusulas secretas voltadas diretamente para o Império Otomano e previa a Rússia como árbitro de disputas futuras envolvendo a divisão da Macedônia. A Bulgária também se comprometia a apoiar a Sérvia em caso de guerra contra a Áustria-Hungria.

A essa altura, os diplomatas estrangeiros já identificavam rumores sobre a nova parceria e histórias começaram a surgir na imprensa. Sazonov, querendo ser agradável, assegurou aos parceiros da Rússia na *Entente* que o tratado era puramente defensivo e seu país usaria sua influência para garantir que fosse obedecido. Inicialmente, a Alemanha e o Império Austro-Húngaro demonstraram pouca preocupação.[19] Na primavera de 1912, porém, vazaram pormenores das cláusulas secretas do tratado e as grandes potências começaram a desconfiar que havia mais coisas em jogo do que um simples acordo defensivo. "É evidente," escreveu Nicolson, agora Subsecretário Permanente do Foreign Office, a um diplomata inglês em São Petersburgo, "que a partilha do espólio da Macedônia já ficou definida." Sazonov talvez

474 A Primeira Guerra Mundial – que acabaria com as guerras

tenha sido temerário demais. Nicolson reclamou, mas é desnecessário lembrar que a Inglaterra precisava preservar as melhores relações possíveis com a Rússia.[20]

A inquietação internacional cresceu à medida que ficava evidente que Bulgária e Grécia, havia muito tempo concorrentes em suas ambições na Macedônia, agora também se aproximavam. O novo primeiro-ministro grego, Eleutherios Venizelos, estava empenhado em conseguir a independência de sua ilha natal do domínio otomano e disposto a sacrificar os interesses gregos na Macedônia, pelo menos por enquanto, a fim de conquistar aliados. Em maio, um tratado entre Bulgária e Grécia – mais uma vez descrito como defensivo – foi mais um passo rumo à criação de uma liga de estados balcânicos contra o Império Otomano. Búlgaros e montenegrinos consideraram oportuno se reunirem para conversar no mês seguinte, ironicamente no grande palácio Habsburgo, o Hofburg, enquanto os dois reis, Ferdinand e Nicola, visitavam Franz Joseph. O acordo a que chegaram no verão, novamente sob a fachada de ser defensivo, admitia como certa a guerra contra o Império Otomano. No fim de setembro, Sérvia e Montenegro aderiram à aliança. Agora estava completa a Liga Balcânica, tendo a Bulgária como pivô.

O Império Otomano parecia estar dando os últimos suspiros. Em Constantinopla, os Jovens Turcos tinham sido alijados do poder por oficiais direitistas do exército, que não foram capazes de restabelecer a ordem. A revolta na Albânia continuou ganhando força, e o ciclo de intranquilidade e violência na Macedônia recrudesceu. Em agosto explodiu uma bomba em um mercado, matando muitos frequentadores. A polícia otomana entrou em pânico e atirou sobre a multidão reunida. Morreram mais de cem, quase todos búlgaros. Na Bulgária, a opinião pública exigiu que o governo interviesse para libertar a Macedônia. Os otomanos mobilizaram suas forças na fronteira sul da Macedônia, e os membros da Liga Balcânica fizeram o mesmo poucos dias depois. Nesse momento, a Rússia tentou, sem sucesso, conter seus protegidos. As demais grandes potências afinal despertaram de sua complacência e depois de uma rodada de apressadas discussões ficou decidido que a Rússia e a Áustria-Hungria deviam agir em nome do que restava do Concerto da Europa e advertir os estados dos Balcãs e o Império Otomano para que não chegassem à guerra. Declararam com toda a firmeza que não aceitariam nenhuma alteração territorial nos Balcãs resultantes de uma guerra. Um diplomata francês em São Petersburgo foi mais realista: "Pela

As primeiras Guerras Balcânicas

primeira vez na história do Oriente pequenos estados ficaram com tal grau de independência perante as grandes potências que se sentiram em condições de agir de forma absolutamente autônoma e até enfrentá-las, uma após outra."[21]

Em 8 de outubro, dia em que a advertência do Concerto chegou às capitais balcânicas, Nicola, de Montenegro, sempre apostando alto, declarou guerra ao Império Otomano. Embora viesse trabalhando febrilmente para incitar a desordem nos territórios otomanos ao longo das fronteiras, declarou ao embaixador inglês em Cetinje que não tivera escolha: "Acima de tudo, os constantes massacres de irmãos cristãos tinham lhe dilacerado o coração."[22] (Posteriormente circularam rumores de que seu principal motivo fora obter lucro extraordinário na bolsa de Paris fazendo uso do conhecimento antecipado da eclosão de hostilidades.)[23] Em 18 de outubro, depois de algumas tentativas inconvincentes de se apresentarem como vítimas, os outros membros da Liga Balcânica aderiram. Trotsky estava em Belgrado quando soldados sérvios, que não passavam de camponeses mal equipados, eram aplaudidos à medida que desfilavam a caminho da guerra:

> Além das aclamações, todos os corações são tomados por um sentimento peculiar e espontâneo de tragédia, impossível de ser notado à distância. Também um sentimento de impotência diante do destino histórico que se acerca dos povos encurralados no triângulo balcânico e de angústia por aqueles bandos de homens que estão sendo arrastados para a destruição...[24]

Em toda a região dos Balcãs imperava intensa exaltação, com manifestações que reuniam grandes multidões cantando hinos patrióticos. Antigas rivalidades eram momentaneamente esquecidas, enquanto os jornais proclamavam: "Os Balcãs para os povos balcânicos." Do lado de fora da embaixada búlgara em Belgrado, sérvios saudavam: "Viva o Rei Ferdinand!"[25]

Somadas, as forças dos estados balcânicos superavam as otomanas em uma proporção de mais de dois para um, e estas últimas estavam desmoralizadas e despreparadas. Obrigadas a combater ao mesmo tempo em várias frentes, sofreram uma série de rápidas derrotas. (Os franceses atribuíram o êxito das tropas dos Balcãs ao emprego de sua artilharia fabricada pela empresa francesa Creusot, enquanto os otomanos usavam canhões da firma alemã Krupp.)[26] No fim de outubro, os otomanos tinham perdido quase todo o território que lhes restava

A Primeira Guerra Mundial – que acabaria com as guerras

Soldados búlgaros a caminho do campo de batalha contra o Império Otomano na Primeira Guerra Balcânica, em 1912. Não tinham ideia do que iriam encontrar. Embora os otomanos fossem derrotados por uma aliança de estados balcânicos, o exército búlgaro foi seriamente castigado.

na Europa. Inebriado pelo sonho de usar a coroa do antigo Bizâncio e vendo a missa da vitória celebrada na grande igreja de Santa Sofia, Ferdinand ordenou que as tropas búlgaras atacassem Constantinopla, mas elas foram detidas em uma linha de montanhas a nordeste da cidade. Os búlgaros tinham alongado muito sua linha de suprimentos e os soldados estavam ficando sem munição, roupas adequadas e alimentos. Além disso, havia muitos soldados doentes. Acresce que as tensões na própria Liga Balcânica, sempre prestes a aflorar, começavam a surgir. Para decepção da Bulgária, a Grécia tomara porto de Salônica (hoje Tessalônica), na Macedônia, enquanto os sérvios e montenegrinos se lançavam à conquista do Sanjak de Novi Bazar, faixa de terra ao sul da Bósnia que separava os dois estados, assim como o que pudessem tomar da Albânia. Nenhum de seus aliados gostou do fato de a Bulgária ter saído do conflito com fatia muito maior do Império Otomano. Em

3 de dezembro, pressionados pelas grandes potências, horrorizadas e preocupadas com as mudanças dramáticas nos Balcãs, os membros da Liga Balcânica e o Império Otomano concordaram em assinar um armistício e começar negociações de paz em Londres, ainda naquele mês.

O que tornava os Balcãs tão perigosos era a mistura de uma situação local altamente volátil com interesses e ambições das grandes potências. Inglaterra e França, com interesses em jogo nos Balcãs, não queriam ver o equilíbrio na Europa, recentemente tão ameaçado pela segunda crise do Marrocos, mais uma vez em perigo. Por outro lado, nenhuma potência queria ver o desaparecimento do Império Otomano e a consequente luta por seu território no extremo oriental do Mediterrâneo e nas extensas terras árabes em todo o Oriente Médio. Se o Sultão otomano – que também era o Califa, principal chefe religioso no universo dos muçulmanos sunitas – fosse deposto, isso poderia gerar intranquilidade em toda a grande população, em sua maior parte sunita, da Índia britânica, que até então apoiava fielmente o *raj* inglês, e entre os milhões de muçulmanos nas colônias francesas no norte da África.[27] Os franceses também se preocupavam com o que aconteceria com os grandes empréstimos que haviam concedido aos otomanos (A França era o maior credor estrangeiro.) As duas potências temiam as consequências de um enfrentamento entre Rússia e Áustria-Hungria nos Balcãs. Poincaré, agora Presidente, no começo de agosto de 1912 deixou claro aos russos que a França não tinha interesse em se ver arrastada a um conflito entre Rússia e Áustria-Hungria por causa dos Balcãs. Entretanto, a mensagem de Paris foi ambígua. Poincaré também prometeu que a França cumpriria suas obrigações para com a Rússia conforme o disposto na aliança, se a Alemanha se envolvesse no conflito ao lado dos austro-húngaros.[28] Em dezembro de 1912, quando as relações entre Rússia e Áustria-Hungria se deterioravam rapidamente, tudo indica que a França deu a entender que apoiaria a Rússia se estourasse a guerra.[29] Se realmente acreditava nisso ou se estava apenas manifestando um desejo, o fato é que Poincaré assegurou aos russos que a Inglaterra lhe prometera verbalmente enviar uma força expedicionária para apoiar a França se fosse atacada pelos alemães.[30]

—

GREY INSISTIU, como sempre, que a Inglaterra preservasse sua liberdade para decidir o que fazer em qualquer crise, mas na verdade deu considerável apoio à Rússia. Embora se oferecesse para ajudar num acordo de paz, Grey também garantiu aos russos que a Inglaterra via com simpatia

478 A Primeira Guerra Mundial – que acabaria com as guerras

a necessidade russa de manter os Estreitos em mãos amigas.[31] Como aumentava a probabilidade de uma guerra, Grey mais uma vez frisou para os franceses que a Inglaterra não teria obrigação de socorrer a França se a Alemanha resolvesse apoiar a Áustria-Hungria atacando o aliado da Rússia no Ocidente. Entretanto, com a evolução da primeira guerra nos Balcãs, aconteceram em Londres conversas sobre o envio de uma força expedicionária inglesa para a França. Grey disse ao embaixador alemão que era de "vital interesse" para a Inglaterra evitar que a França fosse esmagada pela Alemanha e que, em tal situação, a Inglaterra não teria outra escolha, as não ser partir em socorro da França.[32] Se Inglaterra e França sentiam que suas opções ficavam cada vez mais limitadas, isso era ainda mais verdadeiro para as duas potências vizinhas com interesse maior nos Balcãs, Rússia e Áustria-Hungria.

——

EMBORA A RÚSSIA TIVESSE, em termos econômicos, pouca coisa em jogo nos Balcãs – o comércio do país e seus investimentos na região eram pequenos, comparados com os de outras potências como a França – a posição russa em relação a essa região obedecia a poderosas ambições e temores.[33] Se o Império Otomano entrasse em colapso, algo cada vez mais provável, a questão do controle dos Estreitos ficaria imediatamente crítica. A prosperidade da Rússia e seu desenvolvimento futuro estavam ligados ao comércio externo. A maior parte de suas exportações de grãos era escoada pelos Estreitos, e a maquinaria moderna de que o país precisava para suas fábricas e minas chegava pela mesma via. Os russos se lembravam de quanto a geografia tornara vulnerável o comércio quando os Estreitos foram temporariamente fechados em 1911 e 1912 por causa da guerra entre italianos e otomanos. Com os estoques de grãos empilhados nos portos russos no Mar Negro, os preços caíram, os negociantes entraram em pânico e apelaram para que o governo fizesse alguma coisa. Com a queda do valor das exportações russas, as taxas de juros tinham subido rapidamente.[34] A velocidade do avanço búlgaro na guerra durante o outono realmente alarmou São Petersburgo. Em determinado momento, o governo considerou seriamente o envio de uma força para defender Constantinopla, ou, talvez, se apoderar de uma faixa de terras ao longo do Bósforo até ter a certeza de que não seria necessário transportar tropas e fazer um desembarque anfíbio.[35]

A Rússia tinha outras razões para temer problemas no Império Otomano. Até aquele momento, o atraso de seu vizinho do sul lhe convinha.

As primeiras Guerras Balcânicas

O platô da Anatólia, subdesenvolvido e contando com um sistema ferroviário apenas iniciado, constituía uma barreira terrestre que separava convenientemente outras potências continentais do Império Russo na Ásia Central, permitindo que a Rússia tivesse liberdade para expandir ainda mais seus domínios, em particular na Pérsia. (Embora isso gerasse repetidos atritos com os ingleses, Grey e seus colegas estavam dispostos a ser tolerantes para conservar a amizade russa.) Todavia, desde 1900 a penetração alemã em terras otomanas vinha aumentando, e um projeto bastante anunciado de construção de rede ferroviária entre Berlim e Bagdad apresentara nova e indesejada ameaça às ambições imperiais russas.[36]

Por fim, quanto aos próprios estados balcânicos, os líderes russos estavam decididos a não se deixar enganar e mais uma vez ser humilhados pela Áustria-Hungria, como acontecera no caso da Bósnia-Herzegovina em 1908. Todas as iniciativas austro-húngaras, como a tentativa de seduzir Montenegro e Bulgária oferecendo empréstimos, e até atividades de padres católicos da Igreja austríaca levantavam suspeitas em São Petersburgo. A posição russa em relação aos Balcãs também sofria a influência do pan-eslavismo e do desejo de defender os companheiros eslavos do sul, muitos deles, como os russos, cristãos ortodoxos. Antes da Grande Guerra, somente o pan-eslavismo, um conjunto de emoções e atitudes, e não um movimento politicamente coerente ou ideologia, provocou muita retórica inflamada na Rússia e em outros pontos da Europa Central. Para os pan-eslavistas russos, tratava-se de sua "missão histórica," de "nossos irmãos eslavos" e de fazer a grande mesquita de Hagia Sofia voltar a ser a igreja de Santa Sofia. Falava-se muito em reconquistar "as chaves e os portões da casa russa" – os Estreitos entre o Mediterrâneo e o Mar Negro – para que o comércio e o poder naval russos pudessem se abrir para o mundo. (Nem sempre os russos levavam em conta que o Mediterrâneo era uma versão maior do Mar Negro, com as saídas vitais em Suez e Gibraltar controladas por outra potência, no caso, a Inglaterra.) Se não servia para orientar as políticas russas nos Balcãs, essa retórica contribuiu para limitar suas opções. Sazonov se viu pressionado a apoiar as nações balcânicas e a não ter negociações com a Áustria-Hungria, mesmo com a Rússia sendo prudente o bastante para tentar reconstituir o antigo entendimento de manter o *statu quo* nos Balcãs.[37] Com certeza o pan-eslavismo encontrou nele uma vítima natural.

Infelizmente para a Rússia, para a estabilidade nos Balcãs e, no longo prazo, para a paz na Europa, esse homem agora responsável pela política exterior se deixava tão facilmente ser levado por emoções e preconceitos. Sazonov acreditava que a missão histórica da Rússia era libertar os eslavos do sul da opressão otomana. Embora sua nobre tarefa estivesse quase completa no começo do século XX, a Rússia ainda precisava estar em guarda contra ameaças às nações balcânicas da parte de um ressurgente Império Otomano, ou da Áustria-Hungria e sua aliada Alemanha. Alimentava profundas suspeitas de Ferdinand da Bulgária, que via como um alemão doido aninhado nos Balcãs, e temia os Jovens Turcos, que acreditava estarem sob a liderança de maçons judeus.[38] Também foi uma infelicidade o fato de Sazonov ter muito menos inteligência, experiência e personalidade do que seu antecessor. Suas principais qualificações para o cargo parecem ter sido o fato de não ser Izvolsky, que ficara totalmente desacreditado depois da crise da Bósnia, e ser cunhado do primeiro-ministro Stolypin.

Como muitas outras personalidades da cúpula na Rússia, o novo ministro do Exterior vinha de uma antiga família da nobreza. Ao contrário de tantos colegas, era correto e honesto, e até seus inimigos concordavam que era um perfeito cavalheiro e fiel servidor do Czar e da Rússia. Sazonov era também profundamente religioso e, na opinião do Barão Taube, que trabalhava com ele no Ministério do Exterior, se daria muito bem na hierarquia da Igreja Ortodoxa russa. Na opinião de Taube, ele não era talhado para o cargo de ministro do Exterior: "naturalmente suscetível a doenças, exageradamente sensível e um tanto sentimental, nervoso e até neurótico, Sazonov era o tipo por excelência de eslavo com traços próprios das mulheres, de temperamento fácil e generoso, mas maleável e indefinido, mudando constantemente de opinião em função de impressões e intuições, resistindo a fazer esforços continuados para raciocinar e incapaz de seguir um curso racional de pensamento que levasse a um fim lógico."[39]

Em 1911 e 1912, quando os estados balcânicos circulavam em torno da carcaça do Império Otomano, Sazonov os encorajou. "Não fazer nada," registrou em suas memórias, "para facilitar a conquista dos objetivos da Sérvia e da Bulgária seria, para a Rússia, não apenas a renúncia a sua missão histórica, mas também a abdicação, sem resistir aos inimigos da nacionalidade eslava, de uma posição política conquistada através de longos esforços."[40] Estimulou a criação da Liga Balcânica e ao que parece, como o infeliz aprendiz de feiticeiro, alimentava a ilusão de conseguir controlar o processo. Quando disse aos líderes sérvios e búlgaros que a Rússia não queria que houvesse guerra nos

As primeiras Guerras Balcânicas

Balcãs, eles acharam que Sazonov não queria dizer exatamente isso. Como escreveu o encarregado de negócios inglês em Sófia às vésperas da Primeira Guerra dos Balcânica:

> O perigo da situação reside, na verdade, no fato de nem a Bulgária e tampouco a Sérvia acreditarem que a Rússia possa abdicar de sua secular política para os Balcãs sem nem mesmo tentar resistir. A Rússia conseguiu unir os Estados Balcânicos – é bem verdade que foi com um propósito defensivo – mas ofensiva e defensiva são termos muito afins em determinadas circunstâncias. Agora estão trabalhando juntos, mas, tão logo se sintam prontos e surja uma oportunidade, não será o ônus de empréstimos da França nem as admoestações russas ou de toda a Europa que os deterão. Pouco se importam de provocar ou não uma guerra europeia.[41]

Quando Hartwig apoiou entusiasticamente a ambição dos sérvios de construir uma Grande Sérvia, Sazonov reclamou, mas quase nada fez para detê-lo. Também não estava preparado para lidar com a opinião pública decididamente favorável à Sérvia, mesmo achando, como admitiu em suas memórias, que "o governo tinha certo receio de se ver incapaz de controlar o curso dos acontecimentos."[42] Descobriu ainda que era difícil tratar com a Sérvia: "Nem sempre mantive o autocontrole e soube fazer uma avaliação sensata do perigo envolvido em uma situação que me permitisse impedir uma catástrofe."[43] Como tantas vezes acontece com as grandes potências, a Rússia acabaria descobrindo que, quanto menor e mais fraco, mais exigente é o cliente e, na maior parte das vezes, acaba conseguindo o apoio de seu protetor. Em novembro de 1912, por exemplo, durante a primeira guerra dos Balcãs, o líder sérvio Pasic, sem consultar a Rússia, publicou no *Times* de Londres uma carta dramática abordando os objetivos sérvios. Declarou que seu país devia contar com um litoral de cerca de cinquenta quilômetros no Adriático. "Para obter esse mínimo, a Sérvia está disposta a fazer qualquer sacrifício, pois deixar de fazê-lo significa não cumprir seu dever como nação." Como Pasic sabia muito bem, mesmo uma presença mínima da Sérvia no Adriático seria execração para a Áustria--Hungria. Sua carta foi uma tentativa de pôr a Rússia em posição de não ter outra escolha a não ser apoiar a Sérvia.[44] Nessa oportunidade, os russos finalmente se recusaram a ser envolvidos, mas Sazonov e seus companheiros enfrentariam dilema semelhante dois anos depois. Se as abandonassem diante da agressão austro-húngara, a Rússia pareceria

482 A Primeira Guerra Mundial – que acabaria com as guerras

fraca. Se garantisse à Sérvia seu apoio incondicional, poderia estimular a iniciativas mais audaciosas em Belgrado.

Áustria-Hungria, a outra grande potência que se preocupava com a evolução dos acontecimentos nos Balcãs, temia, como a Rússia, ser vista como fraca, mas, enquanto a Rússia queria ver os estados balcânicos fortalecidos, o Império Austro-Húngaro via horrorizado essa possibilidade, especialmente no pertinente à Sérvia. A mera existência desse estado era um perigo para a antiga monarquia multinacional por servir como catalizador, modelo e inspiração para os eslavos do sul que viviam no Império. A elite dirigente da Áustria-Hungria lembrava muito bem como o reino do Piemonte fora pioneiro na unificação da Itália e como a Prússia fizera o mesmo com a Alemanha, nos dois casos a expensas da Áustria-Hungria, que agora via a Sérvia nesse papel. (Era sintomático o fato de os nacionalistas sérvios pensarem da mesma forma e darem o título *Piejmont* a um de seus jornais mais radicais.) As ações dos nacionalistas sérvios depois do golpe de estado de 1903, insuflando o sentimento nacionalista em toda a península e dentro do próprio Império, contribuíram fortemente para exacerbar os temores austro-húngaros.

Em uma daquelas inoportunas coincidências que fazem parte das relações humanas, em 1912 a Áustria-Hungria também teve um novo primeiro-ministro que, como no caso da Rússia, era fraco e menos decidido do que seu antecessor. Leopold von Berchtold era um dos homens mais ricos da Monarquia Dual e casara com uma herdeira húngara. Sua família era famosa e tradicional, e ele se relacionava com praticamente todas as pessoas de relevo da sociedade. Embora pelo menos um de seus antepassados tivesse rompido com as convenções ao casar com a irmã de Mozart, oriunda da classe média, Berchtold era terrivelmente esnobe e uma espécie de santarrão que mal admitia Edward VII na sociedade. "*Une royauté en décadence,*" escreveu Berchtold em seu diário quando o rei inglês trouxe uma ex-amante para o elegante spa de Marienbad. "Uma volta à repugnante e torpe tradição georgiana depois da grandeza moral da era vitoriana."[45] Elegante e encantador, de modos impecáveis, Berchtold circulava à vontade na sociedade. "O belo poodle," como era chamado por seus muitos críticos, estava mais interessado em se divertir e colecionar objetos valiosos do que na alta política. Mau gosto o deixava irritado. Quando visitou uma nova ala que Franz Ferdinand construíra em um de seus castelos, achou que o mármore "parecia um patê de carne de vitela e me fazia lembrar o piso de um açougue."[46] Depois da família, à qual era devotado, as corridas de cavalo eram a maior paixão de Berchtold.

Como ele próprio dizia, sempre quis ser ministro do governo e vencer uma corrida importante. Conseguiu satisfazer o primeiro desejo chamando a atenção de Aehrenthal, inicialmente como diplomata promissor e depois como seu provável sucessor, e a segunda ambição, gastando prodigamente. Berchtold construiu sua própria pista para corridas de cavalos, importou os melhores treinadores e comprou os melhores animais.

Quando Aehrenthal morreu, Franz Joseph não tinha muitas opções para escolher o substituto. Devia ser alguém do mais alto nível social e que o herdeiro do trono aceitasse. A oposição de Franz Ferdinand já eliminara dois possíveis candidatos. Berchtold, simpático tanto aos olhos do tio quanto aos do sobrinho e que conquistara boa reputação como embaixador austro-húngaro na Rússia, surgiu como candidato mais adequado, e o moribundo Aehrenthal lhe pediu para aceitar a missão.[47] Berchtold levantou dúvida sobre sua capacidade para o exercício do cargo (o mesmo achavam seus colegas, e um deles chegou

Simpático, muito bem-educado e riquíssimo, o conde Leopold von Berchtold foi ministro do Exterior austro-húngaro de 1912 a 1915. Embora preferisse a paz, aos poucos se convenceu de que a Sérvia precisava ser destruída.

a afirmar que ele seria excelente como autoridade responsável por cerimoniais elaborados, mas um desastre como ministro do Exterior.)[48] Na entrevista com o imperador, Berchtold listou suas deficiências. Não estava familiarizado com as rotinas internas do Ministério do Exterior e nunca tratara com o parlamento austríaco. Ademais, em seu caso, que se considerava tanto austríaco quanto húngaro, provavelmente seria

484 A Primeira Guerra Mundial – que acabaria com as guerras

menosprezado por ambas as nacionalidades. Por fim, provavelmente não estaria em condições de enfrentar as exigências físicas exigidas pelo posto. Não obstante, assumiu o cargo por questão de cumprimento do dever perante seu Imperador.[49]

Berchtold era um homem inteligente e diplomata experiente, mas fora sincero em suas palavras. Faltavam-lhe confiança e determinação. Era lento na tomada de decisões, tergiversava com os auxiliares e algumas vezes até pedia a opinião dos filhos.[50] Embora fosse adepto da paz, tinha dificuldade para lidar com os falcões, especialmente Conrad, que o bombardeava com memorandos defendendo a guerra contra a Itália e, em 1912, 1913 e 1914, contra a Sérvia.[51] Também faltava a Berchtold o conhecimento sólido de que necessitava. Pouco sabia sobre a questão dos eslavos do sul e a questão balcânica, ou sobre outros assuntos como pormenores da aliança entre Áustria-Hungria e Itália.[52] Em consequência, sentia-se intimidado diante de outras pessoas com maior conhecimento e frequentemente se submetia a suas opiniões. Seus próprios pontos de vista na política exterior eram simplistas e pessimistas: a Áustria-Hungria estava ameaçada por vizinhos hostis, e sua única amiga era a Alemanha. Se chegou a pensar que um dia seria possível um entendimento com a Rússia, desde a crise sobre a Bósnia se convenceu de que era mínima a chance de isso acontecer. Acreditava que agora a Áustria-Hungria devia encarar a Rússia como "um inimigo que certamente podia esperar, mas que não queria esquecer."[53]

Com a disseminação das tensões e dos rumores sobre guerra nos Balcãs no verão de 1912, Berchtold tentou manter o *statu quo* na região, insistindo que as grandes potências agissem em conjunto, tal como o Concerto da Europa. Se pudessem pressionar o Império Otomano para rever o tratamento que dispensava aos cristãos sob seu governo, os estados balcânicos não teriam mais motivo para guerra. Sinalizando o quanto a Europa estava dividida em blocos hostis, a reação inicial da Rússia e da França na Tríplice Entente foi de suspeita, e os dois países se mostraram decididos a não permitir que a Tríplice Aliança tomasse a iniciativa.[54] Sazonov disse ao embaixador inglês em São Petersburgo que o prestígio da Rússia ficaria seriamente comprometido se a Áustria-Hungria fosse vista como protetora dos cristãos.[55]

Quando finalmente estourou a guerra nos Balcãs no fim de setembro, tudo indica que os dirigentes austro-húngaros foram tomados de surpresa, com seus adidos militares fora de Belgrado e de

As primeiras Guerras Balcânicas

Constantinopla, em gozo de licença.[56] A sequência de rápidas vitórias da Liga Balcânica causou intensa preocupação e muitas discussões ansiosas em Viena. O Conselho Ministerial Comum, responsável pela unidade do Império, que até então protelara a discussão das propostas de novos orçamentos militares, agora aprovou uma grande soma para uma nova artilharia e fortificações. À medida que ficava evidente que o Império Otomano perderia a maior parte, se não todo, de seu território restante na Europa e que a velha ordem nos Balcãs estava morta, a pergunta que inquietava a Áustria-Hungria era como seria a nova ordem. Uma Bulgária maior era aceitável e uma Albânia como estado independente era até desejável porque bloquearia o aceso da Sérvia ao Adriático e provavelmente seria cliente do Império Austro-Húngaro. Todavia, Viena certamente não queria ver em suas fronteiras meridionais a Sérvia e Montenegro muito maiores, com o consequente aumento da influência russa nos Balcãs. As exigências sérvias incluíam o Sanjak, que proporcionaria uma fronteira comum com Montenegro, parte de Kosovo e acesso ao Adriático. Já seria bastante ruim Montenegro dispor de pequena faixa da costa adriática, mas se a Sérvia avançasse para oeste rumo ao mar, a posição dominante da Áustria-Hungria no Adriático, já ameaçada pela Itália, ficaria em risco. A base naval de Pula, que já absorvera boa parte dos recursos austro-húngaros, provavelmente ficaria inútil, e o porto de Trieste, extremamente importante, no topo do Adriático, poderia ficar estrangulado. A opinião pública, já hostil à Sérvia, se inflamou ainda mais ao tomar conhecimento de que os sérvios tinham capturado um diplomata austro-húngaro ao avançarem em território otomano, o estavam maltratando e, como se comentava, o tinham castrado (Descobriu-se que estava ileso).[57]

Se o governo não conseguisse controlar Sérvia e Montenegro, advertiu o general Blasius Schemua, substituto de Conrad por curto período como Chefe do Estado-Maior, a Áustria-Hungria poderia dizer adeus a seu status de grande potência.[58] Conrad, muito deprimido diante das vitórias da Sérvia (segundo um amigo, os músculos de sua face se contraíam incessantemente),[59] enviou seu memorando de costume, dessa vez mais veemente que nunca, insistindo na destruição da Sérvia. Berchtold, com o respaldo do Imperador e, inicialmente, de Franz Ferdinand, resistiu, mas definiu para as outras potências os objetivos mínimos da Áustria-Hungria: o estabelecimento de uma Albânia grande e independente e o impedimento da aquisição pela Sérvia de um trecho da costa adriática. Este segundo ponto, infelizmente para a paz na Europa, era uma exigência sérvia que inicialmente a Rússia apoiou a fim de mostrar que ajudava firmemente seu estado cliente.

A Rússia ficou em posição difícil. Seus chefes militares estimavam que o país precisaria de alguns anos para ficar em condições de se envolver numa grande guerra. Entretanto, não podia ficar assistindo os estados balcânicos ameaçados pela Áustria-Hungria.[60] Em esforço para deter esse Império e sua aliada Alemanha, a Rússia empregou a tática que usaria novamente em 1914. No fim de setembro de 1912, no exato momento em que os estados balcânicos mobilizavam suas forças, o exército russo realizou como exercício que descreveu como um ensaio de mobilização no distrito militar de Varsóvia, o mais ocidental e que fazia fronteira com a Alemanha e a Áustria-Hungria. Os russos estenderam o serviço dos soldados convocados que estavam para ser dispensados, desse modo aumentando em cerca de 270 mil homens o efetivo de soldados na ativa.[61]

—

As ações russas tiveram uma resposta da Áustria-Hungria, onde aumentava o abatimento diante da possibilidade de destruição do *statu quo* nos Balcãs e do crescimento do poder da Sérvia, de Montenegro e, em menor grau, da Bulgária. No fim de outubro, Berchtold teve longa e difícil reunião com seus colegas, ministros militares e de finanças da Monarquia Dual que compunham o Conselho Ministerial Comum. Na reunião se concluiu que havia forte possibilidade de uma guerra contra a Liga Balcânica, e houve concordância em pedir ao Imperador para enviar reforços substanciais às forças que já se encontravam na Bósnia.[62] Pouco depois, Berchtold esteve na Itália, onde tentou persuadir os italianos a apoiar a Áustria-Hungria. (Também aproveitou para se distrair visitando lojas de antiguidades e galerias de arte.)[63] Em novembro, quando a Liga Balcânica consolidou sua vitória sobre os turcos, a Áustria-Hungria reagiu contra a Rússia pondo suas tropas na Bósnia e na Dalmácia em regime de prontidão. Ademais, aumentou o efetivo das guarnições na Galícia perto da fronteira com a Rússia, providência que causou pânico nos habitantes locais, temerosos de que a guerra estivesse a ponto de começar.[64]

Realmente a Europa chegou bem perto de uma guerra geral. Como mais tarde Sazonov registrou em suas memórias, houve nos círculos dirigentes da Rússia a firme convicção de que chegara a hora de acertar contas com a Áustria-Hungria e se vingar do fiasco na crise da Bósnia.[65]

As primeiras Guerras Balcânicas

Em 22 de novembro, dois dias depois de os austro-húngaros adotarem medidas ofensivas, o Czar presidiu uma reunião com os principais comandantes militares de regiões-chave na parte ocidental do país, que pressionavam o governo para reforçar suas tropas e defendiam uma demonstração de força diante da Áustria-Hungria.[66] Quanto a Nicholas, na opinião do embaixador inglês ele era ainda mais pan-eslavista do que o próprio governo, e sabia-se ter afirmado que não toleraria uma segunda humilhação como a que o país sofrera sobre a Bósnia.[67] Nessa reunião decidiu-se a mobilização de todo o distrito militar de Kiev, que cobria o oeste da Ucrânia e grande parte do distrito de Varsóvia na Polônia russa. Também foram iniciados preparativos para mobilização do distrito de Odessa, na orla do Mar Negro. Sukhomlimov, o ministro da Guerra, não teve o cuidado de informar seus colegas civis a respeito da dramática e arriscada decisão. Seria melhor, disse-lhes, que soubessem pelo próprio Czar o que ele tinha em mente. No dia seguinte, quando os civis, inclusive Sazonov e Kokovtsov, agora primeiro-ministro, foram convocados para comparecer ao gabinete do Czar em seu palácio nos arredores de São Petersburgo, ficaram espantados com o que ouviram. Nicholas lhes disse que tomara sua decisão, e que as mensagens determinando a mobilização estavam prontas para ser expedidas. A Rússia, salientou, estava se mobilizando exclusivamente contra a Áustria-Hungria e esperava que Wilhelm o apoiasse forçando os austro-húngaros a agir de forma sensata. Kokovtsov condenou a planejada mobilização. Significava o risco de uma guerra contra a Áustria-Hungria e, ao mesmo tempo, contra a Alemanha, sua aliada, para a qual a Rússia simplesmente não estava preparada. Apesar de todo seu entusiasmo pela causa eslava, Sazonov também ficara assustado e visivelmente mais contido em seu apoio aos sérvios, afirmando para italianos e austríacos que a Rússia não mais respaldaria a Sérvia em sua exigência por um porto no Adriático. Como afirmou o embaixador inglês com boa dose de crueldade: "Sazonov muda tão frequentemente de opinião que fica difícil entender as sucessivas fases de pessimismo e otimismo que atravessa."[68] Nessa ocasião, os civis obtiveram sucesso ao resistir à pressão dos militares, e a planejada mobilização foi arquivada, apesar de o efetivo de tropas na ativa ter novamente aumentado, com a extensão do tempo de serviço militar.[69] Embora, por força de seu cargo, conhecesse muito bem a debilidade militar russa, Sukhomlinov continuou afirmando que uma guerra contra a Alemanha e a Áustria-Hungria era inevitável e que seria melhor resolver logo a questão. "Informe

Paris," disse ao adido militar francês em São Petersburgo, "que podem ter a certeza de aqui está tudo pronto, sem confusão. Vocês verão."[70]

Enquanto os russos flertavam com o perigo, outra série de importantes reuniões acontecia em Berlim. Franz Ferdinand e Schemua, então Chefe do Estado-Maior austríaco, chegaram para pedir garantia de apoio alemão em caso de ataque russo. O Chanceler alemão, Bethmann, e Kiderlen, ministro do Exterior, inicialmente esperavam manter um equilíbrio entre a preservação do relacionamento com a Inglaterra para acalmar a tensão internacional nos Balcãs e uma sinalização de que apoiariam a Áustria-Hungria. Ao mesmo tempo pretendiam impedir que seu aliado fosse longe demais, por exemplo, anexando o Sanjak, ao qual os austro-húngaros tinham renunciado em 1908. Os líderes alemães também não queriam ver a destruição do Império Otomano, onde a Alemanha tinha relevantes interesses, inclusive as iniciativas preliminares para construção da ferrovia Berlim-Bagdá.[71] O Kaiser, como sempre imprevisível, inicialmente fora hostil aos otomanos, argumentando que a atual liderança tinha se revoltado contra "meu amigo o Sultão," e simpático com a Liga Balcânica, mesmo quando se referia ao homem que chamara "o ladrão de ovelhas das Montanhas Negras" como "Sua Majestade, o Rei de Montenegro."[72] Todavia, por ocasião da visita de Franz Ferdinand e Schemua em novembro, Wilhelm mudara de opinião e passara a apoiar decididamente a Áustria-Hungria. De fato, ao longo da conversa, primeiro em Berlim e depois em seu pavilhão de caça no leste, foi além de seu próprio governo do que deveria e prometeu aos visitantes que a Alemanha os apoiaria se eclodisse uma guerra entra Áustria-Hungria e Rússia por causa dos Balcãs. Uma semana mais tarde Bethmann informou o Reichstag que a Alemanha ficaria ao lado de seu aliado, embora prudentemente evitasse ser mais específico.[73] Na Silésia, perto da fronteira com a Rússia, famílias alemãs fizeram planos para se mudar para o ocidente do país a fim de se livrarem de uma possível invasão, enquanto em Berlim se comentava que altas autoridades estavam depositando seus recursos financeiros em bancos suíços, por questão de segurança. Tirpitz perguntou a seus oficiais de maior patente que providências poderiam ser tomadas antes da total mobilização naval e, como que prenunciando o que viria a ser seu mais grave colapso psicológico em 1914, Moltke, Chefe do Estado-Maior Alemão, parecia visivelmente ao mesmo tempo nervoso e apático.[74]

Em toda a Europa os mercados de ações estavam agitados, e na imprensa eram frequentes as notícias sobre movimento de tropas e outros preparativos militares. "O ar está pesado e infestado de rumores," informou o correspondente do *Times* em Viena, "mas nem sempre merecem crédito. Todavia, examinados em conjunto, mostram que, no conflito do Oriente Próximo, se aproxima o momento em que os governos europeus precisarão agir com perspicácia e prudência para impedir que se transforme em um conflito de dimensões continentais."[75] A Áustria-Hungria deu ordem para que seus diplomatas em Belgrado, Cetinje e São Petersburgo empacotassem os documentos mais importantes e ficassem prontos para partir em caso de guerra. (Dariam a mesma ordem dois anos mais tarde.)[76] Em 7 de dezembro, pouco depois do armistício nos Balcãs, Conrad foi novamente nomeado Chefe do Estado-Maior da Áustria-Hungria. Rapidamente quis compartilhar a notícia com sua querida Gina, mas, quando a viu, pôs as mãos na cabeça e não conseguiu falar. Agora a Áustria-Hungria enfrentava nos Balcãs problemas muito mais graves do que antes, disse a ela. Os estados balcânicos estavam muito mais fortes.[77] Não obstante, continuou pressionando Berchtold para agir militarmente contra a Sérvia e Montenegro. Ao menos por enquanto, contava com o apoio de Franz Ferdinand, que, como Berchtold, geralmente defendia a moderação.[78]

—

NO COMEÇO DE DEZEMBRO, enquanto era assinado o armistício na Primeira Guerra Balcânica, Grey tentava acalmar a tensão internacional convocando uma reunião de embaixadores das grandes potências, simultânea com outra de representantes das nações balcânicas, ambas a serem realizadas em Londres, com o objetivo de preservar a paz. Falando pelo governo, Haldane, ministro da Guerra, alertou o embaixador alemão em Londres, o Príncipe Karl von Lichnowsky, que não podia esperar que a Inglaterra ficasse assistindo impassível caso a Áustria-Hungria atacasse a Sérvia e, se eclodisse uma guerra geral, quase certamente interviria para evitar que a França fosse esmagada. Embora o Kaiser ficasse furioso com os ingleses – "covardes," "nação de lojistas," "gananciosos" – seu governo se dispôs a cooperar com a Inglaterra para pôr fim à crise. Tanto Bethmann quanto Kiderlen queriam a neutralidade da Inglaterra em uma futura guerra europeia, embora já tivessem desistido de conquistar sua amizade.[79] Por seu lado, a Áustria-Hungria se ofendeu do que considerou desinteresse de sua aliada.[80]

As outras potências também aceitaram o convite de Grey. A França não queria uma guerra por causa dos Balcãs, e a Itália sempre aproveitava oportunidades de ser tratada como grande potência. A Áustria-Hungria e a Rússia já sentiam o ônus financeiro dos preparativos militares e em ambos os países se levantaram vozes, principalmente nos círculos conservadores, defendendo melhor entendimento entre as duas grandes monarquias. Em novembro, o governo russo já decidira se afastar da beira do precipício. Sazonov, entretanto, foi pública e fortemente criticado por admitir um acordo. Como disse um deputado da Duma, foi "um Mukden diplomático," o equivalente a uma das maiores derrotas terrestres russas na Guerra Russo-Japonesa. Em 11 de dezembro, os principais dirigentes austro-húngaros se reuniram com Franz Joseph para decidir entre paz e guerra. Conrad defendeu veementemente a guerra, com apoio de Franz Ferdinand. (O arquiduque logo depois voltaria a uma posição mais moderada.) Berchtold e a maior parte dos ministros civis se opuseram a Conrad. O Imperador – "coisa incomum: sério, contido e determinado" – decidiu pela paz. Em julho de 1914 decidiria pela guerra.[81]

A reunião de embaixadores em Londres foi realizada no Foreign Office sob a presidência de Grey e se estendeu do fim de dezembro de 1912 a agosto de 1913. Como declarou Grey posteriormente, seu desenrolar foi "demorado e algumas vezes intoleravelmente desgastante." Paul Cambon, representante da França, gracejou dizendo que a reunião prosseguiria até que houvesse seis esqueletos sentados em volta da mesa.[82] (Era típico da velha Europa, com o parentesco que existia de sua aristocracia, o fato de os embaixadores conde Albert Mensdorff, da Áustria-Hungria, Lichnowsky, da Alemanha e conde Alexander Benckendorff, da Rússia, serem primos.) Mensdorff reclamou que o embaixador italiano falava mais do que todos os outros juntos.[83] Embora concordassem em fazer tudo para evitar uma guerra, as potências viram que não seria fácil levar os estados balcânicos a um acordo. A Liga Balcânica se desmantelava por rivalidades nacionais, e o Império Otomano estava mais uma vez em tumulto. Em janeiro, Enver Pasha, um dos Jovens Turcos, que fora afastado por breve período, apareceu à testa de um grupo de homens armados em uma reunião do Gabinete em Constantinopla e acusou o governo de se submeter a outras potências, exigindo sua renúncia. Para mostrar que estavam dispostos a tudo, os Jovens Turcos atiraram no ministro da Guerra, matando-o.

A principal discordância entre as grandes potências era sobre o status e a dimensão da Albânia. A Áustria-Hungria defendia que o novo estado fosse uma monarquia. Cambon ceticamente raciocinou que um governante incompetente que obedecesse à Áustria-Hungria poderia perfeitamente ser morto, dando motivo para invasão da Albânia e sua

As primeiras Guerras Balcânicas

transformação em protetorado austro-húngaro.[84] A fronteira da Albânia também deu origem a intermináveis dificuldades. Parte do problema era o fato de ser bem possível que os albaneses fossem descendentes dos habitantes originais dos Balcãs, misturados com eslavos do sul e diversas nacionalidades e religiões. Os albaneses também se dividiam por clã e religião – no sul eram predominantemente muçulmanos, enquanto a maioria dos que viviam no norte era de cristãos – o que mais estimulava potências estrangeiras a se meter. Além disso, a Áustria-Hungria ambicionava uma Albânia maior para contrabalançar os estados eslavos e impedir o acesso da Sérvia ao mar, enquanto a Rússia queria entregar o máximo de território otomano a seus protegidos eslavos.[85] Portanto, eram intermináveis debates sobre pequenas aldeias, embora jamais se tivesse ouvido falar da maioria delas. Como reclamou Grey, era "irracional e intolerável grande parte da Europa se envolver numa guerra por causa da disputa por uma ou duas cidadezinhas na fronteira da Albânia."[86] (Neville Chamberlain fez comentário semelhante quando, em transmissão pelo rádio, exclamou a respeito da crise com a Tchecoslováquia em 1938: "É terrível, espantoso, inacreditável estarmos cavando trincheiras e treinando o uso de máscaras contra gases por causa de uma briga num país remoto e entre povos dos quais nada sabemos.")

O destino da pequena cidade de Scutari (hoje Shkodër) gerou tensões especiais e novamente o temor de uma guerra. A Áustria-Hungria queria a cidade incluída no território albanês por ser um centro católico e, portanto, sob influência austro-húngara. Sua inclusão na Sérvia ou Montenegro, como pensavam Berchtold e outros, afetaria o prestígio e os interesses austro-húngaros.[87] Franz Ferdinand, que recuara de sua beligerância anterior, em meados de fevereiro de 1912 escreveu ansioso – e presciente – a Berchtold:

> Sem ter de ceder em tudo, devemos fazer o máximo para preservar a paz! Se entrarmos numa guerra geral contra a Rússia, seria uma catástrofe, e ninguém pode afirmar que seu flanco direito ou esquerdo funcionará. A Alemanha tem de lidar com a França, e a Romênia vai se desculpar alegando a ameaça búlgara. Portanto, vivemos momento muito desvantajoso. Se entrarmos em guerra contra a Sérvia, logo transporemos essa barreira, mas e depois? O que teríamos? Em primeiro lugar, a Europa inteira cairia sobre nós, enxergando-nos os perturbadores da paz, e Deus se apiade de nós se anexarmos a Sérvia.[88]

Vendo subir novamente a tensão entre Rússia e Áustria-Hungria, Franz

A Primeira Guerra Mundial – que acabaria com as guerras

Joseph enviou um emissário de confiança, o Príncipe Gottfried von Hohenlohe-Schillingfürst, a São Petersburgo para reassegurar ao Czar que os civis ainda controlavam os generais austro-húngaros. Outro exemplo impressionante das lideranças europeias darem como certa uma guerra em larga escala na Europa, Hohenlohe advertiu que era provável uma guerra em seis meses, caso não se resolvesse a questão da Albânia.[89] As duas potências recuaram ante a perspectiva de guerra, e em março a mais recente crise europeia se esgotava, à medida que Rússia e Áustria-Hungria retiravam tropas da fronteira comum e chegavam a um acordo de incluir Scutari na Albânia em troca de um punhado de cidadezinhas para o território sérvio.

No terreno, porém, a situação estava longe de resolvida, tendo em vista que os estados balcânicos continuavam a fazer suas próprias jogadas. Montenegro e Sérvia, amigos por enquanto, tentavam se antecipar a qualquer acordo de paz se apoderando de Scutari durante a guerra, mas a guarnição otomana continuava a defender a cidade com notável determinação. Montenegrinos e sérvios se faziam de surdos diante das crescentes e incisivas exigências das grandes potências para que levantassem o cerco. No fim de março, a Áustria-Hungria enviou sua esquadra do Adriático para bloquear os portos de Montenegro. Sazonov alertou para "o gigantesco perigo que esse ato isolado representava para a paz na Europa" e o governo russo considerou a possibilidade de novamente aumentar o efetivo de suas forças armadas.[90] Rapidamente Inglaterra e Itália propuseram uma demonstração conjunta de poder naval e despacharam seus navios de guerra, esperando que Rússia e França enviassem os seus em seguida. (Como Scutari era 20km para o interior, não estava bem claro o que as potências esperavam ganhar com essa medida.) Relutantemente os russos concordaram em também pressionar a Sérvia, que no começo de abril encerrou sua participação no cerco. Contudo, Nicola, de Montenegro, não era tão fácil de controlar. Subornara um dos defensores, um oficial albanês do exército otomano, para lhe abrir as portas da cidade. Essad Pasha Toptani, quase tão velhaco como o próprio Nicola, primeiro assassinou o comandante da guarnição e em seguida fixou o preço de 80 mil libras, enviando uma mensagem em que informava ter perdido uma maleta com essa soma em dinheiro e pedindo para recebê-la de volta.[91]

Em 23 de abril, como era esperado Essad entregou Scutari aos montenegrinos. Em Cetinje, capital de Montenegro, houve ruidosa comemoração, com os participantes disparando suas armas em todas as direções. Alguns mais mordazes mandaram um burro coberto de preto com mensagens grosseiras num cartaz para a embaixada da Áustria-Hungria.

As primeiras Guerras Balcânicas

Em todos os Balcãs e em São Petersburgo as multidões se reuniram para manifestar o júbilo pela vitória dos irmãos eslavos do sul.[92] Em Viena e Berlim o ambiente ficou desagradável. Conrad deu ordem a seu Estado-Maior para planejar as operações contra Montenegro caso este se recusasse a devolver Scutari, e no fim de abril Gottlieb von Jagow, que substituíra Kiderlen como ministro do Exterior depois da súbita morte deste último, prometeu apoio alemão à Áustria-Hungria. No começo de maio, os austro-húngaros decidiram expedir um ultimato a Montenegro e deram início aos preparativos militares, entre outras medidas decretando um governo de emergência na Bósnia. Por seu lado, a Rússia acelerou suas providências, incluindo a compra de cavalos para suas forças armadas.[93] Em 3 de maio, Nicola, de Montenegro, concluiu que a Áustria-Hungria falando sério e, em 4 de maio, anunciou que suas tropas abandonariam Scutari e deixaria às grandes potências a condução do assunto. Mais uma vez Áustria-Hungria e Rússia suspenderam seus preparativos para a guerra. Por enquanto a paz na Europa fora preservada, mas ninguém a aceitou satisfeito. Em Viena, Conrad lamentava o fato de os austro-húngaros não terem agido. Uma vitória sobre Montenegro teria pelo menos fortalecido o prestígio do Império. Num banquete, um amigo reparou Conrad muito deprimido. Além disso, agora a Áustria-Hungria teria de lidar com uma Sérvia que dobrara de tamanho.[94]

Pelo Tratado de Londres, assinado no fim de maio, a Albânia se tornava estado independente, supervisionado por uma Comissão Central internacional que nunca funcionou efetivamente por obstrução da Áustria-Hungria. O pequeno estado, pobre e dividido, teve seu Rei, um ineficiente e afável príncipe alemão. Wilhelm of Wied sobreviveu seis meses no trono de seu novo reino antes que Essad Pasha, com suas próprias ambições ao trono, cooperasse para derrubá-lo. O tratado também confirmou a posse dos territórios conquistados pela Liga Balcânica, mas não foi suficiente para garantir a paz. Em pouco tempo a Liga desmoronou, Sérvia e Grécia furiosas porque a Bulgária acabou sendo, de longe, a mais bem aquinhoada, incorporando território que elas julgavam lhes pertencer por direito e imediatamente insistiram em uma revisão do Tratado. A Romênia, que ficara de fora da primeira guerra, agora via uma oportunidade para se apoderar de parte da Bulgária, enquanto o Império Otomano esperava empurrar do sul a Bulgária de volta. Em 29 de junho de 1913, um mês após a assinatura do tratado, a Bulgária cuja opinião pública era francamente a favor da guerra, lançou um ataque preventivo sobre a Sérvia e a

A Primeira Guerra Mundial – que acabaria com as guerras

Grécia. A Romênia e o Império Otomano se aliaram contra a Bulgária, que sofreu uma série de derrotas. Em 10 de agosto de 1913, os países balcânicos assinaram a Paz de Bucarest, ficando estabelecido que Romênia, Grécia e Sérvia ficariam com novos territórios às expensas da Bulgária. "Os sinos da paz de Bucarest," disse Berchtold em suas memórias, "emitiram um som triste."[95] Para a Áustria-Hungria, as duas guerras dos Balcãs tinham desfechado golpes que prejudicaram sua honra e seu prestígio.

A inquietude nos Balcãs continuou. A Sérvia, que agora controlava a província otomana do Kosovo e parte da Macedônia, logo teve de enfrentar uma revolta da nova e maciça população de muçulmanos albaneses. Embora o governo sérvio esmagasse selvagemente toda a resistência, o país herdou o ódio e o ressentimento dos albaneses, que continuaram criando problemas até o fim do século. As fronteiras da Albânia seguiram sendo disputadas pela Grécia ao sul e pela Sérvia ao norte, e os sérvios, em particular, estavam decididos a não recuar diante das grandes potências.

A vitória nas duas Guerras Balcânicas tornou os sérvios excessivamente confiantes, tanto o povo como os líderes. "Nada ouvem nem a ninguém, e são capazes de cometer qualquer maluquice," disse o correspondente do *Times* em Belgrado.[96] A organização Mão Negra, militarizada e ultra nacionalista, reclamou quando o governo deu sinais de recuo, mas as autoridades civis de modo geral eram igualmente intransigentes. "Se a Sérvia for derrotada no campo de batalha," proclamara Pasic no começo de 1913 para seu embaixador em São Petersburgo, "pelo menos não será desprezada pelo mundo, que saberá dar valor a um povo que não se submeteu à Áustria." O apetite dos sérvios também aumentara com seu êxito nos campos de batalha. No começo de 1914, Pasic teve uma reunião com o Czar em São Petersburgo. A ambição sérvia de unir todos os sérvios (em que generosamente Pasic previa a inclusão dos croatas) agora parecia mais perto da realidade. Havia cerca de 6 milhões de "servo-croatas" impacientes dentro da Áustria-Hungria, disse ele a Nicholas, não incluindo os eslovenos que começavam a se dar conta de que pertenciam à família dos eslavos do sul.[97]

Áustria-Hungria continuou sendo o principal obstáculo a esse sonho. No outono de 1913, exigiu que a Sérvia retirasse suas tropas de uma faixa que ocupara no norte da Albânia. O governo sérvio não apenas se recusou a atender à exigência. Enviou mais tropas para, alegou, defender companheiros sérvios dos albaneses. No começo de outubro, Pasic, que com sua longa barba grisalha parecia um

As primeiras Guerras Balcânicas

sábio complacente, foi a Viena discutir com o governo. "Em pessoa, ele é humilde, ansioso," anotou Berchtold em seu diário. "Com sua amabilidade nos faz esquecer as divergências fundamentais que nos separam e também faz com que não levemos em conta sua natureza dissimulada." Pasic demonstrou bastante boa vontade, mas se recusou a assinar qualquer acordo concreto.[98] Embora ele não soubesse, o Conselho Ministerial Comum estava naquele momento reunido para discutir as providências a serem tomadas contra seu país. Conrad, que contrariando seus hábitos estava presente nessa reunião de autoridades civis, insistiu que a Áustria-Hungria fosse em frente e anexasse sua vizinha criadora de casos. Os civis não estavam dispostos a ir tão longe, mas concordaram claramente que a guerra era provável em algum ponto no futuro e, para alguns, até desejável. Mesmo Berchtold, que usualmente agia como moderador, agora estava disposto a apoiar um aumento de armamento.[99]

Entre os ministros que compareceram, estava o primeiro-ministro da Hungria, István Tisza, adepto da linha dura e que na crise de 1914 desempenharia papel crucial na decisão austro-húngara de ir à guerra contra a Sérvia. Seus compatriotas, mesmo seus inimigos políticos, admiravam Tisza por sua coragem, determinação e força de vontade. "Ele é o homem mais inteligente da Hungria," afirmou um destacado político oponente, "mais inteligente do que todos nós juntos. É como uma cômoda modelo Maria Theresa com muitas gavetas. Cada uma está cheia de conhecimento até o topo. Entretanto, o que não está nessas gavetas para Tisza não existe. Esse homem inteligente, obstinado e arrogante é uma ameaça para nosso país. Atente para minhas palavras, esse Tisza é perigoso como uma lâmina de barbear sem a proteção."[100] Franz Joseph gostava dele porque era capaz de enfrentar com firmeza e eficiência os extremistas húngaros que pensavam somente na independência da Hungria e tinham todas as suas tentativas de aumentar o orçamento militar bloqueadas no parlamento húngaro.

Tisza, que já fora primeiro-ministro uma vez, era ao mesmo tempo patriota e defensor da monarquia Habsburg. Em sua opinião a Hungria estava em posição vantajosa dentro do Império Austro-Húngaro, que a defendia de inimigos como a Romênia e permitia a sobrevivência do antigo reino húngaro, com seu grande território. Profundamente conservador, estava determinado a preservar o predomínio da classe à qual pertencia, a de proprietários de terras, e a prevalência de húngaros sobre os súditos não húngaros, como os croatas, eslovacos e romenos.

István Tisza foi um aristocrata húngaro que por duas vezes chefiou o governo. Inteligente, arrogante e obstinado, estava decidido a manter o domínio húngaro sobre as grandes minorias nacionais dentro das fronteiras húngaras. Inicialmente relutante em apoiar uma guerra contra a Sérvia, acabou mudando de opinião.

O sufrágio universal, que daria voz às minorias na política, afirmou, significaria "castrar a nação."[101]

Em política externa, Tisza apoiava a aliança com a Alemanha e não confiava nos países balcânicos. Preferia estar em paz com eles, mas preparado para ir à guerra, especialmente se um deles ficasse muito poderoso.[102] No Conselho Ministerial Conjunto, apoiou o ultimato à Sérvia exigindo a retirada de suas tropas da Albânia. Escreveu em caráter particular a Bechtold: "Os acontecimentos na fronteira entre a Albânia e a Sérvia nos põem diante da seguinte questão: ou continuamos sendo uma verdadeira potência, ou desistimos e afundamos em decadência ridícula. Sempre indecisos, perdemos a autoestima, e a possibilidade de uma solução pacífica e vantajosa fica cada vez mais problemática." Se a Áustria-Hungria perdesse a chance de se impor, prosseguiu Tisza, logicamente perderia sua posição entre as grandes potências.[103]

Em 18 de outubro, o Império Austro-Húngaro expediu um ultimato à Sérvia e deu oito dias para que anuísse. Entre as grandes potências, apenas a Itália e a Alemanha foram previamente informadas, mais um sinal de que o Concerto da Europa findava. Nos meses seguintes, a Tríplice Entente e a Tríplice Aliança passaram cada vez mais a operar separadamente a respeito de assuntos balcânicos.[104] Nenhum de seus

As primeiras Guerras Balcânicas

aliados se opôs à iniciativa austro-húngara e a Alemanha foi mais além, assegurando-lhe firme apoio. O Kaiser foi particularmente veemente: "Agora ou nunca!" – escreveu em carta de agradecimento a Berchtold. "Em algum momento, nova paz e nova ordem devem ser implantadas lá."[105] Em 25 de outubro, a Sérvia capitulou e retirou suas tropas da Albânia. No dia seguinte, o Kaiser, que estava visitando Viena, tomou chá com Berchtold e disse-lhe que a Áustria-Hungria devia continuar agindo com firmeza: "Quando Sua Majestade o Imperador Franz Joseph exige alguma coisa, o governo sérvio deve ceder e, se não o fizer, Belgrado será bombardeada e ocupada até que a vontade de Sua Majestade seja satisfeita." Fazendo um gesto de empunhar o sabre, Wilhelm prometeu que a Alemanha estaria sempre pronta para apoiar seu aliado.[106]

O ano de crise nos Balcãs terminou pacificamente, mas deixou para trás o rastro de uma nova safra de ressentimentos e lições perigosas. A Sérvia claramente fora a vencedora e, em 7 de novembro, adquiriu mais território quando assinou um acordo com Montenegro dividindo o Sanjak de Novi Bazar. Mesmo assim, o projeto nacional da Sérvia estava incompleto. Falava-se em uma união com Montenegro e na formação de nova Liga Balcânica.[107] O governo sérvio era incapaz e na verdade não desejava reinar se sobrepondo às diversas organizações nacionalistas a promover dentro do país agitações entre os eslavos do sul que viviam na Áustria-Hungria. Na primavera de 1914, durante a celebração da Páscoa, sempre uma grande festa na Igreja Ortodoxa, a imprensa sérvia estava coberta de referências à ressureição do país. Seus camaradas sérvios, disse um jornal famoso, definhavam dentro do Império Austro-Húngaro, aspirando à liberdade que somente as baionetas da Sérvia poderiam lhes assegurar. "Portanto, vamos nos unir ainda mais e ajudar aqueles que não podem compartilhar nossa alegria nesta festa anual da ressureição."[108] Os dirigentes russos estavam preocupados com seus obstinados aliados, mas não se mostravam propensos a contê-los.

Na Áustria-Hungria, todos ficaram satisfeitos por finalmente o governo ter agido contra a Sérvia. Berchtold assim se pronunciou ao escrever para Franz Ferdinand logo após a Sérvia atender ao ultimato: "A Europa hoje reconhece que nós, sem sermos tutelados por ninguém, podemos agir com independência quando nossos interesses são ameaçados e nossos aliados permanecem firmes a nosso lado."[109] O embaixador alemão em Viena notou, porém, "o sentimento de vergonha, de raiva contida, de estar sendo feito de bobo pela Rússia e por seus próprios amigos."[110]

498 A Primeira Guerra Mundial – que acabaria com as guerras

Houve alívio quando se constatou que a Alemanha finalmente permanecia fiel à aliança, mas também ressentimento pela crescente dependência austro-húngara. Conrad reclamou: "Hoje em dia, não passamos de satélite da Alemanha."[111] No sul, uma Sérvia independente e agora mais poderosa que nunca fazia lembrar os fracassos do Império Austro-Húngaro nos Balcãs. Berchtold foi muito criticado por sua fraqueza pelos representantes políticos da Áustria e da Hungria, e também pela imprensa. Quando ofereceu sua renúncia no fim de 1913, Franz Joseph não concordou: "Não há razão, não faz sentido capitular por causa de um pequeno grupo de delegados e de um jornal. Além disso, você não tem um sucessor."[112]

Como tantos colegas, Berchtold continuou obcecado com a ameaça sérvia e com o status de grande potência da Áustria-Hungria, que via como elementos interligados. Em suas memórias, narra em pormenores como o Império fora "emasculado" nas guerras dos Balcãs.[113] Cada vez mais, assim parecia, a Áustria-Hungria enfrentava o difícil dilema de lutar por sua existência ou desaparecer do mapa. No começo, Tisza sonhou planos improváveis de trabalhar com a Rússia para convencer a Sérvia a desistir de alguns de seus ganhos, pois, naquele momento, a maior parte dos líderes austro-húngaros já tinha abandonado a ideia de que a Sérvia podia ser submetida pacificamente. Só entendia a linguagem da força. Conrad, o novo ministro da Guerra, general Alexander Krobatin, e o general Oskar Potiorek, governador militar da Bósnia, eram todos linhas-duras convictos. O ministro das Finanças comum aos dois reinos, Leon von Bilinski, que tentara manter equilibradas as finanças da Áustria-Hungria, agora dava todo apoio ao aumento das despesas militares. "Talvez uma guerra saia mais barato," afirmou, "do que a atual situação. Não adianta dizer que não temos mais dinheiro, temos que pagar até que ocorra alguma mudança e não tenhamos quase toda a Europa contra nós!"[114] Também era amplamente aceito na cúpula do país que não dava para adiar por muito tempo uma demonstração de força diante da Sérvia e possivelmente da Rússia, embora Conrad continuasse acreditando até as vésperas da Grande Guerra que a Rússia toleraria um ataque limitado austro-húngaro à Sérvia e a Montenegro.[115] O único que ainda tinha esperança de evitar a guerra era Franz Ferdinand.

No ano decorrido entre a eclosão da Primeira Guerra dos Balcãs e o outono de 1913, em várias ocasiões Rússia e Áustria-Hungria estiveram perto de uma guerra e a sombra de um conflito generalizado cobriu toda

As primeiras Guerras Balcânicas

a Europa, enquanto seus aliados permaneciam nas coxias. Embora finalmente as potências tivessem aprendido a gerenciar crises, seus povos e líderes tinham se acostumado com a ideia da guerra como algo que aconteceria mais cedo ou mais tarde. Quando Conrad ameaçou renunciar por achar que estava sendo desprestigiado por Franz Ferdinand, Moltke implorou-lhe para reconsiderar a decisão: "Agora que rumamos para um conflito, você não pode sair."[116] Rússia e Áustria-Hungria tinham se preparado para a guerra com o objetivo de dissuadir, especialmente pela mobilização, mas também para pressionar o oponente e, no caso do Império Austro-Húngaro, a Sérvia. Nessa oportunidade as ameaças surtiram efeito, porque nenhum dos três países estava disposto a pagar para ver e porque, por fim, as vozes que defendiam a paz se mostraram mais fortes do que as da guerra. O que constituía perigo para o futuro era o fato de tanto a Áustria-Hungria quanto a Rússia acharem que tais ameaças podiam funcionar outra vez. Ou – algo igualmente perigoso – resolverem que na próxima vez não recuariam.

As grandes potências se sentiram até certo ponto aliviadas por terem mais uma vez conseguido alcançar seus objetivos. Durante os últimos oito anos, a primeira e a segunda crise do Marrocos, a da Bósnia e, agora, as duas Guerras Balcânicas tinham ameaçado provocar uma guerra geral, mas a diplomacia sempre a evitara. Nos meses mais recentes de tensão, o Concerto da Europa de alguma maneira sobrevivera, e a Inglaterra e a Alemanha tinham trabalhado em conjunto para chegar a acordos e conter seus parceiros de aliança. Quando, no verão de 1914, ocorreu a crise seguinte nos Balcãs, Grey esperava que, no mínimo, acontecesse o mesmo.[117]

O movimento pela paz, que acompanhara apreensivo os acontecimentos, também suspirou aliviado. O grande congresso convocado com urgência pela Segunda Internacional em Basileia no fim do outono de 1912 parecia ser um marco positivo da cooperação com a causa da paz que ultrapassava as fronteiras nacionais. Em fevereiro de 1913, socialistas franceses e alemães expediram um manifesto conjunto condenando a corrida armamentista e se comprometendo a trabalharem juntos. Com certeza, assim pensavam os socialistas, as forças contrárias à guerra estavam crescendo, mesmo dentro do capitalismo, e surgia no horizonte a perspectiva de melhores relações entre as potências.[118] Para mostrar em seu país os horrores da guerra, um cineasta alemão fez filmagens durante a segunda guerra dos Balcãs e no verão de 1914, e seu filme começou a ser exibido em toda a Europa por associações que defendiam a paz.[119] O recém-criado Fundo para a Paz Internacional, patrocinado pelo milionário americano Andrew Carnegie, enviou uma missão composta por representantes austríacos, franceses, alemães, ingleses, russos e americanos para investigar as guerras dos Balcãs. O relatório da Comissão ressaltou com desalento a tendência dos povos belicosos a mostrar seus inimigos como desumanos e as frequentes atrocidades cometidas tanto contra soldados quando civis inimigos. "Nas civilizações mais antigas," dizia o relatório, "há uma concentração de forças morais e sociais embutida nas leis e instituições que conferem firmeza de caráter, criam um sentimento de coletividade e garantem a segurança."[120] O relatório foi publicado no começo do verão de 1914, exatamente quando o resto da Europa estava na iminência de constatar quão frágil era sua civilização.

17
Preparando Guerra ou Paz

ÚLTIMOS MESES DE
PAZ NA EUROPA

EM MAIO DE 1913, NO BREVE INTERLÚDIO entre as duas primeiras Guerras Balcânicas, os primos George V da Inglaterra, Nicholas II da Rússia e Wilhelm II da Alemanha encontraram-se em Berlim para o casamento da única filha do Kaiser com o Duque de Brunswick (também parente de todos eles). Embora se soubesse que a mãe da noiva tinha chorado a noite inteira por ter que se separar da filha, Sir Edward Goschen, embaixador inglês, disse a Grey que o evento fora um "esplêndido sucesso." Os alemães tinham sido extremamente hospitaleiros, e o Rei e a Rainha estavam plenamente satisfeitos. "Sua Majestade o Imperador me disse que nunca estivera em uma visita real em que a politica tivesse sido discutida com tanta liberdade e abrangência e que tinha o prazer de me informar que ele, o Rei, e o Czar da Rússia concordaram totalmente em todos os pontos que tinham discutido." Os primos concordaram em particular que Ferdinand, a Raposa, da Bulgária – "ao qual Sua Majestade só se referia por seu merecido epíteto" – devia ser controlado. "Minha impressão," concluiu Goschen, "é de que a visita foi benéfica, e suas consequências talvez durem mais do que é habitual em visitas de estado de soberanos estrangeiros."[1]

A Primeira Guerra Mundial – que acabaria com as guerras

Zum Schutze des eigenen Heims muß man auch seine besten Freunde überwachen.

Die Freundschaft wächst — und damit das Mißtrauen.

Os últimos anos antes da Grande Guerra trouxeram uma intensificação da corrida armamentista. Embora moderados e defensores do movimento pela paz apontassem os perigos dos crescentes preparativos para a guerra e reclamassem dos custos cada vez maiores, nações europeias agora desconfiavam tanto umas das outras que não ousavam diminuir. A charge mostra uma fileira de casas com bandeiras nacionais hasteadas que vão sendo progressivamente dilapidadas. A legenda diz: "Quanto mais as nações tentam superar seus vizinhos na corrida armamentista, mais sofre seu próprio povo..."

Preparando guerra ou paz

EM PARTICULAR, O REI FOI MENOS entusiasmado. Reclamou que, ao tentar conversar a sós com Nicholas, a orelha de Wilhelm "estava no buraco da fechadura." O Kaiser também arengou George, deplorando o apoio inglês à França: "E você, aliando-se a uma nação decadente como a França e a uma nação semibárbara como a Rússia, a fazer oposição a nós, os verdadeiros titulares de progresso e liberdade..."[2] Wilhelm acreditava ter causado forte impressão e que conseguira enfraquecer a *Entente* de Inglaterra e França.[3] Seria a última reunião dos primos. Em pouco mais de um ano seus países estariam em guerra em lados opostos.

No fim daquele período de paz a Europa ainda tinha escolhas. É verdade que havia muitos problemas afetando os países em 1913: medo de perder território, medo de ser superado pelos vizinhos em efetivos militares e armamentos, medo de intranquilidade interna e de revolução e medo dos efeitos de uma guerra. Tais temores podiam ser aproveitados de outra forma, tornando as nações mais cautelosas e dispostas a barganhar com a possibilidade de uma guerra. Porém, embora pudessem optar contra a guerra, os líderes europeus cada vez mais tendiam a agir ao contrário. A competição naval entre Inglaterra e Alemanha, a rivalidade entre Áustria-Hungria e Rússia nos Balcãs, as divergências entre Rússia e Alemanha e a apreensão dos franceses quanto às intenções dos alemães tinham separado nações com muito a ganhar trabalhando em harmonia. Em cerca de doze anos anteriores tinham acumulado desconfianças, e as lembranças pesavam muito na mente dos que tomavam as decisões e de seus povos. Fosse a derrota e o isolamento pela Alemanha para a França; a Guerra dos Bôeres para a Inglaterra; as crises do Marrocos para a Alemanha; a Guerra Russo-Japonesa e a Bósnia para a Rússia; e as guerras dos Balcãs para a Áustria-Hungria, cada potência tivera sua fatia de experiências amargas, que nenhuma delas queria repetir. Mostrar que é uma grande potência e evitar humilhações são forças poderosas em relações internacionais, tal como acontece hoje para os Estados Unidos, a Rússia e a China, e ocorreu com as potências europeias um século atrás. Se a Alemanha e a Itália aspiravam a um lugar ao sol, a Inglaterra esperava evitar a decadência de seu gigantesco Império e preservá-lo. Rússia e França queriam recuperar a estatura que julgavam merecer, enquanto a Áustria-Hungria lutava para sobreviver. Força militar era uma opção que todos os países consideravam, mas, apesar de todas as tensões, de alguma forma a Europa sempre conseguira recuar em tempo. Em 1905, 1908, 1911, 1912 e 1913 o Concerto da Europa, embora bastante enfraquecido, funcionara. Entretanto, momentos perigosos se aproximavam e, em 1914, no mundo que ficara perigosamente acostumado a crises, os líderes europeus mais uma vez teriam de optar entre guerra e paz.

Além disso, mais uma vez teriam de lidar com os surtos de medo e nacionalismo extremado que contaminavam seus povos, além do *lobby* e dos grupos com interesses específicos, cada vez mais hábeis em sensibilizar a opinião pública. Na Alemanha, por exemplo, o general August Keim, que fora membro ativo da Liga Naval alemã, no começo de 1912 fundou uma organização similar com o objetivo de lutar por um exército mais poderoso. A Wehrverein tinha 40 mil membros em maio e no verão seguinte já contava com 300 mil e recursos financeiros providos por grandes industriais, como Alfred Krupp. Keim apoiou todas as propostas de despesas militares que chegaram ao Reichstag, mas invariavelmente dizia que eram completamente inadequadas.[4] Na Inglaterra, nos jornais populares continuavam circulando histórias sobre planos para uma invasão alemã, e sobre oficiais alemães disfarçados de garçons. De repente surgiu uma guerra entre as imprensas das nações. Em 1913, a imprensa alemã fez estardalhaço quando atores franceses apareceram em uniformes alemães em uma peça cujo título era *Fritz le Uhlan*, enquanto em Berlim, no verão seguinte, um teatro que tinha o expressivo nome Valhalla, planejou montar um melodrama, *O Terror da Legião Estrangeira*, ou *O Inferno de Sidi-bel-Abbès*.[5] No início de 1914, um jornal alemão publicou um artigo de seu correspondente em São Petersburgo afirmando que a hostilidade à Alemanha nos círculos oficiais russos aumentava. A imprensa russa retrucou acusando os alemães de preparar uma guerra preventiva contra a Rússia. Sukhomlinov, ministro da Guerra russo, deu uma entrevista beligerante para declarar que a Rússia estava pronta.[6]

No começo do verão de 1914, o general Aleksei Brusilov, que comandaria uma das poucas e mais bem-sucedidas ofensiva russas na Grande Guerra, fazia uma estação de águas no balneário de Bad Kissingen no sul da Alemanha, onde, ao lado da esposa, ficou espantado com o que viu em um festival local. "A praça central, cercada por canteiros de flores, tinha no centro uma soberba reprodução do Kremlin, com suas muralhas, igrejas e torres, tendo ao fundo a catedral de São Basílio." Canhões dispararam uma salva e magnífica queima de fogos de artifício iluminou a noite, a banda tocou os hinos russo e alemão, a "Abertura 1812" de Tchaikovsky, e a reprodução do Kremlin incendiou de cima abaixo. A multidão alemã aplaudiu feliz, enquanto Brusilov, sua esposa e um grupo de compatriotas russos permaneciam em silêncio, humilhados e amargurados.[7]

Embora em toda a Europa muitas vezes compartissem do nacionalismo

Preparando guerra ou paz

de seus povos, as classes dirigentes também se preocupavam com sua lealdade. Os partidos políticos de esquerda cresciam, e em alguns países seus líderes eram francamente revolucionários. Na Itália, o entusiasmo inicial pela guerra no norte da África rapidamente se dissipou entre os socialistas e seus adeptos. O jovem radical Benito Mussolini organizava manifestações de protesto quando os soldados partiam para a guerra, e os líderes moderados do Partido Socialista eram expulsos e substituídos por outros mais radicais. Nas eleições alemãs de 1912, os social-democratas conquistaram sessenta e sete novos assentos no parlamento, deixando a direita em verdadeiro pânico. O líder da conservadora e nacionalista Liga Agrária publicou *Se Eu Fosse o Kaiser*, argumentando que uma guerra vitoriosa daria ao governo pretexto para se livrar do sufrágio universal.[8] Acresce que os trabalhadores estavam melhor organizados e mais militantes. Em grandes e pequenas cidades, como na área rural do norte da Itália, o exército teve de ser empregado para reprimir greves e manifestações. Na Inglaterra, o número de trabalhadores em greve cresceu drasticamente de 138 mil em 1899 para 1,2 milhão em 1912. Embora esse número caísse em 1913, os primeiros sete meses de 1914 presenciaram quase mil greves, em sua maioria com motivações aparentemente triviais. Além disso, como acontecia no Continente, os trabalhadores ingleses pareciam cada vez mais receptivos à ideia de revolução e dispostos a ações diretas, como greves e sabotagem com fins políticos. No início de 1914, os três sindicatos mais atuantes, de ferroviários, mineiros e trabalhadores da área de transportes, se aliaram, formando sua própria tríplice aliança. Como era capaz, se assim desejasse, de fechar as minas de carvão, parar os trens e paralisar as docas, essa tríplice aliança representava uma ameaça à indústria inglesa e, em última análise, ao poder do país, causando muito mal-estar nas classes dirigentes.

No outro lado da Europa, a Rússia continuava com suas atitudes oscilantes perante o moderno mundo europeu. O assassinato de Stolypin no outono de 1911, porém, afastara um homem que, passando por cima das objeções de Nicholas e sua corte, levara o regime czarista a fazer reformas, antes que fosse muito tarde. O Czar, cada vez mais sob a influência de reacionários em sua corte, fez tudo que pôde para impedir a caminhada do país rumo a um governo constitucional. Nomeou ministros dóceis e de direita e sempre que possível ignorava a Duma. No início de 1914, decepcionou a opinião dos moderados ao demitir subitamente seu primeiro-ministro Kokovtsov – "como se fosse um doméstico," disse um de seus grão-duques – e, dessa forma, removeu

506 A Primeira Guerra Mundial – que acabaria com as guerras

um dos poucos ministros competentes e favoráveis às reformas que restavam.[9] O sucessor de Kokovtsov era um antigo predileto do Czar. Ivan Goremykin era simpático, reacionário e absolutamente incapaz de chefiar a Rússia nas dificuldades que o país já enfrentava e muito menos nas que estavam por vir. Sazolnov, ministro do Exterior, declarou a seu respeito: "Um velho que há muito tempo não só perdeu sua capacidade de se interessar por alguma coisa a não ser sua paz e seu bem-estar, mas também sem condições para avaliar o que está acontecendo em torno de sua pessoa."[10] O próprio Goremykin não alimentava ilusões sobre sua capacidade para desempenho do cargo. "Não consigo compreender por que fui escolhido," disse a um destacado político liberal. "Pareço um velho casaco de pele de guaxinim retirado da mala onde ficou trancado por muito tempo, borrifado com cânfora."[11]

Para tornar as coisas ainda piores, o público começava a tomar conhecimento do escândalo envolvendo Rasputin. Circulavam rumores na sociedade russa de que o padre exercia influência negativa sobre a família imperial e era íntimo demais da Czarina e suas filhas. A mãe do Czar chorou ao contar para Kokovtsov: "Minha pobre nora não percebe que está arruinando a dinastia e ela própria. Acredita sinceramente na santidade de um aventureiro e somos impotentes para afastar a desgraça que certamente está a caminho."[12] O 300º aniversário do reinado dos Romanovs foi em 1913, e na primavera Nicholas e Alexandra percorreram a Rússia, viagem que raramente faziam, para se mostrarem ao povo. Embora o casal imperial e seus cortesãos ainda acreditassem que os russos comuns, os camponeses em especial, adorassem e reverenciassem os Romanovs, Kokovtsov, que acompanhou seu chefe, ficou impressionado com o reduzido tamanho das multidões e sua visível falta de entusiasmo. Os ventos de março eram frios, e o Czar nem sempre se dispôs a descer do trem e se apresentar nas diversas paradas. Em Moscou, novamente as reuniões do público foram diminutas e houve murmúrios sobre a aparência doentia do herdeiro do trono, carregado nos braços pela guarda de segurança cossaca.[13]

Na Duma, as divergências entre conservadores e radicais tinham se agravado, gerando poucos mas intermináveis debates e recriminações, enquanto os partidos democráticos de centro ficavam cada vez mais espremidos entre os extremos de esquerda e direita. O Conselho de Estado, previsto para funcionar como uma câmara alta, estava dominado pelos reacionários mais velhos, que achavam que seu papel era bloquear todas as propostas liberais que surgissem da Duma.[14]

Preparando guerra ou paz

Na direita se falava em golpe para restaurar o governo absolutista, enquanto boa parte da esquerda só falava em revolução, que parecia ser a única forma de realizar mudanças. Nas cidades, os trabalhadores começavam a sofrer a influência da extrema esquerda, inclusive dos bolcheviques. Nos dois últimos anos antes da guerra, as greves cresceram drasticamente em número e violência. Na zona rural, o panorama entre os camponeses era cada vez mais sombrio. Em 1905 e 1906, em várias partes da Rússia eles tentaram se apoderar de fazendas dos proprietários de terras. Fracassaram nessas ocasiões, mas não tinham esquecido. As nacionalidades que eram súditas russas no Báltico, na Ucrânia e no Cáucaso estavam agitadas e se organizavam, em parte reagindo às iniciativas do governo no sentido da "russificação," que produziu situações absurdas, como no caso dos estudantes poloneses forçados a ler sua própria literatura traduzida para o russo, o que despertou profundas e crescentes mágoas.

A reação das autoridades à inquietação que dominava a Rússia foi acusar os agitadores, fossem revolucionários, maçons ou judeus. Para elas, eram todos a mesma coisa. Em 1913, o reacionário ministro do Interior e o da Justiça conseguiram a aprovação do Czar quando usaram o antissemitismo russo para permitir que um judeu de Kiev, Mendel Beilis, fosse a julgamento, segundo alegavam, por ter realizado um ritual que resultara na morte de um menino cristão. A prova era não apenas inconsistente, mas, como ficou evidente, era fabricada. Mesmo o Czar e seus ministros sabiam, quando houve o julgamento, que Beilis era inocente, mas decidiram ir em frente porque sabia-se que os judeus realizavam rituais mortais, mas desta vez não era o caso. O julgamento enfureceu círculos liberais na Rússia e no exterior, e os esforços canhestros do governo para assegurar a condenação – que incluía a prisão de testemunhas – minou a credibilidade que ainda restava. Beilis foi absolvido e emigrou para os Estados Unidos, de onde, em segurança, testemunhou o colapso da velha ordem da Rússia em 1917.[15]

Em 1914, russos e estrangeiros afirmavam que a Rússia estava junto à cratera de um vulcão que entrara em erupção durante a guerra contra o Japão em 1905 e 1906 e que voltava a ganhar força sob a superfície. "Mão descuidada," disse o conde Otto von Czernin, da embaixada austro-húngara em São Petersburgo, "pode abanar o fogo e desencadear uma conflagração se os nacionalistas radicais, ao lado da extrema direita, conseguirem unir as nacionalidades reprimidas e o proletariado socialista."[16] Os intelectuais russos queixavam-se de uma

508 A Primeira Guerra Mundial – que acabaria com as guerras

sensação de desamparo e desespero, vendo a sociedade desmoronar, enquanto outra ainda não estava pronta para nascer.[17] Cada vez mais uma guerra era vista como saída para o dilema russo, uma forma de congregar a sociedade do país. As classes média e alta da Rússia concordavam entre si e com o governo numa coisa apenas, o passado do país e a necessidade de reafirmar sua condição de grande potência. A derrota para o Japão fora uma tremenda humilhação, e a evidente fraqueza russa na crise da Bósnia em 1908, e mais recentemente nas Guerras Balcânicas, levaram a oposição liberal, aliada aos reacionários mais apaixonados, a apoiar a reconstrução do poder militar e de uma política exterior mais assertiva.[18] Muito se falava na imprensa e na Duma sobre a missão histórica da Rússia nos Balcãs e no direito que tinham aos Estreitos, mesmo que isso significasse guerra contra a Alemanha e a Áustria-Hungria, ou ainda, como definiam os nacionalistas russos mais ardorosos, o choque inevitável entre as raças eslava e teutônica.[19] Embora os deputados passassem a maior parte do tempo atacando o governo, a Duma sempre apoiava as despesas militares. "Temos de aproveitar o entusiasmo geral," disse o porta-voz da Duma ao Czar na primavera de 1913. "Os Estreitos devem ser nossos. Uma guerra será aceita com júbilo e servirá para aumentar o prestígio do poder imperial."[20]

A Áustria-Hungria, adversária da Rússia nos Balcãs, estava apenas um pouco melhor. Sua economia, duramente abalada pelas incertezas e despesas consequentes das Guerras Balcânicas, no início de 1914 começava a se recuperar, mas a crescente industrialização trouxe consigo uma classe trabalhadora maior e mais ativa. Na metade húngara da Monarquia Dual, as exigências dos social-democratas em favor do sufrágio universal encontraram a resistência da classe alta húngara, que não estava disposta a dividir seu poder. Na primavera de 1912, maciças manifestações de trabalhadores em Budapest provocaram renhidas batalhas com as forças do governo. Nas duas partes da monarquia os problemas nacionalistas, como uma floresta em fogo, acendiam um foco de incêndio aqui e outro acolá. No lado austríaco, os rutenos, que falavam uma língua parecida com o ucraniano e tinham suas próprias igrejas, reivindicavam de seus dirigentes poloneses mais direitos políticos e o livre uso de sua língua, enquanto tchecos e alemães se empenhavam numa luta aparentemente interminável pelo poder. O Parlamento em Viena estava tão fora de controle que o governo austríaco o fechou na primavera de 1914. Só voltaria a funcionar na primavera de 1916. Na Hungria, o Partido Nacional Romeno exigia concessões, inclusive maior autonomia para as

Preparando guerra ou paz

partes do território de maioria romena, o que o parlamento, dominado pelos nacionalistas húngaros, não aceitaria. Sob a influência de Tisza, os húngaros estavam no mínimo satisfeitos permanecendo na Monarquia Dual, mas isso certamente mudaria quando Franz Ferdinand, notoriamente anti-húngaro, sucedesse seu tio. Na primavera de 1914, quando o velho Imperador caiu gravemente doente, o futuro da monarquia ficou sombrio. Conforme o que disse o embaixador alemão Heinrich von Tschirschky, que tendia a ver as coisas pelo lado mais pessimista, foi "como se a costura rompesse."[21] Diante do crescimento do poder sérvio, a Áustria-Hungria teria que deslocar mais forças militares para o sul, providência que perturbava os planejadores militares alemães, que contavam com o reforço de seu aliado contra os russos.

Embora diversos indicadores, como indústria e comércio, mostrassem que a Alemanha estava em boa situação, e a população continuasse crescendo, sua liderança e boa parte do público estavam estranhamente inseguros nos derradeiros anos de paz. Medo de ver o país cercado, do crescimento do poder russo, da revitalização da França, da recusa inglesa em ceder na corrida naval, a desconfiança de seus próprios aliados, o notável crescimento de votos para o PSD, tudo isso gerou pessimismo a respeito do futuro da Alemanha. A guerra era cada vez mais aceita como provável, se não inevitável. A França era vista como inimigo mais provável, e seus aliados da *Entente* quase certamente acorreriam em sua defesa (embora Bethmann continuasse alimentando a esperança de melhores relações com Inglaterra e Rússia).[22] "Os ressaibos contra a Alemanha," declarou o antigo chanceler Bülow no começo de 1914, "podem perfeitamente ser considerados a essência da política francesa." Quando surgiu na França um cartão postal com as palavras *merde pour le Roi de Prusse* escritas no verso. diplomatas alemães viram suas suspeitas confirmadas. O adido militar francês em Berlim informou um crescente sentimento de beligerância no meio do povo, capaz de gerar uma "explosão de raiva e orgulho nacional que um dia forçassem o Kaiser a tomar uma iniciativa e conduzissem as massas à guerra."[23] Mesmo o afável compositor Richard Strauss se deixou levar pelo sentimento antifrancês. No verão de 1912 disse a Kessler que se alistaria quando a guerra estourasse. "O que acha que pode fazer?" – perguntou sua mulher. "Talvez," retrucou Strauss hesitante, "trabalhar como enfermeiro." "Oh, *logo você*, Richard!" comentou prontamente sua esposa. "Logo você que não pode ver sangue!" Strauss, constrangido,insistiu: "Farei o melhor que puder, mas se os franceses tiverem de levar uma surra, quero estar lá."[24]

Na cúpula dirigente alemã, Bethmann e quase sempre o Kaiser

510 A Primeira Guerra Mundial – que acabaria com as guerras

queriam de toda forma evitar a guerra. (Wilhelm tinha uma nova paixão, a arqueologia, e passava toda a primavera escavando em Corfu, tornando um pouco mais fácil a vida de Bethmann.) O ministro do Exterior, Kiderlen, a despeito de sua posição habitualmente beligerante, também agia com moderação, mas morreu de repente no fim de 1912 de colapso cardíaco. Seu sucessor Gottlieb von Jagow era muito fraco para fazer frente aos generais. "Aquela coisinha insignificante," como o Kaiser a ele se referia, era um homem pequeno e inexpressivo de uma família da aristocracia prussiana. Ao que parece seu principal objetivo era defender os interesses alemães como lhe fosse possível.[25] O perigo estava no fato de os militares encararem cada vez mais a guerra como inevitável e até desejável. Muitos deles não perdoavam Wilhelm por ter recuado na crise do Marrocos em 1911 e, mais recentemente, por ocasião da Primeira Guerra Balcânica. "Eles o censuram," contou a Baronesa Spitzemberg, que tinha boas ligações, "por ter 'amor exagerado à paz' e acreditam que o Imperador deixou escapar a oportunidade quando podia ter derrotado a França enquanto a Rússia estava ocupada nos Balcãs."[26]

O Estado-Maior tinha como certo que no futuro haveria uma guerra terrestre em duas frentes. Schlieffen morreu em janeiro de 1913 e dizem que suas últimas palavras foram "basta manter forte o flanco direito," mas suas concepções estratégicas ainda influenciavam o planejamento militar alemão. Seu sucessor, Moltke, fiel a seu temperamento pessimista, continuou duvidando que a Alemanha se saísse bem em uma guerra contra seus inimigos, especialmente se tivesse que combater sozinha, sem aliados. Apesar de suas apreensões quanto à convocação de integrantes das classes trabalhadoras, agora Moltke defendia o aumento do efetivo do exército e tinha o apoio de uma nova geração de oficiais, entre eles Erich von Ludendorff, um dos mais ambiciosos homens vindos da classe média e que abria caminho para o Estado-Maior. Embora uma lei relativa ao exército tramitasse no Reichstag no verão de 1912, a crise da Primeira Guerra Balcânica mostrou no outono a fraqueza da Áustria-Hungria, como também a disposição russa de mobilizar suas forças. Esses fatores originaram novas exigências, redigidas por Moltke e Ludendorff e apresentadas ao governo, defendendo imediato aumento de efetivo e material, além da criação de unidades especiais, como as de metralhadoras. A linguagem era alarmista e falava como se a "próxima guerra mundial" fosse fato consumado.[27]

Em 8 de dezembro de 1912, enquanto continuava a tensão nos Balcãs, aconteceu o que desde então se tornou um dos mais controvertidos

Preparando guerra ou paz

incidentes no caminho que levou à Grande Guerra: a reunião do Conselho de Guerra do Kaiser em seu palácio de Potsdam. Naquela manhã, Wilhelm leu um despacho recebido de seu embaixador em Londres informando que Grey e o ministro da Guerra inglês, Haldane, tinham alertado que, se ocorresse uma guerra geral no Continente, quase certamente a Inglaterra interviria para evitar que a França fosse destruída pela Alemanha. Embora essa possibilidade não fosse novidade, o Kaiser sofreu um acesso de raiva achando que era uma impertinência inglesa. Também se sentiu traído porque a confrontação que se aproximava era entre teutônicos e eslavos e que os ingleses estariam no lado errado, com os gauleses. Imediatamente convocou vários de seus mais confiáveis assessores, todos militares, inclusive Moltke, Tirpitz e seu assistente de marinha, o Almirante George von Müller. Segundo o diário desse almirante, que é o melhor testemunho disponível, o Kaiser fez uma longa arenga. Foi bom, comentou o Imperador, porque deixou clara a posição inglesa. A partir de então a Alemanha teria de combater Inglaterra e França juntas. "Logicamente a esquadra deve se preparar para a guerra contra a Inglaterra." A Áustria-Hungria, prosseguiu, teria que fazer frente aos sérvios, o que quase obrigatoriamente envolveria a Rússia e a Alemanha não teria como evitar a luta nessa outra frente. Portanto, a Alemanha teria que conseguir os aliados que pudesse. Tinha esperança com a Romênia e a Bulgária, e possivelmente o Império Otomano. Moltke concordou que a guerra era inevitável (e ninguém discordou) e disse que a imprensa alemã podia ser usada para preparar adequadamente a opinião pública. Tirpitz, que aparentemente nunca desejou que sua adorada marinha fosse usada em combate, afirmou que preferia ver a guerra adiada por um ano e meio. Moltke reagiu ironicamente dizendo que "a marinha não estará pronta nem nessa data," e alertou que a posição do exército com o passar do tempo estava ficando mais fraca, enquanto os inimigos ficavam mais fortes. "Quanto mais cedo a guerra, melhor." Embora muita coisa possa ser resolvida por um conselho convocado às pressas em um momento de crise, é espantoso constatar a rapidez com que aceitaram a proximidade da guerra.[28]

Em memorando a Bethmann logo depois da reunião do Conselho, Moltke também lembrou que era importante assegurar que a opinião pública alemã fosse convencida de que a guerra era justa e necessária:

> Se houver guerra, não há dúvida, o peso maior da responsabilidade estará sobre os ombros da Alemanha, que será atacada por seus inimigos por três lados. Não obstante, nós podemos, *nas atuais condições*,

enfrentar confiantemente as missões mais difíceis, desde que saibamos formular o *casus belli* de tal forma que a nação pegue em armas unida e motivada.[29]

Na crise de 1914 todos os governos se esforçariam ao máximo para que suas nações aparecessem como a parte inocente.

Muito entusiasmado após a reunião do Conselho, o Kaiser ordenou a elaboração de uma nova lei para o exército e para a marinha. Bethmann ficou horrorizado, sobretudo por não saber como pagaria as despesas previstas. "O Kaiser presidiu um conselho de guerra com seus paladinos do exército e da marinha, obviamente sem que eu e Kiderlen soubéssemos, e deu ordem para aumentar as despesas com o exército *e a marinha.*" Conseguiu persuadir Wilhelm a voltar atrás na aprovação do pedido de Tirpitz para construção de mais três encouraçados por ano. Em sua mensagem de Ano-Novo aos comandantes de unidades do exército em 1913, o Kaiser afirmou com orgulho: "A marinha cederá ao exército a maior parte dos recursos disponíveis."[30] O exército conseguiu mais 136 mil homens para suas fileiras, chegando a um efetivo na ativa de 890 mil em 1914. (No leste, entretanto, estava a Rússia, com seu exército de 1,3 milhão de homens e uma população que era o triplo da alemã e, portanto, dispondo de um potencial muito maior de soldados.) Segundo o Kaiser, Bethmann passou a aceitar a ideia de uma guerra e, como Jules Cambon informou Paris no outono de 1913: "O Kaiser chegou à convicção de que, mais dia menos dia, a guerra contra a França é inevitável e até necessária."[31]

Obviamente o aumento do efetivo do exército alemão preocupou seus inimigos. A Rússia já estava aumentando o tamanho de seu exército estendendo o tempo de serviço dos conscritos e fazia ensaios de mobilização utilizando sua rede ferroviária em fase de expansão. Em 1913, reagindo às iniciativas alemãs e com o estímulo de um grande empréstimo oferecido pela França, o Czar aprovou um novo "Grande Programa" de dez anos que elevaria imediatamente o efetivo do exército em tempo de paz mais de 200 mil homens, já prevendo novos aumentos e mais unidades. O programa final foi aprovado em 7 de julho de 1914.[32]

—

Os FRANCESES DERAM SEUS próprios passos para enfrentar o desafio alemão. Os planos de Joffre dependiam da disponibilidade de tropa suficiente desde o começo das hostilidades, não só para conter o ataque alemão, mas para lançar sua própria ofensiva contra a Alemanha. Como em 1914

Preparando guerra ou paz

a Alemanha seria capaz de empregar um exército superior em efetivo, a França ou mudava seus planos para travar uma guerra mais defensiva, o que contrariava a doutrina estratégica do exército, ou aumentava o efetivo da força.[33] Para os militares e os que os apoiavam, a segunda opção era mais atraente, mas tinha contra si o problema demográfico da França. O exército podia convocar mais conscritos todos os anos – e assim vinha fazendo – mas, com uma população de 39 milhões de habitantes, o potencial de recrutamento era menor do que o da Alemanha, cuja população era de 68 milhões. Em consequência, o ministro da Guerra apresentou proposta para aumento do efetivo do exército por meio da extensão do tempo de serviço de dois para três anos. A Lei dos Três Anos reviveu divisões na República sobre a natureza e o papel dos militares. Embora a ala direita e os próprios militares se inclinassem pela tese de um exército maior, os socialistas e muitos radicais se levantaram para atacar a lei, alegando que se tratava de uma tentativa dos militares de criar uma força profissional com base não em bons valores republicanos, mas em um pensamento reacionário. Jaurès fez apaixonados discursos em favor de uma milícia de cidadãos. Os militares e a direita chamaram a atenção para a ameaça alemã e frisaram que o exército francês estava perigosamente carente de soldados na Europa porque tivera de enviar uma força para pacificar o Marrocos, onde os habitantes locais resistiam à dominação francesa.[34] Segundo Joffre, a lei aumentaria o efetivo do exército francês para 700 mil soldados. A Alemanha ainda podia mobilizar 870 mil, mas boa parte seria empregada contra a Rússia na frente oriental, inclinando a balança em favor da França no Ocidente.[35] No longo prazo, também daria ao exército condições de aperfeiçoar seu treinamento, que havia muito tempo era motivo de preocupação.[36] Embora a lei fosse aprovada em julho, o debate se prolongou na imprensa e no parlamento franceses até 1914.

Na França estava em curso um dos mais complexos escândalos, tão característicos da Terceira República. O que começara em 1911 como sórdida história de corrupção financeira envolvendo ministros do governo se transformara em campanha organizada contra Joseph Caillaux, que os nacionalistas achavam demasiadamente ansioso por entrar em acordo com os alemães e até, quem sabe, podia estar a soldo dos germânicos. Corriam rumores de que o editor do conservador *Figaro* tinha em mãos documentos comprometedores sobre a complicada vida pessoal de Caillaux, como também prova de que ele usara sua condição de ministro da Justiça para bloquear investigações sobre acusações de corrupção.

A Primeira Guerra Mundial – que acabaria com as guerras

Apesar disso, a França parecia relativamente calma e estável nos dois últimos anos de paz, o que não era habitual, considerando sua história. O país, como julgavam os estrangeiros e os próprios franceses, experimentava o renascimento de um sentimento de nacionalismo e confiança. A crise do Marrocos em 1911 convencera a opinião pública, tanto de direita quanto de esquerda, de que a Alemanha era um inimigo implacável, que nunca cessaria de querer intimidar a França. (Simplesmente não levava em conta que a França tinha boa parcela de responsabilidade na eclosão da crise e os comentaristas franceses invariavelmente apresentavam seu país como a parte inocente da história.) Nos meses do verão de 1911, quando a crise estava no auge, o Ministério da Guerra recebeu centenas de pedidos de soldados que queriam ser reintegrados ao serviço ativo.

Celebrar grandes figuras e acontecimentos do passado ajudava a fortalecer o intenso nacionalismo que marcava tantas sociedades europeias antes de 1914. Embora muitas vezes fossem promovido por líderes para superar divisões internas do país, o nacionalismo também vinha da gente simples. Numa pequena cidade francesa, Joana d'Arc é festejada, apesar de ter lutado contra a nova aliada da França, a Inglaterra.

"Disseram-me que estou muito idoso para ter um comando," escreveu um velho general. "Só quero ser mandado para a fronteira como cavalariano, para mostrar aos jovens soldados franceses que um velho comandante de divisão, *grand-croix de la Légion d'H'onneur*, sabe como morrer."[37] Estudantes que, apenas uma década antes estavam céticos e desencantados, suspeitos de não se orgulharem da nação e seu passado, agora falavam em sacrificar a vida pela França. No Quartier Latin, 3 mil deles fizeram uma manifestação bradando *"Vive l'Alsace! Vive la Lorraine!"* e nos teatros parisienses ficaram populares as peças patrióticas. Observadores notaram no interior do país uma nova disposição beligerante entre os trabalhadores na agricultura.[38] Joana d'Arc, que fora beatificada em 1909, agora desfrutava ampla popularidade. Todavia, dessa vez o inimigo não era a Inglaterra. "Wilma diz que em seu círculo de amizades todo mundo está louco pela guerra," informou Harry Kessler em 1912, se referindo à irmã que morava em Paris. "Estão todos convencidos de que vão nos derrotar."[39] Na primavera de 1913, quando um zepelin alemão precisou fazer uma aterrisagem forçada em uma cidade francesa, a população local atirou pedras na tripulação. O governo francês se desculpou pelo comportamento "lamentável." Wilhelm escreveu uma nota raivosa: "Essa desculpa é realmente muito pouco! É simplesmente coisa de plebe incivilizada de uma terra de bárbaros! É consequência da agitação antigermânica!"[40] O caso Zabern que ocorreu alguns meses depois, quando oficiais alemães trataram moradores da Alsácia com menosprezo, recebeu ampla cobertura da imprensa francesa, que viu o incidente como nova demonstração do militarismo prussiano.[41] (Moltke usou a beligerância da imprensa francesa como mais uma justificação para aumentar o tamanho do exército alemão.)[42]

Um homem, em particular, sintetizava o novo espírito que dominava a França, Raymond Poincaré, líder político conservador que se tornara primeiro-ministro em janeiro de 1912, quando Caillaux caiu logo após a segunda crise do Marrocos. No começo de 1913, Poincaré foi eleito presidente, cargo em que permaneceu até 1920. Talvez por ser oriundo da Lorena, que em grande parte fora perdida para a Alemanha depois de 1871, Poincaré era um nacionalista francês apaixonado, decidido a acabar com as divisões internas na sociedade do país e repor a França no lugar que merecia no cenário mundial. Embora tivesse perdido sua ardorosa fé católica, aceitava a Igreja como instituição importante para a maioria de seus compatriotas. Como primeiro-ministro, fez muito em favor da solução de conflitos entre católicos e anticlericais a propósito de educação ao apoiar escolas seculares, mas insistindo na tolerância às religiosas.[43] O mundo, acreditava, tinha muito a lucrar com a influência francesa. "Sabedoria, estabilidade e dignidade," declarou em discurso proferido em 1912, um dos marcos da política francesa. "Portanto, vamos nos dedicar a preservar e fortalecer a energia vital de nossa nação e não estou me referindo ao poder militar e naval, mas, sobretudo, à confiança política e ao espírito de unidade nacional que asseguram a grandeza, glória e imortalidade de um povo."[44] Embora, como homem que prezava a razão, fosse contrário à guerra, também acreditava na necessidade de enrijecer as forças armadas francesas. Transformou-se numa espécie de herói para os nacionalistas franceses, e houve uma onda de recém-nascidos batizados com o nome Raymond.

Realçando a forte amizade e a aliança militar entre seus dois países, o Presidente Poincaré, da França, e Nicolau II inspecionam marinheiros russos durante visita de estado à Rússia em julho de 1914. A República da França e a Rússia czarista fizeram causa comum contra a Alemanha, e a França proveu fundos para o desenvolvimento russo, enquanto a Rússia entrava com os recursos humanos. Embora os registros das conversas ocorridas durante a visita sejam esparsos, sabe-se que os assuntos discutidos incluíram a crise em curso nos Balcãs depois do assassinato do arquiduque em Sarajevo.

Poincaré não era um Napoleão ou, em outra época, um Charles de Gaulle, embora soubesse muito bem que era bem visto na opinião pública. Longe de ser exuberante, era pequeno, hábil, irrequieto e meticuloso. Também inteligente e excepcional trabalhador. Ao que parece vinha de família tradicional. Descendia pelos dois lados de famílias burguesas de onde saíram juízes, servidores civis, professores e, como seu próprio pai, engenheiros. Um primo em primeiro grau era Henri Poincaré, um dos mais famosos matemáticos da França. Por seu lado, Raymond se destacou no seu *lycée* em Paris e tornou-se o advogado mais moço da França em 1880,

Preparando guerra ou paz

aos vinte anos. Embora seguisse o mesmo caminho de outros rapazes ambiciosos entrando para o jornalismo e a política, seu conhecimento jurídico lhe incutiu um respeito pela forma e pelos processos. Em público, Poincaré era impassível e frio. O feroz radical Georges Clemenceau, que não o suportava, disse que ele era "Um animal pequeno e ativo, áspero, desagradável e nada corajoso."[45] Como tanta coisa que Clemenceau dizia, isso era injusto. Antes de 1914 atuando na política e durante os dias sombrios da Grande Guerra, Poincaré demonstrou tanto coragem quanto firmeza. Nem Clemenceau ousou acusá-lo de corrupto, qual tantas outras personalidades da Terceira República.

Poincaré, como era raro em seu tempo e nível social, era feminista e forte defensor dos direitos dos animais, recusando-se, por exemplo, a fazer parte das caçadas na propriedade rural da presidência. Amava as artes, teatro e concertos em particular, e, em 1909 se tornou membro da Academia Francesa.[46] Seu alentado diário também revela um homem emotivo e sensível (chorou quando foi eleito presidente) que frequentemente ficava sentido quando se via tratado com menosprezo ou era atacado por seus inimigos. Quando, logo após o Natal, anunciou que ia se candidatar a presidente, foi maldosamente atacado pelos radicais e pela esquerda. Sua mulher, uma divorciada da qual se dizia ter um passado complicado, era alvo de mexericos que diziam que trabalhara em um cabaré ou em um circo.[47] Clemenceau afirmava que fora casada com um carteiro que Poincaré despachara para a América do Norte. "Você quer dormir com Madame Poincaré?" Clemenceau perguntava em voz alta. "OK, meu amigo, negócio fechado!"[48] Os ataques deixavam Poincaré tão enfurecido que certa vez desafiou Clemenceau para um duelo. (Felizmente para ele o duelo nunca aconteceu, pois Clemenceau era um duelista experiente.)

Ao assumir a presidência, Poincaré estava decidido a usar ao máximo os poderes do cargo e tratar pessoalmente dos assuntos externos. Estava diariamente com o ministro do Exterior, recebia embaixadores, muitas vezes por iniciativa sua, escrevia memorandos e escolhia amigos confiáveis para os cargos-chave. Seus ministros do Exterior foram homens que não se incomodavam de ficar em segundo plano. Em 12 de julho de 1914, pouco antes da eclosão da crise final na Europa, o socialista moderado René Viviani assumiu esse posto, embora não tivesse a qualificação necessária, a não ser patriotismo e eloquência. Pouco sabia sobre questões internacionais e tendia a culpar os auxiliares quando cometia enganos. Além disso, o Presidente simplesmente o intimidava. Por sua vez, Poincaré ficava profundamente irritado com o desconhecimento de Viviani sobre a diplomacia, às vezes detalhes básicos, como o nome do ministro do Exterior austro-húngaro. "Quando está lendo telegramas vindos de Viena," reclamava Poincaré, "não consegue dizer 'Ballplatz' e transforma o nome em 'Bol-Platz' ou 'Baliplatz.'"[49]

A decisão de Poincaré de controlar a política exterior nem sempre significou, porém, iniciativas práticas e liderança. De Londres, Paul Cambon, que no fim desenvolveu um respeito invejoso por ele, o acusava de possuir uma "fala lúcida, mas a serviço de uma mente confusa."[50] Poincaré não queria a guerra e seu objetivo era uma França mais forte e assertiva na Europa, obviamente, mas também no Oriente Médio, onde o país já tinha grandes interesses em territórios otomanos na Síria e no Líbano. Em sua mensagem inicial à Câmara francesa, em fevereiro de 1913, afirmou que a paz era possível, desde que a nação estivasse pronta para a guerra. "Uma França enfraquecida, uma França sujeita, por suas próprias falhas, a desafios e humilhações, já não seria a França."[51]

Não obstante, Poincaré desejava trabalhar por uma *détente* limitada com a Alemanha. Embora lamentasse a perda das províncias da Alsácia e da Lorena, não pensava em travar uma guerra para tê-las de volta.[52] A França cooperou com a Alemanha durante as crises nos Balcãs em 1912 e 1913 e, em janeiro de 1914, Poincaré jantou na embaixada alemã em Paris, o primeiro chefe de estado a fazê-lo desde a guerra de 1870. Tudo indica que Poincaré sempre almejou que o sistema de alianças que dividia a Europa em dois blocos pudesse de alguma forma trazer uma espécie de estabilidade e permitir que as potências europeias negociassem acordos envolvendo outras regiões do mundo, como, por exemplo, a divisão do Império Otomano.[53] Ao mesmo tempo, acreditava, como tantos compatriotas, que os alemães eram uns brigões que precisavam ser enfrentados com firmeza. Dirigiu a Viviani uma de suas habituais arengas professorais: "Com a Alemanha é sempre necessário ser firme e determinado, pois sua diplomacia gosta muito de blefar e nos testar, para ver se realmente pretendemos resistir ou se estamos propensos a ceder."[54] Em 1914, Poincaré estava mais pessimista sobre a possibilidade de entrar em acordo com a Alemanha. "Mais e mais," escreveu em seu diário particular, "a Alemanha se julga predestinada a dominar o mundo, defende a superioridade da raça alemã e acha que o aumento constante do número de habitantes do Reich e a contínua pressão das necessidades econômicas lhe conferem direitos excepcionais entre as nações." Também ficava em dúvida se, em uma futura crise, a Alemanha realmente cederia.[55]

Preparando guerra ou paz

Tudo isso fazia com que as amizades da França fossem, mais que nunca, a chave para a preservação de sua grandeza e posição no concerto mundial. A aliança militar da França com a Rússia precisava ser fortalecida e aprofundada. Com aprovação de Poincaré, os empréstimos franceses para construção de ferrovias na Rússia aumentaram em cerca de 500 milhões de francos nos dois anos que precederam a guerra.[56] Poincaré assegurou a Izvolsky, então ainda embaixador em Paris, que usaria sua influência na política exterior francesa para "fortalecer os laços de união com a Rússia."[57] Cumpria o que prometia e nomeou Delcassé, o confiável nacionalista francês que fora forçado a deixar seu cargo por pressão dos alemães na primeira crise de Marrocos, para embaixador em São Petersburgo. Também fez questão de visitar a Rússia, a primeira vez quando ainda era primeiro-ministro. "O Imperador Nicholas," disse Sazonov, "que costuma valorizar nos outros qualidades que não possui, ficou vivamente impressionado com a determinação e força de vontade do primeiro-ministro francês."[58]

—

POINCARÉ TAMBÉM COMPARTILHAVA a opinião geral de que a Tríplice Entente ficaria mais forte se a Inglaterra celebrasse alianças militares com a Rússia e a França. O problema era que Grey, ainda controlando firmemente a política exterior, se mostrava pouco interessado em ir além de garantias de apoio e boa vontade. Ainda mais preocupante era a política interna inglesa, que parecia a da França em tempos mais difíceis. Havia até um complicado escândalo financeiro envolvendo Lloyd George e vários liberais de destaque, acusados enfaticamente pelos conservadores de se aproveitar de informações privilegiadas para comprar ações da empresa Marconi, que estava em vias de ser contratada para construir estações de telégrafo sem fio em todo o Império Britânico. Embora uma investigação parlamentar concluísse que os acusados eram inocentes, considerando que tinham comprado ações apenas da subsidiária americana da companhia, que não fora beneficiada pelo contrato, a questão deixou sequelas e abalou a reputação de Lloyd George e dos demais, assim como a do governo como um todo. Em 1913 e na primeira metade de 1914, e isso era ainda mais preocupante para a Inglaterra e seus aliados, o país estava sofrendo profundas e amargas divisões sociais e políticas que provocavam violentas manifestações, atentados a bomba, barricadas e até o surgimento de milícias armadas. Além disso, a questão irlandesa voltou a ficar aguda, a ponto de a Inglaterra se ver na iminência de

520 A Primeira Guerra Mundial – que acabaria com as guerras

enfrentar, pela primeira vez desde o século XVII, a possiblidade de guerra civil.

O monarca que agora reinava em uma Inglaterra subitamente turbulenta era George V, que sucedera Edward VII em 1910. Sob diversos aspectos, era exatamente o oposto do pai. Tinha hábitos simples, não gostava de nações estrangeiras e se aborrecia na sociedade da moda. Sua corte, como dizia com orgulho, era insípida, mas respeitável. Com esse Rei não haveria escândalos envolvendo amantes e amigos inconvenientes. Lembrava muito seu primo, o Czar da Rússia (eram tão parecidos que às vezes confundiam as pessoas), e, de certo modo, continuou sendo o oficial de marinha que sempre fora. Conduzia sua corte como se fosse um navio, atento aos uniformes, às rotinas e à pontualidade. Era devotado à esposa, mas esperava que ela obedecesse às suas ordens. Gostava de como ela se vestia quando se conheceram na década de 1890, de forma que ela sempre usou vestidos compridos até morrer em 1953. "O pessoal em Paris ficou louco por causa dela," contou um cortesão depois de uma visita do casal real no começo de 1914, "e se comentava que seus chapéus fora de moda e os vestidos da época vitoriana se tornariam a última moda no ano seguinte!"[59] Embora achasse seu trabalho uma chatice e tivesse horror a ter que dirigir a "fala anual do trono," George V era consciencioso no cumprimento de suas tarefas. Também compreendia e aceitava ser um monarca constitucional, sujeito a acatar as recomendações de seus ministros. Seu pensamento político era o de um nobre rural "tory," com aversão instintiva a tudo que lembrasse socialismo, e achava que muitos renomados políticos liberais não eram verdadeiros cavalheiros, inclusive o primeiro-ministro, embora viesse a respeitar Asquith.[60]

Herbert Asquith, que ficou no cargo no período em que a Inglaterra passou da paz para a guerra, era um homem inteligente e ambicioso, oriundo de próspera família de industriais do norte da Inglaterra. Sua infância tranquila de repente foi abalada pela morte do pai, que deixou sua jovem família dependente da caridade dos irmãos de sua mãe. Herbert e um dos irmãos foram adotados por um tio e depois passaram por diferentes famílias enquanto frequentavam a escola em Londres. Ao contrário de seu irmão sempre doente, Herbert cresceu saudável e conquistou prestigiosa bolsa de estudos para Balliol, a mais intelectual das faculdades da Universidade de Oxford e conhecida por formar figuras de destaque na vida pública.[61] Lá Asquith conquistou fama como estudante inteligente e esforçado, assim como por ser um fantástico debatedor, qualidades que contribuíram para que começasse sua muito

Preparando guerra ou paz

Herbert Asquith foi primeiro-ministro liberal de 1908 a 1916. Político hábil, que conseguiu unir um partido dividido e teve que enfrentar uma Inglaterra cada vez mais turbulenta e uma Irlanda rebelada, deixava quase inteiramente as questões externas nas mãos de Grey.

exitosa carreira como advogado. Casou-se jovem, por amor, e tanto quanto se sabe, foi pai e marido devotado. Não obstante, quando sua primeira esposa morreu de tifo em 1891, Asquith já tinha se apaixonado por Margot Tennant, filha vivaz e teimosa de um rico empresário. Margot, que era uma esnobe social e intelectual, tinha fama de ser franca demais, a ponto de às vezes ser rude, fisicamente corajosa – adorava caçadas a cavalo – e imprevisível. Asquith sentou-se a seu lado em um jantar na Câmara dos Comuns poucos meses antes da doença fatal da esposa. "A paixão," disse para um amigo mais tarde, "que acontece, creio, apenas uma vez na vida, me assaltou e me dominou." (Seria novamente dominado em 1914.) Margot achava que ele a fazia lembrar Oliver Cromwell (que chefiara as forças parlamentares contra o rei na guerra civil) e achava que "ele era o homem que podia me ajudar e era capaz de compreender tudo."[62] Na verdade, ela hesitou por dois anos depois da primeira vez em que Asquith lhe declarou seu amor, algumas semanas depois de sepultar a mulher. Em 1894, depois de reavaliar alguns pretendentes, Margot decidiu, inesperadamente como era seu hábito, se casar com Herbert. Dedicou-se a educar seus enteados (que nem sempre apreciavam seus métodos dominadores) e a promover a promissora carreira de Asquith.

Em 1886 ele fora eleito para o Parlamento na bancada liberal e ao longo dos anos seguintes foi ascendendo firmemente dentro do partido e na sociedade inglesa, onde conheceu Margot, e conquistando novos e influentes amigos na classe dirigente. Quando os liberais voltaram ao governo no fim de 1905, Asquith foi nomeado ministro da Fazenda e depois, em 1908, primeiro-ministro. Era um líder habilidoso, conseguindo manter unido um punhado de liberais que divergiam entre si e incluía, por um lado, pacifistas e reformadores radicais como Lloyd George e, por outro, imperialistas como Grey. Quando, durante os últimos anos de paz, Churchill e Lloyd George travaram prolongada batalha em torno do orçamento naval para 1914-15, Asquith conseguiu administrar o choque. Churchill, que se tornara Primeiro Lord do Almirantado em 1911, mudara sua opinião anterior e agora pressionava para aumentar as despesas com a marinha, enquanto seu velho aliado Lloyd George, então ministro da Fazenda, estava decidido a não ceder. O conflito só foi finalmente resolvido em janeiro de 1914, quando, com apoio de Asquith, Churchill conseguiu o aumento que queria.

Nessa época Asquith também revelou considerável coragem política na longa luta travada entre as Câmaras dos Comuns e dos Lordes a respeito do orçamento de 1909 proposto por Lloyd George e na grave crise que viria em seguida. Em 1914, porém, estava visivelmente menos interessado do que já estivera por detalhes mundanos, mas essenciais, da política. Seus inimigos políticos o apelidaram de "Espere e veja" em virtude de sua propensão a protelar decisões, que, por sua culpa exclusiva, atrasavam providências. Seu grande amigo e companheiro liberal, Richard Haldane, ministro da Guerra entre 1905 e 1912, comentou: "Apesar de tudo, a sociedade londrina tinha grande apreço por ele, que aos poucos se afastou do estilo de vida austero que juntos por tanto tempo compartilhamos."[63] Outro velho amigo o achava "animado e vaidoso, bem diferente do passado."[64]

Infelizmente, à medida que sua energia declinava, o governo de Asquith passou a enfrentar cada vez mais problemas internos de difícil solução. Enquanto prosseguia o conflito entre os trabalhadores ingleses e seus patrões, um novo desafio surgiu quando mulheres de todas as classes, com suas convicções políticas que exigiam o direito de voto, entraram em choque com seus opositores, Asquith entre eles. Seu próprio Gabinete estava dividido nesse assunto. Apesar de a maioria das *suffragettes* ser pacífica e relativamente obediente à lei, uma ala perturbadora e radical liderada pela temível Mrs Pankhurst e sua não menos intransigente filha Christabel se lançou à luta empregando uma

Preparando guerra ou paz

variedade de armas criativas. Suas seguidoras interrompiam comícios, cuspiam em quem se opunha ao voto feminino, se acorrentavam a trilhos, acossavam ministros do governo, cortavam pinturas nas galerias de arte e quebravam vidraças, até em Downing Street. "Quase vomitei de medo," queixou-se Margot Asquith.[65] Em 1913, uma bomba destruiu uma casa nova que Lloyd George construía nas vizinhanças de Londres, embora ele apoiasse o vóto das mulheres. Entre janeiro e julho de 1914, *suffragettes* militantes botaram fogo em mais de cem prédios, inclusive igrejas e escolas. Quando eram presas e condenadas à prisão, as mulheres reagiam fazendo greve de fome. O movimento conseguiu sua primeira mártir quando uma *suffragette* se jogou na frente do cavalo do rei George V no Derby, e as autoridades pareceram, por algum tempo, determinadas a permitir que a polícia tratasse com a necessária firmeza as mulheres que participavam de marchas e manifestações e obrigasse as grevistas de fome a se alimentarem. No verão de 1914, Asquith estava disposto a ceder e propor ao parlamento uma lei assegurando o voto feminino, mas aconteceu a Grande Guerra e o sufrágio feminino teve de esperar.

Para a Inglaterra, a questão mais perigosa nesses anos foi a irlandesa. Reivindicações da Home Rule para a Irlanda estavam ganhando força, particularmente no sul católico. Uma ala dos liberais, seguindo o exemplo de seu grande líder Gladstone, era simpática à causa, mas exigências políticas também influíam. Após a eleição de 1910, o governo liberal já não tinha maioria e dependia dos votos dos nacionalistas irlandeses. No começo de 1912, o governo apresentou um projeto de lei concedendo a Home Rule, que permitiria à Irlanda ter seu próprio parlamento dentro da uma federação britânica. Infelizmente, uma minoria expressiva na Irlanda, composta principalmente de protestantes que eram maioria no Ulster, na parte norte da ilha, não queria a Home Rule porque, em sua opinião, deixaria os protestantes sob o domínio dos católicos. Acresce que contavam com o apoio do Partido Conservador da Inglaterra, inclusive de seu líder Bonar Law, de origem protestante do Ulster.

A questão da Home Rule para a Irlanda dividiu a sociedade inglesa. Velhos amigos cortavam relações e nos banquetes pessoas se recusavam a sentar ao lado de outras. Todavia, isso não passava de manifestações exteriores de sentimentos que, no fundo, eram muito mais sinistros. Na Irlanda, os unionistas do Ulster, como gostavam de se denominar, anunciaram um programa em que se declaravam dispostos a organizar seu próprio governo, caso a Home Rule fosse aprovada. No princípio de 1912, a primeira força paramilitar, os Voluntários, começou a receber treinamento e adquirir armas, exemplo que logo seria seguido no sul pelos adeptos da Home Rule irlandesa. No fim de setembro, quase 300 mil homens do Ulster assinaram um pacto, alguns usando o próprio sangue, se comprometendo a derrubar a Home Rule. Da Inglaterra, Bonar Law e conservadores de prestígio os estimulavam empregando palavras temerariamente emocionais e provocativas. Em julho de 1912, Law e vários colegas da Câmara dos Comuns, ao lado de um punhado de nobres conservadores, compareceram a um grande comício no Blenheim Palace, do Duque de Marlborough. Em longo e inflamado discurso, Law declarou que o governo, ao propor a Home Rule para a Irlanda, estava contrariando a Constituição e, em ameaça que repetiria várias vezes, o acusou de correr o risco de fomentar uma guerra civil. "Posso imaginar," concluiu, "quanto o Ulster resistirá, e nós não apenas estaremos prontos para defendê-lo, como também contará com o apoio da esmagadora maioria do povo inglês."[66] Enquanto Law jogava lenha na fogueira que ele afirmava temer, outro homem do Ulster, Sir Henry Wilson, chefe de operações militares do Ministério da Guerra, que abominava Asquith (o Beberrão), e a maioria dos liberais encorajavam os mais audaciosos defensores do Ulster em seus planos para assumir o poder pela força se a Home Rule fosse aprovada.[67] (Podia perfeitamente ter sido demitido, o que provavelmente prejudicaria o emprego das forças inglesas no princípio da Grande Guerra.) Ademais, Wilson alimentava os conservadores com informações confidenciais sobre o exército e sua reação diante da crise. Como muitos dos oficiais e soldados vinham do Ulster ou dos protestantes que viviam no sul, a crise da Home Rule estava causando considerável inquietação, diante da possibilidade de serem obrigados a atuar contra compatriotas rebeldes.

Em março de 1914 a crise ganhou feição ainda mais grave. A Câmara dos Comuns em duas oportunidades aprovara a Home Rule, e a Câmara dos Lordes, dominada como era pelos nobres unionistas, a rejeitara nas duas vezes. Asquith propôs um acordo – por enquanto manter os seis distritos do Ulster fora da área sujeita à Home Rule – mas seus adversários se negaram a considerá-la. Na verdade, havia na Câmara dos Lordes um movimento destinado a pressionar o governo rejeitando a lei que autorizava a existência do exército, que, desde 1688, todos os anos era aprovada sem problema e Law com certeza pensou em aproveitar o momento e apoiar os "nobres linha-dura," como passaram a ser conhecidos.

Preparando guerra ou paz

(Havia um paralelo na política americana, com a recusa dos republicanos em conceder a habitual aprovação do teto de endividamento do governo, que lhe permitia tomar emprestado os recursos de que precisava para suas atividades.) No mesmo mês ocorreu o mais preocupante incidente de todos, o assim chamado motim de Curragh, dos oficiais do exército inglês servindo em guarnição no sul da Irlanda. Em consequência de estupidez, desorientação e talvez malevolência do ministro da Guerra, o incompetente Sir John Seely, e do comandante em chefe na Irlanda, Sir Arthur Paget, os oficiais da guarnição de Curragh foram alertados de que podiam receber ordem para empreender ação militar contra os Voluntários do Ulster e que, se não quisessem cumprir a ordem, poderiam se afastar ou se demitir. Algumas dezenas de oficiais deixaram claro que se demitiriam e nesse momento Seely se permitiu garantir para os oficiais que não receberiam ordem para impor a Home Rule no Ulster. Asquith preferiu não levar adiante a questão, mas exonerou Seely e assumiu ele próprio o Ministério da Guerra.

Entre a primavera e o verão, liberais e conservadores prosseguiram, mais que nunca, se antagonizando. Na própria Irlanda as armas continuavam chegando para ambas as facções e o treinamento prosseguia. Em julho, em derradeira tentativa de obter um acordo, o Rei convocou uma reunião dos principais líderes dos dois lados no Palácio de Buckingham. Na Inglaterra, a classe dirigente, o público e a imprensa estavam totalmente absorvidos pela questão irlandesa e praticamente não davam atenção ao que estava acontecendo no continente, mesmo quando Franz Ferdinand foi assassinado em Sarajevo em 28 de junho. Asquith, que agora estava apaixonado por Venetia Stanley, muito mais jovem, diariamente escrevia para ela e na carta que enviou em 24 de julho pela primeira vez fez breve menção à crise cada vez mais grave no Continente. Nesse dia foi encerrada a reunião no Palácio de Buckingham, que redundou em novo fracasso. Se os ingleses não estavam atentos a seus vizinhos, as potências europeias, por seu lado, assistiam assustadas ao escândalo que tomava conta da sociedade inglesa, aparentemente à beira de uma guerra civil. O Czar disse ao embaixador inglês que não conseguia compreender a situação na Inglaterra, acrescentando que esperava que a crise não afetasse a posição internacional do país.[68] Alemanha e Áustria-Hungria viam a questão sob outra ótica. Com um pouco de sorte, a Inglaterra estaria internamente dividida para lutar, se houvesse guerra.[69]

No início de 1914, a maioria dos europeus considerava que possibilidade de uma guerra era praticamente a mesma da década passada. Claro

A Primeira Guerra Mundial – que acabaria com as guerras

que persistiam as tensões habituais: Inglaterra e Alemanha continuavam engajadas na corrida naval; França e Alemanha estavam longe de manter relações amistosas; e Rússia e Áustria-Hungria continuavam se antagonizando nos Balcãs. Em 1914, os nacionalistas russos se dedicavam a incitar a agitação entre os rutenos na Galícia austríaca, irritando e inquietando Viena.[70] (Funcionava nos dois sentidos. A monarquia também incentivava os sacerdotes católicos a cruzar a fronteira e fazer proselitismo junto aos rutenos que viviam na Rússia.) Também havia tensões dentro das alianças. Depois das Guerras Balcânicas, as relações entre a Alemanha e a Áustria-Hungria se deterioraram. Os alemães achavam que seus aliados austro-húngaros temerariamente corriam o risco de uma guerra contra a Rússia, enquanto estes se desagradavam com a Alemanha por ser uma aliada que pouco ajudava. A Doble Monarquia também tinha profundo ressentimento pelo fato de a Alemanha cada vez mais investir e exercer influência nos Balcãs e no Império Otomano. A despeito de integrarem a Tríplice Aliança, Itália e Áustria-Hungria prosseguiam na briga pela influência na Albânia e a opinião pública italiana continuava preocupada com os direitos dos habitantes de língua italiana dentro da Monarquia Dual. As relações entre os dois países tinham chegado a nível tão baixo que no verão de 1914 nem o Rei italiano nem tampouco um representante oficial compareceu ao funeral de Franz Ferdinand.[71] Em 1912, Alemanha e Áustria-Hungria concordaram, desde logo, em renovar a Tríplice Aliança, talvez para mutuamente reafirmarem sua confiabilidade, mas também para manter a Itália presa à aliança.

"A Tríplice Entente," declarou o embaixador russo na Alemanha, "sempre traduz uma concordância entre os parceiros, enquanto a Tríplice Aliança é exatamente o contrário. Se pensa em alguma coisa, a Áustria-Hungria se apressa em realizar o que tem em mente. Às vezes a Itália sai em outra direção, e a Alemanha, que só anuncia sua intenção no último instante, quase sempre se vê forçada a apoiar seus aliados, para o bem e para o mal."[72] Todavia, na Tríplice Entente a rivalidade entre a Inglaterra e a Rússia em torno da Ásia Central e da Pérsia nunca desapareceu de fato, e, na primavera de 1914, Grey e seus principais assessores temiam que o acordo pelo qual a Rússia exerceria influência no norte e a Inglaterra no sul da Pérsia, estava na iminência de ser rompido.

A prevista desintegração do Império Otomano constituía motivação especial para disputas entre as potências estrangeiras envolvendo os Estreitos e Constantinopla, como igualmente grande parte da Ásia Menor onde se falava turco, e os territórios árabes que incluem, hoje, Síria, Iraque,

Preparando guerra ou paz

Líbano, Jordânia, Israel e parte da península saudita. Talvez o governo russo reconhecesse o quanto era limitada sua capacidade de se apoderar dos Estreitos, mas os nacionalistas russos continuavam agitando o país e exigindo que conquistasse o que viam como seu direito hereditário. A Áustria-Hungria, que de modo geral se mantivera à margem da disputa por colônias, agora demonstrava interesse em marcar sua presença na Ásia Menor, em parte para compensar a recente sequência de desastres nos Balcãs. Esse desejo gerou problemas com seus dois aliados. A Alemanha e a Itália tinham seus próprios sonhos de estabelecer colônias no Oriente Médio quando o Império Otomano desmoronasse.[73] Acontece que o moribundo deu surpreendente sinal de vida. Os Jovens Turcos, agora novamente controlando o país, tentavam centralizar e revigorar o governo. Estavam reorganizando suas forças armadas e comprando na Inglaterra três encouraçados que, uma vez em atividade, alterariam decisivamente o equilíbrio de poder em prejuízo da marinha da Rússia, que reagiu construindo seu próprio encouraçado, mas o Império Otomano estaria em vantagem entre 1913 e 1915.[74]

No fim de 1913, houve uma onda de preocupação entre as potências da *Entente* quando vazaram notícias sobre o aumento da missão militar alemã no Império Otomano e que para lá fora mandado, como comandante da missão, um general de alta patente, Otto Liman von Sanders. Como disporia de amplos poderes para treinamento e aperfeiçoamento das forças armadas otomanas, acumulando com o comando de um corpo-de-exército sediado em Constantinopla, logicamente aumentaria drasticamente a influência alemã no Império Otomano.

Wilhelm, em sigilo e com a participação de seus mais confiáveis planejadores militares, fizera seus planos e disse a Liman em tom dramático: "Ou a bandeira alemã tremulará em breve nas fortificações no Bósforo, ou terei o triste destino de um longo exílio em Santa Helena."[75] Mais uma vez a liderança civil da Alemanha se viu a braços com os indesejados efeitos dos atos de um Imperador irresponsável e independente.

Até esse ponto Rússia e Alemanha vinham cooperando com razoável sucesso no Império Otomano. Em novembro de 1910, o Czar Nicholas visitara Wilhelm em Potsdam, e os dois tinham assinado um acordo relacionado com o Império Otomano que removia pelo menos uma fonte de tensão: a Rússia se comprometia a não solapar o novo governo dos Jovens Turcos, e a Alemanha se dispunha a apoiar as reformas no Império Otomano. Os alemães também reconheciam a esfera de influência russa no norte da Pérsia e abrandavam as apreensões russas deslocando a projetada

A Primeira Guerra Mundial – que acabaria com as guerras

ferrovia Berlim-Bagdá mais para o sul. Bethmann pareceu satisfeito: "A visita dos russos correu melhor do que se esperava. Os dois soberanos se entenderam franca e serenamente, com a melhor disposição possível."[76] Os dois governantes voltaram a se encontrar em seus iates no verão de 1912, em porto russo no Báltico (hoje Paldiski, na Estônia) imediatamente antes de eclodir a crise nos Balcãs. De acordo com Sazonov, Alexandra "estava sempre cansada, como sempre acontecia em tais ocasiões," mas a reunião se desenrolou "em ambiente de paz e amizade." Kokovtsov e Bethmann, que também estavam presentes, comentaram entre si quão árduo era resistir as pressões do público para aumento das despesas com defesa. Wilhelm não parou de contar piadas em voz alta. "Devo confessar," disse Sazonov, "que nem todas me agradaram." O Kaiser também aconselhou o Czar a voltar as atenções para o leste e fortalecer seu poder militar com vistas ao Japão. Nicholas escutou com sua habitual reserva. "Graças a Deus!" – disse para Kokovtsov quando a reunião terminou. "Agora não é mais preciso ficar vigiando o que se diz e muito menos ter que falar de uma forma que nunca pensara em usar." Nicholas, porém, ficou aliviado ao ouvir Wilhelm repetidamente afirmar que não permitiria que a situação nos Balcãs provocasse uma guerra mundial.[77]

Como logo se constataria, a questão Liman von Sanders rapidamente destruiu a cooperação entre Alemanha e Rússia no Império Otomano e as reações que surgiram revelaram o quanto estavam agitadas as capitais da Europa naquele momento. Os russos, furiosos com a nomeação de Liman, insistiram para que seus aliados franceses e ingleses pressionassem os Jovens Turcos para limitar os poderes do general alemão. Sazonov falou em bloquear os portos otomanos para chamar a atenção do país sobre a questão e novamente circularam rumores sobre guerra. O primeiro-ministro russo, Sazonov, defendeu a moderação e o mesmo fizeram os franceses e ingleses, que não queriam ser levados à guerra por causa do Império Otomano. (O governo inglês também ficou em posição desconfortável quando se descobriu que o almirante que chefiava a missão naval inglesa em Constantinopla tinha os mesmos poderes de Liman.) Entretanto, como já acontecera antes – os franceses em particular – reconheceram a necessidade de ficar ao lado da Rússia. Izvolsky informou São Petersburgo que Poincaré "mostrou uma serena determinação de não fugir das obrigações que a aliança impunha a seu país e Delcassé, embaixador francês na Rússia, assegurou ao governo russo o apoio incondicional da França."[78]

Felizmente para a Europa, o problema foi contornado. Russos e

Preparando guerra ou paz

alemães não queriam forçar uma confrontação, e os Jovens Turcos, assustados com a repercussão do assunto, também, queriam que se chegasse a um acordo. Em janeiro, em manobra salvadora, Liman foi promovido e agora era antigo demais para comandar um corpo-de-exército. (Permaneceria no Império Otomano até sua derrota em 1918. Uma de suas heranças duradouras foi impulsionar a carreira de um promissor oficial turco, Mustafa Kemal Ataturk.) A questão serviu para aumentar ainda mais as suspeitas da *Entente* em relação à Alemanha e aprofundar a separação entre a Alemanha e a Rússia. O governo russo, especialmente após a queda de Kokovtsov em janeiro de 1914, passou a aceitar a ideia de que a Alemanha planejava uma guerra. Em entrevista naquele mês com Delcassé, Nicholas conversou calmamente com o embaixador francês sobre o conflito que se aproximava. "Não vamos deixar que nos atropelem e, desta vez, não será como na guerra no Extremo Oriente. A vontade nacional nos apoiará."[79] Em fevereiro de 1914, o Estado-Maior russo mostrou ao governo dois memorandos secretos interceptados por espiões em que os alemães mencionavam uma guerra em duas frentes e como a opinião pública alemã precisava ser antecipadamente preparada. No mesmo mês o Czar aprovou os preparativos para um ataque ao Império Otomano, em caso de guerra geral.[80]

Não obstante, o sucesso na conclusão do caso Liman von Sanders e na administração internacional das crises nos Balcãs em 1912 e 1913 parecia mostrar que a Europa ainda podia preservar a paz e que algo como o velho Concerto da Europa, em que as grandes potências se reuniam para intermediar e impor acordos, ainda podia dar certo. De fato, muitos observadores sentiam que em 1914 o clima na Europa estava melhor do que algum tempo atrás. Churchill, em sua história da Grande Guerra, fala sobre a "excepcional tranquilidade" daqueles últimos meses de paz, e Grey, mais uma vez escrevendo sobre o passado, comentou: "Nos primeiros meses de 1914, o céu internacional parecia mais límpido do que já fora. As nuvens dos Balcãs tinham desaparecido. Após ameaçadores períodos em 1911, 1912 e 1913, havia a probabilidade de um pouco de calma, que na verdade era necessária."[81] Em junho de 1914, a Universidade de Oxford concedeu títulos honorários ao Príncipe Lichnowsky, embaixador alemão, e ao compositor Richard Strauss.

É verdade que a Europa estava dividida em dois sistemas de aliança e depois da Grande Guerra isso foi visto como uma das causas principais da guerra, considerando que um conflito entre duas potências quaisquer corria o risco de arrastar os aliados. Pode ser alegado, entretanto, que,

530 A Primeira Guerra Mundial – que acabaria com as guerras

como era na época e continua sendo hoje, alianças defensivas como as de então agem como instrumento de dissuasão contra agressões e podem se constituir em fator de estabilidade. A OTAN (Organização do Tratado do Atlântico Norte) e o Pacto de Varsóvia em última análise produziram equilíbrio de forças e preservaram a paz na Europa durante a Guerra Fria. Como disse Grey em tom de aprovação na Câmara dos Comuns, em 1912, as potências estavam divididas em "blocos separados, mas não opostos," e muitos europeus, entre os quais Poincaré, concordavam com ele. Em suas memórias, escritas depois da Grande Guerra, Grey continuou exaltando o valor das alianças: "Queríamos que a *Entente* e a Tríplice Aliança da Alemanha convivessem lado a lado, em ambiente amistoso. Era o melhor que se podia fazer."[82] Enquanto França e Rússia na primeira e Alemanha, Áustria-Hungria e Itália na última tinham assinado os tratados das alianças, a Inglaterra ainda se recusava a fazê-lo a fim de, salientava Grey, manter liberdade de ação. Realmente, em 1911 Arthur Nicolson, então subsecretário permanente do Foreign Office, reclamou que a Inglaterra ainda não se comprometera suficientemente com a Tríplice Entente: "Não creio estarem percebendo que, se pretendemos ajudar na preservação da paz e do *statu quo*, precisamos assumir nossas responsabilidades e ficar em condições de, em caso de necessidade, de alguma forma proporcionar a nossos amigos e aliados ajuda de natureza material e mais eficiente do que estamos dispostos a fazer presentemente."[83]

Na verdade, por mais defensivas que as alianças pudessem ser e por mais que a Inglaterra se sentisse livre para seguir seu próprio rumo, ao longo dos anos a divisão da Europa passou a ser considerada fato consumado. Isso se refletia até nas palavras dos estadistas que sempre eram cautelosos em se identificar com muita clareza com um dos lados. Em 1913, Sazonov, que apenas um ano antes dissera ao embaixador alemão em São Petersburgo que se recusava a usar o termo, agora falava em Tríplice Entente. Grey, que compartilhava a relutância de Sazonov, no ano seguinte admitiu que era tão difícil evitar o termo quanto se livrar dos infinitivos. De qualquer modo, argumentava, a *Entente* convinha à Inglaterra: "As alternativas são uma política de completo isolamento na Europa, ou outra de aliança definida com um dos dois blocos de potências europeias..."[84]

Inevitavelmente as expectativas e os acordos sobre apoio mútuo se acumularam nas duas alianças, e os militares e diplomatas cada vez mais se acostumaram a trabalhar em conjunto. Os parceiros também

Preparando guerra ou paz

concluíram que precisavam dar garantias recíprocas ou correr o risco de perder um aliado. Mesmo não tendo interesses vitais nos Balcãs, para a Alemanha ficou cada vez mais difícil deixar de apoiar a Áustria-Hungria nessa região. Para a França, a aliança com a Rússia era crucial para manter seu status de grande potência, embora temesse que, uma vez recuperado todo seu poder, a Rússia novamente deixasse de precisar de seu apoio, o que poderia ocasionar o retorno à aliança mais antiga, com a Alemanha.[85] Isso forçava a França a apoiar os objetivos russos mesmo sentindo que eram perigosos. Aparentemente Poincaré deu à Rússia a impressão de que a França entraria em uma guerra entre Rússia e Áustria-Hungria, mesmo envolvendo a Sérvia. "O ponto essencial," disse para Izvolsky em Paris, em 1912, "é que tudo deságua no mesmo lugar, isto é, na questão se a Alemanha apoiará ou não a Áustria."[86] Embora o tratado entre França e Rússia fosse defensivo e só entrasse em vigor se um dos signatários fosse atacado, Poincaré foi além, sugerindo que a França se sentiria na obrigação de entrar na guerra mesmo em caso unicamente de mobilização na Alemanha. Em 1914, as alianças, em vez de agirem como freios para seus membros, muitas vezes pisavam no acelerador.

Apesar da cautela inglesa, a Tríplice Entente desenvolveu mais coesão e profundidade do que a Tríplice Aliança, à medida que os laços de união financeiros – especialmente no caso de França e Rússia – militares e diplomáticos, e até as comunicações por telégrafo com e sem fio, se tornaram mais frequentes e fortes. Os franceses não apenas encorajavam a Inglaterra e a Rússia a participar de discussões militares, como também pressionavam os ingleses para assumir um compromisso mais claro do que estavam dispostos a admitir. Embora o Gabinete inglês continuasse dividido na questão, e o próprio Grey preferisse fivar na zona nebulosa entre garantir apoio à França e a recusa em especificar o que isso significava, a França contava com um ativo colaborador em Henry Wilson, que visitou o país sete vezes apenas em 1913, para discussões com seus correspondentes franceses.[87] Em 1912, também as marinhas inglesa e francesa passaram a cooperar mais cerradamente no Mediterrâneo, no Atlântico e no Extremo Oriente.

Não foi exatamente resultado de pressão francesa, mas do fato de os ingleses estarem enfrentando um dilema. Suas marinhas já não podiam superar todos os desafios que tinham pela frente, em particular a defesa dos interesses ingleses no Mediterrâneo, onde Itália, Áustria-Hungria e o Império Otomano estavam construindo encouraçados e superando a esquadra de alto mar da Alemanha. Se a Inglaterra não conseguisse manter sob controle

532 A Primeira Guerra Mundial – que acabaria com as guerras

a competição naval com a Alemanha – e no fim de 1912, com o fracasso das negociações mais recentes isso parecia bastante improvável – teria de gastar muito mais com sua marinha ou de se aliar às de outras potências amigas para repartir responsabilidades em áreas essenciais. Isso constituía um problema político para Asquith. Embora os conservadores de forma geral apoiassem a elevação das despesas com a marinha, os radicais de seu próprio partido não e muitos liberais também temiam assumir novos compromissos internacionais que pudessem levar o país à guerra.

O novo Primeiro Lord do Almirantado era o moço dinâmico e impetuoso Winston Churchill, naqueles dias membro do Partido Liberal. "Winston só fala no Mar, na Marinha e nas coisas maravilhosas que pretende fazer," anotou seu secretário naval.[88] Churchill assumiu o cargo com entusiasmo e autoconfiança sem limites, dominando todos os pormenores de navios, estaleiros, docas e equipamentos e também refletindo sobre as necessidades estratégicas da Inglaterra. "Foram dias grandiosos," comentou ao escrever sobre a Grande Guerra. "Desde que amanhecia até a noite, dia após dia, a mente ficava absorvida pela fascinação e novidade dos problemas que se acumulavam."[89] Nos três anos que antecederam a guerra, ele passou oito meses a bordo do iate do Almirantado, o *Enchantress*, visitando todos os navios e bases navais importantes no Mediterrâneo e nas águas territoriais da Inglaterra. ("Férias às expensas do governo," anotou Wilson a propósito de uma dessas viagens.)[90] "No fim," declarou Churchill com certo exagero, "eu podia me meter em tudo que queria e sabia perfeitamente, a qualquer instante, a situação dos problemas em nossa marinha."[91] Embora deixasse furiosos muitos dos oficiais mais antigos da marinha assegurando tranquilamente que poderia fazer o trabalho deles melhor do que eles próprios, a verdade é que empreendeu muitas reformas necessárias. Criou pela primeira vez um estado-maior geral próprio, melhorou as condições de trabalho dos marinheiros comuns e converteu a propulsão dos navios da marinha do carvão para o óleo, mais eficiente e menos trabalhoso.[92] Apesar das implicações estratégicas no longo prazo ao atribuir aos campos petrolíferos no Oriente Médio importância crítica para a Inglaterra, foi decisão de Churchill reorganizar e renovar a esquadra do Mediterrâneo, acrescentando mais um elemento à mistura de fatores que tornaram possível a Grande Guerra.

Embora o Mediterrâneo continuasse sendo de extrema importância para a Inglaterra por assegurar o acesso ao vital Canal de Suez, o Atlântico, especialmente em torno das Ilhas Britânicas, era questão de vida ou morte, sobretudo considerando que a Alemanha podia empregar nesses

Preparando guerra ou paz

mares o mesmo número de encouraçados que os ingleses. Por conseguinte, Churchill e seus assessores da marinha decidiram, no começo de 1912, garantir uma posição vantajosa transferindo seus encouraçados de suas bases no Mediterrâneo para Gibraltar, na união com o Atlântico, deixando apenas um esquadrão de cruzadores ligeiros baseados em Malta. Essa medida significava, embora não reconhecessem de imediato suas implicações, que a França passaria a ser a principal responsável pela segurança no Mediterrâneo diante da ameaça representada pelas esquadras italiana e austro-húngara e talvez, se as coisas tomassem rumo indesejado, também a do Império Otomano. Para tanto, a França seria obrigada a transferir a maior parte de sua esquadra de seus portos no Atlântico para o Mediterrâneo, o que fez de imediato, ficando na expectativa de que a Inglaterra garantisse a segurança da costa atlântica da França e protegesse as vitais linhas comerciais no Canal da Mancha. Como salientou Churchill em memorando para Grey em agosto de 1912, os franceses teriam que se concentrar no Mediterrâneo devido a suas colônias no norte da África, mesmo que não existisse a marinha inglesa. Contudo, o fato de os ingleses retirarem seus encouraçados deixou a França em forte posição moral, caso a guerra acontecesse. Considere, insistiu com Grey, "a tremenda arma de que disporão os franceses para nos compelir a intervir, podendo dizer, 'Por recomendação e acordo de nossas autoridades navais deixamos nossa costa norte desprotegida.'" E acertadamente concluiu: "Todos devem perceber que temos as obrigações de uma aliança sem suas vantagens e, acima de tudo, sem conhecer exatamente suas disposições."[93]

Uma aliança e suas exatas disposições era, claro, o que desejavam Paul Cambon, embaixador francês em Londres, e seu governo, mas também justamente o que Grey e o governo inglês queriam evitar. As conversações entre os exércitos francês e inglês já tinham levado os franceses a pensar que contavam com o apoio militar terrestre inglês, por mais que Grey quisesse preservar sua liberdade de ação. As conversas entre as duas marinhas também continuavam havia vários anos, mas de maneira errática e inconclusiva. Em julho de 1912, porém, o Gabinete inglês lhe atribuiu maior importância ao autorizar oficialmente que prosseguissem. No fim de 1913, as marinhas inglesa e francesa chegaram a diversos entendimentos de cooperação, caso houvesse guerra. A Royal Navy se concentraria no ponto mais estreito do Canal e no Estreito de Dover, enquanto franceses e ingleses dividiriam responsabilidades no restante da área, No Mediterrâneo, os franceses patrulhariam a metade ocidental,

534 A Primeira Guerra Mundial – que acabaria com as guerras

enquanto os ingleses, com sua esquadra baseada em Malta, cuidariam do setor oriental. As duas marinhas também operariam em conjunto contra a Alemanha no Extremo Oriente. Foram elaborados detalhados planos operacionais, particularmente para o Canal da Mancha.[94]

Cambon também insistiu com Grey para que expedisse uma declaração escrita sobre cooperação entre Inglaterra e França para o caso de um dos países ser atacado. Garantiu a Grey que não estava pedindo uma aliança ou um acordo mandatório estabelecendo que as duas nações realmente agiriam em conjunto, mas simplesmente uma confirmação de que se consultariam. Grey, que sem dúvida preferia deixar as coisas como estavam, admitiu que tinha de fazer alguma coisa para tranquilizar os franceses, ou a *Entente* desmoronaria. Em novembro de 1912, com aprovação do Gabinete, trocou correspondência com Cambon. De próprio punho, Grey se referiu às conversações entre militares franceses e ingleses e especialistas navais, assinalando que tais conversas não significavam uma garantia de ação imediata. Prosseguiu, entretanto, admitindo que em uma crise seria essencial para cada uma das duas potências saber se a outra acorreria em seu auxílio com força armada e que, em tais circunstâncias, seria sensato se valer dos planos já elaborados. "Concordo," escreveu, "que, se um dos governos tiver fortes motivos para temer um ataque inesperado de uma terceira potência, ou algo que ameace a paz geral, deverá imediatamente discutir com o outro se devem agir em harmonia para impedir a agressão e preservar a paz e, nesse caso, que medidas devem estar dispostos a adotar em conjunto."[95]

Grey e o primeiro-ministro Asquith continuaram insistindo até a eclosão da guerra que a Inglaterra devia preservar sua liberdade de ação em relação à França. Essa posição era tecnicamente a oficial, mas não era totalmente verdadeira. As conversas entre militares dos exércitos e das marinhas tinham levado as forças armadas dos dois países a fazer acordos na base da confiança recíproca, para o caso de haver uma guerra. Lord Esher, cortesão, especialista em assuntos de defesa e soberbo ator de bastidores, escreveu para um amigo em 1913: "Claro que não existe nenhum tratado ou pacto, mas não consigo compreender como vamos nos eximir com honra dos compromissos do estado-maior. Tudo me parece tão hipócrita!"[96] Dez anos de conversas entre representantes dos exércitos e das marinhas, a cooperação diplomática e a aceitação popular da *Entente Cordiale* nos dois países criaram uma rede de ligações que seria difícil ignorar quando chegasse a crise seguinte. Como lembrara Cambon ao falar com Grey quando este assinalou que não havia acordo formal entre França e Inglaterra: "Na verdade existe uma *Entente* 'moral,' que poderá se transformar em uma *Entente* 'oficial' se assim desejarem os dois governos, quando surgir oportunidade."[97]

O próprio Grey, como era seu costume, continuou emitindo para os franceses sinais ambíguos. Em abril de 1914, resolveu demonstrar a importância que atribuía às relações com a França ao fazer sua primeira viagem ao exterior (nos nove anos como ministro do Exterior), acompanhando George V na visita a Paris. Nem o ministro e tampouco o Rei gostavam de viajar para o estrangeiro. Grey também andava triste porque acabara de saber que estava perdendo a visão. Tencionava no fim do verão consultar um especialista na Alemanha.[98] Não obstante, os ingleses ficaram satisfeitos com o tempo, lindo e ameno, e o calor da recepção francesa. Grey chegou a ter uma conversa com Poincaré, que não falava inglês. "O Espírito Santo baixou em Sir Edward Grey," disse Paul Cambon, "e ele agora fala francês!"[99] Embora assegurasse aos embaixadores austríaco e alemão que passara a maior parte do tempo passeando e que "nada de perigoso" acontecera em suas reuniões com os franceses,[100] na verdade Grey cedeu à pressão da França e concordou em iniciar conversações navais com os russos. Quando surgiram na imprensa comentários e indagações, Grey aproveitou a oportunidade para protelar tais conversas até agosto. Embora nunca tivesse havido acordos navais com os russos, os alemães ficaram alarmados com a possibilidade de ataques coordenados no Báltico e no Atlântico, e mais convencidos que nunca de que a Alemanha estava cercada.[101]

———

O QUE TORNOU A DIVISÃO da Europa ainda mais perigosa foi a intensificação da corrida armamentista. Embora nenhuma grande potência, com exceção da Itália, tivesse se envolvido em uma guerra entre 1908 e 1914, a soma de suas despesas com defesa subiu em 50%. (Os Estados Unidos também estavam aumentando esses dispêndios, mas em grau muito menor.)[102] Entre 1912 e 1914, as Guerras Balcânicas contribuíram para desencadear nova rodada de despesas à medida que as nações balcânicas e as potências expandiam suas forças armadas, investiam em armas mais perfeiçoadas e em outras novas, como submarinos, metralhadoras e aviões que as maravilhas da ciência e tecnologia da Europa produziam. Entre as grandes potências, Alemanha e Rússia se destacaram. O orçamento de defesa alemão saltou de 88 milhões de libras em 1911 para quase 118 milhões em 1913, enquanto o da Rússia subiu de 74 milhões de libras para quase 111 milhões no mesmo período.[103] Ministros das Finanças e outros membros dos Gabinetes se preocupavam com despesas tão elevadas, que cresciam tão aceleradamente e que não eram sustentáveis, o que acabaria gerando intranquilidade popular. Cada vez mais, porém, sua opinião era descartada por estadistas e generais inquietos, tomados todos de medo crescente de o país ficar para trás num mundo de inimigos empenhados em aumentar suas forças armadas. A inteligência do exército em Viena informou no começo de 1914: "A Grécia está triplicando os gastos com defesa, a Sérvia, dobrando, enquanto Romênia, Bulgária e Montenegro estão igualmente reforçando seus exércitos com despesas significativas."[104] A Áustria-Hungria reagiu com um novo orçamento para o exército que permitia aumentar seu efetivo (embora muito menos do que Alemanha e Rússia). As leis alemãs para o exército e a marinha, a Lei dos Três Anos francesa, o Grande Programa russo e a crescente despesa naval inglesa eram igualmente reações a ameaças potenciais, mas não vistas dessa forma pelos outros. O que parecia defensivo por uma perspectiva era uma ameaça por outra. Ademais, sempre havia *lobbies* internos e a imprensa, algumas vezes bancados por industriais, para elevar o fantasma da nação em perigo. Tirpitz, sempre criativo quando se tratava de lutar por mais recursos para sua marinha, apresentou nova justificativa para a nova Lei da Marinha em 1912: a Alemanha não podia desperdiçar os investimentos já realizados. "Sem uma chance adequada de nos defendermos de um ataque inglês, nossa política tem de mostrar sempre que leva em conta a Inglaterra ou todos os sacrifícios que já fizemos seriam em vão."[105]

Os liberais e a esquerda, como também o movimento pela paz, atacavam a corrida armamentista. Os "mercadores da morte", naquela época e após a Grande Guerra, foram apontados como um dos principais fatores, talvez o fundamental, para que a catástrofe acontecesse. Foi uma ideia que ganhou ressonância especial nas décadas de 1920 e 1930 nos Estados Unidos, quando cresceu a desilusão sobre a entrada americana na guerra. Em 1934, o senador Gerald Nye, de Dakota do Norte, presidiu uma comissão especial do Senado para investigar o papel dos fabricantes de armas na eclosão da Grande Guerra, prometendo mostrar que "a guerra e seu preparo não são questão de honra e orgulho nacionais, mas mera questão de lucro para uma minoria." A comissão ouviu dezenas de testemunhas, mas, como era de esperar, nada conseguiu provar. A Grande Guerra não resultou de uma causa isolada, e sim de uma combinação delas, e, por fim, de decisões humanas.

Preparando guerra ou paz

O que a corrida armamentista provocou foi a elevação do nível de tensões na Europa e a pressão exercida sobre quem tinha a responsabilidade de decidir para apertar o gatilho antes que o inimigo o fizesse.

Ironicamente, em retrospecto, os decisores daquela época tendiam a ver preparativos militares como fator confiável de dissuasão. Em 1913, o embaixador inglês em Paris teve uma audiência com George V. "Lembro ao Rei que a melhor garantia de paz entre as grandes potências é o medo que têm umas das outras."[106] Como a dissuasão só funciona se o outro lado achar que você está disposto a usar a força, sempre existe a possibilidade de ir longe demais e começar um conflito acidentalmente – ou de perder a credibilidade não cumprindo uma ameaça. A honra, como as nações diziam então (hoje podemos dizer prestígio) fazia parte desse cálculo. As grandes potências tinham consciência de seu status tanto quanto de seus interesses, e dispor-se a fazer muitas concessões ou parecer tímida poderia ser prejudicial a eles. Os eventos na década anterior a 1914 pareciam mostrar que dissuasão funciona, quer fosse quando Inglaterra e França forçaram a Alemanha a recuar na questão do Marrocos, quer quando a mobilização na Rússia pressionou a Áustria-Hungria a não atacar a Sérvia durante as Guerras Balcânicas. Uma palavra inglesa muito usada naqueles dias entrou para a língua alemã como *der Bluff*. Mas que fazer quando pagam para ver seu blefe?

—

A CORRIDA ARMAMENTISTA DE PRÉ-GUERRA trouxe considerações sobre *timing*, a avaliação do momento, da oportunidade. Se a guerra está próxima, é melhor lutar enquanto se está em vantagem. Com poucas exceções – Itália, Romênia e o Império Otomano talvez – os países europeus sabiam que logo estariam em guerra e, graças a seus espiões, em geral tinham uma boa ideia do grau das forças inimigas e de seus planos. Os alemães, por exemplo, estavam bem cientes do crescimento e da modernização das forças armadas russas e da construção de sua rede ferroviária. O Estado-Maior Alemão estimava que em 1917 não seria possível lutar contra a Rússia com possibilidade de vitória. A mobilização do exército russo cada vez mais numeroso demoraria apenas três dias a mais do que a da Alemanha (a menos que construísse uma grande e dispendiosa rede ferroviária no leste do país).[107] Em triste conversa com o banqueiro Max Warburg, o Kaiser previu uma guerra com a Rússia ocorreria já em 1916. "Tomado de ansiedade, o Kaiser chegou a pensar se não seria melhor atacar antes, em vez de esperar."[108] Olhando para oeste, os alemães também sabiam das deficiências da França no momento, tais como sua falta de artilharia pesada, mesmo antes de isso ser motivo de críticas públicas de um senador francês em julho de 1914. Finalmente, os alemães temiam que o Império Austro-Húngaro não sobrevivesse por muito mais tempo. Todas essas considerações encorajaram os alemães tomadores de decisões--chave a concluir que, se tinham de lutar, 1914 era uma boa hora. (Os militares japoneses fizeram o mesmo raciocínio quando resolveram provocar a guerra com os Estados Unidos em 1941.) Enquanto os alemães sentiam estar perdendo tempo, russos e franceses achavam que as coisas caminhavam a seu favor e estes últimos, em particular, avaliavam que era melhor esperar.[109] A Áustria-Hungria não era tão otimista. Em março de 1914, Conrad, chefe do Estado-Maior da Monarquia Dual, perguntou a um colega: "Devemos esperar até Rússia e França estarem prontas para se juntarem e nos invadir, ou é melhor nos anteciparmos e desencadear logo um conflito que é inevitável?"[110]

Muitos europeus, especialmente, como Conrad, os que ocupavam cargos importantes na cúpula militar e política, estavam à espera da guerra. O general russo Brusilov, no verão de 1914, fez questão de ir rapidamente com sua mulher para o spa na Alemanha que costumavam frequentar. "É absolutamente certo que vai estourar uma guerra mundial em 1915. Portanto, decidimos não adiar nosso tratamento e nosso repouso, para regressar a tempo das manobras."[111] Embora a confiança no poder da ofensiva fizesse com que muitos acreditassem que qualquer guerra seria curta, homens como Bethmann e Moltke viam essa possibilidade com grande pessimismo. Em abril de 1913, enquanto a Rússia e a Áustria-Hungria se hostilizavam após a Primeira Guerra Balcânica, Bethmann alertava o Reichstag: "Ninguém pode imaginar as dimensões de uma conflagração mundial, a miséria e a destruição que traria para as nações."[112] Cada vez mais, ele, como Moltke, sentia-se impotente ao fazer essa advertência. Grey, por outro lado, às vésperas da Grande Guerra ainda acreditava que a perspectiva de uma conflagração geral transformar-se numa catástrofe para todos os envolvidos faria com que os estadistas europeus fossem mais prudentes. "Será que as dificuldades vividas de 1905 até hoje não foram suficientes para convencer as grandes potências a recuar e parar com essa pressão que pode levar à guerra?"[113]

À medida que a guerra ficava mais provável, arranjar novos aliados era mais importante que nunca. As forças terrestres dos dois sistemas de aliança agora estavam em tal nível de equilíbrio que mesmo um país pequeno como a Grécia ou a Bélgica poderia ajudar a pender a balança. Embora os gregos se recusassem prudentemente a se comprometer, o

Preparando guerra ou paz

Kaiser confiava que seu rei, membro da família Hohenzollern, faria o certo quando chegasse a hora. A Bélgica era outra história. Todas as tentativas atabalhoadas de Wilhelm de aliciar seu Rei serviram apenas para deixar os belgas mais determinados a defender sua neutralidade da melhor maneira possível. Em 1913 a Bélgica adotou a conscrição e aumentou o efetivo de seu exército. Também reorganizou suas forças armadas a fim de reforçar as grandes fortalezas em Liège, perto da fronteira com a Alemanha, mostrando claramente que, das nações garantes da neutralidade belga, a Alemanha era a que mais provavelmente a violaria. Os planejadores militares alemães, entretanto, não contavam com resistência dos "soldadinhos de chocolate."

Os outros importantes "prêmios" ainda disponíveis estavam nos Balcãs. O Império Otomano parecia se inclinar para a Alemanha. Wilhelm também depositava esperança na Romênia, outra nação com um governante Hohenzollern. Acresce que o Rei Carol fizera um acordo secreto com a Alemanha e a Áustria-Hungria. Talvez a Aliança Dual estivesse mais desconfiada que nunca por ele jamais ter se preocupado em admiti-lo publicamente. Carol, que Berchtold descreveu como "inteligente, zeloso e distinguido servidor," não estava disposto a contrariar a opinião pública de seu país, cada vez mais hostil à Monarquia Dual por causa da forma como os húngaros tratavam os romenos que eram seus súditos. Tisza, primeiro-ministro da Hungria, admitiu o problema e tentou apaziguar os nacionalistas romenos concentrados principalmente na Transilvânia, oferecendo-lhes autonomia em áreas como religião e educação, mas isso não foi suficiente para os romenos habitantes da Hungria, e as negociações foram interrompidas em fevereiro de 1914. Enquanto isso, a Rússia se apresentava como amiga deles. O Czar visitou a Romênia em junho de 1914, e falou-se em casamento de uma de suas filhas com o herdeiro do trono romeno. Sazonov, que integrava a comitiva imperial, percorreu a fronteira entre a Romênia e a Áustria-Hungria e, em ato provocativo, entrou uns quilômetros na Transilvânia.

Embora descrevesse sua situação como pisando em ovos na questão entre Bulgária e Romênia, que se odiavam por *vendetta* após a Segunda Guerra Balcânica, Berchtold tentou atrair também a Bulgária para a Tríplice Aliança.[114] Apesar de enfrentar forte resistência de Wilhelm, que repudiava seu Rei Ferdinand, a Raposa, Berchtold finalmente persuadiu o governante alemão a oferecer à Bulgária um empréstimo substancial em junho de 1914. Os esforços de Berchtold também

540 A Primeira Guerra Mundial – que acabaria com as guerras

serviram para empurrar a Romênia para a *Entente*, mas, a despeito de muitos sinais de alerta, ele continuou confiando em Carol até as vésperas da Grande Guerra. Conrad, todavia, deu ordem para seu Estado-Maior preparar planos de operações contra a Romênia. Também pediu a Moltke mais tropas para compensar a provável animosidade romena. Como sempre, Moltke cautelosamente evitou promessas, mas era provável que a Alemanha teria treze ou quatorze divisões no leste. Na pior hipótese, estimava Conrad, as forças alemãs e austro-húngaras combinadas (que podiam pôr em operações 48 divisões) teriam de enfrentar 90 divisões russas ao lado das 16 da Romênia e pouco mais de 16 da Sérvia, e mais 5 de Montenegro, totalizando 128 da Tríplice Aliança contra pouco mais de 62 da Aliança Dual. Era isso que iria acontecer.[115]

Nesse derradeiro período da paz, os dois blocos ainda tentaram acertar divergências. Na Rússia, na Alemanha e na Áustria-Hungria havia quem defendesse uma aliança das três monarquias conservadoras. Em fevereiro de 1914, Peter Durnovo, conservador e ex-ministro do Interior da Rússia, apresentou ao Czar longo documento em que insistia que a Rússia devia ficar de fora das brigas entre França e Alemanha, ou entre a Inglaterra e a Alemanha. A Rússia só tinha a ganhar em boas relações com a Alemanha e tudo a perder se houvesse conflito. Uma guerra europeia abalaria a sociedade russa mais do que a guerra contra o Japão. Se a Rússia fosse derrotada, previu ele, sofreria "uma revolução social das mais radicais."[116] Na Áustria-Hungria, o Barão Stephan von Burián, velho amigo de Tisza e que o primeiro-ministro húngaro indicara ficar atento a Viena para ele, levantou a possibilidade de um entendimento na Europa e na questão dos Estreitos com a Rússia. Até junho de 1914 fez pouco progresso, mas continuou otimista.[117]

—

A MAIS SIGNIFICATIVA de todas as tentativas de *détente* e a que teve maior potencial para afastar a Europa da guerra foi a da Inglaterra e da Alemanha. No verão de 1913, com uma impressionante desconsideração para com seu velho aliado, os ingleses ofereceram à Alemanha as colônias portuguesas na África, na ânsia de satisfazer a ambição da Alemanha por um Império. Chegaram aos termos da liquidação do Império Português, mas no verão de 1914 ainda faltavam as assinaturas. A Inglaterra e a Alemanha também chegaram a um acordo sobre a ferrovia Berlim-Bagdad. A Inglaterra não mais se oporia à

Preparando guerra ou paz

construção, e a Alemanha se comprometia a respeitar o controle inglês sobre a região ao sul de Bagdá, inclusive o litoral. Realmente houve sinais encorajadores, mas a questão fundamental para um melhores relações continuava sendo, como sempre, a corrida naval.

No começo de 1912, quando os alemães apressaram a tramitação da nova lei da marinha, os ingleses propuseram uma conversa entre os dois países. Pela ótica inglesa, os acréscimos no programa alemão representavam ameaça inaceitável para a segurança das águas territoriais britânicas, mas o governo de Asquith sabia que o Parlamento dificilmente aprovaria mais recursos destinados à marinha. Sir Ernest Cassel, famoso financista inglês com boas conexões na Alemanha, foi a Berlim no fim de janeiro de 1912 com aprovação do Gabinete para sondar se os alemães estavam dispostos a alguma forma de acordo. Esteve com seu bom amigo Albert Ballin, magnata da construção naval, que também queria acabar com a corrida naval, e se reuniram com Bethmann e o Kaiser, a quem entregaram um breve documento. Continha três pontos fundamentais. Primeiro e mais importante, a Alemanha devia aceitar a superioridade naval inglesa como essencial para a segurança do Império Britânico, e o programa alemão devia, em consequência, ser congelado ou cancelado. Segundo e em troca, a Inglaterra faria tudo que pudesse para ajudar a Alemanha a conseguir colônias. Finalmente, os dois países se comprometeriam a não participar de alianças e planejamentos ofensivos em campos opostos. Bethmann, conforme informou Cassel, ficou satisfeito, e Wilhelm, "encantado, parecendo uma criança."[118] Os alemães propuseram que os ingleses enviassem um ministro de seu governo a Berlim para completar as negociações.

———

EM 5 DE FEVEREIRO DE 1912, o Gabinete inglês escolheu Richard Haldane, ministro da Guerra, como seu representante. Haldane, advogado atarracado e presunçoso que ainda moço se apaixonara pela Alemanha e por sua filosofia, falava impecavelmente o idioma alemão. (Isso viria a pesar contra ele durante a Grande Guerra.) Pertencia ao grupo mais belicoso do Gabinete e era particularmente íntimo de Grey, com quem dividia uma casa. Oficialmente, foi anunciado que Haldane estava estudando a educação na Alemanha, mas a verdadeira finalidade de sua viagem era sondar os alemães e adiantar que, se os dois lados chegassem a um acordo, Churchill ou o próprio Grey se disporiam a ir a Berlim para finalizá-lo. Haldane conversou por dois dias com Bethmann, o Kaiser e

542 A Primeira Guerra Mundial – que acabaria com as guerras

Tirpitz. Achou este último difícil, o Kaiser, amistoso – Wilhelm o presenteou com o busto dele mesmo em bronze – e Bethmann, sincero em seu desejo de paz.[119]

Logo ficou evidente que na verdade os dois lados estavam muito distanciados. Os ingleses queriam o fim da corrida naval; os alemães queriam a garantia de que a Inglaterra permaneceria neutra em qualquer guerra no Continente. Obviamente isso daria à Alemanha liberdade de ação para resolver suas divergências com a Rússia e a França. O máximo que a Alemanha se dispunha a fazer era diminuir o ritmo de construção, desde que tivesse a garantia pedida aos ingleses, enquanto o máximo que estes prometiam era permanecer neutros se a Alemanha fosse atacada e, portanto, fosse a vítima. Wilhelm ficou furioso com o que considerou a insolência britânica: "Devo, como Kaiser, em nome do Império Alemão e na qualidade de comandante em chefe de minhas forças armadas, *rejeitar* totalmente tal proposta, por julgá-la incompatível *com nossa* honra."[120] Embora as negociações prosseguissem depois do retorno de Haldane a Londres, ficou claro que não chegariam a lugar nenhum.[121] Em 12 de março, o Kaiser aprovou a nova lei da marinha depois que a Imperatriz, que odiava radicalmente os ingleses, lhe disse para parar de ser subserviente com a Inglaterra. Tirpitz, que desde o começo se opusera firmemente às negociações, beijou a mão da Imperatriz em nome do povo alemão.[122] Bethmann, que não fora consultado, tentou apresentar sua renúncia, mas Wilhelm aborrecido o acusou de covarde e recusou-se a recebê-lo. Lealmente, Bethmann continuou no cargo. Mais tarde disse com tristeza que teria conseguido um acordo com a Inglaterra, bastando que Wilhelm não ficasse interferindo.[123]

Ao apresentar ao parlamento o orçamento da marinha para 1912-13, logo após o fracasso da missão de Haldane, Churchill disse abertamente que a Inglaterra construía navios unicamente para se opor à Alemanha e manter uma superioridade decisiva. Como gesto de boa vontade e tentando manter sob controle as despesas navais, também propôs um "feriado" naval, com os dois lados aproveitando para tomar fôlego na construção de encouraçados. Repetiu essa proposta nos dois anos seguintes. Parecia motivado pelo desejo de apaziguar os membros de seu partido que se opunham à grande elevação das despesas com defesa, considerando que a adoção do "feriado" navais naquele momento congelaria a balança do poder a favor da Inglaterra. A proposta foi de imediato recusada pelos líderes alemães e atacada pelos conservadores ingleses. Somente os Estados Unidos receberam a proposta com satisfação. O

Preparando guerra ou paz

novo Presidente, Woodrow Wilson, entusiasmou-se, e a Câmara dos Deputados convocou uma conferência internacional para discutir um congelamento na construção naval. Em 1914 Wilson mandou seu assessor de maior confiança, o pequeno e enigmático Coronel House, percorrer as capitais europeias para ver se os Estados Unidos podiam ajudar como intermediário em negociações para um acordo de desarmamento. Em maio, House informou de Berlim: "A situação é anormal. É militarismo completamente enlouquecido. A menos que alguém em seu nome possa induzir a um entendimento diferente, qualquer dia desses acontecerá um terrível cataclismo."[124]

O secretário de Estado de Wilson, William Jennings Bryan, também enviou cartas a outros governos propondo que a terceira das conferências internacionais de paz de Haia, que tinham começado em 1899, fosse realizada no outono de 1915 e, em 1914, vários países já se preparavam para essa reunião.[125] O movimento internacional pela paz também continuava ativo. Em 2 de agosto, uma conferência internacional pela paz, com o apoio do filantropo americano Andrew Carnegie, devia ocorrer na cidade alemã de Constanz, e a União Interparlamentar planejava se reunir no fim daquele mês em Estocolmo. Embora muitos pacifistas continuassem acreditando que cada vez ficava mais difícil haver guerra, uma experiente escritora e pacifista viu as coisas sob ótica muito sombria. Bertha von Suttner escreveu em seu diário: "Só se veem desconfianças, acusações e agitação. Bem, é um coro apropriado para que surjam mais canhões, aviões se preparando para jogar bombas e ministros da guerra sempre querendo mais."[126] Ela morreu uma semana antes de Franz Ferdinand ser assassinado em Sarajevo.

À medida que se aproximava o dia desse evento fatídico, a Europa era tomada por uma mistura de inquietude e complacência. Jaurès, o famoso socialista francês, pôs o dedo na ferida: "A Europa, afetada por tantas crises, por tantos anos, tem tantas vezes sido posta perigosamente à prova sem que eclodisse uma guerra, que praticamente deixou de acreditar nessa ameaça e fica observando como evolui o interminável conflito nos Balcãs, cada vez menos atenta e menos preocupada."[127] Os estadistas já tinham atravessado crises antes. Tinham resistido ao apelo dos generais para atacar primeiro. Por que não fariam o mesmo uma vez mais?

18

Assassínio em Sarajevo

———◆———

ERA O DIA VINTE E OITO DE JUNHO DE 1914, um domingo ensolarado e quente. Gente em férias invadia as atrações da Europa, seus parques e suas praias. Poincaré, o Presidente francês, estava com a mulher nas corridas de cavalos em Longchamp, nas cercanias de Paris. A multidão, como anotou mais tarde em seu diário, estava feliz e tranquila. A extensa pista de grama parecia maravilhosa e se podiam admirar muitas mulheres elegantes. Para muitos europeus as férias de verão já tinham começado. Os Gabinetes dos governos europeus, seus ministros e os QGs militares estavam com metade de seus efetivos e seus membros espalhados por toda parte. Berchtold, Chanceler da Áustria-Hungria, caçava patos na Morávia. O Kaiser Wilhelm participava em seu iate da regata anual de verão no Báltico, e Moltke, Chefe do Estado-Maior, descansava num spa. A gravidade da crise que estava para estourar seria maior em face da dificuldade de contatar personalidades importantes ou porque elas simplesmente não a levaram a sério até já ser muito tarde.

Enquanto aproveitava o dia com seus convidados no camarote presidencial, Poincaré recebeu um telegrama da agência francesa de notícias Havas. O Arquiduque Franz Ferdinand e sua esposa morganática Sophie acabavam de ser assassinados em Sarajevo, capital da província da Bósnia, recentemente anexada pela Áustria-Hungria. Poincaré imediatamente mostrou a notícia ao embaixador austríaco, que empalideceu e partiu às pressas para sua embaixada. Enquanto as corridas prosseguiam, a notícia se espalhou entre os convidados. Para a maior parte deles, o fato pouca diferença faria para a Europa, mas o embaixador romeno mostrou grande pessimismo. Achou que agora a Áustria-Hungria teria o pretexto de que precisava para atacar a Sérvia.[1]

Nas cinco semanas seguintes, a Europa passou da paz para uma guerra em larga escala envolvendo todas as grandes potências, exceto, inicialmente, a Itália e o Império Otomano. O público, que havia décadas fazia sua parte pressionando seus líderes rumo à paz ou rumo à guerra, agora observava de fora enquanto um punhado de homens em cada uma das principais capitais europeias avaliava as decisões fatais que precisavam tomar. Produtos dos ambientes e tempos em que viveram, com crenças profundamente enraizadas em prestígio e honra (e tais termos seriam frequentemente utilizados naqueles dias agitados), baseavam suas decisões em premissas que nem sempre tinham admitido, mesmo para si mesmos. Também estavam a mercê do que lembravam de triunfos e derrotas do passado e de seus medos e esperanças para o futuro.

O confronto entre Áustria-Hungria e Sérvia depois do assassínio do Arquiduque Franz Ferdinand, herdeiro do trono austríaco, arriscava puxar outras potências. A Sérvia, cujo governo provavelmente tinha conhecimento do planejado assassínio, sentiu-se encorajada a enfrentar a Áustria-Hungria porque tinha o apoio da Rússia. Enquanto a águia do Império Austro-Húngaro se prepara para atacar a galinha da Sérvia, o urso russo está à espreita atrás de uma rocha, preparando-se para defender sua amiguinha balcânica.

A Primeira Guerra Mundial – que acabaria com as guerras

—

AO ESPALHAR-SE RAPIDAMENTE PELA EUROPA, a notícia foi recebida com o mesmo misto de indiferença e apreensão que encontrara no camarote de Poincaré. Em Viena, onde o Arquiduque não fora muito amado, os passeios e divertimentos no popular parque Prater continuaram abertos. Na classe alta, porém, surgiu preocupação com o futuro de uma monarquia que seguidamente perdia seus herdeiros e reforçou a aversão aos sérvios que, segundo a opinião geral, eram os responsáveis pelo assassinato. Na universidade alemã de Freiburg, a maioria dos cidadãos, segundo seus diários, pensava em seus próprios interesses, a situação da colheita no verão e as férias. Talvez por ser historiador, Friedrich Meinecke teve reação diferente: "Imediatamente as coisas ficaram negras ante meus olhos. Isso é guerra, disse a mim mesmo."[2] Quando a notícia chegou em Kiel, as autoridades mandaram uma lancha ao iate do Kaiser. Wilhelm, que considerava Franz Ferdinand um amigo, espantou-se. "Não seria melhor abandonar a regata?" – alvitrou. E decidiu voltar para Berlim imediatamente para assumir a situação e fazer com que soubessem que estava disposto a atuar pela paz, embora durante os dias seguintes encontrasse tempo para longas discussões sobre a decoração interna de seu novo iate.[3] Em Kiel, as bandeiras foram logo arriadas para meio mastro, e os eventos sociais restantes cancelados. Uma esquadra inglesa, que cumpria visita de cortesia, partiu em 30 de junho. Os alemães enviaram-lhe a mensagem "Boa viagem," e os ingleses responderam "Amigos no passado, amigos para sempre."[4] Um mês e pouco depois, estariam em guerra.

O ato que arrastaria a Europa para a fase final de sua jornada rumo à Grande Guerra foi cometido por nacionalistas eslavos fanáticos, os Jovens Bósnios, e por aqueles que, da Sérvia, os apoiavam dos bastidores. Os assassinos propriamente ditos e seu círculo mais próximo eram principalmente camponeses sérvios e croatas moços que deixaram o interior para estudar e trabalhar em cidades grandes e pequenas na Monarquia Dual e na Sérvia. Embora substituíssem seu traje tradicional por terno e condenassem o conservadorismo dos seus mais velhos, acharam muitas coisas do mundo moderno estonteantes e perturbadoras. É difícil deixar de compará-los com grupos de extremistas fundamentalistas islâmicos como a Al Qaeda um século mais tarde. Como esses fanáticos de nossos dias, os Jovens Bósnios eram em geral radicalmente puritanos, desprezando coisas

Assassínio em Sarajevo

como álcool e sexo. Odiavam a Áustria-Hungria, em parte por achar que o Império corrompia seus súditos eslavos do sul. Poucos Jovens Bósnios tinham emprego regular. Em geral eram sustentados pela família, com as quais sempre brigavam. Dividiam entre si seus poucos pertences, dormiam uns nas casas dos outros e passavam horas tomando uma simples xícara de café em bares baratos, discutindo vida e política.[5] Eram idealistas e ardorosamente comprometidos com a libertação da Bósnia do jugo estrangeiro e a construção de uma pátria nova e mais justa. Fortemente influenciados pelos grandes revolucionários e anarquistas russos, os Jovens Bósnios acreditavam que só conquistariam seus objetivos pela violência e, se necessário fosse, com o sacrifício da própria vida.[6]

O líder do complô para o assassínio foi um sérvio da Bósnia, Gavrilo Princip, filho franzino, introvertido e impressionável de um esforçado lavrador. Princip, que pensara em ser poeta, passara de uma escola para outra sem chamar atenção. "Aonde quer que fosse, consideravam-me um fracassado," disse à polícia depois de preso em 28 de junho, "e achavam que eu era uma pessoa fraca, coisa que não sou."[7] Em 1911, entrara para o mundo clandestino da política revolucionária. Ele e vários de seus amigos que com ele conspiravam, se dedicavam a planejar atos terroristas contra alvos importantes, fosse o próprio velho Imperador, fosse alguém próximo dele. Nas Guerras Balcânicas de 1912 e 1913, as vitórias da Sérvia e o acentuado aumento de seu território os levaram a pensar que o triunfo final dos eslavos do sul não estava longe.[8]

Do interior da Sérvia partia substancial apoio aos Jovens Bósnios e suas atividades. Por uma década ou mais, gente ligada aos governos sérvios vinha estimulando a ação de organizações quase militares voltadas para conspirações em solo dos inimigos da Sérvia, no Império Otomano ou na Áustria-Hungria. O exército provia armas e dinheiro a grupos armados sérvios na Macedônia e contrabandeava armas para o interior da Bósnia, assim como hoje em dia o Irã faz com o Hezbollah no Líbano. Os sérvios também tinham suas sociedades secretas. Em 1903, um grupo constituído principalmente de oficiais assassinara o impopular Rei Alexander Obrenovic e sua mulher, pondo o Rei Peter no trono. Ao longo dos anos seguintes, o novo Rei achou conveniente tolerar as atividades dos conspiradores e continuou exercendo grande influência dentro da Sérvia, estimulando o nacionalismo sérvio em outros países. Entre os conspiradores, a principal figura era o insinuante, rude, sinistro e imensamente forte Dragutin Dimitrijevic, apelidado de "Apis" em referência ao deus egípcio sempre retratado como um touro. Apis estava pronto a sacrificar a própria vida, a de sua família e as de seus amigos pela causa de uma Grande Sérvia. Em 1911, ele e alguns companheiros fundaram a Mão Negra, com o objetivo de unir todos os sérvios, por bem ou por mal.[9] Pasic, o primeiro-ministro, que tentava evitar conflito com os vizinhos da Sérvia, sabia de sua existência e tentava controlar a organização transferindo para a reserva os oficiais nacionalistas do exército mais perigosos. No começo do verão de 1914, seu choque com Apis chegou ao auge. Em 2 de junho, renunciou, mas voltou ao cargo em 11 do mesmo mês e, em 24 de junho, quando o Arquiduque se preparava para a viagem à Bósnia, anunciou a dissolução do parlamento e novas eleições mais tarde, ainda no verão. O Rei Peter também renunciou e fez regente seu filho Alexander. Enquanto os conspiradores bósnios davam os últimos retoques em seus planos para assassinar o Arquiduque em 28 de junho, Pasic, que não queria provocar a Áustria-Hungria, lutava por sua sobrevivência política e ainda não conseguia acabar com a Mão Negra e derrubar Apis.

Conhecido como "Apis" ou "O Touro" por sua compleição física e sua personalidade, o coronel Dragutin Dimitrijevic era chefe da inteligência militar sérvia em 1914. Profundamente envolvido em sociedades secretas nacionalistas sérvias, incentivou o complô para assassinar o Arquiduque austríaco Franz Ferdinand em Sarajevo.

A notícia da iminente viagem de Franz Ferdinand fora amplamente divulgada desde a primavera, e os conspiradores, muitos deles então em

Assassínio em Sarajevo

Belgrado, decidiram assassiná-lo. Um major do exército sérvio solidário com os conspiradores entregou-lhes seis bombas e quatro revólveres do arsenal do exército e, no fim de maio, Princip e dois outros, com suas armas e cápsulas de ácido cianídrico para cometer suicídio após o atentado, atravessaram clandestinamente a fronteira e entraram na Bósnia com a conivência de sérvios que apoiavam sua causa. Pasic soube o que estava acontecendo, mas não foi capaz de tomar alguma providência, ou preferiu nada fazer. Os conspiradores chegaram em segurança a Sarajevo e entraram em ligação com terroristas locais, Nas poucas semanas que se seguiram, alguns começaram a mudar de opinião e defenderam o adiamento do atentado, mas obviamente Princip não estava entre eles. "Não concordei com o adiamento do assassinato," disse ao juiz em seu julgamento, "porque um desejo mórbido tomara conta de mim."[10]

Sua tarefa seria facilitada pela incompetência e arrogância dos austro-húngaros. Havia anos circulavam rumores sobre complôs de nacionalistas eslavos do sul contra a Áustria-Hungria e atentados contra a vida de altas autoridades do país, inclusive a do próprio Imperador. Em Viena e em áreas problemáticas na Bósnia e na Croácia, as autoridades mantinham sob vigilância estudantes, sociedades e jornais nacionalistas. Logicamente uma visita do herdeiro dos Habsburgos à Bósnia, com a lembrança da anexação apenas seis anos antes ainda amargurando os sérvios, tinha tudo para inflamar o nacionalismo local. Acresce que a visita tinha por finalidade assistir às manobras das forças da Monarquia Dual que podiam perfeitamente um dia ser empregadas contra Sérvia e Montenegro. A inoportunidade da visita a tornou ainda pior, pois coincidiu com a realização do maior festival nacional sérvio, a comemoração anual de seu patrono São Vitus, quando também lembravam a maior derrota nacional diante dos otomanos em 28 de junho de 1389, na Batalha de Kosovo. A despeito das tensões que cercavam o evento, na melhor das hipóteses a segurança da visita foi tratada com indiferença. O general Potiorek, retrógrado e teimoso governador da Bósnia, ignorou as advertências que chegaram de várias partes alertando que o Arquiduque estaria correndo perigo e se recusou a empregar o exército para patrulhar as ruas de Sarajevo. Esperava mostrar o quanto realizara pacificando e governando a Bósnia, além de se promover junto a Ferdinand dispensando a Sophie todas as honras imperiais que sempre lhe eram negadas na Monarquia Dual. A comissão organizada para cuidar das providências pertinentes à visita passou a

550 A Primeira Guerra Mundial – que acabaria com as guerras

maior parte de seu tempo e energia tratando de assuntos como o tipo de vinho que seria servido ao arquiduque ou se ele gostava de música durante as refeições.[11]

Na noite de 23 de junho, Franz Ferdinand e Sophie embarcaram em Viena num trem para Trieste. Consta que comentou com a esposa de um auxiliar antes de partir: "Esta viagem não é muito sigilosa e eu não ficaria surpreso se houvesse algumas balas sérvias esperando por mim!" As luzes de seu vagão se apagaram, e houve a quem ocorresse que as velas que tiveram de usar emprestavam ao local uma aparência de cripta. Na manhã da quarta-feira a comitiva imperial embarcou no encouraçado *Viribus Unitis* (Forças Unidas) e partiu beirando a costa dálmata rumo à Bósnia. Desembarcaram no dia seguinte na pequena cidade balneária de Ilidze, perto de Sarajevo, onde deviam ficar. De noite, o Arquiduque e a duquesa fizeram uma breve e inesperada visita para conhecer o famoso artesanato de Sarajevo. Provavelmente Princip estava na multidão quando o casal imperial entrou em uma loja de tapetes.

Na sexta-feira e no sábado, o arquiduque presenciou as manobras do exército nas montanhas ao sul de Sarajevo, enquanto a duquesa visitava pontos turísticos. Na noite do sábado os dignitários locais compareceram a um banquete em Ilidze. O Dr. Josip Sunaric, político croata de destaque, um dos que tinham alertado sobre um complô contra o casal imperial, foi apresentado à duquesa. "Veja," disse ela amavelmente, "o senhor se enganou. As coisas não são bem como o senhor diz. Andamos por todo o interior, sempre no meio da população sérvia e fomos acolhidos com tanta amizade, com tanta sinceridade e entusiasmo irrestrito que estamos realmente felizes." "Alteza," retrucou Sunaric, "peço a Deus que – se tiver a honra de voltar a vê-la amanhã à noite, possa repetir essas palavras."[12] Naquela noite a comitiva imperial discutiu se devia cancelar a planejada viagem a Sarajevo no dia seguinte, mas decidiu prosseguir.

A manhã do domingo 28 de junho estava agradável em Sarajevo, e o casal imperial desceu do trem para ocupar seus lugares num carro aberto, um dos poucos desse tipo na Europa. O Arquiduque estava exuberante com sua túnica azul e o quepe do uniforme de gala de general de cavalaria, e a duquesa toda de branco, com uma faixa vermelha. Os conspiradores, sete ao todo, já estavam em seus postos espalhados no meio da multidão que se postara ao longo do roteiro da visita. Quando o cortejo percorria o Appel Quay, ao lado do rio que atravessa o centro

Assassínio em Sarajevo

Franz Ferdinand, herdeiro do trono da Áustria-Hungria, e sua mulher Sophie partiram em uma manhã de verão para Sarajevo na sua última viagem. A ocasião não podia ser mais inconveniente, por coincidir com a data nacional dos sérvios. A despeito das advertências sobre complôs terroristas, a segurança foi negligente. Sua morte removeu o único homem próximo ao Imperador capaz de aconselhá-lo contra a guerra.

de Sarajevo, Nedeljko Cabrinovic jogou uma bomba no carro do Arquiduque. Como os homens-bomba de hoje em dia, dissera adeus a familiares e amigos e distribuíra seus poucos pertences. O motorista viu a bomba lançada e acelerou, de modo que ela explodiu sob o carro seguinte, e vários passageiros e assistentes ficaram feridos. O Arquiduque mandou um auxiliar ver o que tinha acontecido e deu ordem para que o programa continuasse como previsto. A comitiva, agora abalada e indignada, tomou o caminho da prefeitura da cidade, onde o prefeito esperava para proferir o discurso de boas-vindas, falou com tropeços, e o arquiduque tirou do bolso as anotações para responder. Estavam manchadas do sangue de um dos integrantes de sua comitiva. Discutiu-se rapidamente a situação, e ficou decidido que a comitiva se dirigiria ao hospital militar para visitar os feridos. Quando retornaram pelo Appel Quai, os dois carros da frente com o chefe da segurança

A Primeira Guerra Mundial – que acabaria com as guerras

e o prefeito de Sarajevo subitamente viraram à direita e entraram por uma rua muito mais estreita. O motorista do arquiduque estava a ponto de segui-los, quando Potiorek, governador de Sarajevo, gritou: "Parem! Estão indo pelo caminho errado." Quando o motorista pisou no freio, Princip, que estava à espera, desceu da calçada e atirou à queima-roupa no Arquiduque e na duquesa. Ela caiu sobre as pernas do marido, que gritou "Sophie, Sophie, não morra. Viva por meus filhos." Em seguida ele próprio perdeu a consciência. O casal foi levado para o palácio do governador onde constataram a morte de ambos.[13] Princip, que estava tentando se suicidar, foi preso por espectadores, e seus colegas conspiradores foram caçados pela polícia, que demorou a agir.

Gavrilo Princip, ardoroso nacionalista sérvio, disparou os tiros que mataram o casal real. Não foi executado porque na época era menor de idade. Morreu tuberculoso em1918, sem se arrepender da catástrofe europeia que ajudou a desencadear.

Quando alguém da corte levou a notícia ao Imperador em sua mansão preferida no pequeno e adorável *resort* em Ischl, Franz Joseph fechou os olhos e permaneceu em silêncio por alguns instantes. Suas primeiras palavras, murmuradas com profunda emoção, mostraram o quanto o desagradara o casamento de seu herdeiro, que, casando com Sophie, não apenas o desafiara, mas, na opinião do Imperador, manchara a honra dos Habsburgos. "Terrível! O Todo-Poderoso não admite ser desafiado impunemente... Um poder mais alto restaurou a velha ordem que infelizmente não fui capaz de preservar."[14] Nada

Assassínio em Sarajevo

mais disse, mas deu ordem para seu regresso a Viena. Não se sabe se pensava em como seu Império se vingaria da Sérvia. No passado preferira a paz, e Franz Ferdinand o apoiara. Agora, com sua morte, fora-se a única pessoa próxima ao Imperador que poderia aconselhá-lo a agir com moderação naquelas derradeiras semanas de paz na Europa. O Imperador, com 83 anos e combalido – estivera muito doente naquela primavera – ficou sozinho para enfrentar os falcões de seu governo e seus militares.

O funeral do Arquiduque e sua mulher em Viena, em 3 de julho, foi realizado com muita discrição. O Kaiser alegou que um ataque de lumbago o impedia de viajar, mas a explicação verdadeira é o fato de ele e seu governo terem ouvido rumores de que também planejavam assassiná-lo. De qualquer modo, a Monarquia Dual pediu que nenhum chefe de estado estrangeiro comparecesse, e sim apenas seus embaixadores em Viena. Mesmo na morte, o rígido cerimonial da corte foi observado, e o caixão do arquiduque era maior e foi colocado em plano mais alto do que o dela. O serviço fúnebre, na capela dos Habsburgos, demorou apenas quinze minutos, e os caixões foram levados por carros funerários para a estação de trem. Como já sabia que sua esposa não poderia repousar a seu lado na cripta dos Habsburgos, o Arquiduque providenciara para que, quando chegasse a hora, ambos fossem sepultados em um de seus castelos favoritos em Artstetten, no sul da Áustria, onde até hoje repousam. Em manifestação espontânea de seu agravo pela forma como as exéquias tinham sido conduzidas, membros das famílias mais importantes do Império acompanharam o féretro a pé até a estação. Contou o embaixador russo que os vienenses comuns acompanharam a passagem do cortejo mais curiosos do que tristes, e os carrosséis no parque Prater continuaram girando alegremente. Os caixões foram colocados sobre pranchas e transportados em uma barcaça no Danúbio, em meio a uma tempestade tão violenta que quase os lançou no rio.[15]

Antes do funeral já se discutia muito o que a Áustria-Hungria devia fazer diante do que, de modo geral, era visto como ultrajante provocação sérvia. Tal como a tragédia de 11 de setembro de 2001 deu aos linhas-duras a oportunidade para exigir a invasão do Iraque e do Afganistão que vinham sempre defendendo junto ao presidente Bush e o primeiro-ministro Blair, o assassinato em Sarajevo escancarou a porta para quem, na Áustria-Hungria, queria acertar as contas com os eslavos do sul de uma vez por todas. Isso significava destruir a Sérvia – a opinião geral no país via esse país por trás do assassínio – como primeiro passo para reafirmar o domínio austro-húngaro nos Balcãs e controlar os eslavos do sul que viviam dentro do Império. A imprensa nacionalista descrevia os sérvios e os eslavos do sul com palavras que colocavam o darwinismo social como eterno inimigo da Áustria-Hungria. "Precisa ficar claro para todos," escreveu em seu diário, em 28 de junho, Josef Redlich, destacado político e intelectual conservador, "que é impossível chegar à coexistência pacífica entre esta monarquia semigermânica, com sua relação de irmã com a Alemanha, e o nacionalismo balcânico, com sua fanática sede de sangue."[16] Mesmo aqueles nos círculos dirigentes que lamentavam a morte de Franz Ferdinand falavam em vingança, enquanto seus inimigos sem piedade o acusavam de, em ocasiões anteriores, ter impedido a guerra contra a Sérvia.[17]

Conrad, que, como Chefe do Estado-Maior, desde a crise da Bósnia em 1908, sempre defendera a guerra, soube da notícia quando trocava de trem em Zagreb. Escreveu imediatamente para sua adorada Gina. Evidentemente, a Sérvia estava por trás dos assassinatos, e a Áustria-Hungria já devia ter resolvido a questão com esse país. Agora o futuro da Monarquia Dual parecia sombrio, continuou. Provavelmente a Rússia apoiaria a Sérvia, e a Romênia também deveria ser encarada como inimiga. Apesar disso, disse para Gina, guerra deve haver: "Será uma luta sem esperança, mas tem de ser enfrentada porque uma monarquia tão antiga e um exército tão glorioso que não pode ser derrotado desonrosamente." A mensagem que no dia seguinte transmitiu a seu próprio Estado-Maior e ao Chanceler, em Viena, dizia simplesmente, como registrou Bertchtold: "Guerra. Guerra. Guerra."[18] Para Conrad, estava fora de questão fazer algo que não fosse ir à guerra, como mobilizar o exército como forma de pressão para que houvesse uma solução diplomática. Quando isso aconteceu por ocasião das Guerras Balcânicas, disse Conrad a Berchtold, o moral do exército fora seriamente abalado. Gostava de dizer que "um cavalo que parte três vezes para o obstáculo e é contido antes de saltar nunca mais se aproximará do obstáculo."[19] Quando a crise chegou a seu ponto mais agudo no fim de julho, Conrad continuava se opondo com firmeza a uma mobilização parcial contra a Sérvia ou a Rússia em tentativa de chegar a uma solução diplomática.[20] O espírito belicoso de Conrad contava com apoio amplo de seus companheiros oficiais, como o general Alexandre Krobatin, ministro da Guerra, e Potiorek, na Bósnia, ansioso por uma vingança contra

Assassínio em Sarajevo

a Sérvia, sobretudo pelo constrangimento resultante de seu próprio fracasso em proteger o Arquiduque.

No Ministério do Exterior também, especialmente entre os funcionários mais moços, muitos deles admiradores de Aerhenthal e sua política proativa, a opinião era amplamente também a favor de uma dura resposta ao assassínio. Diziam que a Áustria-Hungria não gostaria de se ver reduzida à insignificância de seu vizinho do sul, o Império Otomano. Como declarou a Redlich o conde Alexander Hoyos, que desempenharia papel crucial nas semanas seguintes: "Ainda somos capazes de encontrar uma solução! Não queremos e não podemos ficar nas mesmas condições do 'homem doente da Europa.' Melhor ser logo destruído."[21] Nas semanas que se seguiram, seus subordinados pressionaram Berchtold a agir decisiva e rapidamente contra a Sérvia. É verdade que a Rússia provavelmente se sentiria na obrigação de intervir, mas era melhor enfrentá-la agora, antes que ficasse mais forte. Talvez a velha solidariedade entre as duas monarquias conservadoras fosse suficiente para mantê-la de fora. O argumento de que o tempo se esgotava também foi usado para a situação interna da Monarquia Dual: seus próprios eslavos do sul ainda apoiavam o governo, mas esperar seria perigoso porque a propaganda sérvia já começava a ter efeito entre eles.[22] Com otimismo improcedente, o Ministério do Exterior também esperava que a Romênia pudesse ser compelida a permanecer leal diante de uma ameaça de aproximação maior entre Áustria-Hungria e Bulgária.[23]

O embaixador alemão Heinrich von Tschirschky, teimoso, arrogante e belicoso, opinou: a Áustria-Hungria por conta própria mostrar à Sérvia quem mandava. Mesmo antes de seus superiores decidirem em Berlim a política a ser adotada, Tschirschky já anunciava para todo mundo em Viena que a Alemanha apoiaria a Monarquia Dual, não importa o que acontecesse. Se por acaso o Império Austro-Húngaro se mostrasse fraco novamente, alertou, a Alemanha teria de procurar outros aliados.[24] Na verdade, Berchtold não precisava de muitos argumentos para ser persuadido. Embora tivesse se colocado contra a guerra em oportunidades anteriores, desde o fim da Segunda Guerra Balcânica, em 1913, sabia que a Áustria-Hungria teria de entrar em guerra contra a Sérvia um dia. Agora, o dia chegara.[25] Em 1º de julho, Berchtold teve uma reunião com Franz Joseph, o qual, abalado, concordou que a Áustria-Hungria tinha de reafirmar sua condição de grande potência. "Nós," declarou o Imperador, "a potência mais conservadora da Europa, nos vemos forçados a enfrentar esse problema por causa das políticas expansionistas da Itália e dos estados balcânicos."[26]

A Primeira Guerra Mundial – que acabaria com as guerras

A única oposição séria aos que defendiam a guerra veio dos húngaros, em particular de seu primeiro-ministro Tisza. A Áustria-Hungria não tinha, escreveu ele em 1º de julho ao Imperador, provas suficientes contra a Sérvia capazes de convencer o mundo de que o pequeno estado era culpado. Além disso, a posição da Monarquia Dual na cena internacional já estava enfraquecida. Apesar do tratado secreto, a Romênia dificilmente a apoiaria, e o possível apoio da Bulgária não seria suficiente como compensação. O conselho de Tisza era a Áustria-Hungria continuar trabalhando por um acordo pacífico com a Sérvia.[27] Nas semanas seguintes ele sofreria forte pressão para se aliar ao grupo que defendia a guerra. Sem o apoio da Hungria o governo em Viena não teria condições de agir.

Outro ponto a ser resolvido era o que a aliada da Áustria-Hungria, a Alemanha, estava disposta a fazer. Os sinais que vinham de Tschirschky eram encorajadores, e, em 1º de julho, Victor Naumann, influente jornalista alemão conhecido por ser íntimo de Jagow, ministro do Exterior alemão, procurou Hoyos para dizer que o Kaiser Wilhelm, se fosse adequadamente conduzido, apoiaria firmemente o Império Austro-Húngaro, e o mesmo faria a opinião pública alemã. Naumann prosseguiu dizendo que "a Áustria-Hungria estaria liquidada como monarquia e grande potência se não tirasse proveito daquela oportunidade."[28] Berchtold resolveu tratar diretamente com Berlim para saber qual seria a política oficial alemã. Seu representante, e talvez isso não fosse coincidência, foi Hoyos, reconhecidamente falcão com boas conexões na Alemanha (sua irmã era casada com o filho de Bismarck). Quando Conrad soube da missão confiada a Hoyos, perguntou a Franz Joseph: "Se a resposta for que a Alemanha estará ao nosso lado, isso quer dizer que vamos à guerra contra a Sérvia?" O velho Imperador respondeu, "Nesse caso, sim."[29]

Hoyos partiu na noite de 4 de julho, levando consigo longo memorando sobre a situação nos Balcãs e uma carta pessoal de Franz Joseph a Wilhelm. Embora nenhum dos dois documentos falasse em guerra, o tom era belicoso, mencionando, por exemplo, o intransponível abismo entre Áustria-Hungria e Sérvia, além da necessidade de a Monarquia Dual rebentar a rede que seus inimigos estavam jogando sobre ela. A carta do Imperador a Wilhelm concluía: "Você também deve ter se convencido, depois dos terríveis acontecimentos na Bósnia, de que a reconciliação do antagonismo que nos separa da Sérvia já não pode ser cogitada, e que a política de paz de longo prazo dos monarcas europeus está ameaçada enquanto essa fornalha

Assassínio em Sarajevo

de agitação criminosa em Belgrado continuar queimando impunemente."[30] Hoyos também levou mensagem pessoal de Berchtold a seu idoso embaixador em Berlim, o conde Ladislau Szögyény-Marich, informando que a Áustria-Hungria achava que era hora de resolver o problema da Sérvia. Em Berlim, Hoyos foi além das instruções que recebera e disse aos alemães que a Áustria-Hungria tencionava ocupar e repartir a Sérvia.[31]

Em 5 de julho, enquanto o Ministério do Exterior alemão avaliava em Berlim o conteúdo das mensagens que recebia de Viena, Szögyény almoçava com o Kaiser. Wilhelm leu os documentos e, no começo, procurou ganhar tempo. Era uma questão muito grave e teria de consultar seu Chanceler Bethmann. Contudo, quando o embaixador o pressionou, Wilhelm pôs a cautela de lado. Franz Joseph, prometeu, podia contar com pleno apoio da Alemanha. Se entrasse em guerra contra a Sérvia e a Rússia, a Alemanha estaria ao lado de sua aliada. Naquela tarde o Kaiser consultou, com atraso, seus principais auxiliares. Bethmann aprovou a promessa feita à Áustria-Hungria e Falkenhayn, ministro da Guerra, disse sucintamente que o exército estava pronto para a luta. No dia seguinte, Bethmann repetiu para Szögyény e Hoyos a garantia alemã de apoio. Hoyos regressou a Viena extremamente satisfeito com o sucesso de sua missão. Depois da guerra assinalaria: "Ninguém hoje em dia pode imaginar a firmeza com que naquele momento acreditamos no poder da Alemanha e na invencibilidade de seu exército." Seu governo planejou os próximos passos para subjugar a Sérvia.[32]

Foi assim que, uma semana após o assassínio, a Alemanha expediu o que ficou conhecido como o "cheque em branco," e a Europa deu um passo gigantesco rumo à guerra. Não quer dizer, como alegam alguns, que a Alemanha estava determinada a usar aquela guerra para seus próprios fins. Antes, seus lideres estavam dispostos a aceitar a possibilidade do conflito em parte porque, se a guerra viria, o momento era favorável para a Alemanha, e em parte pela necessidade de manter a Áustria-Hungria como aliada. Além disso houve os indivíduos, em especial o próprio Wilhelm e Bethmann, que tiveram o poder para decidir entre guerra e paz, e que por fim foram persuadidos de que a guerra era a melhor opção para a Alemanha – ou simplesmente não tiveram coragem de resistir às pressões e aos argumentos daqueles que queriam guerra. E talvez simplesmente cansaram, como tantos europeus, das tensões e das crises e queriam uma resolução. Um salto no escuro, como Bethman descreveu para seu secretário particular Kurt Riezler, também tinha seus atrativos.[33]

As ações da Alemanha, como a de seus amigos e inimigos, nesse último período de paz devem ser entendidas no contexto das décadas precedentes e das suposições que condicionavam o pensamento de seus líderes. No fim, apenas uns poucos indivíduos – Bethmann, Moltke e o Kaiser em particular – decidiam a política da Alemanha. O que os influenciava, assim como aos subordinados que os pressionavam, era a tendência a ver ameaças em vez de oportunidades. Internamente temiam a esquerda e, quando olhavam para fora, ressurgia, mais agudo que nunca, o antigo medo de ter o país cercado. Em 1914, os militares alemães tinham como certo que haveria guerra terrestre em duas frentes. Em maio, Georg von Waldersee, chefe da Logística do exército alemão, redigiu um memorando raciocinando que a Alemanha teria de enfrentar determinados inimigos que provavelmente atacariam simultaneamente e identificava os que estavam se armando em ritmo cada vez mais acelerado. Os chefes alemães não deviam aceitar paz a qualquer preço. Ao contrário, deviam aumentar suas forças armadas, se necessário, convocando todos os homens aptos disponíveis, e ficar em condições de combater a qualquer momento.[34] Era inaceitável a *Entente* se mostrar mais forte enquanto a Tríplice Aliança ficava mais fraca. A aliança militar entre França e Rússia se consolidara e agora Inglaterra e Rússia pareciam caminhar na direção de maior cooperação militar. Embora as negociações navais anglo-russas naquele verão nunca chegassem a uma conclusão, serviram para aumentar o nível da apreensão alemã. No dia após o assassinato, Bethmann disse a seu embaixador em Londres, o Príncipe Karl von Lichnowsky, que dispunha de informações confiáveis de que estava em elaboração um acordo pelo qual navios de transporte ingleses levariam tropas russas para a costa alemã no Báltico.[35] Uma semana depois, quando a Áustria-Hungria pediu e conseguiu seu cheque em branco, Bethmann disse a destacado político nacionalista: "Se houver guerra contra a França, a Inglaterra lutará contra nós até o último homem."[36] Para piorar a situação, Alemanha e Áustria-Hungria não poderiam contar com seus outros aliados. A Romênia provavelmente desertaria, e a Itália não era confiável. Na verdade, Pollio, Chefe do Estado-Maior italiano, além de ser competente, parecia ansioso por cooperar com a Alemanha e a Áustria-Hungria, mas, como Waldersee perguntou em maio: "Até quando vai durar sua influência?" – pergunta previdente.

Assassínio em Sarajevo

Pollio morreu no mesmo dia do assassinato de Sarajevo e o governo italiano não se preocupou em nomear seu sucessor até quase o fim de julho. A disposição da Itália para lutar ao lado de seus aliados estava, como sempre estivera – duvidosa.[37]

Era seu grande vizinho de leste que causava mais pesadelos nos chefes alemães. Refletindo o conceito dos darwinistas sociais da época, muitos alemães viam os eslavos, os russos em especial, como adversários naturais das raças teutônicas. De forma nenhuma Wilhelm estava só no temor de que hordas eslavas invadissem o ocidente. Frequentemente se ouvia falar de políticos de direita no Reino Unido que se preocupavam com a possibilidade de europeus do leste invadirem portos ingleses e de republicanos americanos com temores semelhantes em relação aos mexicanos. "Odeio os eslavos," disse Wilhelm ao adido militar da Áustria-Hungria com extrema falta de tato, considerando o grande número de eslavos que viviam na Monarquia Dual. "Sei que é pecado, mas não consigo me conter." A Sérvia, gostava de dizer, era "uma monarquia porca." Seus generais de mais alto posto, como Waldersee e Moltke, falam em termos apocalípticos sobre a necessidade de a Alemanha lutar por sua sobrevivência como povo e cultura. Também acharam apropriado usar esse argumento quando pressionaram o governo na primavera e no começo do verão de 1914 para conseguir grande aumento de despesas com o exército.[38]

———

É CURIOSA EM retrospecto a pouca atenção que as lideranças alemãs deram a alternativas para a guerra como forma de romper o temido cerco. Bethmann é forçoso reconhecer, esperava uma reaproximação com a Inglaterra, mas depois do fracasso da missão de Haldane dois anos antes, isso parecia cada vez mais improvável. De vez em quando o Kaiser manifestava a esperança de reconstituir a velha aliança das duas monarquias conservadoras, Alemanha e Rússia, mas é difícil acreditar que realmente considerasse tal aliança possível. Em 1914, o proeminente banqueiro Max Warburg lembrou conversa que tivera com ele: "Os armamentos da Rússia e a grande construção de ferrovias nesse país eram, em sua opinião, preparativos para uma guerra que devia acontecer em 1916 (...) Dominado por suas preocupações, o Kaiser até pensava se não seria melhor atacar em vez de ficar esperando."[39] O Kaiser, como outros personagens da cúpula alemã, considerava inevitável o conflito com a Rússia e pensava seriamente em uma ofensiva preventiva. No Ministério do Exterior havia muita gente, inclusive Jagow e Zimmermenn, que concordavam e alegavam que a situação militar e diplomática em

1914 era particularmente favorável à Alemanha.[40] Deviam lembrar das famosas palavras de Bismarck: "Guerra preventiva é cometer suicídio por medo da morte."

Os principais chefes militares achavam-se, no mínimo, psicologicamente mais prontos para a guerra do que os civis. As obras no Canal de Kiel estavam praticamente terminadas, e em 25 de julho os encouraçados alemães poderiam navegar em segurança entre o Mar do Norte e o Báltico. É verdade que o exército ainda não conseguira seu aumento de efetivo, mas o novo programa da Rússia acabava de começar. Por ocasião da missa em memória de Franz Ferdinand em Berlim, em 3 de julho, o representante militar da Saxônia teve longa conversa com Waldersee. Relatou para seu governo que o general achava que a guerra começaria a qualquer momento. O Estado-Maior Alemão estava pronto: "Fiquei com a impressão de que achavam até conveniente que a guerra começasse logo. Com o passar do tempo, as condições e perspectivas não ficariam melhores para nós."[41] O que ajudou a aumentar a confiança da cúpula militar alemã foi o fato de terem sua estratégia toda pronta. "Dispondo do Plano Schiefflen," escreveu mais tarde Groener, do Estado-Maior, "cremos poder aguardar com tranquilidade o inevitável conflito armado com nossos vizinhos..."[42]

Poucas semanas antes de Sarajevo, Moltke comentou com Jagow que para a Alemanha faria sentido enfrentar a Rússia enquanto havia possibilidade de vencê-la. O Chefe do Estado-Maior sugeriu que Jagow conduzisse a política externa "com o objetivo de provocar uma guerra em futuro próximo." Mais ou menos na mesma época, Moltke disse a um diplomata alemão da embaixada em Londres: "Se as coisas de fato ferverem, estamos prontos e quanto mais cedo melhor."[43] Para ele próprio também, quanto mais cedo, melhor. Como disse a uma sobrinha em 1912, durante a primeira guerra dos Balcãs: "Se houver guerra, espero que aconteça logo, antes que esteja velho demais para enfrentá-la satisfatoriamente."[44] Em 1914, sua saúde parecia declinar. Teve de passar quatro semanas no spa de Carslbad, entre abril e maio, em tratamento, segundo se disse, de bronquite, e voltou para nova longa estada em 28 de junho.[45] Não estava tão confiante no sucesso da Alemanha quanto parecia. Estava bem ciente dos riscos de uma guerra prolongada e desgastante. Quando Conrad von Hötzendorf o inquiriu em maio de 1914 sobre o que pensava em fazer se a Alemanha não conseguisse uma vitória rápida sobre a França, Moltke foi evasivo: "Bem, farei tudo que puder. Não somos superiores aos franceses." E enquanto Bethmann continuou esperando até o fim que os ingleses preferissem manter a neutralidade, Moltke tinha como certo que a Inglaterra entraria

Assassínio em Sarajevo

na guerra ao lado da França. Apesar disso, ele e seus colegas transmitiam confiança aos civis assegurando que a Alemanha rapidamente derrotaria França, Rússia e Inglaterra em uma guerra de curta duração.[46]

Em 1914 a parceria com a Áustria-Hungria ficou mais importante que nunca para a Alemanha. Jagow afirmou com absoluta honestidade para Lichnowsky em 18 de julho: "Também é discutível se vamos considerar bom investimento uma aliança com aquela constelação de estados no Danúbio em fase de desintegração. Prefiro dizer como o poeta – creio que foi Busch – 'Se não gosta mais de sua companhia, trate de achar outra, se houver.'"[47] Isso conferiu à Áustria-Hungria, como surpreendentemente acontece tantas vezes em relações internacionais, poder sobre um parceiro mais forte. Em 1914 os líderes alemães sentiram que não havia outra opção a não ser apoiar seu aliado, mesmo quando adotava iniciativas perigosas, tal como hoje em dia os Estados Unidos toleram e continuam apoiando seus aliados Israel e Paquistão. Em um momento crucial, Bethmann, que em crises anteriores aconselhara a Áustria-Hungria a conseguir um acordo, agora mudara de opinião e aceitava que a Alemanha apoiasse sua aliada em qualquer situação. "Enfrentamos nosso velho dilema a propósito das iniciativas austríacas nos Balcãs," disse a Riezler, com quem frequentemente o Chanceler desabafava. "Se os aconselhamos a agir, dirão que os forçamos a agir, e se aconselhamos contra, dirão que os abandonamos. Em seguida, se atirarão nos braços abertos das Potências Ocidentais, e nós perderemos nosso último aliado poderoso."[48]

Naquelas semanas críticas de julho de 1914, Bethmann estava particularmente triste em consequência da morte de sua amada esposa Martha em 11 de maio, após dolorosa doença. "O que foi o passado e devia ter sido o futuro," escreveu a seu antecessor Bülow, "tudo estava ligado a nossa vida em comum e agora está destruído pela morte."[49] Riezler guardou um registro diário das conversas que teve com Bethmann nas semanas da crise. Em 7 de julho, dia seguinte ao daquele em que o Chanceler acrescentou seu apoio ao cheque em branco, os dois se sentaram sob a noite de um céu de verão no velho castelo de Bethmann em Hohenfinow, a leste de Berlim. Riezler ficou espantado com o pessimismo do mais velho ao lamentar a situação mundial e da Alemanha. A sociedade alemã, achava Bethmann, estava em decadência moral e intelectual, e a ordem política e social vigente parecia incapaz de se renovar. "Tudo," afirmou com tristeza, "ficou muito anacrônico." O futuro também parecia desanimador: a Rússia, "um pesadelo cada vez mais terrível," ficaria ainda mais forte, enquanto a Áustria-Hungria declinaria até não ser mais capaz de combater como

562 A Primeira Guerra Mundial – que acabaria com as guerras

aliada da Alemanha. (Convém lembrar que antes Bethmann havia dito que decidira não plantar mais árvores em sua propriedade porque previa que os russos invadiriam a Alemanha oriental em poucos anos.)[50]

Os principais líderes alemães, como Bethmann, podem não ter desencadeado deliberadamente a Grande Guerra, como tantos frequentemente os acusam, entre eles historiadores alemães como Fritz Fischer. Não obstante, admitindo que o conflito era certo e talvez até desejável, entregando à Áustria-Hungria o cheque em branco e insistindo em um plano de operações que tornava inevitável a Alemanha ter que lutar em duas frentes, os líderes alemães permitiram que a guerra acontecesse. Às vezes, durante aquelas semanas crescentemente tensas, pareciam perceber o vulto do que estavam arriscando e se consolavam prevendo os mais improváveis cenários. Se a Áustria-Hungria atuasse rapidamente para resolver o problema com a Sérvia, disse Bethmann a Riezler, a *Entente* poderia aceitar perfeitamente. Ou se Inglaterra e Alemanha trabalhassem em conjunto – depois de tudo o que tinham conseguido nos Balcãs – para evitar que uma guerra envolvendo a Áustria-Hungria arrastasse outras potências. Jagow classificou esta última hipótese na "categoria de desejo virtuoso."[51] Além disso, o ministro do Exterior se deixou dominar por uma ilusão, quando, por exemplo, escreveu a Lichnowsky em 18 de julho, dizendo que, fazendo bem as contas, "a Rússia presentemente não está pronta para a guerra." Quanto aos aliados da Rússia, Inglaterra e França, será que realmente querem ir à guerra a seu lado? Grey sempre quis manter o equilíbrio de poder na Europa, mas se a Rússia destruísse a Áustria-Hungria e derrotasse a Alemanha, a Europa veria um novo poder hegemônico. Talvez a França também não estivesse pronta para a luta. A desagregadora batalha em torno do serviço militar de três anos podia ressurgir no outono, e sabia-se perfeitamente que o exército francês tinha sérias carências em equipamentos e treinamento. Em 13 de julho, revelações feitas no Senado francês acrescentaram pormenores sobre a deficiência da França, por exemplo, em artilharia pesada, encorajando os alemães a pensar que era improvável os franceses desejarem entrar em guerra em futuro próximo e que os russos poderiam concluir que não podiam confiar em seu aliado. Com alguma sorte, a *Entente* poderia ser desfeita.[52]

Se a guerra viesse, assim esperavam os chefes alemães em seus momentos mais otimistas, talvez se limitasse aos Balcãs. Ou, quem sabe, a simples ameaça de emprego de força militar bastasse para

Assassínio em Sarajevo

trazer a vitória. Afinal o blefe funcionara contra a Rússia e na crise bósnia, quando o conflito foi evitado diante dos preparativos militares da Áustria-Hungria e do ultimato da Alemanha. O blefe novamente dera resultado nas guerras dos Balcãs, quando a Áustria-Hungria obrigou Sérvia e Montenegro a se retirar de Scutari, e a Rússia preferiu não se intrometer. A Sérvia e a Rússia, sua protetora, poderiam recuar de novo, desta vez diante de uma Monarquia Dual resoluta. "Esperamos," disse Otto Hammann, assessor de imprensa de Bethmann, em outubro de 1914, "poder humilhar a Rússia sem guerra, seria um belo triunfo."[53]

O que tornava incerta a disposição dos líderes alemães para insistir na busca da paz era o medo de o país parecer fraco e acovardado, incapaz de defender sua honra e a da Alemanha. "Não quero uma guerra preventiva," afirmou Jagow, "mas, *se formos chamados para a briga, não podemos nos apavorar.*"[54] O Kaiser, que tinha a palavra final sobre levar ou não o país à guerra, como tantas vezes fizera no passado hesitava entre esperar que a paz fosse preservada e ficar extravasando os mais beligerantes desejos. Por exemplo, em 30 de junho rabiscou em uma de suas notas marginais: "Os sérvios devem ser jogados no lixo, *e já!*"[55] Como George Bush filho quase um século depois, que culpava o pai de não ter completado a liquidação de Saddam Hussein quando teve a oportunidade, Wilhelm sempre quis se diferenciar do pai, que tinha fama de fraco e indeciso. Embora se orgulhasse de ser o chefe militar supremo da Alemanha, Wilhelm sabia que muitos súditos seus, inclusive oficiais do exército, o consideravam responsável pelo pobre desempenho do país em crises passadas. Ainda que insistisse que trabalhara em prol da paz durante todo seu reinado, o epíteto "Imperador da Paz" o incomodava. Em conversa com um amigo, o industrial Gustav Krupp von Bohlen und Halbach, em 6 de julho, logo depois do cheque em branco que assinou, o Kaiser disse que assumiu esse compromisso sabendo que a Áustria-Hungria tencionava atacar a Sérvia. "Desta vez não vou ceder," disse três vezes. Como comentou Krupp em carta a um colega, "A repetição da garantia do Imperador de que dessa vez ninguém poderá acusá-lo de indecisão teve um efeito quase cômico."[56] Bethmann usou uma frase que talvez fosse a mais reveladora de todas, ao afirmar que um recuo da Alemanha diante de seus inimigos seria um ato de auto-castração.[57] Tais atitudes derivavam, em parte, da classe social dos líderes alemães e dos tempos que viviam, mas Bismarck, cuja origem era a mesma, teve coragem suficiente para desafiar as convenções quando assim achou conveniente. Nunca permitiu que o forçassem a entrar numa guerra. Foi uma tragédia para a Alemanha e para a Europa seus sucessores não serem como ele.

Já que tinham decidido apoiar o Império Austro-Húngaro, os chefes alemães esperavam que seu aliado agisse rapidamente, enquanto a opinião pública europeia estava chocada e solidária. Por razões internas e como seguidamente os alemães lembravam Viena, era importante providenciar para que a Sérvia fosse vista como vilã. (Na iminência do início das hostilidades, os chefes alemães temiam que as classes trabalhadoras, seus líderes sindicais e o Partido Social Democrata permanecessem fiéis a seus dogmas e se opusessem à guerra.) Um ultimato de Viena para Belgrado, seguido por uma vitória fulminante caso a Sérvia não capitulasse, deixaria as outras grandes potências sem condições para intervir antes que fosse tarde.

Os alemães viram que era impossível apressar seus correspondentes em Viena. Como uma grande medusa com indigestão, a Monarquia Dual se movia à sua maneira habitual, majestosa e complicada. O exército dispensara muitos soldados para a "dispensa da colheita" e só estariam de volta em 25 de julho. "Somos antes de tudo um país agrário," comentou Conrad com o adido militar alemão sobre a política adotada, "e dependemos do resultado da colheita para vivermos o ano inteiro." Se tentasse trazer os soldados de volta antes do prazo, causaria um caos nas ferrovias e, pior ainda, alertaria o resto da Europa de que alguma coisa estava acontecendo. Outro argumento para a espera foi o fato de o presidente Poincaré da França e seu primeiro-ministro Viviani estarem realizando visita oficial à Rússia até 23 de julho. Como estavam a bordo de um navio regressando à França, as comunicações eram precárias e isso dificultaria por vários dias a coordenação com a Rússia sobre a resposta a um ultimato. O atraso prejudicou a Áustria-Hungria. Nas quase quatro semanas entre os assassinatos e a apresentação do ultimato, boa parte da solidariedade dos europeus se dissipara e uma iniciativa que poderia ser vista como justa reação agora pareceria uma política de exercício do poder a sangue-frio.[58]

A principal razão para a lentidão da Áustria-Hungria foi Tisza, que ainda não se convencera de que a adoção de uma linha dura com a Sérvia fosse a certa. Temia, como disse ao Imperador em carta de 1º de julho, que uma guerra fosse danosa, não importando o desfecho. Uma

Assassínio em Sarajevo

derrota poderia significar uma perda de território e o fim da Hungria, enquanto uma vitória poderia resultar na anexação da Sérvia e, assim, no fortalecimento dos eslavos do sul na Monarquia Dual.[59] Em 7 de julho o Conselho Ministerial Comum, único órgão com responsabilidade por todo o Império Austro-Húngaro, se reuniu em Viena. Tisza se viu isolado quando seus colegas passaram a discutir a melhor forma de esmagar a Sérvia e o que deveriam fazer quando terminasse a guerra. Berchtold e Krobatin, ministro da Guerra, descartaram a alegação húngara de que deviam primeiro tentar uma vitória diplomática sobre a Sérvia. Tinham obtido tanto sucesso no passado, afirmou o Chanceler, e nem assim os sérvios tinham mudado sua conduta e continuavam agitando com o objetivo de criar a Grande Sérvia. A única forma de lidar com eles era pela força. Stürgkh, primeiro-ministro austríaco, linha-dura nas crises anteriores nos Balcãs, mencionou "uma solução na ponta da espada." Embora a decisão fosse unicamente da Áustria-Hungria, ele disse que era muito reconfortante saber que a Alemanha os apoiaria fielmente. Conrad fez parte da reunião, embora não fosse ministro do governo para discutir o que devia acontecer se a Rússia socorresse a Sérvia, algo que ele considerava provável. Todos, exceto Tisza, concordaram com um ultimato em termos tais que, se a Sérvia o rejeitasse, a Áustria-Hungria teria um motivo para a guerra. Tisza aceitou que o ultimato fosse firme, mas pediu para ver os termos antes de ser expedido.[60]

—

Na semana seguinte, foi duramente pressionado por seus colegas e, indiretamente, pela Alemanha. Para Tisza, a aliança com a Alemanha, "base de toda a nossa política," era essencial para a preservação do status de grande potência e, em sua opinião, e ainda mais importante, para o da própria Hungria. Também não era menos hostil à Sérvia do que seus colegas, mas confiava mais em manobras táticas. Além disso, parecia convencido de que a Romênia ficaria neutra (O Rei Carol enviara carta a Franz Joseph falando sobre compromissos, mas bastante evasiva) e a Bulgária poderia aderir à Tríplice Aliança agora que Berlim lhe prometera um empréstimo. Em 14 de julho, em reunião com Berchtold, Tisza concordou em dar à Sérvia um prazo de 48 horas. Se a Sérvia não concordasse com as exigências, seria declarada a guerra. A única concessão que conseguiu foi que a Áustria-Hungria deixasse claro que não tinha a intenção de se apossar de território sérvio quando terminasse a guerra.[61]

Depois, na mesma tarde, teve com o embaixador alemão, Tschirschky, uma conversa que este relatou para Berlim. Tisza alegou que, embora no passado tivesse aconselhado prudência, a cada dia que passava reforçava sua convicção de que a Monarquia Dual tinha de tomar alguma atitude para mostrar que ainda era importante e, conforme o que Tschirschky assinalou em itálico, "*pôr um ponto final na intolerável situação no sul.*" A Áustria-Hungria não podia mais suportar o tom insolente da Sérvia. "O ultimato está sendo redigido de forma que a possibilidade de ser aceito seja *praticamente excluída.*" A mobilização austro-húngara para um conflito contra a Sérvia ocorreria tão logo a data limite fosse alcançada. Ao se despedirem, Tisza apertou a mão de Tschirscky e disse: "Juntos podemos encarar o futuro com serenidade e firmeza." Manifestando sua aprovação, Wilhelm anotou na margem do relatório: "Bem, finalmente um verdadeiro homem!"[62]

Na segunda semana de julho as ideias principais do ultimato já estavam definidas. Incluíam uma exigência de que oficiais nacionalistas fossem dispensados do exército sérvio e as sociedades nacionalistas fossem dissolvidas. O Rei da Sérvia teria que expedir uma declaração prometendo que seu país não mais defenderia a criação de uma Grande Sérvia. Para assegurar que a Sérvia satisfizesse essas e outras exigências, a Áustria-Hungria instalaria uma agência especial em Belgrado. Os termos eram extraordinariamente difíceis de serem aceitos por uma nação independente e ficaram ainda mais restritivos depois que delegados austro-húngaros o revisaram e começaram a elaborar um dossiê destinado a provar que a Sérvia havia muito anos conspirava contra a Áustria-Hungria. Para amparar sua causa, o Ministério do Exterior mandou seu assessor jurídico a Sarajevo para investigar o assassinato. Infelizmente ele não conseguiu encontrar provas de que o governo sérvio estava por trás do complô. Por fim, o dossiê se mostrou cheio de erros e não foi encerrado a tempo de ser enviado para as grandes potências com uma cópia do ultimato. Por conseguinte, a Rússia continuou acreditando no governo sérvio quando alegou que era absolutamente inocente, enquanto França e Inglaterra concluíam que a Áustria-Hungria não tinha provado o que afirmava.[63]

Embora houvesse intensa atividade de bastidores em Viena, o governo fazia todo o possível para dar a impressão de que era matéria de rotina. Jornais em Viena e Budapest eram solicitados a baixar o tom de seus comentários sobre a Sérvia. Tschirschky informou Berlim que Berchtold mandara Conrad e o ministro da Guerra tirarem as férias de

Assassínio em Sarajevo

verão para não ser incomodado. ("Infantilidade!" – escreveu o Kaiser de seu iate, para o qual regressara, sem reparar que seu próprio governo preferia que ficasse fora do caminho, em parte pela mesma razão.)[64] Não obstante, começaram a circular rumores de que a Áustria-Hungria planejava algo desagradável para a Sérvia. O embaixador alemão em Roma falou com o ministro do Exterior italiano, entre outas coisas, a respeito do cheque em branco, e San Giuliano alertou seus embaixadores em São Petersburgo e Belgrado, sem saber que os russos tinham quebrado o código diplomático italiano.[65] Em Viena, o embaixador russo perguntou ao governo austro-húngaro o que pretendia fazer, mas recebeu garantias suficientes de que o Império aguardaria a conclusão das investigações e partiu para suas férias dois dias antes da apresentação do ultimato à Sérvia.[66] Em 17 de julho, o embaixador inglês informou Londres: "A imprensa de Viena só fala em uma coisa, mesmo quando a Albânia está sofrendo as dores do parto, ou seja, quando será apresentado o protesto contra a Sérvia e o que contém? Que vai haver um protesto ninguém duvida e provavelmente será acompanhado por exigências com o objetivo de humilhar esse país." Havia um "silêncio nefasto" no Ministério do Exterior, mas havia a certeza de que, se a Sérvia não cedesse imediatamente, a Áustria-Hungria usaria a força e, mais que isso, tinha como certo o apoio da Alemanha. Em seguida, acrescentou em pós-escrito: "Acabo de ter uma conversa com Berchtold. Ele estava solícito, anunciou que no domingo ia me visitar em minha casa no campo, convidou-me para ficar com ele em Buchlau, local da famosa entrevista entre Aehrenthal e Izvolsky, e me disse que tinha alguns cavalos que logo estariam correndo em determinadas provas, mas nada mencionou sobre política ou sérvios."[67]

O governo alemão também procurava deixar transparecer um verão tranquilo, talvez deliberadamente, como posteriormente alguns historiadores comentaram, a fim de afastar suspeitas de que esperava a eclosão de uma guerra. Jagow voltou de sua lua-de-mel para Berlim na primeira semana de julho, enquanto o Kaiser prosseguia em seu habitual cruzeiro pelo Mar do Norte e a maioria dos chefes militares e civis continuava em férias. O Estado-Maior mantinha suas atividades de rotina. Waldersee, que estava na propriedade do sogro, escreveu a Jagow em 17 de julho: "Vou ficar aqui, pronto para qualquer coisa. Estamos todos preparados no Estado-Maior. Enquanto isso, nada a fazer." Entretanto, os principais dirigentes do país providenciavam para que pudessem manter contato com Berlim. Bethmann dispunha, inclusive, de uma linha telegráfica especial para Hohenfinow.[68] O governo alemão também continuava atento ao que acontecia em Viena. Arthur Zimmermann, o obstinado Vice-ministro do Exterior que achava ser a hora certa para a Áustria-Hungria se vingar da Sérvia, permaneceu em seu posto em Berlim e repetidamente pressionou Viena para acelerar o ritmo. Em 13 de julho, tinha ideia bastante precisa dos termos que os austro-húngaros pretendiam apresentar aos sérvios, embora o governo alemão alegasse, então e depois, que nada sabia sobre o conteúdo de nenhum do ultimato.[69]

Na Sérvia, onde a notícia dos assassinatos, conforme disse o encarrega-do de negócios inglês, inicialmente fora recebida com uma "sensação de espanto e não de pesar," a imprensa nacionalista mais radical rapidamente tentou justificar os assassinos. Pasic, em meio a difícil campanha eleitoral, disse ao ouvir a notícia: "Isso é muito ruim. Significa que haverá guerra." Ordenou que todos os bares e hotéis fechassem suas portas às dez da noite, em sinal de luto e enviou condolências para Viena. Entretanto, a despeito da pressão austro-húngara, se recusou a fazer uma investigação e concedeu provocadora entrevista a um jornal alemão negando que seu governo estivesse envolvido com o assassinato.[70]

Na Sérvia, porém, aumentava a apreensão quanto às intenções da Áus-tria-Hungria, alimentada, em 10 de julho, por curioso incidente em Bel-grado. Hartwig, o influente embaixador russo que ao longo dos anos tanto estimulara as ambições sérvias, naquela noite procurou seu correspondente austro-húngaro, o barão Wladimir Giesl von Gieslingen. O russo, muito gordo, bufava com o esforço que fazia. Recusou o café que lhe foi ofereci-do, mas continuou fumando seu cigarro russo favorito. Queria esclarecer, assim disse, o infeliz rumor de que patrocinara um jogo de bridge na noite do assassinato e se negara a colocar a bandeira de sua embaixada a meio mastro. Giesl retrucou que considerava esse caso superado. Então, Hartwig abordou o objetivo principal de sua visita. "Peço," disse, "que, considerando nossa sincera amizade, me diga, com toda clareza, se puder: o que a Áustria -Hungria fará com a Sérvia e o que já foi decidido em Viena?" Giesl seguiu a linha do governo: "Posso lhe assegurar que a soberania da Sérvia não será violada e que, com a boa vontade do governo sérvio, é possível encontrar uma solução para a crise que satisfaça a ambas as partes." Hartwig agrade-ceu profusamente, se afastou cambaleando, subitamente caiu desmaiado e morreu momentos depois. Sua família imediatamente acusou Giesl de tê-lo envenenado, e fortes boatos se espalharam por Belgrado, dizendo que os austríacos tinham trazido de Viena uma cadeira elétrica especial que podia matar sem deixar indícios. O incidente serviu para azedar ainda mais

Assassínio em Sarajevo

as relações entre Áustria-Hungria e Rússia, que já estavam em fase de deterioração. Ainda mais relevante, a morte de Hartwig afastou o único homem que poderia convencer o governo sérvio a aceitar até mesmo as ultrajantes exigências do ultimato.[71]

Embora naquele momento estivesse muito mais preocupado com o que estava para acontecer, em 18 de julho Pasic enviou mensagem para todas as embaixadas sérvias para informar que o país resistiria a todas as exigências da Áustria-Hungria que violassem a soberania da Sérvia.[72]

Suas preocupações ficariam ainda mais agudas se soubesse da reunião secreta realizada em Viena no dia seguinte. Após chegarem em carros sem identificação à casa de Berchtold, os homens mais poderosos da Áustria-Hungria tomaram uma decisão que, sabiam muito bem, resultaria em uma guerra europeia generalizada. Berchtold distribuiu uma cópia do ultimato elaborado por ele e seus assessores do Ministério do Exterior. Consta que, mais tarde, naquele mesmo ano, quando a maior parte da Europa já estava em guerra, a mulher de Berchtold disse a uma amiga: "O pobre Leopold não conseguiu dormir na noite em que redigiu o ultimato para os sérvios, tal era sua preocupação com a possibilidade de ser rejeitado. Várias vezes durante a noite ele se levantou e mudou ou acrescentou alguma cláusula, pensando em reduzir o risco."[73] Os presentes à reunião supunham que a Sérvia não aceitaria os termos e a maior parte da discussão abordou a mobilização austro-húngara e outras medidas militares necessárias. Conrad lembrou que quanto mais cedo fosse a ação, melhor seria e não mostrou a mínima preocupação com uma intervenção russa. Como já fizera antes, Tisza insistiu para que não houvesse anexação de território sérvio. Os participantes concordaram, mas Conrad cinicamente disse para Krobatin, ministro da Guerra, ao saírem, "Veremos."[74] Logo depois Tisza escreveu para sua sobrinha que ainda tinha esperança de que a guerra fosse evitada, mas agora deixava tudo nas mãos de Deus. Seu estado de espírito, disse a ela, era "de seriedade, mas não de ansiedade ou intranquilidade, pois sou como o homem da esquina que a qualquer momento pode receber uma pancada na cabeça, mas que estará sempre pronto para fazer a grande jornada."[75]

Em 20 de julho, dia seguinte ao da reunião, Berchtold enviou cópias do ultimato com uma nota de encaminhamento para suas embaixadas em toda a Europa. O embaixador em Belgrado devia apresentar sua cópia ao governo sérvio na noite de 23 de julho, quinta-feira, enquanto as cópias restantes só seriam entregues na manhã do dia 24. Os alemães ficaram irritados porque sua aliada só em 22 de julho lhes mostrou uma cópia do ultimato.[76] Apesar disso, continuaram dispostos a dar o apoio prometido. Em 19 de julho, o *Nord-Deutsche Allgermeine Zeitung*, de modo geral visto como representante das opiniões do governo, publicou breve notícia para explicar o desejo da Áustria-Hungria de querer acertar suas relações com a Sérvia. Os sérvios, explicou, deviam ceder e as outras potências europeias deviam se manter fora do conflito entre os dois antagonistas para assegurar que ele permanecesse em âmbito local. Em 21 de julho, Bethmann enviou telegrama a seus embaixadores em Londres, Paris e São Petersburgo recomendando que usassem o mesmo argumento com os governos que os recebiam. No dia seguinte, Jules Cambon, embaixador francês em Berlim, pediu a Jagow detalhes do conteúdo do ultimato. Jagow respondeu que não tinha ideia. "Fiquei muito espantado com essa resposta," informou ironicamente Cambon para Paris, "porque a Alemanha está a ponto de se alinhar ao lado da Áustria com especial vigor."[77]

Berchtold ainda dependia da aprovação formal do velho Imperador e, para tanto, na manhã de 20 de julho, em companhia de Hoyos, foi a Ischl. Franz Joseph leu com atenção o documento e comentou que algumas das condições eram muito severas. Estava certo. O ultimato acusava o governo sérvio de tolerar atividades criminosas em seu solo e exigia que fossem tomadas providências imediatas para liquidá-las, incluindo a demissão de militares e civis que a Áustria-Hungria indicasse, que fechasse jornais nacionalistas e reformasse os currículos escolares para se livrar de tudo que significasse propaganda contra a Áustria-Hungria. Pior que isso, o ultimato violava a soberania sérvia. Em duas cláusulas, que acabariam sendo os pontos críticos para a Sérvia, determinava que fosse acatada a participação da Monarquia Dual na repressão à subversão dentro das fronteiras sérvias e na investigação e julgamento de quaisquer conspiradores sérvios responsáveis pelos assassinatos. O governo sérvio teria 48 horas para responder. O Imperador aprovou o ultimato tal como estava. Berchtold e Hoyos ficaram para o almoço e voltaram a Viena de noite.[78]

Em 23 de julho, Giesl, embaixador austro-húngaro em Belgrado, conseguiu marcar uma visita ao Ministério do Exterior no fim da tarde. Pasic estava fora em campanha, de modo que foi recebido por Laza Pacu, ministro das Finanças, que fumava sem parar. Giesl começou a ler o ultimato, mas o sérvio o interrompeu após a primeira frase, declarando que não tinha autoridade para receber tal documento na ausência de

Assassínio em Sarajevo

Pasic. Giesl não cedeu. A Sérvia tinha até 25 de julho para responder. Deixou o ultimato sobre uma mesa e se retirou. Houve um silêncio mortal enquanto o sérvio tomava conhecimento do conteúdo do documento. Por fim, disse o ministro do Interior: "Não teremos outra escolha, a não ser lutar." Pacu rapidamente saiu atrás do encarregado de negócios russo para lhe implorar o apoio russo. O Príncipe-Regente Alexandre disse que a Áustria-Hungria enfrentaria um "punho de ferro" se atacasse a Sérvia, e o ministro da Defesa sérvio adotou medidas preliminares a fim de preparar o país para a guerra. Contudo, apesar de toda a retórica desafiadora, a Sérvia estava em péssimas condições para entrar em combate. Ainda se recuperava das guerras dos Balcãs e grande parte de seu exército estava no sul, submetendo novos territórios que tinha conquistado e estavam fora de controle. Durante os dois dias seguintes, seus dirigentes procuraram desesperadamente escapar do destino trágico que rondava a Sérvia. Já enfrentara a fúria austro-húngara por ocasião da crise bósnia e na Primeira e na Segunda Guerras Balcânicas, mas mesmo assim conseguira sobreviver combinando concessões com pressão do Concerto da Europa sobre a Áustria-Hungria.[79]

—

PASIC RETORNOU A Belgrado às cinco da manhã seguinte, "muito aflito e abatido," segundo o encarregado de negócios inglês. Já estavam sendo elaborados planos para o governo deixar a capital e minar as pontes sobre o Sava na fronteira com a Áustria-Hungria. O embaixador russo informou que os fundos do tesouro nacional e os arquivos do governo estavam sendo removidos e o exército sérvio começara a ser mobilizado. Em 24 de julho, o Gabinete sérvio se reuniu por várias horas tentando redigir um esboço de resposta ao ultimato. Por fim, decidiu pela aceitação de todas as exigências, exceto as duas que davam à Áustria-Hungria o direito de interferir nos assuntos internos do país. Os sérvios tentaram ganhar tempo, pedindo a Viena para estender o prazo, mas Berchtold respondeu friamente ao embaixador sérvio que esperava uma resposta satisfatória... e nada mais. Pasic também dirigiu apelos urgentes a capitais europeias em busca de apoio. Ao que parece esperava que outras grandes potências, como França, Inglaterra, Itália, Rússia e, possivelmente, até a Alemanha, se juntassem como já tinham feito em outras crises nos Balcãs e impusessem um acordo. As respostas, as poucas que chegaram, foram desencorajadoras. As vizinhas mais próximas da Sérvia, a Grécia e a Romênia, deixaram claro que dificilmente a socorreriam em caso de guerra com a Áustria-Hungria, enquanto Montenegro, como de hábito, fez promessa vagas em que não se podia confiar. Inglaterra, Itália e França aconselharam a Sérvia a tentar de todas as formas um acordo e naqueles primeiros dias se mostraram pouco inclinadas a intermediar.

A única potência que se dispôs a fazer algo mais sólido foi a Rússia e, mesmo assim, a mensagem que enviou era dúbia. Em 24 de julho, Sazonov disse ao embaixador sérvio em São Petersburgo que achara o ultimato lamentável e prometeu o apoio russo, mas lembrando que teria de consultar o Czar e a França antes de garantir algo concreto. Se a Sérvia decidisse ir à guerra, acrescentou o ministro do Exterior russo querendo se mostrar útil, seria prudente adotar uma postura defensiva e retrair para o sul. Em 25 de julho, aproximando-se a data-limite, Sazonov enviou uma mensagem um pouco mais incisiva para o embaixador. Os ministros mais importantes da Rússia tinham se reunido com o Czar e decidido, pelo menos foi isso que o embaixador relatou para Belgrado, "fazer tudo o que pudesse em defesa da Sérvia." Embora ainda não fosse uma promessa definitiva de apoio militar, serviu para encorajar o governo sérvio enquanto preparava sua resposta final para a Áustria-Hungria. Aquele dia em Belgrado estava muito quente e a cidade reverberava sob o rufar dos tambores conclamando os conscritos.[80]

———

ENTRE AS NAÇÕES DA ENTENTE, cujos líderes até então não se mostravam muito interessados na crise que progredia nos Balcãs, a reação ao ultimato foi de espanto e desânimo, e mergulharam no trabalho para definir suas posições. Poincaré e seu primeiro-ministro Viviani naquele momento estavam a bordo de um navio no Báltico, com dificuldade para se comunicar com Paris e com seus aliados. Cada um por seu lado, Grey em Londres e Sazonov na Rússia, pediram à Áustria-Hungria para estender o prazo. Berchtold se negou a ceder.

As reações foram diferentes na Alemanha e na Áustria-Hungria, onde os nacionalistas e os círculos militares receberam a notícia com entusiasmo. O adido militar alemão em Viena relatou: "Hoje o entusiasmo tomou conta do Ministério da Guerra. Finalmente um sinal de que a monarquia recuperou a energia, ainda que, por enquanto, apenas no papel." O maior medo era de que, mais uma vez, a Sérvia escapasse de seu castigo. De Sarajevo, no dia em que expirava o prazo concedido pelo ultimato, o comandante militar austríaco escreveu a um amigo: "Com prazer e alegria sacrificaria meus velhos ossos e minha

Assassínio em Sarajevo

vida se isso humilhar o estado-assassino e puser um fim nesse antro de homicidas. Deus permita que nos mantenhamos decididos e que hoje às seis da tarde, em Belgrado, os dados rolem a nosso favor!"[81]

A resposta sérvia, que Pasic entregou a Giesl antes da hora-limite, satisfez seu desejo. Embora em tom conciliatório, o governo sérvio se recusou a ceder nos pontos cruciais da interferência austro-húngara nos assuntos internos da Sérvia. Dizendo "depositamos nossa esperança na lealdade e no cavalheirismo de um general austríaco," Pasic apertou a mão de Giesl e se retirou. O embaixador, que já supunha que a resposta seria insatisfatória, deu uma olhada rápida no documento. A orientação recebida de Berchtold era bem clara: se a Sérvia não aceitar todas as condições, devemos romper as relações diplomáticas e de fato ele já preparara uma nota para concretizar essa atitude. Enquanto um mensageiro a levava para Pasic, Giesl incinerava os livros de códigos da embaixada em seu jardim. Ele, a mulher e seus assessores, cada um apenas com uma pequena bagagem, se dirigiram de carro para a estação ferroviária passando pelas ruas cheias de gente. Grande parte do corpo diplomático compareceu para se despedir deles. Militares sérvios vigiavam o trem, e um deles, quando a locomotiva começou a resfolegar, gritou para o adido militar que partia: "*Au revoir à Budapest.*" Na primeira parada na Áustria-Hungria, Giesl foi chamado à plataforma para atender um telefonema de Tisza. "Teria realmente que terminar assim?" – perguntou o húngaro. "Sim," replicou Giesl. Em Ischl, no norte distante, Franz Joseph e Berchtold aguardavam ansiosamente as novidades. Logo após as seis horas da tarde, o Ministério da Guerra em Viena telefonou para dizer que tinham sido cortadas as relações com a Sérvia. A primeira reação do Imperador foi "Então, finalmente!" mas depois de um silêncio de reflexão, lembrou que o rompimento das relações não significava necessariamente que haveria guerra. Berchtold também se agarrou por alguns instantes a essa tábua de salvação, mas já desencadeara forças que não teria energia nem coragem para conter.[82]

Conrad, que liderara os falcões, de repente pediu que a declaração formal de guerra pela Áustria-Hungria fosse protelada até a segunda semana de agosto, quando suas tropas estariam prontas. Berchtold, temendo que qualquer adiamento desse tempo para outras potências insistirem em negociações e também sentindo-se pressionado pela Alemanha para agir com rapidez, recusou o pedido e, em 28 de julho, a Áustria-Hungria declarou guerra à Sérvia, embora os primeiros combates

sérios começassem somente na segunda semana de agosto. Áustria-
-Hungria e Alemanha, com a ajuda da Sérvia, tinham levado a Europa
a esse ponto perigoso. Agora, muita coisa dependia de como as demais
potências procederiam, Na semana seguinte, a Europa ficou oscilando
entre a paz e a guerra.

19

O Fim do Concerto da Europa

───◆───

ÁUSTRIA-HUNGRIA
DECLARA GUERRA À SÉRVIA

EM MEADOS DE JULHO, BEATRICE E SIDNEY WEBB, um casal sempre ativo, estava em um acampamento da Sociedade Fabiana, falando sobre controle da indústria e seguro e reclamando de um grupo de estudantes indisciplinados de Oxford que cantava canções revolucionárias e bebia cerveja demais. De vez em quando as turbulências no Continente atraíam sua atenção, mas, como disse Sidney, uma guerra entre potências "seria uma verdadeira loucura."[1] Realmente, o principal assunto que na maior parte daquele mês preocupava os ministérios do Exterior e a imprensa em toda a Europa não era a Sérvia, mas a situação em deterioração na Albânia, onde seu governante, um infeliz príncipe alemão de nome Wilhelm de Wied, enfrentava revolta generalizada e guerra civil. O ultimato de 23 de julho apresentado pela Áustria-Hungria à Sérvia foi a primeira indicação para a maior parte dos europeus de que um conflito de muito maiores proporções começava a tomar forma nos Balcãs, e quando, em 25 de julho, a Sérvia respondeu rejeitando o ultimato, a inquietação se transformou em alarme. Harry Kessler, que passava algumas agradáveis semanas visitando amigos em Londres e Paris, entre eles Asquith, Lady Randolph Churchill, Diaghilev e Rodin, começou a pensar seriamente em voltar para a Alemanha.[2]

Porém muita gente próxima dos centros de poder presumiu que ainda se podia evitar a guerra, como em crises anteriores. Em 27 de julho,

576 A Primeira Guerra Mundial – que acabaria com as guerras

Theodor Wolff, editor do *Berliner Tageblatt,* um dos principais jornais da Alemanha, levou sua família para as férias anuais na costa holandesa, embora ele tivesse de voltar para Berlim. Jagow, ministro do Exterior, disse-lhe que a situação não era crítica, que nenhuma das grandes potências queria a guerra e Wolff não devia ficar preocupado por deixar a família na Holanda. Mesmo aqueles cuja missão era combater custavam a acreditar que desta vez a crise era grave. Como escreveu em seu diário um oficial do Estado-Maior Alemão depois do início da guerra: "Se alguém me dissesse que o mundo pegaria fogo um mês mais tarde, eu olharia penalizado para essa pessoa. Afinal, depois dos inúmeros eventos dos últimos anos, como a crise do Marrocos e a anexação da Bósnia-Herzegovina, tudo indica que, aos poucos, todos tinham realmente deixado de acreditar em guerra."[3]

Mesmo na Rússia, onde qualquer perturbação nos Balcãs tendia a causar alarmes, a reação à notícia do assassínio inicialmente foi marcada mais pela indiferença do que pela apreensão. A Duma já levantara os trabalhos para o recesso de verão, e não pareceu haver motivo suficiente para justificar sua convocação. O embaixador russo em Viena assegurou a seu governo: "Já existe presentemente razão para supor que, pelo menos no que diz respeito ao futuro imediato, o curso da política da Áustria-Hungria será mais contido e sereno."[4] Entretanto, tal como sua aliada França e suas rivais Alemanha e Áustria-Hungria, a Rússia de 1914 olhava para o futuro com apreensão. A Inglaterra não parecia ansiosa para concluir um acordo naval, e a Pérsia continuava sendo uma grande fonte de tensão. A Rússia também estava engajada numa competição com o Império Austro-Húngaro pela influência sobre a Bulgária, que parecia estar perdendo; e enfrentava concorrência – tanto de sua própria aliada, a França como da Alemanha – no Império Otomano. Um "anel teutônico," alertara prestigioso jornal de São Petersburgo no fim de 1913, "ameaça a Rússia e todo o eslavismo com consequências fatais..."[5] Em maio, o comandante das forças policiais russas alertara o Estado-Maior russo que seus espiões tinham informado que a Alemanha procurava um pretexto para atacar enquanto havia chance de vencer.[6] Para o governo russo, a situação interna era ainda mais complexa do que a internacional. Em maio e junho o rublo se desvalorizara, e havia o temor de uma depressão. Greves e manifestações ocorriam em toda a Rússia, e em julho a situação ficaria ainda mais grave do que no mês anterior.[7]

O fim do Concerto da Europa

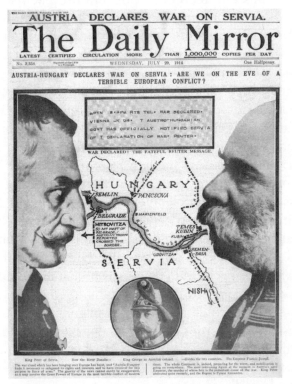

Como indica a manchete – "Estamos às vésperas de um terrível conflito europeu?" – a crise em curso nos Balcãs em julho de 1914 pegou de surpresa a maior parte da Europa. Com a morte do Arquiduque, a Áustria-Hungria apresentou à Sérvia um ultimato deliberadamente inaceitável. O governo sérvio foi longe na tentativa de aceitar seus termos, mas no dia 28 de julho a Áustria-Hungria declarou guerra. Aqui vemos o Rei Peter I da Sérvia encarando o Imperador Franz Joseph, enquanto na inserção pequena aparece o Rei George V da Inglaterra em uniforme de coronel austríaco, sinal de antiga e agora desaparecida amizade.

NESSA ÉPOCA, o Czar e sua família, que tinham passado a maior parte da primavera na Crimeia, em parte para acalmar os nervos de Alexandra, estavam de volta ao isolamento de São Petersburgo. A condição da imperatriz se agravou quando seu filho hemofílico caiu a bordo de um dos iates imperiais e sangrou abundantemente. Ainda pior para ela, Rasputin estava a milhares de milhas de distância. Fora esfaqueado no estômago por uma mulher maluca no mesmo dia em que o Arquiduque foi assassinado em Sarajevo. Embora o Czar mandasse o médico da corte atendê-lo, até o fim do verão Rasputin não teria condições de suportar uma viagem. Talvez fosse uma infelicidade ele estar longe do centro dos episódios por acontecer, pois era um pacifista convicto e aconselhara o Czar a se pronunciar contra a guerra durante as Guerras Balcânicas. De seu leito de doente, Rasputin passou telegrama alertando: "Terríveis nuvens de tormenta sobre a Rússia. Tragédia, aflição, triste escuridão, nenhuma luz. Um oceano de lágrimas... e outro de sangue. Que mais dizer? Não tenho palavras para descrever o horror."[8]

No outro lado da Europa, na Inglaterra, o Foreign Office inicialmente encarou o assassinato com a mesma atitude tranquila do embaixador russo em Viena. Nicolson, subsecretário permanente, duvidava que a Áustria-Hungria tomasse uma iniciativa contra a Sérvia. No início, a posição inglesa era bastante favorável à Monarquia Dual. Na manhã seguinte ao assassinato, o Rei George V, sem aviso prévio, foi à embaixada austro-húngara para apresentar suas condolências, e o conde Albert Mensdorff, seu embaixador, ficou satisfeito ao receber inúmeras cartas de seus muitos amigos ingleses da classe alta. Grey e Asquith, bem como líderes conservadores, proferiram discursos no Parlamento lamentando o fato, mas foi outra morte – a de Joseph Chamberlain em 2 de julho – que gerou um sentimento de perda muito maior.[9] Em 10 de julho, no debate sobre assuntos externos na Câmara dos Comuns, Grey fez breve menção aos Balcãs, mas passou a maior parte do tempo abordando questões fora da Europa. Asquith, então dominado pela paixão por Venetia Stanley e escrevendo-lhe diariamente cartas de amor, em 30 de junho se referiu, de passagem, ao assassinato e só voltou a mencioná-lo em 24 de julho. Suas cartas abordavam mais a questão irlandesa, seus animais domésticos, que incluíam um pinguim, e a saudade que sentia dela.[10]

Para o povo inglês e seus líderes, a continuação da crise sobre a Home Rule para a Irlanda e a consequente ameaça de guerra civil eram preocupação muito mais imediata e presente do que os acontecimentos em região distante na Europa. Em derradeira e desesperada tentativa de conseguir um acordo sobre que parte do Ulster protestante ficaria fora da lei da Home Rule, que ainda tramitava lentamente no parlamento, o Rei adiou suas férias de verão e convocou uma reunião para o dia 21 de julho no Palácio de Buckingham. Durante quatro quentes e suarentos dias, Asquith e John Redmond, líder dos nacionalistas irlandeses, enfrentaram o líder conservador Bonar Law e Carson, porta-voz dos protestantes do Ulster, todos tentando, em vão, chegar a um acordo. Em 24 de julho, quando foi suspensa a reunião, chegou a notícia sobre o ultimato da Áustria-Hungria à Sérvia. George V decidiu prolongar sua

O fim do Concerto da Europa

estada em Londres e cancelou o habitual comparecimento às corridas de cavalo, informando seu amigo, o Duque de Richmond. "A crise política," escreveu ao duque, "já é tão grave no pertinente à questão irlandesa e agora aparece a probabilidade de uma guerra europeia a exigir minha permanência em Londres, pelo menos por enquanto... Espero que desfrute bom tempo e que as corridas sejam boas."[11] Pelo menos no começo, Asquith teve uma visão mais otimista da crise que evoluía na Europa. "Isso desviará a atenção do Ulster, o que é bom," disse para famosa anfitriã londrina.[12]

Os franceses também demoraram a se dar conta dos perigos à vista. Era apenas um pequeno problema nos Balcãs, pensou Adolphe Messimym, que acabara de voltar ao cargo de ministro da Guerra. "Será resolvido como foram os outros."[13] No Quai d'Orsay, o Ministério do Exterior estava ocupado com o planejamento da próxima visita do presidente Poincaré e seu ministro do Exterior Viviani a São Petersburgo. A maioria dos telegramas trocados entre Paris e o embaixador francês na Rússia, Maurice Paléologue, versava mais sobre assuntos como as palavras que deviam acompanhar um brinde a ser feito do que sobre os Balcãs.

Os políticos franceses e o público em geral mais se ocupavam com um sensacional escândalo envolvendo o proeminente político radical Joseph Caillaux. Era acusado de corrupção por seus inimigos, o que provavelmente era verdade, e de ser amigo dos alemães, o que certamente era verdade. Afinal, era um realista que acreditava que França e Alemanha tinham muito a ganhar trabalhando lado a lado. Como primeiro-ministro por ocasião da crise do Marrocos, se esforçara muito para chegar a uma solução pacífica. Por essa razão era odiado pelos nacionalistas franceses, como também por se opor à adoção dos três anos de serviço militar obrigatório que se destinava a aumentar o efetivo do exército francês (igualmente danoso foi o fato de ter defendido a criação de um imposto sobre renda.) Nos primeiros meses de 1914, Gaston Calmette, editor do prestigioso jornal parisiense *Figaro*, montou implacável campanha contra ele, por meio de artigos com títulos como "Financista Duvidoso" e "Homem da Alemanha." Além disso, Calmette conseguiu por as mãos em indiscretas cartas de amor que Caillaux escrevera para sua segunda mulher Henriette enquanto ela ainda estava casada com alguém e ameaçava publicá-las. Em 16 de março, Henriette, como sempre muito bem vestida, foi ao escritório do *Figaro*. Ao ser conduzida à presença de Calmette, sacou uma pistola Browning de seu regalo de aquecer as mãos e a descarregou sobre ele. Dizendo para os horrorizados auxiliares de Calmette: "Não há mais justiça na França. Era a única coisa a fazer," ela esperou calmamente ser presa pelo assassinato. Seu julgamento começou em 20 de julho. Oito dias mais tarde, enquanto a Áustria-Hungria declarava guerra à Sérvia, o júri a absolveu sob o argumento de que cometera um crime por paixão. A consequência infeliz de seu ato foi seu marido, que poderia ter sido uma voz em prol da moderação na França quando a Europa caminhou para a guerra, ter sido obrigado a renunciar ao cargo.[14]

No fim de julho, a nova turbulência que fermentava nos Balcãs começou a aparecer nas primeiras páginas da imprensa europeia. As bolsas de valores começaram a se agitar com os rumores que circulavam sobre a intenção da Áustria-Hungria de forçar uma confrontação com a Sérvia e sobre a disposição russa para, desta vez, apoiar sua pequenina aliada. Todavia, certamente o público achava que no fim, como acontecera com as crises anteriores, essa também seria resolvida. Haveria um vai-vem de notas diplomáticas e talvez até preparativos militares da Áustria-Hungria e da Rússia como forma de exercer pressão, mas no fim as demais potências interviriam e intermediariam um acordo, e os exércitos sossegariam. O Concerto da Europa preservaria a paz, como tantas vezes já fizera. "Blefar, sempre blefar," escrevera Kiderlen, ministro do Exterior alemão, em 1912, durante a primeira guerra dos Balcãs. "Vou viver para ver isso acontecer pela terceira vez: Algeciras, Marrocos, e mais essa. Só que, agora, é preciso apelar para outros blefes. A guerra só acontece se alguém for tão absolutamente tolo de blefar tão mal que seja incapaz de recuar e ter que atirar. Na verdade, acho que nenhum dos estadistas de futuro será tão imbecil."[15] Kiderlen não viveu o bastante para ver como estava errado. Sua morte é outro exemplo, tal como o assassínio do Arquiduque, o atentado contra Rasputin e a renúncia forçada de Caillaux, de incidentes do destino que mudam a história. Se Kiderlen estivesse em seu posto no verão de 1914, talvez tivesse força para conter os militares e persuadir Bethmann e o Kaiser a trilhar o caminho da paz.

—

A CRISE DE JULHO 1914 começou com a temeridade sérvia, o desejo de vingança da Áustria-Hungria e o cheque em branco da Alemanha. Agora, era a hora de os países da *Entente* fazer o que pudessem para evitar a guerra, ou, se fosse inevitável, conseguir ficar em posição favorável. Embora muitos estudos históricos focalizem a questão atribuindo a

O fim do Concerto da Europa

culpa pela guerra à Alemanha, ou à Áustria-Hungria, ou mesmo à Sérvia, outros apontam a Tríplice Entente como culpada, seja a França por adotar uma política revanchista contra a Alemanha, seja a Rússia pela aliança com a França e por apoiar a Sérvia, ou mesmo a Inglaterra, por não reconhecer as legítimas aspirações alemãs de um lugar ao sol e uma fatia maior das colônias mundo afora, além de não deixar claro, desde o início da crise, se interviria ao lado da França e da Rússia. Mesmo se esses debates fascinaram – e continuarão fascinando – historiadores e cientistas políticos, talvez tenhamos de aceitar que nunca haverá uma resposta definitiva, porque para cada argumento existe uma resposta compatível. Estaria a França realmente querendo vingança? Mesmo o nacionalista Poincaré se resignara com a perda da Alsácia-Lorena e não estava disposto a correr o risco de uma guerra para recuperar as duas províncias. De fato, o tratado da França com a Rússia levou a Alemanha a se sentir cercada, mas do ponto de vista da França e da Rússia o tratado era defensivo, a vigorar apenas se a Alemanha atacasse. (Como tantas vezes ocorre em relações internacionais, o que é defensivo para uns pode parecer uma ameaça para outros e foi exatamente dessa forma que a Alemanha interpretou o tratado.) E qual a responsabilidade da Rússia por estimular o nacionalismo sérvio? Sazonov devia ter se esforçado mais para controlar o embaixador Hartwig, mas com toda a retórica pan-eslavista dos círculos nacionalistas, nem todos os líderes russos queriam sair em defesa da Sérvia se isso significasse o risco de um conflito mais amplo, logo depois da derrota catastrófica na Guerra Russo-Japonesa. Quanto à Inglaterra, talvez uma declaração imediata afirmando que lutaria sem hesitação ao lado da França fosse capaz de servir como fator de dissuasão sobre a Alemanha, mas essa disposição não ficou suficientemente clara. Os militares alemães consideravam a Força Expedicionária Britânica desprezível e esperavam vencer a França bem antes de entrar em ação o poder naval. De qualquer modo, a Inglaterra não poderia fazer tal declaração sem aprovação do Gabinete, que, durante as últimas semanas antes da eclosão da guerra, estava profundamente dividido sobre o que fazer.

Dos três países da *Entente*, em 1914 a França era o que tinha a política mais definida: assegurar que, se viesse a guerra, o país nela entrasse unido, como vítima, contando com a Rússia como aliada. Os franceses também queriam evitar que essa aliada ativasse ações provocativas que permitissem à Alemanha e à Áustria-Hungria alegar que estavam simplesmente se defendendo da agressão russa. Uma reunião de emergência do Ministério em 30 de julho salientou: "Para assegurar o apoio da opinião pública, vamos colocar os alemães na posição de agressores."[16] Isso era importante tanto interna quanto externamente. Os chefes franceses se sentiam perseguidos pela lembrança das derrotas de 1870-71 e do longo isolamento posterior do país. Também se preocupavam com as divisões internas, a consciência da fraqueza demográfica em comparação com a Alemanha e com o medo de que seus aliados não apoiassem o país. Os franceses esperavam contar com a Inglaterra, embora não confiassem inteiramente nessa possibilidade, mesmo se os alemães atacassem no Ocidente e decidissem violar a neutralidade belga. Para a França era essencial, porém, que a Rússia conseguisse atacar imediatamente as forças alemãs no leste tão logo começasse a guerra. Nos anos que antecederam a Grande Guerra, os franceses tinham se esforçado ao máximo por um firme compromisso russo de que atacaria a Alemanha desde o começo, para aliviar a pressão esperada no assalto alemão à França. Por meio de vultosos empréstimos para construção de ferrovias e desenvolvimento industrial, os franceses obtiveram promessas dos militares russos, mas nunca ficaram absolutamente seguros de que as cumpririam. Ademais, o crescente poder da Rússia era uma espada de dois gumes para a França, que corria o risco de passar a ser o parceiro mais fraco. Pior ainda, a Rússia podia ficar tão poderosa que não mais precisasse da aliança francesa.[17]

Sempre existiu o perigo – e isso também afligia os franceses – de prevalecerem na Rússia os conservadores, que continuavam defendendo uma aproximação com a Alemanha. Paléologue, que enviava relatos alarmistas para Paris, em maio de 1914 disse ao embaixador inglês: "O Imperador pode ser trocado e o Ministério não é estável. Sempre existe um grupo na corte a favor de um entendimento com a Alemanha."[18] Justamente enquanto a Alemanha apoiava a Áustria-Hungria por medo de perder essa aliada, no verão de 1914 a França relutava em tentar deter a Rússia à medida que esse país marchava para um enfrentamento nos Balcãs. Jaurès, o grande líder socialista, com seu sólido conhecimento de assuntos externos, em 7 de julho afirmou no parlamento francês, quando se discutia a projetada viagem de Poincaré e Viviani a São Petersburgo: "Consideramos inadmissível ... que a França se deixe envolver em loucas aventuras nos Balcãs por causa de tratados dos quais não se conhece nem o texto, nem o objetivo, nem as restrições que estabelece e nem suas consequências."[19]

Apesar da oposição dos socialistas, em 15 de julho Poincaré e Viviani,

O fim do Concerto da Europa

como previsto, partiram para a Rússia a bordo do cruzador *France*, para não ter de atravessar território alemão. Embora naquele momento não pudessem saber, no dia anterior Tisza finalmente desistira de se opor ao ultimato da Áustria-Hungria à Sérvia, agora em redação final em Viena. À medida que a belonave francesa avançava pelo Mar do Norte e entrava no Báltico, o tempo, aliás como em toda a Europa, estava glorioso, e Poincaré sentava-se ao convés lendo Ibsen e conversando com Viviani. Mesmo sendo responsável pelos assuntos externos, o primeiro-ministro francês pouco sabia a respeito, mas, como se descobriu, era uma enciclopédia ambulante de literatura, declamando longos trechos de prosa e poesia para seu companheiro de viagem. Eventualmente o pensamento de Poincaré se voltava para o julgamento de Caillaux, mas não manifestava preocupação com a situação internacional, ou pelo menos foi o que declarou na versão de seu diário que publicou posteriormente. Afirmou ter certeza de que estava navegando em busca da paz, para estabelecer boas relações com outras nações e consolidar a aliança da França com a Rússia.[20] Mas estava mais preocupado com a aliança do que admitia. Havia forte probabilidade de o parlamento francês no outono revogar a lei dos três anos de serviço militar aprovada a duras penas, e essa atitude poderia aumentar as incertezas russas sobre o valor da França como aliada.[21]

Quando a comitiva francesa desembarcou na Rússia em 20 de julho, o próprio Czar lá estava para receber os franceses, que ficaram hospedados no grande Palácio Peterhof, um pouco a oeste de São Petersburgo. (Na cidade, os trabalhadores tinham convocado uma greve geral, ocorriam choques nas ruas, e Poincaré escandalizou seus anfitriões fazendo perguntas sobre a causa das greves.)[22] Os dias seguintes foram totalmente ocupados por banquetes, recepções e desfiles militares. Viviani, que reclamava sem parar que estava entediado e cansado, ansiava por voltar a Paris, onde o julgamento de Caillaux atingira o clímax e onde sua imprevisível e caprichosa amante estava se divertindo. Teve problema com o fígado e foi preciso chamar às pressas um médico francês local. Poincaré não conseguia simpatizar com seu companheiro de viagem. "Ele é duro, reservado e vulgar, e se refugia num silêncio tristonho."[23]

O lado importante da viagem aconteceu nos bastidores, nas conversas privadas entre franceses e russos, mas infelizmente pouco se sabe sobre o que foi discutido. Os arquivos são sucintos ao máximo e pode ser que muitos tenham sido destruídos. As duas partes conversaram, tanto quanto se sabe, sobre as tensões entre a Rússia e a Inglaterra em torno da Pérsia

A Primeira Guerra Mundial – que acabaria com as guerras

e os franceses insistiram para que os russos procurassem negociar um acordo naval com os ingleses.[24] De acordo com o embaixador britânico, que mais tarde recebeu informações confiáveis de Sazonov e do embaixador francês, as conversas também trataram da Áustria-Hungria e da Sérvia. Rússia e França pensaram em fazer uma abordagem conjunta em Viena para advertir contra qualquer ameaça à independência sérvia.[25] Obviamente a situação nos Balcãs devia estar na mente dos líderes franceses e russos. Na noite de 21 de julho, numa recepção para o corpo diplomático em São Petersburgo, Poincaré disse ao embaixador austro-húngaro que nenhuma nação podia ser responsabilizada por complôs armados em seu território. A Sérvia tinha "amigos," inclusive a Rússia, que ficariam "atônitos" se a Áustria-Hungria adotasse medidas radicais. O embaixador transmitiu essa advertência para Berchtold em Viena, mas este preferiu não considerá-la.[26] Embora não haja prova de que os franceses e russos tenham planejado provocar um conflito com a Alemanha, em 22 de julho eles conversaram abertamente sobre a possibilidade de uma guerra, algo que, de acordo com o adido militar francês em São Petersburgo, "ninguém ousava sonhar alguns dias antes."[27]

Os russos, cada vez mais preocupados com os rumores que chegavam de Viena, estavam fazendo suas advertências antes mesmo da chegada dos franceses. Em 8 de julho, Sazonov disse ao encarregado de negócios húngaro que qualquer tentativa partida de Viena para interferir nos assuntos internos da Sérvia seria um passo perigoso que causaria "péssima impressão" na Rússia.[28] Uma semana depois, numa festa de verão, um membro do alto escalão do Ministério do Exterior russo pediu ao embaixador italiano que transmitisse uma mensagem para a Áustria-Hungria informando que a Rússia não toleraria nenhuma ameaça à independência sérvia. Dois dias depois, Sazonov fez questão de conversar com o barão Friedrich von Szápáry, embaixador austro-húngaro, sobre as preocupações russas. Szápáry procurou ser muito tranquilizador – "manso como um cordeirinho," disse Sazonov – e afirmou que seu governo prezava profundamente a paz e não queria tornar as relações com a Sérvia mais difíceis do que já eram.[29] Então, pelo momento, o governo russo preferiu esperar para ver o que aconteceria.

Foi uma infelicidade para a Rússia e para o mundo seus governantes serem tão incompetentes em meio a uma grande tormenta internacional. Tanto Sazonov quanto o Czar se inclinavam pela paz, mas ambos eram fracos e se deixavam influenciar com facilidade. Ambos tinham forte consciência da honra e dignidade da Rússia e lembravam, ressabiados,

O fim do Concerto da Europa

de como o país fora forçado a recuar em crises anteriores nos Balcãs. Goremykin, o primeiro-ministro, era inexpressivo, e as personalidades que prevaleciam no Conselho de Ministros eram Alexandre Krivoshein, ministro da Agricultura, um linha-dura quando se tratava da posição russa no exterior, e Sukhomlinov, um precipitado cujo orgulho o fazia repetir que as forças armadas russas estavam prontas para qualquer eventualidade.[30] O general Nicholas Yanushkevich, Chefe do Estado-Maior, estava no cargo havia apenas cinco meses e suas qualificações para tal posto, salvo a preferência do Czar, eram mínimas. O adido militar inglês disse que a nomeação "causou surpresa geral. Ele impressiona mais como cortesão do que soldado."[31] Entre os outros principais chefes militares, o Grão-Duque Nicholas Nikolaevich tinha tanto experiência quanto bom senso, mas era um defensor da mobilização imediata, enquanto a crise se intensificava, mesmo que aumentasse o risco de guerra. Sua esposa, uma das muitas filhas do Rei de Montenegro cujo casamento fora convenientemente negociado, era apaixonada e incondicional defensora da Sérvia. "Vai haver guerra," exclamou ela para Paléologue em 21 de julho, durante a visita de Poincaré. "Não sobrará nada da Áustria (...) Nossos exércitos se encontrarão em Berlim, e a Alemanha será destruída."[32]

Outra voz influente a favor da guerra era a do embaixador francês em São Petersburgo. Paléologue detestava a Alemanha e sempre esteve convencido de que um grande conflito era inevitável. Inteligente, dissimulado, emocional e fútil, ascendera rapidamente no serviço diplomático francês aproximando-se de gente importante, inclusive Delcassé e Poincaré, que conhecera quando ainda eram estudantes. Aspirando ser escritor e estadista, Paléologue declarava pertencer a antiga e nobre família bizantina, mas seus muitos inimigos afirmavam que seus pais – um exilado grego da Romênia e uma musicista belga – tinham passado humilde e até incerto. Quando, em janeiro de 1914, foi nomeado para servir em São Petersburgo substituindo Delcassé, o primeiro-ministro da França, então Gaston Doumergue, disse-lhe que a qualquer momento podia haver guerra e que a segurança da França dependia da rapidez com que as nações aliadas entrassem na luta. Paléologue, que se achava um ator independente e não um servidor do governo, cumpriu seu dever fortalecendo a Tríplice Entente e, quando eclodiu a guerra, trazendo a Rússia para o lado da França.[33] Em 24 de julho, quando se tomou conhecimento do ultimato austríaco à Sérvia, e Poincaré e Viviani já navegavam de volta para a França, ele convidou o embaixador inglês, Sir George Buchanan, e Sazonov para almoçar. O ministro do Exterior russo estava irritado com a iniciativa austro-húngara, que qualificou de "imoral e provocativa." Ele esperava, assim relatou Buchanan para Londres, que a Inglaterra anunciasse imediatamente sua solidariedade com a França e a Rússia. Disse que Paléologue foi mais veemente: "Pelas palavras do embaixador francês parecia que França e Rússia estavam decididas a se engajar na luta mesmo que resolvêssemos não nos aliar aos dois países. As palavras do ministro do Exterior, porém, não foram tão incisivas nessa matéria."[34] Nos dias seguintes, Paléologue reafirmou o apoio francês à Rússia para o próprio Sazonov e para o embaixador italiano, que deve ter transmitido essa posição da França para a Áustria-Hungria e para a Alemanha.[35]

Paléologue pode ter ido além da orientação recebida, mas era próximo de Poincaré, que garantira pessoalmente aos russos o apoio francês na crise. Na reunião de despedida com o Czar, Poincaré declarou que as duas nações deviam trabalhar em sintonia caso Áustria-Hungria e Alemanha atacassem a Sérvia. "Quanto mais difícil for a situação, mais unidos devemos estar." Tudo indica que os dois conversaram longamente sobre como Rússia e França deviam cooperar militarmente.[36] Claro que não era a primeira vez que se realizavam tais discussões. Por cerca de uma década militares franceses e russos vinham fazendo planos para uma guerra contra a Alemanha, e as ligações, que incluíam comunicações por telégrafo sem fio, com o tempo de fortaleceram.[37] Em julho de 1914, irritados com a Áustria-Hungria, os russos já tinham resolvido ir à guerra, e os franceses não tencionavam detê-los. Na verdade, como seus correspondentes alemães, muitos líderes franceses achavam que se tinha de haver guerra, aquele era o melhor momento. Em junho de 1914, um relatório do Estado-Maior assinalou que a Romênia agora era um inimigo potencial da Áustria-Hungria, e a Rússia era mais do que uma simples ameaça para a Alemanha.[38]

Na manhã de 24 de julho, a primeira reação de Sazonov ao saber do ultimato foi: "Isso quer dizer guerra europeia." O Czar, que acompanhava as manobras militares de verão na aldeia de Krasnoye Selo, ao sul de São Petersburgo, disse simplesmente, "É perturbador." Incialmente ele pelo menos acreditou nas afirmações de Wilhelm de que nada sabia sobre o ultimato e tranquilizou-se lembrando que a Alemanha e a Rússia sempre arranjavam um jeito de chegar a um acordo, como acontecera em

O fim do Concerto da Europa

crises anteriores. Naquela tarde o Conselho de Ministros se reuniu em caráter de emergência em Krasnoye Selo. Embora ainda esperando que a guerra pudesse ser evitada, Sazonov assumiu a posição de que a Rússia não podia permitir que a Áustria-Hungria destruísse sua influência nos Balcãs esmagando a Sérvia. Em particular, comentou ele mais tarde, surpreendeu o embaixador austro-húngaro ao lamentar as exigências feitas pela Sérvia junto à Rússia e a forma como arrastara seu grande aliado a conflitos para os quais não havia alternativa, a não ser apoiá-la. Isso era o mínimo que o prestígio da Rússia e sua opinião pública exigiam.[39] Krivoshein, em discurso que influenciou outros, disse que a Rússia devia adotar uma posição firme, mesmo que isso significasse guerra. Seu colega Peter Bark, que em geral era a voz da prudência, concordou: "Quando se trata de honra e dignidade do país e de toda sua existência como grande potência, o ministro das Finanças deve aderir à maioria do gabinete." O Conselho decidiu trabalhar em sintonia com as outras potências, inclusive a Alemanha, em tentativa de persuadir a Áustria-Hungria a dar tempo para uma solução diplomática, estendendo o prazo para a resposta sérvia ao ultimato. Entretanto, para aumentar a pressão, o Conselho também autorizou a mobilização das esquadras do Báltico e do Mar Negro, além de uma mobilização parcial do exército russo em quatro distritos militares. Embora a mobilização fosse uma ameaça maior para a Áustria-Hungria do que para a Alemanha, ainda foi uma iniciativa arriscada por desafiar a Aliança Dual a dar uma resposta. Como se constatou mais adiante, era uma medida impraticável para o exército, que não dispunha de planos de mobilização exclusivamente contra a Áustria. Assim Goremykin resumiu a política russa no fim da reunião: "Não queremos a guerra, mas não a tememos." Naquela noite Sazonov manifestou a um embaixador alemão visivelmente aborrecido a extrema insatisfação da Rússia com o ultimato.[40]

No dia seguinte, aproximando-se o limite para a resposta sérvia ao ultimato austríaco, a posição russa foi endurecendo. "A Rússia," disse Sazonov a Buchanan, que logo transmitiu a Londres, "não pode permitir que a Áustria esmague a Sérvia e se transforme na potência dominante nos Balcãs e, com o apoio da França assegurado, meu país correrá os riscos de uma guerra." Paléologue, também presente quando os dois se encontraram, declarou que a França estava pronta para lutar ao lado da Rússia e quis saber se a Inglaterra estaria ao lado de seus aliados. Os ingleses tinham de escolher, acrescentou Sazonov, entre apoiar decididamente a Rússia ou perder sua amizade.[41] O Conselho de Ministros russo, que voltara a se reunir naquela manhã, já aprovara

588 A Primeira Guerra Mundial – que acabaria com as guerras

novas medidas com tom de guerra. Todas as fortalezas seriam colocadas em prontidão, postos de fronteira teriam guarnições completas e também seriam adotadas providências preliminares para a mobilização nos distritos militares restantes. Nessa oportunidade, os generais da cúpula militar russa interpretaram tais medidas como um passo rumo à mobilização total para a guerra.[42] Embora por vários dias os russos continuassem negando fazer algo extraordinário – em 26 de julho Sukhomlinov deu sua palavra de honra ao adido militar alemão – observadores que atravessaram a fronteira ocidental da Rússia identificaram por toda parte sinais de crescente atividade militar.[43]

Nessa noite, um diplomata russo aposentado jantava com um amigo em sua mansão na estrada entre Peterhof e Krasnoye Selo, quando ouviu o som dos passos de um regimento marchando para São Petersburgo: "Corremos para o portão do jardim e lá ficamos vendo a gigantesca coluna de soldados pisando em silêncio a estrada poeirenta na noite enluarada de verão. Nunca esquecerei a sensação sinistra da iminência de uma tragédia que essa visão me causou."[44] Acontecer ou não essa desgraça dependia, em última análise, de um único homem, tal como devia estar sucedendo na Alemanha e na Áustria-Hungria. Apesar da nova constituição de 1906, o Czar ainda controlava a política externa e as forças armadas. Como disse a um colega o embaixador francês em Berlim, Jules Cambon, logo após a apresentação do ultimato da Áustria-Hungria à Sérvia, "Hoje, o destino da França e da preservação da paz na Europa dependem da vontade de um estrangeiro, o Czar. O que decidirá ele? Que conselho acatará?"[45]

—

Enquanto o governo russo dava passos firmes rumo à guerra, Poincaré e Viviani, tal como convinha ao governo austro-húngaro, estavam no meio do mar. A partir de 24 de julho só conseguiam se comunicar episodicamente com Paris e as embaixadas francesas no exterior. Quando a notícia do ultimato chegou ao *France*, já a caminho de Estocolmo, rapidamente Viviani mandou um telegrama, provavelmente redigido por Poincaré, para São Petersburgo, pedindo que fosse retransmitido para Paris e Londres. Recomendava que a Sérvia aceitasse todas as exigências do ultimato que julgasse compatíveis com sua honra e independência. A mensagem também propunha que a Tríplice Entente internacionalizasse a questão requerendo uma investigação mista para concluir sobre a cumplicidade ou não da Sérvia, em vez de permitir que a Áustria-Hungria conduzisse uma própria.[46] A esperança de que, de alguma forma, o moribundo Concerto da Europa revivesse e solucionasse mais uma crise europeia era a

O fim do Concerto da Europa

tábua de salvação à qual nos dias seguintes se agarrariam os franceses, os italianos e, em especial, os ingleses.

Poincaré e Viviani também discutiram a conveniência de abandonar as visitas programadas aos países escandinavos e partir imediatamente rumo à França, mas concluíram que isso poderia ofender seus anfitriões e causar alarme desnecessário em seu país. Assim, prosseguiram pelo Báltico, cada vez mais aflitos à medida que as notícias sobre os Balcãs pioravam. Como agora os alemães estavam interferindo em todas as comunicações via rádio entre o *France* e Paris (como igualmente entre a França e a Rússia), era difícil enviar e receber mensagens. Em Paris, seus colegas decidiram por conta própria adotar medidas acauteladoras. Oficiais do Estado-Maior foram chamados de volta de suas dispensas, e tropas destacadas para defender as ferrovias e outros pontos-chave. O general Joffre, Chefe do Estado-Maior, mais tarde declarou que não teve ilusões sobre a gravidade da situação: "Fomos conduzidos diretamente para a guerra, e a Rússia, como nós, estaria no conflito." Ele e o ministro da Guerra asseguraram ao adido militar russo que a França estava pronta para cumprir seus compromissos na aliança. No fim do mês o país já progredira bastante em sua preparação para a guerra e, em grandes e pequenas cidades, as lojas que vendiam roupas masculinas começaram a oferecer botinas pesadas e meias grossas.[47]

Enquanto o governo francês desempenhava papel predominantemente passivo no período entre o ultimato austro-húngaro à Sérvia e a declaração de guerra em 28 de julho, a Inglaterra finalmente desviava sua atenção da Irlanda para o Continente e começava a agir. Grey demorou – e muito – a perceber a extensão do perigo que surgia nos Balcãs e a admitir que a Inglaterra de alguma forma se veria compelida a se pronunciar em face de ser parte da Tríplice Entente. Em 9 de julho, o embaixador alemão, o Príncipe Karl von Lichnowsky, achou que Grey estava animado e otimista, pensando que a questão seria resolvida. Claro que a Inglaterra, insistiu Grey, exerceria sua liberdade de decidir sua posição, mas, como acrescentou, estava muito próxima da França e da Rússia. Chegou a admitir que tinham sido realizadas algumas "conversas" com os franceses sobre tópicos militares, mas dando a entender que pouco significavam. Ao encontrar Lichnowsky uma semana mais tarde, alertou-o que, se a opinião pública russa se levantasse em favor da Sérvia, a Inglaterra teria que "agradar as sensibilidades russas."[48] Preferiu não explicar ao alemão quanto a ele e ao Foreign Office preocupavam as relações com a Rússia.

590 A Primeira Guerra Mundial – que acabaria com as guerras

Surgira uma nova fonte de tensão a propósito do controle do petróleo na Mesopotâmia (hoje parte do Iraque). O conflito pela influência na Pérsia continuava, e o governo da Índia emitia sinais perturbadores sobre intrigas russas no Afganistão. Nicolson e seus colegas do Foreign Office não confiavam totalmente em renovar a Convenção Anglo-Russa de 1907 quando chegasse a hora, em 1915. "O mesmo temor que V. sente também me persegue," escreveu Nicolson algum tempo antes, durante a primavera, para Buchanan em São Petersburgo. "O medo de que a Rússia se canse de nós e faça uma barganha com a Alemanha,"[49] concluiu. Mesmo com o agravamento da crise em julho de 1914, Grey e seus auxiliares relutavam em pressionar exageradamente a Rússia para recuar em sua confrontação com a Áustria-Hungria, temendo jogá-la nos braços dos alemães. (Claro que a Alemanha tinha medo semelhante: se não apoiasse a Áustria-Hungria, poderia perder seu único aliado de expressão.) Em 28 de julho, dia em que a Áustria-Hungria declarou guerra à Sérvia, Nicolson escreveu em caráter particular a Buchanan: "Como você, sinto que essa crise pode ser usada pela Rússia para testar nossa amizade e que, se a desapontarmos, estarão liquidadas todas as esperanças de um entendimento amistoso e duradouro entre os dois países."[50]

À medida que a crise se agravava, Grey envidava esforços para evitar que a Inglaterra tivesse de fazer escolhas difíceis. As grandes potências, mais uma vez agindo unidas dentro do Concerto da Europa deviam, de algum modo, chegar a um entendimento, fosse por meio de uma conferência de embaixadores em Londres, como já sucedera durante as duas Guerras Balcânicas, ou exercendo pressão para que os países diretamente envolvidos negociassem entre si. Quem sabe, sugeriu, a Rússia pressionando a Sérvia; e a Alemanha, a Áustria-Hungria? Quando ficou evidente que a Rússia tomaria o partido da Sérvia, Grey se apegou à possibilidade de França, Inglaterra e Itália poderem convencer Rússia e Áustria-Hungria a se entenderem diretamente. Quando, em 28 de julho, a Europa ultrapassou o marco fundamental da declaração de guerra do Império Austro-Húngaro à Sérvia, Grey considerou a possibilidade de as forças da Monarquia Dual fazerem um alto em Belgrado e dar tempo para negociações. (Wilhelm, que se abstraía da guerra justamente quando precisava enfrentar a realidade, na mesma ocasião fez sugestão semelhante.) Enquanto apresentava uma proposta após outra, Grey também dizia para os franceses e seus próprios colegas que a despeito de todas as conversas de militares do exército e da marinha ao longo dos anos, a Inglaterra não se considerava presa à França por obrigações ou

O fim do Concerto da Europa

tratados secretos e que exerceria sua liberdade de decisão. Nunca foi inteiramente franco com seus colegas, com o povo inglês e talvez nem consigo mesmo sobre a que ponto ele e os militares tinham realmente prometido que a Inglaterra trabalharia com a França.

Por outro lado, como tantas vezes já fizera no passado, alertou a Alemanha que a Inglaterra não toleraria ver a França destruída e que veria com extremo desagrado qualquer violação da neutralidade da Bélgica.

Em 23 de julho, Mensdorff, embaixador austro-húngaro em Londres, deu a Grey uma ideia da natureza do ultimato que logo seria apresentado à Sérvia. Aparentemente, Grey ficou pasmo. Naquela noite, ele e Haldane, ministro da Guerra, jantaram com o industrial alemão Albert Ballin, que fora enviado a Londres pelo governo alemão em missão não oficial a fim de sondar as possíveis reações inglesas se eclodisse uma guerra no Continente. Como aconteceu em diversas ocasiões durante aqueles dias frenéticos, os registros sobre o encontro diferem. Haldane registra que ele e Grey advertiram Ballin que, se a Alemanha atacasse a França, não deveria contar com neutralidade inglesa. Por outro lado, Ballin transmitiu para Berlim outra versão: em sua opinião a Inglaterra estava mais preocupada com o equilíbrio de poder no Continente, de modo que, se a Alemanha não tentasse engolir a França após uma guerra (talvez se apossando apenas de algumas colônias francesas), a Inglaterra não interviria.[51]

No dia seguinte Grey leu o texto completo do ultimato. "A nota me pareceu," disse para Mensdorff, "o mais terrível documento jamais enviado pelo governo de um estado para outro estado independente." Seguindo instruções de Berchtold, Mensdorff tentou, sem sucesso, atenuar a importância do documento, dizendo que não era tanto um ultimato, mas uma negociação com tempo limitado e que a intenção de a Áustria-Hungria começar a fazer preparativos militares após a data-limite não era o mesmo que realizar operações militares.[52] Mais tarde, naquele mesmo dia, em reunião do Gabinete para discutir o fracasso da conferência sobre a Irlanda no Palácio de Buckingham, pela primeira vez Grey abordou a crise nos Balcãs, afirmando que, se a Rússia atacasse a Áustria-Hungria, a Alemanha defenderia sua aliada. Embora a maioria de seus colegas se opusesse firmemente ao envolvimento da Inglaterra no conflito, na semana seguinte a balança penderia francamente para o outro lado, em consequência das iniciativas alemãs. Grey disse sombriamente que o ultimato os levava para o Armagedom mais do que em qualquer outra oportunidade, desde a Primeira Guerra Balcânica. A solução que via era bem menos dramática.

Proporia a Alemanha, a França, a Itália e a Inglaterra unirem esforços para pressionar a Áustria-Hungria e a Rússia a não tomarem nenhuma medida drástica. Entretanto, no mesmo dia a Inglaterra começou a ensaiar as primeiras providências para a guerra. Toda a esquadra inglesa em águas territoriais realizara as manobras de verão na semana anterior e, diante das perspectivas, o governo determinou que permanecesse mobilizada. Tal como as medidas preliminares adotadas pela Rússia e pela França, e as que já estavam sendo tomadas na Alemanha, tais manobras podiam ter finalidade defensiva, mas não era necessariamente assim que eram interpretadas externamente e, desse modo, mais um elemento entrou em jogo para elevar ainda mais o nível de tensão na Europa.

Na noite de 24 de julho, Grey convocou Lichnowsky e pediu-lhe para informar seu governo que a Inglaterra queria fazer uma solicitação conjunta com a Alemanha para a Áustria-Hungria estender o prazo do ultimato, a fim de permitir que as outras potências tivessem tempo para acalmar a crescente divergência entre Áustria-Hungria e Rússia." "É inútil," rabiscou o Kaiser ao ler o relatório de Lichnowsky na manhã seguinte. "Não concordo, a não ser que a Áustria me peça expressamente, o que não é provável. Em questões *vitais* como honra, não se consultam outros."[53]

No sábado, 25 de julho, Grey esteve novamente com Lichnowsky para discutir toda a situação. Para o embaixador alemão estava cada vez mais difícil defender a posição de seu governo. Grande admirador da Inglaterra e de suas instituições, sempre defendera melhor entendimento entre Londres e Berlim. Fora chamado de sua aposentadoria em 1912 para esse cargo pelo Kaiser, que lhe disse para assumi-lo e ser "um bom companheiro." Sua nomeação não agradou a Bethmann nem ao Ministério do Exterior porque lhe faltava experiência e era muito ingênuo em se tratando de Inglaterra.[54] Não obstante, durante a crise Lichnowsky foi coerente, sempre fazendo boas recomendações: a Alemanha estava seguindo rumo perigoso ao encorajar a Áustria-Hungria e, em caso de uma guerra geral, a Inglaterra se envolveria. Disse a seus superiores que estavam sonhando se de fato acreditavam que um conflito se restringiria aos Balcãs.[55] (E, como Nicolson escreveu ironicamente a Buchanan: "Creio que essa conversa sobre guerra localizada quer dizer apenas que todas as Potências devem assistir sem interferir enquanto a Áustria-Hungria estrangula tranquilamente a Sérvia.")[56]

De tarde, como continuavam chegando telegramas urgentes sobre a situação na Europa, Grey preferiu se recolher a seu refúgio habitual no interior, perto de Winchester, e lá passar o fim de semana.[57] Embora pudesse ser alcançado por telegrama, foi uma decisão curiosa diante de

O fim do Concerto da Europa

uma situação que evoluía com tanta rapidez. De volta a Londres, soube na segunda-feira, 27 de julho, que a Alemanha rejeitara friamente sua proposta de intermediação pelos quatro países sob o argumento, assim alegou Jagow, de que exigiria um tribunal internacional de arbitragem e, portanto, só poderia funcionar se Rússia e Áustria-Hungria, as duas partes diretamente interessadas, o solicitassem.[58] Agora, a Inglaterra estava sob intensa pressão da Rússia e da França para deixar claro seu apoio. Buchanan, que se encontrara com Sazonov no domingo para insistir no sentido de que intercedesse junto à Áustria-Hungria para solucionar a situação e, em nome da paz, retardasse a mobilização russa, na segunda-feira expediu telegrama para Londres informando que a posição russa endurecera: "O ministro do Exterior acredita que não teríamos sucesso na tentativa de conseguir a adesão da Alemanha à causa da paz, a menos que anunciássemos publicamente nossa solidariedade à França e à Rússia."[59] Em Paris, durante um jantar Izvolsky afirmou a um diplomata inglês que certamente haveria guerra e que a culpa era da Inglaterra. Se ao menos os ingleses deixassem claro, desde o começo da crise, que lutariam ao lado dos russos e franceses, Áustria-Hungria e Alemanha pensariam duas vezes. Não era como na crise da Bósnia, acrescentou com desagrado, quando uma Rússia debilitada fora obrigada a recuar. Desta vez a Rússia estava em condições de combater.[60] Na quinta-feira, 28 de julho, Paul Cambon, que voltara correndo de Paris onde estivera assessorando o governo na ausência de Poincaré e Viviani, alertou Grey que "se fosse presumível que a Inglaterra certamente ficaria de fora em uma guerra europeia, a probabilidade de preservação da paz estaria em sério perigo."[61] Cambon, que dedicava seu tempo em Londres a transformar a *Entente Cordiale* em algo mais substancial do que simplesmente uma amizade calorosa, agora temia, desde o princípio da crise, que Grey "hesitasse, titubeasse" e, por conseguinte, a Alemanha se sentisse em condições de seguir em frente. "No fim, a Inglaterra acabará se aliando a nós," afirmou, não obstante, a um amigo em Paris, "mas será tarde demais."[62] Cambon ainda passaria por muitas aflições na semana seguinte, ao tentar obter um firme compromisso de Grey.

Em todo o Continente corriam notícias sobre atividades atípicas. No fim de semana de 25-26 de julho, espiões informaram aumento do tráfego rádio entre a Torre Eiffel e uma importante base militar russa no oeste da Rússia. Soube-se que os guardas russos da fronteira estavam em alerta total e o material rodante das ferrovias estava sendo deslocado para cidades russas próximas à fronteira com a Prússia Oriental.[63] Em 26 de julho, Wilhelm, cujo governo queria mantê-lo à distância e em segurança no Mar do Norte, subitamente determinou que a esquadra alemã escoltasse seu iate de volta para a Alemanha. Aparentemente temia que a Rússia planejasse torpedeá-lo em ataque de surpresa. Também achava que Bethmann não tinha uma compreensão apropriada dos assuntos militares.[64] No dia seguinte, Poincaré e Viviani de repente interromperam a planejada visita a Copenhagen e partiram rumo à França. Explosões de sentimento nacionalista começaram a perturbar a tranquilidade do verão. Multidões em São Petersburgo, inicialmente não muito grandes, mas aumentando progressivamente ao longo da semana, desfilavam carregando retratos do Czar Nicholas e a bandeira do país, cantando "Senhor, salva Teu povo!"[65] Quando Nicholas compareceu a um teatro em Krasnoye Selo, a assistência, em pé, o ovacionou espontaneamente, e oficiais do exército presentes começaram a cantar. Em Paris, houve manifestações populares em frente à embaixada da Áustria-Hungria, e em Viena, "o entusiasmo é contagiante," informou o embaixador inglês, quando os habitantes locais tentaram realizar uma manifestação diante da embaixada russa, enquanto oficiais uniformizados eram entusiasticamente aplaudidos. Em Berlim, quando chegou a notícia da resposta sérvia ao ultimato austríaco, grande multidão se reuniu cantando canções patrióticas e o hino nacional da Áustria. Estudantes universitários desfilavam para lá e para cá pela Unter den Linden cantando e bradando lemas patrióticos.[66]

Na Itália, porém, as ruas estavam tranquilas, e o embaixador inglês informou que a opinião pública condenava tanto a participação da Sérvia no assassinato quanto a atitude austro-húngara, vista como exageradamente severa. Notou que o povo italiano aguardava "em atitude de expectativa até certo ponto ansiosa." Em sua opinião, o governo buscava uma razão mais plausível para se esquivar de suas obrigações como membro da Tríplice Aliança.[67] O dilema do governo italiano era não querer ver a Áustria-Hungria destruindo a Sérvia e assumindo a supremacia nos Balcãs, mas, por outro lado, não desejar entrar em choque com seus parceiros da aliança, com a Alemanha em especial. (Como tantos outros estados europeus, mantinha justificado e até exagerado respeito pelo poder militar alemão.) Uma guerra europeia naquele momento significava um outro problema: se a Alemanha e a Áustria-Hungria saíssem vitoriosas, a Itália ficaria ainda mais à sua mercê e se transformaria em uma espécie de estado vassalo. Entrar na guerra no lado da Aliança Dual também seria impopular internamente, uma vez que a opinião pública ainda se inclinava por uma visão da Áustria-Hungria como inimiga tradicional, que sempre incomodara e oprimira os italianos, tal como

O fim do Concerto da Europa

agora fazia com os sérvios. Um motivo final era a própria fraqueza da Itália. Sua marinha seria dizimada se tentasse enfrentar a inglesa e a francesa, e seu exército precisava desesperadamente de um período de recuperação depois da guerra contra o Império Otomano pela posse da Líbia. Na verdade, as forças italianas ainda combatiam diante de forte resistência em seus novos territórios no norte da África.[68]

San Giuliano, inteligente e experiente ministro do Exterior italiano, passava o mês de julho em Fiuggi Fonte, nas montanhas ao sul de Roma, em vã tentativa de curar a gota que tanto o sacrificava. (As águas locais são famosas para a cura de problemas de pedras nos rins e dispunham do testemunho de Michelangelo, que afirmara que o tinham livrado do "único tipo de pedra que não posso amar.") O embaixador alemão na

O plano alemão, em geral conhecido como Plano Schlieffen, previa a Alemanha travar uma guerra em duas frentes, contra a França e a Rússia. Para destruir rapidamente o inimigo na frente ocidental, os militares alemães planejaram um avanço rápido pelo interior da Bélgica e norte da França. Embora a Alemanha pedisse à Bélgica que permitisse o trânsito pacífico das forças alemãs por seu território, o governo belga decidiu resistir. Com isso, retardou o avanço alemão e, ainda mais importante, convenceu os ingleses a entrar na guerra para defender a valente Bélgica.

Itália o visitou nesse local em 24 de julho para transmitir pormenores do ultimato. Apesar da forte pressão da Alemanha e da Áustria-Hungria, San Giuliano adotou naquela ocasião e nas semanas seguintes a posição de que a Itália não se sentia obrigada a entrar em uma guerra que não era nitidamente defensiva, mas poderia decidir em contrário desde que em determinadas circunstâncias, ou seja, o oferecimento, por parte da Áustria-Hungria em particular, de territórios com habitantes de língua italiana. Além disso, se a Áustria-Hungria conquistasse novos territórios nos Balcãs, a Itália teria de ser também recompensada. Em 2 de agosto, o governo austro-húngaro, que rudemente se referia aos italianos como gente insignificante que não merecia confiança, relutantemente cedeu à pressão da Alemanha e fez uma vaga oferta de território, sem incluir, porém, nenhuma parcela da própria Áustria-Hungria e somente se a Itália entrasse na guerra. No dia seguinte, a Itália declarou que permaneceria neutra.[69]

Na Inglaterra, durante a última semana de julho a opinião pública já estava profundamente dividida, com a poderosa ala radical do Partido Liberal e o Partido Trabalhista se opondo à guerra. Quando se reuniu na tarde da segunda-feira, 27 de julho, o Gabinete ficou dividido ao meio. Equivocadamente, Grey não propôs uma linha de ação bem definida. Por um lado, disse ele, se a Inglaterra não se aliar à França e à Rússia,

> logicamente perderemos a confiança deles para sempre e quase certamente a Alemanha atacará a França, enquanto a Rússia se mobiliza. Se, por outro lado, dissermos que estamos dispostos a nos lançar ao lado da *Entente*, a Rússia imediatamente atacará a Áustria. Por conseguinte, nossa capacidade de atuar em prol da paz depende de nossa aparente indecisão. A Itália, desonesta como sempre, está se esquivando de suas obrigações na Tríplice Aliança alegando que a Áustria não a consultou antes de expedir o ultimato.[70]

Depois da reunião, Lloyd George, o influente ministro das Finanças, ainda ao lado dos que defendiam a paz, disse a um amigo que "antes de mais nada, não devemos entrar guerra em nenhuma. Não sabia de nenhum ministro a favor disso."[71]

No outro lado do Canal, os responsáveis pelas decisões, inicialmente tão belicosos, por um momento estavam pensando melhor. Em 27 de julho, de volta a Berlim, o Kaiser esperava que a Sérvia acatasse o ultimato. Falkenhayn, ministro da Guerra, escreveu em seu diário:

O fim do Concerto da Europa

"Ele diz coisas confusas. A única coisa que se percebe com nitidez é que já não deseja mais a guerra, mesmo que isso signifique abandonar a Áustria. Quero deixar claro que ele não controla mais a situação."[72] O Czar enviou a Sazonov uma nota sugerindo que a Rússia juntasse esforços com França e Inglaterra, e quem sabe, até Alemanha e Itália, para fazerem uma tentativa conjunta de preservar a paz apelando para que Áustria-Hungria e Sérvia resolvessem sua pendência no Tribunal de Arbitragem de Haia: "Talvez ainda haja tempo antes de acontecimentos fatais."[73] Sazonov também recebeu a missão de conversar diretamente com os austro-húngaros e, de Berlim, Bethmann aconselhou a aliada da Alemanha a participar desse entendimento, pois seria uma oportunidade para mostrar a Rússia como vilã, antes que a opinião pública na Aliança Dual a julgasse defensora da paz.

Embora o Kaiser e talvez Bethmann continuassem se agarrando a uma tábua de salvação enquanto eram engolfados pelas correntes que agitavam a cena, naquele momento a tendência predominante entre os líderes alemães era admitir que a guerra era inevitável. Também procuravam se convencer de que a Alemanha era a vítima. Em resoluto memorando que escreveu em 28 de julho, Moltke afirmou que a Rússia se mobilizaria quando a Áustria-Hungria atacasse a Sérvia e, nessas circunstâncias, a Alemanha teria que socorrer sua aliada e recorrer à sua própria mobilização. A Rússia reagiria atacando a Alemanha e a França se juntaria a ela. "Assim, a aliança franco-russa, tantas vezes rotulada como puramente defensiva e supostamente criada para se defender de uma agressão alemã, será ativada e começará a carnificina das nações civilizadas da Europa."[74] Em 27 de julho foram abertas as negociações entre Rússia e Áustria-Hungria, mas no dia seguinte foram mais uma vez interrompidas quando a Monarquia Dual, pressionada pela Alemanha para agir com rapidez, declarou guerra à Sérvia.[75]

A declaração de guerra da Áustria-Hungria à Sérvia, pela forma como aconteceu, teria sido engraçada, se não produzisse consequências tão trágicas. Como fechara melodramaticamente sua embaixada em Belgrado, Berchtold ficou sem condições de entregar a nota da declaração à Sérvia. A Alemanha se recusou a ser a portadora, já que tentava dar a impressão de que não sabia o que a Áustria-Hungria estava planejando. Assim, Berchtold recorreu à remessa de um telegrama sem codificação para Pasic, a primeira vez que uma guerra foi declarada dessa forma. O primeiro-ministro sérvio, desconfiando que alguém em Viena estava

598 A Primeira Guerra Mundial – que acabaria com as guerras

tentando induzir a Sérvia a atacar primeiro, se negou a acreditar no telegrama, até receber a confirmação por meio das embaixadas sérvias em São Petersburgo, Londres e Paris.[76] Em Budapest, Risza fez veemente discurso no parlamento húngaro apoiando a declaração de guerra, e o líder da oposição bradou: "Finalmente!"[77] Ao ouvir a notícia em um jantar em São Petersburgo, Sukhomlinov disse ao vizinho de mesa: "Desta vez vamos partir para a luta."[78] Na noite de 28 de julho canhões austríacos em posição na margem norte do Sava atiraram sobre Belgrado. Restava à Europa apenas uma semana de paz.

20

Apagam-se as Luzes

———◆———

ÚLTIMA SEMANA DE
PAZ DA EUROPA

A DECLARAÇÃO DE GUERRA DA ÁUSTRIA-HUNGRIA à Sérvia em 28 de julho transformou a marcha cada vez mais resoluta da Europa rumo à guerra em corrida ao precipício. A Rússia, que não fazia segredo de seu apoio à Sérvia, devia ameaçar a Áustria-Hungria de represálias. Se isso acontecesse, provavelmente a Alemanha acorreria em auxílio da sua aliada e, por conseguinte, se encontraria em guerra contra a Rússia. Considerando a natureza dos sistemas de aliança, a França se sentiria na obrigação de entrar no conflito ao lado da Rússia. De qualquer modo, embora os planos de guerra alemães fossem secretos, os franceses já tinham uma noção clara de que a Alemanha não cogitava enfrentar somente a Rússia e que atacaria simultaneamente no Ocidente europeu. Que fariam países como a Inglaterra e a Itália, assim como outros de menor expressão como Romênia e Bulgária ainda era questão em aberto, apesar de todas as amizades e todos os laços com os potenciais beligerantes.

O escritor austríaco Stefan Zweig estava em férias perto do porto belga de Ostend, achando que naquele verão reinava o mesmo ambiente descontraído de verões anteriores. "Os visitantes desfrutando os dias livres deitados na praia sob barracas de cores vivas ou tomando banho de mar, as crianças empinando suas pipas, jovens dançando do lado de fora dos cafés nos calçadões que acompanhavam a muralha do porto. Gente de todas as nações que se possam imaginar ali estava reunida em harmonia." Eventualmente o clima ficava sombrio quando os jornaleiros gritavam

600 A Primeira Guerra Mundial – que acabaria com as guerras

suas manchetes alarmantes sobre ameaças de mobilização no leste ou os visitantes notavam soldados belgas pelos arredores, mas logo retornava o espírito das férias. De um dia para outro, porém, não deu para ignorar as nuvens que se acumularam sobre a Europa. "De repente," lembrou Zweig, "o vento frio do medo soprou na praia, varrendo os frequentadores." Arrumou rapidamente a bagagem e pegou o trem, correndo de volta para casa. Quando chegou a Viena, a Grande Guerra já começara. Para ele, como para milhares e milhares de europeus, foi difícil acreditar que a paz na Europa terminara tão rápida e decisivamente.[1]

A súbita deterioração das relações internacionais na Europa desencadeou uma sucessão de manobras frenéticas de último minuto nas capitais europeias. Ministérios em demoradas reuniões de emergência, luzes acesas a noite inteira nos ministérios do Exterior, os mais importantes estadistas tirados da cama por telegramas que chegavam e eram decodificados, oficiais de menor posto em suas camas de campanha ao lado das mesas de trabalho. Nem todos em cargo de autoridade queriam evitar a guerra – basta lembrar Conrad na Áustria e Moltke na Alemanha – mas, à medida que a exaustão ia dominando os responsáveis pelas decisões, crescia paralelamente a sensação de impotência diante da tragédia que se aproximava. Todos querendo mostrar seu próprio país como vítima, importante não só para motivar a opinião pública interna e unir uma nação em guerra, mas também para conquistar a adesão de países ainda não comprometidos como Romênia, Bulgária, Grécia e o Império Otomano na Europa, e, mais distante, o grande prêmio, os Estados Unidos com seu capital humano, seus recursos e suas indústrias.

Na manhã seguinte à declaração de guerra, em 29 de julho, Poincaré e Viviani desembarcaram em Dunquerque e imediatamente seguiram para Paris, onde foram recebidos por grande e entusiástica multidão que bradava *"Vive la France!" "Vive la Republique!" "Vive le Président!"* e, de vez em quando, *"Para Berlim!"* Poincaré se impressionou. "Nunca me senti tão emocionado," escreveu em seu diário. "Era a França unida."[2] Logo assumiu o governo e relegou Viviani, que considerava ignorante e pouco confiável, a papel secundário.[3] Corriam rumores – que acabaram se revelando verdadeiros – de que o governo russo ordenara uma mobilização parcial. Paléologue, talvez pensando em apresentar a seu governo um fato consumado, ou por medo de que tentasse deter a Rússia, não se preocupara em alertar Paris ou o *France* antes da mobilização russa. Também assegurou repetidas vezes a

Apagam-se as luzes

Sazonov a "absoluta disposição da França a cumprir suas obrigações de aliada em caso de necessidade."[4] Mais tarde, naquele dia, o embaixador alemão procurou Viviani para alertá-lo de que a Alemanha tomaria as primeiras providências para sua própria mobilização, a menos que a França parasse os seus preparativos militares. De noite, chegou de São Petersburgo a notícia de que a Rússia rejeitara exigências alemãs para interromper sua mobilização. O Ministério francês reuniu-se no dia seguinte, sereno e consciente conforme relato de um observador, e decidiu não tentar convencer a Rússia a ceder às exigências alemãs. Messimy, o ministro da Guerra, deu ordem de deslocar forças francesas para a fronteira, mas com a recomendação de permanecerem a dez quilômetros da linha demarcatória, a fim de evitar incidentes com os alemães. A maior preocupação na cabeça dos chefes franceses era mostrar ao povo francês – e sobretudo aos ingleses, que ainda não se haviam declarado – que a França não era o país agressor.[5]

No leste, a marcha dos eventos rumo à guerra se acelerava. Os planos militares, com sua natural tendência para a ofensiva, se transformavam em argumento para a mobilização, para que se pudesse, desde logo, deslocar mais tropas para suas posições e ficar em condições de lançar um ataque antes que o inimigo guarnecesse suas fronteiras. Por mais discrição que procurassem manter, os comandantes e os estados-maiores falavam confiantes em vitória ao tratarem com os dirigentes civis, cada vez mais incapazes de resistir à pressão. Na Rússia, em face das grandes distâncias, Sukhomlinov e os chefes militares alegavam ser imperativa a mobilização geral contra os dois aliados da Aliança Dual: a Áustria-Hungria já começava sua mobilização, e a Alemanha tomara providências preliminares, tais como chamar de volta soldados em gozo de dispensa. Em 29 de julho os colegas de Sazonov já o tinham convencido de que era perigoso adiar ainda mais as decisões. O primeiro-ministro concordou em falar com Nicholas, incapaz de decidir sozinho.

O Czar temia que, uma vez desencadeada, a guerra fosse difícil de deter e pudesse levar ao desastre; ainda tinha fé nas intenções pacíficas de Wilhelm.[6] Por insistência de seus ministros, assinou dois decretos, um de mobilização parcial, particularmente ao longo da fronteira com a Áustria-Hungria, e outro de mobilização total, voltada agora também contra a Alemanha, mas hesitava sobre qual deles baixar. Em 29 de julho Nicholas mandou a Wilhelm um telegrama (em inglês, como geralmente se comunicavam): *"Am glad you are back,"* escreveu, e pediu a seu primo alemão ajuda para manter a paz. Alertou, porém, que ele e seu povo estavam furiosos com a agressão à Sérvia. "Sinto que muito breve serei *esmagado* pela *pressão* e *forçado* a adotar medidas extremas, que *nos levarão à guerra.*"[7] Wilhelm permaneceu insensível e escreveu na margem do documento: "Confissão de sua própria fraqueza e tentativa de pôr a responsabilidade nos meus ombros." Em telegrama que ele mesmo redigiu e enviou por sugestão de Bethmann, e que cruzara com o de Nicholas, Wilhelm defendeu as ações da Áustria-Hungria, mas disse que, como amigo, estava fazendo o possível para que houvesse um entendimento entre Áustria-Hungria e Rússia.[8] Ambos os reinantes ainda trocariam dez telegramas antes de 1º de agosto, enquanto o abismo entre os dois países se escancarava irreversivelmente.

Na noite de 29 de julho, Sazonov, com Sukhomlinov e Yanushkevish, o Chefe do Estado-Maior, a seu lado, telefonou a Nicholas para dizer que seus ministros recomendavam a mobilização geral. Na ponta da linha, vibraram quando o Czar concordou.[9] Mais tarde, naquela mesma noite, enquanto um oficial permanecia na Agência Central dos Correios de São Petersburgo para expedir as ordens necessárias, Yanushkevish telefonou para informar que Nicholas mudara de opinião, talvez por ter lido a mensagem de Wilhelm, e autorizava apenas a mobilização parcial contra a Áustria-Hungria, dizendo: "Não serei o responsável por uma gigantesca carnificina."[10] Ao que parece, o Czar ainda pensava em mobilização como instrumento da diplomacia e não como prelúdio de guerra. No dia seguinte, expediu novo telegrama a Wilhelm a fim de explicar que as iniciativas russas eram exclusivamente defensivas contra seu vizinho do sul e que ainda contava com Wilhelm para pressionar a Áustria-Hungria a negociar com a Rússia. "Então, está quase *uma semana à nossa frente*, rabiscou o Kaiser irritado. "Não concordo com mediação nenhuma, afinal foi o Czar que a pediu enquanto secretamente decretava a mobilização, pelas minhas costas. Não passa de uma manobra para nos deter e aumentar a vantagem de que já dispõe!"[11]

O governo de Nicholas desapontou-se ao receber a sua decisão. A Áustria não se mostrava disposta a voltar atrás na questão com a Sérvia, e a Alemanha parecia caminhar para a mobilização geral. A Rússia ficaria perigosamente exposta se mobilizasse apenas parcialmente. O general Yuri Danilov, ajudante-geral do exército, reagiu incomodadíssimo, afirmando que isso era a introdução dos "germes da hesitação e da desordem numa área em que tudo deve se basear em estimativas calculadas com antecedência e com a máxima precisão."[12] Na manhã de 30 de julho, Sukhomlinov e Yanushkevich telefonaram ao Czar pedindo que reconsiderasse e decretasse a mobilização geral. Nicholas permaneceu inflexível, respondeu que não mudaria de posição. Nesse momento, Sazonov foi ao telefone para pedir ao Czar que o recebesse pessoalmente naquela tarde. Nicholas respondeu que sua agenda já estava tomada, mas que poderia receber o primeiro-ministro às três da tarde. Nesse encontro os dois conversaram por quase uma hora. Nicholas, que parecia cansado, estava irritado e nervoso, a ponto de em determinado momento dizer acidamente: "A decisão é exclusivamente minha." Sazonov, como circulou na sociedade de São Petersburgo, finalmente venceu a resistência do Imperador afirmando que, diante do que pensava a opinião pública na Rússia, a guerra com a Alemanha era a única forma de Nicholas preservar a própria vida e o trono, que um dia entregaria a seu filho. No dia seguinte o Czar concordou. Sazonov telefonou para Yanushkevish para lhe dar a notícia e concluiu: "Quebre seu telefone."[13]

—

DE BERLIM, O GOVERNO ALEMÃO acompanhava atentamente a evolução dos acontecimentos na Rússia. O Kaiser enfureceu-se ao saber dos preparativos militares russos, que interpretou como traição, mesmo que visassem apenas à Áustria-Hungria. Acusou a França, a Inglaterra e seu falecido tio Edward VII de induzir o Czar a se afastar da legítima aliança. Afirmou que destruiria o Império Britânico e convocaria seus amigos do mundo muçulmano para desencadear uma *jihad* contra a Inglaterra. (Pelo menos neste ponto da *guerra santa* ele cumpriu a palavra.) "Mesmo que tenhamos de sangrar até a morte, a Inglaterra perderá pelo menos a Índia."[14] Alguns membros do alto-comando, entre eles Falkenhayn, insistiam na mobilização – que na Alemanha levava inexoravelmente à guerra – mas encontravam resistência. Inicialmente Moltke achava que a situação não era tão grave a ponto de justificar a mobilização geral e Bethmann era favorável a retardá-la a fim de mostrar a Alemanha como vítima de agressão. Em 28 de julho Bethmann comentou com o embaixador inglês que as medidas de caráter militar adotadas pela Rússia estavam se transformando em formidável obstáculo para as tentativas de se chegar a um acordo pacífico com a Áustria-Hungria a propósito dos Balcãs e também em ameaça à própria Alemanha. Em 29 de julho, enquanto o governo russo hesitava quanto à ordem para uma mobilização geral, Bethmann enviou telegrama a seu embaixador em São Petersburgo: "Peço envidar todo o esforço para que o senhor Sazonov compreenda a gravidade da situação e que a adoção de novas medidas na mobilização russa nos obrigará a também mobilizar, e, em tais circunstâncias, ficará muito difícil evitar uma guerra europeia."[15]

604 A Primeira Guerra Mundial – que acabaria com as guerras

O Gabinete inglês reuniu-se às 11h30 da manhã de 29 de julho para discutir a declaração de guerra da Áustria-Hungria à Sérvia e passou longo tempo avaliando os deveres da Inglaterra para com a Bélgica, na condição de signatário do Tratado de Londres de 1839, que garantia a neutralidade e a independência do pequeno país. (Os outros parceiros eram França, Áustria, Rússia e Prússia, e, no caso deste último, a Alemanha assumira as obrigações depois de 1871.) John Burns, ministro do Comércio, como liberal radical decididamente contra a guerra, anotou em seu diário: "Situação seriamente revista sob todos os ângulos. Foi decidido não decidir." Pediram a Grey que dissesse a Cambon e a Lichnowsky que "neste momento não estamos em condições de nos comprometer, nem para afirmar que ficaremos de fora, nem para impor condições para entrar.[16] Todavia, o Gabinete tomou duas decisões importantes. Pela primeira, Churchill foi autorizado a expedir telegramas para uma mobilização preliminar da marinha. Nessa noite a esquadra se dirigiu em blecaute para o norte pelo Canal da Mancha, rumo a seus postos de combate. Pela segunda, o governo pôs em vigor para as forças armadas da Inglaterra a "Fase Preventiva," segundo o estabelecido no novo Livro de Guerra. Houve uma breve confusão quando se notou que ninguém sabia exatamente como iniciar o processo e surgiram incertezas quando souberam que uma parte das Forças Territoriais fora convocada para serviço de guarda, algo muito incomum em tempo de paz. Rapidamente o governo providenciou para que os jornais publicassem que a Inglaterra não estava mobilizando: "As únicas ordens dadas são meramente precaução de natureza defensiva."[17]

Grey conversou com Cambon e Lichnowsky logo depois da reunião do Gabinete. Para Cambon frisou a questão da liberdade de ação, mas com Lichnowsky foi além do que o Gabinete permitiria e deu um aviso: o governo inglês ainda esperava que houvesse uma mediação para o conflito entre Áustria-Hungria e Sérvia, mas se Rússia e Alemanha se envolvessem nele, o governo inglês teria de se decidir rapidamente. "Nesse caso," prosseguiu Grey, *"não seria praticável continuar de fora e esperar mais qualquer tempo."* A caneta de Wilhelm voltou a trabalhar nas anotações de margem dos documentos quando mais tarde, naquela noite, leu a nota recebida de seu embaixador: "A sujeira de sempre!" "Patifes, vagabundos! "Salafrários! "Aquela corja de balconistas!"[18]

Na última fase da crise, o Kaiser e Bethmann, que tinham entrado no lado da paz em crises anteriores, agora demonstravam a tensão nervosa

Apagam-se as luzes

que os dominava na iminência de uma guerra. A França começara seus preparativos, a Bélgica convocava reservistas e reforçava suas defesas, particularmente em torno da fortaleza vital de Liège, e a marinha inglesa já partira para seus postos de combate. Mais perigoso que tudo isso, a Rússia caminhava rapidamente para a mobilização total. Em 29 de julho, Bethmann orientou seu primo, Pourtalès, embaixador alemão em São Petersburgo, para avisar Sazonov que se a Rússia prosseguisse em sua mobilização, ele não teria alternativa senão fazer o mesmo. Pourtalès, homem rico, afável e protegido do Kaiser, tinha enviado relatórios tranquilizadores para Berlim, afirmando que a Rússia estava apenas blefando. Agora se encontrava na desconfortável posição de pagar para ver. Quando Sazonov ouviu a ameaça, que Portalès preferiu chamar de mera opinião amiga, exclamou irritado: "Agora não tenho mais dúvidas sobre as verdadeiras razões da intransigência austríaca." Pourtalès protestou veementemente diante de observação tão ofensiva. Sazonov respondeu secamente que a Alemanha ainda tinha tempo para lhe mostrar que estava errado.[19]

No mesmo dia Bethmann, que naquele momento já recusara pedidos da Inglaterra e da Rússia para pressionar a Áustria-Hungria a ceder, mudou de posição e insistiu para que a Monarquia Dual aceitasse a mediação. Ainda é tema para discussão saber se essa tentativa de preservação da paz era sincera. Bethmann estava atento à opinião pública na Alemanha e no exterior. Grande parte da direita nacionalista era favorável à guerra, ainda que de natureza preventiva, enquanto muitos moderados estavam dispostos a apoiar uma guerra defensiva. A ala direitista e a imprensa liberal cada vez mais usavam palavras como "honra" e "sacrifício," além de pintar os horrores do despotismo russo e descreviam a barbárie "asiática" invadindo a Alemanha, com mulheres e crianças a mercê dos bestiais cossacos.[20] Não obstante, no meio da classe trabalhadora, ainda parecia forte o sentimento antiguerra. Naquela semana, em todo o país ocorreram manifestações maciças em defesa da paz reunindo cerca de 750 mil pessoas e, somente em Berlim, 100 mil ocuparam as ruas, mais do que os desfiles patrióticos.[21] Apesar disso, Bethmann contava – e estava certo, como os eventos futuros demonstraram – que os trabalhadores e seus líderes no PSD se uniriam em defesa da pátria se ela fosse atacada pela Rússia. Então resistiu com firmeza aos apelos do Kaiser e dos direitistas que queriam se aproveitar da crise e usar o exército para destruir o PSD.[22]

No entanto, Bethmann pediu a Tschirschky, seu embaixador em

A Primeira Guerra Mundial – que acabaria com as guerras

Viena, que insistisse fortemente junto ao governo para aceitar a mediação. Nesse ponto, Bethmann já lera a advertência transmitida por Lichnowsky de que era bem possível a intervenção da Inglaterra e estava de ânimo caído. Tinha pouca esperança de convencer o governo austro-húngaro. Na manhã de 30 de julho, Berchtold disse simplesmente que as operações militares contra a Sérvia já tinham chegado a um ponto que deixava fora de questão qualquer tentativa para detê-las fazendo alto em Belgrado, em face da opinião pública e da disposição dos militares.[23] Um apelo direto de Wilhelm a Franz Joseph reforçando a proposta de Bethmann de fazer alto em Belgrado e aceitar a mediação causou pouco impacto. O que o Kaiser e Bethmann talvez não soubessem é que os militares alemães estavam emitindo sinais muito diferentes, pressionando seus correspondentes austro-húngaros para forçar a mobilização geral e deslocar suas forças para a fronteira com a Rússia. Tarde da noite de 30 de julho, Moltke passou a Conrad um telegrama significativo, que em parte dizia: "A Áustria-Hungria tem de ser preservada, mobilize imediatamente o país contra a Rússia. A Alemanha vai mobilizar."[24]

As mensagens confusas que chegavam de Berlim sacudiram o governo da Áustria-Hungria, que estava sob intensa pressão internacional para aceitar a mediação e temia que a Alemanha lhe negasse apoio, como fizera na crise da Bósnia e, mais recentemente, nas duas Guerras Balcânicas. "Quem manda em Berlim, Moltke ou Bethmann?"– perguntou Berchtold, irritado, a seus colegas. Preferiu acreditar que era Moltke e disse: "Tive a impressão de que a Alemanha batia em retirada, mas agora tenho o pronunciamento mais tranquilizador de setores responsáveis do exército."[25] Na reunião da manhã de 31 de julho, o Conselho Ministerial Comum descartou de imediato as propostas que chegavam da Inglaterra para que fizessem alto em Belgrado e aceitassem mediação. A Rússia, disse Berchtold, aos olhos do mundo seria a salvadora da Sérvia; o exército da Sérvia permaneceria intato, e a Áustria-Hungria ficaria em situação desvantajosa para enfrentá-lo no futuro. O conde Karl von Stürgkh, primeiro-ministro austríaco, e Bilinski, ministro Comum das Finanças, mencionaram amargamente a mediação ocorrida nas duas Guerras Balcânicas, quando a Áustria-Hungria fora obrigada a recuar. "O público," disse Bilinski, "se revoltaria com a repetição desse teatro político."[26] Sem Franz Ferdinand para ajudá-lo a resistir aos apelos de guerra, e com Conrad a dizer-lhe "A monarquia está em jogo," o velho Imperador assinou naquele mesmo dia a ordem de mobilização geral das forças armadas austríacas.[27] Berchtold apresentou esse ato para o mundo como "contramedidas militares defensivas na Galícia, que o país fora obrigado a adotar em face da mobilização russa, além de afirmar que a Áustria-Hungria as interromperia tão logo a Rússia o fizesse.[28] Mais um passo gigantesco dado no rumo de uma guerra europeia.

Naqueles últimos dias de Julho, Bethmann de fato não desejava que a Áustria-Hungria negociasse, mas ainda tinha esperança de persuadir a Inglaterra a permanecer neutra, como disse a Falkenhayn, que anotou em seu diário: "Na opinião do Chanceler seria bom se isso acontecesse porque a Inglaterra não poderia se aliar à Rússia se esta desencadeasse uma guerra geral atacando a Áustria."[29] Os alemães foram levados a crer que isso era possível porque o Príncipe Heinrich, irmão do Kaiser, tomara o café da manhã com George V no começo da semana, e o Rei, tal como foi relatado para Berlim, dissera, "Faremos tudo para ficar de fora e permanecer neutros."[30] Em 29 de julho, Bethmann também apostou na neutralidade inglesa em atitude que pode ser vista como legítimo esforço para evitar uma guerra geral, ou mais uma tentativa de mostrar a Alemanha como vítima. Mais tarde, na mesma noite, teve um encontro com o embaixador inglês em Berlim, Sir Edward Goschen, que imediatamente transmitiu a conversa para Londres. Contou a afirmação Chanceler de que a guerra parecia inevitável, com a Rússia de um lado e a Alemanha e a Áustria-Hungria do outro, mas esperando que a Inglaterra permanecesse neutra. Afinal, o maior interesse dos ingleses no Continente era não ver a França aniquilada. Em troca da neutralidade inglesa, a Alemanha se dispunha a prometer que não se apossaria de nenhum território da França, embora pudesse tomar algumas de suas colônias. Também não invadiria a Holanda. "Quanto à Bélgica," Goschen informou a Londres: "Sua Excelência não podia dizer a que operações a Alemanha poderia se ver forçada ao atacar a França, mas podia garantir, desde que a Bélgica não se colocasse contra a Alemanha, sua integridade seria respeitada após o fim da guerra." Bethmann concluiu desejando que tal acordo entre Alemanha e Inglaterra assegurasse as melhores relações, o que sempre fora seu objetivo.

Sua proposta foi recebida com deboche em Londres, quando o telegrama de Goschen foi lido na manhã seguinte. Retratando bem a tendência fortemente antigermânica do Foreign Office, Crowe registrou: "O único comentário que merece ser feito a propósito dessa espantosa proposta é que ela reflete o descrédito do estadista que a faz (...) Está evidente que a Alemanha praticamente já decidiu ir à guerra e que até agora a única influência limitadora é o medo de a Inglaterra se definir em defesa da França e da Bélgica."[31] Grey empalideceu de raiva quando soube da iniciativa de Bethmann, e as palavras que usou na resposta que enviou ao embaixador inglês em Berlim no fim da tarde foram mais fortes do que jamais se permitira empregar. A proposta para a Inglaterra aquiescer com a violação da neutralidade belga pela Alemanha e concordar em permanecer neutra enquanto a Alemanha derrotava a França era "inaceitável." E prosseguiu Grey, "Fazermos essa barganha com a Alemanha em detrimento da França seria uma desonra, e este país jamais se recuperaria de semelhante desgraça."[32]

———

As PRESSÕES SOBRE os ingleses para se definirem aumentaram. Em Paris, Poincaré disse a Bertie, o embaixador inglês, que, se eclodisse uma guerra no continente, a Inglaterra quase certamente se envolveria para defender seus interesses e, era bom dizer desde logo, a Alemanha com certeza pensaria duas vezes antes de atacar seus vizinhos. Paul Cambon, cada vez mais desesperado, caçava seus amigos no Foreign Office e procurava Grey para lembrá-lo que em novembro de 1912 tinham trocado cartas prometendo que os dois países se consultariam em caso de grave crise para estudar os passos a serem dados em conjunto. O Gabinete inglês, todavia, ainda não conseguira chegar a uma decisão sobre a política a ser adotada se estourasse a guerra no Continente. O Comitê de Assuntos Exteriores dos liberais, que havia muito tempo criticava Grey e suspeitava do sigilo que cercava seus compromissos com a França, ameaçou Asquith com a retirada de seu apoio se optassem pela intervenção da Inglaterra. Um de seus membros escreveu a Asquith declarando que nove décimos dos membros liberais do parlamento se oporiam ao governo. Por outro lado, seus companheiros liberais imperialistas provavelmente se recusariam a ficar fiéis a um governo que se negasse a apoiar a França. Os líderes liberais tinham boas razões para temer que o governo caísse, abrindo caminho para os conservadores assumirem o poder.[33]

Em 31 de julho o Gabinete voltou a se reunir e decidiu apenas que nada seria prometido a Cambon. Os russos já estavam se mobilizando, e, embora não pudessem saber, a Áustria-Hungria estava na iminência de delarar a mobilização geral, e a Alemanha, de dar os primeiros passos no mesmo sentido. Na reunião, Grey insistiu para que a Inglaterra continuasse preservando total liberdade para decidir o que fazer.[34] Eyre Crowe discordou. Em vigoroso documento o no mesmo dia, argumentou:

> A tese de que a Inglaterra não pode se engajar em uma grande guerra significa a abdicação à sua condição de estado independente. Pode ser posta de joelhos e ter de obedecer às ordens de qualquer potência ou grupo de potências que *possam* ir à guerra, e há muitas delas (...) A política da *Entente* não fará sentido se não exigir que a Inglaterra, em caso de justo conflito, fique ao lado de seus amigos. Essa honrosa expectativa se avolumou. Não podemos repudiá-la sem expor nosso bom nome a graves críticas.[35]

Fora do estreito círculo dos que então tinham nas mãos o destino da Inglaterra, a opinião pública também estava dividida, mas parecia tender para a intervenção. O *Times*, por exemplo, agora sustentava que a Inglaterra tinha uma obrigação moral para com a França e a Rússia,

Em 31 de julho de 1914, a Alemanha deu o primeiro passo para a mobilização geral e, portanto, para a guerra contra a França e a Rússia. Diante do velho arsenal em Berlim, um tenente anuncia, na forma tradicional, o estado de "ameaça iminente de guerra."

A Primeira Guerra Mundial – que acabaria com as guerras

e que, além disso, não podia se omitir quando a balança de poder no Continente se inclinava em favor da Alemanha.[36]

—

ENQUANTO A INGLATERRA SE ENGALFINHAVA com o dilema, a Alemanha tomou a fatídica decisão de começar a mobilização. Isso era particularmente perigoso para a paz na Europa porque a mobilização alemã era diferente das outras. Seus passos magnificamente ordenados e coordenados – desde a declaração de estado de sítio ou de "iminente ameaça de guerra" até a ordem para mobilização total e apresentação dos convocados em suas unidades portando seu próprio equipamento, e o deslocamento das tropas para suas posições nas fronteiras – tornavam quase impossível interrompê-la uma vez desencadeada. O exército estava sempre pronto, mesmo em tempo de paz, para se deslocar tão logo recebesse ordem. O posto de comunicações do Estado-Maior era guarnecido 24 horas por dia e tinha sua própria agência telefônica ligada diretamente com o correio principal e o posto telegráfico.[37] Estava sempre em pé de guerra. Embora Bethmann e o Kaiser tivessem resistido às pressões do exército para desencadear o processo, em 31 de julho os militares começaram a assumir o comando. Bethmann aceitou com resignação a mudança de poder. O representante da Saxônia em Berlim reproduziu suas palavras: "O controle fugiu das mãos dos monarcas e estadistas responsáveis, de modo que essa louca guerra europeia aconteceria, mesmo sem que os governantes e seus povos a desejassem."[38]

Foi vital para o processo o fato de Moltke, que antes achava melhor a mobilização esperar, ter subitamente mudado de opinião na noite anterior. Falkenhayn escreveu em seu diário: "É difícil, se não impossível, explicar suas mudanças de opinião."[39] Na verdade, porém, Moltke tinha suas razões: a Alemanha precisava estar pronta para se apoderar de Liège antes que a guerra fosse declarada, e ele recebera informações de que os belgas a estavam reforçando rapidamente. (Nunca informou os civis sobre essa particularidade dos planos de guerra alemães.)[40] Também pode ser que simplesmente não suportasse mais a agonia da indecisão. Em 30 de julho, depois de "negociações intermináveis" entre Bethmann e Falkenhayn, ficou decidido anunciar o "estado de iminente ameaça de guerra," indispensável estágio preliminar da mobilização, ao meio-dia do dia seguinte, com ou sem a mobilização da Rússia. À meia-noite, um de seus ajudantes viu Moltke visivelmente agitado redigindo para o Kaiser uma proclamação. Ele temia, disse o Chefe do Estado-Maior, que a

Inglaterra interviesse, e o conflito fosse mundial. "Pouca gente pode ter uma ideia da extensão, da duração e do fim dessa guerra."[41]

Quando, pouco antes do meio-dia de 31 de julho, foi confirmada a mobilização russa, Bethmann telefonou a Wilhelm e obteve permissão para proclamar o "estado de iminente ameaça de guerra." No Ministério da Guerra em Berlim, o adido militar da Baviera escreveu em seu diário, "por toda parte faces alegres, gente trocando apertos de mão, se congratulando por ter ultrapassado a barreira." O embaixador bávaro telegrafou para Munique para dizer: "O Estado-Maior encara com grande confiança a guerra contra a França, esperando derrotá-la em quatro semanas."[42] O povo alemão soube da decisão às quatro da tarde à maneira prussiana: um destacamento de soldados saiu do palácio em Berlim e parou na Unter den Linden, a grande avenida. Os tambores rufaram em todas as direções e um oficial leu a proclamação. O governo alemão também enviou um ultimato à Rússia exigindo que interrompesse todos os preparativos de guerra contra a Alemanha e a Áustria-Hungria dentro de doze horas, mesmo sabendo que com toda certeza seria rejeitado. Quando Bethmann se reuniu com representantes de todos os estados alemães na manhã seguinte para lhes pedir que aprovassem a guerra se a Rússia se negasse a ceder, assegurou-lhes que se esforçara até o fim pela paz. "Mas, se não queremos abdicar de nossa condição de grande potência na Europa, não podemos tolerar a provocação russa."[43] Um segundo ultimato foi enviado à França, dando 18 horas para se comprometer a permanecer neutra em caso de conflito. Como prova de sua disposição de observar esse compromisso, a França abriria mão de suas vitais fortalezas em Toul e Verdun, na fronteira. (A Alemanha prometia devolvê-las em perfeita ordem logo após o fim da guerra contra a Rússia.) A Alemanha também expediu telegramas para Grécia, Romênia e Império Otomano perguntando o que desejavam para se aliar à Tríplice Aliança na guerra que se aproximava.

Ao preparar-se para uma guerra em duas frentes, a Alemanha ficou preocupada com a iniciativa de sua mais importante aliada, a Áustria-Hungria, de deslocar parte de seu exército já mobilizado, cerca de dois quintos do total, rumo à Sérvia, a despeito de informações chegadas a partir de 31 de julho dando conta de crescente atividade russa de mobilização.[44] Mesmo após a ordem geral de mobilização, expedida em 31 de julho, consideráveis forças austro-húngaras continuaram a caminho do sul, na direção dos Balcãs. Conrad, sempre achando que as coisas aconteceriam como imaginava, pensamento que caracterizava tantas de suas decisões, ao que parece, esperava que a Rússia levasse suas forças para a fronteira com a Áustria-Hungria e lá as mantivesse assistindo passiva enquanto ele rapidamente derrotava a Sérvia.[45] Não era assim que a Alemanha via a situação e não era o que elaprecisava.

Como acontece tantas vezes em alianças, a guerra trouxe à tona interesses divergentes de parceiros. A Áustria-Hungria, embora em tempo de paz prometesse atacar a Rússia tão logo pudesse, estava obcecada em destruir a Sérvia. A Alemanha, por sua vez, não desejava, ao menos até derrotar a França, retirar forças da frente ocidental para reforçar a Áustria-Hungria. Para a Alemanha era essencial que o Império Austro-Húngaro empregasse o maior poder militar possível na direção norte, contra a Rússia. Moltke já pressionava Conrad, seu correspondente austríaco, para empregar tropas ao norte e a leste e, em 31 de julho, o Kaiser expediu enérgico telegrama a Franz Joseph afirmando: "Nesse grande conflito, é de importância capital que a Áustria empregue o grosso de suas forças contra a Rússia e não as divida em uma ofensiva simultânea contra a Sérvia." E o Kaiser continuou, "Na luta gigantesca em que devemos nos manter ombro-a-ombro, a Sérvia desempenha papel secundário, exigindo apenas um mínimo de medidas defensivas."[46] Entretanto, Conrad só deslocou forças do sul para o norte em 4 de agosto, decisão que levaria a Áustria-Hungria a um desastre militar.

Na tarde de 1º de agosto, um sábado, a Rússia ainda não tinha respondido o ultimato alemão. As manifestações patrióticas no começo da semana arrefeciam, e o povo alemão aguardava os acontecimentos com apreensão e até mesmo abatimento. Um jornalista reportou que em Frankfurt "a situação é encarada com toda seriedade e reina uma paz inquieta e comedida. Na discrição dos lares, esposas e moças estão imersas em seus pensamentos sobre o futuro. Separação, um grande medo de coisas horríveis, do que está por vir." Donas de casa começaram a estocar comida, e houve corridas a bancos, com as pessoas sacando suas economias. Naquele momento o Kaiser sofria forte pressão de seus generais, que viam o tempo se esgotando, para decretar a mobilização geral, enquanto a Rússia fortalecia seu exército. Também era pressionado pela própria esposa, que lhe disse para proceder como homem. Assinou a ordem às cinco da tarde.[47] Pouco depois fez um discurso da sacada de seu palácio em Berlim: "Agradeço do fundo do coração vossa manifestação de amizade, vossa lealdade. Na batalha que temos pela frente, não vejo mais partidos em meu *Volk*. Somos todos alemães ...." Foi aplaudido mais do que usualmente. Alemães

Apagam-se as luzes

de todas as crenças políticas agora estavam prontos para defender a pátria contra os russos, que, naquele momento era o inimigo principal. Apesar do mito posteriormente fabricado pelos nacionalistas, de que ocorreu uma explosão de entusiasmo patriótico quando a guerra se tornou realidade, a disposição do povo ao que parece foi mais de resignação do que qualquer outra.[48]

Logo depois de o Kaiser assinar a ordem de mobilização geral, chegou um telegrama de Lichnowsky. Segundo o embaixador, a Inglaterra se comprometera a permanecer neutra, desde que a Alemanha não atacasse a França. Como disse um observador, a notícia caiu como "uma bomba." O Kaiser e talvez Bethmann respiraram aliviados. Voltando-se para Moltke, Wilhelm disse alegremente: "Então, simplesmente empregamos todo o exército no leste!" Rapidamente o ambiente ficou tumultuado. Moltke se recusou a admitir a possibilidade de empregar as forças somente contra a Rússia. Não era mais possível interromper o deslocamento das tropas para fronteira ocidental sem contrariar o que estava planejado e, assim, acabar com a possibilidade de sucesso contra a França na guerra que mais cedo ou mais tarde aconteceria. "Além disso," acrescentou, nossa patrulhas já entraram em Luxemburgo, e a divisão de Trier partirá imediatamente." E completou asperamente para o Kaiser: "Se Vossa Majestade insiste em empregar todas as forças na frente oriental, não contaremos com um exército pronto para atacar, mas apenas com um amontoado confuso e desordenado de homens armados sem suprimentos." Wilhelm replicou, "Seu tio teria me dado uma resposta diferente."[49]

Desde então se discute se Moltke estava certo, se realmente já era tarde para a Alemanha decidir travar a guerra em uma só frente. O general Groener, na época chefe do departamento de ferrovias do Estado-Maior Alemão, mais tarde assegurou que isso teria sido possível.[50] No caso, entretanto, o pacote já estava fechado. O emprego em duas frentes continuaria como planejado, mas as forças alemãs no oeste fariam alto antes da fronteira com a França, até que estivesse mais definida a posição desse país. Na verdade, Moltke nunca se recuperou da pressão psicológica que sofreu naquele dia. Quando voltou para casa depois de ouvir o pedido do Kaiser de uma mobilização parcial, lembrou sua mulher: "Vi imediatamente que algo terrível acontecera. Ele estava com as faces rubras, mal dava para medir sua pulsação. À minha frente estava um homem desesperado."[51]

Mais tarde, na mesma noite, chegou um segundo telegrama de Lichnowsky dizendo que o anterior estava errado, que os ingleses insistiam que não houvesse invasão alemã da Bélgica nem ataque à França, e mais, que tropas alemãs já destinadas à ofensiva na Frente Ocidental não fossem movimentadas para a Frente Oriental e empregadas contra a Rússia. Quando Moltke voltou ao palácio imperial em Berlim a fim de pedir autorização para retomar o movimento de tropas para a Bélgica e a França, o Kaiser, que já estava dormindo, disse secamente: "Faça como quiser. Não me interessa," e voltou para a cama.[52] Naquele dia fatídico os ministros do Kaiser não puderam dormir e ficaram reunidos até as primeiras horas da manhã seguinte discutindo se entrar em guerra contra a Rússia exigia uma declaração formal. Moltke e Tirpitz não viam essa necessidade, mas Bethmann, alegando que "assim não vamos conseguir que os socialistas se aliem a nós," venceu aquela que seria uma das últimas vitórias que lograria sobre os militares.[53] Seria preparada uma declaração de guerra a ser telegrafada para Pourtalès em São Petersburgo. Diante da decisão alemã de mobilizar, três das cinco grandes potências europeias já tinham começado suas mobilizações gerais e estavam oficialmente em guerra, como era o caso da Áustria-Hungria, ou na iminência de entrar em guerra, caso da Rússia e da Alemanha. Das três restantes, a Itália preferiu a neutralidade, a França decidiu ignorar o ultimato alemão e em 2 de agosto começou a mobilizar suas forças armadas, e a Inglaterra ainda não decidira o que fazer.

—

O DIA 1º DE AGOSTO marcou para os ingleses o início de um fim de semana com feriado bancário. Muitas famílias tinham ido para o litoral, e no museu de Madame Trussaud em Londres havia cartazes anunciando novas atrações em cera para os visitantes de fim de semana: "A Crise Europeia. Reproduções fiéis de Sua Majestade Imperial o Imperador da Áustria, do Rei Peter da Sérvia e de outros soberanos da Europa. A Crise da Home Rule. Sir Edward Carson, Mr. John Redmond e outras celebridades. Tableaux de marinha e exército. Música deliciosa. Comida e bebida a preços populares."[54] Nos corredores do poder em Whitehall não havia muita animação e, dessa vez, Grey, cada vez mais taciturno não conseguiu escapar para seu chalé no interior.

As más notícias chegavam uma atrás da outra. A City de Londres estava em pânico. A taxa cambial duplicou de um dia para outro, e centenas de depositantes estavam reunidas no pátio do Banco da Inglaterra tentando trocar seu dinheiro em espécie por ouro. A direção da Bolsa de Valores decidira fechar por tempo indeterminado (e assim ficou até janeiro seguinte). Lloyd George, como ministro das Finanças, e Asquith haviam se reunido com destacados homens de negócios tentando assegurar-lhes

Apagam-se as luzes

que, se necessário, o governo interviria para estabilizar a economia. Do Continente chegavam notícias de exércitos em movimento e histórias, falsas como logo se revelariam, de que tropas alemãs já tinham cruzado a fronteira com a França. Em carta pessoal a Nicolson no Foreign Office, Goschen, embaixador inglês em Berlim, escreveu melancolicamente: "Tudo isso é terrível! Creio que todos os meus empregados terão de partir, ficarei apenas com meu camareiro inglês e o *aide-cuisinier* suíço. Espero que não esteja tão exausto quanto eu."[55]

O Gabinete se reuniu na manhã seguinte, sábado, 1º de agosto. "Posso afirmar, com toda a honestidade, que nunca fiquei tão desapontado," escreveu Asquith a Venetia Stanley posteriormente, mas se referia ao fato de não ter podido vê-la durante a semana. A crise internacional, prosseguiu, estava longe de resolvida, e o Gabinete continuava indeciso sobre o que fazer. Naquela manhã, um grupo ainda deu o que em sua carta Asquith descreveu como "virada de bordo do *Manchester Guardian*" – que a Inglaterra devia declarar que não se envolveria numa guerra continental em nenhuma circunstância; e do outro lado estava o grupo de Grey e seus seguidores, como Churchill e o próprio Asquith, recusando-se a descartar a hipótese de guerra. Grey voltou a insinuar que se demitiria se o Gabinete adotasse uma política definitiva de não intervenção. Entre os dois grupos e ainda indeciso, estava a figura-chave de Lloyd George, por temperamento inclinado pela paz, mas com visão realista da necessidade de preservar a condição da Inglaterra como grande potência. A única coisa sobre a qual houve concordância na reunião foi não enviar ao parlamento pedido de autorização para enviar a Força Expedicionária Britânica para a França.[56]

Após a reunião do Gabinete, Grey esteve com Cambon, que ficara no Foreign Office esperando ansiosamente notícia sobre as intenções inglesas. O embaixador francês salientou o grave perigo que seu país agora enfrentava diante do exército alemão em terra e da possibilidade de a marinha alemã ameaçar sua costa atlântica, que a França deixara desprotegida. Cambon alegava, com certa dose de exagero, que isso era consequência dos acordos com a Inglaterra, que se responsabilizara pela defesa de suas costas. Grey não o tranquilizou como desejava Cambon, mais uma vez apelando para a necessidade de ter as mãos livres. No entanto, a neutralidade da Bélgica era importante para a Inglaterra, e o ministro do Exterior pretendia pedir à Câmara dos Comuns na segunda-feira, se o Gabinete concordasse, para declarar que a Inglaterra não toleraria uma violação da neutralidade belga. Cambon assinalou que a opinião pública francesa ficaria muito decepcionada com o atraso da resposta da Inglaterra e, pelo que Grey relatou desse encontro, fez uma advertência: "Se nós não ajudarmos a França, a *entente* desaparecerá; e, seja quem for o vencedor, a Alemanha ou a França e a Rússia, ao término da guerra a nossa situação será muito desconfortável."[57] Cambon depois entrou cambaleante e muito pálido no gabinete de Nicolson e só foi capaz de dizer: "Eles vão nos abandonar, vão nos abandonar (*Ils vont nous lâcher, ils vont nous lâcher*)."[58] Disse a um jornalista inglês que o visitou na embaixada francesa: "Fico imaginando se a palavra 'honra' terá sido abolida do vocabulário inglês." Nicolson subiu correndo as escadas para perguntar a Grey se o que Cambon dissera sobre a reunião era verdade. Quando Grey respondeu que sim; Nicolson, então, disse amargamente: "Isso vai nos valer (...) um *slogan* deplorável entre as nações," e protestou, lembrando que o ministro do Exterior sempre dera a Cambon a impressão de que, se a Alemanha fosse a parte agressora, a Inglaterra interviria ao lado da França. "É verdade," retrucou Grey, "mas ele não tem nada por escrito."[59] Naquela noite, Crowe, um firme defensor da intervenção no seio do Foreign Office, escreveu à mulher: "O governo finalmente decidiu fugir da raia e abandonar a França justamente quando ela mais precisa. O espírito que domina quase todos no ministério é o de se demitir e não servir a um governo tão desonrosamente covarde."[60]

Do outro lado da Europa, naquele dia, Rússia e Alemanha cortaram relações. (A Áustria-Hungria, ainda sonhando em destruir a Sérvia, só declarou guerra à Rússia em 6 de agosto.) Às seis da tarde, Pourtalès, embaixador alemão, muito emocionado, por três vezes pediu a Sazonov que concordasse com a exigência alemã de interromper a mobilização. Todas as vezes Sazonov respondeu que a Rússia ainda gostaria de negociar, mas que a ordem não podia ser revogada. "Não tenho," afirmou, "outra resposta para lhe dar." Pourtalès deu um profundo suspiro e disse com dificuldade: "Nesse caso, senhor, fui orientado a entregar-lhe esta nota." Com mãos trêmulas entregou a declaração de guerra, caminhou para a janela e chorou. "Nunca podia imaginar," disse a Sazonov, "que deixaria São Petersburgo nestas circunstâncias." Os dois se abraçaram. Na manhã seguinte, os membros da embaixada alemã, acompanhados pelos representantes dos estados alemães autônomos, partiram em trem especial da mesma Estação Finland em que Lênin chegaria três anos depois a São Petersburgo para fazer sua revolução.[61] Sazonov telefonou ao Czar para informá-lo do rompimento. Nicholas respondeu simplesmente, "Tenho a consciência limpa, fiz tudo o que pude para evitar a guerra."[62] Sua família o esperava ansiosamente para o jantar. Ele chegou muito pálido e informou que Rússia e Alemanha estavam em guerra. "Ao ouvir a notícia," lembrou um dos tutores de seus filhos, "a Imperatriz começou a chorar, e as grã-duquesas, vendo o desespero da mãe, também se desfizeram em lágrimas."[63] Naquele dia muitas outras lágrimas se derramaram na Europa, embora nada pudesse se comparar com o que estava por vir, à medida que o fato da guerra se fixou e os conscritos marcharam para se apresentar em seus regimentos.

—

O MOVIMENTO INTERNACIONAL DA PAZ olhara horrorizado o rápido deslizamento para a guerra, e foram realizadas manifestações pela paz em várias cidades europeias, mas com pouca repercussão. Jean Jaurès, o famoso socialista francês, trabalhara incansavelmente durante o agravamento da crise tentando manter as classes trabalhadoras da Europa unidas na luta contra a guerra. "Seus corações devem bater como se fossem um só para evitar essa terrível catástrofe!" – disse em 25 de julho, no último discurso que fez na França.[64] Em 29 de julho reuniu-se em Bruxelas com representantes dos partidos socialistas da Europa em derradeira tentativa de manter a Segunda Internacional unida. Ainda se trataram de "camaradas," e o líder do Partido Social Democrata alemão abraçou Jaurès, mas já ficava evidente que o nacionalismo, que sempre ameaçara a unidade da Segunda Internacional, começava a desagregá-la, à medida que a classe trabalhadora de cada país se voltava para a defesa de sua pátria, e seus partidos se preparavam para votar com o governo na aprovação de créditos para a guerra. Depois de longos debates, ficou decidido apenas antecipar para 9 de agosto o Congresso pleno previsto para o verão e realizá-lo em Paris, e não em Viena, como planejado. Os representantes ingleses reclamaram que não haveria tempo suficiente para o comparecimento dos australianos. Jaurès ficou aborrecido, triste, e teve uma terrível dor de cabeça. Apesar disso, naquela noite proferiu um discurso para enorme plateia no Cirque Royal, a maior sala de concertos de Bruxelas. Mais uma vez alertou para o terrível destino que os aguardava na Europa, que traria morte, destruição e doenças, a não ser que todos trabalhassem para impedir a guerra. Na manhã seguinte, estava mais animado e disse a um amigo socialista belga: "Haverá altos e baixos, mas é impossível que as coisas não saiam certas. Vou pegar o trem dentro de duas horas. Vamos ao museu para ver os vossos primitivos flamengos."[65]

618 A Primeira Guerra Mundial – que acabaria com as guerras

De volta a Paris em 30 de julho, Jaurés continuou lutando como sempre fizera, escrevendo suas colunas no jornal de esquerda *Humanité*, organizando comícios e tentando se avistar com ministros do governo. Naquela noite, ao tomar um drinque com amigos em seu café favorito, ninguém notou o homem barbado que passava de um lado para outro na calçada, do lado de fora. Era Raoul Villain, nacionalista ardente e fanático que considerava Jaurès um traidor por causa de seu internacionalismo e pacifismo. Tinha um revólver, mas não o usou naquela noite. No dia seguinte, Jaurès conseguiu marcar uma entrevista com Abel Ferry, vice-ministro do Exterior, que lhe disse secamente que nada havia a fazer para impedir a guerra. Jaurès reagiu como se tivesse sido atingido por uma marreta, mas afirmou que continuaria sua luta. "Você vai acabar assassinado na esquina mais próxima," alertou Ferry. À noite, Jaurès e alguns amigos voltaram ao café para jantar, antes de prosseguir o trabalho. Sentaram-se junto a uma janela que ficara aberta para deixar entrar algum ar naquela noite quente e abafada. De repente Villain apareceu junto à janela e disparou duas vezes. Jaurès morreu imediatamente. Uma placa assinala o lugar no Café du Croissant, na rua de Montmartre.[66]

A notícia de sua morte chegou ao Gabinete francês na noite de 31 de julho, durante uma reunião de emergência. Todos os ministros estavam sob forte tensão. A mobilização geral na Alemanha e na Áustria-Hungria fora confirmada, e Joffre, Chefe do Estado-Maior, os bombardeava com pedidos para a mobilização geral na França, salientando que cada dia de atraso deixava a França em posição cada vez mais perigosa. Poincaré tentava se mostrar forte diante dos outros, conforme escreveu em seu diário, mas, por dentro, sentia-se profundamente abalado. O único alívio que encontrava das intermináveis reuniões era a caminhada pelos jardins do Palácio Élysée ao lado da esposa. Enquanto os dois cães os rodeavam, escreveu Poincaré, "eu me perguntava apreensivo se a Europa realmente mergulharia em uma guerra geral só porque a Áustria estava firmemente determinada a fazer uma bravata com a espada de Wilhelm II."[67] Pouco antes, o embaixador alemão perguntara ao primeiro-ministro francês se a França permaneceria neutra em caso de uma guerra entre Rússia e Alemanha, e Viviani respondera que daria uma resposta definitiva pela manhã. O embaixador também indagara se era verdade que a Rússia ordenara uma mobilização geral, e Viviani respondeu que não tinha conhecimento disso. Continuava a dúvida sobre quanto os dirigentes

Apagam-se as luzes

franceses sabiam naquele momento. Um telegrama de Paléologue relatando a decisão russa e, enviado naquela manhã levou cerca de doze horas para ser transmitido (sinal de como as comunicações começavam a falhar em toda a Europa), de modo que pode não ter chegado a tempo de ser levado à reunião do Gabinete. De qualquer modo, a política do governo francês continuava a mesma desde o começo da crise: assegurar que Rússia e França fossem vistas como vítimas da agressão alemã. Nos dias precedentes, Poincaré e Viviani repetidamente insistiram junto à Rússia para que agisse com cautela e evitasse iniciativas provocadoras.[68] Embora não existam registros sobre a reunião do Gabinete naquela noite, quando foi encerrada à meia-noite ficou acertado que no dia seguinte seria tomada uma decisão sobre a mobilização. Em resposta a pedido de Londres, também ficou decidido que a França prometeria à Inglaterra respeitar a neutralidade da Bélgica. Messimy, ministro da Guerra, também esteve com Izvolsky, embaixador russo, para reafirmar que a França combateria ao lado da Rússia."[69]

Quando o Gabinete voltou a se reunir na manhã de 1º de agosto, Poincaré disse que não podia retardar mais a mobilização geral das tropas francesas, e seus colegas, alguns com relutância, concordaram. Os telegramas, já preparados, foram expedidos à tarde, e nas grandes e pequenas cidades em toda a França o povo se amontoava para ler os pequenos cartazes com a triste notícia afixados nas vitrines das lojas. Em Paris uma grande multidão se reuniu na Place de la Concorde. Alguns cercaram a estátua que representava Strasbourg, capital da perdida província da Alsácia, e rasgaram a tarja de luto que nela estava desde 1871. Em mensagem conclamando o povo francês à unidade nacional, Poincaré assegurou que o governo do país continuava fazendo todos os esforços para a preservação da paz. "Para dizer a verdade," comentou um observador astuto, "ninguém acreditou nele. Se ainda não era a guerra, com certeza era algo muito próximo disso."[70] Nos dias seguintes, o ruído dos trens que transportavam os jovens franceses para a fronteira tomou conta do país. O estado-maior geral temia que talvez 10% dos convocados se recusassem a obedecer à mobilização. Menos de 1,5% deixou de se apresentar.[71]

—

No DOMINGO DE 2 DE AGOSTO, a Rússia, a Alemanha, a Áustria-Hungria e a França estavam em plena mobilização. Rússia e Alemanha oficialmente em guerra entre si; e a Áustria-Hungria em guerra com a Sérvia. Nesse

A Primeira Guerra Mundial – que acabaria com as guerras

Nacionalistas franceses nunca aceitaram a perda das províncias da Alsácia e da Lorena para a Alemanha em 1871, e em Paris, a estátua que representa Strasbourg, capital da Alsácia, fora envolvida em crepe negro, em sinal de luto. Quando a Alemanha e a França entraram em guerra, em agosto de 1914, multidões acorreram à Place de la Concorde e rasgaram o crepe.

dia, tropas da cavalaria russa atravessaram a fronteira com a Alemanha, e as forças alemãs entraram em Luxemburgo, logo ao sul da Bélgica, embora a neutralidade do minúsculo ducado estivesse garantida pelas grandes potências, entre elas a Alemanha. Estava cada vez mais evidente que a Itália tencionava declarar sua neutralidade. No outro lado do Atlântico, onde os americanos observavam com uma mistura de espanto e horror, o Presidente Wilson, que passava a maior parte de seu tempo à cabeceira da esposa moribunda, por meio de seus embaixadores se ofereceu para intermediar, mas era muito tarde, e os europeus não estavam dispostos a ouvir. Faltava um derradeiro passo antes de se completar o caminho para a guerra na Europa: o envolvimento da Inglaterra.

Na manhã desse domingo, vendo arruinada sua esperança de reaproximação anglo-germânica, um lacrimoso Lichnowsky procurou Asquith, quando este tomava o café da manhã, para pedir que a Inglaterra não se aliasse à França, mas realmente já era tarde demais. A opinião pública inglesa endurecia contra a Alemanha. Naquele dia, Lord Morley, ministro para as Índias e um dos membros do Gabinete que com maior veemência se opunha à guerra, escreveu a um amigo: "A ação arrogante

Apagam-se as luzes

da Alemanha enfraquecia o esforço dos pacifistas do Gabinete."[72] Mais importante ainda, a ameaça que se configurava sobre a Bélgica exerceu sobre o Gabinete um efeito que os preparativos alemães para uma guerra contra a França e a Rússia não tinham produzido. Ao longo dos séculos, a geografia ensinara que a Inglaterra nunca podia deixar de se preocupar quando outra potência se apossasse dos Países Baixos, com suas vitais rotas marítimas pelas quais bens (e muitas vezes exércitos) podiam transitar para um lado e para outro entre o Continente e a Inglaterra. Agora, era o próprio Partido Conservador que pressionava Asquith por meio de uma carta em que o líder conservador Bonar Law argumentou que seria "fatal para a honra e segurança do Reino Unido hesitar em apoiar a França e a Rússia," além de prometer total apoio do partido ao governo.[73]

O Gabinete se reuniu às onze da manhã de um domingo, fato sem precedentes. Foi uma sessão complicada, que revelou quão divididos continuavam os ministros. No entanto, começava a se formar uma maioria para a qual uma violação da neutralidade belga pelos alemães era motivo para guerra. Todavia, tudo o que ficou decidido naquela manhã foi que Grey devia informar Cambon de que a Inglaterra não permitiria que a esquadra alemã atacasse a costa norte da França. O Gabinete também ratificou decisão de Churchill, tomada na noite anterior, de convocar as reservas navais, além de ficar acertada nova reunião às 18h30. Vários pacifistas, acompanhados por Lloyd George, ainda sem se comprometer, almoçaram juntos. Grey foi ao zoológico de Londres onde passou uma hora contemplando os pássaros, enquanto Asquith tirava alguns instantes a fim de escrever para Venetia Stanley. "Não recebi carta sua esta manhã," reclamou, "deixando um triste vazio no meu dia."[74] O Gabinete inglês voltou a se reunir às 18h30, como previsto. Embora Morley e John Burns, ministro do Comércio, que mais tarde renunciariam, continuassem em franca oposição, Lloyd George começava a mudar de posição e se manifestava pelo apoio à Bélgica. Tinha compreensão realista do quanto convinha aos interesses estratégicos do país manter o Continente livre do domínio alemão. Agora houve maioria possível em favor da intervenção, caso houvesse "substancial" violação da neutralidade da Bélgica. O que acabou consolidando essa maioria foi a decisão belga de resistir à Alemanha e pedir ajuda.[75]

Às 7 da noite, enquanto os ingleses continuavam discutindo o que fazer na crise europeia, o embaixador alemão em Bruxelas procurou o ministro do Exterior belga com um ultimato que desde 29 de julho estivera em seu gabinete esperando o momento para ser entregue. Moltke, e não Bethmann, o redigira, mais um sinal de que os militares estavam assumindo a política exterior alemã. A Alemanha, afirmava o documento, dispunha de "informação confiável" de que os franceses planejavam atravessar a Bélgica para atacar a Alemanha. (Na verdade, o governo francês determinara expressamente a Joffre que não entrasse na Bélgica antes que os alemães a invadissem.) O governo alemão não podia deixar de se preocupar com o fato de a Bélgica não ter condições para se defender e deixar a Alemanha à mercê dos franceses. Em ato de autopreservação, o país se veria forçado a tomar a iniciativa contra uma agressão francesa. "Portanto," continuava o documento, "a Alemanha veria com muito pesar a Bélgica considerar como ato hostil a entrada das forças alemãs em solo belga, caso fosse obrigada a adotar medidas de autodefesa contra seus inimigos." A Alemanha pedia à Bélgica uma "neutralidade benevolente" e livre passagem de suas tropas pelo território belga. Em troca, a Alemanha garantiria a integridade da Bélgica e sua independência após a guerra. O governo belga tinha doze horas para responder.[76]

A Bélgica sempre defendera sua neutralidade com grande determinação, recusando-se a firmar alianças militares com seus vizinhos e preparando-se para lutar se fosse necessário. Mesmo em 1914, quando forças alemãs já avançavam em seu território, algumas tropas belgas continuavam postadas na fronteira sul e ao longo da costa, para mostrar que o país tencionava defender sua neutralidade contra todos os inimigos, ainda que fosse improvável um ataque da França ou da Inglaterra. Pelo menos até 1914, a opinião pública belga não focalizava um determinado inimigo ou amigo. Havia mágoa antiga de longa data da Inglaterra por ter, na virada do século, liderado campanha internacional contra os terríveis abusos cometidos por seu somítico Rei Leopold II no Congo. O Ministério do Exterior belga e os círculos conservadores e católicos se inclinavam para a Alemanha, mas a França exercia grande influência cultural.[77] Os belgas se orgulhavam de sua independência e valorizavam a liberdade que desfrutavam. As reformas militares e o orçamento reforçado de 1913 se destinavam a preservar essas conquistas. Diante do aumento da probabilidade de uma guerra entre França e Alemanha, em 29 de julho o governo belga convocou mais conscritos e instruiu o comandante de Liège para fortalecer as defesas da grande fortaleza e preparar a destruição das vias de acesso do leste, da Alemanha. Em

Apagam-se as luzes

31 de julho, o governo ordenou a mobilização geral do exército belga.

Quando o ultimato foi traduzido do alemão para o francês, o governo belga dispunha de tempo muito curto para decidir. O primeiro-ministro, barão Charles de Broqueville, e o Rei, Albert I, decidiram de pronto rejeitar as exigências alemãs. Os ministros do governo, reunidos apressadamente no meio da noite, concordaram com a rejeiçãopor unanimidade. Talvez para sua própria surpresa, os belgas também decidiram sem hesitação que deviam oferecer o máximo possível de resistência ao avanço alemão. "Oh, esses pobres idiotas!" – disse um diplomata alemão em Bruxelas quando soube da resposta. "Por que não saem da frente do rolo compressor?" Quando a notícia da rejeição do ultimato, vazada por um diplomata francês para os jornais, foi publicada na manhã de 3 de agosto, o povo belga exteriorizou sua aprovação. A bandeira belga tremulava por toda parte e só se falava no orgulho nacional do país. Como declarou o Rei em proclamação: "Nos recusamos a abrir mão da honra."[78] O fato de Albert ser amplamente respeitado contribuiu positivamente. Em quase todos os aspectos, era o inverso do tio, o falecido e não pranteado Leopold. O novo Rei era honesto, vivia modestamente em harmonia com a esposa alemã e três filhos e adorava ler e escalar montanhas, em vez de se dedicar a amantes adolescentes.

Na manhã seguinte, quando deixaram o palácio para comparecer a uma sessão especial do parlamento, o Rei e a Rainha foram aplaudidos por grande multidão. Na Câmara, o casal real recebeu estrondosa ovação. Todas as medidas propostas pelo governo, inclusive créditos para despesas de guerra, foram aprovadas por unanimidade. O Partido Socialista expediu declaração afirmando que seus membros se defenderiam da "barbárie militarista" e lutariam pela liberdade e pela democracia.[79]

Na manhã de domingo, 3 de agosto, o Gabinete inglês se reuniu para analisar o que Grey diria ao parlamento à tarde, e também para decidir sobre a mobilização do exército. Embora ainda não houvesse detalhes disponíveis, chegou a notícia do ultimato alemão à Bélgica e do telegrama de Albert a George V pedindo a ajuda inglesa. Do ponto de vista inglês, como mais tarde Asquith escreveu para Venetia Stanley, a agressão alemã contra a Bélgica "simplifica o problema."[80] Lloyd George, cujo apoio era essencial para assegurar o apoio da ala esquerdista do Partido Liberal ao governo, agora defendia com firmeza a intervenção ao lado da França em defesa da neutralidade belga. Grey voltou para o Foreign Office por volta das duas da tarde, esperando almoçar rapidamente e trabalhar no discurso que devia

624 A Primeira Guerra Mundial – que acabaria com as guerras

proferir. Encontrou o embaixador alemão à sua espera, perguntando o que fora decidido pelo Gabinete. "Foi uma declaração de guerra?" Grey disse que era mais uma "declaração de exigências." Não podia dizer a Lichnowsky o que isso significava antes de informar o Parlamento. Lichnowsky pediu a Grey para que uma dessas exigências não fosse a neutralidade da Bélgica. Grey simplesmente repetiu que nada podia adiantar.[81]

Às quatro da tarde, Grey, pálido e cansado, levantou-se ante a Câmara dos Comuns. "Sua voz era clara," disse um observador, "sem tom sensacionalista, sem rebuscar as palavras, que fluíram precisas, simples, concisas, austeras e dignas."[82] As bancadas e corredores estavam cheios, e as galerias, lotadas de espectadores, inclusive o Arcebispo de Canterbury e o embaixador russo. Grey declarou, como sempre fez, que preservara a liberdade de ação da Inglaterra. Todavia, a amizade com a França ("e com a Alemanha," gritou um membro do Parlamento) e o compromisso de defender a neutralidade belga criaram "deveres de honra e de interesse." A França, afirmou, ao confiar na Inglaterra, deixara desprotegida sua costa atlântica. "Que cada um consulte seu coração e seus sentimentos," prosseguiu, "e avalie, por si, até onde vai esse dever. Fiz isso comigo mesmo, mas não quero levar ninguém além do que ditem seus próprios sentimentos quanto ao que devemos sentir a respeito desse dever." Sabia bem onde pisava. Disse que agora a Inglaterra estava numa posição que a forçava a aceitar suas obrigações de honra e de interesse ou a fugir. Mesmo que a Inglaterra se mantivesse fora da guerra, o pior podia acontecer com as linhas comerciais com o Continente, e o país veria suas próprias praias ameaçadas pela ascensão de uma potência dominante na Europa. "Estou absolutamente seguro," concluiu, "de que, se nos abstivermos, ficaremos em posição moral que significa a perda de todo o respeito." Suas últimas palavras foram abafadas por ruidosos aplausos. Bonar Law pelos conservadores e John Redmond pelos nacionalistas irlandeses asseguraram seu apoio. Ramsay MacDonald, falando em nome do pequeno Partido Trabalhista, disse que a Inglaterra devia permanecer neutra. Nem naquele dia e tampouco depois se votou uma declaração de guerra à Alemanha, mas ficou claro que agora o governo contava com apoio esmagador se decidisse intervir.

Quando mais tarde Nicolson entrou em seu gabinete para cumprimenta-lo pelo discurso, Grey, arrasado, não respondeu e simplesmente deu um murro na mesa e disse, "Odeio guerra... odeio guerra." Pouco mais tarde, naquela mesma noite, Grey fez o comentário que

Apagam-se as luzes

para muito europeus resumiu o que significava a guerra. Olhando da janela para o St. James Park, onde os funcionários começavam a acender os lampiões, disse: "As luzes estão se apagando em toda a Europa, não voltaremos a vê-las acesas enquanto vivermos."[83] Embora mais tarde afirmasse com modéstia que fora "apenas o porta-voz da Inglaterra," fez muito para levar a Inglaterra a intervir.[84] Lloyd George, que desempenhara papel fundamental na mudança de posição do Gabinete em favor da guerra, escreveu à mulher na Gales do Norte: "Nestes últimos dias tenho enfrentado um pesadelo mundial. Lutamos arduamente pela paz e conseguimos manter o Gabinete fora desse pesadelo, mas acabei chegando à conclusão de que, se a pequena nacionalidade da Bélgica for atacada pelos alemães, todas as minhas convicções e até preconceitos me levarão a ficar a favor da guerra. Fico horrorizado ante dessa perspectiva." Asquith foi mais prosaico. Em seu habitual jogo de bridge, afirmou que "um ponto positivo nessa terrível questão da guerra em que estamos a ponto de entrar, foi a trégua no conflito irlandês e a união cordial de forças irlandesas em apoio ao governo na preservação de nossos interesses nacionais supremos."[85] É possível – e assim pensou muita gente na época – que a Grande Guerra tenha salvado a Inglaterra da guerra civil.

Em Paris, na noite de domingo, Wilhelm Schoen, embaixador alemão, lutava para decifrar um telegrama mal codificado de Bethmann. Conseguiu decifrar o suficiente para permitir que procurasse imediatamente o primeiro-ministro francês para entregar a declaração de guerra da Alemanha. O governo alemão alegava que fora levado a essa medida em face de tropas francesas terem cruzado a fronteira na Alsácia e dos cruéis ataques de aviadores franceses. Afirmava que um deles lançara uma bomba em uma ferrovia alemã. (Hitler usaria pretexto semelhante, sem base na verdade, quando atacou a Polônia em 1939.) Schoen tinha um último pedido a fazer – que os alemães que permanecessem em Paris ficassem sob a proteção do embaixador americano – e fez uma reclamação, afirmando que um homem usando palavras ameaçadoras pulara sobre seu carro quando se dirigia para aquele encontro. Os dois se despediram polidamente, mas em ambiente sombrio.[86] Mais tarde, Poincaré anotou em seu diário:

> É cem vezes melhor não termos de declarar guerra, mesmo que se repitam violações de nossa fronteira. É imperativo que a Alemanha, única responsável pela agressão, seja obrigada a admitir publicamente seu

interesse. Se a França declarasse a guerra, a aliança com a Rússia ficaria controversa, a unidade e o moral franceses abalados, e talvez a Itália se sentisse obrigada pela Tríplice Aliança a se voltar contra a França.[87]

No dia seguinte, terça-feira, 4 de agosto, a mensagem de Poincaré foi lida para a Câmara em meio a demorados aplausos. Afirmou que a Alemanha era a única responsável pela guerra e teria de se defender no julgamento da história. Todos os franceses se congregariam em união sagrada e essa *"union sacrée"* jamais se abalaria. Não houve vozes dissidentes. O Partido Socialista já decidira apoiar a guerra. Quando um representante da esquerda reverenciou Jaurès, que estava sendo sepultado naquele dia, dizendo que "já não existem adversários, existe apenas a França," a Câmara prorrompeu em demorados brados de *"Vive la France."*[88]

No mesmo dia, o governo inglês enviou um ultimato para a Alemanha exigindo uma garantia de que seria respeitada a neutralidade belga. A hora-limite para a resposta era onze da noite, horário inglês. Ninguém contava com a anuência alemã, e uma declaração de guerra foi preparada para ser entregue a Lichnowsky. Havia anos estavam guardados nos arquivos do Foreign Office telegramas impressos a serem enviados para embaixadas e consulados em todo o mundo alertando que a Inglaterra estava na iminência de entrar em guerra, faltando apenas preencher o espaço destinado ao nome do inimigo. Funcionários passaram o dia escrevendo "Alemanha."

Enquanto isso, em Berlim, no mesmo dia, Bethmann falava no Reichstag a fim de explicar que a Alemanha apenas se defendia. Era verdade, admitiu, que a Alemanha estava invadindo países neutros, Bélgica e Luxemburgo, mas somente devido à ameaça francesa. Quando a guerra terminasse, a Alemanha repararia os danos causados. O Partido Socialista, que por tanto tempo prometera, com seus milhões de membros, se opor a uma guerra capitalista, aliou-se aos demais partidos na aprovação de créditos para a guerra. Bethmann trabalhara arduamente para conquistá-lo e agora ele vinha em sua direção. No dia 3 de agosto, em longa e complicada reunião de deputados socialistas, a maioria decidiu aprovar os recursos para a guerra, em parte com o argumento de que não podia trair as tropas que partiam rumo à guerra e, por outro lado, porque viam a Alemanha como vítima da agressão russa. Para preservar a união do partido, os demais deputados concordaram.[89]

Na noite de 4 de agosto, mesmo antes de esgotar o prazo concedido pela Inglaterra, Goshen, embaixador inglês, procurou Bethmann para pedir seu

Apagam-se as luzes

passaporte. "Oh, isso é terrível!"– exclamou Goshen perguntando em vão se não era possível a Alemanha respeitar a neutralidade da Bélgica. Bethmann fez uma arenga defendendo a posição alemã. Disse ao embaixador que a Inglaterra estava dando um passo odioso e tudo por uma simples palavra, "neutralidade." O tratado com a Bélgica, disse Bethmann com palavras que lhe sairiam caro perante o mundo, era apenas um "pedaço de papel." A Inglaterra, continuou, podia ter refreado o desejo francês de vingança e o pan-eslavismo russo, mas, ao contrário, encorajou esses países. A Inglaterra era a culpada pela guerra. Goschen desatou a chorar e se retirou.[90] Bethmann não admitia que a Alemanha tivesse alguma responsabilidade. Posteriormente escreveu a um amigo: "Continua sendo altamente questionável se, adotando posições conciliadoras, seríamos capazes de evitar que os naturais antagonismos francês, russo e inglês se unissem contra nós."[91] O Kaiser reclamou violentamente da traição inglesa e acusou Nicholas de "malícia inescrupulosa" ao ignorar todas as tentativas alemãs e dele próprio de manter a paz. Moltke achava que os ingleses já tinham a guerra inteiramente planejada e especulava se não seria possível persuadir os Estados Unidos a se aliarem à Alemanha com a promessa de cessão do Canadá aos americanos.[92]

Em Londres, a Inglaterra esperava o prazo até as onze horas se esgotar. Houve um breve pânico no Foreign Office quando alguém constatou que fora cometido um erro na declaração de guerra à Alemanha prematuramente enviada a Lichnowsky. Uma declaração corrigida foi rapidamente redigida e encarregaram um funcionário subalterno de reaver o documento errado. Os ministros do Gabinete se reuniram em Downing Street, em sua maior parte ansiosos e cansados, com exceção de Churchill, que parecia alerta e confiante, com um grande charuto na boca. Secretários esperavam do lado de fora da sala de reuniões do Gabinete. "Pelo menos, essa guerra não deve durar muito," disse alguém. Pouco antes das onze um funcionário telefonou para o Foreign Office para saber se havia alguma notícia. "Nada de novo aqui ou na Embaixada alemã," veio a resposta. O Big Ben começou a bater as onze horas e a Inglaterra estava em guerra. Do lado de fora, multidões diante de Whitehall e no Mall deram-se os braços e cantaram hinos patrióticos. Churchill expediu um telegrama à esquadra: "COMEÇAR HOSTILIDADES CONTRA A ALEMANHA."[93]

Os laços que tinham unido uma Europa próspera e pacífica rapidamente se desmancharam. Ferrovias e linhas telegráficas foram cortadas; o transporte marítimo caiu; reservas bancárias foram congeladas, o mercado internacional de câmbio foi interrompido; o comércio

A Primeira Guerra Mundial – que acabaria com as guerras

definhou. Cidadãos comuns lutavam para retornar a seus países, num mundo que de súbito ficou diferente. O caos reinava na embaixada alemã em Paris, onde mães se agarravam aos filhos que choravam, e

Em cena que se repetiu por toda a Europa, famílias em Berlim dão adeus aos homens, chamados a novamente envergar uniforme. Esses soldados da reserva talvez estivessem a caminho das linhas de frente, coisa com que os franceses não contavam.

Apagam-se as luzes

centenas de malas espalhavam-se pelo chão. Talvez cerca de 100 mil americanos tenham ficado retidos no Continente, muitas vezes sem dinheiro porque os bancos estavam fechados. Muitos conseguiram

Em consequência, o exército francês e a Força Expedicionária Britânica tiveram de enfrentar uma ofensiva alemã mais poderosa do que imaginavam.

chegar à Inglaterra, onde Walter Page, embaixador americano, e seus auxiliares fizeram o possível para resolver a situação. "Que Deus nos ajude!" – escreveu ele ao presidente Woodrow Wilson:

> Que semana terrível! (...) Nos primeiros dois dias, claro, muita confusão. Homens enlouquecidos e mulheres chorosas implorando, amaldiçoando e exigindo. Só Deus sabe o grande tumulto que foi (...) tudo fora de controle. Uns me achavam um homem de grande capacidade em momentos de emergência, outros diziam que eu era um maldito idiota, e outros me atribuíam todos os epítetos entre esses dois extremos.

O governo americano despachou o *Tennessee* com uma carga de ouro para cobrir as necessidades financeiras de seus cidadãos. A belonave também serviu de barca no Canal, atravessando americanos que estavam na França.[94] Os embaixadores dos países beligerantes foram tratados com mais cortesia, partindo em trens especiais e protegidos por tropas de seus inimigos. Jules Cambon e o embaixador russo já tinham deixado Berlim no fim de semana, e agora, em 5 de agosto, um abalado Lichnowsky se preparava para deixar Londres. "Ele estava, literalmente, com medo de enlouquecer," escreveu Page a Wilson depois de vê-lo. "Integra o grupo dos que são contra a guerra, que fracassou inteiramente. O encontro que tive com ele foi uma das experiências mais patéticas de minha vida..."[95]

Em 1914, os líderes europeus fracassaram, quer optando deliberadamente pela guerra, quer por não serem fortes o suficiente para resistir. Quase meio século mais tarde, um jovem e inexperiente presidente americano enfrentou sua própria crise e teve que fazer sua escolha. Em 1962, quando a União Soviética instalou unidades militares em Cuba, inclusive mísseis capazes de atacar a costa leste dos Estados Unidos com ogivas nucleares, John F. Kennedy ficou sob intensa pressão dos chefes militares americanos para reagir, mesmo correndo o risco de desencadear uma guerra total contra a União Soviética. Ele resistiu, em parte porque aprendera com o fracasso da Baía dos Porcos que nem sempre os militares estavam certos, mas também porque acabara de ler *Os Canhões de Agosto*, o extraordinário relato de Barbara Tuchman sobre os graves erros cometidos pela Europa que a levaram à Grande Guerra. Preferiu negociar com a União Soviética, e o mundo se afastou do abismo.

Os europeus receberam a guerra iminente de diversas formas: espanto, alegria, tristeza, resignação. Alguns sentiram-se aliviados, até mesmo entusiasmados, diante do sentimento que uniu suas nações. Friedrich Meinecke, o famoso historiador alemão, descreveu essa contingência

Apagam-se as luzes

como "um dos grandes momentos de minha vida, que subitamente encheu minha alma de sólida confiança em nosso povo e da mais intensa alegria."[96] Henry James, ao contrário, escreveu angustiado a um amigo:

> O imenso absurdo de haver algo tão sem sentido e tão abjeto numa era em que temos vivido e considerado a nossa era, como se fosse de um alto refinamento de civilização – a despeito de todas as incongruências conscientes; descobrir afinal que ela carrega essa abominação em seu sangue; e descobrir que isso era o que *ela significou* o tempo todo, equivale a de repente ter de reconhecer no seio da própria família ou no grupo dos melhores amigos um bando de assassinos, trapaceiros e malvados – é o mesmo choque.[97]

Os passos dados pela Europa poderiam tê-la conduzido em outras direções, mas, em agosto de 1914, levaram-na ao fim do caminho e a deixaram face a face com a destruição.

Epílogo

A Guerra

———◆———

DIA 4 DE AGOSTO, O QUE THEODORE ROOSEVELT CHAMOU "aquele grande tornado negro" assolou a Europa.[1] Como súbita tormenta de verão, a guerra colheu muitos de surpresa, mas no começo pouco se fez para escapar do conflito. Para muitos europeus, foi um alívio ver a espera terminada e até se sentiram bem ao ver suas sociedades unidas. O movimento europeu pela paz desmoronou sob o peso dos sentimentos nacionais sempre latentes, e em todo o Continente os socialistas se aliaram aos partidos das classes média e alta na esmagadora aprovação de recursos para a guerra. Um socialista alemão achou que "a terrível tensão estava superada (...) e se podia, pela primeira vez em quase um quarto de século, de coração leve, consciência limpa e sem a sensação de traição, cantar a radical e belicosa canção '*Deutschland, Deutschland, über alles.*'"[2] Winston Churchill não foi o único a sentir entusiasmo com o drama iminente. "Minha querida," escreveu à esposa, "tudo indica que haverá catástrofe e destruição. Estou animado, cheio de energia e feliz. Não é terrível ser assim?"[3] A maioria dos europeus, tanto quanto se pode afirmar, estava simplesmente estupefata com a velocidade e a determinação com que a longa paz europeia terminara. Aceitou a guerra com resignação e senso do dever, convencida de que suas nações eram as partes inocentes atacadas por forças estrangeiras agressoras.

Apesar dos inúmeros mitos que cercam a Grande Guerra, em agosto de 1914 os soldados de fato disseram a seus familiares que estariam de volta no Natal. Na Escola de Estado-Maior da Inglaterra, em Camberley, onde os formandos esperavam suas ordens em meio a festas ao ar livre, jogos de críquete e piqueniques, finalmente chegou a voz de que assumissem seus novos postos, a maioria na Força Expedicioná-ria Britânica que partiria para o Continente. A escola ficaria fechada até segunda ordem, e seus instrutores assumiriam funções nos esta-dos-maiores. As autoridades achavam que não havia necessidade de continuar a preparação de mais oficiais, já que se esperava uma guerra de curta duração.[4] As advertências de especialistas como Ivan Bloch e Moltke, ou de pacifistas como Bertha von Suttner e Jean Jaurès, de que as ofensivas terminariam em impasse, sem que um lado tivesse poder suficiente para subjugar o outro, e de que as sociedades veriam esgo-tados seus recursos, de homens a material bélico, pelo menos naquele momento em que as potências europeias marchavam para a guerra, foram ignoradas. A maioria, de chefes a cidadãos comuns, presumia que o conflito seria breve, tal como fora a Guerra Franco-Prussiana, quando as forças da aliança alemã precisaram de apenas dois meses para obri-gar a França a se render. (O fato de a luta se estender por mais tempo porque o povo francês resolveu continuar combatendo é outra questão.) Financistas, banqueiros e ministros de Finanças tinham como certo que a guerra logo terminaria. Consideravam que a interrupção do comércio e a incapacidade dos governantes em conseguir empréstimos à medida que o mercado internacional de capitais minguava significaria ameaça de bancarrota e impossibilitaria os beligerantes de prosseguir na luta. Como advertiu Norman Angell em seu trabalho *Great Illusion,* mesmo a Europa sendo tola o bastante para ir à guerra, o caos econômico e a miséria interna resultante rapidamente forçariam os países em conflito a negociar a paz. O que poucos perceberam – embora Bloch assinalas-se – é que os governos europeus tinham uma capacidade, ainda não testada, de extrair recursos de suas sociedades por meio de impostos, de gerenciar suas economias e liberar homens para a linha de frente com a utilização de mulheres nos postos de trabalho. Acresce que os europeus eram estoicos e obstinados a ponto de lhes permitir combater anos a fio, apesar de sofrerem tão terríveis baixas. O que surpreende na Grande Guerra não é o fato de as sociedades e indivíduos europeus finalmente baquearem sob tensão – e isso não aconteceu com todos, ou pelo menos, não completamente – mas que Rússia, Alemanha e Áustria-Hungria resistissem tanto antes do colapso por revolução ou motins ou desespero.

Naquelas primeiras semanas da guerra, pareceu que a Europa pudesse escapar da ruína. Se a Alemanha derrotasse rapidamente a França, talvez a Rússia decidisse celebrar a paz no leste e a Inglaterra

Epílogo: A guerra

reconsiderasse sua intervenção no conflito. Mesmo que o povo francês resolvesse continuar lutando com já tinha feito em 1870-71, no fim seria obrigado a capitular. Quando as forças alemãs invadiram a Bélgica e Luxemburgo a caminho do norte da França, tudo indicava que os planos alemães estavam sendo executados como previsto. Porém, não tanto. A decisão belga de resistir retardou a progressão alemã. A principal fortaleza, em Liège, caiu em 7 de agosto, mas restavam outras doze a serem tomadas uma por uma. A resistência belga obrigava os alemães a deixar tropas na retaguarda à medida que avançavam. A extensa ala direita do exército alemão, que devia atacar atravessando o Meuse na direção do Canal, para em seguida manobrar para o sul e prosseguir rumo a Paris na expectativa de conquistar vitória retumbante, foi mais fraco e mais lento do que o planejado. Em 25 de agosto, Moltke, alarmado com a velocidade do avanço russo na frente oriental – tinham devastado propriedades *Junkers* e incendiado o pavilhão de caça preferido do Kaiser, em Rominten – deu ordem para que dois corpos-de-exército, cerca de 88 mil homens, partissem para o leste, rumo à Prússia Oriental.[5] Além disso, a Força Expedicionária Britânica chegara antes do previsto para reforçar os franceses.

O avanço alemão perdeu velocidade e parou diante da resistência dos aliados. No começo de setembro, a balança começou a pender contra a Alemanha, e os aliados estavam longe de derrotados. Em 9 de setembro, Moltke deu ordem para as forças alemãs na França recuarem para o norte e se reagruparem. Dois dias mais tarde ordenou a retirada em toda a linha de frente. Embora naquele instante ele não pudesse avaliar, essa iniciativa significou o fim do Plano Schlieffen e da possibilidade de a Alemanha derrotar rapidamente a França. Em 14 de setembro, o Kaiser o dispensou de suas funções sob a alegação de necessidade de saúde.

Naquele outono, alemães e aliados fizeram esforços desesperados para desbordar as posições do inimigo. As baixas se acumularam, mas a vitória continuoava indefinida. No fim de 1914, 265 mil soldados franceses tinham morrido, e os ingleses perderam 90 mil homens. Alguns regimentos alemães sofreram 60% de baixas. No outono, os alemães perderam 80 mil homens somente nos combates em torno da cidade de Ypres.[6] Com a aproximação do inverno, os exércitos dos dois lados cavaram trincheiras na esperança de retomar as operações na primavera. Mal sabiam que as trincheiras que cavaram desde a Suíça, passando pelas fronteiras leste e norte da França e chegando à Bélgica ficariam mais profundas, sólidas, aperfeiçoadas, e durariam até o verão de 1918.

A Primeira Guerra Mundial – que acabaria com as guerras

No Front Oriental, onde as distâncias eram muito maiores, a rede de trincheiras nunca alcançou a mesma extensão, tampouco se revelou tão inexpugnável, porém, mais uma vez, a capacidade da defesa de conter ataques ficou absolutamente clara nos primeiros meses da guerra. A Áustria-Hungria sofreu os maiores reveses, mas a Rússia foi incapaz de uma vitória decisiva. Nos primeiros quatro meses da guerra, a Áustria-Hungria sofreu quase um milhão de baixas. Embora a Alemanha, contrariando a expectativa de Schlieffen e seus sucessores, assumisse a ofensiva e derrotasse dois exércitos russos em Tannenberg, o triunfo no campo de batalha não resultou em fim da guerra. Tanto a Rússia como seus inimigos dispunham de recursos e determinação para continuar combatendo.

Contam uma história que talvez seja verdadeira. Ernest Shackelton, o grande explorador polar, partiu para a Antártida no outono de 1914. Na primavera de 1916, no caminho de volta, ao passar pela estação baleeira na ilha Geórgia do Sul, perguntou quem tinha vencido a guerra na Europa e ficou espantado quando lhe disseram que ainda estava em curso. Indústrias, riqueza nacional, trabalho, ciência, tecnologia e até artes foram engajados no esforço de guerra. O progresso da Europa, tão orgulhosamente festejado na Exposição de Paris em 1900, permitiu que os países aperfeiçoassem os meios de mobilizar seus vastos recursos, afinal usados para a autodestruição.

As primeiras etapas da campanha selaram o modelo espantoso que vigoraria nos anos seguintes: ataques desfechados sem parar e defensores despejando o fogo letal de suas armas. Os generais tentavam quebrar o impasse com ofensivas maciças que causavam baixas pesadas. Nas frentes de combate, particularmente no Ocidente, no terreno encaroçado por crateras de granadas e cercas de arame farpado, a linha de contato mal se movia. À medida que seguiu seu curso, a guerra custou vidas em escala que achamos difícil de imaginar. Em 1916, só a ofensiva de verão russa resultou em 1,4 milhão de baixas; 400 mil italianos foram feitos prisioneiros por ocasião da ofensiva de Conrad contra a Itália nos Montes Dolomitas; e houve 57 mil baixas inglesas no dia 2 de julho, primeiro dia da Batalha do Somme; e no fim dessa batalha havia 650 mil aliados mortos, feridos ou desaparecidos, o mesmo acontecendo com 400 mil alemães. Em Verdun, a luta entre a França e a Alemanha pela posse da fortaleza pode ter custado aos defensores franceses mais de 500 mil baixas e aos atacantes alemães, mais de 400 mil. Quando a guerra terminou em 11 de novembro de 1918, 65 milhões de homens tinham participado dos combates, e 8,5 milhões perdido a vida. Oito

Epílogo: A guerra

milhões eram prisioneiros ou simplesmente estavam desaparecidos; 21 milhões tinham sido feridos, e esse total inclui apenas ferimentos que puderam ser contados. Nunca se saberá quantos ficaram psicologicamente abalados ou destruídos. Em comparação, vale lembrar que 47 mil americanos morreram no Vietnã, e 4.800 militares da coalizão, na invasão e na ocupação do Iraque.

A guerra, inicialmente europeia, logo se tornou mundial. Desde o começo os impérios automaticamente se envolveram. Ninguém parou para perguntar aos canadenses e australianos, aos vietnamitas e argelinos, se queriam lutar pelas potências imperiais. Para fazer justiça, muitos quiseram. Nos domínios "brancos" onde muitos ainda tinham laços familiares com a Inglaterra, simplesmente se admitiu que a nação-mãe devia ser defendida. Mais surpreendente foi o fato de muitos nacionalistas indianos terem acorrido em apoio à Inglaterra. O Mahatma Gandhi, jovem advogado radical, ajudou as autoridades inglesas no esforço de guerra. Aos poucos, os demais países foram tomando lado. O Japão declarou guerra à Alemanha no fim de agosto de 1914 e aproveitou a oportunidade para se apoderar das possessões alemãs na China e no Pacífico. O Império Otomano se aliou à Alemanha e à Áustria-Hungria dois meses depois, e a Bulgária fez o mesmo em 1915. Foi o último país a se aliar às Potências Centrais. Romênia, Grécia, Itália, diversos países latino-americanos e, por fim, a China, aderiram aos aliados.

Nos Estados Unidos, de início não se percebeu nenhum apoio mais consistente a um lado ou outro, provavelmente por se tratar de um conflito que parecia ter pouco a ver com interesses americanos. "Estou sempre agradecendo a Deus pelo Oceano Atlântico," escreveu Walter Page, embaixador americano em Londres. As elites, os liberais e os que viviam na costa leste ou tinham laços de família com os ingleses se inclinavam pelos aliados, mas expressiva minoria, talvez alcançando um quarto dos americanos, era de origem germânica. E a grande minoria católica irlandesa tinha fortes razões para odiar a Inglaterra. Quando a guerra começou, Wilson se afastou a contragosto do leito de morte da mulher para dar uma entrevista à imprensa em que proclamou a neutralidade dos Estados Unidos. "Quero," afirmou, "ter o privilégio de sentir que a América, como ninguém mais, conserva seu espírito aberto e está pronta, com pensamento tranquilo e sinceridade de propósito, para ajudar o resto do mundo." Foram as políticas alemãs, mais especificamente as do alto-comando, que levaram a América a abandonar a neutralidade. Em 1917, os Estados Unidos, revoltados com os ataques dos submarinos alemães

⁶³⁸ A Primeira Guerra Mundial – que acabaria com as guerras

contra seu comércio marítimo e com a notícia passada para Washington pela Inglaterra de que a Alemanha tentava convencer o México e o Japão a atacaren os Estados Unidos, o país entrou na guerra no lado dos aliados.

Em 1918, o poder das forças combinadas de seus inimigos foi demasiado para as Potências Centrais, e uma a uma elas apelaram por paz, culminando, finalmente, com a própria Alemanha pedindo um armistício. Quando os canhões silenciaram, em 11 de novembro, o mundo estava bem diferente do que fora em 1914. Em toda a Europa as velhas fissuras nas sociedades, temporariamente empapeladas no começo do conflito, ressurgiram à medida que a guerra seguiu seu curso, trazendo ônus cada vez mais pesados. À medida que a intranquilidade social e política se espalhava, regimes velhos desmoronaram, incapazes de preservar a confiança de seus povos ou de atender às suas expectativas. Em fevereiro de 1917, o regime czarista finalmente entrou em colapso, e o débil governo provisório que o sucedeu foi, por sua vez, derrubado dez meses depois por um tipo novo de força revolucionária, os bolcheviques de Vladimir Lênin. Para salvar seu regime, atacado por rivais políticos e por remanescentes da velha ordem, Lênin celebrou a paz com as Potências Centrais no início de 1918, cedendo grandes fatias de território russo a oeste. Enquanto os russos se engalfinhavam numa cruel guerra civil, os cidadãos subjugados dentro do Império Russo aproveitaram a oportunidade para escapar de seu domínio. Embora alguns por breve período, poloneses, ucranianos, georgianos, azerbaijanos, armênios, finlandeses, estonianos e lituanos desfrutaram sua independência.

A Áustria-Hungria desmoronou no verão de 1918. As dificuldades para conter o nacionalismo finalmente se mostraram insuperáveis. Os poloneses se juntaram aos que tinham recentemente se libertado da Rússia e da Alemanha para criar, pela primeira vez em mais de um século, um estado polonês. Tchecos e eslovacos se aliaram em estranho casamento para formar a Tchecoslováquia, enquanto os eslavos do sul da Monarquia Dual na Croácia, na Eslovênia e na Bósnia juntaram-se à Sérvia para formar o estado que ficaria conhecido como Iugoslávia. A Hungria, muito reduzida pela perda da Croácia e pelos acordos de paz após a guerra, tornou-se estado independente, enquanto o que restou dos territórios Habsburgos se transformou no pequeno estado da Áustria. Das outras Potências Centrais, a Bulgária viveu sua própria revolução, e Ferdinand, sempre "o Raposa," abdicou em favor do filho. O Império Otomano também entrou em colapso. Os aliados ficaram com seus territórios árabes e a maior parte do que restava na Europa, deixando

Epílogo: A guerra

apenas a Turquia. O último sultão otomano saiu tranquilamente para o exílio em 1922, e um novo governante secular, Kemal Ataturk, assumiu o poder para criar o moderno estado da Turquia.

Quando os exércitos da Alemanha viram-se derrotados no verão de 1918, o povo alemão, mantido na ignorância do que realmente acontecia por Hindenburg e Ludendorff, que agora dirigiam o governo civil, reagiu com irritação contra todo o regime. Por algum tempo, enquanto marinheiros e soldados se amotinavam e comitês de trabalhadores se apoderavam de governos locais, pareceu que a Alemanha seguiria o caminho da Rússia. O Kaiser, relutante, foi forçado a abdicar no começo de novembro de 1918, e os socialistas proclamaram uma nova república que, como se viu, conseguiu conter a revolução.

Embora os países vitoriosos tivessem sua parcela de revoltas – em 1918 aconteceram greves e manifestações violentas na França, na Itália e na Inglaterra – por algum tempo os antigos regimes se mantiveram no poder. Todavia, coletivamente a Europa já não era o centro do mundo. Esgotara sua enorme riqueza e seu poder. Os povos dos impérios, que de modo geral aceitavam ser governados pelo poder central desses impérios, inquietaram-se. A crença de que seus dirigentes estrangeiros sabiam melhor o que era melhor para eles se abalara irremediavelmente com pelos quatro anos de selvageria nos campos de batalha na Europa. Novos líderes nacionalistas, muitos deles militares que tinham testemunhado o que a civilização europeia era capaz de produzir, exigiram autonomia imediata e não em algum futuro distante. Os domínios "brancos" da Inglaterra concordaram em continuar dentro do Império, desde que dispusessem de autonomia crescente. Novos atores de fora da Europa agora desempenhavam papel de maior relevo no palco internacional. No Extremo Oriente, o Japão crescera em poder e confiança, e preponderava sobre os vizinhos. No outro lado do Atlântico, os Estados Unidos agora eram uma grande potência mundial, e suas indústrias e fazendas cresceram ainda mais com a guerra. Nova York tornou-se o centro do mundo financeiro. Os americanos viam a Europa como velha, decadente e acabada – com o que muitos europeus concordavam.

A guerra não apenas destruíra a herança europeia e milhões de seus habitantes, mas também brutalizara muitos dos que sobreviveram. As paixões nacionalistas que sustentaram a Europa durante o conflito também causaram a morte injustificável de civis, fosse na Bélgica pelos alemães, na Galícia pelos russos ou na Bósnia pelos austríacos. Exércitos de ocupação apartaram civis para trabalhos forçados e expeliram os de etnia "errada." Depois da guerra, a violência caracterizou grande parte da política europeia, com seguidos assassinatos e batalhas renhidas entre partidos opostos. As novas e intolerantes ideologias do fascismo e do comunismo estilo russo adotaram a organização e a disciplina dos militares, e, no caso dos fascistas, sua inspiração foi a própria guerra.

A Grande Guerra assinalou uma fratura na história europeia. Antes de 1914, a Europa, apesar de todos seus problemas, tinha a esperança de que o mundo se tornava um lugar melhor e que a civilização humana estivesse avançando. Depois de 1918, os europeus já não podiam alimentar essa fé. Quando olhavam para trás e viam o mundo que desfrutavam antes do conflito, não podiam deixar de experimentar uma sensação de perda e desperdício. No fim do verão de 1918, quando ficou evidente a extensão da derrota alemã, o conde Harry Kessler voltou para sua velha casa em Weimar, aonde não ia havia muitos anos. Embora tivesse se envolvido com o ardor nacionalista de 1914, chegara à conclusão de que a guerra jamais devia ter começado. Seu velho cocheiro e seu cão estavam à sua espera na estação de trem e o saudaram como se ele tivesse se afastado apenas por alguns dias. Sua casa, recordou ele, esperava por ele como a Bela Adormecida sem que nada tivesse mudado:

> As pinturas impressionistas e não impressionistas, as fileiras de livros em francês, inglês, italiano, grego e alemão, as figuras de Maillol e suas mulheres de certa forma muito fortes e sensuais, a bela jovem nua cujo modelo fora a pequena Colin, tudo como se ainda estivesse em 1913, e tantas pessoas que lá estiveram e agora estavam mortas, desaparecidas, dispersas, mesmo as inimigas, pudessem retornar e começar uma vida nova na Europa. Parecia um pequeno palácio das *Mil e Uma Noites*, cheio de tesouros de todos os tipos, de símbolos e lembranças meio apagadas que somente alguém vindo de outra época era capaz de absorver aos poucos. Encontrei uma dedicatória de d'Annunzio, cigarros persas trazidos por Claude Anet, a *bonbonnière* do batismo do filho mais novo de Maurice Dennis, um programa de 1911 do balé russo com a figura de Nijinsky, o livro proibido escrito por Lord Lovelace, neto de Byron, sobre o incesto, que Julia Ward me enviou, livros escritos por Oscar Wilde e Alfred Douglas com uma carta de Ross e, ainda por desembrulhar, a obra-prima sério-cômica de Robert de Montesquiou dos anos anteriores à guerra, sobre a bela Condessa de Castiglione, que ele afetava amar postumamente. Sua camisola está em uma caixa de joias, ou melhor, em uma pequena

Epílogo: A guerra

caixa de vidro em um dos salões de recepção. Quão monstruoso é notar que o destino seguido pela Europa resultou de sua forma de vida – precisamente dela – tal como a segunda mais sangrenta tragédia da história, envolvendo uma civilização que admirava os pastores da pintura de Boucher e o Iluminismo de Voltaire. Agora sabíamos que aqueles dias conduziam não a uma paz mais sólida, mas a uma guerra que pensávamos ao mesmo tempo que haveria e não haveria. Era uma espécie de sentimento flutuante, como uma bolha de sabão que subitamente estoura e desaparece sem deixar vestígio quando as forças do mal que se expandiam dentro dela acabam prevalecendo.[7]

Dos que desempenharam algum papel levando a Europa pelo caminho que resultou na Grande Guerra, alguns não sobreviveram para ver o desfecho. Moltke nunca voltou da dispensa para tratamento de saúde para reassumir seu posto como Chefe do Estado-Maior da Alemanha. Morreu de derrame em 1916, enquanto seu sucessor, Falkenhayn, lançava o exército alemão em repetidos, onerosos e inúteis ataques a Verdun. Princip, que desencadeara a fatal sucessão de acontecimentos ao assassinar Franz Ferdinand em Sarajevo, foi considerado culpado por um tribunal austro-húngaro, mas não foi executado por ser menor. Morreu de tuberculose em uma prisão austríaca na primavera de 1918, até o último instante sem se arrepender do que seu ato produzira.[8] O Imperador Franz Joseph morreu em 1916, deixando seu abalado trono para um sobrinho jovem e inexperiente, Karl, que ficou no poder somente até 1918. István Tisza, que finalmente resolvera aprovar a decisão austro-húngara de provocar a guerra contra a Sérvia, foi assassinado na frente da esposa por soldados revolucionários húngaros em 1918. Rasputin foi assassinado em São Petersburgo em 1916 por aristocratas conspiradores que acreditaram, em vão, que seu afastamento poderia salvar o regime. Nicholas abdicou no ano seguinte. Ele, Alexandra e os filhos foram assassinados em Ekaterinburg pelos bolcheviques na primavera de 1918. Os corpos foram sepultados em um túmulo sem identificação, mas redescoberto após a queda da União Soviética. Por meio de testes de DNA que contaram com uma mostra do Duque de Edinburgh, sobrinho-neto de Alexandra, seus corpos foram identificados e a igreja ortodoxa russa santificou os pais e os filhos.

Alguns ministros de Nicholas tiveram mais sorte. Izvolsky nunca voltou de Paris e continuou morando na França, graças a pequena pensão concedida pelo governo francês. Sazonov, o ministro do Exterior,

642 A Primeira Guerra Mundial – que acabaria com as guerras

foi demitido no começo de 1917. Aderiu às forças antibolcheviques do almirante Kolchak na guerra civil e acabou exilado na França, morrendo em Nice, em 1927. Sukhomlinov foi responsabilizado pelos fracassos russos na guerra, e o Czar o abandonou em 1916, permitindo que fosse julgado sob acusação de corrupção, negligência no emprego do exército russo e espionagem para a Alemanha e a Áustria-Hungria. A corrupção era de fato verdadeira, mas o governo apresentou provas muito frágeis para respaldar as outras acusações. O novo governo provisório, que assumiu o poder no início de 1917, o colocou com sua bela mulher Ekaterina na cadeia e encerrou o julgamento no fim do verão. Ekaterina foi absolvida, mas Sukhomlinov foi condenado à prisão perpétua. Em maio de 1918, os bolcheviques, agora no poder, o libertaram em consequência de uma anistia geral. No outono fugiu da Rússia para a Finlândia e de lá foi para Berlim, onde escreveu as quase inevitáveis memórias e tentou sobreviver em extrema pobreza. Ekaterina, que encontrara um novo protetor rico, continuou na Rússia, mas, ao que parece, foi fuzilada pelos bolcheviques em 1921. Em uma manhã de fevereiro de 1926, policiais encontraram em um banco de parque o corpo de um velho. Sukhomlinov, que fora um dos homens mais ricos e poderosos da Rússia, congelara até morrer durante a noite.[9]

No fim da guerra, Hoyos, o falcão que ajudara a Áustria-Hungria a obter o cheque em branco da Alemanha, chegou a pensar em se suicidar para não enfrentar sua responsabilidade pela guerra e o fim da Monarquia Dual, mas, pensando melhor, mudou de ideia e morreu em paz em 1937. Berchtold, o Chanceler, renunciou logo no início da guerra em protesto contra a visão estreita que levou o Imperador e seus colegas a ceder à Itália porções do território austríaco para assegurar sua neutralidade. Viveu até 1942 em uma de suas propriedades na Hungria e foi sepultado em seu castelo em Buchlau, local da fatídica reunião entre seu antecessor Aehrenthal e Izvolsky, que desencadeou a crise bósnia de 1908. Conrad, o Chefe do Estado-Maior da Áustria -Hungria, que em 1915 finalmente conseguira a permissão de Franz Joseph para casar com Gina von Reininghaus, foi demitido pelo novo Imperador em 1917. Após a guerra ele e Gina viveram com simplicidade nas montanhas austríacas e ele passava o tempo estudando inglês – sua nona língua – caminhando na companhia do ex-Rei Ferdinand da Bulgária e escrevendo uma alentada memória de autojustificação em cinco volumes. (Na década de 1920 haveria uma enxurrada de memórias do mesmo tipo, com os principais autores tentando se explicar e

Epílogo: A guerra

lançando a culpa pela guerra sobre outros). Conrad morreu em 1925 e teve funeral com honras de estado por concessão do governo da nova república da Áustria. Gina viveu o bastante para ver a Áustria absorvida pelo III Reich, e os názis sempre a trataram com grande deferência. Morreu em 1961.

Asquith foi cada vez mais criticado pela apatia na condução do esforço de guerra e se viu forçado a renunciar no fim de 1916. Seu sucessor Lloyd George, embora fosse contra a guerra, se revelou chefe mais enérgico para tempo de guerra. A rivalidade entre os dois dividiu o Partido Liberal, que nunca recuperou o poder do passado. Grey, quase cego, também passou para a oposição, mas aceitou o cargo de embaixador nos Estados Unidos no fim da guerra. Em suas memórias, continuou negando ter algum dia assumido compromissos com a França. Pouco antes de morrer, publicou um livro sobre o fascínio dos pássaros. Sir Henry Wilson, que tanto fizera para consolidar as relações entre Inglaterra e França, terminou a guerra como marechal-de-campo. Em 1922 se tornou assessor de segurança do governo da Irlanda do Norte, que continuou integrando o Reino Unido quando o sul se tornou independente. Foi assassinado logo depois, por dois nacionalistas irlandeses, nos degraus da escada de sua casa em Londres.

Poincaré permaneceu no cargo durante toda a guerra como Presidente da França, desfrutando o momento da vitória e da recuperação da Alsácia/Lorena pelos franceses. Seu mandato terminou em 1920, mas voltou como primeiro-ministro duas vezes nessa década. Aposentou-se por questão de saúde no verão de 1929, mas sobreviveu o suficiente para ver Hitler e os názis assumir o poder na Alemanha em 1933, morrendo no ano seguinte. Quando eclodiu a guerra, Dreyfus foi voluntário para lutar no exército que fora o responsável por sua desgraça e combateu durante todo o conflito. Morreu em 1935, e seu féretro passou pela Place de La Concorde diante de tropa formada.

Na Alemanha, Bethmann foi demitido no verão de 1917 pelo duo Hindenburg e Ludendorff quando quis se opor ao reinício do emprego irrestrito de submarinos contra o transporte marítimo e aos expansionistas objetivos de guerra dos dois. Bethmann se retirou para sua adorada propriedade em Hohenfinow e passou os últimos anos de vida tentando se justificar e explicar as políticas que adotara, assim como negando a responsabilidade alemã pela guerra. Morreu em 1920 com 64 anos. Tirpitz, seu rival como conselheiro do Kaiser, depois da guerra se meteu na política em partido direitista e até morrer em 1930 sustentou que

644 A Primeira Guerra Mundial – que acabaria com as guerras

sua política para a marinha estava certa, culpando a todos, do Kaiser ao exército, pela derrota alemã.

Wilhelm sobreviveu por muitos anos, sempre muito pretensioso, mandão e farisaico. Durante a guerra se transformara no "Kaiser Sombra." Seus generais faziam o que queriam em seu nome e, na verdade, pouca atenção lhe davam. Wilhelm instalou seu quartel-general na pequena cidade belga de Spa, atrás das linhas da frente ocidental, e passava os dias em uma rotina de cavalgadas matinais, algumas horas de trabalho (que em grande parte consistia em conceder condecorações e enviar telegramas cumprimentando seus oficiais), visitando hospitais, dando passeios à tarde, jantando com seus generais e indo para a cama às onze. Gostava de estar próximo à frente de combate para ouvir os tiros e, regressando a Spa, poder dizer orgulhosamente que estivera na guerra. Como Hitler na guerra seguinte, gostava de sonhar com o que faria após o conflito. Estava cheio de planos para estimular as corridas de carros e reformar a sociedade berlinense. Não haveria mais festas em hotéis e a aristocracia construiria seus próprios palácios.[10] Seus auxiliares notaram que, à medida que a guerra prosseguia, foi ficando macambúzio e se deprimia com mais facilidade. Aos poucos, passaram a evitar passar-lhe más notícias, que ficavam cada vez piores.[11]

Quando, no outono de 1918, a derrota alemã ficou evidente, os militares fizeram planos para o Kaiser morrer heroicamente em uma derradeira carga no campo de batalha. Wilhelm não quis saber disso e continuou na vã esperança de preservar seu trono. Piorando a situação da Alemanha, ele foi finalmente persuadido, em 9 de novembro, a partir para a Holanda num trem especial, e a Alemanha se tornou república no mesmo dia. O primeiro pedido de Wilhelm ao chegar à propriedade de um aristocrata holandês que concordara em recebê-lo foi "uma xícara de bom chá inglês."[12] A despeito da pressão dos aliados, os holandeses se recusaram a extraditá-lo, e ele passou os dias restantes de sua vida em um pequeno palácio em Doorn. Ocupava-se derrubando árvores – 20 mil no fim da década de 1920; escrevendo suas memórias, que, sem causar surpresa, não demonstraram remorso pela guerra ou pela política que gerou o conflito; lendo em inglês para seus auxiliares longos trechos de P.G. Wodehouse; insultando com veemência a República de Weimar, os socialistas e os judeus; e acusando o povo alemão de abandoná-lo, mas ainda acreditando que, um dia, seria chamado de volta.

Observou a ascensão de Hitler e dos názis com sentimento dúbio; achava que Hitler pertencia à ralé e era vulgar, porém concordava com

Epílogo: A guerra

muitas de suas ideias, especialmente quando significavam recuperar a grandeza da Alemanha. No entanto, advertiu: "A grandeza vai desencaminhá-lo, tal como fez comigo."[13] Wilhelm recebeu deliciado o começo da Segunda Guerra Mundial e a sequência de vitórias alemãs. Morreu em 4 de junho de 1941, menos de três semanas antes de Hitler invadir a Rússia, e está sepultado em Doorn.[14]

Foi ele o culpado pela Grande Guerra? Foi Tirpitz? Grey? Moltke? Berchtold? Poincaré? Ou não há ninguém a quem culpar? Em vez disso, devemos prestar atenção a instituições ou ideias? Estados-maiores com poder demais, governos absolutistas, darwinismo social, o culto da ofensiva, nacionalismo? Há muitas perguntas e outras tantas respostas. Talvez o máximo que possamos almejar seja compreender, tanto quanto nos for possível, aqueles indivíduos que tiveram de fazer as opções entre guerra e paz, suas forças e fraquezas, seus amores, ódios e tendências. Para isso, precisamos entender também o seu mundo e as suas premissas. Devemos lembrar, como lembraram os que tomaram as decisões, o que aconteceu antes da crise de 1914 e as lições colhidas nas crises do Marrocos e da Bósnia, e nos episódios das primeiras Guerras Balcânicas. O próprio sucesso da Europa em sobreviver àquelas crises anteriores gerou, por paradoxo, uma perigosa condescendência no verão de 1914, quando os mesmos dirigentes acreditaram que mais uma vez uma solução surgiria nos últimos instantes e a paz seria mantida. Se quisermos, daqui do século XXI, apontar culpados, de duas falhas podemos acusar quem levou a Europa à guerra. Primeiro, de falta de imaginação ao não perceberem quanto o conflito seria destrutivo; e segundo, falta de coragem para se impor aos que afirmavam não haver outra escolha que não fosse a guerra. Escolhas sempre há.

Agradecimentos

Mais uma vez tive a extrema felicidade de contar com o apoio de muitas pessoas na elaboração deste livro. Merecem crédito pelo que existe de bom na obra; pelas deficiências, assumo eu total responsabilidade.

Logicamente começo citando meus maravilhosos assistentes de pesquisa, incansáveis, extremamente organizados e úteis, a ponto de vê-los como colaboradores essenciais. Dawn Barry, Yulia Naumova, Rebecca Snow, Katharina Uhl e Troy Vettese descobriram e analisaram material em diversas línguas e revelaram infalível instinto para identificar o que era importante e interessante. Nas últimas fases do trabalho, Dawn foi de especial importância lendo todo o manuscrito, selecionando as notas e organizando minha bibliografia.

Ao longo dos últimos anos tive o grande prazer e o privilégio de fazer parte do Oxford College e do St. Anthony College. Embora houvesse momentos em que eu me sentisse como o personagem de Monty Python que reclamava em altos brados que seu cérebro doía, nunca deixei de admirar e me sentir profundamente grata pela extraordinária vida social e intelectual que as duas instituições me proporcionaram. Aprendi bastante e continuo aprendendo com meus colegas e estudantes. Aproveitei muito a oportunidade de poder usar os recursos das bibliotecas Bodleian e do College.

A Junta Diretora do St. Anthony College generosamente me concedeu uma dispensa do ano acadêmico de 2012-13, e agradeço em especial à Professora Rosemary Foot, que abnegadamente assumiu a função de diretora substituta e, sem causar surpresa, desempenhou com sua habitual integridade e eficiência. Também agradeço aos colegas que mantiveram o trabalho inerente à administração do College fluindo harmoniosamente durante minha ausência. Este agradecimento inclui o subdiretor Alex Pravda, o tesoureiro-geral Alan Taylor e sua

648 A Primeira Guerra Mundial – que acabaria com as guerras

sucessora Kirsten Gillingham, o tesoureiro interno Peter Robinson, o diretor de desenvolvimento Ranjit Majumdar, a responsável pelos históricos escolares Margaret Couling, minha assistente pessoal Penny Cooke e seus colegas.

Enquanto estava em Oxford, continuei fazendo parte de outra grande instituição, a Universidade de Toronto, e usufruindo o contato com os colegas e estudantes dessa universidade, além de dispor de sua excelente biblioteca. Sou particularmente grata ao Munk Center of Global Affairs, seu fundador Peter Munk e sua diretora Janice Stein, pela fidalguia com que me trataram durante o ano em que estive em Toronto escrevendo este livro e por me permitirem integrar essa dinâmica e estimulante comunidade acadêmica.

Cinco anos atrás não pensava em escrever um livro sobre a eclosão da Grande Guerra. O caminho a percorrer já fora muito explorado, e eu tinha outros projetos em mente. Quando Andrew Franklin, da Profile Books, me apresentou a ideia, eu resisti, mas passei um verão refletindo a respeito. Portanto, tenho um certo ressentimento pelo que me forçou a fazer, mas sou muito mais agradecida por ter me envolvido em tema tão cativante. Sem ele e sua maravilhosa equipe da Profile – incluindo Penny Daniel, Daniel Crewe e o falecido e muito pranteado Peter Carson – este livro não seria completado. Tenho idêntico débito de gratidão com meus editores, da Random House nos Estados Unidos e da Penguin no Canadá. Kate Medina em Nova York e Diane Turbide em Toronto são editoras exemplares. Seus comentários e sugestões pertinentes e construtivos tornaram esta obra muito melhor do que seria sem suas intervenções. Cecilia Mackay é uma notável pesquisadora de ilustrações, tanto quanto Trevor Horwood como editor dessas ilustrações. Também tive a sorte de ter como animadores naquilo que em certos momentos parecia uma jornada longa demais, Caroline Dawnay, agente e amiga, e, no Canadá, o sempre entusiasmado Michael Levine.

Alistair Horne, Norman Davies, Michael Howard, Eugene Rogan, Avi Shlaim, Paul Betts, Alan Alexandroff, Hatmut Pogge von Strandmann e Liaquat Ahamed, todos eles, empregaram parte de seu tempo discutindo minhas ideias e me aconselhando. Muitos amigos e familiares me encorajaram e ampararam durante todo o processo, inclusive Thomas Barcsay, David Blewett, Robert Bothwell, Gwyneth Daniel, Arthur Sheps e Andrew Watson. Sou muito agradecida por possuir uma família grande e amorosa que sempre me deu atenção e evitou que eu me transformasse em uma ermitã completa, convivendo apenas

Agradecimentos

com os fantasmas de arquiduques austríacos, condes russos, generais alemães e ministros do gabinete inglês. Ann MacMillan e Peter Snow, Thomas e Catharina MacMillan, Margot Finley e Daniel Snow também leram trechos do manuscrito e, como de hábito, fizeram comentários e críticas de inestimável valor. A melhor e mais assídua leitora de meus trabalhos é minha mãe, Eluned MacMillan, que mais uma vez leu o texto palavra por palavra. Embora lhe doa muito criticar os filhos, ela foi honesta e muito útil. Meus melhores agradecimentos a todos.

Notas

Abreviaturas

BD – Gooch, G.P. e Temperley, H., eds., *British Documents on the Origins of the War*
DDF – France. Ministere des Affaires Étrangeres, *Documents diplomatiques français, 1871–1914*, 3ª série
RA – Royal Archives, Windsor Castle, disponível em http://www.royal.gov.uk/
Vide na Bibliografia referências completas a estas e outras fontes

Prólogo: Guerra ou Paz?

1. Kramer, *Dynamic of Destruction*, 8-9. **2.** *New York Times*, 29 setembro 1914. **3.** Kramer, *Dynamic of Destruction*, 30. **4.** Lloyd George, *War Memoirs*, vol. I, 52.

1 – Europa em 1900

1. Todas as referências ao guia Hachette sobre a Exposição, *Paris Exposition, 1900: guide pratique du visiteur de Paris et de l'exposition*, foram extraídas da versão on-line em http://archive.org/details/parisexposition00pari **2.** *The Times*, 24 maio 1900. **3.** *New York Observer and Chronicle*, 25 outubro 1900. **4.** *The Times*, 18 abril 1900. **5.** Lieven, *The Aristocracy in Europe, 1815-1914*, 7. **6.** Zweig, *The World of Yesterday*, 215. **7.** Addison e O'Grady, *Diary of a European Tour, 1900*, 30. **8.** Zweig, *The World of Yesterday*, 26. **9.** Dowler, *Russia in 1913*, cap. 1, passim. **10.** Kennedy, *The Rise and Fall of the Great Powers*, cap. 4, passim. **11.** Tylor, *Primitive Culture*, 2. **12.** Blom, *The Vertigo Years*, 8. **13.** *New York Observer and Chronicle*, 27 dezembro 1900. **14.** *New York Observer and Chronicle*, 11 outubro 1900. **15.** Herring, *From Colony to Superpower*, 345. **16.** Cronin, *Paris on the Eve*, 37. **17.** Zweig, *The World of Yesterday*, 216. **18.** Weber, *France: Fin de Siècle*, 230-31. **19.** Blom, *The Vertigo Years*, 265-8. **20.** *New York Observer and Chronicle*, 18 outubro 1900.

A Primeira Guerra Mundial – que acabaria com as guerras

21. Kessler, *Journey to the Abyss*, 81. **22.** Hewitson, 'Germany and France,' 580. **23.** Weber, *France: Fin de Siècle*, 243-4. **24.** Cronin, *Paris on the Eve*, 36. **25.** Weber, *France: Fin de Siècle*, 243. **26.** Andrew, *Théophile Delcassé*, 136; *New York Observer and Chronicle*, 1º novembro 1900. **27.** Ridley, *Bertie*, 338.

2 – Inglaterra e o esplêndido isolamento

1. *New York Times*, 24 junho 1897; *Spectator*, 26 junho 1897. **2.** RA VIC/QVJ (W) 22 junho 1897 (Cópias da Princesa Beatrice). **3.** Massie, *Dreadnought*, xviii. **4.** Rüger, *The Great Naval Game*, 200, 74. **5.** Massie, *Dreadnought*, xx. **6.** Roberts, *Salisbury*, 664-5; Rüger, *The Great Naval Game*, 184-5; Massie, *Dreadnought*, xviii-xx. **7.** Kipling e Pinney, *The Letters of Rudyard Kipling*, vol. II, 303. **8.** Massie, *Dreadnought*, xxx; Rüger, *The Great Naval Game*, 191-2; Roberts, *Salisbury*, 661. **9.** Cannadine, *The Decline and Fall of the British Aristocracy*, 9-11; Lieven, *The Aristocracy in Europe, 1815-1914*, 205; Cecil, *Life of Robert, Marquis of Salisbury*, 159. **10.** Roberts, *Salisbury*, 8-12, 28. **11.** Tuchman, *The Proud Tower*, 9. **12.** Roberts, *Salisbury*, 714-15; Tuchman, *The Proud Tower*, 6. **13.** Cecil, *Life of Robert, Marquis of Salisbury*, 176. **14.** Roberts, *Salisbury*, 111. **15.** Cecil, *Life of Robert, Marquis of Salisbury*, 3-4, 6, 8. **16.** Gilmour, *Curzon*, 125. **17.** Massie, *Dreadnought*, 195. **18.** Roberts, *Salisbury*, 6. **19.** Ibid., 34. **20.** Bánffy, *They Were Divided*, versão Kindle, loc. 6086. **21.** Cannadine, *The Decline and Fall of the British Aristocracy*, 36-9. **22.** Hamilton, *Parliamentary Reminiscences and Reflections, 1886-1906*, 253. **23.** Roberts, *Salisbury*, 624, 651. **24.** Ibid., 626. **25.** Ibid., 65. **26.** Ibid., 647; Gilmour, *Curzon*, 125. **27.** Cecil, *Life of Robert, Marquis of Salisbury*, 247. **28.** Roberts, *Salisbury*, 44. **29.** Ibid., 46-50. **30.** Ibid., 628. **31.** Howard, 'The Policy of Isolation,' 82. **32.** Cecil, *Life of Robert, Marquis of Salisbury*, 90. **33.** Ibid. **34.** Howard, 'The Policy of Isolation,' 81. **35.** Ibid., 79-80. **36.** Beesly, *Queen Elizabeth*, 107. **37.** Burrows, *The History of the Foreign Policy of Great Britain*, 34; Otte, 'Almost a Law of Nature?,' 75-6. **38.** Rüger, *The Great Naval Game*, 179. **39.** Steiner e Neilson, *Britain and the Origins*, 19. **40.** Kennedy, *Rise of the Anglo-German Antagonism*, 229. **41.** Roberts, *Salisbury*, 495-6. **42.** Ibid., 692. **43.** Ibid., 615-16; Herring, *From Colony to Superpower*, 307-8. **44.** Cecil, *Life of Robert, Marquis of Salisbury*, 3, 218. **45.** Gilmour, *Curzon*, 128. **46.** Mansergh, *The Commonwealth Experience*, vol. II, 27. **47.** Tuchman, *The Proud Tower*, 46-7. **48.** Ibid., 56. **49.** Spender, *The Public Life*, 81. **50.** Massie, *Dreadnought*, 233-9. **51.** Spender, *The Public Life*, 89. **52.** Kennedy, *Rise of the Anglo-German Antagonism*, 230-32. **53.** Roberts, *Salisbury*, 748. **54.** Taylor, *The Struggle for Mastery in Europe*, 396. **55.** Neilson, 'The Anglo-Japanese Alliance,' 52. **56.** Kennedy, *Rise of the Anglo-German Antagonism*, 230-31; Roberts, *Salisbury*, 745. **57.** Bond, *The Victorian Army and the Staff College*, 191. **58.** Taylor, *The Struggle for Mastery in Europe*, 376. **59.** Ibid., 395. **60.** Massie, *Dreadnought*, 306. **61.** Neilson, 'The Anglo-Japanese Alliance,' 49. **62.** Steiner e Neilson, *Britain and the Origins*, 29. **63.** Massie, *Dreadnought*, 308; Balfour, *The Kaiser and His Times*, 235-6. Eckardstein and Young, *Ten Years at the Court of St. James*, 227. **64.** Nish, 'Origins of the Anglo-Japanese Alliance,' 12. **65.** Ibid., 13. **66.** *The Times*, 4 janeiro 1902. **67.** Balfour, *The Kaiser and His Times*, 240.

Notas

3 – Wilhelm II e a Alemanha

1. Benson e Esher, *Letters: A Selection from Her Majesty's Correspondence*, vol. III, 414. **2.** Kennedy, *Rise of the Anglo-German Antagonism*, 119. **3.** Ibid., 104. **4.** *The Times*, 4 janeiro 1896. **5.** Roberts, *Salisbury*, 624. **6.** Balfour, *The Kaiser and His Times*, 195. **7.** Steiner e Neilson, *Britain and the Origins*, 21. **8.** Ibid., 195. **9.** Kennedy, 'German World Policy,' 614. **10.** Kennedy, *Rise of the Anglo-German Antagonism*, 234. **11.** Massie, *Dreadnought*, 358. **12.** Ibid., 259. **13.** Kröger, 'Imperial Germany and the Boer War,' 38. **14.** Balfour, *The Kaiser and His Times*, 222-3. **15.** Kennedy, *Rise of the Anglo-German Antagonism*, 246-7. **16.** Ibid., cap. 14. **17.** Steiner e Neilson, *Britain and the Origins*, 22. **18.** Eckardstein e Young, *Ten Years at the Court of St. James*, 112. **19.** Kennedy, *Rise of the Anglo-German Antagonism*, 238. **20.** Balfour, *The Kaiser and His Times*, 231. **21.** Carter, *The Three Emperors*, 267-71; *The Times*, 6 fevereiro 1901. **22.** Lerchenfeld-Koefering, *Kaiser Wilhelm II*, 65, 58, 34. **23.** Beyens, *Germany before the War*, 14-15. **24.** Ibid., 14. **25.** Balfour, *The Kaiser and His Times*, 82, 138-9. **26.** Hopman, *Das ereignisreiche Leben*, 125. **27.** Hull, *The Entourage of Kaiser Wilhelm II*, 17. **28.** Balfour, *The Kaiser and His Times*, 162. **29.** Lerchenfeld-Koefering, *Kaiser Wilhelm II*, 11. **30.** Zedlitz-Trützschler, *Twelve Years at the Imperial German Court*, 58-9. **31.** Hopman, *Das ereignisreiche Leben*, 140. **32.** Epkenhans, "Wilhelm II and 'His' Navy," 12. **33.** Balfour, *The Kaiser and His Times*, 143, *142*. **34.** Cecil, *German Diplomatic Service*, 212. **35.** Zedlitz-Trützschler, *Twelve Years at the Imperial German Court*, 36. **36.** Lerchenfeld-Koefering, *Kaiser Wilhelm II*, 33. **37.** Balfour, *The Kaiser and His Times*, 82, 139, 148; Röhl, *The Kaiser and His Court*, 15-16. **38.** Zedlitz-Trützschler, *Twelve Years at the Imperial German Court*, 69. **39.** Röhl, *The Kaiser and His Court*, 15-16; Balfour, *The Kaiser and His Times*, 148. **40.** Beyens, *Germany before the War*, 58-9. **41.** Kessler, *Journey to the Abyss*, 199. **42.** Röhl, *The Kaiser and His Court*, 13. **43.** Wilhelm II, *Reden des Kaisers*, 32-3. **44.** Lerchenfeld-Koefering, *Kaiser Wilhelm II*, 19. **45.** Wilhelm II, *Reden des Kaisers*, 44. **46.** Balfour, *The Kaiser and His Times*, 226-7. **47.** Hull, *The Entourage of Kaiser Wilhelm II*, 15-16. **48.** Schoen, *Memoirs of an Ambassador*, 138. **49.** Röhl, *The Kaiser and His Court*, 23-4. **50.** Ibid., 25-6; Balfour, *The Kaiser and His Times*, 73-4. **51.** Balfour, *The Kaiser and His Times*, 75-6. **52.** Clark, *Kaiser Wilhelm II*, 1-2, 16-18. **53.** Carter, *The Three Emperors*, 22. **54.** Zedlitz- Trützschler, *Twelve Years at the Imperial German Court*, 233. **55.** Bülow, *Memoirs of Prince von Bulow*, vol. II, 22. **56.** Ver, por exemplo, Zedlitz-Trützschler, *Twelve Years at the Imperial German Court*, 184, 235, 272. **57.** Craig, *Germany, 1866-1945*, cap. 2; Clark, *Iron Kingdom*, 558-62. **58.** Wilhelm II, *Reden des Kaisers*, 51. **59.** Balfour, *The Kaiser and His Times*, 126. **60.** Hull, *The Entourage of Kaiser Wilhelm II*, 31-3. **61.** Herwig, 'Luxury' Fleet, 23. **62.** Zedlitz-Trützschler, *Twelve Years at the Imperial German Court*, 37-8, 67; Clark, *Kaiser Wilhelm II*, 120. **63.** Fesser, *Reichskanzler Fürst von Bülow*, 46-7. **64.** Rüger, *The Great Naval Game*, 93. **65.** Zedlitz-Trützschler, *Twelve Years at the Imperial German Court*, 233. **66.** Balfour, *The Kaiser and His Times*, 119. **67.** Wilhelm II, *Reden des Kaisers*, 56. **68.** Holstein et al., *The Holstein Papers*, 175. **69.** Clark, *Iron Kingdom*, 564. **70.** Craig, *Germany, 1866-1945*, 228; Cecil, *German Diplomatic Service*, 211-12. **71.** Lerchenfeld-Koefering, *Kaiser Wilhelm II*, 23. **72.** Herwig, 'Luxury' Fleet, 17.

4 – *Weltpolitik*: o lugar da Alemanha no mundo

1. Hull, *The Entourage of Kaiser Wilhelm II*, 31. **2.** Langsam, 'Nationalism and History', 242-3. **3.** Herwig, *'Luxury' Fleet*, 18. **4.** Epkenhans, "Wilhelm II and 'His' Navy," 15. **5.** Ibid., 16. **6.** Balfour, *The Kaiser and His Times*, 232. **7.** Craig, *Germany, 1866-1945*, 244-5. **8.** Ibid., 246. **9.** Cecil, *German Diplomatic Service*, 282. **10.** Lerman, *The Chancellor as Courtier*, 1. **11.** Cecil, *German Diplomatic Service*, 281-2. **12.** Balfour, *The Kaiser and His Times*, 201. **13.** Lerman, *The Chancellor as Courtier*, 86-90. **14.** Cecil, *German Diplomatic Service*, 283. **5.** Berghahn, 'War Preparations and National Identity,' 315. **16.** Kennedy, 'German World Policy,' 617. **17.** Kennedy, *Rise of the Anglo-German Antagonism*, 226. **18.** Ibid., 235. **19.** Massie, *Dreadnought*, 126. **20.** Eckardstein e Young, *Ten Years at the Court of St. James*, 33. **21.** Massie, *Dreadnought*, 129-30; Cecil, *German Diplomatic Service*, 294-5. **22.** Massie, *Dreadnought*, 124; Craig, *Germany, 1866-1945*, 127. **23.** Hewitson, *Germany and the Causes*, 146-7. **24.** Ibid., 147. **25.** Craig, *Germany, 1866-1945*, 249. **26.** Winzen, 'Prince Bulow's Weltmachtpolitik,' 227-8. **27.** Bülow, *Memoirs of Prince von Bulow*, vol. III, 100. **28.** Winzen, 'Treitschke's Influence,' 155. **29.** Cecil, *Wilhelm II*, 51. **30.** Epkenhans, "Wilhelm II and 'His' Navy," 17. **31.** Winzen, 'Treitschke's Influence,' 160-61. **32.** Wilson, *The Policy of the Entente*, 4. **33.** Kennedy, *Rise of the Anglo-German Antagonism*, 209. **34.** Epkenhans, "Wilhelm II and 'His' Navy," 13. **35.** Ritter, *The Sword and the Sceptre*, 110. **36.** Kennedy, 'German World Policy,' 622. **37.** McMeekin, *The Berlin-Baghdad Express*, 14. **38.** Cecil, *Albert Ballin*, 152-3. **39.** Winzen, 'Treitschke's Influence,' 159. **40.** Kennedy, *Rise of the Anglo-German Antagonism*, 241. **41.** Carter, *The Three Emperors*, 105. **42.** Balfour, *The Kaiser and His Times*, 140. **43.** Ibid., 84. **44.** Pless e Chapman-Huston, *Daisy, Princess of Pless*, 263-4. **45.** Balfour, *The Kaiser and His Times*, 180. **46.** Eckardstein e Young, *Ten Years at the Court of St. James*, 55. **47.** Balfour, *The Kaiser and His Times*, 265. **48.** Massie, *Dreadnought*, 106. **49.** Balfour, *The Kaiser and His Times*, 296. **50.** Ibid., 265. **51.** Roberts, *Salisbury*, 485-6. **52.** Massie, *Dreadnought*, 107. **53.** Clark, *Kaiser Wilhelm II*, 184. **54.** Tuchman, *The Proud Tower*, 131-4. **55.** Ibid., 132. **56.** Mahan, *The Influence of Sea Power upon History*, 28. **57.** Rüger, *The Great Naval Game*, 205-6. **58.** Clark, *Kaiser Wilhelm II*, 184. **59.** Bülow, *Memoirs of Prince von Bulow*, vol. II, 36-7. **60.** Epkenhans, *Tirpitz*, versão Kindle, loc. 345. **61.** Ibid., loc. 375-6. **62.** Ibid., loc. 391-5. **63.** Beyens, *Germany before the War*, 129. **64.** Massie, *Dreadnought*, 165. **65.** Steinberg, *Yesterday's Deterrent*, 69. **66.** Epkenhans, *Tirpitz*, versão Kindle, loc. 93-4. **67.** Balfour, *The Kaiser and His Times*, 203. **68.** Epkenhans, *Tirpitz*, versão Kindle, loc. 383-7. **69.** Ibid., loc. 427-31. **70.** Herwig, 'From Tirpitz Plan to Schlieffen Plan,' 53-5. **71.** Epkenhans, *Tirpitz*, versão Kindle, loc. 592-5; Lambi, *The Navy and German Power Politics*, 147. **72.** Kennedy, *Rise of the Anglo-German Antagonism*, 239. **73.** Steinberg, 'The Copenhagen Complex,' passim. **74.** Tirpitz, *Politische Dokumente*, vol. I, 1. **75.** Herwig, *'Luxury' Fleet*, 35. **76.** Epkenhans, *Tirpitz*, versão Kindle, loc. 598-601. **77.** Ibid., loc. 438-43, 465-77; Herwig, *'Luxury' Fleet*, 35; Rüger, *The Great Naval Game*, 37-43. **78.** Epkenhans, *Tirpitz*, versão Kindle, loc. 479-83. **79.** Ibid., loc. 529-48. **80.** Zedlitz-Trützschler, *Twelve Years at the Imperial German Court*, 183-4. **81.** Kennedy, 'German World Policy,' 620. **82.** Fesser, *Der Traum vom Platz*, 184.

Notas

5 – O *Dreadnought* e a rivalidade anglo-alemã

1. *The Times*, 16 agosto 1902. **2.** Williams, 'Made in Germany,' 10. **3.** Ibid., 11. **4.** Geppert, 'The Public Challenge to Diplomacy,' 134. **5.** Ibid., 143-4. **6.** Thompson, *Northcliffe*, 45. **7.** Steiner e Neilson, *Britain and the Origins*, 178-81. **8.** Roberts, *Salisbury*, 666. **9.** Kennedy, *Rise of the Anglo-German Antagonism*, 247. **10.** Ibid., 237. **11.** Ibid., 248. **12.** Steiner e Neilson, *Britain and the Origins*, 33. **13.** Rüger, *The Great Naval Game*, 12, 98. **14.** Rüger, 'Nation, Empire and Navy,' 162. **15.** Offer, *The First World War*, 82. **16.** French, 'The Edwardian Crisis and the Origins of the First World War,' 208-9. **17.** Thompson, *Northcliffe*, 296. **18.** Kennedy, *Rise of the Anglo-German Antagonism*, 416. **19.** Offer, *The First World War*, 222. **20.** Ibid., 223-4. **21.** Ibid., ch. 15. **22.** French, 'The Edwardian Crisis and the Origins of the First World War,' 211-12. **23.** Thompson, *Northcliffe*, 134. **24.** O'Brien, 'The Costs and Benefits of British Imperialism, 1846-1914,' 187. **25.** Wilson, *The Policy of the Entente*, 11. **26.** Roberts, *Salisbury*, 109. **27.** Gardiner, *Pillars of Society*, 53. **28.** Massie, *Dreadnought*, 404. **29.** Gardiner, *Pillars of Society*, 54. **30.** Ibid., 56. **31.** Massie, *Dreadnought*, 408. **32.** Marder, *From the Dreadnought to Scapa Flow*, 14. **33.** Gardiner, *Pillars of Society*, 57. **34.** Ibid., 57. **35.** Marder, *From the Dreadnought to Scapa Flow*, 15. **36.** Ibid., 18. **37.** Gardiner, *Pillars of Society*, 55-6. **38.** Massie, *Dreadnought*, 410. **39.** Marder, *From the Dreadnought to Scapa Flow*, 7-9. **40.** Ibid., 33. **41.** Ibid., 36. **42.** Herwig, 'Luxury' Fleet, 55. **43.** Ibid., 54-5. **44.** Massie, *Dreadnought*, 485. **45.** Herwig, 'The German Reaction to the Dreadnought Revolution,' 276. **46.** Marder, *From the Dreadnought to Scapa Flow*, 107. **47.** Herwig, 'Luxury' Fleet, 50. **48.** O'Brien, 'The Titan Refreshed',153-6. **49.** Rüger, 'Nation, Empire and Navy,' 174. **50.** Gordon, 'The Admiralty and Dominion Navies, 1902--1914,' 409-10. **51.** O'Brien, 'The Titan Refreshed,' 150. **52.** Ibid., 159. **53.** Steiner, 'The Last Years,' 77. **54.** Ibid., 76, 85. **55.** Otte, 'Eyre Crowe and British Foreign Policy,' 27. **56.** BD, vol. III, Apêndice, 397-420, p. 417. **57.** Ibid., 403-4. **58.** Ibid., 415-16. **59.** Ibid., 419. **60.** Stevenson, *Armaments*, 101. **61.** Epkenhans, *Tirpitz*, versão Kindle, loc. 695-9. **62.** Herwig, 'The German Reaction to the Dreadnought Revolution,' 278. **63.** Epkenhans, *Tirpitz*, versão Kindle, loc. 831-5. **64.** Herwig, 'Luxury' Fleet, 8-9. **65.** Ibid., 62. **66.** Herwig, 'The German Reaction to the Dreadnought Revolution,' 279. **67.** Ibid., 281. **68.** Steinberg, 'The Copenhagen Complex,' 38. **69.** Steinberg, 'The Novelle of 1908,' 28. **70.** Marder, *From the Dreadnought to Scapa Flow*, 112-13. **71.** Berghahn, *Germany and the Approach of War*, 57-8. **72.** Herwig, 'Luxury' Fleet, 62; Epkenhans, *Tirpitz*, versão Kindle, loc. 764-7. **73.** Massie, *Dreadnought*, 701. **74.** Epkenhans, *Tirpitz*, versão Kindle, loc. 813-17. **75.** Ritter, *The Sword and the Sceptre*, 298n76. **76.** Steinberg, 'The Novelle of 1908,' 26, 36. **77.** Ibid., 39. **78.** Epkenhans, *Tirpitz*, versão Kindle, loc. 749-56. **79.** Marder, *From the Dreadnought to Scapa Flow*, 140-42. **80.** Epkenhans, *Tirpitz*, versão Kindle, loc. 758-61. **81.** Bülow, *Memoirs of Prince von Bulow*, vol. I, 357. **82.** Thompson, *Northcliffe*, 153. **83.** BD, vol. VI, 117, pgs.. 184-90; Bülow, *Memoirs of Prince von Bulow*, vol. I, 358-60. **84.** Steinberg, 'The Novelle of 1908,' 41-2. **85.** Hopman, *Das ereignisreiche Leben*, 152. **86.** Otte, 'An Altogether Unfortunate Affair,' 297-301. **87.** Ibid., 301-2. **88.** Ibid., 305-7, 314. **89.** Clark, *Kaiser Wilhelm II*, 239-40. **90.** Otte, 'An

656 A Primeira Guerra Mundial – que acabaria com as guerras

Altogether Unfortunate Affair,' 329. **91.** Balfour, *The Kaiser and His Times*, 291. **92.** Einem, *Erinnerungen eines Soldaten*, 122. **93.** Wilson, *The Policy of the Entente*, 7. **94.** Marder, *From the Dreadnought to Scapa Flow*, 156. **95.** Cannadine, *The Decline and Fall of the British Aristocracy*, 48-9; Grigg, *Lloyd George*, 203-8, 223. **96.** Kennedy, *Rise of the Anglo-German Antagonism*, 423.

6 – A *Entente Cordiale* entre a França e a Inglaterra

1. Eubank, 'The Fashoda Crisis Re-examined,' 145-8. **2.** Andrew, *Théophile Delcassé*, 45. **3.** Tombs e Tombs, *That Sweet Enemy*, 428-9; Roberts, *Salisbury*, 702; Eubank, 'The Fashoda Crisis Re-examined,' 146-7. **4.** Thompson, *Northcliffe*, 55-7. **5.** Roberts, *Salisbury*, 706-8. **6.** Mayne et al., *Cross Channel Currents*, 5. **7.** BD, vol. I, 300, pg. 242. **8.** Mayne et al., *Cross Channel Currents*, 5. **9.** Kennedy, *Rise of the Anglo- German Antagonism*, 234. **10.** Eckardstein e Young, *Ten Years at the Court of St. James*, 228. **11.** Rich, *The Tsar's Colonels*, 88. **12.** Weber, *France: Fin de Siècle*, 105-6. **13.** Ousby, *The Road to Verdun*, 168-9. **14.** Weber, *France: Fin de Siècle*, 106. **15.** Joly, 'La France et la Revanche,' passim. **16.** Porch, *The March to the Marne*, 55. **17.** Ousby, *The Road to Verdun*, 169. **18.** Ibid., 122-4. **19.** Barclay, *Thirty Years*, 135. **20.** Weber, *France: Fin de Siècle*, 121-4. **21.** Ousby, *The Road to Verdun* **22.** Hayne, *French Foreign Office*, 28-40; Keiger, *France and the Origins*, 25-9. **23.** Hayne, *French Foreign Office*, 38-9. **24.** Porch, *The March to the Marne*, 83, 218-21, 250-52 e passim. **25.** Tombs e Tombs, *That Sweet Enemy*, 426. **26.** Ibid., 426-7. **27.** Barclay, *Thirty Years*, 140-41. **28.** Lincoln, *In War's Dark Shadow*, 17. **29.** Keiger, *France and the Origins*, 11-12; Fuller, *Strategy and Power in Russia*, 353-4. **30.** Sanborn, 'Education for War and Peace,' 213-14. **31.** BD, vol. II, 35, pgs. 285-8. **32.** Andrew, *Théophile Delcassé*, 1-10. **33.** Hayne, 'The Quai d'Orsay,' 430. **34.** Andrew, *Théophile Delcassé*, 67. **35.** Ibid., 90. **36.** Ibid., 8-19. **37.** Ibid., 54. **38.** Ibid., 24, 91. **39.** Ibid., 191. **40.** Monger, *The End of Isolation*, 104-5. **41.** Andrew, *Théophile Delcassé*, 190, 196-7. **42.** Ibid., 181. **43.** Hayne, *French Foreign Office*, 109. **44.** Eubank, *Paul Cambon*, 65. **45.** Hayne, *French Foreign Office*, 103. **45.** Eubank, *Paul Cambon*, 95. **47.** Ibid., 209. **48.** Ibid., 65, 68; Hayne, *French Foreign Office*, 103. **49.** Andrew, *Théophile Delcassé*, 186-7. **50.** Nicolson, *Portrait of a Diplomatist*, 86. **51.** Ibid., 84. **52.** Andrew, *Théophile Delcassé*, 186. **53.** Monger, *The End of Isolation*, 772. **54.** Andrew, *Théophile Delcassé*, 207-8. **55.** Cronin, *Paris on the Eve*, 63; Tombs e Tombs, *That Sweet Enemy*, 439-41; Mayne et al., *Cross Channel Currents*, 14-16. **56.** Andrew, *Théophile Delcassé*, 209. **57.** Hayne, *French Foreign Office*, 94. **58.** Andrew, *Théophile Delcassé*, 212-14; Williamson, *Politics of Grand Strategy*, 10-13. **59.** Eubank, *Paul Cambon*, 87. **60.** Williamson, *Politics of Grand Strategy*, 27; Weinroth, 'The BritishRadicals,' 657-8. **61.** Clark, *Kaiser Wilhelm II*, 192. **62.** Fischer, *War of Illusions*, 52-4. **63.** Sharp, *Anglo-French Relations*, 18. **64.** Lloyd George, *War Memoirs*, vol. I, 3.

7 – Rússia e Inglaterra: o urso e a baleia

1. *Scarborough Evening News*, 24 outubro 1904. **2.** Neilson, *Britain and the Last Tsar*, 255-8. **3.** Herring, *From Colony to Superpower*, 360-61. **4.** McDonald, *United Government*, 70-71. **5.** Kleinmikhel, *Memories of a Shipwrecked World*,

Notas

176. **6.** Lincoln, *In War's Dark Shadow*, 224. **7.** McDonald, *United Government*, 71; Lincoln, *In War's Dark Shadow*, 225. **8.** McDonald, *United Government*, 71, 73. **9.** Lieven, *Nicholas II*, 144. **10.** Figes, *A People's Tragedy*, 179-86. **11.** Lieven, *Nicholas II*, 149. **12.** Airapetov, *Generalui*, 12. **13.** Figes, *A People's Tragedy*, 16. **14.** Lieven, *Nicholas II*, 39. **15.** McDonald, *United Government*, 16n39. **16.** Ibid., 16. **17.** Izvol'skif e Seeger, *The Memoirs of Alexander Iswolsky*, 270n. **18.** Carter, *The Three Emperors*, 64-71; Lieven, *Nicholas II*, 40-42, 58-9, 166-7. **19.** Carter, *The Three Emperors*, 69. **20.** Steinberg, *All the Tsar's Men*, 29-31. **21.** Ibid., 30. **22.** Lincoln, *In War's Dark Shadow*, 33. **23.** Lieven, *Nicholas II*, 42. **24.** Neklyudov, *Diplomatic Reminiscences*, 4. **25.** McDonald, *United Government*, 65-6. **26.** Neilson, *Britain and the Last Tsar*, 70. **27.** Carter, *The Three Emperors*, 225. **28.** Lieven, *Nicholas II*, 64. **29.** Ibid., 71. **30.** Ibid., 141. **31.** Neilson, *Britain and the Last Tsar*, 62. **32.** Lieven, *Nicholas II*, 102. **33.** McDonald, *United Government*, 70. **34.** Ibid., 70. **35.** Ibid., 73 e caps 2 e 3. **36.** Ibid., 40-41. **37.** Radziwill, *Behind the Veil*, 226. **38.** Lieven, *Nicholas II*, 65-6. **39.** Kleinmichel, *Memories of a Shipwrecked World*, 211-12. **40.** Radziwill, *Behind the Veil*, 230. **41.** Lieven, *Nicholas II*, 227. **42.** Ibid., 55n8. **43.** Carter, *The Three Emperors*, 221. **44.** Neilson, *Britain and the Last Tsar*, 55. **45.** Lieven, *Nicholas II*, 149; Figes, *A People's Tragedy*, 191. **46.** Radziwill, *Behind the Veil*, 357; Lincoln, *In War's Dark Shadow*, 343. **47.** Figes, *A People's Tragedy*, 230; Radziwill, *Behind the Veil*, 361. **48.** Lieven, *Russia and the Origins*, 23-4. **49.** Fuller, *Strategy and Power in Russia*, 415. **50.** Szamuely, *The Russian Tradition*, 19. **51.** Citação em Robert Chandler, 'Searching for a Saviour,' *Spectator* (Londres), 31 março 2012. **52.** Kennan, *Siberia and the Exile System*, 55. **53.** Dowler, *Russia in 1913*, 198. **54.** Vinogradov, '1914 God: Byt' Ili ne Byt' Vojne?,' 162. **55.** Fuller, *Strategy and Power in Russia*, 378. **56.** Neilson, *Britain and the Last Tsar*, 86 e cap. 3. **57.** Weinroth, 'The British Radicals,' 665-70. **58.** Gilmour, *Curzon*, 201. **59.** Hinsley, *British Foreign Policy under Sir Edward Grey*, 135-6. **60.** Fuller, *Strategy and Power in Russia*, 364-5; Neilson, *Britain and the Last Tsar*, 113-15. **61.** Jusserand, *What Me Befell*, 203. **62.** Lieven, *Russia and the Origins*, 6. **63.** Stevenson, *Armaments*, 53. **64.** Lieven, 'Pro-Germans and Russian Foreign Policy,' 38. **65.** Airapetov, *Generalui*, 10-11. **66.** Fuller, *Strategy and Power in Russia*, 379-82. **67.** Ibid., 404. **68.** Lieven, 'Pro-Germans and Russian Foreign Policy,' 41-2. **69.** Spring, 'Russia and the Franco-Russian Alliance,' passim. **70.** Ibid., 569. **71.** Soroka, 'Debating Russia's Choice,' 14. **72.** Hantsch, *Leopold Graf Berchtold*, 33. **73.** Taube, *La Politique russe d'avant-guerre*, 15. **74.** Ibid., 43. **75.** Soroka, 'Debating Russia's Choice,' 11. **76.** Ibid., 4. **77.** Carter, *The Three Emperors*, 138. **78.** Albertini, *The Origins of the War*, vol. I, 159. **79.** Lieven, 'Pro-Germans and Russian Foreign Policy,' 43-5. **80.** Levine e Grant, *The Kaiser's Letters to the Tsar*, 118, 120. **81.** Andrew, *Théophile Delcassé*, 250-52. **82.** Carter, *The Three Emperors*, 130. **83.** Cecil, *Wilhelm II*, 14. **84.** Carter, *The Three Emperors*, 185; Bülow, *Memoirs of Prince von Bulow*, vol. II, 146. **85.** Balfour, *The Kaiser and His Times*, 248. **86.** Albertini, *The Origins of the War*, vol. I, 159-60; Bülow, *Memoirs of Prince von Bulow*, vol. II, 152-3; McDonald, *United Government and Foreign Policy in Russia*, 78-9. **87.** Levine e Grant, *The Kaiser's Letters to the Tsar*, 191-4. **88.** Lerman, *The Chancellor as Courtier*, 128-30. **89.** Bülow, *Memoirs of Prince von Bulow*, vol. I, 161. **90.** Hopman, *Das ereignisreiche Leben*, 144. **91.** Lieven, *Nicholas II*, 192. **92.** BD, vol. IV, 205, pgs. 219-20. **93.** Neilson, *Britain and the Last Tsar*, 102-3.

658   A Primeira Guerra Mundial – que acabaria com as guerras

94. Taube, *La Politique russe d'avantguerre*, 90. **95.** Ibid., 101. **96.** Soroka, 'Debating Russia's Choice,' 15. **97.** Hantsch, *Leopold Graf Berchtold*, 49. **98.** Csáky, *Vom Geachteten zum Geächteten*, 67. **99.** No original 'Je l'ai regretté tous les jours, mais je m'en félicité toutes les nuits'. Bülow, *Memoirs of Prince von Bulow*, vol. II, 325. **100.** Radziwill, *Behind the Veil*, 380. **101.** Taube, *La Politique russe d'avant-guerre*, 105. **102.** BD, vol. IV, 219, 235-6. **103.** Fuller, *Strategy and Power in Russia*, 416. **104.** Soroka, 'Debating Russia's Choice,' 3. **105.** Taube, *La Politique russe d'avant-guerre*, 103. **106.** Nicolson, *Portrait of a Diplomatist*, 183-5. **107.** Hinsley, *British Foreign Policy under Sir Edward Grey*, 158. **108.** Bülow, *Memoirs of Prince von Bulow*, vol. II, 352. **109.** Menning e Menning, '"Baseless Allegations",' 373. **110.** Grey, *Twenty-five Years*, vol. I, 154. **111.** Spring, "Russia and the Franco-Russian Alliance," 584. **112.** Albertini, *The Origins of the War*, vol. I, 189.

8 – A lealdade dos nibelungos

1. Geiss, 'Deutschland und Österreich-Ungarn,' 386. **2.** Angelow, 'Der Zweibund zwischen Politischer,' 58; Snyder, *The Ideology of the Offensive*, 107. **3.** Bülow, *Memoirs of Prince von Bulow*, vol. II, 367. **4.** Ibid., 362. **5.** Stevenson, *Armaments*, 4. **6.** Stone, *Europe Transformed*, 315. **7.** Redlich, *Emperor Francis Joseph*, 40. **8.** Palmer, *Twilight of the Habsburgos*, 23. **9.** Margutti, *The Emperor Francis Joseph*, 26-7. **10.** Ibid., 50. **11.** Palmer, *Twilight of the Habsburgos*, 230-31. **12.** Margutti, *The Emperor Francis Joseph*, 35-50; Redlich, *Emperor Francis Joseph*, 17-18, 188. **13.** Palmer, *Twilight of the Habsburgos*, 172. **14.** Margutti, *The Emperor Francis Joseph*, 45-6. **15.** Ibid., 52. **16.** Palmer, *Twilight of the Habsburgos*, 265. **17.** Ibid. **18.** RA VIC/MAIN/QVJ (W) 4 agosto 1874 (cópias da Princesa Beatrice). **19.** Margutti, *The Emperor Francis Joseph*, 48. **20.** Leslie, 'The Antecedents,' 309-10; Williamson, 'Influence, Power, and the Policy Process,' 419. **21.** Lukacs, *Budapest 1900*, 49-50, 108-12. **22.** Deák, *Beyond Nationalism*, 69. **23.** Vermes, *Istv'an Tisza*, 102. **24.** Freud, *Civilization and Its Discontents*, 61. **25.** Steed, *Through Thirty Years*, vol. I, 196. **26.** Wank, 'Pessimism in the Austrian Establishment,' 299. **27.** Ibid.; Johnston, *The Austrian Mind*, 47. **28.** Boyer, 'The End of an Old Regime,' 177-9; Stone, *Europe Transformed*, 304; Johnston, *The Austrian Mind*, 48; Urbas, *Schicksale und Schatten*, 77; Bridge, *From Sadowa to Sarajevo*, 254. **29.** Boyer, 'The End of an Old Regime,' 174-7; Palmer, *Twilight of the Habsburgos*, 291; Stone, *Europe Transformed*, 316; Stevenson, *Armaments*, 4; Williamson, *Austria-Hungary*, 44-6. **20.** Palmer, *Twilight of the Habsburgos*, 293. **31.** Czernin, *In the World War*, 46; Macartney, *The Habsburg Empire*, 746; Steed, *Through Thirty Years*, 367; Wank, 'The Archduke and Aehrenthal,' 86. **32.** Ibid. **33.** Steed, *Through Thirty Years*, vol. I, 367; Bridge, *The Habsburg Monarchy*, 7. **34.** Czernin, *In the World War*, 48. **35.** Ibid., 50; Afflerbach, *Der Dreibund*, 596-7. **36.** Hantsch, *Leopold Graf Berchtold*, 389. **37.** Aehrenthal, *Aus dem Nachlass*, 179-80. **38.** Bridge, 'Tarde Venientibus Ossa,' passim. **39.** Sondhaus, *Franz Conrad von Hötzendorf*, 82-4; Ritter, *The Sword and the Sceptre*, 229. **40.** Hoetzendorf, *Mein Leben mit Conrad von Hötzendorf*, 174-5. **41.** Sondhaus, *Franz Conrad von Hötzendorf*, 73-4. **42.** Hoetzendorf, *Mein Leben mit Conrad von Hötzendorf*, 66; Sondhaus, *Franz Conrad von Hötzendorf*, 89, 104. **43.** Hoetzendorf, *Mein Leben mit*

Notas

Conrad von Hötzendorf, 30. **44.** Ibid., 210. **45.** Ibid., 31; Sondhaus, *Franz Conrad von Hötzendorf*, 111; Williamson, *Austria-Hungary*, 49-50. **46.** Bridge, *From Sadowa to Sarajevo*, 440. **47.** Ibid., 267. **48.** Bosworth, *Italy and the Approach*, 55-7. **49.** Herwig, 'Disjointed Allies,' 271; Angelow, 'Der Zweibund zwischen Politischer,' 34; Margutti, *The Emperor Francis Joseph*, 220-28; Williamson, *Austria-Hungary*, 36. **50.** Bridge, *From Sadowa to Sarajevo*, 254-5, 427-8; Margutti, *The Emperor Francis Joseph*, 127, 228. **51.** Musulin, *Das Haus am Ballplatz*, 80; Stevenson, *Armaments*, 38-9; Williamson, *Austria-Hungary*, 114. **52.** Bridge, 'Austria-Hungary and the Boer War,' 79. **53.** Bridge, *From Sadowa to Sarajevo*, 260; Steiner, *The Foreign Office and Foreign Policy*, 182-3; Williamson, *Austria-Hungary*, 112. **54.** Wank, 'Foreign Policy and the Nationality Problem in Austria-Hungary,' 45. **55.** Bridge, *From Sadowa to Sarajevo*, 232-4; Jelavich, *Russia's Balkan Entanglements*, 212-13.

9 – Em que pensavam

1. Kessler, *Journey to the Abyss*, xxi. **2.** Schorske, *Fin-de-siècle Vienna*, 213-19. **3.** Ibid., 346-8. **4.** Kessler, *Journey to the Abyss*, 230. **5.** Lukacs, *Budapest 1900*, 129-32. **6.** Offer, *The First World War*, 121-7. **7.** Ibid., 128. **8.** Wank, 'The Archduke and Aehrenthal,' 83n33. **9.** Sondhaus, *Franz Conrad von Hötzen dorf*, 84-5. **10.** Förster, 'Der deutschen Generalstab,' 95. **11.** Offer, *The First World War*, 129. **12.** Deák, *Beyond Nationalism*, 128-9, 134-6. **13.** Lukacs, *Budapest 1900*, 184n. **14.** Weber, *France: Fin de Siècle*, 218-20. **15.** Offer, 'Going to War in 1914,' 217. **16.** Kronenbitter, *Krieg im Frieden*, 33. **17.** Lieven, *Russia and the Origins*, 22. **18.** Neklyudov, *Diplomatic Reminiscences*, 5. **19.** Bernhardi, *Germany and the Next War*, 28. **20.** Offer, 'Going to War in 1914,' 216. **21.** Rathenau, *Briefe*, 147. **22.** Rathenau and von Strandmann, *Walther Rathenau*, 142-3. **23.** Stromberg, 'The Intellectuals,' 115, 119. **24.** Tanner, *Nietzsche*, 4 e passim. **25.** Blom, *The Vertigo Years*, 354. **26.** Kessler, *Journey to the Abyss*, 128. **27.** Cronin, *Paris on the Eve*, 43-6. **28.** Ibid., 47. **29.** Wohl, *The Generation of 1914*, 6-7. **30.** Blom, *The Vertigo Years*, ch. 8. **31.** Tuchman, *The Proud Tower*, 88-97. **32.** Ibid., 106. **33.** De Burgh, *Elizabeth*, 326-7. **34.** Butterworth, *The World that Never Was*, 323. **35.** Barclay, *Thirty Years*, 142. **36.** Gooch, 'Attitudes to War,' 95; Hynes, *The Edwardian Turn of Mind*, 24-7. **37.** Hynes, *The Edwardian Turn of Mind*, 26-7. **38.** Weber, *France: Fin de Siècle*, 224. **39.** Ibid., 12. **40.** Tuchman, *The Proud Tower*, 32; Blom, *The Vertigo Years*, 184-5. **41.** Travers, 'Technology, Tactics, and Morale,' 279. **42.** Miller et al., *Military Strategy*, 14n28. **43.** Steiner e Neilson, *Britain and the Origins*, 171. **44.** Hull, *The Entourage of Kaiser Wilhelm II*, 133-5. **45.** Hynes, *The Edwardian Turn of Mind*, 201. **46.** Ibid., 199. **47.** Gildea, *Barricades and Borders*, 268-7. **48.** Ousby, *The Road to Verdun*, 155-6. **49.** Bourdon, *The German Enigma*, 170. **50.** Hynes, *The Edwardian Turn of Mind*, 286-7. **51.** Blom, *The Vertigo Years*, 334 e cap. 13. **52.** Leslie, 'The Antecedents,' 312. **53.** Sou grata ao General David Godsal por permitir o uso deste extrato do diário não publicado do Capitão Wilmot Caulfeild, de sua propriedade. **54.** Gooch, 'Attitudes to War,' 94. **55.** Bernhardi, *Germany and the Next War*, 26. **56.** Joll e Martel, *The Origins of the First World War*, 276-7. **57.** Lukacs, *Budapest 1900*, 130-32. **58.** Schorske, *Fin-de-Siècle Vienna*, 133-46. **59.** Bernhardi, *Germany and the Next War*, 57-8. **60.** Berghahn, 'War Preparations and National

Identity,' 311ff. **61.** Nolan, *The Inverted Mirror*, 25. **62.** Steiner e Neilson, *Britain and the Origins*, 165. **63.** Hewitson, *Germany and the Causes*, 92. **64.** Eby, *The Road to Armageddon*, 6. **65.** Martel, *The Origins of the First World War*, 280-81. **66.** Cannadine et al., *The Right Kind of History*, 20, 23-4. **67.** Langsam, 'Nationalism and History,' 250-51. **68.** Joll e Martel, *The Origins of the First World War*, 274-5. **69.** Bernhardi, *Germany and the Next War*, 57. **70.** Ibid., 20. **71.** Berghahn, 'War Preparations and National Identity,' 316. **72.** Cannadine et al., *The Right Kind of History*, 53. **73.** Roberts, *Salisbury*, 799. **74.** Kennedy, 'German World Policy,' 616-18. **75.** Fischer, 'The Foreign Policy of Imperial Germany,' 26. **76.** Joll, *1914*, 18. **77.** Hewitson, *Germany and the Causes*, 95. **78.** Thompson, *Northcliffe*, 155-6. **79.** Steiner, 'The Last Years,' 76. **80.** Ousby, *The Road to Verdun*, 154-6. **81.** Hewitson, 'Germany and France,' 574-5, 580-81. **82.** Nolan, *The Inverted Mirror*, 56. **83.** Herwig, *The Marne*, 32-3. **84.** Nolan, *The Inverted Mirror*, 30. **85.** Bourdon, *The German Enigma*, 163-4. **86.** Nolan, *The Inverted Mirror*, 58. **87.** Ibid., 61. **88.** Gooch, 'Attitudes to War,' 96. **89.** Förster, 'Facing "People's War",' 223-4. **90.** Ritter, *The Sword and the Scepter*, 102. **91.** Joll, *The Second International*, 196. **92.** Stevenson, *Armaments*, 38. **93.** Ferguson, *The Pity of War*, 31-3. **94.** Förster, 'Im Reich des Absurden,' 213-14; Feldman, 'Hugo Stinnes,' 84-5. **95.** Steed, *Through Thirty Years*, 359. **96.** Lieven, *Russia and the Origins*, 16-17; Bushnell, 'The Tsarist Officer Corps,' passim. **97.** Airapetov, *Poslednyaya Voina Imperatorskoi Rossii*, 44-58. **98.** Ritter, *The Sword and the Sceptre*, 102-3. **99.** Bourdon, *The German Enigma*, 207. **100.** Eby, *The Road to Armageddon*, 4. **101.** Howard, 'Men Against Fire,' 17. **102.** Rohkrämer, 'Heroes and Would-be Heroes,' 192-3. **103.** Steiner e Neilson, *Britain and the Origins*, 169. **104.** Hynes, *The Edwardian Turn of Mind*, 28-9. **105.** Linton, 'Preparing German Youth for War,' 177-8. **106.** Ibid., 167. **107.** Ibid., 180-83. **108.** Weber, *France: Fin de Siècle*, 215-17; Porch, *The March to the Marne*, 207-10. **109.** Porch, *The March to the Marne*, 92-3. **110.** Ibid., cap. 5, 106-7; Harris, *The Man on Devil's Island*, 365-6. **111.** Porch, *The March to the Marne*, ch. 7. **112.** Ibid., 189. **113.** Clark, *Iron Kingdom*, 596-9. **114.** Balfour, *The Kaiser and His Times*, 333. **115.** Berghahn, *Germany and the Approach of War*, 174-8. **116.** Gooch, 'Attitudes to War,' 97. **117.** Rohkrämer, 'Heroes and Would-be Heroes,' 199-203. **118.** Stromberg, 'The Intellectuals,' 109. **119.** Urbas, *Schicksale und Schatten*, 67-8. **120.** Kessler, *Journey to the Abyss*, 581. **121.** Stromberg, 'The Intellectuals,' 117-18n37. **122.** Ibid., 120; Weber, *The Nationalist Revival in France*, 108-9.

10 – Sonhando com a paz

1. Laurence, 'Bertha von Suttner,' 184-5. **2.** Ibid., 196. **3.** Blom, *The Vertigo Years*, 192. **4.** Laurence, 'Bertha von Suttner,' 186-7; Joll e Martel, *The Origins of the First World War*, 260-61; La Feber, *The Cambridge History of American Foreign Relations*, 43. **5.** Kennedy, *Rise of the Anglo-German Antagonism*, 293. **6.** Rotte, 'Global Warfare,' 483-5. **7.** Bloch, *The Future of War*, xxx. **8.** Ibid., lxxi. **9.** Ibid., ix. **10.** Ibid., xix. **11.** Travers, 'Technology, Tactics, and Morale,' 266. **12.** Bloch, *The Future of War*, xvi. **13.** Ibid., xi. **14.** Dungen, 'Preventing Catastrophe,' 456-7. **15.** Ceadel, *Living the Great Illusion*, 4, 20-21. **16.** Angell, *The Great Illusion*, Kindle version, loc. 4285. **17.** Ibid., loc. 947-9. **18.** Ibid., loc. 633-4. **19.** Ibid., loc. 1149. **20.** Steiner e Neilson, *Britain and the Origins*,

Notas

142; Ceadel, *Living the Great Illusion*, 8-12, 22. **21.** Offer, *The First World War*, 250. **22.** Laity, *The British Peace Movement*, 189. **23.** Cooper, 'Pacifism in France,' 360-62. **24.** Bülow, *Memoirs of Prince von Bulow*, vol. II, 383. **25.** Chickering, 'Problems of a German Peace Movement,' 46, 52. **26.** Chickering, *Imperial Germany*, 239-53. **27.** Wank, 'The Austrian Peace Movement,' 42-3; Dülffer, 'Efforts to Reform the International System,' 28. **28.** Herring, *From Colony to Superpower*, 358-60. **29.** Patterson, 'Citizen Peace Initiatives,' 187-92. **30.** Herring, *From Colony to Superpower*, 357-8. **31.** Chickering, *Imperial Germany*, 345. **32.** Cooper, 'Pacifism in France,' 366-7. **33.** Morris, 'The English Radicals' Campaign,' passim. **34.** Weinroth, 'The British Radicals,' 661-2. **35.** Kessler, *Journey to the Abyss*, 336,368-9. **36.** Zweig, *The World of Yesterday*, 226. **37.** Cooper, 'Pacifism in France,' 363. **38.** Anderson, *The Rise of Modern Diplomacy*, 253-5. **39.** Ibid., 255. **40.** Morrill, 'Nicholas II and the Call,' 296-313. **41.** Dülffer, 'Chances and Limits of Arms Control,' 98. **42.** Dülffer, 'Citizens and Diplomats,' 30-31. **43.** Joll e Martel, *The Origins of the First World War*, 258. **44.** Massie, *Dreadnought*, 429. **45.** Chickering, *Imperial Germany*, 225. **46.** Dülffer, 'Citizens and Diplomats,' 25. **47.** Laurence, 'The Peace Movement in Austria,' 55. **48.** Andrew, *Théophile Delcassé*, 121. **49.** BD, vol. I, 274, 224-5; 276, 226. **50.** White, *The First Hague Conference*, 114. **51.** Tuchman, *The Proud Tower*, 252. **52.** BD, vol. I, 282, 229-31. **53.** White, *The First Hague Conference*, 8. **54.** Ibid., 18-19. **55.** Dülffer, 'Citizens and Diplomats,' 24. **56.** Dülffer, 'Chances and Limits of Arms Control,' 102. **57.** Chickering, *Imperial Germany*, 227. **58.** Ibid., 228. **59.** Aehrenthal, *Aus dem Nachlass*, 388. **60.** Stevenson, *Armaments*, 109. **61.** Laity, *The British Peace Movement*, 171-2. **62.** Laurence, 'The Peace Movement in Austria,' 29. **63.** Stevenson, *Armaments*, 109-10. **64.** Ceadel, *Semi-Detached Idealists*, 166. **65.** Charykov, *Glimpses of High Politics*, 261. **66.** Marder, *From the Dreadnought to Scapa Flow*, 133. **67.** Chickering, *Imperial Germany*, 229-30. **68.** Steiner, 'Grey, Hardinge and the Foreign Office,' 434-5. **69.** Dülffer, 'Efforts to Reform the International System,' 40. **70.** Howorth, 'French Workers and German Workers,' 85. **71.** Chickering, *Imperial Germany*, 269. **72.** Laurence, 'Bertha von Suttner,' 194. **73.** Joll, *The Second International*, 107. **74.** Craig, *Germany, 1866-1945*, 267-9; Joll, *The Second International*, 89-90. **75.** Groh, 'The "Unpatriotic Socialists",' 153-5. **76.** Chickering, *Imperial Germany*, 272. **77.** Joll, *The Second International*, 100-105; Goldberg, *Life of Jean Jaurès*, 329-30. **78.** Goldberg, *Life of Jean Jaurès*, 13. **79.** Ibid., 63-5. **80.** Ibid., 15, 375; Heinrich, *Geschichte in Gesprächen*, 327-8. **81.** Goldberg, *Life of Jean Jaurès*, 385. **82.** Porch, *The March to the Marne*, 247-9. **83.** Joll, *The Second International*, 126-43, 197. **84.** Chickering, *Imperial Germany*, 275; Haupt, *Socialism and the Great War*, 90-91, 107. **85.** Haupt, *Socialism and the Great War*, 67-8. **86.** Ibid., 64. **87.** Ibid., 91-2; Joll, *The Second International*, 152-7. **88.** Haupt, *Socialism and the Great War*, 102-3. **89.** Joll, *The Second International*, 70. **90.** Howorth, 'French Workers and German Workers,' 75; Chickering, 'War, Peace, and Social Mobilization,' 16-17. **91.** Joll, *The Second International*, 49-54; Howorth, 'French Workers and German Workers,' 78-81. **92.** Haupt, *Socialism and the Great War*, 68-9. **93.** Ibid., 69-70. **94.** Joll, *The Second International*, 123-4. **95.** Haupt, *Socialism and the Great War*, 64-6. **96.** Ibid., 77. **97.** Ibid., 114; Goldberg, *Life of Jean Jaurès*, 435-8. **98.** Cooper, *Patriotic Pacifism*, 171. **99.** Ibid., 165-7. **100.** Chickering, *Imperial Germany*, 317. **101.** Weinroth, 'The British Radicals,' 676; Chickering, *Imperial Germany*,

118. **102.** Cooper, 'Pacifism in France,' 365. **103.** Angell, *The Great Illusion* Kindle version, loc. 2928-30.

11 – Pensando em guerra

1. Howard, 'The Armed Forces,' 217. **2.** Stevenson, 'War by Timetable?,' 167-8; Herwig, 'Conclusions,' 232. **3.** Howard, *The Franco-Prussian War*, 14. **4.** Stevenson, 'War by Timetable?,' 167. **5.** Bucholz, *Moltke, Schlieffen*, 146-7, 229, 232. **6.** Ibid., 150. **7.** Stevenson, 'War by Timetable?,' 171. **8.** Craig, *The Politics of the Prussian Army*, 197n3. **9.** Bucholz, *Moltke, Schlieffen*, 64-6. **10.** Craig, *The Politics of the Prussian Army*, 216. **11.** Moltke, *Erinnerungen*, 11. **12.** Herwig, 'Conclusions,' 231. **13.** Showalter, 'Railroads,' 40. **14.** Stevenson, 'War by Timetable?,' 192-3. **15.** Evera, 'The Cult of the Offensive,' 73-6. **16.** Hamilton, 'War Planning,' 13. **17.** Herwig, 'Imperial Germany,' 90. **18.** Herwig, 'From Tirpitz Plan to Schlieffen Plan,' 57. **19.** Tirpitz, *My Memoirs*, vol. II, 290. **20.** Bond, *The Victorian Army and the Staff College*, 133. **21.** Kronenbitter, *Krieg im Frieden*, 88. **22.** Echevarria, 'Heroic History,' 573-90. **23.** Echevarria, 'On the Brink of the Abyss,' 31-3. **24.** Howard, 'The Armed Forces,' 206-9. **25.** Travers, 'Technology, Tactics, and Morale,' 268. **26.** Welch, 'The Centenary,' 273-94. **27.** Bloch, 'The Wars of the Future,' 307. **28.** Ibid., 314-15. **29.** Cairns, 'International Politics,' 280-81. **30.** Bloch, 'The Wars of the Future,' 314. **31.** Travers, 'Technology, Tactics, and Morale,' 273-4. **32.** Burkhardt, 'Kriegsgrund Geschichte?,' 72-4. **33.** Mombauer, 'German War Plans,' 52n10. **34.** Snyder, *The Ideology of the Offensive*, 26-30; Evera, 'The Cult of the Offensive,' passim. **35.** Travers, 'Technology, Tactics, and Morale,' 271n22. **36.** Doughty, *Pyrrhic Victory*, 25. **37.** Howard, 'Men Against Fire,' 10-11. **38.** Messimy, *Mes Souvenirs*, 119. **39.** Porch, 'The French Army,' 120. **40.** Ibid., 118. **41.** Gooch, 'Attitudes to War,' 95. **42.** Echevarria, 'On the Brink of the Abyss,' 27-8, 30-31. **43.** Foley, *German Strategy*, 41. **44.** Howard, 'Men Against Fire,' 8-10. **45.** Cairns, 'International Politics,' 282. **46.** Foley, *German Strategy*, 28-9. **47.** Kießling, *Gegen den 'Großen Krieg'?*, 43-50, 139; McDonald, *United Government*, 199-201; Kronenbitter, *Krieg im Frieden*, 139. **48.** Kronenbitter, *Krieg im Frieden*, 126-31. **49.** Förster, 'Dreams and Nightmares,' 345, 360. **50.** Maurer, *The Outbreak of the First World War*; ver, por exemplo, cap. 1. **51.** Förster, 'Der deutschen Generalstab,' 61-95. **52.** Csáky, *Vom Geachteten zum Geächteten*, 137. **53.** Mombauer, 'German War Plans,' 59.

12 – Fazendo os planos

1. Steinberg, *Bismarck*, 57-60; Bucholz, *Moltke, Schlieffen*, 110-13. **2.** Bucholz, *Moltke, Schlieffen*, 120-21. **3.** Ibid., 127. **4.** Snyder, *The Ideology of the Offensive*, 134. **5.** Bucholz, *Moltke, Schlieffen*, 130-31. **6.** Ibid., 124, 129-31. **7.** Craig, *The Politics of the Prussian Army*, 277. **8.** Echevarria, 'Heroic History,' 585; Mombauer, 'German War Plans,' 52n10. **9.** Snyder, 'Civil-Military Relations,' 35. **10.** Förster, 'Dreams and Nightmares,' 359-60. **11.** Craig, *The Politics of the Prussian Army*, 277. **12.** Herwig, *The Marne*, 33. **13.** Mombauer, *Helmuth von Moltke*, 100-105; Snyder, *The Ideology of the Offensive*, 117. **14.** Bucholz, *Moltke, Schlieffen*, 301-2. **15.** Foley, *German Strategy*, 6-7. **16.** Herwig, 'From Tirpitz Plan to Schlieffen Plan,' 55. **17.** Craig, *Germany, 1866-1945*, 317. **18.** Ritter, *The Sword and the Sceptre*, 206. **19.** Ibid. **20.**

Notas

Mombauer, *Helmuth von Moltke*, 46. **21.** Ibid., 42-6. **22.** Craig, *The Politics of the Prussian Army*, 300. **23.** Bülow, *Memoirs of Prince von Bulow*, vol. II, 201-2. **24.** Maurer, *The Outbreak of the First World War*, 37. **25.** Herwig, 'From Tirpitz Plan to Schlieffen Plan,' 59. **26.** Mombauer, *Helmuth von Moltke*, 59. **27.** Bucholz, *Moltke, Schlieffen*, 223-5. **28.** Kronenbitter, *Krieg im Frieden*, 311. **29.** Hull, *The Entourage of Kaiser Wilhelm II*, 240. **30.** Kessler, *Journey to the Abyss*, 658; Foley, 'Debate – the Real Schlieffen Plan,' 222. **31.** Snyder, *The Ideology of the Offensive*, 203. **32.** Groener, *Lebenserinnerungen*, 84. **33.** Fischer, *War of Illusions*, 55. **34.** Hull, *The Entourage of Kaiser Wilhelm II*, 258-9; Afflerbach, *Falkenhayn. Politisches*, 79. **35.** Mombauer, *Helmuth von Moltke*, 165. **36.** Bucholz, *Moltke, Schlieffen*, 263-4. **37.** Mombauer, 'German War Plans,' 57. **38.** Craig, *The Politics of the Prussian Army*, 280. **39.** Showalter, 'From Deterrence to Doomsday Machine,' 696. **40.** Snyder, *The Ideology of the Offensive*, 152. **41.** Bülow, *Memoirs of Prince von Bulow*, vol. II, 88-9. **42.** Fischer, *War of Illusions*, 390. **43.** Bülow, *Memoirs of Prince von Bulow*, vol. II, 84-5. **44.** Fischer, *War of Illusions*, 225-9; Beyens, *Germany before the War*, 36-8. **45.** Mombauer, 'German War Plans,' 48-79. **46.** Fischer, *War of Illusions*, 390. **47.** Hewitson, *Germany and the Causes*, 118. **48.** Herrmann, *The Arming of Europe*, 96-7. **49.** Mombauer, *Helmuth von Moltke*, 210. **50.** Hewitson, *Germany and the Causes*, 131-3; Hewitson, 'Images of the Enemy,' passim. **51.** Herrmann, *The Arming of Europe*, 132-3. **52.** Ibid., 84. **53.** Ibid., 91-5. **54.** Mombauer, 'German War Plans,' 57. **55.** Herwig, 'Imperial Germany,' 71. **56.** Herwig, 'Disjointed Allies,' 273. **57.** Herrmann, *The Arming of Europe*, 101. **58.** Gooch, 'Italy before 1915,' 211-22; Mombauer, *Helmuth von Moltke*, 167-9. **59.** Maurer, *The Outbreak of the First World War*, 33; Herwig, 'Disjointed Allies,' 271-2; Ritter, 'Zusammenarbeit,' 535. **60.** Herwig, 'Disjointed Allies,' 271n9. **61.** Williamson, *Austria-Hungary*, 87-8. **62.** Kronenbitter, *Krieg im Frieden*, 282. **63.** Stone, 'V. Moltke-Conrad,' 201-2 e passim. **64.** Sondhaus, *Franz Conrad von Hötzendorf*, 85. **65.** Stevenson, 'War by Timetable?,' 181-2. **66.** Stone, 'V. Moltke-Conrad,' 204n7. **67.** Kronenbitter, '"Nur los lassen",' 39. **68.** Herrmann, *The Arming of Europe*, 234, 237. **69.** Stone, 'V. Moltke-Conrad,' 213-14. **70.** Herwig, 'Disjointed Allies,' 278. **71.** Menning, 'The Offensive Revisited,' 226. **72.** Armour, 'Colonel Redl: Fact and Fantasy,' 175-6. **73.** Ibid., 179-80; Sondhaus, *Franz Conrad von Hötzendorf*, 124-7. **74.** Stevenson, 'War by Timetable?,' 177-8; Heywood, 'The Most Catastrophic Question,' 46, 54. **75.** Menning, 'The Offensive Revisited,' 224. **76.** Menning, 'Pieces of the Puzzle,' 782. **77.** Fuller, 'The Russian Empire,' 109, 122-4. **78.** Shatsillo, *Ot Portsmutskogo*, 199. **79.** Fuller, 'The Russian Empire,' 110. **80.** Stevenson, *Armaments*, 151-6. **81.** Fuller, *Strategy and Power in Russia*, 427-33. **82.** Brusilov, *A Soldier's Notebook*, 11. **83.** Fuller, *The Foe Within*, 46-8. **84.** Turner, 'Role of the General Staffs,' 317; Paléologue, *Ambassador's Memoirs*, vol. I, 83. **85.** Rich, *The Tsar's Colonels*, 221. **86.** Fuller, 'The Russian Empire,' 100-101. **87.** Spring, 'Russia and the Franco-Russian Alliance,' 568-9, 578-9 e passim. **88.** Menning, 'The Offensive Revisited,' 219. **89.** Airapetov, *Poslednyaya Voina Imperatorskoi Rossii*, 174-5; Shatsillo, *Ot Portsmutskogo*, 65-7. **90.** Menning, 'Pieces of he Puzzle,' 788. **91.** Fuller, 'The Russian Empire,' 111-12, 118-21. **92.** Snyder, *The Ideology of the Offensive*, 178. **93.** Fuller, 'The Russian Empire,' 111-13; Menning, 'The Offensive Revisited,' 225. **94.** Fuller, *Strategy and Power in Russia*, 440-41. **95.** Menning, 'Pieces of the Puzzle,' 796. **96.** Menning, 'War Planning,' 121.

97. Airapetov, 'K voprosu o prichinah porazheniya russkoi armii'; Snyder, *The Ideology of the Offensive*, 189-94. **98.** Fuller, 'The Russian Empire,' 110-11. **99.** Airapetov, 'K voprosu o prichinah porazheniya russkoi armii'; Menning, 'War Planning,' 122-5. **100.** Andrew, 'France and the German Menace,' 147. **101.** Ignat'ev, *50 Let v Stroyu*, 390-91. **102.** Schmidt, *Frankreichs Aussenpolitik*, 182-3. **103.** Ignat'ev, *50 Let v Stroyu*, 392. **104.** Messimy, *Mes Souvenirs*, 118n1; Porch, *The March to the Marne*, 184-5. **105.** Porch, *The March to the Marne*, 216-23. **106.** Tanenbaum, 'French Estimates,' 163. **107.** Doughty, 'France,' 160. **108.** Doughty, *Pyrrhic Victory*, 26. **109.** Doughty, 'France,' 159. **110.** Becker, *1914, Comment les Français*, 43n174. **111.** Tanenbaum, 'French Estimates,' 164. **112.** Porch, *The March to the Marne*, 129-32. **113.** Tanenbaum, 'French Estimates,' 137. **114.** Doughty, 'France,' 154. **115.** Ibid., 154; Tanenbaum, 'French Estimates,' 156. **116.** Doughty, 'France,' 153. **117.** Herwig, 'Imperial Germany,' 70. **118.** Schmidt, *Frankreichs Aussenpolitik*, 165-7. **119.** Tanenbaum, 'French Estimates,' 163. **120.** Ibid., 159. **121.** Ibid., 166. **122.** Snyder, *The Ideology of the Offensive*, 102-3. **123.** Tanenbaum, 'French Estimates,' 170-71. **124.** Doughty, 'France,' 163. **125.** Williamson, *Politics of Grand Strategy*, 226. **126.** Doughty, 'France,' 165-8; Doughty, 'French Strategy in 1914,' 434. **127.** Doughty, 'France,' 165. **128.** Porch, *The March to the Marne*, 232-3. **129.** Messimy, *Mes Souvenirs*, 179.

13 – Começam as crises

1. Schoen, *Memoirs of an Ambassador*, 20; Rich, *Friedrich von Holstein*, vol. II, 694. **2.** Schoen, *Memoirs of an Ambassador*, 22-3. **3.** BD, vol. III, 71, pg. 62. **4.** Balfour, *The Kaiser and His Times*, 255. **5.** Rich, *Friedrich von Holstein*, vol. II, 695. **6.** Hewitson, 'Germany and France,' 579. **7.** Rich, *Friedrich von Holstein*, vol. II, 691-3. **8.** Ibid., 702n1. **9.** Hewitson, 'Germany and France,' 585-6. **10.** Rich, *Friedrich von Holstein*, vol. II, 680-81. **11.** Ibid., 683, 684. **12.** Morris, *Theodore Rex*, 334-5. **13.** Andrew, *Théophile Delcassé*, 269-70. **14.** Ibid., 272. **15.** Kaiser, 'Germany and the Origins,' 453. **16.** Bülow, *Memoirs of Prince von Bulow*, vol. II, 162. **17.** Kaiser, 'Germany and the Origins,' 453. **18.** Craig, *The Politics of the Prussian Army*, 285. **19.** Lee, *Edward VII*, vol. II, 340. **20.** *The Times*, 31 março 1905. **21.** Marder, *From the Dreadnought to Scapa Flow*, 116. **22.** Monger, *The End of Isolation*, 192. **23.** Ibid., 187. **24.** Ibid., 190. **25.** Andrew, *Théophile Delcassé*, 287-8. **26.** Ibid., 281, 283, 285. **27.** Ibid., 286. **28.** Balfour, *The Kaiser and His Times*, 265. **29.** Monger, *The End of Isolation*, 224 e n2. **30.** Nicolson, *Portrait of a Diplomatist*, 119. **31.** Andrew, *Théophile Delcassé*, 291-2. **32.** Ibid., 299. **33.** Ibid., 292-3. **34.** Ibid., 296-7. **35.** Ibid., 289. **36.** Ibid., 276-8, 278-9. **37.** Ibid., 296-301. **38.** Weber, *The Nationalist Revival in France*, 31. **39.** Monger, *The End of Isolation*, 202. **40.** Bülow, *Memoirs of Prince von Bulow*, vol. II, 135, 138. **41.** Rich, *Friedrich von Holstein*, vol. II, 707. **42.** Nicolson, *Portrait of a Diplomatist*, 122. **43.** Andrew, *Théophile Delcassé*, 303. **44.** Weber, *The Nationalist Revival in France*, 32. **45.** Williamson, *Politics of Grand Strategy*, 40-41. **46.** Ibid., 42. **47.** Marder, *From the Dreadnought to Scapa Flow*, 117. **48.** Rich, *Friedrich von Holstein*, vol. II, 731. **49.** Grey, *Twenty-five Years*, vol. I; ver, por exemplo, sua carta de 31 *janeiro* 1906, 176-9. **50.** Otte, 'Almost a Law of Nature?,' 82-3. **51.** Wilson, *The Policy of the Entente*, 13. **52.** Grey, *Twenty-five Years*, vol. I, 128. **53.** Lloyd George, *War Memoirs*, vol. I, 91. **54.**

Notas

Gilmour, *Curzon*, 26n. **55.** Robbins, *Sir Edward Grey*, 23-4, 29. **56.** Massie, *Dreadnought*, 585. **57.** Steiner e Neilson, *Britain and the Origins*, 41-2. **58.** Wilson, *The Policy of the Entente*, 35. **59.** Steiner e Neilson, *Britain and the Origins*, 42-3. **60.** Otte, 'Almost a Law of Nature?,' 79. **61.** BD, vol. III, 200, pg. 162. **62.** Grey, *Twenty-Five Years*, vol. I, 98. **63.** Rich, *Friedrich von Holstein*, vol. II, 733. **64.** Oppel, 'The Waning of a Traditional Alliance,' 324. **65.** Bridge, *From Sadowa to Sarajevo*, 281-2. **66.** Herring, *From Colony to Superpower*, 363. **67.** BD, vol. III, 401, pgs. 337-8. **68.** Lerman, *The Chancellor as Courtier*, 147-8. **69.** Balfour, *The Kaiser and His Times*, 262; Lerman, *The Chancellor as Courtier*, 144. **70.** Balfour, *The Kaiser and His Times*, 264. **71.** Otte, 'Almost a Law of Nature?' 83. **72.** Foley, 'Debate – the Real Schlieffen Plan,' 44-5. **73.** Craig, *The Politics of the Prussian Army*, 284-5. **74.** Joll e Martel, *The Origins of the First World War*, 197. **75.** Oppel, 'The Waning of a Traditional Alliance,' 325-6. **76.** Dumas, *The Franco- British Exhibition*, 4. **77.** Williamson, *Politics of Grand Strategy*, 38-40. **78.** BD, vol. III, 299, pgs. 266-8. **79.** Williamson, *Politics of Grand Strategy*, 76. **80.** Lloyd George, *War Memoirs*, vol. I, 49-50. **81.** Wilson, *The Policy of the Entente*, 85-7. **82.** Ibid., 93-6. **83.** Williamson, *Politics of Grand Strategy*, 90-92. **84.** Kennedy, 'Great Britain before 1914,' 173. **85.** Wilson, *The Policy of the Entente*, 125. **86.** Offer, *The First World War*, 303. **87.** Doughty, *Pyrrhic Victory*, 39. **88.** Marder, *From the Dreadnought to Scapa Flow*, 384-8. **89.** Wilson, *The Policy of the Entente*, 126; Fisher and Marder, *Fear God and Dread Nought*, vol. II, 232. **90.** Marder, *From the Dreadnought to Scapa Flow*, 246-7. **91.** Williamson, *Politics of Grand Strategy*, 106-7. **92.** Steiner e Neilson, *Britain and the Origins*, 213. **93.** Neilson, 'Great Britain,' 183-5; Williamson, *Politics of Grand Strategy*, 187-93. **94.** Jeffery, *Field Marshal Sir Henry Wilson*, 96-7. **95.** Williamson, *Politics of Grand Strategy*, 196. **96.** Porch, *The March to the Marne*, 228. **97.** Eubank, *Paul Cambon*, 114, 123, 155 e passim. **98.** Doughty, 'French Strategy in 1914,' 435. **99.** Schmidt, *Frankreichs Aussenpolitik*, 138-41. **100.** Jeffery, *Field Marshal Sir Henry Wilson*, 37. **101.** Williamson, 'General Henry Wilson,' 91. **102.** Ibid., 94-6. **103.** Callwell, *Field-Marshal Sir Henry Wilson*, vol. I, 89. **104.** Ibid., 78-9. **105.** Andrew, 'France and the German Menace,' 137. **106.** Callwell, *Field-Marshal Sir Henry Wilson*, vol. I, 105. **107.** Keiger, 'Jules Cambon,' 642.

14 – Crise nos Balcãs

1. Aehrenthal, *Aus dem Nachlass*, 196. **2.** Diószegi, *Hungarians in the Ballhausplatz*, 97-200. **3.** Hoetzendorf, *Mein Leben mit Conrad von Hötzendorf*, 63, 237. **4.** Bülow, *Memoirs of Prince von Bulow*, vol. I, 372. **5.** Kronenbitter, *Krieg im Frieden*, 248-51. **6.** Bridge, *From Sadowa to Sarajevo*, 290. **7.** Wank, 'Aehrenthal's Programme,' 520-22. **8.** Aehrenthal, *Aus dem Nachlass*; ver, por exemplo, 385-8. **9.** Bülow, *Memoirs of Prince von Bulow*, vol. II, 371. **10.** Jelavich, *Russia's Balkan Entanglements*, 217. **11.** Musulin, *Das Haus am Ballplatz*, 57. **12.** Williamson, *Austria-Hungary*, 95. **13.** Czernin, *In the World War*, 50. **14.** Williamson, 'Influence, Power, and the Policy Process,' 431. **15.** Williamson, *Austria-Hungary*, 97. **16.** Bridge, *From Sadowa to Sarajevo*, 279; Bridge, *The Habsburg Monarchy*, 189-90. **17.** Diószegi, *Hungarians in the Ballhausplatz*, 200. **18.** Macartney, *The Habsburg Empire*, 597-8; Bridge, *From Sadowa to Sarajevo*, 149-50. **19.** Stevenson, *Armaments*, 82. **20.** Jelavich, *Russia's Balkan*

Entanglements, 240; Jelavich e Jelavich, *The Establishment*, 255-6. **21.** Jelavich, *Russia's Balkan Entanglements*, 239n53. **22.** Macartney, *The Habsburg Empire*, 774. **23.** Williamson, *Austria-Hungary*, 65. **24.** Baernreither e Redlich, *Fragments*, 21-2. **25.** Ibid., 35, 44. **26.** Ibid., 43-4. **27.** Aehrenthal, *Aus dem Nachlass*, 449-52. **28.** Ibid., 599. **29.** Bridge, 'Isvolsky, Aehrenthal,' 326. **30.** Bridge, '*The Entente Cordiale*,' 341. **31.** Bridge, *From Sadowa to Sarajevo*, 433. **32.** Baernreither e Redlich, *Fragments*, 37. **33.** Bridge, 'Isvolsky, Aehrenthal,' 326. **34.** Bridge, *From Sadowa to Sarajevo*, 298-9. **35.** Lee, *Europe's Crucial Years*, 326. **36.** McDonald, *United Government*, 127. **37.** Cooper, 'British Policy in the Balkans,' 262. **38.** Taube, *La Politique russe d'avant-guerre*, 185-7; Nicolson, *Portrait of a Diplomatist*, 200; Lee, *Europe's Crucial Years*, 184-5. **39.** Margutti, *The Emperor Francis Joseph*, 225. **40.** Hopman, *Das ereignisreiche Leben*, 147-8. **41.** Reynolds, *Shattering Empires*, 22. **42.** Schoen, *Memoirs of an Ambassador*, 77; Bridge, 'Isvolsky, Aehrenthal,' 332-3. **43.** Fuller, *Strategy and Power in Russia*, 419. **44.** Bülow, *Memoirs of Prince von Bulow*, vol. I, 373. **45.** Bridge, 'Isvolsky, Aehrenthal,' 334; Hantsch, *Leopold Graf Berchtold*, 121-2. **46.** Bridge, 'Isvolsky, Aehrenthal,' 335. **47.** Fuller, *Strategy and Power in Russia*, 419. **48.** Bridge, 'Isvolsky, Aehrenthal,' 334. **49.** Ibid., 339. **50.** McMeekin, *The Russian Origins*, 225. **51.** Bridge, *From Sadowa to Sarajevo*, 437. **52.** Hantsch, *Leopold Graf Berchtold*, 144. **53.** McDonald, *United Government*, 136-51. **54.** Bridge, *From Sadowa to Sarajevo*, 435-6. **55.** Bülow, *Memoirs of Prince von Bulow*, vol. I, 373, 379-80; Balfour, *The Kaiser and His Times*, 287. **56.** Bridge, *The Habsburg Monarchy*, 296. **57.** Steed, *Through Thirty Years*, 308-14. **58.** Aehrenthal, *Aus dem Nachlass*, 624. **59.** Sweet, 'The Bosnian Crisis,' 178-9. **60.** Eby, *The Road to Armageddon*, 151. **61.** Otte, 'Almost a Law of Nature?,' 92. **62.** Marder, *From the Dreadnought to Scapa Flow*, 149-50. **63.** Menning, 'Dress Rehearsal for 1914?,' 8. **64.** Ibid., 11-15. **65.** Bülow, *Memoirs of Prince von Bulow*, vol. I, 374. **66.** Boghitschewitsch, *Die auswärtige Politik Serbiens*, vol. III, 78. **67.** Stevenson, *Armaments*, 115-16. **68.** Boghitschewitsch, *Die auswärtige Politik Serbiens*, vol. III, 93; Jelavich, *Russia's Balkan Entanglements*, 241-2. **69.** Hantsch, *Leopold Graf Berchtold*, 137. **70.** Herrmann, *The Arming of Europe*, 123-5; Stevenson, *Armaments*, 116. **71.** Heinrich, *Geschichte in Gesprächen*, 124-5, 221-2. **72.** Aehrenthal, *Aus dem Nachlass*, 628. **73.** Musulin, *Das Haus am Ballplatz*, 168. **74.** Stevenson, *Armaments*, 117-18, 125-6. **75.** Turner, 'Role of the General Staffs,' 306; Aehrenthal, *Aus dem Nachlass*, 629. **76.** Bülow, *Memoirs of Prince von Bulow*, vol. II, 439. **77.** Wilson, *The Policy of the Entente*, 91. **78.** Herrmann, *The Arming of Europe*, 118-19. **79.** Hantsch, *Leopold Graf Berchtold*, 142. **80.** McDonald, *United Government*, 141-4; Lee, *Europe's Crucial Years*, 193-4. **81.** Sweet, 'The Bosnian Crisis,' 183-4; Nicolson, *Portrait of a Diplomatist*, 215. **82.** Sweet, 'The Bosnian Crisis,' 182-3; Heinrich, *Geschichte in Gesprächen*, 169. **83.** Menning, 'Dress Rehearsal for 1914?,' 7. **84.** BD, vol. V, 576, pg. 603. **85.** Berghahn, *Germany and the Approach of War*, 81. **86.** Zedlitz-Trützschler, *Twelve Years at the Imperial German Court*, 263. **87.** Afflerbach, *Der Dreibund*, 655. **88.** Jelavich, *Russia's Balkan Entanglements*, 224. **89.** Fuller, 'The Russian Empire,' 99. **90.** Bridge, *From Sadowa to Sarajevo*, 438. **91.** Hantsch, *Leopold Graf Berchtold*, 174. **92.** Carter, *The Three Emperors*, 371. **93.** Palmer, *Twilight of the Habsburgos*, 305. **94.** Epkenhans, *Tirpitz*, versão Kindle, loc. 755-64. **95.** Sondhaus, *Franz Conrad von Hötzendorf*, 96. **96.** Stevenson, *Armaments*, 122; Bridge, *The Habsburg Monarchy*, 295. **97.**

Aehrenthal, *Aus dem Nachlass*, 726. **98.** Fellner, 'Die "Mission Hoyos",' 115.
99. Herrmann, *The Arming of Europe*, 131. **100.** Lieven, *Nicholas II*, 193-4.
101. Herrmann, *The Arming of Europe*, 131. **102.** Grey, *Twenty-five Years*, vol.
I, 182. **103.** Lieven, *Russia and the Origins*, 37. **104.** Goldberg, *Life of Jean
Jaurès*, 470. **105.** Stevenson, *Armaments*, 136. **106.** Cooper, 'British Policy
in the Balkans,' 261. **107.** Stevenson, *Armaments*, 131-3; Boghitschewitsch,
Die auswärtige Politik Serbiens, vol. III, 77. **108.** Jelavich, *Russia's Balkan
Entanglements*, 244; Hantsch, *Leopold Graf Berchtold*, 33; Neklyudov, *Diplomatic Reminiscences*, 46-50; Gieslingen, *Zwei Jahrzehnte im Nahen Orient*,
253. **109.** Cooper, 'British Policy in the Balkans,' 279.

15 – 1911: o ano das discórdias

1. Barraclough, *From Agadir to Armageddon*, 1-2. **2.** Mortimer, 'Commercial
Interests and German Diplomacy,' 454. **3.** Barraclough, *From Agadir to Armageddon*, 2; Cecil, *Albert Ballin*, 178; Massie, *Dreadnought*, 725-7. **4.** Fesser,
Der Traum vom Platz, 141; Fischer, *War of Illusions*, 74-5. **5.** Barraclough,
From Agadir to Armageddon, 31-2. **6.** Keiger, 'Jules Cambon,' 642-3; Keiger,
France and the Origins, 31-3. **7.** Hewitson, 'Germany and France,' 591. **8.**
Berghahn, *Germany and the Approach of War*, 94. **9.** Bülow, *Memoirs of Prince
von Bulow*, vol. III, 12. **10.** Cecil, *Albert Ballin*, 122-3. **11.** Jarausch, *The
Enigmatic Chancellor*, 16. **12.** Ibid., 43. **13.** Ibid., 29n34. **14.** Bülow, *Memoirs of Prince von Bulow*, vol. III, 19. **15.** Cecil, *Albert Ballin*, 122-3. **16.**
Jarausch, *The Enigmatic Chancellor*, 68. **17.** Ibid., 25-7. **18.** Ibid., 27-9. **19.**
Ibid., 122. **20.** Fuller, *Strategy and Power in Russia*, 422. **21.** Kessler, *Journey
to the Abyss*, 509. **22.** Rathenau e von Strandmann, *Walther Rathenau*, 134.
23. Jarausch, *The Enigmatic Chancellor*, 121. **24.** Spitzemberg, *Das Tagebuch*, 545. **25.** Bülow, *Memoirs of Prince von Bulow*, vol. II, 464. **26.** Cecil,
German Diplomatic Service, 310-12. **27.** Jarausch, *The Enigmatic Chancellor*,
123. **28.** Herrmann, *The Arming of Europe*, 160. **29.** Allain, *Joseph Caillaux*,
371-7. **30.** Hewitson, 'Germany and France,' 592-4. **31.** Williamson, *Politics
of Grand Strategy*, 143. **32.** Barraclough, *From Agadir to Armageddon*, 127-8.
33. Stevenson, *Armaments*, 183. **34.** Jarausch, *The Enigmatic Chancellor*,
124; Mommsen, 'Domestic Factors,' 23. **35.** Crampton, 'August Bebel and
the British,' 221-2. **36.** Keiger, *France and the Origins*, 35. **37.** Messimy, *Mes
Souvenirs*, 64-5. **38.** Ibid., 60. **39.** Ibid. **40.** Keiger, 'Jules Cambon,' 646;
Keiger, *France and the Origins*, 35. **41.** Herrmann, *The Arming of Europe*, 153.
42. Steiner e Neilson, *Britain and the Origins*, 75. **43.** Neilson, *Britain and
the Last Tsar*, 321. **44.** Rose, *King George V*, 165-6. **45.** Weinroth, 'The British Radicals,' 664. **46.** Neilson, *Britain and the Last Tsar*, 318. **47.** Wilson,
'The Agadir Crisis,' 514-15; Dockrill, 'British Policy,' 274-5. **48.** BD, vol. VII,
392, pgs. 371-3. **49.** *The Times*, 22 julho 1911. **50.** Redlich, *Schicksalsjahre
Österreichs*, 95-6. **51.** Fesser, *Der Traum vom Platz*, 145; Balfour, *The Kaiser
and His Times*, 313-14. **52.** Callwell, *Field- Marshal Sir Henry Wilson*, vol. I,
97-8. **53.** Marder, *From the Dreadnought to Scapa Flow*, 244-6. **54.** Eubank,
Paul Cambon, 139; Messimy, *Mes Souvenirs*, 61. **55.** Jeffery, *Field Marshal
Sir Henry Wilson*, 99-100. **56.** Riezler, *Tagebücher, Aufsätze, Dokumente*, 180.
57. Mombauer, *Helmuth von Moltke*, 124. **58.** Barraclough, *From Agadir to
Armageddon*, 135. **59.** Fischer, *War of Illusions*, 83. **60.** Andrew, *Théophile
Delcassé*, 70n1. **61.** Rathenau e von Strandmann, *Walther Rathenau*, 157. **62.**

Eubank, *Paul Cambon*, 141. **63.** Grey, *Twenty-five Years*, vol. I, 233. **64.** Stieve, *Der diplomatische Schriftwechsel Iswolskis*, 194-5. **65.** Steiner and Neilson, *Britain and the Origins*, 79-80. **66.** Ibid., 80-81. **67.** Messimy, *Mes Souvenirs*, 68. **68.** Krumeich, *Armaments and Politics*, 21-9. **69.** Schmidt, *Frankreichs Aussenpolitik*, 217-21. **70.** Jarausch, *The Enigmatic Chancellor*, 124. **71.** Beyens, *Germany before the War*, 61. **72.** Fesser, *Der Traum vom Platz*, 148. **73.** Craig, *The Politics of the Prussian Army*, 291. **74.** Mombauer, *Helmuth von Moltke*, 125. **75.** Ritter, *The Sword and the Sceptre*, 172. **76.** Epkenhans, *Tirpitz*, versão Kindle, loc. 852-9. **77.** Röhl, 'Admiral von Müller,' 656. **78.** Herwig, 'Imperial Germany,' 81-2; Mombauer, *Helmuth von Moltke*, 131. **79.** Herrmann, *The Arming of Europe*, 161-6. **80.** Bosworth, *Italy and the Approach*, 57. **81.** Albertini, *The Origins of the War*, vol. I, 342. **82.** Bosworth, 'Britain and Italy's Acquisition,' 683. **83.** Bosworth, *Italy and the Approach*, 10. **84.** Ibid., 38-9. **85.** Gooch, 'Italy before 1915,' 222. **86.** Ibid., 225-8. **87.** Ibid., 206. **88.** Bosworth, *Italy and the Approach*, 6-8; Gooch, 'Italy before 1915,' 216-17. **89.** Bosworth, *Italy and the Approach*, 34. **90.** Ibid., 36. **91.** Gooch, 'Italy before 1915,' 209. **92.** BD, vol. IX, parte1, 257, pgs. 289-91. **93.** BD, vol. IX, parte 1, 241, pgs. 278-9. **94.** Barraclough, *From Agadir to Armageddon*, 143-4. **95.** Haupt, *Socialism and the Great War*, 58-62. **96.** BD, vol. IX, parte 1, 250, pg. 284. **97.** Rossos, *Russia and the Balkans*, 35. **98.** Albertini, *The Origins of the War*, vol. I, 346; Barraclough, *From Agadir to Armageddon*, 144-5. **99.** BD, vol. VII, 763, pgs. 788-9.

16 – As primeiras Guerras Balcânicas

1. Cambon, *Correspondence*, vol. III, 7. **2.** Albertini, *The Origins of the War*, vol. I, 357. **3.** Trotsky, *The Balkan Wars*, 360-61. **4.** Hoetzendorf, *Mein Leben mit Conrad von Hötzendorf*, 105. **5.** Aehrenthal, *Aus dem Nachlass*, 232. **6.** Trotsky, *The Balkan Wars*, 72. **7.** Dedijer, *The Road to Sarajevo*, 179-80. **8.** Jelavich, *History of the Balkans*, 110. **9.** Rossos, *Russia and the Balkans*, 34-5. **10.** Trotsky, *The Balkan Wars*, 80. **11.** BD, vol. IX, parte 1, 249, pgs. 283-4. **12.** Helmreich, *The Diplomacy*, 29-30. **13.** Ibid., 32-3. **14.** Ibid., 33. **15.** Thaden, *Russia and the Balkan Alliance*, 27-8. **16.** Neklyudov, *Diplomatic Reminiscences*, 38-9. **17.** Ibid., 45. **18.** Ibid., 80-81. **19.** Helmreich, *The Diplomacy*, 62-4, 67. **20.** BD, vol. IX, parte 1, 570, pg. 568. **21.** Fischer, *War of Illusions*, 150. **22.** BD, vol. IX, parte 2, 5, pgs. 3-4. **23.** Helmreich, *The Diplomacy*, 141-5. **24.** Trotsky, *The Balkan Wars*, 65-6. **25.** Rossos, *Russia and the Balkans*, 79. **26.** Helmreich, *The Diplomacy*, 203-4. **27.** Wilson, *The Policy of the Entente*, 92. **28.** Thaden, *Russia and the Balkan Alliance*, 116-17; Jelavich, *Russia's Balkan Entanglements*, 231. **29.** Thaden, *Russia and the Balkan Alliance*, 118; Albertini, *The Origins of the War*, vol. I, 412-13. **30.** Ignat'ev, *Vneshniaia Politika Rossii, 1907-1914*, 141. **31.** Neilson, *Britain and the Last Tsar*, 328-9. **32.** Wilson, *The Policy of the Entente*, 92. **33.** Jelavich, *Russia's Balkan Entanglements*, 203. **34.** Bodger, 'Russia and the End,' 84. **35.** Thaden, *Russia and the Balkan Alliance*, 132. **36.** Bodger, 'Russia and the End,' 79. **37.** Rossos, *Russia and the Balkans*, 85. **38.** Sazonov, *Fateful Years*, 49-50; Hantsch, *Leopold Graf Berchtold*, 234n. **39.** Taube, *La Politique russe d'avant-guerre*, 225-7. **40.** Sazonov, *Fateful Years*, 54. **41.** BD, vol. IX, parte 1, 711, pgs. 683-5; Helmreich, *The Diplomacy*, 154-5. **42.** Sazonov, *Fateful Years*, 78. **43.** Ibid., 80. **44.** Rossos, *Russia and the Balkans*, 102. **45.** Hantsch, *Leopold*

Notas

Graf Berchtold, 119. **46.** Ibid., 484-5. **47.** Musulin, *Das Haus am Ballplatz*, 178. **48.** Vermes, *Istv'an Tisza*, 199. **49.** Hantsch, *Leopold Graf Berchtold*, 246. **50.** Csáky, *Vom Geachteten zum Geächteten*, 129; Leslie, 'Osterreich-Ungarn,' 663. **51.** Albertini, *The Origins of the War*, vol. I, 385. **52.** Ibid., 383-4. **53.** Hantsch, *Leopold Graf Berchtold*, 176. **54.** Ver, por exemplo, Bertie to Grey, 29 agosto 1912, BD, vol. IX, parte 1, 671, pgs. 653-5. **55.** BD, vol. IX, parte 1, 695, pgs. 671-3. **56.** Heinrich, *Geschichte in Gesprächen*, 380. **57.** Helmreich, *The Diplomacy*, 214-15. **58.** Boghitschewitsch, *Die auswärtige Politik Serbiens*, vol. III, 159. **59.** Sondhaus, *Franz Conrad von Hötzendorf*, 124. **60.** Helmreich, *The Diplomacy*, 153. **61.** Williamson, *Austria-Hungary*, 132; Bucholz, *Moltke, Schlieffen*, 276. **62.** Hantsch, *Leopold Graf Berchtold*, 323; Afflerbach, *Der Dreibund*, 731-3; Williamson, *Austria-Hungary*, 127. **63.** Hantsch, *Leopold Graf Berchtold*, 328. **64.** Williamson, *Austria-Hungary*, 132. **65.** Sazonov, *Fateful Years*, 78. **66.** Herrmann, *The Arming of Europe*, 178. **67.** BD, vol. IX, parte 2, 303, pgs. 227-8. **68.** Ibid. **69.** Rossos, *Russia and the Balkans*, 104-5. **70.** Herrmann, *The Arming of Europe*, 178. **71.** Fischer, *War of Illusions*, 155-6. **72.** Röhl, 'Admiral von Müller,' 659. **73.** Fischer, *War of Illusions*, 157-8. **74.** Röhl, 'Admiral von Müller,' 664; Bucholz, *Moltke, Schlieffen*, 276-7. **75.** *The Times*, 22 novembro 1912. **76.** Helmreich, *The Diplomacy*, 216. **77.** Sondhaus, *Franz Conrad von Hötzendorf*, 120-21. **78.** Williamson, *Austria-Hungary*, 130-31. **79.** Fischer, *War of Illusions*, 158-61. **80.** Hantsch, *Leopold Graf Berchtold*, 388. **81.** Williamson, *Austria-Hungary*, 130-31. **82.** Grey, *Twenty-Five Years*, vol. I, 256. **83.** Helmreich, *The Diplomacy*, 250. **84.** Eubank, *Paul Cambon*, 161. **85.** Crampton, 'The Decline,' 393-4. **86.** BD, vol. IX, parte 2, 626, pg. 506. **87.** Hantsch, *Leopold Graf Berchtold*, 377. **88.** Ibid., 381. **89.** Williamson, *Austria-Hungary*, 134; Helmreich, *The Diplomacy*, 282-4. **90.** Williamson, *Austria-Hungary*, 136; Helmreich, *The Diplomacy*, 296-7. **91.** Crampton, 'The Decline,' 395 e fn 12. **92.** Helmreich, *The Diplomacy*, 313-14. **93.** Williamson, *Austria-Hungary*, 139-40. **94.** Sondhaus, *Franz Conrad von Hötzendorf*, 123. **95.** Hantsch, *Leopold Graf Berchtold*, 471. **96.** Cambon, *Correspondance*, vol. III, 27. **97.** Jelavich, *Russia's Balkan Entanglements*, 246-8. **98.** Williamson, *Austria-Hungary*, 151. **99.** Vermes, *Istv'an Tisza*, 203. **100.** Ibid., p. 131. **101.** Stone, 'Hungary and the July Crisis,' 157. **102.** Leslie, 'The Antecedents,' 323-4. **103.** Hantsch, *Leopold Graf Berchtold*, 498; Williamson, *Austria-Hungary*, 133-4. **104.** Crampton, 'The Decline,' 417-19. **105.** Albertini, *The Origins of the War*, vol. I, 483-4. **106.** Helmreich, *The Diplomacy*, 428. **107.** Bridge, *From Sadowa to Sarajevo*, 366-7. **108.** Ibid., 442. **109.** Williamson, *Austria-Hungary*, 154-5. **110.** Afflerbach, *Der Dreibund*, 748. **111.** Sondhaus, *Franz Conrad von Hötzendorf*, 129. **112.** Hantsch, *Leopold Graf Berchtold*, 513. **113.** Ibid., 312. **114.** Herrmann, *The Arming of Europe*, 179. **115.** Williamson, *Austria-Hungary*, 135; Leslie, *The Antecedents*, 352-3. **116.** Albertini, *The Origins of the War*, vol. I, 483-4. **117.** Crampton, *The Hollow Detente*, 172. **118.** Haupt, *Socialism and the Great War*, 107. **119.** Cooper, *Patriotic Pacifism*, 159-60. **120.** Kennan, *The Other Balkan Wars*, 271.

17 – Preparando guerra ou paz

1. BD, vol. X, parte 2, 476, 702-3. **2.** Rose, *King George V*, 166-7. **3.** McLean, *Royalty and Diplomacy*, 197. **4.** Craig, *Germany, 1866-1945*, 295; Herwig, 'Imperial Germany,' 84. **5.** Kießling, *Gegen den 'Großen Krieg'?*, 195-6. **6.**

Rosen, *Forty Years of Diplomacy*, 154. **7.** Brusilov, *A Soldier's Notebook*, 3-4.
8. Gildea, *Barricades and Borders*, 419. **9.** Rogger, 'Russia in 1914,' 96. **10.**
Sazonov, *Fateful Years*, 80. **11.** Miliukov e Mendel, *Political Memoirs*, 284. **12.**
Kokovtsov, *Out of My Past*, 296. **13.** Ibid., 361. **14.** Figes, *A People's Tragedy*,
216. **15.** Ibid., 241-5. **16.** Rogger, 'Russia in 1914,' 95-6. **17.** Ibid., 101-2.
18. Geyer, *Russian Imperialism*, 249-54. **19.** Ibid., 274-5. **20.** Lieven, *Nicholas
II*, 168. **21.** Bridge, *From Sadowa to Sarajevo*, 371. **22.** Hewitson, 'Germany
and France,' 578; Kießling, *Gegen den 'Großen Krieg'?*, 196. **23.** Tanenbaum,
'French Estimates,' 167-8. **24.** Kessler, *Journey to the Abyss*, 609. **25.** Bülow,
Memoirs of Prince von Bulow, vol. III, 33; Cecil, *German Diplomatic Service*,
317. **26.** Spitzemberg, *Das Tagebuch*, 563. **27.** Stevenson, *Armaments*, 286-9.
28. Röhl, *The Kaiser and His Court*, 173-4; Röhl, 'Admiral von Müller,' 661;
Stevenson, *Armaments*, 252-3. **29.** Mombauer, *Helmuth von Moltke*, 145. **30.**
Herwig, 'Imperial Germany,' 84. **31.** Röhl, 'Admiral von Müller,' 665; Balfour,
The Kaiser and His Times, 339-40; Tanenbaum, 'French Estimates',169. **32.**
Stevenson, *Armaments*, 316-20. **33.** Krumeich, *Armaments and Politics*, ch.
2. **34.** Stevenson, *Armaments*, 221. **35.** Doughty, 'France,' 163. **36.** Ibid.,
162. **37.** Weber, *The Nationalist Revival in France*, 97. **38.** Ibid., 94-5, 102.
39. Kessler, *Journey to the Abyss*, 580. **40.** German Foreign Office, *Die grosse
Politik*, vol. XXX IX, 292. **41.** Nolan, *The Inverted Mirror*, 40, 82-3. **42.** Stevenson, *Armaments*, 222. **43.** Keiger, *Raymond Poincaré*, 122-3, 130-31. **44.**
Ibid., 145. **45.** Williams, *Tiger of France*, 286. **46.** Ibid., 11-14, 24-7, 154.
47. Ibid., 147. **48.** Adamthwaite, *Grandeur and Misery*, 8; Hughes, *Policies
and Potentates*, 223-7. **49.** Hayne, *French Foreign Office*, 274. **50.** Cambon,
Correspondance, vol. III, 39. **51.** Keiger, *Raymond Poincaré*, 151. **52.** Hayne,
French Foreign Office, 238. **53.** Keiger, *Raymond Poincaré*, 155-7. **54.** Schmidt,
Frankreichs Aussenpolitik, 236-7. **55.** Ibid., 238-40. **56.** Williamson, 'German
Perceptions,' 206. **57.** Goldberg, *Life of Jean Jaurès*, 439. **58.** Sazonov, *Fate-
ful Years*, 56. **59.** Rose, *King George V*, 80. **60.** Ibid., 71. **61.** Clifford, *The
Asquiths*, 2-3. **62.** Ibid., 13-14. **63.** Haldane, *An Autobiography*, 111. **64.**
Clifford, *The Asquiths*, 186. **65.** Ibid., 145. **66.** Adam, *Bonar Law*, 107-9.
67. Jeffery, *Field Marshal Sir Henry Wilson*, 115-16. **68.** BD, vol. X, parte 2,
537, pgs. 780-83. **69.** Churchill, *The World Crisis*, vol. I, 185; Dangerfield, *The
Strange Death*, 366. **70.** Leslie, 'Osterreich-Ungarn,' 669-70. **71.** Afflerbach,
Der Dreibund, 793-4, 806-8, 810-11. **72.** Angelow, *Der Weg in die Katastrophe*,
26. **73.** Wandruszka and Urbanitsch, *Die Habsburgermonarchie*, 331-2; Bridge,
From Sadowa to Sarajevo, 364-5. **74.** Bodger, 'Russia and the End,' 88. **75.**
Herwig, 'Imperial Germany,' 87. **76.** Jarausch, *The Enigmatic Chancellor*, 117.
77. Sazonov, *Fateful Years*, 43-4; Kokovtsov, *Out of My Past*, 321-3. **78.** Stieve,
Der diplomatische Schriftwechsel Iswolskis, 17-18. **79.** McLean, *Royalty and Diplomacy*, 67-8. **80.** Shatsillo, *Ot Portsmutskogo*, 272-4; Stevenson, *Armaments*,
343-9. **81.** Churchill, *The World Crisis*, vol. I, 178; Grey, *Twenty- Five Years*,
vol. I, 269. **82.** Grey, *Twenty-Five Years*, vol. I, 195. **83.** Wilson, *The Policy
of the Entente*, 68. **84.** Spring, 'Russia and the Franco-Russian Alliance,' 584;
Robbins, *Sir Edward Grey*, 271. **85.** Schmidt, *Frankreichs Aussenpolitik*, 266-
76. **86.** Ibid., 252-3, 258-9. **87.** Jeffery, *Field Marshal Sir Henry Wilson*, 103.
88. Marder, *From the Dreadnought to Scapa Flow*, 253. **89.** Churchill, *The
World Crisis*, vol. I, 118. **90.** Williamson, *Politics of Grand Strategy*, 274. **91.**
Churchill, *The World Crisis*, vol. I, 119. **92.** Marder, *From the Dreadnought to
Scapa Flow*, 254-6, 265-6. **93.** Churchill, *The World Crisis*, vol. I, 113. **94.**

Notas

Williamson, *Politics of Grand Strategy*, 320-25. **95.** BD, vol. X, parte 2, 416, pgs. 614-15. **96.** Esher, *Journals and Letters*, vol. III, 331. **97.** BD, vol. X, parte 2, 400, pgs. 601-2. **98.** Robbins, *Sir Edward Grey*, 285. **99.** Rose, *King George V*, 164. **100.** Bridge, '*The Entente Cordiale*,' 350. **101.** Angelow, *Der Weg in die Katastrophe*, 60-61. **102.** Stevenson, *Armaments*, 2-9. **103.** Ibid., 4. **104.** Herrmann, *The Arming of Europe*, 207. **105.** Epkenhans, *Tirpitz*, versão Kindle, loc. 862. **106.** Kießling, *Gegen den 'Großen Krieg'?*, 67-8. **107.** Heywood, 'The Most Catastrophic Question,' 56. **108.** Förster, 'Im Reich des Absurden,' 233. **109.** Stevenson, *Armaments*, 358-9; Schmidt, *Frankreichs Aussenpolitik*, 208-11, 242-4. **110.** Herwig, 'Imperial Germany,' 88. **111.** Brusilov, *A Soldier's Notebook*, 1. **112.** Kießling, *Gegen den 'Großen Krieg'?*, 43-4. **113.** Grey, *Twenty-Five Years*, vol. I, 292. **114.** Hantsch, *Leopold Graf Berchtold*, 458. **115.** Sondhaus, *Franz Conrad von Hötzendorf*, 134; Hantsch, *Leopold Graf Berchtold*, 252-3; Kronenbitter, '"Nur los lassen",' 39. **116.** McDonald, *United Government*, 199-201. **117.** Leslie, 'The Antecedents,' 334-6, 338-9. **118.** Churchill, *The World Crisis*, vol. I, 95. **119.** Haldane, *Before the War*, 33-6. **120.** Cecil, *Wilhelm II*, 172. **121.** Cecil, *Albert Ballin*, 182-96. **122.** Hopman, *Das ereignisreiche Leben*, 209-10. **123.** Cecil, *Wilhelm II*, 172-3. **124.** House e Seymour, *The Intimate Papers*, vol. I, 249. **125.** Marder, *From the Dreadnought to Scapa Flow*, 283-4; Maurer, 'Churchill's Naval Holiday,' 109-10. **126.** Brinker-Gabler, *Kämpferin für den Frieden*, 167. **127.** Haupt, *Socialism and the Great War*, 108.

18 – Assassínio em Sarajevo

1. Poincaré, *Au Service de la France*, vol. IV, 173-4. **2.** Geinitz, *Kriegsfurcht und Kampfbereitschaft*, 50-53. **3.** Cecil, *Wilhelm II*, 198. **4.** Massie, *Dreadnought*, 852-3; Cecil, *Wilhelm II*, 198; Geiss, *July 1914*, 69. **5.** Smith, *One Morning in Sarajevo*, 40. **6.** Dedijer, *The Road to Sarajevo*, 175-8, 208-9, 217 e cap. 10, passim. **7.** Ibid., 197. **8.** Ibid. **9.** Ibid., 373-5; Jelavich, *What the Habsburg Government Knew*, 134-5. **10.** Dedijer, *The Road to Sarajevo*, 294--301, 309; Jelavich, *What the Habsburg Government Knew*, 136. **11.** Leslie, 'The Antecedents,' 368; Funder, *Vom Gestern ins Heute*, 483; Dedijer, *The Road to Sarajevo*, 405-7, 409-10. **12.** Kronenbitter, *Krieg im Frieden*, 459; Dedijer, *The Road to Sarajevo*, 312; Funder, *Vom Gestern ins Heute*, 484. **13.** Dedijer, *The Road to Sarajevo*, 11-16, 316. **14.** Margutti, *The Emperor Francis Joseph*, 138-9. **15.** Smith, *One Morning in Sarajevo*, 214; Hopman, *Das ereignisreiche Leben*, 381; Albertini, *The Origins of the War*, vol. II, 117-19; Hoetzsch, *Die internationalen Beziehungen*, 106-7. **16.** Stone, 'Hungary and the July Crisis,' 159-60. **17.** Kronenbitter, *Krieg im Frieden*, 460-62. **18.** Sondhaus, *Franz Conrad von Hötzendorf*, 140; Hantsch, *Leopold Graf Berchtold*, 558-9. **19.** Musulin, *Das Haus am Ballplatz*, 226. **20.** Leslie, 'The Antecedents,' 320. **21.** Wank, 'Desperate Counsel,' 295; Leslie, 'Osterreich-Ungarn,' 664. **22.** Leslie, 'Osterreich-Ungarn,' 665. **23.** Stone, 'Hungary and the July Crisis,' 161. **24.** Albertini, *The Origins of the War*, vol. II, 150-55. **25.** Leslie, 'The Antecedents,' 375-80. **26.** Hantsch, *Leopold Graf Berchtold*, 559. **27.** Bittner and Ubersberger, *Österreich-Ungarns Aussenpolitik*, 248. **28.** Fellner, 'Die "Mission Hoyos",' 122; Albertini, *The Origins of the War*, vol. II, 129-30. **29.** Turner, 'Role of the General Staffs,' 308. **30.** Bittner and Ubersberger, *Österreich-Ungarns Aussenpolitik*, 252; Albertini, *The Origins of the War*, vol. II, 133-5. **31.**

Fellner, 'Die "Mission Hoyos",' 125-6, 137. **32**. Ver, por exemplo: Albertini, *The Origins of the War*, vol. II, 137-48; Geiss, *July 1914*, 70-80; Kronenbitter, '"Nur los lassen",' 182. **33**. Sösemann, 'Die Tagebücher Kurt Riezlers,' 185. **34**. Mombauer, *Helmuth von Moltke*, 168-9, 177. **35**. Jarausch, *The Enigmatic Chancellor*, 153-5. **36**. Mommsen, 'The Debate on German War Aims,' 60n16. **37**. Mombauer, *Helmuth von Moltke*, 168-9. **38**. Cecil, *Wilhelm II*, 172; Dülffer, 'Kriegserwartung und Kriegsbild,' 785; Joll e Martel, *The Origins of the First World War*, 274; Förster, 'Im Reich des Absurden,' 251-2; Mombauer, *Helmuth von Moltke*, 177,181. **39**. Förster, 'Im Reich des Absurden,' 233. **40**. Wolff, *Tagebücher 1914-1919*, 63-5. **41**. Bach, *Deutsche Gesandtschaftsberichte*, 63. **42**. Groener, *Lebenserinnerungen*, 140. **43**. Stevenson, *Armaments*, 363-4; Mombauer, *Helmuth von Moltke*, 182. **44**. Mombauer, *Helmuth von Moltke*, 135. **45**. Ibid., 173. **46**. Herwig, 'From Tirpitz Plan to Schlieffen Plan,' 58; Mombauer, *Helmuth von Moltke*, 159-60, 212-13. **47**. Lichnowsky e Delmer, *Heading for the Abyss*, 379-80n. **48**. Sösemann, 'Die Tagebücher Kurt Riezlers,' 183. **49**. Jarausch, *The Enigmatic Chancellor*, 105. **50**. Herwig, 'Imperial Germany,' 80; Sösemann, 'Die Tagebücher Kurt Riezlers,' 183-4. **51**. Sösemann, 'Die Tagebücher Kurt Riezlers,' 184-5; Lichnowsky and Delmer, *Heading for the Abyss*, 392. **52**. Mombauer, *Helmuth von Moltke*, 195n44; Lichnowsky e Delmer, *Heading for the Abyss*, 381; Sösemann, 'Die Tagebücher Kurt Riezlers,' 184. **53**. Fesser, *Der Traum vom Platz*, 181. **54**. Lichnowsky e Delmer, *Heading for the Abyss*, 381. **55**. Turner, 'Role of the General Staffs,' 312; Geiss, *July 1914*, 65. **56**. Fischer, *War of Illusions*, 478; Cecil, *Wilhelm II*, 193-6. **57**. Joll, *1914*, 8. **58**. Kronenbitter, 'Die Macht der Illusionen,' 531; Williamson, *Austria-Hungary*, 199-200. **59**. Bittner e Ubersberger, *Österreich-Ungarns Aussenpolitik*, 248. **60**. Geiss, *July 1914*, 80-87; Sondhaus, *Franz Conrad von Hötzendorf*, 141; Williamson, *Austria-Hungary*, 197-9. **61**. Stone, 'Hungary and the July Crisis,' 166-8; Vermes, *Istv'an Tisza*, 226; Leslie, 'The Antecedents,' 343. **62**. Geiss, *July 1914*, 114-15. **63**. Jelavich, *What the Habsburg Government Knew*, 133. **64**. Williamson, *Austria-Hungary*, 200-201; Geiss, *July 1914*, 90-92. **65**. Williamson, *Austria-Hungary*, 201. **66**. Jelavich, *Russia's Balkan Entanglements*, 256. **67**. BD, vol. XI, 56, pgs. 44-5. **68**. Turner, 'Role of the General Staffs,' 312; Fischer, *War of Illusions*, 478-9; Geiss, *July 1914*, 89-90. **69**. Hoetzsch, *Die internationalen Beziehungen*, vol. IV, 301-2; Jarausch, *The Enigmatic Chancellor*, 161-2; Hertling e Lerchenfeld-Köfering, *Briefwechsel Hertling-Lerchenfeld*, 307. **70**. BD, vol. XI, 27, pgs. 19-20; 45, pg. 37; Albertini, *The Origins of the War*, vol. II, 272-5. **71**. Gieslingen, *Zwei Jahrzehnte im Nahen Orient*, 257-61; Albertini, *The Origins of the War*, vol. II, 276-9. **72**. Williamson, *Austria-Hungary*, 201. **73**. Macartney, *The Habsburg Empire*, 808n. **74**. Austro-Hungarian Gemeinsamer Ministerrat, *Protokolle des Gemeinsamen Ministerrates*, 150-54; Williamson, *Austria-Hungary*, 203. **75**. Vermes, *Istv'an Tisza*, 232-3. **76**. Albertini, *The Origins of the War*, vol. II, 265. **77**. Geiss, *July 1914*, 142, 149-50, 154. **78**. Macartney, *The Habsburg Empire*, 808n; Hantsch, *Leopold Graf Berchtold*, 602-3. Texto completo em Albertini, *The Origins of the War*, vol. II, 286-9. **79**. Gieslingen, *Zwei Jahrzehnte im Nahen Orient*, 267-8; Albertini, *The Origins of the War*, vol. II, 346; Bittner e Ubersberger, *Österreich-Ungarns Aussenpolitik*, 659-63; Cornwall, 'Serbia,' 72-4. **80**. BD, vol. XI, 92, pg. 74; 107, pg. 85; Stokes, 'Serbian Documents from 1914,' 71-4; Cornwall, 'Serbia,' 75-9. **81**. Kronenbitter, 'Die Macht der Illusionen,' 536; Kronenbitter, '"Nur los lassen",' 159. **82**. Albertini, *The Origins of the War*, vol. II, 373-5; Gieslingen, *Zwei Jahrzehnte im Nahen Orient*, 268-72.

Notas

19 – O fim do Concerto da Europa

1. MacKenzie e MacKenzie, *The Diary of Beatrice Webb*, vol. III, 203-5. **2.** Kessler, *Journey to the Abyss*, 631-40. **3.** Mombauer, 'A Reluctant Military Leader?,' 422. **4.** Lieven, *Nicholas II*, 198. **5.** Bestuzhev, 'Russian Foreign Policy February-June 1914,' 100-101. **6.** Lieven, *Russia and the Origins*, 49. **7.** Rogger, 'Russia in 1914,' 98-9. **8.** Shukman, *Rasputin*, 58. **9.** Bridge, 'The British Declaration of War,' 403-4. **10.** Brock e Brock, *H. H. Asquith*, 93, 122-3. **11.** Rose, *King George V*, 157-8. **12.** Hazlehurst, *Politicians at War*, 31. **13.** Messimy, *Mes Souvenirs*, 126-7. **14.** Cronin, *Paris on the Eve*, 427-9. **15.** Afflerbach, 'The Topos of Improbable War,' 179. **16.** Doughty, 'France,' 149. **17.** Schmidt, *Frankreichs Aussenpolitik*, 271-2, 278-83. **18.** Ibid., 265-8. **19.** Goldberg, *Life of Jean Jaurès*, 460. **20.** Poincaré, *Au Service de la France*, 224-6, 230. **21.** Krumeich, *Armaments and Politics*, 217; Schmidt, *Frankreichs Aussenpolitik*, 283. **22.** Figes, *A People's Tragedy*, 232; Ignat'ev, *50 Let v Stroyu*, 423. **23.** Poincaré, *Au Service de la France*, 259, 269-70; Krumeich, *Armaments and Politics*, 91n153. **24.** Poincaré, *Au Service de la France*, 246-7. **25.** BD, vol. IX, 101, pgs. 80-82. **26.** Ibid., 253-5; Williamson, *Austria-Hungary*, 203. **27.** Schmidt, *Frankreichs Aussenpolitik*, 78. **28.** Hoetzsch, *Die internationalen Beziehungen*, vol. IV, 128. **29.** Bridge, *How the War Began*, 27. **30.** Lieven, *Nicholas II*, 201; Lieven, *Russia and the Origins*, 108-9. **31.** Turner, 'The Russian Mobilization,' 74. **32.** Ibid., 78. **33.** Hayne, *French Foreign Office*, 116-21; Schmidt, *Frankreichs Aussenpolitik*, 227-8; Cairns, 'International Politics,' 285. **34.** BD, vol. IX, 101, pgs. 80-2. **35.** Turner, 'The Russian Mobilization,' 81, 83. **36.** Schmidt, *Frankreichs Aussenpolitik*, 89-91. **37.** Doughty, 'France,' 146-7. **38.** Schmidt, *Frankreichs Aussenpolitik*, 202-4. **39.** Bittner e Ubersberger, *Österreich-Ungarns Aussenpolitik*, 805. **40.** Bark, 'Iul'skie Dni 1914 Goda,' 32-4; Bridge, *How the War Began*, 30-32; Ignat'ev, *Vneshniaia Politika Rossii, 1907-1914*, 213-14. **41.** BD, vol. IX, 125, pgs. 93-4. **42.** Turner, 'The Russian Mobilization,' 76-7. **43.** Ibid., 77, 80. **44.** Rosen, *Forty Years of Diplomacy*, 163. **45.** Stengers, 'Belgium,' 158. **46.** Schmidt, *Frankreichs Aussenpolitik*, 335-42; Poincaré, *Au Service de la France*, 288; Krumeich, *Armaments and Politics*, 219-20. **47.** Turner, 'The Russian Mobilization,' 82-3; Poincaré, *Au Service de la France*, 302; Doughty, 'French Strategy in 1914,' 443. **48.** Lichnowsky e Delmer, *Heading for the Abyss*, 375. **49.** Nicolson, *Portrait of a Diplomatist*, 295. **50.** Ibid., 301. **51.** Bridge, 'The British Declaration of War,' 407; Haldane, *An Autobiography*, 288-9; Cecil, *Albert Ballin*, 205-9. **52.** Bridge, 'The British Declaration of War,' 408; Wilson, *The Policy of the Entente*, 135-6; BD, vol. XI, 91, pgs. 73-4; 104, pgs. 83-4. **53.** Geiss, *July 1914*, 183-4. **54.** Bülow, *Memoirs of Prince Von Bulow*, vol. III, 122-3. **55.** Lichnowsky e Delmer, *Heading for the Abyss*, 368-469. **56.** Nicolson, *Portrait of a Diplomatist*, 301. **57.** Hobhouse, *Inside Asquith's Cabinet*, 176-7; Robbins, *Sir Edward Grey*, 289-90. **58.** BD, vol. IX, 185, pg. 128. **59.** BD, vol. IX, 170, pgs. 120-1. **60.** BD, vol. IX, 216, pg. 148. **61.** Eubank, *Paul Cambon*, 171. **62.** Ibid., 169. **63.** Trumpener, 'War Premeditated?,' 66-7; Bittner and Ubersberger, *Österreich- Ungarns Aussenpolitik*, 739, 741. **64.** Cecil, *Wilhelm II*, 202-3. **65.** Bridge, *Russia*, 52. **66.** BD, vol. IX, 135, pg. 99; 147, pg. 103; *The Times*, 27 julho 1914; Bark, 'Iul'skie Dni 1914 Goda,' 26; Bittner e Ubersberger, *Österreich-Ungarns Aussenpolitik*, 759; Verhey, *Spirit* *of 1914*, 28-31. **67.** BD, vol. XI, 162, pg. 116; 245, pgs. 160-61. **68.** Renzi, 'Italy's Neutrality,' 1419-20. **69.** Ibid., 1421-2. **70.** Hobhouse, *Inside Asquith's Cabinet*, 177. **71.** Williamson, *Politics of Grand Strategy*, 345. **72.** Afflerbach, 'Wilhelm II as Supreme Warlord,' 432. **73.** Ignat'ev, *Vneshniaia politika Rossii, 1907-1914*, 218-19. **74.** Geiss, *July 1914*, 283. **75.** Jarausch, *The Enigmatic Chancellor*, 171. **76.** Albertini, *The Origins of the War*, vol. II, 460-61. **77.** Vermes, *Istv'an Tisza*, 234. **78.** Rosen, *Forty Years of Diplomacy*, 163.

20 – Apagam-se as luzes

1. Zweig, *The World of Yesterday*, 243-5. **2.** BD, vol. XI, 270, pg. 174; Poincaré, *Au Service de la France*, 368. **3.** Keiger, *Raymond Poincaré*, 171. **4.** Schmidt, *Frankreichs Aussenpolitik*, 335-42; Turner, 'The Russian Mobilization,' 83. **5.** Schmidt, *Frankreichs Aussenpolitik*, 345-7; Herwig, *The Marne*, 17. **6.** Lieven, *Nicholas II*, 199-200. **7.** Geiss, *July 1914*, 260-61. **8.** Ibid. **9.** Bridge, *Russia*, 50; Turner, 'The Russian Mobilization,' 86. **10.** Ibid., 87-8. **11.** Ibid., 78; Geiss, *July 1914*, 291. **12.** Cimbala, 'Steering through Rapids,' 387. **13.** Bridge, *How the War Began*, 65-6; Bark, 'Iul'skie Dni 1914 Goda,' 31-2; Kleinmichel,' *Memories of a Shipwrecked World*, 202-3. **14.** Cecil, *Wilhelm II*, 204-5. **15.** Geiss, *July 1914*, 284-5; Fuller, *Strategy and Power in Russia*, 447; Jarausch, *The Enigmatic Chancellor*, 168-9. **16.** Ekstein e Steiner, 'The Sarajevo Crisis,' 404; Williamson, *Politics of Grand Strategy*, 347. **17.** Hankey, *The Supreme Command*, 154-6. **18.** Geiss, *July 1914*, 288-90. **19.** Albertini, *The Origins of the War*, vol. II, 300-302; Geiss, *July 1914*, 296-7; Turner, 'The Russia Mobilization,' 86. **20.** Verhey, *Spirit of 1914*, 17-20. **21.** Ibid., 53-6. **22.** Jarausch, *The Enigmatic Chancellor*, 151-2, 164, 168-9. **23.** Geiss, *July 1914*, 291-2, 308-9. **24.** Turner, 'Role of General Staffs,' 315. **25.** Ibid. **26.** Austro-Hungarian Gemeinsamer Ministerrat, *Protokolle des Gemeinsamen Ministerrates*, 156-7. **27.** Albertini, *The Origins of the War*, vol. II, 669-70. **28.** Geiss, *July 1914*, 323. **29.** Mombauer, *Helmuth von Moltke*, 199-200; Hewitson, *Germany and the Causes*, 197; Turner, 'Role of General Staffs,' 314-15. **30.** Cecil, *Wilhelm II*, 204. **31.** BD, vol. XI, 293, pgs. 185-6. **32.** BD, vol. XI, 303, pg. 193; Robbins, *Sir Edward Grey*, 293-4. **33.** Wilson, *The Policy of the Entente*, 140-3; Hazlehurst, *Politicians at War*, 84-7. **34.** Williamson, *Politics of Grand Strategy*, 349. **35.** BD, vol. XI, 369, pgs. 228-9. **36.** *The Times*, 29, 30 e 31 julho 1914. **37.** Bucholz, *Moltke, Schlieffen*, 280-81. **38.** Bach, *Deutsche Gesandtschaftsberichte*, 107. **39.** Mombauer, *Helmuth von Moltke*, 205. **40.** Ibid., 208. **41.** Ibid., 206. **42.** Herwig, 'Imperial Germany,' 95; Fischer, *War of Illusions*, 502-4. **43.** Jarausch, *The Enigmatic Chancellor*, 174; Verhey, *Spirit of 1914*, 59-60. **44.** Stone, 'V. Moltke-Conrad,' 216-17. **45.** Albertini, *The Origins of the War*, 670-71; Williamson, *Austria-Hungary*, 206-8. **46.** Stone, 'V. Moltke-Conrad,' 217. **47.** Afflerbach, 'Wilhelm II as Supreme Warlord,' 433n22. **48.** Verhey, *Spirit of 1914*, 46-50, 62-4, 68, 71; Stargardt, *The German Idea of Militarism*, 145-9. **49.** Mombauer, *Helmuth von Moltke*, 216-20. **50.** Groener, *Lebenserinnerungen*, 141-2, 145-6. **51.** Mombauer, *Helmuth von Moltke*, 219-24. **52.** Ibid., 223-4. **53.** Jarausch, *The Enigmatic Chancellor*, 174-5. **54.** *The Times*, 1º agosto 1914. **55.** BD, vol. XI, 510, pgs. 283-5. **56.** Robbins, *Sir Edward Grey*, 295; Wilson, *The Policy of the Entente*, 136-7; Brock and Brock, *H. H. Asquith*, 38. **57.** DDF, 3ª série, 532, pgs. 424-5; BD, vol. IX, 447, pg. 260. **58.** Nicolson, *Portrait of a Diplomatist*, 304.

Notas

59. Williamson, *Politics of Grand Strategy*, 353n34; Nicolson, *Portrait of a Diplomatist*, 304-5; Hazlehurst, *Politicians at War*, 88. **60.** Biblioteca Bodleian, Oxford, Documentos de Sir Eyre Alexander Barby Wichart Crowe, MS Eng. E. 3020, 1-2. **61.** Bridge, *Russia*, 76-9. **62.** Voeikov, *S Tsarem I Bez Tsarya*, 110. **63.** Lieven, *Nicholas II*, 203. **64.** Goldberg, *Life of Jean Jaurès*, 463-4. **65.** Ibid., 465-7; Joll, *The Second International*, 162-6. **66.** Goldberg, *Life of Jean Jaurès*, 469-72. **67.** Poincaré, *Au Service de la France*, 432-3. **68.** Keiger, *Raymond Poincaré*, 174-7; Albertini, *The Origins of the War*, vol. III, 88-91. **69.** Albertini, *The Origins of the War*, vol. III, 85, 89; Krumeich, *Armaments and Politics*, 227. **70.** Albertini, *The Origins of the War*, vol. III, 106-7; Keiger, *Raymond Poincaré*, 180-82. **71.** Keiger, *Raymond Poincaré*, 189. **72.** Wilson, *The Policy of the Entente*, 147n82; Lichnowsky and Delmer, *Heading for the Abyss*, 422. **73.** Adam, *Bonar Law*, 170. **74.** Hazlehurst, *Politicians at War*, 96-7; Brock and Brock, *H. H. Asquith*, 145; Wilson, *The Policy of the Entente*, 136 e seguintes. **75.** Hankey, *The Supreme Command*, 161-2; Hazlehurst, *Politicians at War*, 97-100. **76.** Geiss, *July 1914*, 231. **77.** Stengers, 'Belgium,' 152-5. **78.** Ibid., 161-3. **79.** BD, vol. XI, 670, pgs. 349-50; Tuchman, *The Guns of August*, 107-8; *The Times*, 4 agosto 1914. **80.** Brock e Brock, *H. H. Asquith*, 150. **81.** Grey, *Twenty-Five Years*, vol. II, 12-13. **82.** Robbins, *Sir Edward Grey*, 296. **83.** Grey, *Twenty-Five Years*, vol. II, 20; Nicolson, *Portrait of a Diplomatist*, 305-6. **84.** Grey, *Twenty-Five Years*, vol. II, 321-2; Wilson, *The Policy of the Entente*, 145-6; Inglaterra, debates parlamentares, Câmara dos Comuns, 5ª série, vol. LXV, 1914, coleções 1809-34; *The Times*, 4 agosto 1914. **85.** Hazlehurst, *Politicians at War*, 32; Grigg, *Lloyd George*, 154. **86.** BD, vol. IX, 147, pgs. 240-41; Schoen, *Memoirs of an Ambassador*, 200-201, 204. **87.** Krumeich, *Armaments and Politics*, 229. **88.** *The Times*, 5 agosto 1914. **89.** Joll, *The Second International*, 171-6. **90.** Hollweg, *Reflections on the World War*, 158n; Jarausch, *The Enigmatic Chancellor*, 176-7; BD, vol. XI, 671, pgs. 350-54. **91.** Jarausch, *The Enigmatic Chancellor*, 181. **92.** Cecil, *Wilhelm II*, 208-9. **93.** Williamson, *Politics of Grand Strategy*, 361. **94.** Gregory, *Walter Hines Page*, 51-2. **95.** Ibid., 151. **96.** Joll, *1914*, 15. **97.** Lubbock, *Letters of Henry James*, 389.

Epílogo: Guerra

1. Morison, *Letters of Theodore Roosevelt*, 790. **2.** Bosworth, *Italy and the Approach*, 78. **3.** Brock e Brock, *H. H. Asquith*, 130n2. **4.** Bond, *The Victorian Army and the Staff College*, 294-5, 303. **5.** Strachan, *The First World War*, vol. I, 239-42. **6.** Ibid., 278-9. **7.** Kessler, *Journey to the Abyss*, 857-8. **8.** Smith, *One Morning in Sarajevo*, 264-8. **9.** Fuller, *The Foe Within*, cap. 8, passim. **10.** Craig, *Germany, 1866-1945*, 368. **11.** Cecil, *Wilhelm II*, 210-12. **12.** Ibid., 296. **13.** Joll, *1914*, 6. **14.** Para uma boa descrição dos últimos anos de Wilhelm, ver Cecil, *Wilhelm II*, caps. 14-16.

Lista de Ilustrações

Envidaram-se todos os esforços para contatar os detentores dos direitos. A Editora ficará agradecida se, em futuras edições, puder corrigir erros e omissões que forem identificados.

Página
xix: Restos da Biblioteca da Universidade, Louvain, 1914. Coleção particular.
2: Famílias da realeza europeia no Palais Edinburgh, Coburg, 1894. Coleção particular. *Coleção Bernard Platman Antiquarian*/Biblioteca de Arte Bridgeman.
5: Lord Kitchener anunciando a anexação do Transvaal, charge de Jean Veber, de *L'Assiette au beurre*, 28 de setembro, 1901. *Coleção Granger/Topfoto*.
7: Vista da ponte Alexander III e do Grand e Petit Palais durante a Exposição de Paris, 1900. Biblioteca da Brown University, Providence, R.I.
21: Presidente Theodore Roosevelt a bordo do *Mayflower* com as delegações russa e japonesa,1º de agosto,1905. *Arquivo Hulton*/Getty Images.
29: Desfile militar por ocasião do jubileu da Rainha Victoria, Londres, 1897. Museu de Londres/Heritage Image/The Image Works.
37: Robert Gascoyne-Cecil, terceiro marquês de Salisbury, c. 1900, IAM/Akg-Images.
44: "Um ovo problemático para chocar," charge de John S. Pughe, do *Puck*, 6 de abril, 1901. Imagens da Biblioteca do Congresso/ Divisão de Fotografias, Washington, D.C.
51: "Na creche da Alemanha," autor desconhecido, de *Der Wahre Jacob*, 28 de agosto, 1900, *Akg-Images*.
54: Ito Hirobumi, do Japão, c. 1900, Getty Images.
64: Kaiser Wilhelm II, foto sem data. *SZ Photo/Coleção de fotos de Mary Evans*.
67: Kaiserina Augusta Victoria com sua filha Victoria Louise em Berlim, 1911, *Bundesarchiv, Koblenz*.
74: Otto von Bismarck, 1890, Akg-Images.
78: "Dispensando o piloto," caricatura de Otto von Bismarck e o Kaiser Wilhelm II, de *Punch*, 29 de março, 1890. *Topfoto*.
82: "O Kaiser Resolve ser o Senhor dos Mares," autor desconhecido, de *Der Wahre Jacob*, 3 de agosto, 1909. *Coleção de fotos de Mary Evans*.
84: Bernhard von Bulow em uniforme italiano, 1908. *Bundesarchiv, Koblenz.*;
93: Edward VII e Wilhelm II caçando em Windsor, 1907. *SZ Photo/Scherl/* Biblioteca de Arte Bridgeman; 95: Wilhelm II com Edward VII. *Coleção de Mary Evans/SZ Photo*.
97: Alfred Thayer Mahan, c. 1904. Imagens da Biblioteca do Congresso/ Divisão de Fotografias, Washington, D.C.
103: Almirante Alfred von Tirpitz, c. 1910, *Akg-Images*.
111: "Sem Limite," charge de L.M. Glackens para a capa do *Puck*, 22 de setembro,

1909. Imagens da Biblioteca do Congresso/ Divisão de Fotografias, Washington, D.C.

117: Capa de *The Great War in England in 1897*, de William Le Queux, publicado em 1894.

119: Vice-Almirante Sir John Arbuthnot Fisher, c. 1896. Biblioteca Robert Hunt/ *Coleção de fotos de Mary Evans*.

127: "A febre dos encouraçados," autor desconhecido, de *Der Wahre Jacob*, 22 de junho, 1909. *Coleção de fotos de Mary Evans*.

143: "O acordo cordial," charge de Jules Faivre, de Le Rire, 1903. *Topfoto*.

161: Théophile Delcassé. Roger-Viollet/*Topfoto*.

167: Edward VII na Ópera de Paris, ilustração de *Le Petit Journal*, 10 de maio, 1903. *Coleção de fotos de Mary Evans*.

174: "O urso russo, ferido na luta contra o Japão, se volta contra seu dono, o Czar," charge de Roubille, em *Le Rire*, 4 de fevereiro,1905. *Coleção de fotos de Mary Evans*.

180: Domingo sangrento em Nevsky Prospekt, St. Petersburgo, 9 de janeiro, 1905. Ullstein Bild/*Topfoto*.

185: Czar Nicholas II e o Príncipe de Gales (mais tarde George V) em Barton Manor, Cowes, Ilha de Wight, agosto de 1909. *Illustrated Londons News Ltd./Coleção de fotos de Mary Evans*.

190: Czar Nicholas II e sua família. Imagens da Biblioteca do Congresso/ Divisão de Fotos, Washington, D.C.

198: Pintura de navio de guerra japonês durante ataque à esquadra russa em Port Arthur (Lushun) em 8 de fevereiro, 1904, quadro japonês, 1904. IAM/ *Akg-Images*.

213: Ilustração de Carl Otto Czeschka para o livro *Die Nibelungen*, 1909. *Coleção de fotos de Mary Evans*.

220: Franz Joseph I. Illustrated London News Ltd./*Coleção de fotos de Mary Evans*.

222 (topo): Franz Joseph I com a atriz Katharina Schratt caminhando em Bad Ischl, 1914. *Coleção de fotos de Mary Evans/Sueddeutsche Zeitung Photo*.

222 (em baixo): Imperatriz Elisabeth da Áustria, 1897. Foto: Osterreichische Nationalbibliothek, Viena.

234: Conde Franz Conrad von Hötzendorf, c. 1900. *Coleção de fotos de Mary Evans/SZ Photo/Scherl*.

246: Harry, Graf Kessler, c. 1920. Imagno/Getty Images.

248: Pablo Picasso, *Homem com Violino*, 1911-2 (óleo sobre tela). Coleção particular. Biblioteca de arte Bridgeman. © 2013 Acervo de Pablo Picasso/Artists Rights Society (ARS), Nova York.

249: "O Incidente em Zabern," charge de Olaf Gulbransson, em *Simplicissimus*, novembro de 1913. IAM/*Akg-Images*. © DACS, 2013.

256: Friedrich Nietzsche,1864. *Coleção de fotos Mary Evans*/INTERFOTO/ Sammlung Rauch.

279: Escoteiros gregos treinando primeiros socorros, 1912. Roger Violleti/*Topfoto*.

287: Bertha von Suttner, 1908. Imagno/*Akg-Images*.

289: "Toda Hora é Hora de Almoço no Dreadnought Club," charge de Udo Keppler, no *Puck*, 31 de maio, 1911. Imagens da Biblioteca do Congresso/

Lista de ilustrações

Divisão de Fotos, Washington, D.C.

290: Jean de Bloch. Biblioteca Pública de Nova York/Biblioteca de Arte Bridgeman.

296: "O fim do Congresso de Paz," charge de Carl Hassmann, no *Puck*, 7 de agosto,1907. Imagens da Biblioteca do Congresso/Divisão de Fotografias, Washington, D.C.

297: Woodrow Wilson e William Jennings Bryan, 1912. Imagens da Biblioteca do Congresso/Divisão de Fotografias,Washington, D.C.

309: Jean Jaurès, 1914. *Akg-Images*.

318: "Todos dizem que querem se desarmar, mas ninguém quer ser o primeiro!" charge de John Scott Club, 1906. Imagens da Biblioteca do Congresso/ Divisão de Fotografias, Washington, D.C.

331: Presidente Raymond Poincaré e General Joseph Joffre observam as manobras do exército francês, Toulouse, 1913. Roger-Violleti/*Topfoto*.

337: "A Perfídia de Albion," mapa satírico da Europa, 1914. Coleção do Museu Europäischer Kulturen, Berlim. © 2013 Scala, *Florence/BPK*, Berlim.

338: Alfred von Schlieffen. *Coleção de fotos de Mary Evans*/SZ Photo/Scherl.

347: Helmut von Moltke, 1908. Roger-Violleti *Topfoto*.

363: Vladimir Sukhomlinov, 1909. © RIA Novosti/*Topfoto*.

380: Kaiser Wilhelm II a cavalo em Tânger, 31 de março,1905. Coleção Granger/ *Topfoto*.

381: "Na Conferência de Marrocos," charge de J.H.W. Dietz, do *Der Wahre Jacob*, 6 de fevereiro 1906, Akg-Images.

391: Sir Edward Grey. *Coleção de fotos de Mary Evans*.

405: Bulgária e Áustria se apossam de partes do Império Otomano diante de Abdul Hamid II da Turquia, autor desconhecido, no *Le Petit Journal*, 18 de outubro, 1908. *Coleção de fotos de Mary Evans*.

410: Aldis von Aehrenthal, c. 1907, *Akg-Images/Ullstein Bild*.

441: Soldado italiano segura o estandarte verde do profeta por ocasião da anexação de Tripoli, charge no *Le Petit Journal*, 12 de novembro, 1911, *Akg-Images*.

445: Theobald von Bethmann-Hollweg, c. 1914. *Coleção de fotos de Mary Evans/ Sueddeutsche Zeitung Photo*.

468: "Incêndio nos Balcãs," charge de Thomas Theodor Heine, em *Simplicissimus*, 28 de outubro, 1912, *Akg-Images*. © DACS, 2013.

476: Tropas búlgaras transportadas em trem para a fronteira turca durante as guerras dos Balcãs em 1912-3. *Coleção de fotos de Mary Evans/SZ Photo/Scherl*.

483: Conde Leopold von Berchtold, 1915. Foto: *Illustrated Londres News Ltd./ Coleção de fotos de Mary Evans*.

496: Istvan Tisza. *Coleção de fotos de Mary Evans/SZ Photo/Knorr & Hirth*.

502: "Quanto mais as nações tentam superar seus vizinhos na corrida armamentista, mais seus povos sofrem," charge de Rata Langa, em *Der Wahre Jacob*, 1909. *Coleção de fotos de Mary Evans*.

514: A comemoração de Joana d'Arc, Orleans, maio de 1909. Roger-Violleti/ *Topfoto*.

516: Raymond Poincaré e o czar Nicholas II, Kronstadt,Rússia, 20 de julho,1914. Heritage Image Partnership/*The Image Works*.

A Primeira Guerra Mundial – que acabaria com as guerras

521: Herbert Asquith, 1915. *Illustrated London News* Ltd./*Coleção de fotos de Mary Evans.*

545: "O Poder por Trás," charge de L. Raven Hill, no *Punch*, 29 de julho, 1914. *Coleção de fotos de Mary Evans.*

548: Coronel Dragutin Dimitrijevic (Apis), 1900.

551: Arquiduque Franz Ferdinand e sua mulher Sophie na manhã do assassinato, Sarajevo, 28 de junho, 1914. Biblioteca Robert Hunt/*Coleção de fotos de Mary Evans.*

552: Gavrilo Princip. *Topfoto.*

577: Áustria-Hungria declara guerra à Sérvia, primeira página do *The Daily Mirror*, 29 de julho,1914. John Frost Newspapers/*Coleção de fotos de Mary Evans.*

595: "Bravo, Bélgica!" charge de F.H. Townsend, no *Punch*, 12 de agosto, 1914. *Coleção de fotos de Mary Evans.*

609: Um tenente lê o anúncio para o povo no lado de fora do arsenal de Zeughaus, Berlim, 31 de julho, 1914, *Akg-Images.*

620: Remoção da tarja de luto que cobria a estátua de Strasbourg em Paris durante manifestação patriótica para celebrar a entrada de tropas francesas na Alsácia, 10 de agosto, 1914. Roger-Violleti/*Topfoto.*

628-9: Partida de conscritos de Berlim para a frente de combate, c. agosto de 1914, Ullstein Bild/*Topfoto*

Bibliografia

Adam, R.J.Q., *Bonar Law* (Londres, 1999)

Adamthwaite, A., *Grandeur and Misery: France's Bid for Power in Europe 1914-1940* (Nova York, 1995)

Addison, M. e O'Grady, J., *Diary of a European Tour, 1900* (Montreal, 1999)

Aehrenthal, A.L. v., *Aus dem Nachlass Aehrenthal. Briefe und Dokumente zur Österreichisch-Ungarischen Innen- und Aussenpolitik 1885-1912* (Graz, 1994)

Afflerbach, H., *Der Dreibund. Europäische Großmacht- und Allianzpolitik vor dem Ersten Weltkrieg* (Viena, 2002)

——, *Falkenhayn. Politisches Denken und Handeln im Kaiserreich* (Munique, 1994)

——, 'The Topos of Improbable War in Europe before 1914,' in H. Afflerbach and D. Stevenson (eds.), *An Improbable War? The Outbreak of World War I and European Political Culture before 1914* (New York, 2007), 161-82

——, 'Wilhelm II as Supreme Warlord in the First World War,' *War in History*, vol. 5, nº 4 (1998), 427-9

Airapetov, O.R. (ed.), *Generalui, Liberalui i Predprinimateli: Rabota Na Front i Na Revolyutsiyu 1907-1917* (Moscou, 2003)

——, *Poslednyaya Voina Imperatorskoi Rossii: Sbornik Statei* (Moscou, 2002)

——, 'K voprosu o prichinah porazheniya russkoi armii v vostochno-prusskoi operatsii,' zapadrus.su/rusmir/istf/327-2011-04-26-13-04-00.html

Albertini, L., *The Origins of the War of 1914* (Londres, 1957)

Allain, J., *Joseph Caillaux: Le Défi victorieux, 1863-1914* (Paris, 1978)

Anderson, M.S., *The Rise of Modern Diplomacy, 1450-1919* (Londres, 1993)

Andrew, C., 'France and the German Menace,' in E.R. May (ed.), *Knowing One's Enemies: Intelligence Assessments before the Two World Wars* (Princeton, 1986), 127-49

——, *Théophile Delcassé and the Making of the Entente Cordiale: A*

Reappraisal of French Foreign Policy 1898-1905 (Londres, 1968)

Angell, N., *The Great Illusion* (Toronto, 1911)

Angelow, J., *Der Weg in die Katastrophe: Der Zerfall des alten Europa, 1900-1914* (Berlim, 2010)

——, 'Der Zweibund zwischen Politischer auf-und militärischer Abwertung,' *Mitteilungen des Österreichischen Staatsarchivs*, vol. 44 (1996), 25-74

Armour, I.D., 'Colonel Redl: Fact and Fantasy,' *Intelligence and National Security*, vol. 2, nº 1 (1987), 170-83

Austro-Hungarian Gemeinsamer Ministerrat, *Protokolle des Gemeinsamen Ministerrates der Österreichisch-Ungarischen Monarchie (1914-1918)* (Budapest, 1966)

Bach, A. (ed.), *Deutsche Gesandtschaftsberichte zum Kriegsausbruch 1914. Berichte und Telegramme der Badischen, Sächsischen und Württembergischen Gesandtschaften in Berlin aus dem Juli und August 1914* (Berlim, 1937)

Baernreither, J.M. and Redlich, J., *Fragments of a Political Diary* (Londres, 1930)

Balfour, M.L.G., *The Kaiser and His Times* (Nova York, 1972)

Bánffy, M., *They Were Divided: The Writing on the Wall* (versão Kindle, 2010)

Barclay, T., *Thirty Years: Anglo-French Reminiscences, 1876-1906* (Londres, 1914)

Bark, P.L., 'Iul'skie Dni 1914 Goda: Nachalo Velikoy Voinui. Iz Vospominany P.L. Barka, Poslednego Ministra Finansov Rossiiskogo Imperatorskogo Pravitel'Stva,' *Vozrozhdenie*, nº 91 (1959), 17-45

Barraclough, G., *From Agadir to Armageddon: Anatomy of a Crisis* (Londres, 1982)

Becker, J.J., *1914, Comment les Français sont entrés dans la Guerre: Contribution à l'étude de l'opinion publique printemps-été 1914* (Paris, 1977)

Beesly, E.S., *Queen Elizabeth* (Londres, 1906)

Berghahn, V., *Germany and the Approach of War in 1914* (Londres, 1973)

——, 'War Preparations and National Identity in Imperial Germany,' in M.F. Boemeke, R. Chickering, e S. Förster (eds.), *Anticipating Total War: The German and American Experiences, 1871-1914* (Cambridge, 1999), 307-26

Bernhardi, F. v., *Germany and the Next War* (Londres, 1914)

Bestuzhev, I.V., 'Russian Foreign Policy February-June 1914,' *Journal of Contemporary History*, vol. 1, nº 3 (1966), 93-112

Bethmann-Hollweg, T. v., *Reflections on the World War* (Londres, 1920)

Beyens, H., *Germany before the War* (Londres, 1916)

Bittner, L. e Ubersberger, H. (eds.), *Österreich-Ungarns Aussenpolitik*

Bibliografia

von der Bosnischen Krise 1908 bis zum Kriegsausbruch 1914. Diplomatische Aktenstücke des Österreichisch-Ungarischen Ministeriums des Äussern (Vienna, 1930)

Bloch, I.S., *The Future of War in its Technical Economic and Political Relations: Is War Now Impossible?* (Toronto, 1900)

——, 'The Wars of the Future,' *Contemporary Review*, vol. 80 (1901), 305-32

Blom, P., *The Vertigo Years: Change and Culture in the West, 1900-1914* (Londres, 2008)

Bodger, A., 'Russia and the End of the Ottoman Empire,' in M. Kent (ed.), *The Great Powers and the End of the Ottoman Empire* (Londres, 1996), 76-110

Boemeke, M.F., Chickering, R., e Förster, S. (eds.), *Anticipating Total War: The German and American Experiences, 1871-1914* (Cambridge, 1999)

Boghitschewitsch, M. (ed.), *Die auswärtige Politik Serbiens 1903-1914* (Berlim, 1931)

Bond, B., *The Victorian Army and the Staff College 1854-1914* (Londres, 1972)

Bosworth, R., 'Britain and Italy's Acquisition of the Dodecanese, 1912-1915,' *Historical Journal*, vol. 13, nº 4 (1970), 683-705

——, *Italy and the Approach of the First World War* (Londres, 1983)

Bourdon, G., *The German Enigma* (Paris, 1914)

Boyer, J.W., 'The End of an Old Regime: Visions of Political Reform in Late Imperial Austria,' *Journal of Modern History*, vol. 58, nº 1 (1986), 159-93

Bridge, F.R., 'Austria-Hungary and the Boer War,' in K.M. Wilson (ed.), *The International Impact of the Boer War* (Chesham, 2001), 79-96

——, 'The British Declaration of War on Austria-Hungary in 1914,' *Slavonic and East European Review*, vol. 47, nº 109 (1969), 401-22

——, 'The *Entente* Cordiale, 1904-14: An Austro-Hungarian Perspective,' *Mitteilungen des Österreichischen Staatsarchivs*, vol. 53 (2009), 335-51

——, *The Habsburg Monarchy among the Great Powers, 1815-1918* (Nova York, 1990)

——, 'Isvolsky, Aehrenthal, and the End of the Austro-Russian *Entente*, 1906-8,' *Mitteilungen des Österreichischen Staatsarchivs*, vol. 20 (1976), 315-62

——, *From Sadowa to Sarajevo: The Foreign Policy of Austria-Hungary, 1866-1914* (Londres, 1972)

——, 'Tarde Venientibus Ossa: Austro-Hungarian Colonial Aspirations in Asia Minor 1913-14,' *Middle Eastern Studies*, vol. 6, nº 3 (1970), 319-30

Bridge, W.C., *How the War Began in 1914* (Londres, 1925)

Brinker-Gabler, G. (ed.), *Kämpferin für den Frieden: Bertha von Suttner. Lebenserinnerungen, Reden und Schriften: Eine Auswahl* (Frankfurt am Main, 1982)

Brock, Michael e Brock, Eleanor (eds.), *H.H. Asquith: Letters to Venetia Stanley* (Oxford, 1982)

Brusilov, A.A., *A Soldier's Notebook 1914-1918* (Londres, 1930)

Bülow, B., *Memoirs of Prince von Bulow* (Boston, 1931)

Burkhardt, J., 'Kriegsgrund Geschichte? 1870, 1813, 1756 - historische Argumente und Orientierungen bei Ausbruch des Ersten Weltkriegs,' in J. Burkhardt, J. Becker, S. Förster, e G. Kronenbitter (eds.), *Lange und kurze Wege in den Ersten Weltkrieg: Vier Augsburger Beitraeger zur Kriesursachenforschung* (Munique, 1996), 9-86

Burkhardt, J., Becker, J., Förster, S., e Kronenbitter, G. (eds.), *Lange und kurze Wege in den Ersten Weltkrieg: Vier Augsburger Beitraeger zur Kriesursachenforschung* (Munique, 1996)

Burrows, M., *The History of the Foreign Policy of Great Britain* (Londres, 1895)

Bushnell, J., 'The Tsarist Officer Corps, 1881-1914: Customs, Duties, Inefficiency,' *American Historical Review*, vol. 86, nº 4 (1981), 753-80

Butterworth, A., *The World that Never Was: A True Story of Dreamers, Schemers, Anarchists and Secret Agents* (Londres, 2010)

Cairns, J. C., 'International Politics and the Military Mind: The Case of the French Republic, 1911-1914,' *Journal of Modern History*, vol. 25, nº 3 (1953), 273-85

Callwell, C.E., *Field-Marshal Sir Henry Wilson: His Life and Diaries* (Londres, 1927)

Cambon, P., *Correspondance, 1870-1924*, vol. III: *1912-1924* (Paris, 1940-46)

Cannadine, D., *The Decline and Fall of the British Aristocracy* (New Haven, CT, 1990)

Cannadine, D., Keating, J., e Sheldon, N., *The Right Kind of History: Teaching the Past in Twentieth-Century England* (Nova York, 2012)

Carter, M., *The Three Emperors: Three Cousins, Three Empires and the Road to World War One* (Londres, 2009)

Ceadel, M., *Living the Great Illusion: Sir Norman Angell, 1872-1967* (Oxford, 2009)

——, *Semi-Detached Idealists: The British Peace Movement and International Relations, 1854-1945* (Oxford, 2000)

Cecil, G., *Life of Robert Marquis of Salisbury*, 4 vols (Londres, 1921-32)

Cecil, L., *Albert Ballin: Business and Politics in Imperial Germany, 1888-1918* (Princeton, 1967)

——, *The German Diplomatic Service, 1871-1914* (Princeton, 1976)

——, *Wilhelm II*, vol. II: *Emperor and Exile, 1900-1941* (Chapel Hill, 1989)

Bibliografia

Chandler, R., 'Searching for a Saviour,' *Spectator*, 31 março 2012
Charykov, N.V., *Glimpses of High Politics: Through War & Peace, 1855-1929* (Londres, 1931)
Chickering, R., *Imperial Germany and a World without War: The Peace Movement and German Society, 1892-1914* (Princeton, 1975)
——, 'Problems of a German Peace Movement, 1890-1914,' in S. Wank (ed.), *Doves and Diplomats: Foreign Offices and Peace Movements in Europe and America in the Twentieth Century* (Londres, 1978), 42-54
——, 'War, Peace, and Social Mobilization in Imperial Germany,' in C. Chatfield e P. Van den Dungen (eds.), *Peace Movements and Political Cultures* (Knoxville, 1988), 3-22
Churchill, W.S., *The World Crisis, 1911-1918*, vol. I: *1911-1914* (Londres, 1923)
Cimbala, S.J., 'Steering through Rapids: Russian Mobilization and World War I,' *Journal of Slavic Military Studies*, vol. 9, nº 2 (1996), 376-98
Clark, C., *Iron Kingdom: The Rise and Downfall of Prussia, 1600-1947* (Londres, 2007)
——, *Kaiser Wilhelm II* (Harlow, 2000)
——, *The Sleepwalkers: How Europe Went to War in 1914* (Londres, 2012)
Clifford, C., *The Asquiths* (Londres, 2002)
Cooper, M.B., 'British Policy in the Balkans, 1908-1909,' *Historical Journal*, vol. 7, nº 2 (1964), 258-79
Cooper, S.E., 'Pacifism in France, 1889-1914: International Peace as a Human Right,' *French Historical Studies*, vol. 17, nº 2 (1991), 359-86
——, *Patriotic Pacifism: Waging War on War in Europe, 1815-1914* (Oxford, 1991)
Cornwall, M., 'Serbia,' in K.M. Wilson (ed.), *Decisions for War, 1914* (Londres, 1995)
Craig, G.A., *Germany, 1866-1945* (Oxford, 1978)
——, *The Politics of the Prussian Army, 1640-1945* (Oxford, 1964)
Crampton, R.J., 'August Bebel and the British Foreign Office,' *History*, vol. 58, nº 193 (1973), 218-32
——, 'The Balkans as a Factor in German Foreign Policy, 1912-1914,' *Slavonic and East European Review*, vol. 55, nº 3 (1977), 370-90
——, 'The Decline of the Concert of Europe in the Balkans, 1913-1914, *Slavonic and East European Review*, vol. 52, nº 128 (1974), 393-419
——, *The Hollow Detente: Anglo-German Relations in the Balkans, 1911-1914* (Londres, 1979)
Cronin, V., *Paris on the Eve, 1900-1914* (Londres, 1989)
Csáky, I., *Vom Geachteten zum Geächteten: Erinnerungen des k. und k. Diplomaten und k. Ungarischen Aussenministers Emerich Csaky (1882-1961)* (Weimar, 1994)
Czernin, C.O., *In the World War* (Londres, 1919)

Dangerfield, G., *The Strange Death of Liberal England, 1910-1914* (Nova York, 1961)

De Burgh, E., *Elizabeth, Empress of Austria: A Memoir* (Londres, 1899)

Deák, I., *Beyond Nationalism: A Social and Political History of the Habsburg Officer Corps, 1848-1918* (Oxford, 1992)

Dedijer, V., *The Road to Sarajevo* (Londres, 1967)

Diószegi, I., *Hungarians in the Ballhausplatz: Studies on the Austro-Hungarian Common Foreign Policy* (Budapest, 1983)

Dockrill, M.L., 'British Policy during the Agadir Crisis of 1911,' in F.H. Hinsley (ed.), *British Foreign Policy under Sir Edward Grey* (Cambridge, 1977), 271-87

Doughty, R., 'France,' in R.F. Hamilton e H.H. Herwig (eds.), *War Planning, 1914* (Cambridge, 2010), 143-74

——, 'French Strategy in 1914: Joffre's Own,' *Journal of Military History*, vol. 67 (2003), 427-54

——, *Pyrrhic Victory: French Strategy and Operations in the Great War* (Londres, 2005)

Dowler, W., *Russia in 1913* (DeKalb, 2010)

Dülffer, J., 'Chances and Limits of Arms Control 1898-1914,' in H. Afflerbach e D. Stevenson (eds.), *An Improbable War: The Outbreak of World War I and European Political Culture before 1914* (Oxford, 2007), 95-112

——, 'Citizens and Diplomats: The Debate on the First Hague Conference (1899) in Germany,' in C. Chatfield e P. Van den Dungen (eds.), *Peace Movements and Political Cultures* (Knoxville, 1988), 23-39

——, 'Efforts to Reform the International System and Peace Movements before 1914,' *Peace & Change*, vol. 14, nº 1 (1989), 24-45

——, 'Kriegserwartung und Kriegsbild in Deutschland vor 1914,' in W. Michalka (ed.), *Der Erste Weltkrieg: Wirkung, Wahrnehmung, Analyse* (Munique, 1994), 778-98

Dumas, F.G. (ed.), *The Franco-British Exhibition: Illustrated Review, 1908* (Londres, 1908)

Dungen, P. v. d., 'Preventing Catastrophe: The World's First Peace Museum,' *Ritsumeikan Journal of International Studies*, vol. 18, nº 3 (2006), 449-62

Eby, C., *The Road to Armageddon: The Martial Spirit in English Popular Literature, 1870-1914* (Durham, NC, 1987)

Echevarria, A.J., 'Heroic History and Vicarious War: Nineteenth-Century German Military History Writing,' *The Historian*, vol. 59, nº 3 (1997), 573-90

——, 'On the Brink of the Abyss: The Warrior Identity and German Military Thought before the Great War,' *War & Society*, vol. 13, nº 2 (1995), 23-40

Eckardstein, H.F. v. e Young, G., *Ten Years at the Court of St. James,'*

Bibliografia

1895-1905 (Londres, 1921)

Einem, K. v., *Erinnerungen eines Soldaten*, 4ª ed. (Leipzig, 1933)

Ekstein, M. e Steiner, Z., 'The Sarajevo Crisis,' in F.H. Hinsley (ed.), *British Foreign Policy under Sir Edward Grey* (Cambridge, 1977), 397-410

Epkenhans, M., *Tirpitz: Architect of the German High Seas Fleet* (Washington, D.C., 2008)

——, 'Wilhelm II and "His" Navy, 1888-1918', in A. Mombauer e W. Deist (eds.), *The Kaiser: New Research on Wilhelm II's Role in Imperial Germany* (Cambridge, 2003), 12-36

Esher, R., *Journals and Letters of Reginald, Viscount Esher* (Londres, 1934-8)

Eubank, K., *Paul Cambon: Master Diplomatist* (Norman, OK, 1960)

——, 'The Fashoda Crisis Re-Examined,' *The Historian*, vol. 22, nº 2 (1960), 145-62

Evera, S.V., 'The Cult of the Offensive and the Origins of the First World War,' in S.E. Miller, S.M. Lynn-Jones, e S. Van Evera (eds.), *Military Strategy and the Origins of the First World War* (Princeton, 1991), 59-108

Exposition Universelle Internationale de 1900, *1900 Paris Exposition: Guide pratique de visiteur de Paris et de l'Exposition ...* (Paris, 1900)

Feldman, G.D., 'Hugo Stinnes and the Prospect of War before 1914,' in M.F. Boemeke, R. Chickering, e S. Förster (eds.), *Anticipating Total War: The German and American Experiences, 1871-1914* (Cambridge, 1999), 77-95

Fellner, F., 'Die "Mission Hoyos",' in H. Maschl e B. Mazohl-Wallnig (eds.), *Vom Dreibund zum Völkerbund. Studien zur Geschichte der internationalen Beziehungen, 1882-1919* (Vienna, 1994), 112-41

Ferguson, N., *The Pity of War* (Nova York, 1999)

Fesser, G., *Reichskanzler Fürst von Bülow. Architekt der Deutschen Weltpolitik* (Leipzig, 2003)

——, *Der Traum vom Platz an der Sonne. Deutsche 'Weltpolitik' 1897-1914* (Bremen, 1996)

Figes, O., *A People's Tragedy: The Russian Revolution, 1891-1924* (Londres, 1996)

Fischer, F., 'The Foreign Policy of Imperial Germany and the Outbreak of the First World War,' in G. Schöllgen (ed.), *Escape into War? The Foreign Policy of Imperial Germany* (Nova York, 1990), 19-40

——, *Germany's Aims in the First World War* (Londres, 1967)

——, *War of Illusions: German Policies from 1911 to 1914* (Nova York, 1975)

Fisher, J.A.F. e Marder, A.J., *Fear God and Dread Nought: The Correspondence of Admiral of the Fleet Lord Fisher of Kilverstone* (Londres, 1952)

Foley, R.T., 'Debate - the Real Schlieffen Plan,' *War in History*, vol. 13, nº 1 (2006), 91-115

——, *German Strategy and the Path to Verdun: Erich von Falkenhayn and the Development of Attrition, 1870-1916* (Cambridge, 2005)

Förster, S., 'Der Deutschen Generalstab und die Illusion des kurzen Krieges, 1871-1914,' *Militärgeschichtliche Mitteilungen*, vol. 54 (1995), 61-95

——, *Der doppette Militarismus. Die deutsche Heeresrüstungpolitik zwischen Statusquo-Sicherung und Aggression. 1890-1913* (Stuttgart, 1985)

——, 'Dreams and Nightmares: German Military Leadership and Images of Future Warfare, 1871-1914,' in M.F. Boemeke, R. Chickering, and S. Förster (eds.), *Anticipating Total War: The German and American Experiences, 1871-1914* (Cambridge, 1999), 343-76

——, 'Facing "People's War": Moltke the Elder and Germany's Military Options after 1871,' *Journal of Strategic Studies*, vol. 10, nº 2 (1987), 209-30

——, 'Im Reich des Absurden. Die Ursachen des Ersten Weltkriegs,' in B. Wegner (ed.), *Wie Kriege entstehen. Zum historischen Hintergrund von Staatskonflikten* (Munique, 2000), 211-52

France. Ministere des Affaires Étrangeres, *Documents diplomatiques français, 1871-1914*, 3ª série

French, D., 'The Edwardian Crisis and the Origins of the First World War,' *International History Review*, vol. 4, nº 2 (1982), 207-21

Freud, S., *Civilization and its Discontents* (Nova York, 1962)

Fuller, W.C., *The Foe Within: Fantasies of Treason and the End of Imperial Russia* (Ithaca, 2006)

——, 'The Russian Empire,' in E.R. May (ed.), *Knowing One's Enemies: Intelligence Assessment before the Two World Wars* (Princeton, 1986), 98-126

——, *Strategy and Power in Russia, 1600-1914* (Nova York, 1992)

Funder, F., *Vom Gestern ins Heute. Aus dem Kaiserreich in die Republik* (Viena, 1953)

Gardiner, A.G., *Pillars of Society* (Londres, 1916)

Geinitz, C., *Kriegsfurcht und Kampfbereitschaft. Das Augusterlebnis in Freiburg. Eine Studie zum Kriegsbeginn 1914* (Essen, 1998)

Geiss, I., 'Deutschland und Österreich-Ungarn beim Kriegsausbruch 1914. Eine machthistorische Analyse,' in M. Gehler (ed.), *Ungleiche Partner? Österreich und Deutschland in ihrer gegenseitigen Wahrnehmung. Historische Analysen und Vergleiche aus dem 19. und 20. Jahrhundert* (Stuttgart, 1996), 375-95

Geiss, I. (ed.), *July 1914: The Outbreak of the First World War: Selected Documents* (Londres, 1967)

Geppert, D., 'The Public Challenge to Diplomacy: German and British Ways of Dealing with the Press, 1890-1914,' in M. Mösslang and T.

Bibliografia

Riotte (eds.), *The Diplomats' World: A Cultural History of Diplomacy, 1815-1914* (Oxford, 2008), 133-64

German Foreign Office, *Die grosse Politik der Europäischen Kabinette 1871-1914. Sammlung der diplomatischen Akten des auswaärtigen Amtes*, vol. XXXIX: *Das Nahen des Weltkrieges, 1912-1914* (Berlim, 1926)

Geyer, D., *Russian Imperialism: The Interaction of Domestic and Foreign Policy, 1860- 1914* (Leamington Spa, 1987)

Gieslingen, W.G. v., *Zwei Jahrzehnte im Nahen Orient: Aufzeichnungen des Generals der Kavallerie Baron Wladimir Giesl* (Berlin, 1927)

Gildea, R., *Barricades and Borders: Europe, 1800-1914* (Oxford, 1996)

Gilmour, D., *Curzon* (Londres, 1994)

Goldberg, H., *The Life of Jean Jaurès* (Madison, 1968)

Gooch, G.P. and Temperley, H.W. (eds.), *British Documents on the Origins of the War, 1898-1914*, vols. I-XI (Londres, 1926-38)

Gooch, J., 'Attitudes to War in Late Victorian and Edwardian England,' in B. Bond and I. Roy (eds.), *War and Society: A Yearbook of Military History* (New York, 1975), 88-102

——, 'Italy before 1915,' in E.R. May (ed.), *Knowing One's Enemies: Intelligence Assessments before the Two World Wars* (Princeton, 1986), 205-33

Gordon, D.C., 'The Admiralty and Dominion Navies, 1902-1914,' *Journal of Modern History*, vol. 33, nº 4 (1961), 407-22

Gregory, R., *Walter Hines Page: Ambassador to the Court of St. James's* (Lexington, 1970)

Grey, E., *Twenty-Five Years, 1892-1916* (Londres, 1925)

Grigg, J., *Lloyd George: The People's Champion, 1902-1911* (Berkeley, 1978)

——, *Lloyd George: From Peace to War, 1912-1916* (Londres, 1985)

Groener, W., *Lebenserinnerungen. Jugend, Generalstab, Weltkrieg* (Göttingen, 1957)

Groh, D., 'The "Unpatriotic Socialists" and the State,' *Journal of Contemporary History*, vol. 1, nº 4 (1966), 151-77

Haldane, R.B.H., *An Autobiography* (Londres, 1929)

——, *Before the War* (Londres, 1920)

Hamilton, G.F., *Parliamentary Reminiscences and Reflections, 1886-1906* (Londres, 1922)

Hamilton, R.F., 'War Planning: Obvious Needs, Not so Obvious Solutions,' in R.F. Hamilton and H.H. Herwig (eds.), *War Planning: 1914* (Cambridge, 2009)

Hamilton, R.F. and Herwig, H., *Decisions for War, 1914-1917* (Cambridge, 2005)

——, *The Origins of World War I* (Cambridge, 2003)

——, *War Planning 1914* (Cambridge, 2010)

Hankey, M.P.A.H., *The Supreme Command, 1914-1918* (Londres, 1961)

Hantsch, H., *Leopold Graf Berchtold: Grandseigneur und Staatsmann* (Graz, 1963)

Harris, R., *The Man on Devil's Island: Alfred Dreyfus and the Affair that Divided France* (Londres, 2010)

Haupt, G., *Socialism and the Great War: The Collapse of the Second International* (Oxford, 1972)

Hayne, M.B., *The French Foreign Office and the Origins of the First World War, 1898- 1914* (Oxford, 1993)

——, 'The Quai d'Orsay and Influences on the Formulation of French Foreign Policy, 1898-1914,' *French History*, vol. 2, nº 4 (1988), 427-52

Hazlehurst, C., *Politicians at War, July 1914 to May 1915: A Prologue to the Triumph of Lloyd George* (Londres, 1971)

Heinrich, F., *Geschichte in Gesprächen. Aufzeichnungen, 1898-1919* (Viena, 1997)

Helmreich, E., *The Diplomacy of the Balkan Wars, 1912-1913* (Londres, 1938)

Herring, G., *From Colony to Superpower: US Foreign Relations since 1776* (Oxford, 2008)

Herrmann, D.G., *The Arming of Europe and the Making of the First World War* (Princeton, 1997)

Hertling, G., Graf von, and Lerchenfeld-Köfering, H., Graf, *Briefwechsel Hertling- Lerchenfeld 1912-1917. Dienstliche Privatkorrespondenz Zwischen dem Bayerischen Ministerpräsidenten Georg Graf von Hertling und dem Bayerischen Gesandten in Berlin Hugo Graf von und zu Lerchenfeld* (Boppard am Rhein, 1973)

Herwig, H., 'Conclusions,' in R.F. Hamilton and H. Herwig (eds.), *War Planning, 1914* (Cambridge, 2010), 226-56

——, 'Disjointed Allies: Coalition Warfare in Berlin and Vienna, 1914,' *Journal of Military History*, vol. 54, nº 3 (1990), 265-80

——, 'The German Reaction to the Dreadnought Revolution,' *International History Review*, vol. 13, nº 2 (1991), 273-83

——, 'Imperial Germany,' in E.R. May (ed.), *Knowing One's Enemies: Intelligence Assessment before the Two World Wars* (Princeton, 1986), 62-97

——, 'Luxury' Fleet: The Imperial German Navy, 1888-1918* (Londres, 1987)

——, *The Marne, 1914: The Opening of World War I and the Battle that Changed the World* (Nova York, 2009)

——, 'From Tirpitz Plan to Schlieffen Plan: Some Observations on German Military Planning,' *Journal of Strategic Studies*, vol. 9, nº 1 (1986), 53-63

Hewitson, M., *Germany and the Causes of the First World War* (Nova York, 2004)

Bibliografia

——, 'Germany and France before the First World War: A Reassessment of Wilhelmine Foreign Policy,' *English Historical Review*, vol. 115, nº 462 (2000), 570-606

——, 'Images of the Enemy: German Depictions of the French Military, 1890- 1914,' *War in History*, vol. 11, nº 4 (2004), 4-33

Heywood, A., '"The Most Catastrophic Question": Railway Development and Military Strategy in Late Imperial Russia,' in T.G. Otte and K. Neilson (eds.), *Railways and International Politics: Paths of Empire, 1848-1945* (Nova York, 2006), 45-67

Hinsley, F.H. (ed.), *British Foreign Policy under Sir Edward Grey* (Cambridge, 1977)

Hobhouse, C., *Inside Asquith's Cabinet: From the Diaries of Charles Hobhouse* (Londres, 1977)

Hoetzendorf, Gina Agujari-Kárász Conrad von, *Mein Leben mit Conrad von Hötzendorf: Sein geistiges Vermächtnis* (Leipzig, 1935)

Hoetzsch, O. (ed.), *Die Internationalen Beziehungen im Zeitalter des Imperialismus. Dokumente aus den Archiven der Zarischen und der provisorischen Regierung*, vol. IV: *28. Juni Bis 22. Juli 1914* (Berlim, 1932)

Holstein, F. v., *The Holstein Papers*, ed. N. Rich et al. (Cambridge, 1955)

Hopman, A., *Das Ereignisreiche Leben eines 'Wilhelminers'. Tagebücher, Briefe, Aufzeichnungen 1901 bis 1920* (Munique, 2004)

House, E.M. and Seymour, C., *The Intimate Papers of Colonel House* (Nova York, 1926)

Howard, C., 'The Policy of Isolation,' *Historical Journal*, vol. 10, nº 1 (1967), 77-88

Howard, M., 'Men against Fire: Expectations of War in 1914,' in S.E. Miller, S.M. Lynn-Jones, e S. van Evera (eds.), *Military Strategy and the Origins of the First World War* (Princeton, 1991), 3-19

——, *The Franco-Prussian War: The German Invasion of France, 1870- -1871* (Londres, 1961)

Howorth, J., 'French Workers and German Workers: The Impossibility of Internationalism, 1900-1914,' *European History Quarterly*, vol. 85, nº 1 (1985), 71-97

Hughes, W.M., *Policies and Potentates* (Sydney, 1950)

Hull, I., *The Entourage of Kaiser Wilhelm II, 1888-1918* (Cambridge, 2004)

Hynes, S.L., *The Edwardian Turn of Mind* (Princeton, 1968)

Ignat'ev, A.A., *50 Let v Stroyu* (Moscou, 1986)

Ignat'ev, A.V., *Vneshniaia Politika Rossii 1907-1914: Tendentsii, Liudi, Sobytiia* (Moscou, 2000)

Izvolski, A.P. and Seeger, C., *The Memoirs of Alexander Iswolsky, Formerly Russian Minister of Foreign Affairs and Ambassador to France* (Londres, 1920)

Jarausch, K., *The Enigmatic Chancellor: Bethmann-Hollweg and the Hubris of Imperial Germany* (New Haven, CT, 1973)

Jeffery, K., *Field Marshal Sir Henry Wilson: A Political Soldier* (Oxford, 2006)

Jelavich, B., *History of the Balkans*, vol. I: *Eighteenth and Nineteenth Centuries* (Cambridge, 1983)

——, *Russia's Balkan Entanglements 1806-1914* (Cambridge, 1991)

——, 'What the Habsburg Government Knew about the Black Hand,' *Austrian History Yearbook*, vol. XX II (Houston, 1991), 131-50

Jelavich, C. e Jelavich, B., *The Establishment of the Balkan National States, 1804-1920* (Seattle, 1977)

Johnston, W.M., *The Austrian Mind: An Intellectual and Social History, 1848-1938* (Berkeley, 1972)

Joll, J., *1914: The Unspoken Assumptions: An Inaugural Lecture Delivered 25 April 1968 at the London School of Economics* (Londres, 1968)

——, *The Second International, 1889-1914* (Nova York, 1966)

Joll, J. e Martel, G., *The Origins of the First World War* (Harlow, 2007)

Joly, B., 'La France et la Revanche (1871-1914),' *Revue d'Histoire Moderne et Contemporaine*, vol. 46, nº 2 (2002), 325-47

Jusserand, J.J., *What Me Befell: The Reminiscences of J.J. Jusserand* (Londres, 1933)

Kaiser, D.E., 'Germany and the Origins of the First World War,' *Journal of Modern History*, vol. 55, nº 3 (1983), 442-74

Keiger, J., *France and the Origins of the First World War* (Basingstoke, 1983)

——, 'Jules Cambon and Franco-German Detente, 1907-1914,' *Historical Journal*, vol. 26, nº 3 (1983), 641-59

——, *Raymond Poincaré* (Cambridge, 1997)

Kennan, G., *Siberia and the Exile System* (Nova York, 1891)

Kennan, G.F., *The Other Balkan Wars: A 1913 Carnegie Endowment Inquiry in Retrospect* (Washington, D.C., 1993)

Kennedy, P.M., 'German World Policy and the Alliance Negotiations with England, 1897-1900,' *Journal of Modern History*, vol. 45, nº 4 (1973), 605-25

——, 'Great Britain before 1914,' in E.R. May (ed.), *Knowing One's Enemies: Intelligence Assessment before the Two World Wars* (Princeton, 1986), 172-204

——, *The Rise of the Anglo-German Antagonism, 1860-1914* (Londres, 1982)

——, *The Rise and Fall of the Great Powers: Economic Change and Military Conflict from 1500 to 2000* (Nova York, 1987)

——, *The War Plans of the Great Powers, 1860-1914* (Londres, 1979)

Kennedy, P.M., Nicholls, A.J., *Nationalist and Racialist Movements in Britain and Germany before 1914* (Londres, 1981)

Bibliografia

Kessler, H., *Journey to the Abyss: The Diaries of Count Harry Kessler, 1880-1918* (Nova York, 2011)

Kießling, F., *Gegen den 'Grossen Krieg'?: Entspannung in den internationalen Beziehungen 1911-1914* (Munique, 2002)

Kipling, R. and Pinney, T., *The Letters of Rudyard Kipling* (Houndmills, 1990)

Kissinger, Henry, *Diplomacy* (Nova York, 1994)

——, 'The White Revolutionary: Reflections on Bismarck,' *Daedalus*, vol. 97, nº 3 (1968), 888-924

——, *A World Restored: Metternich, Castlereagh and the Problems of Peace, 1812-1822* (Boston, 1957)

Kleïnmikhel,' M., *Memories of a Shipwrecked World: Being the Memoirs of Countess Kleinmichel* (Londres, 1923)

Kokovtsov, V.N., *Out of My Past: The Memoirs of Count Kokovtsov, Russian Minister of Finance, 1904-1914, Chairman of the Council of Ministers, 1911-1914*, ed. H.H. Fisher (Londres, 1935)

Kramer, A., *Dynamic of Destruction: Culture and Mass Killing in the First World War* (Oxford, 2008)

Kröger, M., 'Imperial Germany and the Boer War,' in K. M. Wilson (ed.), *The International Impact of the Boer War* (Londres, 2001), 25-42

Kronenbitter, G., 'Die Macht der Illusionen. Julikrise und Kriegsausbruch 1914 aus der Sicht des Militärattachés in Wien,' *Militärgeschichtliche Mitteilungen*, vol. 57 (1998), 519-50

——, '"Nur los lassen." Österreich-Ungarn und der Wille zum Krieg,' in J. Burkhardt, J. Becker, S. Förster, e G. Kronenbitter (eds.), *Lange und kurze Wege in den Ersten Weltkrieg. Vier Augsburger Beitraeger zur Kriesursachenforschung* (Munich, 1996), 159-87

Krumeich, G., *Armaments and Politics in France on the Eve of the First World War: The Introduction of Three-Year Conscription, 1913-1914* (Leamington Spa, 1984)

LaFeber, W., *The Cambridge History of American Foreign Relations*, vol. II: *The American Search for Opportunity, 1865-1913* (Cambridge, 1993)

Laity, P., *The British Peace Movement, 1870-1914* (Oxford, 2001)

Lambi, I.N., *The Navy and German Power Politics, 1862-1914* (Boston, 1984)

Langsam, W.C., 'Nationalism and History in the Prussian Elementary Schools under William II,' in E.M. Earle e C.J.H. Hayes (eds.), *Nationalism and Internationalism: Essays Inscribed to Carlton J. H. Hayes* (Nova York, 1950)

Laurence, R., 'Bertha von Suttner and the Peace Movement in Austria to World War I,' *Austrian History Yearbook*, vol. 23 (1992), 181-201

——, 'The Peace Movement in Austria, 1867-1914,' in S. Wank (ed.), *Doves and Diplomats: Foreign Offices and Peace Movements in Europe and America in the Twentieth Century* (Westport, 1978), 21-41

Lee, D. E., *Europe's Crucial Years: The Diplomatic Background of World War One, 1902- 1914* (Hanover, 1974)

Lee, S., *King Edward VII: A Biography* (Londres, 1925)

Lerchenfeld-Koefering, Hugo Graf von und zu, *Kaiser Wilhelm II. Als Persönlichkeit und Herrscher* (Regensburg, 1985)

Lerman, K., *The Chancellor as Courtier: Bernhard von Bülow and the Governance of Germany, 1900-1909* (Cambridge, 1990)

Leslie, J., 'The Antecedents of Austria-Hungary's War Aims: Policies and Policy-Makers in Vienna and Budapest before and during 1914,' *Wiener Beiträge zur Geschichte der Neuzeit*, vol. 20 (1993), 307-94

——, 'Osterreich-Ungarn vor dem Kriegsausbruch,' in R. Melville (ed.), *Deutschland und Europa in der Neuzeit: Festschrift für Karl Otmar Freiherr von Aretin zum 65. Geburtstag* (Stuttgart, 1988), 661-84

Levine, I.D. ed Grant, N.F., *The Kaiser's Letters to the Tsar, Copied from the Government Archives in Petrograd, and Brought from Russia by Isaac Don Levine* (London, 1920)

Lichnowsky, K. e Delmer, F.S., *Heading for the Abyss: Reminiscences* (London, 1928)

Lieven, D.C.B., *Nicholas II: Twilight of the Empire* (Nova York, 1993)

——, 'Pro-Germans and Russian Foreign Policy 1890-1914,' *International History Review*, vol. 2, nº 1 (1980), 34-54

——, *Russia and the Origins of the First World War* (Basingstoke, 1987)

Lincoln, W. B., *In War's Dark Shadow: The Russians before the Great War* (Oxford, 1994)

Linton, D.S., 'Preparing German Youth for War,' in M.F. Boemeke, R. Chickering, e S. Förster (eds.), *Anticipating Total War: The German and American Experiences, 1871-1914* (Cambridge, 1999), 167-88

Lloyd George, D., *War Memoirs of David Lloyd George* (Londres, 1933)

Lubbock, P. and James, H., *The Letters of Henry James* (Londres, 1920)

Lukacs, J., *Budapest 1900: A Historical Portrait of a City and its Culture* (Nova York, 1990)

Macartney, C.A., *The Habsburg Empire, 1790-1918* (Londres, 1968)

MacKenzie, N. e MacKenzie, J. (eds.), *The Diary of Beatrice Webb*, vol. III: *1905-1924* (Cambridge, MA, 1984)

Mahan, A.T., *The Influence of Sea Power upon History, 1660-1805* (Boston, 1890)

Mansergh, N., *The Commonwealth Experience: From British to Multi-racial Commonwealth* (Toronto, 1983)

Marder, A., *From the Dreadnought to Scapa Flow: The Royal Navy in the Fisher Era, 1904-1919* (Oxford, 1961)

Margutti, A., *The Emperor Francis Joseph and His Times* (Londres, 1921)

Martel, G., *The Origins of the First World War*, 3ª ed. (Harlow, 2003)

Massie, R. K., *Dreadnought: Britain, Germany, and the Coming of the Great War* (New York, 1992)

Bibliografia

Maurer, J., 'Churchill's Naval Holiday: Arms Control and the Anglo-German Naval Race, 1912-1914,' *Journal of Strategic Studies*, vol. 15, nº 1 (1992), 102-27

——, *The Outbreak of the First World War: Strategic Planning, Crisis Decision Making and Deterrence Failure* (Westport, 1995)

May, E.R. (ed.), *Knowing One's Enemies: Intelligence Assessment before the Two World Wars* (Princeton, 1986)

Mayne, R., Johnson, D., and R. Tombs (eds.), *Cross Channel Currents: 100 Years of the Entente Cordiale* (Londres, 2004)

McDonald, D.M., *United Government and Foreign Policy in Russia, 1900-1914* (Cambridge, 1992)

McLean, R.R., *Royalty and Diplomacy in Europe, 1890-1914* (Cambridge, 2001)

McMeekin, S., *The Berlin-Baghdad Express: The Ottoman Empire and Germany's Bid for World Power, 1898-1918* (Londres, 2010)

——, *The Russian Origins of the First World War* (Cambridge, Mass., 2011)

Menning, B., 'The Offensive Revisited: Russian Preparation for Future War, 1906- 1914,' in David Schimmelpenninck van der Oye, e B. Menning (eds.), *Reforming the Tsar's Army: Military Innovation in Imperial Russia from Peter the Great to the Revolution* (Cambridge, 2004), 215-31

——, 'Pieces of the Puzzle: The Role of Lu. N. Danilov and M. V. Alekseev in Russian War Planning before 1914,' *International History Review*, vol. 25, nº 4 (2003), 775-98

——, *Bayonets before Bullets: the Imperial Russian Army, 1861-1914* (Bloomington, Ind., 1992)

——, 'War Planning and Initial Operations in the Russian Context,' in R.F. Hamilton e H.H. Herwig (eds.), *War Planning 1914* (Cambridge, 2010), 80-142

Menning, R., 'Dress Rehearsal for 1914? Germany, the Franco-Russian Alliance, and the Bosnian Crisis of 1909,' *Journal of the Historical Society*, vol. 12, nº 1 (2012), 1-25

Menning, R. and Menning, C.B., '"Baseless Allegations": Wilhelm II and the Hale Interview of 1908,' *Central European History*, vol. 16, nº 4 (1983), 368-97

Messimy, A., *Mes Souvenirs: Jeunesse et Entrée au Parlement. Ministre des Colonies et de la Guerre en 1911 et 1912: Agadir. Ministre de la Guerre du 16 Juin au 16 Août 1914: La Guerre. Avec un Frontispice et une Introduction* (Paris, 1937)

Miliukov, P.N. and Mendel, A.P., *Political Memoirs, 1905-1917* (Ann Arbor, 1967)

Miller, S.E., Lynn-Jones, S.M., and Van Evera, S. (eds.), *Military Strategy and the Origins of the First World War* (Princeton, 1991)

Moltke, H. v., *Erinnerungen, Briefe, Dokumente 1877-1916. Ein Bild vom Kriegsausbruch und Persönlichkeit des ersten militärischen Führers des Krieges*, 2ª ed. (Stuttgart, 1922)

Mombauer, A., 'German War Plans,' in R.F. Hamilton e H.H. Herwig (eds.), *War Planning: 1914* (Cambridge, 2009), 48-79

——, *Helmuth von Moltke and the Origins of the First World War* (Cambridge, 2001) ——, 'A Reluctant Military Leader? Helmuth von Moltke and the July Crisis of 1914,' *War in History*, vol. 6, nº 1 (1999), 417-46

——, 'Of War Plans and War Guilt: the Debacle Surrounding the Schlieffen Plan,' *Journal of Strategic Studies*, vol. 28, nº 5 (2008), 857-85

Mommsen, W., 'The Debate on German War Aims,' *Journal of Contemporary History*, vol. 1, nº 3 (1966), 47-72

——, 'Domestic Factors in German Foreign Policy before 1914,' *Central European History*, vol. 6, nº 1 (1973), 3-43

Monger, G., *The End of Isolation: British Foreign Policy, 1900-1907* (Londres, 1963)

Morison, E.E. (ed.), *The Letters of Theodore Roosevelt*, 7 vols. (Cambridge, 1954)

Morrill, D.L., 'Nicholas II and the Call for the First Hague Conference,' *Journal of Modern History*, vol. 46, nº 2 (1974), 296-313

Morris, A.J.A., 'The English Radicals' Campaign for Disarmament and the Hague Conference of 1907,' *Journal of Modern History*, vol. 43, nº 3 (1971), 367-93

Morris, E., *Theodore Rex* (Nova York, 2001)

Mortimer, J.S., 'Commercial Interests and German Diplomacy in the Agadir Crisis,' *Historical Journal*, vol. 10, nº 3 (1967), 440-56

Musulin, A. v., *Das Haus am Ballplatz. Erinnerungen eines Österreich-Ungarischen Diplomaten* (Munique, 1924)

Neilson, K., 'The Anglo-Japanese Alliance and British Strategic Foreign Policy, 1902- 1914,' in P.P. O'Brien (ed.), *The Anglo-Japanese Alliance* (New York, 2004), 48-63

——, *Britain and the Last Tsar: British Policy and Russia, 1894-1917* (Oxford, 1995)

——, 'Great Britain,' in R.F. Hamilton e H.H. Herwig (eds.), *War Planning, 1914* (Cambridge, 2009), 175-97

Neklyudov, A.V., *Diplomatic Reminiscences before and during the World War, 1911-1917* (Londres, 1920)

Nicolson, H.G., *Portrait of a Diplomatist: Being the Life of Sir Arthur Nicolson, Bart., First Lord Carnock: A Study in the Old Diplomacy* (Londres, 1930)

Nish, I., 'Origins of the Anglo-Japanese Alliance: In the Shadow of the Dreibund,' in P.P. O'Brien (ed.), *The Anglo-Japanese Alliance* (Nova York, 2004), 8-25

Bibliografia

Nolan, M., *The Inverted Mirror: Mythologizing the Enemy in France and Germany, 1898-1914* (Nova York, 2005)

O'Brien, P.P., 'The Costs and Benefits of British Imperialism 1846-1914,' *Past and Present*, nº 120 (1988), 163-200

——, 'The Titan Refreshed: Imperial Overstretch and the British Navy before the First World War,' *Past and Present*, vol. 172, nº 1 (2001), 146-69

O'Brien, P.P. (ed.), *The Anglo-Japanese Alliance* (Nova York, 2004)

Offer, A., *The First World War: An Agrarian Interpretation* (Oxford, 1991)

——, 'Going to War in 1914: A Matter of Honor?,' *Politics & Society*, vol. 23, nº 2 (1995), 213-41

Oppel, B., 'The Waning of a Traditional Alliance: Russia and Germany after the Portsmouth Peace Conference,' *Central European History*, vol. 5, nº 4 (1972), 318-29

Otte, T.G., '"Almost a Law of Nature?": Sir Edward Grey, the Foreign Office, and the Balance of Power in Europe, 1905-12," in E. Goldstein e B.J.C. McKercher (eds.), *Power and Stability: British Foreign Policy, 1865-1965* (Londres, 2003), 75-116

——, '"An Altogether Unfortunate Affair": Great Britain and the Daily Telegraph Affair,' *Diplomacy and Statecraft*, vol. 5, nº 2 (1994), 296-333

——, 'Eyre Crowe and British Foreign Policy: A Cognitive Map,' in T. G. Otte e C.A. Pagedas (eds.), *Personalities, War and Diplomacy: Essays in International History* (Londres, 1997), 14-37

Ousby, I., *The Road to Verdun: France, Nationalism and the First World War* (Londres, 2003)

Paléologue, M. and Holt, F.A., *An Ambassador's Memoirs, 1914-1917* (Londres, 1973)

Palmer, A.W., *Twilight of the Habsburgos: The Life and Times of Emperor Francis Joseph* (Londres, 1994)

Patterson, D.F., 'Citizen Peace Initiatives and American Political Culture, 1865-1920,' in C. Chatfield and P. van den Dungen (eds.), *Peace Movements and Political Culture* (Knoxville, 1988), 187-203

Pless, D.F. v. e Chapman-Huston, D., *Daisy, Princess of Pless* (Nova York, 1929)

Poincaré, R., *Au Service de la France: Neuf Années de Souvenirs*, 11 vols (Paris, 1926-74)

Porch, D., 'The French Army and the Spirit of the Offensive, 1900-1914,' in B. Bond e I. Roy (eds.), *War and Society: A Yearbook of Military History* (Nova York, 1975), 117

——, *The March to the Marne: The French Army, 1871-1914* (Cambridge, 1981)

Radziwill, C., *Behind the Veil at the Russian Court, by Count Paul Vassili* (Londres, 1913)

Rathenau, W. e Pogge von Strandmann, H., *Walther Rathenau, Industrialist, Banker, Intellectual, and Politician: Notes and Diaries, 1907-1922* (Oxford, 1985)

Rathenau, W. (ed.), *Briefe* (Dresden, 1926)

Redlich, J., *Emperor Francis Joseph of Austria: A Biography* (Nova York, 1929)

——, *Schicksalsjahre Österreichs, 1908-1919: Das politische Tagebuch Josef Redlichs* (Graz, 1953)

Renzi, W.A., *In the Shadow of the Sword: Italy's Neutrality and Entrance into the Great War, 1914-1915* (Nova York, 1987)

Reynolds, M.A., *Shattering Empires: The Clash and Collapse of the Ottoman and Russian Empires, 1908-1918* (Cambridge, 2011)

Rich, D.A., *The Tsar's Colonels: Professionalism, Strategy, and Subversion in Late Imperial Russia* (Cambridge, 1998)

Rich, N., *Friedrich von Holstein, Politics and Diplomacy in the Era of Bismarck and Wilhelm II* (Cambridge, 1965)

Ridley, J., *Bertie: A Life of Edward VII* (Londres, 2012)

Riezler, K., *Tagebücher, Aufsätze, Dokumente* (Göttingen, 1972)

Ritter, G., *The Sword and the Scepter: The Problem of Militarism in Germany*, vol. II: *The European Powers and the Wilhelminian Empire, 1890-1914* (Coral Gables, 1970)

——, 'Zusammenarbeit der Generalstäbe Deutschlands und Österreichs,' in C.

Hinrichs (ed.), *Zur Geschichte und Problematik der Demokratie. Festgabe für Hans Herzfeld, Professor der Neueren Geschichte an der Freien Universität Berlin, Anlässlich seines fünfundsechzigsten Geburtstages Am 22. Juni 1957* (Berlin, 1958), 523-50

Robbins, K., *Sir Edward Grey: A Biography of Lord Grey of Fallodon* (Londres, 1971)

Roberts, A., *Salisbury: Victorian Titan* (Londres, 1999)

Rogger, H., 'Russia in 1914,' *Journal of Contemporary History*, vol. 1, nº 4 (1966), 95-119

Rohkrämer, T., 'Heroes and Would-be Heroes: Veterans' and Reservists' Associations in Imperial Germany,' in M. F. Boemeke, R. Chickering, e S. Förster (eds.), *Anticipating Total War: The German and American Experiences, 1871-1914* (Cambridge, 1999), 189-215

Röhl, J.C.G., 'Admiral von Müller and the Approach of War, 1911-1914,' *Historical Journal*, vol. 12, nº 4 (1969), 651-73

——, *The Kaiser and His Court: Wilhelm II and the Government of Germany* (Cambridge, 1996)

Rose, K., *King George V* (Londres 1983)

Rosen, R.R., *Forty Years of Diplomacy* (Londres, 1922)

Rossos, A., *Russia and the Balkans: Inter-Balkan Rivalries and Russian Foreign Policy, 1908-1914* (Toronto, 1981)

Bibliografia

Rotte, R., 'Global Warfare, Economic Loss and the Outbreak of the Great War,' *War in History*, vol. 5, nº 4 (1998), 481-93

Rüger, J., *The Great Naval Game: Britain and Germany in the Age of Empire* (Cambridge, 2007)

——, 'Nation, Empire and Navy: Identity Politics in the United Kingdom, 1887- 1914,' *Past and Present*, vol. 185, nº 1 (2004), 159-87

Sanborn, J., 'Education for War, Peace, and Patriotism in Russia on the Eve of World War I,' in H. Afflerbach e D. Stevenson (eds.), *An Improbable War? The Outbreak of World War I and European Political Culture before 1914* (Nova York, 2007), 213-29

Sazonov, S.D., *Fateful Years, 1909-1916: The Reminiscences of Serge Sazonov* (Londres, 1928)

Schmidt, S., *Frankreichs Aussenpolitik in der Julikrise 1914. Ein Beitrag zur Geschichte des Ausbruchs des Ersten Weltkrieges* (Munique, 2009)

Schoen, W., *The Memoirs of an Ambassador: A Contribution to the Political History of Modern Times* (London, 1922)

Schorske, C., *Fin-de-Siècle Vienna: Politics and Culture* (Nova York, 1981)

Sharp, A., *Anglo-French Relations in the Twentieth Century: Rivalry and Cooperation* (Londres, 2000)

Shatsillo, K.F., *Ot Portsmutskogo Mira k Pervoi Mirovoi Voine* (Moscou, 2000)

Showalter, D., 'From Deterrence to Doomsday Machine: The German Way of War, 1890-1914,' *Journal of Military History*, vol. 64, nº 3 (2000), 679-71

——, 'Railroads, the Prussian Army, and the German Way of War in the Nineteenth Century,' in T.G. Otte e K. Neilson (eds.), *Railways and International Politics: Paths of Empire, 1848-1945* (New York, 2006), 21-44

Shukman, H., *Rasputin* (Stroud, 1997)

Smith, D., *One Morning in Sarajevo: 28 June 1914* (Londres, 2008)

Snyder, J., 'Civil-Military Relations and the Cult of the Offensive, 1914 and 1984,' in S.E. Miller, S.M. Lynn-Jones e S. van Evera (eds.), *Military Strategy and the Origins of the First World War* (Princeton, 1991), 20-58

——, *The Ideology of the Offensive: Military Decision Making and the Disasters of 1914* (Ithaca, 1984)

Sondhaus, L., *Franz Conrad von Hötzendorf: Architect of the Apocalypse* (Boston, 2000)

Soroka, M., 'Debating Russia's Choice between Great Britain and Germany: Count Benckendorff versus Count Lamsdorff, 1902-1906,' *International History Review*, vol. 32, nº 1 (2010), 1-24

Sösemann, B., 'Die Tagebücher Kurt Riezlers. Untersuchungen zu Ihrer Echtheit und Edition,' *Historische Zeitschrift*, vol. 236 (1983), 327-69

Spender, J.A., *The Public Life* (Londres, 1925)

Spitzemberg, H. v., *Das Tagebuch der Baronin Spitzemberg. Aufzeichnungen aus der Hofgesellschaft des Hohenzollernreiches* (Göttingen, 1960)

Spring, D.W., 'Russia and the Franco-Russian Alliance, 1905-14: Dependence or Interdependence?,' *Slavonic and East European Review*, vol. 66, nº 4 (1988), 564-92

Stargardt, N., *The German Idea of Militarism: Radical and Socialist Critics, 1866-1914* (Cambridge, 1994)

Steed, H.W., *Through Thirty Years, 1892-1922: A Personal Narrative* (Londres, 1924)

Steinberg, J., *Bismarck: A Life* (Oxford, 2011)

——, 'The Copenhagen Complex,' *Journal of Contemporary History*, vol. 1, nº 3 (1966), 23-46

——, 'The Novelle of 1908: Necessities and Choices in the Anglo-German Naval Arms Race,' *Transactions of the Royal Historical Society*, vol. 21 (1971), 25-43

——, *Yesterday's Deterrent: Tirpitz and the Birth of the German Battle Fleet* (Nova York, 1965)

Steinberg, J.W., *All the Tsar's Men: Russia's General Staff and the Fate of the Empire, 1898-1914* (Baltimore, 2010)

Steiner, Z., *The Foreign Office and Foreign Policy, 1898-1914* (Cambridge, 1969)

——, 'Grey, Hardinge and the Foreign Office, 1906-1910,' *Historical Journal*, vol. 10, nº 3 (1967), 415-39

——, 'The Last Years of the Old Foreign Office, 1898-1905,' *Historical Journal*, vol. 6, nº 1 (1963), 59-90

Steiner, Z. ed Neilson, K., *Britain and the Origins of the First World War* (Londres, 2003)

Stengers, J., 'Belgium,' in K. M. Wilson (ed.), *Decisions for War, 1914* (Londres, 1995), 151-74

Stevenson, D., *Armaments and the Coming of War: Europe, 1904-1914* (Oxford, 1996)

——, 'Militarization and Diplomacy in Europe before 1914,' *International Security*, vol. 22, nº 1 (1997), 125-61

——, 'War by Timetable? The Railway Race before 1914,' *Past and Present*, vol. 162, nº 2 (1999), 163-94

Stieve, F. (ed.), *Der diplomatische Schriftwechsel Iswolskis, 1911-1914* (Berlim, 1924)

Stone, N., *Europe Transformed, 1878-1919* (Glasgow, 1983)

——, 'Hungary and the Crisis of July 1914,' *Journal of Contemporary History*, vol. 1, nº 3 (1966), 153-70

——, 'V. Moltke-Conrad: Relations between the Austro-Hungarian and German General Staffs, 1909-14,' *Historical Journal*, vol. 9, nº 2 (1966), 201-28

Bibliografia

Strachan, H., *The First World War*, vol. I: *To Arms* (Oxford, 2001)

Stromberg, R.N., 'The Intellectuals and the Coming of War in 1914,' *Journal of European Studies*, vol. 3, nº 2 (1973), 109-22

Sweet, D.W., 'The Bosnian Crisis,' in F. H. Hinsley (ed.), *British Foreign Policy under Sir Edward Grey* (Cambridge, 1977), 178-92

Szamuely, T., *The Russian Tradition* (Londres, 1988)

Tanenbaum, J.K., 'French Estimates of Germany's Operational War Plans,' in E.R. May (ed.), *Knowing One's Enemies: Intelligence Assessment before the Two World Wars* (Princeton, 1986), 150-71

Tanner, M., *Nietzsche: A Very Short Introduction* (Oxford, 2000)

Taube, M. d., *La Politique russe d'avant-guerre et la fin de l'empire des tsars (1904-1917): Mémoires du Baron M. de Taube...* (Paris, 1928)

Taylor, A.J.P., *The Struggle for Mastery in Europe* (Londres, 1998)

Thaden, E.C., *Russia and the Balkan Alliance of 1912* (University Park, PA, 1965)

Thompson, J.L., *Northcliffe: Press Baron in Politics, 1865-1922* (London, 2000)

Tirpitz, A. v., *My Memoirs* (Londres, 1919)

——, *Politische Dokumente*, vol. I: *Der Aufbau der deutschen Weltmacht* (Stuttgart, 1924)

Tombs, R. e Tombs, I., *That Sweet Enemy: The French and the British from the Sun King to the Present* (Nova York, 2008)

Travers, T.H.E., 'Technology, Tactics, and Morale: Jean de Bloch, the Boer War, and British Military Theory, 1900-1914,' *Journal of Modern History*, vol. 51, nº 2 (1979), 264-86

Trotsky, L., *The Balkan Wars, 1912-13: The War Correspondence of Leon Trotsky*, ed. G. Weissman and D. Williams (Nova York, 1991)

Trumpener, U., 'War Premeditated? German Intelligence Operations in July 1914,' *Central European History*, vol. 9, nº 1 (1976), 58-85

Tuchman, B., *The Guns of August* (Nova York, 1963)

——, *The Proud Tower: A Portrait of the World before the War, 1890-1914* (Londres, 1967)

Turner, L.C.F., 'The Role of the General Staffs in July 1914,' *Australian Journal of Politics and History*, vol. 11, nº 3 (1965), 305-23

——, 'The Russian Mobilization in 1914,' *Journal of Contemporary History*, vol. 3, nº 1 (1968), 65-88

Tylor, E.B., *Primitive Culture: Researches into the Development of Mythology, Philosophy, Religion, Art, and Custom* (Londres, 1873)

Urbas, Emanuel [Ernest U. Cormons], *Schicksale und Schatten* (Salzburg, 1951)

Verhey, J., *The Spirit of 1914: Militarism, Myth, and Mobilization in Germany* (Cambridge, 2000)

Vermes, G., *Istv'an Tisza: The Liberal Vision and Conservative Statecraft of a Magyar Nationalist* (Nova York, 1985)

Victoria, Queen of Great Britain, *The Letters of Queen Victoria: A Selection from Her Majesty's Correspondence between the Years 1837 and 1861*, vol. III: *1854-1861* (Londres, 1908)

——, *Queen Victoria's Journals*, www.queenvictoriasjournals.org

Vinogradov, V.N., '1914 God: Byt' Ili Ne Byt' Vojne?,' in anon. (ed.), *Poslednjaja Vojna Rossijskoj Imperii: Rossija, Mir Nakanune, v Hode i Posle Pervoj Mirovoj Vojny Po Dokumentam Rossijskih i Zarubezhnyh Arhivov* (Moscou, 2004), 161-4

Voeikov, V.N., *S Tsarem I Bez Tsarya: Vospominaniya Poslednego Dvortsovo-go Komendanta Gosudarya Imperatora Nikolaya II* (Moscou, 1995)

Wandruszka, A. and Urbanitsch, P. (eds.), *Die Habsburgermonarchie 1848-1918* (Viena, 1989)

Wank, S., 'Aehrenthal's Programme for the Constitutional Transformation of the Habsburg Monarchy: Three Secret "Mémoires",' *Slavonic and East European Review*, vol. 41, nº 97 (1963), 513-36

——, 'The Archduke and Aehrenthal: The Origins of a Hatred,' *Austrian History Yearbook*, vol. 38 (2002), 77-104

——, 'The Austrian Peace Movement and the Habsburg Ruling Elite,' in C. Chatfield ed P. van den Dungen (eds.), *Peace Movements and Political Cultures* (Knoxville, 1988), 40-63

——, 'Desperate Counsel in Vienna in July 1914: Berthold Molden's Unpublished Memorandum,' *Central European History*, vol. 26, nº 3 (1993), 281-310

——, 'Foreign Policy and the Nationality Problem in Austria-Hungary, 1867-1914,' *Austrian History Yearbook*, vol. 3, nº 3 (1967), 37-56

——, 'Pessimism in the Austrian Establishment at the Turn of the Century,' in S. Wank, H. Maschl, B. Mazohl-Wallnig, e R. Wagnleitner, *The Mirror of History: Essays in Honor of Fritz Fellner* (Santa Barbara, 1988)

Weber, E., *France: Fin de Siècle* (Londres, 1986)

——, *The Nationalist Revival in France, 1905-1914* (Berkeley, 1968)

Weinroth, H.S., 'The British Radicals and the Balance of Power, 1902-1914,' *Historical Journal*, vol. 13, nº 4 (1970), 653-82

Welch, M., 'The Centenary of the British Publication of Jean de Bloch's Is War Now Impossible? (1899-1999),' *War in History*, vol. 7 (2000), 273-94

White, A.D., *The First Hague Conference* (Boston, 1912)

Wilhelm II, *Reden des Kaisers. Ansprachen, Predigten und Trinksprüche Wilhelms II* (Munique, 1966)

Williams, E.E., 'Made in Germany' (Londres, 1896)

Williams, W., *The Tiger of France: Conversations with Clemenceau* (Berkeley, 1949)

Williamson, S.R.J., *Austria-Hungary and the Origins of the First World War* (Basingstoke, 1991)

Bibliografia

——, 'General Henry Wilson, Ireland, and the Great War,' in W. R. Louis (ed.), *Resurgent Adventures with Britannia: Personalities, Politics and Culture in Britain* (Londres, 2011), 91-105

——, 'German Perceptions of the Triple *Entente* After 1911: Their Mounting Apprehensions Reconsidered,' *Foreign Policy Analysis*, vol. 7 (2011), 205-14

——, 'Influence, Power, and the Policy Process: The Case of Franz Ferdinand, 1906-1914,' *Historical Journal*, vol. 17, nº 2 (1974), 417-34

——, *The Politics of Grand Strategy: Britain and France Prepare for War, 1904-1914* (Londres, 1990)

Williamson, S. e May, E., 'An Identity of Opinion: Historians and 1914,' *The Journal of Modern History*, vol. 79, nº 2 (2007), 335-387

Wilson, K.M., 'The Agadir Crisis, the Mansion House Speech, and the Double-Edgedness of Agreements,' *Historical Journal*, vol. 15, nº 3 (1972), 513-32

——, *The Policy of the Entente: Essays on the Determinants of British Foreign Policy, 1904-1914* (Cambridge, 1985)

Winzen, P., 'Prince Bulow's Weltmachtpolitik,' *Australian Journal of Politics and History*, vol. 22, nº 2 (1976), 227-42

——, 'Treitschke's Influence on the Rise of Imperialism and Anti-British Nationalism in Germany,' in P.M. Kennedy and A.J. Nicholls (eds.), *Nationalist and Racialist Movements in Britain and Germany before 1914* (Londres, 1981), 154-71

Wohl, R., *The Generation of 1914* (Cambridge, MA, 1979)

Wolff, T., *Tagebücher 1914-1919. Der Erste Weltkrieg und die Entstehung der Weimarer Republik in Tagebüchern, Leitartikeln und Briefen des Chefredakteurs am „Berliner Tagblatt" und Mitbegründer der „Deutschen Demokratischen Partei." Erster Teil* (Boppard am Rhein, 1984)

Zedlitz-Trützschler, R. v., *Twelve Years at the Imperial German Court* (Nov York, 1924)

Zuber, T., *Inventing the Schlieffen Plan: German War Planning, 1871--1914* (Oxford, 2002)

Zweig, S., *The World of Yesterday* (Londres, 2009)

Índice

Abdelaziz, sultão do Marrocos, 165, 443
Abdelhafid, sultão do Marrocos, 443-44
Abdul Hamid II, sultão otomano, 404-5, *405*
Academia Naval, Estados Unidos, 96-7
Acordo anglo-germânico de 1890, 104
Acordo militar franco-russo de 1891, 158-59, 161-62
Adowa, Batalha de, 461
Adriático, esquadra austríaca, 492
Aehrenthal, Alois von, 227, 237, 244, 303-4, 409-10, *410*, 413, 437, 454, 483, 555, 642; e a anexação da Bósnia, 411-12, 418-27, 429-30, 432, 435; e a reunião com Izvol-sky em Buchlau, 425, 429; e a questão da ferrovia do Sanjak, 420-21, 423
Afganistão, 44, 198, 207, 209-10, 553, 590
África do Sul, 26,124,147
África Ocidental, colônia alemã, 280, 307
Agadir, 439, 440, 448, 451, 454-55
Agincourt, Batalha de, 146
Agricultura, ministério russo da, 199
Alabama, CSS, 299
Albânia, 239, 243-44, 406, 418, 460, 474, 476, 485, 496-97, 567; discussões das grandes potências a respeito da, 490-92, 494
Albert, Príncipe de Saxe-Coburg e Gotha, 30, 58
Albert I, Rei da Bélgica, 352, 623
Alemanha de Weimar, 644
Alemanha Imperial, xxi-xxii, xxiv, xxvi, xxviii--xxx, xxxiv, xxxv, 14, 18, 19, 25, 26, 30, 36, 38, 48, 53, 54-55, 75, 142, 164, 178, 196, 199, 232, 237,262, 271-2, 275-6, 277, 296, 334-35, 337, 362, 368, 432, 433, 436, 479, 496-97, 499, 516, 537-38, 565, 590-91, 594-95, 597, 603, 606, 609, 612, 627, 634; e o sistema de alianças, 530-31; e a crise do assassinato, 556-57; e as relações com a Áustria, 212-15, *213*, 238-41, 497-98, 525-26; e o ultimato à Bélgica, 621-23; e a taxa de natalidade, 263; e o acordo de Björko, 204-207; e o "cheque em branco," 557-58, 561-62,
580; e a Guerra dos Bôeres, 466, 473; e a tentativas de *détente* com os ingleses, 540-41; e as ligações com os ingleses, 56-58; e a China, 50, 51; e o *lobby* das colônias, 90-92; e o movimento pelo desarmamento, 300-302, 303,304-05; na Aliança Dual, *ver* Aliança Dual; e a questão do Egito, 142-43; e a primeira guerra nos Balcãs, 510; e a crise dos desertores da Legião Estrangeira, 428; sua política exterior, 82-83, 85-87; e o ultimato da, 611; e o estado-maior geral do exército, 321-22; e o sistema de governo, 446; e a corrida naval com a Inglaterra, *ver* corrida naval anglo-alemã; e a missão de Haldane, 541-42, 559; as ambições imperiais, 59, 87-92, 444, 450-51, 503 ,527-28; e a declaração de guerra japonesa, 637; e a classe Junker, 70, 75, 317, 332; e a questão Limon von Saunders, 527-29; e a rejeição da mediação, 593; seu militarismo, 278-80; e a mobilização de suas forças, 601-02, 608-09, 610-14, 619; e a crise do Marrocos de 1905, 378-85, *380*, 387, 394, 420; e a crise do Marrocos em 1911, 439-40, 442-44, 448, 449-52, 454, 458-60, 503, 510; e o nacionalismo, 80-81, 88-89, 268, 269-70; as Leis da Marinha, 108, 109, 460; o Ministério da Marinha, 345; e sua política naval, 532-35; e a eleição de 1907, 307; e a eleição de 1912, 505; e o estado do bem-estar social do século XIX, 11-12; e o desfecho da guerra, 599, 601; seu pavilhão na Exposição de Paris, 4; seu sistema político, 73-4; sua população, 73, 157; e o Conselho de Guerra de Potsdam, 510-12; e a intranquilidade pré-guerra, 509-10; e a Renovação do Tratado, 81-82, 87; e a questão da responsabilidade pela guerra, xxxiii, xxxiv-xxxv, 336, 562, 580-81, 626, 644, 645; e o ultimato da Rússia, 599, 611-12, 616; na Tríplice Aliança, *ver* a crise do ultimato na Tríplice Aliança, 572-3; e sua unificação, 56-57, 72-73, 328;

706 A Primeira Guerra Mundial – que acabaria com as guerras

e *Wandervogel*, 259; e as baixas de guerra, 636; e a liderança na guerra, 559-64; e a declaração de guerra à França, 625-26; e a declaração de guerra à Rússia, 616-17; e os planos de guerra, *ver* Plano Schlieffen; e os preparativos para a guerra, 512-13, 535-36, 540; a *Weltpolitik*, 87-89, 92; e o Decreto da Juventude, 280

Alemanha Názi, 643

Alexander, Príncipe-Regente da Sérvia, 571

Alexandre I, Rei da Sérvia, 415, 547

Alexandre I, Czar da Rússia, 158, 193

Alexandre II, Czar da Rússia, 183, 193

Alexandre III (o Grande), Rei da Macedônia, 326, 404

Alexandre III, Czar da Rússia, 25, 158-59, 182, 184, 188, 197, 414

Alexandre Mikhailovich, Grão-Duque da Rússia, 184

Alexandra, Princesa de Gales, mais tarde Rainha da Inglaterra, 28, 94

Alexandra, Czarina da Rússia, 2, 179, 188-91, 190, 506, 528, 577, 641

Alexis, Tsarevich da Rússia, 189-90, 190

Alfonso XIII, Rei da Espanha, 260

Algeciras, Conferência de 1905-6, 381, 393-95, 419, 442

Aliança anglo-japonesa (1902), 53-55, 54, 207

Aliança Dual, 363, 420, 427, 432, 436, 539, 594; e a concepção de Bismarck, 356-57; e a necessidade de a Alemanha conseguir aliados, 212-13; e seu poder militar, 540; e a Rússia, 359-60, 363, 437, 563, 587, 601

Almanach des sports, 261

Almirantado inglês, 30, 31, 121, 124, 132, 138, 165, 301, 399, 454

Al Qaeda, 259,546

Alsácia, 148, 149-50, 160, 272, 337, 341, 350, 370, 382, 581, 620, 643; e o incidente de Zabern, 249, 283, 515

Alsácia-Lorena, 315

Amery, Leo, 50

Amigos Quakers para a Paz, 293-94

Anastasia, Grã-Duquesa da Rússia, 190

Andler, Charles, 315

Andrassy, Julius, 243

Angell, Norman, 291-92, 316, 634

Angola, 49, 450

Aníbal, 96-97, 329, 340

Antimilitarismo, 282

Antissemitismo, 153, 197, 216, 251-52, 266-67, 507

Argentina, 10, 14, 305

Armada espanhola, 114

Armênia, 406

Argélia, xxiv, 143, 161, 406, 443, 458

Art Nouveau, 4

Arte avant-garde, 246-47

Asquith, Herbert, 138-39, 400, 453, 457,

520-23, 521, 532, 534, 541, 578-9, 608, 614-15, 620-21, 623, 625, 643; e a questão da Home Rule, 524-25; e o movimento feminista, 522-23

Asquith, Margot, 521-23

Associação de Artistas Austríacos, 247

Associação pela Defesa da Investigação Oficial sobre o Suprimento de Alimentos em Tempo de Guerra, 116

Atatürk, Mustafa Kemal, 529, 638-39

Athenaeum Club, 62

Augusta Victoria de Schleswig- Holstein, 67,68

Austen, Jane, 31

Australia, xxiv, 10, 28,40, 124-25

Áustria, 638

Áustria-Hungria, xxiii-xxiv, xxvi, xxvii, xxix-xxxi, xxxiii-xxxv, 14, 16, 26, 38, 63, 92, 139, 149, 156, 178, 196, 199-200, 205, 250, 321, 322, 334, 335, 337, 343, 350, 362, 363, 368, 394, 405, 428-29, 454, 460, 537, 538, 539, 545, 562, 580-81, 584, 590, 592, 596,599, 602, 604, 608-9, 616, 634; e o debate sobre a Albânia, 490-92, 494; e o sistema de alianças, 530-31; e a anexação da Bósnia-Herzegovina, 412, 417-19, 422-27, 432, 436; e o antissemitismo, 216; e a crise do assassinato, 553-56, 564; e a crise da Bósnia em 1908, 406, 412, 425-27; e as relações com a Bulgária, 414-15; e a burocracia, 228-29; e seu colapso, 638; o compromisso e a criação de, 224-25; e o declínio do Império Otomano, 243, 406; e o orçamento de defesa, 228-29; e as despesas com defesa, 536; e a Aliança Dual, *ver* Aliança Dual; economia da, 317-18; e sua política exterior, 233-37; e sua extensão geográfica, 215-16, 216; e o "cheque em branco" da Alemanha, 557-58, 561-62, 567, 580; e as relações com a Alemanha, 212-15, 213, 238-41, 497-98, 525-26; governança da, 217-18; e as relações com a Inglaterra, 241-42; e as relações com a Itália, 313, 355-56; e a crise de convivência dos exércitos das duas monarquias, 225-26; e a classe de proprietátios de terras, 217; e as ambições no Oriente Médio, 527; e a mobilização de seu exército, 601, 606-07, 619-20; e sua monarquia, 219; e as crises do Marrocos 1911, 441, 443; e as multinacionalidades, 218-19; e o nacionalismo, 218, 226-28, 232-33, 242; e o desfecho da guerra, 611-12; seus pavilhões na Exposição de Paris, 4-5; seu parlamento, 227-28; e o movimento pela paz, 301, 304; e a Guerra dos Porcos, 416; sua população, 215; e a intranquilidade da guerra, 508-9; ferrovias na, 358; e a traição de Redl, 360-61, 367; e a rivalidade com a Rússia nos Balcãs, 406-9, 412, 425-27,

Índice

432, 433-35, 436, 470-71, 473-4, 477, 479-82, 484-89, 491-92, 498-99, 503; e as relações com a Rússia, 242-44; e a concepção de Schlieffen, 355; e a crise de Scutari, 491-93; e o conflituoso relacionamento com a Sérvia, 414-17, 418, 481-82, 494-99; e o movimento ginasta de Sokol, 276; e o trialismo, 229; na Tríplice Aliança, *ver* Tríplice Aliança; crise do ultimato, 496-97, 566/74, 577, 579, 582-83, 585-87, 590-91, 594, 596-97; e as baixas de guerra, 636; e a declaração de guerra à Sérvia, 573/4, 590, 597-99; e os planos de guerra, 357-59; e os preparativos para a guerra, 536, 540

Avenger (espião), 373

Azerbajão, 406

Baden, Grão-Duque de, 107

Baden-Powell, Robert, 261, 276, 279

Baía dos Porcos, 630

Balck, Wilhelm, 262

Balfour, Arthur, 46-49, 52, 147, 292, 386

Balcãs, estados dos, xx, 539; e seu atraso, 467-68; e as grandes potências, 470-71; e os movimentos nacionalistas, 469-70, 491; e as guerras de 1912, 473-4; sob o domínio otomano, 467-68, ; e as despesas com defesa antes da guerra, 535; e a crise de Scutari, 492-93; e as sociedades secretas, 469-70; e a política de terrorismo, 469-71; *ver* Guerras dos Balcãs

Balla, Giacomo, 9

Ballin, Albert, 445, 456, 541, 591

Báltico, esquadra russa, 172/3, 175, 201,587

Banfry, Miklos, 34-35

Banco da Inglaterra, 614

Bannerman, Henry Campbell, 209

Barclay, Thomas, 146, 153, 156

Bark, Peter, 587

Baviera, 63, 75

Bebel, August, 308, 312, 450

Beck, Friedrich von, 357

Beilis, Mendel, 507

Bélgica, xxi-xxiii, xxv, 90, 322, 324, 335, 341, 370, 399, 595, 604-07, 610, 613, 621, 625, 635; e os planos de guerra franceses, 373-75; e o ultimato da Alemanha, 621-23; e sua neutralidade, 338, 343, 346, 352, 539, 582, 591, 608, 615, 619, 621-24, 626; e o Plano Schlieffen, 338, 343, 346, 352-53

Bell, Alexander Graham, 264

Belloc, Hilaire, 284

Benckendorff, Alexander, 197-98, 209, 490

Berchtold, Leopold von, 201, 208, 237, 411, 419, 423, 425, 429, 433, 437, 483, 485-86, 489-90, 491, 539, 544, 566, 591, 597, 606, 645; e a crise do assassinato,554-57; seu passado, 482-83; seu destino, 642; como Ministro do Exterior, 483-84, 494-97; e o debate sobre o ultimato, 565, 567, 569-73;

e o debate sobre a guerra, 584, 606-8

Beresford, Charles, 53

Bergson, Henri, 258, 330

Berlin, cruzador, 439-40

Berliner Tageblatt, 576

Bernhardi, Friedrich von, 255, 266-67, 269-70

Bernhardt, Sarah, 3

Bertie, Francis, 125, 170, 272, 386, 608

Bessarábia, 363

Bethmann-Hollweg, Martha, 561

Bethmann-Hollweg, Theobald von, xxxiv, 246, 271, 275, 283, 346, 434, 440, 445, 455, 465, 488, 509-10, 512, 528, 538, 567, 570, 580, 592,594,597, 603, 604-5, 613, 614, 625; e seu passado, 444-47; seu destino, 643; e sua política exterior, 447-48; e a missão de Haldane, 541-42; e sua proposta de mediação, 605-6; e a mobilização, 610-11; e a corrida naval, 458-60; e o desfecho da guerra, 626; no Conselho de Guerra de Potsdam, 510-11; e o debate sobre a guerra, 557-62, 563, 565, 607-8; e seu estilo de trabalho, 446-47

Beyens, Eugène, 64-65, 68, 101

Bilinski, Leon von, 498, 606

Bismarck, Herbert von, 86

Bismarck, Otto von, 11, 56, 70-71, 74, 80, 81, 83, 87, 91, 95, 107, 211, 240, 294, 307, 345, 380, 394, 413, 560, 563-64; e a Aliança Dual, 356-57; e a França após a Guerra Franco-Prussiana, 148-49; e o sistema político da Alemanha, 73-74; e a Liga dos Três Imperadores, 238; e a renovação do tratado, 149, 157-59; demitido por Wilhelm II, 75-79, 78

Bjorko, acordo de 1905, 204-7

Black Hand (Mão Negra), 470, 548

Blair, Tony, 553

Blavatsky, Helena, 257-58, 348

Bloch, Ivan, 289-90, 290, 302, 316, 327, 329, 334, 634

Blücher, Evelyn Stapleton-Bretherton, Princesa, 58

Blücher, Gebhard, Príncipe, 58

Board of Education, inglesa, 269

Boêmia, 226-27

Bolcheviques, xxiv, 15, 158, 177, 179, 181, 507, 638, 642

Bonnard, Pierre, 246

Booth, Charles, 116

Borodino, Batalha de, 268

Bósnia, xxviii, 4, 137, 215, 228, 236, 243, 357, 416, 470-71, 503, 544, 547, 549, 638

Bósnia (crise de 1908-9), xxxiii, 130, 236-37, 405, 441-42, 508, 571, 645; e depois da crise, 436-38; e a crise da anexação, 417-19, 422-27, 428; e a rivalidade austro-russa na, 406-9, 412, 425-27; e o incidente de Casablanca, 428; e o incidente do *Daily*

708 A Primeira Guerra Mundial – que acabaria com as guerras

Telegraph, 427, 433; e a desconfiança dos otomanos, 405, 412; e as consequências da crise, 433-36; e a ideia da Grande Sérvia, 416-17; e a Itália, 462; e a reunião de Reval, 421-22; e a discussão sobre a ferrovia do Sanjak, 420-21, 423

Bósnia-Herzegovina, 254, 314, 350, 429, 430, 471, 479; e a anexação à Áustria, 417-19, 422-27; sob o domínio austríaco, 408-9, 412; e a Sérvia, 416-17

Bosfóro, Estreitos, 407

Boulanger, Georges, 150, 152, 281

Bourdon, Georges, 273, 277

Bowen, Elizabeth, ix

Bowen's Court (Bowen), ix

Boxers, rebelião dos, 50-51,51, 53-54, 69, 174, 197-98,463; e a *Weltpolitik*, 88-89

"Boys and Church Lads Brigade," 279

Braque, Georges, 177, 247

Brasil, 14

Brooke, Rupert, 284

Broqueville, Charles de, 623

Brunswick, Duque de, 501

Brusilov, Aleksei, 365, 504, 538

Bryan, William Jennings, 295-96, 297, 297, 543

Buccleuch, Duque de, 139

Buchanan, George, 585-86, 587, 590, 592-93

Bulgária, 42, 214, 242, 244, 315, 406,407, 408, 411-13, 418, 423, 425, 428, 431, 437,467, 469-70, 471, 472, 479, 485, 486, 511, 539, 555, 556, 565, 576, 599, 637, 638; e as relações com a Áustria-Hungria, 414-15; na primeira Guerra dos Balcãs, 476, 476, 478; e o tratado com a Grécia, 474; e as relações com a Rússia, 414-15; na segunda Guerra dos Balcãs, 493-95; e a a proposta de aliança feita pela Sérvia, 472-3; e a Tríplice Aliança, 539, 565

Büllow, Bernhard von, 49, 51, 59, 61-62, 69, 72, 80, 84, 99,103,129,137-38,141, 170, 246, 270-71, 294, 304, 352, 411, 433-34, 444, 446-47, 509, 561; e a corrida naval anglo-alemã, 105-6, 107, 130-31, 133, 135; e a Convenção Anglo-Russa, 210-11; e o debate sobre a anexação, 430-31; seu passado, 83-84; e o acordo de Bjorko, 204-6; e a celeuma com Chamberlain, 52-53; e a questão das colônias, 91; e a Monarquia Dual, 215; sua política exterior, 85-87; e a crise do Marrocos de 1905, 378-9, 382, 385-89, 390, 394-95; e a "lealdade dos nibelungos," 212; e o termo *Weltpolitik*, 87-89; e Wilhelm II, 84-85

Bundesrat, Alemanha, 73

Burgess, Guy, 360

Burghley, William Cecil, 34

Burian, Stephen von, 540

Burke, Edmund, 40

Burns, John, 604, 621

Burrows, Montagu,40

Bush, George W., 553, 563

Cabrinovic, Nedeljko, 551

Cadbury, George, 298

Caesar, Julius, 326

Caillaux, Henriette, 579-80

Caillaux, Joseph, 451, 458, 513-14, 515, 579-80, 583

Calígula, imperador de Roma, 77

Call to Arms (Psichari), 284

Calmette, Gaston, 579-80

Câmara de Comércio, Londres, 138

Câmara de Comércio, Paris, 8

Câmara dos Comuns, Inglaterra, 31, 32, 47-48, 117,315, 397, 452, 521-22, 530, 578, 615; e o discurso de Grey para a, 623-25; e a lei da Home Rule, 524

Câmara dos Lordes, Inglaterra, 32, 452, 522, 523; e a lei do parlamento, 140

Câmara dos Deputados, Estados Unidos, 543

Camarões, 443, 456

Cambon, Jules, 65, 150, 164, 249, 271, 403, 442-43,450-51,456,466,512,588,630

Cambon, Paul, 147, 150, 160, 162, 163-69, 249, 386, 389, 390, 396, 400-401, 466, 490, 518, 33-35, 593, 604, 608, 615-16, 621

Campanha submarina, 98

Campbell-Bannerman, Henry, 303, 389-90, 393, 397

Camperdown, HMS, 122

Camus, Albert, ix

Canadá, xxiv, 3, 10, 19, 28, 40, 124-25, 166, 299,627

Canalejas, José, 260

Canas, Batalha de, 329, 340

Canovas, Antonio, 260

Capitalismo, 251, 255, 305, 306, 312, 499

Caprivi, Leo von, 81-82, 90, 91, 107

Carbonários, 469

Carlyle, Thomas, 57, 100

Carnegie, Andrew, xxxii, 286, 296, 303, 500, 543

Carnegie, organização para a paz internacional, 295, 499-500

Carnot, Sadi, 260

Carol I, Rei da Romênia, 413, 539-40, 565

Carson (porta-voz do Ulster), 578

Cassel, Ernest, 541

Cecil, Gwendolen, 33

Ceilão, 28

Cezanne, Paul, 153

Chamberlain, Austen, 47

Chamberlain, Joseph, 29, 29,40-41, 60, 62, 106, 113, 147, 164, 271; e o Tratado Anglo-Germânico, 48-49, 50-52; e seu passado, 47-48; e a divergência com Büllow, 52-53; e sua morte, 578

Índice

Chamberlain, Neville, 47, 491
Carlos Magno, Imperador do Sacro Império, 219
Chavez, Hugo, 46
Chekhov, Anton, 35
Cherry Orchard, The (Chekhov), 35
Chicago, exposição mundial de 1893, 18
Childers, Erskine, 113-14
Chile, 19, 61
China Imperial, xxiv, 3, 6, 19, 24, 43, 43, 87, 91, 165, 195, 209, 251, 271, 302, 363-64, 463,637; e a Rebelião dos Boxers, *ver* Boxers, rebelião; e o Império Britânico, 197-98, 201; e as ambições coloniais da Europa, 44-45, *44*, 50; e a guerra com o Japão em 1874-1875, 173-4; e a dinastia Manchu, *44*, 51; e a política de "porta aberta," 44-45, *44*, 50,55, 382; e a Guerra do Ópio, 16; e a comparação com a Rússia, 179
China, República Popular da, xxvi, 60, 62, 503
Chirol, Valentine, 113
Churchill, Jennie, 575
Churchill, Winston, 58, 121, 138, 145, 264, 400, 453, 455,522, 529, 541, 604, 615, 621, 627, 633; e as reformas na marinha, 532-33
Cingapura, 122
Cinq cents millions de la Bégum, Les (Verne), 272-3
Civilization and Its Discontents (Freud), 227
Clarion, 112
Classe alta, 264, 277, 306
Classse média, 12-14, 35, 252-53, 264, 277, 284, 306, 315
Classe trabalhadora, 251-52, 264, 277, 306-7
Clausewitz, Carl von, 338
Clemenceau, Georges, 154, 253-54, 517
Cleveland, Grover, 44, 45-46, 47
Comissão de Amizade Anglo-Germânica, 286, 298
Comitê Imperial de Defesa, 118, 124, 325, 399-401, 455
Comitê de União e Progresso, 422
Comitê Internacional de Paz, 293-94
Comuna de Paris, 151
Comunidade Europeia de Ferro e Aço, 288
Comunismo, 640
Concerto da Europa, 22,59, 474-75, 484, 496, 499, 503,529, 571,580, 588-89, 590
Confederação Alemã, 220
Conferência de Londres em 1912, 13, 489-91
Conferência de Paz de Paris em 1919, xxxiv
Congo, 90
Congo belga, 450
Congresso, Estados Unidos, 9
Congresso de Nacionalidades, 226
Congresso de Viena (1815), 237-38
Congresso Nacional Albanês, 239

Congresso Universal de Paz, Nono, 22
Conrad von Hotzendorf, Franz, xxxiv, 234, 244, 253, 265, 287, 324, 347, 354,356, 409-10, 412, 413, 418, 429-30, 434-35, 436, 462, 467, 484, 489-90, 493, 495, 498-99, 538, 540, 569, 606, 636; e a crise do assassinato, 554-57; seu passado e personalidade, 234-35; seu destino, 642-43; sua política exterior, 233-34, 236-37, 334, 335; nomeado Chefe do Estado-Maior, 409-10; e o desfecho da guerra, 600, 611-12; e a discussão sobre o ultimato, 573; e o debate sobre a guerra, 560, 564-65; e o planejamento de guerra, 357-59, 360
Conrad von Hotzendorf, Gina, 236-37,554, 642-43
Conselho de Ministros da Rússia, 585, 587-88
Conselho de Estado da Rússia, 506
Conselho Ministerial Comum AustroHúngaro, 224, 419, 484-85, 486, 495-96,565
Conselho Nacional sobre Moralidade Pública, 264
Constantino I, Imperador romano, 404
Contenção, política de, 126
Continental Daily Mail, 292
Convenção anglo-russa de 1907, 209-11, 398, 402, 590
Convenção de Resolução Pacífica de Disputas Internacionais, 302-3
Cook, Thomas, 12
Copenhagen, Batalha de, 105
Coppée, François, 261
Coreia, 55, 173, 187-88, 200
Corrida armamentista, 502, 535-37
Corrida naval anglo-alemã, xxxiii, 212-13, 264, 271, 303, 336-37, 421, 434, 452, 503, 509, 526, 536; e as relações anglo-francesas 141; e a avaliação a respeito, 140-41; e Bethmann, 458-60; e o debate sobre o orçamento inglês, 138-40; e o Foreign Office, 125-26; e a questão da força de trabalho inglesa, 116-17; e a mídia inglesa, 112-14; e Bülow, 105, 107, 130-31, 133, 135; e a contribuição para, 124-25; e o memorando de Crowe, 126-27; e a entrevista do *Daily Telegram*, 135-37; e o programa de construção de encouraçados, 123-24; e o medo da escassez de alimentos, 115-16; e a crise fananceira na Alemanha, 128-29, 132; e a construção naval alemã, 127-29; e as leis para construção naval na Alemanha, 106-9, 113, 459; e a histórica política naval inglesa, 114-15; e as doutrinas de Mahan, 82, 96-99, 101; e a opinião pública inglesa, 111-13, *114*; e a oposição do Reichstag à, 99-100; e a Guerra Russo-Japonesa, 129-30; e o contrato de Schichau, 131, 135; e os avanços tecnológicos, 118, 123; e a estratégia de Tirpitz, 100, 101, 103-5;

710 A Primeira Guerra Mundial – que acabaria com as guerras

e a Tríplice *Entente, 127*; e a reunião de Wilhelm II e Edward VII, 133-34; e as conversas entre Wilhelm II e Hardinge, 133-35; e a obsessão de Wilhelm II por, 96, 98-99
Coubertin, Pierre de, 24
Crecy, Batalha de, *143*, 146
Creta, 98-99
Creusot (fabricante de armas), 475
Croácia, 215, 224, 232, 406, 416, 426, 470, 549, 638
Cromer, Evelyn Baring, Conde de, 46, 166
Cromwell, Oliver, 521
Crowe, Eyre, 57, 125-27, 137, 272, 305, 453, 607-8, 609, 616
Cruppi, Jean,443-44
Cruzada pela Paz, 304
Cuba, 19-20
Cuba, crise dos mísseis, 147, 324, 630
Cunard Line, 123
Curragh, o motim de, 525
Curzon, George Nathaniel Curzon, Marquês de Kedleston, 46, 53, 197,392
Chipre, 406
Cirenaica, *441*, 460
Czernin, Ottokar von, 231, 507
Daily Express (Londres), 112
Daily Mail (Londres), 11, 63, 112, 115, 117, 146, 173
Daily Mirror (Londres), 112
Daily Telegraph (Londres), 63, 135-38, 444; e a crise da Bósnia, 427, 433
Dalai Lama, 209
Dalmácia, 228, 416, 486
Danilov, Yuri, 181, 602
D'Annunzio, Gabriele, 284
Dantzig, 135
Darwin, Charles, 264-65
Darwinismo social, xxvi, 265, 271, 284, 287, 328, 462-63, 554, 559, 645
Debussy, Claude, 254
Decline and Fall of the British Empire, 261
Decline and Fall of the Roman Empire (Gibbon), 317
Decline of the West, The (Spengler), 264
Defesa Nacional (Narodna Odbrana), Sérvia, 428, 469
Degas, Edgar, 153
de Gaulle, Charles, 516
Degeneration (Nordau), 262
Delbrück, Hans, 327
Delcassé, Theophile, 159-63, *161*, 165, 167-69, 201, 202, 241, 301, 384, 386, 387, 388, 396, 519, 528, 585
de Lesseps, Ferdinand, 143, 152
Democracia, 11, 20, 36, 38, 298; e a opinião pública, 111-12
Departamento Naval alemão, 107
Déroulède, Paul, 154

Derrida, Jacques, 257
Desarmamento, Conferência de 1898, 300-303
Destruição Mútua Inevitável, 105
Diaghilev, Sergei, 178, 246, 247, 575
Dimitrijevic, Dragutin (Apis), 548, 548
"Destino Manifesto," 19, 287
Dinamarca, 91, 94,140
Dodecaneso, ilhas do, 464
Dogger Bank, incidente do, 172-73, 201, 303, 382
Doukhobors (seita religiosa), 295
Doumergue, Gaston, 585
Doyle, Arthur Conan, 257
Dreadnought, HMS, 123, 128
Dreyfus, Alfred, 152, 154, 643
Dreyfus, questão, 145, 152-56, 250, 254, 281, 308, 331, 353, 384; e suas consequências, 154-56; como crise política, 153-54; e a reação popular, 153; e Zola, 153
Duel, The (Kuprin), 276
Duelo, prática de, 253-54
Duma, Rússia, 177, 181, 191-93, 207, 425, 450, 505, 506-7, 508, 576
Duncan, Isadora, 246, 247
Durham, John George Lambton, Conde de, 218
Durkheim, Emile, 24
Durnovo, Peter N., 334, 540
Dusan, Czar da Sérvia, 416
Écho de Paris, 371
Eclesiástico, Livro do, 72
Eckardstein, Hermann von, 53, 61-62, 147
Economist, 298
Edinburgh, Duque de, 641
Edward VII, Rei da Inglaterra, 2, 27, 31, 35-36, 54, 63, 66, 92, 99, *111*, 119,129, 132, 165, 183, 184, 202-3, 205, 298, 300, 385, 419, 482, 520, 603; e o desfile naval da coroação, 110; e a crise no Marrocos de 1905, 386-87; e a reunião com Nicholas II em Reval, 421-22; e a visita a Paris em 1903, *143*, 167-68, 167; e a reunião com Wilhelm II em Kronberg, 133-34; e as relações com Wilhelm II, 93, 94-96, 95
Egito, 37-38, 43, 142-43, 144, 146, 161, 163, 166, 168-69, 383, 386, 406
Eiffel, Gustave, 152
Einem, Karl von, 137-38
Einstein, Albert, 23
Eliot, Charles W., 264
Elisabeth, Imperatriz da Áustria, 221-23, 260
Elizabeth I, Rainha da Inglaterra, 34, 40
Enchantress, 31, 532
Engels, Friedrich, 305; e as guerras no futuro, 306, 307
Entente Cordiale, xxxiii, 142-71, *143*, 202, 213, 401, 534-35, 593; e as relações anglo-germânicas, 170-71; e a visita de Edward VII

Índice

a Paris, *167*-68, 16; e a crise de Fashoda, 142-48, *144;* e a França, 382-83, 385; e a exposição anglo-francesa de 1908, 396; e o o acordo militar franco-russo, 158-59,162; e a Inglaterra, 382-83, 385; e as conversas entre Lansdowne e Cambon, 163-69; e a crise no Marrocos em 1905, 380, 382, 385-89, 393, 396; e a crise no Marrocos em 1911, 457; as reações à, 169-70; e a assinatura da, 169
Enver Pasha, 490
Eritreia, 461
Escola de Ciência Política, 443
Escócia, 104
Escoteiros (Baden-Powell), 261, 279
Esher, Reginald Brett, Visconde de, 534
Eslavônia, 416
Eslováquia, 215, 224
Eslovênia, 215, 232, 408, 638
Espanha, 20, 156, 161, 162, 194, 381, 384, 387, 395, 419; a crise do Marrocos em 1911, 440, 444; e o terrorismo, 259-60
Espiritualismo, 257-58,348
Esquadra de Reserva inglesa, 122
Esquadra russa do Extremo Oriente, 175
Estados do Golfo, 178
Esterhazy, Ferdinand, 153
Essad Pasha Toptani, 492-93
Estados Unidos, xxiii-xxiv, xxix, 28, 30-31,55, 60, 62, 91, 105, 108, 140, 182, *251*, 324-25, 382, 386, 398, 503, 535, 538, 542-43, 600, 627, 630; a emigração europeia para, 10, 18; e a disputa Inglaterra-Venezuela, 40, 45-46, 62; e a influência de Mahan, 98; como grande potência, 639; e o "Destino Manifesto," 19, 287; e a expansão militar, 21; e a crise do Marrocos em 1905, 379-81, 384, 387; e a crise do Marrocos em 1911, 441; e a expansão no século XIX, 17-22; seu pavilhão na Exposição de Paris, 6, 18; e o movimento pela paz, 296-97, 299, 301-2, 304, 536-37; e o terrorismo, 259; na Primeira Guerra Mundial, 637-38; e os Congressos pela Paz Universal, 294, 299
Etiópia, 144, 461
Eugenia, movimento pela, 264
Eulenburg, Philip, 68-69, 71-72, 80-81, 83, 85-86, 93, 262-63, 394-95
Europa, xiv-xv, 245-84; e o antissemitismo, 251-52, 266-67; e a arte "avant-garde," 246-47, 250-51, 258; e o comércio, 12; e a emigração de, 251-52; e a moda, 13; e a Idade de Ouro da Segurança, 14-15; e o conceito de honra, 253-55; e a economia industrial, 14-16; e a industrialização, 35-36, 250-51, 255; e as alianças internacionais, 25-27; e o movimento trabalhista, xxvi, 252; e a classe média, 12-14, 252-53; e a modernidade, 246-47, 250-51, 258-59,

262; e o nacionalismo, 218; e o pensamento de Nietzsche, 255-57; e o prelúdio do século XIX, 9-12; e o nudismo, 259; e a persistência da velha ordem, 24;-49, 252-53; e o progresso, 16-17, 22; e a prosperidade, 16-17; e a ascensão da Rússia, 14-16; e a ascensão dos Estados Unidos, 17-22; e o papel do governo, 11-12; a elite dirigente, 249-50; e a ciência, 16-17; e o movimento socialista, *ver* Socialismo; e o espiritualismo, 257-58; e a tecnologia, 250-51, 255; e o turismo, 12-13; e os transportes, 12; e a classe alta, 252-53; e o desenvolvimento urbano, 12-13; e a classe trabalhadora, 251-52
Europe Optical Illusion (Angell), 292
Evolução, teoria da, 17, 264-65
Exposição anglo-francesa de 1908, 396
Falkenhayn, Erich von, 252, 254, 347, 350, 557, 597, 603, 607, 610, 641
Fascismo, 640
Fashoda, crise de, 142-48, *144*, 156,159,162, 382; e após a crise, 147-48
Faure, Felix, 147, 152, 153-54
Ferdinand I, Czar da Bulgária (Ferdinand, o Raposa), 405, 414-15, 424-25, 431,472, 474, 476, 480, 501, 638, 642
Ferry, Abel, 618
Feu celeste, Le (Saint-Saëns), 9
Figaro, Le, 263, 273,513, 579
Filipinas, 19, 44-45
Finlândia, 3, 194, 642
Fischer, Fritz, xxxv, 562
Fisher, John "Jacky," 114, 119, 130, 292, 301, 325, 386, 399-400, 421; seu passado e personalidade, 119-20; seu imperialismo, 120-21; e a reforma e construção naval, 121-25
Fiske, John, 287-88
Flaubert, Gustave, 152
Flying Dutchman, The (Wagner), 92
Foch, Ferdinand, 330, 402
Força Expedicionária Britânica, 581, 634-35
Foreign Office da Inglaterra, 46, 52, 125-26, 133, 136, 137,166,169, 207, 210, 272, 385, 398, 434, 452, 473, 530, 578, 589-90, 607, 16; 623-24, 627
França, xxi, xxvi, xxviii-xxix, xxx-xxxi, xxxiii-xxxiv, xxxv, 10, 14, 16, 25,37, 40, 43, 46, 48-50, 53, 55, 81, 90, 104, 111, 118, 124, 140, 141, 189, 191, 211, 250, 252, 268, 271, 319, 325, 335, 337, 338, 341, 343, 358, 366, 406,431,436-37, 460, 509, 516, 537-38, 562, 566, 571, 572, 584, 590-91, 595, 603, 609, 610, 612, 624, 634-35; após a Guerra franco-prussiana, 148-49, 280-81; e o sistema de alianças, 530-31; e as guerras balcânicas, 472, 477, 484; e a taxa de natalidade, 263; e a Guerra dos Bôeres,

712 A Primeira Guerra Mundial – que acabaria com as guerras

147; e a disputa Inglaterra-Venezuela, 162-63; e o escândalo de Caillaux, 513-14, 579-80; e as ambições coloniais, 143, 160-62; e a questão Dreyfus, *ver* questão Dreyfus; e a *Entente Cordiale*, 382-83, 385; e a crise de Fashoda, 142-48,382; e a crise dos desertores da Legião Estrangeira, 428; e as fortalezas nas fronteiras, 342; e a declaração de guerra apresentada pela Alemanha, 625-26; e o ultimato alemão, 611; e a Conferência de Londres, 489; e o militarismo, 280-81; e a mobilização, 618, 619; e a crise no Marrocos em 1905, 349, 379-81, 384-85, 387-88, 393-96, 420; e a crise no Marrocos em 1911, 440-44, 448, 451-52, 456-58, 514-15; e o nacionalismo, 428, 513-15; e a doutrina da ofensiva, 371;2, 374, 376; e o desfecho da guerra, 599; e a Comuna de Paris, 19-52; e a suas apresentações na Exposição de Paris, 6; e o movimento pela paz, 296-97, 301, 304; e sua população, 73, 157, 93; e o levante pós-guerra, 639; e a aliança com a Rússia, 157-58, 200-201, 267, 369, 519, 558, 581-82, 597; e o Plano Schlieffen, 53-54; na Guerra dos Sete Anos, 97; e o terrorismo, 259-60; e a Terceira República, 151-54, 241, 281; e a Lei dos Três anos, 513, 536; na Tríplice *Entente*, *ver* Tríplice *Entente*; e a crise do ultimato, 579; e a controvérsia dos uniformes, 371; e as baixas na guerra, 636; e a discussão sobre a guerra, 581-82; e os preparativos para a guerra, 512-13, 589, 601, 605

France, cruzador 582-3, 588-89, 600

Franz Ferdinand, Arquiduque da Áustria-Hungria, xxiv-xxvii, xxxi, 30, 219, 222, 223, 229, 231, 232, 234, 235, 237, 240, 252, 257, 363, *405*, 411, 413, 427, 430, 482, 483, 490, 491, 509, 543, 553, 560, 606, 641; seu assassinato, xxiv, 232, 525, 544, 545- 548-52, *548*, *551*; e Franz Joseph, 230-31; e sua personalidade, 229-30

Franz Joseph I, Imperador da Áustria-Hungria, 217-18, 219-26, 220, 222, 234237, 240, 242, 243-44, 267, 275, 357, 409, 413, 415, 425, 433, 467, 471, 474, 483, 485, 488, 489, 573, 577, 612; e a reação ao assassinato, 552-53, 555-56; e sua personalidade, 219-21; e sua morte, 641; e a saúde declinante, 225; e Franz Ferdinand, 230-31; e a crise de convivência dos exércitos conjuntos da Monarquia Dual, 225-26; e a ordem de mobilização, 606; e sua vida pessoal, 222-23; aprova o ultimato à Sérvia, 570; sua correspondência com Wilhelm II, 556-57; e seu estilo de trabalho, 221-22

Fredericksburg, Batalha de, 328

Frente Ocidental, xvi-xvii

Frente Oriental, xviii-xix, 323, 636

Franceses no Congo, 450, 453, 455-56, 457

Freud, Sigmund, 23, 227

Freytag-Loringhoven, Hugo von, 332

Friedjung, Heinrich, 426, 432

Friedrich II (o Grande), Rei da Prússia, xxx, 4, 53, 57, 64, 65, 100, 210, 320, 326, 458

Friedrich Wilhelm III, Imperador da Alemanha, 125-26, 205

Gabão, 144

Gabinete francês, 581-82, 601, 618

Gabinete inglês, 325, 452, 453-54, 455, 457, 522, 531, 533-34, 541, 581, 596, 623; e o debate sobre a guerra, 591, 604, 608, 615, 621

Gabinete Militar da Alemanha, 345

Gabinete Naval da Alemanha, 98

Gaddafi, Muammar, 275

Galícia, 216, 232, 358, 360, 367, 430, 486, 526

Gambetta, Leon, 160

Gâmbia, 169

Gandhi, Mahatma, 637

Gardiner, Alfred, 120

Garvin, J.L., 133

George, Stefan, 255

George III, Rei da Inglaterra, 34

George V, Rei da Inglaterra, 76, 182, 183-85, *185*, 452, 501, 503, 520, 523, 535, 537, 577, 578-9, 607, 623

Georgia, 406

Gérard, Henry, 311

Germany and the Next War (Bernhardi), 266

Gibbon, Edward, 317

Gibraltar, 169, 479, 533

Giesl von Gieslingen, Wladimir, 568-71, 573

Giolitti, Giovanni, 461, 463

"Girl Guides," Bandeirantes, 279

Gladstone, William, 37, 42, 166, 523

Globalização, xxxii

Goltz, Colmar Freiherr von der, 280, 333

Goluchowski, Agenor, 232, 240-41, 243, 244, 301, 409

Gordon, Charles, 143

Goremykin, Ivan,506, 585, 587

Goschen, Edward, 40, 60, 125, 465, 501, 607, 615, 626-27

Gourmont, Remy de, 150

Grace, W.G., 33-34

Grandmaison, Louis de, 330, 371-72

Graves, Robert, 57

"Grande Jogo," 44, 209

Great Illusion, The (Angell), 292, 634

Great War in England in 1897, The (Le Queux), 196

Grécia, 98-99, 214, 242, 356, 406-7, 412, 467, 470, 471-72, 473, 476, 538, 571-72, 600, 611, 637; nas guerras dos Balcãs, 476, 493-94; e o tratado com a Bulgária, 474

Índice

Grey, Dorothy, 392, 393
Grey, Edward, xxxi, 130, 137, 164, 209, 210-11, 293, 391, 400, 427, 31, 434, 435, 448, 457, 464, 499, 501, 510, 519, 521, 529, 530, 534-35, 538, 541, 562, 572, 578, 643, 645; seu passado, 390-93; e as crises dos Balcãs, 477-78, 479; e o memorando de Crowe, 126; e o discurso na Câmara dos Comuns, 623-25; e o comentário "apagam-se as luzes," 625; e a observação de Lloyd George a seu respeito, 391; e a Conferência de Londres, 489-90; e a crise do Marrocos de 1905, 390, 393, 395-96; e a crise do Marrocos de 1911, 452-53, 455, 456-57; e o debate sobre a guerra, 589-93, 596, 604, 608, 615-16, 621, 624
Grey, George, 453
Grimoin-Sanson, Raoul, 9
Groener, William, 321, 323, 332, 346, 349, 560, 613
Guam, 19
Guerra, 316, 317-35; e a vantagem da defensiva, 327-28; e os sistemas de aliança, 335; e o desenvolvimento das armas, 326-28; e a inércia burocrática, 329-30; e a cavalaria na, 333; e o conhecimento civil a respeito de, 324-25; e as diferenças de classe, 325-26, 332; e o culto da ofensiva, 329-33; e as dúvidas a respeito da, 333-34; do futuro, 306; e os estados-maiores, 320-22; e a revolução industrial, 319, 323, 326; e a mobilização, 319-21, 323; e o planejamento, 322-25; e o crescimento da população, 319; e os fatores psicológicos, 330-31, 334-35; e as ferrovias, 320, 323; e a especialização técnica, 325-27; e questão de oportunidade e tomada de decisões, 323-24
Guerra, Academia de, Rússia, 363
Guerra Civil na Inglaterra, 521
Guerra Civil, Estados Unidos, 7, 8, 18, 38, 327-28, 329
Guerra da Coreia, 175
Guerra da Crimeia, xxvii, 7-8, 158, 193
Guerra do Ópio, 16
Guerra do Vietnã, 637
Guerra dos Bôeres, 5, 26-27, 49, 55, 63, 66, 109, 117, 119, 147, 156, 162, 242, 262, 277, 278, 328, 329, 333, 353, 385, 503; e as relações anglo-alemãs, 60-62, 83; na Batalha de Spion Kop, 50; e o ataque de Jameson, 60; e Wilhelm II, 136-37
Guerra dos Sete Anos, 97, 114, 317
Guerra entre Espanha e Estados Unidos, 19-20
Guerra franco-prussiana, 1870-71, xxvii, 8, 16, 52, 148, 160, 272, 286, 328, 39-40, 351, 382, 383, 402, 582, 634; e após a guerra, 148-49, 280-81
Guerra Fria, xxxii, 105, 126, 199, 336, 530

Guerra Russo-Japonesa, de 1905, xxxi, 15, 123, 193, 198, 199-200, 203, 204, 235, 244, 276, 303, 321, 322, 326, 328, 329, 354, 365, 369, 387, 394, 395, 409, 412, 419, 421, 490, 581; e depois da, 179, 181-82; e a corrida naval anglo-alemã, 129-30; na Batalha do Estreito de Tsushima, 123, 175, 332, 387; e o incidente do Dogger Bank, 172-73, 201, 303, 382; e Nicholas II, 187-88; e o cerco de Port Arthur, 174-75; e a mediação de Roosevelt, 175-76, 388-89; e o Tratado de Portsmouth, 175-76
Guerra Russo-Turca (1877), 77-8, 327-28, 365
Guerra Sino-Japonesa de 1894-95, 53, 173
Guerra Sulafricana, ver Guerra dos Bôeres
Guerras dos Balcãs de 1912 e 1913, a primeira, xxviii, xxxiii, 312, 313, 350, 460, 466, 470, 475-77, 476, 503, 538, 547, 571, 578, 580, 590, 606, 645; e Sazonov, a respeito de, 480-81; a segunda, xxviii, xxxiii, 312, 350, 460, 466, 493-95, 499, 529, 547, 571, 590, 603, 606
Guerras com os Zulus, xxvii
Guerras Napoleônicas, xxvii, 193, 288, 401
Guerras Púnicas, 329
Guiana Inglesa, 19, 45
Guinea, 169
Guns of August, The (Tuchman), 630
Guiana, 19, 45
Hagia Sophia, 3-4
Haia, conferências de paz, 296; a primeira, 291, 304; a segunda, 303-5; a terceira, 305, 543
Haldane, Richard Haldane, Visconde de, 298, 392-93, 395, 400, 489, 510, 522, 591; sua missão em Berlim, 541-42, 559
Hamburgo, 378-79
Hamilton, George, 36, 52
Hamilton, Ian, 277
Hankey, Maurice, 399
Harden, Maximilian, 262-63, 394
Hardie, Keir, 297, 311-12
Hardinge, Charles, 125, 191, 421-22, 437; sua reunião com Wilhelm II em Kronberg, 133-35
Hartwig, Nicholas, 437, 472-73, 481, 568-69, 581
Hassan I, sultão do Marrocos, 165
Hastings, Batalha de, 146
Hatzfeldt, Paul, 60, 62, 109
Havas (agência de notícias), 544
Hawai, Ilhas, 19, 44-45
Hay, John, 294
Heinrich, Príncipe da Alemanha, 607
Heligoland, 104
Hemofilia, 189-90
Henty, G.A., 269
Herero tribo, 279
Herwig, Holger, 128

714 A Primeira Guerra Mundial – que acabaria com as guerras

Herzegovina, xxviii, 236, 243, *405*, 416 *ver* também Bósnia-Herzegovina
Hezbollah, 547
Hindenburg, Paul von, 639, 643
Hitler, Adolf, xxxv, 267,317, 625, 643, 644-45
Hobbes, Thomas, 266
Hobson, J.A., 274
Hofmannsthal, Hugo von, 246
Hohenlohe-Schillingfürst, Príncipe Chlodwig zu, 62
Hohenlohe- Schillingfürst, Príncipe Gottfried von, 492
Hohenzollern, 94, 404
Holanda, 97, 342, 351, 399, 607, 644
Holstein, Friedrich von, 52, 61, 66, 81, 82, 84, 86-87,129, 301, 340, 433-34; e a crise do Marrocos em 1905, 378-9, 382-85, 387, 388, 394
Honra, conceito de, 253-55, 537, 545, 563, 605
Hoover, Herbert, 252
Hopman, Albert, 65-66
House, Edward, 543
Hoyos, Alexander, 555-56, 570, 642
Humanité, L', 311, 618
Hungria, 215, 217, 271, 334, 355, 565 ; e sua aristocracia, 224; e a crise do assassinato, 556; e a criação da Monarquia Dual, 224-25, 231; e sua independência, 638; e o problema das nacionalidades, 226, 495-96; e a conquista otomana da, 406, 408; e o pavilhão na Exposição de Paris, 4-5; e a intranquilidade pré-guerra, 508-9
Hussein, Saddam, 275, 563
Huysmans, Camille, 314-15
Iêmen, 460
Iena, Batalha de, 318
If I Were Kaiser, 505
Igreja Católica, 229-30, 349, 461
Igreja da Inglaterra, 48
Ilhas Virgens dinamarquesas, 91
Imperialismo, 16, 44, 270-1, 297, 314, 412
Império Bizantino, 408
Império Britânico, xxiv; e a China, 197-98, 201; e o domínio sobre, 58-59; e o crescimento do, 40-41; e as consequências da Primeira Guerra Mundial, 639
Império Romano, xxvii, 57
Império Otomano, xxiv, xxix, xxxii, 16, 22, 43, 82, 91, 98-99, 109, 146, 161, 163, 165, 196, 200, 214, 215, 218, 232-33, 237, 244, 271, 286, 288, 356, 363, 364, 420, 427, 428-29, 436-37, 452, 463, 473, 488, 511, 526, 531, 537, 539, 576, 600, 611; e o acordo de 1897, 409; e a crise da anexação, 431-32; e os massacres de armênios, 42; e o declínio da Áustria-Hungria, 242-43, 406; e seu atraso, 478-79; e o nacionalismo nos Balcãs, 412-13; e os estados

balcânicos que governava, 470-71; seu declínio e colapso, 242-43, 405-407, *405*, 412, *441*, 443, 448, 470- 72, 474, 526, 638-39; objeto das ambições europeias, 406-9, 527-29; e a primeira guerra dos Balcãs, 475-7, 478, 484-85; sua extensão geográfica, 406; e as ambições imperiais alemãs, 527-28; e o domínio imperial do, 406; e a guerra com a Itália, 314, 460, 463, 471, 478, 595; e a questão Liman von Sanders, 527-29; e o nacionalismo, 406; seu pavilhão na Exposição de Paris, 3-5; e as ambições imperiais russas, 478-79; e a guerra contra a Rússia em 1877, 8, 327-28, 365; e a segunda guerra dos Balcãs, 493-94; e o acordo de 1878, 408-9; e a visita de Wilhelm II, 404-5; na Primeira Guerra Mundial, 637; os Jovens Turcos, 422, 424, 427, 471, 474, 480, 490, 527
Índia, xxiv, 24, 28, 29, 37, 43, 55,146, 206, 305, 398, 443, 477, 590, 603
Indochina, 146, 149
Industrialização, 250-51
Influence of Sea Power upon History, The (Mahan), 96, 98
Inglaterra, xxii, xxvi, xxviii-xxix, xxxi, xxxiv-xxxv, 4, 13, 14, 18-19, 20, 21, 25, 27, 28-29, 29, 43, 82, 86, 90-91, 111, 161, 173, 200, 202, 233, 241, 262, 264, 271-72, 319, 321, 324-25, 335, 337, 338, 406, 408, 434, 436, 437, *445*, 457, 460, 492, 499, 505, 519-26, 537, 558, 562, 566, 571, 572, 576, 581, 586,595, 596, 603, 634-35; e o episódio do *Alabama*, 299; e o sentimento anti-Rússia, 196-97; e as relações com a Áustria-Hungria, 241-42; e o pânico bancário, 614-15; na Guerra dos Bôeres, *ver* Guerra dos Bôeres; e a crise da Bósnia, 427, 431, 466, 472-4, 477-8, 479; e os interesses na China, 45; e o motim Curragh, 525; e as despesas com defesa, 118; e o incidente do Dogger Bank, 172-73, 201, 303, 382; e a questão Dreyfus, 156; e o Egito, 43, 142-43; e seu Império, *ver* Imperio Britânico; e a *Entente Cordiale*, 382-83, 385; e a discussão sobre a Força Expedicionária, 398-403; e a crise de Fashoda, 142-48; e a questão naval com os franceses, 531-35; e sua nobreza, 31-32; e a tentativa de *détente* com a Alemanha, 540-41; vendo a Alemanha como inimiga, 59-60; e as ligações com a Alemanha, 56-58; e a rivalidade naval com a Alemanha, *ver* corrida naval anglo alemã; e o Grande Jogo, 44; e a missão de Haldane, 541-42; e o conceito de honra, 253-54; e a questão irlandesa, 117, 250, 519-20, 523-25, 578, 589; e a aliança com o Japão, 53-55, 207; e a classse dos proprietários de

Índice

terras, 31-32, 35-36; e a Conferência de Londres, 489-90; e seu militarismo, 277-9; e a mobilização de suas forças, 623; e a crise do Marrocos em 1905, 349, 382-88, 389,427,431; e a crise do Marrocos em 1911, 440-41, 444, 452-55; e o nacionalismo, 268-69; e a esquadra de reserva, 122; e a mobilização da marinha, 605, 621; e o desagrado de Nicholas II com, 202; e a eleição de 1906, 117; e a eleição de 1910, 523; e o começo da guerra, 599; na Guerra do Ópio, 16; e seu pavilhão na Exposição de Paris, 6, 25; e o movimento pela paz, 296-98, 301, 304; e o Orçamento do Povo, 139-40; e sua população, 73; e a revolta após a guerra, 639; e a intranquilidade pré-guerra, 519-20; e a comparação com a Rússia, 178; e a rivalidade com a Rússia a propósito da Pérsia, 44, 197, 452, 479, 526, 576, 583-84, 590; e as relações com a Rússia, 209; e a política exterior de Salisbury, 36-40, 42-43; e o Plano Schlieffen, 353; na Guerra dos Sete Anos, 97; em "esplêndido isolamento," 39-40, 48, 54; e sua sociedade estratificada, 252; e a teoria do risco, de Tirpitz, 104-5; e a Tríplice Aliança, 42, 49, 106, 158, 464; na Tríplice *Entente, see* crise do ultimato na Tríplice, 578-9; e a disputa com a Venezuela, 40, 45-46, 62; e o direito de voto, 36; e as baixas da guerra, 636; e o debate sobre a guerra, 589-93, 604-5, 607-10, 615-16, 620-22, 626; e o planejamento de guerra, 353, 398-403; e os preparativos para a guerra, 592; e o movimento feminista, 522-23; e a classe trabalhadora, 116-17
"Internal Macedonian Revolutionary Organization" (IMRO), 469
Interpretation of Dreams, The (Freud), 23
Invasion of 1910, The (Le Queux), 117, 278
Invincible, HMS, 123
Irã, *ver* Pérsia
Iraque, 526, 553, 589, 637
Irlanda, 114, 625; debate na Inglatera sobre, 117, 250, 519-20, 523-25, 578, 589; e a questão da Home Rule, 48, 166, 519-20, 523-25, 578
Irlanda do Norte, 643
Israel, 527, 561
Ístria,416
Itália, xxiii, xxxiii, 14, 38, 42, 43, 49, 81-82, 86, 139, 142, 156, 158, 161, 200, 203, 205, 231, 235-36, 237, 293, 320, 325, 335, 358-59, 370, 381, 382, 394, 395, 419, 430, 436, *441*, 486, 489, 492, 496, 503, 526, 530, 532, 535, 537, 545, 571, 572, 590, 592, 597, 599, 614, 620, 637, 639, 642; e a crise do assassinato, 558-59; e as relações com a Áustria-Hungria, 313,

355-56; e a crise da Bósnia em 1908, 462; e as ambições coloniais, 460-63, 505, 527; e o status de grande potência, 46l, 463; e a crise do Marrocos em 1911, 441, 460; na guerra contra os otomanos, 314, 460, 463-64, 471, 478, 595; e seu pavilhão na Exposição de Paris, 5-6; e a política do stiletto, 463; sua população, 461; e o levante no pós-guerra, 639; na Tríplice Aliança, ver unificação da Tríplice Aliança, 232, 233, 328, 419, 482; e as baixas de guerra, 636; e o debate sobre a guerra, 594-96
Ito Hirobumi, 54-55,54
Iugoslávia, 428, 638
Izvolsky, Alexander, 199, 206, 304, 364, 418, 429, 431, 433, 435, 436, 457, 472, 480, 519, 528, 531, 593, 619, 641, 642; e a reunião com Aehrenthal em Buchlau, 425, 429; e as relações anglo-russas, 207-10, 211; e a crise do Marrocos em 1911, 451-52; e a questão da ferrovia do Sanjak, 220-22
"J'Accuse" (Zola), 153
Jagow, Gottlieb von, 352, 353, 493, 510, 556, 559-63, 567, 570, 576, 593
James, Henry, 9, 20, 631
James I, Rei da Inglaterra, 34
Jameson, o raide de, 60
Jane, navios de guerra, 123-24
Japão, xxiv-xxv, xxix, 19, 21, 21, 30-31, *44*, 45, 110, 137, 166, 195, 205, 251, 289, 302, 304, 362, 363, 364, 365, 376, 386, 387, 538, 639; na aliança anglo-japonesa, 53-55,54, 207; na guerra de 1874 com a China, 53, 173-74; seu pavilhão na Exposição de Paris, 17; na Primeira Guerra Mundial, 637, *ver* também Guerra Russo-Japonesa de 1905
Jaurès, Jean, 150, 161, 308-13, 309, 388, 436, 513, 543, 582, 626, 634; assassinado, 617-18; e o socialismo, 308-10
Jubileu de Diamante, 28-31,29, 40
Judeus, xxxiv, 153, 166, 203, 216, 229, 251-52, 264, 266-67, 268, 277, 365, 507
Joana D'Arc, 146, 150, *514*, 515
Joffre, Joseph, 324, 331-32, 331, 369,372-76, 401, 451, 458, 512, 589, 618, 622; e seu Plano XVII, 375
Jogos Olímpicos de 1900, 9
John Bull (cavalo), 168
Joll, James, 247
Jordânia, 526
Journal of the Royal United Services Institute, 266
Jovens Bósnios, 546-47
Jovens Turcos, 422, 424, 427, 471, 474, 480, 490, 527, 529
Junker classe dos, 70, 75, 317, 332
Karageorgevic, Peter, 415

716 A Primeira Guerra Mundial – que acabaria com as guerras

Karl I, Imperador da Áustria, 641
Khartoum, 145
Keirn, August, 504
Kennan, George (escritor), 194
Kennan, George F. (especialista em União Soviética), 126-27, 194
Kennedy, John F., 324, 630
Kennedy, Paul, 197
Keppel, Alice, 298
Kerr, Alfred, 263
Kessler, Harry, 24, 245-46, 246, 250, 254, 257, 266, 284, 298, 349, 448, 509, 515, 575
Kiderlen-Wachter, Alfred von, 66-67, 432, 448-51, 454-56, 458, 488, 489, 493, 510, 512, 580
Kiel, canal de, 128, 140, 458, 560
Kiel Yacht Club, 99
Kipling, Rudyard, 31, 41, 162-63
Kitchener, Horatio Herbert, 5, 26-27, 145, 197
Kleinmichel, Condessa, 176-77
Klimt, Gustav, 247, 258
Kokovtsov, Vladimir, 201, 425, 487, 505-6, 528-29
Kolchak, Alexander, 642
Kollontai, Alexandra, 313
Komura, Jutaro, *21*
Kosovo, 485, 494
Kosovo, Batalha de, 549
Kraepelin, Emil, 263
Kraus, Karl, 228
Krivoshein, Alexander, 585, 587
Krobatin, Alexander, 498, 554, 565, 569
Kruger, Paul, 26
Kruger, o telegrama, 60, 83
Krupp, Alfred, 504
Krupp (fábrica de armamento), 275, 296, 475
Krupp von Bohlen und Halbach, Gustav, 563
Kuprin, Aleksander, 276
Kuropatkin, Aleksei, 176, 185, 196, 199
"Lads Drill Association," 279
Lamsdorff, Vladimir, 188, 201, 203, 206, 207-8, 409
Landsturm, a terceira reserva alemã, 344
Lansdowne, Henry Petty-Fitzmaurice, Marquês de, 52, 55, 81, 163, 166-69, 173, 198, 386, 389-90, 392
Lascelles, Frank, 125, 129-30, 134
Law, Bonar, 523-24, 578, 621, 624
Lay Down Your Arms (von Suttner), 286
Líbano, 518, 526
Lebensraum, 270
Le Bon, Gustave, 23-24
Legião Estrangeira, franceses na, 428
Lei dos Três Anos, França, 513, 536
Lei Militar, Alemanha, 460
Leis da Marinha, Alemanha, 108, 109; a de 1912, 460
Leipzig, Batalha de, 268, 329
Lênin, V.I., 178, 188, 616, 638

Leopold I, Rei dos belgas, 56
Leopold II, Rei dos belgas, 352, 622, 623
Le Queux, William, 17-18, *117*, 196, 278
Lerthenfeld, Hugo von, 63, 68, 79
Líbia, 237,460, 463, 464, 595
Lichnowsky, Karl von, 489-90, 529, 558, 561-62, 589, 592, 604, 606, 613, 620, 624, 626, 627, 630
Liebknecht, Karl, 306
Liga Agrária, 505
Liga Balcânica, 472, 475/7, 480, 484-85, 486, 490, 493, 497
Liga Colonial, 107
Liga de Serviço Nacional, 268, 278
Liga dos Direitos do Homem, 297
Liga dos Patriotas, 268
Liga dos Três Imperadores, 238, 244, 411
Liga Naval, 53, 107, 115, 130, 138, 504
Liga Pan-Germânica, 90, 107, 170, 450
Liman von Sanders, Otto, 527-29
Lloyd George, David, xxxv, 118, 434, 522, 523, 621, 643; e o debate sobre o orçamento, 138-40; e a *Entente Cordiale*, 170-171; envolvido em escândalo financeiro, 519; a respeito de Grey, 391; e o discurso na Mansion House, 454; e a crise do Marrocos de 1911, 400, 454; e o debate sobre a guerra, 398, 596, 614-15, 623, 625
"Longo Telegrama," 126
Lorena, 148, 149-50, 160, 272, 337, 341, 350, 370, 382, 515, 581, 620, 643; *ver* também Alsácia- Lorena
Loubet, Emile, xxvi, 3, 25, 111, 143, 154, 160, 168
Louis XIV, Rei da França, 146, 148, 292
Louis of Battenberg, Príncipe, 116, 452
Louvain, destruição de, xxi-xxiv, xxiii
Lucheni, Luigi, 260
Ludendorff, Erich von, 374, 510, 639, 643
Ludwig Victor, Arquiduque da Áustria, 230
Lueger, Karl, 267
Louise of Mecklenburg-Strelitz, Rainha da Prússia, 205
Lusitania, 123
Luxemburgo, 335, 341-42, 370, 373, 620, 626, 635; nos planos de guerra franceses, 373-75
Luytens, Edwin, 6
MacDonald, Ramsay, 298, 310, 315, 624
Macedônia, 243-44, 406, 408, 419-21, 471, 473-74, 476
Maçonaria, 469, 507
MacLean, Kaid, 165
MacMahon, Patrice, 152
Madagascar, 26, 46, 146, 168
"Made in Germany" (Williams), 111
Maeterlinck, Maurice, 254
Mahan, Alfred, 82, 96-99, 97, 101, 107, 301
Mahler, Gustav, 246

Índice

Malta, 533
Man and Violin (Picasso), 248
Manchester Guardian, 169, 298
Manchu, dinastia, *44*, 51
Manchuria, 50-51, 53, 173-74, 176, 187-88, 197-98, *198*
Mao Zedong, xxxiii
Mar Negro, esquadra russa do, 80,367, 587
Marchand, Jean-Baptiste, 25, 143-45, 147
Marconi, Guglielmo, 239
Margutti, Albert von, 220-21
Maria Theresa da Áustria, 220
Marie, Imperatriz da Rússia, 6
Marie Antoinette, Rainha da França, 179
Marinetti, Filippo Tommaso, 266, 284
Marinha inglesa, 31, 39, 41, 99; e as reformas de Fisher, 121-23; sua importância histórica, 114-15
Marrocos, crise de 1905, xxxiii, 129, 137, 143, 149, 207, 271, 314, 378-94, 402, 406, 432, 441; e a Conferência de Algeciras, 381, 393-95, 420, 442; e Bülow, 378-79, 382, 385-89, 390, 394-95; sobre Edward VII, 386-87; e a *Entente Cordiale*, 380, 382, 385-89, 393, 396; e as ambições coloniais francesas, 143, 159, 161-62; e o envolvimento francês, 349, 379-81, 384-85, 387-88, 393-96, 420; e Grey, 390, 393, 395-96; e Holstein, 378-79, 382-85, 387, 388, 394; e o sequestro de Perdicaris, 383-84; e Roosevelt, 382-84, 387, 394; e a controvérsia Rouvier, 388-89; e o acordo do, 393-96; e a visita de Wilhelm II a Tanger, 378-81, 380
Marrocos, crise de 1911, 315, 350, 400, 434-35, 513-15; e acordo, 457-58; e a *Entente Cordiale*, 457; e a opinião pública europeia, 444, 450-51; e a rivalidade franco-alemã no, 440-44, 448-50, 456; e a controvérsia com os franceses no Congo, 450, 453, 455-56, 457; e o envolvimento francês no, 440-44 , 448, 451-52, 456-58, 514-15; e as ambições coloniais alemãs, 450-51, 453,455-56; e as ambições coloniais italianas, 460-63; e Izvolsky, 451-52; e Kiderlen, 449-50; e o discurso na Mansion House, 454; e Moltke a respeito de, 455; e a missão da *Panther*, 439-40, 448-51, 453; e a Espanha, 440, 444 Marschall von Bieberstein, Adolf, 305
Marx, Karl, 23, 305-07
Marxismo, 308
Massis, Henri, 258
Masurianos, Lagos, 360, 368
Matisse, Henri, 177
Mauretania, 123
Maximilian I, Imperador do México, 222, 223, 230
McKenna, Reginald, 138

McKinley, William, 20, 260
Mediterrânea, esquadra inglesa, 532
Meinecke, Friedrich, 546, 630-31
Menelik, Imperador da Etiópia, 144
Mensdorff, Albert, 241, 490, 578, 591
Mesopotâmia, 589
Messimy, Adolphe, 155, 370-71, 372, 376, 579, 601, 619
Meteor, 94, 544
Metternich, Klemens von, 163, 266
Metternich, Paul, 62, 131
México, 19, 223, 638
Michelangelo, 595
Midway, ilha, 19
Milan I, Rei da Sérvia, 415
Militarismo, 274-80, 283-84, 297, 316
Millerand, Alexandre, 400
Milovanovic, Milovan, 471
Ministério da Guerra alemão, 306, 611
Ministério da Guerra austro-húngaro, 573
Ministério da Guerra francês, 370, 372, 513-14
Ministério da Guerra inglês, 121, 197, 301, 524-25
Ministério da Guerra prussiano, 345
Ministério da Guerra russo, 365
Ministério da Marinha alemão, 345
Ministro da Educação russo, 80-81
Ministro das Finanças francês, 154-55,517, 579
Ministério do Exterior da Áustria-Hungria, 228, 483-84, 555, 566, 569
Ministério do Exterior alemão, 61, 71, 75, 78, 81, 90, 112, 136, 203, 206, 301, 340, 352, 395, 439-40, 557, 559-60, 592
Ministério do Exterior belga, 622
Ministério do Exterior francês, 154-55, 517, 579
Ministério do Exterior da Rússia, 158, 187-88, 431, 584
Ministro das Finanças russo, 185-86
Ministro da Justiça russo, 197-98
Ministro do Exterior da Alemanha, 90, 136, 439-40, 557
Moçambique, 49, 450
Modernidade, 246-47, 250-51, 258-59, 262
Moltke (o Velho), Helmuth von, 274, 317-20, 321, 332, 333, 339-40, 357
Moltke (o Moço), Helmuth von, 88, 135, 258, 317, 322, 324, 338, 340, 347, 357, 359, 436, 455, 460, 488, 510, 515, 538, 540, 544, 558, 559, 597, 603, 606, 612, 627, 634, 635, 645; seu passado, 347-48; e Büllow, 346-48; como Chefe do Estado-Maior, 348-49; sua morte, 641; e os primeiros deslocamentos de tropas, 613-14; e o ultimato da Alemanha à Bélgica, 622; a mobilização, 610; e o desfecho da guerra, 600; no Conselho de Guerra de Potsdam,

511-12; e o Plano Schlieffen, 343, 346-48, 350-55; e o debate sobre a guerra, 560-61
Monarquia Dual, *ver* Áustria-Hungria
Monet, Claude, 153
Mongóis, 193-94
Monroe, Doutrina de, 45-46, 162
Montenegro, 214, 239, 242, 244, 358, 406, 408, 411, 412, 420, 437, 468, 472, 479, 485, 486, 489, 491, 492, 494, 497, 498, 540, 549, 572; declara guerra aos otomanos, 475; na primeira guerra dos Balcãs, 476; e a ideia da Grande Sérvia, 416-17; sua população, 467; e a questão do Sanjak, 423, 429; e a questão Scuttari, 493, 563
Morávia, 227
Morley, John Morley, Visconde, 620-21
Movimento feminista, 522-23
Movimento progressista, 295
Movimento trabalhista, xxvi, 252
Müller, George von, 511
Munch, Edvard, 263
Munster, George zu, 301, 303
Museu Internacional de Guerra e Paz, 291
Mussolini, Benito, 464, 505
Nacionalismo, xxiv-xxv, xxix-xxxi, 267-74, 275, 277, 284, 504-5, 639, 645; na Áustria-Hungria, 226-28, 232-33, 242; nos Balcãs, 412-13, 554; entre os ingleses, 268-69; e o desarmamento, 300-301; e a desintegração do Império Otomano, 406-07; na Europa, 218; entre os franceses, 376, 428, 513-15; no Império Otomano, 406-07; e o movimento pela paz, 315; no prelúdio da Primeira Guerra Mundial, 504-5, 507; na Rússia, 267-68; e a Segunda Internacional, 313-14; e os sérvios, 581
Napoleão I, Imperador dos Franceses, 7, 56, 105, 114, 120, 121, 143, 146, 148, 158, 193, 219, 280, 292, 318, 320, 326, 332, 333, 354, 371
Napoleão III, Imperador dos Franceses, 148, 152, 280, 320
Nation in Arms, A (Le Queux), 278
Nation inArms, The (Goltz), 333
Naumann, Victor, 556
Názi, Alemanha, 643
Neklyudov, Anatol, 472-73
Nelson, Horatio, 92, 120, 122
Nemesis, HMS, 16
Neutralidade, Tratado de 1904, 244
Newbolt, Henry, 278
Novas Hébridas (Vanuatu), 168
New York Observer, 18
New York Times, 28, 210-11
Nova Zelândia, xxiv, 40, 124-25
Nicholas I, Rei de Montenegro, 416, 467-69, 474-75, 492-93, 494
Nicholas II, Czar da Rússia, xxvi, xxxiv, 2, 6, 174, 175, 177, 185, 196, 200, 202-3, 204,

221, 243-44, 254-55, 275, 282, 300, 65, 366, 383, 425, 501, 503, 512, 516, 529, 583, 584, 588, 594, 616-17, 627; e sua abdicação, 641; e a crença na autocracia, 186-87; seu passado e personalidade, 182-85, 187; e a crise nos Balcãs, 486-87; e o acordo de Bjorko, 204-07; assassinado pelos bolcheviques, 641; e a reunião com Edward VII em Reval, 421-22; suas propriedades, 190; seu casamento, 188-89; e a decisão da mobilização, 601-3; e a crise do Marrocos em 1911, 452; e a revolução de 1905, 179-81; e a reunião com Poincaré; e o governo após 1905, 191-93; em visita à Romênia, 539; e a Guerra Russo-Japonesa, 187-88; e a reunião com Wilhelm II em Potsdam, 369, 448, 527
Nicholas Nikolayevich, Grão-Duque da Rússia, 191, 364, 585
Nicolson, Arthur, 125, 165, 209, 393, 433, 435, 452-53, 473-74, 530, 578, 590, 592, 615-16, 624
Nicolson, Harold, 125
Niemann, August, 271
Nietzsche, Friedrich, 246, 255-57, 256, 330, 471
Nigéria, 169
Nijinsky, Vaslav, 246-47
Nixon, Richard M., xxxiii, 62, 167
Nobel, Alfred, xxxii, 285, 326
Nordau, Max, 262
Norddeutsche Allgemeine Zeitung, 570
Northcliffe, Alfred Harmsworth, Visconde, 112, 118
Noruega, 104, 140
Noske, Gustav, 307
Nudismo, 259
Nye, Gerald, 536
"O Objetivo Natural de uma Esquadra é a Ofensiva Estratégica" (Tirpitz), 101
Observer, 112, 133
Ofensiva, culto da, 329-33, 601, 645; entre os militares franceses, 371-2, 374, 376;
Oh King of Kings, hino (Sullivan), 29
Olga, Grã-Duquesa da Rússia, 120, 182, *190*
Olney, Richard, 19, 45
Ondurman, Batalha de, 145
Origem das Espécies, A (Darwin), 265
Orange, estado livre, 26,55, 277
Oriente Médio, xxiv, 406, 407, 518; visitas de Wilhelm II ao, 91, 404-5
Organização do Tratado do Atlântico Norte (OTAN), 530
Oxford e Cambridge Club, 114
Oxford University, 529
Pacifismo, 294
Pacto de Varsóvia, 530
Pacu, Laza, 570-71
Page, Walter, 629-30, 637

Índice

Paget, Arthur, 525

Paquistão, 562

Paléologue, Maurice, 160, 365, 389, 579, 582, 585-86, 587, 600-601, 619

Palmerston, Henry Temple, Visconde de, 147

Panamá, 20

Panama Canal Company, 152

Pankhurst, Christabel, 522-23

Pankhurst, Emmeline, 522-23

Pan-eslavismo, 267-68, 479-80

Panther, 439-40, 448-51, 453

Paris, Comuna de, 151

Paris, Metro, 12

Paris, Exposição Universal de 1900, 3-27, 257-58, 636; e os pavilhões austro-húngaros, 4-5; e o pavilhão inglês, 6, 25; e as exposições das colônias, 16-17; e o pavilhão alemão, 4; como prenúncio do conflito, 25; e o pavilhão húngaro, 4-5; e o pavilhão italiano, 5-6; e as artes militares, 25; e as exibições não-europeias, 6; e os Jogos Olímpicos, 9; e o Palácio da Saúde, 13; e o Palácio da Tecnologia e Educação, 10-11; e o congresso de paz, 22; e as rivalidades, 25; e o pavilhão russo, 6, 14-15, 25; e os temas, 8-9, 13-14, 16, 23-24, 25; e o pavilhão americano, 6, 10, 18; Conferência de Paz em 1919, xxxiv

Parlamento inglês, 32, 36, 48, 71, 128, 133, 349, 392, 452, 523, 541, 542, 578, 624

Parsons, Charles, 31, 123

Partido Conservador da Inglaterra, 48, 519, 523-25, 532, 608, 621

Partido Conservador da Alemanha (DKP), 109

Partido Democrata dos Estados Unidos, 297

Partido Liberal da Inglaterra, 37, 48, 138, 392, 397, 521-22, 523, 525, 532, 596, 623, 643; e o Comitê de Relações Exteriores, 608

Partido Nacional Rumaniano, Hungria, 508-9

Partido Progressista alemão, 294

Partido Republicano, Estados Unidos, 297, 383-84,525,559

Partido Socialista Belga, 623

Partido Socialista austríaco, 314

Partido Socialista belga, 623

Partido Socialista francês, 311, 626

Partido Socialista italiano, 314, 505

Partido Social Democrata (SPD) alemão, 73, 130, 280, 282, 305, 306, 307-8, 313, 446, 505, 509, 564, 605, 617, 626

Partido Social Democrata húngaro, 508

Partido Trabalhista da Inglaterra, 117, 297, 305, 596, 624

Pasic, Nikola, 415, 429, 469, 472-73, 481, 494-95, 548-49, 567, 569, 570-71, 573, 597

Pasteur, Louis, 13

Paz, movimento pela, 499, 502, 543, 605, 617; e a arbitragem, 299-300, 306, 311; e a

corrida armamentista, 536-37; na Áustria-Hungria, 301, 304; e Bryan, 295-96; e os grupos religiosos, 298; e o acordo para conduta da guerra, 302; e o desarmamento, 300-304, 306, 311; na França, 296-97, 301, 304; na Inglaterra, 296-98, 301, 304; e o nacionalismo, 315; e o desfecho da guerra, 633; e o prelúdio da Primeira Guerra Mundial, 535-37, 543; e a opinião pública, 304; e os quakers, 296; na Rússia, 304; e o socialismo, 312-13; nos Estados Unidos, 295-97, 299, 301-2,304, 536-37 *ver* também Segunda Internacional

Paz de Bucarest (1913), 494

Pelléas et Melisande (Debussy), 254

Perdicaris, Ion, 383-84

Pérsia (Irã), 43, 165, 181, 195, 207, 547; e a Convenção Anglo-Russa de 1907, 209-11; e a rivalidade anglo-russa, 14, 197, 452, 479, 526, 576, 583-84, 590

"Perigo Alemão," 132-33

Peter I, Rei da Sérvia, 416, 469, 547-48, 577

Peter I (o Grande), Czar da Rússia, 178, 181, 200

Pfadfinder, organização, 280

Philippe, M., 187

Picard, Alfred, 10, 25

Picasso, Pablo, 24, 177, 247, *248*

Pichon, Stephen, 428, 436, 458

Picquart, Georges, 152-53, 154

Piemonte, Reino do, 482

Pio X, Papa, 259

Pissarro, Camille, 153

Porcos, Guerra dos, 416

Plague, The (Camus), ix

Plano de Desdobramento na Frente Oriental da Alemanha, 343

Plehve, Vyacheslav, 179

Pless, Daisy (Cornwallis-West), Princesa de, 58, 93

Poincaré, Henri, 516

Poincaré, Raymond, 151, *331*, 396, 458, 477, *516*, 528, 530, 531, 535, 544, 546, 572, 581, 582-83, 585, 593, 600, 608, 618, 619, 643; e seu passado, 516-17; e a hostilidade que sofre de Clemenceau, 516; sobre a declaração de guerra, 625-26; e a política para relação com a Alemanha, 518-19; e suas políticas interna e externa, 515-19; e a reunião com Nicholas II, 519; em visita oficial à Rússia, 564, 579, 582-85, 586, 588-89, 594

Polônia, 135, 157, 180, 194, 224, 315, 317, 358, 362, 364, 625, 638

Polignac, Príncipe de, 35

Pollio, Alberto, 356, 558-59

Port Arthur, 50; e o cerco de, 1, 74-5

Porta Aberta, política de, 44-45, *44*, 50, 55, 382

Portsmouth, Tratado de, 1905, 21, 175-76

720 A Primeira Guerra Mundial – que acabaria com as guerras

Portugal, 49, 60-1, 440, 540
Positivismo, 17, 23, 256, 258
Potemkin, 180
Potiorek, Oskar, 498, 549, 552, 554-55
Pourtales, Friedrich von, 605, 614, 616
Preobrazhensky Guardas, Rússia, 181, 184
Primeira Internacional (1864), 305
Primeira Conferência Internacional de Eugenia (1912), 264
Primeira Guerra Mundial, a resistência belga, 635; as baixas, 635, 636-37; a frente oriental, xviii-xix, 323, 636; o fim da, 638; e a globalização, 637; os novos estados criados pela, 638-39; o começo da, xxi-xxix, 613-15, 627, 635; as fases iniciais, 635-36; a questão da responsabilidade pela, xxxiv-xxxv, xxxiii, 336, 562, 580-81, 626, 644, 645; a entrada dos Estados Unidos na, 637-38; a frente ocidental, xvi-xvii
Primeira Lei da Marinha na Alemanha,1898, 108
Primeiro Exército alemão, 351
Princip, Gavrilo, 547, 548-50, 552, 552, 641
"Príncipe da Paz" (Bryan), 295-96
Protestantismo luterano, 339
Proust, Marcel, 247, 254, 258
Prússia, 8, 56, 71, 75, 80, 88, 94, 100, 220, 224, 273, 274, 317, 318-19, 333, 339, 482, 604
Psichari, Ernst, 284
Puerto Rico, 19-20, 44-45
Punch, 40, 47, 79
Pushkin, Alexander, 194
Putin, Vladimir, 194
Quakers, 296
Quarterly Review, 32, 132-33
Quidde, Ludwig, 77
Raisuli, El, 379, 383-84
Raj inglês, 477
Rasputin, Grigori, 176, 187, 190, 365, 506, 577-78, 580, 641
Rathenau, Walter, 65, 255, 265, 448
"Recessional" (Kipling), 41
Redl, Alfred, 253, 360-61, 367
Redlich, Josef, 554-55
Redmond, John, 578, 624
Reichstag, Alemanha, 51, 59, 71, 73, 74, 75, 77, 80, 87, 91, 99, 212, 274, 282, 283, 304, 307, 321, 333, 446, 488, 538; e o incremento da construção naval, 99-100, 106-8, 129-31,420
Reinach, Joseph, 155
Reininghaus, Gina von, *ver* Conrad von Hotzendorf, Gina
Reino das Duas Sicílias, 231
Renovação, Tratado de 1887, 81-82, 149, 156-59, 243
Remembrance of Things Past (Proust), 258
Revolução Francesa, 7, 10, 151, 168, 179, 181,

237, 269, 280, 298, 311, 315, 339
Revolução industrial, 18, 319
Revolução russa de 1905, 179-82, 185, 368; e depois da, 182; e o Domingo Sangrento, 180, 180, 191
Revoluções de 1848, 193
Rheims, catedral, xxiii
Renânia, 373
República Tcheca, 215
Rhodes, 464
Richmond, Duque de, 579
Riddle of the Sands, The (Childers), 113
Riezler, Kurt, 271, 558, 562
Rilke, Rainer Maria, 246
Ritchie, C.T., 118
Roberts, Frederick Roberts, Conde, 277-8
Rodin, Auguste, 246, 254, 575
Rolland, Romain, 298,309
Romanov, dinastia, 186, 506
Romênia, 199, 215, 241, 242, 356, 358, 362-63, 407, 449, 469, 537, 539-40, 555, 556, 558, 565, 571-722, 586, 599, 600, 611, 637; e o sentimento nacionalista, 232, 271, 412-13; e o Império Otomano, 406-7; e sua população, 467; na 2ª Guerra dos Balcãs, 493-94
Roosevelt, Theodore, 20, 21, 93, 95, 97-98, 211, 286, 296-97, 303-04, 441, 633; mediador na Guerra Russo-Japonesa, 175-76, 388-89; na crise do Marrocos em 1905, 382-84, 387, 394
Rosebery, Archibald Primrose, Conde de, 90, 170-71, 392
Rosen, Roman, 21
Rosenkavalier, Der (Strauss), 246
Rouvier, Maurice, 387-89
Royal Yacht Club, 94
Rojdestvensky, Zinovy, 173
Rudolf, Príncipe-Herdeiro da Áustria, 223, 230
Rumélia Oriental, 414
Rússia Imperial, xxi, xxiii-xxiv, xxvi, xxviii, xxxv, 21, 42, 43, 48, 55, 104, 108-9, 111, 118, 124, 128, 140, 141, 161, 163-64, 183, 234, 235, 237, 241, 254, 271, 276, 286, 300, 315, 322, 329, 335, 337, 338, 341, 343, 350, 356, 361, 373, 394, 395-96, 421, 460, 483, 490, 503, 507, 516, 526, 537-38, 545, 554, 562, 566, 571, 576, 580, 583, 590, 595, 604, 606, 609, 610, 634; e o sistema de alianças, 530-31; e a Convenção Anglo-Russa de 1907, 209-11; e a crise da anexação, 412, 431; e a rivalidade com a Áustria-Hungria nos Balcãs, 406-9, 412, 425-27, 432, 433-35, 436, 470-71, 473-74, 479-82, 484-89, 491-92, 498-99, 503; e as relações com a Áustria, 242-44; e seu governo autoritário, 194; e o acordo de Bjorko, 204-07; e a crise da Bósnia em 1908, 406-9, 412, 425-27; e a rivalidade

Índice

com a Inglaterra em torno da Pérsia, 44, 197, 452, 479, 526, 576, 583-84, 590; e as relações com a Bulgária, 412-13; e o colapso da, 638; e o incidente do Dogger Bank, *ver* Guerra RussoJaponesa de 1905; e a Aliança Dual, 359-60, 363, 437, 563, 587,601; como potência europeia, 193-95, *194*, 200; e a aliança com a França, 157-58, 200-201, 267, 369, 519, 558, 581-82, 597; e sua geografia, 193, 362-63; e a declaração de guerra da Alemanha à, 616-17; e o ultimato da Alemanha, 611-12, 616; e a Inglaterra, 196-97; e o Grande Programa, 512, 536; e as ambições imperiais, 478-79, 527; e a revolução industrial, 198-99; e suas ambições internacionais, 181-82, 199; e a Manchúria, 50-51, 53, 187-88, 197-98; e seu plano militar 19A, 368-69; e a mobilização, 587-88, 600-603, 605, 607-8, 611, 619; e a crise do Marrocos em 1911, 451-53; e o nacionalismo, 267-68; e a população não-russa, 195; e o desfecho da, 599; e o Império Otomano e suas ambições imperiais, 406-07, 478-9, 527; e o pan-eslavismo, 479-80; e o movimento pela paz, 304; sua população, 195, 512; seu sistema ferroviário, 362, 369; e o escândalo de Rasputin, 506; e a Renovação do Tratado, 243; e o Plano Schlieffen, 354; e a questão dos Estreitos, 196, 242-43, 367, 408, 414, 421, 423-24, 428, 477-78, 479, 526-27, 540; e o terrorismo, 259; na Tríplice *Entente*, *ver* Tríplice *Entente* na guerra contra os turcos de 1878, 8 -327-28, 365; e crise do ultimato, 586-87; e a liderança na guerra, 584-85; e o planejamento de guerra, 359-68; e os preparativos para a guerra, 512, 535-36

Rutênia, 232, 508, 526
Sacro Império Romano, 219
Saint-Gaudens, Augustus, 18
Saint-Saëns, Camille, 9
St Vincent HMS, 92
Sakalina, ilha, 176
Salisbury, Robert Cecil, Conde, 19-20, 29, 31, 37, 45, 47, 48-50, 53, 55, 60-61, 95-96, 108, 112-13, 146-47, 156, 162, 166, 197, 265, 270, 349; e as relações anglo-francesas, 41-42; seu passado e personalidade, 32-35; sua estratégia de política exterior, 36-40, 42-43, 46
Salomão, ilhas, 82-83
Salome (Strauss), 65-66
Samoa, ilhas, 19, 49, 61-62, 85, 270-71
Sanderson, Thomas, 41, 113, 125
San Giuliano, Antonio di, 463-64, 595-96
Sanjak de Novi Bazar, 408, 420-21, 423, 429, 437, 476, 485, 488, 497
Sazonov, Sergei, 196, 211, 506, 530, 539,

572, 581, 584, 585-87, 597, 605, 616; e o conflito entra Áustria e Rússia nos Balcãs, 486-87, 490, 492; e a política para os Balcãs, 472, 479, 484; e seu destino, 641-42; na primeira guerra dos Balcãs, 480-81; e o desfecho da guerra, 600-603

Schemua, Blasius, 334, 485, 488
Schichau (construtor de navios), 135
Schleswig-Holstein, 94, 158
Schlieffen, Alfred von, 26, 214, 329, 337-47, 338, 355, 359, 385, 395, 636; seu passado, 339-40; como Chefe do Estado-Maior, 356-57; e sua morte, 510; e seu legado, 348-49; e a crise do Marrocos em 1905, 349-50; sua passagem para a reserva, 346-47
Schlieffen, Plano, 336-46, 338, 344, 373, 560, 595; e a neutralidade belga, 338, 343, 346, 352-53; e a liderança civil e política, 345-46; complexidade, 341; e seu abandono, 635; e a aliança franco-russa, 341; e as defesas francesas, 341-42; e sua grande falha, 338; e o processo de mobilização, 343-45; e as mudanças promovidas por, 350-55
Schneider (fábrica de armamento), 241, 416
Schoen, Wilhelm, 69, 422-23, 625
Schoenberg, Arnold, 247
Schratt, Katharina, 222, 223
Segunda Guerra Mundial, xxxv, 15, 19, 55, 115, 317, 332, 645
Segunda Internacional, xxxii, 275, 305-14, 499; e o congresso em Basileia, 312; e sua fraqueza fundamental, 313-14; e sua condenação à guerra entre italianos e otomanos, 464; e Jaurès, 308-10, 311; e o nacionalismo, 313-14, 617; e a ideologia socialista, 305-8, *ver* também movimento pela paz
Segundo Exército alemão, 351
Sedan, Batalha de, 148, 329, 332, 333, 340, 351
Seely, John, 525
Selborne, William Palmer, Conde, 52, 113, 115, 119, 128
Seleção natural, teoria da, 265
Senado dos Estados Unidos, 536-37
Sérvia, xxiii, xxviii, xxxixxxv, 214-15, 232, 234, 237,241, 242, 244, 271, 314, 357-58, 361, 406, 407-8, 411, 412-13, 420, 423, 425,472, 483, 484, 485-87, 489, 491, 496, 509, 540, 545, 581, 587, 602, 616, 620; e a crise da anexação, 428-30; e a relação conflituosa com a Áustria, 413-17, 418, 481-82, 494-99; e a declaração de guerra da Áustria à, 573-4, 590,597-99; e o ultimato da Áustria, 496-97, 566-74, 677, 582-83, 585-87, 590-91,594, 596-97; e a proposta de aliança com a Bulgária, 472-73; e a questão da compensação, 432-33, 435; na primeira guerra dos Balcãs, 476; e

722 A Primeira Guerra Mundial – que acabaria com as guerras

a ambição da Grande Sérvia, 416-17, 428, 437, 471, 481, 548, 565, 569; e a aliança com Montenegro, 474; e o nacionalismo, 581; e o desfecho da guerra, 611-12; sua população, 467; e a crise de Scutari, 493, 563; na segunda guerra dos Balcãs, 493-95; e as sociedades secretas, 469-70, 547-48; e os Jovens Bósnios, 546-47
Sergei, Grão-Duque da Rússia, 260
Setembro, 11, 2001, ataques terroristas, 259, 553
Shackleton, Ernest, 636
Shakespeare, William, 57
Shaw, George Bernard, 246, 298
Sião (Tailândia), 146, 168
Sibéria, 195
Silésia, 488
Simplicissimus, 26, 77, 317
Sionismo, 47
Síria, 518, 526
Smiley, Albert, 295
Socialismo, xxix, xxxi, 22, 252, 306, 308-10; e o movimento pela paz, 312-13, *ver* também Segunda Internacional
Sociedade Austríaca pela Paz, 286
Sociedade Colonial, 90
Sociedade Cooperativa do Serviço Civil, 114
Sociedade Japonesa de Londres, 53
Sokol, movimento ginasta, 276
Solidariedade, movimento, 135
Somália, 461
Somme, Batalha do, 636
Sophie, Duquesa de Hohenberg, 230, 240, 413, 544, 549-50, 551
Spectator, 28, 279
Spencer, Herbert, 17, 265
Spender, J.A., 48
Spengler, Oswald, 264
Spion Kop, Batalha de, 50
Spitzemberg, Baronesa, 510
Stalin, Joseph,194
Stanislavsky, Constantin, 178
Stanley, Venetia, 525, 578, 615, 621, 623
Stead, William Thomas, 290, 291, 304
Steed, Henry Wickham, 227
Steiner, Rudolf, 348
Stengel, Karl von, 301, 303
Stinnes, Hugo, 276,337
Stolypin, Peter, 192-93, 207-8, 260, 364, 421, 425, 431-32, 480, 505
Strauss, Richard, 65-66, 246, 509, 529
Stuart-Wortley, Edward, 135-36
Stürgkh, Karl von, 565, 606
Sudão, 142-44, 147
Suécia, 140, 362-63
Suez, Canal, 37-38, 42-43, 143, 175, 532
Suíça, 3, 18,341,342
Sukhomlinov, Ekaterina, 642
Sukhomlinov, Vladimir, 363, 364-68, 487-88,

504, 585, 588, 598, 601, 602-3, 642
Suleiman, o Magnífico, sultão otomano, 219, 404, 405
Sullivan, Arthur, 29
Sunaric, Josip, 550
Suttner, Arthur von, 285-86
Suttner, Bertha Kinsky von, 285-88, 287, 300, 302, 304, 305, 306, 543, 634
Szapary, Friedrich, 584
Szogyeny-Marich, Ladislaus, 426, 557
Taft, William Howard, 297, 441
Taiwan, 173
Takahira, Kogoro, 21
Talleyrand, Charles Maurice de, 215
Tannenberg, Batalha de, 636
Tártaros, 193-94
Tatiana, Grã-Duquesa da Rússia, 190
Taube, Marcel, 202, 207-8, 209, 480
Tchecoslováquia, 491, 638
Tecnologia, 250-51
Tennessee, USS, 630
Teosofia, 257-58,348
Terceira República, França, 151-54, 241, 281
Terra Nova, 163, 166, 168-69
They Were Divided (Banfty), 34
Thiers, Adolphe, 150-51
Thomas Cook and Son, 12, 114
Tibet, 44, 198, 207, 209
Tiffany and Company, 18
Times (Londres), 30, 50, 54, 60, 63, 110-11, 112, 113, 162-63, 385, 481, 488-89, 609-10
Timor, 49
Tirol do Sul, 232
Tirpitz, Alfred von, 83, 91, *103*, 114, 125, 141, 212, 270, 325, 345, 433, 434, *445*, 488, 536, 614, 645; seu passado,100-102; e sua morte, 643-44; e a missão de Haldane, 542; e a estratégia do risco naval, 103-5; e as leis da marinha que defendeu, 106, 113, 128-32, 420, 459; no Conselho de Guerra de Potsdam, 511-12; e o Darwinismo Social, 103
Tisza, Istvan, 225-26, 253, 495-96, *496*, 498, 509, 539, 556, 564-66, 569, 573, 583, 598, 641
Titanic, 304
Tito (Josip Broz), 428
Tolstoy, Leo, 286, 299
Trácia, 243
Trafalgar, Batalha de, 120, 146, 268
Transiberiana, ferrovia, 15, 53, 174-75, 184, 186, 199, 320
Transilvânia, 215-16, 224, 232, 413, 539
Transvaal, 26, 55, 60, 83, 147
Tratado de Frankfurt (1871), 149, 382
Tratado de Londres (1839), 493, 604
Tratado de Portsmouth (1905), 21, 175-76
Tratado de Utrecht (1713), 168

Índice

Tratado de Versalhes (1919), 336
Treitschke, Heinrich von, 88-90, 92, 101, 255, 268
Trialismo, 229
Tribunal Permanente de Arbitragem, 303, 597
Triplíce Aliança, xxxiii-xxxiv, 81-82, 86, 203, 205, 232, 335, 356, 383, 413, 484, 496, 526, 530; e a Bulgária, 539, 565; e a Inglaterra, 42, 49, 106, 158, 464 ; e a fraqueza da Itália, 213-14, 460-61; e o potencial de conflito dentro da, 238-39
Tríplice *Entente*, 127, 211, 212-13, 303, 335, 356, 434, 472, 484, 496, 519, 526, 530, 562, 581, 585, 588, 589; e seu poder relativo, 540, 558; e a percepção da Alemanha de estar cercada, 336, 349; e a ideia da, 161-62; e a crise do Marrocos em 1911, 436, 440-41, 444, 449-50
Tripoli, 441, 460, 471
Trollope, Anthony, 31
Trotsky, Leon, 178, 181, 467, 471, 475
Trubetskoy, Yevgeny, 11
Tryon, George, 122
Tschirschky, Heinrich von, 214, 509, 555-56, 565-66, 605-6
Tsushima, , Batalha do Estreito de, 123, 175,332, 387
Tuchman, Barbara, 630
Tunísia, 38, 43, 149, 153, 162, 163, 406, 461
Turbinia, 31,123
Turquia, xxiv, 42, 196, 406; e sua criação, 638-39 *ver* também Império Otomano
Turner, Frederick Jackson, 18-19
Tweedmouth, Edward Marjoribanks, Barão, 131-32
Tylor, Edward, 17
Ucrânia, 194, 215, 315, 365, 406, 487
Ulster, Unionistas, 523-25
Umberto I, Rei da Itália, 238-39, 260
União Europeia, 288, 315
União Interparlamentar, 294, 543
União sagrada, 250
União Soviética, 105, 126, 127, 182, 324, 630
"United Services Institute," 115-16, 291, 327
Utrecht, Tratado de, 1713, 168
Valmy, Batalha de, 371
Vampire (Munch), 263
Van Gogh, Vincent, 24
Vanuatu (Novas Hébridas), 168
Venezuela, 19, 40, 45-46, 162
Venizelos, Eleutherios, 474
Verdun, Batalha de, 326, 636, 641
Verne, Jules, 272/3
Versailles, Tratado de 1919, 336
Vickers (fabricante de armas), 275
Vittorio Emanuele III, Rei da Itália, 30, 436, 461
Victoria, HMS, 122
Victoria, Imperatriz da Alemanha, 35, 56,

68-71, 92
Victoria, Rainha da Inglaterra, 2, 27, 40, 56, 58, 61, 70, 92-95,102, 119-20, 156, 164, 182, 188-89, 202, 204, 223; e sua morte, 49, 63; e seu Jubileu de Diamante, 28-31, 29; e o incidente de Fashoda, 146-147 ; sobre Wilhelm II, 95-96
Victoria and Albert, 31
Victory, HMS, 92
Vienense, secessão, 247
Villain, Raoul, 572, 618
Viribus Unitis, 550
"Vitaï Lampada," poema (Newbolt), 278
Viviani, René, 517-18, 564, 579, 582-85, 588-89, 59-94, 600-601, 618, 619
Vladimir, Grão-Duque da Rússia, 67
Voight, Wilhelm, 282
Wagner, Richard, 160, 212
Wake, ilha, 19
Waldersee, Georg von, 88-89, 558-59, 560, 566
Warburg, Max, 537, 559
Washington, George, 320
Waterloo, Batalha de, *143*, 146, 148
Webb, Beatrice, 575
Webb, Sidney, 575
Wehrverein, associação,504
Weimar, República de, 644
Wellington, Arthur Wellesley, Duque de, 320
"Weltmachtstellung," o termo, 87-88
"Weltpolitik," o termo, 87-88
Whelpton, comandante, 172
White, Andrew, 301-2
Wikileaks, 299
Wilde, Oscar, 263
Wilhelm I, Kaiser da Alemanha, 64, *64*, 70-71, 75, 245, 446, 447-48
Wilhelm II, Kaiser da Alemanha, xxvi, xxx-xxxi, 2, 4, 20-22, 29, 31, 35, 51, 61, *111*, 113-14, 126, 130-32, 170, 182, *185*, 203-4, 215, 221, 240, 274-75, 282, 292, 300,303, 307, 322, 339, 346, 356, 357, 422, 431, 445, *445*, 454-55, 460, 464, 489, 497, 501, 503, 505-6, 515, 537, 539, 544, 553, 559, 563, 567, 580, 590, 592, 594, 603, 604-5, 614; e sua abdicação, 639; e a Convenção Anglo-Russa, 210-11; seu interesse por arqueologia, 509-10; sua acessão ao trono, 71-72; a crise do assassinato, 546, 556-57; e o conflito nos Balcãs, 487-88; seu nascimento, 69-10; demite Bismarck, 75-79, *78*; e o acordo de Bjorko, 204-7; e a Guerra dos Bôeres, 136-37; e Bülow, 84-85; e a entrevista ao *Daily Telegraph*, 427, 433; sua educação, 70; sua reunião com Edward VII, 133-34; sua relação com Edward VII, *93*, 94-96, *95*; sua personalidade errática, 63-67, 69, 72-3, 76-7; e a correspondência com Franz Joseph, 556-57; e a missão de Haldane, 542; e a conversa com Hardinge

A Primeira Guerra Mundial – que acabaria com as guerras

em Kronberg, 133-35; e a questão da homossexualidade, 67-8; e sua ambição imperial, 81; e o telegrama a Kruger, 60, 83; seus últimos dias, 644-45; e a questão de Limon von Sanders, 527-29; e a influência de Mahan, 96, *97*; e as visitas ao Oriente Médio, 9, 404-5; seu gabinete militar, 345, 348, 350, 352; e a aprovação da mobilização, 610-13 ; e a crise do Marrocos em 1905, 78-79, 380, 382-85, 395; e a crise do Marrocos em 1911, 458; e suas ambições navais, 63-64, 96-97; e a corrida naval, *ver* corrida naval anglo-alemã; e a política para a marinha, 63-64; e a reunião com Nicholas II em porto do Báltico, 528; e a reunião com Nicholas II em Konberg, 133-34; e a reunião com Nicholas II em Potsdam, 369, 448, 527; e o desfecho da guerra, 601-02; e o Conselho de Guerra de Potsdam, 510-11; e seu poder e reinado, 78-79, 80-81; e a morte da Rainha Victoria, 63; e a opinião da Rainha Victoria a seu respeito, 95-96; e a elaboração de discurso, 68-69; e a visita a Tanger, 378-81, 380, 385; e Tirpitz, 102-3, *103*; e a crise do ultimato, 596-97; e a participação em regata de iates, 94; e o Decreto da Juventude, 280

Wilhelm de Wied, Rei da Albâ∫nia, 72, 493, 575

William I (o Conquistador), Rei da Inglaterra, 146

Williams, E.E., 111-12

William Tell (Rossini), 260

Wilson, Arthur, 325, 399-400

Wilson, Henry, 400-402, 455, 457, 524, 531-32, 643

Wilson, Woodrow, 296-97, 543, 620, 630, 637

Wind in the Willows, The (Grahame), 72, 76, 99

Witte, Sergei, 21, 184, 185-86, 187, 191, 199, 258; e as relações russo-alemãs, 203-4, 207

Wodehouse, P.G., 57, 644

Wolff, Theodor, 575-76

Wolseley, Garnet, 262, 332

Woltmann, Ludwig, 268

"Women's Christian Temperance Union," 295

World of Yesterday, The (Zweig), 14

Yanushkevich, Nicholas, 585, 602-3

Yates, Dornford, 57

Ypres, Batalha de, 635

Yusupov, Felix, 116

Zabern, incidente, *249*, 283, 515

Zanzibar, 38, 104

Zedlitz-Triitzschler, Robert, 66-67, 72

Zeppelin, Ferdinand von, 133, 271-72

Zhilinski, Iakov, 369

Zimmermann, Arthur, 559-60, 568

Zola, Emile, 96, 153, 265

Zur Kritik der Zeit, (Rathenau), 255

Zurlinden, Emile 156

Zweig, Stefan, 13-14, 17, 22, 247, 298, 599-600

ESTE LIVRO, COMPOSTO NA FONTE FAIRFIELD,
FOI IMPRESSO EM PAPEL LUX CREAM 60G/M², NA GRÁFICA ELYON
SÃO PAULO, DEZEMBRO DE 2023.